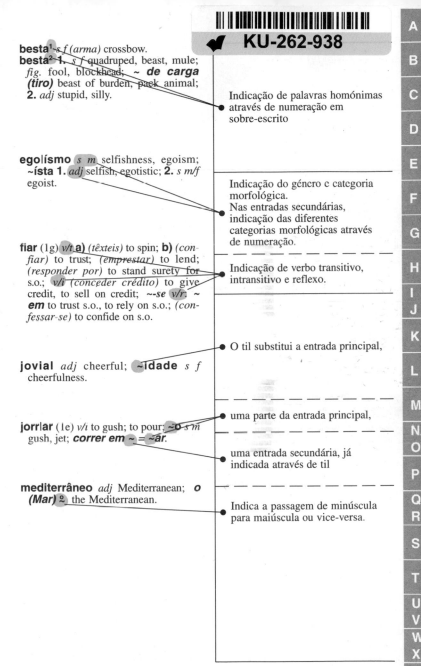

besta¹ *s f (arma)* crossbow.
besta² **1.** *s f* quadruped, beast, mule; *fig.* fool, blockhead; **~ de carga (tiro)** beast of burden, pack animal; **2.** *adj* stupid, silly.

Indicação de palavras homónimas através de numeração em sobre-escrito

egolísmo *s m* selfishness, egoism; **~ísta 1.** *adj* selfish, egotistic; **2.** *s m/f* egoist.

Indicação do género e categoria morfológica.
Nas entradas secundárias, indicação das diferentes categorias morfológicas através de numeração.

fiar (1g) *v/t* **a)** *(têxteis)* to spin; **b)** *(confiar)* to trust; *(emprestar)* to lend; *(responder por)* to stand surety for s.o.; *v/i (conceder crédito)* to give credit, to sell on credit; **~-se** *v/r:* ~ **em** to trust s.o., to rely on s.o.; *(confessar-se)* to confide on s.o.

Indicação de verbo transitivo, intransitivo e reflexo.

jovial *adj* cheerful; **~idade** *s f* cheerfulness.

O til substitui a entrada principal,

jorrlar (1e) *v/i* to gush; to pour; **~o** *s m* gush, jet; **correr em ~ = ~ar**.

uma parte da entrada principal,

uma entrada secundária, já indicada através de til

mediterrâneo *adj* Mediterranean; **o (Mar)** ≗ the Mediterranean.

Indica a passagem de minúscula para maiúscula ou vice-versa.

A
B
C
D
E
F
G
H
I
J
K
L
M
N
O
P
Q
R
S
T
U
V
W
X
Y
Z

PRESENÇA / LANGENSCHEIDT

EDITORIAL **PRESENÇA**

Estrada das Palmeiras, 59 · Queluz de Baixo
2730-132 BARCARENA · Tel. 21 434 7000 · Fax 21 4346502
Email: info@presenca.pt · http://www.presenca.pt

Dictionary

English-Portuguese
Portuguese-English

EDITORIAL PRESENÇA

Dicionário

Inglês-Português
Português-Inglês

EDITORIAL PRESENÇA

FICHA TÉCNICA

Título original: *Langenscheidts Eurowörterbuch Englisch*
Copyright © 1992 Langenscheidt KG, Berlin und München
Capa: *Sector Gráfico de Editorial Presença*
Tradução © Editorial Presença, Lisboa, 1998
Tradução: Dicionário Inglês/Português: *Isabel Nunes*
　　　　　Dicionário Português/Inglês: *Isabel Nunes* (páginas introdutórias, letras A,
　　　　　M, X, Y, Z, e apêndices) *Maria de Lurdes Viegas* (letras B, C, T) *Maria de*
　　　　　Fátima Andrade (letras D, I, J, L, N, R, U) *Alexandra Videira* (letras E, F, G,
　　　　　H, O, P, Q, S, V)
Supervisão da tradução: *Isabel Nunes*
Composição, impressão e acabamento: *Multitipo — Artes Gráficas, Lda.*
1.ª edição, Lisboa, Março, 1998
2.ª edição, Lisboa, Setembro, 2006
Depósito legal n.º 245 552/06

Reservados todos os direitos
para a língua portuguesa à
EDITORIAL PRESENÇA
Estrada das Palmeiras, 59
Queluz de Baixo
2730-132 BARCARENA
Email: info@presenca.pt
Internet: http://www.presenca.pt

Índice
Contents

Prefácio / Preface 6

Como usar o dicionário / Using the Dictionary 8

Pronúncia inglesa / English pronunciation 13

Dicionário Inglês-Português / English-Portuguese Dictionary 15

Dicionário Português-Inglês / Portuguese-English Dictionary 349

Apêndices / Appendices:

Nomes geográficos ingleses / English geographical names ... 577

Nomes geográficos portugueses / Portuguese geographical
    names 581

Abreviaturas inglesas / English abbreviations 583

Abreviaturas portuguesas / Portuguese abbreviations 588

Numerais / Numerals 590

Pesos e medidas ingleses / English weights and measures 592

Pesos e medidas portugueses / Portuguese weights and
    measures 593

Verbos irregulares ingleses / English irregular verbs 594

Conjugação dos verbos portugueses / Portuguese verbs 598

Prefixos / Prefixes 606

Sufixos / Suffixes 607

Classificação dos filmes / Film classifications 608

Abreviaturas usadas no dicionário / Abbreviations used in
    the Dictionary 609

Prefácio

Encontramo-nos hoje no limiar de uma Europa sem fronteiras. Com o Mercado Único, a partir de 1993, a Europa aproximou-se bastante dos ideais formulados após 1945 por Jean Monnet e Robert Schuman. Significa isto também que o conhecimento de línguas estrangeiras irá desempenhar de futuro um papel ainda mais decisivo. Isto não se aplica apenas àqueles que viajam como turistas, mas, especialmente, a homens de negócios assim como a técnicos, políticos, desportistas e artistas.

Por isso, a editora alemã Langenscheidt concebeu um tipo de dicionários capazes de responder às novas necessidades linguísticas da Europa. O resultado deste trabalho está agora patente sob a forma de uma nova série de dicionários, que a Editorial Presença agora publica em edição portuguesa.

A mais importante característica destes dicionários é o vocabulário proposto. Na escolha das palavras e frases idiomáticas, que vão além do vocabulário geral, deu-se especial atenção às áreas da economia, comércio, viagens, escritório, não tendo, no entanto, sido negligenciados os igualmente importantes campos da política, técnica e cultura. Palavras como *biótopo, credifone, eurocheques, disco rígido, direcção assistida, ecologista, fotocopiadora, indicativo, índice de audiência, montante compensatório, buraco de ozono* e *parquímetro* demonstram exemplarmente o objectivo destes dicionários: dar apoio prático na comunicação linguística dentro de uma Europa remodelada.

LANGENSCHEIDT

Using the dictionary

Preface

Today we are on the threshold of a new Europe — a Europe without frontiers. When the Single European Market was came completed in 1993, we were a good step closer to the European ideal as it was formulated after 1945 by Jean Monnet and Robert Schuman. This also means that a knowledge of foreign languages will become even more important. And not just for the holidaymaker and private traveller, but also for people active in such areas as business, technology, politics, sport and the arts.

With this view of the future in mind, Langenscheidt's foreign language editors have developed a dictionary concept which takes into account our new European language needs. The result of this work is the newly developed Eurodictionary series.

The characteristic, and most important, feature of the Eurodictionary is its particular lexical range. When selecting words and phrases which go beyond a broad, general vocabulary, the editors have focused their attention on the fields of business, trade and travel, and of course given due consideration to politics, technology and cultural affairs. The following examples will also make clear the specific aim of this new series of dictionaries: *asylum seeker, backpacker, consumer protection, data protection, double taxation, emission-free, employment agency, environment-conscious, hole in the ozone layer, phonecard, technology transfer, wheel clamp*. It is, then, the aim of the Eurodictionaries to give practical and useful help to as many people as possible when they communicate with each other in today's new Europe.

LANGENSCHEIDT

Como usar o dicionário
Using the dictionary

I) Dicionário Inglês-Português

1. Entradas principais em inglês:

a) As entradas foram rigorosamente organizadas por ordem alfabética. Isto aplica-se igualmente às formas irregulares, para as quais se acrescentaram informações adicionais.

b) A divisão silábica é indicada através da inserção de pontos em negrito:

cul•ti•vate..., cul•ti•va•tion

c) Nas palavras compostas com hífen, se o hífen coincide com o final de linha, é repetido no início da seguinte.

d) O til representa a repetição da entrada principal.

e) Nos compostos, o til em negrito substitui a parte básica da palavra:

af•ter... ~•noon (= afternoon)

O til também representa a parte da entrada que está à esquerda do separador vertical:

en•vi•ron|ment... ~•men•tal (= environmental)

f) Nos exemplos o til é usado de forma semelhante:

dis•tance... *at a* ~ (= at a distance)
in•terest... *be* ~*ed in* (= be interested in)

g) Quando a letra inicial muda para maiúscula ou vice-versa, o til é substituído por ♀:

state... ♀ Department (= State Department)

2. Pronúncia: a) A pronúncia das entradas em inglês é indicada entre parênteses rectos, utilizando os símbolos da Associação Fonética Internacional (AFI) (ver pág. 15).

I) English-Portuguese dictionary

1. English headwords: a) The alphabetical order of the headwords has been carefully observed throughout. This also applies to irregular forms, where additional cross-references to the basic forms are given.

b) Centred dots within a headword indicate syllabification:

cul•ti•vate..., cul•ti•va•tion

c) In hyphenated compounds a hyphen coinciding with the end of a line is repeated at the beginning of the next.

d) The tilde (~) represents the repetition of a headword.

e) In compounds the tilde in bold type replaces the catchword:

af•ter... ~•noon (= afternoon)

The tilde also represents the part of a headword which is on the left of the vertical bar:

en•vi•ron|ment... ~•men•tal (= environmental)

f) In illustrative phrases the tilde is used accordingly:

dis•tance... *at a* ~ (= at a distance)
in•terest... *be* ~*ed in* (= be interested in)

g) When the initial letter changes from small to capital or vice versa, the usual tilde is replaced by ♀:

state... ♀ Department (= State Department)

2. Pronunciation: a) The pronunciation of English headwords is given in square brackets by means of the symbols of the International Phonetic Association (IPA) (see p. 15).

b) Para poupar espaço, utilizou-se igualmente o til na transcrição fonética. Substitui todas as transcrições integrais anteriores que não sofreram alterações:

b) To save space the tilde has been made use of in many places within the phonetic transcription. It replaces any part of the preceding complete transcription which remains unchanged:

gym·nasi·um [dʒɪmˈneɪzɪəm]
~·nas•tics [‿ˈnæstɪks]

3. Áreas do conhecimento:
A área do conhecimento a que pertence uma entrada ou algum dos seus significados é indicada por meio de abreviaturas (ver páginas finais) ou outras expressões por extenso. Uma abreviatura colocada imediatamente a seguir a uma entrada refere-se a todas as traduções. Uma abreviatura que antecede uma determinada tradução refere-se apenas a esta.

3. Subject labels:
The field of knowledge from which an English headword or some of its meanings are taken is indicated by abbreviated labels (see back pages) or other labels written out in full. A label placed immediately after the headword refers to all translations. A label preceding an individual translation refers to this only.

4. Uso:
A indicação do nível de uso por meio de abreviaturas como F ou *sl.* refere-se à entrada principal. Sempre que possível, utilizou-se o mesmo nível na tradução.

4. Usage labels:
The indication of the level of usage by abbreviations such as F, *sl.* etc refers to the English headword. Wherever possible the same level of usage between headword and translation has been aimed at.

5. Referências gramaticais:
a) No apêndice (ver p. 596) encontra-se uma lista dos verbos irregulares ingleses.

b) Um adjectivo seguido do símbolo □ significa que o advérbio se constrói de forma regular, *i. e.*, acrescentando ...ly ao adjectivo ou mudando ...le para ....ly ou ....y para ...ily.

c) (*~ally*) significa que o advérbio se forma acrescentando ...ally ao adjectivo.

5. Grammatical references
a) In the appendix (see p 596) you will find a list of irregular verbs.

b) An adjective marked with □ takes the regular adverbial form, i.e. by affixing ...ly to the adjective or by changing ...le into ...ly or ...y into ...ily.

c) (*~ally*) means that an adverb is formed by affixing ...ally to the adjective.

6. Tradução
a) Por vezes dão-se em itálico e/ou entre parênteses informações sobre o uso de determinadas preposições ou regências gramaticais.

b) As preposições que regem uma entrada inglesa (verbo, adjectivo ou nome) são indicadas em ambas as línguas, sempre que necessário:

6. Translation
a) Some translations are supported by additional explanations which are printed in italics or shown between brackets.

b) Prepositions governing an English catchword (verb, adjective, noun) are given in both languages:

place... *order:* encomendar (***with s.o.*** a alguém)
crit•i•cism... crítica *f* (***of*** de)

7. Frases ilustrativas: Os exemplos e a respectiva tradução aparecem a seguir à tradução da entrada principal:

7. Illustrative phrases and their translations follow the translation of the headword:

> **gab...** *have the gift of the* ~ ter lábia
> **a•board...** *go ~ a train* entrar para um comboio

II) Dicionário Português-Inglês

II) Portuguese-English Dictionary

1. Entradas principais em português: a) As entradas principais foram rigorosamente organizadas por ordem alfabética. Isto aplica-se igualmente às formas irregulares, para as quais se acrescentaram informações adicionais.

1. Portuguese headwords: a) The alphabetical order of the headwords has been carefully observed throughout. This also applies to irregular forms, where additional cross-references to the basic forms are given.

2. O hífen (-) é utilizado como sinal de abreviatura antes da terminação feminina dos substantivos portugueses e indica a substituição da terminação da forma masculina. Indica também uma partícula de uma palavra no singular, substituída por uma partícula da forma plural.

2. The hyphen (-) is used as abbreviation before the feminine ending of Portuguese nouns and indicates the replacement of the ending of the masculine form. It also indicates a part of a singular word which has been replaced by a plural form.

> **empregado** *m*, **-a** *f* = empregada *f*
> **chinês** *m*, **-esa** *f* = chinesa *f*
> **carácter** (-acteres) = caracteres *pl*

3. O til (~), o sinal (&) e o separador (|)

3. The tilde (~) the sign (&) and the vertical bar (|)

a) A falta de espaço impõe muitas vezes a reunião num só grupo palavras derivadas ou compostas.

a) To save space derivatives and compounds have often been grouped together.

O separador vertical (|) separa do primeiro vocábulo a parte comum a todos os outros reunidos no mesmo grupo.

The vertical bar (|) separates the part of the headword which is common to all the other words of the same group.

O til (~) substitui por inteiro o primeiro vocábulo de um parágrafo ou representa a primeira parte desse vocábulo, separada pelo separador vertical (|). Além disso, substitui por inteiro o vocábulo imediatamente anterior e que, ele próprio, pode ser formado por meio do til.

The tilde (~) replaces the whole headword or its first part when separated by the vertical bar (|). Besides, it replaces the whole word on the left when this one is formed by means of a tilde.

A transformação de maiúscula em minúscula ou vice-versa é indicada pelo sinal &.

When the initial letter changes from small to capital or vice versa, the usual tilde is replaced by &.

> **gagu|ejar**; **~ez** = gaguez
> **garraf|a**; **~ão** = garrafão; **~eira** = garrafeira
> **gás**; ~ *natural* = gás natural

4. Homógrafos

a) Os homógrafos portugueses de pronúncia diferente encontram-se separados e marcados com os números ^{1}, ^{2}, etc.

b) Os homónimos de etimologia diferente não puderam, por falta de espaço, ser tratados isoladamente. No entanto, alude-se às diferenças etimológicas, fazendo preceder os respectivos significados pelas letras a), b), c), etc.

5. Parênteses ( )

a) Os parênteses que abrangem algumas letras dentro de uma palavra significam que as duas formas podem ser usadas sem distinção:

(re)talhar = talhar e retalhar

b) São indicadas entre parênteses algumas referências gramaticais, com especial incidência nos verbos.

6.

No que diz respeito aos verbos, a regência das preposições está indicada sempre que seja diferente nos dois idiomas.

7. Tradução e significado

As diferenças de significado entre as traduções são assinaladas:
a) através de sinónimos em itálico entre parênteses;
b) através de complementos ou explicações em inglês ou português em itálico.

As palavras antepostas sem parênteses a substantivos e adjectivos indicam o campo de aplicação; antepostas a verbos indicam os objectos aos quais se podem aplicar. Palavras em itálico após a tradução de substantivos e adjectivos indicam possibilidades linguísticas de combinação; após verbos, indicam os sujeitos pelos quais as actividades podem ser exercidas;
c) através de abreviaturas antepostas (ver p. 611).

O ponto e vírgula separa uma tradução de outra, distinta; a vírgula distingue termos análogos.

4. Words with the same spelling

a) Words with the same spelling are indicated by means of numbers in superscript: ^{1}, ^{2}, etc.

b) To save space, the etimological differences of words with the same spelling but different meanings are indicated by means of letters: a), b), c), etc.

5. Brackets ( )

a) A group of letters within a word separated by brackets indicates that both forms may be used:

b) Some grammatical references are also indicated between brackets (with particular incidence on verbs).

6.

The use of certain prepositions with verbs is indicated whenever it differs in both languages.

7. Translation and meaning

The differences in meaning of the translations are indicated as follows:
a) by synonyms in italic between brackets;
b) by explanations in English or in Portuguese in italic.

Words that appear before nouns and adjectives without brackets indicate the field of application; before verbs they indicate the objects to which they may refer to. Words in italic after the translation of nouns and adjectives show possible linguistic combinations; after verbs, they refer to the subject of the action;

c) by abbreviations before the word (see p 611).

The semicolon (;) separates the different translations; the comma (,) indicates similar meanings.

Números (**1. ...; 2. ...**) ou letras (**a) ...; b) ...**) assinalam diferenças essenciais de significado ou várias espécies de palavras.

8. Indicações gramaticais

O género *(m, f)* e, eventualmente, o número *(pl)* dos substantivos portugueses é sempre indicado.

A indicação *m/f* junto de substantivos portugueses quer dizer que a respectiva palavra é usada em ambos os géneros.

As indicações *adj, adv, v/t, v/i, prep*, etc., utilizadas na totalidade do dicionário, são particularmente relevantes sempre que haja vocábulos subclassificados por números (**1. ...; 2. ...**).

a) Substantivos, adjectivos e verbos portugueses como vocábulos:
As formas do plural dos **substantivos** e **adjectivos** portugueses são indicadas entre parênteses, caso apresentem qualquer especificidade ortográfica. A abreviatura *inv* denota as palavras invariáveis no plural.

Os números e letras que, postos entre parênteses, acompanham cada **verbo** português — (1a), etc. — referem-se ao paradigma de conjugação a que o respectivo verbo obedece e que se encontra no fim do dicionário (ver p. 600). Aí encontra-se igualmente uma lista dos verbos irregulares ingleses mais importantes.

Numbers (**1. ...; 2. ...**) or letters (**a) ...; b) ...**) indicate important differences in meaning or several types of words.

8. Grammatical references

The gender *(m, f)* and sometimes the number *(pl)* of the Portuguese nouns is always indicated.

The abbreviation *m/f* after Portuguese nouns means that the word is the same for feminine and masculine.

The abbreviations *adj, adv, v/t, v/i, prep*, etc., used throughout, are particularly relevant whenever it is necessary to subdivide words by numbers (**1. ...; 2. ...**).

a) Portuguese nouns, adjectives and verbs as headwords:
The plural form of portuguese **nouns** and **adjectives** is indicated between brackets if it has an irregular spelling. The abbreviation *inv* refers to words which don't change in the plural.

The numbers and letters between brackets after each Portuguese **verb** — (1a), etc. — refer to its inflectional forms, which can be found at the end of the dictionary (see p. 600). A list of the English irregular verbs can also be found there.

Pronúncia Inglesa
English pronunciation

[ʌ]	much [mʌtʃ], come [kʌm]	Semelhante ao primeiro *a* de *lama*
[ɑː]	after ['ɑːftə], park [pɑːk]	Semelhante ao primeiro *a* de *mala*
[æ]	flat [flæt], madam ['mædəm]	Situa-se entre o *á* de *pá* e o *é* de *ré*
[ə]	after ['ɑːftə], arrival [ə'raɪvl]	Semelhante ao *a* de *mesa*
[e]	let [let], men [men]	Semelhante ao *e* aberto português
[ɜː]	first [fɜːst], learn [lɜːn]	Situa-se entre o *e* aberto e o *e* fechado
[ɪ]	in [ɪn], city ['sɪtɪ]	Semelhante ao *i* português, mas breve
[iː]	see [siː], evening ['iːvnɪŋ]	Semelhante ao *i* português, mas prolongado
[ɑ]	shop [ʃɒp], job [dʒɒb]	Semelhante ao *o* de *mó*
[ɔː]	morning ['mɔːnɪŋ], course [kɔːs]	Semelhante ao anterior, mas mais prolongado
[ʊ]	good [gʊd], look [lʊk]	Semelhante ao *o* de *porque*
[uː]	too [tuː], shoot [ʃuːt]	Semelhante ao *u* de *luva*, prolongado

[aɪ]	my [maɪ], night [naɪt]	Semelhante ao *ai* de *pai*
[aʊ]	now [naʊ], about [ə'baʊt]	Semelhante ao *au* de *mau*
[əʊ]	home [həʊm], know [nəʊ]	Semelhante ao som de *au* mas fechado
[eə]	air [eə], square [skweə]	Semelhante ao som *er* em *quer*
[eɪ]	eight [eɪt], stay [steɪ]	Semelhante ao *ei* de *leite*
[ɪə]	near [nɪə], here [hɪə]	Semelhante ao som *ia* de *pia*
[ɔɪ]	join [dʒɔɪn], choice [tʃɔɪs]	Semelhante ao *ói* de *jóia*
[ʊə]	you're [jʊə], tour [tʊə]	Semelhante ao *ua* de *lua*

[j]	yes [jes], tube [tjuːb]	Semelhante ao *i* de *miúda*
[w]	way [weɪ], one [wʌn], quick [kwɪk]	Semelhante ao *u* de *tu*

[ŋ]	thing [θɪŋ], English ['ɪŋglɪʃ]	Semelhante ao *ng* de ângulo
[r]	room [ruːm], hurry ['hʌrɪ]	Tem um som fraco e rolado
[s]	see [siː], famous ['feɪməs]	Semelhante ao *s* no início das palavras, como em *sorte*
[z]	zero ['zɪərəʊ], is [ɪz], runs [rʌnz]	Semelhante ao *z* de *zurrar*
[ʃ]	shop [ʃɒp], fish [fɪʃ]	Semelhante ao *ch* de *chuva*
[tʃ]	cheap [tʃiːp], much [mʌtʃ]	Semelhante ao anterior, antecedido de *t*
[ʒ]	television ['telɪvɪʒn]	Semelhante ao *j* de *jogo*
[dʒ]	just [dʒʌst], bridge [brɪdʒ]	Semelhante ao *dj* de *adjectivo*
[θ]	thanks [θæŋks], both [bəʊθ]	Sem correspondência em português. Aproxima-se do som *se* pronunciado com a língua entre os dentes.
[ð]	that [ðæt], with [wɪð]	Semelhante ao som do *d* português
[v]	very ['verɪ], over ['əʊvə]	Semelhante ao português
[x]	loch [lɑx], ugh [ʌx]	Semelhante ao som gutural do *j* espanhol

ː	depois de uma vogal significa que se trata de uma vogal longa
'	significa que a sílaba seguinte é acentuada

13

Lista dos sufixos normalmente dados sem transcrição fonética

-able [-əbl]	-ily [-ɪlɪ, əlɪ]
-age [-ɪdʒ]	-ing [-ɪŋ]
-ally [-əlɪ]	-ish [-ɪʃ]
-ance [-əns]	-ism [-ɪzəm]
-ancy [-ənsɪ]	-ist [-ɪst]
-ant [-ənt]	-istic [-ɪstɪk]
-ary [-ərɪ]	-ity [-ətɪ, -ɪtɪ]
-ation [-eɪʃn]	-less [-lɪs]
-ed [-d, -t, -ɪd]	-ly [-lɪ]
-ence [-əns]	-ment(s) [-mənt(s)]
-ency [-ənsɪ]	-ness [-nɪs]
-er [-ər]	-ry [-rɪ]
-ery [-ərɪ]	-ship [-ʃɪp]
-ess [-ɪs]	-tion [-ʃn]
-ible [-əbl]	-tional [-ʃənl]
-ical [-ɪkl]	-y [-ɪ]

A

a [ə, eɪ] *before vowel*: **an** [ən, æn] *art indef* um(a); por; cada; **not a(n)** nenhum(a); **all of ~ size** todos de igual tamanho; **$10 ~ year** dez dólares por ano; **twice ~ week** duas vezes por semana.

A1 [ˈeɪˈwʌn] F *adj* excelente.

a•back [əˈbæk] *adv* **taken ~** *fig* surpreendido, tomado de surpresa; consternado.

a•ban•don [əˈbændən] *v/t* abandonar; *hope*: perder; *plan*: desistir de.

a•base [ə beɪs] *v/t* degradar, humilhar; **~•ment** *s* degradação *f*; humilhação *f*.

a•bashed [əˈbæʃt] *adj* embaraçado.

a•bate [əˈbeɪt] *v/t* diminuir, reduzir; abater; *nuisance:* acabar com; **~ment** *s* redução *f*; quebra *f*.

ab•at•toir [ˈæbətwɑː] *s* matadouro *m*.

ab•bess [ˈæbɪs] *s* abadessa *f*; **ab•bey** [ˌɪ] *s* abadia *f*, convento *m*; **ab•bot** [ət] *s* abade *m*.

ab•bre•vi•ate [əˈbriːvɪeɪt] *v/t* abreviar; **~•a•tion** [əbriːvɪeɪʃn] *s* abreviatura *f*.

ABC [eɪbiːsiː] *s* alfabeto *m*; **~•weap•ons** armas ABQ *f pl* (atómicas, biológicas, químicas).

ab•di•cate [ˈæbdɪkeɪt] *v/t position, right, claim,* etc.: renunciar; abdicar; resignar; **~ (from) the throne** abdicar (do trono); **~•ca•tion** [æbdɪˈkeɪʃn] *s* abdicação *f*; renúncia *f*; resignação *f*.

ab•do•men *anat.* [ˈæbdəmən] *s* abdomen *m*; **ab•dom•i•nal** *anat.* [ˌˈdɒmɪnl] *adj* abdominal.

ab•duct *jur.* [æbˈdʌkt] *v/t* raptar.

a•bet [əˈbet] *v/t* **(-tt-): aid and ~** *jur.* ser cúmplice; **~•tor** *s* cúmplice *m;* instigador *m*.

a•bey•ance [əˈbeɪəns] **to be in ~** *jur.* estar pendente; não se aplicar temporariamente.

ab•hor [əbˈhɔː] *v/t* detestar; **~•rence** [ˌ ˈhɒrəns] *s* aversão *f* (**of** de); **~•rent**

adj que inspira aversão (**to** a); repugnante; odioso.

a•bide [əˈbaɪd] *v/i* **~ by the law/rules** cumprir, respeitar a lei/as regras (do jogo); **I can't ~ him** não o suporto.

a•bil•i•ty [əˈbɪlɪtɪ] *s* capacidade *f;* competência *f*.

ab•ject [ˈæbdʒekt] *adj* miserável; abjecto, desprezível; **in ~ poverty** numa pobreza extrema.

ab•jure [əbˈdʒʊə] *v/t* abjurar; renegar.

a•blaze [əˈbleɪz] *adv and adj* flamejante, a arder, em chamas; *fig.* brilhante, reluzente (**with** de).

a•ble [ˈeɪbl] *adj* capaz; competente; esperto; **be ~ to** poder, ser capaz de; **~•bod•ied** [ˌ ˈbɒdɪd] forte, robusto; **~ seaman** primeiro marinheiro *m*.

ab•nor•mal [æbˈnɔːml] *adj* anormal; fora do vulgar; excepcional.

a•board [əˈbɔːd] *adv* a bordo **all ~** *mar.* todos para bordo; **~ a bus** num autocarro; **go ~ a train** subir para o comboio.

a•bode [əˈbəʊd] *s a.* **place of ~** domicílio *m*, residência *f*; **of or with no fixed ~** sem residência fixa.

a•bol•ish [əˈbɒlɪʃ] *v/t* abolir, extinguir.

ab•o•li•tion [æbəˈlɪʃn] *s* abolição *f,* extinção *f*; **~•ist** *hist.* [ˌ ʃənɪst] *s* abolicionista *m/f*, adversário da escravatura dos Negros.

A-bomb [ˈeɪbɒm] → **atom(ic) bomb**.

a•bom•i•na•ble [əˈbɒmɪnəbl] *adj* abominável, detestável; **~•nate** [ˌ neɪt] *v/t* abominar, detestar; **~•na•tion** [ˌ ˈneɪʃn] *s* abominação *f*.

ab•o•rig•i•nal [æbəˈrɪdʒənl] **1.** *adj* nativo; indígena **2.** *s* nativo *m;* **~•ne** [ˌ dʒənɪ] *s* aborígene *m/f* (*esp. in Australia*).

a•bort [əˈbɔːt] *v/t and v/i med.* abortar; *space flight etc.*: suspender; *fig.*

fracassar; malograr-se; **a•bor•tion** *med.* [ʃn] *s* aborto *m;* aborto provocado; **have an** ~ fazer um aborto; **a•bor•tive** *adj* □ prematuro, abortado; sem êxito.

a•bound [ə'baʊnd] *v/i* abundar; ser rico (**in** em); estar cheio (**with** de).

a•bout [ə'baʊt] **1.** *prep* sobre, acerca de, relativamente a; **I had no mo-ney** ~ **me** não tinha dinheiro comigo; **what are you** ~ o que é que está a fazer?; **2.** *adv* em volta de, em redor; aqui e ali; aproximadamente; **be** ~ **to** estar prestes a; ocupar-se de; **it's** ~ **to rain** vai começar a chover.

a•bove [ə'bʌv] **1.** *prep* sobre, acima de, por cima de; ~ **all** sobretudo; **2.** *adv* em cima, por cima de; **3.** *adj* supracitado.

a•breast [ə'brest] *adv* lado a lado; **keep/be** ~ **of** manter-se a par de, acompanhar os progressos.

a•bridge [ə'brɪdʒ] *v/t* resumir; reduzir; **a•bridg(e)•ment** *s* resumo *m;* redução *f.*

a•broad [ə'brɔːd] *adv* no estrangeiro; em diferentes direcções; **the news soon spread** ~ não tardou a correr a notícia.

a•brupt [ə'brʌpt] *adj* □ súbito; apressado; abrupto; brusco; escarpado.

ab•scess *med.* ['æbsɪs] *s* abcesso *m.*

ab•scond [əb'skɒnd] *v/i* desaparecer em segredo; fugir à acção da justiça.

ab•sence ['æbsəns] *s* ausência *f;* falta *f.*

ab•sent 1. ['æbsənt] *adj* ausente; inexistente; **be** ~ faltar **(from school)** à escola, **(from work)** ao emprego **2.** *v/t* [æb'sent] ~ **o.s. from** ausentar-se de; ~**-mind•ed** *adj* □ distraído.

ab•so•lute ['æbsəluːt] *adj* □ absoluto; perfeito; *quím.* absoluto, puro; ~**•ly** *adv* absolutamente, completamente; ~! precisamente!, absolutamente!, sim!

ab•so•lu•tion *eccl.* [æbsə'luːʃn] *s* absolvição *f.*

ab•solve [əb'zɒlv] *v/t* absolver.

ab•sorb [əb'sɔːb] *v/t* absorver; monopolizar; ocupar a atenção de; ~**•ing** *adj fig.* absorvente; empolgante.

ab•sorp•tion [əb'sɔːpʃn] *s* absorção *f.*

ab•stain [əb'steɪn] *v/i* abster-se (**from** de).

ab•ste•mi•ous [æb'stiːmɪəs] *adj* □ abstémio; sóbrio.

ab•sten•tion [əb'stenʃn] *s* abstenção *f.*

ab•stiǀ**nence** [æbstɪnəns] *s* abstinência *f;* ~**•nent** *adj* □ abstinente; sóbrio.

ab•stract 1. *adj* □ ['æbstrækt] abstracto; **2.** *s* [ ] abstracto *m;* extracto *m;* resumo *m;* **3.** *v/t* abstrair; subtrair, surripiar; **main points from a book,** *etc.:* extrair, tirar (excertos); ~**•ed** ['stræktɪd] *adj* □ *fig.* distraído; preocupado; **ab•strac•tion** ['strækʃn] *s* abstracção *f;* ideia *f* abstracta.

ab•surd [əb'sɜːd] *adj* □ absurdo; disparatado.

a•bunǀ**dance** [ə'bʌndəns] *s* abundância *f;* ~**•dant** *adj* □ abundante.

a•buse 1. *s* [ə'bjuːs] abuso *m;* insulto *m;* injúria *f;* **2.** *v/t* injuriar; abusar; **a•bu•sive** *adj* □ injurioso, abusivo.

a•but [ə'bʌt] *v/i* **(-tt-)** confinar; ser contíguo (**on** a).

a•byss [ə'bɪs] *s* abismo *m.*

ac•a•dem•ic [ækə'demɪk] **1.** *s* académico *m;* professor *m* universitário; **2.** *adj* **(~ally)** academicamente, de maneira teórica; **a•cad•e•mi•cian** [əkædə'mɪʃn] *s* membro *m* de uma academia; **a•cad•e•my** [ə'kædəmɪ] *s* academia *f;* ~ **of music** Escola Superior de Música.

ac•cede [æk'siːd] *v/i* ~ **to** concordar com; ocupar (um lugar, cargo); *throne:* subir ao trono.

ac•cel•eǀ**rate** [ək'seləreɪt] *v/t and v/i* acelerar; aumentar a velocidade; ~**•ration** ['reɪʃn] *s* aceleração *f;* ~**•rator** [tə] *s* acelerador *m.*

ac•cent 1. *s* ['æksent] acento *m* (*a. gr.*); **2.** *v/t* [æk'sent] → **ac•cen•tu•ate** ['sentjʊeɪt] acentuar; reforçar, sublinhar.

ac•cept [ək'sept] *v/t* aceitar, concordar; **ac•cep•ta•ble** *adj* □ aceitável; ~**ance** *s* aceitação *f;* aprovação *f.*

ac•cess ['ækses] *s* acesso *m;* entrada *f;* *fig.* acesso *m;* (**to** a); **easy of** ~ acessível (pessoa); ~ **road** rua *f* de acesso; acesso *m* rodoviário.

accessary *jur.* [ək'sesərɪ] → **accessory** 2.

ac•ces|si•ble [ək'sesəbl] *adj* acessível; aberto a; **~•sion** ['ʃn] *s* aumento *m;* incremento *m;* admissão *f;* tomada de posse; **~ to power** subida *f* ao poder; **~ to the throne** ascensão *f* ao trono.

ac•ces•so•ry [ək'sesərɪ] **1.** *adj* acessório; **2.** *s jur.* cúmplice; **accessories** *pl* acessórios; *fashion:* acessórios *m pl.*

ac•ci|dent ['æksɪdənt] *s* acidente *m;* desastre *m;* **by ~** por acaso; **~•dental** *adj* □ casual, fortuito.

ac•claim [ə'kleɪm] *vt* aclamar; saudar com aclamações.

ac•cla•ma•tion [æklə'meɪʃn] *s* aclamação *f;* elogio *m.*

ac•cli•ma•tize [ə'klaɪmətaɪz] *v/t and v/i* aclimatar(-se); habituar-se.

ac•com•mo|date [ə'kɒmədeɪt] *v/t* acomodar; hospedar; alojar; ajudar (alguém **with** com dinheiro, etc.); **~•da•tion** ['deɪʃn] *s* acomodação *f;* alojamento *m.*

ac•com•pa|ni•ment *mus.* [ə'kʌmpənɪmənt] *s* acompanhamento *m;* **~•ny** *v/t* acompanhar.

ac•com•plice [ə'kʌmplɪs] *s* cúmplice *f/m.*

ac•com•plish [ə'kʌmplɪʃ] *v/t* completar; realizar; *aim, purpose:* alcançar; **~ed** *adj* acabado; perfeito; **~•ment** *s* realização *f;* conclusão *f;* coisa feita *f* ou conseguida; *skill:* dotes, talento.

ac•cord [ə'kɔːd] **1.** *s* acordo *m;* **of one's own ~** de moto próprio; **with one ~** unânime; **2.** *v/i* concordar; conceder; outorgar; **•ance** *s* acordo *m;* conformidade *f;* **in ~ with** em conformidade com; de acordo com; segundo; **~•ant** *adj* conforme a; **~•in-gly** *adv* em conformidade com isto; em consequência disto; **~•ing to** conforme; de acordo com; **~ how** conforme.

ac•cost [ə'kɒst] *v/t person, esp. stranger:* dirigir-se a, abordar.

ac•count [ə'kaʊnt] **1.** *s econ.* conta *f;* cálculo *m;* valor *m;* relato *m;* narrativa *f;* descrição *f;* **by all ~s** segundo o que todos dizem; **of no ~** sem impor-tância; **on no ~** de maneira alguma; **on ~ of** por causa de; **take into ~, take ~ of** ter em (linha de) conta, ter em consideração; **turn sth. to (good)** ~ tirar partido de alguma coisa, aproveitar bem; **keep ~s**, fazer a contabilidade; **call to ~** chamar à responsabilidade; **give an ~ of** fazer uma exposição/um relato **2.** *v/i:* **~ for** dar contas de; justificar; explicar-se; **ac•coun•ta•ble** *adj* □ responsável; **ac•coun•tant** *s econ.* contabilista *m/ f;* **~•ing** *s econ.* contabilidade *f;* profissão de contabilista; escrituração comercial; **~ num•ber** *s* número de conta; **~s de•part•ment** contabilidade *f.*

ac•cu•mu|llate [ə'kjuːmjʊleɪt] *v/t and v/i* acumular; fazer fortuna; **~•la•tion** *s* acumulação *f.*

ac•cu|racy [ˈækjʊrəsɪ] *s* precisão *f;* **~•rate** *adj* □ preciso, exacto.

ac•cu•sa•tion [ækjuːˈzeɪʃn] *s* acusação *f;* incriminação *f.*

ac•cu•sa•tive *gr.* [əˈkjuːzətɪv] *s a.* **~ case** acusativo *m.*

ac•cuse [əˈkjuːz] *v/t* acusar; incriminar; **the ~d** o réu *m;* **ac•cus•er** *s* acusador *m;* **ac•cus•ing** *adj* □ acusador.

ac•cus•tom [əˈkʌstəm] *v/t* acostumar, habituar (**to** a); **~ed** *adj* habituado, acostumado (**to** a; **to doing** a fazer).

ace [eɪs] *s* ás *m;* **have an ~ up one's sleeve**, *Am.* **have an ~ in the hole** *fig.* ter um trunfo na manga, ter alguma coisa de reserva; **within an ~** por um triz.

ache [eɪk] **1.** *v/i* doer; sentir dor; **2.** *s* dor *f.*

a•chieve [əˈtʃiːv] *vt* realizar; alcançar; **~•ment** *s* realização *f;* proeza *f.*

ac•id ['æsɪd] **1.** *adj* ácido; amargo; *fig.* cortante; **~ rain** chuva ácida; **2.** *s adj chem.* ácido; **a•cid•i•ty** [əˈsɪdətɪ] *s.* acidez *f.*

ac•knowl|edge [ək'nɒlɪdʒ] *vt* reconhecer; admitir; *receipt:* acusar; **~•edg(e)ment** *s* reconhecimento *m;* admissão *f;* **in ~ of** em reconhecimento de.

a•corn *bot.* ['eɪkɔːn] *s* bolota *f.*

a•cous•tics [ə'kuːstɪks] *s pl* acústica *f (of room, hall, etc.).*

ac•quaint [ə'kweɪnt] *v/t: ~ s.o. with sth.* pôr alguém ao corrente de alguma coisa: *be ~ed with* conhecer; **~•ance** *s* conhecimento *m;* conhecido *m,* pessoa *f* conhecida.

ac•qui•esce [ækwɪ'es] *v/i (in)* aquiescer; concordar.

ac•quire [ə'kwaɪə] *v/t* adquirir *(a. knowledge).*

ac•qui•si•tion [ækwɪ'zɪʃn] *s* aquisição *f;* progresso *m;* avanço *m.*

ac•quit [ə'kwɪt] *v/t (tt) jur.* absolver *(of a charge* de uma acusação); *~ o.s. of duty:* cumprir (dever) *~ o.s. well* sair-se, comportar-se bem; **~•tal** *s jur.* absolvição *f.*

a•cre ['eɪkə] *s* acre *(med. agr.* 4047 m^2 = 0,4 hectares).

ac•rid ['ækrɪd] *adj* □ acre; amargo; cáustico.

a•cross [ə'krɒs] **1.** *adv* através de; de lado a lado; do outro lado; **2.** *prep* através de; do outro lado; *come ~, run ~* encontrar, dar com (alguém).

act [ækt] **1.** *v/i* agir; actuar; *(thea.)* entrar em cena, representar, desempenhar um papel; *~ out* preludiar; **2.** *s* acto *m;* acção *f; thea.* acto *m; jur.* lei *f;* decreto *m;* **~•ing 1.** *s* acção *f;* actuação *f; thea.* desempenho *m;* actuação *f;* **2.** *adj* interino; substituto.

ac•tion ['ækʃn] *s* acção *f; thea., film, jur.* acção *f,* processo *m; mil.* acção *f; take ~* agir, tomar providências; *out of ~ machine:* fora de serviço.

ac•tive ['æktɪv] *adj* activo; trabalhador, diligente; *~ voice gr.* voz activa; **ac•tiv•ist** *s* activista *m/f;* **ac•tiv•i•ty** [æk'tɪvətɪ] *s* actividade *f.*

ac•tor ['æktə] *s* actor *m;* **ac•tress** [ˌ_trɪs] *s* actriz *f.*

ac•tu•al ['æktʃuəl] *adj* □ real, verdadeiro; efectivo; **•~ly** *adv in fact:* na realidade, efectivamente; *by the way:* aliás, a propósito.

a•cute [ə'kjuːt] *adj* □ *(~r, ~st)* agudo; aguçado; pertinente *(question, problem); med.* agudo.

ad F [æd] → *advertisement.*

ad•a•mant ['ædəmənt] *adj* □ inflexível, renitente, obstinado.

a•dapt [ə'dæpt] *v/t* adaptar *(to* a); *text:* adaptar *(from* de) *tech.* modificar *(to);* **ad•ap•ta•tion** [ædæp'teɪʃn] *s* adaptação; **a•dapter, a•dapt•or** *s electr.* adaptador *m,* transformador *m.*

add [æd] *v/t* acrescentar, juntar; *~ up* adicionar; *v/i: ~ to* aumentar, acrescer; *~ up fig.* F fazer sentido.

ad•dict ['ædɪkt] *s* viciado *m; alcohol/drug/TV* ~ viciado no álcool, na droga, na TV; *sports, etc.:* fanático, apaixonado, doido por; **~•ed** [ə'dɪktɪd] *adj* viciado, dependente *(to);* **be ~ to alcohol (drugs, television)** ser viciado em álcool (drogas, televisão); **ad•dic•tion** ['ʃn] *s* vício *m;* dependência *f.*

ad•di•tion [ə'dɪʃn] *s* adição *f;* suplemento *m;* acrescentamento *m; math:* soma *f;* adição *f; in* ~ além disso, acresce que; *in ~ to* além de; **~•al** ['l] *adj* □ suplementar; adicional.

ad•dress [ə'dres] **1.** *v/t* endereçar; dirigir a palavra; falar, usar da palavra **2.** *s* endereço *m;* alocução *f;* discurso *m;* **~•ee** [ædre'siː] *s* destinatário *m.*

ad•ept ['ædept] **1.** *adj* conhecedor; versado *(at, in* em) **2.** s. perito *m (at, in* em).

ad•e•qua•cy ['ædɪkwəsɪ] *s* adequação *f;* **~•quate** *adj* □ adequado.

ad•here [əd'hɪə] *v/i (to)* aderir, colarse a; *fig.* perfilhar (ideia, etc.); **ad•her•ence** *s* aderência *f; fig.* fidelidade *f;* **ad•her•ent** *s* aderente *m/f;* partidário *m.*

ad•he•sive [əd'hiːsɪv] **1.** *adj* □ pegajoso; que adere; *~ plaster* penso *m* rápido; emplastro *m; ~ tape* adesivo *m;* **2.** *s* cola *f.*

ad•ja•cent [ə'dʒeɪsnt] *adj* □ adjacente; contíguo *(to* a); confinante.

ad•jec•tive *gr.* ['ædʒɪktɪv] *s* adjectivo *f.*

ad•join [ə'dʒɔɪn] *v/t* ser contíguo a.

ad•journ [ə'dʒɜːn] *v/t* adiar; suspender; interromper (reunião); **~•ment** *s* adiamento *m;* suspensão *f;* interrupção *f.*

ad•just [ə'dʒʌst] *v/t* ajustar; *conflict:* harmonizar; *mechanism and fig.:* rectificar; **~•ment** *s* ajustamento *m;* harmonização *f;* rectificação *f.*

ad•min•is•ter [əd'mɪnɪstə] *v/t* administrar; gerir; aplicar; *med.* administrar; *~ justice* administrar justiça; *~*

an oath to so. jur. ajuramentar; **~•tra•tion** [ədmɪnɪ'streɪʃn] *s* administração *f;* **~•tra•tive** [əd'mɪnɪstrətɪv] *adj* □ administrativo; **~•tra•tor** [ˌtreɪtə] *s* administrador *m.*

ad|mi•ra•ble ['ædmərəbl] *adj* □ admirável; **~•mi•ra•tion** [ædmə'reɪʃn] *s* admiração *f;* **~•mire** [əd'maɪə] *v/t* admirar; **~•mir•er** *s* admirador *m.*

ad•mis|si•ble [əd'mɪsəbl] *adj* □ admissível; **~•sion** ['ʃn] *s* admissão *f;* entrada *f;* confissão *f;* **~ free** entrada livre.

ad•mit [əd'mɪt] *v/t (-tt-)* admitir; permitir a entrada (**to, into,** em); **~•tance** *s* admissão *f;* entrada *f;* acesso *m;* **no ~** entrada proibida.

ad•mix•ture [æd'mɪkstʃə] *s* mistura *f;* dose *f.*

ad•mon•ish [əd'mɒnɪʃ] *v/t* exortar; advertir; avisar (**of, against** sobre, contra); admoestar; **ad•moni•tion** [ædmə'nɪʃn] *s* exortação *f;* advertência *f.*

a•do [ə'duː] *s* barulho *m;* bulício *f;* **without much** *or* **more** *or* **further** **~** sem mais cerimónias ou hesitações.

ad•o•les|cence [ædə'lesns] *s* adolescência *f;* **~•cent 1.** *adj* adolescente; **2.** *s* adolescente *m/f.*

a•dopt [ə'dɒpt] *v/t* adoptar; tomar a seu cargo; escolher; **~ed child** filho *m* adoptivo; **a•dop•tion** [ˌpʃn] *s* adopção *f;* **a•dop•tivo** *adj* □ adoptivo; **~ child** filho *m* adoptivo; **~ parents** pais *m pl* adoptivos.

a•dor•a•ble [ə'dɔːrəbl] *adj* □ adorável; **ad•o•ra•tion** [ædə'reɪʃn] *s* adoração *f;* **a•dore** [ə'dɔː] *v/t* adorar.

a•dorn [ə'dɔːn] *v/t* adornar, ornamentar; **~•ment** [ˌmənt] *s* adorno *m;* ornamento *m.*

a•droit [ə'drɔɪt] *adj* □ destro; hábil.

a•dult ['ædʌlt] **1.** *adj* adulto; **2.** *s* adulto *m;* **~ education** educação *f* de adultos.

a•dul•ter•ate [ə'dʌltəreɪt] *v/t* falsificar; *wine:* adulterar.

a•dul•ter|er [ə'dʌltərə] *s* adúltero *m;* **~•ess** [ˌrɪs] *s* adúltera *f;* **~•ous** *adj* □ adúltero; **~•y** *s* adultério *m.*

ad•vance [əd'vɑːns] **1.** *vi time:* adiantar; promover; progredir; *v/t* avançar; *opinion:* contribuir com;

money: adiantar; *price:* propor; **2.** *s* investida; progresso; adiantamento; avanço; **in ~** antecipadamente; **~d** *adj* avançado; adiantado; **~ for one's years** adiantado para a idade; **~•ment** *s* avanço *m;* progresso *m.*

ad•van|tage [əd'vɑːntɪdʒ] *s* vantagem *f;* superioridade *f;* supremacia *f;* proveito *m;* **take ~ of** tirar partido; **~•ta•geous** [ædvən'teɪdʒəs] *adj* □ vantajoso.

ad•ven|ture [əd'ventʃə] *s* aventura *f;* risco *m;* especulação *f;* **~•tur•er** *s* aventureiro *m;* especulador *m;* **~•tur•ous** *adj* • aventureiro; empreendedor.

ad•verb *gr.* ['ædvɜːb] *s* advérbio *m.*

ad•ver•sa•ry ['ædvəsərɪ] *s* adversário *m;* **ad•verse** ['ædvɜːs] *adj* □ adverso; desfavorável; prejudicial (**to** a, para); **ad•ver•si•ty** [əd'vɜːsətɪ] *s* adversidade *f.*

ad•vert F ['ædvɜːt] → *advertisement.*

ad•ver|tise ['ædvətaɪz] *v/t and v/i* anunciar; tornar público; dar a conhecer; **~•tise•ment** [əd'vɜːtɪsmənt] *s* anúncio *m;* reclame *m;* publicidade *f;* **~•tis•ing** ['ædvətaɪzɪŋ] **1.** *s* publicidade *f;* **2.** *adj* publicitário; **~ agency** agência de publicidade *f.*

ad•vice [əd'vaɪs] *s* conselho *m;* opinião *f;* resposta *f;* **take medical ~** consultar o médico; **take my ~** ouve o que eu te digo, escuta o meu conselho; **a piece of ~** um conselho.

ad•vi•sab•le [əd'vaɪzəbl] *adj* □ aconselhável; **ad•vise** [əd'vaɪz] *v/t* aconselhar; *esp. econ.* informar, prevenir, manter ao corrente; *v/i* aconselhar-se. **ad•vis•er** *Am. a.* **advisor** *s* conselheiro *m;* consultor *m;* **ad•vi•so•ry** *adj* consultivo.

ad•vo•cate ['ædvəkət] **1.** *s* advogado *m;* defensor *m;* patrono *m;* **2.** *v/t* [ˌkeɪt] advogar; defender.

aer•i•al ['eərɪəl] **1.** *adj* □ aéreo; **~•view** vista *f* aérea; **2.** *s* antena *f.*

aero- ['eərʊ] aero...

aer•o•bics [eə'rəʊbɪks] *s sg* aeróbica *f.*

aero|dy•nam•ic [eərəʊdaɪ'næmɪk] *adj (~ally)* aerodinâmico; **~•dyna-**

19

aerosol

mics *s sg* aerodinâmica *f;* ~•**nautics** [eərə'nɔːtɪks] *s* aeronáutica *f;* ~•**plane** ['eərəpleɪn] *Br.* avião *m.*

aer•o•sol ['eərəsɒl] *s* aerossol *m;* ~ **propellant** gás *m* motriz.

aes•thet•ic [iːsθetɪk] *adj (~ally)* estético; ~**s** *s sg* estética *f.*

a•far [ə'fɑː] *adv* longe, à distância.

af•fable ['æfəbl] *adj* □ afável.

af•fair [ə'feə] *s* negócio *m;* questão *f;* aventura *f* amorosa.

af•fect [ə'fekt] *v/t* afectar; ter influência sobre; usar, empregar; simular, fingir; **af•fec•ta•tion** [æfek'teɪʃn] afectação *f;* simulação *f;* ~•**ed** *adj* □ afectado, atacado *(by illness).*

af•fec•tion [ə'fekʃn] *s* afeição *f;* ~•**ate** *adj* □ afectuoso.

af•fil•i•ate [ə'fɪlɪeɪt] *v/t and v/i* afiliar; ~**d company** *econ.* filial *f.*

af•fin•i•ty [ə'fɪnətɪ] *s* afinidade *f;* *chem.* afinidade *f;* tendência *f (for, to* para).

af•firm [ə'fɜːm] *v/t* afirmar; asseverar; **af•fir•ma•tion** [æfə'meɪʃn] *s* afirmação *f;* **af•fir•ma•tive** [_ətɪv] **1.** adj □ afirmativo; **2.** *s* **answer in the** ~ responder afirmativamente.

af•fix [ə'fɪks] *v/t (to)* afixar; colar; acrescentar.

af•flict [ə'flɪkt] *v/t* afligir, atormentar; **af•flic•tion** *s* aflição *f;* calamidade *f.*

af•flu|ence ['æfluəns] *s* abundância *f;* riqueza *f;* afluência *f;* ~•**ent** *adj* □ rico, abundante; ~ **society** sociedade *f* do bem-estar; **2.** *s* afluente *m; of lake:* tributário *m.*

af•ford [ə'fɔːd] *v/t* ter os meios necessários; proporcionar, oferecer; **I can** ~ **it** tenho meios para isso, posso dar-me a esse luxo.

af•front [ə'frʌnt] **1.** *v/t* ofender; **2.** *s* ofensa *f.*

a•field [ə'fiːld] *adv* no campo; longe.

a•float [ə'fləut] *adj and adv* a boiar, a flutuar, à tona de água; **set** ~ *mar.* lançar à água.

a•fraid [ə'freɪd] *adj: be* ~ *of* ter medo ou receio de; **I'm** ~ **she won't come** receio bem que ela não venha; **I'm** ~ **I must go now** lamento, mas tenho de ir.

a•fresh [ə'freʃ] *adv* de novo.

Af•ri•can ['æfrikən] **1.** *adj* africano; **2.** *s* africano *m; Am. a.* negro *m.*

af•ter ['ɑːftə] **1.** *adv* posteriormente; mais tarde; depois; **2.** *prp* depois de; atrás de ; ~ **all** afinal de contas; **3.** *cj.* posterior; seguinte; **4.** *adj* mais tarde; ~•**effect** *s med.* efeito *m,* consequência *f;* ~•**math** *s* rescaldo *m;* ~•**noon** *s* tarde *f,* a parte da tarde; **this** ~ esta tarde; **good** ~**!** Boa tarde! ~•**taste** *s* ressaibo *m;* ~•**thought** *s* reflexão *f;* ideia que surge depois; ~•**wards** *adv* depois, mais tarde.

again [ə'gen] *adv* outra vez; ~ **and** ~, **time and** ~ muitas vezes; **as much** ~ o dobro; **against** [ə'genst] *prep de lugar* contra; *fig.* considerando que, em vista de; **as** ~ comparado com; **he was** ~ **it** ele opôs-se a.

age [eɪdʒ] **1.** *s* idade *f;* época *f; (old)* ~ velhice *f; (come) of* ~ atingir a maioridade; **be over** ~ ter demasiada idade; **under** ~ menor; **wait for** ~**s** esperar uma eternidade; **2.** *v/t and v/i* envelhecer; ~**d** ['eɪdʒid] *adj* idoso; ~ **twenty** vinte anos de idade; ~•**less** *adj* sempre jovem.

a•gen•cy ['eɪdʒənsɪ] *s* acção *f;* operação *f;* agência *f;* actividade *f.*

agenda [a'dʒenda] *s* ordem do dia *f.*

agent ['eidʒənt] *s* representante; *m/f;* agente; *m/f* agente *m* químico; remédio *m.*

ag•gra|vate ['ægrəveit] *v/t* agravar; F exasperar; ~•**vat•ing** *adj* irritante; agravante; insuportável.

ag•gre•gate 1. *v/t* ['ægrigeit] (*v/i* -se) agregar; reunir; orçar, elevar-se a; **2.** *adj* □ [_gət] global; colectivo; **3.** *s* agregado *m;* conjunto *m.*

ag•gres|sion [ə'greʃn] *s* agressão *f;* ~•**sive** [_sɪv] *adj* agressivo; *fig.* enérgico; ~•**sor** [_sə] *s* agressor *m.*

ag•grieved [ə'griːvd] *adj* magoado; ofendido.

a•ghast [ə'gɑːst] *adj and adv* aterrado; horrorizado.

ag•ile ['ædʒaɪl] *adj* □ ágil; expedito; **a•gil•i•ty** [ə'dʒɪlətɪ] *s* agilidade *f.*

ag•i|tate ['ædʒɪteɪt] *v/t* agitar; perturbar; *fig.* excitar; ~•**ta•tion** [ædʒɪ'teɪʃn] *s* agitação *f;* movimento *m;* ~•**tator** ['_teɪtə] *s* agitador *m.*

a•glow [ə'gləʊ] *adj and adv* inflamado; afogueado; *be* ~ estar corado, afogueado.

a•go [ə'gəʊ] *adv: a year* ~ há um ano.

ag•o•nize ['ægənaɪz] *v/i* agonizar.

ag•o•ny ['ægənɪ] *s* agonia *f;* paroxismo *m;* sofrimento *m.*

a•grar•i•an [ə'greərɪən] *adj* agrário.

a•gree [ə'griː] *v/i* concordar (*on upon* com); combinar; coincidir; acertar; ~ *to* consentir; estar de acordo; ~**a•ble** *adj* ☐ agradável; *(to)* conforme a; ~**•ment** *s* acordo *m;* tratado *m;* concordância *f;* contrato *m.*

ag•ri•cul•tur|al [ægrɪ'kʌltʃərəl] *adj* agrícola; ~ *policy* política agrícola; ~ *products* produtos agrícolas; ~**e** agricultura *f;* ~**•ist** *s* agricultor *m;* agrónomo *m.*

a•ground *mar.* [ə'graʊnd] *adj and adv* encalhado; *run* ~ encalhar.

a•head [ə'hed] *adj and adv* à frente, adiante; *go* ~*!* continue! *straight* ~ sempre em frente.

aid [eɪd] **1.** *v/t* ajudar; **2.** *s.* ajuda *f;* apoio *m.*

AIDS [eɪdz] *s* SIDA.

ail [eɪl] *v/i* incomodar; afligir; doer; *what* ~*s him?* que tem ele?: ~**•ing** *adj* doente, indisposto; ~**•ment** *s* dor *f;* incómodo *m.*

aim [eɪm] **1.** *v/i* visar (*at*), ~ *at* apontar; *be* ~*ing to do sth.* ter em vista (fazer alg. coisa); ~ *at weapon, etc.:* visar, fazer pontaria **2.** *s.* objectivo *m;* intenção *f; take* ~ *at* fazer pontaria; ~**•less** *adj* ☐ sem objectivo; sem destino.

air[1] [eə] **1.** *s* ar *m;* atmosfera *f;* aragem *f;* aspecto *m;* aparência *f; by* ~ por via aérea; *in the open* ~ ao ar livre; *on the* ~ no ar (rádio ou televisão), *be on the* ~ estar no ar; *go off the* ~ terminar a emissão; *give o.s* ~*s, put on* ~*s,* dar-se ares, fazer-se importante; *aer. go or travel by* ~ viajar de avião; **2.** *v/t* arejar; *fig.* exibir; debater.

air[2] *mus.* [_] *s* melodia *f.*

air|bag *mot.*['eəbæg] *s* airbag, almofada de choque; ~**•bed** *s* colchão *m* pneumático; ~**•borne** *adj aer.* transportado por avião; ~**•brake** *s tech.*

freio pneumático; ~**•con•di•tioned** *adj* com ar condicionado; ~**•con•di•tion•er** *s* ar *m* condicionado; ~**•craft** *s* (*pl.* -**craft**) avião *m;* ~ *carrier s* porta-aviões *m;* ~**•field** *s* campo *m* de aviação; ~**•force** *s* força *f* aérea; ~**•host•ess** *s aer.* hospedeira *f* de bordo; ~**•lift** *s* ponte *f* aérea; ~**•line** *s* linha *f* aérea; ~**•lin•er** *s* avião *m* de transporte; ~**•mail** *s* correio *m* aéreo; *by* ~ por correio aéreo; ~**•miss** choque de aviões evitado por pouco; ~**•plane** *s Am.* avião; ~**•pock•et** *s* poço *m* de ar; ~**•pol•lu•tion** *s* poluição *f* do ar; ~**•port** *s* aeroporto *m;* ~**•raid** *s* ataque *m* aéreo; ~**•route** *s aer.* rota *f* aérea; ~**•sick** *adj* enjoado (no voo); ~**•space** *s* espaço *m* aéreo; ~**•strip** *s* faixa *f* aérea; ~ *ter•mi•nal s* terminal *m* aéreo; ~**•tight** *s* hermeticamente fechado; ~**•traf•fic** *s* tráfego *m* aéreo; ~ *control* controlo *m* aéreo; ~ *controller* controlador *m* aéreo; ~**•worth•y** *adj* navegável.

air•y ['eərɪ] *adj* ☐ (-*ier*, -*iest*) arejado; exaltado.

aisle *arch.* [aɪl] *s* coxia *f;* nave *f* lateral.

a•jar [ə'dʒɑː] *adj and adv* entreaberto, encostado.

a•kin [ə'kɪn] *adj* aparentado (*to* com).

a•larm [ə'lɑːm] **1.** *s* alarme *m;* sinal *m* de alarme; alerta *m;* **2.** *v/t* alarmar; agitar; ~ *clock s* despertador *m.*

al•bum ['ælbəm] *s* álbum *m.*

al•co•hol ['ælkəhɒl] *s* álcool *m;* ~**•ic** [ælkə'hɒlɪk] **1.** *adj* (~*ally*) alcoólico; **2.** *s* alcoólico *m;* ~**•is•m** *s* alcoolismo *m.*

al•cove ['ælkəʊv] *s* alcova *f;* nicho *m.*

alder•man ['ɔːldəmən] *s* vereador *m;* magistrado *m* municipal.

ale [eɪl] *s* variedade de cerveja britânica.

a•lert [ə'lɜːrt] **1.** *adj* ☐ vigilante; **2.** *s* alarme *m;* grito *m* de alerta; **3.** *v/t* alertar (*to* para).

al•gae *biol.* ['ædʒiː, 'ælgaɪ] *s.* algas *f pl; plague of* ~ proliferação de algas.

al•i•bi ['ælɪbaɪ] *s* álibi *m;* desculpa *f;* pretexto *m.*

a•li•en ['eɪlɪən] **1.** *adj* alheio, estranho; estrangeiro; **2.** *s* (indivíduo) estrangeiro *m;* ~**•ate** *v/t* alienar; separar.

a•light [ə'laɪt] **1.** *adj* a arder, em chamas; iluminado; **2.** *v/t* descer (de veículo); desmontar; encontrar por acaso *(on, upon)*.

a•lign [ə'laɪn] *v/t* alinhar (**with** com); **~ o.s with** juntar-se a; aderir a.

a•like [ə'laɪk] **1.** *adj* semelhante; **2.** *adv* semelhantemente; de modo idêntico.

al•i•men•ta•ry [ælɪ'mentərɪ] *adj* alimentício; **~ canal** tubo *m* digestivo.

al•i•mo•ny *jur.* ['ælɪmənɪ] *s* pensão *f* de alimentos.

a•live [ə'laɪv] *adj* vivo; activo; cheio de *(with)*.

all [ɔːl] **1.** *adj* tudo; todo; **2.** *pron* tudo; todos; **3.** *adv* inteiramente, completamente; **~ at once** subitamente; **~ the better** tanto melhor; **~ but** quase; **~ in ~** tudo considerado, considerando bem as coisas; **~ right** muito bem!; **for ~ that** apesar de; **for ~ that I care** no que me toca, cá por mim; **for ~ I know** tanto quanto eu sei; **at ~** de todo; **not at ~** de modo nenhum; não tem de quê; **the score was two ~** o resultado foi um empate dois a dois.

all•Amer•i•can [ɔːlə'merɪkən] *adj* representativo de todos os Estados Unidos.

al•le•ga•tion [ælɪ'geɪʃn] *s* alegação *f*; **al•lege** [ə'ledʒ] *v/t* alegar; **al•leged** (*adv* **~ly**) ['ɪdlɪ] alegado.

al•le•giance [ə'liːdʒəns] *s* fidelidade *f*; obediência *f*.

al•ler|gic [ə'lɜːdʒɪk] *adj* alérgico (**to** a); **~•gy** ['ælədʒɪ] alergia *f*.

al•le•vi•ate [ə'liːvɪeɪt] *v/t* aliviar; mitigar.

al•ley ['ælɪ] *s* viela *f*; rua *f* estreita; vereda *f*; rua *f* de jardim; *bowling*: pista *f*.

al•li•ance [ə'laɪəns] *s* aliança *f*; **in ~ with** em colaboração com.

al•lo|cate ['æləkeɪt] *v/t* atribuir; fixar; **~•ca•tion** [ˌ'keɪʃn] *s* atribuição *f*.

al•lot [ə'lɒt] *v/t* (*-tt-*) atribuir; distribuir; **~•ment** *s* atribuição *f*; quinhão *m*.

al•low [ə'laʊ] *v/t* permitir; admitir; conceder; **~ for** tomar em consideração; deduzir; **~•a•ble** *adj* □ admissível, permissível; **~•ance** *s* remuneração *f*; subvenção *f*; subsídio *m*; *econ.* montante *m*; isento de contribuição;

fig. tolerância *f*; **make ~ (s) for sth**. tomar em consideração, ter em conta.

al•loy 1. *s* ['ælɔɪ] liga *f* de metais; **2.** *v/t* misturar metais.

all-round ['ɔːlraʊnd] *adj* de muitas facetas; **~•er** [ɔːl'raʊndə] *s* pau para toda a obra.

al•lude [ə'luːd] *v/t* aludir (**to** a).

al•lure [ə'ljʊə] *v/t* seduzir; **~•ment** *s* sedução *m*.

al•lu•sion [ə'luːʒn] *s* alusão *f*.

all-wheel drive *mot.* ['ɔːlwiːldraɪv] *s* tracção *f* às quatro rodas.

al•ly 1. *v/t and v/i* [ə'laɪ] aliar; aliar-se, unir-se (**to, with** a); **2.** *s* aliado *m*; **the Allies** *pl* os aliados *m pl*.

al•ma•nac ['ɔːlmənæk] *s* almanaque *m*.

al•might•y [ɔːl'maɪtɪ] *adj.* todo-poderoso; omnipotente; **the ♀** o Todo-Poderoso.

al•mond *bot.* ['ɑːmənd] *s* amêndoa *f*.

al•mo•ner *Br.* ['ɑːmənə] *s* funcionário *m* de hospital com funções de assistente social.

al•most ['ɔːməʊst] *adv* quase.

alms [ɑːmz] *s* esmola *f*.

a•loft [ə'lɒft] *adv* em cima, no alto.

a•lone [ə'ləʊn] *adj and adv* só, sozinho; **let** *or* **leave ~** deixar em paz; **let ~ ...** e isto para não falar em; fora.

a•long [ə'lɒŋ] **1.** *adv* para diante; ao longo de; **all ~** todo o tempo; **~ with** juntamente com; **come ~** vir (ir) com; **get ~ (with so.** com alguém); **take ~** levar consigo; **2.** *prep* ao longo de; **~•side** *adv and prep* ao lado de; encostado a.

a•loof [ə'luːf] **1.** *adv* à parte; **2.** *adj* afastado; reservado.

a•loud [ə'laʊd] *adv* em voz alta.

al•pha•bet ['ælfəbɪt] *s* alfabeto *m*.

al•pine ['ælpaɪn] *adj* alpino.

al•read•y [ɔːl'redɪ] *adj* já, nesta altura.

al•right [ɑːlraɪt] → **all right** (**all** 3).

al•so ['ɔːlsəʊ] *adv* também.

al•tar ['ɔːltə] *s* altar *m*.

al•ter ['ɔːltə] *v/t* (*v/i* -se) alterar, mudar; **~•a•tion** [ˌ'reɪʃn] *s* modificação *f*.

al•ter|nate 1. *v/t and v/i* ['ɔːltəneɪt] alternar; **alternating current** *electr.* corrente *f* alterna; **2.** *adj* □ alternativo; alternado; **3.** *s Am.* [ˌ] representante *m/f*; **~•na•tion** [ˌ'neɪʃn] *s* alternação *f;* alternativa *f;* **~•na•tive** [_'tɛːnətɪv] **1.** *adj* □ alternativo: **~ society** *s* sociedade *f* alternativa; **2.** *s* alternativa *f;* possibilidade *f.*

al•though [ɔːl'ðəʊ] *cj* embora, não obstante, se bem que.

al•ti•tude ['æltɪtjuːd] *s* altitude *f;* **at an ~ of** a uma altitude de.

al•to•geth•er [ɔːltə'geðə] *adv* ao todo, conjuntamente; integralmente.

al•u•min•i•um [æljʊ'mɪnɪəm] *Am.* **a•lu•mi•num** [ə'luːmɪnəm] *s* alumínio *m.*

al•ways ['ɔːlweɪz] *adv* sempre.

am [æm; əm] *1. sg pres of* **be**.

a•mal•gam•ate [ə'mælgəmeɪt] *v/t and v/i* amalgamar; amalgamar-se; fundir, unir por fusão.

a•mass [ə'mæs] *v/t* acumular.

am•a•teur ['æmətə] *s* amador *m;* **~•is•m** amadorismo *m.*

a•maze [ə'meɪz] *v/t* espantar, assombrar; **~•ment** *s* espanto, assombro; **a•maz•ing** *adj* □ espantoso, assombroso.

am•bas•sa•dor [æm'bæsədə] *pol.* embaixador (**to** em); enviado; **~•dress** ['drɪs] *s* embaixatriz *f.*

am•ber *min.* ['æmbə] *s* âmbar *m.*

am•bi•gu•i•ty [æmbɪ'gjuːtɪ] *s* ambiguidade *f;* **am•big•u•ous** [æm'bɪgjʊəs] *adj* □ ambíguo.

am•bi•tion [æm'bɪʃn] *s* ambição *f;* desejo *m;* **~•tious** ['ʃəs] *adj* □ ambicioso; desejoso.

am•ble ['æmbl] **1.** *s* andar *m* vagaroso; **2.** *v/i* andar sem pressas, vagarosamente.

am•bu•lance ['æmbjʊləns] *s* ambulância *f; mil.* hospital *m* ambulante.

am•bush ['æmbʊʃ] **1.** *s* emboscada *f;* **be** *or* **lie in ~ for s.o.** preparar uma emboscada, emboscar-se; **2.** *v/t* pôr de emboscada.

a•men [ɑː'men, eɪ'men] *int* amen.

a•mend [ə'mend] *v/t* melhorar, corrigir; **~•ment** *s* correcção *f;* emenda *f;* alteração *f;* proposta *f;* **~s** reparações *f pl;* **make ~ to s.o. for sth.** indemnizar alguém por alguma coisa.

a•men•i•ty [ə'miːnətɪ] *s often* **amenities** *pl* comodidades *f pl; of a town:* amenidades, oferta cultural e para tempos livres.

A•mer•i•can [ə'merɪkən] **1.** *adj* americano; **~ football** futebol americano; **~ plan** pensão completa (hotelaria); **~ studies** *pl* estudos americanos; **2.** *s* americano *m;* **~•is•m** ['ɪzəm] *s* americanismo *m.*

a•mi•a•ble ['eɪmɪəbl] *adj* □ amável, amigável.

am•i•ca•ble ['æmɪkəbl] *adj* □ amigo; bem-disposto; amistoso.

a•mid(st) [ə'mɪd(st)] *prep* entre, no meio de.

a•miss [ə'mɪs] *adj and adv* deslocado; mal; errado; **take ~** levar a mal.

am•mo•ni•a *chem.* [ə'məʊnɪə] *s* amoníaco *m.*

am•mu•ni•tion [æmjʊ'nɪʃn] *s* munições *m pl (a. fig.).*

am•ne•si•a [æm'niːzɪə] *s* amnésia *f.*

am•nes•ty ['æmnɪstɪ] *s* **1.** amnistia *f;* **2.** *v/t* amnistiar.

a•mok [ə'mɒk] *adv:* **run ~** enlouquecer; correr em frenesi.

a•mong(st) [ə'mʌŋ(st)] *prep* entre, no meio de (vários); **~ other things** entre outras coisas.

am•o•rous ['æmərəs] *adj* □ amoroso, carinhoso; **~ advances** tentativas de conquista amorosa.

a•mount [ə'maʊnt] **1.** *v/i (to)* equivaler a; **2.** *s* quantia *f;* montante *m;* importância *f.*

am•ple ['æmpl] *adj* □ **(~r, ~st)** amplo; abundante; grande.

am•pli•fi•er *electr.* ['æmplɪfaɪə] *s* amplificador *m;* **~•fy** *v/t* amplificar, aumentar; **~•tude** [_tjuːd] *s* amplitude *f;* abundância *f.*

am•pu•tate ['æmpjʊteɪt] *v/t* amputar.

a•muck [ə'mʌk] → **amok**.

a•muse [ə'mjuːz] *v/t (o.s)* divertir-se; entreter, divertir; **~•ment** *s* diversão *f;* entretenimento *m;* **~ arcade** salão *f* de diversões; **~ park** parque *m* de diversões; **a•mus•ing** ['ɪŋ] *adj* □ divertido, engraçado.

an [æn, ən] *indef art before vowel:* um, uma.

a•nae•mia *med.* [ə'niːmɪə] *s* anemia *f.*

an•aes•thet•ic [ænɪs'θetɪk] **1.** *adj* **(~ally)** anestésico; **2.** *s* anestesia *f;* **local ~** anestesia *f* local; **general ~** anestesia *f* geral.

a•nal•o|gous [ə'næləgəs] *adj* □ análogo; ~•gy ['dʒɪ] *s* analogia *f.*

an•a•lyse *esp. Br., Am.* -lyze ['ænəlaɪz] *v/t* analisar; a•nal•y•sis [ə'næləsɪs] *s* (*pl.* ses [-siːz]) análise *f.*

an•archy ['ænəkɪ] *s* anarquia *f;* caos *m.*

a•nat•o|mize [ə'nætəmaɪz] *v/t med.* anatomizar; dissecar; ~•my ['ɪ] *s med.* anatomia *f;* anatomização *f.*

an•ces|tor ['ænsestə] *s* antepassado *m;* ~•tral [æn'sestrəl] *adj* ancestral; ~•tress ['ænsestrɪs] *s* antepassada; ~•try [_rɪ] *s* linhagem *f;* ascendência *f.*

an•chor ['æŋkə] 1. *s* âncora *f; at* ~ ancorado 2. *v/t* ancorar, lançar a âncora; ~•age [_rɪdʒ] *s* ancoradouro *m.*

an•cho•vy *zoo.* ['æntʃəvɪ] *s* anchova *f.*

an•cient ['eɪnʃənt] 1. *adj* antigo; idoso; 2. *s the* ~s *hist.* os antigos *m pl;* os clássicos *m pl.*

and [ænd, ənd] *cj* e.

a•ne•mi•a *Am.* → anaemia.

an•es•thet•ic → anaesthetic.

a•new [ə'njuː] *adv* de novo.

an•gel ['eɪndʒel] *s* anjo *m.*

an•ger ['æŋgə] 1. *s* ira *f;* cólera *f; (at)* 2. *v/t* irritar; enfurecer.

an•gi•na *med.* [ændʒaɪnə] *s a.* ~ *pectoris* angina *f* de peito.

an•gle ['æŋgl] 1. *s* ângulo *m;* canto *m; fig.* ponto de vista *m;* 2. *vi* pescar com anzol *(for);* ~r [_ə] *s* pescador *m* à linha.

An•gli•can ['æŋglɪkən] 1. *adj eccl.* anglicano; *Am.* britânico, inglês: 2. *s eccl.* anglicano *m.*

Anglo-Saxon [æŋgləʊ'sæksən] 1. *adj* anglo-saxão; 2. *s* anglo-saxão *m.*

an•gry ['æŋgrɪ] *adj* □ *(-ier, ~iest)* irritado, zangado *(at* com).

an•guish ['æŋgwɪʃ] *s* angústia *f;* dor *f;* ~ed [_t] *adj* angustiado.

an•gu•lar ['æŋgjʊlə] *adj* □ angular, anguloso; ossudo.

an•i•mal ['ænɪml] 1. *s* animal *m;* 2. *adj* animal; animalesco; ~ **husbandry** pecuária *f.*

an•i|mate ['ænɪmeɪt] *v/t* animar; inspirar; estimular; ~•ma•ted *adj* vivo, animado; ~ *cartoon* desenho *m* animado; ~•ma•tion [ænɪmeɪʃn] *s* animação *f; of cartoons:* desenhos *m pl*

animados; *film:* filme de desenhos animados.

an•i•mos•i•ty [ænɪ'mɒsətɪ] *s* animosidade *f.*

an•kle *anat.* ['æŋkl] *s* tornozelo *m.*

an•nals ['ænlz] *s pl* anais *m pl.*

an•nex 1. *v/t* [ə'neks] anexar; juntar; 2. *s* ['æneks] anexo *m;* dependência *f* anexa; ~•a•tion [ænek'seɪʃn] *s* anexação *f;* incorporação *f.*

an•ni•hi•late [ə'naɪəlaɪt] *v/t* aniquilar.

an•ni•ver•sa•ry [ænɪ'vɜːsərɪ] *s* aniversário *m.*

an•no|tate ['ænəʊteɪt] *v/t* anotar; comentar; ~•tation [_'teɪʃn] *s* anotação *f;* comentário *m.*

an•nounce [ə'naʊns] *v/t* anunciar; proclamar; ~•ment *s* anúncio *m;* proclamação *f; radio, TV:* anúncio *m;* locução *f;* an•nounc•er *s radio, TV:* locutor *m.*

an•noy [ə'nɔɪ] *v/t* irritar; incomodar, arrelia; ~•ance *s* contrariedade *f,* aborrecimento *m,* arrelia *f;* ~•ing *adj* aborrecido, incómodo.

an•nu•al ['ænjʊəl] 1. *adj* □ anual; 2. *s bot.* planta que dura um ano; *book:* anuário *m.*

an•nu•i•ty [ə'njuːɪtɪ] *s* anuidade *f.*

an•nul [ə'nʌl] *v/t (-ll-)* anular, invalidar; ~•ment *s* anulação *f;* cancelamento *m.*

an•o•dyne *med.* ['ænəʊdaɪn] 1. *s* analgésico *m;* 2. *adj* analgésico.

a•noint *esp. eccl.* [ə'nɔɪnt] *v/t* ungir, untar.

a•nom•a•lous [ə'nɒmələs] *adj* □ anómalo, anormal.

a•non•y•mous [ə'nɒnɪməs] *adj* □ anónimo.

an•o•rak ['ænəræk] *s* anoraque *m.*

an•o•rex•i•a *med.*[ænə'reksɪə] *s* anorexia *f.*

an•oth•er [ə'nʌðə] *adj and pron* outro, outra; mais outro; um outro.

an•swer ['ɑːnsə] 1. *v/t et.* responder; corresponder; resolver; *jur.* responder em juízo; *tech.* obedecer; ~ *the bell or the door* abrir a porta; ~ *the telephone* atender o telefone; ~ *back* responder, contestar; ~ *for* responder por; 2. *s* resposta *f (to* a); ~•a•ble responsável.

ant *zoo.*[ænt] *s* formiga *f.*

an•tag•o|nis•m [æn'tægənızəm] s antagonismo m; rivalidade f; **~•nist** s antagonista f; adversário m; **~•nize** v/t contrariar; hostilizar.

an•te•ced•ent [æntı'siːdənt] **1.** adj □ antecedente, anterior; **2.** s: **~s** s pl antecedentes m pl.

an•te•date ['æntıdeıt] v/t letter: antedatar; event: antecipar.

an•te•lope zoo. ['æntıləup] s antílope m.

an•ten•na[1] zoo. [æn'tenə] s (pl **-nae** [-niː]) antena f.

an•ten•na[2] esp. Am. ['] s antena f de rádio.

an•te•room ['æntırum] s antessala f.

an•them mus. ['ænθəm] s hino m.

an•ti- ['æntı] contra; anti; **~•aircraft** adj mil. antiaéreo; **~•bi•ot•ic** [ˌbaı'ɒtık] s antibiótico m.

an•tic•i•pate [æn'tısıpeıt] v/t antecipar; apressar; esperar, contar com; **~•pa•tion** [ˌ'peıʃn] s antecipação f; expectativa f; antegosto m; **in ~** antecipadamente.

an•ti•clock•wise Br. [æntı'klɒkwaız] adj and adv no sentido inverso ao dos ponteiros do relógio.

an•ti|dote ['æntıdəut] s antídoto m; **~•freeze** s anticongelante m; **~•nu•cle•ar** adj antinuclear.

an•lip•a•thy [æn'tıpəθı] s antipatia f.

an•ti•quat•ed ['æntıkweıtıd] adj antiquado, desusado.

an•ti•que [æn'tiːk] **1.** adj antiquado, antigo; **~ dealer** antiquário; **~ shop**, esp. Am. **~ store** loja f de antiguidades; **an•tiq•ui•ty** [æn'tıkwətı] s antiguidade f.

an•ti|septic [æntı'septık] **1.** adj (**~ally**) anti-séptico; **2.** s anti-séptico; **~•so•cial** adj □ anti-social; **~•state** adj inimigo do Estado; **~ trust** adj Am.: **~ law** lei antimonopólio.

ant•lers ['æntləz] s pl chifres m pl (de veado).

a•nus anat. ['eınəs] s ânus m.

anx•i•e•ty [æŋ'zaıətı] s ansiedade f; inquietação f; angústia f (**for**); **anxious** ['æŋkʃəs] adj □ ansioso (**about**); ávido, desejoso (**for**); ansioso (**to do** para fazer).

an•y ['enı] **1.** adj and pron qualquer; algum, alguma, alguns, algumas; **not**

~ nenhum; **2.** adv de qualquer modo, de algum modo; **~•body** pron qualquer pessoa; alguém; **~•how** adv de uma maneira ou de outra; em todo o caso; **~•one** → **anybody**; **~•thing** pron qualquer coisa; **~ but** tudo menos (excepto); **~ else?** mais alguma coisa? **not ~** nada; **~•way** → **anyhow**; **~•where** adv em qualquer parte; em parte alguma.

a•part [ə'paːt] adv à parte; em separado; **~ from** sem contar com, além de.

a•part•heid [ə'paːtheıt] s apartaide m; política f de discriminação racial.

a•part•ment [ə'paːtmənt] s aposento m; aposentos m pl; Am. andar m; apartamento m; esp. Br. andar m mobilado; **~ house** Am. casa f alugada.

ap•a|thet•ic [æpə'θetık] adj (**~ally**) apático; **~•thy** ['æpəθı] s apatia f.

ape [eıp] **1.** s zoo. macaco **2.** v/t imitar.

a•pér•i•tif [əperı'tiːf] s aperitivo m.

ap•er•ture ['æpətjuə] s abertura f.

a•piece [ə'piːs] adv cada, por peça/cabeça.

a•po•lit•i•cal [eıpə'lıtıkəl] adj □ apolítico.

a•pol•o|getic [əpɒlə'dʒetık] adj (**~ally**) apologético; **~•gize** [ə'pɒlədʒaız] v/t pedir desculpa (**for** por; **to** a); **~•gy** [ı] s desculpa f; explicação f; **make** or **offer s.o. an ~ (for sth.)** apresentar desculpas a alguém (por alguma coisa).

ap•o•plex•y med. ['æpəpleksı] s apoplexia f.

a•pos•tle eccl. [ə'pɒsl] s apóstolo m.

a•pos•tro•phe ling. [ə'pɒstrəfı] s apóstrofe m.

ap•pal(l) [ə'pɔːl] v/t (**-ll-**) aterrar, espantar; **~•ling** □ adj aterrador, terrível.

ap•pa•ra•tus [æpə'reıtəs] s instrumento m; aparelho m; **the ~ of government** o aparelho governamental.

ap•par•ent [ə'pærənt] adj □ visível, manifesto; aparente.

ap•pa•ri•tion [æpə'rıʃn] s aparição f; fantasma m.

ap•peal [ə'piːl] **1.** v/t jur. recorrer; apelar; interpor recurso (**to**); apelar, dirigir-se a; agradar, atrair (**to**); **2.** s *jur.* apelo *m,* apelação *f,* recurso *m;* atracção *f;* **~ for mercy** pedido de indulto ou clemência; **~•ing** *adj* □ atraente.

ap•pear [ə'pɪə] *v/t* aparecer; parecer; **~•ance** *s* aparecimento *m;* aparência *f,* aspecto *m;* **to all ~s** segundo todas as aparências.

ap•pease [ə'piːz] *v/t* acalmar; aplacar; apaziguar.

ap•pend [ə'pend] *v/t* acrescentar; apensar; **~•age** [ɪdʒ] *s* apêndice *m;* acessório *m.*

ap•pen|di•ci•tis *med.*[əpendɪ'saɪtɪs] *s* apendicite *f;* **~•dix** [ə'pendɪks] *s* (*pl.* - *dixes, -dices* [-dɪsiːz]) apêndice *m; a.* **vermiform ~** *anat.* apêndice *m.*

ap•pe|tite ['æpɪtaɪt] *s (for)* apetite *m;* desejo *m;* **~•tiz•er** *s* algo que desperta o apetite; aperitivo *m;* **~•tiz•ing** *adj* □ apetitoso.

ap•plaud [ə'plɔːd] *v/t* aplaudir; bater palmas; elogiar; **ap•plause** [_z] *s* aplauso *m.*

ap•ple *bot.* ['æpl] maçã *f;* **~•cart** *s* **upset s.o.'s ~** estragar os planos de alguém; **~ pie** tarte *f* de maçã; **in ap-ple-pie order** de ponto em branco, de modo impecável.

ap•pli•ance [ə'plaɪəns] *s* ferramenta *f;* utensílios *m pl.*

ap•plic•a•ble ['æplɪkəbl] *adj* □ aplicável; apropriado (*to* a).

ap•pli•cant ['æplɪkənt] *s* candidato *m;* requerente *m (for);* **~•ca•tion** [_'keɪʃn] *s* requerimento *m;* candidatura *f* a emprego *(for);* **~ s program** *(computer)* programa de computador.

ap•ply [ə'plaɪ] *v/t (to)* requerer; dirigir-se a, consultar; *emprego:* candidatar-se, solicitar *(for).*

ap•point [ə'pɔɪnt] *v/t* determinar, designar; nomear, eleger *(s.o. alguém to para um cargo);* **~•ment** *s* nomeação *f;* entrevista *f;* consulta *f;* encontro *m* marcado; marcação *f.*

ap•por•tion [ə'pɔːʃn] *v/t* dividir, fazer partilhas.

ap•prais|al [ə'preɪzl] *s* avaliação *f;* **~e** [ə'preɪz] *v/t* avaliar; estimar.

ap•pre|cia•ble [ə'priːʃəbl] *adj* □ apreciável; calculável; **~•ci•ate** ['ʃɪeɪt] *v/t* apreciar; avaliar; com-

preender; *v/i econ.* encarecer, subir de valor; **~•ci•a•tion** [_ʃɪ'eɪʃn] *s* avaliação *f;* apreciação *f;* compreensão *f (of);* estima *f;* aumento *m* de preço.

ap•pre|hend [æprɪ'hend] *v/t* apreender, perceber; prender; **~•hension** [_ʃn] *s* apreensão *f;* receio *m;* compreensão *f;* **~•hensive** *adj* □ apreensivo; receoso (*for* por; *that* que).

ap•pren•tice [ə'prentɪs] **1.** *s* aprendiz **2.** *v/t* ensinar; **~•ship** *s* aprendizagem *f;* formação *f.*

ap•proach [ə'prəʊtʃ] **1.** *v/t* aproximar, aproximar-se de; abordar, dirigir--se a; aflorar; **2.** *s* aproximação *f;* acesso *m;* introdução *f;* abordagem *f;* **~ road** estrada *f;* via *f* de acesso.

ap•pro•ba•tion [æprə'beɪʃn] *s* aprovação *f;* assentimento *f.*

ap•pro•pri•ate 1. *v/t* [ə'prəʊprɪeɪt] apropriar-se; **2.** *adj* □ (*for, to* para) apropriado, adequado.

ap•prov|al [ə'pruːvl] *s* aprovação *f;* homologação *f;* **meet with ~** ter, receber aprovação; **~e** [_v] *v/t* aprovar, aceitar; **~ed** *adj* comprovado.

ap•prox•i•mate 1. *v/t* [ə'prɒksɪmeɪt] aproximar-se; **2.** *adj* □ ['mət] aproximado.

a•pri•cot *bot.* ['eɪprɪkɒt] *s* alperce *m;* damasco *m.*

A•pril ['eɪprəl] *s* Abril *m;* **~•fool** *s:* pessoa *f* que é enganada no dia 1 de Abril, dia das mentiras; **make an ~ of s.o.** pregar uma partida a alguém no dia 1 de Abril.

a•pron ['eɪprən] *s* avental *m;* **be tied to one's wife's (mother's) ~ strings** andar agarrado às saias da mãe.

apt [æpt] *adj* □ apto; apropriado; disposto a; dotado; **~ to** propenso a; **ap•ti•tude** [æptɪtjuːd] *s (for)* aptidão *f* para, talento *m;* **~ test** exame de aptidão.

aq•ua•lung ['ækwəlʌŋ] *s* aparelho *m* de respiração usado pelos mergulhadores.

a•quar•i•um [ə'kweərɪəm] *s* aquário *m.*

a•quat•ic [ə'kwætɪk] *adj* aquático; *s* planta *f* aquática; **~s** desportos *m pl* aquáticos.

aq•ue•duct ['ækwɪdʌkt] *s* aqueduto *m.*

aq•ui•line ['ækwɪlaɪn] *adj* aquilino; **~ nose** nariz *m* aquilino.

Ar•ab ['ærəb] *s* árabe. *m/f;* **Ar•a•bic** ['ɪk] **1.** *adj* árabe; **2.** *s* língua *f* árabe.

ar•a•ble ['ærəbl] *adj* arável.

ar•bitra•ry [ɑ:bɪtrərɪ] *adj* □ arbitrário; **~•trate** [_treɪt] *v/t* arbitrar: julgar; **~•tra•tion** [_'treɪʃn] *s* arbitragem *f;* mediação *f;* **•tra•tor** *jur.* ['_treɪtə] *s* árbitro *m;* mediador *m.*

ar•bo(u)r ['ɑ:bə] *s* caramanchão *m.*

arc [ɑ:k] *s electr.* arco *m* voltaico; **ar•cade** [ɑ:'keɪd] *s* arcada *f.*

arch¹ [ɑ:tʃ] **1.** *s* arco *m;* abóbada *f; anat. of foot:* metatarso *m;* **2.** *v/t and v/i* arquear; arquear-se; **~ over** abobadar.

arch² [_] *adj* grande; principal.

arch³ [_] *adj* □ astuto; travesso.

ar•cha•ic [ɑ:kcɪk] *adj (~ally)* arcaico.

arch|an•gel ['ɑ:keɪndʒəl] *s* arcanjo *m;* **~•bishop** ['ɑ:tʃbɪʃəp] *s* arcebispo *m.*

ar•cher ['ɑ:tʃə] *s* arqueiro *m;* **~•y** *s* tiro ao arco.

ar•chi|tect ['ɑ:kɪtekt] *s* arquitecto *m;* **~•tec•ture** *s* arquitectura *f.*

ar•chives ['ɑ:kaɪvz] *s pl* arquivo *m.*

arc•tic ['ɑ:ktɪk] *adj* árctico; **~ circle** círculo polar árctico.

ar•dent ['ɑ:dənt] *adj* □ ardente, fogoso.

ar•do(u)r ['ɑ:də] *s* ardor *m;* veemência *f;* paixão *f.*

ar•du•ous ['ɑ:djuəs] *adj* □ árduo, penoso.

are [ɑ:, ə] *pres pl and 2. sg of* **be.**

ar•e•a ['eərɪə] *s* superfície *f;* área *f;* extensão *f;* zona *f;* domínio *m; in the London ~* na zona de Londres; **~ code** *Am. teleph.* indicativo telefónico.

a•re•na [ə'rɪːnə] *s* arena *f.*

Ar•gen•tine ['ɑ:dʒəntaɪn] *s and adj* argentino.

ar•gu•a•ble ['ɑ:gjuəbl] *adj* discutível; arguível; *it's ~ that...* pode argumentar-se que...

ar•gue ['ɑ:gju:] *v/t* arguir; provar; argumentar; discutir.

ar•gu•ment ['ɑ:gjumənt] *s* argumento *m;* raciocínio *m;* discussão *f.*

ar•id ['ærɪd] *adj* □ seco, árido.

a•rise [ə'raɪz] *v/i (arose, arisen)* surgir: levantar-se; originar-se; **a•ris•en** *pp of* **arise.**

ar•is|toc•ra•cy [ærɪ'stɒkrəsɪ] *s* aristocracia *f;* **~•to•crat** ['ærɪstəkræt] *s* aristocrata *f;* **~•to•crat•ic** [_'krætɪk] *adj (~ally)* aristocrático.

a•rith•me•tic [ə'rɪθmətɪk] *s* aritmética *f.*

ark [ɑ:k] *s* arca *f.*

arm¹ [ɑ:m] *s* braço *m;* braço de cadeira; *keep so. at ~'s length* evitar familiaridades com alguém, dar pouca confiança, manter à distância.

arm² [_] *s mst* **~s** *pl* armas; arma do exército; **~s control** controlo *m* de armas; **~s race** corrida *f* aos armamentos; *up in ~s* estar revoltado; pronto para a luta; **2.** *v/t and v/i* armar(-se).

ar•ma•da [ɑ:mɑ:də] *s* armada *f.*

ar•ma•ment [ɑ:məmənt] *s* armamento *m.*

arm-chair ['ɑ:mtʃeə] *s* cadeira *f* de braços; poltrona *f.*

ar•mi•stice [ɑ:mɪstɪs] *s* armistício *m;* tréguas *f pl.*

ar•mo(u)r ['ɑ:mə] **1.** *s mil.* armadura *f;* blindagem *f;* **2.** *v/t* munir de armadura; **~ed car** carro *m* blindado; **~•y** *s* armeiro *m;* arsenal *m.*

arm•pit ['ɑ:mpɪt] *s* axila *f.*

ar•my ['ɑ:mɪ] *s* exército *m; fig.* quantidade *f.*

a•ro•ma [ə'rəumə] *s* aroma *m;* **ar•o•mat•ic** [ærə'mætɪk] *adj (~ally)* aromático.

a•rose [ə'rəuz] *pret of* **arise.**

a•round [ə'raund] *prep and adv* em redor, em torno, à volta de; cerca de, aproximadamente.

a•rouse [ə'rauz] *v/t* despertar; *fig.* excitar; estimular.

ar•range [ə'reɪndʒ] *v/t* arranjar, pôr em ordem; combinar; *mus.* arranjar, adaptar *(a. thea.);* **~•ment** *s* arranjo *m;* combinação *f, mus. arranjo m;* adaptação *f (a. thea.); make ~s* fazer preparativos.

ar•rears [ə'rɪəz] *s pl* atraso *m;* atrasados *m pl* (dinheiro).

ar•rest [ə'rest] **1.** *s jur.* detenção *f;* prisão *f;* **2.** *v/t jur.* deter, prender; *fig.* cativar.

ar•riv•al [ə'raɪvl] *s.* chegada *f;* recém--chegado *m;* **~s** chegadas *f pl* (de comboios, navios ou aviões); **ar•rive** *v/t* chegar; **~ at** *fig.* obter, atingir.

arrogance

ar•ro|gance ['ærəgəns] *s* arrogância *f;* sobranceria *f;* **~•gant** *adj* □ arrogante, presumido.

ar•row ['ærəʊ] *s* seta *f;* **~•head** *s* ponta *f* de seta.

arse V [ɑ:s] *s* cu *m;* **be a pain in the ~** *sl* ser um chato; **~•hole** *s* V olho *m* do cu; filho *m* da mãe; cretino *m.*

ar•se•nal ['ɑ:sənl] *s* arsenal *m (a. fig.).*

ar•senic *chem.* ['ɑ:sənɪk] *s* arsénico *m.*

ar•son *jur.* ['ɑ:sn] *s* fogo *m* posto.

art [ɑ:t] *s* arte *f; fig.* capacidade *f;* astúcia *f;* **~s** *pl* artes *f pl;* ciências *f pl* do espírito; *Faculty of* ²*s Am.* ² *Department* Faculdade de Filosofia.

ar•ter•i•al [ɑ:'tɪərɪəl] *adj anat.* arterial; **~ road** rua *f* principal; **ar•te•ry** ['ɑ:tərɪ] *s anat.* artéria *f; fig.* artéria *f* de trânsito.

art•ful ['ɑ:tfl] *adj* □ astuto, ladino, espertalhão.

art gal•le•ry ['ɑ:tgælərɪ] *s* galeria *f* de arte.

ar•ti•cle ['ɑ:tɪkl] *s* artigo *m (a. gr).*

ar•tic•u|late 1. *v/t* [ɑ:'tɪkjʊleɪt] articular, pronunciar com clareza; **2.** *adj* □ articulado, com discurso fluente, facilidade de expressão; **~•la•tion** [ɑ:tɪkjʊleɪʃn] *s* articulação *f.*

ar•ti|fice ['ɑ:tɪfɪs] *s* artifício *m;* estratagema *m;* **~•fi•cial** [ɑ:tɪ'fɪʃl] *adj* □ artificial; **~ person** pessoa *f* de Direito.

ar•til•le•ry [ɑ:'tɪlərɪ] *s* artilharia *f.*

ar•ti•san [ɑ:tɪzæn] *s* artesão *m.*

art•ist ['ɑ:tɪst] *s* artista *m/f;* **variety ~** artista *m/f* de variedades; **ar•tis•tic** [ɑ:tɪstɪk] *adj (~ally)* artístico.

art•less ['ɑ:tlɪs] *adj* □ simples, natural; desafectado.

as [æz, əz] **1.** *adv* tão; como; *(in a certain function)* como; **2.** *cj* como; enquanto; visto que; **~ for, ~ to** pelo que diz respeito a, quanto a; **~ from now/tomorrow** a partir de hoje/amanhã; **~ it were** por assim dizer.

as•cend [ə'send] *v/i* subir; escalar; rio, *etc.*: subir ao longo de.

as•cen|dan•cy, ~•den•cy [ə'sendənsɪ] *s* ascendente *f;* influência *f;* **~•sion** ['ʃn] *s* ascensão *f;* subida *f;* **~ (Day)** Dia da Ascensão; **~t** [ˌt] *s* subida *f;* escalada *f.*

as•certain [æsə'teɪn] *v/t* averiguar, descobrir.

as•cet•ic [ə'setɪk] *adj (~ally)* ascético.

as•cribe [ə'skraɪb] *v/t* atribuir (*to* a).

a•sep•tic *med.* [æ'septɪk] **1.** *adj* asséptico; **2.** produto *m* asséptico.

ash[1] [æʃ] *s bot.* freixo *m.*

ash[2] [ˌ] *s* **~es** *pl* cinzas *f pl;* ² *Wednesday* quarta-feira *f* de Cinzas.

a•shamed [ə'ʃeɪmd] *adj* envergonhado; **be ~ of** ter vergonha de.

ash can *Am.* ['æʃkæn] *s* → *dustbin.*

ash•en ['æʃn] *adj* pálido, cor de cinza.

a•shore [ə'ʃɔ:] *adj and adv* em terra; **run ~** encalhar.

ash|tray ['æʃtreɪ] *s* cinzeiro *m;* **~•y** [ˌɪ] *adj (ier, iest)* → *ashen.*

A•sian ['eɪʃn], **A•si•at•ic** [eɪʃɪ'ætɪk] *s and adj* asiático.

a•side [ə'saɪd] *adv* à parte, de lado; **~ from** pondo de parte.

ask [ɑ:sk] *v/t* perguntar (*sth.* alguma coisa); pedir (*s.o. for sth.* alguma coisa a alguém); solicitar (*that* que); **~ (s.o.) a question** fazer uma pergunta a alguém; **if you ~ me** se me perguntas; **~ for** pedir; perguntar; **he ~ed for it** *or* **for trouble** a culpa foi dele, era o que ele estava a pedir; **to be had tor the ~ing** basta pedir.

a•skance [ə'skæns] *adv:* **look ~ at s.o.** olhar para alguém de soslaio.

a•skew [ə'skjuː] *adv* de esguelha.

a•sleep [ə'sliːp] *adj and adv* adormecido; **be (fast** *or* **sound) ~** estar a dormir profundamente; **fall ~** adormecer.

as•par•a•gus *bot.* [ə'spærəgəs] *s* espargos *m pl.*

as•pect ['æspekt] *s* aspecto *m;* expressão *f;* ponto *m* de vista.

as•phalt ['æsfælt] **1.** *s* asfalto *m;* **2.** *v/t* asfaltar.

as•pic ['æpɪk] *s* áspide *m;* geleia *f.*

as•pi|rant [ə'spaɪrənt] *s* pretendente *m;* **~•ra•tion** [æspəreɪʃn] *s* aspiração *f;* ambição *f;* **as•pire** [ə'spaɪə] *v/i* aspirar, desejar (*to* a).

as•pirin ['æspərɪn] *s* aspirina *f.*

ass [æs] *s zool.* burro *m (a. person); Am.* → *arse.*

as•sail [ə'seɪl] *v/t* assaltar, atacar; **be ~ed with doubts** ser assaltado por dúvidas; **as•sai•lant** *s* assaltante *m/f.*

as•sas•sin [ə'sæsɪn] s assassino m;
~•ate v/t esp. pol. assassinar; be ~d
ser assassinado; ~•a•tion [‗'neɪʃn] s
assassínio m.

as•sault [ə'sɔːlt] **1.** s assalto m; **2.** v/t
assaltar, atacar.

as•say [ə'seɪ] **1.** s análise f (de metais); **2.** v/t analisar; ensaiar.

as•sem|blage [ə'semblɪdʒ] s tech.
montagem f; colecção f; ~•ble [‗bl]
tech. montar; reunir; ~•bly [‗ɪ] tech.
montagem f; reunião f; assembleia f;
tech. ~ line linha f de montagem.

as•sent [ə'sent] **1.** s concordância f;
assentimento m; **2.** v/i (to) concordar,
aquiescer.

as•sert [ə'sɜːt] v/t afirmar; reivindicar; ~ o.s. afirmar-se, conseguir;
as•ser•tion [ə'sɜːʃn] s asserção f;
afirmação f.

as•sess [ə'ses] v/t avaliar; estabelecer; fixar; tributar, colectar; ~•ment s
avaliação f; tributação f; fixação f.

as•set ['æset] s econ. activo m; lucro
m; ~s pl bens m pl; posses f pl; fundos m pl; jur. massa f falida.

as•sign [ə'saɪn] v/t atribuir; destinar;
as•sig•na•tion [æsɪg'neɪʃn] s entrega f; porção f; atribuição f; entrevista f amorosa secreta; a. → ~•ment
s atribuição f; tarefa f; encargo m; nomeação f para um cargo.

as•sim•i•late [ə'sɪmɪleɪt] v/t and v/i assimilar; assimilar-se (to or with);
~•la•tion [əsɪmɪleɪʃn] s assimilação f.

as•sist [ə'sɪst] v/t assistir, ajudar (alguém); ~ s.o. with sth. ajudar alguém com alguma coisa; ~•ance s
ajuda f; auxílio m; assistência f; be
of ~ ajudar; **as•sistant** adj and s
auxiliar, adjunto, ajudante; shop ~
Br. empregado m, caixeiro m.

as•so•ci•ate 1. v/t [ə'səʊʃɪeɪt] associar, ligar, juntar; juntar-se, associar-se; ~ with relacionar-se com; **2.** adj
unido; ~ member sócio (membro) m
extraordinário; **3.** s colega m; sócio
m; associado m; ~•a•tion [əsəʊsɪeɪ-
ʃn] s sociedade f; associação f; ~
agreement econ. pol. acordo f de associação.

as•sort [ə'sɔːt] v/t classificar, dispor,
ordenar; ~•ment s. ordenação f; classificação f; sortido m; escolha f.

as•sume [ə'sjuːm] v/t assumir; presumir, supor; **as•sump•tion**
[ə'sʌmpʃn] s suposição f; hipótese f;
(going) on the ~ that... contanto
que: ~ (Day) eccl. Assunção de Nossa Senhora.

as•sur|ance [ə'ʃʊərəns] s certeza f;
firmeza f; confiança f; presunção f;
(life) ~ seguro de vida; ~e [ə'ʃʊə] v/t
garantir; animar; ~ed **1.** adj (adv ~ly)
['rɪdlɪ] seguro, certo; incontestável;
2. s segurado m.

asth•ma med. ['æsmə] s asma f.

as•ton•ish [ə'stɒnɪʃ] v/t espantar; be
~ ficar espantado (at com); ~•ing adj
☐ espantoso; ~ly surpreendentemente; ~•ment s espanto m; admiração f;
assombro m.

as•tound [ə'staʊnd] v/t estupeficar.

a•stray [ə'streɪ] adv: go ~ extraviar-se; fig. desnortear-se; seguir maus caminhos; lead ~ fig. desencaminhar.

a•stride [ə'straɪd] adv escarranchado,
com uma perna para cada lado (of
de).

as•tringent med. [ə'strɪndʒnt] adj
☐ and s adstringente.

as•trol•o•gy [ə'strɒlədʒɪ] s astrologia f.

as•tro•naut ['æstrənɔːt] s astronauta
m/f.

as•tron•o|mer [ə'strɒnəmə] s astrónomo m; **as•tronom•i•cal** [æstrə'n-
ɒmɪkl] adj • astronómico (a. fig.)
~•my [ə'strɒnəmɪ] s astronomia f.

as•tute [ə'stjuːt] adj ☐ astuto, astucioso; ~•ness s astúcia f.

a•sy•lum [ə'saɪləm] s asilo m; manicómio; santuário; ask for ~ pedir asilo; give s.o. ~ dar asilo a alguém; ~
seeker aquele que procura asilo; refugiado.

at [æt, ət] prep a, junto a, em, por,
com; ~ school na escola: ~ the age
of com a idade de.

ate [et] pret of eat 1.

a•the•lis•m ['eɪθɪzəm] s ateísmo m; ~
•ist ['eɪθɪɪst] s ateu m.

ath|lete ['æθliːt] s atleta m; ~'s foot
med. pé de atleta; ~•let•ic [æθ'letɪk]
adj (~ally) atlético; ~•let•ics s sg or
pl atletismo m.

At•lan•tic [ət'læntɪk] **1.** adj atlântico;
2. ~ Ocean oceano m Atlântico.

at•mo|sphere ['ætməsfɪə] s atmosfera f (a. fig.); **~•spher•ic** [ætmə-s'ferɪk] adj (~ally) atmosférico.

at•om ['ætəm] s átomo m; ~ **bomb** bomba f atómica; **a•tom•ic** [ə'tɒmɪk] adj (~ally) atómico; ~ **age** era f atómica; ~ **bomb** bomba f atómica; ~ **energy** energia f nuclear; ~ **pile** reactor m atómico; ~ **power** poderio m nuclear; **~-powered** movido a energia atómica; ~ **waste** resíduos m pl nuclear; lixo m nuclear.

at•om|ize ['ætəmaɪz] v/t reduzir a átomos, atomizar; vaporizar; pulverizar; **~•iz•er** [_ə] s pulverizador m.

a•tone [ə'təʊn] v/i: ~ **for** redimir; **~•ment** s penitência f, expiação f.

a•tro|cious [ə'trəʊʃəs] adj □ atroz; medonho; pavoroso; **~•c•i•ty** [ə'trɒsətɪ] s atrocidade f; pavor m.

at•tach [ə'tætʃ] v/t (to) ligar, unir; pôr; importance: atribuir; ~ **o.s. to** dedicar-se a.

at•tach•é pol. [ə'tæʃeɪ] s adido m; ~ **case** mala f diplomática.

at•tached [ə'tætʃt] adj ligado; adjunto.

at•tach•ment [ə'tætʃmənt] s fixação f; ~ **for**, ~ **to** ligação f a; afeição f por.

at•tack [ə'tæk] 1. v/t atacar (a. fig.); job, task, etc.: atirar-se a; 2. s ataque m; crise f.

at•tain [ə'teɪn] v/t aim, rank, etc.: alcançar, conseguir; **~•ment** s consecução f, realização f; **~s** pl. conhecimentos m pl, predicados m pl.

at•tempt [ə'tempt] 1. v/t tentar; 2. s tentativa f; atentado m.

at•tend [ə'tend] v/t atender a, prestar atenção; servir, estar ao serviço de; tratar (de doente); meeting, conference, etc.: assistir a; school, etc.: frequentar; ~ **to** pôr em ordem; **~•ance** s assistência f; frequência f; presença f **(at)**; serviço; **~•ant** s guarda m; servidor m.

at•ten|tion [ə'tenʃn] s atenção f; **~•tive** adj □ atento.

at•tic [ˈætɪk] s sótão m; águas-furtadas f pl.

at•ti•tude ['ætɪtjuːd] s atitude f.

at•tor•ney jur. [ə'tɜːnɪ] procurador m; Am. advogado m; **power of** ~ pro-

curação f; ♀ **General** Br. Procurador--Geral m; Am. Ministro m da Justiça.

at•tract [ə'trækt] v/t atrair, captar; fig. seduzir; **at•trac•tion** [_kʃn] s atracção f; atractivo m; sedução f; **at•trac•tive** [_tɪv] adj atraente; atractivo; **at•trac•tive•ness** s atracção f; encanto m.

at•trib•ute¹ [ə'trɪbjuːt] v/t atribuir, imputar **(to** a).

at•tri•bute² ['ætrɪbjuːt] s atributo m; apanágio m; qualidade m; característica f.

at•tune [ə'tjuːn] v/t ~ **to** fig. harmonizar; adaptar a.

au•burn ['ɔːbən] s castanho-aloirado m.

auc|tion ['ɔːkʃn] 1. s leilão m; **sell by** ~ (Am. **at**) leiloar; **put up for** (Am. **at**) ~ levar a leilão; 2. v/t **(off)** leiloar; **~•tio•neer** [ɔːkʃə'nɪə] s leiloeiro m.

au•da|cious [ɔː'deɪʃəs] adj □ audacioso; **~•c•i•ty** [ɔː'dæsətɪ] s audácia f.

au•di•ble ['ɔːdəbl] adj □ audível; perceptível.

au•di•ence ['ɔːdɪəns] s público m; audiência f; espectadores m pl; **give** ~ **to** conceder audiência a.

au•di•o|cas•sette [ɔːdɪəʊkə'set] s cassete f áudio; **~-vis•u•al** [ɔːdɪəʊ'vɪʒʊəl] adj.: ~ **aids** pl meios m pl audiovisuais.

au•dit econ. ['ɔːdɪt] 1. s peritagem f contabilística; 2. v/t accounts: verificar contas; **au•di•tor** s ouvinte m; econ. perito m contabilista; **au•di•to•ri•um** [ɔːdɪ'tɔːrɪəm] s auditório m.

au•ger tech. ['ɔːgə] s broca f; pua f; sonda f.

aug•ment [ɔːg'ment] v/t aumentar.

au•gur ['ɔːgə] v/t i: ~ **ill (well)** agoirar; augurar.

Au•gust ['ɔːgəst] s Agosto m.

aunt [ɑːnt] s tia m; **~ie, ~y** F ['aːntɪ] s titi.

aus|pices ['ɔːspɪsɪz] s pl auspícios m pl; augúrios m pl, presságios m pl; **~•pi•cious** [ɔː'spɪʃəs] adj □ auspicioso; favorável.

aus|tere [ɒ'stɪə] adj □ austero; severo; áspero; **~•ter•i•ty** [ɒ'sterətɪ] s austeridade *f;* severidade *f; econ. pol.* **~ program**(**me**) programa *m* de austeridade.

Aus•tra•li•an [ɒ'streɪlɪən] *s and adj* australiano *m.*

Aus•tri•an ['ɒstrɪən] *s and adj* austríaco.

au•then•tic [ɔː'θentɪk] *adj* (**~ally**) autêntico; verdadeiro; de confiança.

au•thor ['ɔːθə] *s* autor *m;* **~•i•ta•tive** [ɔː'θɒrɪtətɪv] *adj* □ autorizado, que tem autoridade; categórico; **~•i•ty** [_rəti] *s* autoridade *f;* força *f;* peso *m;* poder *m;* influência *f* (**over** sobre); obediência *f;* fonte *f;* citação *f;* **au•thorities** *pl* autoridades *f pl;* serviços *m pl* públicos; **~•ize** ['ɔːθəraɪz] *v/t* autorizar; conceder plenos poderes; **~•ship** [_ʃɪp] *s* autoria *f.*

au•to•graph ['ɔːθəgrɑːf] *s* autógrafo *m.*

au•to•mat *TM* ['ɔːtəmæt] *s* máquina *f* de venda automática (*esp. in the USA*).

au•to|mate ['ɔːtəmeɪt] *v/t* automatizar; **~•mat•ic** [ɔːtə'mætɪk] **1.** *adj* (**~ally**) automático **2.** *s* pistola *f* (arma) automática; *mot.* automóvel *m* com mudanças automáticas; **~•ma•tion** [_'meɪʃn] *s* automatização *f;* **~•m•a•ton** *fig.* [ɔː'tɒmətən] *s* (*pl.* *-ta, -tons*) autómato *m;* robô *m.*

au•to•mo•bile *esp. Am.* ['ɔːtəməbiːl] *s* automóvel *m.*

au•ton•o•my [ɔː'tɒnəmɪ] *s* autonomia *f.*

au•tumn ['ɔːtəm] *s* Outono *m;* **au•tum•nal** [ɔː'tʌmnəl] *adj* □ outonal.

aux•il•i•a•ry [ɔːg'zɪlɪərɪ] *adj* auxiliar; acessório; suplementar; **~ verb** *gr.* verbo auxiliar.

a•vail [ə'veɪl] **1.** *v/t:* **~ o.s. of** aproveitar, servir-se de; **2.** *s* proveito *m,* utilidade *f;* **of** *or* **to no ~** inútil; **a•vai•la•ble** [_əbl] *adj* □ disponível; existente; *econ.* disponível, à venda; em armazém.

av•a•lanche ['ævəlɑːnʃ] *s* avalanche *f.*

av•a|rice ['ævərɪs] *s* avareza *f;* **~•ri•cious** [ævə'rɪʃəs] *adj* □ avaro.

a•venge [ə'vendʒ] *v/t* vingar; **a•ven•ger** [_ə] *s* vingador *m.*

av•e•nue ['ævənjuː] *s* avenida *f.*

av•e•rage ['ævərɪdʒ] **1.** *s* média *f; mar.* avaria; **on** (**the** *or* **an**) **~** em média; **2.** *adj* □ médio; típico; **3.** *v/t* calcular a média de; fazer em média.

a•verse [ə'vɜːs] *adj* □ pouco inclinado, avessso (**to** a); **a•ver•sion** [_ʃn] *s* aversão *f.*

a•vert [ə'vɜːt] *v/t* desviar, afastar, apartar (*a. fig.*).

a•vi•a•tion *aer.* [eɪvɪ'eɪʃn] *s* aviação *f.*

av•id ['ævɪd] *adj* □ ávido (**for** por).

a•void [ə'vɔɪd] *v/t* evitar; desviar-se; **~•ance** ['əns] *s* acto *m* de evitar.

a•wait [ə'weɪt] *v/t* esperar (*a. fig.*).

a•wake [ə'weɪk] **1.** *adj* acordado, desperto; **be ~ to** estar consciente de; **2.** (**awoke** *or* **awaked, awaked** *or* **awoken**), *a.* **a•waken** [_ən] *v/t* acordar, despertar; **~ s.o. to sth.** tornar alguém consciente de alguma coisa; reviver; **a•wak•en•ing** [_ənɪŋ] *s* despertar *m.*

a•ward [ə'wɔːd] **1.** *s* recompensa *f;* prémio *m;* distinção *f;* **2.** *v/t* conferir, conceder.

a•ware [ə'weə] *adj:* **be ~ of sth.** estar ciente de alguma coisa; **become ~ of sth.** aperceber-se de alguma coisa.

a•way [ə'leɪ] *adj and adv* longe, para longe; *sports:* **~** (**game**) jogo *m* fora; **~** (**win**) vitória *f* fora (no campo do adversário).

awe [ɔː] **1.** *s* receio *m;* medo *m;* temor *m;* **2.** *v/t* inspirar medo.

aw•ful ['ɔːfl] *adj* □ terrível, tremendo, assustador.

awk•ward ['ɔːkwəd] *adj* □ desastrado, desajeitado; incómodo; desagradável; embaraçoso; inconveniente.

aw•ning ['ɔːnɪŋ] *s* toldo *m.*

a•woke [ə'wəuk] *pret. of* **awake** 2. **a•wok•en** [_ən] *pp of* **awake** 2.

a•wry [ə'raɪ] *adj and adv* de lado, inclinado; *fig.* às avessas, mal.

ax(**e**) [æks] *s* machado *m.*

ax•is ['æksɪs] *s pl* (**-es**) eixo *m.*

ax•le *tech.* ['æksl] *s* eixo *m* (de roda).

ay(**e**) [aɪ] *s parl.* voto a favor; **the ~s have it** a moção foi aprovada.

az•ure ['æʒə] *adj* azul-celeste.

31

bab•ble ['bæbl] **1.** v/t and v/i balbuciar, tartamudear; palrar; of stream: murmurar; **2.** s tagarelice f; falatório m.

babe [beɪb] s criança f; criancinha f; Am. (young woman) pequena f; namorada f.

ba•boon zoo. [bə'buːn] s babuíno m.

ba•by ['beɪbɪ] **1.** s bebé m; criança f de peito; Am (young woman) F pequena f, namorada f; **2.** adj pequeno; **~car•riage** s Am. carrinho m de criança; ♀•**gro** TM ['_grəʊ] s (pl -gros) fato m de bebé; **~•hood** s primeira-infância f; idade f de lactância; **~mind•er** s Br. ama f; pessoa que toma conta de crianças em sua casa; **~-sit** v/i (-tt-; -sat) tomar conta de crianças; **~-sit•ter** s pessoa que quando os pais têm de sair, fica a tomar conta de crianças.

bach•e•lor ['bætʃələ] s homem m solteiro; univ. degree: bacharel m/f.

back [bæk] **1.** s costas f pl; avesso m; parte f de trás; soccer: defesa f; **2.** adj traseiro; posterior; atrasado; retrógrado; desviado, longínquo; newspaper, etc.: atrasado (de data anterior); **3.** adv para trás, por detrás; **4.** v/t (a. **~up**) ajudar; apoiar; fazer marcha atrás, empurrar para trás; apostar; econ. cheque: endossar; **~•ache** s dor f nas costas; **~•bench•er** s pol. deputado m que ocupa um lugar à retaguarda; **~•bite** v/t (-bit, -bitten) difamar, denegrir; **~•bone** s espinha f dorsal; **~•break•ing** adj of work: extenuante, fatigante; **~•comb** v/t pentear o cabelo para trás; **~•date** v/t bill, etc.: antedatar; ter efeito retroactivo; **~•er** apoiante m; apostador m; **~•fire 1.** s mot. ignição deficiente; **2.** v/t mot. carburar mal; fig. produzir um resultado inesperado ou indesejado; **~•ground** s pano m de fundo; segundo plano m; fundo m; **~•hand** s sports: revés m; pancada com as costas da mão, na direcção em que a bola é batida; **~•ing** s apoio m; reforço m; mus. acompanhamento m; **~•list** s publishing: catálogo m; **~•pack** s mochila f; **~•packer** s turista m de mochila às costas; **~•packing** turismo

de mochila às costas; **~ seat** s assento m de trás; **~•side** s nádegas f pl; traseiro m; **~ stairs** s pl. escadas f pl traseiras; **~ street** s ruela f; **~•stroke** s sports: estilo de costas (natação); **~ talk** s Am. F resposta f atrevida; **~•track** v/i fig. recuar, pedir desculpa; **~•ward 1.** adj retrógrado; atrasado; **2.** adv (a. **~•wards**) para trás; **~•yard** s Br. pátio m; Am. jardim m das traseiras.

ba•con ['beɪkən] s toucinho m entremeado; **bring home the ~** F ganhar o pão.

bac•te•ri•a biol. [bæk'tɪərɪə] s pl. bactérias.

bad [bæd] adj □ (worse, worst) mau; go ~ estragar-se; (that's) too ~! azar!; pouca sorte! he is in a ~ way ele está em má forma; he is ~ly off ele está em dificuldades (financeiras); ~ly wounded gravemente ferido; want ~ly F precisar urgentemente.

bade [beɪd] pret of bid 1.

badge [bædʒ] s emblema m; distintivo m.

bad•ger ['bædʒə] **1.** s zoo. texugo m; **2.** v/t atormentar; enfastiar.

baf•fle ['bæfl] v/t confundir; desconcertar; plan, etc.: frustrar.

bag [bæg] s mala f; saco m; ~ and baggage com armas e bagagens; **2.** v/t (-gg-) ensacar; hunt: matar; v/i inchar; enfolar.

bag•gage esp. Am. ['bægɪdʒ] s bagagem f; ~ car s rail furgão m; ~ check Am. registo m da bagagem; ~ room s Am. depósito m de bagagem.

bag•gy F ['bægɪ] adj (-ier, -iest) em forma de saco; largo, caindo livremente; of trousers: folgadas.

bag•pipes ['bægpaɪps] s pl gaita f de foles.

bail [beɪl] **1.** s fiança f, caução f; admit to ~ jur. conceder caução; go or stand ~ for s.o. jur. ficar por fiador de alguém; **2.** v/t ~ out jur. sair sob caução; v/i ~ out Am. aer. saltar de pára-quedas.

bai•liff ['beɪlɪf] s jur. Br. oficial m de justiça.

bait [beɪt] **1.** *s* isca *f*, engodo *m*; **2.** *v/t* pôr isca; *fig.* lançar a isca; *fig.* atormentar.

bake [beɪk] *v/t* cozer no forno; *bricks:* cozer; **~d beans** *pl* feijões *m pl* em molho de tomate; **~d potatoes** *pl* batatas cozidas com pele; **bak•er** *s* padeiro *m;* **bak•er•y** *s* padaria *f;* **bak•ing-pow•der** *s* fermento *m*.

bal•ance ['bæləns] **1.** *s* balança *f;* equilíbrio *m;* harmonia *f;* *econ.* balanço *m;* saldo *m; be* or *hang in the ~* ser ainda incerto; *keep one's ~* manter o equilíbrio; *lose one's ~* perder o equilíbrio; *fig.* perder o sangue-frio; **~ of payments** *econ.* balança *f* de pagamentos; **~ of power** *pol.* equilíbrio *m* do poder; **~ of trade** balança *f* comercial; **2.** *v/t* pesar, tomar o peso de; equilibrar; contrabalançar; **~ sheet** *s econ.* balancete *m*.

bal•co•ny ['bælkənɪ] *s* varanda *f;* balcão *m (a. theat.)*.

bald [bɔːld] *adj* □ calvo; *fig.* insuficiente; *fig.* nu e cru.

bale[1] *econ.* [beɪl] *s* fardo *m;* balote *m*.

bale[2] *Br. aer.* [_] *v/i:* **~ out** saltar de pára-quedas.

bale•ful ['beɪlfl] *adj* □ maligno; sinistro; *look:* odioso.

balk [bɔːk] **1.** *s* barrote *m;* obstáculo *m;* **2.** *v/t* impedir; frustar; ficar perplexo; *v/i:* recear, temer *(at)*.

ball[1] [bɔːl] *s* bola *f*, esfera *f; anat.* tenar *m*, eminência *f* no polegar; novelo *m;* almôndega; **~s** *pl* V tomates *pl; be on the ~s* F ser mexido, ser competente; *keep the ~s rolling* manter a conversa, manter as coisas em andamento; *play ~s* F fazer o jogo de alguém; **2.** *v/t and v/i* amontoar; pôr em novelos.

ball[2] [_] *s* baile *m*.

bal•lad ['bæləd] *s* balada *f*.

bal•last ['bæləst] **1.** *s* lastro *m;* balastro *m;* **2.** *v/t* carregar de balastro.

ball-bear•ing *tech.* [bɔːl'beərɪŋ] *s* rolamento *m* de esferas.

bal•let ['bæleɪ] *s* bailado *m*.

ball game ['bɔːlgeɪm] *s* jogo *m* de bola; *Am.* jogo *m* de basebol; F *fig.* coisa *f*.

bal•lis•tics *mil. phys.* [bə'lɪstɪks] *s sg* balística *f*.

bal•loon [bə'luːn] **1.** *s* balão *m;* **2.** *v/i* subir de balão; inchar.

bal•lot ['bælət] **1.** *s* boletim *m* de voto; votação *f* secreta; **2.** *v/i* votar; **~ for** sortear; **~-box** urna *f*.

ball-point (pen) ['bɔːlpɔɪnt('pen)] *s* caneta *f* esferográfica.

ball-room ['bɔːlrʊm] *s* salão *m* de baile.

balm [bɑːm] *s* bálsamo *m (a. fig.)*.

balm•y ['bɑːmɪ] *adj* □ **(-ier, -iest)** *weather:* balsâmico, suave; reparador; *sl.:* maluco.

ba•lo•ney *sl* [bə'ləʊnɪ] *s* disparate *m*.

bal•us•trade [bælə'streɪd] *s* balaustrada *f;* parapeito *m*.

bam•boo *bot.* [bæm'buː] *s (pl. -boos)* bambu *m*.

bam•boo•zle F [bæm'buːzl] *v/t* enganar, mistificar.

ban [bæn] **1.** *s* proibição *f;* interdição *f; eccl.* excomunhão *f;* **2.** *v/t* **(-nn-)** proibir, interditar.

ba•nal [bə'nɑːl] *adj* banal, trivial.

ba•na•na *bot.* [bə'nɑːnə] banana *f;* F *be ~s* estar maluco, F *go ~s* ficar passado, passar-se da cabeça.

band [bænd] **1.** *s* fita *f;* faixa *f; criminals:* bando *m;* grupo *m; mus.* orquestra *f;* banda *f;* **2.** *v/i* **~ together** reunir-se em grupo.

ban•dage ['bændɪdʒ] **1.** *s* ligadura *f;* faixa *f;* **2.** *v/t* pôr ligadura, ligar.

ban•dit ['bændɪt] *s* bandido *m*.

band•wa•gon *Am.* ['bændwægən] *s* carro *m* com orquestra; *a. Br. jump on the ~* entrar na onda.

ban•dy[1] ['bændɪ] *v/t:* **~ words** trocar palavras, discutir (*with* com); **~ about** *rumours, etc:* espalhar, pôr a correr.

ban•dy[2] [_] *adj* **(-ier, iest)** curvo, sinuoso; **~-legged** *adj* com pernas arqueadas.

bang [bæŋ] **1.** *s* pancada *f;* golpe *m;* detonação *f;* **~s** franja *f;* **2.** *v/t and v/i* bater com força; *sl. have sex:* F dar uma queca.

ban•ish ['bænɪʃ] *v/t* desterrar, exilar; **~•ment** *s* desterro *m*.

ban•is•ter ['bænɪstə] *s* corrimão *m*.

bank [bæŋk] **1.** *s* margem *f;* dique *m; of sand, clouds:* banco *m; econ.* banco *m*, casa *f* bancária; **~ of issue**

banco emissor; **2.** *v/t* represar, construir dique; *econ.* depositar dinheiro; ter dinheiro depositado; ter conta bancária; **~ on** confiar em; **~•bill** *s Br.* letra de câmbio; *Am.* → **banknote**; **~•book** *s* caderneta *f* bancária; **~•er** banqueiro *m;* **~'s card** → **bankcard**; **~ hol•i•day** *s* feriado *m* oficial em Inglaterra; **~•ing** *s* comércio *m* bancário; **~•note** *s* nota *f* bancária; **~rate** *s* taxa *f* de desconto; **~•rob•ber** *s* assaltante *m* de bancos.

bank•rupt *jur.* ['bæŋkrʌpt] **1.** s falido *m;* **2.** *adj* falido, insolvente; **go ~** falir, abrir falência; **3.** *v/t* ir à bancarrota; **~•cy** *jur.* [_sɪ] *s* bancarrota *f*, falência *f;* **go into ~** ir à falência **~ proceedings** *pl* processo *m* de falência.

ban•ner ['bænə] *s* bandeira *f*, estandarte *m.*

banns [bænz] *s pl* banhos *m pl* (de casamento).

ban•quet ['bæŋkwɪt] *s* banquete *m.*

ban•ter ['bæntə] *v/t* gracejar.

bap|tis•m ['bæptɪzəm] *s* baptismo *m;* **~•tize** [bæp'taɪz] *v/t* baptizar.

bar [bɑː] **1.** *s* barra *f;* tranca *f;* pau *m;* cancela *f; mus.* compasso *m; jur.* tribunal *m; jur.* o conjunto dos advogados; *hotel, etc.:* bar *m; fig.* entrave; **2.** *v/t* **(-rr-)** trancar; aferrolhar; impedir; excluir.

barb [bɑːb] *s* gancho *m;* barbela *f.*

bar•bar•i•an [bɑː'beərɪən] **1.** *adj* bárbaro; **2.** *s* bárbaro *m.*

bar•be•cue ['bɑːbɪkjuː] **1.** *s* grelha *f;* churrasco *m;* churrascada *f;* **2.** *v/t* grelhar.

barbed wire [bɑːbd'waɪə] *s* arame *m* farpado.

bar•ber ['bɑːbə] *s* barbeiro *m;* cabeleireiro *m* de homens.

bare [beə] **1.** *adj* **(~r, ~st)** nu, despido; desprotegido, vazio; **2.** *v/t* desnudar; descobrir; **~•faced** *adj* descarado; **~•foot(ed)** *adj* descalço; **~•ly** *adv* mal, apenas.

bar•gain ['bɑːgɪn] **1.** *s* contrato *m;* negócio *m;* F pechincha; **strike a ~** fazer um bom negócio; **It's a ~!** negócio feito! **into the ~** ainda por cima; **2.** *v/t* negociar; regatear; **~ price** *s* preço *m* especial; **~ sale** *s* saldo *m*, venda *f* em saldos.

barge [bɑːdʒ] **1.** *s* barco *m;* lancha *f;* barca *f;* **2.** *v/i* **~ in (to)** intrometer-se.

bark¹ [bɑːk] **1.** *s bot.* casca *f* de árvore; **2.** *v/t* descascar, raspar; *knee, etc.:* esfolar.

bark² [_] **1.** *v/i* ladrar; **~ up the wrong tree** F bater à porta errada; **2.** *s* latido *m.*

bar•ley *bot.* ['bɑːlɪ] *s* cevada *f.*

barn [bɑːn] *s* celeiro *m;* **~•storm** ['bɑːnstɔːm] *v/i of actor:* andar em digressão; *Am. pol.* viajar; discursar em campanha.

ba•rom•e•ter [bə'rɒmɪtə] *s* barómetro *m.*

bar•on ['bærən] *s* barão *m;* **~•ness** [_ɪs] *s* baronesa *f.*

bar•racks ['bærəks] *s sg mil.* quartel *m;* caserna *f.*

bar•rage ['bærɑːʒ] *s* barragem *m; mil.* fogo *m* de barragem; *fig.* saraivada *f;* torrente *f* de palavras.

bar•rel ['bærəl] **1.** *s* barril *m;* casco *m; of gun:* cano *m; tech.* tambor; cilindro *m;* **2.** *v/t* envasilhar; **~•organ** *mus.* realejo *m.*

bar•ren ['bærən] *adj* □ estéril, árido, improdutivo.

bar•ri•cade [bærɪ'keɪd] **1.** *s* barricada *f (a. fig.);* **2.** *v/t* barricar, erguer barricadas.

bar•ri•er ['bærɪə] *s* barreira *f (a. fig.);* obstáculo *m;* entrave *m;* **2.** **~s** *pl* **to trade** *econ.* barreiras *f pl* comerciais.

bar•ris•ter *Br. jur.* ['bærɪstə] *s* advogado *m.*

bar•row ['bærəʊ] *s* carrinho *m* de mão.

bar•ter ['bɑːtə] **1.** *s* troca *f* de géneros; **2.** *v/t* trocar **(for** por).

base¹ [beɪs] *adj* □ **(~r, ~st)** baixo, vil.

base² [_] **1.** *s* base *f;* ponto *m* de partida; fundamento *m; chem.* base *f; mil.* base *f;* **2.** *v/t* basear, fundamentar **(on, upon** em).

base|ball ['beɪsbɔːl] *s* beisebol *m;* **~•less** *adj* infundamentado; **~•line** *s sports:* linha de fundo; **~•ment** *s* fundamento *m;* rés-do-chão *m* baixo, cave *f.*

base•ness ['beɪsnɪs] *s* baixeza *f.*

bash•ful ['bæʃfl] *adj* □ envergonhado, tímido.

ba•sic¹ ['beısık] **1.** *adj* basilar, básico; *chem.* básico; ~ ≃ *Law pol.* lei *f*
fundamental; **2.** *s* ~**s** *pl* fundamentos
m pl.

BASIC² [‿] *s computer.*: BASIC.

ba•sic•al•ly ['beısıklı] *adv* essencialmente.

ba•sin ['beısın] *s* bacia *f;* recipiente
m; vasilha *f;* porto *m* natural; bacia *f*
hidrográfica.

ba•sis ['beısıs] *s* (*pl* **-ses** [-sıːz])
base *f;* fundamento *m.*

bask [bɑːk] *v/t* apanhar banhos de sol.

bas•ket ['bɑːskıt] *s* cesto *m;* ~•**ball** *s*
basquetebol *m.*

bass¹ *mus.* [beıs] *s* baixo *m.*

bass² *zool.* [bæs] *s* perca *f.*

bas•tard ['bɑːstəd] **1.** *adj* □ ilegítimo, bastardo; falso; **2.** *s* bastardo *m.*

bat¹ *zool.*[bæt] *s* morcego *m; as blind
as a* ~ cego como um morcego.

bat² [~] *sports:* **1.** bastão *m* do jogo de
críquete; **2.** *v/t* (*-tt-*) bater com bastão
(no críquete ou no beisebol).

batch [bætʃ] *s* fornada *f,* quantidade *f.*

bat•ed [beıtıd] *adj: with ~ breath*
com respiração contida.

bath [bɑːθ] **1.** *s* (*pl* **baths** [‿dʒz]);
have a ~ *Br.* tomar banho; ~**s** *pl* banho *m;* banhos *m pl;*
estância *f* balnear; **2.** *v/t Br. child,*
etc.: dar banho; *v/i* banhar-se, tomar
banho.

bathe [beıð] *v/t wound, etc.:* lavar
(*esp. Am. a. child, etc.*); *v/i* banhar-se,
tomar banho (de mar ou de rio).

bath•ing ['beıðıŋ] *s* banho *m;* ~•**suit**
s fato *m* de banho.

bath|robe ['bɑːθrəʊb] *s* roupão *m* de
banho; *Am.* roupão *m,* robe *m;*
~•**room** *s* casa *f* de banho; ~•**tow•el**
s toalha *f* de banho; ~•**tub** *s* banheira
f.

bat•on ['bætən] *s* bastão *m; mus.* ba-
tuta *f;* cassetete *m* de polícia.

bat•ten ['bætn] *s* ripa *f.*

bat•ter ['bætə] **1.** *s sports:* taco *m;*
clava *f; cooking:* massa *f,* polme *m;* **2.**
v/t bater repetidamente; *wife, child,*
etc.: maltratar; ~ *down or in door:*
arrombar.

bat•ter•y ['bætərı] *s* bateria *f;* pilha *f;*
~•**op•e•rat•ed** *adj* que funciona a pi-
lhas.

bat•tle ['bætl] **1.** *s* batalha *f;* **2.** *v/t*
combater; batalhar; ~•**ax(e)** *s* macha-
do *m* de guerra; *woman:* megera;
~•**field**, ~•**ground** *s* campo *m* de batalha; ~•**ship** *s mil.* navio *m* de guerra.

baulk [bɔːk] → *balk.*

Ba•var•i•an [bə'veərıən] *adj and s*
bávaro.

bawd•y ['bɔːdı] *adj* (*-ier, -iest*) obsceno, devasso.

bawl [bɔːl] *v/t and v/i* berrar, gritar; ~
out order, etc.: gritar.

bay¹ [beı] **1.** *adj.* castanho-avermelha-
do; **2.** *s* cavalo baio.

bay² [‿] *s* baía *f.*

bay³ *bot.* [‿] *s:* ~ *tree* louro *m,* loureiro *m.*

bay⁴ [‿] **1.** *v/i of dog:* ladrar; **2.** *s:
hold or keep at* ~ manter à distân-
cia; impedir que alguém atinja os fins
desejados.

bay•o•net *mil.* ['beıənıt] *s* baioneta *f.*

ba•za(a)r [bə'zɑː] *s* bazar.

be [biː, bı] *v/t aux. and v/i* (*was or
were, been*) ser, estar, existir: *used
to form the passive voice:* ser; *he
wants to* ~ *a...* ele quer ser...; *how
much are the shoes?* quanto cus-
tam os sapatos?; ~ *reading* estar a
ler; *there is, there are* há.

beach [biːtʃ] **1.** *s* praia *f;* **2.** *v/t mar.,
boat, etc.:* encalhar; ~ *ball s* bola *f* de
praia; ~ *buggy s mot.* veículo *m* motorizado para diversão na praia;
~•**comb•er** *fig.* ['‿kəʊmə] *s* vaga-
bundo/a *m/f* de praia.

bea•con ['biːkən] *s* farol *m;* sinal *m*
luminoso.

bead [biːd] *s* conta *f;* gota *f;* pérola *f;*
~**s** *pl* rosário *m;* ~•**y** *adj* (*-ier, iest*)
pequenos, redondos e brilhantes
(*eyes*).

beak [biːk] *s* bico *m* (*of bird*).

bea•ker ['biːkə] *s* taça *f.*

beam [biːm] **1.** *s* viga *f;* braço *m* de
balança; raio *m;* **2.** *v/t* emitir (raios de
luz); *v/i* irradiar; sorrir (*with* de).

bean [biːn] *s bot.* feijão *m; be full of
~s* F ter muita vida.

bear¹ *zoo.* [beə] *s* urso *m.*

bear² [‿] (*bore, borne or born*) *v/t*
aguentar, suportar; *hatred, anger, etc:*
sentir ódio, ira; *pain, etc.:* suportar

dor; ~ **down** dominar, sobrepujar; ~ **out** confirmar; **be born** nascer; *v/t* sofrer, suportar; *zoo.* estar prenhe; ~•**a•ble** ['beərəbl] *adj* □ suportável.

beard [bɪəd] *s* barba *f; bot.* barbas *f pl* de milho; ~•**ed** *adj* barbado, barbudo.

bear•er ['beərə] *s* portador *m;* titular *m.*

bear•ing ['beərɪŋ] *s* acto *m* de trazer, transporte *m; behaviour:* conduta *f,* comportamento *m;* educação *f; compass ~:* posição *f,* direcção *f; tech.:* mancal *m,* chumaceira *f;* **take one's ~s** orientar-se, nortear-se; **lose one's ~s** desorientar-se; perder o norte.

beast [biːst] *s* besta *f;* quadrúpede *m;* animal *m;* ~•**ly** *adj* (**-ier, -iest**) brutal, bestial.

beat [biːt] **1.** (**beat, beaten** or **beat**) *v/t* bater; derrotar; castigar; **beat it!** F ponha- se a mexer!; **that ~s all!** isso é o cúmulo! **that ~s me!** isso é demais para mim! ~ **down** *econ.* abater o preço; ~ **out** bater o ritmo de uma melodia; *fire:* apagar o fogo batendo; ~ **up** dar uma tareia; ~ **about the bush** abordar um assunto com rodeios; **2.** *s* batimento *m; mus.* toque *m* (de tambor); pulsação *f;* marcação *f* do compasso; *of policeman:* ronda *f;* **3.** *adj* (**dead**) ~ F esgotado, como morto; ~•**en 1.** *pp. of* **beat; 2.** *adj path, etc.:* trilhado, muito usado; **off the ~ track** afastado, longe; *fig.* fora do comum.

beau•ti•cian [bjuːˈtɪʃn] *s* esteticista *f;* ~•**ful** ['bjuːtəfl] *adj* □ belo, bonito; ~•**fy** ['bjuːtɪfaɪ] *v/t* embelezar.

beau•ty ['bjuːtɪ] *s* beleza *f;* perfeição *f;* ~ **parlo(u)r,** ~ **shop** salão *m* de beleza.

bea•ver *zoo.* ['biːvə] *s* castor *m (a. fur).*

be•came [bɪˈkeɪm] *pret. of* **become.**

be•cause [bɪˈkɒz] *cj* porque; *prep* ~ **of** por causa de.

beck•on ['bekən] *v/t* acenar.

be•come [bɪˈkʌm] (**-came, -come**) *v/i* tornar-se; vir a ser; *v/t* convir; ficar bem; **be•com•ing** *adj* □ apropriado; conveniente; que assenta bem.

bed [bed] **1.** *s* cama *f; of animal:* cama *f; agr.* canteiro *m;* base *f;* ~ **and breakfast** quarto *m* e pequeno-almo-

ço; **2.** *v/i* (**-dd-**): ~ **down** fornecer, preparar a cama; ~•**clothes** ['bedkləʊðz] *s pl* roupa *f* de cama; ~•**ding** *s* roupa *f* de cama; cama *f* de gado.

bed•lam ['bedləm] *s* caos *m.*

bed|rid•den ['bedrɪdn] *adj* de cama; ~•**room** *s* quarto *m* de dormir; ~•**side** *s:* **at the** ~ à cabeceira, à beira da cama; ~ **lamp** *s* candeeiro *m* de mesa-de-cabeceira; ~•**sit** F, ~-**sit•ter,** ~-**sit•ting room** *s Br.* quarto *m* mobilado; estúdio *m;* ~•**stead** *s* armação *f* de cama; ~•**time** *s* hora *f* de deitar.

bee [biː] *s zoo.* abelha *f;* **have a ~ in one's bonnet** F estar obcecado por alguma coisa.

beech *bot.* [biːtʃ] *s* faia *f;* ~•**nut** *s* fruto *m* da faia.

beef [biːf] **1.** *s* carne *f* de vaca; **2.** *v/i* F queixar-se de (**about**); ~•**burg•er** [ˈˌbeːgə] *s* hamburger *m;* ~ **tea** *s* caldo *m* de carne; ~•**y** *adj* (**-ier, iest**) carnudo, musculoso.

bee|hive ['biːhaɪv] *s* colmeia *f;* cortiço *m;* ~-**keep•er** *s* apicultor *m;* ~•**line** *s* o caminho *m* mais curto; **make a ~ for** pôr-se em marcha imediatamente.

been [biːn, bɪn] *pp of* **be.**

beer [bɪə] *s* cerveja *f;* ~•**bel•ly** F barriga *f* de cerveja; ~•**gar•den** *s* cervejaria *f* ao ar livre; ~-**mat** *s* base para copo de cerveja; ~ **pu•ri•ty reg•u•la•tions** *s pl.* voto *m* de castidade.

beet *bot.* [biːt] *s* beterraba *f;* → ~**root.**

beetle *zoo.* ['biːtl] *s* escaravelho *m.*

beet•root *bot.* ['biːtruːt] *s* beterraba *f.*

be•fall [bɪˈfɔːl] (**-fell, -fallen**) *v/i* acontecer; *v/t* chocar.

be•fore [bɪˈfɔː] **1.** *adv of place:* em frente de, à frente, diante; *temporal:* antes, anteriormente; → **yesterday; 2.** *cj* antes que, anteriormente; **3.** *prep* diante de, em frente de, perante, ante; ~•**hand** *adv* de antemão, antecipadamente.

be•friend [bɪˈfrend] *v/t* ajudar; favorecer; tornar-se amigo de alguém.

beg [beg] (**-gg-**) *v/t* pedir; suplicar; permitir-se, tomar a liberdade; *v/i* mendigar, pedir esmola.

be•gan [bɪ'gæn] *pret of* **begin**.

beg•gar ['begə] **1.** *s* pedinte *m;* pobre *m;* mendigo *m;* **2.** *v/t* empobrecer; *fig.* ultrapassar, sobrepujar; *it ~s all des- cription* é impossível de descrever.

be•gin [bɪ'gɪn] *v/t and v/i (-nn-; be- gan, begun)* começar, principiar; ~•**ner** *s* principiante *m/f;* ~•**ning** *s* começo *m;* princípio *m; at the* ~ no princípio; primeiramente.

be•grudge [bɪ'grʌdʒ] *v/t* invejar.

be•guile [bɪ'gaɪl] *v/t* iludir, ludibriar, enganar *(of, out of); time:* passar.

be•gun [bɪ'gʌn] *pp of* **begin**.

be•half [bɪ'hɑːf] *s: on (Am. a. in)* ~ *of* em nome de , da parte de.

be•have [bɪ'heɪv] *v/t* comportar-se, portar-se bem.

be•hav•io(u)r [bɪ'heɪvjə] *s* comportamento *m;* procedimento *m;* atitude *f;* modos *m pl;* ~•**al** *psych. adj* comportamental.

be•head [bɪ'hed] *v/t* decapitar.

be•hind [bɪ'haɪnd] **1.** *adv* atrás de; detrás; **2.** *prep* atrás, trás, depois; **3.** F *s* traseiro; ~•**hand** *adj and adv* atrasado.

be•ing ['biːɪŋ] *s* ente *m,* ser *m; in* ~ existente, real; *come into* ~ originar; nascer.

be•lat•ed [bɪ'leɪtɪd] *adj* atrasado, retardado.

belch [beltʃ] **1.** *v/t* arrotar; vomitar; **2.** *s* arroto *m;* vómito *m.*

be•lea•guer [bɪ'liːgə] *v/t* cercar, sitiar.

bel•fry ['belfrɪ] *s* torre *f* do sino.

Bel•gian ['beldʒən] *adj and s* belga.

be•lie [bɪ'laɪ] *v/t* enganar; faltar ao prometido; desmentir; negar; *hopes:* frustrar.

be•lief [bɪ'liːf] *s* crença *f (in* em).

be•lie•va•ble [bɪ'liːvəbl] *adj* acreditável, crível.

be•lieve [bɪ'liːv] *v/t* crer, acreditar *(in* em); ~ *it or not* acreditem ou não; **be•liev•er** *s eccl.* crente *m/f.*

be•lit•tle *fig.* [bɪ'lɪtl] *v/t* depreciar.

bell [bel] *s* sino *m;* campainha *f;* ~•**boy** *Am. s* paquete *m* de hotel.

belle [bel] *s* mulher *f* bela.

bell•hop *Am.* ['belhɒp] *s* paquete *m* de hotel.

be•lied ['belɪd] *adj* barrigudo.

bel•lig•er•ent [bɪ'lɪdʒərənt] **1.** *adj* beligerante; agressivo; **2.** *s* país *m* beligerante.

bel•low ['beləʊ] *v/t and v/i* bramir; **2.** *s* rugido *m;* ronco *m;* ~**s** *s pl or sg* fole *m.*

bel•ly ['belɪ] **1.** barriga *f;* **2.** *v/t and v/i* inchar; criar barriga; ~•**ache** F dor *f* de barriga; ~•**land•ing** *s aer.* aterragem *f* sem rodas.

be•long [bɪ'lɒŋ] *v/i* pertencer; *(to* a); ~•**ings** [‿ɪŋz] *s pl* haveres *m pl.*

be•loved [bɪ'lʌvd] **1.** *adj* amado; **2.** *s* amor *m,* pessoa *f* amada.

be•low [bɪ'ləʊ] **1.** *adv* por baixo, em baixo; **2.** *prep* debaixo; debaixo de, por baixo de.

belt [belt] **1.** *s* cinto *m; mil.* faixa *f;* cinturão *m;* zona *f;* região *f; tech.* correia *f;* **2.** *v/i a.* ~ *up* cingir; apertar.

bench [bentʃ] *s* banco *m;* assento *m; the* ♀ o Tribunal *m,* os magistrados *m pl;* banco *m* de trabalho.

bend [bend] **1.** *s* curva *f;* volta *f; dri- ve s.o. round the* ~ F enlouquecer alguém; **2.** *v/t and v/i (bent)* curvar- (-se); ~ *one's mind* entregar-se, dedicar a atenção *(to, on* a).

be•neath [bɪniːθ] → *below.*

ben•e•dic•tion [benɪ'dɪkʃn] *s* bênção *f.*

ben•e•fac•tor ['benɪfæktə] *s* benfeitor *m;* ~•**tress** [‿trɪs] *s* benfeitora *f;* **be•nef•i•cent** [bɪ'nefɪsnt] *adj* □ beneficiente **ben•e•fi•cial** [benɪ'fɪʃl] *adj* □ benéfico; vantajoso; proveitoso.

ben•e•fit ['benɪfɪt] **1.** *s* benefício *m;* vantagem *f;* proveito *m; social securi- ty:* subsídio *m;* benefício *m;* **2.** *v/t* beneficiar; aproveitar; *v/i* ~ *by or from* tirar proveito de, aproveitar.

be•nev•o•lence [bɪ'nevələns] *s* benevolência *f;* caridade *f;* ~•**lent** *adj* □ benevolente; tolerante.

be•nign [bɪ'naɪn] *adj* □ benigno; favorável; *med.* benigno; *of climate:* suave.

bent [bent] **1.** *pret and pp. of* **bend** 2; *be ~on doing* estar decidido a fazer; **2.** *s fig.* inclinação *f;* tendência *f;* predisposição *f.*

ben•zene *chem.* ['benziːn] *s* benzeno *m.*

ben•zine *chem.* ['benziːn] *s* benzina *f.*

be·queath *jur.* [bɪ'kwiːð] *v/t* legar, deixar em testamento.

be·quest *jur.* [bɪ'kwest] *s* legado *m.*

be·reave [bɪ'riːv] *v/t* (**bereaved** *or* **bereft**) privar; roubar.

be·ret ['bereɪ] *s* boina *f.*

berk [bɜːk] *s* F idiota *m/f.*

ber·ry *bot.* ['berɪ] *s* baga *f.*

ber·serk [bə'sɜːk] *adj* furioso, furibundo; **go** ~ ficar furioso, F ir aos arames.

berth [bɜːθ] **1.** *s mar.* beliche *m;* ancoradouro *m;* **2.** *mar. v/t* ancorar; *v/i* atracar, fazer escala.

be·seech [bɪ'siːtʃ] *v/t* (**besought** *or* **beseeched**) suplicar, implorar.

be·set [bɪ'set] *v/t* (**-tt-; beset**) ocupar; assaltar; assediar; ~ **with difficulties** rodeado de dificuldades.

be·side [bɪ'saɪd] *prep* perto de, junto a; ~ *o.s.* fora de si; ~ *the point,* ~ *the question* não ter nada a ver com; ~**s 1.** *adv* além disso; **2.** *prep* além de.

be·siege [bɪ'siːdʒ] *v/t* cercar, sitiar.

be·smear [bɪ'smɪə] *v/t* sujar; besuntar.

be·sought [bɪ'sɔːt] *pret and pp of* **beseech.**

be·spat·ter [bɪ'spætə] *v/t* salpicar.

best [best] **1.** *adj* (*sup of good*) melhor; ~ *man* padrinho *m* de casamento; **2.** *adv* (*sup of well²* 1) do melhor modo; **3.** *s* o melhor; *all the* ~ as maiores felicidades!; *to the* ~ *of my knowledge* tanto quanto sei; *make the* ~ *of* fazer o melhor possível, tirar o melhor partido de; *at* ~ na melhor das hipóteses; *be at one's* ~ estar em excelente forma.

bes·ti·al ['bestɪəl] *adj* □ bestial; animalesco.

best·sell·er [best'selə] *s bestseller m;* livro *m* com a maior venda.

bet [bet] **1.** *s* aposta *f;* **2.** *v/t and v/i* (**-tt-; bet** *or* **betted**) apostar; *you bet!* F pois claro!, não tenha qualquer dúvida!

be·tray [bɪ'treɪ] *v/t* trair (*a. fig.*); ~**al** *s* traição *f;* ~**er** *s* traidor *m.*

bet·ter ['betə] **1.** *adj* (*comp of good* 1) melhor; *he is* ~ ele está melhor; **2.** *s o* melhor; ~**s** *pl* superiores *m pl;* mais experientes; *get the* ~ *of* levar

a melhor sobre; **3.** *adv* (*comp of well²* 1) melhor; mais; *so much the* ~ tanto melhor; *you had* ~ (F *you* ~) *go* era melhor ires-te embora; **4.** *v/t* melhorar; *v/i* emendar-se, corrigir-se.

be·tween [bɪ'twiːn] **1.** *adv* entre; *few and far* ~ F poucos, raros; **2.** *prep* entre; ~ *you and me* entre nós; *that's just* ~ *ourselves* fica só entre nós.

bev·el ['bevl] *v/t* (*esp. Br.* **-ll-**, *Am.* **-l-**) biselar; chanfrar.

bev·er·age ['bevərɪdʒ] *s* bebida *f.*

bev·y ['bevɪ] *s* bando *m,* grupo *m.*

be·ware [bɪ'weə] *v/i* (*of*) acautelar-se; ter cuidado; ~ *of the dog!* cuidado com o cão!.

be·wil·der [bɪ'wɪldə] *v/t* desorientar, confundir; ~•**ment** *s* desorientação *f;* desnorteamento *m.*

be·witch [bɪ'wɪtʃ] *v/t* encantar, enfeitiçar.

be·yond [bɪ'jɒnd] **1.** *adv* além, do outro lado; **2.** *prep* para além de; **3.** *s* o além *m.*

bi- [baɪ] duas vezes, **bi-.**

bi·as ['baɪəs] **1.** *adj and adv* de viés; **2.** *s* inclinação *f;* desequilíbrio *m;* preconceito *m;* **3.** *v/t* (**-s-,-ss-**) *report:* ser parcial; *person:* influenciar; ~(*s*)*ed esp. jur.* tendencioso, (*against* contra).

bi·ath·lete [baɪ'æθliːt] *s sports:* atleta *m* que participa no biatlo; ~•**lon** biatlo *m.*

Bi·ble ['baɪbl] *s* Bíblia *f;* **bib·li·cal** ['bɪblɪkl] *adj* □ bíblico.

bib·li·og·ra·phy [bɪblɪ'ɒgrəfɪ] *s* bibliografia *f.*

bi·car·bon·ate [baɪ'kɑːbənɪt] *s chem. a.* ~ *of soda* bicarbonato de sódio.

bi·cen·te·na·ry [baɪsen'tiːnərɪ] *Am.* ~•**ten·ni·al** [‚'tenɪəl] *s* bicentenário *m.*

bi·ceps *anat.* ['baɪseps] *s* bíceps *m.*

bi·cy·cle ['baɪsɪkl] **1.** *s* bicicleta *f;* **2.** *v/i* andar de bicicleta.

bid [bɪd] **1.** *v/t and v/i* (**-dd-; bid** *or* **bade, bid** *or* **bidden**) *at auction:* licitar; *in card games:* declarar; ~ *farewell* despedir-se; **2.** *s econ.* proposta *f;* oferta *f;* ~•**den** *pp of* **bid** 1.

bide [baɪd] *v/t* (*bode* or *bided, bi-*
ded): ~ *one's time* esperar pela sua
hora.

bi•det ['biːdeɪ, bi'deɪ] *s* bidé *m*.

bi•en•ni•al [baɪ'enɪəl] *adj* ▢ bienal;
bianual *(plants)*; ~•ly [‿lɪ] de dois em
dois anos.

bier [bɪə] *s* ataúde *m*.

big [bɪg] *adj* (*-gg-*) grande; crescido;
importante; ~ *bang* *astr.* grande explosão *f*; ~ *business* grande empreendimento *m*; ~ *shot* pessoa *f* importante; ~ *talk* F gabarolice *f*; *talk*
~ falar com arrogância.

bi•ga•my ['bɪgəmɪ] *s* bigamia *f*.

big•ot ['bɪgət] *s* fanático *m*; intolerante *m/f*; ~•ed [‿ɪd] *adj* fanático; intolerante.

big•wig F ['bɪgwɪg] *s* pessoa *f* importante.

bike F [baɪk] *s* bicicleta *f*.

bi•lat•e•ral [baɪ'lætərəl] *adj* ▢ bilateral.

bile *physiol.* [baɪl] *s* bílis *f*; mau humor *m*.

bi•lin•gual [baɪ'lɪŋgwəl] *adj* ▢ bilingue.

bil•i•ous ['bɪlɪəs] *adj* ▢ bilioso; *fig.*
nervoso.

bill[1] [bɪl] *s* bico *m*; promontório *m*.

bill[2] [‿] **1.** *s* *econ.* conta *f*; *pol.* projecto
m de lei; *jur.* libelo *m*; *a.* ~ *of ex-*
change *econ* letra *f* de câmbio; *pos-*
ter: cartaz *m*; *Am.* nota *f* bancária; ~
of fare ementa *f*; ~ *of lading* conhecimento *m* de carga; ~ *of sale* *jur.*
contrato *m* de transferência de direitos; **2.** *v/t.* anunciar; pôr no programa.

bill‖board *Am.*['bɪlbɔːd] *s* painel *m* de
publicidade; ~•fold *Am.* *s* pasta *f* de
documentos.

bil•li•ards ['bɪljədz] *s sg* bilhar *m*.

bi•li•on ['bɪljən] *s* bilião *m*.

bil•low ['bɪləʊ] *s* vaga *f*; onda *f*; *of*
smoke, etc.: nuvem *f*; ~•y *adj* encape-
lado; revolto.

bil•ly *Am.* ['bɪlɪ] *s* escudela *f*; ~•goat
s zoo. bode *m*.

bin [bɪn] *s* arca *f*; caixa *f*; caixote *m*;
cesto *m*; → *dustbin*.

bind [baɪnd] (*bound*) *v/t* prender,
atar; encadernar; obrigar, comprome-
ter(-se); ratificar; *edge, hem etc.:* debruar; ~•er *s* encadernador *m*; ligadu-

ra *f*; atilho *m*; ~•ing **1.** *adj* obrigatório, compulsivo; **2.** *s* encadernação *f*;
ligação *f*; fita *f*.

bi•noc•u•lars [bɪnɒkjʊləz] *s pl* binóculos *m pl*.

bi•o•chem•is•try [baɪəʊ'kemɪstrɪ] *s*
bioquímica *f*.

bi•o•de•grad•able [baɪəʊdɪ'greɪd-
əbl] *adj* biodegradável.

bi•og•ra‖pher [baɪ'ɒgrəfə] *s* biógrafo *m*; ~•phy [‿ɪ] *s* biografia *f*.

bi•o•log•i•cal [baɪəʊ'lɒdʒɪkl] *adj*
biológico; ~ *warfare* guerra biológi-
ca; **bi•ol•o•gy** [baɪ'ɒlədʒɪ] *s* biologia *f*.

bi•o•tope ['baɪəʊtəʊp] *s* biótopo *m*.

birch [bɜːtʃ] **1.** *s bot.* vidoeiro *m*; **2.**
v/t castigar, açoitar.

bird [bɜːd] *s* pássaro *m*; ave *f*; ~ *of*
prey ave *f* de rapina; ~ *sanctuary*
zona *f* de protecção de aves; ~'s-eye
s: ~ *view* visão *f* panorâmica.

bi•ro *TM* ['baɪrəʊ] *s* (*pl. -ros*) esferográfica *f*.

birth [bɜːθ] *s* nascimento *m*; origem *f*;
descendência *f*; *give* ~ *to* dar à luz;
~•control *s* controlo *m* de nascimen-
tos; ~•day *s* aniversário *m*; ~•mark
s sinal *m* de nascença; ~•place *s* terra *f*
natal; ~•rate *s* taxa *f* de natalidade.

bis•cuit *Br.* ['bɪskɪt] *s* bolacha *f*; bis-
coito *m*.

bish•op ['bɪʃəp] *s* bispo *m*; *in chess:*
bispo *m*; ~•ric [‿rɪk] *s* bispado *m*.

bi•son *zoo* ['baɪsn] *s* bisonte *m*; *in*
America: búfalo *m*; *in Europe:* bisonte *m*.

bit [bɪt] **1.** *s* bocado *m*; pedaço *m*; *of*
bridle: freio *m*; *computer:* bit *m*; *a*
(*little*) ~ um bocadinho; **2.** *pret of*
bite.

bitch [bɪtʃ] *s zoo.* cadela *f*; *contp.*
prostituta *f*.

bite [baɪt] **1.** *s* mordedura *f*; picada *f*;
dentada *f*; **2.** *v/t* and *v/i* (*bit, bitten*)
morder; *of insect:* picar, ferrar; *of pe-*
pper, etc.: arder, queimar; *of cold,*
etc.: cortar; *of smoke:* agarrar-se; *of*
screw, drill, etc.: perfurar; *fig.* ferir.

bit•ten ['bɪtn] *pp of* *bite*.

bit•ter ['bɪtə] **1.** *adj* ▢ amargo (*a.*
fig.); **2.** *s Br.* cerveja *f* amarga: ~s *pl*
bebida *f* digestiva.

biz F [bɪz] → *business*.

black

black [blæk] **1.** *adj* preto; escuro; sinistro; **~ eye** olho negro; **have sth. in ~ and white** pôr por escrito; **be ~ and blue** estar cheio de nódoas negras; **beat s.o. ~ and blue** dar uma carga de porrada a alguém; **2.** *v/t* enegrecer; **~out** extinguir as luzes; **3.** *s* preto *m;* negro *m;* **~•ber•ry** *s bot.* amora *f* silvestre; **~•bird** *s zoo* melro *m;* **~•board** *s* quadro *m* negro; **~•en** *v/t* enegrecer; ficar negro; *fig.* denegrir; **~ •guard** [_blæga:d] **1.** *s* patife *m;* velhaco *m;* **2.** *adj* □ velhaco; **~•head** *s med.* espinha *f,* cravo *m;* **~ ice** *s* gelo *m* na estrada quase invisível e perigoso; **~•ish** *adj* □ escuro; **~•jack** *s esp Am.* cassétete *m;* **~•leg** *s Br.* fura-greves *m;* **~•let•ter** *s print.* letra *f* gótica; **~•list 1.** *s* lista negra; **2.** *v/t* pôr na lista negra; **~•mail 1.** *s* chantagem *f;* **2.** *v/t* fazer chantagem: **~•mail•er** *s* chantagista *m/f;* **~•mar•ket** *s* mercado *m;* negro; **~•ness** *s* escuridão *f;* negrume *m;* **~•out** *s* extinção *f* de luzes, *blackout* (em tempo de guerra); *med.* desmaio *m;* desfalecimento *m;* **(news) ~** proibição *f* de dar notícias: **~•pud•ding** *s* chouriço *m* de sangue.

blad•der *anat.* ['blædə] *s* bexiga *f.*

blade [bleɪd] *s of knife, etc.:* lâmina *f; bot.* folha *f; of saw, oar, etc.:* pá *f.*

blame [bleɪm] **1.** *s* culpa *f;* responsabilidade *f;* **2.** *v/t* culpar; **be to ~ for** ser culpado de; **~•less** *adj* □ inocente.

blanch [blɑ:ntʃ] *v/t* branquear; *cookery:* escaldar; *v/t* empalidecer.

bland [blænd] *adj* □ brando, suave.

blank [blæŋk] **1.** *adj* □ vazio; em branco, não escrito; *econ.* em branco; atónito; **~ cartridge** cartucho sem bala; **~ cheque** (Am. **check**) *econ.* cheque *m* sem cobertura, careca; **2.** *s* vazio *m;* espaço *m* vazio; espaço *m* em branco; *in lottery:* bilhete *m* em branco.

blan•ket ['blæŋkɪt] **1.** *s* cobertor *m;* **wet ~** desmancha-prazeres *m;* **2.** *v/t* cobrir com manta.

blare [bleə] *v/i* retinir; *of radio:* tocar alto; *of trumpet:* tocar, soar.

blas|pheme [blæs'fi:m] *v/t and v/i* blasfemar; **~•phemy** [_blæsfəmɪ] *s* blasfémia *f.*

blast [blɑ:st] **1.** *s* rajada *f* de vento; *of brass instrument:* som *m; tech.* pressão *f* de ar; *bot.* alforra *f;* **2.** *v/t* arruinar, destruir; **~ off (into space)** *space craft:* partir, lançar; **~!** porra!; **~-fur•nace** *tech.* [' _fɜ:nɪs] *s* alto-forno *m;* **~•off** *s of spacecraft:* lançamento *m;* partida *f.*

bla•tant ['bleɪtənt] *adj* □ ruidoso; evidente, notório.

blaze [bleɪz] **1.** *s* chama *f;* fogueira *f;* luz *f* brilhante; *fig.* erupção *f;* **go to ~s !** vai para o diabo! **2.** *v/t* arder com chama; resplandecer.

blaz•er ['bleɪzə] *s* blazer *m;* casaco *m* desportivo.

bleach [bli:tʃ] *v/t* branquear.

bleak [bli:k] *adj* □ ermo; gelado; *fig.* sombrio.

blear•y ['blɪərɪ] *adj* □ **(-ier, -iest)** triste; opaco; lacrimoso; turvo; **~•eyed** *adj* com olhar turvo; sonolento; *fig.* míope.

bleat [bli:t] **1.** *s* balido *m;* **2.** *v/t* balir.

bled [bled] *pret and pp of* **bleed.**

bleed [bli:d] **(bled)** *v/t* sangrar; perder sangue; *fig:* lograr; **~•ing 1.** *s med.* hemorragia *f; med.* flebotomia *f;* **2.** *adj and adv sl.* maldito; porra.

bleep [bli:p] **1.** *s* pipe *m* (som); *v/t* emitir pipes; **~•er** emissor *m* de pipes.

blem•ish [_blemɪʃ] **1.** *s* mancha *f;* mácula *f;* desonra *f;* **2.** *v/t* manchar.

blend [blend] **1.** *v/t* misturar; combinar; misturar-se; *wine, etc.:* adulterar; **2.** *s* mistura *f;* mescla *f;* vinho *m* adulterado; **~•er** *s* misturadora *f.*

bless [bles] *v/t* **(blessed** or **blest)** abençoar; **be ~ed with** ter a felicidade de possuir; **(God) ~ you!** felicidades!; Santinho!; **~ me!, ~ my heart!, ~ my soul!** valha-me Deus! **~•ed** *adj* □ abençoado; bem-aventurado; **~•ing** *s* bênção *f.*

blest [blest] *pret and pp of* **bless.**

blew [blu:] *pret of* **blew²** 1.

blight [blaɪt] **1.** *s bot.* míldio *m; fig.* mal *m;* influência *f* maligna. **2.** *v/t* matar à nascença; aniquilar.

blind [blaɪnd] **1.** *adj* □ cego (*fig.* **to** perante); disfarçado; **~ alley** beco *m;* **~ly** cegamente; **turn a ~ eye (to)** F fingir que não vê; **2.** *s* estore *m;* persiana *f; the* ~ os cegos; **3.** *v/t* cegar; fazer-se cego em relação a; **~•ers** *Am.*

['blaɪndəz] *s pl.* antolhos *m pl;* **~•fold 1.** *adj* com olhos vendados; **2.** *adv fig.* às cegas; **3.** *v/t* vendar os olhos; **4.** *s* venda *f;* **~•ness** *s* cegueira *f;* **~•worm** *s zoo.* cobra-de-vidro *f.*

blink [blɪŋk] **1.** *s* pestanejar *m;* clarão *m;* **2.** *v/t* pestanejar; piscar; cintilar; lampejar; **~•ers** ['blɪŋkəz] *s pl.* antolhos *m pl.*

bliss [blɪs] *s* felicidade *f;* bem-aventurança *f.*

blis•ter ['blɪstə] **1.** *s* borbulha *f,* bolha *f;* **2.** *v/t* empolar.

blitz [blɪts] **1.** *s* ataque *m* aéreo rápido e violento; **2.** *v/t* bombardear rápida e violentamente.

bliz•zard ['blɪzəd] *s* nevão *m.*

bloat•ed ['bləʊtɪd] *adj* inchado; *fig.* envaidecido; **~•er** [_ə] *s fish:* arenque *m* fumado.

block [blɒk] **1.** *s* cepo *m;* viga *f;* bloco *m* de pedra; congestionamento *m* (de tráfego); **~ of flats** prédio *m* de apartamentos: **2.** *v/t* bloquear; obstruir; **~ up** obstruir; tapar com tijolos.

block•ade [blɒ'keɪd] **1.** *s* bloqueio *m;* **2.** *v/t* bloquear.

block|head ['blɒkhed] **1.** *s* estúpido *m;* **~•let•ters** letras *f pl* manuscritas em tipo de imprensa.

bloke *Br.* F [bləʊk]*s* sujeito *m;* tipo *m.*

blond [blɒnd] **1.** *s* loiro *m;* **2.** *adj* loiro; *of skin:* clara; **~e 1** *s* loira *f;* **2.** *adj* loiro.

blood [blʌd] *s* sangue *m; fig.* descendência *f; in cold* ~ a sangue frio; **~-cur•dling** *adj* horrível, medonho; **~ do•nor** *s* dador de sangue; **~•shed** *s* derramamento *m* de sangue; **~•shot** *adj* com equimoses; **~•thirst•y** *adj* □ sedento de sangue; **~•ves•sel** *s anat.* vaso *m* sanguíneo; **~•y** *adj (-ier, -iest)* sangrento; *Br.* F estuporado; maldito; **~ fool** F idiota; grande estúpido; **~-minded** *Br.* F cruel, sanguinário.

bloom [bluːm] **1.** *s poet.* florescência *f;* flor *f; fig.* apogeu *m;* **2.** *v/t* florescer; resplandecer.

blos•som ['blɒsəm] **1.** *s* flor *f;* florescência *f;* **2.** *v/t* florir, desabrochar em flor.

blot [blɒt] **1.** *s* mancha *f;* borrão *m;* **2.** *(-tt)* *v/t* manchar, macular; eliminar; manchar a reputação.

blotch [blɒtʃ] *s* furúnculo *m;* ~ **•y** *adj (-ier, iest) of skin:* manchado.

blouse [blaʊz] *s* blusa *f.*

blow[1] [bləʊ] *s* golpe *m.*

blow[2] [_] **1.** *(blew, blown)* *v/i* soprar; arquejar; ofegar; *of tyre:* rebentar; *electr. of fuse:* queimar-se; ~ *up* explodir; *v/t* ir pelos ares; ~ *one's nose* assoar-se; ~ *one's top* F descontrolar-se, ir aos arames; ~ *out* apagar; explodir; *phot.* ampliar; **2.** *s* sopro *m;* golpe *m* de vento; **~-dry** *v/t* secar; **~n** [bləʊn] *pp of blow*[2] 1; **~-up** *s* explosão *f; phot.* ampliação *f.*

blud•geon ['blʌdʒən] *s* moca *f.*

blue [bluː] **1.** *adj* azul; F melancólico, triste; **2.** *s* azul *m; out of the* ~ inesperadamente; **~•berry** *s bot.* arando *m;* ~ *chip (share)* *s econ.* valores de primeira classe; **~-col•lar work•er** *s* operário *m* fabril.

blues [bluːz] *s pl or sg mus.* blues; F melancolia; *have the* ~ estar com a neura.

bluff [blʌf] **1.** *adj* escarpado, abrupto; brusco; **2.** *s* simulação *f;* **3.** *v/t* simular, fazer *bluff.*

blu•ish ['bluːɪʃ] *adj* azulado.

blun•der ['blʌndə] **1.** *s* erro *m* crasso; engano *m;* **2.** *v/t* tropeçar; fazer um grande disparate; andar às cegas.

blunt [blʌnt] **1.** *adj* embotado *(a, fig.);* imperfeito; rude, brusco; **2.** embotar; **~•ly** *adv* sem cerimónia, rudemente.

blur [blɜː] **1.** *s* mancha *f;* névoa *f;* impressão *f* confusa; **2.** *v/t (-rr-)* manchar; enevoar; confundir; *phot., TV, etc.:* tremido.

blurt [blɜːt] *v/t:* ~ *out* proferir abruptamente; deixar escapar.

blush [blʌʃ] **1.** *s* rubor *m;* vermelhidão *f;* **2.** *v/t* corar, ruborizar-se.

blus•ter ['blʌstə] **1.** *s* ruído *m;* fragor *m;* bramido *m (a. fig.);* fanfarronada *f;* **2.** *v/t* fazer barulho; dizer fanfarronadas; bramir.

boar *zoo* [bɔː] *s* javali *m.*

board [bɔːd] *s* tábua *f;* mesa *f;* conselho *m;* comissão *f;* quadro *m* de anúncios; *sports:* prancha *f* de surf;

on ~ a train num comboio; **~ of directors** econ. Conselho *m* de Administração; **º of Trade** Am. Câmara *f* de Comércio, Br. Ministério *m* do Comércio; **2.** *v/t* sustentar; prover com alojamento; *mar.* abordar, abalroar; *aircraft, etc.*: entrar para; *v/i* estar hospedado; habitar em regime de pensão completa; **~•er** ['bɔːdə] pensionista *m;* aluno *m* interno; **~•ing- house** *s* pensão *f;* **~•ing-school** *s* internato *m*, colégio *m* interno; **~•walk** *s esp. Am* passeio *m* ao longo da praia.

boast [bəʊst] **1.** *s* vanglória *f*, alarde *m;* **2.** *v/t* (**of, about** com, de, sobre) vangloriar-se, alardear; gabar-se **~•ful** *adj* □ gabarola.

boat [bəʊt] *s* barco *m.*

bob [bɒb] **1.** *s* prumo *m;* borla *f;* abanão *m;* cortesia *f;* corte de cabelo curto; *Br.* F *hist.* xelim *m;* **2.** (**-bb-**) *v/t* cortar o cabelo curto; **~bed hair** cabelo à pagem; *v/i* saltar; balancear-se.

bob•in ['bɒbɪn] *s* fuso *m;* bobina *f.*

bob•by *Br.* F ['bɒbɪ] *s* polícia *m.*

bob•sleigh ['bɒbsleɪ] *s sport:* trenó *m.*

bode [bəʊd] *pret of* **bide.**

bod•ice ['bɒdɪs] *s* corpete *m* (de vestido).

bod•i•ly ['bɒdɪlɪ] *adj* corpóreo; físico.

bod•y ['bɒdɪ] *s* corpo *m*, organismo *m;* cadáver *m;* corporação *f; mot.* carroçaria *f; mil.* força *f* militar; **~•guard** *s* guarda-costas *m/f;* **~•work** *s mot.* carroçaria *f.*

bog [bɒg] **1.** *s* lodaçal *m;* paul *m;* **2.** *v/t* (**-gg-**): **get ~ged down** *fig.* meter-se em trabalhos ou em apuros.

bo•gus ['bəʊgəs] *adj* falso, fictício.

boil[1] *med.*[bɔɪl] *s* erupção *f;* furúnculo *m.*

boil[2] [_] **1.** *v/t* ferver; entrar em ebulição; **2.** *s* ebulição *f;* **~•er** *s* caldeira *f;* **~•er suit** *s* fato *m* de macaco; **~•ing** *adj* em ebulição, a ferver; **~•point** *s* ponto *m* de ebulição *(a. fig.).*

bois•ter•ous ['bɔɪstərəs] *adj* violento; rude; fogoso; arrebatado.

bold [bəʊld] *adj* □ corajoso, arrojado; vigoroso, forte; **as ~ as brass** F descarado; **~•ness** *s* arrojo *m;* ousadia *f;* coragem *f.*

bol•ster ['bəʊlstə] **1.** *s* almofada *f;* travesseiro *m;* **2.** *v/t:* **~ up** *fig.* reforçar.

bolt [bəʊlt] **1.** *s* flecha *f;* dardo *m;* relâmpago *m;* partida *f* súbita; fuga *f;* **2.** *adv* **~ upright** direito como um fuso; **3.** *v/t* aferrolhar, trancar; partir subitamente; *of horse:* tomar o freio nos dentes.

bomb [bɒm] **1.** *s* bomba *f;* **the ~** a bomba atómica; **2.** *v/t* bombardear; **bom•bard** [bɒm'bɑːd] bombardear *(a. fig.).*

bomb|-proof ['bɒmpruːf] *adj* à prova de bomba; **~•shell** *s* bomba *f.*

bond [bɒnd] *s econ.* título *m* de crédito, obrigação *f; tech.* aderência *f*, adesão *f;* **~s** *pl of frienship:* laços *m pl;* **in ~** econ. em depósito na alfândega.

bone [bəʊn] **1.** *s* osso *m;* espinha *f;* **~s** esqueleto *m;* **~ of contention** pomo *m* de discórdia; **have a ~ to pick with s.o.** F ter uma questão a resolver com alguém; **chilled to the ~** enregelado; **make no ~s about** F não hesitar; não ter papas na língua; **2.** *v/t* desossar, tirar as espinhas.

bon•fire ['bɒnfaɪə] *s* fogueira *f* ao ar livre.

bonk [bɒŋk] *v/t and v/i Brit. sl.* bater; lutar; *have sex:* F ter relações com, fornicar.

bonkers ['bɒŋkəz] *adj sl.* desvairado, louco; **go ~** desvairar, enlouquecer.

bon•net ['bɒnɪt] *s* gorro *m; Br.* capota *f* de automóvel.

bonny *esp. Scot E.* ['bɒnɪ] *adj* **(-ier, -iest)** bonito; *of baby:* rosado, saudável.

bo•nus econ. ['bəʊnəs] *s* bónus *m;* prémio *m;* gratificação *f.*

bon•y ['bəʊnɪ] *adj* **(-ier, -iest)** ossudo.

boob *sl* [buːb] *s* pateta *m*, burro *m; Br.* grande erro; **~s** *pl* F mamas *f pl.*

boo•by ['buːbɪ] *s* pateta *m;* cretino *m;* **~hatch** *s Am. sl.* manicómio *m;* **~ trap** *s* cilada *f; bomb:* objecto armadilhado.

book [bʊk] **1.** *s* livro *m;* caderno *m;* lista *f;* **2.** *v/t* registar em livro; *ticket, place, seat:* marcar, reservar; *soccer, etc.:* advertir; **~ed up** *restaurant, hotel, etc.:* cheio; esgotado; **~ in** *esp. Br. at a hotel:* registar-se; **~•case** *s* estante *f;* **~•ing** *s* registo *m; soccer:* advertência *f;* **~•ing-clerk** *s* empregado/a *m/f* de bilheteira; **~•ing- of•fice** *s* bilheteira *f;* **~•keep•er** *s* guarda-livros *m/f;* **~•keep•ing** *s* contabilidade *f;* **~•let** [ˌlɪt] *s* brochura *f;* **~•mark-(•er)** *s* marcador *m* de livro; **~•sell•er** *s* livreiro *m;* **~•shop,** *Am.* **~•store** *s* livraria *f.*

boom¹ *econ.* [buːm] **1.** *s* actividade *f* súbita; subida *f* repentina dos valores económicos; desenvolvimento *m;* prosperidade *f;* **2.** *v/t* viver um período de súbito desenvolvimento;

boom² [ˌ] *v/t* retumbar; troar.

boor *fig.* [bʊə] *s* campónio *m;* rústico *m;* **•Ish** *adj* □ rústico; desajeitado.

boost [buːst] *v/t* impulsionar; *prices:* incrementar; *econ.:* fortalecer, estimular; *electr.:* aumentar a voltagem; *fig.* encorajar.

boot¹ [buːt] *s* bota *f; Br. mot.* porta-bagagens *m.*

boot² [ˌ] *v/t computer:* ligar.

boot•ee [ˈbuːtiː] *s of women:* botim *m; of babies:* botinha *f.*

booth [buːð] *s market:* tenda *f;* barraca *f* de feira; *exhibition:* stand *m;* pol. cabina *f* de voto; *teleph.:* cabina *f.*

boot•lace [ˌbuːtleɪs] *s* atacador *m.*

boot•y [ˈbuːtɪ] *s* pilhagem *f,* saque *m.*

booze F [buːz] **1.** *v/t* embriagar-se; **2.** *s* bebida *f* alcoólica.

bor•der [ˈbɔːdə] **1.** *s* margem *f;* orla *f;* extremidade *f;* fronteira *f;* **2.** *v/t* bordar, debruar; confinar (**on** com); **~ re•gion** *s* região *f* limítrofe.

bore¹ [bɔː] **1.** *s* furo *m;* perfuração *f; of gun:* calibre *m;* **2.** *v/t* furar, perfurar.

bore² [ˌ] **1.** *s* maçada *f; person:* F maçador *m; esp. Br.* coisa chata; **2.** *v/t* enfastiar, aborrecer; *I'm ~d* estou chateado, aborrecido.

bore³ [ˌ] *pret of* **bear**².

bor•ing [ˈbɔːrɪŋ] *adj* □ maçador, enfastiante.

born [bɔːn] *pp of* **bear**².

borne [bɔːn] *pp of* **bear**².

bo•rough [ˈbʌrə] *s* município *m;* bairro *m;* círculo *m* eleitoral.

bor•row [ˈbɒrəʊ] *v/t* pedir emprestado; emprestar, conferir; **~ed** *adj econ.* financiado através de crédito.

bos•om [ˈbʊzəm] *s* peito *m;* seio *m;* **◆** *fig.* regaço *m;* colo *m.*

boss [bɒs] **1.** *s* chefe *m; esp. Am. pol.* membro *m* influente de um partido; cacique *m;* **2.** *v/t ~ about, ~ around* mandar, dar ordens, controlar; **•y** F *adj (-ier, -iest)* adj autoritário, mandão; *be ~* gostar de dar ordens.

bo•tan•i•cal [bəˈtænɪkl] *adj* □ botânico; **bot•a•ny** [ˈbɒtənɪ] *s* botânica *f.*

botch [bɒtʃ] **1.** *s* remendo *m;* conserto *m;* **2.** *v/t* remendar.

both [bəʊθ] *adv and pron.* ambos; *conj.* **~ ... and** tanto ... como.

bother [ˈbɒðə] **1.** *s* aborrecimento *m;* enfado *m;* F chatice *f;* confusão *f;* **2.** *v/t* aborrecer, enfadar; F chatear; *don't ~* não te maces; *don't ~ me* não me maces.

bot•tle [ˈbɒtl] **1.** *s* garrafa *f;* **2.** *v/t* engarrafar; **~•neck** *s* gargalo *f; of road:* estreitamento *m (a. fig.).*

bot•tom [ˈbɒtəm] *s* fundo *m;* base *f;* leito *m* de mar, rio; *be at the ~ of sth.* ser a causa de alguma coisa; *get to the ~ of sth.* ir ao fundo da questão.

bough [baʊ] *s* ramo *m;* galho *m.*

bought [bɔːt] *pret and pp of* **buy**.

boul•der [ˈbəʊldə] *s* seixo *m;* pedra *f* grande redonda; penedo *m.*

bounce [baʊns] **1.** *s of ball:* ressalto *m; vigour:* impulso *m;* **2.** *v/t of ball:* ressaltar, fazer ressaltar; F *cheque:* passar um cheque careca; *he ~ed the baby on his knee* baloiçava o bebé no joelho; **bounc•er** *s* F *in bar, etc.:* indivíduo encarregado de expulsar os clientes indesejáveis; **bouncing** *adj baby:* forte, cheio de vida.

bound¹ [baʊnd] **1.** *pret and pp of* **bind**; **2.** *adj and adv* obrigado, sujeito; em direcção a, a caminho de *(for);* muito provavelmente; *it's ~ to rain soon* não tarda que chova.

bound² [ˌ] **1.** *s* salto *m;* **2.** *v/t* ressaltar, dar um salto para a frente.

bound³ [ˌ] *s mst. pl* limite *m;* fronteira *m; a. fig.* **~•a•ry** *s* fronteira *f;* limite *m;* **~•less** *adj* □ sem limites, ilimitado.

boun|te•ous, [ˈbaʊntɪəs] **~•ti•ful** [ˌfl] *adj* □ liberal, magnânime, generoso; caridoso.

boun•ty [ˈbaʊntɪ] *s* dádiva *f;* liberalidade *f;* prémio *m.*

B

bou•quet [buˈkeɪ] s ramalhete m; ramo m; of wine: aroma m.

bout [baʊt] s boxing: combate m; med. ataque m; acesso m; **drinking** ~ borracheira f; bebedeira f.

bou•tique [buːˈtiːk] s boutique f.

bow¹ [baʊ] **1.** s vénia f; **2.** v/t fazer uma vénia, inclinar-se (**to** perante, a); fig. vergar-se (**to** perante, a); dobrar, vergar, curvar.

bow² [_] s mar. proa f.

bow³ [_] s (a. mus.) arco m.

bow•els [ˈbaʊəlz] s pl anat. intestino m; entranhas f pl.

bowl¹ [bəʊl] s bacia f; taça f; tigela f; of pipe: concavidade; geogr. bacia; Am. estádio m.

bowl² [_] **1.** s bola de madeira; **2.** v/t bowling, cricket: atirar bolas; jogar bowling; ~•ing s bowling m.

box¹ [bɒks] **1.** s caixa f; estojo m; thea. camarote m; **2.** v/t dividir em pequenos compartimentos.

box² [_] **1.** v/t and v/i sports: jogar o boxe, praticar pugilismo; ~ **s.o.'s ears** dar uma bofetada; **2.** s: ~ **on the ear** bofetão m.

box|er [ˈbɒksə] s pugilista m; ~•ing s boxe m; pugilismo m; ²ing Day s Br. feriado de 26 de Dezembro; ~•number s in newspaper: número m do anúncio; post office: código m postal; ~•of•fice s thea. bilheteira f.

boy [bɔɪ] s rapaz m; F filho m; ~-friend s namorado m; ~ **scout** escuteiro m.

boy•cott [ˈbɔɪkɒt] **1.** v/t boicotar; **2.** s boicote m.

boy|hood [ˈbɔɪhʊd] s infância f; adolescência f; ~•ish adj □ de rapaz, pueril.

bra [brɑː] s soutien m.

brace [breɪs] **1.** s tech. escora f, braçadeira f, gancho m, grampo m; (a. **a pair of**) ~s pl Br. suspensórios m pl; **2.** v/t apertar; consolidar; tonificar; fortalecer.

brace•let [ˈbreɪslɪt] s bracelete f, pulseira f.

brack•et [ˈbrækɪt] **1.** s tech. suporte m; of lamp: aplique m; print. parêntese m; **lower income** ~ grupo m de rendimentos mais baixos; **2.** v/t unir com grampos; pôr entre parênteses; fig. colocar em pé de igualdade.

brack•ish [ˈbrækɪʃ] adj salobre.

brag [bræg] **1.** s fanfarronada f; **2.** v/t (-gg-) vangloriar-se (**about**).

brag•gart [ˈbrægət] s and adj fanfarrão m.

braid [breɪd] **1.** s trança f; rabicho m; **2.** v/t entrançar.

braille [breɪl] s alfabeto m para cegos.

brain [breɪn] s anat. cérebro m; often ~s pl fig. raciocínio m, inteligência f; ~s **trust** Br., Am. ~ **trust** [_breɪn(z)trʌst], grupo m de peritos; ~•wash v/t fazer lavagem ao cérebro; ~•washing s lavagem f ao cérebro; ~•wave s F onda telepática; ~ **worker** trabalhador m intelectual.

brake [breɪk] **1.** s tech. travão m; **2.** v/i travar.

bram•ble bot. [ˈbræmbl] s espinheiro m.

branch [brɑːntʃ] **1.** s ramo m; divisão f; of family: ramo m; **2.** v/t ramificar-se; bifurcar-se.

brand [brænd] **1.** s econ. marca f de fábrica; of goods: marca f comercial, marca; ~ **name** nome m de marca; **2.** v/t marcar com ferro quente; estigmatizar.

bran•dish [ˈbrændɪʃ] v/t brandir.

brand-new [brændˈnjuː] adj F novo em folha.

bran•dy [ˈbrændɪ] s conhaque m; aguardente f.

brass [brɑːs] s latão m; F descaramento m; ~ **band** banda f filarmónica; ~ **knuckles** pl. Am. F soqueira f.

bras•sière [ˈbræsɪə] s soutien m.

brat [bræt] s contp. for child: fedelho m, pivete m.

brave [breɪv] **1.** adj □ (-r, -st) valente, corajoso, intrépido; **2.** v/t desafiar; afrontar; **brav•er•y** [ˈ_ərɪ] s coragem f, intrepidez f.

brawl [brɔːl] **1.** s rixa f; luta f; **2.** v/i envolver-se em rixas; brigar.

brawn [brɔːn] s músculo m; food: geleia f de carne; ~•y adj (-ier, -iest) musculoso.

bra•zen [ˈbreɪzn] adj □ descarado, atrevido.

Bra•zil•ian [brəˈzɪlɪən] **1.** s brasileiro/a m/f; **2.** adj brasileiro.

breach [briːtʃ] **1.** s fig. violação f; infracção f; quebra f; brecha f; rotura f; **2.** v/t abrir brecha, rachar.

bread [bred] s pão m; ~ **and butter** pão com manteiga, fig. pão de cada dia; **brown** ~ pão m integral; **know which side one's** ~ **is buttered** F conhecer as vantagens.

breadth [bredθ] s largura f; distância f; fig. amplitude f, dimensão f; of fabric: largura f.

break[1] [breɪk] s rotura f; intervalo m; interrupção f; econ. baixa f de preços; fig. momento m decisivo; **bad** ~ F pouca sorte; **lucky** ~ F momento de sorte; **without a** ~ sem interrupção.

break[2] [_] **(broke, broken)** v/t quebrar, partir; interromper; infringir; animal: amestrar; horse: a. ~ **in** domar, amansar; (at casino) bank: ganhar todo o dinheiro disponível, arruinar; supplies: cortar; news: revelar; ruin: arruinar; v/i arrombar, forçar **(into)**; of weather: mudar; with adverbs: ~ **away** afastar-se, separar-se; ~ **down** deitar abaixo; sucumbir; falhar, avariar; house: demolir (a. fig.); ~ **even** econ. não ganhar nem perder; ~ **in** interromper alguém; ~ **off** romper, cessar (relação); ~ **out** irromper, fugir; ~ **through** penetrar, irromper; fig. esp. tech: dar um grande passo em frente; ~ **up** demolir, decompor, desintegrar; entrar em férias; relationship: pôr termo.

break|a•ble ['breɪkəbl] adj quebrável; ~•**age** [_ɪdʒ] s fractura f; econ. estragos; ~•**a•way** s secessão f; separação f; ~•**down** s colapso m; (a. fig.) tech. avaria f; ~ **-** e•ven **point** s econ. limiar m do lucro.

break•fast ['brekfəst] **1.** s pequeno--almoço m; **2.** v/t tomar o pequeno--almoço

break|through ['breɪkθruː] fig. s passo m em frente, descoberta f importante; ~•**up** s desenlace m; desagregação f; derrocada f.

breast [brest] s seio m, peito m; fig. coração m; **make a clean** ~ **of sth.** confessar, abrir-se; ~•**stroke** s ['_strəʊk] sports: estilo de bruços.

breath [breθ] s respiração f; hálito m; **waste one's** ~ falar inutilmente, gastar o seu latim.

breath•al•lyse, Am. **-lyze** ['breθəlaɪz] v/t driver: fazer o teste de alcoolémia; ~•**lyser**, Am. **-lyzer** s aparelho m para fazer o teste de alcoolemia, F balão m.

breathe [briːð] v/i respirar; viver; v/t expirar; inspirar; insuflar; fig. segredar.

breath|less ['breθlɪs] adj. □ sem fôlego; ~•**taking** adj empolgante, de tirar a respiração.

bred [bred] pret and pp of **breed** 2.

breech•es ['brɪtʃɪz] s pl calças f pl de montar.

breed [briːd] **1.** s casta f; raça f; **2.** **(bred)** v/t gerar, procriar; criar; educar; v/i reproduzir-se; ~•**er** s criador m; ~•**ing** s criação f (de animais); (boa) educação f.

breeze [briːz] s brisa f; **breez•y** adj **(-ier, -iest)** ventoso; arejado; jovial, alegre.

brev•i•ty ['brevətɪ] s brevidade f.

brew [bruː] **1.** v/t fabricar cerveja (a. v/i); fermentar; preparar-se; fig. maquinar; **2.** s fabricação f de cerveja; ~•**er** ['bruə] s cervejeiro m; ~•**er•y** ['bruərɪ] fábrica f de cerveja.

bribe [braɪb] s suborno m; **2.** v/t subornar; **brib•er•y** ['_ərɪ] s suborno m.

brick [brɪk] **1.** s tijolo m; **drop a** ~ Br. F dizer uma indiscrição; **2.** v/t ~ **up** or **in** tapar com tijolos; ~•**lay•er** ['_leɪə] s pedreiro m; ~•**works** s sg alvenaria f.

brid•al [braɪdl] adj nupcial.

bride [braɪd] s noiva f; ~•**groom** ['_-grʊm] s noivo m; ~•s•**maid** ['_zmeɪd] s dama f de honor.

bridge [brɪdʒ] **1.** s ponte f; **2.** v/t construir uma ponte; fig. vencer (obstáculos).

bri•dle ['braɪdl] **1.** s brida f; freio m; **2.** v/t refrear, pôr freio; controlar; ~ **up** levantar a cabeça em atitude de despeito ou vaidade; ~•**path** s caminho m para cavaleiros.

brief [briːf] **1.** adj □ breve, conciso; **2.** jur. instruções escritas; **3.** v/t resumir, dar instruções; ~•**case** ['_-keɪs] s pasta f.

briefs [briːfs] s pl **(a pair of ~)** (par de) cuecas f pl.

bri•gade [brɪ'geɪd] *s mil.* brigada *f; organized group:* unidade *f.*

bright [braɪt] *adj* □ claro; brilhante; vivo, esperto; **~•en** *v/t* animar; avivar; aclarar; desanuviar; **~•ness** *s* brilho *m;* vivacidade *f;* jovialidade *f;* inteligência *f.*

brilliance, ~•lian•cy ['brɪlɪəns, ˌɪ] *s* brilho *m;* esplendor *m;* inteligência *f;* raciocínio *m* penetrante; **~•liant** ['brɪlɪənt] **1.** *adj* □ brilhante; magnífico; **2.** *s* brilhante *m.*

brim [brɪm] **1.** *s* borda *f;* aba *f;* **2.** *v/i* (**-mm-**) estar completamente cheio; **~•ful(l)** *adj* transbordante.

brine [braɪn] *s* água *f* salgada, salmoura *f.*

bring [brɪŋ] *v/t* (**brought**) trazer; conduzir; originar; *charge:* instaurar, intentar (*against* contra); *what ~s you here?* o que o traz por cá?; **~ about** ocasionar, provocar; **~ back** trazer de volta; relembrar, fazer lembrar; **~ forth** gerar, causar; **~ forward** *plan, reason:* apresentar, expor; **~ sth. home to s.o.** esclarecer alguém sobre alguma coisa: **~ in** introduzir; *jur. verdict* pronunciar; **~ off** levar a bom termo; alcançar êxito; **~ on** motivar; **~ out** exibir; **~ round** recuperar os sentidos; **~ up** educar; apresentar, utilizar como prova; *esp. Br.* vomitar.

brink [brɪŋk] *s* beira *f (a. fig.).*

brisk [brɪsk] *adj* activo; vivo, cheio de energia; cintilante.

bris|tle ['brɪsl] **1.** *s* cerdas *f pl*, pêlos *m pl;* **2.** *v/t* eriçar-se; irritar-se; **~ with** *fig.* estar cheio de; **~•tly** *adj* (**-ier, -iest**) hirsuto.

Brit•ish ['brɪtɪʃ] *adj* britânico; *the ~ pl* os britânicos *pl;* **~ Council** Instituto Britânico; **~ Standards Institution** (*abbr* **BSI**) Comissão de Normas Britânicas.

brit•tle ['brɪtl] *adj* frágil; quebrável, quebradiço.

broach [brəʊtʃ] *v/t topic, etc.:* abordar.

broad [brɔːd] *adj* □ largo, amplo; *day:* claro; *hint, etc.:* nítido; *humour, etc.:* rude, grosseiro.

broad•cast ['brɔːdkɑːst] **1.** (**-cast** or **-casted**) *v/t fig. news:* difundir, passar na Rádio ou na TV; transmitir; *v/i* fazer locução; **2.** *s* emissão de rádio ou televisão; **~•caster** *s* locutor *m;* **~•casting** *s* radiodifusão *f;* emissão *f.*

broad|en [ˌdn] *v/t* alargar, ampliar; **~ jump** *s Am. sports:* salto *m* em comprimento; **~•mind•ed** *adj* liberal.

bro•chure ['brəʊʃə] *s* brochura *f;* prospecto *m.*

broil *esp. Am.* [brɔɪl] → **grill** 1.

broke [brəʊk] **1.** *pret of* **break**[2]; **2.** *adj* F falido, sem chavo; **bro•ken** ['ˌən] **1.** *pp of* **break**[2]; **2.** *adj:* **~ health** saúde arruinada; **~•hearted** de coração desfeito, abatido pela dor.

bro•ker *econ.* ['brəʊkə] *s* corretor *m.*

bron•co *Am.* ['brɒŋkəʊ] (*pl.* **-cos**) *s* cavalo *m* semi-selvagem.

bronze [brɒnz] **1.** *s* bronze *m;* **2.** *adj* de bronze; **3.** *v/t* bronzear.

brooch [brəʊtʃ] *s* broche *m.*

brood [bruːd] **1.** *s* ninhada *f;* **2.** *v/t* chocar; *fig.* cismar; **~•er** ['ˌə] *s* chocadeira *f.*

brook [brʊk] *s* ribeiro *m*, regato *m.*

broom [brʊm] *s* vassoura *f; bot.* giesta *f*, tojo *m;* **~•stick** ['ˌstɪk] *s* cabo *m* de vassoura.

broth [brɒθ] *s* caldo *m* de carne.

broth•el ['brɒθl] *s* bordel *m.*

broth•er ['brʌðə] *s* irmão *m;* **~(s) and sister(s)** irmãos *m pl.;* **~•hood** *s* irmandade *f;* laços *m pl* fraternos; **~-in-law** *s* cunhado *m;* **~•ly** *adj* fraternal.

brought [brɔːt] *pret and pp of* **bring**.

brow [braʊ] *s* sobrancelha *f;* testa *f; of cliff:* borda *f; of hill:* cume *m;* **~•beat** ['ˌbiːt] *v/t* (**-beat, -beaten**) intimidar; tiranizar.

brown [braʊn] **1.** *adj* castanho; **2.** *s* cor castanha *f;* **3.** *v/t* acastanhar; *v/i* tornar-se castanho.

browse [braʊz] **1.** *s* pasto; **2.** *v/t* pastar; **~ through** *book, etc.:* ler salteando as páginas.

bruise [bruːz] **1.** *s med.* ferida *f;* equimose *f;* nódoa *f* negra, pisadura *f;* **2.** *v/t* ferir, magoar.

brunch F [brʌntʃ] *s* refeição de garfo que junta almoço e pequeno-almoço.

brunt [brʌnt] *s:* **bear the ~ of** aguentar com o peso todo.

brush [brʌʃ] **1.** *s* escova *f;* pincel *m;*
of fox: cauda *f;* mato *m,* galhos *m pl;*
2. *v/t* escovar; varrer; pintar; **~ *away,***
~ *off* escovar; afastar, tirar; rejeitar;
~ *aside,* ~ *away* *fig.* pôr de parte,
ignorar; **~ *up*** *knowledge, etc.:* aperfeiçoar; rever; **~ *against s.o.*** lutar
com alguém; **~-up** [ˈbrʌʃʌp] *s:* ***give
one's English a ~*** refrescar, aperfeiçoar o seu inglês; **~•wood** *s* mato
m.

brusque [brʊsk] *adj* □ brusco.
Brus•sels sprouts *bot.* [brʌs-
lˈspraʊts] *s pl.* couve-de-Bruxelas *f.*
bru•tal [ˈbruːtl] *adj* □ brutal, selvagem; **~•i•ty** [bruːˈtælətɪ] *s* brutali-
dade *f;* **brute** [bruːt] **1.** *adj* bruto,
brutal, animalesco; **2.** *s* besta *f;* bruto
m.

bub•ble [ˈbʌbl] **1.** *s* bolha *f; fig.* F aldrabice *f;* fraude *f;* **2.** *v/i* borbulhar.
buck [bʌk] **1.** *s zoo.* bode *m; Am. sl.*
dólar *m;* **2.** *v/i* dar pulos; *fig.* vangloriar-se; **~ *up!*** coragem!; *v/t:* **~ *off* rider:** deitar o cavaleiro ao chão.
buck•et [ˈbʌkɪt] *s* balde *m;* **2. *kick
the ~*** F morrer, esticar o pernil.
buck•le [ˈbʌkl] *s* fivela *f;* **2.** *v/t* **~ *up***
afivelar; **~ *on*** apertar com fivela; *v/i
tech.* deformar-se; **~ *down to a task***
F dedicar-se a uma tarefa.
bud [bʌd] **1.** *bot. s* botão *m;* rebento
m; fig. embrião *m;* **2.** *v/i* **(-dd-)** florescer, germinar; ***a ~dIng lawyer***
um advogado principiante.
bud•dy *Am.* F [ˈbʌdɪ] *s* amigo *m.*
budge [bʌdʒ] *v/t and v/i* mexer, mexer-se.
bud•ger•i•gar *zoo.* [ˈbʌdʒərɪgɑː] *s*
periquito *m.*
bud•get [ˈbʌdʒɪt] *s* orçamento *m;* finanças *f pl;* **~ *resources*** *pl* meios *m
pl* orçamentais.
bud•gie *zoo.* F [ˈbʌdʒɪ] → ***budger-
igar.***
buff[1] [bʌf] **1.** *s* couro *m;* cor do couro;
2. *adj* castanho-amarelado.
buff[2] F [ ] *s* **film ~, music ~** *etc.:*
fanático *m.*
buf•fa•lo *zoo.* [ˈbʌfələʊ] *s* (*pl.* -**loes**,
-**los**) búfalo *m.*
buff•er [ˈbʌfə] *s tech.* pára-choques *m*
(*a. fig.*); **~ *(state)*** *pol.* Estado-tam-
pão *m.*

buf•fet[1] [ˈbʌfɪt] **1.** *s* bofetada *f;* **2.** *v/t*
esbofetear; **~*about*** agitar.
buf•fet[2] [ˈbʊfeɪ] *s* bufete *m;* refeição *f*
fria.
bug [bʌg] **1.** *s zoo.* percevejo *m;* pul-
gão *m;* F bacilo *m;* aparelho *m* de escuta; *Am. zoo.* insecto *m; computer:*
falha do programa; **2.** *v/t* **(-gg-)** F
conversation: escutar com aparelho
electrónico; F irritar; chatear.
bug•gy [ˈbʌgɪ] *s mot.* buggy *m;* pequeno veículo *m.*
build [bɪld] **1.** *v/t* **(built)** construir;
edificar; **2.** *s* construção *f;* figura *f;*
~•er [ˈ ɔ] *s* construtor *m;* empreiteiro
m; **~•ing** [ˈ ɪŋ] *s* construção *f* civil;
casa *f;* edifício *m.*
built [bɪlt] *pret and pp of* ***build*** 1.
bulb [bʌlb] *s bot.* bolbo *m;* cebola *f;*
electr. lâmpada *f.*
bulge [bʌldʒ] **1.** *s* bojo *m;* protuberância *f;* **2.** *v/t* abaular.
bulk [bʌlk] *s* carga *f;* capacidade *f;* volume *m; mar.* porão *m* de navio; **in ~**
econ. por atacado; em grande quantidade; **~•y** *adj* **(-ier, -iest)** volumoso,
grosso, avultado.
bull[1] *zoo.* [bʊl] *s* touro *m;* **~*fight*** tourada *f.*
bull[2] [ ] *eccl. s* bula *f.*
bull•dog *zoo.* [bʊldɒg] *s* buldogue
m.
bull|doze [ˈbʊldəʊz] *v/t ground:* apla-
nar; F *fig.* intimidar; **~•doz•er** *tech.*
[ ] *s* bulldozer *m,* escavadora *f.*
bul•let [ˈbʊlɪt] *s* bala *f;* **~~*proof*** à
prova de bala.
bul•le•tin [ˈbʊlɪtɪn] *s* boletim *m;* **~
*board*** *Am. placard m* de avisos.
bul•lion [ˈbʊlɪən] *s* ouro *m* ou prata *f*
em barra.
bul•ly [ˈbʊlɪ] **1.** *s* fanfarrão *m;* tirano
m covarde; **2.** *v/t* ameaçar; intimidar.
bul•wark [ˈbʊlwək] *s* baluarte *m* (*a.
fig.*).
bum F [bʌm] **1.** *s* traseiro *m; person:*
preguiçoso *m;* vadio *m;* vagabundo *m;*
2. *v/i* **(-mm-)** mendigar; **~ *around***
vagabundear.
bum•ble•bee *zoo.* [ˈbʌmblbiː] *s* abe-
lhão *m.*
bump [bʌmp] **1.** *s* pancada *f* forte e
surda; colisão *f;* **2.** *v/t* atirar contra;
chocar, embater; **~ *off*** F matar, assas-

sinar; ~ *into* fig. encontrar casualmente.

bum•per[1] ['bʌmpə] adj abundante; ~ *crop* colheita invulgarmente abundante.

bum•per[2] mot. [_] s pára-choques m; ~ *to* ~ fila f longa e lenta de carros, com muitas paragens; engarrafamento m.

bump•y ['bʌmpɪ] adj *(-ier, -iest)* irregular, acidentado.

bun [bʌn] s bolo m pequeno com passas; cabelo m penteado em rolo.

bunch [bʌntʃ] **1.** s molho m; ramo m; cacho m; ~ *of grapes* cacho m de uvas; ~ *up* juntar-se, agrupar-se.

bun•dle ['bʌndl] **1.** s feixe m; trouxa f *(a. fig.)*; **2.** v/t a. ~ *up* atar num feixe, juntar.

bun•ga•low ['bʌŋgələʊ] s bangaló m.

bun•gle ['bʌŋgl] **1.** s tolice f; confusão f; **2.** v/t estragar; fazer mal; remendar.

bunk [bʌŋk] s tarimba f; *(a. ~ bed)* beliche m.

bun•ny ['bʌnɪ] s coelho m pequeno.

buoy [bɔɪ] **1.** s mar. bóia f; **2.** v/t: ~*ed up* fig. com novo alento; ~•*ant* adj □ flutuante; fig. vivo, alegre.

bur•den ['bɜːdn] **1.** s fardo m; carga f; **2.** v/t carregar; sobrecarregar; ~•*some* adj maçador; pesado; opressivo.

bu•reau ['bjʊərəʊ] s *(pl -x, -s)* escritório m; Br. secretária f; Am. cómoda f com espelho; ~•*cra•cy* [bjʊə'rɒkrəsɪ] s burocracia f.

bur•glar ['bɜːglə] s ladrão m; ~•*ize* Am. [_raɪz] → *burgle*; ~y [_rɪ] s assalto m; **bur•gle** [_gl] v/t and v/i assaltar casas.

bur•i•al ['berɪəl] s funeral m; enterro m.

bur•ly ['bɜːlɪ] adj *(-ier, -iest)* corpulento, forte.

burn [bɜːn] **1.** s med. queimadura f; **2.** v/t *(burnt or burned)* queimar; arder; ~ *down* incendiar, destruir pelo fogo; ~ *out* extinguir-se, apagar-se; ~ *up* incendiar-se; arder; meteor., etc.: apagar-se lentamente; ~•*ing* adj em chamas; ardente *(a. fig.)*.

burn•ish ['bɜːnɪʃ] v/t polir.

burnt [bɜːnt] pret and pp of *burn* 2.

burp F [bɜːp] **1.** v/i arrotar; v/t baby: bolsar; **2.** s arroto m.

bur•row ['bʌrəʊ] **1.** s cova f; lura f; coelheira f; **2.** v/i fazer covas; fig. investigar; desaparecer.

burst [bɜːst] **1.** s rebentamento m; rasgão m; explosão f; **2.** *(burst)* v/i rebentar; explodir; estoirar; ~ *from* irromper; ~ *in on* or *upon* aparecer de repente; aparecer imprevisivelmente; irromper; ~ *into tears* desatar a chorar, desfazer-se em lágrimas; ~ *out* exclamar; desatar a; v/t forçar.

bur•y ['berɪ] v/t sepultar, enterrar.

bus [bʌs] s *(pl -es, -ses)* autocarro m.

bush [bʊʃ] s arbusto m; bosque m.

bush•y ['bʊʃɪ] adj *(-ier, -iest)* cerrado; espesso.

busi•ness ['bɪznɪs] s negócio m; comércio m; ocupação f; cargo m; trabalho m; econ. comércio m; ~ *of the day* ordem do dia; *on* ~ em trabalho; *you have no* ~ *doing (or to do) that* não tem o direito de fazer isso; *this is none of your* ~ não te metas onde não és chamado; → *mind* 2; ~*hours* s pl horas f pl de expediente; ~•*like* adj preciso, pragmático; ~•*lunch* s almoço m de trabalho; ~•*man* s homem m de negócios; ~*trip* s viagem f de negócios; ~•*wom•an* s mulher f de negócios.

bus' lane ['bʌsleɪn] s faixa f para autocarros; ~ *ser•vice* s serviço m de autocarros; ~ *shel•ter* s abrigo m de paragem de autocarros; ~ *sta•tion* s estação f de autocarros; ~ *stop* s paragem f de autocarros.

bust[1] [bʌst] s busto m; seios m pl.

bust[2] [_] s Am. F falência f; **2.** v/t *(busted or bust)* quebrar; estragar; arruinar; F encarcerar, prender.

bus•tle ['bʌsl] **1.** s azáfama f; grande actividade f; **2.** v/i ~ *about* trabalhar, movimentar-se com afã.

bus•y ['bɪzɪ] **1.** adj □ *(-ier, -iest)* ocupado; activo; movimentado; aplicado *(at)*; teleph. impedido; **2.** v/t *(mst. ~ o.s)* ocupar-se *(with* de, com)*.

but [bʌt, bət] **1.** cj mas, porém, todavia, contudo; ~ *that* tudo menos isso; *she could not* ~ *laugh* ela não pôde deixar de rir; **2.** prp excepto, sem; *all* ~ *her* todos excepto ela; *the* *last ~ one* o penúltimo; *the next ~ one* depois do próximo, o segundo; *nothing ~* nada senão; *~ for* se não fosse…; sem; **3.** *rel pron* que não; *there is no one ~ knows* não há ninguém que não saiba; **4.** *adv* somente, apenas; *all ~* quase.

butch•er ['butʃə] **1.** *s* talhante *m;* carniceiro *m;* **2.** *v/t* abater; *~•y s* matadouro *m; fig.* matança *f;* carnificina *f.*

but•ler ['bʌtlə] *s* mordomo *m.*

butt¹ [bʌt] **1.** *s* marrada *f; of gun:* coronha *f; of cigarette:* ponta *f;* F *buttocks:* V cu *m,* F traseiro *m;* barreira *f* atrás do alvo; *fig.* alvo *m;* **2.** *v/t* marrar; *v/i ~ in* F interromper, intrometer-se na conversa.

butt² [ ] *s* barrica *f,* pipa *f.*

but•ter ['bʌtə] **1.** *s* manteiga *f;* **2.** *v/t* barrar com manteiga; *~•cup s bot.* rainúnculo amarelo; *~•fly s zoo.* borboleta *f; ~ mountain s econ.* excesso de produção de manteiga *; ~•y adj* amanteigado.

but•tocks ['bʌtəks] *s pl* nádegas *f pl;* F *or zoo.* traseiro *m.*

but•ton ['bʌtn] **1.** *s* botão *m;* **2.** *v/t mst. ~ up* abotoar; *~•hole s* casa *f* do botão.

bux•om ['bʌksəm] *adj* saudável; rechonchudo.

buy [baɪ] **1.** *s* compra *f;* **2.** *v/t (bought)* comprar (*of, from* em; *at* a); *~ out* comprar a parte de um dos membros de uma sociedade; resgatar; *~ up* comprar tudo ou parte de alguma coisa; *~•er s* comprador *m; ~•out s econ.* resgate *m.*

buzz [bʌz] **1.** *s* zumbido *m;* sussurro *m;* **2.** *v/i* zumbir; sussurrar; *~ about* movimentar-se excitadamente de um lado para o outro; *~ off! Br.* F desaparece!

buz•zard *zoo.* ['bʌzəd] *s* bútio *m;* abutre *m.*

buz•er *electr.* ['bʌzə] *s* sinalizador *m;* campainha *f.*

by [baɪ] **1.** *prp of place:* por; junto a; perto de; ao lado de; *of direction:* através de, sobre; *along:* ao longo de, por; *of time:* em, antes de, até; *pass* de, através de; *means, tools, etc.:* com, através de; *in oaths:* por; *measure:* a, por; *according to:* segundo, conforme, consoante; *~ the dozen* à dúzia; *~ o.s* só, sozinho; *~ land* por terra; *~ rail* de comboio; *day ~ day* dia após dia; *~ twos* a dois; *~ the way* a propósito; **2.** *adv* perto, próximo; *~ and ~* mais tarde, logo; já a seguir; *~ and large* no todo, de uma maneira geral.

bye *int* F [baɪ] *a.* **bye-bye** [ˈbaɪ] adeus!

by|-e•lec•tion ['baɪɪlekʃn] *s pol.* eleição *f* intercalar; *~•gone* **1.** *adj* passado; **2.** *s let ~s be ~s* o que lá vai lá vai; *~•pass* **1.** *s* passagem *f* secundária; *med.* bypass; **2.** *v/t* circundar, passar por cima; *fig.* evitar, iludir; *~•path s* vereda *f;* travessa *f; ~•product s* derivado *m; ~•road s* rua lateral; *~•stand•er s* espectador *m.*

byte [baɪt] *s computer:* bit *m.*

by|way ['baɪweɪ] *s* atalho *m; ~•word s* provérbio *m; be a ~ for* ter igual significado.

C

cab [kæb] *s* táxi *m,* carro *m* de praça; *old:* cabriolé *m; rail.* cabina *f* do maquinista; *of lorry:* cabina *f* do condutor; *of crane:* cabina *f* do controlador.

cab•bage *bot.* ['kæbɪdʒ] *s* couve *f.*

cab•in ['kæbɪn] *s* barraca *f,* cabana *f; mar.* camarote *m; of cable car:* cabina *f; aer.* carlinga *f; ~•boy s mar.* criado *m* de bordo; *~ cruiser* barco *m* de guerra muito rápido.

cab•i•net ['kæbɪnɪt] *s pol.* gabinete *m,* ministério *m;* papeleira *f;* armário *m; ~ meeting pol.* reunião *f* do gabinete de ministros.

ca•ble ['keɪbl] **1.** *s* cabo *m; mar.* cabo *m* submarino; **2.** *v/t* telegrafar; *mo-*

ney: enviar por correio; **~ car** teleférico *m;* **~ tel•e•vi•sion** *s* televisão *f*
por cabo.

cabl–rank ['kæbræŋk], **~•stand** *s* fila
f de táxis em estacionamento.

ca•ca•o *bot.* [kə'kɑːəʊ] *s (pl -os)* ca-
caueiro *m;* cacau *m.*

cack•le ['kækl] **1.** *s* cacarejo *m;* palavreado *m;* **2.** *v/i* cacarejar; palrar, tagarelar.

ca•dav•er *med.* [kə'deɪvə] *s* cadáver
m.

ca•dence ['keɪdəns] *s mus.* cadência
f; ritmo *m.*

ca•det *mil.* [kə'det] *s* cadete *m/f.*

cae•sar•ean *med.* [sɪ'zeərɪən] *s* ce-
sariana *f.*

caf•é, caf•e ['kæfeɪ] *s* café *m.*

caf•e•te•ri•a [kæfɪ'tɪərɪə] *s* restaurante *m* de self-service; cafeteria *f.*

cage [keɪdʒ] **1.** *s* gaiola *f; mining:*
gaiola *f,* abertura *f* para elevador de
carros; **2.** *v/t* engaiolar, encarcerar.

cag•ey F ['keɪdʒɪ] *adj □ (-gier, -gi-
est)* desconfiado; cauteloso, reservado; taciturno; *Am.* manhoso, sabido.

ca•jole [kə'dʒəʊl] *v/t* lisonjear; persuadir, seduzir.

cake [keɪk] *s* bolo *m; of chocolate:*
tablete *f; of soap:* barra *f.*

ca•lam•i•tous [kə'læmɪtəs] *adj □* ca-
lamitoso, catastrófico; **~•ty** [_tɪ] *s* calamidade *f,* catástrofe *f.*

cal•cu•late ['kælkjʊleɪt] *v/t* calcular;
fazer contas ; *Am.* F conjecturar, imaginar; *v/i* contar com, confiar, depender
(on, upon); **~•la•tion** [kælkjʊ'leɪʃn]
s cálculo *m,* cômputo *m;* ponderação *f;*
~•la•tor ['kælkjʊleɪtə] *s* calculador *m;*
calculadora *f,* máquina *f* de calcular.

cal•en•dar ['kælɪndə] *s* calendário *m;*
lista *f* cronológica.

calf[1] [kɑːf] *s (pl* **calves** [_vz]) barriga *f* de perna.

calf[2] [_] *s (pl* **calves** [_]) vitela *f,* vite-
lo *m;* **~•skin** *s* pele *f* de vitela.

cal•i•bre, *Am.* **-ber** ['kælɪbə] *s* calibre
m.

call [kɔːl] **1.** *s* chamamento *m; teleph:*
chamada *f,* conversa *f; to office, post:*
ida *f;* visita *f* breve; porto *m* de escala;
apelo *m;* grito *m;* toque *m; of money,
funds:* pedido *m;* **on ~** às ordens, à
disposição; **make a ~** telefonar; **give**

s.o. a ~ telefonar a alguém; **2.** *v/t*
chamar; fazer uma chamada; *attention:* chamar (**to** para); **be ~ed** cha-
mar-se; **~ s.o. names** chamar nomes a alguém; **~ up** telefonar; fazer
uma breve visita **(on s.o., at s.o.'s
house); thanks for ~ing!** obrigado
pela chamada!; **~ at a port** fazer escala num porto; **~ for** chamar por;
exigir; ir buscar; **to be ~ed for** em
posta restante; **~ on s.o.** visitar alguém; **~ on, ~ upon** dirigir-se a alguém **(for);** apelar para (**to do** para
fazer); **~-box** cabina *f* telefónica;
~•er *s teleph.* aquele que telefona; vi-
sitante *m/f;* **~•girl** *s* callgirl, prostituta *f;* **~•ing** *s* chamada *f;* vocação *f.*

cal•lous ['kæləs] *adj □* caloso, caleja-
do; *fig.* duro, insensível.

cal•low ['kæləʊ] *adj fig.* inexperiente;
imaturo.

calm [kɑːm] **1.** *adj □* calmo, tranquilo; **2.** *s* calma *f,* tranquilidade *f;* **3.** *v/t
and v/i often:* **~ down** acalmar(-se).

cal•o•rie *phys.* ['kælərɪ] *s* caloria *f;*
high/low- ~ elevado/baixo teor de
calorias; **be rich/low in ~s** ser rico/
/pobre em calorias; **~-con•scious**
adj atento ou sensível às calorias.

calve [kɑːv] *v/i* parir (a vaca).

calves [kɑːvz] *pl of* **calf[1, 2].**

came [keɪm] *pret of* **come.**

cam•el *zoo.* ['kæml] *s* camelo *m.*

cam•e•ra ['kæmərə] *s* máquina *f* fotográfica; **in ~** *jur.* à porta fechada.

cam•o•mile *bot.* ['kæməmaɪl] *s* camomila *f.*

cam•ou•flage *mil.* ['kæmʊflɑːʒ] **1.** *s*
camuflagem *f;* **2.** *v/t.* camuflar.

camp ['kæmp] **1.** *s* acampamento *m;
mil.* acampamento *m;* **~•bed** cama *f*
de campanha; **2.** *v/i* acampar; **~ (out)**
or **go ~ing** acampar, ir acampar.

cam•paign [kæm'peɪn] **1.** *s mil.*
campanha *f;* acção *f; pol.* campanha *f*
eleitoral; **2.** *v/i. mil.* tomar parte em
campanha; *fig.* lutar em favor de; *pol.*
fazer campanha eleitoral; *Am.* candidatar-se (**for** a).

camp|ground, ['kæmpgraʊnd],
~•site ['_saɪt] *s* parque *m* de campismo; local *m* de acampamento.

cam•pus ['kæmpəs] *s* domínios *m pl*
de uma universidade; campus *m.*

can¹ [kæn, kən] *v/aux* poder (ter licença ou ser capaz).

can² [_] **1.** *s* vasilha *f;* lata *f;* recipiente *m;* **2.** *v/t* **(-nn-)** enlatar.

Ca•na•di•an [kə'neɪdɪən] **1.** *adj* canadiano; **2.** *s* canadiano/a *m/f.*

ca•nal [kə'næl] *s* canal *m (a. anat.);* **~•ize** ['kænəlaɪz] *v/t* canalizar *(a. fig.).*

can•a•pé ['kænəpeɪ] *s* canapé *m.*

ca•nard [kæ'nɑːd] *s fig.* peta *f* (jornalística).

ca•nar•y *zoo.* [kə'neərɪ] *s* canário *m.*

can•cel ['kænsl] *v/t (esp. Br.-ll-, Am. -l-)* cancelar, anular; suspender; **be ~ed** ser cancelado; **~•la•tion** [kænsə'leɪʃn] *s* anulação *f,* cancelamento *m;* **~ insurance** seguro *m* contra cancelamento.

can•cer *ast.* ['kænsə] *s* caranguejo *m; med.* cancro *m;* **~•ous** *med.* [_rəs] *adj* canceroso.

can•di•date ['kændɪdət] *s* candidato/a *m/f* **(for** a).

can•died ['kændɪd] *adj* cristalizado, conservado em açúcar.

can•dle ['kændl] *s* vela *f,* candeia *f;* **burn the ~ at both ends** trabalhar demasiado, despender demasiada energia.

can•dy ['kændɪ] **1.** *s* açúcar cândi; *Am.* guloseimas *f pl* **2.** *v/t* cobrir de açúcar; **~•floss** *Br.* ['_flɒs] *s* algodão *m* doce.

cane [keɪn] **1.** *s bot.* cana; **2.** *v/t* açoitar, castigar.

canned *Am.* [kænd] *adj* enlatado, em lata; **can•ne•ry** *Am.* ['kænərɪ] fábrica *f* de conservas.

can•ni•bal ['kænɪbl] *s* canibal *m.*

can•non ['kænən] *s* canhão *m.*

can•ny ['kænɪ] *adj* □ **(-ier, -iest)** habilidoso, astuto.

ca•noe [kə'nuː] **1.** *s* canoa *f;* **2** *v/i* andar de canoa.

can•on ['kænən] *s* cânone *m;* norma *f;* **~•ize** [_aɪz] *v/t* canonizar.

can•o•py ['kænəpɪ] *s* dossel *m;* cobertura *f; arch.* telheiro *m.*

cant [kænt] *s* linguagem *f* técnica; palavriado *m.*

can•tan•ker•ous F [kæn'tæŋkərəs] *adj* □ conflituoso; brigão; embirrento.

can•teen [kæn'tiːn] *s* cantina *f; mil.* apetrechos *m pl* de cozinha; cantil *m.*

can•ter ['kæntə] **1.** *s* galope *m* leve; meio galope *m;* **2.** *v/i* ir a meio galope.

can•vas ['kænvəs] *s* tela *f;* lona *f; paint.* tela *f.*

can•vass [_] **1.** *s pol.* angariação *f* de votos; *econ.* campanha *f* publicitária; **2.** *v/t* debater; angariar; *v/i pol.* angariar votos de porta em porta ou em contacto directo com os eleitores.

can•yon ['kænjən] *s* desfiladeiro *m.*

cap [kæp] **1.** *s* boné *m,* gorro *m; med.* pessário *m;* cápsula *f* detonadora; **2.** *v/t* **(-pp-)** cobrir; *fig.* coroar; exceder; ultrapassar.

ca•pa•bil•i•ty [keɪpə'bɪlətɪ] *s* capacidade *f;* **~•ble** ['keɪpəbl] *adj* □ capaz **(of** de).

ca•pa•cious [kə'peɪʃəs] *adj* □ espaçoso; **ca•pac•i•ty** [kə'pæsətɪ] *s* capacidade *f;* potência *f; ability, power (a. tech.)* eficiência *f,* potência *f* **(for)***; in my ~ as* na minha qualidade de; enquanto…

cape¹ [keɪp] *s* cabo *m,* promontório *m.*

cape² [_] *s* capa *f;* capote *m.*

ca•pil•la•ry *anat.* [kə'pɪlərɪ] *s* veia *f* capilar.

cap•i•tal ['kæpɪtl] **1.** *adj* □ capital; gravíssimo; essencial; óptimo; **~ crime** crime *m* capital (que implica a pena de morte); **~ punishment** pena *f* de morte; **~ letter** letra *f* maiúscula; **2.** *s* capital *f,* cidade *f* principal; **flight of ~ → capital flight;** **~•as•sets** *s pl econ.* bens *m pl* capitais; **~ flight** *s* fuga *f* de capitais; **~ goods** bens *m pl* capitais; **~ investment** investimento *m* de capitais.

cap•i•tal•is•m ['kæpɪtəlɪzəm] *s* capitalismo *m;* **~•ist** *s* capitalista *m/f;* **~•ize** *v/t econ.* capitalizar; escrever com letra maiúscula.

ca•pit•u•late [kə'pɪtjʊleɪt] *v/i* capitular **(to** perante).

ca•price [kə'priːs] *s* capricho *m;* **ca•pri•cious** [_ɪʃəs] *adj* □ caprichoso; inconstante.

Cap•ri•corn *ast.* ['kæprɪkɔːn] *s* Capricórnio *m.*

cap•size [kæp'saɪz] *v/i* virar-se, voltar-se; *v/t* fazer virar.

cap•sule ['kæpsju:l] *s* cápsula *f;* cápsula *f* espacial.

cap•tain ['kæptɪn] *s* capitão *m;* chefe *m; mil.* capitão *m.*

cap•tion ['kæpʃn] *s* título *m;* cabeçalho *m;* legenda *f; film:* legenda *f.*

cap|ti•vate *fig.*['kæptɪveɪt] *v/t* cativar, fascinar; **~•tive** ['kæptɪv] **1.** *adj* cativo; **hold ~** manter cativo; **take ~** prender, aprisionar; **2.** *s* cativo *m;* prisioneiro/a *m/f;* **~•tiv•i•ty** [kæp'tɪvətɪ] *s* cativeiro *m.*

cap•ture ['kæptʃə] **1.** *s* captura *f;* apreensão *f;* **2.** *v/t* capturar; apreender; *mar.* apresar, apreender.

car [ca:] *s* carro *m,* automóvel *m;* carruagem *f; of baloon, etc.:* barquinha *f,* cesta *f; of lift:* cabina *f;* **by ~** de automóvel.

car•a•van ['kærəvæn] *s* caravana *f; Br.* rulote *f;* reboque *m;* **~ site** parque *m* de campismo para rulotes.

car•a•way *s bot.* ['kærəweɪ] cominho *m.*

car•bine *mil.* ['ka:baɪn] *s* carabina *f.*

car•bo•hy•drate *chem.* ['ka:bəʊ'haɪdreɪt] *s* hidrato *m* de carbono.

car•bon ['ka:bən] *s chem.* carbono *m;* **~ copy** cópia *f* a papel químico; **~ paper** papel químico; **~ di•ox•ide** *chem.* [ˌdaɪˈɒksaɪd] *s* dióxido *m* de carbono; **~ emissions** *pl* emissões *f pl* de CO_2.

car•bu•ret•tor, *a.* **-ret•ter** *esp. Br.,* **Am. -ret•or,** *a.* **-ret•er** *tech.* [ka:bjʊ'retə] *s* carburador *m.*

card [ka:d] *s* carta *f;* **play ~s** jogar às cartas; **have a ~ up one's sleeve** *fig.* ter um trunfo na manga; **~•board** *s* cartão *m;* **~ box** caixa *f* de cartão; **~ game** *s* jogo *m* de cartas.

car•di•gan ['ka:dɪgən] *s* casaco *m* de malha.

car•di•nal ['ka:dɪnl] **1.** *adj* □ cardeal, cardinal, principal, fundamental, basilar; vermelho-escarlate; **~ number** número *m* cardinal; **2.** *s eccl.* cardeal *m.*

card|-in•dex ['ka:dɪndeks] *s* ficheiro *m;* **~•phone** ['ˌfəʊn] *s* credifone *m;* **~-sharp•er** ['ˌʃa:pə] *s* trapaceiro *m;* vigarista *m.*

care [keə] **1.** *s* cuidado *m;* atenção *f;* cautela *f;* custódia *f;* amparo *m;* **me-dical ~** cuidados *m pl* médicos; **~ of** *(abbr C/O)* ao cuidado de; c/o; **take ~ of** dar, prestar atenção; cuidar de; **with ~!** atenção! cuidado!; **2.** *v/t and v/i* ter vontade de (**to**); **~ for** ter ao seu cuidado; encarregar-se de; interessar-se por; manter; **I don't ~** não me importo!; **I don't ~ what people say** é-me indiferente o que as pessoas pensam; **I couldn't ~ less** é-me absolutamente indiferente; **who ~s?** e então?; **well ~d for** bem cuidado.

ca•reer [kə'rɪə] **1.** *s* carreira *f,* profissão *f;* curso *m;* pista *f;* **2.** *adj* profissional; **3.** *v/i* correr rapidamente.

care|free ['keəfri:] *adj* despreocupado, sem cuidados; **~•ful** ['ˌfl] *adj* cuidadoso; atento; ponderado **(of); be ~!** tem cuidado!, toma atenção! **~•ful•ness** *s* cuidado *m;* **~•less** *adj* □ descuidado, desatento; irreflectido; leviano; **~•less•ness** *s* descuido *m;* falta *f* de cuidado; desleixo *m;* incúria *f.*

ca•ress [kə'res] **1.** *s* carícia *f;* afago *m;* **2.** *v/t* acariciar, afagar.

care•taker ['keəteɪkə] *s* guarda *m/f;* administrador *m;* **~ cabinet** *pol.* governo de transição, governo de gestão.

care•worn ['keəwɔ:n] *adj* consumido; atormentado.

car•go ['ka:gəʊ] *s (pl* **-goes,** *Am. a.* **-gos)** carga *f.*

car•i•ca•ture ['kærɪkətjʊə] **1.** *s* caricatura *f;* **2.** *v/t* caricaturar; **~•tur•ist** [ˌrɪst] *s* caricaturista *m/f.*

car•nal ['ka:nl] *adj* □ carnal, sensual; erótico.

car•na•tion [ka:'neɪʃn] *s bot.* cravo *m.*

car•ni•val ['ka:nɪvl] *s* carnaval *m.*

car•niv•o•rous *bot., zoo.* [ka:'nɪvərəs] *adj* carnívoro.

car•ol ['kærəl] *s* canção *f* de Natal.

carp *zoo.* [ka:p] *s* carpa *f.*

car•park *Br.* ['ka:pa:k] *s* parque *m* de estacionamento.

car•pen•ter ['ka:pɪntə] *s* carpinteiro *m.*

car•pet ['ka:pɪt] **1.** *s* carpete *f,* tapete *m;* **bring on the ~** trazer à baila.

car|pool ['ka:pu:l] *s* utilização *f* rotativa de carros entre amigos ou vizi-

nhos; *of company:* frota *f* automóvel;
~•**port** *s* telheiro *m.*

car•riage ['kærɪdʒ] *s* transporte *m,*
expedição *f;* porte *m;* custo *m* do
transporte; coche *m; Br. rail.* carruagem *f;* ~•**way** *s* faixa *f* de rodagem.

car•ri•er ['kærɪə] *s* portador *m;* trans-
portador *m; of bicycle:* porta-baga-
gem *m;* ~•**bag** *s* saco *m;* ~ **pi•geon**
s pombo-correio *m.*

car•ri•on ['kærɪən] *s* carne *f* putre-
facta.

car•rot *bot.*['kærət] *s* cenoura *f.*

car•ry ['kærɪ] *v/t from place to place:*
levar, transportar, conduzir; *opinion,
point:* fazer prevalecer; *victory:* conquistar; *motion, bill, etc.:* conseguir
passar; vencer; *be carried of motion, bill, etc.:* ser aprovada; ~ *the day*
vencer, levar a melhor; ~ *sth. too
far* ir longe demais; *get carried
away fig.* entusiasmar-se, perder o
controlo sobre si; ~ *forward,* ~ *over
econ.* transferir, transportar; ~ *on*
continuar, prosseguir; *business, etc.:*
fazer, dedicar-se a, fazer andar; ~
out, ~ *through* realizar, executar;
~•**all** *s esp. Am.* saco *m* para compras;
~•**cot** *s Br.* alcofa *f* para bebé.

cart [kɑːt] **1.** *s* carroça *f; put the* ~
before the horse fig. pôr a carroça
à frente dos bois; **2.** *v/t* transportar de
carroça.

car•tel *econ.*[kɑːˈtel] *s* cartel *m.*

car•ton ['kɑːtən] *s* caixa *f* de cartão;
pacote *m; a* ~ *of cigarettes* um
maço *m* de cigarros.

car•toon [kɑːtuːn] *s* caricatura *f,* desenho *m;* desenho *m* animado; ~**ist**
[_ɪst] caricaturista *m/f.*

car•tridge ['kɑːtrɪdʒ] *s* cartucho *m;*
recarga *f; phot.* rolo *m* de película; ~
pen s caneta *f* recarregável.

cart-wheel ['kɑːtwiːl] *s* roda *f* de carroça; *turn* ~*s* fazer a roda, fazer pi-
ruetas laterais.

carve [kɑːv] *v/t: meat:* trinchar, cortar; esculpir, entalhar, cinzelar;
carv•er *s* entalhador *m,* gravador *m;*
escultor *m;* faca *f* de trinchar;
carv•ing *s* arte *f* de gravar; escultura
f em madeira.

car wash ['kɑːwɒʃ] *s* lavagem *f* automática para carros.

cas•cade [kæˈskeɪd] *s* cascata *f.*

case[1] **1.** [keɪs] *s* caixa *f,* cofre *m;* estojo *m;* armário *m;* vitrina *f; of pillow:* fronha *f; tech.* revestimento *m;*
2. *v/t* meter em caixas; *tech.* revestir.

case[2] [_] *s* caso *m (a. jur.),* causa *f; gr.*
caso *m;* circunstância *f; med.* caso *m;*
F tipo *m* cómico; assunto *m,* questão
f; ~ *law s jur.* precedentes; ~ **stud•y**
s sociol. estudo *m* sociológico; ~•
work *s* trabalho *m* social; ~•**work•er**
s assistente *m/f* social.

cash [kæʃ] *econ.* **1.** *s* dinheiro *m;* nu-
merário *m;* ~ *down* contra pronto pagamento; ~ *on delivery* entrega *f*
contra pronto pagamento, envio *m* à
cobrança; **2.** *v/t cheque:* descontar; ~
advance adiantamento *m* de dinheiro; ~ *-and-car•ry s* armazém *m* grossista; ~•**book** *s* livro-caixa *m;* ~**desk**
caixa *f;* ~ **di•spens•er** *s* caixa *m* automática; ~•**ier** *s* caixa *m/f,* pessoa *f*
na caixa registadora; ~**'s desk** *or*
office balcão *m* de caixa; ~•**less** *adj*
sem dinheiro em contado; ~•**point** —
cash dispenser; ~ **reg•is•ter** *s*
máquina *f* registadora; ~ **sale** venda
a pronto pagamento.

cas•ing ['keɪsɪŋ] *s* empacotamento *m,*
encaixotamento *m;* revestimento *m;*
forro *m.*

cask [kɑːsk] *s* casco *m;* barril *m.*

cas•ket ['kɑːskɪt] *s* pequeno cofre *m;
Br.* urna *f,* caixão *m.*

cas•se•role ['kæsərəʊl] *s* caçarola *f;*
guisado *m.*

cas•sette [kəˈset] *s* cassete *f* (áudio
ou vídeo); ~**deck** reprodutor *m,* gravador *m* de cassetes; ~ **ra•di•o** *s* rádio *m* gravador; ~ **re•cord•er** *s* gravador *m* de cassetes.

cast [kɑːst] **1.** *s* lançamento *m;* lanço
m; molde *m;* escoamento *m; angling:*
lançamento *m; thea.* elenco *m;* **2.** *v/t*
(cast) lançar, atirar; *zoo. skin:* mudar, deixar cair; *teeth, etc.:* mudar; *a.*
~ *up thea. play:* distribuir
papéis *(to); be* ~ *in a lawsuit jur.*
perder um processo; ~ *lots* sortear,
tirar à sorte *(for);* ~ *in one's lot
with s. o.* compartilhar da sorte de
alguém; ~ *one's vote pol.* votar, depositar o voto; ~ *aside habit:* pôr de
parte; ~ *away* rejeitar, deitar fora; *be*

~ away mar. naufragar; **be ~ down** estar deprimido; **~ off** clothes, etc.: pôr de parte; friends, etc.: abandonar; v/i: **~ about for, ~ around for** procurar.

cast•a•way ['kɑːstəweɪ] **1.** adj expatriado; exilado; clothes: usadas; mar. naufragado; **2.** s expatriado m; mar. náufrago m.

caste [kɑːst] s casta f, classe f.

cast•er ['kɑːstə] → **castor²**.

cas•ti•gate ['kæstɪgeɪt] v/t punir, castigar; fig. criticar severamente.

cas•tle ['kɑːsl] s castelo m; xadrez: torre f.

cast•or¹ ['kɑːstə] s: **~ oil** óleo m de rícino.

cast•or² [_] s wheel: rodízio m; pimenteiro m, saleiro m.

cas•trate [kæ'streɪt] v/t castrar.

cas•u•al ['kæʒjʊəl] adj □ acidental, casual, fortuito; descuidado; informal; **~ wear** roupa f para ocasiões informais; **~•ty** [_tɪ] s vítima f, pessoa f morta ou ferida; mil. baixa f; **casualties** pl feridos m pl e mortos m pl; **~ ward, ~ department** enfermaria f, departamento m de sinistrados, F «banco» do hospital.

cat zoo. [kæt] s gato m.

cat•a•logue, Am. -log ['kætəlɒg] **1.** s catálogo m; Am. univ. programa m de cursos; **2.** v/t catalogar.

cat•a•lyst ['kætəlɪst] s chem. agente m catalítico (a. fig.) **cat•a•ly•tic** [kætə'lɪtɪk] adj: **~ converter** mot. catalisador m.

cat•a•pult ['kætəpʌlt] s Br. catapulta f; funda f.

cat•a•ract ['kætərækt] s catarata f, queda f de água; med. catarata f.

ca•tarrh med.[kə'tɑː] s catarro m; fluxo m nasal.

ca•tas•tro•phe [kə'tæstrəfɪ] s catástrofe f.

catch [kætʃ] **1.** s captura f, pesca f; quantidade f de peixe apanhado; acto m de agarrar (bola); ferrolho m; pergunta f com rasteira; **2. (caught)** v/t capturar; agarrar; look. etc.: surpreender; train, etc.: apanhar; illness: contrair; breath: suspender; **~ (a) cold** constipar-se; **~ the eye** atrair o olhar; **~ s.o.'s eye** atrair o olhar de alguém;

~ s.o. up apanhar, alcançar; **be caught up in** ser apanhado (com a boca na botija); v/i prender-se, segurar-se; wheels: entalar; lock: fechar bem o trinco; **~ on** F tornar-se popular; entender; **~ up with** alcançar; **~•er** s aquele que agarra ou segura; **~•ing** adj comunicativo; med. contagioso; **~•word** s slogan m; tópico m; thea. deixa f; **~•y** adj □ **(-ier, -iest)** tune: que fica no ouvido.

cat•e•chis•m ['kætɪkɪzəm] s catecismo m.

ca•te|gor•i•cal [kætɪ'gɒrɪkl] adj □ categórico; **~•go•ry** ['_gərɪ] s categoria f.

ca•ter ['keɪtə] v/i: **~ for** fornecer alimentos e bebidas; fig. tratar de, providenciar; **~•ing** s fornecimento m de alimentos e bebidas; trade: gastronomia f; **~•ing trade** s ramo m de fornecimento de alimentos.

cat•er•pil•lar ['kætəpɪlə] s zoo. bicho m de conta; lagarta f; **~ tractor** TM tractor m de lagarta.

ca•the•dral [kə'θiːdrəl] s catedral f.

Cath•o•lic ['kæθəlɪk] **1.** adj católico; **2.** s católico/a m/f.

cat•tle ['kætl] s gado m.

cat•ty F ['kætɪ] adj **(-ier, -iest)** malicioso; perverso; caluniador.

caught [kɔːt] pret and pp of **catch** 2.

cau•li•flow•er bot. ['kɒlɪflaʊə] s couve-flor f.

caus•al ['kɔːzl] adj □ causal.

cause [kɔːz] **1.** s causa f; razão f; jur. acção f judicial, causa f, caso m; **2.** v/t causar, originar; **~•less** adj □ sem razão.

cause•way ['kɔːzweɪ] s calçada f; molhe m; dique m.

caus|tic ['kɔːstɪk] adj **(~ally)** cáustico; fig. sarcástico.

cau•tion ['kɔːʃn] **1.** s cautela f, prudência f; aviso m; **2.** v/t advertir; avisar; jur. admoestar.

cau•tious ['kɔːʃəs] adj □ prudente, cauteloso; **~•ness** s prudência f, cautela f.

cav•al•ry esp. hist. mil.['kævlrɪ] s cavalaria f.

cave [keɪv] **1.** s subterrâneo m, caverna f; **2.** v/i: **~ in** ceder, dar de si, desabar.

cav•ern ['kævən] s caverna f.

cease [si:s] v/i cessar; acabar; deixar de (**to do, doing** fazer); **~•fire** mil. ['‿faɪə] s cessar-fogo m; **~•less** adj □ incessante.

cede [si:d] v/t ceder.

cei•ling ['si:lɪŋ] s tecto m; fig. ponto m máximo; **~ price** limite m máximo de preços.

cel•e|brate ['selɪbreɪt] v/t and v/i celebrar, festejar; **~d** célebre (**for** por); **~•bra•tion** [‿'breɪʃn] s celebração f; comemoração f.

ce•leb•ri•ty [sɪ'lebrətɪ] s celebridade f.

ce•ler•i•ty [si'lerətɪ] s celeridade f.

cel•e•ry bot. ['selərɪ] s aipo m.

ce•les•ti•al [sɪ'lestɪəl] adj □ celestial.

cel•i•ba•cy ['selɪbəsɪ] s celibato m.

cell [sel] s cela f; electr. elemento m de pilha; biol. célula f.

cel•lar ['selar] s cave f.

cel•list mus. ['tʃelɪst] s violoncelista m/f; **cel•lo** mus. ['tʃeləʊ] (pl **-los**) violoncelo m.

cel•lo•phane TM ['seləʊfeɪn] s celofane m.

cel•lu•lar biol. ['seljʊlə] adj celular.

Cel•tic ['keltɪk] adj celta.

ce•ment [sɪ'ment] **1.** s cimento m; betume m; **2.** v/t cimentar.

cem•e•tery ['semɪtrɪ] s cemitério m.

cen•sor ['sensə] **1.** s censor m; **2.** v/t censurar; **~•ship** censura f.

cen•sus ['sensəs] s censo m, recenseamento m.

cent [sent] s Am. cêntimo m; **per ~** por cento.

cen•te•na•ry [sen'ti:nərɪ] s centenário m.

cen•ten•ni•al [sen'tenjəl] **1.** adj centenário, secular; **2.** s Am. → **centenary.**

center Am. ['sentə] → **centre.**

cen•ti|grade ['sentɪɡreɪd] s: **10 degrees ~** 10 graus Celsius; **~•me•tre,** Am. **~•me•ter** centímetro; **~•pede** zoo. [‿pi:d] s centopeia f.

cen•tral ['sentrəl] adj □ central; **~ bank** econ. banco m central; **2 European Time** hora da Europa Central; **~ heating** aquecimento m central; **~•is•m** pol. centralismo m; **~•ize** [‿aɪz] v/t centralizar.

cen•tre, Am. -ter ['sentə] **1.** s centro m; **~ of gravity** phys. centro m de gravidade; **2.** v/t and v/i concentrar(-se); centrar.

cen•tu•ry ['sentʃʊrɪ] s século m.

ce•ra•mi•cs [sɪ'ræmɪks] s pl cerâmica f; produtos m pl de cerâmica.

ce•re•al ['sɪərɪəl] s cereal m; flocos m pl de cereal; cereal m para pequeno--almoço.

cer•e•mo|nial [serɪ'məʊnɪəl] **1.** adj □ cerimonial; **2.** s cerimonial m; **~•ni•ous** [‿ɪəs] adj □ cerimonioso; formal; **~•ny** ['serɪmənɪ] s cerimónia f; ritual m; formalismo m.

cer•tain ['sɜ:tn] adj certo; seguro; determinado; **~•ly** adv certamente; naturalmente; **~•ty** s certeza f.

cer|tif•i•cate 1. [sə'tɪfɪkət] s certificado m; certidão f; atestado m; **~ of birth** certidão f de nascimento; **General 2 of Education advanced level (A level)** Br. school: appr. Diploma do Ensino Secundário; **General 2 of Education ordinary level (O level)** (desde 1988: **General 2 of Secondary Education**) Br. school: appr. 9.° ano de escolaridade; **medical ~** atestado m médico; **2.** [‿keɪt] v/t certificar, atestar; **~•ti•fy** ['sɜ:tɪfaɪ] v/t atestar; declarar.

cer•ti•tude ['sɜ:tɪtju:d] s certeza f.

chafe [tʃeɪf] v/t and v/i esfregar; esfolar; irritar(-se); enervar-se.

chaff [tʃɑ:f] s debulho m; palha f.

chaf•finch zoo. ['tʃæfɪntʃ] s tentilhão m.

chain [tʃeɪn] **1.** s corrente f; cadeia f; fig. grilhões m pl; mot. corrente f; **~ reaction** phys. reacção f em cadeia; **~-smoke** fumar como uma chaminé; **~-smoker** fumador m inveterado; **~-store** cadeia f de armazéns; **2.** v/t acorrentar.

chair [tʃeə] s cadeira f; presidência f; **be in the ~** estar na presidência; **~ lift** s teleférico m; **~•man** s presidente m; **~•man•ship** s presidência f; **~•per•son** s presidente m/f; **~•wom•an** s presidente f.

chal•ice ['tʃælɪs] s taça f; cálice m.

chalk [tʃɔ:k] **1.** s giz m; **2.** v/t desenhar ou escrever com giz; **~ up** registar, lançar em livro.

challenge

chal•lenge [tʃælɪndʒ] **1.** *s* desafio *m;* intimação *f; mil.* grito *m* de sentinela intimando o reconhecimento; *esp. jur.* recusa *f,* rejeição *f;* **2.** *v/t* desafiar; intimar; gritar (sentinela); *theory, etc.:* pôr em causa.

cham•ber ['tʃeɪmbə] *s parl., zoo., bot., tech.* câmara *f;* **~s** *pl* escritórios *m pl or* apartamentos *m pl;* **~•maid** *s* criada *f* de quarto.

cham•ois ['ʃæmwɑː] *s zoo.* camurça *f; a.* **~ leather** pele *f* de camurça.

champ F [tʃæmp] → *champion (sports).*

cham•pagne [ʃæm'peɪn] *s* champanhe *m;* vinho *m* espumante.

cham•pi•on ['tʃæmpɪən] **1.** *s sports:* campeão *m,* vencedor *m;* defensor *m,* advogado *m* de uma causa; **2.** *v/t* defender; **3.** *adj* vitorioso; **~•ship** *s sports:* campeonato *m.*

chance [tʃɑːns] **1.** *s* acaso *m;* sorte *f;* destino *m;* probabilidade *f;* oportunidade *f;* risco *m* (*of* de); possibilidade *f;* **by ~** casualmente, por acaso; **take a ~** arriscar; **take no ~s** não arriscar; **2.** *adj* casual, fortuito; **3.** *v/i* acontecer, suceder, calhar; *I* **~d to meet her** encontrei-a casualmente; *v/t* arriscar.

chan•cel•lor ['tʃɑːnsələ] *s* chanceler *m.*

chan•de•lier [ʃændə'lɪə] *s* candelabro *m.*

change [tʃeɪndʒ] **1.** *s* mudança *f;* alteração *f;* troca *f;* troco *m;* dinheiro *m* miúdo; **for a ~** para variar; **~ for the better (worse)** mudança *f* para melhor (para pior); **2.** *v/t* mudar, alterar, modificar; trocar (*for* por); *mot. tech.* mudar a velocidade; **~ over** comutar; **~ trains** mudar de comboio; *v/i* mudar; mudar de roupa; **~•a•ble** *adj* □ variável; instável, inconstante; **~•less** *adj* □ imutável; **~•o•ver** *s* alteração *f;* mudança *f* radical.

chan•nel ['tʃænl] **1.** *s* canal *m;* leito *m* de rio; rego *m; TV, etc.:* canal *m; fig.* canal *m,* via *f;* **2.** *v/t* (*esp. Br.* **-ll-** *Am.* **-l-**) abrir canais, sulcos; *fig.* dirigir, governar; **♀ Tunnel** *s* o Túnel da Mancha.

chant [tʃɑːnt] **1.** *s* canto *m;* cantilena *f;* **2.** *v/t* cantar; entoar cânticos.

cha•os ['keɪɒs] *s* caos *m.*

chap[1] [tʃæp] **1.** *s* greta *f;* fenda *f,* racha *f;* **2.** *v/t and v/i* (**-pp-**) gretar.

chap[2] F [_]*s* companheiro *m;* amigo *m,* compincha *m.*

chap[3] [_] *s* maxila(s) *f;* focinho *m.*

chap•el ['tʃæpl] *s* capela *f;* local *m* de culto.

chap•lain ['tʃæplɪn] *s* capelão *m.*

chap•ter ['tʃæptə] *s* capítulo *m.*

char•ac•ter ['kærəktə] *s* carácter *m;* maneira *f* de ser; personalidade *f; print:* letra *f,* tipo *m* de letra; *in novel: etc.:* personagem *m/f; thea.* papel *m; reputation:* reputação *f;* fama *f;* **~•is•tic 1.** [_ 'rɪstɪk] *adj* (**~ally**) característico (*of* de); **2.** *s* marca *f,* característica *f;* **~•ize** [' _ raɪz] *v/t* caracterizar.

char•coal ['tʃɑːkəʊl] *s* carvão *m* de lenha.

charge [tʃɑːdʒ] **1.** *s* carga *f; esp. fig.* fardo *m;* responsabilidade *f;* vigilância *f;* guarda *f; mil.* ataque *m,* assalto *m; jur.* acusação *f;* preço *m,* custo *m;* **free of ~** gratuito; **be in ~ of** estar encarregado de, ser responsável por; **have ~ of** tomar conta de, cuidar de, olhar por; **take ~** ficar responsável; **2.** *v/t* carregar; incumbir; instruir; *jur.* acusar (*with*); levar dinheiro, cobrar; *mil.* carregar, assaltar, atacar; **~ at s.o.** ir direito a alguém.

char•i•ta•ble ['tʃærɪtəbl] *adj* □ caritativo; caridoso; **char•i•ty** ['tʃærətɪ] *s* caridade *f;* obra *f* de caridade; beneficência *f.*

char•la•tan ['ʃɑːlətən] *s* charlatão *m,* vigarista *m/f.*

charm [tʃɑːm] **1.** *s* encanto *m;* fascínio *m;* talismã *m,* amuleto *m;* **2.** *v/t* encantar, seduzir; **~•ing** ['tʃɑːmɪŋ] *adj* □ encantador, sedutor.

chart [tʃɑːt] **1.** *s mar.* mapa *m;* tabela *f;* carta *m;* **~s** *pl* parada *f* de êxitos; **2.** *v/t* registar, desenhar num mapa.

char•ter ['tʃɑːtə] **1.** *s* documento *m;* título *m;* carta *f;* foral *m;* alvará *m;* **2.** *v/t* conceder privilégios; *aer., mar.* fretar; **~ flight** *s* voo *m* fretado.

chase [tʃeɪs] **1.** *s* caça *f;* perseguição *f;* peça *f* de caça; **2.** *v/t* caçar, caçar com galgos; *v/i* perseguir; correr a toda a brida.

chas•m ['kæzəm] *s* abismo *m (a. fig.);* diferença *f;* separação *f;* rotura *f.*
chaste [tʃeɪst] *adj* □ casto, puro; inocente; simples, despretencioso.
chas•tise [tʃæ'staɪz] *v/t* punir, castigar.
chas•ti•ty ['tʃæstətɪ] *s* castidade *f.*
chat [tʃæt] **1.** *s* conversa *f;* cavaqueira *f;* **2.** *v/i* conversar, cavaquear; **~ up** F meter conversa; *girl:* tentar engatar; **~show** *s Br.* talk-show *m,* programa *m* de entrevistas.
chat•tels ['tʃætlz] *s pl* **goods and ~** *jur.* todos os bens *m pl* móveis.
chat•ter ['tʃætə] **1.** *v/i* tagarelar, falar muito depressa; dar à língua; **2.** *s* tagarelice *f;* **~•box** *s* F tagarela *m/f;* fala-barato *m/f;* **~er** *s* falador *m,* palrador *m.*
chat•ty ['tʃætɪ] *adj* **(-ier, -iest)** conversador.
chauf•feur ['ʃəʊfə] *s* motorista *m.*
chau|vi F ['ʃəʊvɪ] *s* chauvinista *m/f;* **~•vin•ist** [_nɪst] *s* chauvinista *m/f.*
cheap [tʃiːp] *adj* □ barato; *fig.* reles, ordinário; **~•en** *v/t and v/i* embaratecer; reduzir o preço.
cheat [tʃiːt] **1.** *s* intrujice *f;* engano *m;* intrujão *m;* **2.** *v/t and v/i* intrujar, enganar.
check [tʃek] **1.** *s* xeque *m* (no xadrez); revés *m;* dificuldade *f;* controlo *m* **(on);** talão *m* de controlo; *Am.* senha *f* de vestiário; *Am. econ.* → **cheque;** *Am. in restaurant:* conta *f;* *pattern:* axadrezado; **2.** *v/t* suspender, parar; *Am.* sacar um cheque; **~ in** *at a hotel:* entrar, dar entrada, registar-se; *aer.:* fazer o check-in; **~ out** *of hotel:* pagar a conta e sair; deixar; **~ up (on)** investigar; verificar; *v/t* obstruir; embaraçar; examinar; *Am. on list:* marcar o que já está feito; *Am. clothes:* deixar no vestiário; *Am. baggage:* despachar; **~•card** *s Am. econ.* garantia *f* sobre cheques; **~ed** *adj* aos quadrados, axadrezado; **~ers** *Am* [_əz] *s sg.* jogo *m* de damas; **~-in** *s at a hotel:* registo *m* de entrada; *aer.* check-in; **~ counter** or **desk** *aer.* balcão *m* de despacho; **~•ing ac•count** *s Am. econ.* conta-corrente *f;* **~•list** *s* lista *f* de controlo; **~•mate 1.** *s* xeque-mate *m;* **2.** *v/t* dar xeque-mate;

~–out *s* partida *f;* pagamento *m* da conta e saída do hotel; *a.* **~ counter** caixa *f (esp. in supermarket);* **~•point** *s* ponto *m* de controlo; **~•room** *Am.* vestiário *m,* bengaleiro *m;* depósito *m* de bagagem; **~•up** *s* controlo *m;* supervisão *f;* med. check-up *m,* exame *m* de prevenção.
cheek [tʃiːk] *s* face *f,* bochecha *f;* desplante *m,* descaramento *m;* **~•y** F ['tʃiːkɪ] *adj* □ **(-ier, -iest)** atrevido, descarado.
cheer [tʃɪə] **1.** *s* exclamação *f;* grito *m* de apoio; estímulo *m;* **~s!** à nossa!; **three ~s!** três vivas! **2.** *v/t* aplaudir, dar vivas; *a.* **~ on** estimular; *a.* **~ up** animar, encorajar; rejubilar; **~up !** coragem!; **~•ful** *adj* □ alegre, bem-disposto; **~•i•o** F [_rɪ'əʊ] *int.* adeus!; à tua!; **~•less** *adj* □ desanimado; **~•y** *adj* □ **(-ier, -iest)** alegre, animado.
cheese [tʃiːz] *s* queijo *m.*
chee•tah *zoo.* ['tʃiːtə] *s* chita *f.*
chef [ʃef] *s* cozinheiro-chefe *m.*
chem•i•cal ['kemɪkl] **1.** *adj* □ químico; **2.** *s* produto *m* químico.
che•mise [ʃə'miːz] *s* camisa *f* de senhora.
chem|ist ['kemɪst] *s* químico *m;* farmacêutico *m;* **~'s shop** farmácia *f;* drogaria *f;* **~•is•try** [_rɪ] *s* química *f.*
cheque *Br. econ.* [tʃek] *(Am.* **check)** *s* cheque *m;* **crossed ~** cheque *m* cruzado; **~ ac•count** conta *f* corrente; **~ card** *s* garantia *f* sobre cheques.
chequ•er *Br.* ['tʃekə] *s* padrão *m* em xadrez.
cher•ish ['tʃerɪʃ] *v/t. s.o.'s memory, etc.:* guardar no íntimo; estimar; nutrir.
cher•ry *bot.* ['tʃerɪ] *s* cereja *f.*
chess [tʃes] *s* jogo *m* do xadrez; **a game of ~** uma partida *f* de xadrez; **~•board** *s* tabuleiro *m* de xadrez; **~•man, ~ piece** *s* peça *f* do xadrez.
chest [tʃest] *s* arca *f;* caixa *f;* cofre *m;* *anat.* peito *m;* **get sth. off one's ~** F desabafar; **~ of drawers** cómoda *f.*
chest•nut ['tʃesnʌt] **1.** *s bot.* castanha *f;* **2.** *adj* acastanhado.
chew [tʃuː] *v/t and v/i* mascar, mastigar; cogitar, cismar (**on, over** sobre); **~•ing-gum** ['_ɪŋgʌm] *s* pastilha *f* elástica.

chick

chick [tʃɪk] *s* pintainho *m;* F *girl:* F boneca *f.*

chick•en ['tʃɪkɪn] *s* galinha *f*, frango *m;* carne *f* de frango; **don't count your ~s before they're hatched** não contes com o ovo no cu da galinha; **~-heart•ed** *adj* medroso, cobarde; **~-pox** *s med.* varicela *f.*

chic•o•ry *bot.* ['tʃɪkərɪ] *s* chicória *f.*

chief [tʃiːf] **1.** *adj* □ principal, mais importante; **~ clerk** chefe *m* do escritório; **2.** *s* comandante *m/f*, chefe *m/f;* dirigente *m/f; ... -in-~* supremo; **~•ly** *adv* principalmente, sobretudo; **~•tain** chefe *m* de tribo; cabecilha *m/f.*

chil•blain ['tʃɪlbleɪn] *s* frieira *f.*

child [tʃaɪld] *s (pl* **children)** criança *f;* **from a ~** desde criança; **with ~** grávida; **~-a•buse** *s jur.* sevícias *f pl* sobre crianças; **~ ben•e•fit** *s* abono de família; **~•birth** *s* parto *m,* nascimento *m;* **~•hood** *s* infância *f;* **~•ish** *adj* □ infantil; acriançado; **~•like** *adj* infantil; **~•minder** *s Br.* pessoa que olha por crianças durante o dia; **chil•dren** ['tʃɪldrən] *pl of* **child;** **~ tax al•low•ance** montante da isenção de imposto pelos filhos.

chill [tʃɪl] **1.** *adj* gelado, glacial; **2.** *s* frialdade *f;* frio *m;* arrepio *m; med.* resfriado *m,* constipação *f;* **3.** *v/t and v/i* arrefecer, gelar; **~ed** frio; **~•y** *adj (-ier, -iest)* frio, fresco.

chime [tʃaɪm] **1.** *s* carrilhão *m;* repique *m* de sinos; *fig* harmonia *f;* **2.** *v/t and v/i* tocar sinos; repicar; **~ in** intrometer-se na conversa.

chim•ney ['tʃɪmnɪ] *s* chaminé *f;* **~•sweep** *s* limpa-chaminés *m.*

chimp *zoo.,* F [tʃɪmp] **chim•pan•zee** *zoo.* [_ən'ziː] *s* chimpanzé *m.*

chin [tʃɪn] **1.** *s* queixo *m; (keep your)* **~ up!** cabeça ao alto!.

chi•na ['tʃaɪnə] *s* porcelana *f.*

Chi•nese [tʃaɪ'niːz] **1.** *adj* chinês; **2.** *s* chinês/esa *m/f; ling.* chinês; **the ~** *pl* os chineses.

chink [tʃɪŋk] *s* fenda *f*, fresta *f.*

chip [tʃɪp] **1.** *s* lasca *f;* estilhaço *m;* ficha *f* de jogo; *computer:* chip *m;* **have a ~ on one's shoulder** F ser uma pessoa irritável; ter um comple-xo *(about);* **~s** *pl Br.* batatas fritas; **2.** *(-pp-) v/t* cortar (em bocadinhos); lascar; esmigalhar; **~•munk** *s zoo.* esquilo *m* norte-americano.

chirp [tʃɜːp] **1.** *v/t and v/i* chilrear, gorjear; **2.** *s* chilreio *m,* gorjeio *m.*

chis•el ['tʃɪzl] **1.** *s* cinzel *m;* **2.** *v/t (esp. Br. -ll- Am. -l-)* cinzelar.

chit-chat ['tʃɪtʃæt] *s* conversa *f.*

chiv•al•rous ['ʃɪvlrəs] *adj* □ cavalheiresco; **~•ry** [_ɪ] *s hist.* nobreza; cavalheirismo *m.*

chives *bot.* [tʃaɪvz] *s* cebolinho *m.*

chlo•ri•nate ['klɔːrɪneɪt] *v/t water, etc.:* clorar, cloretar; **~•rine** *chem.* [_riːn] *s* cloro *m;* **chlor•o•form** ['klɒrəfɔːm] **1.** *s chem., med.* clorofórmio *m;* **2.** *v/t* cloroformizar.

choc•o•late ['tʃɒkələt] *s* chocolate *m,* bombom *m;* **~s** bombons *m pl.*

choice [tʃɔɪs] **1.** *s* escolha *f;* **2.** *adj* □ escolhido, seleccionado.

choir ['kwaɪə] *s* coro *m.*

choke [tʃəuk] **1.** *v/t* estrangular, esganar; **~ back** *anger, etc.:* reprimir, conter; **~ down** engolir, tragar (à força); *a.* **~ up** obstruir, tapar; **2.** *s* mot. ar *m*, válvula *f* de ar.

choose [tʃuːz] *v/t and v/i (chose, chosen)* escolher; decidir; **~ to do** decidir fazer.

chop [tʃɒp] **1.** *s* golpe *m*, pancada *f;* costeleta *f;* **2.** *(-pp-) v/t* cortar, picar; **~ down** abater, rachar; *v/i* picar; **~•per** [_ə] *s* cutelo *m;* F helicóptero *m; Am. sl:* metralhadora *f;* **~•py** [_ɪ] *adj (-ier, -iest) of sea:* agitado, turbulento; **~•stick** *s* pauzinho *m* (em substituição de garfo).

cho•ral ['kɔːrəl] *adj* □ de coral; **~(e)** *mus.* [kɒ'rɑːl] *s* coral *m.*

chord *mus* [kɔːd] *s* corda *f* vocal; *mus.* corda *f* de instrumento; acorde *m.*

chore *Am.* [tʃɔː] *s* tarefas *f pl* desagradáveis; *mst.* **~s** trabalhos *m pl* domésticos.

cho•rus ['kɔːrəs] *s* coro *m;* estribilho *m*, refrão *m; dance:* grupo *m* de bailarinos.

chose [tʃəuz] *pret of* **choose; cho•sen** ['tʃəuzn] *pp of* **choose.**

Christ [kraɪst] *s* Cristo *m.*

chris•ten ['krɪsn] *v/t* baptizar; **~•ing** *s* baptismo *m.*

Chris|tian ['krɪstɪən] **1.** *adj* cristão; ~ *name* nome *m* próprio; **2.** ~**•ti-an•i•ty** [_tɪ'ænətɪ] *s* Cristandade *f*.

Christ•mas ['krɪsməs] *s* Natal *m;* *at* ~ pelo (no) Natal; ~ **Day** *s* Dia *m* de Natal; ~ **Eve** véspera *f* de Natal.

chrome [krəʊm] *s* cromo *m;* **chro-mi•um** *chem.* ['_ɪəm] *s* crómio *m;* ~**plated** cromado.

chron|ic ['krɒnɪk] *adj (-ally)* crónico *(mst. med.);* prolongado; ~**•i•cle** [_l] **1.** *s* crónica *f;* **2.** *v/t* registar em crónica.

chron•o•log•i•cal [krɒnə'lɒdʒɪkl] *adj* □ cronológico; **chro•nol•o•gy** [krə'nɒlədʒɪ] *s* cronologia *f*.

chub•by F ['tʃʌbɪ] *adj (-ier, -iest)* rechonchudo; bochechudo.

chuck F [tʃʌk] *v/t* atirar, arremessar; ~ *out* deitar fora; ~ *up* job, *etc.:* abandonar.

chuck•le ['tʃʌkl] **1.** *v/i:* ~ *(to o. s.)* rir-se para si próprio; **2.** *s* riso *m* abafado.

chum F [tʃʌm] *s* amigo *m*, companheiro *m;* ~**my** F ['tʃʌmɪ] *adj (-ier, -iest)* íntimo, muito amigo.

chump F [tʃʌmp] *s* cepo *m*.

chunk [tʃʌnk] *s* pedaço *m*.

Chun•nel *Br.* F ['tʃʌnel] *s* Túnel *m* da Mancha.

church [tʃɜːtʃ] *s* igreja *f;* ~ *service* serviço *m* religioso; ~**•yard** *s* adro *m* da igreja.

churl•ish ['tʃɜːlɪʃ] *adj* □ rústico, boçal.

churn [tʃɜːn] **1.** *s* batedeira *f* para fazer manteiga; *esp. Br.* jarro *m* de leite; **2.** *v/t* fazer manteiga *(a. v/i);* remexer, bater.

chute [ʃuːt] *s* queda *f* de água; cano *m* de escoamento; F pára-quedas *m*.

ci•der ['saɪdə] *s (Am. hard ~)* sidra *f;* *sweet* ~ sidra *f* doce.

ci•gar [sɪ'gɑː] *s* charuto *m*.

cig•a•rette *Am. a.* **cig•a•ret** [sɪgə'ret] *s* cigarro *m*.

cinch F [sɪntʃ] *s* certeza *f* absoluta; F canja *f*.

cin•der ['sɪndə] *s* cinza *f;* ~**s** *pl* cinzas *f pl;* ~**path, -track** *sports:* pista *f* de cinza.

Cin•de•rel•la [sɪndə'relə] *s* Cinderela *f*, Gata-Borralheira *f; fig.* enteado/a *m/f*.

cin•e|cam•e•ra *Br.* ['sɪnɪkæmərə] *s* pequena máquina *f* de filmar; ~**film** *s Br.* pequeno filme *m*.

cin•e•ma *Br.* ['sɪnəmə] *s* cinema *m;* filme *m*.

cin•na•mon [sɪnəmən] *s* canela *f*.

ci•pher ['saɪfə] *s* cifra *f;* zero *m (a. fig.);* mensagem *f* cifrada.

cir•cle ['sɜːkl] **1.** *s* círculo *m; (a. ~ of friends)* círculo *m* de amigos; *fig.* circulação *f; thea.* balcão *m;* **2.** *v/t and v/i* rodear, circundar.

cir•cuit ['sɜːkɪt] *s* circuito *m; electr.* circuito *m;* **short** ~ curto-circuito *m*.

cir•cu•lar ['sɜːkjʊlə] *adj* □ circular; ~ *letter* circular *f*.

cir•cu|late ['sɜːkjʊleɪt] *v/i* circular; *v/t* fazer circular; ~**•la•tion** [sɜː-kjʊ'leɪʃn] *s* circulação *f;* distribuição *f; of books, newspapers, etc.:* tiragem *f*.

cir•cum|fer•ence [sə'kʌmfərəns] *s* circunferência *f;* ~**•nav•i•gate** [_sɜːkəm'nævɪgeɪt] *v/t* circumnavegar; ~**spect** ['_spekt] *adj* □ circunspecto.

cir•cum|stance ['sɜːkəmstəns] *s* circunstância *f;* particularidade *f;* ~**s** *pl a.* condições *f pl; in or under no* ~ em circunstância alguma, em caso algum; ~**•stan•tial** [_'stænʃl] *adj* □ circunstancial; ~ *evidence jur.* provas *f pl* circunstanciais.

cir•cus ['sɜːkəs] *s* circo *m;* rotunda *f*, praça *f*.

cis•tern ['sɪstən] *s* cisterna *f;* autoclismo *m*.

ci•ta•tion [saɪ'teɪʃn] *s jur.* citação *f;* **cite** [saɪt] *v/t jur.* citar; indicar como exemplo.

cit•i•zen ['sɪtɪzn] *s* cidadão/ã *m/f;* ~**•ship** [_ʃɪp] *s* cidadania *f*.

cit•y ['sɪtɪ] **1.** *s* cidade *f; the ⁓* a City (de Londres); **2.** *adj* da cidade, citadino; ~ *centre Br.* centro *m* da cidade; ~ *council(l)or* conselheiro *m* municipal; vereador *m;* ~ *editor Am.* redactor *m* local; *Br.* redactor *m* financeiro; ~ *hall* câmara *f* municipal; *esp. Am.* administração *f* municipal; ~ *railroad Am.* caminhos *m*-de-ferro municipais.

civ•ic ['sɪvɪk] *adj (~ally)* cívico; civil; ~**s** *sg* estudos *m pl* cívicos.

civil

civ•il ['sɪvl] *adj* □ civil; social; *jur.* civil ~ **rights** *pl* direitos *m pl* civis; ~ **rights activist** activista *m/f* dos direitos civis; ~ **rights movement** movimento *m* dos direitos cívicos; ~ **servant** funcionário/a *m/f* público/a; ~ **service** função *f* pública; ~ **war** guerra *f* civil.

ci•vil•i•an [sɪ'vɪlɪən] *s* civil *m/f;* ~•**ty** [_lətɪ] *s* civilidade *f.*

civ•i•li|za•tion [sɪvɪlaɪ'zeɪʃn] *s* civilização *f;* cultura *f;* ~**ze** ['_aɪz] *v/t* civilizar.

clad [klæd] **1.** *pret and pp of **clothe;*** **2.** *adj* vestido.

claim [kleɪm] **1.** *s* reinvindicação *f;* reclamação *f;* pretensão *f;* direito *m* (**to** a) **2.** *v/t* reivindicar; reclamar; pretender; requerer; **clai•mant** ['kleɪmənt] *s for unemployment benefit, etc.:* beneficiário/a *m/f;* requerente *m.*

clair•voy•ant [kleə'vɔɪənt] **1.** *s* vidente *f;* **2.** *adj* sagaz; visionário.

clam•ber ['klæmbə] *v/i* escalar; trepar a custo.

clam•my ['klæmɪ] *adj* □ **(-ier, -iest)** húmido e frio; pegajoso.

clam•o(u)r ['klæmə] **1.** *s* clamor *m;* barulho *m;* **2.** *v/i* gritar, clamar (**for** por).

clamp [klæmp] **1.** *s tech.* gancho *m; mot.* → **wheel-clamp;** **2.** *v/t* prender com gancho ou grampo.

clan [klæn] *s* clã *m;* tribo *f;* família *f.*

clan•des•tine [klæn'destɪn] *adj* □ clandestino, secreto.

clang [klæŋ] **1.** *s* som *m* metálico, estridente; **2.** *v/i and v/t* produzir um som metálico; ressoar, fazer ressoar.

clank [klæŋk] **1.** *s* estrépito *m;* ruído *m* de ferros e correntes; *v/i and v/t* produzir estrépito ou ruído como o de ferros e correntes; matraquear.

clap [klæp] **1.** *s* batimento *m* de mãos; aplauso *m;* **2.** *v/i and v/t* **(-pp-)** bater palmas, aplaudir.

clar•et ['klærət] *s* clarete *m;* vinho *m* tinto de Bordéus.

clar•i•fy ['klærɪfaɪ] *v/t* esclarecer, clarificar; *v/i* explicar-se.

clar•i•net *mus.* [klærɪ'net] *s* clarinete *m.*

clar•i•ty ['klærətɪ] *s* claridade *f.*

clash [klæʃ] **1.** *s* encontro *m;* colisão *f;* choque *m;* conflito *m;* ~ **of interests** conflito *m* de interesses; **2.** *v/i* colidir, chocar; estar em desacordo, não se harmonizar.

clasp [klɑːsp] **1.** *s* braçadeira *f;* fivela *f;* gancho *m;* broche *m;* **2.** *v/t* apertar, prender; *fig.* abraçar; ~ **knife** *s* canivete *m* de bolso.

class [klɑːs] **1.** *s* classe *f;* estrato *m;* categoria *f;* aula *f;* turma *f; Am. univ.* ano *m* do curso; ~**mate** condiscípulo, colega; ~**room** sala *f* de aula; **2.** *v/t* classificar; ordenar.

clas|sic [klæsɪk] **1.** *s* clássico *m;* **2.** *adj* **(~ally)** de primeira classe; clássico; ~•**si•cal** *adj* □ clássico.

clas•si•fi•ca•tion [klæsɪfɪ'keɪʃn] *s* classificação *f;* ~•**fy** ['klæsɪfaɪ] *v/t* classificar.

clat•ter ['klætə] **1.** *s* estrépito *m;* barulho *m* de louças e talheres; *v/i and v/t* fazer barulho (com louças e talheres).

clause [klɔːz] *s jur.* cláusula *f;* artigo *m; gr.* oração *f.*

claw [klɔː] **1.** *s* pata *f;* garra *f;* unha *f; of crabs, etc.:* navalha *f;* **2.** *v/t* arranhar; arrebatar; filar.

clay [kleɪ] *s* argila *f;* barro *m;* terra *f.*

clean [kliːn] **1.** *adj* □ limpo, puro, lavado; **2.** *adv* completamente, absolutamente; **3.** *v/t* limpar, purificar; ~ **out** limpar; ~**up** limpar a fundo; ~•**er** *s* empregada/o *m/f* de limpeza; máquina *f* de limpar; *mst.* ~**s** *pl or* ~'**s** limpeza *f* a seco; ~•**ing** limpeza *f;* **do the** ~ limpar, fazer a limpeza; ~•**li•ness** ['klenlɪnɪs] *s* limpeza *f;* ~•**ly 1.** *adv* de modo limpo; **2.** *adj* **(-ier, -iest)** limpo.

cleanse [klenz] *v/t* limpar; sanear; purificar; **cleans•er** ['_ə] *s* meio *m* de limpeza; detergente *m.*

clear [klɪə] **1.** *adj* □ claro, transparente, limpo; livre (**of** de); completo, absoluto; *econ.* líquido; **2.** *v/t* limpar (**of, from** de); *wood:* remover *(a.* ~ **away); *table:* levantar; *hurdle, fence, etc.:* passar, saltar sem tocar; *econ.* despachar na alfândega; *jur.* ilibar, absolver; ~ **out** limpar, deitar fora; ~ **up** arrumar, esclarecer; *v/i* ~ **out** F ir-se embora; ~ **up** limpar; melhorar *(weather)*; **~•ance** ['_rəns] *s* remoção *f;* *tech.* folga *f,* espaço *m,* separação *f; econ.* entrega *f;* despacho *m* alfandegário; *mar.* autorização *f* de saída; **~ sale** *econ.* liquidação *f;* **~•ing** *s* desobstrução *f;* evacuamento *m;* clareira *f.*

cleav•er ['kliːvə] *s* cutelo *m.*

clef *mus* [klef] *s* clave *f.*

cleft [kleft] *s* fenda *f;* greta *f.*

clem•en•cy ['klemənsɪ] *s* clemência *f,* misericórdia *f;* **~t** *adj* ⬜ clemente.

clench [klentʃ] *v/t lips:* apertar; *teeth:* cerrar; *fist:* fechar.

cler•gy ['klɜːdʒɪ] *s* clero *m;* **~•man** clérigo *m.*

cler•i•cal ['klerɪkl] *adj* ⬜ *eccl.* eclesiástico; relativo a trabalho de escritório; **~ work** trabalho *m* de escritório.

clerk [klɑːk] *s* empregado/a *m/f* de escritório; amanuense *m/f,* secretário/a *m/f;* empregado/a *m/f* de advogado, de banco ou correios; *Am.* caixeiro/a *m/f.*

clev•er ['klevə] *adj* ⬜ esperto, inteligente; hábil, dotado; *smart:* F esperto; **~•ness** inteligência *f;* habilidade *f;* F esperteza *f.*

click [klik] **1.** *s* estalido *m;* ruído *m* seco; *tech.* lingueta *f;* **2.** *v/i* dar um estalido; fechar bem o trinco; *with one's tongue:* dar estalos.

cli•ent ['klaɪənt] *s* cliente *m/f;* freguês *m; jur.* constituinte *m.*

cliff [klif] *s* falésia *f,* penhasco *m,* rochedo *m* abrupto.

cli•mate ['klaɪmɪt] *s* clima *m.*

cli•max ['klaɪmæks] **1.** *s rhet.* climax *m,* cume *m;* apogeu *m; physiol a.* orgasmo *m;* **2.** *v/t* and *v/i* atingir o ponto mais alto.

climb [klaɪm] *v/i and v/t* trepar, escalar, subir; ascender; **~•er** ['_ə] *s* alpinista *m/f, fig.* trepador *m; bot.* planta *f* trepadora; **~•ing** ['_ɪŋ] *s* subida *f,* escalada *f.*

clinch [klɪntʃ] **1.** *s tech.* rebite *m,* rebitagem *f; boxing:* corpo a corpo; **2.** *v/t tech.* rebitar; decidir, encerrar uma discussão; *v/t: boxing:* lutar corpo a corpo.

cling [klɪŋ] *v/i* **(clung) (to)** ligar-se, agarrar-se, fincar-se; aconchegar-se; **~•gear** *s* F roupa *f* justa.

clin•ic ['klɪnɪk] *s* clínica *f;* **~ •i•cal** *adj* ⬜ clínico.

clink [klɪŋk] **1.** *s* tinido *m;* **2.** *v/i and v/t* tinir, fazer tinir.

clip¹ [klɪp] **1.** *s* agrafo *m;* grampo *m;* mola *f;* **2.** *v/t* **(-pp-)** *a.* **~ on** prender; apertar.

clip² [_] **1.** *s* corte *m;* tosquia *f;* F golpe *m;* **2.** *v/t* **(-pp-)** cortar, recortar, aparar; *sheep, etc.* tosquiar.

clip•per ['klɪpə] *s* **(a pair of) ~s** *pl* tesoura *f* de podar; máquina *f* de cortar o cabelo; corta-unhas *m; aer.* clipper; **~•ings** ['_ɪŋz] *s pl* partes *f pl* cortadas; retalhos *m pl;* aparas *f pl; esp. Am.* recortes *m pl* (de jornais).

clit•o•ris *anat.* ['klɪtərɪs] *s* clítoris *m.*

cloak [kləʊk] **1.** *s* capa *f;* capote *m,* casaco *m* comprido; **2.** *v/t fig.* esconder; **~•room** ['_rʊm] *s* vestiário *m; Br.* casa *f* de banho.

clock [klɒk] **1.** *s* relógio *m* (de parede); **2.** *v/t with a stop-watch:* cronometrar; *v/i:* **~ in, ~ on** marcar o relógio de ponto à entrada; **~ out, ~ off** marcar o relógio de ponto à saída; **~•wise** ['_waɪz] *adj and adv* no sentido dos ponteiros do relógio; **~•work** *s* máquina *f,* mecanismo *m* de relojoaria; *like ~* como um relógio, com toda a precisão.

clod [klɒd] *s* torrão *m;* pedaço *m* de terra.

clog [klɒg] **1.** *s* tamanco *m;* soca *f;* **2. (-gg-)** *v/t* obstruir; impedir; dificultar; *v/i* ficar grumoso.

clois•ter *s* claustro *m.*

close 1. *adj* ⬜ [kləʊs] fechado; denso; próximo; secreto; oculto; *friend, etc.:* íntimo; *of translation, etc.:* fiel, exacto; *of weather:* pesado, abafado; *result:* escasso, muito próximo, tangencial *(a. sports); stingy:* avarento, mesquinho; **keep a ~ watch on** manter debaixo de olho; **~ fight** luta *f* renhida; **~ season** *hunt.* defeso *m;* **2.** *adv* **~ by, ~ to** muito próximo; **3.** *s* [kləʊz] fecho *m;* fim *m;* termo *m,* conclusão *f;* **come or draw to a ~** aproximar-se do fim, chegar ao termo; [kləʊs] cerca *f,* sebe *m;* pátio *m;* **4.** *v/t* [kləʊz] fechar, encerrar, concluir; *street:* cortar; *v/i* fechar-se; *with adverbs:* **~ down** fechar, encerrar; ser encerrado; *TV, etc.:* chegar ao fim, encerrar; **~ in** aproximar-se; *darkness:* envolver; *days:* ficar mais curtos; **~ up** fechar completamente; bloquear; **~d** [kləʊzd] *adj* fechado; **~ shop** *econ.* comércio ou profissão onde só podem trabalhar sócios do sindicato; **~-down** *s econ.* encerramento *m; of factory:* paralização *f; TV:* fecho *m.*

clos•et ['klɒzɪt] **1.** *s* armário *m* de parede; **2.** *v/t:* **be ~ed with** efectuar conversas privadas ou secretas com alguém.

close-up ['kləʊsʌp] *s phot. film.:* grande plano *m.*

clos•ing-time ['kləʊzɪŋtaɪm] *s* hora *f* de encerramento.

clot [klɒt] **1.** *s* coágulo *m; Br.* F cretino; **2.** *v/i (-tt-)* coagular.

cloth [klɒθ] *s (pl* **~s** [_θs, _ðz]) pano *m;* tecido *m;* toalha *f* de mesa; **the ~** o clero *m;* **lay the ~** pôr a toalha na mesa.

clothe [kləʊð] *v/t (clothed* or *clad)* vestir; revestir.

clothes [kləʊðz] *s pl* roupas *f pl,* vestuário *m;* **~-bas•ket** cesto *m* da roupa; **~-hang•er** *s* cabide; **~-horse** *s* estendedor *m* para pendurar roupa; **~-line** estendal *m,* corda *f* para estender roupa; **~-peg** *Br.,* **Am. ~-pin** mola *f* de roupa.

cloth•ing ['kləʊðɪŋ] *s* vestuário *m,* roupas *f pl.*

cloud [klaʊd] **1.** *s* nuvem *f (a. fig.);* turvação *f;* embaciamento *m;* sombra *f;* **2.** *v/t and v/i* escurecer; turvar-se; **~-burst** ['_bɜːst] carga *f* de água; **~-less** *adj □* limpo, sem nuvens; **~-y** *adj □ (-ier, -iest)* nublado, carregado; **it's getting ~** estão a formar-se nuvens, está a ficar encoberto.

clout F [klaʊt] *s* pancada *f; esp. Am.* poder *m,* influência *f.*

clove [kləʊv] *s* cravo-da-índia *m;* **~ of garlic** dente *m* de alho.

clo•ver *bot.* ['kləʊvə] *s* trevo *m.*

clown [klaʊn] *s* palhaço *m; fig.* pateta *m/f;* **~-ish** *adj □ behaviour:* grosseiro.

club [klʌb] **1.** *s* clava *f;* maça *f;* moca *f;* taco *m* de golfe; **~s** *pl cards:* paus; **2.** *(-bb-) v/t* agredir à mocada; **~ together** unir-se; **~-foot** *s* pé *m* aleijado.

cluck [klʌk] **1.** *v/i* cacarejar; **2.** *s* cacarejo *m.*

clue [kluː] *s* indicação *f;* pista *f.*

clump [klʌmp] **1.** *s* torrão *m;* montão *m; trees:* pequena mata *f;* **2.** *v/i* andar pesadamente, bater com os pés.

clum•sy ['klʌmzɪ] *adj □ (-ier, -iest)* desajeitado, acanhado.

clung [klʌŋ] *pret and pp of* **cling.**

clus•ter ['klʌstə] **1.** *s* cacho *m* de uvas; molho *m;* pilha *f;* monte *m;* **2.** *v/i* agrupar-se; apinhar-se; empurrar-se.

clutch [klʌtʃ] **1.** *s* presa *f,* acto *m* de prender; *tech.* engate *m; mot.* embraiagem *f; zoo.* garra *f;* **2.** *v/t* agarrar.

clut•ter ['klʌtə] **1.** *s* algazarra *f;* desordem *f;* **2.** *v/t a.* **~ up** atravancar.

coach [kəʊtʃ] **1.** *s* coche *m;* carruagem *f; Br. rail.* carruagem *f;* autocarro *m esp.* autocarro *m* de turismo; *sports:* treinador *m;* **2.** *v/t* preparar para um exame; *sports:* treinar.

coal [kəʊl] *s* carvão *m;* **carry ~s to Newcastle** vender mel ao colmeeiro; ensinar o padre-nosso ao vigário.

co•a•li•tion [kəʊə'lɪʃn] **1.** *s pol.* coligação *f;* aliança *f;* acordo *m;* **2.** *adj pol.* de coligação, coligado.

coal|-mine, ['kəʊlmaɪn] **-pit** *s* mina *f* de carvão.

coarse [kɔːs] *adj □* tosco; grosseiro, pouco educado.

coast [kəʊst] **1.** *s* costa *f,* litoral *m; Am.* pista *f* de trenós; **2.** *v/i* navegar ao longo da costa; *with bicycle, car:* descer uma encosta em roda livre; *Am.* descer de trenó; **~-al** costeiro; **~-er** *s* trenó *m; mar.* navio *m* costeiro; **~-guard** *s* guarda *f* costeira; elemento *m* da guarda costeira; **~-line** *s* linha *f* da costa.

coat [kəʊt] **1.** *s* casaco *m; zoo.* pele *f,* pêlo *m* de animais; mão *f* de tinta, verniz, etc.; camada *f;* **~ of arms** cota *f* de armas, brasão *m;* **2.** *v/t* revestir, cobrir; **~-hang•er** ['_hæŋə] *s* cabide *m;* **~-ing** *s* mão *f,* demão *f,* camada *f,* revestimento *m,* cobertura *f;* fazenda *f* para casacos.

coax [kəʊks] *v/t* adular, lisonjear; aliciar.

cob [kɒb] *s zoo.* cisne *m; corn:* maçaroca *f,* espiga *f* de milho.

cob|bled ['kɒbld] *adj:* ~ *street* rua *f* empedrada; ~•**bler** ['kɒblə] sapateiro *m.*

co•caine [kəʊ'keɪn] *s* cocaína *f.*

cock [kɒk] **1.** *s zoo.* galo *m;* macho *m;* chefe *m,* mandão *m;* V *penis:* V picha *f;* **2.** *v/t* erguer; levantar; ~ *up sl.* estragar.

cock•atoo *zoo.* [kɒkə'tuː] *s* catatuta *f.*

cock•chaf•er *zoo.* ['kɒktʃeɪfə] *s* escaravelho *m.*

cock-eyed F ['kɒkaɪd] *adj* vesgo, estrábico; torcido, torto.

cock•ney ['kɒknɪ] *s mst* ♀ Cockney *m/f* habitante da zona leste de Londres; *accent:* Cockney.

cock•pit ['kɒkpɪt] *s aer. mar.* carlinga *f;* arena *f* para luta de galos.

cock|sure F [kɒk'ʃʊə] *adj* com a certeza absoluta; presunçoso, altivo; ~•**tail** *s* cocktail *m;* ~•**y** F ['kɒkɪ] *adj* □ *(-ier, -iest)* pretensioso.

co•co *bot.* ['kəʊkəʊ] *s* (*pl -cos*) coqueiro *m.*

co•coa ['kəʊkəʊ] *s* cacau *m.*

co•co•nut ['kəʊkənʌt] *s* coco *m.*

co•coon ['kəʊkuːn] *s* casulo *m.*

cod *zoo.* [kɒd] *s* bacalhau *m.*

cod•dle ['kɒdl] *v/t* acarinhar, amimar.

code [kəʊd] **1.** *s* código *m;* chave *f;* código *m* numérico; **2.** *v/t* codificar; pôr em cifra, cifrar.

cod|fish *zoo.* ['kɒdfɪʃ] → *cod;* ~-**liv•er oil** *s* óleo *m* de fígado de bacalhau.

co•ed F [kəʊ'ed] *s* aluna *f* ou estudante de uma escola mista; ~•**u•ca•tion** [kəʊedjuː'keɪʃn] *s* coeducação *f.*

co•erce [kəʊ'ɜːs] *v/t* coagir.

co•ex•ist [kəʊɪg'zɪst] *v/i* coexistir; ~•**ence** [_əns] *s* coexistência *f.*

cof•fee ['kɒfɪ] *s* café *m;* ~ **bar** café *m;* ~ **bean** grão *m* de café; ~•**pot** *s* cafeteira *f* de café; ~•**set** *s* serviço *m* de café; ~•**ta•ble** *s* mesa *f* de café.

cof•fer ['kɒfə] *s* cofre *m* (de dinheiro, etc.); arca *f,* caixa *f.*

cof•fin ['kɒfɪn] *s* caixão *m.*

cog *tech.* [kɒg] *s* dente *m* de roda; ~•**wheel** *tech.* ['_wiːl] roda *f* dentada.

co•her|ence [kəʊ'hɪərəns] *s* coerência *f;* ~•**ent** [_t] *adj* □ coerente.

co•he|sion [kəʊ'hiːʒn] *s* coesão *f;* ~•**sive** [_sɪv] *adj* coesivo, que se mantém intacto.

coif•fure [kwaː'fjʊə] *s* penteado *m.*

coil [kɔɪl] **1.** *v/t and v/i a.* ~ *up* enrolar(-se); dispor em espiral; **2.** *s* rolo *m;* mola *f* helicoidal; bobina *f;* tubo em espiral; serpentina *f.*

coin [kɔɪn] **1.** *s* moeda *f;* **2.** *v/t* cunhar (moeda); forjar.

co•in|cide [kəʊɪn'saɪd] *v/i* coincidir; estar conforme; ~•**ci•dence** [kəʊ'ɪnsɪdəns] *s* coincidência *f;* acaso *m; fig.* acordo *m.*

coke¹ [kəʊk] *s* coque *m (a. sl. cocaine:* coca).

Coke² *TM* F [_] *s* Coca *f* Cola *f.*

cold [kəʊld] **1.** *adj* □ frio; *I'm fee-ling* ~ estou com frio; **2.** *s* frio *m;* constipação *f;* → *catch* 2; ~-**blood-ed** *adj* friamente, a sangue-frio; ~-**heart•ed** *adj* insensível; ~•**ness** *s* frieza *f;* ~ *war* s *pol.* guerra *f* fria.

cole•slaw ['kəʊlslɔː] *s* salada *f* de couve.

col•ic *med.* ['kɒlɪk] *s* cólica *f.*

col•lab•o|rate [kə'læbəreɪt] *v/i* colaborar; ~•**ra•tion** [kəlæbə'reɪʃn] *s* colaboração *f; in ~ with* em colaboração com.

col|lapse [[kə'læps] **1.** *v/i* sucumbir; cair; desabar; desmoronar-se, **2.** *s* colapso *m;* queda *f;* ~•**lap•si•ble** [_əbl] *adj* desmontável; articulável.

col•lar ['kɒlə] **1** *s of shirt, etc.:* colarinho *m; for dog, etc.:* coleira *f; for horse:* coalheira *f;* **2.** *v/t* agarrar pelo pescoço; prender pela gola; agarrar alguém; ~•**bone** *anat.* clavícula *f.*

col•league ['kɒliːg] *s* colega *m/f;* companheiro/a *m/f.*

col|lect 1. *s eccl.* ['kɒlekt] colecta *f;* **2.** *v/t* [kə'lekt] receber, cobrar; *thoughts, etc.:* concentrar-se; reunir; coligir; coleccionar; ~•**lect•ed** *adj* □ *fig.* senhor de si, calmo, ponderado; ~•**lec•tion** [_kʃn] *s* colecção *f; econ.* cobrança *f; s eccl.* colecta *f;* ~•**lec•tive** [_tɪv] *adj* □ colectivo; ~ *bargai-ning econ.* negociação *f* colectiva; ~•**lec•tive•ly** [_lɪ] *adv* colectivamente, em conjunto; ~•**lec•tor** [_ə] *s* coleccionador/a *m/f;* cobrador *m* de impostos; *rail.* cobrador *m; electr.* colector *m.*

col•lege [ˈkɒlɪdʒ] s colégio m; Am. universidade f; instituto m superior.

col•lide [kəˈlaɪd] v/i colidir, chocar.

col|lier [ˈkɒlɪə] s mineiro m; mar. barco m carvoeiro; **~•lie•ry** [_ɪərɪ] mina f de carvão.

col•li•sion [kəˈlɪʒn] s colisão f; choque m; conflito m.

col•lo•qui•al [kəˈləʊkwɪəl] adj □ coloquial.

co•lon [ˈkəʊlən] s gr. dois pontos m.

colo•nel mil. [ˈkɜːnl] coronel m.

co•lo•ni•al [kəˈləʊnɪəl] adj □ colonial; **~is•m** pol. [_lɪzəm] s colonialismo m.

col•o|nize [ˈkɒlənaɪz] v/t colonizar; povoar; **~•ny** [_nɪ] s colónia f.

co•lo•ssal [kəˈlɒsl] adj □ colossal; gigantesco.

col•o(u)r [ˈkʌlə] **1.** cor f; fig. aparência f; **~s** pl bandeira f, cores f pl; **what ~ is…?** de que cor é…?; **2.** v/t colorir; pintar; retocar; fig. disfarçar; v/i corar, ruborizar-se; **~•ant** [ˈ_rənt] s in food: corante m; **~ bar** segregação f, discriminação f racial; **~- blind** adj daltónico; **~ed 1.** adj colorido; **~ man** contp. homem m de cor; **2.** s often contp. homem m de cor; **~-fast** adj de cor fixa; de cor garantida; **~film** s phot. filme m a cores; **~•ful** adj colorido; vivo; animado; **~•ing** s cor f, coloração f; cor m do rosto; **~•less** adj □ incolor; descolorido; pálido; **~ line** s barreira f racial; **~ set** s televisor m a cores; **~tel•evi•sion** s televisão f a cores.

colt [kəʊlt] s coldre m.

col•umn [ˈkɒləm] s coluna f (a. mil.); crónica f; **~•ist** [_nɪst] s jornalista m/f, articulista m/f.

comb [kəʊm] **1.** s pente m; **2.** v/t pentear, pentear-se; horse, etc: escovar; woll, etc. cardar, espadelar.

com|bat [ˈkɒmbæt] **1.** s mst. mil.: combate m; **single ~** duelo m; combate m singular; **2.** (-tt-, Am. a. -t-) v/t combater, lutar; **~•ba•tant** [_ənt] s combatente m/f.

com|bi•na•tion [kɒmbɪˈneɪʃn] s combinação f; associação f; **~•bine** [kəmˈbaɪn] v/t and v/i combinar; coligar-se.

com•bus|ti•ble [kəmˈbʌstəbl] **1.** adj combustível; **2.** s combustível m; **~•tion** [_tʃən] s combustão f.

come [kʌm] v/i **(came, come)** vir; **the years to ~** os anos futuros; **~ about** acontecer, suceder; **~ across** encontrar alguém casualmente; **~ along** vir com, acompanhar; **~ apart** desconjuntar-se; **~ at** chegar a; atacar alguém; **~ back** voltar; **~ by** conseguir ou obter com esforço; **~ down** cair (a. fig.); descer; of prices: baixar; of tradition: chegar até; ser legado; **~ down with** F adoecer com; **~ for** vir buscar; vir por causa de; **~ loose** desprender-se, despegar-se; **~ off** despregar-se; descer, apear-se; acontecer; resultar; **~ on!** anda! vem! vamos lá! **~ over** visitor: aparecer; **~ round** visitor: surgir; voltar; F recuperar os sentidos; **~ through** recuperar (de uma doença grave, etc.); **~ to** money, price: importar em, elevar-se a; recuperar os sentidos; **what's the world coming to?** para onde vai o mundo?; **~ to see** visitar; **~ up to** chegar, atingir; corresponder; **~•back** [ˈkʌmbæk] s regresso m.

co•me•di•an [kəˈmiːdɪən] s comediante m/f; actor m; **com•e•dy** [ˈkɒmədɪ] s comédia f.

come•ly [ˈkʌmlɪ] adj **(-ier, -iest)** agradável; simpático.

com•fort [ˈkʌmfət] **1.** s conforto m; consolo m; alívio m; comodidade f; **2.** v/t confortar, aliviar; **com•for•ta•ble** adj □ confortável; **~•er** s consolador m; pessoa f que conforta outra; abafo m de lã; esp. Br. chupeta f; Am. manta f; **~•less** adj □ desconfortável; desconsolado; **~ sta•tion** s Am. retrete f pública.

com•ic [ˈkɒmɪk] **1.** adj **(~ally)** cómico; **2.** s cómico m; **~s** pl livro m de banda desenhada.

com•i•cal [ˈkɒmɪkl] adj □ cómico; engraçado, divertido.

com•ing [ˈkʌmɪŋ] **1.** adj eminente; futuro; **2.** s vinda f; chegada f.

com•ma [ˈkɒmə] s vírgula f.

com•mand [kəˈmɑːnd] **1.** s comando m; domínio m; ordem f; mil. comando m; **be (have) at ~** encontrar-se (ter) disponível; **2.** v/t ordenar; mil.

comandar *(a. v/i);* ter à sua disposição; dominar; **~•er** *s mil.* comandante *m; mar.* capitão *m* de fragata; **~- in-chief** *mil.* comandante-em-chefe *m;* **~•ing** *adj* □ que se impõe; dominante; autoritário; **~•ment** *s* mandamento *m;* ~ **mod•ule** *s space travel:* cápsula *f* de comando.

com•mem•o|rate [kə'meməreɪt] *v/t* comemorar, celebrar; **~•ra•tion** [kəmemə'reɪʃn] *s:* **in ~ of** em memória de; **~•ra•tive** [kə'memərətɪv] *adj* □ comemorativo.

com|ment ['kɒment] **1.** *s* comentário *m;* elucidação *f;* apreciação *f;* parecer *m; no ~!* sem comentários!, não comento!; **2.** *v/i* **(on, upon)** comentar; apreciar; fazer um comentário crítico; **~•men•ta•ry** ['kɒməntərɪ] *s* comentário *m;* **~•men•tate** *v/i:* ~ **on** comentar; **~•men•ta•tor** *s* comentador *m,* repórter *m (TV, etc.).*

com•merce ['kɒmɜːs] *s* comércio *m.*

com•mer•cial [kə'mɜːʃl] **1.** *adj* □ comercial; **~ bank** banco *m* comercial; **~ loan** empréstimo *m* comercial; **~ television** televisão *f* comercial; **~ travel(l)er** caixeiro *m* viajante; **2.** *s* TV, etc. publicidade *f,* anúncio *m;* **~•ize** *v/t* comercializar.

com•mis•e|rate [kə'mɪzəreɪt] *v/i:* ~ **with** exprimir o seu pesar (a alguém); **~•ra•tion** [kəmɪzə'reɪʃn] comiseração *f* (**for** por).

com•mis•sa•ry ['kɒmɪsərɪ] *s* comissário *m.*

com•mis•sion [kə'mɪʃn] **1.** *s* encargo *m;* missão *f;* incumbência *f;* comissão *f; of crime:* cometimento *m; econ.* comissão *f; mil.* patente *f* de oficial; *the* ≗ *pol.* a Comissão da União Europeia; **2.** *v/t* encarregar; dar plenos poderes; nomear alguém oficialmente; *ship:* entregar o comando; **~•er** [_ə] comissário *m.*

com•mit [kə'mɪt] *v/t* **(-tt-)** confiar, entregar; *crime:* cometer; empenhar (reputação, etc.); **~ o.s.** comprometer-se; **~•ment** *s* compromisso *m;* obrigação *f;* **~•tal** *s jur.* prisão *f* preventiva; entrega *f;* comprometimento *m;* **~•tee** [_ɪ] comité *m.*

com•mod•i•ty [kə'mɒdətɪ] *s* mercadoria *f;* artigo *m* de uso; objecto *m* útil.

com•mon ['kɒmən] **1.** *adj* □ comum, vulgar; frequente; habitual; F grosseiro, ordinário; **2.** *s* relvado *m* público; baldio *m; in* ~ em comum; *have in* ~ *with* ter em comum, compartilhar; **~•er** *s* o homem *m* comum, o homem *m* do povo; ~ *law s* código *m* de leis inglesas não escritas; ≗ **Market** *s econ. pol.* Mercado Comum; ~ **mon•e•ta•ry pol•i•cy** *s pol.* política *f* monetária comum; **~•place 1.** *s* lugar *m* comum; **2.** *adj* trivial, banal; **~s** *s pl* a gente *f* comum, o povo *m; House of* ≗ *parl.* Câmara *f* dos Comuns; ~ **sense** *s* senso *m* comum; **~•wealth** [_welθ] *s* Estado *m;* República *f; the* ≗ *(of Nations)* a Commonwealth, Comunidade *f* das Nações Britânicas.

com•mo•tion [kə'məʊʃn] *s* comoção *f;* agitação *f.*

com•mu•nal ['kɒmjʊnl] *adj* comunal.

com•mune 1. *v/i* [kə'mjuːn] comungar com, partilhar; **2.** *s* ['kɒmjuːn] comuna *f;* município *m.*

com•mu•ni|cate [kə'mjuːnɪkeɪt] *v/t news, etc.:* transmitir, comunicar; *v/i* comunicar, falar, pôr-se em comunicação (*with s.o.* com); comunicar, ter comunicação (por uma porta); **~•ca•tion** [kəmjuːnɪ'keɪʃn] *s* comunicação *f;* entendimento *m;* ligação *f;* transmissão *f;* **~s** *pl* comunicações *f pl;* **~s satellite** satélite *m* de comunicações; **~•ca•tive** [kə'mjuːnɪkətɪv] *adj* comunicativo, franco.

com•mu•nion [kə'mjuːnɪən] *s* comunidade *f;* comunhão *f;* participação *f;* ≗ *ecl.* Comunhão *f* Sagrada.

com•mu•nis|m ['kɒmjʊnɪzəm] *s* comunismo *m;* **~t** [_ɪst] **1.** *s* comunista *m/f;* **2.** *adj* comunista.

com•mu•ni•ty [kə'mjuːnətɪ] *s* comunidade *f;* estado *m; European* ≗ Comunidade Europeia; *the* ≗ a Comunidade (Europeia).

com|mute [kə'mjuːt] *v/t jur. punishment:* comutar; *v/i rail., etc.* viajar diariamente dos subúrbios para o emprego; **~•mut•er** *s* aquele que viaja dos subúrbios diariamente; ~ **belt** cintura da cidade que abrange aqueles que viajam dos subúrbios; ~ **train**

comboio *m* que transporta os que vivem nos arredores.

com•pact 1. *s* ['kɒmpækt] contracto *m;* acordo *m; Am. mot.* automóvel *m* compacto; **2.** *adj* [kəm'pækt] compacto; conciso; cheio; ~ *disc* disco *m* compacto, CD *m;* **3.** *v/t* tornar compacto; apertar, unir firmemente.

com•pan|ion [kəm'pænjən] *s* companheiro/a *m/f* amigo/a *m/f;* manual *m;* guia *m;* ~**io•na•ble** *adj* □ sociável, amigável; ~**ion•ship** *s* companhia *f;* amizade *f.*

com•pa•ny ['kʌmpənɪ] *s* companhia *f; mil.* companhia *f; econ.* sociedade *f; mar.* tripulação *f; thea.* companhia *f;* **have** ~ ter convidados; **keep** ~ **with** andar com, acompanhar com; ~ *car* carro *m* da empresa; ~ **di•rec•tor** *s econ.* director *m* de empresa; ~ **law** *s jur.* direito *m* comercial; ~ **pol•i•cy** *s econ.* política *f* comercial; ~ **u•nion** *s Am. econ.* núcleo *m* sindical de empresa.

com|pa•ra•ble ['kɒmpərəbl] *adj* □ comparável; ~**par•a•tive** [kəm'pærətɪv] **1.** *adj* □ comparativo; relativo; **2.** *s a.* ~ *degree gr.* grau *m* comparativo; ~**pare** [kɒm'peə] **1.** *s beyond* ~, *past* ~, *without* ~ incomparável; **2.** *v/t* comparar; confrontar; *(as)* ~*d with* em comparação com; *v/i* comparar-se; ~**pa•rison** [kɒm'pærɪsn] *s* comparação *f.*

com•part•ment [kəm'pa:tmənt] *s* compartimento *m;* divisão *f; rail.* compartimento *m.*

com•pass ['kʌmpəs] *s* bússola *f; (pair of)* ~*es pl geom.* compasso *m.*

com•pas•sion [kəm'pæʃn] *s* compaixão *f;* ~**ate** [ət] *adj* □ piedoso, compassivo.

com•pat•i•ble [kəm'pætəbl] *adj* □ compatível; *med.* assimilável; *computer:* compatível.

com•pat•ri•ot [kəm'pætrɪət] *s* compatriota *m/f.*

com•pel [kəm'pel] *v/t* (*-ll-*) compelir, obrigar.

com•pen|sate ['kɒmpenseɪt] *v/t* compensar; indemnizar; recompensar; *v/i* contrabalançar; ~**sa•tion** [‿'seɪʃn] *s* compensação *f;* indemnização *f;* ajuste *m; Am.* ordenado *m.*

com•pete [kəm'pi:t] *v/i* competir (*for* por); concorrer a.

com•pe|tence ['kɒmpɪtəns] *s* competência *f;* capacidade *f; jur.* competência *f;* ~**tent** *adj* □ competente; capaz; activo; versado.

com•pe•ti•tion [kɒmpɪ'tɪʃn] *s* competição *f;* concorrência *f;* rivalidade *f; unfair* ~ *econ.* concorrência *f* desleal; ~ *pol•i•cy s econ.* política *f* da concorrência.

com•pet•i|tive [kəm'petətɪv] *adj* □ competitivo; rival, da concorrência; concorrencial; ~ *advantage econ.* vantagem *f* da concorrência; ~ *market econ.* mercado *m* orientado para a concorrência; ~ *sports* desportos *m pl* de competição; ~**tor** *s* concorrente *m/f;* competidor *m; sports:* participante *m/f.*

com•pile [kəm'paɪl] *v/t* coligir, compilar, reunir.

com•plain [kəm'pleɪn] *v/i* queixar-se; expor as suas reclamações, reclamar (*of* de); ~**t** *s* queixa *f,* reclamação *f; med.* dor *f.*

com•ple|ment 1. ['kɒmplɪmənt] *s* complemento *m;* acabamento *m; a. full* ~ a totalidade; **2.** *v/t* [‿ment] completar; ~**men•ta•ry** [‿'mentərɪ] *adj* complementar.

com|plete [kəm'pli:t] **1.** *adj* □ completo, total; **2.** *v/t* completar; terminar; ~**ple•tion** [‿'pli:ʃn] *s* acabamento *m;* realização *f;* aperfeiçoamento *m; the* ~ *of the single market pol.* a realização do mercado único.

com•plex ['kɒmpleks] **1.** *adj* □ composto; complexo; complicado; **2.** *s* conjunto *m;* complexo *m* (*a. psych.*).

com•plex•ion [kəm'plekʃn] *s* compleição *f; fig.* aspecto *m;* tez *f.*

com•plex•i•ty [kəm'pleksətɪ] *s* complexidade *f.*

com•pli|cate ['kɒmplɪkeɪt] *v/t* complicar; ~**cat•ed** *adj* complicado; ~**ca•tion** [‿'keɪʃn] *s* complicação *f* (*a. med.*).

com•pli|ment 1. ['kɒmplɪmənt] *s* cumprimento *m;* saudação *f;* elogio *m;* **2.** *v/t* [‿ment] cumprimentar; felicitar (*on* por).

com•po•nent [kəm'pəʊnənt] *s* componente *m;* elemento *m* constitutivo; parte *f* integrante (*a. tech. and electr.*).

com|pose [kəm'pəuz] *v/t* compor, formar; *v/i mus, print.* compor; **~ o.s.** acalmar-se; **~•posed** *adj* □ calmo, composto; **be ~ of** compor-se de; **~•pos•er** *s* compositor *m/f;* **~•po•si•tion** [kɒmpə'zɪʃn] *s* composição *f; mus.* composição *f,* peça *f; school:* redacção *f;* **~•po•sure** [kəm'pəuʒə] *s* serenidade *f,* calma *f.*

com•pound[1] ['kɒmpaund] *s* instalações *f pl;* cerca *f;* pátio *m* de prisão.

com•pound[2] **1.** *adj* [ ] composto; **~ interest** juro *m* composto; **2.** *s* [ ] composto *m;* ligação *f;* corpo *m* formado de várias partes; *gr.* palavra *f* composta; **3.** *v/t* [kəm'paund] compor; acentuar, *esp.* agravar.

com•pre•hend [kɒmprɪ'hend] *v/t* abranger, compreender; entender.

com•pre•hen|si•ble [kɒmprɪ'hensəbl] *adj* □ compreensível; **~•sion** [ʃn] *s* compreensão *f;* capacidade *f* de entendimento; polivalência *f;* abrangência *f;* **past ~** incompreensível; **~•sive** [sɪv] **1.** *adj* □ abrangente; **2.** *s a.* **~ school 1.** *Br.* escola *f* de ensino unificado.

com|press [kəm'pres] *v/t* comprimir; **~ed air** ar *m* comprimido; **~•pres•sion** [ʃn] *s phys.* compressão *f.*

com•prise [kəm'praɪz] *v/t* abranger, incluir; compreender.

com•pro•mise ['kɒmprəmaɪz] **1.** *s* compromisso *m;* **2.** *v/t (o.s.)* comprometer-se; *v/i* fazer um compromisso.

com•pul|sion [kəm'pʌlʃn] *s* compulsão *f;* **~•sive** *adj* □ compulsivo *a. psych.;* **~•sory** *adj* □ compulsivo; obrigatório.

com•pute [kəm'pjuːt] *v/t* calcular; avaliar.

com•put•er [kəm'pjuːtə] *s* computador *m;* **~-aided** assistido por computador; **~-controlled, ~-operated** controlado por computador; **~ prediction** *pol.* previsão *f* informatizada; **~ science** Informática *f;* **~ skills** conhecimentos informáticos; **~•ize** [raɪz] *v/t* computorizar; armazenar dados no computador.

com•rade ['kɒmreɪd] *s* camarada *m/f;* membro *m/f* de um partido.

con[1] F [kɒn] *s* contra; voto *m* contra; → **pro.**

con[2] [ ] F **1.** *v/t (-nn-)* enganar; lograr; **2.** *s* aldrabão *m;* caloteiro *m;* intrujão *m.*

con•ceal [kən'siːl] *v/t* esconder; ocultar; dissimular.

con•cede [kən'siːd] *v/t* admitir; conceder; outorgar, conferir; *grant:* conceder; *sport:* aceitar, conformar-se com *(goal, defeat).*

con•ceit [kən'siːt] *s* vaidade *f;* presunção *f;* **~ed** *adj* □ presunçoso, convencido **(of** de).

con•ceiv•a•ble [kən'siːvəbl] *adj* □ concebível; imaginável; **~ve** [kən'siːv] *v/t* engravidar, ficar grávida; *v/t child:* conceber; imaginar; compreender.

con•cen•trate ['kɒnsəntreɪt] **1.** *v/t and v/i* concentrar(-se); congregar; **2.** *s* concentração *f.*

con•cept ['kɒnsept] *s* conceito *m;* ideia *f;* noção *f;* **con•cep•tion** [kən'sepʃn] *s* concepção *f;* noção *f;* ideia *f; biol.* concepção *f.*

con•cern [kən'sɜːn] **1.** *s* assunto *m;* interesse *m;* preocupação *f;* ansiedade *f;* negócio *m;* empresa *f;* **2.** *v/t* dizer respeito a, relacionar-se com; interessar; preocupar; ocupar-se de; **~ed** *adj* □ interessado; preocupado; **~•ing** *prp* sobre, relativo a, respeitante a.

con•cert ['kɒnsət] *s mus.* concerto *m;* harmonia *f;* acordo *m;* **~ ed** [kən'sɜːtɪd] *adj* □ acordado; combinado; *mus.* a várias vozes; **~ action** *pol.* acção *f* concertada.

con•ces•sion [kən'seʃn] *s* concessão *f.*

con•cil•i•ate [kən'sɪlɪeɪt] *v/t* conciliar; **~•a•to•ry** [ətərɪ] *adj* conciliatório; conciliador; medianeiro.

con•cise [kən'saɪs] *adj* □ conciso; breve; sucinto; **~ dictionary** dicionário *m* de bolso; **~•ness** *s* concisão *f.*

con•clude [kən'kluːd] *v/t and v/i* concluir; terminar; resolver; fazer (assinar) um tratado com; inferir **(from** de); tirar como conclusão; **to be ~d** a concluir, continua.

con•clu|sion [kən'kluːʒn] *s* conclusão *f;* fim *m;* termo *m;* dedução *f;* inferência *f;* → **jump** 2; **~•sive** *adj* □ convincente; decisivo, final.

concoct

con|coct [kən'kɒkt] v/t misturar; compor; inventar; *fig.* tramar; forjar; **~•coc•tion** [_kʃn] s mistura *f*; plano *m*; *fig.* invenção *f*.

con•course ['kɒŋkɔːs] s confluência *f*; multidão *f*; praça *f* ao ar livre.

con•crete ['kɒnkriːt] **1.** adj □ concreto, real; de betão; **~ block** *contp.* cidade *f* de betão; **2.** s betão *m*; cimento *m* armado; **3.** v/t cobrir com betão.

con•cur [kən'kɜː] v/i *(-rr-)* concordar; coincidir; **~•rence** [_'kʌrəns] s acordo *m*; conjugação *f*; concurso *m*.

con•cus•sion [kən'kʌʃn] s: **~ of the brain** *med.* comoção *f* cerebral, traumatismo *m* cerebral.

con|demn [kən'dem] v/t condenar; *jur. and fig.* sentenciar, condenar (**to death** à morte); rejeitar; dar como impróprio; **~•dem•na•tion** [kɒndem'neɪʃn] s *jur. and fig.* condenação *f*; rejeição *f*; reprovação *f*.

con|den•sa•tion [kɒnden'seɪʃn] s condensação *f*; **~•dense** [kən'dens] v/t and v/i condensar(-se); concentrar(-se); resumir(-se); *tech.* condensar; **~d report** etc. resumo *m*; versão *f* concisa; **~•dens•er** *tech.* condensador *m*.

con•de|scend [kɒndɪ'send] v/i condescender, dignar-se (**to do** a fazer); **~•scen•sion** [_ʃn] s condescendência *f*.

con•di•tion [kən'dɪʃn] **1.** s condição *f*; condição *f* física; estado *m* de saúde; *sport:* forma *f*, condição *f*; **~s** *pl* condições *f pl*; circunstâncias *f pl*; **on ~ that** na condição de; **out of ~** em mau estado, fora de forma; **2.** v/t estipular; *hair, etc.:* arranjar; pôr em condições; **~•al 1.** adj □ dependente (**on, upon** de); ... condicional; **2.** adj *gr.* **~ clause** oração *f* condicional; *a.* **~ mood** modo *m* condicional.

con|dole [kən'dəʊl] v/i apresentar, exprimir condolências, sentimentos (**with** a); **~•do•lence** [_əns] s condolência *f*.

con•dom ['kɒndəm] s preservativo *m*.

con•do•min•i•um [kɑːndə'mɪnɪəm] s *Am.* condomínio *m*.

con•done [kən'dəʊn] v/t perdoar, desculpar.

con•du•cive [kən'djuːsɪv] adj conducente, vantajoso (**to** a).

con|duct 1. ['kɒndʌkt] s conduta *f*; orientação *f*; direcção *f*; **2.** v/t [kən'dʌkt] conduzir; *mus.* dirigir, reger; **~ed tour** viagem *f* guiada; **~•duc•tion** [_kʃn] s *phys.* condução *f*; **~•duc•tor** [_tə] s *phys.* condutor *m*; *rail.* revisor *m*, cobrador *m*; *mus.* dirigente *m*, maestro *m*; regente *m* de coro; *electr.* condutor *m* de corrente.

cone [kəʊn] s cone *m*; cone *m* de gelado; *bot.* cone *m*; pinha *f*.

con•fec•tion [kən'fekʃn] s confeição *f*; **~•er** s confeiteiro *m*, pasteleiro *m*; **~•e•ry** [_ərɪ] s confeitaria *f*; doçaria *f*; artigos *m pl* de confeitaria.

con•fed•e•ra•cy [kən'fedərəsɪ] s confederação *f*; **the ♀** *hist. Am.* a Confederação; **~•rate 1.** adj [_rət] confederado; **2.** s [_] confederado *m*; **3.** v/t and v/i [_reɪt] confederar, confederar-se; **~•ra•tion** [kənfedə'reɪʃn] s confederação *f*.

con•fe•rence ['kɒnfərəns] s conferência *f*; congresso *m*; colóquio *m*; **be in ~** estar em reunião.

con|fess [kən'fes] v/t and v/i confessar, admitir; confessar-se; **~•fes•sion** [_ʃən] s confissão *f*; declaração *f*; testemunho *m*; **~•fes•sor** s confessor *m*, sacerdote que ouve a confissão.

con•fide [kən'faɪd] v/t confiar; v/i: **~ in s.o.** confiar em alguém; **con•fi•dence** ['kɒnfɪdəns] s confiança *f*; esperança *f*; **~ man** s vigarista *m*; **~ trick** truque *m*; conto *m* do vigário; **con•fi•dent** ['kɒnfɪdənt] adj □ confiante; **con•fi•den•tial** [_'denʃl] adj □ confidencial; **con•fid•ing** [kən'faɪdɪŋ] adj □ confiante; de confiança.

con•fine [kən'faɪn] v/t limitar; demarcar; restringir; *med.* **be ~d of** dar à luz; **be ~d to bed** estar de cama; **~ment** reclusão *f*; prisão *f*; limitação *f*.

con|firm [kən'fɜːm] v/t confirmar; ratificar; *eccl.* confirmar, crismar; **~•fir•ma•tion** [kɒnfə'meɪʃn] s confirmação *f*; *eccl.* confirmação *f*, crisma *m*.

con•fis|cate ['kɒnfɪskeɪt] v/t confiscar, apreender; **~•ca•tion** [_'keɪʃn] s confiscação *f*, apreensão *f*.

68

con•flict 1. [ˈkɒnflɪkt] *s* conflito *m;* **2.** *v/t* [kənˈflɪkt] colidir, estar em conflito; **~•ing** *adj* em conflito; controverso.

con•form [kənˈfɔːm] *v/t and v/i* adaptar-se, condizer (**to** com).

con•found [kənˈfaʊnd] *v/t* confundir; trocar.

con|front [kənˈfrʌnt] *v/t* confrontar; enfrentar; defrontar; **~•fron•ta•tion** [kɒnfrənˈteɪʃn] *s* confrontação *f.*

con|fuse [kənˈfjuːz] *v/t* confundir; equivocar; atrapalhar; **~•fused** *adj* □ confuso; embaraçado; atrapalhado; **~•fu•sion** [ˌˈfjuːʒn] *s* confusão *f;* embaraço *m;* atrapalhação *f.*

con•geal [kənˈdʒiːl] *v/t* congelar; coagular.

con|gest•ed [kənˈdʒestɪd] *adj* congestionado; apinhado; superlotado; **~•ges•tion** [ˌˈtʃən] *s* congestão *f; a.* **traffic ~** congestionamento *m* de trânsito; engarrafamento *m.*

con•glom•e•ra•tion [kənɡlɒməˈreɪʃn] *s* conglomeração *f;* conglomerado *m.*

con•grat•ul•late [kənˈɡrætjuleɪt] *v/t* felicitar; dar parabéns; **~•la•tion** [kənɡrætjuˈleɪʃn] *s* congratulação *f;* **~s !** parabéns!

con•gre|gate [ˈkɒnɡrɪɡeɪt] *v/t and v/i* congregar(-se); reunir(-se); **~•ga•tion** [ˌˈɡeɪʃn] *s* congregação *f;* assembleia *f.*

con•gress [ˈkɒnɡres] *s* congresso *m;* ⊋ *Parl. Am.* o Congresso; ⊋ **man,** ⊋ **•woman** *s Parl. Am.* congressista *m/f.*

con|ic *esp. tech* [ˈkɒnɪk], **~•i•cal** [ˌkl] *adj* □ cónico.

co•ni•fer *bot.* [ˈkɒnɪfə] *s* conífera *f.*

con•ju|gate *gr.* [ˈkɒndʒʊɡeɪt] *v/t* conjugar; **~•ga•tion** [kɒndʒʊˈɡeɪʃn] conjugação *f; gr. s* conjugação *f.*

con•junc•tion [kənˈdʒʌŋkʃn] *s* ligação *f,* junção *f; gr.* conjunção *f.*

con•junc•ti•vi•tis *med.* [kəndʒʌŋktɪˈvaɪtɪs] *s* conjuntivite *f.*

con|jure [ˈkʌndʒə] *v/t devil, etc.:* conjurar, invocar; *v/i* fazer magia, praticar artes mágicas; **~•jur•er** [ˌrə] *s* prestidigitador/a *m/f;* mágico/a *m/f;* feiticeiro/a *m/a;* **~•jur•ing trick** *s* truque *m* de magia; **~•jur•or →** *conjurer.*

con|nect [kəˈnekt] *v/t* ligar; *electr.* ligar, estabelecer uma ligação; *rail, aer. etc.:* ter ligação (**with** com); **~•nect•ed** *adj* □ ligado; coerente; **be well ~** estar bem relacionado; **~•nec•tion,** *Br. a.* **~•nex•ion** [ˌkʃn] *s* ligação *f; electr.* ligação *f,* contacto *m.*

con•quer [ˈkɒŋkə] *v/t* conquistar; dominar; vencer; **~•or** [ˌrə] *s* conquistador *m.*

con•quest [ˈkɒŋkwest] *s* conquista *f (a. fig.);* domínio *m.*

con•science [ˈkɒnʃəns] *s* consciência *f.*

con•sci•en•tious [kɒnʃɪˈenʃəs] *adj* □ consciencioso; **~ objector** objector *m* de consciência; **~•ness** *s* consciência *f* (moral).

con•scious [ˈkɒnʃəs] *adj* □ consciente; **be ~ of** estar consciente de; **~•ness** *s* consciência.

con|script *mil.* **1.** *v/t* [kənˈskrɪpt] recrutar, mobilizar; **2.** *s* [ˈkɒnskrɪpt] recruta *m/f;* **~•scrip•tion** *mil.* [kənˈskrɪpʃn] *s* recrutamento *m;* serviço *m* militar obrigatório.

con•se|crate [ˈkɒnsɪkreɪt] *v/t* consagrar; sagrar; devotar, dedicar; **~•cra•tion** [kɒnsɪˈkreɪʃn] *s* consagração *f;* sagração *f.*

con•sec•u•tive [kənˈsekjʊtɪv] *adj* □ consecutivo; contínuo.

con•sent [kənˈsent] **1.** *s* consentimento *m;* **2.** *v/i* consentir; concordar.

con•se|quence [ˈkɒnsɪkwəns] *s* consequência *f;* resultado *m;* importância *f;* influência *f;* **~•quent•ly** [ˌtlɪ] *adv* em consequência, consequentemente.

con•ser•va•tion [kɒnsəˈveɪʃn] *s* conservação *f;* preservação *f;* protecção *f* da natureza; protecção *f* do ambiente; **~ area** área *f* protegida; *in town:* zona *f* de protecção de monumentos, zona *f* histórica; **~•tion•ist** [ˌʃnɪst] *s* conservacionista *m/f,* protector/a *m/f* da natureza; **~•tive** [kənˈsɜːvətɪv] **1.** *adj* □ moderado; cauteloso; conservador; **2.** ⊋ *s pol.* conservador/a *m/f;* **~•to•ry** [kənˈsɜːvətrɪ] estufa *f; mus.* conservatório *m;* **con•serve** [kənˈsɜːv] *v/t* conservar.

con•sid|er [kənˈsɪdə] *v/t* considerar; pesar; sopesar; ter em consideração;

C

v/i reconsiderar; reflectir; **~•e•ra•ble** *adj* □ considerável, significativo, importante; **~•e•ra•bly** *adv* consideravelmente; bastante; **~•er•ate** [_'rət] *adj* □ atencioso; **~•e•ra•tion** [_'reɪʃn] *s* consideração *f;* reconsideração *f;* ponderação *f;* reflexão *f;* importância *f; take into ~* ter em consideração; levar em linha de conta; **~•er•ing 1.** *prep.* em vista de; **2.** *adv* F de acordo com as circunstâncias; **3.** *cj.* (*a.* ~ that) apesar de, considerando que.

con•sign [kən'saɪn] *v/t* consignar; confiar; entregar; *econ. goods, etc.:* consignar, remeter; **~•ment** *s econ.* consignação *f;* remessa *f.*

con•sist [kən'sɪst] *v/i:* ~ *in* consistir em; ~ *of* constar de.

con•sis|tence, ~•ten•cy [kən'sɪstəns, _sɪ] *s* consistência *f;* concordância *f;* solidez *f;* consequência *f;* **~•tent** [_ənt] *adj* □ consistente; compatível (*with* com); *sports, etc.:* resistente, persistente.

con|so•la•tion [kɒnsə'leɪʃn] *s* consolação *f;* **~•sole** [kən'səʊl] *v/t* consolar.

con•sol•i•date [kən'sɒlɪdeɪt] *v/t* consolidar; fortalecer; *fig.* estreitar.

con•so•nant ['kɒnsənənt] **1.** *adj* □ harmonioso; **2.** *s gr.* consoante *f.*

con•spic•u•ous [kən'spɪkjʊəs] *adj* □ visível; conspícuo; notável; *make o.s.* ~ brilhar, fazer-se notar.

con|spi•ra•cy [kən'spɪrəsɪ] *s* conspiração *f;* **~•spi•ra•tor** [_tə] *s* conspirador *m;* **~•spire** [_'spaɪə] *v/i* conspirar.

con|sta•ble *Br.* ['kʌnstəbl] *s* polícia *m/f; rank:* chefe *m/f* de polícia; **~•stab•u•la•ry** [kən'stæbjʊlərɪ] *s* a polícia *f.*

con|stan•cy ['kɒnstənsɪ] *s* constância *f;* firmeza *f;* perseverança *f;* **~•stant** [_t] *adj* □ constante; fiel.

con•stel•la•tion [kɒnstə'leɪʃn] *s astr.* constelação *f* (*a. fig.*).

con•ster•na•tion [kɒnstə'neɪʃn] *s* consternação *f.*

con•sti|pated *med.* ['kɒnstɪpeɪtɪd] *adj* com prisão de ventre; **~•pa•tion** *med.* [kɒnstɪ'peɪʃn] *s* prisão de ventre.

con•sti•tu|en•cy *pol.* [kən'stɪtjʊənsɪ] *s* círculo *m* eleitoral; eleitorado *m;* **~•ent** [_t] **1.** *adj* constituinte (*a. pol.*) **2.** *s* componente *m;* elemento *m* constitutivo; *pol.* eleitor *m.*

con•sti•tute ['kɒnstɪtjuːt] *v/t* constituir; nomear.

con•sti•tu•tion [kɒnstɪ'tjuːʃn] *s pol.* constituição *f,* lei *f* fundamental; compleição *f* física; **~•al** *adj* □ constitucional; **~•al•ly** *adv pol.* constitucionalmente.

con•strain [kən'streɪn] *v/t* constranger; obrigar, forçar; **~•ed** *adj* constrangido; forçado; **~t** [_t] *s* pressão *f;* coacção *f;* constrangimento *m.*

con|strict [kən'strɪkt] *v/t* constringir; apertar; **~•stric•tion** [_kʃn] *s* constrição *f;* aperto *m;* contracção *f.*

con|struct [kən'strʌkt] *v/t* construir; conceber; **~•struc•tion** [_kʃn] *s* construção *f; fig.* interpretação *f;* ~ *site* obras *f pl,* terreno *m* de construção; **~•struc•tive** *adj* □ construtivo; criativo; positivo; **~•struc•tor** *s* construtor *m.*

con•strue [kən'struː] *v/t gr.* construir; analisar; interpretar.

con|sul ['kɒnsəl] *s* cônsul *m;* **~~•ge•neral** cônsul *m* geral; **~•su•late** [_sjʊlət] *s* consulado *m.*

con•sult [kən'sʌlt] *v/t* consultar; pedir conselho; *v/i* informar-se; aconselhar-se.

con•sul|tant [kən'sʌltənt] *s* consultor/a *m/f; med. Br.* médico/a *m/f* especialista; **~•ta•tion** [kɒnsl'teɪʃn] *s* consulta *f;* ~ *hour* hora *f* de consulta; **~•ta•tive** [kən'sʌltətɪv] *adj* consultivo.

con|sume [kən'sjuːm] *v/t* comer, beber, consumir; gastar; *by fire:* consumir, destruir; *fig. with hatred, love, etc.:* consumir; **~•sum•er** *s econ.* consumidor/a *m/f;* ~ *advice centre* centro *m* de informação do consumidor; ~ *durables* pl bens *m* pl de consumo de longa duração; ~ *goods* pl bens *m* pl de consumo; ~ *protection* defesa *f* do consumidor.

con•sump|tion [kən'sʌmpʃn] *s* consumo *m.*

con•tact ['kɒntækt] **1.** *s* contacto *m; make ~s* estabelecer contactos; **~s**

pl F → ~ *lenses* lentes *f pl* de contacto; **2.** *v/t* contactar, pôr-se em contacto com.

con•ta•gious *med.* [kən'teɪdʒəs] *adj* ☐ contagioso *(a. fig.).*

con•tain [kən'teɪn] *v/t* conter; ~ *o.s.* conter-se, dominar-se; **~•er** *s* recipiente *m; econ.* contentor *m;* **~•er•ize** *econ.* [_əraɪz] *v/t* transportar em contentores; estabelecer-se no comércio de contentores.

con•tam•i•nate [kən'tæmɪneɪt] *v/t* contaminar; infectar; envenenar; inquinar; **~•na•tion** [kəntæmɪ'neɪʃn] *s* contaminação *f (a. radioactive);* envenenamento *m.*

con•tem•plate ['kɒntempleɪt] *v/t* contemplar; observar; ter em vista, tencionar fazer; *v/i* meditar; **~•pla•tion** [kɒntem'pleɪʃn] *s* contemplação *f;* meditação *f;* **~•pla•tive** *adj* ☐ ['kɒntempleɪtɪv] meditativo, pensativo; [kən'templətɪv] contemplativo.

con•tem•po•ral•neous [kəntempə'reɪnɪəs] *adj* ☐ contemporâneo; **~•ry** [kən'tempərərɪ] **1.** *adj* contemporâneo; **2.** *s* contemporâneo/a *m/f.*

con|tempt [kən'tempt] *s* desprezo *m;* **~•temp•ti•ble** *adj* ☐ desprezível; **~•temp•tu•ous** [_ʃʊəs] *adj* desdenhoso.

con•tend [kən'tend] *v/i* lutar, contender (*for* por); *v/t* argumentar, afirmar; **~•er** *s esp. sports:* contendor *m.*

con•tent [kən'tent] **1.** *adj* contente, satisfeito; **2.** *v/t* contentar, satisfazer; ~ *o.s.* contentar-se; **3.** *s* contentamento; *to one's heart's* ~ plenamente satisfeito, para sua plena satisfação; ['kɒntent] conteúdo *m,* capacidade *f;* **~•s** *pl* índice *m;* conteúdo *m;* **~•ed** [kən'tentɪd] *adj* ☐ contente.

con•ten•tion [kən'tenʃn] *s* discórdia *f;* contenda *f;* argumento *m.*

con•tent•ment [kən'tentmənt] *s* contentamento *m.*

con|test 1. *s* ['kɒntest] luta *f;* controvérsia *f;* prova *f;* concurso *m;* competição *f;* **2.** *v/t* [kən'test] debater; disputar; lutar; candidatar-se a; **~•tes•tant** *s* participante *m/f;* concorrente *m/f.*

con•text ['kɒntekst] *s* contexto *m.*

con•ti|nent ['kɒntɪnənt] **1.** *adj* ☐ moderado; continente; **2.** *s* continente *m; the* ♀ *Br.* o Continente (Europeu); **~•nen•tal** [kɒntɪ'nentl] **1.** *adj* continental; **2.** *s* europeu/eia *m/f* (continental).

con•tin•gen|cy [kən'tɪndʒənsɪ] *s* contigência *f;* eventualidade *f;* possibilidade *f;* **~t** [_t] **1.** *adj* ☐ *be ~ on or upon* estar dependente de; **2.** *s* contingente *m.*

con•tin|ual [kən'tɪnjʊəl] *adj* ☐ contínuo; **~•u•a•tion** [kəntɪnjʊ'eɪʃn] *s* continuação *f;* prorrogação *f;* ~ *school* escola *f* de formação; ~ *training* formação *f* contínua; **~•ue** [kən'tɪnjuː] *v/t* continuar, prosseguir; *to be ~d* continua; *v/i* prolongar-se, durar; prosseguir; **con•ti•nu•i•ty** [kɒntɪ'njuːətɪ] *s* continuidade *f;* **~•u•ous** [kən'tɪnjʊəs] *adj* ☐ contínuo, sem interrupção; ~ *form gr.* forma contínua.

con|tort [kən'tɔːt] *v/t* contorcer; deformar; **~•tor•tion** [_ɔːʃn] *s* contorção *f.*

con•tour ['kɒntʊə] *s* contorno *m.*

con•tra•band *econ.* ['kɒntrəbænd] *s* contrabando *m.*

con•tra•cep|tion *med.* [kɒntrə'sepʃn] *s* contracepção *f;* **~•tive** *med.* [_tɪv] **1.** *adj* contraceptivo; **2.** *s* meio *m* contraceptivo.

con|tract 1. *v/t* [kən'trækt] contrair; contrair-se; *illness, debts, marriage:* contrair; *jur.* firmar contracto; obrigar-se legalmente; **2.** *s* ['kɒntrækt] contracto *m;* **~•trac•tion** [kən'trækʃn] *s* contracção *f, a. gr.;* **~•trac•tor** [_tə] *s a. building* ~ empreiteiro *m.*

con•tra|dict [kɒntrə'dɪkt] *v/t* contradizer; **~•dic•tion** [_kʃn] *s* contradição *f;* **~•dic•to•ry** [_tərɪ] *adj* ☐ contraditório.

con•tra•ry [kɒntrərɪ] **1.** *adj* ☐ contrário; adverso; ~ *to* em oposição a, contrário a; ~ *to expectations* contra o que se esperava; **2.** *s* contrário *m;* oposto *m; on the* ~ pelo contrário.

con•trast 1. *s* ['kɒntrɑːst] contraste *m;* oposição *f;* antítese *f;* **2.** [kən'trɑːst] *v/t* contrastar; confrontar; *v/i* diferir (entre si); contrastar (*with* com).

con|trib•ute [kən'trɪbjuːt] *v/t and v/i*
contribuir (*to* para); **~•tri•bu•tion**
[kɒntrɪ'bjuːʃn] *s* contribuição *f*;
~•trib•u•tor [kən'trɪbjʊtə] *s to newspaper, book, etc.*: colaborador/a *m/f*.

con|trite ['kɒntraɪt] *adj* □ contrito;
~•tri•tion [kən'trɪʃn] *s* contrição *f*;
arrependimento *m*.

con|triv•ance [kən'traɪvəns] *s* dis-
positivo *m*; plano *m*; invenção *f*; ardil
m; **~•trive** [kən'traɪv] *v/t* inventar;
forjar; maquinar; conseguir *(to)*;
~•trived *adj story, etc.*: inventada;
behaviour, etc.: artifical; rebuscado.

con•trol [kən'trəʊl] **1.** *s* controlo *m*;
domínio *m*; comando *m*; poder *m*; direcção *f*; verificação *f*; fiscalização *f*;
tech. manobra *f*; *mst.* **~s** *pl* dispositi-
vos *m pl* de comando; *lose* **~** perder o
controlo; desgovernar-se; **2.** *v/t (-ll-)*
controlar; dominar; comandar; *econ.*
regulamentar, controlar, dirigir;
~•desk *s electr.* mesa *f* de comando; **~•
pan•el** *s electr.* painel *m* de comando;
~•tow•er *s aer.* torre *f* de controlo.

con•tro•ver|sial [kɒntrə'vɜːʃl] *adj* □
controverso; **~•sy** ['kɒntrəvɜːsɪ] *s*
controvérsia *f*; polémica *f*; discussão *f*.

con|tuse *med.* [kən'tjuːz] *v/t* contun-
dir; magoar; **~•tu•sion** *med.* [kən'-
tjuːʒn] contusão *f*.

con•ur•ba•tion [kɒnɜː'beɪʃn] *s* conjunto *m* de aglomerados urbanos; co-
nurbação *f*.

con•va•lesce [kɒnvə'les] *v/i* convalescer; **~•les•cence** [_ns] *s* convalescença *f*; **~•les•cent** [_t] **1.** *adj*
convalescente; **2.** *s* convalescente *m/f*.

con•vene [kən'viːn] *v/i* convocar;
reunir(-se) *(a. parliament, etc.)*.

con•ve•ni|ence [kən'viːnɪəns] *s* co-
modidade *f*; conveniência *f*; vantagem
f; *(public)* **~** *Br.* sanitário público;
all (modern) **~s** *pl* todo o conforto
moderno; *at your earliest* **~** logo
que lhe seja possível; **~** *food* refeição
f pronta a servir; **~•ent** *adj* □ cómodo; conveniente.

con•vent ['kɒnvənt] *s* convento *m*;
enter a **~** entrar para o convento.

con•ven•tion [kən'venʃn] *s* conven-
ção *f*; assembleia *f*; acordo *m*; convénio *m*; pacto *m*; **~•al** *adj* □ convencional *(a. mil.)*.

con•verge [kən'vɜːdʒ] *v/i* convergir;
confluir.

con•ver•sa•tion [kɒnvə'seɪʃn] *s*
conversa *f*; conversação *f*; **~•al** *adj* □
relativo a conversação.

con•verse 1. *adj* □ ['kɒnvɜːs] oposto; contrário; **2.** *v/i* [kən'vɜːs] conversar.

con•ver•sion [kən'vɜːʃn] *s* conversão *f*; adaptação *f*; transformação *f*.

con|vert 1. *s* ['kɒnvɜːt] converso *m*;
eccl. a. convertido *m/f*; **2.** *v/t and v/i*
[kən'vɜːt] converter(-se); transfor-
mar(-se); **~•verter** *electr. s* [_ə] con-
versor *m*; transformador *m*; **~•ver-
ti•ble 1.** *adj* □ conversível; **2.** *s mot.*
descapotável *m*.

con•vey [kən'veɪ] *v/t* comunicar;
transmitir; transportar; trazer; repartir
~•ance *s* comunicação *f*; transporte
m; transmissão *f*; *jur.* transmissão *f* de
propriedade; **~•er**, **~•or** *tech.* → **~•er
belt** *s* correia *f* de transmissão.

con|vict 1. *s* [kɒnvɪkt] condenado/a
m/f; **2.** *v/t* [kən'vɪkt] *jur.* condenar;
~•vic•tion [_kʃn] *s jur.* condenação *f*,
pena *f*; persuasão *f*; convencimento *m*.

con•vince [kən'vɪns] *v/t* persuadir,
convencer.

con•voy ['kɒnvɔɪ] **1.** *mar. s* escolta *f*;
comboio de navios; coluna *f* de car-
ros; **2.** *v/t* escoltar.

con•vul|sion *med.* [kən'vʌlʃn] con-
vulsão *f*, espasmo *m*; **~•sive** *adj* □
convulsivo.

cook [kʊk] **1.** *s* cozinheiro *m*; **2** *v/t*
cozinhar *(a. v/i)*; F *report, accounts,
etc.*: alterar, retocar; **~** *up* F inventar;
forjar; F **~** *s. o.'s goose* deitar tudo a
perder; arranjá-la bonita; **~•book** *s Am.*
livro *m* de receitas; **~•er** *Br. s* fogão *m*;
~•e•ry *s* cozinha *f*, culinária *f*; **~** *book*
Br. livro *m* de cozinha; **~•ie** *s Am.* bis-
coito *m*, bolacha *f*; **~•ing** *s: French* **~**
cozinha francesa; **~•y** *s Am.* **cookie.**

cool [kuːl] **1.** *adj* □ fresco; *fig.* calmo,
tranquilo; *esp. Am.* F óptimo, bestial,
fixe; **2.** *s* frescura *f*; F calma *f*; compostura *f*, controlo; **3.** *v/t and v/i* refres-
car(-se), arrefecer; **~** *down*, **~** *off*
acalmar; **cool•ant** ['kuːlənt] *s* refrigerante *m*, líquido *m* de refrigeração;
~•head•ed *adj* reflectido; cauteloso;
~•ing-off pe•ri•od *s econ. during*

industrial dispute: fase *f* de reflexão, de arbitragem.

coop [kuːp] **1.** *s* capoeira *f;* **2.** *v/t:* ~ **up,** ~ **in** prender; fechar; encarcerar.

co-op F ['kəʊɒp] *s* cooperativa *f.*

co(-)op•e|rate [kəʊ'ɒpəreɪt] *v/t* cooperar; **~•ra•tion** [ˌ'reɪʃn] *s* cooperação *f;* **~•rative** [kəʊ'ɒpərətɪv] **1.** *adj* □ cooperativo; solícito; **2.** *s a.* ~ **so•ciety** sociedade *f* cooperativa; cooperativa *f* de consumidores; ~ **store** armazém *m* de consumo.

co(-)or•di|nate *adj* □ [kəʊ'ɔːdɪneɪt] coordenado; **2** *v/t* [ˌneɪt] coordenar; **~•na•tion** [ˌ'neɪʃn] *s* coordenação *f.*

cop F [kɒp] *s* chui *m (policeman).*

co•part•ner [kəʊ'pɑːtnə] *s econ.* sócio *m.*

cope [kəʊp] *v/i:* ~ **with** fazer face, enfrentar com êxito.

cop•i•er ['kɒpɪə] *s* máquina *f* copiadora.

co-pi•lot *aer.* ['kəʊpaɪlət] *s* co-piloto *m.*

cop•per¹ ['kɒpə] **1.** *s min.* cobre *m;* moeda *f* de cobre; **2.** *adj* de cobre, cuprífero.

cop•per² F *s* chui *m (policeman).*

cop•y ['kɒpɪ] **1.** *s* cópia *f;* reprodução *f;* modelo *m;* padrão *m; of book:* exemplar *m; of newspaper:* número *m;* manuscrito *m* revisto; **fair** *or* **clean** ~ cópia *f* passada a limpo; **2.** *v/t* copiar; transcrever; *computer: (data)* transportar, copiar; imitar; **~•book** *s* caderno *m;* **•~pro•tect•ed** *adj computer:* protegido *(disk);* **~• pro•tection** *s computer:* protecção *f* contra cópia; **~•right** *s* direitos *m pl* de autor; propriedade *f* literária ou artística; copyright *m; (protected by)* ~ protegido pelos direitos de autor; **~•writ•er** *s* publicitário *m.*

cor•al *zoo.* ['kɒrəl] *s* coral *m.*

cord [kɔːd] **1.** *s* cordel *m;* corda *f;* cordão *m; anat.* corda *f;* cordão *m; (a pair of)* **~s** *pl* calças *f pl* de bombazina; **2.** *v/t* amarrar com uma corda.

cor•di•al ['kɔːdɪəl] **1.** *adj* □ cordial; *med.* tónico; **2.** *s* tónico *m;* concentrado *m* de sumo de fruto; licor *m;* **~•i•ty** [kɔːdɪ'ælətɪ] *s* cordialidade *f.*

cordon ['kɔːdn] **1.** *s* cordão *m;* linha *f* de sentinelas; **2.** *v/t:* ~ **off** vedar, bloquear, fechar; barricar.

cor•du•roy ['kɔːdərɔɪ] *s* bombazina *f; (a pair of)* **~s** *pl* calças *f pl* de bombazina.

core [kɔː] **1.** *s* pericarpo *m;* caroço *m;* cerne *m;* âmago *m;* **2.** *v/t* descaroçar; tirar a medula.

cork [kɔːk] **1.** *s* cortiça *f;* rolha *f;* **2.** *v/t a.* ~ **up** pôr rolha; arrolhar; **~•screw** [ˌ'skruː] *s* saca-rolhas *m.*

corn [kɔːn] **1.** *s* grão *m;* semente *f;* cereal *m,* cereais *m pl; a.* **Indian** ~ *Am.* milho *m; med.* calo *m;* **2.** *v/t* salgar.

cor•ner ['kɔːnə] **1.** *s* canto *m;* esquina *f; soccer:* canto *m;* pontapé *m* de canto *(~ kick); fig.* situação *f* difícil; **2.** *v/t* pôr em dificuldades, encurralar; *econ.* monopolizar; **~ed** esquinado; *fig.* encurralado; ~ **shop** *s a* loja *f* da esquina, a loja *f* do bairro.

cor•net ['kɔːnɪt] *s mus* corneta *f; Br.* gelado *m* de cone.

cor•o•na•tion [kɒrə'neɪʃn] *s* coroação *f.*

cor•o•ner *jur.* ['kɒrənə] *s* magistrado *m* encarregado da investigação.

cor•po|ral ['kɔːpərəl] **1.** *adj* □ corporal; ~ **punishment** castigo *m* físico; **2.** *s mil.* cabo *m.*

cor•po•ra•tion [kɔːpə'reɪʃn] *s* corporação *f; of town:* administração *f* municipal; *Am.* companhia *f* de responsabilidade limitada.

corpse [kɔːps] *s* cadáver *m.*

cor•pu|lence, **~•len•cy** ['kɔːpjʊ ləns, ˌsɪ] *s* corpulência *f;* **~•lent** [ˌt] *adj* corpulento.

cor•ral [kɔː'rɑːl, *Am.* kə'ræl] **1.** *s.* cerca *f;* sebe *f;* curral *m;* **2.** *v/t (-ll-) cattle:* conduzir gado para o curral.

cor|rect [kə'rekt] **1.** *adj* □ correcto, certo; **2.** *v/t* corrigir; advertir; **~•rec•tion** [ˌkʃn] *s* correcção *f;* castigo *m;* ~ **of proofs** correcção *f* de provas.

cor•re|spond [kɒrɪ'spɒnd] *v/i* corresponder *(with, to* a); condizer; harmonizar-se; **~•spon•dence** correspondência *f;* comunicação *f* por carta; ~ **course** curso *m* por correspondência; **•~spon•dent** [ˌt] **1.** *adj* □ correspondente; **2.** *s* correspondente *m/f;* **~•spon•ding** *adj* □ correspondente.

cor•ri•dor ['kɒrɪdɔː] *s* corredor *m.*

cor•rob•o•rate [kə'rɒbəreɪt] *v/t* corroborar, confirmar.

73

corrode

cor|rode [kə'rəʊd] *v/t* corroer; *tech.* corroer, oxidar *(a. v/i);* ~ •**ro•sion** [_ʒn] *s* corrosão *f; tech.* corrosão *f;* oxidação *f;* ~•**ro•sive** [_sɪv] **1.** *adj* □ corrosivo; **2.** *s* agente *m* corrosivo.

cor|rupt [kə'rʌpt] **1.** *adj* □ corrupto; desonesto; subornável; **2.** *v/t* corromper; subornar; *v/i* corromper-se; •**rupt•i•ble** *adj* □ corruptível; ~•**rup•tion** [_pʃn] *s* corrupção *f;* falsificação *f;* decomposição *f.*

cor•set ['kɔːsɪt] *s* espartilho *m;* cinta *f.*

cos|met•ic [kɒz'metɪk] **1.** *adj (~ally)* cosmético; ~ *surgery* cirurgia *f* plástica; **2.** *s mst.* ~*s pl* cosmética *f;* ~•**me•ti•cian** [kɒzmə'tɪʃn] *s* esteticista m/*f.*

cos•mo•naut ['kɒzmənɔːt] *s* cosmonauta m/*f.*

cos•mo•pol•i•tan [kɒzmə'pɒlɪtən] **1.** *adj* cosmopolita; **2.** cosmopolita m/*f.*

cost [kɒst] **1.** *s* custo *m;* preço *m; fig.* custo *m;* ~•**conscious** sensível aos preços; ~•*cutting* de redução de preços; ~ *of living* custo *m* de vida; ~ *price econ.* preço *m* de custo; **2.** *v/i (cost)* custar; ~•**ly** *adj (-ier, -iest)* dispendioso, caro.

cos•tume ['kɒstjuːm] *s* traje *m;* vestuário *m;* saia e casaco *m;* ~ *jewel•lery* bijutaria *f*, jóias *f pl* artificiais.

co•sy [kəʊsɪ] *adj* □ *(-ier, -ies)* acolhedor, confortável; **2.** → *egg-cosy, tea-cosy.*

cot [kɒt] *s* cama *f* de campanha; *Br.* berço *m* de criança; ~ *death* morte súbita de criança durante o sono.

cot|tage ['kɒtɪdʒ] *s* casa *f* rústica; casa *f* de campo; ~ *cheese* queijo *m* de coalho; ~•**tag•er** [_ə] *s* camponês/ /a m/*f; Am.* veraneante m/*f* que passa as férias numa casa de campo.

cot•ton ['kɒtn] **1.** *s* algodão *m;* fio *m* ou tecido *m* de algodão; **2.** *adj* de algodão; **3.** *v/i:* ~ *on to* F entender; topar; ~ *wool Br.* algodão *m* em rama.

couch [kaʊtʃ] **1.** *s* sofá *m;* sofá-cama *m;* **2.** *v/t* deitar-se; conceber, exprimir.

cou•chette *rail.* [kuː'ʃet] *s* cama *f*, couchette *f;* ~ *coach* carruagem--cama *f.*

cou•gar *zoo.* ['kuːgə] *s* puma *m.*

cough [kɒf] **1.** *s* tosse *f;* **2.** *v/i* tossir.

could [kʊd] *pret of can[1].*

coun|cil ['kaʊnsl] *s* assembleia *f;* câmara *f;* ~ *house Br.* casa *f* de habitação social (de renda baixa); ~*hou•sing* habitações *f pl* sociais; **♀** *of Europe pol.* Conselho *m* da Europa; ~•**ci(l)lor** [_sələ] membro *m* de conselho; vereador/a m/*f.*

coun|sel ['kaʊnsl] **1.** *s* consulta *f;* conselho *m; Br. jur.* advogado/a m/*f;* ~ *for the defence (Am. defense)* advogado/a m/*f* de defesa; ~ *for the prosecution* advogado/a m/*f* de acusação; **2.** *v/t (esp. Br. -ll- Am. -l-)* aconselhar; ~•**se(l)•lor** [_sələ] *s* conselheiro/a m/*f; a.* ~•*at-law Am. jur.* advogado/a m/*f.*

count[1] [kaʊnt] *s* conde *m.*

count[2] [_] **1.** *s* conta *f; jur.* ponto *m* de acusação; **2.** *v/t* contar, enumerar; *fig.* considerar; ter valor; ~ *down* contar; *(on, upon)* contar com, confiar; ~ *for little* ter pouca importância; ~ *down space travel:* proceder à contagem decrescente; ~•**down** ['_daʊn] *space travel:* contagem *f* decrescente; *fig.* últimos preparativos *m pl.*

coun•te•nance ['kaʊntɪnəns] *s* expressão *f;* semblante *m.*

count•er[1] ['kaʊntə] *s* contador *m; Br.* ficha *f* de jogo.

count•er[2] [_] *s* balcão *m.*

count•er[3] [_] **1.** *adj* contra..., anti... contrário, oposto; **2.** *v/t* contrariar; opor; opor-se; fazer frente a; contradizer.

coun•ter•act [kaʊntər'ækt] *v/t* neutralizar; contrariar, reagir contra.

coun•ter•bal•ance 1. *s* ['kaʊntəbæl-əns] contrapeso *m;* **2.** *v/t* [kaʊntə'bæləns] contrabalançar.

coun•ter•clock•wise *Am.* [kaʊntə'-klɒkwaɪz] *anticlockwise.*

coun•ter-es•pi•o•nage [kaʊntər'-espɪənɑːʒ] *s* contra-espionagem *f.*

coun•ter•feit ['kaʊntəfɪt] **1.** *adj* □ falsificado; falso; **2.** *s* imitação *f;* falsificação *f;* contrafacção *f;* **3.** *v/t money, signature, etc.:* falsificar.

coun•ter|foil ['kaʊntəfɔɪl] *s* talão *m* de recibo; ~•**in•fla•tion•a•ry** [_ɪn'-fleɪʃənərɪ] *adj econ.* anti-inflacionário; ~•**mand** [_'mɑːnd] *v/t order, etc.:* anular; cancelar; ~•**pane** ['_peɪn] →

***bedspread;* ~•part** ['_pɑːt] talão *m* de recibo; duplicado *m;* **~•sign** ['_saɪn] *v/t* rubricar; ratificar.

coun•tess ['kaʊntɪs] *s* condessa *f.*

count•less ['kaʊntlɪs] *adj* inúmero, sem conta.

coun•try ['kʌntrɪ] **1.** *s* país *m;* região *f;* pátria *f;* campo *m;* **2.** *adj* do campo, rural, campestre, rústico; **~•man** *s* homem *m* do campo; camponês *m; fellow* ~ compatriota *m;* concidadão *m;* **~road** *s* estrada *f* de província: **~•side** *s* o campo *m;* região *f* rural; **~•wom•an** mulher *f* do campo; camponesa *f; fellow* ~ compatriota *f;* concidadã *f.*

coun•ty ['kaʊntɪ] *s Br.* condado *m; Am.* distrito *m;* ~ **seat** *s Am.* capital *f* de distrito; ~ **town** *s Br.* cidade *f* principal dum condado.

coup [kuː] *s* golpe *m;* putsch *m;* ~ *de grâce* golpe *m* de misericórdia; ~ *d'état* golpe *m* de estado.

cou•ple ['kʌpl] **1.** *s* casal *m; a* ~ *of* F alguns; **2.** *v/t* ligar; acoplar; atrelar; *zoo.* acasalar, copular.

coup•ling *tech.* ['kʌplɪŋ] *s* atrelagem *f.*

cou•pon ['kuːpɒn] *s* cupão *m;* senha *f.*

cour•age ['kʌrɪdʒ] *s* coragem *f;* **cou•ra•geous** [kə'reɪdʒəs] *adj* corajoso.

cou•ri•er ['kʊrɪə] *s* mensageiro *m;* correio *m.*

course [kɔːs] **1.** *s* curso *m;* corrida *f; mar. aer.* rumo *m,* rota *f (a. fig.); sports:* pista *f* de corrida; *golf:* campo *m; of meal:* prato *m; med.* tratamento *m;* fila *f;* continuação *f; of* ~ naturalmente, evidentemente; **2.** *v/t and v/i* caçar; correr atrás da caça; *v/i of tears, etc.:* correr.

court [kɔːt] **1.** *s* corte *f (a. of monarch);* pátio *m; tennis:* campo *m; jur.* tribunal *m;* Ⓔ *of Auditors* Tribunal de Contas Europeu; **2.** *v/t* fazer a corte, cortejar.

cour•te•lous ['kɜːtjəs] *adj* □ cortês; educado; **~•sy** [_ɪsɪ] *s* cortesia *f;* delicadeza *f.*

courtl–house ['kɔːthaʊs]*s* edifício *m* do tribunal; **~•ly** [_lɪ] *adj* delicado; requintado; **~mar•tial** *s* conselho *m* de guerra; **~–mar•tial** *v/t (esp. Br. -ll-,*

Am. -l-) julgar em conselho de guerra; **~•room** sala *f* do tribunal; **~•yard** *s* pátio *m.*

cous•in ['kʌzn] *s* primo/a *m/f.*

cove [kəʊv] *s* angra *f;* enseada *f.*

cov•er ['kʌvə] **1.** *s* cobertura *f;* tampo *m;* capa *f;* sobrescrito *m;* esconderijo *m;* manto *m;* protecção *f; mil.* abrigo *m; insurance:* cobertura *f; fig.* pretexto *m; of tyre:* manto *m; take* ~ abrigar-se; *under plain* ~ em envelope neutro; *under separate* ~ em envelope separado; **2.** *v/t* cobrir; proteger; *distance:* percorrer; *econ.* compreender, abranger; *with gun:* cobrir, manter debaixo de mira; *TV, etc.:* cobrir: ~ *up* encobrir; *v/i* ~ *up for s.o.* encobrir alguém, defender alguém; **~•age** [_rɪdʒ] *s TV, etc.:* cobertura *f (of* de); **~girl** covergirl *f;* rapariga *f* da capa de revista; **~•ing** *s* cobertura *f; of floor:* revestimento *m;* **~sto•ry** *s* reportagem *f* principal.

cov•ert ['kʌvət] *adj* □ dissimulado; disfarçado.

cow[1] *s zoo.* [kaʊ] vaca *f.*

cow[2] [_] *v/t* intimidar; humilhar; rebaixar.

cow•ard ['kaʊəd] **1.** *adj* □ cobarde; **2.** *s* cobarde *m/f;* **~•ice** [_ɪs] *s* cobardia *f;* **~•ly** [_lɪ] **1.** *adj* cobarde; **2.** *adv* cobardemente.

cow•boy ['kaʊbɔɪ] *s* vaqueiro *m;* cowboy *m.*

cow•er ['kaʊə] *v/i* aninhar-se; baixar--se; agachar-se.

cow|herd ['kaʊhɜːd] *s* vaqueiro *m;* **~•hide** *s* coiro *m;* pele *f* de vaca.

cowl [kaʊl] *s* capuz *m* de monge; *of chimney:* cata-vento *m.*

co-work•er [kəʊ'wɜːkə] *s* colega *m/f.*

cowl|shed ['kaʊʃed] *s* estábulo *m;* **~•slip** *s bot.* primavera *f; Am.* malmequer-dos-brejos *m.*

cox [kɒks], **cox•swain** ['kɒksweɪn], *mar. mst.* ['kɒksn] *s* capitão *m; rowing:* timoneiro *m.*

coy•ote *zoo.* ['kɔɪəʊt, kɔɪ'əʊtɪ] *s* coiote *m;* chacal *m;* lobo *m* da pradaria.

co•zy *Am.* ['kəʊzɪ] *adj* □ *(-ier, -iest)* → *cosy.*

crab [kræb] *s* caranguejo *m;* F rezingão *m.*

crack [kræk] **1.** _s_ estalido _m;_ ruído _m_ súbito; estalo _m;_ estrondo _m;_ fenda _f;_ F tentativa _f;_ F laracha _f;_ chiste _m;_ _drugs:_ crack _m;_ **2.** _adj_ F de primeira classe; muito inteligente; **3.** _v/t_ produzir um ruído seco; partir, quebrar; ~ **a joke** inventar uma anedota; _v/t:_ esganiçar, tornar-se dissonante, modificar-se; _a._ ~ **up** perder forças; ir-se abaixo; **get ~ing** F atirar-se ao trabalho; ~•**er** foguete _m_ explosivo, petardo _m;_ ~•**le** [_kl] _v/t_ crepitar.

cra•dle ['kreɪdl] **1.** _s_ berço _m;_ _fig._ infância _f;_ meninice _f;_ **2.** _v/t_ embalar; pôr no berço.

craft[1] [krɑːft] _s_ _mar._ barco _m;_ embarcação _f;_ _aer._ aeroplano _m;_ capacidade.

craft[2] [_] _s_ arte _f;_ profissão _f;_ ~•**s•man** ['krɑːftsmən] _s_ artífice _m;_ artesão _m;_ artista _m;_ operário _m_ especializado; ~•**y** _adj_ □ **(-ier, -iest)** habilidoso; astuto; astucioso.

crag [kræg] _s_ rocha _f_ escarpada; despenhadeiro _m._

cram [kræm] _v/t_ **(-mm-)** abarrotar; amontoar; **the train was ~ed** o comboio ia à cunha; _v/i_ preparar-se para um exame.

cramp [kræmp] **1.** _s_ _med._ cãibra _f;_ _tech._ grampo _m;_ _fig._ entrave _m;_ dificuldade _f;_ **2.** _v/t_ restringir; limitar; entravar.

cran•ber•ry _bot._ ['krænbərɪ] _s_ murtinho _m._

crane [kreɪn] **1.** _s_ _zoo._ grou _m;_ _tech._ grua _f;_ guindaste _m;_ **2.** _v/t:_ ~ **one's neck** esticar o pescoço.

crank 1. [kræŋk] _s_ _tech._ manivela _f;_ F pessoa _f_ excêntrica; **2.** _v/t_ accionar por meio de manivela; ~•**shaft** _tech._ ['_ʃɑːft] _s_ cambota _f;_ ~•**y** [_ɪ] _adj_ **(-ier, -iest)** excêntrico, estranho; instável; _Am._ mal-humorado.

cran•ny ['krænɪ] _s_ fenda _f;_ greta _f._

crap V [kræp]**1.** _s_ V: merda _f;_ **2.** _v/i_ V: cagar.

crape [kreɪp] _s_ fumo _m_ (sinal de luto); crepe _m._

crash [kræʃ] **1.** _s_ choque _m;_ embate _m;_ _aer._ queda _f,_ despenhamento _m;_ _esp._ _econ._ bancarrota _f,_ ruína _f;_ quebra _f;_ **2.** _v/t_ arrasar; desintegrar-se; _mot._ chocar, embater com violência; _aer._ despenhar-se, esmagar-se no solo; _econ._

abrir bancarrota; rebentar (**against, into** contra); ~ **bar•ri•er** _s_ barreira _f_ de protecção; ~ **course** _s_ curso _m_ intensivo; ~**di•et** dieta _f_ radical; ~**hel•met** _s_ capacete _m_ de protecção; ~- **land** _v/t and v/i_ _aer._ aterrar de emergência; ~ **land•ing** _s_ _aer._ aterragem _f_ de emergência; ~**program(me)** _s_ _pol._ programa _m_ de emergência.

crate [kreɪt] _s_ grade _f;_ engradado _m_ (para transporte de mercadorias).

cra•ter ['kreɪtə] _s_ cratera _f._

crave [kreɪv] _v/t_ pedir ou desejar ardentemente; _v/i_ suplicar (**for** por); **crav•ing** ['ɪŋ] _s_ ânsia _f;_ desejo _m_ ardente.

craw•fish _zoo._ ['krɔːfɪʃ] _s_ caranguejo _m_ de rio.

crawl [krɔːl] **1.** _s_ rastejo _m;_ **2.** _v/i_ rastejar; andar às furtadelas; formigar; _swimming:_ crawl _m,_ braçada _f._

cray•fish _zoo._ ['kreɪfɪʃ] _s_ caranguejo _m_ do rio.

cray•on ['kreɪən] _s_ lápis _m_ de desenho; desenho _m_ a carvão.

craze [kreɪz] _s_ loucura _f;_ F mania _f;_ **be the** ~ ser moda; **cra•zy** ['kreɪzɪ] _adj_ □ **(-ier, -iest)** louco; perdido (**about** por).

creak [kriːk] _v/i_ chiar; ranger.

cream [kriːm] **1.** _s_ creme _m;_ nata _f;_ fina-flor _f;_ **2.** _v/t_ _a._ ~ **off** desnatar; ~•**e•ry** ['kriːmərɪ] _s_ leitaria _f;_ fábrica _f_ de manteiga; ~•**y** [_ɪ] _adj_ **(-ier, -iest)** cremoso; mole.

crease [kriːs] **1.** _s_ prega _f;_ ruga _f;_ **2.** _v/t and v/i_ vincar; enrugar.

cre•ate [kriːeɪt] _v/t_ criar; gerar; suscitar; ~•**a•tion** [_'eɪʃn] _s_ criação _f;_ geração _f;_ ~•**a•tive** [_'eɪtɪv] _adj_ □ criativo; ~•**a•tiv•i•ty** [kriːeɪ'tɪvɪtɪ] _s_ criatividade _f;_ ~•**tor** [_ə] _s_ criador _m;_ **crea•ture** ['kriːtʃə] _s_ criatura _f._

crèche [kreɪʃ] _s_ infantário _m._

cre•dence ['kriːdəns] _s_ crença _f;_ crédito _m;_ ~**den•tials** [krɪ'denʃlz] _s pl_ credenciais _f pl;_ referências _f pl;_ documentos _m pl_ credenciais.

cred•i•bil•i•ty [kredɪ'bɪlɪtɪ] _s_ credibilidade _f;_ ~•**ble** ['kredəbl] _adj_ □ crível; credível.

cred•it ['kredɪt] **1.** _s_ confiança _f;_ crédito _m;_ boa reputação _f;_ mérito _m;_ _econ._ crédito _m;_ _univ._ crédito _m;_ ~

card *econ.* cartão *m* de crédito; **2.** *v/t* acreditar, crer, julgar; *econ.* creditar, lançar em crédito; ~ *s.o.* *with sth.* dar crédito a alguém, acreditar em; ~**•i•ta•ble** *adj* □ honroso; digno de crédito (*to* para); ~**•i•tor** *s* credor *m;* **•u•lous** [_ jʊləs] *adj* □ crédulo.

creed [kri:d] *s* credo *m.*

creek [kri:k] *s Br.* angra *f;* enseada *f; Am.* regato *m.*

creel [kri:l] *s* cabaz *m* de peixe.

creep [kri:p] **1.** *v/i* (*crept*) rastejar; andar de mansinho, mover-se silenciosamente (*a. fig.*); ~ *in* entrar furtivamente; *mistake, etc.:* insinuar-se; **it makes my flesh** ~ arrepia-me; **2.** *s* F lambe-botas *m;* sacana *m;* **the sight gave me the** ~**s** horrorizou-me, fiquei horrorizado: ~**•er** *s bot.* trepadeira *f;* ~**•y** *adj* arrepiante.

crept *pret and pp of* **creep** 1.

cres•cent ['kresnt] **1.** *adj* crescente; na forma de quarto crescente; **2.** *s* quarto *m* crescente (lua).

cress *bot.* [kres] *s* agrião *m.*

crest [krest] *s of hill:* cume *m; of helmet:* pluma *f,* penacho *m;* **family** ~ *heraldry:* brasão *m* de família; ~**•fal•len** ['_ fɔ:lən] *adj* desanimado, abatido; deprimido.

cre•vasse [krɪ'væs] *s* fenda *f* em glaciar; *Am.* ruptura *f* de dique.

crev•ice ['krevɪs] *s* fenda *f,* abertura *f;* racha *f.*

crew[1] [kru:] *s mar., aer.* tripulação *f; mar.* guarnição *f;* pessoal *m* de serviço.

crew[2] [_] *pret of* **crow** 2.

crib [krɪb] **1.** *s* presépio *m,* manjedoura *f; Am.* berço *m* de madeira; F *school:* cábula *m/f;* **2.** *v/t and v/i* (*-bb-*) F plagiar, cabular, copiar.

crick [krɪk] *s:* **a** ~ **in one's neck** torcicolo *m* no pescoço.

crick|et ['krɪkɪt] *s zoo.* grilo *m; sports:* críquete *m;* **not** ~ F não é leal.

crime [kraɪm] *s jur.* crime *m;* homicídio *m;* ~ *novel* romance *m* policial.

crim•i•nal ['krɪmɪnl] **1.** *adj* □ criminal; criminoso; ♀ *Investigation Department* (*abbr.* *CID*) *Br.* Polícia Criminal; **2.** *s* criminoso *m.*

cringe [krɪndʒ] *v/i* baixar-se, agachar-se.

crin|kle ['krɪŋkl] **1.** *s* ruga *f;* **2.** *v/t and v/i* enrugar.

crip•ple ['krɪpl] **1.** *s* estropiado *m,* mutilado *m;* **2.** *v/t* estropiar, mutilar; coxear.

cri•sis ['kraɪsɪs] *s (pl -ses* [-si:z]) crise *f.*

crisp [krɪsp] **1.** *adj* □ quebradiço; crespo; *biscuits, etc.:* estaladiço; *bracing:* fresco; tonificante; *style:* claro; **2.** *v/t and v/i* encrespar; torrar; secar; **3.** *s* ~**s** *pl, a.* ***potato*** ~ *Br.* batatas *f pl* fritas; ~**•bread** ['_ bred] pão *m* estaladiço.

criss-cross ['krɪskrɒs] **1.** *s* padrão *m* axadrezado; **2.** *v/t* cruzar.

cri•te•ri•on [kraɪ'tɪərɪən] **1.** *s (pl -ria* [-rɪə], *-rions*) critério *m.*

crit|ic ['krɪtɪk] *s* crítico/a *m/f;* ~**•i•cal** [_ kl] *adj* □ crítico; grave, sério; ~**•i•cis•m** [_ ɪsɪzəm] *s* crítica *f* (*of* a); ~**•i•cize** [_ saɪz] *v/t* criticar; censurar; **cri•tique** [krɪ'ti:k] *s* ensaio *m* crítico.

croak [krəʊk] *v/t* crocitar, coaxar.

cro•chet ['krəʊʃeɪ] **1.** *s* croché *m;* **2.** *v/t and v/i* fazer renda em croché.

crock•e•ry ['krɒkərɪ] *s* loiça *f;* cerâmica *f,* faiança *f.*

croc•o•dile *zoo.* ['krɒkədaɪl] *s* crocodilo *m.*

crook [krʊk] **1.** *s* gancho *m;* curva *f;* cajado *m;* F intrujão *m;* **2.** *v/t and v/i* curvar; apanhar com gancho; ~**ed** ['krʊkɪd] *adj* arqueado; curvo; torcido; F desonesto, trapaceiro; [krʊkt] torto.

croon [kru:n] *v/t and v/i* trautear, cantarolar; ~**er** *s* cançonetista *m/f.*

crop [krɒp] **1.** *s zoo.* papo *m* de ave; cabo *m* de chicote; chibata *f;* colheita *f;* produção *f* de cereais; corte *m* curto de cabelo; **2.** (*-pp-*) *v/t* comer, roer; apascentar, forragear; *hair:* cortar rente ou curto; *v/i:* ~ *up* *fig.* aparecer, surgir de súbito.

cross [krɒs] **1.** *s* cruz *f* (*a. fig.: sorrow, etc.*); cruzamento *m,* intersecção *f;* **2.** *adj* □ atravessado; *angry:* zangado, mal disposto; **3.** *v/t* cruzar; atravessar; *fig.* riscar, eliminar (*a.* ~ *off,* ~ *out*); ~ *o.s.* fazer o sinal da cruz; *keep one's fingers* ~*ed* fazer figas; desejar sorte; ~**•bar** ['_ bɑ:] *s soccer:* barra *f* da baliza; ~**-bor•der** *adj* transfronteiriço; ~**-breed** *s biol.*

cruzamento *m* dc raças; **~-coun•try** corta-mato *m;* **~ skiing** corrida *f* de esqui de longa distância pelo campo; **~-ex•am•i•na•tion** *s* contra-interrogatório *m;* **~-ex•am•ine** *vt* contra-interrogar; **~-eyed** *adj* estrábico; *be* **~** estar zangado; **~•ing** *s* cruzamento *m;* passadeira *f; mar.* travessia *f;* **~•road** *s* travessa *f;* **~•roads** *s pl or sg* encruzilhada *f;* **~•sec•tion** *s* corte *m* transversal; secção *f;* **~•walk** *Am.* passadeira *f* aérea; **~•wise** *adv* transversalmente; **~•word (puz•zle)** *s* problema *m* de palavras cruzadas.

crotch [krɒtʃ] *s of trousers:* gancho *m.*

crotch•et ['krɒtʃɪt] *s* gancho *m; esp. Br. mus.* semínima *f.*

crouch [krautʃ] **1.** *v/i* agachar-se; **2.** *s* posição *f* de cócoras.

crow [krəu] **1.** *s zoo.* corvo *m;* gralha *f;* **2.** *v/i (crowed or crew, crowed)* cantar (o galo): F tagarelar, palrar (*about* sobre).

crow•bar ['krəubaː] *s* pé-de-cabra *m.*

crowd [kraud] **1.** *s* multidão *f;* grande quantidade *f;* F malta *f;* **2.** *v/i* encher por completo; amontoar; *v/i* agrupar-se, juntar-se em grande número; **~•ed** ['_ɪd] *adj* repleto, cheio.

crown [kraun] **1.** *s* coroa *f;* grinalda *f;* cume *m;* cúmulo *m;* **2.** *v/t* coroar; *teeth:* pôr uma coroa; *to* **~** *it all* para cúmulo.

cru•cial ['kruːʃl] *adj* □ crucial; decisivo.

cru•ci•fix ['kruːsɪfɪks] *s* crucifixo *m;* **~•fix•ion** [_'fɪkʃn] *s* crucificação *f;* **~•fy** ['_faɪ] *v/t* crucificar.

crude [kruːd] **1.** *adj* □ cru; verde; imperfeito; **2.** *s* petróleo *m* bruto.

cru•el [kruəl] *adj* □ *(-ll-)* cruel, duro; insensível; **~•ty** ['kruəltɪ] crueldade *f;* **~** *to animals* crueldade *f* para com os animais; **~** *to children* abuso *m* de crianças.

cruise *mar.* [kruːz] **1.** *s* cruzeiro *m;* **2.** *v/i* andar em/fazer um cruzeiro; andar à velocidade de cruzeiro; **~** *mis•sile* *s mil.* míssil *m* de cruzeiro; **cruis•er** ['kruːzə] *s mar. mil.,* cruzador *m; mar.* iate *m.*

crumb [krʌm] **1.** *s* miolo *m* de pão, migalha *f;* **2.** *v/t* panar; esmigalhar;

crum•ble ['krʌmbl] *v/i* esmigalhar, esmigalhar-se; esboroar-se; *fig.* desmoronar-se.

crum•ple ['krʌmpl] *v/t* enrugar; amarrotar; *v/i* amarrotar-se; **~** *zone* *s mot.* zona *f* de absorção de choque.

crunch [krʌntʃ] *v/t* triturar; mastigar ruidosamente; *v/i* estalar; ranger.

cru|sade [kruː'seɪd] *s* cruzada *f (a. fig.);* **~•sad•er** *s hist.* cruzado *m.*

crush [krʌʃ] **1.** *s* esmagamento *m;* colisão *f;* sumo *m* de fruta; F paixoneta *f;* *have a* **~** *on s.o.* estar apaixonado por alguém, ter um fraquinho por alguém; **2.** *v/t* esmagar; triturar; moer; *fig.* subjugar, aniquilar; **~•bar•rier** ['_bærɪə] barreira *f;* bloqueio *m.*

crust [krʌst] **1.** *s* crosta *f;* côdea *f;* *v/i* formar crosta; incrustar; **~•y** *adj* □ *(-ier, -iest)* duro; com crosta; *fig.* mal-humorado; desabrido.

crutch [krʌtʃ] *s* muleta *f.*

cry [kraɪ] **1.** *s* grito *m;* pregão *m;* choro *m;* latido *m;* **2.** *v/i and v/t* gritar; chorar; exclamar; **~** *for* exigir; **~** *for help* gritar por socorro.

crypt [krɪpt] *s* cripta *f;* **cryp•tic** ['_ɪk] *adj (~ally)* secreto; oculto; enigmático.

crys•tal ['krɪstl] *s* cristal *m; Am.* vidro *m* de relógio; **~•lize** [_aɪz] *v/t and v/i* cristalizar.

cub [kʌb] *s of animal:* cria *f;* **~** *repor•ter* repórter *m/f* inexperiente; **2.** *v/t* atirar.

cube [kjuːb] *s* cubo *m (a. math.); phot.* cubo *m* de flash; **~** *root* *math.* raiz *f* cúbica; **cu•bic** ['_ɪk] *(~ally)*, **cu•bi•cal** ['_kl] *adj* □ cúbico, em forma de cubo.

cu•bi•cle ['kjuːbɪkl] *s* cubículo *m.*

cuck•oo *zoo.* ['kukuː] *s* cuco *m.*

cu•cum•ber ['kjuːkʌmbə] *bot. s* pepino *m; as cool as a* **~** *fig.* frio, calmo.

cud•dle ['kʌdl] **1.** *s* abraço *m;* mimo *m;* **2.** *v/t* amimar; abraçar; *v/i* aninhar-se ternamente; **~** *up to* encostar-se carinhosamente a alguém; **cud•dly** *adj person:* amoroso; *doll, etc.:* amoroso, fofo.

cud•gel ['kʌdʒəl] **1.** *s* cacete *m;* moca *f;* **2.** *v/t (esp. Br. -ll-, Am. -l-)* dar com moca; andar à pancadaria.

cue [kjuː] *s billiards:* taco *m; thea. a. fig.* deixa *f,* sinal *m* de entrada.

cuff [kʌf] **1.** *s* punho *m* de camisa; tabefe *m,* bofetada *f;* **2.** *v/t* dar um tabefe; **~•link** *s* botão *m* de punho.

cui•sine [kwiˈziːn] *s* cozinha *f,* culinária *f; French* ~ cozinha *f* francesa.

cul-de-sac [ˈkʌldəsæk] *s* beco *m.*

cul•mi•nate [ˈkʌlmɪneɪt] *v/i* culminar (*in* em).

cu•lottes [kjuːˈlɒts] *s pl* (*a pair of* um par de) culotes *m pl;* saia-calça *f.*

cul•prit [ˈkʌlprɪt] *s* culpado *m;* acusado *m;* réu *m.*

cult [kʌlt] *s* culto *m* (*a. fig.*).

cul•ti•vate [ˈkʌltɪveɪt] *v/t agr.* cultivar, lavrar, semear; *friendship:* cultivar: ~•**vat•ed** *adj agr.* cultivado; *fig.* culto; ~•**va•tion** [kʌltɪˈveɪʃn] *s agr.* cultivo *m;* cultura *f; fig.* educação *f;* cultura *f.*

cul•tu•ral [ˈkʌltʃərəl] *adj* □ cultural; ~ **activities** *pl* actividades *f pl* culturais.

cul•ture [ˈkʌltʃə] *s* cultura *f;* ~**d** culto, requintado; ~ **shock** *s* choque *m* de culturas.

cum•ber•some [ˈkʌmbəsəm] *adj* incómodo; pesado; embaraçoso.

cu•mu•la•tive [ˈkjuːmjʊlətɪv] *adj* □ acumulativo; acrescido.

cun•ning [ˈkʌnɪŋ] **1.** *adj* □ esperto; matreiro; manhoso; astuto; *Am.* engraçado; **2.** *s* astúcia *f;* manha *f;* habilidade *f.*

cup [kʌp] **1.** *s* taça *f;* chávena *f;* cálice *m; sports:* taça *f;* ~ *final* final *f* da Taça; ~ *tie* eliminatória *f* da Taça; ~ *winner* vencedor *m* da Taça; **2.** *v/t* (*-pp-*) *hands:* pôr em concha; *she ~ped her chin in her hand* ela apoiou o queixo na mão; ~•**board** [ˈkʌbəd] *s* guarda-loiça *m;* armário *m;* ~ *bed* cama *f* desmontável.

cu•pid•i•ty [kjuːˈpɪdətɪ] *s* cupidez *f.*

cu•ra•ble [ˈkjʊərəbl] *adj* curável.

curb [kɜːb] **1.** *s* freio *m; Am.* → *kerb(stone);* **2.** *v/t* refrear; restringir.

curd [kɜːd] **1.** coalhada *f;* **2.** *mst* **cur•dle** [ˈkɜːdl] *v/i and v/t* coagular; coalhar; *the sight made my blood ~* ao ver tal coisa gelou-se-me o sangue.

cure [kjʊə] **1.** *s* cura *f;* tratamento *m;* cura *f* espiritual; **2.** *v/t* curar; sarar; remediar; incensar; ~•**all** *s* cura-tudo *m.*

cur•few *mil.* [ˈkɜːfjuː] *s* recolher *m* obrigatório.

cu•ri•o [ˈkjʊərɪəʊ] *s* (*pl* **-os**) curiosidade *f;* raridade *f;* ~•**os•i•ty** [kjʊərɪˈɒsətɪ] *s* curiosidade *f;* raridade *f;* ~•**ous** [ˈkjʊərɪəs] *adj* □ curioso; ávido de saber; estranho; *I'm ~ to know* sempre gostaria de saber.

curl [kɜːl] **1.** *s* caracol *m;* anel *m* de cabelo; **2.** *v/t and v/i* encaracolar; ~•**er** *s* frisador *m;* ~•**y** *adj* (*-ier, -iest*) encaracolado.

cur•rant [ˈkʌrənt] *s bot.* corinto *m;* groselha *m.*

cur•ren•cy [ˈkʌrənsɪ] *s econ.* moeda *f,* unidade *f* monetária; circulação *f* de dinheiro; *foreign ~* moeda *f* estrangeira, divisas *f pl;* ~ *mar•ket s econ.* mercado *m* de divisas; ~ *u•nion s econ.* união *f* monetária.

cur•rent [ˈkʌrənt] **1.** *adj* □ corrente; geral; presente, actual; *econ.* válido; **2.** *s* corrente *f;* corrente *f* eléctrica; corrente *f* de ar; ~ *ac•count s econ.* conta-corrente *f;* ~ *deficit* défice *m* da conta-corrente.

cur•ric•u•lum [kəˈrɪkjʊləm] *s* (*pl* **-la** [-lə], **-lums**) currículo *m;* programa *m* de estudos; matérias *f pl;* ~ *vi•tae* [ˌˈvaɪtiː] curriculum vitae *m.*

cur•ry[1] [ˈkʌrɪ] *s* caril *m.*

cur•ry[2] [ˌ] *v/t horse:* escovar.

curse [kɜːs] **1.** *s* praga *f;* **2.** *v/t* amaldiçoar; praguejar; *v/i* excomungar; **curs•ed** [ˈkɜːsɪd] *adj* □ amaldiçoado; maldito.

cur•sor [ˈkɜːsə] *s computer:* cursor *m.*

cur•so•ry [ˈkɜːsrɪ] *adj* □ apressado; superficial.

curt [kɜːt] *adj* □ curto; conciso; brusco, desabrido.

cur•tail [kɜːˈteɪl] *v/t* cortar, truncar; *fig.* limitar, encurtar.

cur•tain [ˈkɜːtn] **1.** *s* cortina *f; draw the ~s* correr as cortinas; **2.** *v/t:* ~ *off* separar por meio de cortina.

curts(e)y [ˈkɜːtsɪ] **1.** *s* cortesia *f;* vénia *f;* **2.** *v/i* fazer vénias (*to* a).

cur•va•ture [ˈkɜːvətʃə] *s* curvatura *f.*

curve [kɜːv] **1.** *s* curva *f;* **2.** *v/t and v/i* curvar; curvar-se; formar uma curva.

cush•ion ['kʊʃn] **1.** *s* almofada *f; billiards:* tabela *f;* **2.** *v/t* amortecer; almofadar.

cush•y F ['kʊʃɪ] *adj* confortável; **a ~ job** um emprego calmo.

cus•tard ['kʌstəd] *s appr.* creme *m* de baunilha.

cus•to•dy ['kʌstədɪ] *s* custódia *f;* vigilância *f;* detenção *f;* prisão *f.*

cus•tom ['kʌstəm] *s* hábito *m,* costume *m;* uso *m;* clientela *f;* **~•a•ry** [_ərɪ] *adj* □ habitual; **~-built** *adj* feito segundo as especificações do cliente; **~•er** *s* cliente *m/f;* F tipo *m;* **~•house** *s* alfândega *f;* **~-made** *adj* feito por medida.

cus•toms *econ.* ['kʌstəmz] *s pl* alfândega *f;* **♀ and Excise Department** *Br.* Autoridade das Alfândegas; **~ clear•ance** *s* autorização *f* alfandegária; **~ dec•la•ra•tion** *s* declaração *f* alfandegária; **~ du•ty** *s* imposto *m* alfandegário; **~ of•fi•cer, of•fi•cial** *s* oficial *m* das alfândegas; **~ u•nion** *s* união *f* alfandegária.

cut [kʌt] **1.** *s* corte *m;* golpe *m; wound:* ferida *f; in budget:* corte *m; of meat, etc.:* fatia *f,* naco *m; cards:* corte *m; **short-~** atalho *m; **cold ~s** *pl* carnes *f pl* frias; **2.** *v/t* and *v/i* **(-tt-; cut)** cortar; gravar; reduzir; suprimir; *gem:* lapidar; *ignore:* F ignorar; **~ one's finger** cortar um dedo; **~ one's teeth** ter os dentes a nascer; **~ short** interromper; **~ across** cortar caminho; **~ back** *plant:* cortar, aparar; podar; **~ down** *trees:* cortar, derrubar, deitar abaixo; **~ in on s.o.** F meter-se, intrometer-se; **~ off** cortar,

separar cortando; *teleph.:* cortar, desligar; *disinherit:* deserdar; **~ out** recortar; *Am. cattle:* separar um animal da manada; *fig.* suplantar; **be ~ out for** ser talhado para; **~ it out!** F deixem-se de coisas; acabem com isso; **~ up** cortar aos pedaços; **be ~ up** F ficar desolado; **~- back** *s* redução *f.*

cute F [kjuːt] *adj* □ **(~r, ~st)** engraçado; *Am.* giro.

cut•le•ry ['kʌtlərɪ] *s* talheres *m pl.*

cut•let ['kʌtlɪt] *s* costeleta *f.*

cut|-price *econ.* ['kʌtpraɪs], **~-rate** ['_reɪt] *adj* a preço reduzido; barato; **~•ter** [_ə] *s* cortador *m;* talhante *m;* lenhador *m; film, TV:* técnico *m* de montagem; *tech.* mandril *m; mar.* chalupa *f; Am.* trenó *m;* **~•throat** *s* assassino *m;* **~•ting 1.** *adj* □ incisivo, cortante; **2.** *s* entalhe *m; bot.* estaca *f; esp. Br. (of newspaper)* recorte *m;* **~s** *pl* recortes *m pl,* retalhos *m pl; tech.* aparas *f pl,* limalhas *f pl.*

cy•cle[1] ['saɪkl] *s* ciclo *m;* período *m.*

cy•cle[2] [_] **1.** *s* bicicleta *f;* **2.** *v/i* andar de bicicleta; **cy•clist** [_lɪst] *s* ciclista *m/f.*

cy•clone ['saɪkləʊn] *s* ciclone *m.*

cyl•in•der ['sɪlɪndə] *s* cilindro *m;* tambor *m; tech.* polia *f,* tambor *m.*

cyn|ic ['sɪnɪk] *s* cínico/a *m/f;* **~•i•cal** *adj* □ cínico.

cy•press *bot.* ['saɪprɪs] *s* cipreste *m.*

cyst *med.* [sɪst] *s* quisto *m.*

czar *hist* [zɑː] → **tsar.**

Czech [tʃek] **1.** *adj* checo; **2.** *s* checo/a *m/f; ling.* checo.

Czech•o•slo•vak [tʃekəʊ'sləʊvæk] **1.** *s* checoslovaco/a *m/f;* **2.** *adj* checoslovaco.

dab [dæb] **1.** *s* palmada *f;* pancada *f* leve; mancha *f;* borrão *m;* **2.** *v/t* **(-bb-)** dar uma palmada; bater levemente; salpicar.

dab•ble ['dæbl] *v/t* salpicar; humedecer; *v/i* patinhar; interessar-se por **(at, in).**

dachs•hund *zoo.* ['dækshʊnd] *s* basset *m.*

dad F [dæd] F ['dædɪ] *s* **~•dy** papá *m,* paizinho *m.*

dad•dy•long•legs *zoo.* [dædɪ'lɒŋlegz] *s* mosquito *m;* melga *f* de pernas compridas; *Am.* aranha *f* dos campos.

daf•fo•dil _bot._ ['dæfədɪl] _s_ narciso _m_ amarelo.

daft F [dɑːft] _adj_ tolo, pateta.

dag•ger ['dægə] _s_ punhal _m; be at ~s drawn_ _fig._ estar prestes a passar a vias de facto.

dai•ly ['deɪlɪ] **1.** _adj_ diariamente; **2.** _s_ jornal _m_ diário; mulher _f_ a dias.

dain•ty ['deɪntɪ] **1.** _adj_ □ _(-ier, -iest)_ delicado, requintado; gracioso; elegante; **2.** _s_ acepipe _m._

dair•y ['deərɪ] _s_ leitaria _f;_ lacticínio _m; ~ **cat•tle** s_ vacas _f pl_ leiteiras; **~man** _s_ leiteiro _m; ~ **prod•uce** s, ~ **prod•ucts** s pl_ lacticínios _m pl._

dai•sy _bot._ ['deɪzɪ] _s_ margarida _f; ~ **wheel** s print:_ margarida _f._

dal•ly ['dælɪ] _v/t_ perder; _v/i_ perder tempo; vadiar.

dam [dæm] **1.** _s_ barragem _f;_ açude _m,_ dique _m;_ **2.** _v/t (-mm-) a. ~ **up**_ represar; obstruir _(a. fig.)._

dam•age ['dæmɪdʒ] **1.** _s_ dano _m,_ prejuízo _m;_ perda _f; ~s pl. jur._ indemnização _f_ por perdas e danos; **2.** _v/t_ prejudicar.

dame [deɪm] _s Am._ F mulher _f;_ esposa _f; Br._ dama _f_ (título honorífico).

damn [dæm] **1.** _v/t_ amaldiçoar, maldizer; condenar; _~ (it)!_ F caramba! **2.** _adj and adv → **damned**;_ **3.** _s: I don't give or care a ~_ F estou-me absolutamente nas tintas!; **dam•na•tion** [_'neɪʃn] _s_ maldição _f;_ danação _f;_ condenação _f; ~**ed** adj and adv_ F porra, merda; ~**ing** ['_ɪŋ] _adj_ condenador, agravante.

damp [dæmp] **1.** _adj_ □ húmido; **2.** _s_ humidade _f;_ **3.** _v/t a._ ~**en** ['_ən] humedecer; _discourage:_ desanimar, desencorajar; ~**ness** humidade _f._

dance [dɑːns] **1.** _s_ dança _f;_ baile **2.** _v/t and v/i_ dançar; **danc•er** _s_ dançarino/la _m/f,_ bailarino/a _m/f;_ **danc•ing 1.** _s_ dança _f,_ baile _m;_ **2.** _adj_ dançante.

dan•de•li•on _bot._ ['dændɪlaɪən] _s_ dente-de-leão _m._

dan•dle ['dændl] _v/t_ embalar, balouçar.

dan•druff ['dændrʌf] _s_ caspa _f._

Dane [deɪn] _s_ dinamarquês/esa _m/f._

dan•ger ['deɪndʒə] **1.** _s_ perigo _m; be in ~ of doing sth._ correr o risco de fazer alguma coisa; _be out of ~_ med.

estar livre de perigo; **2.** _adj ~ **area**, ~ **zone**_ zona perigosa; ~ **•ous** _adj_ □ perigoso.

Da•nish ['deɪnɪʃ] **1.** _adj_ dinamarquês; **2.** _s ling._ dinamarquês.

dare [deə] _v/i_ ousar, atrever-se; ter coragem; desafiar; _I ~ say, I ~say_ julgo que, creio bem que; _v/t_ atrever-se a; desafiar alguém; **~dev•il** ['_devl] _s_ temerário _m;_ **dar•ing 1.** _adj_ □ ousado, audacioso; **2.** _s_ audácia _f,_ coragem _f._

dark [dɑːk] **1.** _adj_ □ escuro; secreto; misterioso; triste; lúgubre; **2.** _s_ escuridão _f,_ escuro _m; before (at, after) ~_ antes de (ao, depois de) anoitecer; _keep s.o. in the ~_ esconder alguma coisa de alguém; ♀ **Ages** _s pl_ a Alta Idade Média; **~en** ['_ən] _v/t and v/i_ escurecer, obscurecer; _fig._ entristecer; **~ness** _s_ escuridão _f;_ trevas _f pl._

dar•ling ['dɑːlɪŋ] **1.** _s_ amor _m;_ querido/a _m/f;_ **2.** _adj_ querido, amado.

darn [dɑːn] _v/t_ passajar; cerzir.

dart [dɑːt] **1.** _s_ flecha _f,_ seta _f,_ dardo _m;_ arranque _m; ~s_ jogo _m_ de dardos; **~board** alvo _m;_ **2.** _v/t_ lançar setas; _v/i_ precipitar-se.

dash [dæʃ] **1.** _s_ pancada _f;_ movimento _m_ súbito; travessão _m,_ hífen _m;_ laivo _m; of rum:_ pequena quantidade _f,_ cheirinho _m; sports:_ corrida _f_ de velocidade; **2.** _v/t_ derrotar, lançar; _hopes:_ destruir; precipitar-se; atirar-se contra; **~board** _s mot._ painel _m_ de instrumentos; **~ing** _adj_ □ arrojado, impetuoso; F atraente, elegante.

da•ta ['deɪtə] _s pl, a. sg._ dados _(a. computer);_ informações _f pl; ~ **bank**, ~**base** s_ banco _m_ de dados, base _f_ de dados; ~ **in•put** _s_ entrada _f_ de dados; ~ **in•ter•change** _s_ intercâmbio _m_ de dados; ~ **out•put** _s_ saída _f_ de dados; ~ **pro•cess•ing** _s_ processamento _m_ de dados; ~ **pro•tec•tion** _s_ protecção _f_ de dados; ~ **trans•mis•sion** _s_ transmissão _f_ de dados; ~ **typist** operador _m_ de computador.

date[1] _bot._ [deɪt] _s_ tâmara _f._

date[2] [_] _s_ data _f;_ época _f;_ encontro _m_ marcado; _Am._ F companhia do sexo oposto com quem se marca um encontro; _out of ~_ fora de moda; _up to ~_ actual, moderno; _have a ~_ ter um

dative

encontro; **2.** *v/t* datar; *Am.* sair regularmente com alguém; **dat•ed** *adj* datado, antiquado, fora de moda.

da•tive *gr.* ['deɪtɪv] *s a.* **~ case** dativo *m.*

daughter ['dɔ:tə] *s* filha *f;* **~-in-law** *s* nora *f.*

daunt [dɔːnt] *v/t* intimidar; desencorajar **~•less** *adj* □ destemido, arrojado.

daw•dle F ['dɔːdl] *v/i and v/t* mandriar; perder tempo.

dawn [dɔːn] **1.** *s* amanhecer *m;* nascer *m* do dia; aurora *f;* **2.** *v/i* amanhecer; despontar do dia; *it* **~ed on (upon)** *her* ela compreendeu, ocorreu-lhe, lembrou-se.

day [deɪ] *s* dia *m;* **~ s** durante o dia; **~ off** dia de folga; **carry** *or* **win the ~** ganhar; *any* ~ um dia destes; *these* **~s** presentemente; *the other* ~ recentemente; *this* **~ week** de hoje a uma semana; *let's call it a* ~ basta de trabalho por hoje!; *at the end of the* ~ *fig.* ao fim e ao cabo; **~•break** *s* romper *m* do dia; **~•light** luz *f* do dia; *in broad* ~ em pleno dia; ~ **re•turn (tick•et)** bilhete *m* de ida e volta válido por um dia; **~•time** *s: in the* ~ de dia.

daze [deɪz] **1.** *v/t* ofuscar; aturdir; **2.** *s: in a* ~ confuso, desorientado.

dead [ded] **1.** *adj* morto; insensível (*to* a); *colour, etc.:* baço, mate; *window:* janela fingida; *fire:* fogo de santelmo; *drink:* insípido; *sleep:* profundo; *econ.* sem movimento, parado; ~ *loss* F perda sem indemnização; *person:* um caso perdido; **2.** *adv* completamente; de repente; exactamente; ~ *tired* extenuado; ~ *against* absolutamente contra; **3.** *s:* **the** ~ os mortos *m pl; in the* **~ of winter** em pleno Inverno; *in the* **~ of night** no silêncio da noite; ~ **cen•tre,** *Am.* **cen•ter** *s* o centro exacto; **~•en** *v/t* abrandar; amortecer; insensibilizar; ~ **end** *s* beco *m* sem saída *(a. fig.);* ~ **heat** *s sports:* empate *m;* **~•line** *s Am.* limite *m;* prazo *m; meet the* ~ cumprir o prazo; **~•lock** *s fig.* ponto morto, beco sem saída; **~•locked** *adj fig negotiations, etc.:* interrompido; **~•ly** *adj (-ier, -iest)* mortal, fatal.

deaf [def] **1.** *adj* □ surdo; ~ *and* **dumb** surdo-mudo; **2.** *s:* **the** ~ os surdos *pl;* **~•en** ['defn] *v/t* ensurdecer.

deal [diːl] **1.** *s* quantidade *f; cards:* mão *f;* F negócio *m; a good* ~ bastante; *a great* ~ muito, uma grande quantidade; **2.** *(dealt) v/t* repartir, dividir; *cards:* dar; *v/i econ.* negociar (*in* em); ~ *with* tratar, lidar com; *econ.* ter relações comerciais com; **~•er** *s econ.* negociante *m; cards:* jogador *m* que dá as cartas; **~•ing** *s* comportamento *m;* modo *m* de proceder ou distribuir; *econ.* procedimento *m* comercial; **~s** *pl* relações *f pl* comerciais; **~t** [delt] *pret and pp of* **deal** 2.

dean [diːn] *s* deão *m.*

dear [dɪə] **1.** *adj* □ caro; dispendioso; **2.** ~ *s* pessoa *f* que nos cativa ou amamos, querido/a *m/f; my* ~ meu querido, minha querida; **3.** *int. (oh)* ~!, ~~!, ~*me!* valha-me Deus!; **~•ly** *adv* muito, do coração; *fig.* por alto preço, caro.

death [deθ] *s* morte *f;* falecimento *m;* **~•bed** *s* leito *m* de morte; **~•blow** *s* golpe *m* mortal *(a. fig.);* **~•less** *adj fig.* imortal; **~•ly** *adj (-ier, -iest)* mortal; ~ **squad** *s* esquadrão *m* da morte; **~•war•rant** *s jur.* documento *m* oficial que decreta a sentença de morte; sentença *f* de morte *(a. fig.).*

de•bar [dɪ'bɑː] *v/t (-rr-):* ~ *from* **doing sth.** privar de fazer.

de•base [dɪ'beɪs] *v/t* humilhar.

de•ba•ta•ble [dɪ'beɪtəbl] *adj* □ discutível; contestável; **de•ba•te** [dɪ'beɪt] **1.** *s* debate *m;* **2.** *v/t* debater.

de•bil•i•tate [dɪ'bɪlɪteɪt] *v/t* debilitar.

deb•it *econ.* ['debɪt] **1.** *s* débito *m;* ~ *and* **credit** deve e haver; **2.** *v/t account:* debitar.

deb•ris ['debriː] *s* restos *m pl;* destroços *m pl.*

debt [det] *s* dívida *f; be in* ~ estar endividado; *be out of* ~ estar sem dívidas; **~•or** ['detə] *s* devedor *m.*

de•bug F [diː'bʌg] *v/t (-gg-) computer:* eliminar erros; *room:* retirar aparelhos de escuta.

de•bunk [diː'bʌŋk] *v/t* desacreditar.

dé•but, *esp Am.* **de•but** ['deɪbjuː] *s* estreia *f.*

dec•ade ['dekeɪd] *s* década *f.*

dec•al•dence ['dekədəns] *s* decadência *f;* **~•dent** *adj* ☐ decadente.

de•caf•fein•at•ed [di:kæfɪneɪtɪd] *adj* descafeínado.

de•camp [dɪ'kæmp]*v/t esp. mil.* levantar o acampamento; F desaparecer, pôr-se a andar.

de•cant [dɪ'kænt] *v/t* decantar; transvasar; **~•er** *s* garrafa *f* de vidro ou cristal .

de•cath|lete [dɪ'kæθlɪt] *s sports:* decatlonista *m/f;* **~•lon** [_lɒn] *s sports:* decatlo *m.*

de•cay [dɪ'keɪ] **1.** *s* declínio *m;* queda *f;* decadência *f;* **2** *v/i* decair; enfraquecer, declinar.

de•cease *esp. jur.* [dɪ'si:s] **1.** *s* falecimento *m,* morte *f;* **2.** *v/i* falecer, morrer; **~d** *esp. jur.* **1.** *s:* **the ~** o falecido/a *m/f;* os falecidos *pl* **2.** *adj* falecido.

de•ceit [dɪ'si:t] *s* fraude *f,* logro *m;* engano *m;* **~•ful** *adj* ☐ enganador, falso.

de•ceive [dɪ'si:v] *v/t and v/i* enganar; iludir; **de•ceiv•er** *s* impostor/a *m/f;* intrujão/ona *m/f.*

De•cem•ber [dɪ'sembə] *s* Dezembro *m.*

de•cen|cy ['di:snsɪ] *s* decência *f;* **~t** *adj* ☐ decente; F às direitas, correcto.

de•cep|tion [dɪ'sepʃn] *s* decepção *f;* **~•tive** *adj* enganador, ilusório.

de•cide [dɪ'saɪd] *v/t and v/i* decidir(-se), resolver(-se); **de•cid•ed** *adj* ☐ decidido; resolvido.

dec•i•mal ['desɪml] *s a.* **~ fraction** fracção *f* decimal.

de•ci•pher [dɪ'saɪfə] *v/t* decifrar.

de•ci|sion [dɪ'sɪʒn] *s* decisão *f;* resolução *f;* **make a ~** tomar uma decisão; **reach** or **come to a ~** chegar a uma decisão; **~•sive** [dɪ'saɪsɪv] *adj* ☐ decisivo; decidido; determinante.

deck [dek] **1.** *s mar.* convés *m,* coberta *f; Am.* baralho *m* de cartas; **record ~** gira-discos *m;* **tape ~** gravador *m* de cassetes; **2.** *v/t:* **~ out** enfeitar; **~•chair** *s* cadeira *f* de lona.

de•clar•a•ble [dɪ'kleərəbl] *adj goods:* declaráveis.

dec•la•ra•tion [deklə'reɪʃn] *s* declaração *f;* proclamação *f.*

de•clare [dɪ'kleə] *v/t* declarar; proclamar; afirmar.

de•clen•sion *gr.* [dɪ'klenʃn] *s* declinação *f.*

dec•li•na•tion [deklɪ'neɪʃn] *s of compass needle:* declinação *f* magnética; **~ compass** *s* declinómetro.

de•cline [dɪ'klaɪn] **1.** *s* declínio *m;* abaixamento *m;* **2.** *v/t* decair; declinar, recusar; inclinar-se; *gr.* declinar; *v/i* recusar-se.

de•clutch *mot.* [di:klʌtʃ] *v/i* desengatar.

de•code [di:kəʊd] *v/t* decifrar; descodificar.

de•com•pose [di:kəmpəʊz] *v/t and v/i* decompor(-se).

dec•o|rate ['dekəreɪt] *v/t cake, etc.:* decorar, ornamentar; *streets:* enfeitar; *room:* decorar; **~•ra•tion** [_'reɪʃn] *s* decoração *f;* ornamentação *f;* **~•ra•tive** ['_rətɪv] *adj* ☐ decorativo; **~•ra•tor** ['_reɪtə] *s* decorador *m.*

de•coy 1. ['di:kɔɪ] *s* armadilha *f (a. fig.);* isca *f (a. fig.);* **2.** *v/t* [dɪ'kɔɪ] engodar, atrair por meio de isca; atrair (**into** a), seduzir (**into).**

de•crease 1. *s* ['di:kri:s] decréscimo *m;* **2.** *v/t and v/i* [di:'kri:s] diminuir, reduzir.

de•cree [dɪ'kri:] **1.** *s* decreto *m;* lei *f;* despacho *m; jur.* promulgação *f;* decisão *f* judicial; **2.** *v/t jur.* decretar, ordenar; decidir.

ded•i|cate ['dedɪkeɪt] *v/t* dedicar; consagrar; **~•cat•ed** *adj* dedicado; **~•ca•tion** [_'keɪʃn] *s* dedicatória *f;* consagração *f;* dedicação *f;* entrega *f.*

de•duce [dɪ'dju:s] *v/t* deduzir; inferir, concluir.

de•duct [dɪ'dʌkt] *v/t* subtrair; abater; reter; **de•duc•tion** [_kʃn] *s* abatimento *m; econ.* desconto *m;* dedução *f;* conclusão *f.*

deed [di:d] **1.** *s* acção *f;* feito *m; jur.* documento *m* judicial ou notarial; **2.** *v/t Am. jur.* transferir por escritura (**to** para).

deep [di:p] **1.** *adj* ☐ profundo; fundo, não superficial; *sound:* baixo; *colour:* intenso, forte; astuto; *mistery:* insondável; **2.** *s poet.* abismo *m,* mar *m;* **~•en** ['di:pən] *v/t and v/i* aprofundar; intensificar; **~-freeze 1.** *v/t*

(-froze, -frozen) congelar; refrigerar a baixa temperatura; **2.** *s* arca *f* congeladora; **3.** *adj* congelado; **~ cabinet** arca *f* congeladora vertical encastrada; **~-fro•zen** congelado; **~ food** alimentos *m pl* ultracongelados; **~-fry** *v/t* fritar; **~•ness** profundeza *f*; profundidade *f*.

deer *zoo.* [dɪə] *s* veado *m*, gamo *m*, cervo *m*.

de•face [dɪ'feɪs] *v/t* desfigurar; mutilar; apagar, tornar ilegível

de•fa•ma•tion [defə'meɪʃn] *s* difamação *f*; **de•fame** [dɪ'feɪm] *v/t* difamar.

de•fault [dɪ'fɔːlt] **1.** *s* falta *f*; não cumprimento *m*; *jur.* revelia *f*; *sports:* falta *f* de comparência; atraso *m*; **in ~ of** na falta de; **2.** *v/i* faltar aos compromissos oficiais; *sports:* não comparecer.

de•feat [dɪ'fiːt] **1.** derrota *f*; *of plan, etc.:* malogro *m*; **admit ~** admitir *ou* reconhecer a derrota; **2.** *v/t* derrotar; vencer; anular.

de•fect [dɪ'fekt] *s* defeito *m*, falta *f*; imperfeição *f*; **de•fec•tive** *adj* □ defeituoso; *gr.* defectivo.

de•fence, *Am.* **de•fense** [dɪ'fens] *s* defesa *f*; protecção *f*; **witness for the ~** *jur.* testemunha *f* de defesa; **~•less** *adj* desprotegido; indefensável; desarmado; sem defesas.

de•fend [dɪ'fend] *v/t* (**from** de, **against** contra, de) defender, guardar; pôr a salvo; **de•fen•dant** *s* réu/ré *m/f*, arguido/a *m/f*; **~•er** *s* defensor/a *m/f*.

de•fen•sive [dɪ'fensɪv] **1.** *s* defensiva *f*; defesa *f*; **2.** *adj* □ defensivo.

de•fer [dɪ'fɜː] *(-rr-)* protelar; adiar *(Am. a. mil.)*; **~ to** submeter-se a, aceder.

de•fi•ance [dɪ'faɪəns] *s* provocação *f*; desafio *m*; **in ~ of** a despeito de; em oposição a; **~ant** [_t] *adj* □ provocador, desafiador.

de•fi•cien•cy [dɪ'fɪʃnsɪ] *s* deficiência *f*; falta *f*, carência *f*; → **deficit**; **~t** *adj* □ deficiente; incompleto; insuficiente.

def•i•cit *econ.* ['defɪsɪt] *s* défice *m*, saldo *m* negativo.

de•file 1. *s* ['diːfaɪl] desfiladeiro *m*; **2.** *v/t* [dɪ'faɪl] sujar; poluir; profanar.

de•fine [dɪ'faɪn] *v/t* definir; explicar; preisar; **def•i•nite** ['defɪnɪt] *adj* definido; preciso; **def•i•ni•tion** [defɪ'nɪʃn] *s* definição *f*; nitidez *f* de imagem; explicação *f*; **de•fin•i•tive** [dɪ'fɪnɪtɪv] *adj* □ definitivo; determinante.

de•flect [dɪ'flekt] *v/t and v/i* desviar(-se); afastar(-se).

de•form [dɪ'fɔːm] *v/t* deformar; desfigurar; **~ed** *adj* deformado; desfigurado; **de•for•mi•ty** [_ətɪ] *s* deformidade *f*; deformação *f*.

de•fraud [dɪ'frɔːd] *v/t* defraudar *(of)*.

de•frost [diː'frɒst] *v/t* descongelar; degelar *(a. fridge, food)*.

deft [deft] *adj* □ hábil, destro.

de•fy [dɪ'faɪ] *v/t* desafiar; lançar repto; opor-se a.

de•gen•e•rate 1. *v/i* [dɪ'dʒenəreɪt] degenerar; **2.** *adj* □ [_rət] degenerado.

deg•ra•da•tion [degrə'deɪʃn] *s* degradação *f*; **de•grade** [dɪ'greɪd] *v/t* degradar; humilhar, rebaixar.

de•gree [dɪ'griː] *s* grau *m* *(a. temperature)*; gradação *f*; nível *m*; grau *m* universitário, formatura *f*; posição *f*; **by ~s** gradualmente; **take one's ~** obter um grau académico, licenciar-se.

de•hy•drat•ed [diːhaɪdreɪtɪd] *adj* desidratado.

de•i•fy ['diːɪfaɪ] *v/t* deificar, idolatrar.

deign [deɪn] *v/i* condescender; dignar-se.

de•ject•ed [dɪ'dʒektɪd] *adj* □ deprimido; abatido, desanimado; **~•tion** [_kʃn] *s* desalento *m*, desânimo *m*; depressão *f*.

de•lay [dɪ'leɪ] **1.** *s* demora *f*; atraso *m*; **2.** *v/t* adiar; demorar; atrasar; retardar; *v/i:* **~ in doing sth.** demorar a fazer alguma coisa.

del•e•gate 1. ['delɪgeɪt] *v/t* delegar; confiar; **2.** *s* [_gət] delegado *m*; representante *m*; **~•ga•tion** [delɪ'geɪʃn] *s* delegação *f*; representação *f*.

de•le•te [dɪ'liːt] *v/t* anular; apagar; riscar; eliminar.

de•lib•e•rate 1. [dɪ'lɪbəreɪt] *v/t and v/i* deliberar; ponderar; conferenciar; **2.** *adj* □ [_rət] intencional, deliberado; propositado; **~•ly** intencional-

mente, deliberadamente; **~•ra•tion** [dɪlɪbə'reɪʃn] s deliberação f; ponderação f.

del•i|cacy ['delɪkəsɪ] s delicadeza f; sensibilidade f; fragilidade f; acepipe m, petisco m; **~•cate** [_kət] adj ☐ delicado; fino; sensível; frágil; melindroso; **~•ca•tes•sen** [delɪkə'tesn] artigos m pl de charcutaria; petiscos m pl; gulodices f pl.

de•li•cious [dɪ'lɪʃəs] adj ☐ delicioso.

de•light [dɪ'laɪt] **1.** s encanto m; deleite m; delícia f; alegria f; **2.** v/t and v/i deleitar; deleitar-se; encontrar prazer; **~ in** gostar, apreciar muito; **~•ful** adj ☐ encantador, delicioso.

de•lin•e•ate [dɪ'lɪnɪeɪt] v/t delinear; traçar; esquematizar; esboçar.

de•lin•quen|cy [dɪ'lɪŋkwənsɪ] s delinquência f; delito m; infracção f; **~t** [_t] **1.** adj delinquente; **2.** s delinquente m/f; → **juvenile** 1.

de•lir•i|ous [dɪ'lɪrɪəs] adj med. delirante, em delírio; ecstatic: delirante; **~•um** [_əm] s delírio m.

de•liv•er [dɪ'lɪvə] v/t entregar; esp. econ. distribuir; expedir; message, etc.: entregar, transmitir; speech, etc.: proferir, pronunciar; blow, etc.: desferir, ball: atirar, lançar; med. salvar (from); med. dar à luz; **be ~ed of a child** dar à luz uma criança; **~•ance** [_rəns] s libertação f; salvamento m (from); declaração f; **~•y** [_rɪ] entrega f; mail: distribuição f; of speech, etc.: fala f, modo m de expressão; med. parto m; **~•y van** s carrinha f de entrega de mercadorias.

dell [del] s pequeno vale m.

de•lude [dɪ'luːd] v/t iludir, enganar.

del•uge ['deljuːdʒ] **1.** s dilúvio m; **2.** v/t inundar.

de•lu|sion [dɪ'luːʒn] s ilusão f; engano m; fantasia f; **~sive** [_sɪv] adj ☐ ilusório, enganador.

de•mand [dɪ'mɑːnd] **1.** s procura f; busca f; exigência f; reivindicação f; reclamação f; econ. procura f; jur. direito m; **2.** v/t exigir, pedir, reclamar; necessitar; **~•ing** [_ɪŋ] adj ☐ exigente; difícil; **~•led** adj econ. orientado para a procura.

de•men•ted [dɪ'mentɪd] adj ☐ demente, louco.

dem•i- ['demɪ] semi.

dem•i•john ['demɪdʒɒn] s garrafão m.

de•mil•i•ta•rize [diː'mɪlɪtəraɪz] v/t desmilitarizar.

de•mo•bi•lize [diː'məʊbɪlaɪz] v/t desmobilizar.

de•moc•ra•cy [dɪ'mɒkrəsɪ] s democracia f.

dem•o•crat [['deməkræt] s democrata m/f; **~•ic** [demə'krætɪk] adj (**~ally**) democrático.

de•mol•ish [dɪ'mɒlɪʃ] v/t demolir, destruir; desmantelar; **dem•o•li•tion** [demə'lɪʃn] s demolição f; destruição f; desmantelamento m.

de•mon [diːmən] s demónio m, diabo m.

dem•on|strate ['demənstreɪt] v/t and v/i demonstrar, provar; manifestar-se, fazer uma manifestação; **~•stra•tion** [demən'streɪʃn] s demonstração f; prova f; manifestação f; expressão f (de sentimentos); **de•mon•strative** [dɪ'mɒnstrətɪv] adv ☐ demonstrativo; convincente; expansivo, **be ~** revelar os sentimentos; **~•stra•tor** ['demənstreɪtə] s manifestante m/f.

de•mote [diː'məʊt] **1.** v/t despromover; **2.** s **~•tion** s despromoção f.

den [den] s antro m; caverna f; F gabinete m de trabalho.

de•ni•al [dɪ'naɪəl] s desmentido m; recusa f.

de•ni•grate [den'ɪgreɪt] v/t denegrir; rebaixar.

den•ims ['denɪmz] s fato-macaco m; fato m de trabalho; jeans m, calças f pl de ganga.

de•nom•i•na•tion [dɪnɒmɪ'neɪʃn] s eccl. comunidade f religiosa, seita f; eccl. confissão f religiosa, religião f; econ. valor m nominal.

de•note [dɪ'nəʊt] v/t denotar, indicar; significar.

de•nounce [dɪ'naʊns] v/t denunciar; estigmatizar; contract, etc.: denunciar.

dense [dens] adj ☐ (**~r, ~st**) (fog, crowd, forest) denso; smoke: espesso; estúpido, limitado; **~ly populated** densamente povoado; **den•si•ty** ['_ətɪ] s densidade f.

dent

dent [dent] **1.** *s* amolgadela *f*, mossa *f*; **2.** *v/t* amolgar, fazer uma mossa.

den|tal ['dentl] *adj* □ dental, dentário; **~ plaque** tártaro *m*, pedra *f* dos dentes; **~ plate** dentadura *f*, prótese *f* dentária; **~ surgeon** → **~•tist** ['dentɪst] *s* dentista *f*; **~•tures** [_ʃəz] *s pl* dentadura *f* postiça.

de•nun•ci•a|tion [dɪnʌnsɪ'eɪʃn] *s* delação *f*, denúncia *f*; **~•tor** [dɪ'nʌnsɪeɪtə] *s* delator *m/f*.

deny [dɪ'naɪ] *v/t* negar; recusar; renegar, contradizer, proibir.

de•part [dɪ'paːt] *v/i* partir; partir de avião; descolar; sair; desviar-se.

de•part•ment [dɪ'paːtmənt] *s* secção *f*; departamento *m*; repartição *f*; divisão *f* administrativa; *pol.* ministério *m*; ♀ **of Defense** *Am.* Ministério *m* da Defesa; ♀ **of the Environment** *Br.* Ministério *m* do Ambiente; ♀ **of the Interior** *Am.* Ministério *m* do Interior; ♀ **of State** *Am.*, **State** ♀ Ministério *m* dos Negócios Estrangeiros; **~ store** armazém *m*.

de•par•ture [dɪ'paːtʃə] *s* partida *f*; *rail, aer. etc.*: partida *f*; afastamento *m*; **~ gate** *s aer.* porta *f* de embarque; **~ lounge** *s aer.* sala *f* de espera do aeroporto.

de•pend [dɪ'pend] *v/i:* **~ on, ~ upon** depender de; precisar de; não poder prescindir de; confiar em, contar com; **that** *or* **it ~s** F (isso) depende, (isso) é conforme; **~ing on how** dependendo ou estando dependente de.

de•pen|da•ble [dɪ'pendəbl] *adj* em que se pode confiar; **~•dant** [_ənt] *s* dependente *m/f*; protegido/a *m/f*; **~•dence** [_əns] *s* dependência *f*; confiança *f*; **~•den•cy** [_ənsɪ] *s pol.* possessão *f*, colónia *f*; dependência *f*; **~•dent** [_ənt] **1.** *adj* □ **(on)** dependente de; **2.** *s Am.* → **dependant.**

de•pict [dɪ'pɪkt] *v/t* descrever, *fig.* pintar.

de•plor|able [dɪ'plɔːrəbl] *adj* □ deplorável, lamentável; **~e** [dɪ'plɔː] *v/t* deplorar, lamentar.

de•pop•u•late [diː'pɒpjʊleɪt] *v/t and v/i* despovoar(-se).

de•port [dɪ'pɔːt] *v/t foreigners:* deportar; desterrar; exilar; **~•ation** [_eɪʃn] *s* deportação *f*.

de•pos|e [dɪ'pəʊz] *v/t* depor, destituir; *jur.* testemunhar sob juramento.

de•pos|it [dɪ'pɒzɪt] **1.** *s* depósito *f*; sedimento *m*; garantia *f*, penhor *m*; caução *f*, fiança *f*; *in a bank:* dinheiro depositado; **make a ~** fazer um depósito; **~ account** *Br.* conta a prazo; **2.** *v/t* depositar, pôr em depósito; sedimentar, assentar; **dep•o•si•tion** [depə'zɪʃn] *s from office:* deposição *f*, destituição *f*; *jur.* testemunho prestado sob juramento; **~•i•tor** [dɪ'pɒzɪtə] *s* depositante *m/f*.

dep•ot ['depəʊ] *s* armazém *m*; entreposto *m*; *Am.* [diːpəʊ] estação *f* de caminho-de-ferro ou terminal *m* de autocarros.

de•prave [dɪ'preɪv] *v/t* depravar, perverter.

de•pre•ci•ate [dɪ'priːʃɪeɪt] *v/t and v/i* depreciar(-se); desvalorizar(-se).

de•press [dɪ'pres] *v/t* premir; *business, etc.*: debilitar, desvalorizar; deprimir, abater; **~ed** *adj* deprimido, abatido, desanimado; **~ area** zona *f* de depressão económica; **de•pres•sion** [_eʃn] *s* depressão *f*, desânimo *m*, abatimento *m*, tristeza *f*; *econ.* depressão *f*, crise *f*; *med.* astenia *f*.

de•prive [dɪ'praɪv] *v/t:* **~ s.o. of sth.** privar alguém de alguma coisa; despojar; destituir; **~d** *adj* carecido; desfavorecido; destituído.

depth [depθ] *s* profundidade *f*; fundo *m*; abismo *m*.

dep•u|ta•tion [depjʊ'teɪʃn] *s* deputação *f*; delegação *f*; **~•tize** ['depjʊtaɪz] *v/i:* **~ for s.o.** representar ou substituir alguém; **~•ty** [_ɪ] *s* deputado *m*; delegado *m*; representante *m/f*; *a.* **~ sheriff** *Am.* xerife *m* ajudante.

de•rail *rail.* [dɪ'reɪl] *v/t* descarrilar; *v/i* fazer descarrilar.

de•range [dɪ'reɪndʒ] *v/t* desordenar, desorganizar, desarranjar; confundir; transtornar (mentalmente); **~d** transtornado de espírito.

der•e•lict ['derəlɪkt] *adj* abandonado; arruinado.

de•ride [dɪ'raɪd] *v/t* zombar, escarnecer; ridicularizar; **de•ri•sion** [dɪ'rɪʒn] *s* escárnio *m*; desdém *m*; **de•ri•sive** [dɪ'raɪsɪv] *adj* □ sardónico; escarnecedor; desdenhoso.

de•rive [dɪ'raɪv] v/t derivar; provir (*from* de); *profit, etc.*: obter (*from* de); v/i proceder de.

de•rog•a•to•ry [dɪ'rɒgətərɪ] adj □ depreciativo.

der•rick ['derɪk] s *tech.* grua f, guindaste m; torre f de perfuração; *mar.* mastro m de carga.

de•scend [dɪ'send] v/i descer, baixar; descender; *aer.* baixar para aterrar; ~ *on*, ~ *upon* cair sobre alguém, investir contra algém; **de•scen•dant** [_ənt] s descendente m/f.

de•scent [dɪ'sent] s descida f; ladeira f; encosta f; *aer.* descida f; *fig.* decadência f, declínio m.

de•scribe [dɪ'skraɪb] v/t descrever.

de•scrip|tion [dɪ'skrɪpʃn] s descrição f; *sort:* tipo m, espécie f; ~•tive adj □ descritivo.

des•ert[1] ['dezət] **1.** s deserto m; **2.** adj deserto, solitário.

de•sert[2] [dɪ'zɜːt] v/t abandonar; v/i desertar; ~•er s *mil.:* desertor m; **de•ser•tion** [_ʃn] s deserção f.

de•serve [dɪ'zɜːv] v/t merecer; **de•ser•ved•ly** [_ɪdlɪ] adv merecidamente; **de•serv•ing** adj meritório; digno (*of* de); bem merecido.

de•sign [dɪ'zaɪn] **1.** s desígnio m, plano m, projecto m; fim m; esquema m, desenho m; esboço m, planta f; *have* ~*s on* or *against* ter planos (em relação a/contra; ter projectos sobre/ /contra; **2.** v/t projectar, planear; *tech.* construir; desenhar; traçar.

des•ig|nate ['dezɪgneɪt] v/t designar; nomear; indicar; ~•na•tion [_'neɪʃn] s designação f; nomeação f; indicação f.

de•sign•er [dɪ'zaɪnə] s desenhador m/f; designer m/f; *tech.* construtor m; *fashion:* criador/a m/f; ~ *stub•ble* s F barba f de três dias.

de•sir|a•ble [dɪ'zaɪərəbl] adj □ desejável; agradável; ~e [dɪ'zaɪə] **1.** s desejo m; aspiração f; ânsia f; apetite m; **2.** v/t desejar; apetecer; ansiar; ~•ous [_rəs] adj desejoso.

de•sist [dɪ'zɪst] v/t desistir (*from* de).

desk [desk] s secretária f; carteira f; escrivaninha f.

des•o•lat|e ['desələt] adj solitário; desolado; ermo.

de•spair [dɪ'speə] **1.** s desespero m; **2.** v/i desesperar *(of)*; ~•ing adj □ desesperante.

de•spatch [dɪ'spætʃ] → *dispatch.*

des•per|ate ['despərət] adj □ desesperado; sem esperança; F horrível; ~•a•tion [despə'reɪʃn] s desespero m.

des•pic•a•ble ['despɪkəbl] adj □ desprezível; indigno.

de•spise [dɪ'spaɪz] v/t desprezar.

de•spite [dɪ'spaɪt] **1.** s despeito m; desdém m; **2.** prp. apesar de.

de•spon•dent [dɪ'spɒndənt] adj □ desanimado; abatido.

des•pot ['despɒt] s déspota m/f, tirano m; ~•is•m [_pətɪzm] s despotismo m.

des•sert [dɪ'zɜːt] s sobremesa f.

des|ti•na•tion [destɪ'neɪʃn] s destino m; direcção f; ~•tined ['destɪnd] adj destinado; ~•ti•ny [_ɪ] s destino m.

des•ti•tute ['destɪtjuːt] adj □ desamparado; pobre, sem recursos; ~ *of* sem, desprovido de.

de•stroy [dɪ'strɔɪ] v/t destruir; aniquilar; matar, neutralizar *(a. animal);* ~•er s destruidor m/f; *mar., mil.* contratorpedeiro m.

de•struc|tion [dɪ'strʌkʃn] s destruição f; ruína f; ~•tive [_tɪv] adj □ destrutivo.

des•ul•to•ry ['desəltərɪ] adj □ sem método; descontínuo.

de•tach [dɪ'tætʃ] v/t separar; desligar; *mil.* destacar; ~ed adj *house:* vivenda f; *attitude, etc.*: independente, distanciado; ~•ment s separação f; distanciamento m; *mil.* destacamento m.

de•tail ['diːteɪl] **1.** s pormenor m; minúcia f; *in* ~ em pormenor; **2.** v/t pormenorizar; especificar; *mil.* destacar; ~ed adj pormenorizado; especificado; detalhado.

de•tain [dɪ'teɪn] v/t deter; demorar, reter, fazer esperar.

de•tect [dɪ'tekt] v/t descobrir, detectar; **de•tec•tion** [_kʃn] s detecção f; **de•tec•tive** [_tɪv] s detective m/f; ~ *novel*, ~ *story* romance m policial.

de•ten•tion [dɪ'tenʃn] s detenção f; retenção f; prisão f.

de•ter [dɪ'tɜː] v/t *(-rr-)* dissuadir, desencorajar (*from* de).

87

detergent

de·ter·gent [dɪ'tɜːdʒənt] s detergente m.

de·te·ri·o·rate [dɪ'tɪərɪəreɪt] v/i deteriorar(-se); depreciar(-se); degenerar.

de·ter|mi·na·tion [dɪtɜːmɪ'neɪʃn] s decisão f; resolução f; determinação f; **~·mine** [dɪ'tɜːmɪn] v/t determinar, decidir; precisar; **~ on** resolver-se, decidir-se; **~·mined** adj decidido; determinado.

de·ter|rence [dɪ'terəns] s dissuasão f; **~·rent** [_t] **1.** adj dissuasor; desencorajante; **2.** s dissuasor m, meio m de dissuasão.

de·test [dɪ'test] v/t detestar; **~·a·ble** adj □ detestável.

de·throne [dɪθrəʊn] v/t destronar.

det·o|nate ['detəneɪt] v/t detonar, explodir; **~·na·tion** [_'neɪʃn] s detonação f, rebentamento m.

de·tour ['diːtʊə] s desvio m; rodeio m.

de·tract [dɪ'trækt] v/i: **~ from sth.** diminuir; depreciar.

deuce [djuːs] s on dice and cards, etc.: dois m; tennis: quarenta igual, vantagens; F demónio m; diabo m; **how the ~** como diabo?

de·val·u·a·tion econ. [diːvæljuˈeɪʃn] s desvalorização f; **~e** v/t desvalorizar.

dev·a|state ['devəsteɪt] v/t devastar; **~·stat·ing** adj □ devastador, desolador; F de deitar abaixo; **~·sta·tion** [devə'steɪʃn] s devastação f.

de·vel·op [dɪ'veləp] v/t and v/i desenvolver(-se); area, land: crescer; phot. revelar; town centres, etc.: modernizar; **~·er** s phot. revelador m; **~·ing** s phot. revelação f; **~ country** econ. país em vias de desenvolvimento; **~·ment** s desenvolvimento m; planificação f; ampliação f; bairro m; **~ aid** econ. ajuda f ao desenvolvimento.

de·vi·ate ['diːvɪeɪt] v/i afastar-se, desviar-se; **~·a·tion** [diːvɪ'eɪʃn] s desvio m; afastamento m.

de·vice [dɪ'vaɪs] s expediente m; meio m; dispositivo m, instrumento m; invenção f; emblema f; divisa f; **leave s.o. to his own ~s** deixa alguém agir segundo a sua vontade, entregue a si próprio.

dev·il ['devl] s diabo m (a. fig.); **~·ish** adj □ diabólico.

de·vi·ous ['diːvɪəs] adj □ desviado, afastado; fig. desonesto; **take a ~ route** fazer um desvio.

de·vise [dɪ'vaɪz] v/t imaginar; inventar, conceber; jur. legar (bens imobiliários).

de·vote [dɪ'vəʊt] v/t dedicar, votar (**to** a); **de·vot·ed** adj □ dedicado, devotado, leal; **dev·o·tee** [devəʊ'tiː] s devoto m; entusiasta m/f; **de·vo·tion** [dɪ'vəʊʃn] s devoção f, dedicação f; religiosidade f; afecto m.

de·vour [dɪ'vaʊə] v/t devorar.

de·vout [dɪ'vaʊt] □ devoto, piedoso.

dew [djuː] s orvalho m; **~·y** ['djuːɪ] adj (-ier, -iest) coberto de orvalho, orvalhado.

dex|ter·i·ty [dek'sterətɪ] s destreza f, agilidade f; **~·ter·ous, ·trous** ['dekstrəs] adj □ hábil, ágil.

di·ag|nose ['daɪəgnəʊz] v/t diagnosticar; **~·no·sis** [daɪəg'nəʊsɪs] s (pl -ses) diagnóstico m.

di·a·gram ['daɪəgræm] s diagrama m; gráfico m.

di·al ['daɪəl] **1.** mostrador m; teleph. disco m; tech. escala f; quadrante m; **2.** v/i and v/t (esp. Br. **-ll-** Am. **-l-**) teleph. marcar, discar; **~ direct** marcar directamente **(to)**; **direct ~(l)ing** marcação f directa ou automática; **~ ~(l)ing code** indicativo.

di·a·lect ['daɪəlekt] s dialecto m.

di·a·logue, Am. **-log** ['daɪəlɒg] s diálogo m, conversa f.

di·am·e·ter [daɪ'æmɪtə] s diâmetro m; **in ~** de diâmetro.

di·a·mond ['daɪəmənd] s diamante m; losango m; campo m de basebol; cards: ouros.

di·a·per Am. ['daɪəpə] s fralda f.

di·a·phragm ['daɪəfræm] s anat. diafragma m (a. opt. and contraceptive).

di·ar·rh·(o)e·a med. [daɪə'rɪə] s diarreia f.

di·a·ry ['daɪərɪ] s diário m; calendário m; agenda f.

dice [daɪs] **1.** s pl of **die²**; **2.** v/t and v/i jogar dados; **~·box, ~·cup** copo m de dados.

dick [dɪk] s Am. sl. detective: espia m; V picha f.

dic|tate [dɪkteɪt] *v/t and v/i* ditar; *fig.* prescrever, impor, dar ordens; **~•ta•tion** [_ʃn] *s* ditado *m.*

dic•ta•tor [dɪk'teɪtə] *s* ditador *m;* **~•ship** [_ʃɪp] *s* ditadura *f.*

dic•tion ['dɪkʃn] *s* dicção *f;* arte *f* de dizer.

did [dɪd] *pret of **do.***

die¹ [daɪ] *v/i* morrer; extinguir-se; desejar muito, morrer por; **~ *away*** *of wind, etc.:* morrer, desaparecer pouco a pouco; *of sound:* esmorecer, perder--se; *of light:* apagar-se, extinguir-se; **~ *down*** cessar; enfraquecer; afrouxar; abrandar; **~ *off*** morrer; **~ *out*** desaparecer *(a. fig.).*

die² [_] *s (pl **dice** [daɪs]) dado *m; (pl. **dies** [daɪz]) matriz *f,* molde *m.*

die-hard ['daɪhɑːd] *s* reaccionário *m;* F casmurro *m.*

di•et ['daɪət] **1.** *s* dieta *f;* regime *m* alimentar; **be on a ~** estar a fazer dieta; **2.** *v/i* fazer dieta; pôr a dieta.

dif•fer ['dɪfə] *v/t* diferir, divergir; ser de opinião diferente (***from*** de).

dif•fe|rence ['dɪfrəns] *s* diferença *f;* desacordo *m;* divergência *f;* **~•rent** *adj* □ diferente; diverso (***from*** de); **~•ren•ti•ate** [dɪfə'renʃɪeɪt] *v/t and v/i* distinguir(-se), diferenciar(-se).

dif•fi|cult ['dɪfɪkəlt] *adj* □ difícil; **~•cul•ty** [_ɪ] *s* dificuldade *f.*

dif•fi|dence ['dɪfɪdəns] *s* acanhamento *m;* timidez *f;* modéstia *f;* **~•dent** [_t] *adj* □ tímido; acanhado.

dif|fuse 1. *v/t* [dɪ'fjuːz] difundir, espalhar; **2.** *adj* □ *speech, etc.:* prolixo; *light:* difusa; **~•fu•sion** [_ʒn] *s* difusão *f.*

dig [dɪg] **1.** *v/t and v/i (-gg-; dug)* cavar, escavar; **~ *up*** revolver a terra; **~ *up*, ~ *out*** desenterrar, descobrir *(a. fig.);* **2.** *s* escavação *f;* F encontrão, cotovelada *f;* **~s** *pl. Br.* F quarto *m* alugado.

di•gest 1. [dɪ'dʒest] *v/t* digerir *(a. fig.);* *v/i* resumir, sintetizar; **2.** *s* ['daɪdʒest] resumo *m;* epítome *m;* sumário *m;* **~•i•ble** [dɪ'dʒestəbl] digestível; **di•ges•tion** [_tʃən] *s* digestão *f;* **di•ges•tive** [_tɪv] *adj* □ digestivo.

dig•ger ['dɪgə] *s* escavador *m;* pesquisador *m (esp.* ouro).

di•git ['dɪdʒɪt] *s* dígito *m;* **three-~ number** número *m* de três algarismos; **di•gi•tal** *adj* □ digital; **~ *clock*, ~ *watch*** relógio *m* digital.

dig•ni|fied ['dɪgnɪfaɪd] *adj* digno; honrado; **~•ta•ry** ['_tərɪ] *s* dignitário *m;* **~•ty** ['_tɪ] *s* dignidade *f.*

di•gress [daɪ'gres] *v/t* divagar.

dike¹ [daɪk] **1.** *s* dique *m,* represa *f;* vala *f;* **2.** *v/t* represar.

dike² *sl.* [_] *s* fufa *f,* lésbica *f.*

di•lap•i•dat•ed [dɪ'læpɪdeɪtɪd] *adj* em ruínas; caduco; em mau estado.

di•lat|e [daɪ'leɪt] *v/t and v/i* dilatar(-se); **dil•a•to•ry** ['dɪlətərɪ] *adj* □ dilatório; lento.

dil•i|gence ['dɪlɪdʒəns] *s* aplicação *f;* diligência *f,* **~•gent** [_nt] *adj* □ aplicado, diligente.

di•lute [daɪ'ljuːt] **1.** *v/t* diluir; **2.** *adj* diluído, fraco, aguado.

dim [dɪm] **1.** *adj* □ *(-mm-)* turvo; sombrio, obscuro, indistinto; **2.** *(-mm-) v/t* obscurecer, escurecer; *light:* ofuscar; *v/i* extinguir-se.

dime *s Am.* [daɪm] moeda *f* de dez cêntimos.

di•men•sion [daɪ'menʃn] *s* dimensão *f;* extensão *f;* **~•al** [_ʃnl]: **three-~** tridimensional.

di•min•ish [dɪ'mɪnɪʃ] *v/i* diminuir, reduzir; atenuar-se.

di•min•u•tive [dɪ'mɪnjutɪv] *adj* □ diminutivo; pequeno.

dim•ple ['dɪmpl] *s* covinha *f* (nas faces ou no queixo).

din [dɪn] *s* barulho *m,* ruído *m;* estrondo *m.*

dine [daɪn] *v/i* jantar; **~ *in/out*** jantar em casa/fora; *v/i* receber para jantar; **din•er** ['daɪnə] *s* aquele que janta; *in restaurant:* comensal *m/f;* *esp. Am. rail.* carruagem-restaurante *f; Am.* restaurante *m.*

din•gy ['dɪndʒɪ] *adj* □ *(-ier, -iest)* sujo; sombrio.

din•ing| car *rail.* ['daɪnɪŋkɑː] *s* carruagem-restaurante *f,* vagão-restaurante *m;* **~room** *s* sala *f* de jantar.

din•ner ['dɪnə] *s* jantar *m;* refeição *f;* **~-jacket** *s* smoking *m;* **~-party** *s* jantar *m* de festa; **~-service, ~-set** serviço *m* de jantar, faqueiro *m.*

di•no•saur _zoo._ ['daɪnəsɔː] _s_ dinos-
sáurio _m._

dint [dɪnt] **1.** _s_ amolgadela _f_, mossa _f;_
pancada _f; **by ~ of**_ à força de, por
meio de; **2.** _v/t_ amolgar.

dip [dɪp] **1.** _(-pp-)_ _v/t_ mergulhar, molhar, humedecer; _~ **the headlights**_
esp. Br. mot. baixar os faróis; _v/i_ inclinar-se, curvar-se; **2.** _s_ imersão _f;_ F
banho _m_ rápido; declive _m; cooking:_
dip _m_, molho _m._

diph•ther•i•a _med._ [dɪfθɪərɪə] _s_ difteria _f._

di•plo•ma [dɪ'pləʊmə] _s_ diploma _m._

di•plo•ma•cy [dɪ'pləʊməsɪ] _s_ diplomacia _f._

dip•lo•mat ['dɪpləmæt] _s_ diplomata
_m/f;_ _~•**ic**_ [ˌ'mætɪk] _adj (~ally)_ diplomático; _~ **relations**_ relações _f pl_
diplomáticas.

dip•per ['dɪpə] _s_ colherão _m;_ concha
_f._

dire ['daɪə] _adj (~r. ~st)_ terrível; extremo.

di•rect [dɪ'rekt] **1.** _adj_ □ directo; direito; curto; franco, claro; _~ **current**_
electr. corrente contínua; _~ **train**_
comboio _m_ directo; **2.** _adv_ directamente; **3.** _v/t_ dirigir, indicar; superin-
tender; orientar; gerir.

di•rec•tion [dɪ'rekʃn] _s_ direcção _f;_
chefia _f;_ administração _f;_ rumo _m;_
orientação _f;_ _~s pl_ instruções _f pl;_ _~s_
**for use** instruções _f pl_ de utilização;
~•**find•er** [ˌfaɪndə] _s_ radiogonióme-
tro; _~•**in•di•ca•tor**_ _s mot._ sinalizador
_m_ de mudança de direcção; _aer._ indicador _m_ de rota.

di•rec•tive [dɪ'rektɪv] **1.** _adj_ directivo; orientador; **2.** _s_ directiva _f._

di•rect•ly [dɪ'rektlɪ] **1.** _adv_ imediatamente; **2.** _cj._ logo que.

di•rec•tor [dɪ'rektə] _s_ director _m; TV,_
etc.: realizador _m; **board of ~ s**_ direcção _f_, administração _f;_ conselho _m_
fiscal.

di•rec•to•ry [dɪ'rektərɪ] _s_ anuário _m;_
**telephone** ~ lista _f_ telefónica.

dirt [dɜːt] _s_ sujidade _f (a. fig.);_ lama _f;_
poeira _f;_ _**a ~ road**_ _Am._ estrada de
terra batida; _~-**cheap**_ F [ˌ't'ʃiːp] _adj_
muito barato; _~•**y**_ [ˌɪ] **1.** _adj_ □ _(-ier,_
-iest) sujo _(a. fig.);_ **2.** _v/t and v/i_ su-
jar(-se).

dis•a•bil•i•ty [dɪsə'bɪlətɪ] _s_ incapacidade _f;_ impedimento _m._

dis•a•ble [dɪs'eɪbl] _v/t_ incapacitar;
inutilizar; _v/i mil._ mutilar; _~d_ **1.** _adj_
inválido, diminuído; _mil._ estropiado,
mutilado; **2.** _s: **the ~**_ _pl._ os diminuí-
dos _m pl_ físicos, os inválidos _m pl._

dis•ad•van|tage [dɪsəd'vɑːntɪdʒ] _s_
desvantagem _f;_ prejuízo _m;_ inconveniente _m;_ _~•**ta•geous**_ [dɪsædvɑːn'-
teɪdʒəs] _adj_ □ desvantajoso.

dis•a•gree [dɪsə'griː] _v/t_ discordar;
divergir; não convir; _~•**a•ble**_ [ˌɪəbl]
adj □ desagradável; _~•**ment**_ _s_ desacordo _m;_ divergência _f._

dis•ap•pear [dɪsə'pɪə] _v/t_ desaparere-
cer; _~•**ance**_ _s_ desaparecimento _m._

dis•ap•point [dɪsə'pɔɪnt] _v/t_ decepcionar; desgostar; desiludir; _hopes:_
frustrar; desapontar; _~•**ment**_ _s_ decepção _f;_ desilusão _f._

dis•ap•prov|al [dɪsə'pruːvl] _s_ desa-
provação _f;_ censura _f;_ _~e_ [dɪsə'pruːv]
_v/t_ desaprovar; _v/i_ não concordar.

dis|arm [dɪs'ɑːm] _v/t_ desarmar _(a._
fig., mil.); _~•**ar•ma•ment**_ [ˌəmənt]
_s_ desarmamento _m._

dis•ar•range [dɪsə'reɪndʒ] _v/t_ desorganizar, pôr em desordem.

dis•ar•ray [dɪsə'reɪ] _s_ desordem _f;_
confusão _f._

di•sas|ter [dɪ'zɑːstə] _s_ desastre _m;_
infelicidade _f;_ catástrofe _f;_ _~•**trous**_
[ˌtrəs] _adj_ □ catastrófico; infeliz; ruinoso.

dis•band [dɪs'bænd] _v/t and v/i_ dispersar.

dis•be|lief [dɪsbɪ'liːf] _s_ descrença _f,_
dúvida _f;_ incredulidade _f;_ _~•**lieve**_
[ˌiːv] _v/t_ não acreditar, descrer; duvidar; _~•**liev•er**_ [ˌiːvə] _s_ descrente _m/f,_
incrédulo _m._

disc [dɪsk] _s_ disco _m (a. anat., tech.);_
**slipped** ~ _med._ disco _m_ deslocado; _~_
**brake** _mot._ travão _m_ de disco.

dis•card [dɪ'skɑːd] _v/t cards, clothes,_
etc.: descartar; pôr de parte, desfazer-
-se de; _friends:_ abandonar.

dis•cern [dɪ'sɜːn] _v/t_ discernir, distinguir; _~•**ing**_ _adj_ □ crítico, perspicaz;
~•**ment** _s_ discernimento _m;_ perspicácia _f._

dis•charge [dɪs't'ʃɑːdʒ] **1.** _v/t_ descarregar; libertar; mandar embora; dispa-

rar; *med.* dar alta (do hospital); *duty:* cumprir, desempenhar; *debt:* pagar, resgatar; *v/i electr.* descarregar-se; *med.* supurar; *of river:* desaguar; **2.** *s of ship:* descarga *f,* descarregamento *m; gun, etc.:* disparo *m; med.* alta *f; electr.* descarga *f;* explosão *f; med.* supuração *f;* demissão *f,* exoneração *f;* resgate; *of duty, etc.:* cumprimento *m.*

dis•ci•ple [dɪ'saɪpl] *s* discípulo *m;* aluno *m.*

dis•ci•pline ['dɪsɪplɪn] **1.** *s* disciplina *f;* **2.** *v/t* disciplinar; **well ~d** disciplinado; **badly ~d** indisciplinado.

disc jock•ey ['dɪskdʒɒkɪ] *s* disco jóquei *m/f.*

dis•claim [dɪs'kleɪm] *v/t* rejeitar; renunciar a; *responsibility:* declinar; *jur.* abdicar de.

dis|close [dɪs'kləʊz] *v/t* revelar, descobrir; expor, divulgar; **~•clo•sure** [_ˈəʊʒə] *s* revelação *f.*

disco F ['dɪskəʊ] *s (pl* **-cos)** discoteca *f;* **~ sound** discosound *m.*

dis•col•o(u)r [dɪs'kʌlə] *v/t and v/i* descolorar; desbotar(-se).

dis•com•fort [dɪs'kʌmfət] **1.** *s* desconforto *m;* inquietação *f;* **2.** *v/t* incomodar.

dis•con•cert [dɪskən'sɜːt] *v/t* desconcertar; perturbar.

dis•con•nect [dɪskə'nekt] *v/t* desligar *(a. electr.); tech.* desligar; *electr. switch off:* desligar; *gas, electricity, phone:* cortar; *teleph. connection:* interromper; **~•ed** *adj* □ desligado.

dis•con•tent [dɪskən'tent] *s* descontentamento *m;* **~•ed** *adj* □ descontente, insatisfeito.

dis•con•tin•ue [dɪskən'tɪnjuː] *v/t* interromper; suspender; *project, etc.:* interromper.

dis•cord ['dɪskɔːd], **~•ance** [dɪs'kɔːdəns] *s* desacordo *m;* discórdia *f; mus.* dissonância *f;* **~•ant** *adj* □ discordante; *mus.* desafinado, dissonante.

dis•co•theque ['dɪskətek] *s* discoteca *f.*

dis•count ['dɪskaʊnt] **1.** *s econ.* desconto *m;* abatimento *m;* **2.** *v/t econ.* descontar, abater, deduzir.

dis•cour•age [dɪs'kʌrɪdʒ] *v/t* desencorajar, desanimar; **~•ment** *s* desâni-

mo *m,* abatimento *m;* desencorajamento *m;* dificuldade *f.*

dis•course ['dɪskɔːs] **1.** *s* discurso *m;* raciocínio *m;* sermão *m,* prédica *f;* **2.** [dɪ'skɔːs] *v/t* conversar; discorrer (**on, upon** sobre).

dis•cour•te•ous [dɪs'kɜːtjəs] *adj* □ indelicado; **~•sy** [_ˈtəsɪ] *s* indelicadeza *f.*

dis•cov•er [dɪ'skʌvə] *v/t* descobrir; encontrar; revelar; **~•e•ry** [_ərɪ] *s* descoberta *f.*

dis•cred•it [dɪs'kredɪt] **1.** *s* descrédito *m;* má reputação *f;* **2.** *v/t* desacreditar; duvidar.

dis•creet [dɪ'skriːt] *adj* □ discreto; prudente, avisado.

dis•crep•an•cy [dɪ'skrepənsɪ] *s* discrepância *f;* divergência *f.*

dis•cre•tion [dɪ'skreʃn] *s* discrição *f;* prudência *f;* sagacidade *f;* reserva *f,* circunspecção *f.*

dis•crim•i•nate [dɪ'skrɪmɪneɪt] *v/t* discriminar (**against** contra); *v/i* diferenciar (**between** entre); **~•nat•ing** *adj* □ discriminativo; crítico; com discernimento; **~•na•tion** [_ˈneɪʃn] *s* discriminação *f;* tratamento *m* discriminatório; diferença *f;* perspicácia *f;* discernimento *m.*

dis•cus ['dɪskəs] *s sports:* disco *m;* **~ throw** lançamento *m* do disco; **~ thrower** lançador/a *m/f* de disco.

dis•cuss [dɪ'skʌs] *v/t* discutir, debater, questionar; **dis•cus•sion** [_ˈʌʃn] *s* discussão *f,* debate *m.*

dis•dain [dɪs'deɪn] **1.** *s* desdém *m,* desprezo *m;* **2.** *v/t* desdenhar; menosprezar.

dis•ease [dɪ'ziːz] *s* doença *f;* **~d** *adj* doente.

dis•em•bark [dɪsɪm'bɑːk] *v/t* desembarcar.

dis•en•chant•ed [dɪsɪn'tʃɑːntɪd] *adj:* **be ~ with** estar desiludido com.

dis•en•gage [dɪsɪn'geɪdʒ] *v/t and v/i* libertar(-se); separar-se; *tech.* desengatar.

dis•en•tan•gle [dɪsɪn'tæŋgl] *v/t* desenredar, deslindar; desembaraçar(-se) (**from** de).

dis•fa•vo(u)r [dɪs'feɪvə] *s* desfavor *m.*

dis•fig•ure [dɪs'fɪgə] *v/t* desfigurar.

D

dis•grace [dɪs'greɪs] **1.** *s* desgraça *f;* desonra *f,* vergonha *f;* **2.** *v/t* desgraçar; desonrar; *fall into* ~ cair em desgraça; **~•ful** *adj* □ infame, vergonhoso.

dis•guise [dɪs'gaɪz] **1.** *v/t* disfarçar; dissimular; mascarar (*as* de); **2.** *s* disfarce *m;* máscara *f;* dissimulação *f; in* ~ mascarado; *fig.* disfarçado.

dis•gust [dɪs'gʌst] **1.** *s* repugnância *f;* aversão *f;* **2.** *v/t* repugnar; causar aversão; **~•ing** *adj* □ chocante; repugnante.

dish [dɪʃ] **1.** *s* prato *m;* travessa *f;* prato *m* (comida); *the ~es* a loiça; *do the ~es* lavar a loiça; F *TV* antena *f* parabólica; **2.** *v/t mst* ~ *up* servir refeição; F cozinhar factos, histórias, argumentos; ~ *out* F distribuir; **~•cloth** *s* esfregão *m* da loiça;

dis•heart•en [dɪs'hɑːtn] *v/t* desencorajar, desanimar.

dis•hon•est [dɪs'ɒnɪst] *adj* □ desonesto, fraudulento; **~•y** [_ɪ] *s* desonestidade *f.*

dis•hon|o(u)r [dɪs'ɒnə] **1.** *s* desonra *f,* vergonha *f;* descrédito *m;* **2.** *v/t* desonrar; *econ. bill etc.:* não pagar, não honrar; **~•o(u)•ra•ble** *adj* □ desonroso, indigno.

dish| tow•el *s* pano *m* da loiça; **~•wash•er** *s* máquina *f* de lavar a loiça; **~•wa•ter** *s* água *f* de lavar a loiça.

dis•il•lu•sion [dɪsɪ'luːʒn] *s* desilusão *f,* decepção *f;* desengano *m;* **2.** *v/t* desiludir, decepcionar; *be ~ed with* estar desiludido com.

dis•in•clined [dɪsɪn'klaɪnd] *adj* não disposto a.

dis•in|fect [dɪsɪn'fekt] *v/t* desinfectar; **~•fec•tant** *s* desinfectante *m.*

dis•in•her•it [dɪsɪn'herɪt] *v/t* deserdar.

dis•in•te•grate [dɪs'ɪntɪgreɪt] *v/i* desintegrar(-se); desagregar(-se).

dis•in•terest•ed [dɪs'ɪntrəstɪd] *adj* □ desinteressado; altruístico; imparcial, sem preconceito.

disk [dɪsk] *s esp. Am.* → *Br.* **disc;** *computer:* disquete *f;* ~ *drive* unidade *f* de disco.

disk•ette ['dɪsket, dɪ'sket] *s computer:* disquete *f.*

dis•like [dɪs'laɪk] **1.** *s* antipatia *f (of, for); take a* ~ *to s.o.* começar a antipatizar com alguém; **2.** *v/t* não gostar, antipatizar.

dis•lo•cate ['dɪsləkeɪt] *v/t med.* sofrer uma luxação; deslocar.

dis•loy•al [dɪs'lɔɪəl] *adj* □ desleal.

dis•mal ['dɪzməl] *adj* □ triste, deprimido; sombrio.

dis•man•tle [dɪs'mæntl] *v/t* desmantelar; desarmar; *tech.* desmontar; *trade barriers:* abolir; *mar.* desaparelhar ou desarmar um navio.

dis•may [dɪs'meɪ] **1.** *s* consternação *f;* espanto *m; in* ~, *with* ~ com consternação; *to my* ~ para meu espanto; **2.** *v/t* consternar, desapontar.

dis•miss [dɪs'mɪs] *v/t* mandar embora, despedir; rejeitar; *jur.* indiferir; **~•al** [_l] demissão *f;* despedimento *m;* destituição *f;* rejeição *f.*

dis•mount [dɪs'maunt] *v/t* desmontar; *tech.* desmontar, desarmar; *v/i* apear(-se), descer (*from* de).

dis•o•be•di|ence [dɪsə'biːdɪəns] *s* desobediência *f;* **~•ent** *adj* □ desobediente.

dis•o•bey [dɪsə'beɪ] *v/t and v/i* desobedecer, ser desobediente

dis•or•der [dɪs'ɔːdə] **1.** *s* desordem *m,* confusão *f;* tumulto *m; med.* indisposição *f,* enfermidade *f;* **2.** *v/t* desordenar, desarranjar; transtornar; **~•ly** *adj* desordenado; desregrado; turbulento; desarranjado.

dis•or•gan•ize [dɪs'ɔːgənaɪz] *v/t* desorganizar.

dis•own [dɪs'əun] *v/t* negar; repudiar; *child:* deserdar, recusar.

di•spar•age [dɪ'spærɪdʒ] *v/t* denegrir; rebaixar; desacreditar.

di•spar•i•ty [dɪ'spærətɪ] *s* disparidade *f;* ~ *of* or *in age* diferença *f* de idades.

dis•pas•sion•ate [dɪ'spæʃnət] *adj* □ sem paixão; imparcial, objectivo.

di•spatch [dɪ'spætʃ] **1.** *s* remessa *f;* rapidez *f; of news correspondent:* comunicado *m;* **2.** *v/t* expedir; despachar.

di•spel [dɪ'spel] *v/t* (*-ll-*) *crowd, etc.:* dispersar (*a. fig.*); *fog:* dissipar-se.

di•spen•sa•ble [dɪ'spensəbl] *adj* dispensável.

dis•pen•sa•tion [dɪspen'seɪʃn] *s* distribuição *f;* dispensa *f,* desobrigação *f* (*with* de); dispensa *f* religiosa.

di•spense [dɪ'spens] v/t distribuir, entregar; *medicine, etc.:* aviar; **~ *justice*** administrar justiça; v/i: **~ *with*** prescindir, dispensar; **di•spens•er** s doador/a m/f; *for stamps, etc.:* máquina f automática de vendas; → **cash dispenser.**

di•sperse [dɪ'spɜːs] v/t and v/i dispersar(-se).

di•spir•it•ed [dɪ'spɪrɪtɪd] adj desalentado, desanimado.

dis•place [dɪs'pleɪs] v/t deslocar; despedir, demitir; substituir.

dis•play [dɪ'spleɪ] **1.** s mostra f; exposição f, exibição f; *computer: etc.:* colocação em tipo maior para melhor visibilidade; ostentação, exibicionismo; **be on ~** encontrar-se em exposição; **2.** v/t exibir, expor, mostrar.

dis|please [dɪs'pliːz] v/t desagradar; **~•pleased** adj descontente; **~•pleasure** [ˌˈpleʒə] s descontentamento m.

dis|po•sa•ble [dɪ'spəʊzəbl] **1.** adj descartável; disponível; **2.** s mst pl produtos descartáveis; **~•pos•al** [ˌzl] s of waste, etc.: eliminação f, destruição f; arrumação f; transmissão f; alienação f; **be (put) at s.o.'s ~** estar (pôr) à disposição de alguém; **~•pose** [ˌəuz] v/t dispor; ordenar; induzir, persuadir, levar alguém a; **~ of** pôr de parte; desfazer-se de; **~•posed** adj inclinado, disposto a; **~•po•sition** [dɪspə'zɪʃn] s disposição f; ordem f; arranjo m; distribuição f; humor m, estado m de espírito.

dis•pos•sess [dɪspə'zes] v/t desalojar; privar (**of** de).

dis•pro•por•tion•ate [dɪsprə'pɔːʃnət] adj □ desproporcionado.

dis•prove [dɪs'pruːv] v/t refutar, contestar.

di•spute [dɪ'spjuːt] **1.** s contestação f; conflito m, disputa f; controvérsia f; **2.** v/t contestar; argumentar; disputar, discutir.

dis•qual•i•fy [dɪs'kwɒlɪfaɪ] v/t invalidar; incapacitar; *sports:* desqualificar.

dis•qui•et [dɪs'kwaɪət] v/t **1.** inquietar; **2.** s inquietação f.

dis•re•gard [dɪsrɪ'gɑːd] **1.** s indiferença f; desconsideração f; inobservância f; **2.** v/t ignorar; desconsiderar.

dis|rep•u•ta•ble [dɪs'repjʊtəbl] adj □ desonroso; não respeitável; com má reputação; **~•re•pute** [dɪsrɪ'pjuːt] s descrédito m; má reputação f.

dis•re•spect [dɪsrɪ'spekt] s desrespeito m, falta f de respeito; desconsideração f; **~•ful** adj □ desrespeitoso, irreverente.

dis•rupt [dɪs'rʌpt] v/t interromper; afectar; destroçar.

dis•sat•is•fac•tion [dɪssætɪs'fækʃn] s descontentamento m; **~•fy** [dɪs'sætɪsfaɪ] v/t desagradar, descontentar, não satisfazer.

dis•sect [dɪ'sekt] v/t dissecar.

dis•sen|sion [dɪ'senʃn] s dissensão f, discórdia f; divergência f; **~t 1.** discordância f; **2.** v/i divergir, discordar (**from** de); **~•ter** s dissidente m/f.

dis•si•dent [dɪ'sɪdənt] **1.** adj dissidente; crítico; **2.** s dissidente m/f (a. pol.).

dis•sim•i•lar [dɪ'sɪmɪlə] adj □ **(to)** diferente; dissemelhante.

dis•si•pate ['dɪsɪpeɪt] v/i dissipar; esbanjar; **~•pat•ed** adj devasso; licencioso.

dis•so•ciate [dɪ'səʊʃɪeɪt] v/t and v/i dissociar(-se); distanciar(-se).

dis•so|lute ['dɪsəluːt] adj □ dissoluto; devasso; **~•lu•tion** [dɪsə'luːʃn] s dissolução f; jur. anulação f.

dis•solve [dɪ'zɒlv] v/t and v/i dissolver(-se); *friendship:* desfazer(-se); liquefazer(-se).

dis•so•nant ['dɪsənənt] adj □ mus. dissonante; desafinado; *fig.* discordante.

dis•suade [dɪ'sweɪd] v/t dissuadir (**from** de).

dis|tance ['dɪstəns] s distância f; intervalo m; afastamento m; espaço m; período m; **at a ~** à distância; **in the ~** ao longe; **keep s.o. at a ~** pôr (manter) alguém à distância; **long/middle ~** *sports:* fundo, meio-fundo; **2** v/t distanciar-se; passar à frente; **~•tant** adj □ distante; reservado; distanciado.

dis•taste [dɪs'teɪst] s antipatia f, aversão f; desagrado m; **~•ful** adj: **be ~ to s.o.** ser desagradável para alguém.

dis•tem•per[1] [dɪ'stempə] s of animals: enfermidade f, doença f; tosse f canina.

dis•tem•per² [_] *s* tinta *f* à têmpera, guache *m.*

dis•til(l) [dɪ'stɪl] *v/t (-ll-) chem.* destilar *(a. fig.);* **dis•til•le•ry** [_lərɪ] *s* destilaria *f.*

dis|tinct [dɪ'stɪŋkt] *adj* □ distinto, diferente; nítido; **~•tinc•tion** [_kʃn] *s* distinção *f;* **~•tinc•tive** *adj* □ distintivo; identificativo; característico.

dis•tin•guish [dɪ'stɪŋwɪʃ] *v/t* distinguir; diferenciar; honrar; reconhecer; **~ o.s.** distinguir-se, salientar-se; **~ed** *adj* ilustre, notável, distinto.

dis•tort [dɪ'stɔːt] *v/t* distorcer *(truth, etc.);* desfigurar; **dis•tor•tion** [_ʃən] *s* distorção *f;* deformação *f;* **~ of competition** distorção *f* da concorrência.

dis•tract [dɪ'strækt] *v/t* distrair; afastar; confundir; **~•ed** *adj* □ fora de si; com a cabeça perdida, desvairado **(by, with);** *with pain, etc.:* louco; **dis•trac•tion** [_kʃn] *s* distracção *f;* desorientação *f;* loucura *f.*

dis•tress [dɪ'stres] **1.** *s* angústia *f,* aflição *f;* dificuldade *f;* esgotamento *m;* **2.** *v/t* angustiar, afligir, atormentar; esgotar; **~•ed** *adj* angustiado; aflito; **~ area** *Br.* zona *f* de calamidade pública.

dis|trib•ute [dɪ'strɪbjuːt] *v/t* distribuir, repartir; espalhar; **~•tri•bu•tion** [dɪstrɪ'bjuːʃn] *s* distribuição *f.*

dis•trict ['dɪstrɪkt] *s* bairro *m;* jurisdição *f;* divisão *f* administrativa.

dis•trust [dɪs'trʌst] **1.** *s* desconfiança *f;* suspeição *f;* **2.** *v/t* desconfiar; suspeitar; **~•ful** *adj* □ desconfiado.

dis•turb [dɪ'stɜːb] *v/t and v/i* perturbar, incomodar; **~•ance** *s* distúrbio *m;* perturbação *f;* confusão *f;* **~ of the peace** *jur.* perturbação *f* da paz; **cause a ~** causar distúrbios, provocar agitação; **~•ed** *adj* perturbado; desorientado.

dis•used [dɪs'juːzd] *adj machine, mine etc.:* desactivado.

ditch [dɪtʃ] **1.** *s* fosso *m;* vala *f;* **2.** *v/t sl.* abandonar, livrar-se ou pôr de parte uma pessoa.

di•van [dɪ'væn, *Am.* 'daɪvæn] *s* divã *m;* **~ bed** sofá-cama *m.*

dive [daɪv] **1.** *v/i (dived* or *Am. a. dove, dived)* mergulhar; *from div-*

ingboard: saltar; *aer.* descer a pique; **2.** *s swimming:* mergulho *m,* mergulho *m* de cabeça; F espelunca *f;* **div•er** ['daɪvə] *s* mergulhador *m/f.*

di•verge [daɪ'vɜːdʒ] *v/i* divergir; fazer divergir; afastar-se; **di•ver•gence** *s* divergência *f;* **di•ver•gent** *adj* □ divergente.

di•vers ['daɪvɜːz] *adj* diversos, vários.

di•verse [daɪ'vɜːs] *adj* □ diverso, diferente, variado; **di•ver•si•fy** [_sɪfaɪ] *v/t* diversificar; **di•ver•sion** [_ɜːʃn] *s* diversão *f;* desvio *m;* digressão *f;* passatempo *m;* distracção *f;* **di•ver•si•ty** [_sətɪ] *s* diversidade *f;* variedade *f.*

di•vert [daɪ'vɜːt] *v/t* distrair, divertir; *traffic:* desviar.

di•vide [dɪ'vaɪd] **1.** *v/t* dividir, separar; lançar na discórdia; *math.* dividir **(by** por); *v/i* dividir-se; **2.** *s geogr.* linha *f* divisória de águas; **di•vid•ed** *adj* dividido; **~ highway** *Am.* via *f* rápida.

div•i•dend *econ.* ['dɪvɪdend] *s* dividendo *m.*

di•vid•ers [dɪ'vaɪdəz] *s pl* parede *f* divisória; *math.* **(a pair of ~** um) compasso *m.*

di•vin|e [dɪ'vaɪn] **1.** *adj* □ **(~r, ~st)** divino, perfeito; **2.** *s* sacerdote *m;* pastor *m;* **3.** *v/t* adivinhar, predizer.

div•ing ['daɪvɪŋ] *s* mergulho *m;* *aer.* voo *m* picado; *sports:* saltos *m pl;* **~•board** prancha *f;* **~•suit** fato *m* de mergulhador.

di•vin•i•ty [dɪ'vɪnətɪ] *s* divindade *f;* teologia *f.*

di•vis•i•ble [dɪ'vɪzəbl] *adj* □ divisível; **di•vi•sion** [_ʒn] *s* divisão *f;* distribuição *f;* divisória *f;* *mil., math.* divisão *f.*

di•vorce [dɪ'vɔːs] **1.** *s* divórcio *m;* separação *f;* **get a ~** divorciar-se **(from** de); **2.** *v/t* divorciar-se; separar-se; **di•vor•cee** [dɪvɔː'siː] *s* divorciada *f.*

diz•zy ['dɪzɪ] *adj* □ **(-ier, -iest)** tonto, com vertigens, atordoado.

do [duː] **(did, done)** *v/t* fazer; agir; arranjar, preparar; *room:* arrumar; *dishes:* lavar; *impersonate:* representar; *distance:* percorrer; **~ you know him? – no, I don't** conhece-o?

– não; **what can I ~ for you?** posso ajudá-lo?, em que posso ser-lhe útil; **~ London** F visitar Londres; **have one's hair done** ir arranjar o cabelo; **have done reading** acabar de ler; v/i fazer, tratar de; ser suficiente, bastar; **that will ~** já chega; **how ~ you ~?** como está? **~ be quick** despacha-te, apressa-te; **~ you like London? – I ~** gosta(s) de Londres? – gosto, sim; **do s.o./ /oneself well** tratar/tratar-se bem; *with adverbs and prepositions:* **~ away with** matar; suprimir; **~ for:** F **be done for** estar tramado *(a. fig.);* **~ in** *sl. kill:* matar; **I'm done in** F estou estoirado; **~ up** *dress, etc.:* fazer emenda, *house, etc.:* renovar; *parcel:* fazer, (embrulhar); **do o.s. up** arranjar-se; **I'm done up** F estou bem arranjado, estou feito; **I could ~ with...** fazia-me bem...; **~ without** dispensar, passar sem; fazia-me jeito; **done.**

dock[1] [dɒk] v/t cortar; podar; *fig.* reduzir.

dock[2] [_] s *mar.* doca f; cais m; estaleiro m; **2** v/t and v/i ship: conduzir para a doca; entrar em doca; *space craft:* acoplar, acoplar-se; **~•ing** s colocação f em doca; *of spacecraft:* acoplação f; **~•yard** s *mar. esp. Br.* estaleiro m.

doc•tor ['dɒktə] **1.** s doutor/a *m/f;* médico/a *m/f;* **2.** v/t F medicar; F adulterar, falsificar;

doc•trine ['dɒktrɪn] s doutrina f; ensinamento m.

doc•u•ment 1. s ['dɒkjuːmənt] documento m; **2.** v/t [_ ment] documentar.

doc•u•men•ta•ry [dɒkju'mentrɪ] **1.** *adj* documental; **2.** s documentário m.

dodge [dɒdʒ] **1.** s finta f; evasiva f; salto m para o lado; expediente m, truque m; **2.** v/i esquivar-se, furtar-se, saltar para o lado; v/t iludir, fintar; **dodg•er** s espertalhão/ona *m/f;* trapaceiro/a *m/f;* → **fare dodger.**

doe *zoo.* [dəʊ] s corça f; fêmea f de gamo, coelho, lebre, cabrito.

dog [dɒg] **1.** *zoo.* s cão m; **a ~'s life** F vida de cão; **2.** v/t **(-gg-)** seguir de perto como um cão; **~-eared** *adj*

book: com os cantos das folhas dobrados, muito manuseado; **~•ged** ['dɒgɪd] *adj* □ teimoso, persistente; casmurro.

dog•ma ['dɒgmə] s dogma *m;* **~•ic** [dɒg'mætɪk] *adj* **(-ally-)** dogmático.

dog-tired F [dɒg'taɪəd] *adj* exausto, morto de cansaço.

do•ings ['duːɪŋz] s pl acções f pl; feitos m pl; acontecimentos m pl; conduta f.

do-it-your•self [duːɪtjɔː'self] **1.** s faça-você-mesmo; **2.** *adj* habilidoso.

dole [dəʊl] **1.** s F *Br.* desemprego *m;* F subsídio m de desemprego; **be on the ~** estar a receber subsídio de desemprego; **2.** v/t: **~ out** repartir.

doll [dɒl] **1.** s boneca f; F pequena f, garota f; **2.** v/t **~ (o.s.) up** aperaltar-se, vestir-se de ponto em branco.

dol•lar ['dɒlə] s dólar m.

dol•phin *zoo.* ['dɒlfɪn] s golfinho m.

do•main [dəʊ'meɪn] s domínio *m; fig.* âmbito m, esfera f de acção.

dome [dəʊm] s cúpula f; **~d** *adj* abobadado.

do•mes|tic [də'mestɪk] **1.** *adj* **(~ally)** doméstico, caseiro, familiar; interno, nacional; **~ animal** animal m doméstico; **~ flight** *aer.* voo m doméstico; **~ market** mercado m interno; **~ trade** comércio m interno; **2.** s criado/a *m/f;* serviçal *m/f;* **~•ti•cate** [_ eɪt] v/t domesticar.

dom•i•cile ['dɒmɪsaɪl] s domicílio m

dom•i•nant ['dɒmɪnənt] *adj* □ dominante; **~ market position** *econ.* posição dominante no mercado; **~•nate** [_ eɪt] v/t dominar; **~•na•tion** [dɒmɪ'neɪʃn] s dominação f; **~•neer•ing** [_ ɪərɪŋ] *adj* □ dominador, autoritário, tirânico.

do•min•ion [də'mɪnɪən] s domínio *m;* soberania f.

dom•i•no ['dɒmɪnəʊ] s *(pl. -noes)* dominó m; **~ effect** *pol.* efeito m de dominó.

do•nate [dəʊ'neɪt] v/t doar; **do•na•tion** [_ eɪʃn] s doação f; donativo m.

done [dʌn] **1.** *pp of* **do; 2.** *adj* feito; acabado; pronto; *cooking:* pronto; bem passado; **~ in or for** F *tired, etc.:* exausto.

don•key *zoo.* ['dɒŋkɪ] s burro m.

D

do•nor ['dəʊnə] *s (med. esp.)* dador/a *m/f.*

doom [duːm] **1.** *s* destino *m;* fatalidade *f;* **2.** *v/t* condenar; **~s•day** ['duːmzdeɪ] *s* o dia *m* do Juízo Final; *till* **~** F eternamente.

door [dɔː] *s* porta *f;* **next ~** ao lado; **~-han•dle** *s* puxador *m* da porta; **~keep•er** *s* porteiro *m;* **~•man** *s* porteiro *m;* **~•step** *s* degrau *m;* **~ sel•ling** *econ.* venda *f* porta a porta; **~•way** *s* vão *m* da porta, entrada *f.*

dope [dəʊp] **1.** *s* F droga *f,* narcótico *m,* estupefaciente *m; sports:* doping *m,* excitante *m; Am.* F *s* toxicodependente *m/f; sl. s* tonto, cretino; F informação *f* secreta; **2.** *v/t* F tomar estupefacientes ou excitantes; *sports:* dopar; **~ ad•dict, ~ fiend** *s* F toxicodependente; **~ test** controlo *m* de doping.

dorm F [dɔːm] → *dormitory.*

dor•mant *mst fig.* [dɔːmənt] *adj* sonolento, dormente, inactivo.

dor•mer (win•dow) ['dɔːmə('wɪndəʊ)] *s* janela *f* sobressaída de sótão, trapeira *f.*

dor•mi•to•ry ['dɔːmɪtrɪ] *s* dormitório *m; esp. Am.* residência *f* para estudantes.

dose [dəʊs] **1.** *s* dose *f;* **2.** *v/t* medicar; dosear.

dot [dɒt] **1.** *s* ponto *m;* pinta *f;* salpico *m; on the* **~** precisamente à hora marcada; *three dots* reticências; **2.** *v/t (-tt-)* marcar com pontos; *fig.* salpicar; *~ted line* linha ponteada.

dote [dəʊt] *v/i:* **~ on, upon** amar loucamente; ter um fraco por; mimar; **dot•ing** *adj* □ louco.

dou•ble ['dʌbl] **1.** *adj* □ *adj* duplo; (→ *taxation*); em dois; duplicado; ambíguo; **2.** *s* dobro *m;* duplo *m;* substituto *m;* sósia *m/f; cinema, TV:* duplo *m;* **~•s** *sg, pl tennis, etc.:* pares; *men's/women's* **~•s** *sg, pl* pares masculinos/femininos; **3.** *v/t* dobrar; duplicar; *cinema, film, TV:* dobrar um actor; *a.* **~ up** enrolar, dobrar; duplicar; **~ up** curvar-se, vergar-se; **~breast•ed** *adj jacket:* assertoado; **~-check** *v/t* conferir duas vezes; **~chin** *s* papada *f;* queixo *m* duplo; **~cross** *v/t* enganar, trair; **~-deal•ing**

1. *adj* falso, desonesto; **2.** *s* desonestidade *f;* **~-deck•er** *s* autocarro *m* de dois pisos; **~ edged** *adj* de dois gumes, de duplo sentido; **~-en•try** *econ.* entrada dupla no livro de contas; **~-faced** *adj* falso, pouco sincero; **~-park•ing** *s* estacionamento *m* em duas filas; **~ quick** *adv* F em passo de corrida; **~-talk** *s* conversa *f* de duplo sentido.

doubt [daʊt] **1.** *v/i* duvidar, pôr em dúvida; *v/t* desconfiar; hesitar; **2.** *s* dúvida *f; be in* **~** *about* ter dúvidas sobre; *no* **~** sem dúvida, obviamente; *there's no* **~** *about it* sem qualquer sombra de dúvida; **~•ful** *adj* □ duvidoso; **~•less** *adv* sem dúvida.

dough [dəʊ] *s* massa *f* de pão; **~•nut** ['_nʌt] *s* fritura doce de forma redonda; *doughnut m.*

dove[1] *zoo.* [dʌv] *s* pombo/a *m/f.*

dove[2] *Am.* [dəʊv] *pret of dive* 1.

dow•el *tech.* ['daʊəl] *s* taco *m;* cavilha *f.*

down[1] [daʊn] *s* duna *f;* penugem *f;* *the* **~s** *pl.* as Dunas; *the ups and* **~s** os altos e baixos.

down[2] [_] **1.** *adv* para baixo, abaixo, em baixo, no chão; **2.** *prep.* em baixo, debaixo, abaixo; **~ the river** rio abaixo; **3.** *adj* descendente; abatido, triste; **4.** *v/t* abater, derrubar; *aircraft:* abater; F *drink* emborcar; **~ tools** suspender o trabalho, entrar em greve; **~•cast** *adj* deprimido; **~•er** *s sl.* calmante *m;* **~•fall** *s* carga *f* de água; *fig.* ruína *f; of state:* desagregação *f;* **~•heart•ed** *adj* □ desanimado; **~•hill** **1.** *adv* pela encosta abaixo; **2.** *adj* inclinado; **3.** *s* encosta *f;* declive *m;* **~pay•ment** *s econ.* sinal *m,* pagamento *m* de entrada; **~•pour** *s* chuvada *f;* aguaceiro *m;* **~•right** **1.** *adv* positivamente, totalmente; **2.** *adj* franco, sincero; perfeito; **~•stairs** *adv* em baixo, no andar de baixo, no piso inferior; **~•stream** *adv* rio abaixo; **~to-earth** *adj* realista; **~•town** *Am.* **1.** *adv and adj Am.* no centro da cidade, na Baixa; **2.** *s* a Baixa *f;* **~•ward(s)** *adv* para baixo.

dow•ry ['daʊərɪ] *s* dote *m.*

doze [dəʊz] **1.** *v/i* dormitar; F passar pelas brasas; **2.** *s* F soneca *f.*

do•zen ['dʌzn] *s* dúzia *f.*

drab [dræb] *adj* monótono, insípido; pardo.

draft [drɑːft] **1.** *s* esboço *m*, rascunho *m;* plano *m;* projecto *m; of money:* saque *m;* ordem *m* de pagamento; *econ.* título *m*, letra *f* de câmbio; *mil.* destacamento *m;* contingente *m* especial; *Am. mil.* incorporação *f*, recrutamento *m; esp. Br.* → **draught; 2.** *v/t* esboçar, fazer um rascunho; elaborar um plano ou um projecto; *mil.* recrutar; **~•ee** *Am. mil.* recruta *m/f;* **~s•man** *s esp. Am.* → **draughts-man; ~•y** *Am.* [ˌɪ] *adj (-ier. -iest)* → **draughty.**

drag [dræg] **1.** *s* puxão *m; mar.* rede *m* de arrasto; gradc *m* de lavoura; calço *m;* travão *m;* F chatice *f*, maçada *f;* resistência *f;* **2.** *v/t (-gg-)* arrastar, puxar; dragar; *v/i* arrastar-se; **~ behind** ficar para trás, estar atrasado; **~ down** desmoralizar; **~ in** introduzir desnecessariamente (tema, palavra, etc.); **~ on** *fig.* arrastar, arrastar-se; **~ out** arrancar (confissão, declaração) à força.

dra•gon ['drægən] *s* dragão *m;* **~•fly** *s zoo.* libélula *f.*

drain [dreɪn] **1.** *s* tubo *m*, cano *m* (de esgoto), dreno *m;* **2.** *v/t* escoar, drenar; secar; *fig.* esgotar, exaurir; **~ off**, **~ away** escorrer, escoar-se; **~•age** [ˈˌɪdʒ] *s* drenagem *f*, escoamento *m;* sistema *m* de esgotos; **~-pipe** *s* cano *m* de esgoto.

drake *zoo.* [dreɪk] *s* pato *m* macho, pato-marreco *m.*

dram F [dræm] *s* golo *m*, trago *m.*

dra•ma ['drɑːmə] *s* drama *m*, teatro *m;* **~•mat•ic** [drəˈmætɪk] *adj (~ally)* dramático; **~•ma•tist** ['dræmətɪst] *s* dramaturgo *m;* **~•ma•tize** [ˌtaɪz] *v/t* dramatizar.

drank [dræŋk] *pret of* **drink** 2.

drape [dreɪp] **1.** *v/t* adornar; drapejar; **2.** *s mst pl Am.* cortinas *f pl;* **dra•pe•ry** ['dreɪpərɪ] *s* comércio *m* de fazendas; indústria *f* de tecidos.

dras•tic ['dræstɪk] *adj (~ally)* drástico.

draught [drɑːft] *s* corrente *f* de ar; tiragem *f* de ar; trago *m* de bebida; rede *m* de arrasto; *mar.* calado; **~s** *sg*

Br. jogo *m* de damas; **~ beer** imperial *f;* **~•horse** *s* cavalo *m* de tiro; **~s•man** *Br.* pedra *f* do jogo de damas; *tech.* desenhador *m* (de construção); **~•y** *(-ier, -iest) adj* ventoso, exposto à corrente de ar.

draw [drɔː] **1.** *v/t and v/i (drew, drawn)* puxar; arrastar; *med. blood:* fazer correr ou sair; *econ. money:* levantar, sacar; *customers:* atrair; *attention:* chamar, atrair (**to** para); *beer:* tirar; *animal:* puxar; *tea:* abrir; *cheque:* passar; *sports:* empatar; desenhar; traçar; tirar à sorte; **~ breath** respirar; **~ a conclusion** tirar uma conclusão; **~ near** aproximar-se; **~ to a close** terminar, aproximar-se do termo; **the days are ~ing in** os dias estão a ficar mais pequenos; **~ on** servir-se de *(experiência, currículo, etc.);* **~ on, upon** sacar *(money);* **~ out** prolongar *(stay);* **~ up** *plan, paper, etc.:* redigir, esboçar; **2.** *s in lottery:* extracção *f; sports:* empate *m*, igualdade *f;* atracção *f;* chamariz *m;* **draw•back** ['drɔːbæk] *s* desvantagem *f;* obstáculo *m.*

draw•er[1] ['drɔːə] *s* desenhador *m; econ. of bill:* sacador *m.*

draw•er[2] ['drɔː(ə)] *s* gaveta *f;* **chest of ~s** cómoda *f; dated: (a pair of) ~s** ceroulas *f pl.*

draw•ing ['drɔːɪŋ] *s* extracção *f;* tiragem *f;* desenho *m;* **~ ac•count** *s econ.* conta-corrente *f;* **~-board** *s* prancheta *f* de desenho; **~-pin** *s Br.* punaise *m*, percevejo *m;* **~-room** *s* salão *m;* sala *f* de visitas; → **living room.**

drawl [drɔːl] **1.** *v/t and v/i* falar de forma arrastada; **2.** *s* maneira de falar arrastada ou indolente.

drawn [drɔːn] **1.** *pp of* **draw** 1; **2.** *adj sports:* empatado.

dread [dred] **1.** *s* medo *m*, receio *m*, temor *m*, pavor *m;* **2.** *v/t* temer; **~•ful** *adj* □ terrível, medonho.

dream [driːm] **1.** *s* sonho *m;* **day-~** fantasia *f*, devaneio *m;* **2.** *v/t and v/i (dreamed or dreamt)* sonhar; **~•er** *s* sonhador/a *m/f;* **~t** [dremt] *pret and pp of* **dream** 2; **~•y** *adj* □ *(-ier, -iest)* sonhador.

drear•y ['drɪərɪ] *adj* □ *(-ier, -iest)* triste; lúgubre; monótono.

D

dredge [dredʒ] **1.** s draga f; dragador m; **2.** v/t dragar.

dregs [dregz] s pl sedimento m, depósito m; fig. a ralé f.

drench [drentʃ] v/t encharcar.

dress [dres] **1.** s vestido m; vestuário m; **2.** v/t and v/i vestir, vestir-se; enfeitar, decorar; arranjar, preparar; *food, salad:* temperar; vestir fato de cerimónia; *med.* fazer curativo; ~ **down** F dar uma reprimenda ou uma sova; ~ **up** vestir trajo de cerimónia, mascarar-se; ~ **cir•cle** s *thea.* primeiro balcão; ~ **de•si•gner** s costureiro m; modista; ~**er** s aparador m; toucador m; cómoda f.

dress•ing ['dresɪŋ] s acto m de vestir; *med.* tratamento m, curativo m, penso m; *of salad:* tempero m; recheio m; ~**-down** F grande sova; ~**-gown** s roupão m; ~**-ta•ble** s toucador m.

dress•mak•er ['dresmeɪkə] s costureira f.

drew [druː] *pret of* **draw** 1.

drib•ble ['drɪbl] v/i gotejar; *soccer:* fintar, driblar.

dried [draɪd] adj seco.

dri•er ['draɪə] → **dryer**.

drift [drɪft] s corrente f; curso m do vento ou da água; movimento m; nevão m; fig. tendência f; **2.** v/i and v/t ser levado pela corrente; agitar-se; flutuar; amontoar(-se), acumular(-se); andar à deriva.

drill [drɪl] **1.** s broca f; berbequim m; furador m; *agr.* sulco m para lançar a semente; *mil.* instrução f, disciplina f (a. fig.); **2.** v/t furar, perfurar; *mil., fig.* treinar, exercitar.

drink [drɪŋk] **1.** s bebida f; **2.** v/t and v/i **(drank, drunk)** beber; ~ **to s.o.** beber à saúde de alguém; ~ **to sth.** beber por um desejo; ~**er** s bebedor m.

drip [drɪp] **1.** s gota f; **2.** v/i and v/t **(-pp-)** gotejar, cair em gotas; escorrer; pingar; ~**-dry** adj *shirt, etc.:* sem vincos; ~**ping 1.** s gordura f de assado; banha f; pingue m; **2.** adj gotejante; **3.** adv: ~ **wet** encharcado, molhado até aos ossos.

drive [draɪv] **1.** s passeio m de carro; caminho m; acesso m à auto-estrada; *tech.* transmissão f mecânica, comando m; condução f; *psych.* instinto m, vonta-

de f; fig. campanha f; fig. energia f, actividade f, elã m, dinâmica f; **2. (drove, driven)** v/t accionar; *car, etc.:* guiar, conduzir; *tech.* impelir, forçar; a. ~ **off** expulsar; v/i partir de carro; ~ **at** ter em mente ou como intenção; *what are you driving at?* F onde é que queres chegar, que queres dizer com isso?

drive-in ['draɪvɪn] adj restaurante ou cinema onde os clientes ou espectadores assistem ao filme sem saírem dos carros; autocine m: ~ **cinema,** Am. ~ **movie (theater);** ~ **restaurant;** *of bank:* caixa m automático.

driv•el ['drɪvl] **1.** v/i (esp. Br. **-ll-,** Am. **-l-**) dizer tolices; **2.** s conversa f disparatada.

driv•en ['drɪvn] pp of **drive** 2.

driv•er ['draɪvə] s mot. condutor/a m/f; motorista m/f; maquinista m; ~**'s li•cense** Am. carta f de condução.

driv•ing ['draɪvɪŋ] adj motriz; que guia; ~ **li•cense** Br. carta f de condução.

driz•zle ['drɪzl] **1.** s chuva f miúda; **2.** v/i chuviscar.

drone [drəʊn] **1.** s zoo. zângão m; fig. mandrião m, preguiçoso m; **2.** v/i zumbir; preguiçar.

droop [druːp] v/i inclinar-se, inclinar a cabeça; tombar; ~**ing** adj pendente; inclinado.

drop [drɒp] **1.** gota f, pingo m; queda f; descida f; baixa f (de preços); *fruit* ~s pl rebuçados m pl de fruta; **2. (-pp-)** v/t deixar cair; cair; *remark, topic, etc.:* renunciar a; *letter, postcard:* deitar; *voice:* baixar; ~ **s.o. at...** deixar ficar em, deixar em...; ~ **s.o. a few lines** escrever umas linhas a alguém; v/i descer; derramar; cair, tombar; ~ **in** fazer uma visita breve; ~ **off** F adormecer; declinar, diminuir; cair; ~ **out** pôr de parte; desistir; a. ~ **of school (university)** abandonar os estudos; ~**-out** s *from society:* marginal m/f, falhado/a m/f; ~**pings** s pl *of horses:* excrementos m pl; bostas f pl.

drought [draʊt] s seca f; aridez f.

drove [drəʊv] **1.** s *animals:* manada f; *people:* multidão f; **2.** pret of **drive** 2.

drown [draʊn] v/t and v/i afogar(-se); morrer afogado; submergir; inundar; fig. abafar, afogar (som).

drowse [drauz] v/i dormitar; **~ off** adormecer; **drows•y** ['drauzɪ] adj **(-ier, -iest)** sonolento.

drudge [drʌdʒ] v/i trabalhar como um escravo, mourejar, labutar; **drudg•e•ry** ['_ərɪ] s trabalho m excessivo; escravidão f.

drug [drʌg] **1.** s medicamento m; droga f, estupefaciente f; **be on (off) ~s** estar viciado em (livre da) droga; **2.** v/t **(-gg-)** administrar medicamentos; dar drogas; misturar drogas; narcotizar; **~ a•buse** s abuso m de drogas; **~ ad•dict** s toxicodependente m/f; **~•gist** Am. ['_ɪst] s farmacêutico/a m/f; droguista, proprietário/a m/f de drugstore; **~•store** Am. farmácia f; drugstore. m.

drum [drʌm] **1.** s mus. tambor m; anat. tímpano m; **~s** pl mus. bateria f; **2.** v/t and v/i **(-mm-)** tocar bateria; **~•mer** s mus baterista m/f.

drunk [drʌŋk] **1.** pp of **drink** 2; **2.** adj embriagado, bêbado; **get ~** embriagar-se, embebedar-se; **3.** s ébrio m, bêbado/a m/f; → **~•ard** ['_əd] s bêbado/a m/f; **~•en** adj embriagado, bêbado; **~ driving** condução sob o efeito do álcool.

dry [draɪ] **1.** adj □ **(-ier, -iest)** seco (a. fig.); wine: seco; F com sede; **~ goods** pl têxteis m pl; **2.** v/t and v/i secar; **~ up** secar; fig. esgotar-se; **~-clean** v/t limpar a seco; **~-clean•er's** s limpeza f a seco; **~•er** s a. **drier** secador m.

du•al ['dju:əl] adj □ duplo; **~ carria-geway** Br. via f rápida.

dub [dʌb] v/t **(-bb-)** film: dobrar, sincronizar.

du•bi•ous ['dju:bɪəs] adj □ dúbio, duvidoso.

duch•ess ['dʌtʃɪs] s duquesa f.

duck [dʌk] **1.** s zoo. pato m; **roast ~** pato m assado; **2.** v/i and v/t mergulhar; curvar-se de súbito; esquivar-se; **~•ling** s zoo. patinho m.

due [dju:] **1.** adj devido; adequado, próprio; conveniente; of time: esperado; **in ~ time** na devida altura; **~ to** devido a; **be ~ to** ser devido a; **2.** adv em direcção (**to** a); **3.** s obrigação f, dívida f; **~s** direitos m pl, taxas f pl.

du•el ['dju:əl] **1.** s duelo m; **2.** v/i (esp. Br. **-ll-**, Am. **-l-**) travar um duelo; bater-se em duelo.

dug [dʌg] pret and pp of **dig** 1.

duke [dju:k] s duque m.

dull [dʌl] **1.** adj □ idiota; indolente; eye, hearing, etc.: fraco; boring: aborrecido, enfadonho, cansativo; econ. calmo, sem vendas; **2.** v/t entorpecer; embotar; embrutecer; abafar; pain: atenuar, aliviar.

du•ly ['dju:lɪ] adv devidamente; conformemente à regra ou à ordem; na altura conveniente.

dumb [dʌm] adj □ mudo; sem fala; esp. Am. F idiota, estúpido; **dum(b)-found•ed** [_'faundɪd] adj estupefacto, atónito, abismado.

dum•my ['dʌmɪ] s boneco m; manequim m; Br. chupeta f; Am. F papalvo m; espantalho m.

dump [dʌmp] **1.** v/t esvaziar; descarregar; waste, etc.: despejar; econ. goods: lançar no mercado estrangeiro a preços muito baixos; **2.** s lixeira f; mil. depósito m; armazém m; **~•ing** s econ. dumping, inundação do mercado com mercadorias a preços baixos.

dune [dju:n] s duna f.

dung [dʌŋ] **1.** s estrume m; **2.** v/t estrumar, adubar.

dun•ga•rees [dʌŋgə'ri:z] s pl **(a pair of ~)** calças f pl de trabalho.

dun•geon ['dʌndʒən] s masmorra f.

dunk F [dʌŋk] v/t mergulhar; ensopar em leite, café, etc.; fazer sopas.

dupe [dju:p] v/t enganar, intrujar.

du•plex ['dju:pleks] adj a. **~ apart-ment** duplex m, apartamento m com dois pisos.

du•pli•cate 1. adj ['dju:plɪkət] duplo, duplicado; **~ key** duplicado m de chave; **2.** s [_] duplicado m; cópia f; **3.** v/t [_keɪt] duplicar, copiar; tirar cópias.

du•ra•ble ['djuərəbl] **1.** adj □ durável, resistente; **2.** s → **consumer**; **du•ra•tion** [djuə'reɪʃn] s duração f.

dur•ing ['djuərɪŋ] prep durante.

dusk [dʌsk] s crepúsculo m, anoitecer m; **~•y** ['dʌskɪ] adj □ **(-ier, -iest)** escuro, sombrio; crepuscular.

dust [dʌst] **1.** s pó m; poeira f; **2.** v/t limpar o pó; polvilhar; v/i limpar o pó; **~•bin** s Br. caixote m do lixo; **~-**

~-cart *s Br.* carro *m* do lixo; **~•er** *s* pano *m* do pó; *for blackboard:* apagador *m;* **~-cov•er**, **~-jack•et** *of book:* capa *f* de protecção; **~•man** *s Br.* homem *m* do lixo; **~•y** *adj* □ **(-ier, -iest)** poeirento, cheio de pó.

Dutch [dʌtʃ] **1.** *adj* holandês; **2.** *adv:* **go ~** pagar individualmente as despesas; fazer contas à moda do Porto; **3.** *s ling.* neerlandês; **the ~** *pl* os holandeses.

du•ty ['djuːtɪ] *s* dever *m*, obrigação *f; econ.* taxa *f*, direitos *m pl;* **be on ~** estar de serviço; **be off ~** estar de folga; **~-free 1.** *adj* isento de direitos aduaneiros; **2.** *s* **~s** *pl* artigos isentos de direitos.

dwarf [dwɔːf] **1.** *s* (*pl* **dwarfs** [_s], **dwarves** [dwɔːvz]) anão/anã *m/f;* **2.** *v/t* diminuir, impedir de crescer.

dwell [dwel] *v/i* (**dwelt** *or* **dwelled**) habitar; demorar-se **(on, upon)**; **~•ing** ['_ɪŋ] *s* habitação *f.*

dwelt [dwelt] *pret and pp of* **dwell**.

dwin•dle ['dwɪndl] *v/i* diminuir, reduzir.

dye [daɪ] **1.** *s* tinta *f;* cor *f; of the deepest ~* *fig.* da pior lavra; **2.** *v/t* tingir.

dy•ing ['daɪɪŋ] **1.** *adj* moribundo; **2.** *s* morte *f.*

dyke [daɪk] → **dike.**

dy•na•mic [daɪ'næmɪk] *adj* dinâmico; **~s** *mst sg* dinâmica *f.*

dy•na•mite ['daɪnəmaɪt] **1.** *s* dinamite *f;* **2.** *v/t* dinamitar.

dys•en•te•ry *med.* ['dɪsntrɪ] *s* disenteria *f.*

dys•pep•si•a *med.* [dɪs'pepsɪə] *s* dispepsia *f.*

E

each [iːtʃ] **1.** *adj* cada, cada qual; **~ other** cada um; **2.** *adv* por pessoa, por dose.

ea•ger ['iːgə] *adj* □ ansioso; ávido; **~ness** *s* ânsia *f;* avidez *f.*

ea•gle *zoo.* ['iːgl] *s* águia *f;* **~-eyed** [_'aɪd] *adj* perspicaz; de olhar aquilino.

ear [ɪə] *s anat.* orelha *f;* ouvido *f;* asa *f* (de vasilha); **keep an ~ to the ground** manter os ouvidos abertos; **be all ~s** F ser todo ouvidos; **~-drum** *anat.* ['ɪədrʌm] *s* tímpano *m.*

earl [ɜːl] *s Br.* conde *m.*

ear•lobe ['ɪələʊb] *s* lóbulo *m* (da orelha).

earl•y ['ɜːlɪ] *adj and adv* cedo; precoce; adiantado; **as ~ as possible** tão cedo quanto possível; **~ bird** madrugador; **~ warning system** *mil.* sistema *m* de aviso prévio.

ear•mark ['ɪəmɑːk] **1.** *s* marca de identificação *f;* sinal *m;* **2.** *v/t* marcar; assinalar; destinar (**for** para).

earn [ɜːn] *v/t* ganhar; obter.

ear•nest ['ɜːnɪst] **1.** *adj* □ sério; sincero; **2.** *s* seriedade *f;* sinceridade *f; in ~* a sério.

earn•ings ['ɜːnɪŋz] *s pl* salário *m;* ordenado *m.*

ear|phones ['ɪəfəʊnz] *s pl* auscultadores *m pl;* **~-piece** *s teleph.* auscultador; **~-ring** *s* brinco *m;* **~•shot** *s: within (out of)* ao (fora de) alcance da voz.

earth [ɜːθ] **1.** *s* Terra *f;* terra *f;* **2.** *v/t electr.* ligar à terra; **~-en** ['ɜːθn] *adj* de barro; **~•en•ware** [_nweə] **1.** *s* louça *f* de barro; louça *f* de cerâmica; **2.** *adj* de barro; de louça; **~-ly** *adj* terreno; F pensativo; **~•quake** *s* tremor de terra *m;* **~•worm** *s zoo.* minhoca *f.*

ease [iːz] **1.** *s* bem-estar *m;* conforto *m;* comodidade *f;* tranquilidade *f; at ~* confortável *m*, à-vontade *f ; ill at ~* inquieto *m;* embaraçado *m;* **2.** *v/t* aliviar; acalmar; atenuar; tornar confortável; *v/i mst* **~off**, **~up** abrandar; desprender; *of situation:* relaxar, descontrair.

ea•sel ['iːzl] *s* cavalete *m.*

east [iːst] **1.** *s* Este; **the ♀** o Oriente, os estados *m pl* de Leste *(of USA); pol.* o Leste; **2.** *adj* oriental; **3.** *adv* rumo a leste, em direcção a leste.

Eas•ter ['iːstə] *s* Páscoa *f.*
eas•ter•ly ['iːstəlɪ] *adj* oriental; para leste; **east•ern** ['iːstən] *adj* oriental; relativo ao Oriente; **east•ward(s)** ['iːstwəd(z)] *adj and adv* em direcção ao leste, para leste.
eas•y ['iːzɪ] *adj* □ *(-ier, -iest)* fácil, simples; confortável; natural; indolor; sossegado; fluente; desembaraçado; *in ~circumstances* abastado; afluente; *on ~ street Am.* abastado; próspero; *go ~ take it ~* calma, não se enerve, devagar; *~ chair s* cadeira de braços *f;* poltrona *f;* **~•go•ing** *adj* calmo, despreocupado.
eat [iːt] **1.** *v/t and v/i (ate, eaten)* comer; tomar uma refeição; *~ out* comer fora; **2.** *s:* **~s** *pl* F géneros *m pl* alimentícios; víveres *m pl;* **ea•ta•ble** **1.** *adj* comestível; **2.** *s:* **~s** *pl* mantimentos *m pl;* víveres *m pl;* **~en** *pp of* **eat 1;** **~er** *s* comensal *m/f.*
eaves [iːvz] *s pl* beiral *m;* aba *f* do telhado; **~•drop** ['_drɒp] *v/i (-pp-)* escutar às escondidas; espiar.
ebb [eb] **1.** *s* maré *f* baixa; *fig.* baixo nível *m; fig.* declínio; decadência; **2.** *v/i* vazar (da maré); *fig.* diminuir, enfraquecer; *~ tide* [_'taɪd] *s* maré *f* baixa.
eb•o•ny ['ebənɪ] *s* ébano *m.*
EC [iːˈsiː] *(abbr. of European Community)* CE *f;* **~~country** país *m* da CE; **~~wide** *legislation, etc.:* que abrange toda a comunidade.
ec•cen•tric [ɪkˈsentrɪk] **1.** *adj (~ally)* excêntrico, extravagante; **2.** *s* excêntrico *m*, original *m.*
ech•o ['ekəʊ] **1.** *s (pl -oes)* eco *m;* **2.** *v/i* ecoar; *v/t fig.* repetir.
e•clipse [ɪˈklɪps] **1.** *s ast.* eclipse *m;* **2.** *v/t* eclipsar; *be ~d by fig.* ser eclipsado (por alguém).
e•co- ['iːkə] eco…; **~•cide** ['iːkəsaɪd] *s* destruição *f* ambiental.
e•co•lo•gi•cal [iːkəˈlɒdʒɪkl] *adj* □ ecológico; **~•lo•gist** [iːˈkɒlədʒɪst] *s* ecologista *m/f;* **~•l•o•gy** [iːˈkɒlədʒɪ] *s* ecologia *f.*
ec•o•nom•ic [iːkəˈnɒmɪk] *adj (~ally)* económico, relativo a economia; *~ aid* ajuda *f* económica; *◦ and Monetary Union (abbr. EMU) pol.* União *f* Económica e Monetária *(abbr.* UEM); *~*

growth crescimento *m* económico; *~* **migrant** migrante *m* económico; **~•i•cal** *adj* □ económico, poupado; *~ in energy* de baixo consumo; **~•ics** *s sg* economia *f* (ciência).
e•con•o•mist [ɪˈkɒnəmɪst] *s* economista *m/f;* **~•mize** [_aɪz] *v/i and v/t* economizar, poupar; **~•my** [_ɪ] **1.** economia *f;* poupança *f;* parcimónia *f;* **2.** *~ class aer.* classe *f* turística.
e•co•sys•tem ['iːkəʊsɪstəm] *s* ecossistema *m.*
ec•sta•sy ['ekstəsɪ] *s* êxtase *m,* arrebatamento *m,* droga *f* sintética; **~•t•ic** [ɪkˈstætɪk] *adj (~ally)* enlevado, em êxtase.
ed•dy ['edɪ] **1.** *s* turbilhão *m,* remoinho *m;* **2.** *v/i* girar, redemoinhar.
edge [edʒ] **1.** *s* margem *f,* beira *f;* canto *m; be on ~* estar nervoso ou agitado; **2.** *v/t* afiar; empurrar, infiltrar-se; **~•ways,** **~•wise** ['_weɪz, '_waɪz] *adv* lateralmente, de lado.
edg•ing ['edʒɪŋ] *s* guarnição *f;* orla *f.*
edg•y ['edʒɪ] *adj (-ier, -iest)* anguloso; F nervoso; F irritado.
ed•i•ble ['edɪbl] *adj* comestível.
edit ['edɪt] *v/t text, books:* rever, alterar; *newspaper, etc.:* alterar, editar, dirigir uma publicação; **e•di•tion** [ɪˈdɪʃn] *s of book:* edição *f,* publicação *f;* tiragem *f;* **ed•i•tor** ['edɪtə] *s* editor(a) *m/f;* redactor(a) *m/f;* **ed•i•to•ri•al** [edɪˈtɔːrɪəl] *s* editorial *m,* artigo *m* de fundo.
ed•u•cate ['edjuːkeɪt] *v/t* educar; ensinar, **~•cat•ed** *adj* educado, culto; **~•ca•tion** [_'keɪʃn] *s* educação *f;* formação *f; Ministry of ◦* Ministério *m* da Educação; **~•ca•tion•al** *adj* □ educacional, pedagógico; **~•ca•tor** *s* educador(a) *m/f.*
eel *zoo.* [iːl] *s* enguia *f.*
ef•fect [ɪˈfekt] **1.** *s* efeito *m,* resultado *m;* eficácia *f;* influência *f; tech.* rendimento *f;* **~s** *pl econ.* repercussões *f,* consequências *f;* bens *m pl* (pessoais); *be of ~* ter efeito; *take ~* entrar em vigor; *in ~* realmente, com efeito; *to the ~* com a finalidade de; **2.** *v/t* efectuar, realizar; **ef•fec•tive** [_ɪv] *adj* □ efectivo; eficaz; útil, verdadeiro; *tech.* aproveitável; *~ date* data *f* de entrada em vigor.

ef•fem•i•nate [ɪ'femɪnət] *adj* □ efeminado.

ef•fi•cien|cy [ɪ'fɪʃənsɪ] *s* eficiência *f*, eficácia *f*, capacidade *f*; **~ engineer**, **~ expert** *econ.* perito *m* de produção; **~t** *adj* □ eficiente; competente; capaz.

ef•flu•ent ['efluənt] *s* efluente *m*, despejos *m pl* de esgotos.

ef•fort ['efət] *s* esforço *m* (**at** por); empenho *m; **make an ~** esforçar-se; **without ~** → **~•less** *adj* □ sem esforço, fácil.

ef•fron•te•ry [ɪ'frʌntərɪ] *s* descaramento *m*.

ef•fu•sive [ɪ'fjuːsɪv] *adj* □ efusivo, caloroso.

egg[1] [eg] *v/t:* **~ on** espicaçar.

egg[2] [_] *s* ovo *m; **put all one's ~s in one basket** pôr todos os ovos no mesmo cesto; **as sure as ~s is ~s** F ter a certeza absoluta, tão certo como 2 e 2 serem 4; **~•cup** *s* copo *m* para ovos; **~•head** *s* F intelectual *m/f*.

e•go•is|m ['egəʊɪzəm] *s* egoísmo *m;* presunção *f;* **~t** [_ɪst] *s* egoísta *m/f*.

eg•o•tis|m ['egəʊtɪzəm] *s* egotismo *m;* egoísmo *m;* vaidade *f;* **~t** [_ɪst] egoísta *s m/f*.

E•gyp•tian [ɪ'dʒɪpʃn] **1.** *adj* egípcio; **2.** *s* egípcio(a) *m/f*.

ei•der•down ['aɪdədaʊn] *s* edredão *m*.

eight [eɪt] **1.** *adj* oito; **2.** *s* oito *m; rowing:* barco *m* de oito remos; **eigh•teen** [eɪ'tin] **1.** *adj* dezoito; **2.** *s* dezoito *m;* **eigh•teenth** [_θ] *adj* décimo oitavo; **~•fold** ['eɪtfəʊld] *adj* óctuplo; **~h** [eɪtθ] **1.** *adj* oitavo; **2.** *s* oitavo *m;* **~•ly** ['eɪtθlɪ] *adv* em oitavo lugar; **eigh•ti•eth** ['eɪtɪɪθ] *adj* octogésimo; **eigh•ty** ['eɪtɪ] **1.** *adj* oitenta; **2.** oitenta *m*.

ei•ther ['aɪðə; *Am.* 'iːðə] **1.** *adj* um ou outro (de dois); cada, qualquer (de dois); **2.** *pron* um e outro (de dois); **3.** *cj* **~... or** ou... ou; **not ~** também não.

e•jac•u•late [ɪ'dʒækjuleɪt] *v/t words, etc:* proferir; *physiol. sperm:* ejacular; *v/i physiol.* ejacular; expelir.

e•ject [ɪ'dʒekt] *v/t* lançar, expelir; *smoke, etc.:* expelir; dispensar, destituir (**from** *office, post, etc.* de).

eke [iːk] *v/t:* **~ out** *supply, etc.:* suprir; fornecer; *income:* aumentar; **~ out a living** manter-se a custo.

e•lab•o•rate 1. *adj* □ [ɪ'læbərət] cuidado; esmerado; complicado; **2.** *v/t* [_reɪt] aperfeiçoar.

e•lapse [ɪ'læps] *v/t* passar, decorrer (tempo).

e•las|tic [ɪ'læstɪk] **1.** *adj* (**~ally**) elástico, flexível; **~band** *Br.* → **2.** *s* fita *f* elástica.

e•lat•ed [ɪ'leɪtɪd] *adj* orgulhoso, exultante.

el•bow ['elbəʊ] **1.** *s* cotovelo *m; tech.* canto, ângulo; **at one's ~** à mão, ao alcance; **out at ~s** *fig.* gasto, usado; **2.** *v/t* acotovelar, empurrar; **~one's way through** abrir caminho à força.

el•der[1] *bot.* ['eldə] *s* sabugueiro *m*.

el•der[2] [_] **1.** *adj* mais velho; **2.** *s* o ancião *m*, o primogénito *m;* pessoa *f* idosa; **~•ly** *adj* de idade avançada.

el•dest ['eldɪst] *adj* o mais velho.

e•lect [ɪ'lekt] **1.** *adj* eleito; **2.** *v/t* eleger.

e•lec|tion [ɪ'lekʃn] *s* eleição *f;* **~tor** [_tə] *s* eleitor(a) *m/f;* **~•to•ral** [_ərəl] *adj* eleitoral; **~ college** *Am. pol.* colégio eleitoral; **~•to•rate** *pol.* [_ərət] *s* eleitorado *m*.

e•lec|tric [ɪ'lektrɪk] *adj* (**~ally**) eléctrico; *fig.* electrizante; **~•tri•cal** *adj* □ eléctrico; **~ engineer** engenheiro *m* electricista; **~•tric chair** *s* cadeira *f* eléctrica; **~•tri•cian** [ɪlek'trɪʃn] *s* electricista *m/f;* **~•tri•ci•ty** [_'trɪsətɪ] *s* electricidade *f;* **~ consumption** consumo *m* de energia eléctrica.

e•lec•tri•fy [ɪ'lektrɪfaɪ] *v/t* electrificar; excitar (*fig.*).

e•lec•tro•cute [ɪ'lektrəkjuːt] *v/t* electrocutar; matar na cadeira eléctrica.

el•ec•tro•nic [ɪlek'trɒnɪk] **1.** *adj* (**~ally**) electrónico; **~ data proces•sing** processamento electrónico de dados; **2.** *s:* **~s** *sing* electrónica *f* (ciência).

el•e•gance ['elɪgəns] *s* elegância *f;* **~•gant** [_t] *adj* □ elegante; de bom gosto.

el•e•ment ['elɪmənt] *s* elemento *m;* componente *m;* fundamento *m;* base *f;* **~s** *pl* princípios *m pl* básicos, fundamentos *m pl;* (os quatro) elementos *pl;* **~•men•tal** [elɪ'mentl] *adj* □ elementar, essencial.

el•e•men•ta•ry [elɪ'mentərɪ] *adj* □ elementar; básico; ~ *school* *Am.* escola básica, elementar.

el•e•phant *zoo.* ['elɪfənt] *s* elefante *m.*

el•e•vate ['elɪveɪt] *v/t* elevar; *fig.* melhorar; ~**vat•ed** *adj* elevado; *fig.* digno, nobre; ~*(railroad)* *Am.* caminho de ferro elevado; ~**•vation** [elɪ'veɪʃn] *s* elevação *f;* altura *f;* altitude *f;* ~**•vator** *tech.* ['elɪveɪtə] *s Am* elevador *m,* guindaste *m; aer.* leme *m* de profundidade.

e•lev•en [ɪ'levn] **1.** *adj* onze; **2.** *s* onze *m;* ~**th** [_θ] **1.** *adj* décimo primeiro; **2.** *s* décimo primeiro *m.*

el•i•gi•ble ['elɪdʒəbl] *adj* □ elegível, qualificado, aceitável, legítimo.

e•lim•i•nate [ɪ'lɪmɪneɪt] *v/t* eliminar, afastar, separar; ~**•na•tion** [ɪlɪmɪ'neɪʃn] *s* eliminação *f,* afastamento *m,* separação *f.*

e•lite [eɪ'liːt] *s* elite *f,* escol *m.*

elk *zoo.* [elk] *s* alce *m.*

el•lipse *math.* [ɪ'lɪps] *s* elipse *f.*

elm *bot.* [elm] *s* ulmeiro *m.*

e•lon•gate ['iːlɒŋgeɪt] *v/t* alongar.

e•lope [ɪ'ləʊp] *v/t* (**with**, com) fugir (de casa), evadir-se.

e•lo•quence ['eləkwəns] *s* eloquência *f;* ~**•quent** [_t] *adj* eloquente.

else [els] *adv* em vez de, se não; *anything* ~? mais alguma coisa?; *something* ~ outra coisa; ~**•where** *adv* noutro lugar.

e•lude [ɪ'luːd] *v/t* esquivar-se, afastar-se; *fig.* esquecer-se.

e•lu•sive [ɪ'luːsɪv] *adj* difícil de compreender, indefinível.

e•ma•ci•ated [ɪ'meɪʃɪeɪtɪd] *adj* macilento, enfraquecido.

em•a•nate ['eməneɪt] *v/i* (**from** de) emanar, proceder, provir; ~**•nation** [emə'neɪʃn] *s* emanação *f; fig.* origem *f,* procedência *f.*

e•man•ci•pate [ɪ'mænsɪpeɪt] *v/t* emancipar, libertar; ~**•pation** [_'peɪʃn] *s* emancipação *f,* libertação *f.*

em•balm [ɪm'bɑːm] *v/t* embalsamar.

em•bank•ment [ɪm'bæŋkmənt] *s* dique *m,* barragem *f;* margem *f,* aterro *m.*

em•bar•go [em'bɑːgəʊ] *s* (*pl* -*goes*) embargo *m,* interdição *f* de entrada ou saída de navios ou mercadorias.

em•bark [ɪm'bɑːk] *v/t and v/i* *mar., aer.,* embarcar, levar a bordo de um navio; *cargo:* carregar; ~ *on,* ~ *upon* envolver-se em, iniciar.

em•bar•rass [ɪm'bærəs] *v/t* embaraçar, perturbar, meter em apuros; ~**•ing** *adj* □ desagradável, embaraçoso; ~**•ment** *s* embaraço *m.*

em•bas•sy ['embəsɪ] *s* embaixada *f.*

em•bed [ɪm'bed] *v/t* (-*dd*-) enterrar; armazenar.

em•bel•ish [ɪm'belɪʃ] *v/t* embelezar; *fig.* adornar, enfeitar.

em•bers ['embəz] *s pl* cinzas *f pl.*

em•bez•zle [ɪm'bezl] *v/t* desviar (fundos); ~**•ment** *s* desvio *m* (de fundos).

em•bit•ter [ɪm'bɪtə] *v/t* amargurar.

em•blem ['embləm] *s* símbolo *m,* emblema *m.*

em•bod•y [ɪm'bɒdɪ] *v/t* personificar; conter.

em•bo•lis•m *med.* ['embəlɪzəm] *s* embolia *f.*

em•brace [ɪm'breɪs] **1.** *v/t and v/i* abraçar(-se); incluir; **2.** *s* abraço *m.*

em•broi•der [ɪm'brɔɪdə] *v/t* bordar; *fig.* adornar; ~**•y** bordado *m; fig.* adorno *m.*

em•broil [ɪm'brɔɪl] *v/t* envolver (numa briga); confundir, complicar.

e•men•da•tion [iːmən'deɪʃn] *s* emenda *f,* rectificação *f.*

em•e•rald ['emərəld] **1.** *s* esmeralda; **2.** *adj* verde-esmeralda.

e•merge [ɪ'mɜːdʒ] *v/i* emergir, aparecer; *fig.* desenvolver-se, surgir.

e•mer•gen•cy [ɪ'mɜːdʒənsɪ] *s* emergência *f,* situação *f* crítica; ~ *brake* travão *m* de mão; ~ *call* chamada *f* de urgência; ~ *exit* saída *f* de emergência; ~ *landing* *aer.* aterragem *f* forçada; ~ *number* número *m* telefónico de urgência; ~ *ward* *med.* banco *m* de urgência (de hospital).

e•mer•gent [ɪ'mɜːdʒənt] *adj* emergente; *fig.* de formação recente (países).

em•i•grant ['emɪgrənt] *s* emigrante *m/f;* ~**•grate** [_reɪt] *v/i* emigrar; ~**•gration** [emɪ'greɪʃn] *s* emigração *f.*

em•i•nence ['emɪnəns] *s* eminência *f;* superioridade *f;* distinção *f;* ♀ **Eminência** (título honorífico); ~**•nent**

adj □ *fig.* eminente, notável; **~ly** notavelmente, de modo famoso.

e•mis•sion [ɪ'mɪʃən] *s* emissão *f;* **noxious ~** emissões *f pl* de substâncias poluentes; **~-free** *adj* sem substâncias poluentes; **~ stan•dards** *s pl* normas *f* reguladoras da poluição atmosférica.

e•mit [ɪ'mɪt] *v/t* **(-tt-)** emitir, lançar, manifestar-se.

e•mo•tion [ɪ'məʊʃn] *s* emoção *f,* comoção *f,* perturbação *f;* **~•al** *adj* □ emocional; sentimental; **~ly disturbed** emocionalmente perturbado; **~ly ill** emocionalmente doente; **~•less** *adj* insensível, *fig.* frio.

em•pe•ror ['empərə] *s* imperador *m.*

em•pha|sis ['emfəsɪs] *s (pl ~ses)* ênfase *f;* relevo *m;* **~•size** [_saɪz] *v/t* enfatizar, realçar; **~•t•ic** [ɪm'fætɪk] *adj (~ally)* enfático, expressivo, significativo.

em•pire ['empaɪə] *s* império *m;* domínio *m;* **the British 2** o Império Britânico.

em•pir•i•cal [em'pɪrɪkl] *adj* □ empírico, baseado na experiência.

em•ploy [ɪm'plɔɪ] **1.** *v/t* empregar, dar emprego, utilizar; **2.** *s* emprego *m,* ocupação *f;* **in the ~ of** ao serviço de; **~•ee** [emplɔɪ'iː] *s* empregado *m,* funcionário *m;* **~•er** [ɪm'plɔɪə] *s* patrão *m;* **~•ment** *s* emprego *m,* trabalho *m;* **~ agency**, **~ bureau** agência *f* de emprego; **~ market** mercado *m* de emprego; **~ service agency** *Br.* repartição *f* de trabalho.

em•pow•er [ɪm'paʊə] *v/t* autorizar, dar poderes.

em•press ['emprɪs] *s* imperatriz *f.*

emp|ti•ness ['emptɪnɪs] *s* vazio *(a. fig.);* **~•ty** ['emptɪ] **1.** □ *(-ier, -iest)* vazio *(a. fig.);* **~ of** sem; **2.** *v/t* esvaziar; *v/i* esvaziar-se.

em•u•late ['emjʊleɪt] *v/t* emular, rivalizar; tentar igualar.

e•mul•sion ɪ'mʌlʃn] *s* emulsão *f.*

en•a•ble [ɪ'neɪbl] *v/t* possibilitar, permitir, habilitar.

en•act [ɪ'nækt] *v/t* ordenar, aprovar; *law:* decretar; *thea.:* desempenhar (um papel), representar.

e•nam•el [ɪ'næml] **1.** *s* esmalte *m; anat.* esmalte *m* (dos dentes); laque

m; verniz *m* (das unhas); **2.** *v/t (esp. Br. -ll-, Am. -l-)* esmaltar, lacar.

en•chant [ɪn'tʃɑːnt] *v/t* encantar; **~•ing** *adj* □ encantador; **~•ment** *s* encanto *m,* feitiço *m.*

en•cir•cle [ɪn'sɜːkl] *v/t* cercar, rodear; envolver.

en•close [ɪn'kləʊz] *v/t* cercar, vedar, encerrar; *with letter:* juntar em anexo; **en•closure** [_əʊzə] *s* terreno *m* vedado; *with letter:* correspondência *f* anexa.

en•com•pass [ɪn'kʌmpəs] *v/t* abarcar.

en•coun•ter [ɪn'kaʊntə] **1.** *s* encontro; combate *m,* luta *f ;* **2.** *v/t* encontrar; *problems, etc.:* deparar; *enemy:* encontrar-se com, defrontar.

en•cour•age [ɪn'kʌrɪdʒ] *v/t* encorajar; apoiar; **~•ment** *s* encorajamento *m;* estímulo *m;* incentivo *m.*

en•croach [ɪn'krəʊtʃ] *v/i (on, upon)* usurpar, introduzir-se, invadir, desrespeitar; **~•ment** *s* usurpação *f,* transgressão *f.*

en•cy•clo•p(a)e•di•a [ensaɪklə'-piːdɪə] *s* enciclopédia *f.*

end [end] **1.** *s* fim *m;* objectivo *m; no ~ of* uma grande quantidade de; *in the ~* no fim, finalmente; *at the ~ of the day* vistas bem as coisas; *on ~* direito, aprumado; *stand on ~ hair:* ficar com os cabelos arrepiados; *to no ~* em vão, inútil; *go off the deep ~ fig.* perder completamente a cabeça; *make both ~s meet* mal ter o suficiente para viver; **2.** *v/t and v/i* terminar, acabar.

en•dan•ger [ɪn'deɪndʒə] *v/t* pôr em perigo.

en•dear [ɪn'dɪə] *v/t* tornar-se agradável *(to s.o.* a alguém); **~•ing** *adj* □ amável; terno; **~•ment** *s* ternura *f; term of ~* nome *m* carinhoso.

en•deav•o(u)r [ɪn'devə] **1.** *s* empenho *m,* esforço *m;* **2.** *v/i* esforçar-se.

end|ing ['endɪŋ] *s* fim *m;* conclusão *f; gr.* terminação *f;* **~•less** *adj* □ infindável, infinito; *tech* contínuo, sem fim.

en•dive *bot.* ['endɪv] *s* endívia *f.*

en•dorse [ɪn'dɔːs] *v/t econ. cheque, etc.:* endossar; aprovar; **~•ment** *s* endosso *m;* nota *f; econ.* endosso.

en•dow [ɪn'daʊ] v/t fig. equipar; **~ s.o. with sth.** doar; **~•ment** s doação f; mst **~s** pl dote m, talento m.

en•dur|ance [ɪn'djʊərəns] s resistência f; paciência f; **beyond ~, past ~** insuportável; **~e** v/t aguentar, suportar.

en•e•my ['enəmɪ] **1.** s inimigo m; **the ♀** o Diabo; **2.** adj inimigo, adversário.

en•er•get•ic [enə'dʒetɪk] adj (**~ally**) enérgico.

en•er•gy ['enədʒɪ] s energia f; → **economical;** ~ **con•ser•va•tion** s poupança f de energia; ~ **cri•sis** s crise f energética; ~ **pol•i•cy** s política f energética; ~~ **sav•ing** adj de baixo consumo; ~ **measures** pl medidas f pl para poupança de energia.

en•fold [ɪn'fəʊld] v/t envolver.

en•force [ɪn'fɔːs] v/t fazer cumprir (uma lei); forçar; **(upon)** impor (a alguém); **~•ment** s coação f; execução f (de uma lei); imposição f.

en•fran•chise [ɪn'fræntʃaɪz] v/t conceder direitos (civis, políticos, comerciais).

en•gage [ɪn'geɪdʒ] v/t empenhar(-se); comprometer(-se); *artist, etc.:* comprometer(-se); *mil.* iniciar o combate; **be ~d** estar comprometido, realizar o noivado (**to** com); estar ocupado (**in** em); *toilet, telephone Br.:* estar ocupado; ~ **the clutch** mot. engatar, engrenar; v/t comprometer-se (**to do** a fazer); apalavrar(-se) **(for);** ocupar-se, dedicar-se (**in** de, a); mil. entrar em combate; *tech. of cogwheels:* encaixar, engrenar; **~•ment** s compromisso m; noivado m; combinação f, encontro m; afazeres m pl; mil. combate m, luta f; tech. engrenagem f.

en•gag•ing [ɪn'geɪdʒɪn] adj ☐ atraente; *smile, etc.:* sedutor.

en•gine ['endʒɪn] s máquina f; mot. motor m; rail. locomotiva f; ~~**driver** s Br. rail. maquinista m.

en•gi•neer [endʒɪ'nɪə] **1.** s engenheiro m; técnico m; mecânico m; Am. rail. maquinista m; mil. sapador m; **2.** v/t construir; fig. organizar, controlar; **~•ing 1.** s engenharia f; **2.** adj técnico.

En•glish ['ɪnglɪʃ] **1.** adj inglês; **2.** s ling. inglês m; **the ♀** pl os ingleses pl; **in plain ~** fig em palavras simples;

~•man s inglês m, natural de Inglaterra; **~•wom•an** s inglesa f, natural de Inglaterra.

en•grave [[ɪn'greɪv] v/t gravar, esculpir, entalhar; fig. gravar na memória; **en•grav•er** s gravador m, entalhador m; **en•grav•ing** s gravura f (cobre, aço); gravura f em madeira.

en•grossed [ɪn'grəʊst] adj (**in**) absorto (em).

en•gulf [ɪn'gʌlf] v/t devorar, tragar (a. fig).

en•hance [ɪn'hɑːns] v/t acentuar, realçar.

e•nig•ma [ɪ'nɪgmə] s enigma m; **en•ig•mat•ic** [enɪg'mætɪk] adj (**~ally**) enigmático.

en•joy [ɪn'dʒɔɪ] v/t gozar, desfrutar; gostar; **did you ~ it?** Gostou? Gostaste? ~ **o.s.** divertir-se; ~ **yourself** diverte-te!; **I ~ my dinner** gosto do jantar; **~•a•ble** adj ☐ agradável, divertido; **~•ment** s prazer m, divertimento m.

en•large [ɪn'lɑːdʒ] v/t aumentar, ampliar (a. fot.), alargar, dilatar; v/i alargar-se; phot. mandar ampliar; *on a topic, etc.:* falar longamente (**on, upon** sobre); **~•ment** s aumento m; alargamento m; phot. ampliação f.

en•light•en [ɪn'laɪtn] v/t fig. iluminar; esclarecer, ilustrar; **~•ment** s esclarecimento m.

en•list [ɪn'lɪst] v/t mil alistar(-se); **~ed men** pl Am. mil. soldados m pl do exército; v/i inscrever-se.

en•liv•en [ɪn'laɪvn] v/t avivar, estimular.

en•mi•ty ['enmətɪ] s inimizade f.

en•no•ble [ɪ'nəʊbl] v/t enobrecer; dignificar.

e•nor|mi•ty [ɪ'nɔːmətɪ] s monstruosidade f; barbaridade f; **~•mous** adj ☐ enorme.

e•nough [ɪ'nʌf] adj bastante, suficiente; adv suficientemente; **it's ~** basta, chega; **I've had ~** estou farto.

en•quire, enquiry [ɪn'kwaɪə, _rɪ] → **inquire, inquiry.**

en•rage [ɪn'reɪdʒ] v/t enraivecer, enfurecer; **~d** adj furioso (**at** com).

en•rap•ture [ɪn'ræptʃə] v/t encantar, maravilhar; **~d** adj encantado, maravilhado.

105

en•rich [ɪn'rɪtʃ] *v/t* enriquecer.

en•rol(l) [ɪn'rəʊl] *(-ll-) v/t* inscrever, *univ.* matricular; *mil.* alistar, recrutar; *v/i* inscrever-se, *univ.* matricular-se; aplicar. **~•ment** *s* inscrição *f; univ.* matrícula *f; esp. mil.* alistamento *m.*

en•sign ['ensaɪn] *s* bandeira *f;* estandarte *m;* emblema *m; Am. mil.* alferes da marinha *m/f;*

en•sure [ɪn'ʃʊə] *v/t* assegurar, garantir.

en•tail [ɪn'teɪl] *v/t jur.* legar; *fig.* implicar.

en•tan•gle [ɪn'tæŋgl] *v/t* emaranhar; **~•ment** *s* embaraço *f; mil.* obstáculo *m* de arame farpado.

en•ter ['entə] *v/t* entrar, introduzir-se, penetrar, subir para; *econ.* inscrever, registar; *protest, etc.*: dar entrada, apresentar, *name, etc.*: inscrever(-se), matricular(-se), admitir (alguém); *sports:* participar (**for** por); **~ into** *fig.* entrar em, assumir (acordo); **~ on** *or* **upon an inheritance** entrar na posse de uma herança.

en•ter|prise ['entəpraɪz] *s* empreendimento *m* (*a. econ.*); *econ.* empresa *f;* espírito *m* de iniciativa; **~•prising** *adj* □ empreendedor, com iniciativa, activo.

en•ter•tain [entə'teɪn] *v/t* entreter; divertir, receber (visitas), tomar em consideração; *doubt, etc.*: *fig.* alimentar; **~•er** *s* anfitrião/ã *m/f,* apresentador *m;* **~•ment** *s* entretenimento *m,* espectáculo *m;* hospitalidade *f.*

en•thral(l) *fig* [ɪn'θrɔːl] *v/t (-ll-)* cativar, enfeitiçar.

en•throne [ɪn'θrəʊn] *v/t* subir ao trono.

en•thu•si•as|m [ɪn'θjuːzɪæzəm] *s* entusiasmo *m;* **~t** [_st] *s* entusiasta *m;* **~•tic** [ɪnθjuːzɪ'æstɪk] *adj (~ally)* entusiástico.

en•tice [ɪn'taɪs] *v/t* atrair, seduzir; **~•ment** *s* atracção *f,* sedução *f.*

en•tire [ɪn'taɪə] *adj* inteiro, completo, íntegro; **~•ly** *adv* inteiramente, totalmente.

en•ti•tle [ɪn'taɪtl] *v/t* intitular; autorizar (**to** a).

en•ti•ty ['entətɪ] *s* entidade *f;* existência *f.*

en•trails ['entreɪlz] *s pl* entranhas *f pl; fig.* interior *m.*

en•trance ['entrəns] *s* entrada *f;* admissão *f;* ingresso *m.*

en•trench [ɪn'trentʃ] *v/t mil* entrincheirar-se (*a. fig.*).

en•trust [ɪn'trʌst] *v/t* confiar (**sth. to s.o.** alguma coisa a alguém); entregar a.

en•try ['entrɪ] *s* entrada *f;* ingresso *m;* adesão *f* (**into** a); inscrição *f;* registo *m; sports:* inscrição *f;* **~ formalities** *pl* formalidades *f pl* de entrada (num país); **~ permit** autorização *f* de entrada; **~ visa** visto *m* de entrada; **book•keep•ing by double (single) ~** *econ.* escrituração por partidas dobradas (simples); **no ~!** entrada proibida! *mot.* sentido proibido!

en•twine [ɪn'twaɪn] *v/t* entrelaçar(-se).

E-number ['iːnʌmbə] *s* E-número *m* (*aditivos alimentares*).

en•vel•op [ɪn'veləp] *v/t* envolver, embrulhar; **en•ve•lope** ['envələʊp] *s* envelope *m.*

en•vi|able ['envɪəbl] *adj* □ invejável; **~•ous** [_es] *adj* □ invejoso.

en•vi•ron|ment [ɪn'vaɪərənmənt] *s* arredores *m pl, sociol.* meio *m;* ambiente *m* (*a. sociol.*); **~•conscious** consciente dos problemas ambientais; **~ policy** política *f* ambiental; **Department of the ♀** *Br. pol.* Ministério *m* do Ambiente; **Minister** *or Am* **Secretary of the ♀** *pol.* Ministro(a) *m/f* do Ambiente; **~•men•tal** [_'mentl] *adj* □ *sociol.* ambiental; relativo ao ambiente; **~ law** leis *m pl* de protecção ambiental; **~ pollution** poluição *f* ambiental; **~ protection** protecção *f* ambiental; **~ly damaging** prejudicial ao ambiente; **~ly friendly** que não prejudica o ambiente; **~•men•tal•ist** [_'mentəlɪst] *s* ecologista *m/f;* **~s** *s pl of a town:* arredores *m pl.*

en•vis•age [ɪn'vɪzɪdʒ] *v/t* imaginar.

en•voy ['envɔɪ] *s* enviado *m.*

en•vy ['envɪ] **1.** *s* inveja *f;* **2.** *v/t* invejar.

ep•ic ['epɪk] **1.** *adj* épico; **2.** *s* epopeia *f.*

ep•i•dem•ic [epɪ'demɪk] **1.** *adj (~ally)* epidémico; **~ disease** → **2.** *s* epidemia *f,* praga *f.*

ep•i•lep•sy *med.* ['epɪlepsɪ] *s* epilepsia *f.*

ep•i•logue, *Am. a.* **-log** ['epilɔg] *s* epílogo *m*.

ep•i•sode ['episəud] *s* episódio *m*.

epitaph ['epitɑːf] *s* epitáfio *m;* inscrição *f* tumular.

e•pit•o•me [ɪ'pɪtəmɪ] *s* epítome *m*.

e•poch ['iːpɒk] *s* época *f;* período *m*.

eq•ua•ble ['ekwəbl] *adj* □ uniforme (*a. climate*).

equal ['iːkwəl] **1.** *adj* □ igual; idêntico; ~ **opportunities** *pl* igualdade *f* de oportunidades *f pl;* ~ **rights** *pl* **for women** igualdade *f* de direitos *m pl* para as mulheres; **2.** *s* igual; **3.** *v/t* (*esp. Br.* **-ll-***, Am.* **-l-***)* igualar; ~•i•ty [iː'kwɒlətɪ] *s* igualdade *f;* ~ i•za•tion [iːkwəlaɪ'zeɪʃn] *s* equiparação *f;* ~•ize ['iːkwəlaɪz] *v/t* igualar, equiparar; *v/i sports:* empatar; ~•iz•er [_aɪzə] *s sports:* empate *m*.

e•qua•tion [ɪ'kweɪʒn] *s* igualdade *f;* *math.* equação *f*.

e•qua•tor [ɪ'kweɪtə] *s* equador *m*.

e•qui•lib•ri•um [iːkwɪ'lɪbrɪəm] *s* equilíbrio *m*.

e•quip [ɪ'kwɪp] *v/t* (**-pp-***)* equipar; ~•ment *s* equipamento *m*.

e•quiv•a•lent [ɪ'kwɪvələnt] **1.** *adj* □ equivalente (**to** a); **2.** *s* equivalência *f*, valor *m* equivalente.

e•quiv•o•cal [ɪ'kwɪvəkl] *adj* □ equívoco, questionável.

e•ra ['ɪərə] *s* era *f;* época *f*.

e•rad•i•cate [ɪ'rædɪkeɪt] *v/t* erradicar.

e•rase [ɪ'reɪz] *v/t* apagar, suprimir (*a. from computer*); *fig.* extinguir; **e•ras•er** *s* borracha *f*.

e•rect [ɪ'rekt] **1.** *adj* □ erecto; **2.** *v/t* edificar; *monument, etc.:* erguer; levantar; **e•rec•tion** [_kʃn] *s* construção *f; physiol.* erecção *f*.

e•ro•sion *geol.* [ɪ'rəuʒn] *s* erosão *f*, desgaste *m*.

e•rot•ic [ɪ'rɒtɪk] *adj* (**~ally***)* erótico; ~•i•cis•m [_ɪsɪzəm] *s* erotismo *m*.

er•rand ['erənd] *s* incumbência *f*, missão *f*, recado *m; **go on** or **run an** ~* fazer um recado.

er•rat•ic [ɪ'rætɪk] *adj* (**~ally***)* errático, inconstante, incerto.

er•ror ['erə] *s* erro *m*, engano *m; ~s excepted* salvo erro.

e•rupt [ɪ'rʌpt] *v/i volcano, etc.:* entrar em erupção; *teeth:* sair, nascer;

e•rup•tion [_pʃn] (*a. med.*) *s* erupção *f*.

es•cal•late ['eskəleɪt] *v/i conflict, etc.:* aumentar, crescer; *costs, etc.:* subir; ~•la•tion [eskəleɪʃn] *s* escalada *f*.

es•ca•la•tor ['eskəleɪtə] *s* escada *f* rolante.

es•ca•lope ['eskələup] *s* escalope *m*, bife *m* de vitela.

es•cape [ɪ'skeɪp] **1.** *v/i* (**from***)* escapar; evadir-se; *v/t* escapar a, libertar-se, salvar-se; **2.** *s* fuga *f*, evasão *f; **have a narrow** ~* escapar por um triz; ~ *chute aer.* pára-quedas *m* de emergência; ~ *key computer:* tecla *f* de *escape*.

es•cort 1. *s* ['eskɔːt] *mil.* escolta *f;* acompanhamento *m;* **2.** *v/t* [ɪ'skɔːt] *mil.:* escoltar; *aer., mar.* dar escolta; acompanhar.

es•pe•cial [ɪ'speʃl] *adj* especial; excelente; ~•ly [_lɪ] *adv* especialmente.

es•pi•o•nage [espɪə'nɑːʒ] *s* espionagem *f*.

es•pla•nade [esplə'neɪd] *s* (*esp. na praia*) avenida *f*, passeio *m*.

es•pres•so [e'spresəu] *s* (*pl* **-sos***)* expresso *m*.

Es•quire [ɪ'skwaɪə] *s* (*abr.* **Esq.***) on letters:* **Ian Smith Esq.** Senhor Ian Smith.

es•say ['eseɪ] *s* composição *f*, redacção *f*, dissertação *f*, ensaio *m*.

es•sence ['esns] *s nature of sth.:* essência *f; extract:* essência *f*, extracto *m*.

es•sen•tial [ɪ'senʃl] **1.** *adj* □ (**to** a) essencial; fundamental; **2.** *s mst.* ~**s** *pl* o essencial; ~•ly [_lɪ] *adv* essencialmente.

es•tab•lish [ɪ'stæblɪʃ] *v/t* estabelecer; instituir; fundar, organizar; ~ *o.s.* estabelecer-se; ℓ*ed Church* igreja *f* oficial; ~•ment *s* estabelecimento *m*, instituição *f; **the** ℓ autoridades *f pl*, governo *m* estabelecido, poder *m; freedom of* ~ *econ., jur.* liberdade *f* de residência *f*.

es•tate [ɪ'steɪt] *s* propriedade *f*, herdade *f; jur.* bens *m pl*, posses *f pl*, herança *f; **housing** ~* urbanização *f; **industrial** ~* zona *f* industrial; **real** ~ bens *m pl* imobiliários; (*Am.* **real**) ~ **a•gent** *s* corretor *m* imobiliário; ~

car s Br. mot. vcículo m misto (carga e passageiros).

es•teem [ɪ'stiːm] **1.** s estima f, consideração f (**with** por); **2.** v/t estimar, ter em consideração, considerar.

es•thet•ic(s) Am. [es'θetɪk(s)] → **aesthetic(s)**.

es•ti•mate 1. v/t ['estɪmeɪt] avaliar; calcular; **2.** s [_mɪt] avaliação f; econ. orçamento m; **~•ma•tion** [estɪ'meɪʃn] s estimativa f; cálculo m; opinião f.

es•trange [ɪ'streɪndʒ] v/t distanciar(-se), afastar(-se).

es•tu•a•ry ['estjʊərɪ] s estuário m.

etch [etʃ] v/t corroer; gravar; **~•ing** ['etʃɪŋ] s gravura f.

e•ter•nal [ɪ'tɜːnl] adj □ eterno, imortal; **~•ni•ty** [_ətɪ] s eternidade f.

e•ther ['iːθə] s éter m; **e•the•re•al** [iː'θɪərɪəl] adj □ etéreo (a. fig.).

eth•i•cal ['eθɪkl] adj □ ético, moral; **~•ics** _s] ética f, princípios m pl morais.

eu•pho•ri•a [juː'fɔːrɪə] s euforia f.

Euro|... ['jʊərəʊ] europeu, euro...; **~•crat** s mst pl eurocrata m; **~•e•lec•tions** s pl eleições f pl europeias.

Eu•ro•pe•an [jʊərə'pɪən] **1.** adj europeu; **2.** s europeu/europeia m/f; **Coal and Steel Com•mu•ni•ty** s Comunidade Europeia do Carvão e do Aço; ~ **Council** s Conselho m Europeu; ~ **Court of Justice** s Tribunal m Europeu; ~ **(Ec•o•nom•ic) Com•mu•ni•ty** s Comunidade f (Económica) Europeia; ~ **Ec•o•nom•ic Space** s Espaço m Económico Europeu; ~ **Mon•e•ta•ry Fund** s Fundo m Monetário Europeu; ~ **Mon•e•ta•ry U•nion** s União f Monetária Europeia; ~ **Par•lia•ment** s Parlamento m Europeu; ~ **Pa•tent Of•fice** s Gabinete Europeu de Patentes; ~ **Sin•gle Mar•ket** s Mercado m Único Europeu.

e•vac•u•ate [ɪ'vækjʊeɪt] v/t despejar, evacuar; house, etc.: desocupar.

e•vade [ɪ'veɪd] v/t esquivar(-se); evadir(-se).

e•val•u•ate [ɪ'væljʊeɪt] v/t avaliar; apreciar, estimar.

e•van•gel•i•cal [iːvæn'dʒelɪkl] adj □ evangélico.

e•vap•o•rate [ɪ'væpəreɪt] v/t e v/i evaporar(-se); **~d milk** leite m evaporado; **~•ra•tion** [ɪvæpə'reɪʃn] s evaporação f.

e•va|sion [ɪ'veɪʒn] s evasão f; fuga f; evasiva f; **~•sive** [_sɪv] adj □ evasivo, ambíguo; **be** ~ esquivar(-se).

eve [iːv] s véspera f; **on the** ~ **of** na véspera de.

e•ven ['iːvn] **1.** adj □ plano, igual; regular; equilibrado; liso; number: par; **get** ~ **with s.o.** fig ajustar contas com alg.; **2.** adv mesmo, até; **not** ~ nem mesmo; ~ **though**, ~ **if** mesmo que, mesmo se; **3.** v/t nivelar, aplainar; ~ **out** (v/i refl.) compensar, desforrar-se.

eve•ning ['iːvnɪŋ] s noite f; ~ **class** curso m nocturno; ~ **dress** fato m de cerimónia, smoking; fato m de noite.

e•vent [ɪ'vent] s acontecimento m, ocorrência f; sports: prova f; **at all** ~**s** em todo o caso; **in the** ~ **of** no caso de; **~•ful** adj □ agitado, memorável.

e•ven•tu•al [ɪ'ventʃʊəl] adj possível; final; **~•ly** por fim, finalmente, eventualmente.

ev•er ['evə] adv nunca, jamais; sempre; ~ **so** muito, tão; ~ **after**, ~ **since** desde então, desde que; ~ **and again** de vez em quando; **for** ~ para sempre; in letters: **Yours** ~, ... com os maiores cumprimentos; **~•green**; **1.** adj perene; ~ **song** melodia inesquecível; **2.** s bot. plantas perenes; **~•last•ing** adj □ perpétuo; durável; **~•more** adv eternamente, sempre.

every ['evrɪ] adv cada; todos; ~ **now and then** de vez em quando; ~ **one of them** todos; ~ **other day** de dois em dois dias; **~•body** pron todos, cada um; **~•day** adj todos os dias, diário; **~•one** pron todos, cada um; **~•thing** pron tudo; **~•where** adv em toda a parte.

e•vict [ɪ'vɪkt] v/t jur. desapropriar; despejar.

ev•i|dence ['evɪdəns] **1.** s evidência f; provas f pl; indício m; **give** ~ testemunhar; **in** ~ como prova; em evidência; **2.** v/t comprovar; **~•dent** adj □ evidente, claro, óbvio.

e•vil ['iːvl] **1.** *adj* ☐ mau, malvado; **2.** *s* mal; **~-mind•ed** [_'maɪndɪd] *adj* maldoso.

e•voke [ɪ'vəʊk] *v/t* evocar; *memories:* despertar.

ev•o•lu•tion [iːvə'luːʃn] *s* evolução *f,* desenvolvimento *m.*

e•volve [ɪ'vɒlv] *v/t and v/i* desenvolver(-se).

ex [eks] **1.** *prep econ.:* ~ *factory / ship* de fábrica / navio (oriundo de); **2.** *s* F ex *m/f.*

ex- [_] antigo, anterior.

ex•act [ɪg'zækt] **1.** *adj* exacto, preciso; **2.** *v/t payment*: cobrar; *obedience:* exigir; **~•ing** *adj person:* preciso, minucioso; **~•i•tude** [_ɪtjuːd] → *ex-actness;* **~•ly** *adv* exactamente, justamente; *answer:* isso mesmo, exactamente; **~•ness** *s* exactidão *f.*

ex•ag•ge|rate [ig'zædʒəreɪt] *v/t and v/i* exagerar; **~•ra•tion** [ɪgzædʒə'reɪʃn] *s* exagero *m.*

exam F [ɪg'zæm] *s* exame *m.*

ex•ami•na•tion [ɪgzæmɪ'neɪʃn] *s* exame *m,* prova *f;* investigação *f;* interrogatório *m;* **~•ine** [ɪg'zæmɪn] *v/t,* investigar; *jur.* interrogar; *school, etc.:* examinar (*in* em; *on* sobre).

ex•am•ple [ɪg'zɑːmpl] *s* exemplo *m;* modelo *m;* exemplar *m;* *for* ~ por exemplo.

ex•as•pe|rate [ɪg'zæspəreɪt] *v/t* exasperar(-se), irritar(-se); **~•rat•ing** *adj* ☐ irritante.

ex•ca•vate ['ekskəveɪt] *v/t* escavar, desenterrar.

ex•ceed [ɪk'siːd] *v/t* exceder; ultrapassar; **~•ing** *adj* ☐ excessivo, excelente; **~•ingly** *adv* excessivamente, extraordinariamente.

ex•cel [ɪk'sel] *(-ll-) v/t* distinguir; superar *v/i* distinguir-se, superar-se; **~•lence** ['eksələns] *s* excelência *f,* superioridade *f;* **Ex•cel•len•cy** [_ənsɪ] *s* Excelência *f;* **~•lent** [_ənt] *adj* ☐ excelente, esplêndido.

ex•cept [ɪk'sept] **1.** *v/t* exceptuar, excluir; **2.** *prep* excepto, à excepção de; **~** *for* se não fosse; **~•ing** *prep* com excepção de.

ex•cep•tion [ɪk'sepʃn] *s* excepção *f;* objecção (*to* a); *by way of* ~ excepcionalmente; *make an* ~ fazer uma excepção; *take* ~ *to* objectar, protestar; **~•al** *adj* excepcional; **~•al•ly** *adv* excepcionalmente.

ex•cerpt ['eksɜːpt] *s* excerto *m,* extracto *m.*

ex•cess [ɪk'ses] *s* excesso *m;* excedente *m;* desregramento *m; attr.* sobre-, excesso de; ~ *baggage* esp Am., ~ *luggage* esp Br. aer. excesso *m* de bagagem *f;* ~ *capacity* econ. excesso *m* de capacidade *f;* ~ *fare* sobretaxa *f;* ~ *postage* sobretaxa *f* postal; **ex•ces•sive** [_ɪv] *adj* ☐ excessivo, exagerado.

ex•change [ɪks'tʃeɪndʒ] **1.** *v/t* trocar (*for* por); cambiar; **2.** *s* troca *f;* (*esp.* dinheiro) câmbio *m; bill of exchange* letra *f* de câmbio *m,* (*telephone*) ~ central *f* telefónica; *foreign* **~s** *pl* divisas *f pl; rate of* ~, ~ *rate* taxa *f* de câmbio; ~ *office* agência *f* de câmbio; ~ *student* estudante *m/f* participante num sistema de trocas.

ex•cheq•uer [ɪks'tʃekə] *s* tesouro *m,* erário *m* público; *Chancellor of the* 2 *Br.* Ministro *m* das Finanças *f pl.*

ex•cise[1] [ek'saɪz] *s* imposto *m* de consumo *m.*

ex•cise[2] *med.* [_] *v/t* extirpar, cortar.

ex•ci•ta•ble [ɪk'saɪtəbl] *adj* excitável, irritável;

ex•cite [ɪk'saɪt] *v/t* excitar; enervar; **ex•cit•ed** *adj* ☐ excitado, nervoso; **ex•cite•ment** *s* excitação *f;* exaltação *f,* **ex•cit•ing** *adj* ☐ excitante, emocionante.

ex•claim [ɪk'skleɪm] *v/t* exclamar, chamar.

ex•cla•ma•tion [eksklə'meɪʃn] *s* exclamação *f;* grito *m;* ~ *mark,* Am. ~ *point* ponto *m* de exclamação.

ex•clude [ɪk'skluːd] *v/t* excluir.

ex•clu•sion [ɪk'skluːʒn] *s* exclusão *f,* expulsão *f;* **~•sive** [_sɪv] *adj* ☐ exclusivo, único; ~ *of* sem, exclusivo de.

ex•cre•ment ['ekskrɪmənt] *s* excremento *m,* fezes *f pl.*

ex•crete [ek'skriːt] *v/t* evacuar.

ex•cru•ci•a•ting [ɪk'skruːʃɪeɪtɪŋ] *adj* ☐ *of pain* excruciante, insuportável.

ex•cur•sion [ɪk'skɜːʃn] *s* excursão *f.*

ex•cu•sa•ble [ɪk'skjuːzəbl] *adj* ☐ desculpável; **ex•cuse 1.** *v/t*

E

[ɪkˈskjuːz] desculpar; ~ *me* desculpe; ~ *s.o.* desculpar alguém; **2.** *s* [_uːs] desculpa *f;* justificação *f.*

ex•e•cute [ˈeksɪkjuːt] *v/t* executar; cumprir; *mus.* tocar, interpretar; *jur. will:* executar; **~•cu•tion** [_ˈkjuːʃn] *s* execução *f;* realização *f; jur.* penhora *f; punishment:* execução *f,* pena *f* de morte; *mus.* execução *f; put or carry a plan into* ~ executar um plano; **~•cu•tioner** [_ˈkjuːʃnə] *s* executor *m;* carrasco *m;* **~•c•u•tive** [ɪɡˈzekjuːtɪv] **1.** *adj* □ executivo, *pol.* executivo; *econ.* dirigente; ~ *board* conselho *m* executivo; ~ *com•mittee* comité *m* executivo; **2.** *s pol.* Executivo *m,* poder *m* executivo; *econ.* dirigente executivo; **~•c•u•tor** [ɪɡˈzekjʊtə] *s* executor *m,* testamenteiro *m.*

ex•em•pla•ry [ɪɡˈzemplərɪ] *adj* □ exemplar.

ex•em•pli•fy [ɪɡˈzemplɪfaɪ] *v/t* exemplificar.

ex•empt [ɪɡˈzempt] **1.** *adj* isento, livre; **2.** *v/t* isentar, dispensar.

ex•er•cise [ˈeksəsaɪz] **1.** *s* exercício *m;* desempenho *m;* prática *f; school:* exercício *m,* trabalho *m* escolar; *mil.* manobras *f pl;* exercício *m* físico; *do one's* ~*s* fazer ginástica; *take* ~ fazer exercício, treinar; *Am.* ~*s pl* cerimónias *f pl;* ~ *book* caderno *m* diário; **2.** *v/t and v/i* exercitar(-se); treinar; praticar; *mil.* instruir recrutas.

ex•ert [ɪɡˈzɜːt] *v/t influence, etc.:* exercer; ~ *o.s.* esforçar-se, empenhar-se; **ex•er•tion** [_ˈɜːʃn] *s* esforço *m,* aplicação *f,* empenho *m.*

ex•hale [eksˈheɪl] *v/t and v/i* exalar; *smoke:* expelir; *gas, smell:* exalar.

ex•haust [ɪɡˈzɔːst] **1.** *v/t* esgotar, extenuar; esvaziar; despejar; **2.** *s tech.* escape *m;* gases *m pl* de escape; ~ *catalytic converter* catalizador *m;* ~ *fumes pl* gases *m pl* de escape; ~ *pipe* tubo *m* de escape; **~•ed** *adj* exausto, extenuado; **ex•haus•tion** [_ˈtʃən] *s* exaustão *f;* **ex•haus•tive** [_ˈtɪv] *adj* □ exaustivo, fatigante.

ex•hib•it [ɪɡˈzɪbɪt] **1.** *v/t* exibir; *jur., evidence:* apresentar, exibir; **2.** *s* objecto *m* exposto; prova *f,* testemunho

m; **ex•hi•bi•tion** [eksɪˈbɪʃn] *s* exposição *f.*

ex•ile [ˈeksaɪl] **1.** *s* desterro *m,* exílio *m;* exilado *m;* expatriado *m;* **2.** *v/t* exilar, desterrar, expatriar.

ex•ist [ɪɡˈzɪst] *v/i* existir; viver; haver; **~•ence** *s* existência *f;* vida *f;* ser *m;* **~•ent** *adj* existente, actual.

ex•it [ˈeksɪt] **1.** *s* saída *f;* saída *f* de auto-estrada; **2.** *v/i* sair; *v/t Am.* sair de; ~ *per•mit* *s* visto *m* de saída *f.*

ex•or•bi•tant [ɪɡˈzɔːbɪtənt] *adj* □ exorbitante, descomedido; *price, etc.:* exorbitante.

ex•ot•ic [ɪɡˈzɒtɪk] *adj* (*~ally*) exótico; invulgar; estrangeiro.

ex•pand [ɪkˈspænd] *v/t and v/i* expandir(-se); ampliar; desenvolver(-se); ~ *on* expandir-se sobre um assunto; **ex•panse** [_ns] *s* expansão *f;* vastidão *f;* **ex•pan•sion** [_ʃn] *s* expansão; *fisiol.* dilatação *f; fig.* alargamento *m;* **ex•pan•sive** [_sɪv] *adj* □ expansivo; extensivo; vasto; *fig.* comunicativo.

ex•pat•ri•ate [eksˈpætrɪeɪt] *v/t* expatriar, exilar.

ex•pect [ɪkˈspekt] *v/t* esperar; F pensar, supor; *be ~ing* estar grávida; **ex•pec•tant** [_ənt] *adj* □ expectante, que espera ansiosamente *(of);* ~ *mother* mulher grávida, futura mãe; **ex•pec•ta•tion** [ekspekˈteɪʃn] *s* espera *f;* esperança *f.*

ex•pe•dient [ɪkˈspiːdɪənt] **1.** *adj* □ conveniente, útil, apropriado; **2.** *s* meio *m,* recurso *m.*

ex•pe•di•tion [ekspɪˈdɪʃn] *s* expedição *f,* viagem *f; mil.* campanha *f.*

ex•pel [ɪkˈspel] *v/t (-ll-)* expelir; eliminar; expulsar; excluir.

ex•pend [ɪkˈspend] *v/t money:* despender; gastar; utilizar; **ex•pen•diture** [_dɪtʃə] *s* despesa *f;* gasto *m;* **ex•pense** [ɪkˈspens] *s* despesa *f;* custos *m pl;* ~*s pl* despesas *f pl,* custos *m pl; at the ~ of* à custa de; *at any* ~ a qualquer preço; **ex•pen•sive** [_sɪv] *adj* □ caro, dispendioso.

ex•pe•ri•ence [ɪkˈspɪərɪəns] **1.** *s* experiência *f;* prática *f;* vivência *f;* **2.** *v/t* experimentar, viver; **~d** *adj* experiente.

ex•per•i|ment 1. s [ık'sperımənt] experiência f, ensaio m; **2.** v/i [ˌment] experimentar, ensaiar; **~•men•tal** [eksperı'mentl] adj □ experimental.

expert ['eksp3ːt] **1.** adj □ [pred eks'pɪt] experiente, versado, conhecedor; **2.** s perito m; especialista m/f; **ex•per•tise** [eksp3ː'tiːz] s perícia f, conhecimento m.

ex•pi•ra•tion [ekspı'reı∫n] s expiração f; termo m, fim m; **ex•pire** [ık'spaıə] v/t expirar; morrer, passport: expirar, terminar (o prazo).

explain [ık'spleın] v/t explicar, esclarecer; reasons: explicar **(sth. to s.o.)**.

ex•pla•na•tion [eksplə'neı∫n] s explicação f; esclarecimento m; **ex•plan•a•to•ry** [ık'splænətərı] adj □ explicativo.

ex•pli•ca•ble ['eksplıkəbl] adj □ explicável.

ex•pli•cit [ık'splısıt] adj □ explícito, claro.

ex•plode [ık'spləud] v/t and v/i explodir, detonar; fig. estourar, rebentar **(with** com).

ex•ploit 1. ['eksplɔıt] s feito m, acto m heróico; **2.** v/t [ık'splɔıt] explorar; fig. aproveitar-se; **ex•ploi•ta•tion** [eksplɔı'teı∫n] s exploração f, utilização f, aproveitamento m.

ex•plo•ra•tion [ckspla'rcı∫n] s exploração f, pesquisa f; **ex•plore** [ık'splɔː] v/t explorar; **ex•plor•er** [ˌrə] s explorador m.

ex•plo|sion [ık'spləuʒn] s explosão f; fig. arrebatamento m; ímpeto m; **~•sive** [ˌəusıv] **1.** adj □ explosivo; fig. impetuoso, arrebatado; **2.** s explosivo m.

ex•po•nent [ek'spəunənt] s expoente m (a. math); representante m.

ex•port 1. v/t [ek'spɔːt] exportar; **2.** s ['ekspɔːt] artigo m de exportação f; **ex•por•ta•tion** [ekspɔː'teı∫n] s exportação f.

ex•pose [ık'spəuz] v/t expor; phot. expor à luz; fig. desmascarar, descobrir; **ex•po•si•tion** [ekspə'zı∫n] s exposição f.

ex•po•sure [ık'spəuʒə] s exposição f, exibição f; revelação f; phot. tempo de exposição à luz; fotografia f; **~ meter** fotómetro m.

ex•press [ık'spres] **1.** adj □ expresso; **~ company** Am. empresa f de entregas rápidas; **~ train** comboio m expresso; **~ way** esp. Am. via f rápida; **2.** s correio m expresso; comboio m expresso; **by ~ → 3.** adv por correio expresso, azul; **4.** v/t exprimir, expressar, manifestar.

ex•pres•sion [ık'spre∫n] s expressão f; **~•less** adj □ inexpressivo; **ex•pres•sive** [ˌsıv] adj □ expressivo, significativo **(of** de); **ex•press•ly** [ˌlı] adv expressivamente, significativamente.

ex•pro•pri•ate [eks'prəuprıeıt] v/t expropriar.

ex•pul•sion [ık'spʌl∫n] s expulsão f, exclusão f.

ex•pur•gate ['eksp3ːgeıt] v/t expurgar.

ex•qui•site ['ekskwızıt] adj □ selecto; fino; raro; pain: agudo.

ex•tend [ık'stend] v/t estender; esticar; alargar; prolongar; help, etc.: oferecer; mil. desdobrar-se, v/i estender-se.

ex•ten|sion [ık'sten∫n] s extensão f; alargamento m; prolongamento m; ampliação f; teleph. extensão f; **~ cord** electr. extensão f eléctrica; **~•sive** [ˌsıv] adj extensivo, amplo.

ex•tent [ık'stent] s extensão f; largura f; tamanho m; amplitude f; grau m; **to the ~ of** até ao ponto de; **to some** or **a certain ~** até (um) certo ponto.

ex•ten•u•ate |ek'stenjueıt] v/t atenuar, enfranquecer; disfarçar; **extenuating circumstances** pl jur. circunstâncias atenuantes.

ex•te•ri•or [ek'stıərıə] **1.** adj exterior, externo; **2.** s exterior m, aparência f; TV, etc.: emissão f do exterior.

ex•ter•mi•nate [ek'st3ːmıneıt] v/t exterminar (a. fig.), aniquilar; pests, weed: exterminar.

ex•ter•nal [ek'st3ːnl] adj □ externo, exterior.

ex•tinct [ık'stıŋkt] adj extinto, morto; **ex•tinc•tion** [ˌk∫n] s extinção f, destruição f, aniquilação f; liquidação f.

ex•tin•guish [ık'stıŋgwı∫] v/t extinguir; aniquilar; **~•er** [ˌə] s extintor m de incêndio.

ex•tort [ık'stɔːt] v/t extorquir **(from** a); **ex•tor•tion** [ˌ∫n] s extorsão f.

ex•tra ['ekstrə] **1.** *adj* extra, especial, superior; **~ pay** pagamento extraordinário; **~ time** *sports:* prolongamento *m;* **2.** *adv* especial; **3.** *s* extraordinário *m*, extra *m*, aumento *m; thea., TV:* figurante *m*.

ex•tract 1. *s* ['ekstrækt] extracto *m;* **2.** *v/t* [ɪk'strækt] extrair; tirar; desviar; **ex•trac•tion** [_kʃn] *s* extracção *f;* procedência *f*.

ex•tra|dite ['ekstrədaɪt] *v/t* extraditar; banir; **~•dition** [ekstrə'dɪʃn] *s* extradição *f*.

extra•or•di•na•ry [ɪk'strɔ:dnrɪ] *adj* □ extraordinário, notável, raro.

ex•tra•ter•res•tri•al [ekstrətɪ'restrɪəl] *adj* □ extraterreste.

ex•trav•al•gance [ɪk'strævəgəns] *s* extravagância *f;* desperdício *m;* esbanjamento *m;* **~•gant** [_t] *adj* □ extravagante, excessivo; gastador.

ex•treme [ɪk'stri:m] **1.** *adj* □ extremo, excessivo, imoderado; **2.** *s* extremidade *f;* exterior *m;* último grau *m;* **~•ly** *adv* extremamente.

ex•trem|ism *esp. pol.* [ɪk'stri:mɪzm] *s* extremismo *m;* **~•ist** [_ɪst] *s* extremista *m/f*.

ex•trem•i•ties [ɪk'stremətiːz] *s pl* extremidades *f pl*, membros *m pl*.

ex•tri•cate ['ekstrɪkeɪt] *v/t* livrar, desembaraçar, libertar.

ex•tro•vert ['ekstrəʊvɜːt] *s* extrovertido *m*.

ex•u•be|rance [ɪg'zju:bərəns] *s* exuberância *f;* opulência *f;* **~•rant** [_t] *adj* □ exuberante, opulento, luxuriante.

eye [aɪ] **1.** *s* olho *m;* olhar *m;* olho *m* (da agulha); colcheta *f;* **see ~ to ~ with s.o.** ser da mesma opinião; **be up to the ~s in work** ter trabalho até à raiz do cabelo; **with an ~ to sth.** com respeito a; **I couldn't believe my ~s** nem podia acreditar no que via; **keep an ~ on** vigiar; **2.** *v/t* olhar, observar; **~•ball** *s* globo *m* ocular, menina-do-olho *f;* **~•brow** *s* sobrancelha *f;* **~•catching** *adj* atraente, que chama a atenção; **...-~d** com olhos...; **~•lash** *s* pestana *f;* **~•lid** *s* pálpebra *f;* **~•liner** *s* eyeliner *m*, delineador *m;* **~•o•pen•er** *s: that was an ~ to me:* abriu-me os olhos; **~•sight** *s* vista *f;* visão *f;* **~•strain** *s* fadiga *f* ocular; **~•wit•ness** *s* testemunha *f/m* ocular.

F

fa•ble ['feɪbl] *s* fábula *s;* lenda *f;* mito *m*.

fab|ric ['fæbrɪk] *s* textura *f;* tecido *m;* estrutura *f;* construção *f;* edifício *m;* **~•ri•cate** *v/t* fabricar; *mst fig. invent* inventar, imaginar.

fab•u•lous ['fæbjʊləs] *adj* □ fabuloso, lendário; incrível, admirável.

fa•çade *arquit.* [fə'sɑːd] *s* fachada *f*.

face [feɪs] **1.** *s* face *f*, rosto *m*, cara *f;* expressão *f;* superfície *f;* parte *f* anterior; mostrador *m;* **~ to ~ with** cara a cara, de frente; *fig.* **save (lose) one's ~** salvar as aparências (ficar mal visto); **~-saving** *solution, etc.:* que mantém as aparências; **on the ~ of it** a julgar pela aparência, à primeira vista; **pull a long ~** fazer ca-

retas; **have the ~ to do sth.** ter o arrojo de fazer algo; **2.** *v/t* encarar; enfrentar; fazer face a; *arquit.* revestir; **let's ~ it** vamos encarar o problema; *v/i* **~ about** dar meia-volta; **~-cloth** *s* pano *m* de rosto, toalha *f;* **~-flan•nel** *s Br.* **face-cloth;** **~-lifting** *s facelifting*, cirurgia *f* plástica facial; *fig.* renovação *f*, embelezamento *m*.

fa•ce•tious [fə'siːʃəs] *adj* □ brincalhão.

fa•cile ['fəsaɪl] *adj* fácil; superficial.

fa•cil•i|tate [fə'sɪlɪteɪt] *v/t* facilitar; **~•ty** [_ətɪ] *s ease:* facilidade *f;* simplicidade *f; equipment, etc.:* instalação *f; opportunity:* possibilidade *f;* **cooking facilities** *pl* local para cozinhar, cozinha *f;* **sports facilities** *pl* instalações *f pl* desportivas.

fac•ing ['feɪsɪŋ] *s arquit.* revestimento *m;* ~**s** *pl sewing:* guarnição *f.*

fact [fækt] *s* facto *m,* realidade *f,* verdade *f; in* ~ na verdade, realmente; **tell s.o. the** ~**s of life** (sexual) explicar os factos da vida.

fac•tion *esp. pol.* ['fækʃn] *s* facção *f;* sublevação *f.*

fac•ti•tious [fæk'tɪʃəs] *adj* □ artificial.

fac•tor ['fæktə] *s fig.* factor *m (a. mat.),* circunstância *f; in Scotland:* administrador *m.*

fac•to•ry ['fæktrɪ] *s* fábrica *f;* ~ **farming** criação de gado industrial.

fac•ul•ty ['fækəltɪ] *s* faculdade *f;* capacidade *f; fig.* dom *m; univ.* faculdade *f.*

fad [fæd] *s* moda *f* passageira; mania *f.*

fade [feɪd] *v/i and v/t* desvanecer(-se), desmaiar (cor); desaparecer lentamente; *of person:* enfraquecer; *film, radio, TV:* ~ *in* aumentar lentamente o volume; ~ *out* diminuir lentamente o volume.

fag[1] [fæg] *s* F maçada *f,* estafa *f.*

fag[2] [_] *sl. s Br. cigarette:* cigarro *m; Am. homosexual: contp.* maricas *m.*

fail [feɪl] **1.** *vi* falhar; fracassar, ser mal sucedido; faltar; diminuir; falir; *in test, etc.:* reprovar; *v/t* abandonar; *in test, etc.:* ser reprovado; **he** ~**ed to come** não veio; **he cannot** ~ **to** ele tem a obrigação de; **2.** *s:* **without fail** sem falhar, com toda a certeza; ~**•ing 1.** *s* falta *f,* defeito *m;* **2.** *prep* na falta de; ~**•ure** [_jə] *s* falha *f;* fracasso *m;* insucesso *m;* falta *f;* falência *f.*

faint [feɪnt] **1.** *adj* □ fraco, baço; **2.** *v/i* desmaiar, desfalecer (**with** de); **3.** *s* desmaio *m;* ~**•heart•ed** *adj* □ tímido, medroso.

fair[1] [feə] **1.** *adj* justo, honesto, decente; regular; *weather:* límpido, *wind:* favorável; *hair, skin, etc.:* claro, *hair:* louro; amável; limpo; belo, bonito, simpático; **2.** *adv* de modo justo, honestamente, decentemente, directamente.

fair[2] [_] *s* feira *f;* mercado *m;* festa *f* popular.

fair•ly ['feəlɪ] *adv* absolutamente, completamente; ~**•ness** *s* beleza *f;* alvura *f* (da pele); decência *f; esp. sports:* respeito *m;* imparcialidade *f;* integridade *f;* honestidade *f.*

fai•ry ['feərɪ] *s* fada *f;* F *homosexual:* F maricas *m;* ~**-tale** *s* conto *m* de fadas *(a. fig.).*

faith [feɪθ] *s* fé *f;* confiança *f;* sinceridade *f;* ~**•ful** *adj* □ fiel; honesto; *in letters:* **Yours** ~**ly** Com os melhores cumprimentos, atenciosamente; ~**•less** *adj* □ infiel; descrente.

fake [feɪk] **1.** *s* fraude *f;* falsificação *f;* falsificador *m,* embusteiro *m;* **2.** *v/t* falsificar; imitar; simular, disfarçar; **3.** *adj* falso.

fal•con *zoo* ['fɔːlkən] *s* falcão *m.*

fall [fɔːl] **1.** *s* queda *f;* baixa *f* súbita; diminuição *f; Am.* Outono *m; of prices, etc.:* baixa *f;* quebra *f; mst* ~**s** *pl* queda de água; **2.** *v/i* **(fell, fallen)** cair, tombar; baixar; *of wind:* cair, diminuir; incorrer (*into* em); ~ *ill or sick* adoecer; ~ *in love with* apaixonar-se por; ~ *short of expectations, etc.:* não corresponder a; desapontar; ~ *to pieces* desabar, despedaçar-se; *fig.* sucumbir; ~ *back* retroceder; ~ *back on* recorrer a; ~ *for* enamorar-se de; ~ *off become less:* diminuir; declinar; ~ *on* cair sobre; lançar-se sobre; ~ *out* brigar, discutir (**with** com); ~ *through* fracassar, falhar *(a. fig.);* ~ *to eating:* comer com sofreguidão.

fal•la•cy ['fæləsɪ] *s* falsa argumentação *f;* erro *m.*

fall•en ['fɔːlən] *pp de* **fall** 2.

fall guy *Am.* F ['fɔːlgaɪ] *s* bode *m* expiatório; bombo *m* da festa.

fal•li•ble ['fæləbl] *adj* □ falível.

fall•ing star *astron.* ['fɔːlɪŋstɑː] *s* estrela *f* cadente.

fall-out ['fɔːlaʊt] *s* chuva *f* radioactiva.

fal•low ['fæləʊ] *adj zoo* fulvo, amarelo-acastanhado; *agr.* de (em) pousio.

false [fɔːls] *adj* □ falso; ~ *alarm s* falso alarme; ~**•hood,** ~**•ness** *s* falsidade *f;* mentira *f.*

fal•si•fi•ca•tion [fɔːlsɪfɪ'keɪʃn] *s* falsificação *f;* ~**•fy** ['fɔːlsɪfaɪ] *v/t* falsificar; ~**•ty** [_tɪ] *s* falsidade *f;* mentira *f.*

F

113

fal•ter ['fɔːltə] *v/i* vacilar; *of voice:* balbuciar; *fig.* hesitar; *a. v/t* gaguejar.

fame [feɪm] *s* fama *f*, renome *m; ~d adj* famoso (**for** por).

fa•mil•iar [fə'mɪlɪə] **1.** *adj* □ de confiança; habitual; familiar; **2.** *s* familiar *m*, parente *m;* **~•i•ty** [fəmɪl-ɪ'ærətɪ] *s* familiaridade *f;* intimidade *f;* **~•ize** [fə'mɪlɪəraɪz] *v/t* familiarizar.

fam•i•ly ['fæməlɪ] **1.** *s* família *f;* **2.** *adj* **be in the ~ way** F estar grávida; **~ allowance** abono *m* de família; **~ credit** *Br. appr* ajuda *f* familiar; **~-friendly** *hotel, etc.:* de ambiente familiar; **~ planning** planeamento *m* familiar; **~ tree** árvore *f* genealógica.

fam|ine ['fæmɪn] *s* penúria *f;* fome *f* extrema; **~•ished** [_ʃt] *adj* F esfomeado; **be ~** F estar esfomeado.

fa•mous ['feɪməs] *adj* famoso.

fan¹ [fæn] **1.** *s* leque *m;* ventoinha *f;* ~ **belt** *tech.* correia *f* da ventoinha *f;* **2.** *v/t* **(-nn-)** abanar(-se); *fig.* atiçar, inflamar.

fan² [_] *s sports, etc.:* fã *m;* adepto *m;* ~ **club** clube *m* de fãs; ~ **mail** correspondência *f* dos fãs.

fa•nat|ic [fə'nætɪk] **1.** *adj* **(~ally)** *a.* **~•i•cal** □ fanático; **2.** *s* fanático *m.*

fan•ci•er ['fænsɪə] *s of animals, plants:* amador *m;* criador *m.*

fan•ci•ful ['fænsɪfl] *adj* □ fantástico; imaginário.

fan•cy ['fænsɪ] **1.** *s* fantasia *f;* imaginação *f; whim:* capricho *m;* gosto *m.* **2.** *adj* de fantasia, caprichoso; ~ **ball** baile *m* de máscaras; ~ **dress** fato de máscaras; ~ **goods** *pl* artigos de luxo *pl;* **3.** *v/t* imaginar; desejar, querer; *v/i* **just ~!** imagina só!; **~-free** *adj* sem preocupações, sem fantasias; **~-work** *s* renda *f;* bordado *m.*

fang [fæŋ] *s* presa *f;* dente *m* de animal; dente *m* de serpente.

fan|tas•tic [fæn'tæstɪk] *adj* **(~ally)** fantástico; **~•ta•sy** ['fæntəsɪ] *s* fantasia *f.*

far [fɑː] **(farther, further, farthest, furthest) 1.** *adj* longe, afastado, longínquo; **2.** *adv* ao longe, a grande distância; muito; **as ~ as** tanto quanto; **in so ~ as** na medida em que; **~•a•way** *adj* muito longe.

fare [feə] **1.** *s* preço *m* da passagem *f;* passageiro *m;* custo *m;* **2.** *v/i* passar bem; **he ~d well** a vida corria-lhe bem; ~ **dodger** ['feədɒdʒə] o que viaja sem pagar, *sl.* pendura; **~•well** [feə'wel] **1.** *interj.* adeus, felicidades; **2.** *s* adeus *m*, despedida *f.*

far-fetched *fig.* [fɑː'fetʃt] *adj* forçado, inverosímil, inacreditável.

farm [fɑːm] **1.** *s* quinta *f;* herdade *f; chicken ~* exploração *f* de avicultura *f;* **2.** *v/t* arrendar; *land:* cultivar; *poultry, etc.:* criar; **~•er** *s* lavrador *m*, agricultor *m; of poultry, etc.:* criador *m;* **~•hand** *s* trabalhador *m* agrícola; **~•house** *s* casa *f* de quinta; **~•ing 1.** *adj* agrícola; **2.** *s* agricultura *f;* **~•stead** *s* quinta *f;* ~ **sub•si•dies** *s pl* subsídios *m pl* para a agricultura; **~•yard** *s* pátio *m (of farm).*

far|-off [fɑːr'ɒf] *adj* afastado, longe; **~•sight•ed** *adj esp. Am.* perspicaz; previdente.

far|ther ['fɑːðə] *comp of far;* **~•thest** ['fɑːðɪst] *sup of far.*

fas•ci|nate ['fæsɪneɪt] *v/t* fascinar; **~•nating** *adj* □ fascinante; **~•nation** [fæsɪ'neɪʃn] *s* fascínio *m*, fascinação *f.*

fas•cis|m ['fæʃɪzəm] *s* fascismo *m;* **~t** *pol.* [_ɪst] **1.** *s* fascista *m/f;* **2.** *adj* fascista.

fash•ion ['fæʃn] **1.** *s* moda *f;* maneira *f;* forma *f* de vida *f;* **in (out of) ~** na (fora de) moda; ~ **parade**, ~ **show** desfile *m* de moda; **2.** *v/t* moldar, conceber; **~•a•ble** *adj* □ moderno, elegante.

fast¹ [fɑːst] **1.** *s* jejum *m;* **2.** *v/i* jejuar.

fast² [_] *adj* rápido; firme; fiel; *colour:* firme, permanente; leviano, frívolo; **be ~** *of clock, watch:* estar adiantado; **~•back** *mot.* [_bæk] *s* modelo *m* desportivo; ~ **breed•er**, **~-breed•er reactor** *phys.* reactor *m* nuclear de aceleração rápida.

fas•ten ['fɑːsn] *v/t* fixar; prender; fechar; apertar; *eyes, etc.:* fixar (**on, upon** em); *v/i door:* fechar; ~ **on, upon** agarrar-se a; *fig.* atirar-se a; **~•er** *s* fecho *m;* suporte *m;* **~•ing** *s* presilha *f.*

fast| food ['fɑːstfʊd] *s* comida *f* rápida; fast food; **~-food restaurant** restaurante de fast food.

fas•tid•i•ous [fə'stɪdɪəs] *adj* □ exigente, melindroso, esquisito, meticuloso.

fast lane *mot.* [fɑːst'leɪn] *s* faixa *f* rápida.

fat [fæt] **1.** *adj* □ *(-tt-)* gordo; gorduroso; **2.** *s* gordura *f*; **3.** *v/t and v/i* engordar; tornar-se gordo.

fa•tal ['feɪtl] *adj* □ funesto, fatal (*to* para); mortal; **~•i•ty** [fə'tælətɪ] *s* fatalidade *f*; vítima *f* mortal.

fate [feɪt] *s* destino *m*, sorte *f*.

fa•ther ['fɑːðə] *s* pai *m;* **Christmas** *s esp. Br.* Pai Natal; **~•hood** [_hʊd] *s* paternidade *f;* **~-in-law** [_rɪnlɔː] *s* sogro *m;* **~•less** *adj* órfão *m* de pai; **~•ly** *adj* paternal.

fath•om ['fæðəm] **1.** *s mar.* braça *f;* **2.** *v/t mar.* sondar; *fig.* deslindar, compreender; **~•less** *adj* impenetrável, incompreensível.

fa•tigue [fə'tiːg] **1.** *s* fadiga *f;* cansaço *m;* **2.** *v/t and v/i* cansar-se.

fat|ten ['fætn] *v/t and v/i* engordar, tornar gordo; *soil:* adubar; **~•ty** [_tɪ] *adj (-ier, iest)* gorduroso.

fat•u•ous ['fætjʊəs] *adj* □ fátuo.

fau•cet *Am.* ['fɔːsɪt] *s* torneira *f*.

fault [fɔːlt] *s* falta *f;* defeito *m;* culpa *f; **find ~ with** criticar, queixar-se de; **be at ~** ser culpado; **~•less** *adj* □ irrepreensível. **~•ly** *adj* □ *(-ier, -iest)* defeituoso.

fa•vo(u)r ['feɪvə] **1.** *s* favor *m;* protecção *f;* preferência *f; **in ~ of** em favor de; **do s.o. a ~** fazer um favor a alguém; **2.** *v/t* favorecer; preferir; *sports:* favorecer; honrar; **favo(u)-rable** *adj* □ favorável; **favo(u)rite** [_rɪt] **1.** *s* favorito *m; sports:* favorito; **2.** *adj* preferido, favorito.

fax [fæks] **1.** *v/t and v/i* enviar um fax; **2.** *s* fax *m*.

fear [fɪə] **1.** *s* medo *m* (*of* de); temor *m;* receio *m;* **2.** *v/t* temer, recear, ter medo de; **~•ful** *adj* □ medroso; terrível; **~•less** *adj* audaz, destemido.

fea•si•ble ['fiːzəbl] *adj* □ praticável, viável.

feast [fiːst] **1.** *s ecles.* festa *f;* dia *m* santo; banquete *m; fig.* festa *f,* regozijo *m;* **2.** *v/t* festejar; *v/i* banquetear-se, deleitar-se (*on* com).

feat [fiːt] *s* feito *m,* façanha *f*.

fea•ther ['feðə] **1.** *s* pena *f; a.* **~s** *pl* penas *f pl; **birds of a ~** gente do mesmo meio; **in high ~** de bom humor; em forma; **2.** *v/t* guarnecer de penas; **~ bed** colchão *m* de penas; **~-bed** *v/t (-dd-)* amimalhar; **~-brained, ~-headed** *adj* tolo, imbecil; **~ed** *adj* emplumado; **~•weight** *s sports:* peso-pluma; *person:* pessoa muito leve; *fig.* pessoa insignificante; **~•y** [_rɪ] *adj* emplumado; *in weight:* leve.

fea•ture ['fiːtʃə] **1.** *s* (rosto, carácter, etc.) característica *f;* traço *m; radio, TV:* reportagem *f* de destaque; **~ article, ~ story** *newspaper:* história de fundo; **~ film** filme *m* de longa-metragem; **~s** *pl* feições (rosto); **2.** *v/t* realçar; distinguir-se; *film, TV:* representar o papel principal.

Feb•ru•a•ry ['februərɪ] *s* Fevereiro *m*.

fed [fed] *pret e pp de* **feed 2**.

fed•e|ral [fedərəl] *adj* □ federalista; dividido em estados; **Republic of Germany** República *f* Federal Alemã; **Bureau of Investigation** (*abrev.* **FBI**); **~ government** governo *m* federal; **~•ism** [_ɪzəm] *s* federalismo *m;* **~•rate** [_eɪt] *v/t and v/i* federar(-se); confederar(-se); **~•ra-tion** [fedə'reɪʃn] *s* federação *s (a. econ., pol.);* união *s; econ.* liga *f*.

fee [fiː] *s* taxa *f;* honorário *m;* jóia *f* (clube); matrícula *f,*

fee•ble ['fiːbl] *adj* □ *(~r, ~st)* fraco.

feed [fiːd] **1.** *s* comida *f;* alimento *m;* ração *f; tec.* mecanismo *m* alimentador; **2.** *(fed) v/t* alimentar; dar de comer a; *data:* introduzir; *cattle:* apascentar; **be fed up with (sth. or s.o.)** estar farto de; **well fed** bem alimentado; *v/i* comer; alimentar-se; pastar; **~•back** ['_bæk] *s elect., etc.:* feedback, realimentação *f;* reforço; *radio, TV:* feedback; reacção *f* (of listeners); **~•er** [_ə] *s Am.* alimentador *m* automático; comensal *m; river:* afluente; *road, etc.:* → **~•er road** *s* ramal *m; ~•ing bottle* *s* biberão *m*.

feel [fiːl] **1.** *v/t and v/i (felt)* sentir; apalpar; tocar; **I ~ like...** apetece-me...; **how do you ~ about...** o que é que acha de...; **2.** tacto *m;* sensação *f;* **~•er** *zoo* ['fiːlə] antena *f* de insecto; tentáculo *m;* **~•ing** sentimento *m;* sensação *f.*

feet [fiːt] *pl of* **foot** 1.

feint [feɪnt] *s* finta *f; mil.* ataque *m* simulado.

fell [fel] **1.** *pret of* **fall** 2; **2.** *v/t* derrubar; abater.

fel•low ['feləʊ] **1.** *s* companheiro *m,* camarada *m/f,* colega *m/f;* equivalente *m;* membro *m* de um colégio (universidades inglesas); F tipo *m;* homem *m;* **2.** **~ being** o próximo *m;* **~ countryman** conterrâneo *m;* compatriota *m;* **~ student** colega *m;* **~ travel(l)er** companheiro *m* de viagem; **~•ship** [_ʃɪp] associação *f;* companheirismo *m.*

fel•ony *jur.* ['feləni] *s* crime *m* grave; delito *m.*

felt[1] [felt] *pret and pp de* **feel** 1.

felt[2] [_] *s* feltro *m;* **~ tip, ~-tip(ped) pen** caneta *f* de ponta de feltro.

fe•male ['fiːmeɪl] **1.** *adj* feminino; **2.** *s* mulher *f; zoo.* fêmea *f.*

fem•i‖nine ['femɪnɪn] *adj* feminino; *fashion:* feminino; **~•nis•m** [_ɪzəm] *s* feminismo *m;* **~•nist** [_ɪst] **1.** *s* feminista *m/f;* **2.** *adj* feminista.

fen [fen] *s* pântano *m;* charco *m.*

fence [fens] **1.** *s* sebe *f;* cerca *f;* **2.** *v/t* **~ in** cercar; **~ off** repelir, defender-se; *v/i sports:* esgrimir; *sl.* receptar objectos roubados; **fenc•er** *s sports* esgrimista *m;* **fenc•ing** *s* cerca *f; sports:* esgrima *f.*

fend [fend] *v/t:* **~ off** defender-se de; *v/i:* **~ for o.s.** arranjar-se; **~•er** *s* dispositivo *m* de protecção; *Am. mot.* guarda-lamas *m;* guarda-fogo *m.*

fen•nel *bot.* ['fenl] *s* erva-doce *f.*

fer‖ment 1. ['fɜːment] *s* fermento *m;* agitação *f;* **2.** *v/t and v/i* [fə'ment] fermentar; **~•men•ta•tion** [fɜːmen'teɪʃn] *s* fermentação *f.*

fern *bot.* [fɜːn] *s* feto *m.*

fe•ro‖cious [fə'rəʊʃəs] *adj* □ feroz; cruel; **~•ci•ty** [fə'rɒsətɪ] *s* ferocidade *f.*

fer•ret ['ferɪt] **1.** *s zoo.* furão *m; fig.* investigador *m;* **2.** *v/i,* vasculhar; remexer; *v/t:* **~ out** desenterrar, descobrir.

fer•ry ['ferɪ] **1.** *s* passagem, travessia *f;* **2.** transportar de barco; **~•boat** ferry-boat, barco *m* de transporte; **~•man** barqueiro *m.*

fer‖tile ['fɜːtaɪl] *adj* □ fértil; rico (**on, in,** em); **~•til•i•ty** [fə'tɪlətɪ] *s* fertilidade *f (a. fig.);* **~•ti•lize** ['fɜːtɪlaɪz] *v/t* fertilizar; fecundar; adubar; **~•ti•liz•er** [_ə] *s (esp. artificial)* adubo *m;* fertilizante *m.*

fer•vent ['fɜːvənt] *adj* □ quente; ferveroso; ardente; apaixonado.

fer•vo(u)r ['fɜːvə] *s* fervor *m;* ardor *m.*

fes•ter ['festə]*v/i* inflamar-se; apodrecer.

fes‖ti•val ['festɪvl] *s* festival *m;* festa *f;* **~•tive** *adj* □ festivo; **~•tiv•i•ty** *s* festividade *f.*

fes•toon [fe'stuːn] *s* grinalda *f.*

fetch [fetʃ] *v/t* ir buscar; *price:* valer; *sight:* atrair; **~•ing** *adj* □ F atraente.

fet•id ['fetɪd] *adj* □ fétido; fedorento.

fet•ter ['fetər] **1.** *s* grilhões *m pl;* ferros *m pl (a. fig.);* **2.** *v/t* prender, acorrentar *(a. fig.).*

feud [fjuːd] *s* conflito *m;* feudo *m;* **~•al** ['fjuːdl] *adj* □ feudal; **feu•dal•is•m** ['fjuːdəlɪzm] *s* feudalismo *m.*

fe•ver ['fiːvər] *s* febre *f;* **~•ish** *adj* □ febril; *fig.* exaltado.

few [fjuː] *adj e pron* poucos; **a ~** alguns; **no ~er than** não menos do que; **quite a ~, a good ~** vários, bastantes.

fi•an•cé [fɪ'ɑːnseɪ] *s* noivo *m;* **~e** [_] *s* noiva *f.*

fib [fɪb] **1.** peta *f;* mentira *f;* **2.** *v/i (-bb-)* dizer mentiras, inventar histórias.

fi•bre, *Am.* **-ber** ['faɪbə] *s* fibra *f;* carácter *m;* **fi•brous** ['faɪbrəs] *adj* fibroso.

fick•le ['fɪkl] *adj* inconstante, instável; **~•ness** inconstância *f.*

fic•tion ['fɪkʃn] *s* ficção *f;* invenção *f;* literatura *f* de ficção; romance *m;* **~•al** *adj* □ de ficção; romanesco.

fic•ti•tious [fɪk'tɪʃəs] *adj* □ fictício.

fid•dle ['fɪdl] **1.** *s* violino *m;* **play first (second)** ~ *esp. fig.* ocupar a primeira (segunda) posição; **as fit as a ~** em boa forma; **2.** *v/i mus.* tocar violino; **~ about** or **around (with)** brincar, divertir-se (com); **~r** violinista *m/f.*

fi•del•i•ty [fɪ'delətɪ] s fidelidade f; lealdade f.

fid•get F ['fɪdʒɪt] **1.** inquietação f; **2.** v/t e v/i enervar ou estar nervoso; **~•y** adj nervoso, inquieto.

field [fiːld] s campo m; campo m de jogo; área f; domínio m; ramo m; **hold the ~** aguentar(-se); **~ events** s pl sports: desportos m pl de campo; **~•glasses** s pl (a pair of ~) binóculo m; **~•work** s trabalho m de campo; trabalho m prático; archeology, etc.: trabalho de campo.

fiend [fiːnd] s demónio m; diabo m; in compounds: fanático m; **~•ish** ['fiːndɪʃ] adj □ diabólico; cruel.

fierce [fɪəs] adj □ (~r, st) feroz; fig. cortante; irascível; **~•ness** s ferocidade f; fúria f.

fi•er•y [faɪərɪ] adj □ (-ier, -iest) fogoso; ardente.

fif|teen [fɪf'tiːn] **1.** adj quinze; **2.** s quinze m; **~•teenth** [_'tiːnθ] adj décimo quinto; **~th** [fɪfθ] **1.** adj quinto; **2.** s quinto; **~•thly** ['fɪfθlɪ] adv em quinto lugar; **~•ti•eth** ['fɪftɪɪθ] adj quinquagésimo; **~•ty** [_tɪ] **1.** adj cinquenta; **2.** s cinquenta; **~•ty-fif•ty** adv ao meio, a meias.

fig bot [fɪg] s figo m.

fight [faɪt] **1.** luta f; mil. combate m; briga f; boxing: combate m; **2.** (fought) v/t lutar; combater; sports: lutar contra; **~ off** person: F repelir; cold, etc.: lutar contra; v/i brigar; disputar(-se); sports: dar combate a; **~•er** s lutador m; sports: boxer; **~•ing** s luta f; briga f; combate m.

fig•u•ra•tive [fɪgjurətɪv] adj □ figurativo.

fig•ure ['fɪgə] **1.** s figura f; forma f; número m; algarismo m; preço m; **be good at ~s** ser bom em contas; **2.** v/t imaginar; Am. F calcular; acreditar; imaginar; **~ out** compreender; solucionar; **~ up** somar; v/i figurar; aparecer; **~ on** esp. Am. contar com; **~ skat•er** s sports: patinador m artístico; **~ skat•ing** s sports: patinagem f artística.

fil•a•ment ['fɪləmənt] s filamento m; fio m; bot. filete m; electr. filamento m.

filch F [fɪltʃ] v/t abafar; roubar.

file¹ [faɪl] **1.** dossier m; arquivo m; acta f; computer: ficheiro m; **on ~** arquivado; **2.** v/t letters, etc.: arquivar; applications, etc.: fazer um requerimento; jur. appeal: apresentar, dar entrada; v/i desfilar.

file² [_] **1.** s lima f; **2.** v/t limar, lixar.

fil•ing ['faɪlɪŋ] s arquivamento m (of letters, etc.); **~ cabinet** s arquivo m.

fill [fɪl] **1.** v/t (and v/i refl.) encher; preencher; order: atender, cumprir; **~ in** preencher; Am. a. **~ out** form: preencher; **~ up** encher; **~ her up!** F pode encher o depósito!; **2.** s recheio m; **eat one's ~** fartar-se de comer.

fil•let ['fɪlɪt], Am. a. **fil•et** ['fɪleɪ] s filete m; filé m;

fill•ing ['fɪlɪŋ] s recheio m; med. chumbo m F, obturação f; **~ station** bomba f, de gasolina f.

fil•ly ['fɪlɪ] s poldra f; fig. girl: rapariga f estouvada.

film [fɪlm] **1.** s película f; membrana f; filme m (a. fot., esp. Br.: movie); névoa f (of eye); véu m; **take or shoot a ~** fazer um filme; **2.** v/t filmar.

fil•ter ['fɪltə] **1.** s filtro m; **2.** v/t filtrar; **~-tip** s filtro m; filtro m de cigarro; **~-tipped** [_'tɪpt] adj: **~ cigarette** cigarro m com filtro.

filth [fɪlθ] s sujidade f; **~•y** adj □ (-ier, -iest) sujo; fig. obsceno.

fin zoo [fɪn] s barbatana f.

fi•nal ['faɪnl] **1.** adj final; último; definitivo; **~ disposal** armazenamento m final (of nuclear waste, etc.); **2.** s sports: final f; **~s** pl exames m pl finais; **~•ist** s sports: finalista m/f; **~•ly** adv finalmente, por fim; definitivamente.

fi•nance [faɪ'næns] **1.** fazenda pública f; **~s** finanças f pl; **2.** v/t financiar; **fi•nan•cial** [_nʃl] adj □ financeiro; **fi•nan•cier** [_nsɪə] s financeiro m.

finch zoo. [fɪntʃ] s tentilhão m.

find [faɪnd] **1.** v/t (found) encontrar; descobrir; arranjar; jur. **~ s.o. (not) guilty** declarar alguém (não) culpado; **2.** s achado m; **~•ings** [_ɪŋz] s pl averiguação f; jur. veredicto m, decisão f.

fine¹ [faɪn] **1.** adj □ (~r, ~st) bonito; fino; puro; bom; aguçado; distinto; elegante; **I'm ~** estou bem; **2.** adv bem.

fine

fine² [_] **1.** s multa f; **2.** v/t multar.
fin•ger ['fɪŋɡə] **1.** s dedo m; → **cross** 3; **2.** v/t manusear, mexer com os dedos; **~•nail** s unha f; **~•print** s impressão f digital; **~•tip** ponta f do dedo m.
fin•i•cky ['fɪnɪkɪ] adj esquisito, com má boca.
fin•ish ['fɪnɪʃ] **1.** v/t acabar, terminar; aprontar; completar; v/i concluir; chegar ao fim; **~ with** cortar relações com; **have ~ed with** ter terminado com (não necessitar mais); **2.** s conclusão f; acabamento m; sports: chegada f; meta f; **~•ing line** s sports: meta f.
Finn [fɪn] s finlandês/esa m/f; **~•ish** ['fɪnɪʃ] **1.** adj finlandês; **2.** s ling. finlandês m.
fir bot. [fɜː] s a. **~-tree** pinheiro m; **~-cone** ['fːkəʊn] s pinha f.
fire ['faɪə] **1.** s fogo m, incêndio m; **be on ~** estar a arder, estar em chamas; **catch ~** incendiar-se; **set on ~**, **set ~ to** incendiar, pregar fogo; **2.** v/t disparar; fig. animar; bricks, etc.: cozer; F employee: despedir; v/i inflamar-se; fig. apaixonar-se; fazer fogo; **~-a•larm** s alarme m de incêndio m; **~-arms** pl armas f pl de fogo; **~ bri•gade** s bombeiros m pl; **~-bug** s F incendiário m; **~-crack•er** s foguete m; **~-de•part•ment** s Am. bombeiros m pl; **~ en•gine** s carro m dos bombeiros; **~ es•cape** s escada f de incêndio m; **~-ex•tin•guish•er** s extintor m de incêndio; **~ guard** s guarda-fogo m; **~•man** s bombeiro m; **~•place** s lareira f; **~•plug** s Am. boca f de incêndio; **~•proof** adj resistente ao fogo; **~•rais•ing** s Br. fogo m posto; **~•side** s lareira f; **~ sta•tion** s quartel m dos bombeiros; **~•wood** s lenha f; **~•works** s pl fogo-de-artifício m; fig. F **there will be ~** vai haver uma cena.
firm¹ [fɜːm] adj firme; seguro; sólido.
firm² [_] s firma f; empresa f.
first [fɜːst] **1.** adj □ primeiro; melhor; **2.** adv primeiro; em primeiro lugar; **~ of all** antes de mais nada; **3.** s primeiro/a; **at ~** no início; **from the ~** desde o princípio; **~ aid** s primeiros socorros m pl; **~ aid kit** s estojo m de primeiros socorros; **~-born** adj pri-

mogénito; mais velho; **~ class** s primeira classe f (on train, ship, aircraft); **~ class** adj de primeira classe; ticket, etc.: de primeira classe; **~•hand** adj and adv em primeira mão; **~ name** s nome m próprio; **~-past-the-post system** s Br. pol. eleição por maioria absoluta; **~-rate** adj de primeira categoria.
fish [fɪʃ] **1.** s peixe m; **a queer ~** F um tipo esquisito; **2.** v/t and v/i pescar; **~ around** procurar (for); **~-bone** s espinha f.
fish•er•man ['fɪʃəmən] s pescador m; **~•e•ry** [_rɪ] s pescaria f; **~ finger** s esp. Br. filetezinhos de peixe.
fish•ing ['fɪʃɪŋ] s pesca f; pesca f à linha; **~-line** s linha f de pesca; **~-rod** s cana f de pesca; **~-tackle** s apetrechos m pl de pesca.
fish|mon•ger s esp. Br. ['fɪʃmʌŋɡə] peixeiro m; **~ stick** s esp. Am. → **fish finger**; **~•y** ['fɪʃɪ] adj □ (-ier, -iest) F suspeito, esquisito.
fis|sile techn. ['fɪsaɪl] adj divisível, separável; **•~sion** ['fɪʃn] s fissão f; **~•sure** ['fɪʃə] s fenda f; fissura f.
fist [fɪst] s punho m.
fit¹ [fɪt] **1.** adj □ (-tt-) adequado, apropriado; sports: em forma; **2.** (-tt-; fitted, Am. a. fit) v/t servir, experimentar, provar; ser apropriado para (for, to); **~ in** encaixar-se; ajustar; **~ on** experimentar, provar; **~ out** equipar (with com); montar, mobilar (a. **~ up**); v/i condizer; of dress, etc.: servir, ficar bem; **3.** s of dress, etc.: tamanho m; número m.
fit² [_] s ataque m; med. ataque m, espasmo m; **by ~s and starts** espasmodicamente; **give s.o. a ~** pregar um susto a alguém.
fit|ful ['fɪtfl] adj □ espasmódico; intermitente; **~•ness** s boa forma f; esp. sports: fitness, boa forma; **~•ted** adj por medida; embutido; **~ carpet** alcatifa f; **~ kitchen** cozinha f embutida; **~•ter** s montador m; instalador m; **~•ting 1.** adj apropriado; **2.** s montagem f; prova f; **~s** pl acessórios m pl; equipamentos m pl.
five [faɪv] **1.** adj cinco; **2.** s cinco m.
fix [fɪks] **1.** v/t fixar, colocar, arranjar; look, etc.: fixar, dirigir (on em); atar;

reparar; *esp. Am.* arranjar, reparar; *meal:* preparar; **~ up** pôr na ordem; regularizar; alojar; *v/i* solidificar; **~ on** decidir-se por; **2.** F apuro *m;* embaraço *m; sl.* dose *f (heroína, etc.);* **~ed** *adj* □ sólido, firme; certo; **~•ing** ['fɪksɪŋ] *s* fixação *f;* colocação *f;* montagem *f;* guarnição *f;* reforço *m; Am.* **~s** *pl* acessórios *m pl;* adornos *m pl;* **~•ture** [_stʃə] *s* peça *f* fixa; peça *f* de inventário; *sports:* encontro *m,* jogo *m;* **lighting** ~ acessório *m* de iluminação *f.*

fizz [fɪz] **1.** *v/i* efervescer; **2.** *s* efervescência *f;* F água *f* gaseificada.

flab•ber•gast F ['flæbəgɑːst] *v/t* espantar; **be ~ed** ficar pasmado.

flag [flæg] **1.** *s* bandeira *f;* estandarte *m;* laje *f; bot.* lírio-roxo *m;* **2.** *v/t (-gg-)* embandeirar; cobrir com lajes; *v/i* fatigar-se; desanimar. **~•pole** ['flægpəul] → **flagstaff.**

fla•grant ['fleɪgrənt] *adj* □ flagrante; vergonhoso; escandaloso;

flag\staff ['flægstɑːf] *s* mastro *m* de bandeira *f;* **~•stone** *s* laje *f.*

flair [fleə] *s* talento *m;* jeito *m;* (bom) nariz *m.*

flake [fleɪk] **1.** *s* floco *m;* lasca *f;* **2.** *v/i* lascar; desfolhar; **flak•y** ['fleɪkɪ] *adj (-ier, -iest)* escamoso; separável em flocos; **~ pastry** massa *f* folhada.

flame [fleɪm] **1.** *s* chama *f (a. fig.);* **be in ~s** estar em chamas; **2.** *v/i* chamejar, arder em labaredas.

flam•ma•ble *Am. and tecn.* ['flæməbl] → **inflammable.**

flan [flæn] *s* queijada *f;* torta *f.*

flank [flæŋk] **1.** flanco *m;* **2.** *v/t* ladear.

flan•nel ['flænl] *s* flanela *f;* pano *m* de lavagem; **~s** *pl* calças *f pl* de flanela.

flap [flæp] **1.** *s* lóbulo *m* (da orelha); aba *f;* rebordo *m;* batente *m;* palmada *f;* bater de asa; **2.** *v/t (-pp-) wings:* bater as asas; *v/i* dar palmadas; bater (**against** contra).

flare [fleə] **1.** *v/i* s chamejar; dilatar; inchar; **~ up** chamejar; *fig.* encolerizar-se; **2.** *s* chama *f;* sinal *m;* luminoso;

flash [flæʃ] **1.** *s* relâmpago *m;* clarão *m; radio, TV, etc.:* notícias *f pl* de última hora; *photo* F flash; *esp. Am.* F

lanterna *f* de bolso *m;* **like a ~** como um relâmpago; **in a ~** num instante; **~ of lightning** relâmpago *m;* **2.** *v/i and v/t* brilhar; lançar chamas; *look, etc.:* lançar, reluzir, faiscar; **it ~ed on me** lembrei-me repentinamente; **•back** *s in film, novel:* flashback *m;* **~•light** *s photo* luz de flash; *mar.* sinal *m* luminoso; *esp. Am.* lanterna *f* de bolso *m;* **~•y** *adj* □ *(-ier, -iest)* flamejante; espalhafatoso.

flask [flɑːsk] *s* termo *m;* garrafa *f* térmica.

flat [flæt] **1.** *adj* □ *(-tt-)* liso, plano; *beer:* choca; *econ.:* fraco, evidente; fixo; *mot.* vazio, furado *(tyre); mus.* bemol; monótono; **~ price** preço unitário; **sing ~** cantar desafinadamente; **3.** *s* superfície *f* plana; plano *m;* planície *f;* baixio *m;* apartamento *m; mus.* B; *esp. Am. mot.* furo *m;* **~•foot** *s sl.* polícia; **~•footed** *adj* com pé chato; **•~ten** [_tn] *v/t and v/i* achatar, nivelar.

flat•ter ['flætə] *v/t* lisonjear; **~•er** *s* lisonjeador *m;* **~•y** *s* lisonja *f,* adulação *f.*

fla•vo(u)r ['fleɪvə] **1.** sabor *m;* aroma *m; of wine:* aroma *m; fig.* sabor *m* esquisito; tempero *m;* condimento *m;* **2.** *v/t* temperar; **~•ing** *s* tempero *m;* aroma *m;* **~•less** *adj* insípido, sem sabor.

flaw [flɔː] *s* falha *f;* defeito *m; in character:* defeito *m;* **~•less** *adj* □ impecável.

flax *bot.* [flæks] *s* linho *m.*

flea *zoo.* [fliː] *s* pulga *f.*

fleck [flek] *s* mancha *f;* pontinho *m.*

fled [fled] *pret. and pp of* **flee.**

fledged [fledʒd] *adj* emplumado; **fledg(e)•ling** ['fledʒlɪŋ] *s* ave *f* jovem; *fig.* novato *m.*

flee [fliː] *(fled) v/i* fugir; *v/t* fugir de; evitar.

fleece [fliːs] **1.** *s* lã *f* obtida na tosquia; *v/t* tosquiar; **fleec•y** ['fliːsɪ] *adj (-ier, -iest)* felpudo; feito de lã.

fleet [fliːt] **1.** *adj* □ rápido; **2.** *s mar.* frota *f.*

flesh [fleʃ] *s* carne *f;* **~•y** ['fleʃɪ] *adj (-ier, iest)* carnudo; gordo.

flew [fluː] *pret of* **fly.**

flex[1] *esp. anat.* [fleks] *v/t* dobrar, curvar.

flex

flex² *esp. Br. electr.* [ ] *s* cabo *m* condutor; fio *m* flexível.

flex•i•ble ['fleksəbl] *adj* □ flexível, dobrável; *fig.* adaptável; ~ **working hours** horário de trabalho *m* flexível.

flex•i•time ['fleksɪtaɪm] *s* horário *m* flexível.

flick [flɪk] *v/t* dar pancada leve em; lançar.

flick•er ['flɪkə] **1.** *v/i* tremeluzir; esvoaçar; cintilar; **2.** *s* luz *f* bruxuleante; cintilação *f;* movimento *m* rápido; *Am. zoo.* pica-pau *m* norte-americano.

fli•er ['flaɪə] → **flyer**.

flight [flaɪt] *s* fuga *f;* voo *m (a. fig.);* bando *m (birds, etc.; a. aer., mil.);* ~ **of stairs** um lance *m* de escadas *f pl;* **put to** ~ pôr em fuga; **take (to)** ~ pôr-se em fuga; ~ **of capital** *econ.* fuga *f* de capitais; ~**•less** *adj zoo.* que não pode voar; ~**•y** *adj* □ *(-ier, -iest)* descuidado.

flim•sy ['flɪmzɪ] *adj (-ier, -iest)* delgado; débil; *fig.* que não convence.

fling [flɪŋ] **1.** *s* lançamento *m;* golpe *m;* **have one's** *or* **a** ~ divertir-se; *(flung) v/i* vociferar, *v/t* arremessar, atirar; ~ **o.s.** atirar-se; ~ **open** abrir com violência.

flint [flɪnt] *s* pederneira *f.*

flip [flɪp] **1.** *s* arremesso *m; sports:* salto *m* mortal; **2.** *v/t (-pp-) toss:* lançar;

flip•pant ['flɪpənt] *adj* □ impertinente; irreverente.

flip•per ['flɪpə] *s zoo* barbatana *f; sports:* barbatana *f.*

flirt [flɜːt] **1.** *v/t* namoriscar; *fig. with idea, etc.:* divertir-se com; **2.** *s:* **be a** ~ gostar de namorar; **flir•ta•tion** [flɜːˈteɪʃn] *s* namorico *m.*

flit [flɪt] *v/i (-tt-)* esvoaçar, roçar.

float [fləʊt] **1.** *s* flutuador *m,* bóia *f;* jangada *f;* **2.** *v/t* flutuar, boiar; *of water:* circular; *mar.* vaguear; *fig.* pôr em movimento; *econ. company:* fundar; *econ. shares, etc.:* lançar no mercado; *v/i* flutuar; boiar ao sabor das ondas; pairar; circular; ~**•ing 1.** *adj* flutuante, que bóia; *econ. money, etc.:* em circulação, corrente; *rate of exchange:* flexível; *currency:* oscilante; ~ **voter** *pol.* indeciso/a *m/f;* **2.** *s econ.* financiamento *m.*

flock [flɒk] **1.** *s* rebanho *m (esp. sheep or goats) (a. fig.);* bando *m;* **2.** *v/i* andar em bandos; afluir.

flog [flɒg] *v/t (-gg-)* açoitar; chicotear; ~**•ging** *s* sova *f;* açoitamento *m.*

flood [flʌd] **1.** *s a.* ~**-tide** inundação *f;* cheia *f;* **2.** *v/t* inundar, alagar; ~**•gate** *s* comporta *f;* dique *m;* ~**•light** *s elect.* holofote *m.*

floor [flɔː] **1.** *s* chão *m;* pavimento *m;* andar *m,* piso *m; agr.* eira *f;* **first** ~ *Br.* primeiro andar *m, Am.* rés-do-chão *m;* **second** ~ *Br.* segundo andar, *Am.* primeiro andar; ~ **leader** *Am. parl.* líder *m/f* da bancada parlamentar; ~ **show** espectáculo *m;* show *m;* **take the** ~ tomar a palavra; **2.** *v/t room:* assentar um pavimento; *knock down:* deitar ao chão; *puzzle:* confundir, desconcertar; ~**•board** *s* tábua *f* para soalho; ~**•cloth** *s* pano *m* do chão; ~**•lamp** *s* candeeiro *m* de pé; ~**•walk•er** *Am.* → **shopwalker**.

flop [flɒp] **1.** *v/i (-pp-)* bater; esvoaçar; cair; deixar-se cair pesadamente; F fracassar; falhar; **2.** *s* fracasso *m;* fiasco *m;* malogro *m.*

flop•py ['flɒpɪ] **1.** *adj* mole; frouxo; **2.** *s* F *a.* ~ **disc** *or* **disk** disquete *f;* disco *m* flexível.

flor•ist ['flɒrɪst] *s* florista *m/f.*

floun•der¹ *zoo.* ['flaʊndə] *s* linguado *m.*

floun•der² [ ] *v/i* estrebuchar; espernear; *fig.* atrapalhar-se.

flour ['flaʊə] *s* farinha *f.*

flour•ish ['flʌrɪʃ] **1.** *s* floreado *m;* acção de brandir; *mus.* fanfarra *f;* **2.** *v/i* florescer, crescer; *v/t* brandir.

flow [fləʊ] **1.** *s* fluxo *m;* curso *m,* corrente *f (a. fig.); mar.* corrente *f;* **2.** *v/i* correr, fluir; *of hair:* flutuar.

flow•er ['flaʊə] **1.** *s* flor *f; fig.* honra *f,* glória *f;* **2.** *v/i* florescer; ~**-bed** *s* canteiro *m;* ~**•pot** vaso *m* de flores; ~**•y** *adj (-ier, -iest)* florido; *pattern:* florido; *fig. style* elegante.

flown [fləʊn] *pp of* **fly** 2.

flu F [fluː] *s* gripe *f.*

fluc•tu•late [flʌktˈʃʊeɪt] *v/i* oscilar, flutuar; ~**•a•tion** [ˈeɪʃn] *s* flutuação *f;* oscilação *f.*

flue [fluː] *s* conduta *f* de fumo; chaminé *f;* ~ **gas** *s tech.* conduta *f* de gás.

flu•en|cy *fig.* ['fluːənsɪ] *s* fluência *f;* facilidade *f;* **~t** [_t] *adj* □ fluente; natural; *speaker:* eloquente.

fluff [flʌf] **1.** *s* penugem *f;* felpa *f; fig. mistake:* lapso *m;* **2.** *v/t cushion:* afofar, *feathers:* tornar fofo; **~•y** *adj (-ier, -iest)* fofo; peludo, felpudo.

flu•id ['fluːɪd] **1.** *adj* fluido; **2.** *s* líquido *m.*

flung [flʌŋ] *pret and pp of* **fling** 2.

flunk *Am. fig.* F [flʌŋk] *v/i and v/t* ser reprovado, reprovar, chumbar.

flu•o•res•cent [fluə'resənt] *adj* fluorescente.

flur•ry ['flʌrɪ] *s* nervosismo *m;* golpe *m* de vento; *Am. a.* chuvisco *m*, aguaceiro *m;* lufada *f.*

flush[1] [flʌʃ] **1.** *s* rubor *m;* excitação *f;* lavagem *f;* irrigação *f; of toilet:* descarga *f;* **2.** *v/t a.* **~ out** lavar; **~ down** engolir; **~ the toilet** descarregar o autoclismo; *v/i* corar; enrubescer; *of toilet:* descarregar.

flush[2] [_] *adj tech.* nivelado; conciso; abundante.

flush[3] [_] *s poker:* flush.

flus•ter ['flʌstə] **1.** *s* agitação *f;* **2.** *v/t* enervar, perturbar.

flute *mus.* [fluːt] *s* flauta *f.*

flut•ter ['flʌtə] **1.** *s* agitação *f;* palpitação *f;* F especulação *f;* **2.** *v/t* agitar; *v/i* esvoaçar.

flux *fig.* [flʌks] *s* fluxo *m.*

fly [flaɪ] **1.** *s zoo* mosca *f;* braguilha *f;* **2.** *v/i and v/t (flew, flown)* voar; transportar; arremessar; esvoaçar; flutuar; *time:* voar; *kite:* lançar, fazer subir; *aer.* ir de avião; **~ at s.o.** perder as estribeiras; **~ into a passion** *or* **rage** encolerizar-se; **~•er** *s* aviador *m;* folheto *m;* **~•ing** *adj* voador; **~ saucer** disco voador; **~ squad** *of police:* rádio-patrulha *m;* **~•over** *s Br* passagem *f* superior; **~•weight** *s sports:* peso *m* mosca; **~-wheel** *s tech.* volante *m.*

foal *zoo* [fəʊl] *s* potro *m.*

foam [fəʊm] **1.** *s* espuma *f;* **~ rubber** espuma *f* de borracha; **2.** *v/i* espumar; **~•y** *adj (-ier, -iest)* espumoso.

fo•cus ['fəʊkəs] **1.** *s pl* **-cuses, -ci** [-saɪ] *phys., etc.:* foco *m (a. fig.);* centro *m;* **in (out) of ~** *phot. picture:* focado/desfocado; **2.** *v/t (-s-* or *-ss-)*

light: focar; *phot.* focar; *v/i* concentrar-se.

fod•der ['fɒdə] *s* forragem *f.*

fog [fɒg] **1.** *s* nevoeiro *m; fig.* confusão *f; phot.* obturador *m;* **2.** *v/t (-gg-) fig.* cobrir de névoa, obscurecer; **~gy** *adj* □ *(-ier, -iest)* enevoado; nebuloso.

foi•ble *fig.* ['fɔɪbl] *s* fraco *m.*

foil[1] [fɔɪl] *s* folha *f; fig.* segundo plano *m.*

foil[2] [_] *v/t* folhear.

foil[3] [_] *s* florete *m.*

fold [fəʊld] **1.** *s* dobra *f;* prega *f;* **2.** *v/t* dobrar; vincar; *arms:* cruzar; **~ (up)** dobrar; dobrar-se; *Am. esp. of business:* F abrir falência.

fold•er ['fəʊldə] *s* pasta *f;* folheto *m.*

folding ['fəʊldɪŋ] *adj* dobrável; **~ bed** sofá-cama *m;* **~ bicycle** *s* bicicleta *f* dobrável; **~ boat** *s* barco *m* insuflável; **~ chair** *s* cadeira *f* de dobrar; **~ door(s** *pl)* *s* porta *f* de duas folhas.

folk [fəʊlk] *s* gente *f;* **~s** *pl* F gente *f,* familiares; **~•lore** ['_lɔː] *s* folclore *m;* **~•song** *s* canção *f* folclórica ou popular.

fol•low ['fɒləʊ]*v/t* seguir; *profession, etc.:* exercer; **~ through** *plan. etc.:* executar; **~ up** *s* continuação *f; v/t* continuar; **~•er** *s* adepto *m;* admirador *m;* **~•ing** **1.** *s* adeptos *m pl;* **the ~** o seguinte, os seguintes; **2.** *adj* seguinte; **3.** *prep* depois de.

fol•ly ['fɒlɪ] *s* loucura *f.*

fond [fɒnd] *adj* □ amoroso; carinhoso; *(of* de); **be ~ of** gostar de; **fon•dle**['fɒndl] *v/t* acariciar; acarinhar; **~•ness** *s* afeição *f;* amor *m.*

font [fɒnt] *s* pia *f* baptismal; *Am.* fonte *f; tip.* fonte *f.*

food [fuːd] *s* alimentos *m pl;* comida *f;* víveres *m pl;* **French ~** cozinha *f* francesa; **~ aid** *s* auxílio *m* alimentar; **~ chain** *s* cadeia *f* alimentar; **~•stuff** *s* alimentos *m pl.*

fool [fuːl] **1.** *s* louco/a *m/f;* tolo/a *m/f;* **make a ~ of s.o.** ridicularizar alguém; **make a ~ of o.s.** ridicularizar-se, cair no ridículo; **2.** *adj Am.* F tolo/a; **3.** *v/t* enganar; brincar; **~ away** F perder tempo; *v/i* andar a brincar; **~ about** *or* **(a)round** fazer disparates; gozar (*with s.o.* com alguém).

fool•e•ry ['fuːlərɪ]s tolice *f;* asneira *f;* ~•**hardy** [ˌhɑːdɪ] *adj* □ temerário; ~•**ish** *adj* □ tolo; estúpido; idiota; ~•**ish•ness** *s* estupidez *f;* ~•**proof** *adj* seguro.

foot [fut] **1.** *s (pl feet)* pé *m (a. measure=* 0,3048 *m); on* ~ a pé; **2.** *v/t* ~ *it* ir a pé; F *bill* pagar a conta; ~•**ball** *s* Br. futebol *m;* Am. futebol americano; ~•**board** *s* estrado *m;* suporte para os pés; ~•**bridge** *s* ponte *f* para peões; ~•**hold** *s* apoio *m* para os pés; *fig.* apoio *m.*

foot•ing ['futɪŋ] *s* posição *f* segura; apoio *m;* base *f;* condição *f; be on a friendly* ~ *with s.o.* estar de boas relações com alguém; *lose one's* ~ escorregar.

foot|lights theat. ['futlaɪts] *s pl* ribalta *f;* palco *m;* ~•**loose** *adj* livre, desembaraçado; ~ *and fancy free* totalmente despreocupado; ~•**path** *s* caminho *m;* ~•**print** *s* pegada *f;* ~•**sore** *adj* com os pés doridos; ~•**step** *s* passo *m;* ~•**wear** *s* calçado *m.*

for [fɔː, fə] **1.** *prep* para; *purpose, aim, direction:* para; *waiting, hoping, etc.:* por; *yearning, etc.:* por; *reason, cause:* de; *in exchange:* por; *as part of:* como; *of time:* ~ *three days* por, durante; desde, há, *I* ~ *one* eu, por exemplo; ~ *sure* de certeza; **2.** *cj* porque.

for•age ['fɒrɪdʒ] *v/i a.* ~ *about* andar em busca de (*for* de).

for•ay ['fɒreɪ] *s* incursão *f.*

for•bid [fə'bɪd] *v/t* (*-dd-; -bade or bad* [-bæd], *-bidden or -bid*) proibir; ~•**ding** *adj* □ ameaçador, desagradável.

force [fɔːs] **1.** *s* força *f;* vigor *m;* poder *m;* energia *f;* violência *f;* mil. força *f;* potência *f; in* ~ em força, em grande número; *the (police)* ~ a polícia *f; armed* ~*s pl* forças armadas *f pl; come (put) in(to)* ~ entrar/pôr em vigor; **2.** *v/t* obrigar, forçar; coagir; arrombar; ~ *open* arrombar.

forced [fɔːst] *adj* ~ *labour* trabalhos forçados *f pl;* ~ *landing* aterragem de emergência *f;* ~ *march esp. mil.* marcha forçada *f.*

force|-feed ['fɔːsfiːd] *v/t (-fed)* alimentar à força ou artificialmente; ~•**ful** ['fɔːsfl] *adj* □ *person:* enérgico, vigoroso; forte; convincente.

for•ci•ble ['fɔːsəbl] *adj* forçoso; impetuoso; activo.

ford [fɔːd] **1.** *s* vau *m;* **2.** *v/t* passar a vau.

fore [fɔː] **1.** *adv* à frente; **2.** *s* parte *f* dianteira; *come to the* ~ subir ao poder; **3.** *adj* dianteiro; ~•**arm** *s* antebraço *m;* ~•**bod•ing** *s* (mau) pressentimento *m;* agouro *m;* ~•**cast 1.** *s* previsão *f;* **2.** *v/t (-cast or* casted) prever; prognosticar; ~•**fa•ther** *s* antepassado *m;* ~•**fin•ger** *s* dedo indicador *m;* ~•**foot** *s zoo.* pata *f* dianteira; ~•**gone** *adj* prévio; antecipado; inevitável; ~ *conclusion* conclusão *f* evidente; ~•**ground** *s* primeiro plano *m;* ~•**hand 1.** *sports:* golpe *m* de frente; ~•**head** ['fɔrɪd] *s* testa *f.*

for•eign ['fɒrən] *adj* estranho, estrangeiro; ~ *affairs pl* política *f* externa; ~ *language* língua *f* estrangeira; ~ *minister pol.* Ministro dos Negócios Estrangeiros; º *Office* Br. pol. Ministério dos Negócios Estrangeiros; ~ *policy* política *f* externa; º *Secretary* Br. pol. Ministro dos negócios Estrangeiros; ~ *trade econ.* comércio *m* externo; ~ *worker* emigrante *m;* ~•**er** *s* estrangeiro/a; estranho/a.

fore|knowledge [fɔː'nɒlɪdʒ] *s* conhecimento *m* prévio; ~•**leg** *s zoo.* perna *f* dianteira; ~•**man** *s jur.* primeiro jurado *m;* capataz *m;* contramestre *m;* mining: capataz *m;* ~•**most** *adj* principal; ~•**name** *s* nome *m* próprio; ~•**run•ner** *s* precursor/a *m/f;* ~•**see** *v/t (-saw, -seen)* prever; ~•**sight** *s fig.* previdência *f;* prevenção *f.*

for•est ['fɒrɪst] **1.** *s* floresta *f;* ~ *ranger Am.* guarda florestal; **2.** *v/t* reflorestar, arborizar.

fore•stall [fɔː'stɔːl] *v/t* prevenir; evitar; antecipar-se a alguém.

for•est|er ['fɒrɪstə] *s* guarda florestal *m/f;* silvicultor *m;* ~•**ry** [ˌrɪ] *s* silvicultura *f.*

fore|taste ['fɔːteɪst] *s* antecipação *f;* prova *f;* ~•**tell** [fɔː'tel] *v/t (-told)* predizer, prever; ~•**thought** ['fɔːθɔːt] *s* providência *f;* prevenção *f.*

for•ev•er, for ever [fə'revə] *adv* para sempre.

fore|wom•an ['fɔːwʊmən] *s* encarregada *f;* chefe de secção *f;* **~•word** *s* prefácio *m.*

for•feit ['fɔːfɪt] **1.** *s* pena *f;* multa *f;* fiança *f;* **2.** *v/t* incorrer em; perder direito a.

forge[1] [fɔːdʒ]*v/i;* ~ **ahead** avançar.

forge[2] [_] **1.** *s* forja *f;* **2.** *v/t* forjar *(a. fig. plan, etc.)* forjar; *banknote, etc.:* falsificar; **forg•er** ['fɔːdʒə] *s* falsificador/a *m/f;* **for•ge•ry** [_ərɪ]*s* falsificação *f.*

forget [fə'get] *v/t (-got, -gotten)* esquecer; ~ *o.s.* esquecer-se; descontrolar-se; **~•ful** *adj* □ esquecido; **~-me-not** *s bot.* miosótis *m.*

for•giv•a•ble [fə'gɪvəbl] *adj mistake, etc.:* perdoável.

for•give [fə'gɪv] *v/t (-gave, -given)* perdoar, desculpar; *debt:* remitir; **~•ness** *s* perdão *m;* **for•giv•ing** *adj* □ clemente; generoso.

for•go [fɔː'gəʊ] *v/t (-went, -gone)* renunciar a.

fork [fɔːk] **1.** *s* garfo *m;* **2.** *v/t and v/i* bifurcar-se; **~•ed** *adj* bifurcado; fendido; **~-lift (truck)** *s* empilhadeira *f.*

form [fɔːm]**1.** *s* forma *f;* configuração *f;* formalidade *f;* formulário *m;* ano (escolar) *m;* turma (escola) *f;* condição *f;* disposição *f;* estado *m;* **2.** *v/t and v/i* formar, dar forma a; construir.

form•al ['fɔːml] *adj* □ formal; cerimonioso; oficial; **for•mal•i•ty** [fɔː'mælətɪ] *s* formalidade *f;* formalismo *m.*

for•mat ['fɔːmæt] **1.** *s* formato *m; TV, etc.:* estrutura *f;* **2.** *v/t (-tt-)* computer: formatar.

for•ma|tion [fɔːmeɪʃn] *s* formação *f;* **~•tive** ['fɔːmətɪv] *adj* formativo; que dá forma; ~ *years pl* período de crescimento *m.*

for•mer ['fɔːmə] *adj* anterior; antigo; passado; primeiro; **~•ly** *adv* outrora, antigamente.

for•mi•da•ble ['fɔːmɪdəbl] *adj* □ terrível; tremendo; temível.

for•mu|la ['fɔːmjʊlə] *s (pl* **-las, -lae** [-liː]) *chem., etc.:* fórmula *f;* receita *(a. fig.) f;* **~•late** [_leɪt] *v/t* formular.

for|sake [fə'seɪk] *v/t (-sook, -saken)* abandonar; renunciar a; **~•swear**

[fɔː'sweə] *v/t (-swore, -sworn)* repudiar; negar; cometer perjúrio.

fort *mil.* [fɔːt] *s* forte *m;* fortificação *f.*

forth [fɔːθ] *adv* para diante, para a frente; diante de; à vista de; **~•com•ing** [fɔːθkʌmɪŋ] *adj* próximo; pronto; F comunicativo.

for•ti•eth ['fɔːtɪɪθ] *adj* quadragésimo.

for•ti|fi•ca•tion [fɔːrtɪfɪ'keɪʃn] *s* fortificação *f;* **~•fy** ['fɔːtɪfaɪ] *v/t mil.* fortificar; *fig.* reforçar; **~•tude** [_tjuːd] *s* coragem *f;* resistência *f.*

fort•night ['fɔːtnaɪt] *s* quinze dias *m pl.*

for•tress ['fɔːtrɪs] *s* fortaleza *f.*

for•tu•i•tous [fɔː'tjuːɪtəs] *adj* □ fortuito.

for•tu•nate ['fɔːtʃnət] *adj* □ afortunado; *be* ~ ter sorte; **~•ly** *adv* felizmente.

for•tune ['fɔːtʃn] *s* sorte *f;* destino *m;* fortuna *f;* **~-tell•er** *s* adivinho/a *m/f.*

for•ty ['fɔːtɪ] **1.** *adj* quarenta; ~ **winks** *pl* F soneca *f;* **2.** *s* quarenta.

for•ward ['fɔːwəd] **1.** *adj* para a frente; disposto; progressivo; dianteiro; **2.** *adv a.* **~s** adiante, para diante; **3.** *s soccer:* atacante *m;* **4.** *v/t* enviar, remeter; *letter, etc.:* enviar; **~•ing a•gent** *s* despachante *m.*

fos•ter|-child ['fɔstətʃaɪld] *s* filho/a adoptivo/a *m/f;* **~-parents** *s pl* pais adoptivos *m pl .*

fought [fɔːt] *pret and pp of fight* 2.

foul [faʊl] **1.** *adj* □ sujo; porco, mal cheiroso; *weather:* mau, tempestuoso; *wind:* contrário; *sports:* contrário às regras, irregular; *fig.* nojento; repugnante; *fig.* abominável; atroz; **2.** *s sports:* falta *f;* **3.** *v/t a.* ~ *up* conspurcar, sujar; *sports:* cometer uma falta.

found [faʊnd] **1.** *pret and pp of find* 1; **2.** *v/t* fundar; estabelecer.

foun•da•tion [faʊn'deɪʃn] *s arch.* alicerces *m pl;* fundamento base *f;* fundação *f; fig.* fundamento *m;* base *f;* ~ **stone** *s arch.* primeira pedra *f.*

found•er[1] ['faʊndə] *s* fundador *m;* ~ **member** membro *m* fundador.

found•er[2] [_] *v/i mar.* naufragar; *fig.* fracassar.

foundling ['faʊndlɪŋ] *s* criança *f* abandonada.

foun•dry *tech.* ['faʊndrɪ] *s* fundição *f.*
foun•tain ['faʊntɪn] *s* fonte *f;* nascente *f;* ~ **pen** *s* caneta *f* de tinta permanente.
four [fɔː] **1.** *adj* quatro; **2.** *s* quatro; *rowing:* quadrirreme *m;* **on all ~s** de gatas; **~•square** [fɔːˈskweə] *adj* quadrangular; *fig.* inabalável; **~-stroke** *mot.* ['_strəʊk] *adj* a quatro tempos; **~•teen** [_ˈtiːn] **1.** *adj* catorze; **2.** *s* catorze *m;* **~•teenth** [_ˈtiːnθ] *adj* décimo quarto; **~th** [_θ] **1.** *adj* quarto; **2.** *s* quarto; **~•th•ly** ['_θlɪ] *adv* em quarto lugar.
fowl [faʊl] *s* ave *f* doméstica.
fox [fɒks] **1.** *s* raposa *f;* **2.** *v/t* deixar perplexo; **~•ly** ['_ɪ] *adj (-ier, -iest)* astuto; manhoso; matreiro; *Am. sl.* sexy.
frac•tion ['frækʃn] *s math.* fracção *f.*
frac•ture ['fræktʃə] **1.** *s (esp. med.)* fractura *f;* **2.** *v/t* fraccionar; quebrar.
fra•gile ['frædʒaɪl] *adj* frágil.
frag•ment ['frægmənt] *s* fragmento *m; of china:* caco *m; mus., etc.:* fragmento *m;* **~•ary** *adj* fragmentário, quebrável.
fra|grance ['freɪgrəns] *s* fragrância *f;* aroma *f;* **~•grant** [_t] *adj* □ fragrante, aromático.
frail [freɪl] *adj* □ frágil, quebradiço, delicado; **~•ty** ['freɪltɪ] *s* fragilidade *f;* delicadeza *f.*
frame [freɪm] **1.** *s* moldura *f;* estrutura *f;* andaime *m;* armação *f* dos óculos; corpo *m; agr.* caixa *f* de sementeira; **~ of mind** estado de espírito *m;* disposição *f;* **2.** *v/t* emoldurar; encaixilhar; formular; *sl.* tramar alguém; **~-up** *esp. Am.* F ['_ʌp] conspiração *f;* maquinação *f;* **~•work** *s tech.* armação *f;* sistema *m;* estrutura *f.*
fran•chise *jur.* ['fræntʃaɪz] *s* direito de voto *m; esp. Am.* concessão *f.*
frank [fræŋk] **1.** *adj* □ franco, aberto; **2.** *v/t letter:* franquear.
frank•fur•ter ['fræŋkfɜːtə] *s* salsicha *f* de tipo alemão.
frank•ness ['fræŋknɪs] *s* franqueza *f.*
fran•tic ['fræntɪk] *adj (~ally)* frenético.
fra•ter|nal [frəˈtɜːnl] *adj* □ fraternal; **~•ni•ty** [_nətɪ] *s* fraternidade *f;* confraria *f; Am. univ.* clube *m* de estudantes.

fraud [frɔːd] *s* fraude *f;* F intrujice *f;* **~•u•lent** ['_jʊlənt] *adj* □ fraudulento.
fray [freɪ] *v/t and v/i* esfiapar(-se).
freak [friːk] **1.** *s* deformação *f;* deformidade *f;* criatura *f* disforme; monstro *m;* aberração *f;* mania *f;* ~ **of nature** maluco *m* da natureza; **film** ~ fanático *m* por filmes; **2.** *v/i:* ~ **out** *sl.* «flipar», perder a cabeça.
freck•le ['frekl] *s* sarda *f;* **~d** *adj* sardento.
free [friː] *adj* □ *(~r, ~st)* livre; generoso (*of* com); voluntário; **he is ~ to** *inf* ele é livre de; ~ **and easy** informal; despreocupado; **make** ~ permitir-se a liberdade de; **set** ~ libertar; ~ **movement of goods** *econ.* movimento livre de mercadorias; **2.** *v/t (freed)* libertar; pôr em liberdade; **~•dom** ['friːdəm] *s* liberdade *f;* autonomia *f;* sinceridade *f;* livre arbítrio *m;* confiança *f;* ~ **of a city** cidadania *f;* **~•hold•er** *s* proprietário *m;* **~•lance 1.** *adj* independente; **2.** *s a.* **~r** trabalhador *m* independente; free-lancer, ♀ **•ma•son** *s* pedreiro-livre *m;* **~•way** *s Am.* via rápida *f;* **~•wheel** *tech.* ['friːˈwiːl] **1.** *s* ponto *m* morto; **2.** *v/i* conduzir em ponto morto.
freeze [friːz] **1.** *(froze, frozen) v/i* congelar; coalhar; *v/t* congelar; gelar; *econ. prices, etc.:* congelar; **2.** *s* geada *f; econ. pol.* congelamento *m;* **wage ~,** ~ **on wages** congelamento *m* de salários; **~-dry** [_ˈdraɪ] *v/t* liofilizar; **freez•er** *s a.* **deep ~** arca congeladora *f;* **freez•ing** *adj* □ gelado, gélido; ~ **point** ponto de congelamento *m.*
freight [freɪt] **1.** *s* carga *f;* frete *m;* **2.** *v/t* fretar; carregar; ~ **car** *Am. rail.* ['_kɒː] vagão *m* de carga; **~•er** *s* cargueiro *m;* ~ **train** *s Am.* comboio *m* de carga.
French [frentʃ] **1.** *adj* francês; **take** ~ **leave** faltar ao trabalho sem autorização; ~ **doors** *pl Am.* → **French window(s);** ~ **fries** *pl esp. Am.* batatas fritas *f pl;* ~ **kiss** beijo *m* na boca; ~ **letter** F preservativo *m;* ~ **window(s)** *pl* porta(s)-janelas *f pl;* **2.** *s ling.* francês *m,* a língua *f* francesa; **the** ~ *pl* os Franceses *m pl;*

~•man s francês m; **~•wo•man** s francesa f.

fren|zied ['frenzɪd] adj frenético; **~•zy** [_ɪ] s fúria f; exaltação f; loucura f.

fre•quen|cy ['friːkwənsɪ] s frequência f; elect. frequência f; **~t 1.** adj □ [_t] frequente; **2.** v/t [frɪ'kwent] frequentar; visitar com frequência.

fresh [freʃ] adj □ fresco; novo; Am. F atrevido; **~•en** v/i refrescar; wind: tornar-se mais forte; v/t: **~ up** house, etc.: F remobilar; **~ (o.s.) up** lavar-se, refrescar-se; **~•man** s univ. estudante do primeiro ano, caloiro; appr. aprendiz m; **~•ness** frescura f; novidade f; inexperiência f; **~ water** s água f doce.

fret [fret] **1.** s aflição f; inquietação f; mus. tasto m de um instrumento de corda; **2.** v/t and v/i **(-tt-)** afligir-se; atormentar-se; comer; **~ away**, **~ out** consumir-se com tristeza.

fret•ful ['fretfl] adj irritável; aflito.

fri•ar ['fraɪə] s frade m.

fric•tion ['frɪkʃn] s fricção f (a. fig.).

Fri•day ['fraɪdɪ] s sexta-feira f.

fridge F [frɪdʒ] s frigorífico m.

friend [frend] s amigo/a m/f; conhecido/a m/f; **make ~s with** travar amizade com alguém; **~•ly** adj simpático; **be ~ with** ser simpático com; **~•ship** s amizade f.

frig|ate mar. ['frɪgɪt] s fragata f.

fright [fraɪt] s susto m; fig. espantalho m; **~•en** s ['fraɪtn] v/t assustar; **be ~ed of sth.** ter medo de alguma coisa; **~•en•ing** adj □ assustador; **~•ful** adj □ terrível; horrível.

fri•gid ['frɪdʒɪd] adj □ frio; gelado; psych. frígido.

fringe [frɪndʒ] **1.** s franja f; orla f; **~ benefits** pl econ. benefícios m pl adicionais; **~ event** acontecimento m à margem; **~ group** sociol. grupo m marginal, de vanguarda; **2.** v/t orlar, guarnecer com franja.

frisk [frɪsk] v/i saltar; pular de um lado para o outro; v/t F roubar; revistar; **~•y** adj □ **(-ier, -iest)** alegre; brincalhão/lhona m/f.

frit•ter ['frɪtə] **1.** s frito m; fritura f; filhó f; **2.** v/t: **~ away** desperdiçar.

fri•vol•i•ty [frɪ'vɒlətɪ] s frivolidade f; futilidade f; **friv•o•lous** ['frɪvələs] adj □ frívolo; fútil.

frizz•y ['frɪzɪ] adj □ **(-ier, -iest)** frisado; hair: crespo; franzido.

fro [frəu] adv: **to and ~** para diante e para trás.

frock [frɒk] s vestido m; blusa f; sobrecasaca f.

frog zoo. [frɒg] s sapo m; **~•man** ['_mən] s homem-rã m.

frol•ic ['frɒlɪk] **1.** s brincadeira f; alegria f; animação f; piada f; **2.** v/i **(-ck-)** brincar; **~•some** [_səm] adj □ brincalhão, alegre.

from [frɒm, frəm] prep de; of time: desde, a partir de; por causa de; segundo; **defend ~** defender de; **~ amidst** do meio de.

front [frʌnt] **1.** s testa f; fronte f; mil. frente f; orla f marítima; peitilho m; audácia f; irreverência f; **at the ~, in ~** à frente; **in ~ of** of place: em frente de; **2.** adj dianteiro; **~ door** porta f de entrada; **~ entrance** entrada f da frente; **3.** v/t and v/i **~ on, ~ towards** dar para, estar virado para; **~•age** ['_ɪdʒ] s fachada f; **~•al** [_tl] adj frontal; dianteiro; da frente.

fron•tier ['frʌntɪə] s fronteira f; Am. hist. terras fronteiriças f pl, fronteira f (em relação ao Oeste).

front| page ['frʌntpeɪdʒ] s newspaper: primeira página f; **~-wheel drive** s mot. tracção f à frente.

frost [frɒst] **1.** s geada f; a. **hoar~, white ~** s gelo m; **2.** v/t polvilhar (com açúcar); cobrir com glacê (bolos); **~ed glass** vidro m fosco; **~•bite** s ferida f provocada pelo frio; **~•bit•ten** adj queimado pelo frio; **~•y** adj □ **(-ier, -iest)** gelado, glacial (a. fig.).

froth [frɒθ] **1.** s espuma f; **2.** v/i espumar; v/t bater até fazer espuma; **~•y** adj □ **(-ier, -iest)** espumoso; espumante; fig. frívolo.

frown [fraun] **1.** s olhar m carrancudo; **2.** v/i franzir as sobrancelhas; olhar com expressão carrancuda; **~ on or upon sth.** exprimir desagrado através do olhar.

froze [frəuz] pret of **freeze** 1; **fro•zen** ['frəuzn] **1.** pp of **freeze** 1; **2.** adj gelado; congelado; **~ food** alimentos congelados m pl.

fru•gal ['fruːgl] adj □ frugal; económico.

125

fruit [fru:t] **1.** *s* fruta *f;* frutos *m pl;* fruto *m;* **2.** *v/i* frutificar; dar frutos; **~•er•er** ['ˌ_ərə] *s* vendedor *m* de fruta; **~•ful** *adj* ☐ fecundo, produtivo; **~•less** *adj* ☐ infrutífero; **~•y** [ˌɪ] *adj* *(-ier, -iest)* que sabe a fruta; saboroso; *wine:* frutuoso; *voice:* sonora; F *joke, remark:* com dois sentidos; obsceno.

frus|trate [frʌ'streɪt] *v/t* frustrar; desiludir; **~•tra•tion** [ˌeɪʃn] *s* frustração *f;* desilusão *f.*

fry [fraɪ] **1.** *s* frito *m;* peixe *m* miúdo; **2.** *v/t* fritar; assar; *fried potatoes pl* batatas fritas *f pl;* **~•ing-pan** ['ˌɪɪŋpæn] *s* frigideira *f.*

fuch•sia *bot.* ['fjuːʃə] *s* fúcsia *f.*

fuck V [fʌk] **1.** *v/t and v/i* V foder; fornicar; **~** *it!* F que se foda! merda! *get ~ed!* vai-te foder! **2.** *int.* F foda-se! merda! **~•ing** V *adj* F maldito; merdoso; uma merda de... *(adding emphasis);* **~** *hell!* grande merda! grande porra!

fudge [fʌdʒ] **1.** *v/t* F atamancar; fazer mal; **2.** *s* disparate *m; cooking:* doce de leite *m.*

fu•el [fjʊəl] **1.** *s* combustível *m; mot.* carburante *m;* **~** *economy mot.* poupança *f* de combustível; **2.** *v/t (esp. Br. -ll-, Am. -l-) mot. aer.* abastecer; encher o depósito.

ful•fil, *Am. a.* **-fill** [fʊl'fɪl] *v/t (-ll-)* satisfazer; realizar; **~•ment** *s* realização *f* pessoal.

full [fʊl] **1.** *adj* ☐ cheio; completo; pleno; repleto; inteiro; *of ~ age* de maior idade; **2.** *adv* completamente; totalmente; directamente; **3.** *s* totalidade *f;* plenitude *f; in ~* completamente; por extenso; *to the ~* inteiramente; **~•blood•ed** *adj* de sangue puro; forte; **~** *dress s* fato *m* de cerimónia; **~•dress** *adj* formal, de cerimónia; **~•fledged** *esp. Am.* → *fullyfledged;* **~-grown** *adj* adulto; **~-length** *adj* de corpo inteiro; de tamanho natural; *film, etc.:* longa-metragem; **~** *moon* lua cheia *f;* **~** *stop s ling.* ponto *m* final; **~** *time s sports:* final *m;* **~-time** *adj* de tempo inteiro, de horário completo; **~** *job s* trabalho *m* a tempo inteiro.

ful•ly ['fʊlɪ] *adv* completamente; integralmente; **~-fledged** *adj* maduro;

fig. verdadeiro; **~-grown** *Br.* → *full-grown.*

fum•ble ['fʌmbl] *v/i* atrapalhar-se; procurar desajeitadamente.

fume [fjuːm] **1.** *v/i* fumegar; *be angry:* estar com raiva; enraivecer-se **2.** *s:* **~s** *pl* vapores *m pl.*

fu•mi•gate ['fjuːmɪgeɪt] *v/t* fumigar; pulverizar.

fun [fʌn] *s* divertimento *m;* gozo *m; make ~ of* fazer troça de.

func•tion ['fʌŋkʃn] **1.** *s* função *f;* trabalho *m;* actividade *f;* cargo *m;* festividade *f;* **2.** *v/i* funcionar; **~•a•ry** [ˌərɪ] *s* funcionário *m.*

fund [fʌnd] **1.** *s* fundo *m;* **~s** *pl* papéis *m pl* de crédito; capitais *m pl; a ~ of fig.* fundo *m;* provisão *f;* **2.** *v/t debt:* reservar um fundo; consolidar; *money:* investir em.

fun•da•men•tal [fʌndə'mentl] **1.** *adj* ☐ fundamental; **2.** *s:* **~s** *pl* fundamentos *m pl.*

fu•ne|ral ['fjuːnərəl] *s* funeral *m;* **~•re•al** [fjuː'nɪərɪəl] *adj* ☐ triste; fúnebre.

fun-fair ['fʌnfeə] *s* parque *m* de diversões.

fu•nic•u•lar [fjuː'nɪkʊlə] *s a.* **~** *railway* funicular *m.*

fun•nel ['fʌnl] *s* funil *m;* conduta *f; mar., rail.* chaminé *f.*

fun•nies *Am.* ['fʌnɪz] *s pl* banda *f* desenhada.

fun•ny ['fʌnɪ] *adj* ☐ *(-ier, -iest)* divertido, engraçado; esquisito, estranho.

fur [fɜː] **1.** *s* pele *f; on tongue:* crosta *f;* **~s** artigos *m pl* de pele; **2.** *v/t* forrar de peles.

fu•ri•ous ['fjʊərɪəs] *adj* ☐ furioso; irritado.

furl [fɜːl] *v/t flag, sail:* enrolar, colher; *umbrella:* fechar.

fur•lough *mil.* ['fɜːləʊ] *s* licença *f.*

fur•nace ['fɜːnɪs] *s* forno *m;* fornalha *f;* caldeira *f.*

fur•nish ['fɜːnɪʃ] *v/t* fornecer (*with* de); *et.* mobilar; guarnecer.

fur•ni•ture ['fɜːnɪtʃə] *s* mobília *f;* móveis *m pl; sectional ~* mobília *f* encastrada.

fur•ri•er ['fʌrɪə] *s* peleiro/a *m/f.*

fur•row ['fʌrəʊ] **1.** *s* sulco *m;* **2.** *v/t* sulcar.

fur•ry ['fɜːrɪ] *adj* de pele; coberto de pêlo; *tongue:* coberto com crosta.

fur•ther ['fɜːðə] **1.** *comp of* **far**; **2.** *v/t* promover; **~•more** *adv* além disso; **~•most** *adj* o mais distante.

fur•thest ['fɜːðɪst] *sup of* **far**.

fur•tive ['fɜːtɪv] *adj* □ furtivo.

fu•ry ['fjʊərɪ] *s* fúria *f*.

fuse [fjuːz] **1.** *v/i* fundir-se; *electr.* queimar, fundir; **2.** *s electr.* fusível *m*; espoleta *f*; mecha *f*.

fu•se•lage *aer.* ['fjuːzɪlɑːʒ] *s* fuselagem *f* (de avião).

fu•sion ['fjuːʒn] *s* fusão *f*; **nuclear ~** fissão *f* nuclear.

fuss F [fʌs] **1.** *s* rebuliço *m*; espalhafato *m*; barulho *m*; **2.** *v/i* fazer muito barulho (**about** por causa de); enervar-se; **~•y** ['fʌsɪ] *adj* □ **(-ier, -iest)** nervoso; espalhafatoso; minucioso; complicado.

fus•ty ['fʌstɪ] *adj* □ **(-ier, -iest)** bolorento; *fig.* antiquado.

fu•tile ['fjuːtaɪl] *adj* □ fútil; inútil.

fu•ture ['fjuːtʃə] **1.** *adj* futuro; **2.** *s* futuro *m*; *gr.* futuro *m*; **in ~** de futuro.

fuzz[1] [fʌz] *s* penugem *f*; cotão *m*.

fuzz[2] *sl.* [_] *s* policeman: chui *m*; bófia *m*.

G

gab F [gæb] *s* conversa *f*; lábia *f*; **have the gift of the ~** ter lábia.

gab•ar•dine ['gæbədiːn] *s cloth:* gabardine *f*.

gab•ble ['gæbl] **1.** *s* tagarela *m*; conversador *m*; **2.** *v/i* tagarelar; conversar.

gab•er•dine ['gæbədiːn] → **gabardine**.

ga•ble *arch.* ['geɪbl] *s* cumeeira *f*; empena *f*.

gad F [gæd] *v/i* **(-dd-)**: **~ about, ~ around** viajar por divertimento.

gad•fly *zoo.* ['gædflaɪ] *s* moscardo *m*.

gad•get *tech.* ['gædʒɪt] *s* aparelho *m*; mecanismo *m*; *often contp.* engenhoca *f*.

gag [gæg] **1.** *s* mordaça *f (a. fig.);* F piada *f*; **2.** *v/t* **(-gg-)** amordaçar; *fig.* silenciar.

gage *Am.* [geɪdʒ] → **gauge.**

gai•e•ty ['geɪətɪ] *s* alegria *f*; folia *f*.

gain [geɪn] **1.** *s* ganho *m*; vantagem *f*; **2.** *v/t* ganhar; conseguir; receber; *of watch:* adiantar; *v/i watch:* adiantar-se; **~ in** aumentar.

gait [geɪt] *s* porte *m*; modo *m* de andar.

gal F [gæl] *s* rapariga *f*.

gal•ax•y *ast.* ['gæləksɪ] *s* galáxia *f*.

gale [geɪl] *s* ventania *f*; temporal *m*.

gall [gɔːl] **1.** *s* bílis *f*; escoriação *f*; F descaramento *m*; **2.** *v/t* esfolar; irritar.

gal•lant ['gælənt] *adj* galante; valente; cortês; **~•lan•try** [_ rɪ] *s* valentia *f*; galantaria *f*.

gal•lery ['gælərɪ] *s* galeria *f*; tribuna *f*.

gal•ley ['gælɪ] *s mar.* galera *f*; navio *m* a remo; *a.* **~ proof** *print.* prova de galé *f*.

gal•lon ['gælən] *s* galão *m (Br. 4,54 litres, Am. 3,78 liters).*

gal•lop ['gæləp] **1.** *s* galope *m*; **2.** *v/i and v/t* galopar.

gal•lows ['gæləʊz] *s sg* forca *f*.

ga•lore [gə'lɔː] *adj* abundante.

gam•ble ['gæmbl] **1.** *v/i* jogar a dinheiro; **2.** *s* F aposta *f*; **~r** [_ ə] *s* jogador *m*.

gam•bol ['gæmbl] **1.** *s* cambalhota *f*; **2.** *v/i (esp. Br. -ll-, Am. -l-)* pular, dar saltos.

game [geɪm] **1.** *s* jogo *m (a. fig.);* *hunt.* caça *f*; **~s** *pl* desporto *m*; *school:* desportos *m pl*; **2.** *adj* valente; pronto (**for** para; **to do** para fazer); **~•kee•per** [_ kiːpə] *s* couteiro *m*; guarda-caça *m*.

gam•mon *esp. Br.* ['gæmən] *s* toucinho *m* fumado, presunto *m*.

gan•der *zoo.* ['gændə] *s* ganso macho *m*.

127

gang [gæŋ] **1.** s bando m; grupo m; **2.** v/i: ~ **up** conspirar; contp. reunir-se.
gang•ster ['gæŋstə] s gangster m.
gang•way ['gæŋweɪ] s passagem f; corredor m; mar. passadiço m.
gaol [dʒeɪl], ~•**bird** [dʒeɪlbɜːd], ~•**er** [_ə] → **jail**, etc.
gap [gæp] s brecha f, fenda f.
gape [geɪp] v/i bocejar; estar ou ficar boquiaberto; abrir-se.
gar•age ['gærɑːʒ] **1.** s garagem f; oficina f; **2.** v/t car: pôr ou manter em garagem.
gar•bage esp. Am. ['gɑːbɪdʒ] s lixo m; ~ **can** s caixote m do lixo; contentor m do lixo; ~ **truck** s camião m do lixo.
gar•den ['gɑːdn] **1.** s jardim m; ~**s** pl parque m; jardim m público; **2.** v/i jardinar; fazer jardinagem; ~•**er** s jardineiro/a m/f; ~•**ing** s jardinagem f.
gar•gle ['gɑːgl] **1.** v/t and v/i gargarejar; **2.** s gargarejo m.
gar•ish ['geərɪʃ] adj □ vistoso; berrante.
gar•land ['gɑːlənd] s grinalda f.
gar•lic bot. ['gɑːlɪk] s alho m.
gar•ment ['gɑːmənt] s peça de roupa f.
gar•nish ['gɑːnɪʃ] v/t guarnecer; enfeitar.
gar•ri•son mil. ['gærɪsn] s guarnição f.
gas [gæs] **1.** s gás; Am. F gasolina f; **step on the** ~ mot. acelerar; **2.** (**-ss-**) v/t gaseificar; v/i F disparatar; a. ~ **up** Am. F mot. encher o depósito; ~ **e•mis•sions** s pl gases m pl de escape; ~• **e•ous** ['gæsɪəs] adj gasoso.
gash [gæʃ] **1.** s ferida f aberta; corte m; **2.** v/i cortar, ferir.
gas•ket tech. ['gæskɪt] junta f; calafetagem f.
gas|light ['gæslaɪt] s iluminação f a gás; ~•**me•ter** s medidor de gás m; ~•**o•lene**, ~•**o•line** Am. [_əliːn] s gasolina f.
gasp [gɑːsp] **1.** s respiração f ofegante; arfejo m; **2.** v/i ofegar; ~ **for breath** arfar.
gas| station Am. ['gæssteɪʃn] s bomba f de gasolina; ~ **stove** s fogão m a gás; ~•**works** s sg fábrica de gás; gasómetro m.

gate [geɪt] s portão m; porta f; barreira f; vedação f; aer. portão m; sports: assistência f; ~•**crash** v/i and v/t entrar sem pagar ou ser convidado; ~•**crasher** s pessoa que entra sem ser convidada m; penetra m; ~•**post** s pilar m; ~•**way** s passagem f; caminho m.
gath•er ['gæðə] **1.** v/t colher; information: recolher; harvest: colher; deduce: compreender; concluir (**from** de); reunir; ~ **speed** aumentar a velocidade; acelerar; v/i reunir-se; acumular-se; abcess: inflamar-se; wound: infectar; **2.** s dobra f; prega f; ~•**ing** [_rɪŋ] s reunião f; assembleia f.
gau•dy ['gɔːdɪ] adj □ (**-ier, -iest**) vistoso; espalhafatoso; colour: berrante.
gauge [geɪdʒ] **1.** s medida f padrão; medidor m; tech. instrument: escala f; rail: distância f entre as rodas; fig. critério m; **2.** v/t medir; fig. avaliar.
gaunt [gɔːnt] adj □ descarnado; desolado.
gaunt•let ['gɔːntlɪt] s luva f com punho largo e comprido; **run the** ~ expor-se a críticas; sofrer críticas severas.
gauze [gɔːz] s gaze f.
gave [geɪv] pret of **give**.
gaw•ky ['gɔːkɪ] adj □ (**-ier, -iest**) desajeitado.
gay [geɪ] b1. adj □ alegre; divertido; vistoso; F amaricado (homossexual); **2.** s F maricas m (homossexual).
gaze [geɪz] **1.** s olhar m fixo; **2.** v/i olhar fixamente; ~ **at** olhar fixamente para, fitar.
ga•zelle zoo. [gəˈzel] s gazela f.
ga•zette [gəˈzet] Am. jornal m; publicação f oficial.
gear [gɪə] **1.** s tech. equipamento m; mot. mudança f, velocidade f; **in** ~ engrenado; **out of** ~ em ponto morto, desengrenado; **change** ~(**s**) Am. **shift** ~(**s**) mot. mudar de velocidade; engrenar noutra mudança; **landing** ~ aer. trem m de aterragem; **steering** ~ mar. leme m; mot. condução f; **2.** v/t dirigir-se, estar adaptado (**to** a); ~•**le•ver** ['_liːvə] Am. ~•**shift** s mot. alavanca f das mudanças.
geese [giːs] pl of **goose**.
geld•ing zoo. ['geldɪŋ] s cavalo m castrado.

giant

gem [dʒem] *s* gema *f;* jóia *f; fig.* pérola *f.*

gen•der ['dʒendə] *s gr.* género *f;* F sexo *m.*

gen•e•ral ['dʒenərəl] **1.** *adj* □ geral; comum; corrente; **~ Agreement on Tariffs and Trade** (*abbr.* **GATT**) *pol.* Acordo Geral sobre Tarifas e Comércio; **2 Certificate of Education → certificate** 1; **~ education** *or* **knowledge** cultura *f* geral; **~ election** *Br. pol.* eleições gerais *f pl;* **~ practitioner** médico de clínica geral; **2.** *s mil.* general *m;* **in ~** em geral; **~•i•ty** [dʒenə'rælətɪ] *s* generalidade *f;* regra *f* geral; **~•i•ze** ['laɪz] *v/t* generalizar; **gen•er•al•ly** [_lɪ] *adv* geralmente; normalmente.

gen•e|rate ['dʒenə'reɪt] *v/t* gerar; **~•ra•tion** [dʒenə'reɪʃn] *s* geração *f;* **~•ra•tor** ['_reɪtə] *s* criador *m; tech.* gerador *m; esp. Am. mot.* dínamo *m.*

gen•e|ros•i•ty [dʒenə'rɒsətɪ] *s* generosidade *f;* **~•rous** ['dʒenərəs] *adj* □ generoso.

ge•net•ic [dʒɪ'netɪk] *adj* (**~ally**) genético; **~ code** código *m* genético; **~ engineering** engenharia *f* genética; **~s** *s sg* genética *f.*

ge•ni•al ['dʒiːnɪəl] *adj* □ amável; agradável; jovial.

gen•i•tive *gr.* ['dʒenɪtɪv] *adj a.* **~ case** genitivo *m,* caso *m* genitivo.

ge•ni•us ['dʒiːnɪəs] *s* génio *m;* espírito *m,*

gent F [dʒent] abreviatura de **gentleman;** senhor *m;* **~s** *Br.* F casa de banho dos homens.

gen•teel [dʒen'tiːl] *adj* □ fino; elegante.

gen•tile ['dʒentaɪl] **1.** *adj* gentílico; **2.** *s* gentio *m.*

gen•tle ['dʒentl] *adj* □ (**~r, ~st**) suave; leve; amável; doce; **~•man** *s* cavalheiro *m;* senhor *m;* **~•man•ly** [_mənlɪ] *adj* cavalheiresco; **~•ness** *s* suavidade *f;* doçura *f;* gentileza *f.*

gen•try ['dʒentrɪ] *s* pequena nobreza *f.*

gen•u•ine ['dʒenjʊɪn] *adj* □ genuíno; autêntico.

ge•og•ra•phy [dʒɪ'ɒgrəfɪ] *s* geografia *f.*

ge•ol•o•gy [dʒɪ'ɒlədʒɪ] *s* geologia *f.*

ge•om•e•try [dʒɪ'ɒmətrɪ] *s* geometria *f.*

germ *biol., bot.* [dʒɜːm] *s* germe *m.*

Ger•man ['dʒɜːmən] **1.** *adj* alemão/ã; **2.** *s* alemão/ã *m/f; ling.* alemão *m,* língua *f* alemã.

ger•mi•nate ['dʒɜː'mɪneɪt] *v/i and v/t* germinar.

ges•tic•u|late [dʒe'stɪkjʊleɪt] *v/i* gesticular; **~•la•tion** [dʒestɪkjʊ'leɪʃn] *s* gesticulação *f.*

ges•ture ['dʒestʃə] *s* gesto *m;* sinal *m.*

get [get] (**-tt-, got, got** *or Am.* **gotten**) *v/t* obter, arranjar; conseguir; *fetch:* ir buscar, trazer; *receive:* receber; *capture:* agarrar; **have got** ter; **have got to** ter que, dever; **~ one's hair cut** ir cortar o cabelo; **~ by heart** saber de cor; **what can I ~ you?** que deseja?; *v/i* ficar; tornar-se; ir; **~ ready** aprontar-se; preparar-se; **~ about** andar em pé; andar de um lado para o outro; *rumour:* espalhar-se; **~ ahead** avançar; adiantar-se; **~ ahead of** passar à frente; **~ along** entender-se (**with** com); ir-se embora; **~ at** alcançar; querer dizer; **~ away** partir; escapar, fugir; **~ back** *v/i* voltar, regressar; *v/t* receber (de volta); recuperar; **~ in** subir; entrar; **~ off** descer; sair; **~ on** subir; entender-se; **~ out** sair; descer (**of** de); **~ over sth.** ultrapassar alguma coisa; **~ through** *v/i* ligar, comunicar com (*a. teleph.*); *v/t* terminar; **~ to** chegar a; **~ together** encontrar-se; **~ up** levantar-se.

get|a•way ['getəweɪ] *s* fuga *f;* **~ car** carro *m* de fuga; **~•to•geth•er** *s* F encontro *m;* reunião *f;* **~•up** apresentação *f;* vestuário *m.*

ghast•ly ['gɑːstlɪ] *adj* (**-ier, -iest**) horrível; pálido.

gher•kin ['gɜːkɪn] *s* pepino *m* de conserva.

ghet•to ['getəʊ] *s* (*pl* **-tos, -toes**) gueto *m;* **~ blaster** *s sl* rádio-gravador *m* portátil de grandes dimensões.

ghost [gəʊst] *s* fantasma *m;* espírito *m; fig.* vestígio *m;* **~•ly** ['gəʊstlɪ] *adj* (**-ier, -iest**) pálido (como um fantasma).

giant ['dʒaɪənt] **1.** *adj* gigantesco; enorme; **2.** *s* gigante *m.*

gib•ber ['dʒɪbə] v/i falar inarticuladamente; **~•ish** [_rɪʃ] s linguagem f inarticulada.

gib•bet ['dʒɪbɪt] s forca f.

gibe [dʒaɪb] **1.** v/i zombar, escarnecer (**at** de); **2.** s zombaria f; escárnio m.

gib•lets ['dʒɪblɪts] s pl miúdos m pl de aves.

gid|di•ness ['gɪdɪnɪs] s med. vertigem m; tontura f; inconstância f; irreflexão f; **~•dy** ['gɪdɪ] adj □ **(-ier, -iest)** tonto; vertiginoso; irreflectido.

gift [gɪft] s presente m; oferta f; talento m; **~•ed** ['gɪftɪd] adj talentoso.

gi•gan•tic [dʒaɪ'gæntɪk] adj **(~ally)** gigantesco; enorme; colossal.

gig•gle ['gɪgl] **1.** v/i dar risadinhas; **2.** s risada f nervosa.

gild [gɪld] v/t **(gilded or gilt)** dourar; embelezar.

gill [gɪl] s zoo. guelra; bot. lamela f.

gilt [gɪlt] **1.** pp of **gild**; **2.** s camada f de ouro.

gim•mick F ['gɪmɪk] s truque m; in advertising: chamariz m; técnica f para chamar a atenção.

gin [dʒɪn] s Gin m.

gin•ger ['dʒɪndʒə] **1.** s gengibre m; castanho-arruivado; **2.** adj de cor ruiva ou castanha-avermelhada.

gip•sy ['dʒɪpsɪ] s cigano/a m/f.

gi•raffe zoo [dʒɪ'rɑːf] s girafa f.

girl [gɜːl] s rapariga f; daughter: filha f; **~•friend** s namorada f; amiga f; **~•hood** s mocidade f; **~•ish** adj □ ameninado; de menina.

gi•ro econ. ['dʒaɪrəʊ] **1.** transferência f; Br. serviço m de transferência postal; **2.** adj vale m postal.

girth [gɜːθ] s cilha f; volume m; proporções f pl.

gist [dʒɪst] s essencial m.

give [gɪv] v/t and v/i **(gave, given)** dar; as a gift: oferecer; grant: conceder; sell: vender; pay: pagar; result, etc.: dar (como resultado); joy: dar, proporcionar; lecture, speech: dar, fazer; **~ birth to** dar à luz; **~ away** dar de graça; oferecer; fig. atraiçoar; denunciar; **~ back** devolver; **~ in** petition, etc.: entregar; exam paper: entregar; ceder; **~ off** smell: soltar; **~ out** distribuir; supplies, strength: chegar ao fim; esgotar-se; **~ up** desistir;

renunciar a; deixar de; **~ o.s. up** entregar-se.

give|-and take [gɪvən'teɪk] s permuta f; concessão f mútua; **~•a•way 1.** s econ. liquidação f; traição f; denúncia f; **2.** adj **~ price** preço m de liquidação.

giv•en ['gɪvn] **1.** pp of **give**; **2.** adj dado, determinado; **3.** cj dado que; **be ~ to** ser dado a, ter propensão para; **~ name** Am. nome m próprio.

gla|cial ['geɪsɪəl] adj □ glacial; gélido; **~•ci•er** ['glæsɪə] s glaciar m.

glad [glæd] adj □ **(-dd-)** contente; alegre; **~•en** v/t alegrar; **~•ly** adv de boa vontade; **~•ness** s alegria f.

glam•o(u)r ['glæmə] s encanto m; deslumbramento m; **~•ous** ['glæmərəs] adj □ fascinante.

glance [glɑːns] **1.** s vista f de olhos (**at** a); **at a ~** de relance; **2.** v/i: **~ at** olhar de relance, dar uma vista de olhos; **~ off** fazer ricochete.

gland anat. [glænd] s glândula f.

glare [gleə] **1.** s luz f brilhante; brilho m; olhar m penetrante; **2.** v/i luzir; olhar fixamente; **~ at s.o.** olhar fixamente para alguém.

glass [glɑːs] **1.** s vidro m; copo m; binóculo m; barómetro m; **(a pair of) ~es** pl óculos m pl; **2.** adj feito de vidro; **3.** v/t vidrar; **~•house** s estufa f; mil. F construção f em vidro; **~•y** adj **(-ier, -iest)** vidrado.

glaze [gleɪz] **1.** s verniz m; **2.** v/t envidraçar; vitrificar; polir; v/i eyes: vidrar-se; **gla•zi•er** ['_ɪə] s vidraceiro/a m/f; **glaz•ing** s colocação f de vidraças; vitrificação f; **double ~** vidros m pl duplos.

gleam [gliːm] **1.** s brilho m; **2.** v/i brilhar.

glee [gliː] s alegria f; regozijo m; **~•ful** adj □ alegre.

glen [glen] s vale m estreito.

glide [glaɪd] **1.** aer. voo m planado; **2.** v/i and v/t planar; deslizar; **glid•er** s planador m; **glid•ing** s voo m sem motor.

glim•mer ['glɪmə] **1.** luz f trémula; min. vislumbre m; **2.** v/i luzir, tremeluzir.

glimpse [glɪmps] **1.** s olhar m de relance; vislumbre m; (**at** para); impressão f; **2.** v/t ver de relance.

G

glit•ter ['glɪtə] **1.** v/i brilhar; reluzir; resplandecer; **2.** brilho m; resplendor m; **glit•te•ra•ti** sl. s pl pessoas f pl ricas e famosas; colunáveis m pl.

gloat [gləʊt] v/i: ~ **over** exultar maliciosamente com; ~•**ing** adj □ satisfeito, malicioso.

glo•bal ['gləʊbəl] adj global, mundial; ~ **warming** aquecimento m global.

globe [gləʊb] s globo m terrestre; esfera f; ~•**trot•ter** F ['_trɒtə] s globetrotter; pessoa f que corre mundo.

gloom [glu:m] s escuridão f; tristeza f; melancolia f; ~•**y** adj □ (-ier, -iest) escuro; triste; melancólico.

glo|ri•fy ['glɔ:rɪfaɪ] v/t glorificar; adorar; ~•**ri•ous** [_rɪəs] adj □ glorioso; magnífico; fig. fantástico (weather); ~•**ry** [_ɪ] **1.** s glória f; renome m; honra f; **2.** v/i: ~ **in** regozijar-se com; success, etc.: gozar.

gloss [glɒs] **1.** s brilho m; lustre m; esmalte m; **2.** v/t brilhar; reflectir; ~ **over** encobrir, censurar.

glos•sa•ry ['glɒsərɪ] s glossário m.

gloss•y ['glɒsɪ] **1.** adj (-ier, iest) brilhante; **2.** s F a. ~ **magazine** revista f.

glove [glʌv] s luva f; ~ **compart•ment** mot. porta-luvas m pl.

glow [gləʊ] **1.** s brilho m; **2.** v/i brilhar; arder; ~•**worm** s zoo. pirilampo m.

glu•cose ['glu:kəʊs] s glicose f.

glue [glu:] **1.** s cola f; **2.** v/t colar.

glum [glʌm] adj □ (-mm-) abatido; triste.

glut [glʌt] v/t (-tt-) saturar; ~ **o.s. with** or **on** empanturrar-se de; ~•**ton** ['_n] s glutão m; ~•**ton•ous** adj □ insaciável; ~•**ton•y** s gula f.

gnarled [nɑ:ld] adj nodoso; sulcado; hands: áspero.

gnash [næʃ] v/t ranger.

gnat zoo. [næt] s mosquito m.

gnaw [nɔ:] v/t (and v/i: ~ **at**) roer; a. roer (as unhas).

gnome [nəʊm] s gnomo m.

go [gəʊ] **1.** v/i (went, gone) ir, viajar; ir-se embora; partir; bus, etc.: partir; time: passar; mad, etc.: tornar-se; way, etc.: conduzir (**to** a); reach: chegar, alcançar; develop: acabar; work properly: funcionar, trabalhar; break

down (machine): estragar-se; avariar-se; **let** ~ deixar; largar; ~ **shares** repartir; **I must be ~ing** tenho que ir andando; ~ **to bed** ir para a cama, ir deitar-se; ~ **to school** ir para a escola; ~ **to see** visitar; ~ **ahead** continuar; progredir; ~ **ahead with s.th.** realizar alguma coisa; ~ **at** atacar; ~ **between** ser intermediário; ~ **by** guiar-se por; passar (tempo); ~ **down** descer; ship: afundar-se; sun: pôr-se; ~ **for** ir buscar; atacar; ~ **for a walk** ir dar um passeio; ~ **in** entrar; ~ **for an exam** fazer um exame; ~ **off** ir-se embora; ~ **on** seguir; fig. continuar (**doing** a fazer); fig. acontecer; ~ **out** sair; regularly: sair (**with** com); fire, etc.: apagar-se; ~ **through** atravessar; executar; ~ **up** subir; ~ **without** passar sem; **2.** s F moda f; **on the go** ter muito que fazer; **it is no** ~ não pode ser; não dá; **in one** ~ de uma vez só; **have a** ~ tentar a sorte; **it's your** ~ é a tua vez.

goad [gəʊd] **1.** s fig. ferroada f; **2.** fig. dar uma ferroada.

go-a•head F ['gəʊəhed] **1.** adj enérgico; empreendedor; **2.** s: **give s.o. the** ~ F dar luz verde a alguém.

goal [gəʊl] s objectivo m; fim m; soccer: golo m; ~•**keep•er** ['_ki:pə] s guarda-redes m.

goat zoo. [gəʊt] s cabra f.

gob•ble ['gɒbl] v/i comer depressa; of turkey: gorgolejar; v/t mst ~ **up** devorar; **2.** s gorgolejo m; ~**r** [_ə] s peru m; fig. comilão m.

go-be•tween ['gəʊbɪtwi:n] s intermediário m; mensageiro m.

gob•lin ['gɒblɪn] s duende m.

god [gɒd] s eccl. 2 Deus m; fig. ídolo m; ~•**child** s afilhado m; ~•**dess** ['gɒdɪs] s deusa f; ~•**fa•ther** s padrinho m (a. fig.); ~•**for•saken** adj contp. abandonado (por Deus); ~•**less** adj ímpio; ateu; ~•**like** adj divino; semelhante a Deus; ~•**ly** adj (-ier, -iest) religioso; devoto; ~•**moth•er** s madrinha f; ~•**par•ents** s pl padrinhos m pl; ~•**send** s F dádiva f de Deus; sorte f.

gog•gle ['gɒgl] **1.** v/i arregalar os olhos; fitar; **2.** s: ~**s** pl óculos m pl de protecção; ~•**box** s Br. F televisão f.

131

go•ing ['gəʊɪŋ] **1.** *adj* andando; em movimento; *be ~ to inf* estar para fazer; **2.** *s* acção *f* de andar; andamento *m;* velocidade *f;* êxito *m;* **~s-on** *s pl* F actividades *f pl;* caso(s) *m pl.*

gold [gəʊld] **1.** *s* ouro *m;* **2.** *adj* dourado; **~ dig•ger** *Am.* ['‿dɪgə] *s* garimpeiro *m;* **~•en** *adj mst fig.* dourado; **~ handshake** *Br.* indeminização *f* por despedimento; **~•fish** *s zoo.* peixe *m* dourado; **~•smith** *s* ourives *m.*

golf [gɒlf] **1.** *s* golfe *m;* **2.** *v/i* jogar golfe; **~ club** *s* taco *m* de golfe; clube *m* de golfe; **~ course** *s,* **~ links** *s pl or sg* campo *m* de golfe.

gon•do•la ['gɒndələ] *s* gôndola *f.*

gone [gɒn] **1.** *pp* of *go* 1; **2.** *adj* F perdido; passado; morto, desaparecido; F desesperado.

good [gʊd] **1.** *adj (better, best)* bom; bonito; bondoso; sólido; **~ at** bom em; **2.** *s* utilidade *f;* valor *m;* vantagem *f;* bem *m;* **~s** *pl econ.* bens *m pl;* mercadorias *f pl; that's no ~* não pode ser; não serve; *for ~* para sempre; **~•bye** [‿'baɪ] **1.** *s: wish s.o. ~, say ~ to s.o.* dizer adeus; **2.** *int* adeus! **₂ Friday** *s* Sexta-Feira *f* Santa; **~-hu•mo(u)red** *adj* □ bem- -disposto; **~-look•ing** *adj* □ bem-parecido; bonito; **~ na•tured** *adj* □ amável; bondoso; **~•ness** *s* bondade *f; thank ~!* Graças a Deus! *(my) ~! ~ gracious!* Meu Deus! Santo Deus! *for ~' sake* por amor de Deus! *~ knows* sabe-se lá! **~•will** *s* boa vontade *f;* benevolência *f; econ.* Goodwill; reputação *f.*

good•y F ['gʊdɪ] *s sweet:* doce *m; in film, novel, etc.:* o bom/ a boa *m/f.*

goose *zoo.* [guːs] *s (pl geese)* ganso *m (a. fig.).* **~•ber•ry** *bot.* ['guzbərɪ] *s* groselha *f* espinhosa; **~•flesh** *s,* **~ pim•ples** *s pl* pele *f* de galinha; **~•step** *s* passo *m* de ganso (marcha militar).

gore [gɔː] *v/t with horns:* espetar com os chifres.

gorge [gɔːdʒ] **1.** *s* garganta *f;* goela *f;* garganta *f* estreita, desfiladeiro **2.** *v/i and v/t* engolir; devorar.

gor•geous ['gɔːdʒəs] *adj* □ magnífico; lindo.

go•ril•la *zoo.* [gə'rɪlə] *s* gorila *m.*

gor•y ['gɔːrɪ] *adj* □ *(-ier, -iest)* ensanguentado; sangrento.

gosh F [gɒʃ] *int: by ~* caramba!

gos•ling *zoo.* ['gɒzlɪŋ] *s* ganso *m* jovem.

go-slow *Br. econ.* [gəʊ'sləʊ] *s* greve *f* de braços caídos.

Gos•pel *eccl.* ['gɒspəl] *s* evangelho *m.*

gos•sa•mer ['gɒsəmə] *s* fios *m pl* da teia de aranha; tecido *m* muito leve.

gos•sip ['gɒsɪp] **1.** *s* bisbilhotice *f;* mexerico *m;* **2.** *v/i* bisbilhotar; mexericar.

got [gɒt] *pret and pp* of *get.*

Gothic ['gɒθɪk] gótico; **~ novel** romance *m* gótico.

got•ten *Am.* ['gɒtn] *pp* of *get.*

gourd *bot.* [gʊəd] *s* cabaça *f.*

gout *med.* [gaʊt] *s* gota *f.*

gov•ern ['gʌvn] *v/t* governar, dirigir; *v/i* controlar; **~•ess** *s* governanta *f.*

gov•ern•ment ['gʌvnmənt] *s* governo *m; system:* tipo *m* de governo; **~•al** [‿'mentl] *adj* governamental; **~ loan** *s* empréstimo *m* governamental; **~ mo•nop•o•ly** *s* monopólio *m* do estado; **~ se•cu•ri•ties** *s pl* fundos *m pl* públicos; **~ sourc•es** *s pl appr.* fontes *f pl* governamentais; **~ spen•ding** *s* despesas *f pl* públicas.

governor ['gʌvənə] *s pol.* governador *m; Br. of bank:* governador *m;* presidente *m;* F *father, boss:* F velho *m.*

gown [gaʊn] **1.** *s* vestido *m;* toga *f; v/t* vestir.

grab [græb] **1.** *v/t (-bb-)* agarrar (à pressa), apanhar; **2.** *s* acto de agarrar ou arrebatar; *tech.* garra *f.*

grace [greɪs] **1.** *s* graça *f;* elegância *f; delay:* prazo *m; charm:* fineza *f;* elegância *f;* encanto *m; decency:* honra *f; prayer:* oração *f* de graças; *Your* **₂** Sua Alteza *(duke, duchess);* Sua Excelência *(archbishop);* **2.** *v/t* enfeitar; adornar; honrar; agraciar; exaltar; **~•ful** *adj* □ gracioso; **~•less** *adj* □ sem graça; insolente.

gra•cious ['greɪʃəs] *adj* □ gracioso.

gra•da•tion [grə'deɪʃn] *s* gradação *f.*

grade [greɪd] **1.** *s* grau *m;* classe *f;* qualidade *f; esp. Am.* → *gradient; Am. school:* classe *f;* ano *m;* nota *f; make the ~* ter êxito, passar; **~ crossing** *esp. Am.* passagem *f* de nível; **2.** *v/t* graduar; classificar; *tech.* planear.

gra•di•ent *rail., etc.* ['greɪdɪənt] *s* declive *m.*

grad•u|al ['grædʒʊəl] *adj* gradual; gradativo; **~•al•ly** [_lɪ] *adv* gradualmente; a pouco e pouco; **~•ate 1.** [_jʊeɪt] *v/i* formar-se, licenciar-se; *she ~d from...* ela licenciou-se; *v/t* graduar; marcar divisões em; **2.** *s* [_ʒʊət] *univ.* licenciado *m;* formado *m;* diplomado *m;* **~•a•tion** [grædʒʊ'eɪʃn] *s* formatura *f;* licenciatura *f; univ., Am. a. school:* festa *f* de formação.

graf•fi•ti [græ'fiːtɪ] *s pl or sg* grafiti *m;* pintura *f* em parede.

grain [greɪn] *s* grão *m;* cereais *m pl;* trigo *m;* *fig.* natureza *f,* modo *m* de ser; *old weight:* antiga unidade de peso (0,065 g).

gram [græm] *s* grama *m.*

gram•mar ['græmə] *s* gramática *f;* **~ school** *s Br.* liceu *m.*

gram•mat•i•cal [grə'mætɪkl] *adj* □ gramatical.

gramme [græm] → **gram.**

gra•na•ry ['grænərɪ] *s* celeiro *m.*

grand [grænd] **1.** *adj* □ *fig.* grande; magnífico; imponente; **2** *Old Party Am.* Partido Republicano; **2.** *s (pl grand)* F mil libras ou dólares; **~•child** ['grænʃaɪld] *s* neto/a *m/f;* **~•dad,** *a.* **gran•dad** ['græn] *s* F avô *m,* vovô *m;* **~•daughter** ['græn] *s* neta *f.*

gran•deur ['grændʒə] *s* grandeza *f;* magnificência *f;* esplendor *m.*

grand-fa•ther ['grændfɑːðə] *s* avô *m;* **~ clock** *s* relógio *m* de pé.

gran•di•ose ['grændɪəʊs] *adj* □ grandioso.

grand|ma F['grænmɑː] *s* avó *f;* vovó *f;* **~•moth•er** ['græn] *s* avó *f;* **~•par•ents** ['græn] *s pl* avós *m pl;* **~•pa** ['grænpɑː] *s* F → **grandad;** **~•pi•an•o** *s mus.* piano *m* de cauda; **~•son** ['græn] *s* neto *m;* **~•stand** *s sports:* tribuna *f* principal.

gran•ny F ['grænɪ] *s* vovó *f.*

grant [grɑːnt] **1.** *s* subsídio *m;* bolsa *f;* **2.** *v/t* conceder; admitir; *jur.* anuir a; **~ed, but** certo, mas; *take for ~ed* tomar como certo.

gran|u•lat•ed ['grænjʊleɪtɪd] *adj* granulado; **~ sugar** açúcar *m* granulado; **~•ule** [_juːl] *s* grânulo *m.*

grape [greɪp] *s* uva *f;* **~•fruit** *bot.* ['_fruːt] toranja *f;* **~•vine** *s bot.* parreira *f;* videira *f;* F boato *m;* rumor *m;* **hear s.th. on** or **through the ~** saber qualquer coisa através de um rumor ou boato.

graph [græf] *s* gráfico *m;* **~•ic** *adj* *(~ally)* gráfico; visual; **~ arts** *pl* artes *f pl* gráficas.

grap•ple ['græpl] *v/i* lutar; brigar; **~ with** *fig.* atacar (trabalho); estar às voltas com.

grasp [grɑːsp] **1.** *s* aperto *m;* alcance *m;* domínio *m;* **2.** *v/t* agarrar; segurar; compreender.

grass [grɑːs] *s* erva *f;* relva *f;* capim *m;* *sl: marihuana:* erva *f;* **~•hop•per** *s zoo.* gafanhoto *m;* **~ roots** *s pl pol.* base *f;* **~ wid•ow** *s Am.* mulher *f* divorciada ou separada; **~ wid•ow•er** *s Am.* homem *m* divorciado ou separado; **gras•sy** *adj (-ier, -iest)* coberto de relva.

grate [greɪt] **1.** *s* grelha *f;* grade *f;* **2.** *v/t* raspar; ralar; *v/i* ranger; **~ on s.o.'s nerves** irritar, enervar.

grate•ful ['greɪtfl] *adj* □ agradecido; grato.

grat•er ['greɪtə] *s* ralador *m.*

grat•ing[1] ['greɪtɪŋ] *adj* □ irritante; rangedor; agudo.

gra•ting[2] [_] *s* grade *f.*

grat•i•tude ['grætɪtjuːd] *s* gratidão *f.*

grave[1] [greɪv] *adj* □ *(~r, ~st)* sério; grave.

grave[2] [_] *s* cova *f;* sepultura *f;* **~•dig•ger** ['_dɪgə] *s* coveiro *m (a. zoo.).*

grav•el ['grævl] **1.** *s* cascalho *m; med.* gravela *f,* pedra *f* dos rins ou da bexiga; **2.** *v/t (esp. Br. -ll-, Am. -l-)* cobrir com cascalho.

grave|stone ['greɪvstəʊn] *s* pedra *f* tumular; **~•yard** *s* cemitério *m.*

grav•i•ta•tion [grævɪ'teɪʃn] *s phys.* gravitação *f; fig.* tendência *f.*

grav•i•ty ['grævətɪ] *s* gravidade *f;* seriedade *f; phys.* gravidade *f.*

gra•vy ['greɪvɪ] *s* molho *m* de carne; **~ boat** *s* molheira *f.*

gray *esp. Am.* [greɪ] *adj* cinzento.

graze

graze¹ [greɪz] *v/i and v/t cattle:* pastar; pastorear.

graze² [_] **1.** *v/t* roçar; tocar ao de leve; *skin:* esfolar; **2.** *s* pasto *m;* pastagem *f.*

grease 1. [griːs] *s* gordura *f;* graxa *f;* **2.** *v/t* [griːz] untar; *tech.* lubrificar; **greas•y** ['griːzɪ] *adj* □ *(-ier, -iest)* gorduroso; oleoso; engordurado.

great [greɪt] *adj* □ grande; F óptimo; **~-grand...** *child, parents:* bi..., bisavô *m*, bisavó *f;* **~•ly** *adv* muito; **~•ness** *s* grandeza *f;* força *f.*

greed [griːd] *s* ganância *f;* avidez *f;* **~•y** *adj* □ *(-ier, -iest)* ganancioso; avarento *(for* por); guloso.

Greek [griːk] **1.** *adj* grego; **2.** *s* grego/ /a *m/f; ling.:* grego *m;* a língua *f* grega.

green [griːn] **1.** *adj* □ verde; *fig.* ingénuo; *fish, etc.:* fresco; *pol. (a. adv)* ecológico, verde; **~ issues** *pl pol.* questões *f pl* ambientais; **go ~** *production, etc.:* tornar-se ecológico; **the ²s** Os Verdes; **2.** *s* verde *m;* relvado *m;* **~s** legumes *m pl* verdes; **~•back** *s Am* F nota *f* de um dólar; **~ belt** *s round a town:* cintura *f* verde; **~•grocer** *s esp. Br.* vendedor *m* de legumes; merceeiro *m;* **~•grocery** *s esp. Br.* frutaria *f;* mercearia *f;* **~•horn** *s* novato *m;* simplório *m;* **~•house** *s* estufa *f;* **~ effect** efeito *m* de estufa; **~•ish** *adj* esverdeado.

greet [griːt] *v/t* cumprimentar; **~•ing** *s* cumprimento *m;* saudação *f;* **~s** *pl* saudações *f pl;* cumprimentos *m pl.*

gre•nade *mil.* [grɪ'neɪd] *s* granada *f.*

grew [gruː] *pret of* **grow.**

grey [greɪ] **1.** *adj* □ cinzento; **2.** *s* cinzento *m;* **3.** *v/t and v/i* tornar(-se) cinzento; **~•hound** *zoo.* ['_haʊnd] *s* galgo *m.*

grid [grɪd] **1.** *s* grade *f;* grelha *f; electr., etc.:* rede *f;* **~•iron** ['_aɪən] *s* grelha *f; Am. sports:* F campo *m* de futebol.

grief [griːf] *s* desgosto *m;* dor *f;* **come to ~** ser prejudicado; fracassar.

griev|ance ['griːvəns] *s* queixa *f;* injustiça *f;* **~e** [griːv] *v/t* sofrer; afligir; *v/i* afligir-se; **~ for** chorar por; **~•ous** ['griːvəs] *adj* □ penoso; doloroso; grave.

grill [grɪl] **1.** *v/t* grelhar; **2.** *s* grelhado *m;* **~-room** churrascaria *f.*

grim [grɪm] *adj* □ *(-mm-)* sinistro; lúgubre; horrível.

gri•mace [grɪ'meɪs] **1.** *s* careta *f;* **2.** *v/i* fazer caretas.

grime [graɪm] *s* sujidade *f;* porcaria *f;* **grim•y** ['graɪmɪ] *adj* □ *(-ier, -iest)* sujo; porco.

grin [grɪn] **1.** *s* sorriso *m* aberto; **2.** *v/i* sorrir abertamente.

grind [graɪnd] **1.** *v/t (ground)* triturar; moer; afiar; *fig.* vexar; **~ one's teeth** ranger os dentes; **2.** *s* labuta *f;* **~•er** *s* amolador *m; tech.* moinho *m* (de café); **~•stone** *s* pedra *f* de amolador.

grip [grɪp] **1.** *v/t (-pp-)* agarrar *(a. fig.);* **2.** *s* aperto *m;* punho *m; fig.* força *f; Am.* mala *f* de viagem.

gris•ly ['grɪzlɪ] *adj (-ier, -iest)* horrível; medonho.

gris•tle ['grɪsl] *s in meat:* cartilagem *f.*

grit [grɪt] **1.** *s* areão *m;* grão *m* de areia; areal *f; fig.* coragem *f;* **2.** *v/t (-tt-):* **~ one's teeth:** cerrar os dentes.

griz•zly (bear) *zoo.* ['grɪzlɪ(beə)] *s* urso *m* pardo.

groan [grəʊn] **1.** *v/i* gemer; **2.** *s* gemido *m.*

gro•cer ['grəʊsə] *s* merceeiro *m;* **~ies** [_rɪz] *s pl* mercearias *f pl,* comestíveis *m pl;* **~•y** *s* mercearia *f.*

grog•gy F ['grɒgɪ] *adj (-ier, -iest)* fraco (das pernas); vacilante.

groin *anat.* [grɔɪn] *s* virilha *f.*

groom [grʊm] **1.** *s* tratador *m* de cavalos; → **bridegroom; 2.** *v/t* tratar; preparar alguém; lançar alguém.

groove [gruːv] *s* sulco *m;* ranhura *f;* vinco *m;* **groov•y** *sl.* ['gruːvɪ] *adj (-ier, -iest)* giro.

grope [grəʊp] *v/i* tactear; *v/t sl. girl:* apalpar.

gross [grəʊs] **1.** *adj* □ gordo; grosso; bruto; *econ.* bruto; **2.** *s* grosa *f* (*12 dozen);* **in the ~** no conjunto, no total.

gro•tesque [grəʊ'tesk] *adj* □ grotesco.

ground¹ [graʊnd] **1.** *pret and pp of* **grind** 1; **2.** *adj:* **~ glass** vidro *m* fosco.

ground² [_] **1.** chão *m;* terreno *m;* campo *m* (de jogos); *reason:* motivo *m;* razão *f; electr.* terra, fio de terra *f;* **~s** *pl* terrenos *m pl;* jardins *m pl;* par-

134

que *m;* borra *f* (de café); **on the ~s
of** por motivo de; **stand** *or* **hold** *or*
keep one's ~ impor-se; aguentar-se;
2. *v/t* manter em terra; depositar; basear-se; alegar; *electr.* ligar à terra; ~
crew *s aer.* pessoal *m* de terra; ~ **flo-
or** *s esp. Br.* rés-do-chão *m;* ~ **forces**
s pl mil. tropas *f pl* de terreno; ~•**ing** *s
Am. electr.* ligação *f* à terra; conhecimentos *m pl* básicos; ~•**less** *adj* □
infundado; sem fundamento; ~ **staff**
s Br. aer. pessoal *m* de terra; ~ **station** *s space travel:* estação *f* de terra;
~•**work** *s* base *f;* fundamento *m.*

group [gruːp] **1.** *s* grupo *m;* **2.** *v/t and
v/i* agrupar(-se); ~•**ie** F ['‿ɪ] *s* fã *m;*
~•**ing** *s* agrupamento *m.*

grove [grəʊv] *s* pequeno bosque *m;*
arvoredo *m.*

grov•el ['grɒvl] *v/i (esp. Br. -ll-, Am.
-l-)* rastejar; *fig.* ~ **before s.o.** humilhar-se.

grow [grəʊ] *(grew, grown) v/i* crescer; tornar-se; ~ **into** tornar-se; desenvolver-se; ~ **on** ficar a gostar; gostar cada vez mais; ~ **out of** superar;
perder (um hábito); ser muito grande
para; ~ **up** crescer; desenvolver-se; *v/t
bot.* plantar; cultivar; ~•**er** *s* produtor
m; cultivador *m.*

growl [graʊl] *v/i and v/t* rosnar.

grown [grəʊn] **1.** *pp of* **grow**; **2.** *adj*
crescido; ~•**up** ['‿ʌp] **1.** *adj* adulto;
2. adulto *m;* **growth** [grəʊθ] *s* crescimento *m,* desenvolvimento *m; med.*
abcesso *m;* tumor *m;* ~ **rate** *econ.*
taxa *f* de crescimento.

grub [grʌb] **1.** *s zoo.* larva *f;* lagarta *f;*
F *food:* comida *f;* **2.** *v/i (-bb-)* cavar;
fazer trabalho pesado; ~•**by** ['grʌbɪ]
adj (-ier, -iest) porco; sujo.

grudge [grʌdʒ] **1.** *s* rancor *m;* ódio
m; **2.** *v/t* dar ou fazer de má vontade;
invejar.

gru•el ['gruəl] *s* sopa *f* de aveia.

gruff [grʌf] *adj* □ brusco; rouco.

grum•ble ['grʌmbl] **1.** *v/i and v/t* resmungar; **2.** *s* queixa *f;* ~•**r** [‿ə] *fig.*
resmungão *m.*

grunt [grʌnt] **1.** *v/i and v/t* grunhir;
rosnar; **2.** *s* grunhido *m.*

guar•an•tee [gærən'tiː] **1.** *s* garantia
f; segurança *f;* fiança *f;* **2.** *v/t* garantir;
assegurar; ~•**tor** [‿'tɔː] *s* fiador *m;*

~•**ty** ['gærəntɪ] *s* garantia *f;* fiança *f;*
segurança *f.*

guard [gɑːd] **1.** *s* guarda *m/f; mil.* sentinela *m;* vigia *m/f; rail.* guarda-freio
m/f; dispositivo *m* de segurança; **be
on** ~ estar de guarda; **be on (off)
one's** ~ estar (des)prevenido; **2.** *v/t*
guardar; proteger (**from** de); *v/i* pro-
teger-se (**against** de); ~•**ed** *adj* □
cuidadoso; prevenido; ~•**i•an** *s* protector *m; jur.* tutor *m;* ~•**i•an•ship** *s
jur.* tutela *f.*

gue(r)•ril•la *mil.* [gə'rɪlə] *s* guerrilha
f; ~ **warfare** guerra *f* de guerrilha.

guess [ges] **1.** *s* suposição *f;* conjectura *f;* **2.** *v/t and v/i* adivinhar; supor;
achar; *Am.* achar; pensar; ~**ing game**
jogo *m* de adivinhas; ~•**work** *s* con-
jecturas *f pl.*

guest [gest] *s* hóspede *m;* convidado
m; ~•**house** *s* pensão *f;* ~•**room** *s*
quarto *m* de hóspedes.

guid•ance ['gaɪdns] *s* orientação *f;*
conselho *m.*

guide [gaɪd] **1.** *s* guia *m/f; techn.* orientação *f; a.* ~**book** guia *m* (de viagens);
a ~ **to London** um guia de Londres;
2. *v/t* guiar; orientar; **guid•ed tour** *s*
excursão *f* guiada; ~•**line** ['‿laɪn] *s* di-
rectriz *f;* princípio *m* geral.

guild *hist.* [gɪld] *s* guilda *f;* corporação
f; ~•**hall** [gɪld'hɔːl] *s* câmara *f (of
London).*

guile [gaɪl] *s* astúcia *f;* logro *m;* ~•**ful**
adj □ astuto; traiçoeiro; ~•**less** *adj* □
sincero; honesto.

guilt [gɪlt] *s* culpa *f;* culpabilidade;
~•**less** *adj* □ inocente; ~•**y** [‿ɪ] *adj* □
(-ier, -iest) culpado (**of** de).

guin•ea *Br.* ['gɪnɪ] *s* guinéu *m (former
monetary unit,* = *21 shillings);* ~•**pig**
s zoo. porquinho-da-índia *m;* cobaia *f
(a. fig.).*

gui•tar *mus.* [gɪ'tɑː] *s* guitarra *f.*

gulch *esp. Am.* [gʌlʃ] *s* ravina *f;* corte
m causado pela erosão.

gulf [gʌlf] *s* golfo *m;* abismo *m; fig.*
voragem *f.*

gull *zoo.* [gʌl] *s* gaivota *f.*

gul•let *anat.* ['gʌlɪt] esófago *m;* garganta *f;* goela *f.*

gulp [gʌlp] **1.** *s* gole *m;* **2.** *v/t often* ~
down *drink:* engolir; *food:* engolir (à
pressa).

G

gum

gum [gʌm] **1.** s borracha f; cola f; Am. a **~drop** goma f (rebuçado); **~s** pl anat. gengiva f; Am. botas f pl de borracha; sapatos m pl de ténis; **2.** v/t **(-mm-)** colar.

gun [gʌn] **1.** s arma f; pistola f; canhão m; Am. revólver m; **big ~** F fig. pessoa f importante; **2.** v/t **(-nn-)** mst **~ down** abater; balear; **~ bat•tle** s luta f com armas de fogo; **~•boat** s canhoeira f; **~•fight** Am. **gun battle**; **~•fire** s tiroteio m; mil. fogo m de artilharia; **~ li•cense** s licença f de porte de arma; **~•man** s pistoleiro m; **~•ner** s mil. artilheiro m; **~•point** s: **at ~** sob a ameaça de arma; **~•powder** s pólvora f; **~•runner** s contrabandista m de armas; **~•run•ning** s contrabando m de armas; **~•shot** s tiro m; **within (out of) ~** ao (fora de) alcance de tiro; **~•smith** s armeiro m.

gur•gle ['gɜːgl] **1.** v/i gorgolejar; borbulhar; fig. murmurar; **2.** s gorgolejo m; fig. murmúrio m.

gush [gʌʃ] **1.** s jorro m; esguicho m; torrente f (a. fig.); **2.** v/i jorrar; esguichar (**from** de); fig. alvoroçar-se.

gust [gʌst] s rajada f.

gut [gʌt] s anat. intestino m; mus. corda f de tripa; **~s** pl coragem f; interiores m pl; fig. brio m; **to hate s.o.'s ~** detestar alguém.

gut•ter ['gʌtə] s sarjeta f; calha f; esgoto m; **~ press** s imprensa f sensacionalista.

guy F [gaɪ] s tipo m.

guz•zle ['gʌzl] v/t and v/i comer com gula.

gym F [dʒɪm] → **gymnasium**, **gymnastics**; **~•na•si•um** [dʒɪm'neɪzɪəm] s ginásio m; **~•nas•tics** [ˌ'næstɪks] s sg ginástica f.

gy•n(a)e•col•o|gist [gaɪnɪ'kɒlədʒɪst] s ginecologista m/f; **~•gy** [ˌdʒɪ] s ginecologia f.

gyp•sy esp. Am. ['dʒɪpsɪ] **gipsy.**

gy•rate [dʒaɪə'reɪt] v/i girar; rodar.

H

hab•it ['hæbɪt] s hábito m; esp. of monk: hábito m; **out of** or **by ~** por hábito; **... as was her ~** como era seu hábito; **~ of mind** hábito mental; **drink has become a ~ with him** ele está viciado em álcool.

hab•il•ta•ble ['hæbɪtəbl] adj □ habitável; **~•tat** [ˌtæt] s of animal, plant: habitat m.

ha•bit•u•al [hə'bɪtjʊəl] adj □ habitual; usual.

hack¹ [hæk] v/t and v/i cortar; talhar; computer: escrever.

hack² [ˌ] s cavalo m velho; cavalo m de aluguer; a. **~ writer** escritor m de trabalhos pouco importantes, de rotina.

hack•er ['hækə] s computer: pirata m informático.

hack•neyed ['hæknɪd] adj phrase, etc.: vulgar; corriqueiro.

had [hæd] pret and pp of **have.**

had•dock zoo. ['hædək] s eglefim m.

h(a)e•mor•rhage med. ['hæmərɪdʒ] s hemorragia f.

hag fig. [hæg] s megera f; bruxa f.

hag•gard ['hægəd] adj □ macilento.

hag•gle ['hægl] v/i regatear; pedinchar.

hail [heɪl] **1.** s granizo m; cumprimento m; **2.** v/i chover granizo; v/t cumprimentar; chamar; **~ from** ser originário de; **~•stone** s pedra f de granizo; **~•storm** s tempestade f de granizo.

hair [heə] s single: cabelo m; cabelos m pl; pêlos m pl; **~•breadth** [ˌ'bredθ] s: **by a ~** por um fio; **~•brush** s escova f de cabelo; **~•cut** s corte m de cabelo; **~•do** s (pl **-dos**) F penteado m; **~•dres•ser** s cabeleireiro/a m/f; **~•dri•er, -dry•er** s secador m de cabelo; **~•grip** s Br. gancho m de cabelo; **~•less** adj sem cabelo;

careca *m/f;* **~•pin** *s* alfinete *m* de
cabelo; **~ bend** curva *f* fechada; **~-
raising** *adj* horripilante; de pôr os
cabelos em pé; **~'s breadth** → *hair-
breadth;* **~•slide** *s Br.* gancho *m* de
cabelo; **~-split•ting** *s fig.* subtileza *f;*
~ spray *s spray m* para o cabelo;
~•style *s* penteado *m;* **~ styl•ist** *s*
cabeleireiro/a *m/f;* **~•y** *adj (-ier,
-iest)* cabeludo; peludo.

hale [heɪl] *adj:* **~ and hearty** robusto, em forma.

half [hɑːf] **1.** *s (pl **halves** [_vz])* metade *f;* **by halves** ao meio; **go halves** dividir ao meio; dividir as despesas; **2.** *adj and adv* meio; pela
metade; **~ an hour** meia hora; **~ a
pound** meio quilo; **~ past ten** dez e
meia; **~ way up** a meio caminho; **~-
breed** *s* mestiço/a *m/f;* **~ broth•er** *s*
meio-irmão *m;* **~-caste** *s* mestiço/a
m/f; **~-heart•ed** *adj* □ indiferente;
pouco entusiasmado; **~-hour** *s* meia
hora; **~ly** de meia em meia hora; **~-
life** *s phys.* meia-vida *f;* **~-mast** *s:*
fly at ~ pôr a bandeira a meia haste;
~ sis•ter *s* meia-irmã *f;* **~-term** *s Br.
univ.* pequenas férias *f pl* a meio do
trimestre; **~-tim•bered** *adj arch.* tra-
balhado a madeira; **~-time** *s sports:*
meio tempo *m;* **~-way** *adj and adv* a
meio caminho; a meio termo; **~-
wit•ted** *adj* tolo.

hal•i•but *zoo.* ['hælɪbət] *s* hipoglosso
m.

hall [hɔːl] *s* hall *m;* entrada *f;* corredor
m; salão *m; univ.* cantina *f; univ.* **~ of
residence** residência *f* de estudantes.

hal•lo *Br.* [hə'ləʊ] → *hello.*

hal•low ['hæləʊ] *v/t* santificar; consagrar.

Hal•low•e'en [hæləʊ'iːn] *s* Dia *m* das
Bruxas (31 de Outubro).

hal•lu•ci•na•tion [həluːsɪ'neɪʃn] *s*
alucinação *f.*

hall•way *esp. Am.* ['hɔːlweɪ] *s* hall *m;*
entrada *f;* corredor *m.*

ha•lo ['heɪləʊ] *s (pl **-loes, -los)** ast.*
halo *m;* auréola *f.*

halt [hɔːlt] **1.** *s* paragem *f;* **2.** *v/t and
v/i* parar; deter.

hal•ter ['hɔːltə] *s* cabresto *m;* cabeçada *f.*

halve [hɑːv] *v/t* dividir ao meio; **~s**
[hɑːvz] *pl of **half**.*

ham [hæm] *s* presunto *m;* fiambre *m;*
~ and eggs presunto/fiambre com
ovos estrelados.

ham•burg•er ['hæmbɜːgə] *s* hambur-
guer *m;* bife *m* de carne picada.

ham•let ['hæmlɪt] *s* pequena aldeia *f;*
lugarejo *m.*

ham•mer ['hæmə] **1.** *s* martelo *m;* **2.**
v/t and v/i martelar; *v/t* F *sports:* bater, vencer.

ham•mock ['hæmək] *s* cama *f* de
rede.

ham•per[1] ['hæmpə] *s* cesto *m;* F cesto *m* com ofertas de alimentos.

ham•per[2] [_] *v/t* dificultar; atrapalhar.

ham•ster *zoo.* ['hæmstə] *s* hamster *m.*

hand [hænd] **1.** *s* mão *f; ~writing:* letra *f,* caligrafia *f; measurement:* palmo *m; of clock:* ponteiro *m; worker:*
trabalhador *m; cards:* cartas *f pl,* mão
f; **at ~** à mão; **at first ~** em primeira
mão; **a good (poor) ~ at** hábil (iná-
bil) em; **~ and glove** unha com carne; **change ~s** mudar de dono; **lend
a ~** dar uma ajuda; **off ~** de improvi-
so; **on ~** *econ.* em stock; *esp. Am.*
(estar) disponível, pronto; **on one's
~s** ter a cargo; **on the one ~** por um
lado; **on the other ~** por outro lado;
2. *v/t* dar, entregar, transmitir, passar;
~ around fazer circular; **~ down**
passar; transmitir; **~ in** entregar; *paper, essay, etc.:* entregar; *report, forms, etc.:* entregar; **~ on** passar adiante; **~ out** distribuir; **~ over** entregar;
ceder, transmitir; **~•bag** *s* mala *f;* de
mão; **~•bill** *s* folheto *m;* **~•book** *s*
manual *m;* **~•brake** *s tech.* travão *m*
de mão; **~•cuff** *v/t* algemar; **~•cuffs**
s pl algemas *f pl;* **~•ful** *s* mão-cheia *f.*

hand•i•cap ['hændɪkæp] **1.** deficiência *f;* incapacidade *f; sports, race:*
desvantagem *f;* → *mental, physi-
cal;* **2.** *v/t (-pp-)* prejudicar; **~ped 1.**
adj deficiente; → *mental, physical;*
2. *s:* **the ~** *pl med.* os deficientes *m
pl.*

hand•ker•chief ['hæŋkətʃɪf] *s* lenço
m de assoar.

han•dle ['hændl] **1.** *s* cabo *m;* asa *f;*
pega *f;* maçaneta *f;* **fly off the ~** F
enfurecer-se; **2.** *v/t* tratar de; lidar

handluggage

com; **~•bar(s** *pl*) *s* guiador *m* (de bicicleta).

hand‖lug•gage ['hændlʌgɪdʒ]*s* bagagem *f* de mão; **~•made** *adj* feito à mão;
~•rail *s* corrimão *m;* **~•shake** *s* aperto
m de mão; **~•some** ['hændsəm] *adj* □
(~r, ~st) bonito; bem parecido;
~•work *s* trabalho *m* manual; **~•wri-
ting** *s* letra *f;* caligrafia *f;* **~•written**
adj manuscrito; escrito à mão; **~•y** *adj*
□ **(-ier, -iest)** à mão; útil; conveniente;
come in ~ dar jeito; ser útil.

hang¹ [hæŋ] **1.** *(hung) v/t* pendurar;
prender; baixar; *wallpaper:* colar; *v/i*
estar pendurado; cair; inclinar-se; **~
about, ~ around** vadiar; vagabundear; **~ back** hesitar; **~ on** segurar,
agarrar-se **(to** a); F *wait:* esperar; **~ up**
teleph. desligar; **she hung up on
me** ela desligou-me o telefone na cara;
2. *s* o cair *(of dress, etc.);* **get the ~
of sth.** apanhar o jeito de fazer algo.

hang² [_] *v/t (hanged)* enforcar; **~
o.s.** enforcar-se.

han•gar ['hæŋə] *s* hangar *m.*

hang•er ['hæŋə] *s* cabide *m;* **~-on** *fig.*
[_ ər'ɒn] *s (pl* **hangers-on)** pessoa *f*
que se aproveita de outros; parasita *m.*

hang‖-glid•er ['hæŋglaɪdə] *s* praticante *m* de voo livre; **~-gliding** *s* voo
m livre.

hang•ing ['hæŋɪŋ] **1.** *adj* suspenso;
pendurado; **2.** *s* enforcamento *m;* **~s**
pl cortinas *f pl;* cortinados *m pl.*

hang-man ['hæŋmən] *s* carrasco *m.*

hang•o•ver F ['hæŋəʊvə] *s* ressaca *f.*

han•ker ['hæŋkə] *v/i* sentir saudades
(after, for de).

hap•haz•ard [hæp'hæzəd] **1.** *s* acaso
m; **at** ~ a olho; acidentalmente; **2.** *adj*
□ por acaso.

hap•pen ['hæpən] *v/i* acontecer; suceder; **these things ~** estas coisas
acontecem; **he ~ed to be at home**
ele estava em casa por acaso; **~ on, ~
upon** encontrar alguém por acaso;
~•ing *s* acontecimento *m;* ocorrência
f; happening.

hap•pi•ly ['hæpɪlɪ] *adv* felizmente;
alegremente; **~•ness** [_nɪs] *s* felicidade *f.*

hap•py ['hæpɪ] *adj* □ **(-ier, -iest)** feliz; alegre; contente; **~-go-lucky** *adj*
despreocupado.

ha•rangue [hə'ræŋ] **1.** *s* discurso *m*
fastidioso; sermão *m;* **2.** *v/t* F pregar
um sermão; maçar.

har•ass ['hærəs] *v/t* importunar; assediar **~•ment** *s* perseguição *f;* assédio
m; **sexual ~** assédio *m* sexual.

har•bo(u)r ['hɑːbə] **1.** *s* porto *m;* **2.** *v/t*
abrigar; *thoughts:* guardar; esconder.

hard [hɑːd] **1.** *adj* duro; difícil; cansativo; severo; *drug:* dura; *drink: a.* forte; **~ of hearing** duro de ouvido; **2.**
adv duramente; fortemente; esforça-
damente; **~ by** perto; **~ up** com necessidades; **~-boiled** *adj* bem cozido; *fig.* duro, severo; **~ cash** *s* em
dinheiro; **~ core** *s* núcleo *(of gang,
etc.); pornography:* pornográfico; pesado; **~•cover** *print:* **1.** *adj* encader-
nado; **2.** *s* capa *f* dura; **~•en** *v/t* and *v/i*
endurecer; tornar duro; *fig.* endurecer;
mostrar-se insensível **(to** a); *econ.
(prices)* subir; estabilizar; **~ hat** *s* capacete *m* de protecção *(for construction workers, etc.);* **~•head•ed** *adj*
prático; *esp. Am.* estúpido; burro; **~
la•bo(u)r** *s jur.* trabalhos *m pl* forçados; **~ line** *s esp. pol.* linha *f* dura,
radical; **~-lin•er** *s esp. pol.* radical *m;*
intransigente *m;* **~•heart•ed** *adj* □
insensível; **~•ly** *adv* dificilmente;
quase; mal; **~•ness** *s* dureza *f;* necessidade *f;* **~•ship** *s* dificuldade *f;* necessidade *f;* **~ shoulder** *s mot.* berma *f;* **~•ware** *s* ferragens *f pl;* artigos
m pl para casa; *computer:* hardware
m; language lab, etc.: equipamento
m; hardware *m;* **har•dy** *adj* □ **(-ier,
-iest)** forte; resistente; *plant:* resistente.

hare *zoo.* [heə]*s* lebre *f;* **~•bell** *s bot.*
campainha *f;* **~-brained** *adj crazy:*
doido; *plan: a.* F impraticável; es-
groviado; **~•lip** *s anat.* lábio *m* lepo-
rino.

harm [hɑːm] **1.** *s* mal *m;* dano *m;* injustiça *f;* **2.** *v/t* prejudicar; ferir; dani-
ficar; fazer mal a; **~•ful** *adj* □ prejudicial; **~•less** *adj* □ inofensivo.

har•mo‖ni•ous [hɑː'məʊnɪəs] *adj* □
harmonioso; **~ni•za•tion** [hɑːmə-
naɪ'zeɪʃn] *s mus., fig.* harmonização
f; **~•nize** ['hɑːmənaɪz] *v/t* harmonizar; conciliar; *v/i* concordar; **~•ny**
['hɑːmənɪ] *s* harmonia *f.*

138

har•ness ['hɑːnɪs] **1.** *s* armadura *f;* (cavalos, etc.) arreios *m pl; die in ~ fig.* trabalhar até ao fim da vida; **2.** *v/t* arrear; pôr arreios em; *natural forces:* aproveitar.

harp [hɑːp] **1.** *s mus.* harpa *f;* **2.** *v/i mus.* tocar harpa; *~ on fig.* bater sempre na mesma tecla.

har•poon [hɑːˈpuːn] **1.** *s* arpão *m;* **2.** *v/t* arpoar.

har•row *agr.* ['hærəʊ] **1.** *s* grade *f;* ancinho *m;* **2.** *v/t* gradar.

har•row•ing ['hærəʊɪŋ] *adj* □ doloroso; aflitivo; horrível.

harsh [hɑːʃ] *adj* □ duro; severo; áspero; azedo; desagradável.

hart *zoo.* [hɑːt] *s* veado *m* adulto.

har•vest ['hɑːvɪst] **1.** *s* colheita *f;* safra *f;* **2.** *v/t* colher; ceifar; **~•er** *s* ceifeira *f;* segadora *f.*

has [hæz] **3.** *sg. pres of* **have.**

hash¹ [hæʃ] **1.** *s* picado *m; fig.* confusão *f; make a ~ of* estragar, complicar; **2.** *v/t meat:* picar.

hash² F [_] *s* hash *m (hashish).*

hash•ish ['hæʃiːʃ] *s* haxixe *m.*

haste [heɪst] *s* pressa *f;* urgência *f; make ~* apressar-se; **has•ten** ['heɪsn] *v/t* acelerar; apressar; *v/i* apressar-se; **hast•y** ['heɪstɪ] *adj* □ *(-ier, -iest)* apressado; rápido; ansioso; precipitado.

hat [hæt] *s* chapéu *m.*

hatch¹ [hætʃ] *v/t a. ~ out* chocar; estar no choco; *v/i* sair do ovo.

hatch² [_] *s mar., aer.* escotilha *f; for food:* copa *f;* **~•back** *mot.* ['hætʃbæk] *s* carro *m* com porta traseira de levantar.

hatch•et ['hætʃɪt] *s* machado *m* pequeno.

hatch•way *mar.* ['hætʃweɪ] *s* escotilha *f.*

hate [heɪt] **1.** *s* ódio *m;* **2-** *v/t* odiar; **~•ful** *adj* □ odioso; detestável; **ha•tred** [_rɪd] *s* ódio *m.*

haugh•ti•ness ['hɔːtɪnɪs] *s* orgulho *m;* arrogância *f;* **~•ty** [_ɪ] *adj* □ orgulhoso; arrogante.

haul [hɔːl] **1.** *s* arrastamento *m;* lanço *m* de rede (peixe); distância *f* ou quantidade *f* transportada; **2.** *v/t* puxar; carregar; transportar; *mining:* extrair; *v/i mar.* rebocar; mudar de direcção.

haunch [hɔːntʃ] *s* anca *f; zoo.* quadril *m; Am. a.* **~es** *pl* traseiro *m; zoo.* quartos *m pl* traseiros.

haunt [hɔːnt] **1.** *s* lugar *m* frequentado; retiro *m;* esconderijo *m;* **2.** *v/t* visitar com frequência; frequentar; perseguir; assombrar; **~•ing** *adj* □ obcecante; que persegue.

have [hæv] *(had) v/t* ter; possuir; *obtain:* receber; *keep:* manter; *meal:* tomar; *~ to do* ter de fazer; *I had my hair cut* fui cortar o cabelo; *he will ~ it that...* ele afirma que; *I had better go* é melhor ir-me embora, *I had rather go* preferia ir-me embora; *~ about one* ter consigo; *~ on light, dress, etc.:* trazer; *~ out* afastar; *tooth:* arrancar; *~ it out with* explicar-se com alguém; F *and what ~ you* e etc.; *v/aux* ter; *with v/i often:* ser *(mainly with verbs denoting change of state or position); ~ come* ter chegado.

ha•ven ['heɪvn] *s* porto *m; fig.* abrigo *m;* refúgio *m.*

havoc ['hævək] *s* destruição *f;* devastação *f; play ~ with* destruir; estragar.

Ha•wai•i•an [həˈwaɪɪən] b1. *adj* havaiano/a; **2.** *s* havaiano/a *m/f; ling.* havaiano.

hawk¹ *zoo.* [hɔːk] *s* falcão *m;* açor *m.*

hawk² [_] *v/t* vender na rua.

haw•thorn *bot.* ['hɔːθɔːn] *s* espinheiro *m.*

hay [heɪ] **1.** *s* feno *m;* **2.** *v/i* fazer feno; alimentar com feno; **~•cock** *s* meda *f* de feno; **~•fe•ver** *s* febre *f* dos fenos; **~•loft** *s* palheiro *m.*

haz•ard ['hæzəd] **1.** *s* risco *m;* perigo *m;* acaso *m;* **2.** *v/t* aventurar; arriscar; **~•ous** *adj* □ perigoso.

haze [heɪz] *s* névoa *f;* nebelina *f.*

ha•zel ['heɪzl] **1.** *s bot.* aveleira *f;* avelã *f;* **2.** *adj* castanho-claro; cor de avelã; **~•nut** *s bot.* avelã *f.*

haz•y ['heɪzɪ] *adj* □ *(-ier, -iest)* nublado; *fig.* confuso.

H-bomb *mil.* ['eɪtʃbɒm] *s* Bomba *f* H; bomba *f* de hidrogénio.

he [hiː] *pron* ele; *zoo.* masculino; macho; **~-goat** *s* bode *m.*

head [hed] **1.** *s* cabeça *f (a. fig.);* parte *f* principal; *after numerals:* cabeça *f;*

pessoa *f; cattle, etc:* cabeça (de gado); chefe *m;* líder *m; of bed, etc.:* cabeceira *f; of coin:* cara *f; fig.* pico *m;* cume *m; mar.* proa *f;* secção *f; title:* cabeçalho *m;* F **have a** ~ ter cabeça para; **come to a** ~ *of abcess:* rebentar; *fig.* chegar a um ponto crítico; **get it into one's** ~ **that** meter na cabeça que; **lose one's** ~ perder a cabeça; ~ **over heels** de pernas para o ar; ~ **of state** chefe *m* de estado; ~ **of government** chefe *m* de governo; **2.** *adj* principal; primeiro; **3.** *v/t* chefiar; liderar; ir à frente; ~ **off** *person:* desviar; distrair; *conflict:* evitar; *v/i* ir; dirigir-se (**for** para); *mar.* seguir o rumo (**for** de); ~**•ache** *s* dor *f* de cabeça; ~**•band** *s* fita *f* de cabelo; ~**•first** *adv* de cabeça; precipitadamente; ~**•hunt** *v/t econ.* caçar talentos; ~**•hunt•er** *s econ.* caçador *m* de talentos; ~**•ing** *s* cabeçalho *m;* título *m;* rubrica *f; soccer:* cabeçada *f;* ~**•land** *s* promontório *m;* ~**•light** *s mot.* farol *m;* ~**•line** título *m;* manchete *f;* ~**s** *pl Tv, etc.:* notícias *f pl* de abertura; ~**•long 1.** *adj* impetuoso; apressado; **2.** *adv* de cabeça; impetuosamente; ~**•mas•ter** *s of school:* director *m;* reitor *m;* ~**•mis•tress** *s of school:* directora *f;* reitora *f;* ~ **of•fice** *s econ.* escritório *m* central; ~**-on** *adj* frontal; ~ **collision** F choque *m* de frente; ~**•phones** *s pl* auscultadores *m pl;* ~**•quar•ters** *s pl mil.* quartel-general *m;* central *f;* ~**•rest,** ~ **re•straint** *s* apoio *m* para cabeça; ~**•set** *s esp. Am.* auscultadores *m pl;* ~ **start** *s sports:* vantagem *f;* ~**•way** *s fig.* avanço *m;* progresso *m;* **make** ~ avançar; ~**•word** *s* entrada *f* (em dicionário); ~**•y** *adj* □ **(-ier, -iest)** emocionante; inebriante; precipitado.

heal [hiːl] *v/i and v/t* curar; ~ **over,** ~ **up** curar; cicatrizar.

health [helθ] *s* saúde *f;* ~ **club** health club *m;* ~ **food** alimentação *f* natural; ~ **food shop** *(esp. Am.* **store)** loja *f* de comida natural; ~ **insurance** seguro *m* de saúde; ~ **resort** termas *f pl;* ~ **service** serviço *m* de saúde; ~**•ful** *adj* □ saudável; são; ~**•y** *adj* □ **(-ier, -iest)** saudável.

heap [hiːp] **1.** *s* pilha *f;* montão *m;* **2.** *v/t a.* ~ **up** amontoar; cobrir de (*a. fig.*).

hear [hɪə] *(heard) v/t and v/i* ouvir; saber; escutar; *witness:* interrogar; *poem, vocabulary, etc.:* escutar; ~**d** [hɜːd] *pret and pp of* **hear;** ~**er** *s* ouvinte *m;* ~**•ing** *s* audição *f; jur.* audiência *f; esp. pol.* audiência *f;* **within (out of)** ~ ao (fora do) alcance da voz; ~**•say** *s* boato *m;* rumor *m;* **by** ~ por ouvir dizer.

hearse [hɜːs] *s* carro *m* funerário.

heart [hɑːt] *s anat.* coração *m* (*a. fig.*); centro *m;* núcleo *m; fig.* querido/a *m/f;* **by** ~ de cor; **out of** ~ desanimado; desencorajado; **cross my** ~ pela minha palavra; palavra de honra; **lay to** ~ levar a peito; **lose** ~ perder a coragem; desanimar; **take** ~ criar coragem; ~**•ache** ['hɑːteɪk] *s* preocupação *f;* inquietação *f;* ~ **at•tack** *s med.* ataque *m* cardíaco; enfarte *m;* ~**•beat** *s* batida *f* do coração; ~**•break** *s* sofrimento *m;* desgosto *m;* ~**•break•ing** *adj* □ desolador; ~**•brok•en** *adj* inconsolável; ~**•burn** *s med.* azia *f; fig.* inveja *f;* rancor *m;* ~**•en** *v/t* encorajar; ~**•fail•ure** *s med.* insuficiência *f* cardíaca; ~**•felt** *adj* □ sincero.

hearth [hɑːθ] *s* lar *m;* lareira *f.*

heart•less ['hɑːtlɪs] *adj* □ cruel; sem coração; ~**•rend•ing** *adj* □ desolador; ~ **trans•plant** *s med.* transplante *m* de coração; ~**•y** *adj* □ **(-ier, -iest)** sincero; caloroso.

heat [hiːt] **1.** *s* calor *m;* ardor *m;* aquecimento *m; sports:* eliminatória *f,* partida *f;* **2.** *v/t and v/i* aquecer; aquecer-se (*a. fig.*); ~**•ed** *adj* □ aquecido; *fig.* irritado, quente; ~**•er** *s* aquecedor *m;* forno *m;* ~**•ing** *s* aquecimento *m;* ~**•proof,** ~**-re•sis•tant,** ~ **re•sis•ting** *adj* resistente ao calor; ~ **shield** *s space travel:* escudo *m* de protecção ao calor; ~**-stroke** *s med.* insolação *f;* ~ **wave** *s* vaga *f* de calor.

heave [hiːv] **1.** *s* empurrão *m;* puxão *m;* **2.** *(heaved, esp. mar.* **hove)** *v/t* querenar o navio; *sigh:* suspirar, arfar; *anchor:* levantar ferros; *v/i* subir e descer; ondear; agitar-se.

heav•en ['hevn] *s* céu *m;* ~**•ly** [_lɪ] *adj* celestial.

heav•i•ness ['hevɪnɪs] *s* peso *m;* lentidão *f;* opressão *f.*

heav•y ['hevɪ] *adj* □ *(-ier, -iest)* pesado; forte; duro; violento; *rain, etc.:* forte; *road, etc.:* intransitável; **~ cur•rent** *s elect.* corrente *f* forte; **~-duty** *adj tech.* de serviço pesado; **~•handed** *adj* □ desajeitado; **~•weight** *s boxing, etc.:* peso *m* pesado.

Hebrew ['hiːbruː] **1.** *adj* hebraico; **2.** *s* hebreu/hebreia *m/pl; ling.* hebraico *m.*

heck•le ['hekl] *v/t* importunar; incomodar com perguntas.

hec•tic ['hektɪk] *adj (~ally)* agitado; febril.

hedge [hedʒ] **1.** *s* sebe *f;* cerca *f* feita de arbustos; **2.** *v/t* cercar; *v/i* ser evasivo; **~•hog** *zoo.* ['hedʒhɒg] *s* ouriço *m; Am.* porco *m* espinho; **~•row** *s* sebe *f.*

heel [hiːl] **1.** *s* calcanhar *m;* salto *m* (de sapato); *Am. sl.* pessoa *f* odiosa; *head over* **~s** de pernas para o ar; *down at* **~** *shoe:* com as solas gastas; *fig. person:* maltrapilho; miserável; *take to one's* **~** dar à sola; fugir; **2.** *v/t* colocar saltos em.

hefty ['heftɪ] *adj* □ *(-ier, -iest)* robusto; forte; *(punch, etc.)* poderoso.

he•gem•o•ny [hɪ'gemənɪ] *s* hegemonia *f.*

height [haɪt] *s* altura *f;* altitude *f;* estatura *f;* **~•en** ['haɪtn] *v/t* elevar; *fig.* aumentar.

heir [eə] *s* herdeiro *m;* **~ apparent** herdeiro *m* do trono; **~•ess** ['eərɪs] *s* herdeira *f;* **~•loom** ['eəluːm] *s* herança *f* de família.

held [held] *pret and pp of* **hold** 2.

hel•i•cop•ter *aer.* ['helɪkɒptə] *s* helicóptero *m;* **~•port** *s aer.* heliporto *m.*

hell [hel] **1.** *s* inferno *m; what the* **~ ...?** F mas que diabo...? *raise* **~** F pintar o diabo; fazer uma grande cena; *give s.o.* **~** F infernizar a vida a alguém; F *as intensifier: a* **~** *of a lot* F uma data de; **2.** *int* F merda! porra! **~•bent** *adj* que arrisca a vida; destemido; **~•ish** *adj* □ diabólico; infernal.

hel•lo [hə'ləʊ] *int* olá! está! (telefone).

helm *mar.* [helm] *s* leme *m;* timão *m.*

hel•met ['helmɪt] *s* capacete *m.*

helms•man *mar.* ['helmzmən] *s* timoneiro *m.*

help [help] **1.** *s* ajuda *f;* auxiliar *m/f;* mulher *f* a dias; **2.** *v/t* ajudar; **~ o.s.** servir-se; *I cannot* **~ it** não posso evitá-lo, não tenho culpa; *I could not* **~ laughing** não pude deixar de rir; **~•er** *s* ajudante *m/f;* **~•ful** *adj* □ útil; proveitoso; **~•ing** *s art a meal:* porção *f;* **~•less** *adj* □ indefeso; desamparado; incapaz; **~•less•ness** *s* abandono *m;* desamparo *m.*

hel•ter-skel•ter [heltə'skeltə]**1.** *adv* apressadamente; precipitadamente; **2.** apressado; precipitado; **3.** *s Br.* confusão *f;* pressa *f.*

helve [helv] *s* cabo *m.*

Hel•ve•tian [hel'viːʃɪən] *s* suíço/a *m/f;* helvécio/a *m/a.*

hem [hem] **1.** *s* bainha *f;* **2.** *v/t (-mm-)* embainhar; **~ in** encurralar; cercar.

hem•i•sphere *geogr.* ['hemɪsfɪə] *s* hemisfério *m.*

hem•line ['hemlaɪn] *s* bainha *f.*

hemp *bot.* [hemp] *s* cânhamo *m.*

hen [hen] *s zoo.* galinha *f;* fêmea *f* (de ave).

hence [hens] *adv* portanto; por conseguinte; *a week* **~** daqui a uma semana; **~•forth** [ˌ'fɔːθ], **~•for•ward** [ˌ'fɔːwəd] *adv* a partir de agora.

hen|-house ['henhaʊs] *s* galinheiro *m;* **~•pecked** *adj* dominado pela mulher.

her [hɜː, hə] *pron* ela; lhe; seu; sua; dela.

her•ald ['herəld] **1.** *s hist.* arauto *m;* mensageiro *m;* **2.** *v/t* anunciar; **~ in** introduzir, anunciar, formalmente; **~•ry** [ˌrɪ] *s* heráldica *f.*

herb *bot.* [hɜːb] *s* erva *f;* **her•ba•ceous** *bot.* [hɜː'beɪʃəs] *adj* herbáceo; **~ border** orla *f* de pequenos arbustos; **herb•age** ['hɜːbɪdʒ] *s* pastagem *f;* pasto *m;* **her•biv•o•rous** *zoo.* [hɜː'bɪvərəs] *adj* □ herbívoro.

herd [hɜːd] **1.** *s* rebanho *m;* manada *f (a. fig.);* **2.** *v/t cattle:* conduzir; *v/i a.* **~ together** agrupar; viver em manada; **~•s•man** *s* pastor *m;* vaqueiro *m.*

here [hɪə] *adv* aqui; **~ you are** aqui tem; **~'s to you!** à sua saúde!

H

141

here|a•bout(s) ['hɪərəbaʊt(s)] *adv* por aqui; **~•after** [hɪər'ɑːftə] **1.** *adv* daqui para a frente; daqui para o futuro; **2.** *s* futuro *m;* vida *f* futura; **~•by** [hɪə'baɪ] *adv* por este meio.

he•red•i|ta•ry [hɪ'redɪtərɪ]*adj* hereditário; **~•ty** [_ɪ] *s* hereditariedade *f.*

here|in [hɪər'ɪn] *adv* nisto; **~•of** [_'ɒv] *adv* disto; daqui.

her•e|sy ['herəsɪ] *s* heresia *f;* **~•tic** [_tɪk] *s* herege *m/f.*

here|up•on [hɪərə'pɒn] *adv* depois disto; sobre isto; **~•with** [_'wɪð] *adv* com isto; incluso.

her•i•tage ['herɪtɪdʒ] *s* herança *f;* património *m.*

her•mit ['hɜːmɪt] *s* eremita *m/f.*

he•ro ['hɪərəʊ] *s (pl -roes)* herói *m;* **~•ic**[hɪ'rəʊɪk] *adj (-ally)* heróico.

her•o•in ['herəʊɪn] *s drug:* heroína *f.*

her•o|ine [herəʊɪn] *s* heroína *f;* **~•is•m** [_ɪzm] *s* heroísmo *m.*

her•on *zoo.* ['herən] *s* garça *f.*

her•ring *zoo.* ['herɪŋ] *s* arenque *m.*

hers [hɜːz] *pron* sua; dela.

her•self [hɜː'self] *pron (reflexive)* se; ela mesma; a si mesma; *by ~* sozinha.

hes•i|tant ['hezɪtənt] *adj* ☐ hesitante; indeciso; **~•tate** [_eɪt] *v/i* hesitar; mostrar-se indeciso; **~•ta•tion** [hezɪ'teɪʃn] *s* hesitação *f;* indecisão *f; without ~* sem hesitação.

hew [hjuː] *v/t (hewed, hewed or hewn)* cortar; derrubar; **~ down** abater; **~n** [hjuːn] *pp of hew.*

hex•a•gon ['heksəgən] *s* hexágono *m.*

hey [heɪ] *int* eh! ei!

hey•day ['heɪdeɪ] *s* apogeu *m;* auge *m.*

hi [haɪ] *int* olá!

hi•ber|nate *zoo.* ['haɪbəneɪt] *v/i* hibernar; **~•na•tion** [_'neɪʃn] *s* hibernação *f.*

hic|cup, ~•cough ['hɪkʌp] **1.** *s* soluço *m; F fig.* maçada *f;* **2.** *v/i* estar com soluços.

hid [hɪd] *pret of hide²;* **~•den** ['hɪdn] *pp of hide².*

hide¹ [haɪd] *s* pele *f.*

hide² [_] *v/t and v/i (hid, hidden)* esconder(-se); ocultar(-se); **~-and-seek** [haɪdn'siːk] *s* (jogar às) escondidas; **~•a•way** F ['_əweɪ] *s* esconderijo *m;* **~•bound** *adj fig.* mesquinho.

hid•e•ous ['hɪdɪəs] *adj* ☐ horrível.

hide•out ['haɪdaʊt] *s* esconderijo *m.*

hid•ing¹ F ['haɪdɪŋ] *s* sova *f;* surra *f.*

hid•ing² [_] *s* escondimento *m;* **~•place** *s* esconderijo *m.*

hi•er•ar•chy ['haɪrɑːkɪ] *s* hierarquia *f.*

hi-fi ['haɪfaɪ] **1.** *s (pl hi-fis)* Hi-Fi *m;* aparelhagem *f* estereofónica; **2.** *adj* estereofónico.

high [haɪ] **1.** *adj* ☐ alto; *noble:* elevado; nobre; *character:* bom, nobre; orgulhoso; *style:* pomposo; *luxurious:* sumptuoso; *life:* descuidado; despreocupado; F *drunk:* bêbedo; *caused by drugs or euphoria:* F alto; pedrado; *with a ~ hand* arrogante; despótico; *in ~ spirits* bem disposto; *be left ~ and dry* F *fig.* ser abandonado; **~ noon** meio-dia *m;* **~ society** alta sociedade *f;* **Tech, Technology** alta tecnologia *f;* **~ time** horas de, altura de; **~ words** palavras *f pl* irascíveis, violentas; **2.** *s meteor.* lugar *m* de alta pressão atmosférica; **3.** *adv* em alto grau; alto; a grande altura; forte; **~ beam** *s mot.* máximos *m pl;* **~•brow** F **1.** *s* intelectual *m/f;* **2.** *adj* intelectual; **~-class** *adj* de primeira classe, de categoria; **~ court** *s jur.* supremo tribunal *m;* **~ fi•del•i•ty** *s* alta fidelidade *f;* **~-fli•er** *s* pessoa *f* ambiciosa; **~- flown** *adj style, etc.:* extravagante; *plans, etc.:* ambicioso; **~-grade** *adj* de primeira qualidade; **~-hand•ed** *adj* ☐ arrogante; arbitrário; **~ jump** *s sports:* salto *m* em altura; **~ jump•er** *s sports:* praticante *m* de salto em altura; **~•land** *s mst ~s pl* serra *f;* montanha *f;* **~•lights** *s pl fig.* ponto *m* alto; **~•ly** *adv* altamente; muito; *speak ~ of s.o.* elogiar alguém; *think ~ of s.o.* ter uma grande opinião de alguém; **~-mind•ed** *adj* generoso; *ideals:* nobre; **~-necked** *adj dress, etc.:* de gola alta; **~•ness** *s* altura *f; fig.* alteza *f;* **~-pitched** *adj sound:* estridente; agudo; *roof:* inclinado; **~-pow•ered** *adj tech.* potente; dinâmico; **~-pres•sure** *adj meteor., tech.* de alta pressão; **~-rise 1.** *adj* alto; **2.** *s* edifício *m* alto; **~•road** *s* rua *f* principal; **~ school** *s esp. Am.* escola *f* secundária; **~ street** *s* rua *f* principal; **~-strung** *adj* nervoso; irritável; **~ tea** *s Br.* lanche *m* ajantarado; **~ wa•ter** *s* maré *f* cheia; **~•way** *s esp. Am. or jur.* estrada *f* nacional; **2 Code** *Br.* Código *m* da Estrada.

hi•jack ['haɪdʒæk] **1.** *v/t aircraft:* desviar (por piratas do ar); assaltar; *rob:* sequestrar; **2.** *s* desvio *m;* assalto *m;* **~•er** *s* pirata *m* do ar.

hike F [haɪk] **1.** *v/i* caminhar; **2.** *s* caminhada *f; Am. prices, tec.:* aumento *m;* **hik•er** *s* caminhante *m/f;* **hik•ing** *s* caminhar; fazer excursões a pé.

hi•lar•i•lous [hɪ'leərɪəs] *adj* □ *party, etc.:* alegre; *film, etc.:* hilariante; cómico; **~•ty** [hɪ'lærətɪ] *s* hilariedade *f.*

hill [hɪl] *s* monte *m;* colina *f;* **~•bil•ly** *Am.* F ['hɪlbɪlɪ] *s* rústico *m;* habitante *m* das montanhas; **~ music** música *f* das regiões montanhosas; **~•ock** ['hɪlək] *s* colina *f* pequena; **~•side** *s* vertente *f;* **~•top** *s* cume *m;* **~•y** *adj* **(-ier, -iest)** acidentado; montanhoso.

him [hɪm] *pron* o; lhe; **~•self** [ˌ'self] *pron* se; a si mesmo; **by ~** sozinho.

hind[1] *zoo.* [haɪnd] *s* corça *f.*

hind[2] [ˌ] *adj* traseiro.

hin•der ['hɪndə] *v/t* atrapalhar; impedir (**from** de).

hin•drance ['hɪndrəns] *s* estorvo *m;* impedimento *m.*

hinge [hɪndʒ] **1.** *s* dobradiça *f;* gonzo *m; fig.* ponto *m* crítico; **2.** *v/i* **~ on, ~ upon** *fig.* depender de.

hint [hɪnt] **1.** *s* sugestão *f;* insinuação *f; fig.* pista *f;* **take a ~** seguir uma sugestão; **2.** *v/t* insinuar; *v/i* **~ at** fazer alusão a.

hin•ter•land ['hɪntəlænd] *s* interior *m.*

hip[1] *anat.* [hɪp] *s* anca *f;* quadril *m.*

hip[2] *bot.* [ˌ] *s* fruto *m* da roseira brava.

hip•po *zoo.* F ['hɪpəʊ] *s (pl -pos)* → **~•pot•a•mus** *zoo.* [hɪpə'pɒtəməs] *s (pl -muses, -mi* [-maɪ]) hipopótamo *m.*

hire ['haɪə] **1.** *s* aluguer *m;* arrendamento *m;* **for ~** aluga-se; *taxi:* livre; **~ car** carro *m* de aluguer ou alugado; **~ charge** taxa *f* de aluguer; **~ pur•chase** *Br. econ.* compra *f* a presta-

ções; **2.** *v/t* alugar; contratar; **~ out** alugar.

his [hɪz] *pron* seu, sua, dele.

hiss [hɪs] **1.** *v/i and v/t* silvar; assobiar (**at** a); **2.** *s* silvo *m;* assobio *m.*

his|to•ri•an [hɪ'stɔːrɪən] *s* historiador/a *m/f;* **~•tor•ic** [hɪ'stɔrɪk] *adj* **(~ally)** histórico; **~•tor•i•cal** [ˌkl] *adj* □ histórico; **~•to•ry** ['hɪstərɪ] *s* história *f;* **~ of civilization** história *f* da civilização; **contemporary ~** história *f* contemporânea.

hit [hɪt] **1.** *s* golpe *m;* pancada *f;* encontro *m;* casual; *book, record, etc.:* êxito *m;* sucesso *m;* **2. (-tt-; hit)** *v/t* bater; empurrar; encontrar; **~ it off with** F dar-se bem com alguém; *v/i* **~ on, ~ upon** encontrar por acaso; tropeçar; **~-and-run** [hɪtənd'rʌn] **1.** *s a.* **~ accident** acidente *m* em que o condutor foge; **2.** *adj* **~ driver** condutor que foge do local do acidente.

hitch [hɪtʃ] **1.** *s* empurrão *m; mar.* nó *m;* dificuldade *f;* problema *m;* obstáculo *m;* **2.** *v/t* empurrar; atar; amarrar; **~-hike** ['ˌhaɪk]*v/i* viajar à boleia; **~-hik•er** *s* pessoa *f* que anda à boleia.

hive [haɪv] *s* colmeia *f.*

hoard [hɔːd] **1.** *s* mealheiro *m;* tesouro *m;* **2.** *v/t a.* **~ up** acumular; juntar.

hoard•ing ['hɔːdɪŋ] *s* tapume *m; Br.* placard *m* publicitário.

hoar•frost [hɔː'frɒst] *s* geada *f.*

hoarse [hɔːs] *adj* □ **(-r, -st)** rouco.

hoar•y ['hɔːrɪ] *adj* □ **(-ier, -iest)** grisalho; *fig.* velho *(joke, etc.).*

hoax [həʊks] **1.** *s* logro *m;* engano *m;* **2.** *v/t* lograr; enganar.

hob•ble ['hɒbl] *v/i* coxear; mancar.

hob•by ['hɒbɪ] *s fig.* passatempo *m;* **~-horse** *s* cavalo *m* de baloiço.

hob•gob•lin ['hɒbgɒblɪn] *s* duende *m.*

ho•bo *Am.* ['həʊbəʊ] *s (pl -boes, -bos)* vagabundo *m.*

hock[1] [hɒk] *s esp. Br.* vinho *m* do Reno.

hock[2] *zoo.* [ˌ] *s* jarrete *m.*

hockey ['hɒkɪ] *s sports: Br., Am.* **field ~** hóquei *m; Am.* hóquei *m* no gelo.

hoe *agr.* [həʊ] **1.** enxada *f;* **2.** *v/t* cavar com enxada.

hog [hɒg] *s Am.* porco; **~•gish** ['hɒgɪʃ] *adj* □ porco; glutão/ona *m/f.*

hoist [hɔɪst] **1.** *s* guincho *m;* guindaste *m;* **2.** *v/t* içar; erguer.

hold [həʊld] **1.** *s* alça *f;* apoio *m;* poder *m;* influência *f; mar.* porão *m;* **catch** (*or* **get, lay, take, seize**) **~ of** agarrar; pegar; **keep ~ of** segurar; **2. (held)** *v/i* segurar; reter; *elections, meeting:* realizar; *sports (championship, etc.):* levar a efeito; realizar; *position:* ter; deter; *office, etc.:* exercer; desempenhar; *place:* ocupar; *world record, etc.:* deter; *opinion:* defender; *v/i* resistir; ser válido; vigorar; *weather:* aguentar-se; manter-se; **~ one's ground**, **~ one's own** manter-se, aguentar-se; **~ the line** *teleph.* não desligar; **~ good** aprovar, confirmar(-se); **~ still** ficar quieto; **~ against** ter alguma coisa contra alguém; **~ back** reter; calar(-se); manter um segredo; **~ forth** discursar (**on** sobre); alargar-se; **~ off** repelir; afastar; **~ on** aguentar(-se); agarrar(-se) (**to** a); esperar; **~ on to** agarrar-se a; **~ over** adiar; **~ together** manter junto; **~ up** levantar; apresentar (**as example, etc.:** como); atrasar; *person, bank, etc.:* assaltar; **~•all** ['həʊldɔːl] *s* saco *m* de viagem; **~•er** *s* portador *m; apparatus:* contentor *m;* titular *m/f* (*esp. econ.*); **~•ing** *s* apoio *m;* herdade *f;* posses *m pl;* **~ company** *econ.* holding *m;* **~•up** *s* assalto *m;* engarrafamento *m;* demora *f.*

hole [həʊl] **1.** *s* buraco *m;* orifício *m;* F dificuldade *f;* **pick ~s in** F pôr defeitos em; **2.** *v/t* esburacar; furar.

hol•i•day ['hɒlədɪ] *s* feriado *m;* dia *m* livre; *esp. Br. mst.* **~s** *pl* férias *f pl;* **need a ~** necessitar de férias; **~ camp** *s* campo *m* de férias; **~•mak•er** *s* pessoa que está de férias; **~ resort** *s* estância *f* de férias.

hol•i•ness ['həʊlɪnɪs] *s* santidade *f;* **His** 2 Sua Santidade, o Papa.

hol•ler *Am.* F ['hɒlə] *v/i and v/t* gritar.

hol•low ['hɒləʊ] **1.** *adj* □ oco; vazio; falso; **2.** *s* cavidade *f;* buraco *m;* **3.** *v/t:* **~ out** escavar.

hol•o•caust ['hɒləkɔːst] *s* holocausto *m;* catástrofe *f;* **the** 2 *hist.* o Holocausto *m.*

ho•ly ['həʊlɪ] *adj* (**-ier, -iest**) santo; 2 **Thursday** Quinta-Feira *f* Santa; **~**

water água *f* benta; 2 **Week** Semana Santa;

home [həʊm] **1.** *s* lar *m;* casa *f;* pátria *f; Br. sports:* (*a.* **~ win**) vitória *f* em casa; **at ~** em casa; **make oneself at ~** ficar à vontade; **make yourself at ~** sinta-se como em sua casa; **at ~ and abroad** no país e no estrangeiro; **2.** *adj* caseiro; interior; *sports:* em casa; **3.** *adv* para casa; em casa; **~ com•pu•ter** *s* computador *m* pessoal; **~ e•co•nom•ics** *s sg* economia *f* interna; **~-grown** *adj vegetables, etc.:* caseiro, plantado em casa; **~ help** *s* ajuda *f* doméstica; **~•less** *adj* sem abrigo; **~•like** *adj* agradável; caseiro; **~•ly** *adj* (**-ier, -iest**) simpático (**with** com); simples; *Am.* rústico; sem ornamentos; **~•made** *adj* caseiro; 2 **Of•fice** *s Br. pol.* Ministério *m* do Interior; **~-pro•duced** *adj:* **~ goods** *pl* produtos *m pl* caseiros; 2 **Secretary** *s Br. pol.* Ministro *m* do Interior; **~•sick** *adj:* **be ~** ter saudades de casa; **~•sick•ness** *s* saudades *f pl* de casa; **~•stead** *s* propriedade *f; jur. in USA:* lote de terreno cedido pelo governo para habitação; **~ team** *s sports:* equipa *f* da casa; **~ town** *s* cidade *f* natal; **~•ward** *adv* para casa; para a terra natal; **~•wards** *adv* → **homeward**; **~•work** *s* trabalho *m* de casa.

hom•i•cide *jur.* ['hɒmɪsaɪd] *s* homicídio *m;* crime *m;* homicida *m/f;* **~ squad** brigada *f* de homicídios.

ho•mo F ['həʊməʊ] *s* (*pl* **-mos**) homossexual *m/f.*

ho•mo•ge•ne•ous [hɒmə'dʒiːnɪəs] *adj* □ homogéneo.

homosexual [hɒməʊ'seksjʊəl] **1.** *adj* □ homossexual; **2.** *s* homossexual *m/f.*

hone *tech.* [həʊn] *v/t* afiar; amolar.

hon|est ['ɒnɪst] *adj* □ honesto; sincero; decente; franco; **~•es•ty** [_ɪ] *s* honestidade *f;* sinceridade *f;* franqueza *f.*

hon•ey ['hʌnɪ] *s* mel *m; fig.* querido/a *m/f;* **~•comb** [_kəʊm] *s* favo *m* de mel; **~ed** [_ɪd] *adj* doce como mel; **~•moon 1.** *s* lua-de-mel *f;* **2.** *v/i* fazer a viagem de lua-de-mel.

honk *mot.* [hɒŋk] *v/i* buzinar.

hon•ky-tonk *Am. sl.* [ˈhɒŋkɪtɒŋk] *s*
espelunca *f;* cabaré *m.*

hon•or•ar•y [ˈɒnərərɪ] *adj* honorário.

hon•o(u)r [ˈɒnə] **1.** *s* honra *f; fig.* glória; **~s** *pl* honras *f pl;* **Your** ♀ Sua
Excelência; **2.** *v/t* honrar; *econ.* favorecer; **~•able** *adj* □ honrado; honesto; decente.

hood [hʊd] *s* *s* capuz *m; mot.* capota *f;*
tech. tampa *f.*

hood•lum *Am.* F [ˈhuːdləm] *s* vadio
m; valentão *m.*

hood•wink [ˈhʊdwɪŋk] *v/t* enganar.

hoof [huːf] *s* (*pl* **hoofs** [ˌfs], **hooves** [ˌvz]) casco *m.*

hook [hʊk] **1.** *s* gancho *m;* colchete
m; anzol *m;* **by ~ or by crook** de
uma maneira ou de outra; **2.** *v/t and v/i*
enganchar; pescar *(a. fig.);* **~ed** *adj*
viciado; apanhado; (**on** em); **~ on
heroin (television)** viciado em heroína (em televisão); **~•y** *s:* **play ~**
Am. F faltar à escola.

hoo•li•gan [ˈhuːlɪgən] *s* vadio/a *m/f;*
desordeiro/a *m/f;* **~•is•m** *s* vandalismo *m.*

hoot [huːt] **1.** *s* pio *(of owl, a. fig.);*
mot. buzinadela *f;* **~s of laughter**
riso incontrolável; **2.** *v/i* piar; *mot.* buzinar; *v/t* apupar; vaiar.

Hoo•ver *TM* [ˈhuːvə] **1.** *s* aspirador
m; **2.** *v/t and v/i carpet, etc.:* aspirar o
pó.

hooves [huːvz] *pl of* **hoof.**

hop¹ [hɒp] **1.** *s* salto *m;* F dança *f;* **2.**
v/i and v/t (*-pp-*) saltar; pular; **be
~ping mad** F estar completamente
louco.

hop² *bot.* [ˌ] *s* lúpulo *m.*

hope [həʊp] **1.** *s* esperança *f;* **2.** *v/i* ter
esperança (**for** em); **~ in** ter esperan-
ça em; **~•ful** *adj* □ esperançoso;
~•less *adj* □ sem esperança; desesperado.

horde [hɔːd] *s* horda *f.*

ho•ri•zon [həˈraɪzn] *s* horizonte *m.*

hor•i•zon•tal [hɒrɪˈzɒntl] *adj* □ horizontal.

horn [hɔːn] *s* corno *m;* chifre *m; mot.*
buzina *f;* **~s** *pl* chifres *m pl;* cornadu-
ra *f.*

hor•net *zoo.* [ˈhɔːnɪt] *s* vespão *m.*

horn•y [ˈhɔːnɪ] *adj* (*-ier, -iest*) cór-
neo; caloso; V entesado, com tesão.

hor•o•scope [ˈhɒrəskəʊp] *s* horósco-
po *m.*

hor•ren•dous [hɒˈrendəs] *adj* hor-
rendo; terrível; *prices:* tremendo.

hor|rible [ˈhɒrəbl] *adj* □ horrível, ter-
rível; **~rid** [ˈhɒrɪd] *adj* horrível; hor-
rendo; repugnante; **~•ri•fy** [ˌfaɪ] *v/t*
horrorizar; amedrontar; **~•ror** [ˌə] *s*
horror *m;* pavor *m;* aversão *f;* atroci-
dade *f.*

horse [hɔːs] *s* *zoo.* cavalo *m;* bode *m;*
cavalete *m;* **wild ~s will not drag
me there** não faço isso por nada deste mundo; **~•back** *s:* **on ~** a cavalo;
~ chest•nut *s* *bot.* castanha-da-índia
f; **~•hair** *s* crina *f* de cavalo; **~•man** *s*
cavaleiro *m;* **~•man•ship** *s* equita-
ção *f;* **~ op•e•ra** *s* F *western m,* filme
m sobre o Oeste Americano; **~•-
pow•er** *s (abbr. HP) phys.* cavalo-
-vapor *m;* **~-rac•ing** *s* corridas *f pl* de
cavalo; **~-rad•ish** *s* rábano *m;*
~•wom•an *s* amazona *f.*

hor•ti•cul•ture [ˈhɔːtɪkʌltʃə] *s* horti-
cultura *f.*

hose¹ [həʊz] *s* mangueira *f.*

hose² [ˌ] *s* *pl* meias *f pl* altas;
ho•sier•y [ˈˌɪərɪ] *s* roupa *f* interior.

hos•pi•ta•ble [ˈhɒspɪtəbl] *adj* □ hos-
pitaleiro.

hos•pi•tal [ˈhɒspɪtl] *s* hospital *m;* clínica *f;* **in** (*Am.* **in the**) **~** no hospital;
~•i•ty [hɒspɪˈtælətɪ] *s* hospitalidade
f; **~•ize** [ˈhɒspɪtəlaɪz] *v/t* hospitali-
zar.

host¹ [həʊst] *s* anfitrião *m;* patrão *m;*
TV, etc.: animador *m,* moderador *m;*
in holiday club: animador *m.*

host² [ˌ] *s* multidão *f;* grande quantidade *f.*

host³ *eccl.* [ˌ] *s* often ♀ hóstia *f.*

hos•tage [ˈhɒstɪdʒ] *s* refém *m;* **take
s.o. ~** fazer alguém refém.

hostel [ˈhɒstl] *s* *esp. Br.* residência *f*
de estudantes ou trabalhadores; *mst.*
youth ~ albergue *m* de juventude.

host•ess [ˈhəʊstɪs] *s* anfitriã *f;* patroa
f; aer. hospedeira *f;* a. **host¹**.

hos|tile [ˈhɒstaɪl] *adj* hostil; **~ to fo-
reigners** hostil a estrangeiros;
~•til•i•ty [hɒˈstɪlətɪ] *s* hostilidade *f*
(**to** para com);

hot [hɒt] *adj and adv* (*-tt-*) quente;
picante; ardente; ferveroso; impetuo-

H

so; veemente; *food, a. tracks:* quente;
F roubado; radioactivo; **~•bed** *s* canteiro *m* de germinação; *fig.* antro *m*.

hotch•potch ['hɒtʃpɒtʃ] *s* mixórdia
f; sopa *f* de legumes.

hot dog [hɒt'dɒg] *s* cachorro *m* quente; *hot dog m.*

ho•tel [həʊ'tel] *s* hotel *m*.

hot|head ['hɒthed] *s* pessoa *f* impe-
tuosa; **~•house** *s* estufa *f;* **~ line** *s*
pol. linha *f* directa, de emergência;
~•pot *s* guisado *m;* **~ spot** *s esp. pol.*
área *f* problemática; **~•spur** *s* pessoa
f violenta; **~-wa•ter** *adj* com/de água
quente; **~ bottle** botija *f* de água
quente.

hound [haʊnd] **1.** *s* cão *m* de caça;
fig. cão *m;* **2.** *v/t* caçar.

hour ['aʊə] *s* hora *f;* tempo *m;* **~•ly**
[_lɪ] *adj* de hora a hora.

house 1. *s* [haʊs] casa *f; Br. the* ≙
Câmara *f*, Parlamento *m;* Bolsa *f;* **2.**
[haʊz] *v/t* alojar; *v/i* morar; **~-a•gent**
s agente *m* imobiliário; **~•bound** *adj*
fig. preso em casa; **~•hold** *s* família *f;*
~•hold•er *s* dono/a *m/f* da casa;
~•hus•band *s* marido que se ocupa
dos trabalhos domésticos enquanto a
mulher trabalha fora; **~•keep•er** *s*
governanta *f;* **~•keep•ing** *s* trabalhos
m pl domésticos; economia *f* doméstica; **~•maid** *s* empregada *f* doméstica;
~•man *s Br. med.* médico *m* interno
(*abbr.* AIP); **~-warm•ing (par•ty)** *s*
festa *f* de inauguração de uma casa;
~•wife *s* dona *f* de casa; **~•work** *s*
trabalhos *m pl* domésticos.

hous•ing ['haʊzɪŋ] *s* alojamento *m;*
habitação *f;* residência *f;* **~ estate** *Br.*
bairro *m;* conjunto *m* habitacional; **~**
policy política *f* habitacional; **~**
shortage(s pl) escassez *f* de habita-
ções.

hove [həʊv] *pret and pp of* **heave** 2.

hov•el ['hɒvl] *s* casebre *m;* cabana *f*.

hov•er ['hɒvə] *v/i* pairar; rondar; *fig.*
hesitar; **~•craft** *s* (*pl* *-craft[s]*) hovercraft *m*.

how [haʊ] *adv* como; **~ do you do?**
muito prazer! **~ is she?** como vai
ela? **~ are you?** *about health:* como
vai(s)? *when meeting s.o.:* como
está(s)? **~ about...?** que tal...? F
and ~! F e como! e de que maneira!

how•dy *Am.* F ['haʊdɪ] *int* bom dia!

how•ev•er [haʊ'evə] **1.** *adv* de qualquer modo; por mais que; **2.** *cj.* contudo; no entanto; todavia.

howl [haʊl] **1.** *v/i and v/t* uivar; berrar;
2. *s* uivo *m;* berro *m;* **~•er** F ['_ə] *s*
erro *m;* calinada *f*.

hub [hʌb] *s wheel:* cubo *m; fig.* centro
m.

hub•bub ['hʌbʌb] *s* tumulto *m;* confusão *f*.

hub•by F ['hʌbɪ] *s* marido *m*.

huck•ster ['hʌkstə] *s* vendedor/eira
m/f ambulante.

hud•dle ['hʌdl] **1.** *v/t and v/i a.* **~ together** aconchegar-se; juntar-se; **~
(o.s.) up** acocorar-se; **2.** *s* desordem
f; confusão *f;* multidão *f* desordenada.

huff [hʌf] *s* mau humor *m;* **be in a ~**
estar mal-humorado.

hug [hʌg] **1.** *s* abraço *m;* **2.** *v/t (-gg-)*
abraçar; dar um abraço; *fig.* agarrar-se
a.

huge [hjuːdʒ] *adj* □ enorme; gigantesco; **~•ness** *s* enormidade *f*.

hulk•ing ['hʌlkɪŋ] *adj* pesado; infor-
me; desajeitado; tosco; grosseiro.

hull [hʌl] **1.** *s bot.* casca *f; mar.* casco
m de navio; **2.** *v/t* descascar.

hul•la•ba•loo [hʌləbə'luː] *s (pl
-loos)* barulho *m;* algazarra *f*.

hul•lo [hə'ləʊ] *int* olá.

hum [hʌm] *v/i and v/t (-mm-)* cantarolar; zumbir.

human ['hjuːmən] **1.** *adj* □ humano;
~ly possible humanamente possível; **~ being** ser *m* humano; **~ chain**
cadeia *f* humana; **~ rights** *pl* direitos
m pl humanos; **2.** *s* humano *m;* **~e**
[hjuː'meɪn] *adj* □ humano, bondoso;
~•i•tar•i•an [hjuː'mænɪteərɪən] **1.**
s humanitário *m;* filantropo; **2.** *adj*
humanitário; **~•i•ty** [hjuː'mænətɪ] *s*
humanidade *f*, os homens *m pl; hu-
manities pl* humanidades *f pl;* filologia *f*, letras *f pl*.

hum•ble ['hʌmbl] **1.** *adj* □ *(-r, -st)*
humilde; modesto; **2.** *v/t* rebaixar; humilhar; **~•ness** *s* humildade *f*.

hum•bug ['hʌmbʌg] *s* F disparate *m;*
fraude *f;* engano *m; person:* impostor
m; Br. pastilha *f* de hortelã-pimenta.

hum•drum ['hʌmdrʌm] *adj* monótono; enfadonho.

hu•mid ['hju:mɪd] *adj* húmido; **~•i•ty** [hju:'mɪdətɪ] *s* humidade *f.*

hum•mil•iate [hju:'mɪlɪeɪt] *v/t* humilhar; rebaixar; **~•a•tion** [hju:mɪlɪ'eɪʃn] *s* humilhação *f.*; **~•ty** [hju:'mɪlətɪ] humildade *f.*

hum•ming•bird *zoo* ['hʌmɪŋbɜ:d] *s* beija-flor *m.*

hu•mor•ous ['hju:mərəs] *adj* □ humorístico; engraçado.

hu•mo(u)r ['hju:mə] **1.** humor *m*; disposição *f*; senso *m* de humor; **out of ~** mal disposto, (estar) de mau humor; **2.** *v/t* fazer a vontade a alguém.

hump [hʌmp] **1.** *s of camel:* bossa *f*; corcunda *f*; **2.** *v/t* curvar; *Br.* F carregar, transportar; **~ o.s.** *Am. sl.* ter scxo com; **~•back(ed)** [‿-bæk(t)] *hunchback(ed).*

hunch [hʌntʃ] **1.** *s → hump* 1; palpite *m*; pressentimento *m*; **2.** *v/t a.* **~ up** agachar- se; **~•back** ['‿bæk] *s* corcunda *m/f*; **~•backed** *adj* corcunda.

hun•dred ['hʌndrəd] **1.** *adj* cem; **2.** *s* cento *m (unit)*; cento *m (numeral)*; **~th** [‿θ] **1.** *adj* centésimo (r, -s); **2.** *s* centésimo *m*; **~•weight** *s Br. appr.* medida de peso equivalente a 50,8 kg.

hung [hʌŋ] **1.** *pret and pp of hang*¹; **2.** *adj* pendurado; **~ parliament** *pol.* parlamento sem maioria.

Hun•gar•i•an [hʌŋ'geərɪən] **1.** *adj* húngaro; **2.** *s* húngaro/a *m/f*; *ling.* húngaro *m.*

hun•ger ['hʌŋgə] **1.** *s* fome *f*; *(a. fig.for de)*; **die of ~** morrer de fome; **2.** *v/i* ter fome de; desejar **(for, after);** **~ strike** *s* greve *f* de fome.

hun•gry ['hʌŋgrɪ] *adj* □ **(-ier, -iest)** com fome, esfomeado; **be ~** ter fome.

hunk [hʌŋk] *s* pedaço *m.*

hunt [hʌnt] **1.** *s* caça *f (a. fig. for* a); caçada *f*; **2.** *v/t* caçar; *area:* procurar, buscar; **~ out, ~ up** descobrir; *v/i:* **~ after, ~ for** procurar; **~•er** *s* caçador *m*; *Br.* cavalo *m* de caça; **~•ing** *s* caça *f*; **~•ing-ground** *s* terreno *m* de caça.

hur•dle ['hɜ:dl] *s sports:* obstáculo *m*, barreira *f (a. fig.)*; **~r** [‿ə] *s sports:* corredor *m* de obstáculos; **~ race** *s sports:* corrida *f* de obstáculos.

hurl [hɜ:l] **1.** *s* lance *m*; arremesso *m*; **2.** *v/t* arremessar; lançar; *words:* atirar, proferir com violência.

hur•ri•cane ['hʌrɪkən] *s* furacão *m*; tufão *m*; ciclone *m.*

hur•ried ['hʌrɪd] *adj* □ apressado; precipitado.

hurry ['hʌrɪ] **1.** *s* pressa *f*; **be in a (no) ~** (não) ter pressa, (não) estar com pressa; **not... in a ~** F não assim tão depressa; **there's no ~** não há pressa; **2.** *v/t* impelir; incitar; levar apressadamente; *v/i* apressar; **~ up** apressar-se.

hurt [hɜ:t] **1.** dor *f*; ferimento *m*; ferida *f*; desgosto *m*; **2.** *v/t* **(hurt)** ferir *(a. fig.)*; magoar; desgostar; *v/i* doer; **~•ful** *adj* □ ferido.

husband ['hʌzbənd] **1.** *s* marido *m*; esposo *m*; **2.** *v/t* casar; esposar; **~•ry** [‿rɪ] *s agr.* agricultura *f*; economia *f* doméstica **(of).**

hush [hʌʃ] **1.** *int* silêncio! **2.** *s* silêncio *m*; **3.** *v/t* calar, mandar calar; acalmar; **~ up** abafar; encobrir; **~ money** ['hʌʃmʌnɪ] *s* suborno *m.*

husk [hʌsk] **1.** *s bot.* palha *f*; casca *f*; **2.** *v/t* descascar; **hus•ky** ['hʌskɪ] **1.** *adj* □ **(-ier, -iest)** rouco; seco; F robusto; **2.** *s* F tipo *m* robusto.

hus•sy ['hʌsɪ] *s* janota *m*; garota *f.*

hus•tings ['hʌstɪŋz] *s pl Br. pol.* campanha *f* eleitoral.

hus•tle ['hʌsl] **1.** *v/t* empurrar; estimular; impelir; *v/i* apressar(-se); **2.** *s:* **~ and bustle** grande movimento *m*; grande actividade *f*; azáfama *f.*

hut [hʌt] *s* cabana *f*; choupana *f.*

hutch [hʌtʃ] *s* coelheira *f.*

hy•a•cinth *bot.* ['haɪəsɪnθ] *s* jacinto *m.*

hy•ae•na *zoo.* [haɪ'i:nə] *s* hiena *f.*

hy•brid *biol.* ['haɪbrɪd] *s* híbrido *m*; cruzamento *m*; **~•ize** [‿aɪz] *v/t* cruzar.

hy•drant ['haɪdrənt] *s* hidrante *m.*

hy•draul•ic [haɪ'drɔ:lɪk] *adj* **(~ally)** hidráulico; **~s** *s sg* hidráulica *f.*

hydro|- ['haɪdrəʊ] hidro; referente à água; **~•carbon** *s chem.* hidrocarboneto *m*; **~•chlor•ic ac•id** *s chem.* ácido *m* clorídrico; **~•e•lec•tric pow•er sta•tion** *s tech.* central *f* de energia hidroeléctrica; **~•foil** *s mar.* hidrofoil *m*, aliscafo *m*; **~•gen** *s chem.* hidrogénio *m*; **~•gen bomb** *s mil.* bomba *f* de hidrogénio; **~•plane** *s aer.* hidroavião *m*; *mar.* lancha *f* planadora; **~•pon•ics** *agr.* [‿'pɒnɪks] *s sg* hidrocultura *f.*

hy•e•na *zoo.* [haɪ'iːnə] *s* hiena *f.*

hy•giene ['haɪdʒiːn] *s* higiene *f;* **hy•gien•ic** [haɪ'dʒiːnɪk] *adj (~ally)* higiénico.

hymn [hɪm] **1.** *s* hino *m;* cântico *m;* **2.** *v/t* louvar.

hy•per- ['haɪpə] hiper, ultra; **~•mar•ket** *s* hipermercado *m;* **~•sen•si•tive** [‿'sensətɪv] *s* ultra-sensível (*to* a).

hy•phen ['haɪfn] *s* hífen *m;* **~•ate** [‿eɪt] *v/t* unir com hífen.

hyp•no•tize ['hɪpnətaɪz] *v/t* hipnotizar.

hy•po•chon•dri•ac [haɪpəʊ'kɒndriæk] *s* hipocondríaco *m.*

hy•poc•ri•sy [hɪ'pɒkrəsɪ] *s* hipocrisia *f;* **hyp•o•crite** ['hɪpəkrɪt] *s* hipócrita *m/f;* **hyp•o•crit•i•cal** [hɪpə'krɪtɪkl] *adj* □ hipócrita.

hy•poth•e•sis [haɪ'pɒθɪsɪs] *s (pl -ses* [-siːz]) hipótese *f.*

hys|te•ri•a *med.* [hɪ'stɪəriə] *s* histeria *f;* **~•ter•i•cal** [‿'sterɪkl] *adj* □ histérico; **~•ter•ics** [‿'sterɪks] *s pl* ataque *m* de histeria; *go into* ~ ter um ataque de histeria; F ter um ataque de riso.

I

I [aɪ] *pron* eu; *it is* ~ sou eu.

ice [aɪs] **1.** *s* gelo *m;* **2.** *v/t* gelar; *cake:* cobrir com glacê; gelar; *v/i a.* ~ *up* gelar; ~ *age s* era *f* glacial; **~•berg** *s* icebergue *m (a. fig.);* **~-bound** *adj harbour:* gelado; **~•box** *s* geleira *f; Am.* frigorífico *m;* ~ *cream s* gelado *m;* ~ *cube s* cubo *m* de gelo; ~ *hock•ey s* hóquei *m* no gelo; ~ *lol•ly s Br.* gelado *m;* ~ *rink s* pista *f* de gelo; rinque *m* de patinagem no gelo; ~ *show s* espectáculo *m* no gelo.

i•ci•cle ['aɪsɪkl] *s* pingente *m* de gelo.

i•cy ['aɪsɪ] *adj* □ *(-ier, -iest)* gelado *(a. fig.);* glacial.

i•dea [aɪ'dɪə] *s* ideia *f;* noção *f;* pensamento *m;* opinião *f;* plano *m.*

i•deal [aɪ'dɪəl] **1.** *adj* □ ideal; **2.** *s* ideal *m;* **~•is•m** *s* idealismo *m;* **~•ize** [‿aɪz] *v/t* idealizar.

i•den•ti|cal [aɪ'dentɪkl] *adj* □ idêntico; semelhante; **~•fi•ca•tion** [aɪdentɪfɪ'keɪʃn] *s* identificação *f;* **~•fy** [aɪ'dentɪfaɪ] *v/t* identificar; reconhecer; **~•ty** [‿ətɪ] *s* identidade *f;* personalidade *f;* ~ *card* bilhete *m* de identidade.

i•de|o•log•i•cal [aɪdɪə'lɒdʒɪkl] *adj* □ ideológico; **~•ol•o•gy** [aɪdɪ'ɒlədʒɪ] *s* ideologia *f.*

id•i•om ['ɪdɪəm] *s* idioma *m;* expressão *f* idiomática; ~ **•o•mat•ic** [ɪdɪə'mætɪk] *adj (~ally)* idiomático.

id•i•ot ['ɪdɪət] *s* idiota *m/f;* **~•ic** [ɪdɪ'ɒtɪk] *adj (~ally)* idiota.

i•dle ['aɪdl] **1.** *adj* □ *(~r, ~st) person:* ocioso; preguiçoso, desempregado; *econ.* improdutivo; *money:* parado; *capacity:* não aproveitado; inútil; ~ *hours pl* horas *f pl* vagas; **2.** *v/t mst.* ~ *away* perder tempo; *v/i* preguiçar; *tech.* funcionar com a transmissão desligada; **~•ness** *s* preguiça *f;* ociosidade *f;* inutilidade *f.*

i•dol ['aɪdl] *s* ídolo *m (a. fig.);* **~•ize** ['aɪdəlaɪz] *v/t* idolatrar.

i•dyl•lic [aɪ'dɪlɪk] *adj (~ally)* idílico.

if [ɪf] **1.** *cj* se; **2.** *s* dúvida *f,* hipótese *f.*

ig•nite [ɪgnaɪt] *v/t and v/i* acender; incendiar; *mot.* ligar a ignição; **ig•ni•tion** [ɪg'nɪʃən] *s* ignição *f.*

ig•no•min•i•ous [ɪgnə'mɪnɪəs] *adj* □ ignóbil; vergonhoso; *defeat:* humilhante.

ig•no•rance ['ɪgnərəns] *s* ignorância *f;* **ig•no•rant** [‿t] *adj* ignorante; inculto; F grosseiro; **ig•nore** [ɪg'nɔː] *v/t* ignorar, não tomar em consideração; *jur.* indeferir.

ill [ɪl] **1.** *adj (worse, worst)* doente; indisposto; mau; *fall* ~*, be taken* ~ adoecer; **2.** *s mst pl* mal *m;* desgraça *f;* **~-advised** [ɪləd'vaɪzd] *adj* □ pouco recomendado; imprudente; **~-bred** *adj* mal-educado; ~ *breed•ing s* má educação.

il•le•gal [ɪ'liːgl] *adj* □ ilegal; proibido; *jur.* ilegal; **~ parking** estacionamento *m* proibido.

il•le•gi•ble [ɪ'ledʒəbl] *adj* □ ilegível.

il•le•git•i•mate [ɪlɪ'dʒɪtɪmət] *adj* □ ilegítimo; bastardo.

ill-fat•ed [ɪl'feɪtɪd] *adj* infeliz; malfadado; desgraçado; **~-humo(u)red** *adj* mal-disposto.

il•lib•e•ral [ɪ'lɪbərəl] *adj* mesquinho; avarento; intolerante.

il•li•cit [ɪ'lɪsɪt] *adj* □ ilícito; proibido.

il•lit•e•rate [ɪ'lɪtərət] **1.** *adj* □ analfabeto; iletrado; ignorante; **2.** *s* analfabeto *m*.

illl-judged [ɪl'dʒʌdʒ] *adj* precipitado; **~-man•nered** *adj* □ rude; grosseiro; **~- na•tured** *adj* □ malvado; ruim.

ill•ness ['ɪlnɪs] *s* doença *f*.

il•lo•gi•cal [ɪ'lɒdʒɪkl] *adj* □ ilógico.

illl-tem•pered [ɪl'tempəd] *adj* mal-disposto, mal-humorado; **~-timed** *adj* inoportuno, fora de hora.

il•lu•mi|nate [ɪ'ljuːmɪneɪt] *v/t* iluminar *(a. fig.)*; *fig.* esclarecer, iluminar; **~•nat•ing** [_ɪŋ] *adj fig.* esclarecedor; **~•na•tion** [_'neɪʃn] *s* iluminação *f; fig.* esclarecimento *m,* explicação *f;* **~s** *pl* iluminação *f* festiva.

il•lu|sion [ɪ'luːʒn] *s* ilusão *f;* decepção *f;* **~•sive** [_sɪv], **~•so•ry** [_ərɪ] *adj* □ ilusório; ilusivo.

il•lus|trate ['ɪləstreɪt] *v/t* ilustrar; esclarecer; exemplificar; **~•tra•tion** [ɪlə'otrɔɪʃn] ilustração *f,* esclarecimento *m;* gravura *f;* **~•tra•tive** ['ɪləstreɪtɪv] *adj* □ ilustrativo.

il•lus•tri•ous [ɪ'lʌstrɪəs] *adj* □ ilustre; famoso.

ill will [ɪl'wɪl] *s* má vontade *f*.

im•age ['ɪmɪdʒ] *s* imagem *f;* retrato *m;* estátua *f;* ídolo *m;* **im•ag•e•ry** [_ərɪ] *s* imagens *f pl;* imagética *f*.

i•ma•gi•na|ble [ɪ'mædʒɪnəbl] *adj* □ imaginável; **~•ry** [_ərɪ] *adj* imaginário; **~•tion** [ɪmædʒɪ'neɪʃn] *s* imaginação *f;* **~•tive** [ɪ'mædʒɪnətɪv] *adj* □ imaginativo.

i•ma•gine [ɪ'mædʒɪn] *v/t and v/i* imaginar; pensar, supor; **can you ~?** imagina só! **as you can ~** como podes imaginar.

im•bal•ance [ɪm'bæləns] *s* desequilíbrio *m; pol., etc.:* desigualdade *f*.

im•be•cile ['ɪmbɪsiːl] **1.** *adj* □ imbecil; **2.** *s* imbecil *m/f; contp.* idiota *m/f*.

im•bue *fig.* [ɪm'bjuː] *v/t* imbuir; impregnar (**with** de).

im•i|tate ['ɪmɪteɪt] *v/t* imitar; **~•ta•tion** [ɪmɪ'teɪʃn] **1.** *s* imitação *f;* **2.** *adj* artificial, falso.

im•mac•u•late [ɪ'mækjʊlət] *adj* □ imaculado; puro.

im•ma•te•ri•al [ɪmə'tɪərɪəl] *adj* □ imaterial; secundário.

im•ma•ture [ɪmə'tjʊə] *adj* □ imaturo.

im•mea•su•ra•ble [ɪ'meʒərəbl] *adj* □ imensurável.

im•me•di•ate [ɪ'miːdɪət] *adj* □ imediato; instantâneo; **~•ly** [_lɪ] **1.** *adv* imediatamente; **2.** *cj* logo, assim que.

im•mense [ɪ'mens] *adj* □ imenso, enorme *(a. fig.)*; formidável.

im•merse [ɪ'mɜːs] *v/t* submergir; *fig.* imergir; afundar (**in** em); **im•mer•sion** [_ʃn] *s* imersão *f;* **~ heater** aquecedor *m* de imersão.

im•mi|grant ['ɪmɪɡrənt] *s* imigrante *m/f;* **~•grate** [_ɡreɪt] *v/i* imigrar; **~•gra•tion** [_'ɡreɪʃn] *s* imigração *f*.

im•mi•nent ['ɪmɪnənt] *adj* □ iminente; **~ danger** perigo iminente.

im•mo•bile [ɪ'məʊbaɪl] *adj* imóvel.

im•mod•e•rate [ɪ'mɒdərət] *adj* □ imoderado.

im•mod•est [ɪ'mɒdɪst] *adj* □ impudico; insolente; indecente.

im•mor•al [ɪ'mɒrəl] *adj* □ imoral.

im•mor•tal [ɪ'mɔːtl] **1.** *adj* imortal; **2.** *s* imortal *m/f;* **~•i•ty** [ɪmɔː'tælətɪ] *s* imortalidade *f*.

im•mo•va•ble [ɪ'muːvəbl] **1.** *adj* □ imóvel; fixo; inflexível; **2.** **~s** *s pl* bens *m pl* imobiliários.

im•mune [ɪ'mjuːn] *adj* (**against, from, to** a, contra) imune, imunizado; protegido; *pol.* imune; **im•mu•ni•ty** [_ətɪ] *s* imunidade *f (a. pol.);* isenção *f*.

im•mu•ta•ble [ɪ'mjuːtəbl] *adj* □ imutável.

imp [ɪmp] *s* diabinho *m;* criança *f* endiabrada.

impact ['ɪmpækt] *s* impacto *m*.

im•pair [ɪm'peə] *v/t* prejudicar.

im•par|tial [ɪm'pɑːʃl] *adj* □ imparcial; **~•ti•al•i•ty** [ɪmpɑːʃɪ'ælətɪ] *s* imparcialidade *f;* objectividade *f*.

im•pass•a•ble [ɪm'pɑːsəbl] *adj* ☐ impassável; *to cars:* intransitável.

im•passe [æm'pɑːs] *s fig.* impasse *m;* obstáculo *m.*

im•pas•sioned [ɪm'pæʃnd] *adj* ardente; comovido; apaixonado.

im•pas•sive [ɪm'pæsɪv] *adj* ☐ impassível; indiferente.

im•pa|tience [ɪm'peɪʃns] *s* impaciência *f;* ~•**tient** [‿t] *adj* ☐ impaciente.

im•peach [ɪm'piːtʃ] *v/t* impugnar *(for, of, with);* acusar.

im•pec•ca•ble [ɪm'pekəbl] *adj* ☐ impecável; irrepreensível.

im•pede [ɪm'piːd] *v/t* impedir; retardar.

im•ped•i•ment [ɪm'pedɪmənt] *s* impedimento *m;* obstáculo *m;* med. defeito *m;* perturbação *f.*

im•pel [ɪm'pel] *v/t (-ll-)* impelir.

im•pend•ing [ɪm'pendɪŋ] *adj* próximo, iminente; ~ ***danger*** perigo iminente.

im•pen•e•tra•ble [ɪm'penɪtrəbl] *adj* ☐ impenetrável; *fig.* incompreensível; misterioso (*to* a).

im•per•a•tive [ɪm'perətɪv] **1.** *adj* ☐ imperativo; indispensável; forçado; *gr.* imperativo; **2.** *s* ordem *f; a* ~ ***mood*** *gr.* modo imperativo *m;* imperativo *m.*

im•per•cep•ti•ble [ɪmpə'septəbl] *adj* ☐ imperceptível.

im•per•fect [ɪm'pɜːfɪkt] **1.** *adj* ☐ imperfeito; defeituoso; incompleto; **2.** *s a.* ~ ***tense*** *gr.* imperfeito *m.*

im•pe•ri•al•is|m *pol.* [ɪm'pɪərɪəlɪzəm] *s* imperialismo *m;* ~**t** *pol.* [‿ɪst] *s* imperialista *m/f.*

im•per•il [ɪm'perəl] *v/t (esp. Br. -ll-, Am. -l-)* pôr em perigo.

im•pe•ri•ous [ɪm'pɪərɪəs] *adj* ☐ imperioso; arrogante; urgente.

im•per•me•a•ble [ɪm'pɜːmɪəbl] *adj* ☐ impermeável.

im•per•son•al [ɪm'pɜːsnl] *adj* ☐ impessoal.

im•per•so•nate [ɪm'pɜːsəneɪt] *v/t* *thea., etc.:* personificar, representar.

im•per•ti|nence [ɪm'pɜːtɪnəns] *s* impertinência *f;* impudência *f;* atrevimento *m;* ~•**nent** [‿t] *adj* ☐ impertinente; atrevido.

im•per•tur•ba•ble [ɪmpə'tɜːbəbl] *adj* ☐ imperturbável; impassível.

im•per•vi•ous [ɪm'pɜːvɪəs] *adj* ☐ impenetrável; insensível (***to*** a).

im•pe•tu•ous [ɪm'petjʊəs] *adj* ☐ impetuoso; impulsivo.

im•pe•tus ['ɪmpɪtəs] *s* ímpeto *m;* impulso *m.*

im•pi•e•ty [ɪm'paɪɪtɪ] *s* impiedade *f;* irreverência *f.*

im•pinge [ɪm'pɪndʒ] *v/i:* ~ ***on,*** ~ ***upon*** impor-se a; influenciar.

im•pi•ous ['ɪmpɪəs] *adj* ☐ ímpio; incrédulo; irreverente.

im•plac•a•ble [ɪm'plækəbl] *adj* ☐ implacável; insensível.

im•plant [ɪm'plɑːnt] *v/t med.* implantar; *fig.* inculcar, convencer.

im•ple|ment 1. *s* ['ɪmplɪmənt] instrumento *m;* aparelho *m;* **2.** *v/t* [‿ment] realizar; levar a cabo; ~•**men•ta•tion** [ɪmplɪmen'teɪʃn] *s* realização *f;* efectivação *f; pol.* implementação.

im•pli|cate ['ɪmplɪkeɪt] *v/t* implicar alguém; ~•**ca•tion** [‿'keɪʃn] *s* implicação *f;* consequência *f.*

im•pli•cit [ɪm'plɪsɪt] *adj* ☐ implícito; indirecto; subentendido; *faith, etc.:* cego.

im•plore [ɪm'plɔː] *v/t* implorar; suplicar.

im•ply [ɪm'plaɪ] *v/t* implicar; significar; dar a entender.

im•po•lite [ɪmpə'laɪt] *adj* ☐ indelicado.

im•port[1] *econ.* **1.** *s* ['ɪmpɔːt] importação *f;* mercadoria *f* importada; ~**s** *pl* importações *f pl;* **2.** *v/t* [ɪm'pɔːt] importar.

im•port[2] **1.** *s* ['ɪmpɔːt] *meaning:* significado *m;* ~**ance:** importância *f;* **2.** *v/t* [ɪm'pɔːt] significar.

im•por|tance [ɪm'pɔːtəns] *s* significado *m;* importância *f;* ~•**tant** [‿t] *adj* ☐ importante; significativo.

im•por•ta•tion [ɪmpɔː'teɪʃn] → ***im-port***[1] 1.

im•pose [ɪm'pəʊz] *v/t* impor, obrigar; mandar ***(on, upon);*** *v/i:* ~ ***on,*** ~ ***upon*** impor-se a; enganar; aproveitar-se de; **im•pos•ing** [‿ɪŋ] *adj* ☐ imponente, grandioso; impressionante.

im•pos•si|bil•i•ty [ɪmpɒsəˈbɪlətɪ] *s* impossibilidade *f;* **~•ble** [ɪmˈpɒsəbl] *adj* impossível.

im•pos•tor [ɪmˈpɒstə] *s* impostor *m.*

im•po|tence [ˈɪmpətəns] *s* impotência *f;* incapacidade *f;* fraqueza *f; med.* impotência *f;* **~•tent** [ˌt] *adj* □ impotente; incapaz.

im•pov•e•rish [ɪmˈpɒvərɪʃ] *v/t* empobrecido; pobre; *soil:* esgotado.

im•prac•ti•ca•ble [ɪmˈpræktɪkəbl] *adj* □ impraticável; inexequível; *street:* impraticável.

im•prac•ti•cal [ɪmˈpræktɪkl] *adj* □ pouco prático; teórico; desnecessário.

im•preg|na•ble [ɪmˈpregnəbl] *adj* □ invulnerável; invencível; inexpugnável *(fortress); fig.* irrefutável *(argument);* **~•nate** [ˈɪmpregneɪt] *v/t biol.* fecundar; *chem.* embeber; *tech.* impregnar.

im•press [ɪmˈpres] *v/t* impressionar; esclarecer; *v/i* causar boa impressão; convencer alguém de alguma coisa; **im•pres•sion** [ˌʃn] *s* impressão *f; print.* impressão *f; be under the ~ that* estar convencido de que, ter a impressão que; **im•pres•sive** *adj* □ impressionante.

im•print 1. *v/t* [ɪmˈprɪnt] imprimir, marcar; *fig.* gravar *(on, in* em); **2.** *s* impressão *f;* carimbo *m;* marca *(a. fig.).*

im•pris•on *jur.* [ɪmˈprɪzn] *v/t* prender, encarcerar; **~•ment** *s jur.* prisão *f;* detenção *f.*

im•prob•a•ble [ɪmˈprɒbəbl] *adj* □ improvável.

im•prop•er [ɪmˈprɒpə] *adj* □ incorrecto; impróprio; *unsuitable:* inapropriado; *behaviour:* indecente, incorrecto.

im•prove [ɪmˈpruːv] *v/t* melhorar; aperfeiçoar; *v/i* aperfeiçoar-se; *~ on, ~ upon* melhorar; progredir; **~•ment** *s* melhoria *f;* progresso *m (on, upon).*

im•pro•vise [ˈɪmprəvaɪz] *v/t and v/i* improvisar.

im•pru•dent [ɪmˈpruːdənt] *adj* □ imprudente.

im•pu|dence [ˈɪmpjʊdəns] *s* insolência *f;* descaramento *m;* **~•dent** *adj* □ descarado, atrevido.

im•pulse [ˈɪmpʌls] *s* impulso *m;* ímpeto *m;* **im•pul•sive** [ɪmˈpʌlsɪv] *adj* □ impulsivo.

im•pu•ni•ty [ɪmˈpjuːnətɪ] *s* impunidade *f; with* ~ impunemente.

im•pure [ɪmˈpjʊə] *adj* □ impuro *(a. eccl.);* conspurcado; adulterado; *fig.* imoral.

in [ɪn] **1.** *prep* em, dentro de; *~ the morning* de manhã; *~ this manner* desta maneira; *~ itself* por si próprio; em: *in 1992* em 1992; *~ the street* na rua; *~ English* em inglês; *~ number* em número; *~ a word* numa palavra; *~ my opinion* em minha opinião; *~ the circumstances* nestas circunstâncias; *one ~ ten* um em dez; *~ crossing the road* ao atravessar a rua; *engaged ~ reading* ocupado a ler; com: *rejoice ~ sth.* alegrar-se com alguma coisa; *~ that* uma vez que, porque; **2.** *adv* dentro; para dentro; na moda; *be ~ for* estar à espera; *exam, etc.:* ter pela frente; *you are ~ for trouble* meteste-te em sarilhos; *be ~ with* dar-se bem com alguém.

in•a•bil•i•ty [ɪnəˈbɪlətɪ] *s* inabilidade *f;* incapacidade *f.*

in•ac•ces•si•ble [ɪnækˈsesəbl] *adj* □ inacessível, inalcançável *(to* a).

in•ac•cu•rate [ɪnˈækjʊrət] *adj* □ inexacto; incorrecto.

in•ac|tive [ɪnˈæktɪv] *adj* □ inactivo; *econ.* fraco; *volcano:* inactivo; **~•tiv•i•ty** [ˌˈtɪvətɪ] *s* inactividade *f.*

in•ad•e•quate [ɪnˈædɪkwət] *adj* □ inadequado; insuficiente; impróprio.

in•ad•mis•si•ble [ɪnədˈmɪsəbl] *adj* □ inadmissível; proibido.

in•ad•ver•tent [ɪnədˈvɜːtənt] *adj* □ inadvertido; involuntário.

in•a•li•e•na•ble [ɪnˈeɪlɪənəbl] *adj* □ *rights:* inalienável.

i•nane *fig.* [ɪˈneɪn] *adj* □ vazio; fútil.

in•an•i•mate [ɪnˈænɪmət] *adj* □ inanimado; sem alma; *nature:* morto, sem vida.

in•ap•pro•pri•ate [ɪnəˈprəʊprɪət] *adj* □ *dress, etc.:* inapropriado, inadequado.

in•apt [ɪnˈæpt] *adj* □ *comment:* inapto.

in•ar•tic•u•late [ɪnɑːˈtɪkjʊlət] *adj* □ inarticulado, mal pronunciado; incompreensível; incapaz de se expressar convenientemente.

in•as•much [ɪnəz'mʌtʃ] *cj:* ~ *as* visto que, desde que, já que.

in•at•ten•tive [ɪnə'tentɪv] *adj* □ desatento.

in•au•di•ble [ɪn'ɔːdəbl] *adj* □ inaudível.

in•au•gu|ral [ɪ'nɔːgjʊrəl] *adj* inaugural; ~•**rate** [_reɪt] *v/t* inaugurar; empossar; ~•**ra•tion** [ɪnɔːgjʊ'reɪʃn] *s* inauguração *f;* posse *f;* **² Day** *Am.* dia de tomada de posse dos presidentes americanos (20 de Janeiro).

in•born [ɪn'bɔːn] *adj* inato; congénito.

in•built ['ɪnbɪlt] *adj* incorporado.

in•cal•cu•la•ble [ɪn'kælkjʊləbl] *adj* □ incalculável.

in•can•des•cent [ɪnkæn'desnt] *adj* □ incandescente.

in•ca•pa•ble [ɪn'keɪpəbl] *adj* □ incapaz (*of* de).

in•ca•pa•ci•tate [ɪnkə'pæsɪteɪt] *v/t* incapacitar; ~•**ty** [_sətɪ] *s* incapacidade *f.*

in•car|nate [ɪn'kaːnət] *adj eccl.* incarnar; *fig.* personificar; ~•**na•tion** [_'neɪʃn] *s eccl.* incarnação *f; fig.* personificação *f.*

in•cau•tious [ɪn'kɔːʃəs] *adj* □ descuidado, incauto.

in•cen•di•a•ry [ɪn'sendɪərɪ] **1.** *adj* incendiário; *fig.* incendiário, revolucionário; **2.** *s* incendiário *m.*

in•cense¹ [ɪnsens] *s* incenso *m.*

in•cense² [ɪn'sens] *v/t* encolerizar, enraivecer.

in•cen•tive [ɪn'sentɪv] *s* incentivo *m;* estímulo *m; econ.* **tax ~s** incentivos fiscais *m pl;* → *investment.*

in•ces•sant [ɪn'sesnt] *adj* □ incessante.

in•cest ['ɪnsest] *s* incesto *m.*

inch [ɪntʃ] **1.** *s* polegada *f* (= 2,54 cm); *by ~es* gradualmente, passo a passo; *every* ~ completamente, inteiramente; **2.** *v/i and v/t* avançar muito lentamente, palmo a palmo.

in•ci|dence ['ɪnsɪdəns] *s* incidência *f;* ~•**dent** [_t] *s* incidente *m;* acontecimento *m;* ~•**den•tal** [ɪnsɪ'dentl] *adj* □ acidental; não essencial; ~*ly* a propósito.

in•cin•e|rate [ɪn'sɪnəreɪt] *v/t* incinerar; ~•**rator** [_ə] *s* incineradora *f.*

in•cise [ɪn'saɪz] *v/t* cortar; **in•ci•sion** [ɪn'sɪʒn] *s* incisão *f;* **in•ci•sive** [ɪn'saɪsɪv] *adj* □ incisivo; perspicaz; mordaz; **in•ci•sor** *anat.* [_aɪzə] *s* dente *m* incisivo.

in•cite [ɪn'saɪt] *v/t* incitar, provocar; ~•**ment** *s* incitamento *m;* incentivo *m;* estímulo *m.*

in•cli•na•tion [ɪnklɪ'neɪʃn] *s* inclinação *f* (*a. fig.*); tendência *f;* **in•cline** [ɪn'klaɪn] **1.** *v/i* inclinar-se; ~ *to fig.* ter inclinação para; *v/t* inclinar; curvar; **2.** *s* inclinação *f*, ladeira *f;* **in•clined** *adj:* **be** ~ **to** estar disposto a.

in•close [ɪn'kləʊz], **in•clos•ure** [_əʊʒə] → *enclose, enclosure.*

in•clude [ɪn'kluːd] *v/t* incluir; ~*d* incluído; **tax** ~*d* imposto incluído; **in•clud•ing** *prep* inclusive; **in•clu•sion** [_ʒn] *s* inclusão *f;* **in•clu•sive** [_sɪv] *adj* □ incluído (*of*); **be** ~ **of** incluindo; ~ **terms** preço *m* global.

in•co•her|ence [ɪnkəʊ'hɪərəns] *s* incoerência *f;* ~•**ent** *adj* □ incoerente; desconexo.

in•come *econ.* ['ɪnkʌm] *s* rendimentos *m pl;* ~ **sup•port** *s Br. since 1988: appr.* rendimento *m* mínimo garantido; ~ **tax** *s econ.* imposto *m* sobre os rendimentos.

in•com•ing ['ɪnkʌmɪŋ] *adj* que entra; que chega; novo; ~ **orders** *pl econ.* entrada *f* de encomendas.

in•com•mu•ni•ca•tive [ɪnkə'mjuːnɪkətɪv] *adj* □ incomunicativo, reservado.

in•com•pa•ra•ble [ɪn'kɒmpərəbl] *adj* □ incomparável.

in•com•pat•i•ble [ɪnkəm'pætəbl] *adj* □ incompatível; *computer:* não compatível.

in•com•pe|tence [ɪn'kɒmpɪtəns] *s* incompetência *f;* incapacidade *f;* ~•**tent** [_t] *adj* □ incompetente, incapaz.

in•com•plete [ɪnkəm'pliːt] *adj* □ incompleto.

in•com•pre•hen|si•ble [ɪnkɒmprɪ'hensəbl] *adj* □ incompreensível; ~•**sion** [_ʃn] *s* incompreensão *f.*

in•con•cei•va•ble [ɪnkən'siːvəbl] *adj* □ inconcebível; incompreensível; impensável.

in•con•clu•sive [ɪnkən'kluːsiv] *adj* □ inconclusível; pouco convincente.

in•con•gru•ous [ɪn'kɒŋgrʊəs] *adj* □ incongruente; ilógico.

in•con•se•quent [ɪn'kɒnsɪkwənt] *adj* □ ilógico, inconsequente.

in•con•sid|e•ra•ble [ɪnkən'sɪdərəbl] *adj* □ insignificante, sem importância; **~•er•ate** [_ət] *adj* □ sem consideração; inconsiderado.

in•con•sis|ten•cy [ɪnkən'sɪstənsɪ] *s* inconsistência *f;* inconsequência *f;* **~•tent** *adj* □ inconsistente; contraditório; inconsequente.

in•con•so•la•ble [ɪnkən'səʊləbl] *adj* □ inconsolável.

in•con•spic•u•ous [ɪnkən'spɪkjʊəs] *adj* □ modesto; imperceptível.

in•con•stant [ɪn'kɒnstənt] *adj* □ inconstante; variável.

in•con•ve•ni|ence [ɪnkən'viːnɪəns] **1.** *s* inconveniência *f;* incómodo *m;* **2.** *v/t* incomodar; ser inconveniente; **~•ent** *adj* □ inconveniente, incómodo; inoportuno.

in•cor•po|rate [ɪn'kɔːpəreɪt] *v/t and v/i* incorporar, unir, ligar, reunir; *include:* incorporar; incluir; *econ. jur.* unir em corporação; **~•rat•ed** *adj Am. (abbr. Inc.) econ. jur.* incorporado; **~ company** sociedade *f* anónima; **~•ra•tion** [ɪnkɔːpə'reɪʃn] corporação *f; Am. econ. jur.* sociedade *f* anónima.

in•cor•rect [ɪnkə'rekt] *adj* □ incorrecto; falso.

in•cor•ri•gi•ble [ɪn'kɒrɪdʒəbl] *adj* □ incorrigível.

in•cor•rup•ti•ble [ɪnkə'rʌptəbl] *adj* □ incorruptível; insubornável.

in•crease 1. *v/t and v/i* [ɪn'kriːs] aumentar(-se), crescer, subir; *taxes, prices, etc.:* aumentar; *noise, etc.:* aumentar, crescer; **2.** *s* ['ɪnkriːs] aumento *m;* crescimento *m;* subida *f;* **in•creas•ing•ly** [ɪn'kriːsɪŋlɪ] *adv* cada vez mais, de modo crescente; **~ difficult** cada vez mais difícil, com dificuldade crescente.

in•cred•i•ble [ɪn'kredəbl] *adj* □ incrível, inacreditável.

in•cre•du•li•ty [ɪnkrɪ'djuːlətɪ] *s* incredulidade *f;* **in•cred•u•lous** [ɪn'kredjʊləs] *adj* □ incrédulo; céptico.

in•crim•i•nate [ɪn'krɪmɪneɪt] *v/t* incriminar; culpar.

in•cu|bate ['ɪnkjʊbeɪt] *v/t* incubar *(a. fig.);* **~•ba•tor** [_ə] *s* incubadora *f; med.* incubadora *f.*

in•cur [ɪn'kɜː] *v/t* **(-rr-)** incorrer em; *debts:* contrair; *risk, etc.:* incorrer; *loss, etc.:* sofrer.

in•cu•ra•ble [ɪn'kjʊərəbl] *adj* □ incurável.

in•cu•ri•ous [ɪn'kjʊərɪəs] *adj* □ indiferente, desinteressado.

in•cur•sion [ɪn'kɜːʃn] *s* incursão *f;* invasão *f.*

in•debt•ed [ɪn'detɪd] *adj econ.* endividado; *fig.* em dívida perante alguém.

in•de•cent [ɪn'diːsnt] *adj* □ indecente; obsceno; *jur.* imoral; **~ assault** *jur.* atentado *m* contra o pudor, estupro *m.*

in•de•ci|sion [ɪndɪ'sɪʒn] *s* indecisão *f;* **~•sive** [_'saɪsɪv] *adj* □ indeciso; inseguro; inconcludente.

in•deed [ɪn'diːd] **1.** *adv* na verdade, na realidade, aliás; *thank you very much ~!* muitíssimo obrigado! **2.** *int* ah sim?

in•de•fat•i•ga•ble [ɪndɪ'fætɪgəbl] *adj* □ infatigável, incansável.

in•de•fen•si•ble [ɪndɪ'fensəbl] *adj* □ *theory, etc..* que não se pode defender; *behaviour, etc.:* indesculpável.

in•de•fi•na•ble [ɪndɪ'faɪnəbl] *adj* □ indefinível.

in•def•i•nite [ɪn'defɪnət] *adj* □ indefinido; vago; incerto.

in•del•i•ble [ɪn'delɪbl] *adj* □ indelével, que não se pode apagar; *fig.* inesquecível.

in•del•i•cate [ɪn'delɪkət] *adj* □ indelicado, rude; grosseiro.

in•dem•ni|fy [ɪn'demnɪfaɪ] *v/t* indemnizar, compensar *(for* por); reparar; garantir; **~•ty** [_ətɪ] *s* indemnização *f;* compensação *f;* garantia *f;* reparação *f.*

in•dent [ɪn'dent] *v/t* recuar; abrir parágrafo; *jur. contract:* contratar; *v/i* **~ s.o. for sth.** *esp. Br. econ.* encomendar alguma coisa a alguém.

indentures

in•den•tures *econ. jur.* [ɪn'dentʃəz] *s pl* contrato *m* de aprendizagem.

in•de•pen|dence [ɪndɪ'pendəns] *s* independência *f;* autonomia *f;* ♀ *Day Am.* Dia *m* da Independência (4 de Julho); **~•dent** *adj* □ independente; autónomo.

in•de•scri•ba•ble [ɪndɪ'skraɪbəbl] *adj* □ indiscritível.

in•de•struc•ti•ble [ɪndɪ'strʌktəbl] *adj* □ indestrutível.

in•de•ter•mi•nate [ɪndɪ'tɜːmɪnət] *adj* □ indeterminado, vago.

in•dex ['ɪndeks] **1.** *s* (*pl* -*dexes*, -*dices* [-dɪsiːz]) índice *m;* índice *m* remissivo; expoente *m; tech.* número *m,* sinal *m; cost of living ~* índice do custo de vida; **2.** *v/t* organizar em índice; **~ card** *s* ficha *f* de arquivo; **~ fin•ger** *s* dedo *m* indicador.

In•dian ['ɪndɪən] **1.** *adj* indiano; índio; **2.** *s* indiano/a *m/f;* índio/a *m/f; a. American ~, Red ~* índio/a americano/a; **~ corn** *s bot.* milho *m;* **~ file** *s: in ~* em fila indiana; **~ sum•mer** *s* Verão *m* de S. Martinho.

in•di|cate ['ɪndɪkeɪt] *v/t* indicar, mostrar; demonstrar; *v/i mot.* piscar; **~•ca•tion** [‿'keɪʃn] *s* indicação *f;* demonstração *f;* **in•dic•a•tive** *gr.* [ɪn'dɪkətɪv] *s (a. adj ~ mood)* indicativo *m;* **~•ca•tor** ['ɪndɪkeɪtə] *s* indicador *m; mot.* pisca-pisca *m,* indicador *m* de mudança de direcção.

in•di•ces ['ɪndɪsiːz] *pl* of *index.*

in•dict *jur.* [ɪn'daɪt] *v/t* acusar (*for* de); **~•ment** *s jur.* acusação *f.*

in•dif•fer|ence [ɪn'dɪfrəns] *s* indiferença *f;* desinteresse *m;* **~•ent** *adj* □ indiferente (*to* a); desinteressado; neutro.

in•di•ges|ti•ble [ɪndɪ'dʒestəbl] *adj* □ indigerível; indigesto; **~•tion** [‿'tʃən] *s* indigestão *f;* indisposição *f.*

in•dig|nant [ɪn'dɪgnənt] *adj* □ indignado; zangado, furioso *(at, over, about);* **~•na•tion** [ɪndɪg'neɪʃn] *s* indignação *f (at, over, about);* **~•ni•ty** [ɪn'dɪgnətɪ] *s* indignidade *f;* injúria *f.*

in•di•rect [ɪndaɪ'rekt] *adj* □ indirecto *(a. gr.); by ~ means* por meios indirectos.

in•dis|creet [ɪndɪ'skriːt] *adj* □ indiscreto; imprudente; sem tacto; **~•cre•**

tion [‿'reʃn] *s* indiscrição *f;* imprudência *f.*

in•dis•crim•i•nate [ɪndɪ'skrɪmɪnət] *adj* □ indiscriminado; confuso.

in•di•spen•sa•ble [ɪndɪ'spensəbl] *adj* □ indispensável.

in•dis|posed [ɪndɪ'spəʊzd] *adj* □ indisposto; adoentado; **~•po•si•tion** [ɪndɪspə'zɪʃn] *s* indisposição *f (to);* mal-estar *m.*

in•dis•pu•ta•ble [ɪndɪ'spjuːtəbl] *adj* □ incontestável; indisputável.

in•dis•tinct [ɪndɪ'stɪŋkt] *adj* □ indistinto; confuso; vago.

in•dis•tin•guish•a•ble [ɪndɪ'stɪŋgwɪʃəbl] *adj* □ indistinguível.

in•di•vid•u•al [ɪndɪ'vɪdjʊəl] **1.** *adj* □ individual; pessoal; especial, particular; **2.** *s* indivíduo *m;* **~•is•m** *s* individualismo *m;* **~•ist** *s* individualista *m/f;* **~•i•ty** [ɪndɪvɪdjʊ'ælətɪ] *s* individualidade *f;* nota *f* pessoal; **~•ly** [ɪndɪ'vɪdjʊəlɪ] *adv* individualmente.

in•di•vis•i•ble [ɪndɪ'vɪzəbl] *adj* □ indivisível.

in•do•lent ['ɪndələnt] *adj* □ indolente, preguiçoso; *med.* insensível.

in•dom•i•ta•ble [ɪn'dɒmɪtəbl] *adj* □ indomável; invencível.

in•door ['ɪndɔː] *adj* para casa, dentro de casa; *sports:* de salão; **~s** ['ɪndɔːz] *adv* em local coberto; em casa.

in•dorse [ɪn'dɔːs] → *endorse* etc.

in•duce [ɪn'djuːs] *v/t* induzir; provocar; causar; **~•ment** *s* incentivo *m;* persuasão *f.*

in•duct [ɪn'dʌkt] *v/t into a position:* introduzir; instalar; **in•duc•tion** [‿kʃn] *s* indução *f;* introdução *f; electr.* indução *f; of birth:* indução *f.*

in•dulge [ɪn'dʌldʒ] *v/t* fazer a vontade, satisfazer; *v/i: ~ in sth.* satisfazer-se com, entregar-se a, deliciar-se com; **in•dul•gence** *s* indulgência *f;* satisfação *f;* favor *m;* **in•dul•gent** *adj* □ indulgente; tolerante.

in•dus•tri•al [ɪn'dʌstrɪəl] *adj* □ industrial; **~ action** greve *f;* **~ area** zona *f* industrial; **~ waste** resíduos *m pl* industriais; **~•ist** *econ.* [‿əlɪst] *s* industrial *m;* **~•ize** *econ.* [‿əlaɪz] *v/t* industrializar.

in•dus•tri•ous [ɪn'dʌstrɪəs] *adj* □ trabalhador, aplicado.

in•dus•try ['ɪndəstrɪ] *s econ.* indústria *f;* aplicação *f,* esforço *m.*

in•ed•i•ble [ɪn'edɪbl] *adj* □ não-comestível.

in•ef•fec|tive [ɪnɪ'fektɪv], **~•tu•al** [‿tʃʊəl] *adj* □ ineficaz, inútil.

in•ef•fi•cient [ɪnə'fɪʃnt] *adj* □ ineficiente, incapaz; improdutivo.

in•el•e•gant [ɪn'elɪgənt] *adj* □ deselegante; sem graça.

in•eli•gi•ble [ɪn'elɪdʒəbl] *adj* □ inelegível; impróprio, não qualificado; *esp. mil.* incapaz.

in•ept [ɪ'nept] *adj* □ *remark:* impróprio; *behaviour:* desajeitado; *person:* inepto; disparatado.

in•e•qual•i•ty [ɪnɪ'kwɒlətɪ] *s* desigualdade *f.*

in•ert [ɪ'nɜːt] *adj* □ *phys.* inerte *(a. fig.) chem.* inactivo; **in•er•tia** [ɪ'nɜːʃə] *s* inércia *f (a. fig.).*

in•es•ca•pa•ble [ɪnɪ'skeɪpəbl] *adj* □ inevitável.

in•es•sen•tial [ɪnɪ'senʃl] *adj* não essencial, secundário, desnecessário (**to** a).

in•es•ti•ma•ble [ɪn'estɪməbl] *adj* □ inestimável.

in•ev•i•ta•ble [ɪn'evɪtəbl] *adj* □ inevitável; forçoso.

in•ex•act [ɪnɪg'zækt] *adj* □ inexacto.

in•ex•cu•sa•ble [ɪnɪk'skjuːzəbl] *adj* □ indesculpável, imperdoável.

in•ex•haus•ti•ble [ɪnɪg'zɔːstəbl] *adj* □ inesgotável.

in•ex•o•ra•ble [ɪn'eksərəbl] *adj* □ inexorável.

in•ex•pe•di•ent [ɪnɪk'spiːdɪənt] *adj* □ inconveniente, desaconselhável.

in•ex•pen•sive [ɪnɪk'spensɪv] *adj* □ barato, acessível.

in•ex•pe•ri•ence [ɪnɪk'spɪərɪəns] *s* inexperiência *f;* **~d** *adj* inexperiente.

in•ex•pert [ɪn'ekspɜːt] *adj* □ inexperiente, sem conhecimentos.

in•ex•plic•a•ble [ɪnɪk'splɪkəbl] *adj* □ inexplicável.

in•ex•pres•si•ble [ɪnɪk'spresəbl] inexprimível, indescritível; **~ve** [‿sɪv] *adj* inexpressivo.

in•fal•li•ble [ɪn'fæləbl] *adj* □ infalível.

in•fa|mous ['ɪnfəməs] *adj* □ infame, vergonhoso; **~•my** [‿ɪ] *s* infâmia *f;* vergonha *f;* baixeza *f.*

in•fan|cy ['ɪnfənsɪ] *s* infância *f; jur.* menoridade *f;* **in its ~** *fig.* no início; **~t** [‿t] *s* criança *f; jur.* menor *m;* infante *m.*

in•fan•tile ['ɪnfəntaɪl] *adj* infantil.

in•fan•try *mil.* ['ɪnfəntrɪ] *s* infantaria *f.*

in•fat•u•at•ed [ɪn'fætjʊeɪtɪd] *adj* apaixonado (**with** por).

in•fect [ɪn'fekt] *v/t med.* infectar, contagiar *(a. fig.);* contaminar; **in•fec•tion** [‿kʃn] *s med.* infecção *f,* contágio *(a. fig.) m;* **in•fec•tious** [‿kʃəs] *adj* □ *med.* infeccioso, contagioso *(a. fig.).*

in•fer [ɪn'fɜː] *v/t (-rr-)* inferir, concluir (**from** de); **~•ence** ['ɪnfərəns] *s* inferência *f;* conclusão *f.*

in•fe•ri•or [ɪn'fɪərɪə] **1.** *adj (to)* inferior; *in position:* inferior, mais baixo, que vale menos; **be ~ to s.o.** ser subordinado a alguém; estar em posição inferior; **~•i•ty** [ɪnfɪərɪ'ɒrətɪ] *s* inferioridade *f;* **~ complex** *psych.* complexo *m* de inferioridade.

in•fer|nal [ɪn'fɜːnl] *adj* □ infernal; **~•no** [‿əʊ] *s (pl -nos)* inferno *m.*

in•fer•tile [ɪn'fɜːtaɪl] *adj* estéril, infértil.

in•fest [ɪn'fest] *v/t* infestar, assolar; *fig.* inundar (**with** de).

in•fi•del•i•ty [ɪnfɪ'delətɪ] *s* infedilidade *f.*

in•fil•trate ['ɪnfɪltreɪt] *v/t* infiltrar-se em; penetrar; *pol.* infiltrar-se em; *v/i* infiltrar-se (**into** em).

in•fi•nite ['ɪnfɪnət] *adj* □ infinito.

in•fin•i•tive *gr.* [ɪn'fɪnətɪv] *s (a. adj ~ mood)* infinitivo *m.*

in•fin•i•ty [ɪn'fɪnətɪ] *s* infinidade *f;* infinito *m.*

in•firm [ɪn'fɜːm] *adj* □ fraco, débil; **in•fir•ma•ry** [‿ərɪ] *s* enfermaria *f;* **in•fir•mi•ty** [‿ətɪ] *s* enfermidade *f,* doença *f;* fraqueza *f (a. fig.).*

in•flame [ɪn'fleɪm] *v/t and v/i* inflamar *(mst. fig.); med.* inflamar(-se), causar inflamação; exaltar, irritar.

in•flam•ma|ble [ɪn'flæməbl] *adj* inflamável; perigoso; **~•tion** [ɪnflə'meɪʃn] inflamação *f;* **~•to•ry** [ɪnflæmətərɪ] *adj med.* inflamatório; *fig.* excitante.

in•flate [ɪn'fleɪt] *v/t* encher de ar *(a. fig.); econ. price, etc.:* aumentar, subir; **in•fla•tion** [_ʃn] *s econ.* inflação *f.*

in•flect *gr.* [ɪn'flekt] *v/t* flectir, mudar; **in•flec•tion** [_kʃn] → **inflexion.**

in•flex|i•ble [ɪn'fleksəbl] *adj* □ inflexível *(a. fig.); fig.* intolerante; **~•ion** *esp. Br.* [_kʃn] *s gr.* flexão *f; mus.* modulação *f.*

in•flict [ɪn'flɪkt] *v/t* (**on, upon** em) *suffering, etc.:* infligir; *wound, etc.:* provocar; *blow, etc.:* infligir; *punishment, etc.:* impor; **in•flic•tion** [_kʃn] *s* imposição *f;* inflição *f; of punishment:* imposição *f;* pena *f.*

in•flow ['ɪnfləu] *s* afluência *f;* afluxo *m.*

in•flu|ence ['ɪnfluəns] **1.** *s* influência *f;* **2.** *v/t* influenciar; **~•en•tial** [ɪnflu'enʃl] *adj* □ influente.

in•flu•en•za *med.* [ɪnflu'enzə] *s* gripe *f.*

in•flux ['ɪnflʌks] *s* influxo *m;* afluxo *m; econ.* importação *f.*

in•form [ɪn'fɔːm] *v/t* informar; instruir (**of** de, sobre), dar informações; *v/i:* ~ **against** or **on** or **upon s.o.** dar informações contra alguém, denunciar alguém.

in•for•mal [ɪn'fɔːml] *adj* informal; sem cerimónia; **~•i•ty** [ɪnfɔː'mæləti] *s* informalidade *f;* naturalidade *f.*

in•for•ma|tion [ɪnfə'meɪʃn] *s* informação *f;* notícias *f pl;* ~ **desk** guichê *m* de informações; ~ **science** informática *f;* ~ **storage** *computer:* armazenamento *m* de informação; **~•tive** [ɪn'fɔːmətɪv] *adj* informativo; instrutivo; **in•form•er** [ɪn'fɔːmə] *s* informador *m;* delator *m.*

in•fra•struc•ture ['ɪnfrəstrʌktʃə] *s* infra-estrutura *f.*

in•fre•quent [ɪn'friːkwənt] *adj* □ raro.

in•fringe [ɪn'frɪndʒ] *v/t (and v/i:* ~ **on,** ~ **upon**) *rights, contract, etc.:* infringir.

in•fu•riate [ɪn'fjuərɪeɪt] *v/t* enfurecer.

in•fuse [ɪn'fjuːz] *v/t tea:* pôr em infusão; *fig.* inspirar; *fig.* infundir (**with** de); **in•fu•sion** [_ʒn] *s* infusão *f;* chá *m; med.* infusão *f.*

in•ge|ni•ous [ɪn'dʒiːnɪəs] *adj* □ engenhoso; inventivo; habilidoso;

~•nui•ty [ɪndʒenjuəs] *s* habilidade *f;* talento *m;* engenho *m.*

in•gen•u•ous [ɪn'dʒenjuəs] *adj* □ ingénuo; franco, sincero, aberto.

in•got ['ɪŋgət] *s* lingote *m* (ouro, etc.).

in•gra•ti•ate [ɪn'greɪʃɪeɪt] *v/t:* ~ **o.s. with s.o.** insinuar-se perante alguém.

in•grat•i•tude [ɪn'grætɪtjuːd] *s* ingratidão *f.*

in•gre•di•ent [ɪn'griːdɪənt] *s* ingrediente *m (a. cooking).*

in•grow•ing ['ɪngrəuɪŋ] *adj* que cresce para dentro; quisto *m.*

in•hab|it [ɪn'hæbɪt] *v/t* habitar, viver em; **~•i•ta•ble** *adj* habitável; **~•i•tant** *s* habitante *m/f.*

in•hale [ɪn'heɪl] *v/t and v/i* inspirar; *med.* inalar.

in•her•ent [ɪn'hɪərənt] *adj* □ inerente a *(in).*

in•her|it [ɪn'herɪt] *v/t* herdar; **~•i•tan•ce** [_əns] *s* herança *f; biol.* herança *f.*

in•hib•it [ɪn'hɪbɪt] *v/t inhibe (a. psych.)* impedir; **~•ed** *adj psych.* inibido; **in•hi•bi•tion** *psych.* [ɪnhɪ'bɪʃn] *s* inibição *f.*

in•hos•pi•ta•ble [ɪn'hɒspɪtəbl] *adj* □ inospitaleiro; *region, etc.:* inóspito.

in•hu|man [ɪn'hjuːmən] *adj* □ inumano; **~•e** [ɪnhjuː'meɪn] *adj* □ desumano.

in•im•i•cal [ɪ'nɪmɪkl] *adj* □ hostil (**to** a), desfavorável.

in•im•i•ta•ble [ɪ'nɪmɪtəbl] *adj* □ inimitável.

i•ni|tial [ɪ'nɪʃl] **1.** *adj* □ inicial; primeiro; **2.** *s* inicial *f;* **~•tial•ly** [_ʃəlɪ] *adv* inicialmente, no princípio; **~•ti•ate 1.** *s* [_ʃɪət] iniciado *m;* **2.** *v/t* [_ʃɪeɪt] iniciar; introduzir; orientar; **~•ti•a•tion** [ɪnɪʃɪ'eɪʃn] *s* iniciação *f;* introdução *f;* ~ **fee** *esp. Am.* jóia *f* de admissão; **~•tia•tive** [ɪ'nɪʃɪətɪv] *s* inicativa *f;* primeiro *m* passo; **take the** ~ tomar a iniciativa; **on one's own** ~ por iniciativa própria.

in•ject *med.* [ɪn'dʒekt] *v/t* injectar, dar uma injecção; **in•jec•tion** *med.* [_kʃn] *s* injecção *f.*

in•junc•tion [ɪn'dʒʌŋkʃn] *s jur.* injunção *f;* ordem *f* explícita.

in•jure ['ɪndʒə] *v/t* ferir; magoar; ofender; prejudicar; **in•ju•ri•ous**

[ɪn'dʒʊərɪəs] *adj* ☐ injurioso; ofensivo; *be ~ to* ofender; *~ to health* prejudicial à saúde; **in•ju•ry** ['ɪndʒərɪ] *s med.* ferimento *m;* ferida *f;* dano *m.*

in•jus•tice [ɪn'dʒʌstɪs] *s* injustiça *f; do s.o. an ~* ser injusto para com alguém.

ink [ɪŋk] *s* tinta *f; mst printer's ~* tinta *f* de impressão.

ink•ling ['ɪŋklɪŋ] *s* pressentimento *m;* suspeita *f;* boato *m.*

ink|pad [ɪŋkpæd] *s* almofada *f* para carimbos; **~•y** [_ɪ] *adj (-ier, -iest)* sujo de tinta.

in•laid ['ɪnleɪd] *adj* embutido; *~ work* trabalho *m* embutido.

in•land 1. *adj* ['ɪnlənd] interior; **2.** *s* [_] o interior *m;* as regiões *f pl* do interior; **3.** *adv* [ɪn'lænd] para o interior; *~ rev•e•nue s esp. Br.* receita *f* fiscal; **2 Rev•e•nue** *s Br.* serviços *m pl* fiscais.

in•lay ['ɪnleɪ] *s* trabalho *m* embutido; obturação *f,* F chumbo (dente).

in•let ['ɪnlet] *s* braço *m* de mar ou de rio; *tech.* admissão *f.*

in•mate ['ɪnmeɪt] *s* companheiro *m;* habitante *m.*

in•most ['ɪnməʊst] → *innermost.*

inn [ɪn] *s* pousada *f;* estalagem *f.*

in•nate [ɪ'neɪt] *adj* ☐ inato.

in•ner ['ɪnə] *adj* interior, interno; secreto, oculto; *~ city* centro *m* da cidade; *~-city decay* decadência *f* das zonas centrais das cidades; *~•most adj* íntimo, o mais secreto.

in•nings ['ɪnɪŋz] *s cricket, baseball: appr.* vez *f,* turno *m;* período *m* de acção.

inn•keep•er ['ɪnkiːpə] *s* estalajadeiro/a *m/f.*

In•no|cence ['ɪnəsns] *s* inocência *f;* ingenuidade *f;* **~•cent** [_t] **1.** *adj* ☐ inocente; *mistake:* sem culpa, inocente; **2.** *s* inocente *m/f.*

in•noc•u•ous [ɪ'nɒkjʊəs] *adj* ☐ inócuo, inocente.

in•no|vate ['ɪnəveɪt] *v/t technology, etc.:* inovar; *v/i* inovar, introduzir novidades; **~•va•tion** [ɪnə'veɪʃn] *s* inovação *f.*

in•nu•me•ra•ble ['ɪnjuːmərəbl] *adj* ☐ inumerável, infinito.

i•noc•u•llate *med.* [ɪ'nɒkjʊleɪt] *v/t* inocular; **~•la•tion** *med.* [ɪnɒkjʊ'leɪʃn] *s* inoculação *f.*

in•of•fen•sive [ɪnə'fensɪv] *adj* ☐ inofensivo.

in•op•e•ra•ble [ɪn'ɒpərəbl] *adj med.* inoperável; *plan, etc.:* irrealizável.

in•op•por•tune [ɪn'ɒpətjuːn] *adj* ☐ inoportuno; inconveniente.

in•pa•tient *med.* ['ɪnpeɪʃnt] *s* doente *m/f* interno.

in•put ['ɪnpʊt] *s* input *m; econ.* meios *m pl* de produção; investimento *m; point of ~: electr.* entrada *f; computer:* introdução *f* (de dados).

in•quest *jur.* ['ɪnkwest] *s* inquérito *m;* investigação *f.*

in•quir|e [ɪn'kwaɪə] *v/t and v/i a. ~ about* inquirir, pedir informações sobre; *~ into* investigar, **in•quir•ing** *adj* ☐ inquiridor; interrogativo; **in•quir•y** [_rɪ] *s* investigação *f;* inquérito *m;* pergunta *f; make inquiries* informar-se (sobre).

in|qui•si•tion [ɪnkwɪ'zɪʃn] *s jur.* inquisição *f;* investigação *f; eccl. hist.* Inquisição *f;* **~•quis•i•tive** [_'kwɪzətɪv] *adj* ☐ inquisitivo, curioso.

in•road(s) *fig.* ['ɪnrəʊd(z)] *(into, on)* usurpação *f;* consumo *m* exagerado; *make ~s into market, etc.:* consumir.

in|sane [ɪn'seɪn] *adj* ☐ louco, demente; **~•san•i•ty** [_'sænətɪ] *s* insanidade *f;* loucura *f.*

in•sa•tia•ble [ɪn'seɪʃəbl] *adj* ☐ insaciável.

in|scribe [ɪn'skraɪb] *v/t* inscrever, gravar; *book:* dedicar; **~•scrip•tion** [_'skrɪpʃn] *s* inscrição *f;* dedicatória *f.*

in•scru•ta•ble [ɪn'skruːtəbl] *adj* ☐ inescrutável; impenetrável.

in•sect *zoo.* ['ɪnsekt] *s* insecto *m;* **in•sec•ti•cide** [ɪn'sektɪsaɪd] *s* insecticida *m.*

in•se•cure [ɪnsɪ'kjʊə] *adj* ☐ inseguro; incerto.

in•sem•i•nate [ɪn'semɪneɪt] *v/t* fecundar; *cattle:* inseminar; **~•i•na•tion** [ɪnsemɪ'neɪʃn] *s* fecundação *f;* inseminação *f.*

in•sen•si|ble [ɪn'sensəbl] *adj* ☐ insensível (*to* a); inconsciente; insensa-

inseparable

to; **~•tive** [ˌsətɪv] *adj* insensível (**to** a); indiferente.

in•sep•a•ra•ble [ɪnˈsepərəbl] *adj* □ inseparável.

in•sert 1. *v/t* [ɪnˈsɜːt] inserir, introduzir; *coin:* inserir; **2.** *s* [ˈɪnsɜːt] suplemento *m;* anexo *m;* **in•ser•tion** [ɪnˈsɜːʃn] *s* inserção *f;* publicação *f;* anúncio *m.*

in•shore [ɪnˈʃɔː] **1.** *adv* perto da costa; **2.** *adj* costeiro.

in•side [ɪnˈsaɪd] **1.** *s* parte *f* interior; o interior *m;* **turn ~ out** virar do avesso; pôr de pernas para o ar; **2.** *adj* interno, interior; **3.** *adv* no interior; ~ **of a week** F no prazo de uma semana; **4.** *prep* dentro de, em; **in•sid•er** [ˌə] *s* iniciado *m;* conhecedor *m.*

in•sid•i•ous [ɪnˈsɪdɪəs] *adj* □ insidioso.

in•sight [ˈɪnsaɪt] *s* discernimento *m;* palpite *m;* compreensão *f.*

in•sig•nif•i•cant [ɪnsɪgˈnɪfɪkənt] *adj* insignificante; sem importância.

in•sin•cere [ɪnsɪnˈsɪə] *adj* □ insincero.

in•sin•u•ate [ɪnˈsɪnjʊeɪt] *v/t* insinuar, dar a entender; **~•a•tion** [ˌˈeɪʃn] *s* insinuação *f.*

in•sist [ɪnˈsɪst] *v/i* insistir, teimar (**on, upon** em); **in•sis•tence** *s* insistência *f;* teimosia *f;* **in•sis•tent** *adj* □ insistente, teimoso.

in•sol•u•ble [ɪnˈsɒljʊbl] *adj* □ insolúvel (*a. problem*).

in•sol•vent [ɪnˈsɒlvənt] *adj* □ insolvente; falido.

in•som•ni•a [ɪnˈsɒmnɪə] *s* insónia *f.*

in•spect [ɪnˈspekt] *v/t* inspeccionar, examinar, verificar; passar revista; **in•spec•tion** [ˌkʃn] *s* inspecção *f;* exame *m;* controlo *m;* **in•spec•tor** [ˌktə] *s* inspector *m;* fiscal *m.*

in•spi•ra•tion [ɪnspəˈreɪʃn] *s* inspiração *f;* ideia *f;* **in•spire** [ɪnˈspaɪə] *v/t* inspirar; causar; *hope, etc.:* inspirar, incutir; *respect:* infundir.

in•stall [ɪnˈstɔːl] *v/t tech.* instalar, colocar; *wires, cables, etc.:* colocar; *in an official post, etc.:* empossar; **in•stal•la•tion** [ɪnstəˈleɪʃn] *s tech. apparatus, etc.:* instalação *f,* colocação *f; ceremony:* nomeação *f,* instituição *f.*

in•stal•ment *Am. a.* **-stall-** [ɪnˈstɔːlmənt] *s econ.* prestação *f;* fascículo *m,* continuação *f (of book, novel, etc.); radio, TV:* capítulo *m;* **monthly ~** prestação *f* mensal.

in•stance [ˈɪnstəns] *s* exemplo *m;* caso *m; jur.* instância *f;* **for ~** por exemplo; **at s.o. 's ~** por iniciativa de alguém.

in•stant [ˈɪnstənt] **1.** *adj* □ imediato; *reaction, etc.:* instantâneo; *econ.* imediato; **~ coffee** café *m* instantâneo; **2.** *s* instante *m;* **this (very) ~** imediatamente; **in•stan•ta•ne•ous** [ˌˈteɪnɪəs] *adj* □ instantâneo, imediato; **~•ly** *adv* instantaneamente, imediatamente.

in•stead [ɪnˈsted] *adv* em vez disso; ~ **of** em vez de.

in•step *anat.* [ˈɪnstep] *s* peito *m* do pé.

in•sti•gate [ˈɪnstɪgeɪt] *v/t* instigar, incitar; **~•ga•tor** *s* instigador *m.*

in•stil, *Am a.* **-still-** *fig.* [ɪnˈstɪl] *v/t* **(-ll-)** infundir, instilar (**into,** em).

in•stinct [ˈɪnstɪŋkt] *s* instinto *m;* **in•stinc•tive** [ɪnˈstɪŋktɪv] *adj* □ instintivo.

in•sti•tute [ˈɪnstɪtjuːt] **1.** *s* instituto *m; group of scientists, etc.:* sociedade *f;* **2.** *v/t organization:* instituir, fundar; *reforms:* introduzir, estabelecer; **~•tu•tion** [ɪnstɪˈtjuːʃn] *s* instituição *f;* organização *f;* instalação *f.*

in•struct [ɪnˈstrʌkt] *v/t* instruir, ensinar, dar instruções (**to do sth.** para fazer algo); **in•struc•tion** [ˌkʃn] *s* instrução *f;* ensino *m; computer:* ordem *f;* **~s for use** instruções *f pl* de utilização; **operating ~s** modo *m* de utilização; **in•struc•tive** *adj* □ instrutivo; **in•struc•tor** *s* instrutor *m/f;* formador *m; Am. univ.* professor *m.*

in•stru•ment [ˈɪnstrʊmənt] *s* instrumento *m;* ferramenta *f (a. fig.);* ~ **pa•nel** *tech.* painel *m* de instrumentos; **~•men•tal** [ɪnstrʊˈmentl] *adj* □ instrumental, muito importante; *mus.* instrumental.

in•sub•or•di•nate [ɪnsəˈbɔːdənət] *adj* insubordinado; **~•na•tion** [ˌɪˈneɪʃn] *s* insubordinação *f.*

in•suf•fe•ra•ble [ɪnˈsʌfərəbl] *adj* □ insuportável, inadmissível.

in•suf•fi•cient [ɪnsə'fɪʃnt] *adj* □ insuficiente.

in•su•lar ['ɪnsjʊlə] *adj* □ insular; *fig.* de compreensão limitada.

in•sul|late ['ɪnsjʊleɪt] *v/t house, etc.:* isolar; **~•la•tion** [ɪnsjʊ'leɪʃn] *s* isolamento *m;* material *m* de isolamento.

in•sult 1. *s* ['ɪnsʌlt] insulto *m;* **2.** [ɪn'sʌlt] *v/t* insultar.

in•sur|ance [ɪn'ʃʊərəns] *s* seguro *m;* **~ company** companhia *f* de seguros, seguradora *f;* **~ policy** apólice *f* de seguros; **~•e** [ɪn'ʃʊə] *v/t* segurar (**against** contra).

in•sur•moun•ta•ble *fig.* [ɪnsə'maʊntəbl] *adj* □ insuperável.

in•tact [ɪn'tækt] *adj* intacto, íntegro, ileso.

in•tan•gi•ble [ɪn'tændʒəbl] *adj* intangível, incerto.

in•te|gral ['ɪntɪgrəl] *adj* □ integral, total; integrante, essencial; **~•grate** [_eɪt] *v/t* integrar, completar; incluir; *Am.* integrar (as diferentes raças); *v/i* integrar-se; **~•grat•ed** *adj* integrado; *tech.* embutido, incorporado; sem separação de raças; **~•gra•tion** [_'greɪʃn] *s* integração *f.*

in•teg•ri•ty [ɪn'tegrətɪ] *s* integridade *f;* honestidade *f.*

in•tel|lect ['ɪntəlekt] *s* intelecto *m;* inteligência *f;* **~•lec•tual** [ɪntə'lektʃʊəl] **1.** *adj* □ intelectual, espiritual; **~ property** propriedade *f* intelectual; **2.** *s* intelectual *m/f.*

in•tel•li|gence [ɪn'telɪdʒəns] *s* inteligência *f;* compreensão *f;* serviço *m* de informações *(a.* **~ department***);* **~•gent** *adj* □ inteligente, esperto.

in•tel•li•gi•ble [ɪn'telɪdʒəbl] *adj* □ inteligível, compreensível (**to**).

in•tend [ɪn'tend] *v/t* tencionar, planear; **~ed for** destinado a.

in•tense [ɪn'tens] *adj* □ intenso, emotivo, forte, enérgico.

in•ten|si•fy [ɪn'tensɪfaɪ] *v/t* intensificar; *(a. v/i* intensificar-se, reforçar-se); **~•si•ty** [_sətɪ] *s* intensidade *f;* **~•sive** *adj* intensivo, forte, impetuoso; **~ care unit** *med.* unidade *f* de cuidados intensivos; **~ farming** *of animals:* criação *f* intensiva.

in•tent [ɪn'tent] **1.** *adj* □ atento; **~ on** absorto em, concentrado em; **to all**

~s and purposes para todos os efeitos; **in•ten•tion** *s* intenção *f; jur.* propósito *m;* **in•ten•tion•al** *adj* □ intencional, de propósito.

in•ter|- ['ɪntə] entre; inter; **~•act** [_r'ækt] *v/i* interagir, influenciar; **~cede** [_'siːd] *v/i* interceder (**with** junto de; **for** por).

in•ter|cept [ɪntə'sept] *v/t* interceptar; deter; **~•cep•tion** [_pʃn] *s* intercepção *f;* detenção *f.*

in•ter•ces•sion [ɪntə'seʃn] *s* intercessão *f.*

in•ter•change 1. *v/t* [ɪntə'tʃeɪndʒ] trocar; **2.** *s* ['_tʃeɪndʒ] troca *f;* intercâmbio *m;* entroncamento *m.*

in•ter•course ['ɪntəkɔːs] *s* **(sexual ~)** relações *f pl* sexuais, coito *m; communication:* relacionamento *m.*

in•ter|dict 1. *v/t* [ɪntə'dɪkt] interditar, proibir (**sth. to s.o.** alguma coisa a alguém; **s.o. from doing** alguém de fazer); **2.** *s* ['ɪntədɪkt], **~•dic•tion** [ɪntə'dɪkʃn] *s* interdição *f;* proibição *f.*

in•terest ['ɪntrɪst] **1.** *s* interesse *m* (**in** em); participação *f;* utilidade *f; econ.* acções *f pl; econ.* juros *m pl;* **take an ~ in** interessar-se por; **be ~ed in** interessar-se por; **~•ing** *adj* □ interessante.

in•ter•face ['ɪntəfeɪs] *s computer:* interface *f.*

in•ter|fere ['ɪntə'fɪə] *v/i* interferir, imiscuir-se (**with** em); incomodar; **~•fer•ence** *s* interferência *f;* incómodo *m.*

in•ter•gov•ern•ment•al [ɪntəgʌvn'mentl] *adj pol.* intergovernamental; **~ agreement** acordo *m* intergovernamental; **~ talks** *pl* conversações *f pl* intergovernamentais.

in•te•ri•or [ɪn'tɪərɪə] **1.** *adj* □ interior, interno; **~ decorator** decorador/a de interiores; **2.** *s* o interior *m*, o íntimo *m; pol.* assuntos *m pl* internos; **Department of the ²** *Am.* Ministério *m* do Interior.

in•ter|ject [ɪntə'dʒekt] *v/t remark:* interpor, atirar; **~•jec•tion** [_kʃn] *s* interjeição *f;* exclamação *f; ling.* interjeição *f.*

in•ter|lace [ɪntə'leɪs] *v/t* entrelaçar; **~•lock** [_'lɒk] *v/i* entrelaçar-se; *v/t* engrenar, engatar; **~•lop•er** ['_ˌləʊpə] s intruso/a *m/f;* **~•lude** ['_ˈluːd] s interlúdio *m;* intervalo *m;* **~s of bright weather** períodos *m pl* de bom tempo.

in•ter•me•di•a•ry [ɪntəˈmiːdɪərɪ] s intermediário *m;* **~•ate** [_ˌət] *adj* □ intermédio; **~ range missile** míssil *m* de alcance intermédio; **~ test** or **exam(ination)** exame *m ou* teste *m* de nível intermédio.

in•ter•mi•na•ble [ɪnˈtɜːmɪnəbl] *adj* □ interminável.

in•ter•mis•sion [ɪntəˈmɪʃn] s interrupção *f;* suspensão *f; esp. Am. thea., in concert, etc.:* intervalo *m.*

in•ter•mit•tent [ɪntəˈmɪtənt] *adj* □ intermitente, periódico; **~ fever** *med.* febre *f* intermitente.

in•tern[1] [ɪnˈtɜːn] *v/t* internar.

intern[2] *Am. med.* ['ɪntɜːn] s médico/a interno/a *m/f (abbr.* AIP).

in•ter•nal [ɪnˈtɜːnl] *adj* □ interno, nacional, do país; **~ combustion engine** motor *m* de combustão interna.

in•ter•na•tion•al [ɪntəˈnæʃənl] **1.** *adj* □ internacional; **~ law** *jur.* código *m* de direito internacional; **2.** s *sports:* jogo *m* internacional; jogador/a *m/f* internacional.

in•ter•pose [ɪntəˈpəʊz] *v/t veto:* interpor; *remark:* contrapor; *v/i* intervir.

in•ter|pret [ɪnˈtɜːprɪt] *v/t* interpretar, esclarecer, explicar; *a. v/i* traduzir; **~•pre•ta•tion** [ɪntɜːprɪˈteɪʃn] s interpretação *f;* **~•pret•er** [ɪnˈtɜːprɪtə] s intérprete *m;* tradutor *m.*

in•ter•ro|gate [ɪnˈterəgeɪt] *v/t* interrogar, inquirir; **~•ga•tion** [ɪntərəˈgeɪʃn] interrogatório *m;* **note** or **mark** or **point of ~** *ling.* ponto *m* de interrogação; **~•g•a•tive** [ɪntəˈrɒgətɪv] *adj* □ interrogativo; *gr.* interrogativa.

in•ter|rupt [ɪntəˈrʌpt] *v/t and v/i* interromper; **~•rup•tion** [_ˌpʃn] s interrupção *f.*

in•ter|sect [ɪntəˈsekt] *v/t* cruzar, interceptar; *v/i* cruzar-se, interceptar-se; **~•sec•tion** [_ˌkʃn] s intersecção *f;* cruzamento *m.*

in•ter•sperse [ɪntəˈspɜːs] *v/t* entremear; inserir aqui e ali.

in•ter•state *Am.* [ɪntəˈsteɪt] s estrada *f* interestadual.

in•ter•twine [ɪntəˈtwaɪn] *v/t and v/i* entrelaçar(-se); **inextricably ~d** *of fate, etc.:* inexoravelmente ligado.

in•ter•val ['ɪntəvl] s intervalo *m (a. mus.);* distância *f; thea., in concert, etc.:* intervalo *m;* **at ~s of** com intervalos de; **at ten-minute ~s** *of bus, etc:* de dez em dez minutos.

in•ter|vene [ɪntəˈviːn] *v/i of person:* intervir; *of time:* ocorrer; *of event:* acontecer inesperadamente; **~•ven•tion** [_ˈvenʃn] s intervenção *f;* interferência *f;* **~ price** *econ.* preço de intervenção.

in•ter•view ['ɪntəvjuː] **1.** s *TV, etc.:* entrevista *f;* encontro *m;* debate *m;* **2.** *v/t* entrevistar, fazer uma entrevista; moderar um debate; **~•er** s entrevistador/a *m/f;* moderador/a *m/f.*

in•ter•weave [ɪntəˈwiːv] *v/t* (**-wove, -woven**) entretecer, entrelaçar.

in•tes•tine *anat.* [ɪnˈtestɪn] s intestino *m;* **~s** *pl* entranhas *f pl.*

in•ti•ma•cy ['ɪntɪməsɪ] s intimidade *f (a. sexual),* confiança *f.*

in•ti•mate[1] ['ɪntɪmət] **1.** *adj* □ íntimo *(a. sexual),* de confiança; **2.** s íntimo *m.*

in•ti|mate[2] ['ɪntɪmeɪt] *v/t* insinuar; **~•ma•tion** [ɪntɪˈmeɪʃn] s insinuação *f.*

in•tim•i|date [ɪnˈtɪmɪdeɪt] *v/t* intimidar, assustar; **~•da•tion** [ɪntɪmɪˈdeɪʃn] s intimidação *f.*

in•to ['ɪntʊ, 'ɪntə] *prep* em, dentro; por; F **be ~ s.th.** F estar por dentro; gostar de, conhecer bem.

in•tol•e•ra•ble [ɪnˈtɒlərəbl] *adj* □ intolerável; **~•rance** [ɪnˈtɒlərəns] s intolerância *f;* **~•rant** *adj* intolerante.

in•to•na•tion [ɪntəʊˈneɪʃn] s *gr.* entoação *f; mus.* entoação *f.*

in•tra|- ['ɪntrə] intra-, dentro; **~-Community trade** comércio *m* interno da Comunidade.

in•trac•ta•ble [ɪnˈtræktəbl] *adj* □ intratável, teimoso *(a. child); material:* inflexível, difícil de trabalhar; *illness:* tenaz, difícil.

in•tran•si•tive *gr.* [ɪnˈtrænsətɪv] *adj* □ intransitivo.

in•tra•ve•nous *med.* [ɪntrəˈviːnəs] *adj* intravenoso.

in•trep•id [ɪnˈtrepɪd] *adj* □ intrépido.

in•tri•cate ['ɪntrɪkət] *adj* □ complicado, complexo.

in•trigue [ɪn'triːg] **1.** s intriga f; cilada f; **2.** v/t fascinar, interessar; v/i intrigar.

in•trin•sic [ɪn'trɪnsɪk] adj (~ally) intrínseco, verdadeiro, inerente.

in•tro|duce [ɪntrə'djuːs] v/t apresentar alguém (**to** a); introduzir; iniciar; ~•**duc•tion** [_'dʌkʃn] s apresentação f; introdução f; iniciação f; **letter of ~** carta f de apresentação; ~•**duc•to•ry** [_tərɪ] adj introdutório, inicial.

in•tro•spec|tion [ɪntrəʊ'spekʃn] s introspecção f; ~•**tive** [_tɪv] adj introspectivo.

In•tro•vert psych. ['ɪntrəʊvɜːt] s pessoa f introvertida; ~**ed** adj psych. introvertido.

in•trude [ɪn'truːd] v/i intrometer-se; incomodar; **am I intruding?** incomodo?; **in•trud•er** s intruso m; **in•tru•sion** [_ʒn] s intrusão f; intromissão f; incómodo m; **in•tru•sive** [_sɪv] adj □ importuno, maçador.

in•tu•i|tion [ɪntju:'ɪʃn] s intuição f; ~•**tive** [ɪn't ju:ɪtɪv] adj □ intuitivo.

in•un•date ['ɪnʌndeɪt] v/t inundar (a. fig.).

in•vade [ɪn'veɪd] v/t invadir; mil. invadir; fig. encher, acometer; **in•vad•er** s invasor/a m/f.

in•va•lid[1] ['ɪnvəlɪd] **1.** adj inválido; incapaz; doente; **2.** s inválido/a m/f.

in•val|id[2] [ɪn'vælɪd] adj □ ticket, etc.: nulo; argument: inválido; ~•**i•date** [_eɪt] v/t argument, theory, etc.: invalidar, anular; jur. invalidar.

in•val•u•a•ble [ɪn'væljuəbl] adj □ inestimável, sem preço.

in•var•i•a|ble [ɪn'veərɪəbl] adj □ invariável; ~•**bly** [_lɪ] adv invariavelmente, sempre.

in•va•sion [ɪn'veɪʒn] s invasão f; fig. usurpação f; violação f.

in•vec•tive [ɪn'vektɪv] s invectiva f; injúria f; ofensa f.

in•vent [ɪn'vent] v/t inventar; **in•ven•tion** [_nʃn] s invenção f; **in•ven•tive** adj □ inventivo, imaginativo; **in•ven•tor** s inventor m; **in•ven•tory** ['ɪnvəntrɪ] s inventário m; relação f.

in•verse [ɪn'vɜːs] **1.** adj □ inverso; **2.** s contrário, oposto **in•ver•sion** [ɪn'vɜːʃn] s inversão f; gr. inversão f.

in•vert [ɪn'vɜːt] v/t inverter; gr. sentence, etc.: fazer inversão; ~**ed commas** pl aspas f pl.

in•ver•te•brate zoo. [ɪn'vɜːtɪbrət] **1.** adj invertebrado; **2.** s animal m invertebrado.

in•vest econ. [ɪn'vest] v/t and v/i investir, colocar capitais.

in•ves•ti|gate [ɪn'vestɪgeɪt] v/t investigar, pesquisar; v/i fazer investigações (**into** sobre); informar-se sobre; ~•**ga•tion** [ɪnvestɪ'geɪʃn] s investigação f; pesquisa f; ~•**ga•tor** [ɪn'vestɪgeɪtə] s investigador m; detective m; **private ~** detective m particular.

in•vest|ment econ. [ɪn'vestmənt] s investimento m, colocação f de capitais; ~ **consultant** consultor m financeiro; ~ **incentive** incentivo m ao investimento; ~•**or** s investidor m.

in•vin•ci•ble [ɪn'vɪnsəbl] adj □ invencível.

in•vi•o•la|ble [ɪn'vaɪələbl] adj □ inviolável; ~•**te** [_lət] adj inviolado.

in•vis•i•ble [ɪn'vɪzəbl] adj □ invisível.

in•vi•ta•tion [ɪnvɪ'teɪʃn] s convite m; desafio m; **in•vite** [ɪn'vaɪt] v/t convidar; desafiar; danger, etc.: provocar; ~ **s.o. in** convidar alguém para entrar; **in•vit•ing** adj □ convidativo, atractivo.

in•voice econ. ['ɪnvɔɪs] **1.** s factura f; **2.** v/t facturar.

in•voke [ɪn'vəʊk] v/t invocar; pedir ajuda; apelar a; spirits: invocar.

in•vol•un•ta•ry [ɪn'vɒləntərɪ] adj □ involuntário, sem querer.

in•volve [ɪn'vɒlv] v/t envolver (**in** em); incluir; implicar, acarretar; ~**d** adj envolvido; person: confuso, surpreendido; ~•**ment** s envolvimento m; participação f.

in•vul•ne•ra•ble [ɪn'vʌlnərəbl] adj □ invulnerável; fig. indiscutível.

in•ward ['ɪnwəd] **1.** adj dentro; no íntimo; **2.** adv mst ~**s** para dentro, interiormente.

i•o•dine chem. ['aɪədiːn] s iodo m.

i•on phys. ['aɪən] s íon m; partícula f.

IOU F [aɪəʊ'juː] s (= **I owe you**) título m de dívida.

I•ra•ni•an [ɪ'reɪnɪən] **1.** adj iraniano, persa; **2.** s iraniano/a m/f; ling. iraniano, persa.

161

Iraqi

I•ra•qi [ɪˈrɑːkɪ] **1.** *adj* iraquiano; **2.** *s* iraquiano/a *m/f; ling.* iraquiano.

i•ras•ci•ble [ɪˈræsəbl] *adj* □ irascível, irritável.

i•rate [aɪˈreɪt] *adj* □ irado, enraivecido.

ir•i•des•cent [ɪrɪˈdesnt] *adj* iridiscente.

i•ris [ˈaɪərɪs] *s anat.* íris *f; bot.* gladíolo *m,* espadana *f.*

I•rish [ˈaɪrɪʃ] **1.** *adj* irlandês; **2.** *s ling.* irlandês; **the ~** os irlandeses *m pl;* **~•man** *s* irlandês *m;* **~•wom•an** *s* irlandesa *f.*

irk•some [ˈɜːksəm] *adj* cansativo, aborrecido.

i•ron [ˈaɪən] **1.** *s* ferro *m; a.* **flat~** ferro *m* de engomar; **~s** *pl* grilhões *m pl;* **strike while the iron is hot** em ferro quente malhar de repente; **2.** *adj* de ferro *(a. fig.);* **3.** *v/t* engomar; ~ **out** *fig. etc.* alisar, *difficulties:* resolver; **≗ Cur•tain** *s hist.* Cortina de Ferro.

i•ron•ic [aɪˈrɒnɪk] **(~ally),** **i•ron•i•cal** [_kl] *adj* □ irónico, sarcástico.

i•ron|ling [ˈaɪənɪŋ] *s* roupa *f* engomada; ~ **board** tábua *f* de engomar; ~ **lung** *s med.* pulmão *m* de aço; **~•mon•ger** *s Br.* ferreiro/a *m/f;* **~•mon•ger•y** *s Br.* loja *f* de ferragens; **~•works** *s sg* siderurgia *f.*

i•ron•y [ˈaɪrənɪ] *s* ironia *f.*

ir•ra•tion•al [ɪˈræʃənl] *adj* □ irracional, sem raciocínio.

ir•rec•on•ci•la•ble [ɪˈrekənsaɪləbl] *adj* □ irreconciliável.

ir•re•cov•e•ra•ble [ɪrɪˈkʌvərəbl] *adj* □ irrecuperável.

ir•ref•u•ta•ble [ɪˈrefjʊtəbl] *adj* □ irrefutável.

ir•reg•u•lar [ɪˈregjʊlə] *adj* □ irregular; desigual; ilegal, inadequado.

ir•rel•e•vant [ɪˈreləvənt] *adj* □ irrelevante, sem importância.

ir•rep•a•ra•ble [ɪˈrepərəbl] *adj* □ irreparável, sem conserto.

ir•re•place•a•ble [ɪrɪˈpleɪsəbl] *adj* □ insubstituível.

ir•re•pres•si•ble [ɪrɪˈpresəbl] *adj* □ irreprimível; imperturbável.

ir•re•proa•cha•ble [ɪrɪˈprəʊtʃəbl] *adj* □ irrepreensível, impecável.

ir•re•sis•ti•ble [ɪrɪˈzɪstəbl] *adj* □ irresistível.

ir•res•o•lute [ɪˈrezəluːt] *adj* □ irresoluto, indeciso.

ir•re•spec•tive [ɪrɪˈspektɪv] *adj* □: ~ **of** independentemente de, sem considerar.

ir•re•spon•si•ble [ɪrɪˈspɒnsəbl] *adj* □ irresponsável.

ir•re•trie•va•ble [ɪrɪˈtriːvəbl] *adj* □ irrecuperável, insubstituível.

ir•rev•e•rent [ɪˈrevərənt] *adj* □ irreverente.

ir•rev•o•ca•ble [ɪˈrevəkəbl] *adj* □ irrevogável, definitivo.

ir•ri•gate [ˈɪrɪgeɪt] *v/t* irrigar (artificialmente).

ir•ri•ta|ble [ˈɪrɪtəbl] *adj* □ irritável; **~te** [_teɪt] *v/t* irritar; provocar; **~t•ing** [_tɪŋ] *adj* □ irritante; *annoying:* irritante; **~tion** [ɪrɪˈteɪʃn] *s* irritação *f;* zanga *f.*

is [ɪz] **3.** *sg pres of* **be.**

Is•lam [ˈɪzlɑːm] *s* Islão *m.*

is•land [ˈaɪlənd] *s* ilha *f;* **~•er** *s* ilhéu/ /ilhoa *m/f.*

isle *poet.* [aɪl] *s* ilha *f.*

is•let [ˈaɪlɪt] *s* ilhota *f.*

i•so|late [ˈaɪsəleɪt] *v/t* isolar; **~lat•ed** *adj* isolado; único; separado; **~la•tion** [aɪsəˈleɪʃn] *s* isolamento *m;* separação *f;* **live in** ~ viver em isolamento; ~ **ward** *med.* enfermaria *f* de isolamento.

Is•rae•li [ɪzˈreɪlɪ] **1.** *adj* israelita; **2.** *s* israelita *m/f.*

is•sue [ˈɪʃuː, ˈɪsjuː] **1.** *s subject:* tema *m,* questão *f; econ.* emissão *f (of banknotes, etc.);* emissão *f (of order, etc.); print.* edição *f,* exemplar *m (of book, etc.);* publicação *f,* número *m (of newspaper, etc.); esp. jur.* questão *f; fig.* acontecimento *m;* **at** ~ em questão; **contemporary ~s** questões actuais; **date of** ~ *stamps, etc.:* data de publicação ou emissão; **point at** ~ a questão em litígio; **2.** *v/i* emitir; *problems:* criar; *v/t econ., materials, etc.:* distribuir; *orders, etc.:* dar; *book, newspaper, etc.:* publicar.

isth•mus [ˈɪsməs] *s* istmo *m.*

it [ɪt] *pron* ele, ela; o, a; lhe.

I•tal•i•an [ɪˈtælɪən] **1.** *adj* italiano; **2.** *s* italiano/a *m/f; ling.* italiano.

i•tal•ics *print.* [ɪ'tæliks] *s pl* itálico *m.*

itch [ɪtʃ] **1.** *s med.* comichão *f;* desejo *m,* ânsia *f;* **2.** *v/i and v/t* estar com comichão; *I ~ all over* estou cheio de comichão; *be ~ing to inf* estar desejoso de.

i•tem ['aɪtəm] *s* item *m;* ponto *m;* artigo *m; a. news ~* artigo *m,* notícia *f; radio, TV:* informação *f;* **~•ize** [_aɪz] *v/t* especificar, indicar detalhadamente.

i•tin•e|rant [ɪ'tɪnərənt] *adj* ☐ itinerante; **~•ra•ry** [aɪ'tɪnərərɪ] *s* itinerário *m;* percurso *m.*

its [ɪts] *pron* o seu, a sua, o dele, a dela.

it•self [ɪt'self] *pron refl.* si mesmo/a; *by ~* sozinho; *in ~* em si mesmo, por si próprio.

i•vo•ry ['aɪvərɪ] *s* marfim *m.*

i•vy *bot.* ['aɪvɪ] *s* hera *f.*

J

jab [dʒæb] **1.** *v/t (-bb-)* picar; empurrar; **2.** *s* picadela *f;* cotovelada *f;* F *med.* injecção *f.*

jab•ber ['dʒæbə] *v/t and v/i* tagarelar.

jack [dʒæk] **1.** *s tech.* elevador *m* mecânico; *tech.* macaco *m; electr.* tranqueta *f; electr.* tomada *f; mar.* pavilhão *m,* bandeira *f; playing card:* valete *m;* **2.** *v/t: ~ up car:* levantar com macaco.

jack•al *zoo.* ['dʒækɔːl] *s* chacal *m.*

jack•ass ['dʒækæs] *s* burro *m (a. fig.).*

jack•et ['dʒækɪt] *s* casaco *m;* sobretudo *m;* sobrecapa *f (of book); Am.* capa *f* de disco.

jack|-knife ['dʒæknaɪf] **1.** *s* canivete *m;* **2.** *v/i* dobrar, fechar; **~-of-all-trades** *s* homem *m* dos sete instrumentos; **~•pot** *s* sorte *f* grande, *jackpot m; hit the ~* F ganhar a sorte grande; sair a sorte grande *(a. fig.).*

jade [dʒeɪd] *s* jade *m.*

jag [dʒæg] *s* ponta *f,* dente *m;* **~•ged** ['dʒægɪd] *adj* ☐ denteado, recortado.

jag•u•ar *zoo.* ['dʒægjʊə] *s* jaguar *m.*

jail [dʒeɪl] **1.** *s* prisão *f;* **2.** *v/t* encarcerar; **~•bird** *s* F delinquente *m;* **~•er** *s* carcereiro *m;* **~•house** *s Am.* prisão *f.*

jam¹ [dʒæm] *s* compota *f.*

jam² [_] **1.** *s* aperto *m,* apuro *m; tech.* bloqueamento *m,* obstrução *f;* interrupção *f;* congestão *f; traffic ~* engarrafamento *m; be in a ~* F estar metido em apuros; **2.** *v/t and v/i (-mm-) tech.* obstruir, bloquear; em-

perrar; forçar; *~ the brakes on, ~ on the brakes* travar de repente.

jamb [dʒæm] *s* umbral *m.*

jan•gle ['dʒæŋgl] *v/i and v/t* chiar, soar estridentemente; F discutir, brigar.

Jan•u•a•ry ['dʒænjʊərɪ] *s* Janeiro *m.*

Jap•a•nese [dʒæpə niːz] **1.** *adj* japonês; **2.** *s* japonês/a *m/f; ling.* japonês; *the ~ pl* os japoneses *m pl.*

jar¹ [dʒɑː] *s* jarro *m;* frasco *m.*

jar² [_] **1.** *v/i (-rr-)* ranger, chiar; não suportar; *v/t* abalar, comover; **2.** *s* som *m* estridente; rangido *m,* chiado *m; fig.* abalo *m,* comoção *f;* choque *m.*

jar•gon ['dʒɑːgən] *s* jargão *m;* gíria *f* profissional.

jaun•dice *med.* ['dʒɔːndɪs] *s* icterícia *f;* **~d** *adj med.* com icterícia; *fig.* invejoso, ciumento; despeitado.

jaunt [dʒɔːnt] **1.** *s* excursão *f;* passeio *m;* **2.** *v/i* fazer uma excursão, passear; **jaun•ty** ['dʒɔːntɪ] *adj* ☐ *(-ier, -iest)* alegre, vivo; desembaraçado.

jav•e•lin ['dʒævlɪn] *s sports:* dardo *m; ~ throwing, throwing the ~* lançamento *m* do dardo; *~ thrower* lançador *m* de dardo.

jaw [dʒɔː] *s anat.* maxilar *m,* mandíbula *f;* **~s** *pl* região *f* maxilar; boca *f;* goela *f;* queixos *m pl;* **~•bone** *s anat.* osso *m* maxilar.

jay *zoo.* [dʒeɪ] *s* gaio *m.*

jay•walk ['dʒeɪwɔːk] *v/i* andar na rua distraidamente; **~•er** *s* peão *m* distraído.

jazz *mus.* [dʒæz] *s* jazz *m.*

jeal•ous ['dʒeləs] *adj* □ ciumento (*of* de); invejoso; **~•y** *s* ciúme *m;* inveja *f.*

jeans [dʒiːnz] *s pl* jeans *m pl,* calças *f pl* de ganga.

jeep *TM* [dʒiːp] *s* jipe *m.*

jeer [dʒɪə] **1.** *s* troça *f,* zombaria *f;* **2.** *v/i* vaiar (*at* de); *v/t* zombar, troçar.

jel•lied ['dʒelɪd] *adj* gelatinoso (*fruit juice);* em geleia.

jel•ly ['dʒelɪ] **1.** *s* gelatina *f;* geleia *f;* **2.** *v/i and v/t* gelificar; **~ ba•by,** **~ bean** *s Br.* doces *m pl* de gelatina; **~•fish** *s zoo.* medusa *f.*

jeop•ar|dize ['dʒepədaɪz] *v/t* pôr em perigo, arriscar; **~•dy** [_ɪ] *s* perigo *m;* **put in ~** pôr em perigo.

jerk [dʒɜːk] **1.** *s* solavanco *m;* puxão *m;* salto *m; med.* espasmo *m;* F palerma *m,* idiota *m;* **2.** *v/t and v/i* empurrar, dar um solavanco; puxar; arrancar; falar convulsivamente; **~•y** *adj* □ **(-ier, -iest)** espasmódico, convulsivo (*way of speaking);* aos arrancos.

jer•sey ['dʒɜːzɪ] *s* camisola *f* de lã; pulôver *m;* malha *f.*

jest [dʒest] **1.** *s* graça *f,* gracejo *m;* **2.** *v/i* gracejar, brincar; **~•er** *s hist.* bobo *m.*

jet [dʒet] **1.** *s* jacto *m; tech.* bocal *m;* → **~ engine, ~ plane;** **2.** *v/i* **(-tt-)** esguichar, jorrar; *aer.* andar a jacto; **~ en•gine** *s tech.* motor *m* a jacto; **~ lag** *s* cansaço *m* causado pela diferença horária; **I'm suffering from ~** estou cansado devido à diferença horária; **~ plane** *s* avião *m* a jacto; **~-pro•pelled** *adj* com propulsão a jacto; **~ set** *s* alta sociedade *f;* **~ set•ter** *s* membro *m* da alta sociedade.

jet•ty *mar.* ['dʒetɪ] *s* quebra-mar *m,* molhe *m.*

Jew [dʒuː] *s* judeu *m,* judia *f.*

jew•el ['dʒuːəl] *s* jóia *f,* pedra *f* preciosa; adorno *m;* **~•ler,** *Am.* **~•er** *s* joalheiro *m;* **~•lery,** *Am.* **~•ry** [_lrɪ] *s* jóias *f pl.*

Jew|ess ['dʒuːɪs] *s* judia *f;* **~•ish** [_ɪʃ] *adj* judaico.

jib *mar.* [dʒɪb] *s* bujarrona *f.*

jif•fy F ['dʒɪfɪ] *s:* **in a ~** num instante, num momento.

jig•saw ['dʒɪgsɔː] *s* serra *f* de vaivém; → **~ puz•zle** *s* quebra-cabeças *m.*

jilt [dʒɪlt] *v/t girl, lover:* abandonar, deixar, romper com.

jin•gle ['dʒɪŋgl] **1.** *s* tinido *m;* sonido *m;* verso *m;* **advertising ~** música *f* publicitária; **2.** *v/i and v/t* tinir, soar.

jit•ters F ['dʒɪtəz] *s pl:* **the ~** nervos *m pl.*

job [dʒɒb] *s* emprego *m;* trabalho *m; econ.* posto *m* de trabalho, profissão *f,* ocupação *f;* serviço *m;* **by the ~** de empreitada; **out of ~** desempregado; **~•ber** *s Br. econ.* empreiteiro *m;* intermediário *m;* **~-hop•ping** *s Am.* mudança frequente de trabalho; **~ hunt•er** *s* pessoa *f* que procura trabalho; **~ hunt•ing** *s:* **be ~** andar à procura de trabalho; **~•less** *adj* desempregado; **~ work** trabalho de empreitada.

jock•ey ['dʒɒkɪ] *s* jóquei *m.*

jog [dʒɒg] **1.** *s* empurrão *m; sports:* corrida *f* lenta; trote *m;* **2.** **(-gg-)** *v/t* empurrar, *fig.* despertar, animar; *v/i mst.* **~ along, ~ on** continuar em ritmo lento; *sports:* correr em ritmo lento, fazer *jogging;* **~•ging** *s sports:* corrida *f* lenta, *jogging m.*

join [dʒɔɪn] **1.** *v/t* juntar, unir (*to* a); ligar; associar-se a, participar em, aderir a; **~ hands** dar as mãos; *fig.* unir esforços; *v/i* juntar-se, unir-se; **~ in** tomar parte em, participar em; **~ up** alistar-se; **2.** *s* ligação *f;* junção *f.*

join•er ['dʒɔɪnə] *s* marceneiro *m;* **~•y** *s esp. Br.* marcenaria *f.*

joint [dʒɔɪnt] **1.** *s* junta *f;* costura *f; anat., tech.* articulação *f; bot.* nó *m; Br.* assado *m; sl.* espelunca *f; sl.* charro *m;* **out of ~** desconjuntado; *fig.* em mau estado; **2.** *adj* □ comum; em conjunto; **~ heir** co-herdeiro *m;* **~ stock** *econ.* acções *f pl;* → **venture** 1; **3.** *v/t* unir, ligar; *meat:* trinchar; **~•ed** *adj* articulado; **~-stock** *s econ.* acções *f pl,* quotas *f pl;* **~ company** *Br.* sociedade *f* anónima.

joke [dʒəʊk] **1.** *s* anedota *f;* piada *f;* **practical ~** partida *f;* **2.** *v/i* brincar, dizer piadas; **jok•er** *s* brincalhão/ona *m/f; playing card:* joker *m.*

jol•ly ['dʒɒlɪ] **1.** *adj* **(-ier, -iest)** alegre, divertido, bem disposto; **2.** *adv Br.* muito, extremamente; **~ good** óptimo.

jolt [dʒəʊlt] **1.** *v/t and v/i* sacudir; abanar, dar solavancos; *fig.* abalar; **2.** *s* abanão *m;* solavanco *m; fig.* choque *m,* abalo *m.*

jos•tle ['dʒɒsl] **1.** *v/t* empurrar; acotovelar; **2.** *s* empurrão *m;* solavanco *m;* colisão *f,* choque *m.*

jot [dʒɒt] **1.** *s: not a ~* nada, nem um pingo; **2.** *v/t (-tt-) mst ~ down* anotar.

jour•nal ['dʒɜːnl] *s* revista *f* especializada; jornal *m* diário; diário *m;* **~•is•m** *s* jornalismo *m;* **~•ist** *s* jornalista *m/f.*

jour•ney ['dʒɜːnɪ] **1.** *s* viagem *f;* percurso *m; go on a ~* viajar, fazer uma viagem; **2.** *v/i* viajar; **~•man** *s* jornaleiro *m,* trabalhador à jorna.

jo•vi•al ['dʒəʊvɪəl] **1.** *adj* □ jovial, alegre.

joy [dʒɔɪ] *s* alegria *f; for ~* de alegria; **~•ful** *adj* □ alegre, contente; **~•less** *adj* □ triste, desagradável; **~•stick** *s aer.* barra *f* de direcção; F *of computer:* joystick *m.*

jub•i•lant ['dʒuːbɪlənt] *adj* jubilante, felicíssimo.

ju•bi•lee ['dʒuːbɪliː] *s* jubileu *m.*

judge [dʒʌdʒ] **1.** *s jur.* juiz/juíza *m/f;* árbitro *m;* especialista *m/f;* perito *m;* **2.** *v/i* sentenciar; *v/t jur.* julgar; emitir sentença sobre; avaliar; pensar, considerar.

judg(e)•ment ['dʒʌdʒmənt] *s jur.* julgamento *m;* parecer *m;* ponto *m* de vista; *eccl.* juízo *m; pass ~ on jur.* julgar, proferir sentença sobre; ♀ *Day, Day of* ♀ *eccl.* Dia *m* do Julgamento Final.

ju•di•cial [dʒuː dɪʃl] *adj* □ judicial; crítico, imparcial.

ju•di•cia•ry *jur.* [dʒuː dɪʃɪərɪ] *s* poder *m* judiciário; corpo *m* de juízes.

jug [dʒʌg] *s* jarro *m;* cafeteira *f.*

jug•gle ['dʒʌgl] *v/t and v/i* fazer jogos de mãos; *facts, figures, etc.:* manipular; **~r** *s* prestidigitador *m,* ilusionista *m/f;* aldrabão *m.*

juice [dʒuːs] *s* sumo *m; sl. mot.* gasolina *f,* gasosa *f;* **juic•y** *adj* □ *(-ier, -iest)* suculento, sumarento; F picante, interessante.

juke•box ['dʒuːkbɒks] *s* aparelho *m* de discos automático.

Ju•ly [dʒuː laɪ] *s* Julho *m.*

jum•ble ['dʒʌmbl] **1.** *s* desordem *f,* confusão *m;* **2.** *v/t a. ~ together; ~ up* misturar; remexer; **~ sale** *s Br.* venda *f* de objectos em segunda mão.

jum•bo ['dʒʌmbəʊ] **1.** *s (pl -bos)* jumbo; *aer.* avião *m* jumbo; **2.** *adj a.* **~-sized** gigantesco; **~ jet** *aer.* avião *m* jumbo.

jump [dʒʌmp] **1.** *s* salto *m; the ~s* nervos *m pl; high (long) ~ sports:* salto *m* em altura (em comprimento); *get the ~ on* F antecipar-se; **2.** *v/i* saltar; estremecer; **~ at the chance** aproveitar a oportunidade; **~ to conclusions** tirar conclusões precipitadas; *v/t* saltar (sobre); transpor; **~ the queue** *Br.* passar à frente (da fila); **~ the lights** passar com sinal vermelho; **~ ball** *s sports:* bola *f* de saltos; *esp. basketball:* salto *m;* **~•er** *s* saltador/a *m/f; Br.* pulôver *m,* camisola *f* de lã; *Am.* avental *m,* bata *f;* **~•ing jack** *s* boneco *m* que salta de uma caixa; **~•y** *adj (-ier, -iest)* nervoso.

junc|tion ['dʒʌŋkʃn] *s* junção *f;* ligação *f;* cruzamento *m; rail.* ramal *m,* entroncamento *m;* **~•ture** [‿ktʃə] *s: at this ~* neste momento, nestas circunstâncias.

June [dʒuːn] *s* Junho *m.*

jun•gle ['dʒʌŋgl] *s* selva *f.*

ju•ni•or ['dʒuː nɪə] **1.** *adj* mais novo; subalterno; *sports:* juvenil, júnior; **2.** *s* jovem *m/f;* F júnior *m; Am. univ.* estudante no 3.° ano do curso.

junk[1] *mar.* [dʒʌŋk] *s* junco *m.*

junk[2] F [‿] *s* velharias *f pl,* lixo *m; sl.* produto *m (esp. heroin);* **~ food** comida *f* pronta de má qualidade; **~•ie, ~•y** *sl.* ['dʒʌŋkɪ] *s* drogado/a *m/f,* viciado/a em heroína; **~ mall** *s* F correspondência *f* publicitária; **~ yard** *s* ferro-velho *m.*

jur•is•dic•tion [dʒʊərɪs dɪkʃn] *s jur.* juridisção *f;* competência *f.*

ju•ris•pru•dence *jur.* [dʒʊərɪs pruː dəns] *s* jurisprudência *f.*

ju•ror *jur.* ['dʒʊərə] *s* jurado/a *m/f;* vereador/a *m/f.*

ju•ry ['dʒʊərɪ] *s jur.* júri *m;* membros *m pl* do júri; **~•man, ~•wom•an** *s jur.* jurado *m,* jurada *f.*

just [dʒʌst] **1.** *adj* □ justo; correcto; adequado; **2.** *adv* apenas, somente; exactamente, justamente; simplesmente; mero; F ~ **about** F quase; ~ **now** agora mesmo.

jus•tice ['dʒʌstɪs] *s* justiça *f;* legalidade *f;* legitimidade *f;* jurisdição *f; jur.* juiz/juíza *m/f;* ♀ **of the Peace** juiz/juíza *m/f* de paz; **court of** ~ tribunal *m.*

jus•ti|fi•ca•tion [dʒʌstɪfɪ keɪʃn] *s* justificação *f;* ~**•fy** ['_ɪfaɪ] *v/t* justificar.

just•ly ['dʒʌstlɪ] *adv* justamente, com justiça.

jut [dʒʌt] *(-tt-) v/i:* ~ **out** sobressair.

ju•ve•nile ['dʒuːvənaɪl] **1.** *adj* jovem, juvenil; ~ **court** tribunal *m* de menores; ~ **delinquency** delinquência *f* juvenil; ~ **delinquent** delinquente *m* juvenil; **2.** *s* jovem *m/f.*

K

kan•ga•roo *zoo.* [kæŋgə'ruː] *s (pl -roos)* canguru *m.*

keel *mar.* [kiːl] **1.** *s* quilha *f;* **2.** *v/i:* ~ **over** virar-se, sossobrar.

keen [kiːn] *adj* □ afiado *(a. fig.);* cortante *(cold);* intenso, vivo, grande *(appetite, etc.);* ~ **on** F muito interessado em; **be** ~ **on hunting** gostar muito de caçar; ~**•ness** *s* interesse *m;* entusiasmo *m.*

keep [kiːp] **1.** *s* ganha-pão *m; for* ~**s** F para sempre; **2.** *(kept) v/t* manter; conservar; cuidar de; *law, etc.:* manter; *goods, diary, etc.:* ter; *secret:* guardar; *promise:* manter, cumprir; *animals:* ter, criar; *bed:* estar de cama; ~ **s.o. company** fazer companhia a alguém; ~ **company with** dar-se com alguém; ~ **one's head** não perder a cabeça; ~ **early hours** deitar-se cedo; ~ **one's temper** dominar-se, manter a calma; ~ **time** marcar a hora certa *(clock, watch);* ~ **s.o. waiting** fazer esperar alguém; ~ **away** manter afastado; ~ **sth. from s.o.** esconder algo de alguém; ~ **in** *pupil:* reter; ~ **on** *clothes:* manter vestido, *hat:* ficar coberto; ~ **up** acompanhar; *courage:* manter; continuar; não desistir; ~ **it up** continua; *v/i* ficar; conservar(-se); continuar; ~ **going** continuar o caminho; ~ **away** manter-se afastado de; ~ **from doing s.th.** não fazer algo; ~ **off** manter-se longe; afastar; ~ **on** continuar *(doing* a fazer); ~ **on talking** continuar a falar; ~ **to** limitar-se a; ~ **up** aguentar, acompanhar; ~ **up with** acompanhar; ~ **up with the Joneses** não ficar atrás dos vizinhos.

keep|er ['kiːpə] *s* guarda *m/f;* guardião/ã *m/f;* capataz *m/f;* administrador/a *m/f;* proprietário/a *m/f;* ~**-fit center** *s* ginásio *m,* centro *m* de manutenção; ~**•ing** manutenção *f;* cuidado *m;* guarda *f;* **be in (out of)** ~ **with** (não) estar de acordo com; ~**•sake** *s* lembrança *f,* presente *m.*

keg [keg] *s* barril *m* pequeno.

ken•nel ['kenl] *s* canil *m,* casa *f* do cão; ~**s** *pl* canil *m;* hotel *m* para cães.

kept [kept] *pret and pp of* **keep** 2.

kerb [kɜːb], ~**•stone** ['_stəʊn] *s* lancil *m* do passeio.

ker•nel ['kɜːnl] *s* semente *f (a. fig.).*

ketch•up ['ketʃəp] *s* ketchup *m,* molho *m* de tomate.

ket•tle ['ketl] *s* chaleira *f;* ~**•drum** *s mus.* timbale *m;* tímpano *m.*

key [kiː] **1.** *s* chave *f; of typewriter, piano, computer, etc.:* tecla *f; mus.* clave *f; fig.* tom *m; fig.* chave *f,* solução *f;* **2.** *v/t* adaptar *(to* a); ~**ed up** nervoso, excitado; ~**•board** *s* teclado *m;* ~**•hole** *s* buraco *m* da fechadura; ~ **man** *s* homem-chave *m;* ~**mon•ey** *s Br.* trespasse *m,* valor *m* da chave *(for a flat);* ~**•note** *s mus.* nota *f* tónica; *fig.* ideia *f* básica; ~ **ring** *s* porta-chaves *m;* ~**•stone** *s arch.* pedra *f* base; *fig.* ideia *f* fundamental; ~**•word** *s* palavra *f* chave.

kick [kɪk] **1.** *s* pontapé *m;* F chuto *m;* F sensação *f;* **get a ~ out of sth.** tirar um enorme gozo de algo; **for ~ s** por gozo; **2.** *v/t* dar um pontapé; **~ off** lançar; **~ out** atirar; **~ up** atirar ao ar; **~ up a fuss** *or* **a row** F arranjar uma briga; *v/i* dar um pontapé; dar um coice; **~ off** *soccer:* dar o pontapé de saída; **~•er** *s* jogador *m* de futebol; **~off** *s soccer:* pontapé *m* de saída.

kid [kɪd] **1.** *s* cabrito *m;* pele *f* de cabrito; F miúdo/a *m/f;* **~ brother** F irmão mais novo; **2.** **(-dd-)** *v/t* fazer troça de alguém; **~ s.o.** enganar alguém; *v/i* brincar; **he is only ~ding** ele está só a brincar; **no ~ding!** a sério! **~ glove** *s* luva *f* de pelica.

kid•nap ['kɪdnæp] *v/t* **(-pp-,** *Am. a.* **-p-)** raptar, sequestrar; **~•per** *s* raptor *m,* sequestrador *m;* **~•ping** *s* rapto *m,* sequestro *m.*

kid•ney ['kɪdnɪ] *s anat.* rim *m (a. food);* **~ bean** *bot.* feijão *m* comum; **~ machine** aparelho *m* de diálise, rim *m* artificial.

kill [kɪl] **1.** *v/t* matar *(a. fig.);* assassinar; aniquilar; eliminar; *animals:* abater; *hunt:* matar; **be ~ed in an accident** morrer num acidente; **~ time** matar o tempo; **2.** *s* acto *m* de matar; *hunt:* presa *f;* **~•er** *s* assassino *m;* **~•ing** *adj* □ mortal, fatal.

kiln [kɪln] *s* forno *m;* estufa *f.*

ki•lo F ['kiːləʊ] *s (pl -los)* quilo *m.*

kil•o|gram(me) ['kɪləgræm] *s* quilograma *m;* **~•me•tre,** *Am.* **~•me•ter** *s* quilómetro *m.*

kilt [kɪlt] *s* saia *f* escocesa.

kin [kɪn] *s* parentes *m pl,* família *f.*

kind [kaɪnd] **1.** *adj* □ simpático, amável, gentil; **2.** *s* espécie *f;* género *m;* tipo *m;* **pay in ~** pagar em géneros; *fig.* pagar na mesma moeda.

kin•der•gar•ten ['kɪndəgaːtn] *s* jardim *m* de infância, infantário *m.*

kind-heart•ed [kaɪnd haːtɪd] *adj* □ bondoso.

kin•dle ['kɪndl] *v/t* acender, pegar fogo; *fig.* entusiasmar(-se), excitar(-se).

kin•dling ['kɪndlɪŋ] *s* gravetos *m pl;* material *m* para acender o fogo.

kind|ly ['kaɪndlɪ] *adj* **(-ier, -iest)** *and adv* bondosamente, amavelmente,

cordialmente; **~•ness** *s* bondade *f;* simpatia *f;* amabilidade *f.*

kin•dred ['kɪndrɪd] **1.** *adj* aparentado, relacionado; *fig.* semelhante; **~ spirits** *pl* almas *f pl* gémeas; **2.** *s* parentes *m pl;* família *f.*

king [kɪŋ] *s* rei *m; (a. fig. in chess and card games);* **~•dom** ['kɪŋdəm] *s* reino *m; eccl.* reino *m* de Deus; **animal (mineral, vegetable) ~** reino *m* animal (mineral, vegetal); **~•ly** *adj* **(-ier, -iest)** majestoso; **~-size(d)** *adj* enorme.

kink [kɪŋk] *s* laço *m;* nó *m; fig.* mania *f;* excentricidade; **~•y** ['kɪŋkɪ] *adj* **(-ier, -iest)** excêntrico, cheio de manias; F *(sexually)* pervertido.

ki•osk ['kiːɒsk] *s* quiosque *m.*

kip•per ['kɪpə] *s* arenque *m* fumado.

kiss [kɪs] **1.** *s* beijo *m;* **2.** *v/t and v/i* beijar(-se).

kit [kɪt] *s* equipamento *m (a. mil. and sports);* caixa *f* de ferramentas; estojo *m;* conjunto de apetrechos para montar; → **first-aid; ~•bag** ['kɪtbæg] *s* saco *m* de viagem.

kitch•en ['kɪtʃɪn] *s* cozinha *f;* **~•ette** [kɪtʃɪ net] *s* cozinha *f* pequena; **~ garden** *s* horta *f.*

kite [kaɪt] *s* papagaio *m* de papel; *zoo.* milhafre *m.*

kit•ten ['kɪtn] *s* gatinho *m.*

knack [næk] *s* jeito *m;* talento *m;* habilidade *f.*

knave [neɪv] *s* patife *m; playing cards:* valete *m.*

knead [niːd] *v/t* amassar; fazer massagens.

knee [niː] *s* joelho *m; tech.* joelheira *f;* **~•cap** *s anat.* rótula *f;* **~•deep** *adj* que chega até ao joelho; **~•joint** *s anat.* articulação *f* do joelho; **~l** [niːl] *v/i (* **knelt,** *Am. a.* **kneeled)** ajoelhar *(* **to** *perante);* **~-length** *adj* até ao joelho *(skirt, etc.).*

knell [nel] *s* dobre *m* de finados.

knelt [nelt] *pret and pp of* **kneel.**

knew [njuː] *pret of* **know.**

knick•er|bock•ers ['nɪkəbɒkəz] *s pl* calções *m* até ao joelho, presos por um elástico; **~s** *Br.* F [_z] *s pl* cuecas *f pl* de senhora.

knife [naɪf] **1.** *s (pl* **knives** ['vz]) faca *f;* **2.** *v/t* cortar; esfaquear.

167

knight [naɪt] **1.** *s* cavaleiro *m; in chess:* cavalo *m;* **2.** *v/t* fazer cavaleiro; **~•hood** *s* cavalaria *f;* título *m* de cavaleiro.

knit [nɪt] (*-tt-; knit or knitted*) *v/t* tricotar; *a.* **~ together** juntar, unir; **~ one's brows** franzir as sobrancelhas; *v/i* tricotar; consolidar-se (*of bones*); **~•ting** *s* malha *f;* trabalho *m* de malha; **~•wear** *s* artigos *m pl* de malha.

knives [naɪvz] *pl of* **knife** 1.

knob [nɒb] *s* puxador *m;* maçaneta *f.*

knock [nɒk] **1.** *s* pancada *f;* choque *m;* (*a. mot.*); golpe *m;* **there is a ~** bateram; **2.** *v/i* bater, chocar, dar pancada em (*against, into* contra, em); **~ about, ~ around** F vaguear; F passar o tempo ociosamente; **~ at the door** bater à porta; **~ off** F terminar, acabar; *v/t* bater em, martelar; F estragar; **~ about, ~ around** bater repetidamente, tratar mal; **~ down** derrubar; atropelar; *at an auction:* adjudicar, arrematar (*to s.o.*); *price:* fazer um desconto; *tech.* desmontar; *house:* derrubar; *tree:* abater; **be ~ed down** ser atropelado; **~ off** liquidar; F acabar ou abandonar algo; *deduct:* deduzir; *Br.* F abafar, roubar; **~ out** vencer derrubando o adversário, pôr K.o.; *fig.* F chocar; **be ~ed out of** ser eliminado (*from a competition*); **~ over** derrubar, atropelar; **be ~ed over** ser atropelado; **~ up** golpear para cima; *Br.* F organizar à pressa (*a meal*); *sl. woman:* engravidar; V foder; **~•er** *s* aldraba *f;* **~ers** *s pl* V

mamas *f pl;* **~-kneed** *adj* com os joelhos para dentro; **~•out** *s boxing:* vitória *f* por knockout; espanto *m.*

knoll [nəʊl] *s* outeiro *m.*

knot [nɒt] **1.** *s* nó *m;* laçada *f; mar.* nó *m,* milha *f* marítima; grupo *m;* aglomeração *f* de pessoas; **2.** *v/t* (*-tt-*) dar um nó; **~•ty** *adj* (*-ier, -iest*) nodoso; *fig.* complicado.

know [nəʊ] *v/t and v/i* (*knew, known*) saber; conhecer, experimentar, viver; distinguir; compreender; **~ French** saber francês; **come to ~** viver, experimentar; **get to ~** conhecer; descobrir; **~ one's business, ~ the ropes, ~ a thing or two, ~ what's what** F ter experiência, ser conhecedor de; saber da coisa; **you ~** sabe; **~-how** ['nəʊhaʊ] *s* conhecimentos *m pl;* experiência; know-how; **~•ing** *adj* □ sabedor, esperto; que demonstra cumplicidade; **~•ing•ly** *adv* de propósito, com conhecimento de causa; intencionalmente; **~•l•edge** ['nɒlɪdʒ] *s* conhecimento *m;* saber *m;* **to my ~** tanto quanto sei; **~n** [nəʊn] *pp of* **know**; conhecido; **make ~** tornar conhecido.

knuck•le ['nʌkl] **1.** *s* nó *m* dos dedos; *v/i:* **~ down to work** atirar-se ao trabalho; **~- dust•er** *s* soqueira *f.*

KO F [keɪ əʊ] *s* (*pl* **KO's**) *boxing:* K.o *m.*

kook *sl. Am.* [kuːk] *s* doido *m* varrido; **~•y** doido, êxcentrico.

Krem•lin ['kremlɪn] *s:* **the ~** o Kremlin *m.*

---

lab F [læb] *s abbr.* laboratório *m.*

la•bel ['leɪbl] **1.** *s* etiqueta *f;* autocolante *m;* rótulo *m;* letreiro *m;* legenda *f;* companhia *f* discográfica; **2.** *v/t* (*esp. Br.* **-ll-,** *Am.* **-l-**) etiquetar, rotular; *fig.* classificar.

la•bor•a•to•ry [ləˈbɒrətərɪ] *s* laboratório *m;* **~ assistant** assistente *m/f* de laboratório.

la•bo•ri•ous [ləˈbɔːrɪəs] *adj* □ laborioso; difícil (*style*).

la•bo(u)r ['leɪbə] **1.** *s* trabalho *m;* esforço *m; med.* trabalho *m* de parto; força *f* de trabalho; **Labour** *pol.* o Partido *m* Trabalhista; **hard ~** *jur.* trabalhos *m pl* forçados; **2.** *adj* relativo ao trabalho; **3.** *v/i* trabalhar com esforço; esforçar-se; labutar; **~ under**

ressentir-se de; *v/t* tratar minuciosamente; **~ed** *adj* elaborado *(style);* forçado *(breathing, etc.);* **~•er** *s (esp. não especializado)* trabalhador *m;* **La•bour Exchange** *s Br.* F *or hist.* Centro *m* de Emprego; **La•bour Par•ty** *s pol.* Partido *m* Trabalhista; **la•bor u•nion** *s Am. pol.* sindicato *m.*

lace [leɪs] **1.** *s* renda *f;* debrum *m;* franja *f;* cordão *m;* atacador *m;* **2.** *v/t:* **~ up** atar, apertar; misturar álcool; **~de with brandy** traçado com aguardente.

la•ce•rate ['læsəreɪt] *v/t* lacerar, dilacerar; rasgar; *feelings:* ferir.

lack [læk] **1.** *s (of)* falta *f* (de); **2.** *v/t* ter falta; **he ~s money** ele tem falta de dinheiro; *v/i:* **be ~ing** faltar; **he is ~ing in courage** falta-lhe a coragem; **~•lus•tre**, *Am.* **~• lus•ter** ['læklʌstə] *adj* sem brilho, mate.

la•con•ic [lə'kɒnɪk] *adj (ally)* lacónico, breve.

lac•quer ['lækə] **1.** *s* laca *f;* verniz *m* para unhas; **2.** *v/t* lacar, envernizar.

lad [læd] *s* rapaz *m;* miúdo *m.*

lad•der ['lædə] *s* escada *f* de mão; *Br.* malha *f* (nas meias); **~•proof** *adj* indesmalhável.

la•den ['leɪdn] *adj* carregado ao máximo.

la•ding ['leɪdɪŋ] *s* carga *f;* carregamento *m.*

la•dle ['leɪdl] **1.** *s* concha *f* da sopa; **2.** *v/t:* **~ out** soup: servir.

la•dy ['leɪdɪ] *s* senhora *f;* dama *f (a. title);* **~ doctor** médica *f;* **Ladies('),** *Am.* **Ladies's room** casa de banho das senhoras; **ladies and gentlemen** senhoras e senhores; **~•bird** *s zoo.* joaninha *f;* **~•like** *adj* refinado, elegante.

lag [læg] **1.** *v/i (-gg-)* **~ behind** atrasar-se, ficar para trás; **2.** *s* demora *f;* diferença *f* horária.

la•ger ['lɑːgə] *s* cerveja *f* branca e leve; **a pint of ~, please!** uma cerveja, por favor.

la•goon [lə'guːn] *s* lagoa *f.*

laid [leɪd] *pret and pp of* **lay**[3].

lain [leɪn] *pp of* **lie**[2] 2.

lair [leə] *s of wild animal:* covil *m;* toca *f; fig.* esconderijo *m.*

la•i•ty ['leɪətɪ] *s* laicidade *f.*

lake [leɪk] *s* lago *m.*

lamb [læm] **1.** *s* cordeiro *m.*

lame [leɪm] **1.** *adj* □ coxo *(a. fig.);* **2.** *v/t* coxear; **~ duck** *s person:* patinho feio, pessoa desajeitada; *Am. pol.* deputado que não conseguiu ser reeleito; *econ. a.* **~ company** firma insolvente, na bancarrota.

la•ment [lə'ment] **1.** *s* lamento *m;* pranto *m;* **2.** *v/i and v/t* lamentar; lastimar; **lam•en•ta•ble** ['læməntəbl] *adj* □ lamentável; lastimoso; **lam•en•ta•tion** [læmən'teɪʃn] *s* lamentação *f;* pranto *m.*

lamp [læmp] *s* candeeiro *m;* lanterna *f;* lâmpada *f;* **~•post** poste *m* de candeeiro de rua; **~•shade** quebra-luz *m,* abajur *m.*

lam•poon [læm'puːn] *s* sátira *f.*

lance [lɑːns] *s* lança *f.*

land [lænd] **1.** *s* terra *f; agr.* terra *f,* solo *m;* terreno *m; pol.* terra *f,* país *m,* nação *f;* **by ~** por terra; **~s** terrenos *m pl,* propriedades *f pl;* **2.** *v/i* aterrar; *v/t* aterrar em; *goods:* desembarcar; F *job, etc.:* arranjar, conseguir; F **~ s.o. (o.s.) into** *trouble, etc.:* meter(-se) em; **~•a•gent** *s* agente *m* imobiliário; **~•ed** *adj* rural, com terras; **~•hold•er** *s* proprietário *m* de terras.

land•ing ['lændɪŋ] *s* desembarque *m;* aterragem *f;* patamar *m;* corredor *m;* **~•field** *s aer.* campo *m* de aterragem; **~•gear** *s aer.* trem *m* de aterragem; **~•stage** *s mar.* cais *m* de desembarque.

land•la•dy ['lændleɪdɪ] *s* senhoria *f;* patroa *f;* proprietária *f;* **~•lord** ['_lɔːd] *s* senhorio *m;* patrão *m;* proprietário *m;* **~•mark** *s* marco *m;* ponto *m* de referência; local *m* famoso; **~•own•er** *s* proprietário *m* rural; **~•scape** *s* paisagem *f (a. paint.);* **~•slide** *s* desmoronamento *m;* desabamento *m* de terras; *pol.* vitória *f;* **a ~ victory** *pol.* vitória *f* esmagadora em eleições; **~•slip** *s* pequeno desmoronamento *m.*

lane [leɪn] *s* azinhaga *f;* ruela *f;* viela *f; mar. and aer.* rota *f; mot.* faixa *f; sport:* pista *f;* **get in ~!** ordem, por favor!

language

lan•guage ['læŋgwɪdʒ] s língua f; ~
barrier barreira f linguística; ~ **course** curso m de línguas; ~ **laboratory**
laboratório m de línguas; ~ **teaching**
ensino m de línguas.
lan•tern ['læntən] s lanterna f.
lap¹ [læp] s colo m; seio m.
lap² [_] **1.** s sports: volta f; **2.** (-pp-)
v/t sports: dar uma volta à pista;
wrap: embrulhar, envolver; v/i sports:
obter vantagem.
lap³ [_] (-pp-) v/t: ~ up comer com
sofreguidão; v/i patinhar; murmurar.
la•pel [lə'pel] s lapela f.
lapse [læps] **1.** s of time: espaço m;
small fault: lapso m, erro m; jur. prescrição f; **2.** v/i prescrever (a. jur.); extinguir-se.
lar•ce•ny jur. ['lɔːsənɪ] s furto m.
larch bot. [lɑːtʃ] s lariço m.
lard [lɑːd] **1.** s banha f de porco; **2.** v/t
meat: lardear; **lar•der** s despensa f.
large [lɑːdʒ] adj □ (~r, ~st) grande,
amplo, extenso; at ~ em liberdade;
em geral; ~•ly adv em grande parte;
~-mind•ed adj tolerante; ~•ness s
grandeza f.
lar•i•at esp. Am. ['lærɪət] s laço m.
lark¹ zoo. [lɑːk] s cotovia f.
lark² F [_] s brincadeira f.
lar•va zoo. ['lɑːvə] s (pl -vae [-viː])
larva f.
lar•ynx anat. [lærɪŋks] s laringe f.
las•civ•i•ous [lə'sɪvɪəs] adj lascivo.
la•ser phys. ['leɪzə] s laser m; ~
beam s raio m laser.
lash [læʃ] **1.** s chicote m; chicotada
f; pestana f; **2.** v/t chicotear, bater;
atar; v/i: ~ out at atacar violentamente.
lass, ~ie [læs, 'læsɪ] s rapariga f.
las•si•tude ['læsɪtjuːd] s lassidão f;
cansaço m.
las•so [læ'suː] s (pl -[e]s) laço m.
last¹ [lɑːst] **1.** adj último; derradeiro;
extremo; recente; ~ **but one** penúltimo; ~ **night** ontem à noite; ~ **date
of sale** econ. data f de prescrição; **2.**
s último m; fim m; at ~ por fim; to
the ~ até ao fim; **3.** adv em último
lugar; ~ **but not least** por fim, mas
não menos importante;.
last² [_] v/i durar; flowers, etc.: aguentar-se; food: conservar-se.

last•ing ['lɑːstɪŋ] adj duradouro, durável.
last•ly ['lɑːstlɪ] adv finalmente, por
fim.
latch [lætʃ] **1.** s trinco m; aldraba f;
2. v/t trancar; ~•key s chave f de
casa.
late [leɪt] adj □ (~r, ~st) tarde; tardio;
atrasado; recente; antigo; anterior; falecido recentemente; be ~ atrasar-se,
chegar tarde; at (the) ~st o mais tardar; of ~ ultimamente; ~r on, mais
tarde; ~•ly adv ultimamente.
la•tent ['leɪtənt] adj □ latente.
lath [lɑːθ] s ripa f.
lathe tech. [leɪð] s torno m mecânico.
la•ther ['lɑːðə] **1.** s espuma f de sabão;
2. v/t ensaboar; v/i espumar.
Latin ['lætɪn] **1.** adj ling. latino; ro-
mânico; sulista; **2.** s ling. latim m;
habitante m do Sul.
lat•i•tude ['lætɪtjuːd] s geogr. latitude f; fig. espaço m.
lat•ter ['lætə] adj posterior, último; segundo (of two).
lat•tice ['lætɪs] s gelosia f.
lau•dable ['lɔːdəbl] adj □ louvável.
laugh [lɑːf] **1.** s riso m; risada f; **have
the last** ~ ser o último a rir; **2.** v/i
rir; ~ at rir de, divertir-se com; ~•ble
adj □ ridículo; ~•ter s riso m.
launch [lɔːntʃ] **1.** v/t ship: lançar;
hurl: arremessar; rocket: lançar; fig.
pôr em andamento; company: fundar;
product: introduzir no mercado; **2.** s
mar. lancha f; → ~•ing s mar. lançamento m; fig. início m; começo m; ~
pad rampa f de lançamento; ~ **site**
base f de lançamento.
laun|de•rette [lɔːndə'ret], esp. Am.
~•dro•mat ['_drəmæt] s lavandaria
f automática; ~•dry ['_drɪ] s lavandaria f; clothes, etc.: roupa f suja.
lau•rel bot. ['lɔrəl] s loureiro m; louro
m (a. fig.).
lav•a•to•ry ['lævətərɪ] s casa f de banho; **public** ~ lavabos m pl.
lav•ish ['lævɪʃ] **1.** adj □ generoso;
pródigo; liberal; **2.** v/t: ~ **sth. on
s.o.** dar algo a alguém de forma ge-
nerosa.
law [lɔː] s lei f; direito m; regra f; jurisprudência f; advocacia f; F a polícia f; ~ **and order** paz e sossego;

170

~·a·bid·ing *adj* que respeita a lei;
~-court *s* tribunal *m;* **~·ful** *adj* □ legal; legítimo; **~·less** *adj* □ ilegal; ilegítimo; sem lei.

lawn [lɔːn] *s* relvado *m.*

law|suit ['lɔːsjuːt] *s* processo *m* judicial; **~·yer** ['lɔːjə] *s* advogado/a *m/f.*

lax [læks] *adj* □ negligente; frouxo; relaxado; **~·a·tive** *med.* ['læksətɪv] **1.** *adj* laxante; **2.** *s* laxativo *m.*

lay[1] [leɪ] *pret of* **lie**[2] 2.

lay[2] [‿] *adj eccl.* leigo.

lay[3] [‿] *(laid) v/t* colocar, pôr; *plan:* forjar, traçar; *table:* pôr; *eggs:* pôr; acalmar; *complaint, charge:* apresentar; *bet:* colocar, *risk money:* apostar; **~ in** abastecer-se de; **~ low** derrubar; **~ off** *econ. workers:* despedir, dispensar, *work:* suspender; **~ open** expor; **~ out** divulgar, propagar, *garden, etc.:* planear, conceber; *print.* compor; **~ up** *supplies:* armazenar; **be laid up** estar de cama; *v/i of hens:* pôr ovos.

lay-by *Br. mot.* ['leɪbaɪ] *s* estacionamento *m;* parque *m* de estacionamento.

lay·er ['leɪə] *s* camada *f;* fiada *f.*

lay·man ['leɪmən] *s* leigo *m.*

lay|-off *econ.* ['leɪɒf] *s* despedimento *m;* dispensa *f;* **~·out** *s* esquema *m;* plano *m; print.* disposição *f;* layout *m.*

la·zy ['leɪzɪ] *adj* □ *(-ier, -iest)* preguiçoso; indolente; lento.

lead[1] [led] *s chem.* chumbo *m; mar.* sonda *f.*

lead[2] [liːd] **1.** *s* comando *m;* orientação *f;* precedência *f;* exemplo *m; thea.* papel *m* principal; actor/actriz *m/f* principal; *sports and fig.:* liderança *f; card games:* mão *f; electr.* cabo *m* condutor; trela *f;* sugestão *f;* ponto *m* de vista; **2.** *(led) v/t* conduzir; orientar; guiar, dirigir; dar origem a *(to); card:* ter a mão; **~ on** F provocar; *v/i* conduzir; preceder; *sports and fig.:* ir à frente, ocupar lugar de liderança; **~ off** começar; **~ up to** conduzir a, dar origem a.

lead·ed ['ledɪd] *adj* com chumbo.

lead·en ['ledn] *adj* feito de chumbo; pesado *(a. fig.).*

lead·er ['liːdə] *s* líder *m;* chefe *m;* condutor *m; Br.* artigo *m* de fundo;

~·ship [‿ʃɪp] *s* liderança *f;* comando *m.*

lead-free ['ledfriː] *adj* sem chumbo.

lead·ing ['liːdɪŋ] *adj* principal; representativo.

leaf [liːf] **1.** *s (pl* **leaves** [‿vz]) folha *f; (of door, etc.:)* folha *f; (of table)* aba *f;* **2.** *v/i* **~ through** folhear; **~·let** ['liːflɪt] *s* prospecto *m;* brochura *f;* folheto *m;* **~·y** *adj (-ier, -iest)* frondoso.

league [liːg] *s* liga *f (a. hist. and sports);* confederação *f.*

leak [liːk] **1.** *s* fuga *f (a. fig.);* rombo *m;* fenda *f;* infiltração *f;* **2.** *v/i* pingar, gotejar; escapar; **~ out** vazar; escapar; *fig.* escapar (informações); **~·age** ['‿ɪdʒ] *s* fuga *f;* derrame *m;* vazamento *m; fig.* fuga *f;* **~·y** *adj (-ier, -iest)* roto; mal vedado.

lean[1] [liːn] *v/i and v/t (esp. Br. leant, esp. Am. leaned)* encostar(-se); apoiar(-se); **~ on, ~ upon** encostar-se, apoiar-se em.

lean[2] [‿] **1.** *adj* magro; **2.** *s* carne *f* magra.

leant *esp. Br.* [lent] *pret and pp of* **lean**[1].

leap [liːp] **1.** *s* salto *m;* pulo *m;* **2.** *v/i and v/t (leapt or leaped)* saltar, pular; **~ at** *fig.* agarrar (uma oportunidade); **~t** [lept] *pret and pp of* **leap** 2; **~ year** ['liːpjɔː] *s* ano *m* bissexto.

learn [lɜːn] *v/t and v/i (learned or learnt)* aprender; saber; ouvir; **~·ed** ['lɜːnɪd] *adj* culto; **~·er** *s* principiante *m/f;* aprendiz *m;* **~ driver** *mot.* condutor/a *m/f* aprendiz; **~·ing** *s* aprendizagem *f;* saber *m;* **~t** [lɜːnt] *pret and pp of* **learn.**

lease [liːs] **1.** *s* renda *f;* arrendamento *m;* **2.** *v/t* alugar, arrendar.

leash [liːʃ] *s* trela *f.*

least [liːst] **1.** *adj (sup of* **little** 1) o/a menor, mínimo; **2.** *adv (sup of* **little** 2) o menos; **~ of all** muito menos; **3.** *s* a menor quantidade, o mínimo; **at ~** pelo menos; **to say the ~** no mínimo.

leath·er ['leðə] **1.** *s* couro *m;* cabedal *m;* **2.** *adj* de couro, de pele.

leave [liːv] **1.** *s* permissão *f; a* **~ of absence** férias *f pl;* licença *f* especial; **take (one's) ~** despedir-se;

2. *(left)* *v/t* deixar; esquecer; abandonar; *v/i* ir-se embora; partir *(for)*.

leaves [li:vz] *s pl of* **leaf** 1; folhagem *f*.

leavings ['li:vɪŋz] *s pl* restos *m pl*, sobras *f pl*.

lech•er•ous ['letʃərəs] *adj* □ lascivo.

lec|ture ['lektʃə] **1.** *s* univ. conferência *f*; palestra *f*; repreensão *f*, sermão *m (fig.)*; **2.** *v/i* univ. dar ou fazer uma conferência; *v/t* repreender, ralhar; **~•tur•er** [_rə] *s* univ. professor *m*; conferencista *m/f*.

led [led] *pret and pp of* **lead**² 2.

led•ger econ. ['ledʒə] *s* livro-razão *m*.

leech [li:tʃ] *s* zoo. sanguessuga *f*; fig. parasita *m*.

leek bot. [li:k] *s* alho-porro *m*.

leer [lɪə] **1.** *s* olhar *m* de esguelha; **2.** *v/i* olhar de esguelha, de soslaio.

lee|ward mar. ['li:wəd] *adv* para sotavento; **~•way** *s* mar. deriva *f*; fig. espaço *m* de manobra; *fig.* atraso *m*.

left¹ [left] *pret and pp of* **leave** 2; **~-luggage (office)** Br. rail depósito *m* de bagagem.

left² [_] **1.** *adj* esquerda; **2.** *adv* à esquerda; **3.** *s* esquerda *f* (a. pol., boxing), lado *m* esquerdo; **on** or **to the** ~ à ou para a esquerda; **~-hand** *adj* do lado esquerdo; **~** *drive* mot. condução *f* do lado esquerdo; **~-handed** *adj* □ canhoto; próprio para canhotos.

left-o•vers ['leftəʊvəz] *s pl* restos *m pl*.

left wing [left'wɪŋ] **1.** *adj* pol. esquerdista, de esquerda; **2.** s pol., sports: ala *f* esquerda; a esquerda *f*.

lefty ['leftɪ] *s* esp. Br. F esquerdista *m*; esp. Am. canhoto *m*.

leg [leg] *s* perna *f*; moca *f*; cano *m* de bota; math. lado *m* de triângulo; *pull* *s.o.s* ~ F brincar com alguém, enganar alguém; *stretch one's ~s* esticar as pernas.

leg•a•cy ['legəsɪ] *s* legado *m*.

le•gal ['li:gl] *adj* □ legal, lícito, legítimo; jurídico; **~•ize** [_aɪz] *v/t* legalizar.

le•ga•tion [lɪ'geɪʃn] *s* legação *f*.

le•gend ['ledʒənd] *s* lenda *f*; legenda *f*; **le•gen•da•ry** *adj* lendário.

leg•gings ['legɪŋz] *s pl* perneiras *f pl*; fashion: leggings *f pl*.

le•gi•ble ['ledʒəbl] *adj* □ legível.

le•gion fig. ['li:dʒən] *s* legião *f*; multidão *m*.

le•gis•la|tion [ledʒɪs'leɪʃn] *s* legislação *f*; **~•tive** pol. ['ledʒɪslətɪv] **1.** *adj* □ legislativo; **2.** *s* poder *m* legislativo; **~•tor** ['ledʒɪsleɪtə] *s* legislador *m*.

le•git•i•mate [lɪ'dʒɪtɪmət] *adj* legítimo; legal; autêntico.

leg|less ['leglɪs] *adj* sem pernas; sl. muito bêbedo; **~-pull** *s* F brincadeira *f*; partida *f*; **~-room** *s* in car: espaço *m* para as pernas.

lei•sure ['leʒə] *s* lazer *m*; tempos *m pl* livres; **at** ~ devagar, sem pressa; despreocupado; **~** *activities* pl actividades *f pl* de tempos livres; **~** *wear* vestuário *m* prático; **~•ly 1.** *adj* calmo; vagaroso; **2.** *adv* calmamente, vagarosamente.

lem•on bot. ['lemən] *s* limão *m*; **~•ade** [lemə'neɪd] *s* limonada *f*; **~** *squash* *s* Br. limonada *f*.

lend [lend] *v/t* *(lent)* emprestar.

length [leŋθ] *s* comprimento *m*; extensão *f*; duração *f*; espaço *m* de tempo; **at** ~ finalmente, por fim; **go to any** or **great** or **considerable** ~s não se poupar a esforços; **~•en** *v/t* prolongar, estender; *v/i* alongar; **~•ways, ~•wise** *adv* no sentido do comprimento; **~•y** *adj* □ *(-ier, -iest)* demorado, prolongado.

le•ni•ent ['li:nɪənt] *adj* □ suave; clemente.

lens opt. [lenz] *s* lente *f*.

lent¹ [lent] *pret and pp of* **lend**.

Lent² [_] *s* Quaresma *f*.

len•til bot. ['lentɪl] *s* lentilha *f*.

leop•ard zoo. ['lepəd] *s* leopardo *m*.

lep•ro•sy med. ['leprəsɪ] *s* lepra *f*.

les•bi•an ['lezbɪən] **1.** *adj* lésbico; **2.** *s* lésbica *f*.

less [les] **1.** *adj and adv (comp. of* *little* 1, 2) menos, menor, inferior; **2.** *prep* sem, menos.

less•en ['lesn] *v/t and v/i* diminuir, reduzir.

less•er ['lesə] *adj* menor, inferior.

les•son ['lesn] *s* lição *f*; aula *f*; fig. ensinamento *m*, lição *f*.

let [let] *(let)* *v/t* deixar, permitir; alugar; **~** *alone* deixar em paz; não incomodar; **~ down** desapontar, desiludir; *clothes:* baixar a bainha; *(a. v/i)* **~ go** largar; **~ o.s. go** deixar-se ir; **~ in** deixar entrar, receber; **~ o.s. in for sth.** meter-se em (trabalhos); **~ off** deixar ir; deixar sair; **~ out** deixar sair; soltar; alugar; *v/i:* **~ up** cessar, acabar.

le•thal ['li:θl] *adj* □ letal, mortal.

leth•ar•gy ['leθədʒɪ] *s* letargia *f*.

let•ter ['letə] **1.** *s* letra *f;* print. tipo *m;* carta *f;* **~s** *pl* literatura *f;* **2.** *v/t* rotular; **~-box** *s* caixa *f* do correio; **~ed** *adj* culto, erudito; **~ing** *s* inscrição *f*.

let•tuce bot. ['letɪs] *s* alface *f*.

leu•k•(a)e•mia *med.* [ljuː'kiːmɪə] *s* leucemia *f*.

lev•el ['levl] **1.** *adj* horizontal; plano; igual; nivelado; **my ~ best** F o meu melhor; **~ crossing** *Br.* passagem *f* de nível; **2.** *s* nível *m;* superfície *f* plana; altitude; *fig.* nível social; grau; **on the ~** F honesto; **3.** *v/t (esp. Br. -ll-, Am. -l-)* nivelar, alisar; demolir; **~ at** weapon: apontar; *accusation:* levantar acusações; **~-head•ed** *adj* sensato.

le•ver ['liːvə] *s* alavanca *f;* **~age** *s* força *f* exercida por uma alavanca; *fig.* influência *f;* **~aged** *adj:* **~ buyout** *or* **take-over** econ. compra de uma companhia com recurso a crédito.

lev•y ['levɪ] **1.** *s* coleta *f;* imposto *m; mil.* recrutamento *m* de soldados; **2.** *v/t taxes: cobrar impostos; mil.* recrutar.

lewd [ljuːd] *adj* □ lúbrico, obsceno, porco.

li•a•bil•i•ty [laɪə'bɪlətɪ] *s jur.* responsabilidade *f;* desvantagem *f;* obrigações *f pl; econ.* passivo *m*.

li•a•ble ['laɪəbl] *adj jur.* responsável por; sujeito a; **be ~ for** ser responsável por; **be ~ to** estar sujeito a.

li•ar ['laɪə] *s* mentiroso *m*.

li•bel *jur.* ['laɪbl] **1.** *s* libelo *m;* calúnia *f;* difamação *f;* **2.** *v/t (esp. Br. -ll-, Am. -l-)* acusar; difamar.

lib•e•ral ['lɪbərəl] **1.** *adj* □ liberal *(a. pol.),* generoso; abundante; **2.** *s* liberal *m/f (a. pol.);* **~i•ty** [lɪbə'rælətɪ] *s* liberalidade *f;* generosidade *f*.

lib•e•rate ['lɪbəreɪt] *v/t* libertar; **~ra•tion** [ˌ'reɪʃn] *s* libertação *f;* **~**

theology teologia *f* da libertação; **~ra•tor** *s* libertador *m*.

lib•er•ty ['lɪbətɪ] *s* liberdade *f;* **take liberties** ter, tomar liberdades; **be at ~** estar livre.

li•brar•i•an [laɪ'breərɪən] *s* bibliotecário/a *m/f;* **li•bra•ry** ['laɪbrərɪ] *s* biblioteca *f*.

lice [laɪs] *pl* of **louse.**

li•cence, *Am.* **-cense** ['laɪsəns] *s* licença *f;* concessão *f;* liberdade *f;* libertinagem *f;* **license plate** *Am. mot.* chapa *f* de matrícula; **driving ~,** *Am.* **driver's license** carta *f* de condução.

li•cense, -cence [ˌ] *v/t* licenciar; dar uma concessão; autorizar.

lick [lɪk] **1.** *s* lambidela *f;* **2.** *v/t* lamber; F vencer; bater; *v/i* lamber *(a. flames).*

lid [lɪd] *s* tampa *f;* pálpebra *f*.

lie[1] [laɪ] **1.** *s* mentira *f;* **give s.o. the ~** acusar alguém de mentir; **2.** *v/i* mentir.

lie[2] [ˌ] **1.** *s* posição *f;* **2.** *v/i (lay, lain)* deitar-se; estar deitado; **~ behind** *fig.* estar escondido; **~ down** deitar-se; **let sleeping dogs ~** *fig.* não acordes os cães que dormem; **~-down** *s* F sesta *f;* **~-in** *s:* **have a ~** *Br.* F dormir até tarde.

lieu•ten•ant [lef'tenənt; *mar.* le'tenənt; *Am.* luː'tenənt] *s* tenente *m/f*.

life [laɪf] *s (pl* **lives** [ˌvz]) vida *f;* existência *f;* biografia *f;* **for ~** para toda a vida; *job, etc.:* vitalício; *esp. jur.* vitalício; **be imprisoned for ~** ser condenado a prisão perpétua; **~ imprisonment, ~ sentence** pena de prisão perpétua; **~ as•su•rance** *s* seguro *m* de vida; **~-belt** *s* cinto *m* de segurança; **~boat** *s* barco *m* salva-vidas; **~cy•cle a•nal•y•sis** *s* balanço *m* ecológico; análise *f* do ciclo de vida; **~guard** *s mil.* guarda *f/ /m* salva-vidas; banheiro *m;* nadador-salvador *m;* **~ in•sur•ance** *s* seguro *m* de vida; **~jack•et** *s* colete *m* salva-vidas; **~less** *adj* □ sem vida; inanimado, inerte; desanimado; **~like** *adj* em tamanho natural; **~long** *adj* vitalício; perpétuo; **~ pre•serv•er** *s Am.* colete *m* salva-vidas; cinto *m* de segurança; **~time**

173

1. s vida f; **2.** adj vitalício; para toda a vida.

lift [lɪft] **1.** s elevação f; phys., aer. impulsão f; esp. Br. elevador m; **give s.o. a ~** cheer s.o. up: encorajar, animar alguém; hitchhiker: dar uma boleia a alguém; **2.** v/t erguer, levantar; ban: suspender; skin: esticar; F roubar; v/i levantar(-se) (fog); **~ off** descolar (rocket, etc.); **~-off** ['lɪftɒf] s descolagem f; lançamento m (of rocket, etc.).

light[1] [laɪt] **1.** s luz f (a. fig.); candeeiro m; iluminação f; brilho m; fig. exposição f, ponto m de vista; **can you give me a ~, please?** pode dar-me lume, se faz favor? **put a ~ to** acender, iluminar; **2.** adj leve, claro; **3.** (lit or lighted) v/t: **~ (up)** iluminar, acender; v/i iluminar-se; arder; **~ up** resplandecer, cintilar.

light[2] [_] adj and adv leve (a. fig.); **make ~ of** não dar importância a, não ligar a.

light•en[1] ['laɪtn] v/t clarear; iluminar; animar, alegrar; v/i clarear, tornar(-se) claro.

light•en[2] [_] v/t and v/i tornar mais fácil; aliviar.

light•er ['laɪtə] s isqueiro m; acendedor m; mar. barcaça f, chata f.

light|-head•ed ['laɪthedɪd] adj tonto, estouvado; insensato; **~-heart•ed** adj □ alegre, despreocupado; **~house** s farol m.

light•ing ['laɪtɪŋ] s iluminação f.

light|-mind•ed [laɪt'maɪndɪd] adj irreflectido; **~ness** s leveza f; claridade f, luminosidade f.

light•ning ['laɪtnɪŋ] s relâmpago m; **~ con•duc•tor**, Am. **~ rod** s pára-raios m.

light•weight ['laɪtweɪt] s boxing, etc.: peso-leve m.

like [laɪk] **1.** adj and prep igual, semelhante; como; F como se; **~ that** assim; **feel ~** ter vontade de, apetecer; **what is he ~?** como é ele? **that is just ~ him!** isso é mesmo dele! **that's more ~ it!** F assim está melhor, assim está bem; **2.** s acontecimentos m pl semelhantes; **his ~** o seu igual; **the ~** coisa semelhante; **the ~s of you** gente da tua laia; **my ~s**

and dislikes aquilo de que gosto e de que não gosto; **3.** v/t gostar de, gostar de fazer; **how do you ~ it?** agrada-lhe? o que é que acha? **I ~ that!** iro. isso agrada-me! **I should ~ to come** gostaria de ir; v/i querer; **as you ~** como queira(s); **if you ~** se quiser(es); **~•li•hood** ['_lɪhʊd] s probabilidade f; **~•ly 1.** adj (-ier, -iest) provável; adequado; **2.** adv provavelmente; **not ~!** F certamente que não, pouco provável; **~•ness** semelhança f; imagem f; forma f; **~•wise** adv igualmente; também.

lik•ing ['laɪkɪŋ] s (for) preferência f; gosto m.

li•lac ['laɪlək] **1.** adj de cor lilás; **2.** s bot. lilás m.

lil•y bot. ['lɪlɪ] s lírio m; açucena f; **~ of the valley** lírio-do-vale m; **~-white** adj branco como a neve.

limb [lɪm] s arms, legs: membros m pl.

lime[1] [laɪm] s cal f.

lime[2] bot. [_] s tília f; lima f.

lime-light fig. ['laɪmlaɪt] s publicidade f; ribalta f.

lim•it ['lɪmɪt] **1.** s fig. limite m; **within ~s** dentro dos limites; **off ~s** Am. proibido; entrada proibida; **that is the ~!** F isso é o cúmulo! isso é o máximo!; **go to the ~** ir até ao limite; **2.** v/t limitar, reduzir (to).

lim•i•ta•tion [lɪmɪ'teɪʃn] s limitação f; restrição f.

lim•it|ed ['lɪmɪtɪd] adj limitado; **~ (liability) company** Br. econ. sociedade f de responsabilidade limitada; **~less** adj □ ilimitado.

limp [lɪmp] **1.** v/i coxear, mancar; **2.** s **to have a ~** coxear; **3.** adj frouxo, mole, adormecido.

lim•pid ['lɪmpɪd] adj □ límpido, claro, transparente.

line [laɪn] **1.** s linha f (a. math.), traço m; written: linha f; of poem: verso m; on face: ruga f; row: fila f, fileira f; queue: fila f, bicha f; of ancestors: linha f, linhagem f; of railway, etc.: linha f, carris m pl; of traffic: linha f, bicha f; teleph., etc.: linha f, ligação f; especialização f; ramo m; sports: meta f; linha f de pesca; direcção f; econ. goods: linha f de produtos; fig. limite m; **~s** pl theat. texto m, deixa f;

be in ~ *for* ter boas perspectivas para; *be in* ~ *with* concordar com; *draw the* ~ delimitar, impor os limites; recusar-se a *(at);* **hold the** ~ *teleph.* aguardar em linha; *stand in* ~ *Am.* estar na bicha; **2.** *v/t* traçar linhas; *face:* desenhar; *streets, etc.:* ladear; *clothes:* guarnecer; *tech.* forrar; *(a. v/i)* ~ *up* pôr-se na bicha ou na fila.

lin•e•ar ['lɪnɪə] *adj* linear.

lin•en ['lɪnɪn] **1.** *s* linho *m;* roupa *f* branca (de cama ou de mesa); **2.** *adj* feito de linho; ~**closet, ~cup-board** *s* roupeiro *m.*

lin•er ['laɪnə] *s* navio *m* de passageiros, transatlântico *m;* avião *m* de passageiros; → *eyeliner*

lin•ger ['lɪŋgə] *v/i* demorar-se, tardar; adiar; *a.* ~ *on* demorar.

lin•ge•rie ['ɛ̃ːnʒərɪ] *s* roupa *f* interior feminina; lingerie *f.*

lin•ing ['laɪnɪŋ] *s* forro *m; mot.* calço *m* de travão; *tech.* revestimento *m.*

link [lɪŋk] **1.** *s* elo *m;* ligação *f; fig.* conexão *f;* **2.** *v/t and v/i* ligar(-se), unir(-se); ~ *up* encadear, unir, ligar; *spacecraft:* acoplar.

links [lɪŋks] *s pl* dunas *f pl; a.* **golf** ~ campo *m* de golfe.

link-up ['lɪŋkʌp] *s* ligação *f;* união *f;* acoplamento *m (of spacecraft).*

lin•seed ['lɪnsiːd] *s bot.* linhaça *f;* ~ *oil* óleo *m* de linhaça.

li•on *zoo.* ['laɪən] *s* leão *m;* ~**ess** *zoo.* [_nɪs] *s* leoa *f.*

lip [lɪp] *s* lábio *m; of cup, etc.:* borda *f; sl.* insolência *f;* ~**stick** *s* batom *m.*

li•que•fy ['lɪkwɪfaɪ] *v/i and v/t* liquefazer(-se).

liq•uid ['lɪkwɪd] **1.** *adj* líquido; *eyes:* húmido, brilhante; **2.** *s* líquido *m.*

liq•ui•date ['lɪkwɪdeɪt] *v/t* liquidar *(a. econ.); debt:* liquidar.

liq•uid|ize ['lɪkwɪdaɪz] *v/t* liquidificar; ~**•iz•er** [_ə] *s* liquidificador *m;* batedora *f.*

liq•uor ['lɪkə] *s Br.* bebida *f* alcoólica; *Am.* aguardente *f.*

lisp [lɪsp] **1.** *s* pronúncia *f* defeituosa do som s; **2.** *v/i and v/t* pronunciar defeituosamente; balbuciar.

list [lɪst] **1.** *s* lista *f;* relação *f;* **2.** *v/t* listar; registar, anotar.

lis•ten ['lɪsn] *v/i (to)* escutar, ouvir, prestar atenção; ~ *in* sintonizar; ouvir rádio *(to); secretly:* escutar as conversas de outros; ~**•er** *s* ouvinte *m/f.*

list•less ['lɪstlɪs] *adj* desatento; indiferente.

lit [lɪt] *pret and pp of* **light**[1] 3.

lit•e•ral ['lɪtərəl] *adj* □ literal; à letra; prosaico.

lit•e•ra|ry ['lɪtərərɪ] *adj* □ literário; ~**•ture** [_rətʃə] *s* literatura *f.*

lit•i•ga•tion *jur.* [lɪtɪ'geɪʃn] *s* processo *m* litigioso.

li•tre, *Am.* **-ter** ['liːtə] *s* litro *m.*

lit•ter ['lɪtə] **1.** *s vehicle:* liteira *f; stretcher:* maca *f,* padiola *f; straw:* cama *f* de palha para animais; *zoo.* ninhada *f; waste:* lixo *m; mess:* desordem *f,* confusão *f;* **2.** *v/t* sujar; *be* ~*ed with* estar coberto de; *v/i zoo.* parir; ~ **bas•ket,** ~ **bin** *s* caixote *m* do lixo.

lit•tle ['lɪtl] **1.** *adj (less, least)* pequeno; pouco, insignificante; ~ *one* criancinha *f;* **2.** *adv (less, least)* pouco, mal, de modo algum; **3.** *s* ninharia *f;* pequena quantidade *f; a* ~ um pouco; ~ *by* ~ a pouco e pouco; *not a* ~ bastante.

live[1] [lɪv] *v/i* viver; morar; ~ *to see* viver, experimentar; ~ *off sth.* viver de; ~ *off s.o.* viver à custa de alguém; ~ *on* viver de; ~ *through* aguentar; ~ *up to one's reputation;* corresponder a; *one's principles:* respeitar, viver de acordo com; *promise:* cumprir; *expectations:* realizar, justificar; ~ *with* viver com alguém ou alguma coisa; *you* ~ *and learn* viver e aprender; *v/t life:* levar.

live[2] [laɪv] **1.** *adj* vivo; enérgico; actual; *coal:* aceso; *ammunition:* carregado; *electr.* electrizado; que conduz electricidade; *TV:* directo, ao vivo; **2.** *adv TV:* em directo.

live•able ['lɪvəbl] *adj life:* suportável, que vale a pena viver; *house:* habitável.

live|li•hood ['laɪvlɪhʊd] *s* sustento *m;* subsistência *f;* ~**•li•ness** [_nɪs] *s* vivacidade *f;* ~**•ly** [_lɪ] *adj (-ier, -iest)* animado, vivo, alegre; rápido, movimentado.

li•ver *anat.* ['lɪvə] *s* fígado *m*.

lives [laɪvz] *pl of* **life.**

live•stock ['laɪvstɒk] *s* gado *m*.

liv•ing ['lɪvɪŋ] **1.** *adj* □ vivo; **the ~ image of** a imagem viva de; **2.** *s* vida *f*; modo *m* de vida; sustento *m*, subsistência *f*; **the ~** os vivos *m pl*; **standard of ~** nível *m* de vida; **~ room** *s* sala *f* de estar.

liz•ard *zoo.* ['lɪzəd] *s* lagarto *m*.

load [ləʊd] **1.** *s* carga *f (a. fig.)*; peso *m*; carregamento *m*; **2.** *v/t* carregar; *gun:* carregar; sobrecarregar alguém (**with** com); **~ a camera** colocar o filme na máquina fotográfica; **~•ing** *s* carga *f*; carregamento *m*.

loaf[1] ['ləʊf] *s (pl* **loaves** [_vz]) pão *m*.

loaf[2] [_] *v/i* vagabundear; **~•er** *s* preguiçoso *m*.

loam [ləʊm] *s* greda *f*; **~•y** *adj (-ier, -iest)* argiloso.

loan [ləʊn] **1.** *s* empréstimo *m*; **on ~** emprestado; **2.** *v/t esp. Am.* emprestar; **~•word** *s* palavra *f* de origem estrangeira, estrangeirismo.

loath [ləʊθ] **1.** *adj* □ relutante; **be ~ to do sth.** estar relutante em fazer alguma coisa; **~e** [ləʊð] *v/t* detestar, odiar; **~•ing** *s* ódio *m*; repugnância *f*; **~•some** *adj* □ repugnante, asqueroso, odioso.

loaves [ləʊvz] *pl of* **loaf**[1].

lob [lɒb] *tennis:* **1.** *s* bola *f* lançada a grande altura; **2.** *v/t* lançar a bola a grande altura.

lobby ['lɒbɪ] **1.** *s* entrada *f*; hall *m*; *of theatre:* vestíbulo *m*, corredor *m*; *pol.* lobby *m*, grupo *m* de pressão; **2.** *v/t pol.* influenciar, exercer influência sobre.

lobe *anat., bot.* [ləʊb] *s* lóbulo *m*; lobo *m*; *a.* **ear ~** lóbulo *m* da orelha.

lob•ster *zoo.* ['lɒbstə] *s* lagosta *f*.

local ['ləʊkl] **1.** *adj* □ local; **~ elections** *pl* eleições *f pl* autárquicas; **~ government** governo *m* regional; **2.** *s* habitante *m*; morador *m*; *a.* **~ train** comboio *m* regional; **the ~** *Br.* F o bar *m* do bairro; **~•i•ty** [ləʊkælətɪ] *s* localidade *f*; local *m*; **~•ize** ['ləʊkəlaɪz] *v/t* localizar.

lo•cate [ləʊ'keɪt] *v/t* localizar, situar; **be ~d** estar situado, encontrar-se; **lo•ca•tion** [_eɪʃn] *s* local *m*; locali-

zação *f*; posição *f*; *film:* exteriores *m pl*; **on ~** em exteriores.

loch *ScotE* [lɒx, lɒk] *s* lago *m*.

lock[1] [lɒk] **1.** *s of door, etc.:* fechadura *f*; *gun:* patilha *f* de segurança; *tech.* travão *m*; **2.** *v/t* fechar, trancar; travar; **~ away** guardar em local fechado; **~ in** encerrar; **~ out** trancar pelo lado de fora; **~ up** fechar completamente (uma casa); *v/i* fechar-se à chave; *tech.* bloquear.

lock[2] [_] *s* anel *m* de cabelo, caracol *m*.

lock|er ['lɒkə] *s* armário *m*; cacifo *m*; **~ room** vestiário *m*; **~•et** [_ɪt] *s* medalhão *m*; **~~ out** *s econ.* greve *f* de patrões, lockout; **~•smith** *s* serralheiro *m*; **~•up** *s* cela *f*; F prisão *f*;

lo•co *Am. sl.* ['ləʊkəʊ] *adj* louco.

lo•co•mo|tion [ləʊkə'məʊʃn] *s* locomoção *f*; **~•tive** ['ləʊkəməʊtɪv] **1.** *adj* locomotivo; **2.** *s a.* **~ engine** locomotiva *f*.

lo•cust *zoo.* [ləʊkəst] *s* gafanhoto *m*.

lodge [lɒdʒ] **1.** *s* alojamento *m*; cabana *f*; casa *f* de guarda; *(masonic ~)* loja *f* maçónica; **2.** *v/i* alojar-se, morar; *bullet, etc.:* alojar-se; *v/t* fixar, colocar; *complaint, charge:* apresentar; **lodg•er** *s* inquilino/a *m/f*; **lodg•ing** *s* alojamento *m*; **~s** aposentos *m pl*; quarto *m* mobilado.

loft [lɒft] *s* sótão *m*; celeiro *m*; tribuna *f*; **~•y** *adj* □ *(-ier, -iest)* alto, elevado; *fig.* altivo, arrogante.

log [lɒg] *s* tronco *m*; cepo *m*; *mar.* → **~•book** *s mar., aer.* diário *m* de bordo ou de voo; *mot.* documentos *m pl*; **~ cab•in** *s* cabana *f* de madeira.

log•ger•head ['lɒgəhed] *s* **be at ~s** andar às turras com.

lo•gic ['lɒdʒɪk] *s* lógica *f*; **~•al** *adj* □ lógico.

loin [lɔɪn] *s anat.* lombo *m*; *cooking:* lombo *m* assado.

loi•ter ['lɔɪtə] *v/i* vagabundear, vadiar; demorar-se, tardar.

loll [lɒl] *v/i* reclinar-se, refastelar-se; **~ about** andar à toa; **~ out** *tongue:* pôr a língua de fora.

lol|li•pop ['lɒlɪpɒp] *s* chupa-chupa *m*; **~ man, ~ woman** *Br.* F guarda *m/f* que ajuda as crianças da escola a atravessar a rua; **~•ly** F ['lɒlɪ] *s* chupa-chupa *m*; **iced(d) ~** gelado *m*.

lone|li•ness ['ləʊnlɪnɪs] *s* solidão *f;* **~•ly *(-ier, -iest)*, ~•some** *adj* □ só, sozinho.

long¹ [lɒŋ] **1.** *s* muito tempo *m; befo-re* ~ em breve; *for* ~ por muito tempo; *take* ~ levar muito tempo; **2.** *adj* longo, comprido; *in the* ~ *run* a longo prazo; *be* ~ precisar de tempo, tardar; **3.** *adv* longamente, durante muito tempo; *as* or *so* ~ *as* desde que, contanto que; ~ *ago* há muito tempo; *no* ~*er!* F nunca mais, já não; *so* ~*!* F até logo!

long² [_] *v/i* ter saudades (*for* de); ansiar por.

long|-dis•tance [lɒŋ'dɪstəns] *adj* longo; interurbano; ~ *call* teleph. chamada *f* telefónica interurbana; ~ *runner* sports: corredor *m* de longa distância; ~•**hand** *s* por extenso.

long•ing ['lɒŋɪŋ] **1.** *adj* □ saudoso; **2.** *s* saudade *f;* desejo *m* forte.

lon•gi•tude geogr. ['lɒndʒɪtjuːd] *s* longitude *f.*

long| jump [lɒŋdʒʌmp] *s* sports. salto *m* em comprimento; ~•**range** *adj* plan: a longo prazo; mil. de longo alcance; ~•**shore•man** *s* estivador *m;* ~•**sight•ed** *adj* □ perspicaz; ~•**stand•ing** *adj* existente há muito, conhecido; ~•**term** *adj* a longo prazo; ~ **wave** *s* electr. onda *f* longa; ~•**wind•ed** *adj* □ com muito fôlego.

loo *Br.* F [luː] *s* casa *f* de banho.

look [lʊk] **1.** *s* olhar *m;* expressão *f;* aspecto *m;* olhadela *f; (good)* ~*s* pl boa aparência *f,* beleza *f; have a* ~ *at sth.* dar uma olhadela a; *I don't like the* ~ *of it* não me agrada nada; **2.** *v/t and v/i* olhar, ver, espreitar (*at, on* para); pale, etc.: parecer, ter aspecto de; face in a direction: dar para, estar virado para (window, etc.); ~ *here!* olha lá!; ~ *like* parecer, ser parecido com; *it* ~*s as if* parece que; ~ *after* cuidar, tomar conta; ~ *ahead* olhar em frente; fig. pensar no futuro; ~ *around* olhar em volta; ~ *at* olhar para; ~ *back* olhar para trás; ~ *back to* or *on* fig. recordar; ~ *down on s.o.* desprezar alguém, desdenhar de alguém; ~ *for* procurar; ~ *forward to* ansiar por; ~ *in* F fazer uma visita breve (*on* a); ~ *into* F investigar; ~

on assistir; ~ *on to* dar para, estar virado para (windows, etc.); ~ *on,* ~ *upon* considerar (*as* como); ~ *out* olhar para fora; prestar atenção, tomar cuidado; ~ *out for* procurar; estar alerta; ~ *over* examinar, dar uma olhadela em; mirar; ~ *round* olhar em volta; ~ *through* examinar; folhear; ~ *up* olhar, levantar os olhos de; procurar (words); visitar; ~ *up to* admirar, respeitar.

look-a•like ['lʊkəlaɪk] *s* F duplo *m;* réplica *f.*

look-out ['lʊkaʊt] *s* vigia *f;* guarita *f; fig.* F perspectiva *f; that is my* ~ F é a minha maneira de ver.

loom [luːm] **1.** *s* tear *m;* **2.** *v/i a.* ~ *up* aparecer sem ninguém dar conta; assomar.

loony ['luːnɪ] F **1.** *s* doido *m;* **2.** *adj* doido, louco; ~ *bin* F manicómio *m.*

loop [luːp] **1.** *s* laço *m;* laçada *f;* aselha *f;* colcheta *f; aer.* acrobacia *f* aérea, looping *m;* **2.** *v/t* dar laço or laçada; atar; *v/i* entrelaçar-se; ~•**hole** ['luːphəʊl] *s* mil. meio *m* de evasão; fig. escapatória *f; a* ~ *in the law* um buraco na lei.

loose [luːs] **1.** *adj* □ *(~r,* ~*st)* solto; largo; frouxo; impreciso; lato; *let* ~ soltar, pôr em liberdade; **2.** *s: be on the* ~ andar à solta; **loos•en** ['luːsn] *v/t and v/i* alargar(-se); soltar(-se); desatar(-se); ~ *up* sports: aquecer, fazer exercícios de aquecimento.

loot [luːt] **1.** *v/t* saquear, pilhar; **2.** *s* saque *m;* pilhagem *f.*

lop [lɒp] *v/t (-pp-)* tree: cortar, podar; ~ *off* cortar, podar; ~•**sid•ed** *adj* □ torto; de esguelha.

lord [lɔːd] *s* senhor *m;* soberano *m;* amo *m; the* ♀ o Senhor (God); *my* ~ [mɪ'lɔːd] address: Mylord, Exm.º Senhor; ♀ *Mayor* Br. Presidente *m* da Câmara; *the* ♀*'s Prayer* o Pai-Nosso; *the* ♀*'s Supper* Eucaristia, comunhão *f;* ~•**ly** *adj (-ier, -iest)* nobre, senhorial; arrogante, altivo; ~•**ship** *s: his* or *your* ~ Sua or Vossa Senhoria.

lore [lɔː] *s* saber *m* popular; tradições *f* pl populares.

lor•ry Br. ['lɒrɪ] *s* camião *m; rail.* vagão *m,* vagoneta *f.*

lose [luːz] *(lost)* *v/t* perder *(a. job, etc.);* desperdiçar; ficar privado de; atrasar-se *(watch, etc.);* ~ *o.s.* perder a cabeça, descontrolar-se; *v/i* sofrer uma perda; perder; atrasar-se *(watch);* **los•er** ['luːzə] *s* vencido *m;* perdedor/a *m/f.*

loss [lɒs] *s* prejuízo *m;* perda *f;* **at a** ~ *econ.* com prejuízo; **be at a** ~ estar confuso; → **dead.**

lost [lɒst] **1.** *pret and pp of* **lose**; **2.** *adj* perdido; desaparecido; desperdiçado; desorientado; *time:* perdido; *chance:* desperdiçado; **be** ~ **in thought** estar imerso em pensamentos; ~ **property office** secção *f* de perdidos e achados.

lot [lɒt] *s* sorte *f; econ.* lote *m (of goods); esp. Am.* lote *m,* terreno *m; esp. Am.* parque *m* de estacionamento; *esp. Am.* local *m* de filmagem; F grupo *m;* destino *m;* sina *f;* **the** ~ F tudo, o total; **a** ~ **of** F, ~ **s of** F muito; ~ **s and** ~ **s of** F montes de; **a bad** ~ F um tipo antipático, de pouca confiança; **cast** *or* **draw** ~ **s** deitar sortes.

loth [ləʊθ] → **loath.**

lo•tion ['ləʊʃn] *s* loção *f.*

lot•te•ry ['lɒtərɪ] *s* lotaria *f.*

loud [laʊd] *adj* □ alto *(a. adv); fig.* gritante, espalhafatoso, berrante *(colours, etc.);* ~ **speak•er** *s* altifalante *m.*

lounge [laʊndʒ] **1.** *v/i* espreguiçar-se; vadiar; recostar-se; **2.** *s* passeio *m;* sala *f* de estar; sala *f* de espera; átrio *(of hotel, airport, etc.);* ~ **suit** *s* fato *m* de passeio.

louse *zoo.* [laʊs] *s (pl* **lice** [laɪs]) piolho *m;* **lou•sy** ['laʊzɪ] *adj (-ier, -iest)* péssimo; nojento; F infeliz.

lout [laʊt] *s* homem *m* grosseiro.

lov•a•ble ['lʌvəbl] *adj* □ amoroso, adorável.

love [lʌv] **1.** *s* amor *m (of, for, to, towards* por, para) pessoa *f* amada; querido/a *m/f; Br. (address)* meu amor, meu /minha querido/a; *tennis:* zero; **be in** ~ **with s.o.** estar apaixonado por alguém; **fall in** ~ **with s.o.** apaixonar-se por alguém; **make** ~ amar-se; dormir com alguém, F fazer amor; **give my** ~ **to her** dá-lhe um abraço meu; **send one's** ~ **to** man-

dar um abraço a alguém; ~ **from** abraços de *(in letter);* **2.** *v/t* amar; gostar de; ~ **af•fair** *s* caso *m* amoroso; ~ **•ly** *adj (-ier, -iest)* adorável, amoroso, encantador; agradável, maravilhoso; **lov•er** *s* amante *m/f;* amado/a *m/f; of art, music, etc.:* apreciador, amante.

lov•ing ['lʌvɪŋ] *adj* □ terno, afectuoso, carinhoso.

low¹ [ləʊ] **1.** *adj* baixo, pequeno *(a. fig.);* profundo; *supplies:* escasso; *light:* fraco; *unhappy:* deprimido; *socially:* inferior; *mean:* comum, vulgar; *mus. note:* profundo; *voice:* baixo; **2.** *adv* baixo; profundamente *(a. fig.);* levemente; **3.** *s meteor.* área *f* de baixa pressão, depressão *f.*

low² [ ] *v/i* mugir *(cow).*

low•brow F ['ləʊbraʊ] **1.** *s* pessoa *f* despretensiosa; **2.** *adj* despretensioso; ~ **cal•o•rie** *adj* pobre em calorias, de baixas calorias; ~ **cost** *adj* barato, acessível.

low•er ['ləʊə] **1.** *adj* mais baixo, mais profundo; mais suave; **2.** *v/t* baixar, tornar mais baixo; *eyes, voice, price, standard, etc.:* baixar; diminuir; ~ *o.s.* rebaixar-se; *v/i* cair, afundar-se; ~ **deck** *s mar.* convés *m* inferior.

low•land ['ləʊlənd] *s mst* ~ **s** *pl* planície *f;* ~ **•li•ness** *s* baixeza *f;* vileza *f;* ~ **•ly** *adj and adv (-ier, -iest)* baixo, inferior; humilde, modesto; ~ **•necked** *adj* decotado *(of blouse, dress, etc.);* ~ **•pitched** *adj mus.* profundo; baixo; ~ **pres•sure** *adj meteor.* de baixa pressão; *tech.* de baixa pressão; ~ **•priced** *adj* barato, de preço baixo; ~ **•rise** *adj esp. Am.* baixo (edifício); ~ **sea•son** *s* estação *f* baixa; ~ **spir•it•ed** *adj* deprimido, abatido.

loy•al ['lɔɪəl] *adj* □ leal, fiel; ~ **•ty** [ˏtɪ] *s* lealdade *f;* fidelidade *f.*

loz•enge ['lɒzɪndʒ] *s math.* losango *m; sweet:* pastilha *f.*

lu•bri•cant ['luːbrɪkənt] *s* lubrificante *m;* ~ **cate** [ˏkeɪt] *v/t* lubrificar, olear; ~ **ca•tion** [luːbrɪ'keɪʃn] *s* lubrificação *f.*

lu•cid ['luːsɪd] *adj* □ lúcido; claro, perceptível.

luck [lʌk] *s* sorte *f;* destino *m;* **bad** ~, **hard** ~ pouca sorte *f,* azar *m;* **good**

L

~ boa sorte *f; **good ~!** muitas felicidades!, boa sorte! ***be in (out) of ~***
ter (não ter) sorte; **~•i•ly** ['lʌkɪlɪ] *adv*
felizmente, por sorte; **~•y** *adj □ (-ier,
-iest)* com sorte, feliz, afortunado.
lu•cra•tive ['luːkrətɪv] *adj* lucrativo,
rendoso.
lu•di•crous ['luːdɪkrəs] *adj □* ridículo.
lug [lʌg] *v/t (-gg-)* puxar, arrastar.
lug•gage *esp. Br.* ['lʌgɪdʒ] *s* bagagem
f; **~ lock•er** *s* cacifo *m* para bagagem; **~ rack** *s* rede *f* para bagagem;
porta-bagagens *m;* **~ trol•ley** *s* carrinho *m* para bagagem; **~ van** *s esp. Br.*
vagão *m* de bagagens.
luke•warm ['luːkwɔːm] *adj □* morno;
fig. indiferente, desinteressado.
lull [lʌl] **1.** *v/t* acalmar; embalar; *mst ~
to sleep* adormecer ao colo; *v/i* acalmar-se; **2.** *s* pausa *f;* intervalo *f;* período *m* de descanso; calmaria *f;*
lul•la•by ['lʌləbaɪ] *s* canção *f* de embalar.
lum•ba•go *med.* [lʌm'beɪgəʊ] *s* lum-
bago *m.*
lum•ber ['lʌmbə] **1.** *s esp. Am.* madeira *f* cortada; *esp. Br.* trastes *m pl,*
coisas *f pl* velhas; **2.** *v/t:* **~ s.o. with
sth.** *Br.* F sobrecarregar alguém com
alguma coisa; *v/i* mover-se lentamente *(truck, etc.);* andar com dificuldade; **~•jack, ~•man** *s esp. Am.* madei-
reiro *m,* lenhador *m;* **~ mill** *s* serração
f, **~ room** *s* dependência *f* onde se
guardam coisas velhas; **~•yard** *s* depósito *m* de madeira.
lu•mi•na•ry ['luːmɪnərɪ] *s* corpo *m*
celestial; corpo *m* luminoso; *fig.* pessoa *f* erudita; **~•nous** [_əs] *adj □* luminoso, brilhante.
lump [lʌmp] **1.** *s* pedaço *m;* inchaço
m; torrão *m (sugar, etc.);* nó *(in
throat); in the ~* em conjunto; **~ sugar** açúcar *m* em torrões; **~ sum**
quantia *f* global; **2.** *v/t* amontoar; **~•y**
adj □ (-ier, -iest) grumoso; encaro-
çado.
lu•na•cy ['luːnəsɪ] *s* loucura *f.*
lu•nar ['luːnə] *adj* lunar; **~ module**
space travel: módulo *m* lunar.
lu•na•tic ['luːnətɪk] **1.** *adj* lunático,
louco, doido; **2.** *s* lunático *m;* louco
m.

lunch [lʌntʃ], *formal* **lun•cheon**
['lʌntʃən] **1.** *s* almoço *m;* **2.** *v/i* al-
moçar; **~ hour, ~ time** *s* hora *f* de
almoço.
lung *anat.* [lʌŋ] *s* pulmão *m; the ~s*
pl os pulmões *m pl.*
lunge [lʌndʒ] **1.** *s fencing:* estocada
f; **2.** *v/i fencing:* dar uma estocada
(at em); arremeter contra alguém
(at).
lurch [lɜːtʃ] **1.** *v/i* balançar; **2.** *s: leave in the ~* deixar em apuros.
lure [ljʊə] **1.** *s* isca *f; fig.* chamariz *m;*
2. *v/t* atrair enganadoramente; seduzir.
lu•rid ['ljʊərɪd] *adj □* lúgubre, sombrio; horrível, berrante *(colours);*
chocante.
lurk [lɜːk] *v/i* aguardar, espiar; **~
about, ~ around** estar à espreita;
lus•cious ['lʌʃəs] *adj □* delicioso, saboroso; *girl:* delicioso.
lush [lʌʃ] *adj* luxuriante; suculento,
saboroso.
lust [lʌst] **1.** *s* luxúria *f;* lascívia *f;*
cobiça *f;* **2.** *v/i:* **~ after, ~ for** cobiçar, desejar avidamente.
lus|tre, *Am.* **-ter** ['lʌstə] *s* lustro *m;*
brilho *m;* **~•trous** *adj □* lustroso, brilhante.
lust•y ['lʌstɪ] *adj □ (-ier, -iest)* forte,
saudável, enérgico, robusto.
lute *mus.* [luːt] *s* alaúde *m.*
Lu•ther•an ['luːθərən] *adj* luterano.
lux•ate *med.* ['lʌkseɪt] *v/t* deslocar, fazer uma luxação.
lux•u•ri•ant [lʌg'zjʊərɪənt] *adj □* luxuriante; **~•ri•ate** [_ɪeɪt] *v/i* deleitar-
-se *(in* com); **~•ri •ous** [_ɪəs] *adj □*
luxuoso; voluptuoso; **~•ry** ['lʌkʃərɪ]
s luxo *m;* conforto *m;* artigos *m pl* de
luxo.
lye [laɪ] *s* barrela *f;* lixívia *f.*
ly•ing ['laɪɪŋ] **1.** *ppr of* lie[1] 2 *and* lie[2]
2; **2.** *adj* mentiroso; falso; **~-in** *med.*
[_'ɪn] *s* parto *m.*
lymph *physiol.* [lɪmf] *s* linfa *f.*
lynch [lɪntʃ] *v/t* linchar; **~ law** ['lɪntʃ-
lɔː] *s* execução *f* sumária.
lynx *zoo.* [lɪŋks] *s* lince *m.*
lyr|ic ['lɪrɪk] **1.** *adj* lírico; **2.** *s* poesia *f*
lírica; **~s** versos *m pl; of song:* letra *f*
de canção; **~•i•cal** *adj □* lírico; *fig.* sentimental, romântico.

M

ma F [mɑː] *s* mamã *f.*

ma'am [mæm] *s addressing the Queen:* Majestade; *Am. addressing a woman politely:* minha senhora *(dated or formal).*

mac *Br.* F [mæk] → *mackintosh.*

ma•ca•bre [məˈkɑːbrə] *adj* macabro.

mac•a•ro•ni [mækəˈrəʊnɪ] *s sg* macarrão *m;* massa *f.*

mach•i•na•tion [mækɪˈneɪʃn] *s mst pl* maquinação *f.*

ma•chine [məˈʃiːn] **1.** *s* máquina *f;* mecanismo *m;* **2.** *v/t* trabalhar com máquinas; costurar à máquina; **~-made** feito à máquina; **~-rea•da•ble** *adj computer:* legível por máquina.

ma•chin•e•ry [məˈʃiːnərɪ] *s* maquinaria *f,* máquinas *f pl;* **~•ist** [_ɪst] *s* maquinista *m/f;* costureira *f.*

ma•chine time [məˈʃiːntaɪm] *s* tempo *m* de funcionamento; *computer:* tempo *m* de leitura; **~ trans•la•tion** *s* tradução *f* por computador.

mack *Br.* F [mæk] → *mackintosh.*

mack•e•rel *zoo.* [ˈmækrəl] *s* cavala *f.*

mack•in•tosh *esp. Br.* [ˈmækɪntɒʃ] *s* impermeável *m;* gabardina *f* impermeável.

mac•ro(-) [ˈmækrəʊ] **1.** *in compounds:* macro…; **2.** *s (pl -ros) computer:* macro *f.*

mad [mæd] *adj* □ louco, doido; divertido; F furioso; *fig.* doido; **go ~,** *Am.* **get ~** ficar louco, enlouquecer; **drive s.o. ~** enfurecer alguém; **like ~** como doido *(work, etc.).*

mad•am [ˈmædəm] *s addressing a woman politely:* minha senhora *(both dated and formal);* → *sir.*

mad∥cap [ˈmædkæp] **1.** *adj* doido; **2.** *s* tipo *m* doido; **~•den** *v/t* enfurecer, enlouquecer; **~•den•ing** *adj* □ exasperante, que enfurece.

made [meɪd] *pret and pp of* **make** 1; **~ of gold** de ouro.

mad∥house [ˈmædhaʊs] *s* casa *f* de doidos; **~•ly** *adv* como louco, loucamente; **~•man** *s* louco *m;* **~•ness** *s* loucura *f;* raiva *f;* **~•wom•an** *s* louca *f.*

mag•a•zine [mægəˈziːn] *s* revista *f;* publicação *f;* depósito *m* de munições.

Ma•gi [ˈmeɪdʒaɪ] *s pl:* **the (three) ~** os (três) Reis Magos.

ma•gic [ˈmædʒɪk] **1.** *adj (~ally), a.* **~•al** □ mágico; **2.** *s* magia *f; fig.* magia *f,* algo de espantoso; **ma•gi•cian** [məˈdʒɪʃn] *s* mágico *f;* prestigitador *m.*

ma•gis•trate [ˈmædʒɪstreɪt] *s* magistrado/a *m/f;* juiz/juíza *m/f.*

mag•net [ˈmægnɪt] *s* íman *m,* magneto *m;* **~ school** *Br. appr.* escola *f* de elite; **~•ic** [mægˈnetɪk] *adj (~ally)* magnético; **~ field** *phys.* campo *m* magnético; **~ tape** fita *f* magnética.

mag•nif∥i•cence [mægˈnɪfɪsns] *s* magnificência *f;* esplendor *m;* **~•i•cent** [_t] *adj* magnífico, grandioso.

mag•ni∥fy [ˈmægnɪfaɪ] *v/t* aumentar, ampliar; **~ing glass** lupa *f;* **~•tude** [_tjuːd] *s* magnitude *f;* importância *f;* grandeza *f.*

mag•num [ˈmægnəm] *s champagne:* magnum, garrafa *f* com capacidade aproximada de dois litros.

mag•pie *zoo.* [ˈmægpaɪ] *s* pega *f.*

ma•hog•a•ny [məˈhɒgənɪ] *s* mogno *m;* madeira *f* de mogno.

maid [meɪd] *s* criada *f,* empregada *f* doméstica; *old or lit.:* jovem *f* solteira; **old ~** solteirona *f;* **~ of hono(u)r** dama *f* de honor.

maid•en [ˈmeɪdn] **1.** *s* → *maid;* **2.** *adj* solteira; virgem; *fig.* inaugural; novo, sem uso; **~ name** *of married woman:* nome *m* de solteira; **~•ly** *adj* puro, virginal.

mail¹ [meɪl] *s hist.* armadura *f;* cota *f* de malha.

mail² [_] **1.** *s* correio *m;* expedição *f* de correspondência; **by ~** por correio; **2.** *v/t esp. Am.* enviar pelo correio; pôr no correio; **~•a•ble** *adj Am.* que pode ser enviado pelo correio; **~-bag** *s* mala *f* postal; *Am. postman's bag:* saco *f* do correio; **~•box** *s Am.* caixa *f* do correio; **~•car•ri•er** *Am.,* **~•man** *s Am.* carteiro *m;* **~ or•der** *s of goods:* encomenda *f* postal; **~-order…** *in compounds:* de venda por correspondência.

maim [meɪm] *v/t* mutilar.

main [meɪn] **1.** *adj* principal, mais importante; **by ~ force** com toda a for-

ça; ~ **road** estrada *f* principal; **2.** *s
mst* ~**s** *pl* esgoto *m* principal; rede *f*
eléctrica; **in the** ~ na maior parte,
principalmente; ~**frame** *s computer:*
mainframe *m;* ~**land** *s* continente *m;*
~**ly** *adv* principalmente; ~**spring** *s*
mola *f* principal *(in a watch); tech.
and fig.* causa *f* principal; ~**stay** *s
mar.* estai *m,* esteio *m; fig.* suporte *m*
principal; ~**stream** *s* corrente *f* principal; *fig.* forma *f* de agir da maioria.

main•tain [mein'tein] *v/t* manter,
conservar; guardar; *tech. and mot. a.*
cuidar de, fazer a manutenção de, dar
assistência a.

main•te•nance ['meintənəns] *s* manutenção *f;* conservação *f; tech. and
mot. a.* assistência *f.*

maize *esp. Br. bot.* [meiz] *s* milho *m.*

ma•jes|tic [mə'dʒestɪk] *adj (~ally)*
majestoso; ~**ty** ['mædʒəsti] *s* majestade *f;* grandiosidade *f;* excelência *f.*

ma•jor ['meidʒə] **1.** *adj* principal; *fig.
a.* significativo, importante; *jur.* maior
de idade; **C** ~ *mus.* C maior; ~ **key**
mus. tom *m* maior; ~ **league** *Am. baseball, etc.:* primeira divisão; ~ **road**
estrada *f* principal; **2.** *s mil.* major
m/f; jur. pessoa *f* maior de idade; *Am.
univ.* especialização *f; mus.* tom *m.*

ma•jor•i•ty [mə'dʒɒrəti] *s* maioria *f;
jur.* maioridade *f; a* **two-thirds** ~
uma maioria de dois terços; ~ **decision** decisão *f* maioritária; ~ **vot•ing**
s pol. votação *f* por maioria.

make [meik] **1.** *(made) v/t* fazer; *manufacture:* fabricar, produzir; *meal:*
preparar; *create:* criar, conseguir; *result:* resultar; *appoint:* nomear; *compel:* forçar, compelir; *force:* obrigar;
money: ganhar; *turn out to be:* resultar, mostrar-se; *achieve:* F conseguir,
ter sucesso; *mistake:* cometer; *peace,
etc.:* fazer; *speech:* fazer; F *distance:*
percorrer, vencer; ~ **sth. do,** ~ **do
with s.th.** contentar-se com alguma
coisa; **do you** ~ **one of us?** vem
conosco? **what do you** ~ **of it?** o
que é que acha? ~ **friends with** travar amizade com; ~ **good** confirmar;
promise, etc.: cumprir; ~ **haste**
apressar-se; ~ **way** abrir caminho,
progredir; *v/i* preparar-se para, dispor-
-se a; levar a, conduzir *(way, etc.);*

with adverbs and prepositions: ~
away with desfazer-se; pôr de parte,
esbanjar *(money);* ~ **for** dirigir-se a;
~ **into** empregar; ~ **off** fugir, evadir-
-se; ~ **out** decifrar; avistar, reconhecer; compreender; *bill, etc.:* preencher,
pagar; ~ **over** *property:* transferir
para; ~ **up** compor; reunir, juntar; *invent:* inventar; *quarrel:* criar; maqui-
lhar-se; ~ **up one's mind** resolver-
-se; **be made up of** consistir de,
compor-se de; ~ **up for** compensar;
2. *s* marca *f;* forma *f;* fabrico *m.*

make|-be•lieve ['meikbiliːv] *s* apa-
rência *f,* ilusão *f;* **mak•er** *s* fabricante
m; ♀ criador *m (God);* ~**shift 1.** *s*
expediente *m;* **2.** *adj* provisório, temporário; ~**-up** *s cosmetics:* maquilhagem *f;* make-up *m; theatre:* caracterização *f; print:* composição *f.*

mak•ing ['meikiŋ] *s* fabrico *m;* con-
fecção *f;* **be in the** ~ estar a ser fa-
bricado ou formado, F estar a ser arranjado; **he has the** ~**s of** ele tem
as qualidades para.

mal•ad•just|ed [mælə'dʒʌstid] *adj*
desajustado, inadaptado; ~**ment** *s*
inadaptação *f.*

mal•ad•min•i•stra•tion [mælədmɪ-
nɪ'streɪʃn] *s* má administração *f; pol.*
administração *f* desonesta ou incom-
petente.

male [meil] **1.** *adj* masculino; **2.** *s* homem *m; zoo.* macho *m;* ~ **chau•vin-
ist** *s* chauvinista *m,* machista *m;* ~
pig F porco *m* chauvinista; ~ **nurse** *s
med.* enfermeiro *m.*

mal•e•dic•tion [mæli'dikʃn] *s* maldição *f;* praga *f.*

mal•for•ma•tion [mælfɔː'meɪʃn] *s*
malformação *f,* defeito *m.*

mal•ice ['mælis] *s* malícia *f;* maldade *f.*

ma•li•cious [mə'liʃəs] *adj* □ malicioso, maldoso; ~**ness** *s* malícia *f.*

ma•lign [mə'lain] **1.** *adj* □ maligno;
med. → **malignant; 2.** *v/t* difamar;
ma•lig•nant [mə'lignənt] *adj med.*
maligno; **ma•lig•ni•ty** [_əti] *s* ma-
lignidade *f (a. med.),* perversidade *f.*

mall *Am.* [mɔːl, mæl] *s* centro *m* comercial; rua *f* com lojas.

mal•let ['mælit] *s* maço *m,* marreta *f;
sports:* bastão *m.*

mal•nu•tri•tion [mælnjuːˈtrɪʃn] s desnutrição f; subnutrição f.

mal•prac•tice [mælˈpræktɪs] s med. tratamento f deficiente ou negligente; jur. deslealdade f (in an official position, etc.); crime f, delito m.

malt [mɔːlt] s malte m.

mal•treat [mælˈtriːt] v/t maltratar; negligenciar.

ma•ma, mam•ma [məˈmɑː] s mamã f, mãezinha f.

mam•mal zoo. [ˈmæml] s mamífero m.

mam•moth [ˈmæməθ] 1. s zoo. mamute m; 2. adj fig. gigantesco.

mam•my F [ˈmæmɪ] s mamã f; Am. contp. aia negra f de crianças.

man [mæn, -mən] 1. s (pl **men** [men; -mən]) homem f; ser m humano; humanidade f; servant: criado m, empregado m; worker: trabalhador m; mil. soldado m; F husband: marido m, companheiro m; F boyfriend: amigo m, namorado m; F lover: homem m, amante m; chess: peça f; draughts: pedra f; **the ~ in** (Am. a. **on**) **the street** o homem comum, o homem do povo; 2. adj masculino; 3. v/t (-nn-) mil., mar. tripular, guarnecer; ~ **o.s.** ganhar coragem.

man•age [ˈmænɪdʒ] v/t manejar, manipular; company, etc.: administrar; estate, etc.: administrar; artist, actor, etc.: orientar, gerir; conseguir (fazer); F work, meal, etc.: orientar, arranjar; ~ **to** inf. conseguir fazer, arranjar-se; v/i administrar; F arranjar-se; F tornar possível; ~•**ale** adj □ manejável; manso; ~•**ment** s administração f; econ. gerência f, direcção f; táctica f; ~ **studies** estudos m pl de gestão; **labo(u)r and** ~ os trabalhadores e o patronato.

man•ag•er [ˈmænɪdʒə] s administrador m; econ. gerente m, director m; chefe m; theat. superintendente m; theat. director m; empresário m (of artist, actor, etc.); sports: técnico m; **be a good** ~ ser bom em gestão; ~•**ess** s administradora f; econ. gerente f; directora f; empresária f (of artist, actor, etc.).

man•a•ge•ri•al econ. [mænəˈdʒɪərɪəl] adj administrativo, relativo à

gerência de; directivo; ~ **position** cargo directivo; ~ **staff** pessoal m administrativo.

man•ag•ing econ. [ˈmænɪdʒɪŋ] adj administrativo, directivo.

man|date [ˈmændeɪt] s mandato m; procuração f; ~•**da•to•ry** [ˌətərɪ] adj mandatório; obrigatório.

mane [meɪn] s crina f; juba f.

ma•neu•ver [məˈnuːvə] → **ma-noeuvre.**

man•ful [ˈmænfl] adj □ másculo; corajoso, valente.

mange vet. [meɪndʒ] s sarna f.

mang•y [ˈmeɪndʒɪ] adj □ (-ier, -iest) vet. sarnento; fig. sórdido; pelintra.

man•hood [ˈmænhʊd] s idade f adulta; virilidade f.

ma•ni•a [ˈmeɪnɪə] s mania f; obsessão f; desejo m excessivo; ~**c** [ˈmeɪnɪæk] s maníaco/a m/f; fanático/a m/f; louco/a m/f.

man•i•cure [ˈmænɪkjʊə] 1. s manicura f; 2.v/t arranjar as unhas a.

man•i|fest [ˈmænɪfest] 1. adj □ manifesto, claro, evidente; 2. v/t manifestar, mostrar; 3. s mar. manifesto m; ~•**fes•ta•tion** [mænɪfeˈsteɪʃn] s manifestação f; demonstração f; ~•**fes•to** [mænɪˈfestəʊ] s (pl -tos, -toes) manifesto m; pol. manifesto m, programa m eleitoral (of a party).

man•i•fold [ˈmænɪfəʊld] 1. adj □ multifacetado, múltiplo; 2. v/t mimeografar, copiar.

ma•nip•u•late [məˈnɪpjʊleɪt] v/t manipular, manusear; ~•**la•tion** [mənɪpjʊˈleɪʃn] s manipulação f; manuseamento m; manobra f.

man| jack [mænˈdʒæk] s: **every** ~ todos, cada um; ~•**kind** [ˌˈkaɪnd] s humanidade f, os homens m pl; ~•**ly** adj (-ier, -iest) másculo, viril.

man•ner [ˈmænə] s modo f; maneira f; espécie f; género m; estilo m; **in this** ~ desta maneira, desta forma; ~**s** pl maneiras f pl, comportamento m; ~•**ed** adj afectado; artificial; ~•**ly** adj educado, cortês.

ma•noeu•vre, Am. **ma•neu•ver** [məˈnuːvə] 1. s manobra f (a. fig.); 2. v/i and v/t manobrar (a. fig.).

man-of-war dated [mænəvˈwɔː] s (pl **men-of-war**) vaso m de guerra.

M

man•or *Br.* ['mænə] *s* hist. solar *m;* terras *f pl* senhoriais; **lord of the ~** senhor *m* feudal; **~-house** *s* casa *f* senhorial, solar *m.*

man•pow•er ['mænpaʊə] *s* mão-de--obra *f;* potencial *m* humano.

man•ser•vant ['mænsɜːvənt] *s (pl* **men-servants)** criado *m.*

man•sion ['mænʃn] *s* mansão *f;* solar *m.*

man•slaugh•ter *jur.* ['mænslɔːtə] *s* homicídio *m* involuntário; carnificina *f.*

man•tell|piece ['mæntlpiːs], **~•shelf** *s* cornija *f* da lareira.

man•tle ['mæntl] **1.** *s* tech. meia *f* incandescente; *fig.* capa *f;* **a ~ of snow** um manto de neve; **2.** *v/t* cobrir, tapar.

man•u•al ['mænjʊəl] **1.** *adj* manual, feito à mão; **2.** *s* manual *m*, livro *m* de instruções.

man•u•fac|ture [mænju'fæktʃə] **1.** *s* manufactura *f*, fabrico *m;* **2.** *v/t* manufacturar, fabricar; produzir; **~•tur•er** *s* fabricante *m;* **~•tur•ing** *adj* industrial.

ma•nure [mə'njʊə] **1.** *s* estrume *m;* adubo *m;* **2.** *v/t* estrumar, adubar.

man•u•script ['mænjʊskrɪpt] *s* manuscrito *m.*

man•y ['menɪ] **1.** *adj* **(more, most)** muitos/as; **~ times** muitas vezes; **as ~ as** tantos/as quantos/as; **he's had one too ~** F ele bebeu um copo a mais; **2.** *s* grande número; multidão *f;* **a good ~** bastantes; **a great ~** muitíssimos/as.

map [mæp] **1.** *s* mapa *m;* carta *f;* of *streets, town:* planta *f;* **2.** *v/t* **(-pp-)** fazer um mapa de; **~ out** *fig.* planear, traçar.

ma•ple bot. ['meɪpl] *s* bordo *m.*

mar [mɑː] *v/t* **(-rr-)** estragar; frustrar.

mar•ble ['mɑːbl] **1.** *s* mármore *m;* berlinde *m;* **2.** *adj* de mármore, marmóreo.

March¹ [mɑːtʃ] *s* Março *m.*

march² [_] **1.** *s* marcha *f; fig.* saída *f;* **the ~ of events** a marcha dos acontecimentos; **2.** *v/i* and *v/t* marchar; *fig.* continuar, progredir.

mare [meə] *s* zoo. égua *f;* **~'s nest** *fig.* boato *m* de jornal.

mar•ga•rine [mɑːdʒə'riːn], *Br.* F **marge** [mɑːdʒ] *s* margarina *f.*

mar•gin ['mɑːdʒɪn] *s* margem *f (a. fig.);* fronteira *f (a. fig.);* espaço *m;* período *m* de tempo; margem *f* de lucro; **by a narrow ~** *fig.* por pouco; **~•al** *adj* □ marginal; **~ note** nota *f* à margem.

ma•ri•na [mə'riːnə] *s* marina *f;* porto *m* de abrigo para barcos de recreio.

ma•rine [mə'riːn] **1.** *s* marinha *f;* **2.** *adj* marinho, marítimo; **mar•i•ner** ['mærɪnə] *s* fuzileiro *m;* marinheiro *m.*

mar•i•tal ['mærɪtl] *adj* □ marital; **~ status** *jur.* estado *m* civil.

mar•i•time ['mærɪtaɪm] *adj* marinho; marítimo.

mark¹ [mɑːk] *s* marco *m* (moeda).

mark² [_] **1.** *s* marca *f;* marcação *f;* inscrição *f; sign:* sinal *m (a. fig.); indication:* sinal *m* indicativo, placa *f; birth~:* sinal *m* de nascimento; *target:* alvo *(a. fig.);* of *feet, tyres, etc.:* rasto *m (a. fig.); trade mark:* marca *f; econ.* indicação *f; at school:* nota *f; sports:* linha *f* de partida; *fig.* norma *f; fig.* significado *m;* **a man of ~** uma personalidade importante; **be up to the ~** estar em forma; **be wide of the ~** *fig.* enganar-se; desconhecer um assunto; **hit the ~** *fig.* acertar no alvo; **miss the ~** *fig.* não acertar no alvo; **2.** *v/t* marcar, desenhar; observar, prestar atenção a; notar; *at school:* corrigir, dar notas; *note:* anotar, notar; *econ. goods:* marcar; *econ. price:* estabelecer, marcar; *sports:* anotar (pontos); **~ my words** não se esqueça do que lhe digo; **to ~ the occasion** para assinalar a ocasião; **~ down** anotar, notar; *econ. price:* baixar; **~ off** delimitar, demarcar; *esp. on a list:* assinalar; **~ out** *with lines, etc.:* marcar, assinalar; **~ up** *econ. price:* subir; *v/i* marcar, prestar atenção; *sports:* anotar; **~ed** *adj* □ marcado; anotado; **~•er** ['mɑːkə] *s* marcador *m;* marca *f; sports:* fiscal *m/f.*

mar•ket ['mɑːkɪt] **1.** *s* mercado *m; Am.* loja *f* de víveres; *econ.* venda *f;* **in the ~** no mercado; **be on the ~** estar à venda; **play the ~** especular na bolsa; **2.** *v/t* comercializar; vender;

v/i esp. Am. **go ~ing** ir às compras; **~•a•ble** *adj* □ comercializável; **~e•con•o•my** *s econ.* economia *f* de mercado; **~•eer** [mɑːkəˈtɪə] *s Br. pol.* partidário/a da CE; **~ for•ces** *s pl econ.* forças *f pl* do mercado; **~ gar•den** *s Br.* horta *f;* **~•ing** *s econ.* marketing *m;* **~ mech•a•nis•ms** *s pl econ.* mecanismos *m pl* do mercado; **~ position** *s econ.:* **dominant** ~ posição dominante no mercado; **~ re•search** *s econ.* pesquisa *f* de mercado.

marks•man [ˈmɑːksmən] *s* atirador com boa pontaria; **~•ship** *s* excelência *f* no tiro ao alvo.

mar•ma•lade [ˈmɑːməleɪd] *s esp.* doce *m* de laranja.

mar•mot *zoo.* [ˈmɑːmət] marmota *f.*

ma•roon [məˈruːn] **1.** *adj* castanho--avermelhado; **2.** *v/t on island:* ficar abandonado; **3.** *s* foguete *m* luminoso.

mar•riage [ˈmærɪdʒ] *s* casamento *m;* boda *f; civil* ~ casamento civil; **mar•ria•gea•ble** [_dʒəbl] *adj* casadoiro; **~ ar•ti•cles** *s pl* contrato *m* de casamento; **~ cer•tif•i•cate** *s,* **~ li•nes** *s pl esp. Br.* F certidão *f* de casamento; **~ por•tion** *s* dote *m.*

mar•ried [ˈmærɪd] *adj* casado; conjugal, matrimonial; **~ couple** casal *m;* **~ life** vida *f* conjugal.

mar•row [ˈmærəʊ] *s anat.* medula *f; fig.* âmago *m,* cerne *m; (vegetable)* **~** *Br. bot.* abóbora *f;* **frozen to the ~** gelado até aos ossos.

mar•ry [ˈmærɪ] *v/t* casar; *eccl.* unir; **get married to** casar-se com; *v/i* casar-se.

marsh [mɑːʃ] *s* pântano *m;* paúl *m.*

mar•shal [ˈmɑːʃl] **1.** *s mil.* marechal *m; hist.* mestre-de-cerimónias *m; Am.* director; *Am.* oficial *m* superior da polícia, chefe *m* de divisão; *US* ~ *Am.* oficial *m/f* de diligências; **2.** *v/t (esp. Br. -ll-, Am. -l-)* ordenar; dispor; conduzir; *rail. train:* montar.

marsh•y [ˈmɑːʃɪ] *adj (-ier, -iest)* pantanoso.

mar•ten *zoo.* [ˈmɑːtɪn] *s* marta *f.*

mar•tial [ˈmɑːʃl] *adj* □ marcial, militar; **~ law** *mil.* lei *f* marcial.

mar•tyr [ˈmɑːtə] **1.** *s* mártir *m/f;* **2.** *v/t* martirizar.

mar•vel [ˈmɑːvl] **1.** *s* maravilha *f;* prodígio *m;* **2.** *v/i (esp. Br. -ll-, Am. -l-)* maravilhar-se, admirar-se; **~•(l)ous** [ˈmɑːvələs] *adj* □ maravilhoso; espantoso.

mar•zi•pan [mɑːzɪˈpæn] *s* maçapão *m.*

mas•ca•ra [mæˈskɑːrə] *s* rímel *m.*

mas•cot [ˈmæskət] *s* mascote *f.*

mas•cu•line [ˈmæskjʊlɪn] *adj gr.* masculino; *appearance, voice:* masculino, másculo.

mash [mæʃ] **1.** *s* mistura *f; brewing:* mosto *m; fodder:* farelo *m;* puré *m;* **2.** *v/t* amassar, misturar; **~ed potatoes** *pl* puré *m* de batata; **~•er** *s* passador *m,* triturador *m.*

mask [mɑːsk] **1.** *s* máscara *f;* **2.** *v/t* mascarar; *fig.* disfarçar, dissimular; **~ed** *adj* mascarado; **~ advertising** publicidade *f* escondida; **~ ball** baile *m* de máscaras.

ma•son [ˈmeɪsn] *s* pedreiro *m/f;* canteiro *m/f; mst* ⚥ pedreiro-livre *m,* maçon *m;* **~•ry** *s* maçonaria *f.*

mas•que•rade [mæskəˈreɪd] **1.** *s* baile *m* de máscaras; *fig.* farsa *f,* mascarada *f;* **2.** *v/i fig.* mascarar-se.

mass [mæs] **1.** *s eccl. a.* ⚥ Missa *f;* massa *f;* grande quantidade *f; the* **~es** *pl* as massas *f pl,* o povo *m;* **~ media** *pl* meios *m pl* de comunicação de massas; **~ meeting** concentração *f* de massas; **2.** *v/t and v/i* reunir(-se).

mas•sa•cre [ˈmæsəkə] **1.** *s* massacre *m;* **2.** *v/t* massacrar.

mas•sage [ˈmæsɑːʒ] **1.** *s* massagem *f;* **2.** *v/t* massajar.

mas•sif [ˈmæsiːf] *s* maciço *m.*

mas•sive [ˈmæsɪv] *adj* enorme; pesado; *fig.* maciço.

mast *mar.* [mɑːst] *s* mastro *m.*

mas•ter [ˈmɑːstə] **1.** *s* mestre *m;* senhor *m (a. fig.);* amo *m; esp. Br.* professor *m; mar. of merchant ship:* capitão *m; univ.* reitor *m;* ⚥ *of Arts (abbr. MA)* Magister *m* Artium, licenciatura *f* em letras; **~ of ceremonies** *esp. Am.* conferencista *m/f;* **be one's own** ~ ser independente; **2.** *adj* superior; principal; **3.** *v/t* dominar; *language, etc.:* dominar; **~-key** *s* chave--mestra *f;* **~•ly** *adj* magistral; **~•piece** *s* obra-prima *f;* **~•ship** *s* do-

M

mínio *m;* controlo *m; esp. Br.* sabedoria *f;* ~•y *s* domínio *m,* poder *m;* autoridade *f;* mestria *f.*

mas•tur•bate ['mæstəbeɪt] *v/i and v/t* masturbar(-se).

mat [mæt] **1.** *s* esteira *f;* capacho *m;* **2.** *v/t and v/i (-tt-)* entrelaçar; *fig.* implicar; **3.** *adj* fosco, embaciado.

match[1] [mætʃ] *s* fósforo *m.*

match[2] [_] **1.** *s sports:* partida *f,* jogo *m,* encontro *m;* casamento *m;* igual *m/f;* **be a ~ for** estar à altura de; **find** *or* **meet one's ~** encontrar o seu par, o seu igual; **2.** *v/t* igualar, combinar com, cmparelhar com; ficar bem com; unir, casar; **be well ~ed** estar de acordo, combinar bem; *v/i* casar-se; combinar, ficar bem.

match•box ['mætʃbɒks] *s* caixa *f* de fósforos.

match||**less** ['mætʃlɪs] *adj* □ incomparável, sem igual, único; ~•**mak•er** *s* casamenteiro/a *m/f.*

mate[1] [meɪt] → **checkmate.**

mate[2] [_] **1.** *s* camarada *m/f,* F amigo/a *m/f; work:* colega *m/f; spouse:* companheiro/a *m/f; of animals:* macho *m,* fêmea *f; assistant:* ajudante *m/f; mar.* imediato *m/f;* **2.** *v/t and v/i* casar(-se); acasalar(-se).

ma•te•ri•al [mə'tɪərɪəl] **1.** *adj* □ material; corpóreo; essencial, importante; **2.** *s* material *m;* matéria *f;* substância *f;* **writing ~s** *pl* material *m* de escrita.

ma•ter||**nal** [mə'tɜːnl] *adj* □ maternal; materno; ~•**ni•ty** [_ətɪ] **1.** *s* maternidade *f;* **2.** *adj* de maternidade, de gravidez; **~ hospital** maternidade *f;* **~ ward** serviço *m* de obstetrícia.

math *Am.* F [mæθ] *s* F *abbr.* matemática *f.*

math•e||**ma•ti•cian** [mæθəmə'tɪʃn] *s* matemático/a *m/f;* ~•**mat•ics** [_'mætɪks] *s mst sg* matemática *f.*

maths *Br.* F [mæθs] *s mst sg* F *abbr.* matemática *f.*

mat•i•née *theat., mus.* ['mætɪneɪ] *s* matiné *f,* sessão *f* da tarde.

ma•tric•u•late [mə'trɪkjʊleɪt] *v/t and v/i* matricular(-se).

mat•ri•mo||**ni•al** [mætrɪ'məʊnɪəl] *adj* matrimonial; ~•**ny** ['mætrɪmənɪ] *s* matrimónio *m.*

ma•trix ['meɪtrɪks] *s (pl -trices* [-trɪsiːz], *-trixes) s tech.* matriz *f (a. math.).*

ma•tron ['meɪtrən] *s* matrona *f; Br.* enfermeira-chefe *f.*

mat•ter ['mætə] **1.** *s* matéria *f;* material *m;* substância *f; med.* pus *m;* coisa *f;* assunto *m,* questão *f;* ensejo *m,* ocasião *f;* causa *f;* **printed ~ mail:** material *m* impresso; **what's the ~ (with you)?** que se passa consigo?; **no ~ who** quem quer que seja; **a ~ of course** logicamente, como era de esperar; evidência *f;* **for that ~, for the ~ of that** no que diz respeito a isso; **a ~ of fact** na realidade, de facto; **2.** *v/i* importar, ter importância; **it doesn't ~** não faz mal, não tem importância; ~-**of-fact** *adj* prático, directo.

mat•tress ['mætrɪs] *s* colchão *m.*

ma•ture [mə'tjʊə] **1.** *adj* □ *(~r, ~st)* maduro *(a. fig.); econ.* vencido; *fig.* desenvolvido; **2.** *v/t and v/i* amadurecer; *econ.* vencer (letra, etc.); **ma•tu•ri•ty** [_rətɪ] *s* maturidade *f; econ.* vencimento *m* de títulos, letras, etc.

maul [mɔːl] *v/t* maltratar, espancar.

Maun•dy Thurs•day *eccl.* [mɔːndɪ'θɜːzdɪ] *s* quinta-feira *f* santa.

maw *zoo.* [mɔː] *s* estômago *m* dos animais, *esp.* de alguns ruminantes; faringe *f;* papo *m.*

mawk•ish [mɔːkɪʃ] *adj* sentimental; piegas.

max•i- ['mæksɪ] maxi, muito grande.

max•im ['mæksɪm] *s* máxima *f.*

max•i•mum ['mæksɪməm] **1.** *s (pl -ma* [-mə], *-mums)* máximo *m;* o ponto mais alto; **2.** *adj* máximo.

May[1] [meɪ] *s* Maio *m.*

may[2] [_] *v/aux (might)* poder; ter licença.

may•be ['meɪbiː] *adv* talvez.

may||**-bee•tle** *zoo.* ['meɪbiːtl], ~-**bug** *s zoo.* besouro *m.*

May•day ['meɪdeɪ] **1.** *int.* Mayday; **2.** *s* sinal *m* de socorro, S.O.S.

May Day ['meɪdeɪ] *s* o primeiro de Maio.

mayor [meə] *s* presidente *m* da Câmara; ~•**ess** [_'res] *s* presidente *f* da Câmara; esposa *f* do presidente da Câmara.

may•pole ['meɪpəʊl] *s* mastro *m* enfeitado para as festas do 1.º de Maio.

M

maze [meɪz] s labirinto m; fig. confusão f; **in a ~** → **~d** [meɪzd] adj confuso.

me [miː, mɪ] pron me, a mim; F eu.

mead [miːd] s hidromel m.

mead•ow ['medəʊ] s prado m.

mea•gre, Am. **-ger** ['miːgə] adj □ magro (a. fig.); escasso.

meal [miːl] s refeição f; farinha f; **go out for a ~** ir comer fora; **enjoy your ~** bom apetite; **~-ticket** senha f de refeição.

mean[1] [miːn] adj □ baixo; médio; avarento; mesquinho; miserável; Am. mau.

mean[2] [_] **1.** adj meio, mediano; **2.** s meio m; **~s** pl meios m pl materiais; **by all ~s** sem dúvida, com certeza; **by no ~s** de maneira nenhuma; **by ~s of** por meio de.

mean[3] [_] (meant) v/t significar, querer dizer; pretender, tencionar; v/i ~ **well (ill)** ter boas (más) intenções.

mean•ing ['miːnɪŋ] **1.** adj □ significativo; **2.** s significado m; sentido m; **~•ful** adj □ significativo; **~•less** adj □ sem significado, sem sentido; desinteressante.

meant [ment] pret and pp of **mean**[3].

mean|time ['miːntaɪm] **1.** adv entretanto; **2.** s: **in the ~** entretanto; **~•while** → **meantime** 1.

mea•sles med. ['miːzlz] s sg sarampo m.

mea•su•ra•ble ['meʒərəbl] adj □ mensurável.

mea•sure ['meʒə] **1.** s medida f; instrumento m de medição; mus. compasso m; medida f, previdência f; fig. critério m; **~ of capacity** medida f de capacidade; **beyond ~** desmedidamente; **in a great ~** em grande medida; **made to ~** feito por medida; **take ~s** tomar medidas; **2.** v/t medir; tomar medidas; v/i: **~ up to** corresponder a; **~d** adj medido; calculado; **~•less** adj □ incomensurável; **~•ment** s medição f; medida f.

meat [miːt] s carne f; fig. conteúdo m; **cold ~** carnes f pl frias; **~•y** adj (-ier, -iest) carnudo; fig. substancial.

me•chan|ic [mɪ'kænɪk] s mecânico m; **~•i•cal** adj □ mecânico; **~ engi-**

neering engenharia f de máquinas; **~•ics** s mst sg phys. mecânica f.

mech•a|nis•m ['mekənɪzəm] s mecanismo m; **~•nize** [_aɪz] v/t mecanizar; **~d** mil. motorizado.

med•al ['medl] s medalha f; **~•(l)ist** [_ɪst] s sports: desportista m/f que conquistou uma medalha.

med•dle ['medl] v/i imiscuir-se, intrometer-se (**with, in** em); **~•some** [_səm] adj intrometido.

me•di•a ['miːdɪə] s pl os media, os meios m pl de comunicação.

med•i•ae•val [medɪ'iːvl] → **medieval**.

me•di•al ['miːdɪəl] adj mediano.

me•di•an ['miːdɪən] adj mediano; intermediário.

me•di•ate ['miːdɪeɪt] v/i mediar (**between** entre); **~•a•tion** [miːdɪ'eɪʃn] s mediação f; **~•a•tor** ['miːdɪeɪtə] s mediador m.

med•i•cal ['medɪkl] **1.** adj □ médico; medicinal; **~ certificate** atestado m médico; **~ man** F médico m; curandeiro m; **2.** s exame m médico.

med•i•cate ['medɪkeɪt] v/t medicar; curar; **~d bath** banho m medicinal.

me•di•ci•nal [me'dɪsɪnl] adj □ medicinal; curativo.

medi•cine ['medsɪn] s medicina f.

med•i•e•val [medɪ'iːvl] adj □ medieval.

me•di•o•cre [miːdɪ'əʊkə] adj mediocre; vulgar.

med•i|tate ['medɪteɪt] v/i meditar, reflectir; v/t planear, pensar, projectar; **~•ta•tion** [_'teɪʃn] s meditação f; reflexão f; **~•ta•tive** ['_tətɪv] adj □ meditativo, pensativo.

Med•i•ter•ra•ne•an [medɪtə'reɪnɪən] **1.** s Mediterrâneo m; **2.** adj mediterrâneo.

me•di•um ['miːdɪəm] **1.** s (pl **-dia** [-dɪə], **-diums**) meio m, meio-termo m; agente m; medium m/f; ambiente m; **2.** adj steak: médio.

med•ley ['medlɪ] s mistura f; mus. medley m, potpourri m.

meek [miːk] adj □ meigo, suave; **~•ness** s suavidade f; meiguice f.

meet [miːt] v/t encontrar; opponent: defrontar; need, demand, etc.: satisfazer; requirements: satisfazer;

deadline: cumprir; conhecer alguém; *Am.* ser apresentado a alguém; *v/i* encontrar-se; dar de caras; reunir-se, juntar-se; conhecer-se; *sports:* defrontar-se; **~ with** encontrar; sofrer; **~•ing** *s* encontro *m;* reunião *f;* assembleia *f;* conferência *f.*

mel•an•chol•y ['melənkəlɪ] **1.** *s* melancolia *f;* tristeza *f;* **2.** *adj* melancólico, triste.

mel•low ['meləʊ] **1.** *adj* □ maduro; suave; **2.** *v/t and v/i* amadurecer; suavizar(-se).

me•lo|di•ous [mɪ'ləʊdɪəs] *adj* □ melodioso, melódico; **~•dy** ['melədɪ] *s* melodia *f;* canção *f.*

mel•on *bot.* ['melən] *s* melão *m.*

melt [melt] *v/i* derreter-se *(a. v/t);* fig. desvanecer-se (*at* com); **~•ing-point** *s* phys. ponto *m* de fusão; **~•ing-pot** *s* fig. mistura *f* de raças na mesma sociedade.

member ['membə] *s* membro *m/f;* sócio/a *m/f;* ⚋ **of Parliament** *parl. Br.* deputado/a *m/f;* ⚋ **of Congress** *parl. Am.* congressista *m/f;* **~ of the European Parliament** (*abbr.* **MEP**) membro do Parlamento Europeu; **~•ship** *s* condição *f* de membro; número *m* de sócios; **~ card** cartão *m* de membro; **~ state** *s pol. of EC:* estado *m* membro.

mem•brane ['membreɪn] *s* membrana *f;* película *f.*

me•men•to [mɪ'mentəʊ] *s (pl* **-toes, -tos**) memorial *m;* lembrança *f.*

mem•o ['meməʊ] *s (pl* **-os**) → **memorandum.**

mem•oir ['memwɑ:] *s* memorial *m;* **~s** *pl* memórias *f pl.*

mem•o|ra•ble ['memərəbl] *adj* □ memorável; **~•ran•dum** [ˌ'rændəm] *s (pl* **-da** [-də], **- dums**) memorando *m;* pol. nota *f; jur.* libelo *m;* **~•ri•al** [mɪ'mɔ:rɪəl] *s* monumento *m* comemorativo (**to** a); lembrança *f;* petição *f;* **~•rize** ['meməraɪz] *v/t* memorizar, decorar; **~•ry** ['memərɪ] *s* lembrança *f,* recordação *f; computer:* memória *f;* **in ~ of** em memória de.

men [men] *pl of* **man** 1; humanidade *f.*

men•ace ['menəs] **1.** *v/t* ameaçar; **2.** *s* ameaça *f;* perigo *m.*

mend [mend] **1.** *v/t* consertar, remendar; melhorar; **~ one's ways** emendar-se; *v/i* emendar-se; **2.** *s* remendo *m;* **on the ~** no bom caminho.

men•da•cious [men'deɪʃəs] mentiroso; falso.

men•di•cant ['mendɪkənt] **1.** *adj* mendicante; **2.** *s* pedinte *m/f,* mendigo/a *m/f.*

men•in•gi•tis *med.* [menɪn'dʒaɪtɪs] meningite *f.*

men•stru|ate *physiol.* ['menstrʊeɪt] *v/i* menstruar, ter o período; **~•a•tion** [ˌ'eɪʃn] *s* menstruação *f.*

men•tal ['mentl] *adj* □ mental; espiritual; *esp. Br.* F doente mental, perturbado; **~ arithmetic** contas *f pl* de cabeça; **~ handicap** deficiência *f* mental; **~ home, ~ hospital** hospital *m* psiquiátrico; **~ly handicapped** mentalmente deficiente; **~•i•ty** [men'tælətɪ] *s* mentalidade *f.*

men•tion ['menʃn] **1.** *s* menção *f;* **2.** *v/t* mencionar; **don't ~ it!** não tem de quê!

men•u ['menju:] *s* ementa *f; computer:* menu *m.*

mer•can•tile [mɜ:kəntaɪl] *adj* mercantil.

mer•ce•na•ry [mɜ:sɪnərɪ] **1.** *adj* mercenário; **2.** *s* mil. mercenário/a *m/f.*

mer•chan•dise ['mɜ:tʃəndaɪz] *s* mercadorias *f pl.*

mer•chant ['mɜ:tʃənt] **1.** *s* comerciante *m/f; esp. Am.* dono/a *m/f* de loja; **2.** *adj* mercantil, mercante; **~ bank** *s* banco *m* comercial; **~•man, ~•ship** *s* navio *m* mercante.

mer•ci|ful ['mɜ:sɪfl] *adj* □ piedoso; **~•less** *adj* □ impiedoso, cruel.

mer•cu•ry [mɜ:kjʊrɪ] *s* mercúrio *m.*

mer•cy ['mɜ:sɪ] *s* piedade *f;* misericórdia *f;* **be at the ~ of s.o.** estar à mercê de alguém.

mere [mɪə] *adj* □ mero, simples; **~•ly** ['mɪəlɪ] *adv* meramente, simplesmente.

merge [mɜ:dʒ] *v/t and v/i* misturar (*in* com) *econ.* fundir; **merg•er** *s* mistura *f;* econ. fusão *f.*

me•rid•i•an [mə'rɪdɪən] *s* geogr. meridiano *m; fig.* apogeu *m.*

mer|it ['merɪt] **1.** *s* mérito *m;* valor *m;* **2.** *v/t* merecer; ganhar; **~•i•toc•ra•cy**

M

mermaid

[merɪ'tɒkrəsɪ] s meritocracia f; **~•i•to•ri•ous** [_'tɔːrɪəs] adj □ meritório; digno de louvor.

mer•maid ['mɜːmeɪd] s sereia f.

mer•ri•ment ['merɪmənt] s alegria f.

mer•ry ['merɪ] adj □ *(-ier, -iest)* alegre, divertido; *make ~* divertir-se, estar alegre; *~- go-round* s carrossel m; *~-making* s divertimento m; festa f.

mesh [meʃ] **1.** s malha f; fig. often *~es* pl rede f; *be in ~* tech. engrenar; **2.** v/t enredar; tech. engrenar.

mess[1] [mes] **1.** s desordem f; confusão f; F porcaria f; *trouble:* F sarilho m; *make a ~ of* estragar; **2.** v/t desarrumar, desordenar; sujar; v/i: *~ about, ~ around* F vadiar, perder tempo.

mess[2] [_] s rancho m; cantina f.

mes•sage ['mesɪdʒ] s mensagem f; recado m; *give s.o. a ~* dar um recado a alguém.

mes•sen•ger ['mesɪndʒə] s mensageiro m.

mess•y ['mesɪ] adj □ *(-ier, -iest)* desarrumado; sujo, porco.

met [met] pret and pp of *meet*.

met•al ['metl] s metal m; **me•tal•lic** [mɪ'tælɪk] adj *(~ally)* metálico.

met•a•phor ['metəfə] s metáfora f.

me•te•or ['miːtɪə] s meteoro m.

me•te•o•rol•o•gy [miːtɪə'rɒlədʒɪ] s meteorologia f.

me•ter tech. ['miːtə] s metro m; medidor m; contador m.

meth•od ['meθəd] s método m; modo m; sistema f; **me•thod•ic** [mɪ'θɒdɪk] *(~ally)*, **me•thod•i•cal**[_kl] adj □ metódico, reflectido.

me•tic•u•lous [mɪ'tɪkjʊləs] adj □ meticuloso, escrupuloso.

me•tre, Am. **-ter** ['miːtə] s metro m.

met•ric ['metrɪk] adj □ *(~ally)* métrico; *~ system* sistema métrico.

me•trop•o•lis [mɪ'trɒpəlɪs] s metrópole f; cidade f importante; **met•ro•pol•i•tan** [metrə'pɒlɪtən] adj metropolitano.

Mex•i•can ['meksɪkən] **1.** adj mexicano; **2.** s mexicano/a m/f.

mi•aow [miː'aʊ] v/i miar.

mice [maɪs] pl of *mouse*.

mi•cro- ['maɪkrəʊ] micro, minúsculo.

mi•cro|chip ['maɪkrəʊtʃɪp] s computer: microchip m; *~•el•ec•tron•ics* s sg microelectrónica f; *~•phone* s microfone m; *~•pro•ces•sor* s microprocessador m; *~•scope* s microscópio m; *~•wave* (ov•en) s forno m microondas; F microondas m.

mid [mɪd] adj meio, médio; *in ~ air* no ar; *be in one's ~-forties* ter quarenta e tal anos; *~•day* **1.** s meio-dia m; **2.** adj do meio-dia.

mid•dle ['mɪdl] **1.** s meio m; centro m; F *waist:* cintura f; **2.** adj médio; *~-aged* adj de meia-idade; *~ Ag•es* s Idade f Média; *~-class* adj burguês, relativo à classe média; *~ class*(•es pl) s classe f média; *~ name* s segundo nome; *~-of-the-road* adj *ideas, political view:* moderado; *~-sized* adj médio; *~ weight* s boxing: peso m médio.

mid•dling ['mɪdlɪŋ] adj mediano; sofrível.

midge zoo. [mɪdʒ] s mosquito m.

midg•et ['mɪdʒɪt] s anão/anã m/f.

mid|land ['mɪdlənd] **1.** adj central, interior; **2.** s interior m; *~•night* s meia-noite f; *~•ship•man* s mar. aspirante m/f da marinha; Br. guarda-marinha m/f; Am. aspirante m/f da marinha; *~st* [mɪdst] s meio m; *in the ~ of* no meio de; *~•sum•mer* s ast. solstício m de Verão; *~•way* adj and adv a meio, a meio caminho; *~•wife* s parteira f; *~•wif•e•ry* ['_wɪfərɪ] s obstetrícia f; *~•winter* s ast. solstício m de Inverno; *in ~* no meio do Inverno.

might [maɪt] **1.** s poder m; força f; *with ~ and main dated* com toda a força; **2.** pret of *may*[2]; *~y* adj □ *(-ier, -iest)* poderoso, forte.

mi•grant ['maɪgrənt] s emigrante m/f; *~ worker:* trabalhador/a emigrante; *bird:* ave f de arribação; → *eco•nomic;* **mi•grate** [maɪ'greɪt] v/i emigrar; arribar (a. zoo.); **mi•gra•tion** [_ʃn] s emigração f; **mi•gra•to•ry** ['maɪgrətərɪ] adj migratório; zoo. de arribação.

mike F [maɪk] s *microphone:* micro m.

mil•age ['maɪlɪdʒ] s → *mileage.*

mild [maɪld] adj □ suave; leve; temperado; *to put it ~ly* para não dizer pior; *~•ness* suavidade f.

mile [maɪl] *s* milha *f (1,609 km).*

mile•age ['maɪlɪdʒ] *s* quilometragem *f; a.* ~ **allowance** ajuda de custo para deslocações de automóvel.

mile•stone ['maɪlstəʊn] *s* marco *m* miliário; *fig.* marco *m,* acontecimento *m* importante.

mil•i•tant ['mɪlɪtənt] *adj* □ militante; combativo; ~**ta•ry** [_ərɪ] **1.** *adj* □ militar; **Ջ Government** regime *m* militar; **2.** *s* militar *m/f,* soldado *m;* tropas *f pl.*

mi•li•tia [mɪ'lɪʃə] *s* milícia *f.*

milk [mɪlk] **1.** *s* leite *m; it's no use crying over spilt* ~ não vale a pena chorar sobre leite derramado; **2.** *v/t* mungir; *v/i* dar leite; ~**maid** *s* ordenhadora *f,* leiteira *f;* ~**man** *s* leiteiro *m;* ~ **pow•der** *s* leite *m* em pó; ~ **shake** *s* batido *m* de leite; ~**sop** *s* menino *m* da mamã; homem *m* efeminado; ~**y** *adj (-ier, -iest)* leitoso; **Ջ Way** *ast.* Via *f* Láctea.

mill [mɪl] **1.** *s* moinho *m;* fábrica *f;* fiação *f;* **2.** *v/t grain, etc.:* moer; *tech.* fresar; *coin.:* cunhar.

mil•le•pede *zoo.* ['mɪlɪpiːd] *s* centopeia *f.*

mill•er ['mɪlə] *s* moleiro *m.*

mil•let ['mɪlɪt] *s* milho *m* miúdo.

mil•lion ['mɪljən] *s* milhão *m;* ~**aire** [mɪljə'neə] *s* milionário/a *m/f;* ~**th** ['mɪljənθ] **1.** *adj* milionésimo; **2.** *s* milionésimo *m.*

mil•li•pede *zoo.* ['mɪlɪpiːd] → *millepede.*

mill|-pond ['mɪlpɒnd] *s* reservatório *m* de água de um moinho; ~**stone** *s* mó *f.*

mim•ic ['mɪmɪk] **1.** *adj* mímico; **2.** *s* imitador *m;* mímico/a *m/f;* **3.** *v/t (-ck-)* imitar; ~**ry** [_rɪ] *s* imitação *f;* *zoo.* mimetismo *m.*

mince [mɪns] **1.** *v/t* picar, cortar em pedacinhos; *he does not* ~ *matters* ele não tem papas na língua; *v/i* andar com afectação; **2.** *s a.* ~**d meat** carne *f* picada: ~**meat** *s* recheio de gordura e passas, frutas cristalizadas, etc.; ~ **pie** *s* tarte *f* com recheio de carne; **minc•er** [_ə] *s* picador *m* de carne.

mind [maɪnd] **1.** *s* mente *f;* cérebro *m;* coração *m;* espírito *m;* intelecto *m;* opinião *f,* ponto *m* de vista; memória *f,* lembrança *f;* disposição *f; in or to my* ~ segundo a minha opinião; *be out of one's* ~ estar louco, perder o juízo; *change one's* ~ mudar de opinião; *bear or keep sth. in* ~ não esquecer alguma coisa; ter alguma coisa em consideração; *have (half) a* ~ *to* ter vontade de; *have sth. on one's* ~ ter alguma coisa em mente; *make up one's* ~ tomar uma decisão, resolver-se a; → *presence;* **2.** *v/t and v/i* notar, prestar atenção a; preocupar-se com; ter algo contra alguém ou alguma coisa, importar-se; ~*!* atenção! *never* ~ *!* não faz mal, não tem importância; ~ *the step!* atenção ao degrau!; *I don't* ~ *(it)* não me importo; *do you* ~ *if I smoke?* incomoda-se se eu fumar? *would you* ~ *taking off your hat?* por favor, queira tirar o chapéu; ~ *your own busines!* meta-se na sua vida! ~**ful** *adj* □ *(of)* atento a; cuidadoso com; ~**less** *adj* □ *(of)* descuidado; desatento a.

mine¹ [maɪn] *pron* o meu/s, a minha/s.

mine² [_] **1.** *s* mina *f;* escavação *f; mil.* escavação *f* sob as fortificações inimigas; *fig.* manancial; **2.** *v/i* minar; escavar; extrair minério; *mil.* colocar minas; **min•er** ['maɪnə] *s* mineiro *m.*

min•e•ral ['mɪnərəl] **1.** *s* mineral *m;* ~**s** *pl Br.* água *f* mineral; **2.** *adj* mineral; ~ *water* água *f* mineral.

min•gle ['mɪŋgl] *v/t* misturar; *v/i* misturar-se *(with* com).

min•i ['mɪnɪ] *s* minivestido *m;* minissaia *f; car:* TM Mini *m.*

min•i•a•ture ['mɪnɪətʃə] **1.** *s* miniatura *f;* **2.** *adj* em miniatura.

min•i||mize ['mɪnɪmaɪz] *v/t* minimizar, reduzir ao mínimo; menosprezar; ~**mum** [_əm] **1.** *s (pl* -*ma* [-mə], -*mums)* mínimo *m;* **2.** *adj* mínimo.

min•ing ['maɪnɪŋ] *s* mineração *f;* ~ *industry* indústria *f* mineira.

min•i•skirt ['mɪnɪskɜːt] *s* minissaia *f.*

min•is•ter ['mɪnɪstə] **1.** *s eccl.* pastor *m; pol.* ministro/a *m/f;* **2.** *v/i:* ~ *to* ajudar, prestar assistência a.

min•is•try ['mɪnɪstrɪ] *s eccl* sacerdócio *m; pol.* ministério *m.*

mink *zoo.* [mɪŋk] *s* marta *f.*

mi•nor ['maɪnə] **1.** *adj* menor; *fig. a.* insignificante; secundário; *jur.* menor *m/f* de idade; *A ~ mus.* A menor; *~ key mus.* tom menor; **2.** *s jur.* menor *m/f;* *mus.* tom *m* menor; **~•i•ty** [ˌ'nɒrətɪ] *s* minoria *f; jur.* menoridade *f.*

min•ster ['mɪnstə] *s* catedral *f.*

min•strel ['mɪnstrəl] *s* menestrel *m*, trovador *m.*

mint[1] [mɪnt] **1.** *s* casa *f* da moeda; *a ~ of money* uma grande quantidade de dinheiro; **2.***v/t* cunhar (moedas).

mint[2] [ˌ] *bot.* hortelã *f.*

min•u•et *mus.* [mɪnjʊ'et] *s* minuete *m.*

mi•nus ['maɪnəs] **1.** *prep* menos; F sem; **2.** *adj* negativo.

min•ute[1] ['mɪnɪt] *s* minuto *m;* momento *m; in a ~* imediatamente; *just a ~* só um momento; *it won't take a ~* não demora nada; *have you got a ~?* tens um minuto? *at the last ~* no último momento; *~s pl* protocolo *m.*

minute[2] [maɪ'njuːt] *adj* □ diminuto, minúsculo; insignificante; preciso; **~•ness** *s* pequenez *f;* precisão *f.*

mir•a•cle ['mɪrəkl] *s* milagre *m; as if by ~* como por milagre; *work (perform) ~ s* fazer milagres; **mi•rac•u•lous** [mɪ'rækjʊləs] *adj* □ miraculoso.

mi•rage ['mɪrɑːʒ] *s* miragem *f; fig.* ilusão *f.*

mire ['maɪə] *s* lodo *m;* lamaçal *m.*

mir•ror ['mɪrə] **1.** *s* espelho *m;* **2.** *v/t* reflectir *(a. fig.).*

mirth [mɜːθ] *s* alegria *f;* hilariedade *f;* **~•ful** *adj* □ alegre, hilariante; **~•less** *adj* □ triste.

mis- [mɪs] prefixo indicativo de erro ou falta de qualidade.

mis•ad•ven•ture [mɪsəd'ventʃə] *s* infelicidade *f;* azar *m.*

mis•an|thrope ['mɪzənθrəʊp], **~•thropist** [mɪ'zænθrəpɪst] *s* misantropo/a *m/f.*

mis•ap•ply [mɪsə'plaɪ] *v/t* utilizar incorrectamente, empregar mal; **~•ap•pre•hend** [ˌæprɪ'hend] *v/t* compreender mal; **~•ap•pro•pri•ate** [ˌə'prəʊprɪeɪt] *v/t* desviar; sonegar; **~•be•have** [ˌbɪ'heɪv] *v/i* comportar-se mal; **~•cal•cu•late** [ˌ'kælkjʊ-leɪt] *v/t* calcular mal; *v/i* enganar-se nas contas.

mis•car|riage [mɪs'kærɪdʒ] *s med.* aborto *m* espontâneo; *of letters:* extravio *m; ~ of justice* erro *m* judicial; **~•ry** [ˌɪ] *v/i med.* abortar; extraviar *(letter);* fracassar.

mis•cel•la|ne•ous [mɪsɪ'leɪnɪəs] *adj* □ variado, misto; **~•ny** [mɪ'selənɪ] *s* miscelânia *f,* mistura *f.*

mis•chief ['mɪstʃɪf] *s* dano *m,* prejuízo; malandrice *f,* travessura *f; ~•mak•er* *s* desordeiro *m;* malandro *m.*

mis•chie•vous ['mɪstʃɪvəs] *adj* □ prejudicial; travesso; brincalhão, malicioso.

mis•con•ceive [mɪskən'siːv] *v/t* ter uma opinião errada de; conceber mal.

mis•con•duct 1. *s* [mɪs'kɒndʌkt] conduta *f* incorrecta, mau comportamento *m;* **2.** [mɪskən'dʌkt] *v/t* agir mal; *~ o.s.* comportar-se mal.

mis|con•strue [mɪskən'struː] *v/t* interpretar mal; **~•deed** [ˌ'diːd] *s* crime *m;* delito *m;* **~•de•mea•no(u)r** *jur.* [ˌdɪ'miːnə] *s* má conduta *f;* delito *m* pouco grave; **~•di•rect** [ˌdɪ'rekt] *v/t* informar mal; *letter, etc.:* endereçar mal; **~•do•ing** ['ˌduɪŋ] *s* *mst ~s pl → misdeed.*

mise en scène *theat.* [miːzɑːn'seɪn] *s* encenação *f.*

mi•ser ['maɪzə] *s* avarento/a *m/f.*

mis•e•ra•ble ['mɪzərəbl] *adj* □ triste, infeliz; desprezível.

mi•ser•ly ['maɪzəlɪ] *adj* □ avarento, avaro.

mis•e•ry ['mɪzərɪ] *s* miséria *f;* infelicidade *f;* tristeza *f.*

mis|fire [mɪs'faɪə] *v/i* falhar a pontaria; *mot.* não trabalhar; **~•fit** [ˌ'fɪt] *s* inadaptado/a *m/f;* peça *f* de vestuário que assenta mal; **~•for•tune** [ˌ'fɔːtʃən] *s* infelicidade *f;* azar *m;* **~•giv•ing** [ˌ'gɪvɪŋ] *s* desconfiança *f;* **~•guide** [ˌ'gaɪd] *v/t* indicar mal o caminho, orientar mal; **~•hap** ['ˌhæp] *s* infelicidade *f;* acidente *m;* contratempo *m;* **~•in•form** [ˌɪn'fɔːm] *v/t* informar mal; **~•in•ter•pret** [ˌɪn'tɜːprɪt] *v/t* interpretar mal; **~•lay** [ˌ'leɪ] *v/t (-laid)* perder; extraviar; **~•lead** [ˌ'liːd] *v/t (-led)* enganar, induzir em erro.

mis•man•age [mɪs'mænɪdʒ] *v/t* administrar mal; **~•ment** *s* má administração *f*.

mis•place [mɪs'pleɪs] *v/t* colocar fora do lugar; extraviar.

mis•print 1. *v/t* [mɪs'prɪnt] fazer um erro tipográfico; **2.** *s* erro *m* tipográfico.

mis•read [mɪs'riːd] *v/t* (*-read* [-red]) ler mal; interpretar mal.

mis•rep•re•sent [mɪsreprɪ'zent] *v/t* deturpar; dar uma interpretação falsa.

miss[1] [mɪs] *s* (*before the name* 2) menina *f*.

miss[2] [ ] **1.** *s* falha *f*; erro *m*; tiro *m* que falhou o alvo; **2.** *v/t* perder; errar; omitir; não reparar; não acertar; dar por falta de; *you haven't ~ ed much* não perdeste nada; *v/i* não encontrar; falhar.

mis•shap•en [mɪs'ʃeɪpən] *adj* mal feito, disforme.

mis•sile ['mɪsaɪl, *Am.* 'mɪsəl] *s mil.* míssil *m*; projéctil *m*.

miss•ing ['mɪsɪŋ] *adj* que falta; perdido; desaparecido; *be ~ object:* perdido; *person:* desaparecido.

mis•sion ['mɪʃn] *s pol.* missão *f*; objectivo *m*; encargo *m*; **~•a•ry** ['mɪʃənrɪ] *s* missionário *m*.

mis•spell [mɪs'spel] *v/t* (*-spelt or -spelled*) soletrar mal; escrever mal.

mis•spend [mɪs'spend] *v/t* (*-spent*) desperdiçar; usar mal.

mist [mɪst] **1.** *s* névoa *f*, nebelina *f*; bruma *f*; **2.** *v/i* enevoar-se.

mis|take [[mɪ'steɪk] **1.** *v/t* (*-took, -taken)* enganar-se; confundir; não compreendre *or* compreender mal; trocar por; **2.** *s* erro *m*; engano *m*; equívoco *m*; **~•tak•en** [ən] *adj* □ enganado; errado; *be ~* estar enganado.

mis•ter ['mɪstə] *s* (*before the name* 2) senhor *m* (*abbr.* **Mr.**).

mis•tle•toe *bot.* ['mɪsltəʊ] *s* visco *m*.

mis•tress ['mɪstrɪs] *s* senhora *f*; *of household:* dona *f* de casa; *esp. Br. teacher:* professora *f*; *lover:* amante *f*; *expert:* mestra *f*, especialista *f*.

mis•trust [mɪs'trʌst] **1.** *v/t* desconfiar; suspeitar; **2.** *s* desconfiança *f*; **~•ful** *adj* □ desconfiado.

mis•ty ['mɪstɪ] *adj* □ (*-ier, -iest)* enevoado, nublado.

mis•un•der|stand [mɪsʌndə'stænd] *v/t* (*-stood*) compreender mal; não compreender alguém; **~•stand•ing** mal-entendido *m*; equívoco *m*; **~•stood** *adj* incompreendido.

mis|us•age [mɪs'juːzɪdʒ] *s* uso *m* incorrecto; abuso *m*; **~•use 1.** *v/t* [mɪs'juːz] usar incorrectamente; utilizar mal; **2.** *s* [s] uso *m* incorrecto; abuso *m*.

mite [maɪt] *s zoo.* ácaro *m*; *small child or animal:* miúdo/a *m/f*, insecto *m* (*fig.*).

mit•i•gate ['mɪtɪgeɪt] *v/t* mitigar, aliviar.

mi•tre, *Am.* **-ter** ['maɪtə] *s* mitra *f*.

mitt [mɪt] *s baseball:* luva *f*; *sl.* luva *f* dc boxc; → *mitten.*

mit•ten ['mɪtn] *s* mitene *f*; meia-luva *f* (*with bare fingers*).

mix [mɪks] *v/t and v/i* misturar(-se); combinar (*with* com); *~ed* misturado, misto; *fig.* confuso, indeciso; *~ed doubles sports:* duplas *f pl*, mistas *f pl*; *~ed school esp. Br.* escola *f* mista; *~ up* confundir; misturar; *be ~ed up with* estar metido em; **~•ture** ['mɪkstʃə] *s* mistura *f*.

moan [məʊn] **1.** *s* gemido *m*; **2.** *v/i* gemer.

moat [məʊt] *s* fosso *m*.

mob [mɒb] **1.** *s* multidão *f*; o povo *m*; **2.** *v/t* (*-bb-*) cercar; *v/i* amotinar-se; *gang:* atacar.

mo•bile ['məʊbaɪl] *adj* móvel; *mil.* motorizado; *face:* vivo; *work-force:* móvel; *~ home esp. Am.* autocaravana *f*.

mo•bil•i•za•tion *mil.* [məʊbɪlaɪ'zeɪʃn] *s* mobilização *f*; *~ze mil.* ['məʊbɪlaɪz] *v/t and v/i* mobilizar; ser mobilizado.

moc•ca•sin ['mɒkəsɪn] *s* pele *f* macia; sapato *m* de pele macia.

mock [mɒk] **1.** *s* escárnio *m*, troça *f*; imitação *f*; **2.** *adj* falso, de imitação; **3.** *v/t* ridicularizar; imitar; zombar de; *v/i* troçar; **~•e•ry** *s* escárnio *m*; zombaria *f*; **~•ing-bird** *s zoo.* tordo *m* que imita o canto dos outros pássaros.

mode [məʊd] *s* modo *m*; forma *f*; meio *m*.

mod•el ['mɒdl] **1.** *s* modelo *m*; padrão *m*; maqueta *f*; manequim *m*; **2** *v/t*

M

moderate

(esp. Br. -ll-, Am. -l-) modelar, moldar; *show, clothes, etc.:* apresentar, passar; *v/i for an artist:* trabalhar como modelo.

mod•e•rate 1. *adj* □ ['mɒdərət] moderado; comedido; **2.** *v/t and v/i* [ˌreɪt] moderar-se, conter-se; **~•ra•tion** [ˌreɪʃn] *s* moderação *f;* comedimento *m.*

mod•ern ['mɒdən] *adj* moderno, novo; **~•ize** [ˌaɪz] *v/t* modernizar.

mod|est ['mɒdɪst] *adj* □ modesto; humilde; **~•es•ty** *s* modéstia *f.*

mod•i|fi•ca•tion [mɒdɪfɪ'keɪʃn] *s* modificação *f;* alteração *f;* **~•fy** ['mɒdɪfaɪ] *v/t* modificar; alterar.

mods *Br.* [mɒdz] *s pl in the sixties:* mods *m pl.*

mod•ule ['mɒdjuːl] *s* módulo *m; tech.* unidade *f; tech., electr.* módulo *m; of spacecraft:* cápsula *f.*

moi•e•ty ['mɔɪətɪ] *s* metade *f;* parte *f.*

moist [mɔɪst] *adj* húmido; **~•en** ['mɔɪsn] *v/t* humedecer; *v/i* ficar húmido; **mois•ture** [ˌstʃə] *s* humidade *f.*

mo•lar ['məʊlə] *s* molar *m.*

mo•las•ses [mə'læsɪz] *s sg* melaço *m; Am.* xarope *m* de açúcar.

mole¹ *zoo.* [məʊl] *s* toupeira *f.*

mole² [ˌ] *s* sinal *m;* verruga *f.*

mole³ [ˌ] *s* molhe *m;* dique *m.*

mol•e•cule ['mɒlɪkjuːl] *s* molécula *f.*

mole•hill ['məʊlhɪl] *s* montículo *m* de terra feito por toupeiras; *make a mountain out of a ~* fazer uma tempestade num copo de água.

mo•lest [məʊ'lest] *v/t* molestar.

mol•li•fy ['mɒlɪfaɪ] *v/t* suavizar; mitigar.

mol•lycod•dle ['mɒlɪkɒdl] **1.** *s* mariquinhas *m/f;* **2.** *v/t* amimar.

mol•ten ['məʊltən] *adj* fundido.

mom *Am.* F [mɒm] *s* mamã *f.*

mo•ment ['məʊmənt] *s* momento *m;* importância *f;* → **momentum; mo•men•ta•ry** [ˌərɪ]*adj* □ momentâneo; instantâneo; **mo•men•tous** [mə'mentəs] *adj* □ muito importante; grave; significativo; **mo•men•tum** [mə'mentəm] *s phys. (pl -ta* [-tə], *-tums)* ímpeto *m;* força *f.*

mon|arch ['mɒnək] *s* monarca *m/f;* **~•ar•chy** [ˌɪ] *s* monarquia *f.*

mon•as•tery ['mɒnəstrɪ] *s* mosteiro *m.*

Mon•day ['mʌndɪ] *s* segunda-feira *f.*

mon•e•ta•ry econ. ['mʌnɪtərɪ] *adj* monetário; **~ union** união *f* monetária.

mon•ey ['mʌnɪ] *s* dinheiro *m; ready ~* dinheiro *m* à vista; *earn good ~* ganhar bem; **~- box** *s* mealheiro *m;* **~-chang•er** *s* cambista *m/f;* **~ or•der** *s* vale *m* postal.

mon•grel ['mʌŋgrəl] *s* cão/cadela rafeiro/a *m.*

mon•i•tor ['mɒnɪtə] **1.** *s tech., TV:* monitor *m; pupil:* tutor/a *m/f;* monitor/a *m/f;* **2.** *v/t* controlar; *weather, etc.:* observar; *listen:* controlar, escutar.

monk [mʌŋk] *s* monge *m.*

mon•key ['mʌŋkɪ] **1.** *s zoo.* macaco *m; put s.o's ~ up* F encolerizar alguém; **~ business** F malandrice *f;* trapaça *f;* **2.** *v/i:* **~ about, around** F fazer macaquices; **~ (about** or **around) with** F brincar com; **~-wrench** *s tech. tool:* chave *f* inglesa.

monk•ish ['mʌŋkɪʃ] *adj* monacal.

mon•o F ['mɒnəʊ] *s (pl -os) Radio, etc.:* mono; aparelho *m* mono.

mon•o ['mɒnəʊ] *adj* um; único.

mon•o•chrome ['mɒnəkrəʊm] *adj* monocromático; *TV, etc.:* a preto e branco.

mon•o•cle ['mɒnəkl] *s* monóculo *m.*

mo•nog•a•my [mɒ'nɒgəmɪ] *s* monogamia *f.*

mon•o|logue, *Am. a.* **~•log** ['mɒnəlɒg] *s* monólogo *m.*

mo•nop•o|list [mə'nɒpəlɪst] *s* monopolista *m/f;* monopolizador/a *m/f;* **~•lize** *v/t* monopolizar; **~•ly** *s* monopólio *m.*

mo•not•o|nous [mə'nɒtənəs] *adj* □ monótono; **~•ny** *s* monotonia *f.*

mon•soon [mɒn'suːn] *s* monção *f.*

mon•ster ['mɒnstə] *s* monstro *m (a. fig.).*

mon|stros•i•ty [mɒn'strɒsətɪ] *s* monstruosidade *f;* **~•strous** ['mɒnstrəs] *adj* □ monstruoso.

month [mʌnθ] *s* mês *m;* **~•ly 1.** *adj* mensal; **2.** *s* revista *f* mensal.

mon•u•ment ['mɒnjʊmənt] *s* monumento *m;* **~al** [mɒnjʊ'məntl] *adj* □ monumental; grandioso.

moo [mu:] *v/i* mugir.

mood [mu:d] *s* disposição *f*; estado *m* de espírito; **~s** *pl* mau humor *m*; **~•y** *adj* □ *(-ier, -iest)* melancólico, abatido.

moon [mu:n] **1.** *s* lua *f*; *once in a blue ~* F uma vez na vida, raramente; **2.** *v/i*: **~ about, ~ around** vaguear; sonhar; **~•light** *s* luar *m*; **~•lit** *adj* iluminado pelo luar; **~•struck** *adj* lunático; **~ walk** *s* passeio *m* lunar.

Moor¹ [muə] *s* mouro/a *m/f*.

moor² [⌐] *s* charneca *f*; pântano *m*.

moor³ *mar.* [⌐] *v/t* atracar, fundear; **~•ings** *s pl mar.* ancoradouro *m*.

moose *zoo.* [mu:s] *s* alce *m*.

mop [mɒp] **1.** *s* esfregona *f*; **2.** *v/t* *(-pp-)* esfregar, limpar.

mope [məup] *v/i* estar desanimado.

mo•ped *Br. mot.* ['məuped] *s* motorizada *f*.

mor•al ['mɒrəl] **1.** *adj* □ moral; **2.** *s* moral *f*; **~s** *pl* costumes *m pl*; valores *m pl* morais; **mo•rale** [mɒ'rɑːl] *s* *esp. mil., sports, etc.*: moral *f*; estado *m* de espírito; **mo•ral•i•ty** [mə'rælətɪ] *s* moralidade *f*; **mor•al•ize** ['mɒrəlaɪz] *v/i* moralizar.

mo•rass [mə'ræs] *s* pântano *m*.

mor•bid ['mɔːbɪd] *adj* □ mórbido.

more [mɔː] **1.** *adj and adv* mais; **~ and ~** cada vez mais; **~ and ~ difficult** cada vez mais difícil; **2.** *s and pron*: **no ~** já não; **no ~ than** não mais do que; *once* **~** mais uma vez; *all the* **~ so** mais uma razão para.

mo•rel *bot.* [mɒ'rel] *s* erva-moura *f*.

more•over [mɔː'rəuvə] *adv* além do mais, além disso.

morgue [mɔːg] *s Am.* morgue *f*.

morn•ing ['mɔːnɪŋ] *s* manhã *f*; *good* **~!** bom dia! *in the* **~** de manhã; *tomorrow* **~** amanhã de manhã; **~ pa•per** *s* matutino *m*.

mo•ron ['mɔːrɒn] *s fig.* atrasado/a *m/f* mental, idiota *m/f*.

mo•rose [mə'rəus] *adj* □ taciturno, melancólico; rabugento.

mor•phine ['mɔːfiːn] *s* morfina *f*.

Morse code ['mɔːskəud] *s* código *m* morse.

mor•sel ['mɔːsl] *s* bocado *m*; pedaço *m*.

mor•tal ['mɔːtl] **1.** *adj* □ mortal; **2.** *s* mortal *m/f*; **~•i•ty** [mɔː'tælətɪ] *s* mortalidade *f*.

mor•tar ['mɔːtə] *s* argamassa *f*.

mort|gage ['mɔːgɪdʒ] **1.** *s* hipoteca *f*; **2.** *v/t* hipotecar; **~•gag•ee** [mɔːgə'dʒiː] hipotecário/a *m/f*, credor/a *m/f*; **~•gag•er** ['mɔːgɪdʒə], **~•ga•gor** [mɔːgə'dʒɔː] *s* devedor/a *m/f*.

mor•ti•cian *Am.* [mɔː'tɪʃn] *s* agente *m/f* funerário.

mor•ti|fi•ca•tion [mɔːtɪfɪ'keɪʃn] *s* mortificação *f*; vergonha *f*; **~•fy** ['mɔːtɪfaɪ] *v/t* mortificar; envergonhar.

mor•tu•a•ry [mɔːtjuərɪ] *s* necrotério *m*.

mo•sa•ic [məu'zeɪk] *s* mosaico *m*.

mosque [mɒsk] *s* mesquita *f*.

mos•qui•to *zoo.* [mə'skiːtəu] *s (pl -toes)* mosquito *m*.

moss *bot.* [mɒs] *s* musgo *m*; **~•y** *adj bot.* *(-ier, -iest)* musgoso.

most [məust] **1.** *adj* □ a maior parte de, a maioria de; **~ people** a maioria das pessoas, a maior parte das pessoas; **2.** *adv* o mais; *very:* muito; *forming the superlative:* **the ~ important point** o aspecto mais importante; **~ of all** acima de tudo; **3.** *s* a maior parte, o maior número; o máximo; *at (the)* **~** no máximo; *make the ~ of* tirar o máximo partido de; **~•ly** *adv* a maioria das vezes, principalmente.

mo•tel [məu'tel] *s* motel *m*.

moth *zoo.* [mɒθ] *s* traça *f*; **~-eat•en** ['mɒθiːtn] *adj* traçado, comido pelas traças.

moth•er ['mʌðə] **1.** *s* mãe *f*; **2.** *v/t* cuidar de; **~ coun•try** pátria *f*, terra *f* natal; **~•hood** *s* maternidade *f*; **~-in-law** *s* sogra *f*; **~•ly** *adj* maternal; **2's Day** *s* Dia *m* da Mãe; **~ tongue** *s* língua *f* materna.

mo•tif *mus., paint.* [məu'tiːf] *s* tema *m*.

mo•tion ['məuʃn] **1.** *s* movimento *m*; andamento *m*; gesto *m*; *parl.* moção *f*; *physiol.* fezes, *often* **~s**; **2.** *v/t* fazer sinal, *v/i* gesticular; **~•less** *adj* imóvel; **~ pic•ture** *s* filme *m*.

mo•ti|vate ['məutɪveɪt] *v/t* motivar; fundamentar; **~•va•tion** [məutɪ'veɪʃn] motivação *f*; fundamentação *f*.

M

motive

mo•tive ['məʊtɪv] **1.** s motivo m; causa f; **2.** adj motor; motriz.

mot•ley ['mɒtlɪ] adj variado; multicolor.

mo•tor ['məʊtə] **1.** s motor m; fig. força f motriz; Br. dated: automóvel m; **2.** adj motriz; **3.** v/i Br. dated: andar de automóvel; ~ **bi•cy•cle** s motorizada f; bicicleta f a motor; ~•**bike** s F motocicleta f; ~•**boat** s barco m a motor; ~ **bus** s autocarro m; ~•**cade** s coluna f automóvel; ~ **car** s Br. dated: automóvel m; ~ **coach** s camioneta f de passageiros; autocarro m; ~ **cy•cle** s motociclo m; ~•**cy•clist** s motociclista m/f; ~•**ing** s automobilismo m; **school of** ~ escola f de condução; ~•**ist** s motorista m/f, condutor/a m/f; ~•**ize** v/t motorizar; ~ **launch** s lancha f a motor; ~•**way** s Br. auto-estrada f.

mot•tled ['mɒtld] adj estampado.

mo(u)ld [məʊld] **1.** s agr. terra f de jardim; húmus m; tech. molde m (fig.); character: natureza f; carácter m; **2.** v/t formar, moldar.

mo(u)l•der ['məʊldə] v/i desfazer-se.

mo(u)ld•y ['məʊldɪ] adj (-ier, -iest) bafiento, bolorento.

mo(u)lt [məʊlt] v/i and v/t mudar de penas, pêlo, etc; hair: cair.

mound [maʊnd] s montículo m.

mount [maʊnt] **1.** s monte m; montada f; **2.** v/i montar, subir; v/t escalar, elevar; jewel: engastar; ~**ed police** polícia f montada.

moun•tain ['maʊntɪn] **1.** s montanha f; ~**s** pl montes m pl; **2.** adj montanhoso; ~•**eer** [ˌ'nɪə] s montanhês/a m/f; alpinista m/f; ~•**eer•ing** [ˌ'nɪərɪŋ] s montanhismo m; alpinismo m; ~•**ous** ['ˌəs] adj montanhoso.

mourn [mɔːn] v/t and v/i lamentar(-se); chorar a morte de alguém; ~•**er** s aquele que chora um morto; ~•**ful** adj □ triste; enlutado; ~•**ing** s luto m.

mouse [maʊs] s (pl **mice** [maɪs]) rato m (a. computer).

mous•tache [məˈstɑːʃ], Am. **mus•tache** ['mʌstæʃ] s bigode m.

mouth [maʊθ] s (pl **mouths** [maʊðz]) boca f; abertura f; foz f; ~•**ful** s bocado m; dentada f; ~•**or•gan** s har-

mónica f; gaita f de beiços; ~•**piece** s bocal m; fig. porta-voz m/f.

mo•va•ble ['muːvəbl] adj □ movível; móvel.

move [muːv] **1.** v/t mover; pôr em movimento; afastar; tirar; deslocar; chess, etc.: mover, provoke: excitar, enervar; affect: comover; emocionar; ~ **down** pupil: baixar de nível; ~ **up** pupil: subir de nível; ~ **house** Br. mudar de casa; v/i mexer-se, mover-se; med. esvaziar-se; fig. avançar; ~ **away** afastar-se; ~ **for sth.** propor; ~ **in** mudar-se, instalar-se; empurrar (police, etc.); avançar sobre (**on** demonstrators); ~ **on** continuar; avançar; ~ **out** sair de casa; **2.** s movimento m; partida f; mudança f; chess, etc.: lance m; fig. passo m; **on the** ~ em movimento; a caminho; **get a** ~ **on!** toca a andar; **make a** ~ fazer uma jogada; agir; ~•**a•ble** → **movable**; ~•**ment** s movimento m; tendency, etc.: tendência f; direcção f; mus. movimento m; frase f; tech. mecanismo m; physiol. defecação f.

mov•ie esp. Am. F ['muːvɪ] s filme m; ~**s** pl cinema m.

mov•ing ['muːvɪŋ] adj □ comovente; móvel; em movimento; ~ **staircase** escada f rolante.

mow [məʊ] v/t and v/i (~**ed**, ~**n** or ~**ed**) cortar, aparar; ~•**er** s ['məʊə] s cortador/a m/f de relva; ceifeiro/a m/f; máquina f de cortar relva; ~**n** pp of **mow**.

much [mʌtʃ] **1.** adj (**more, most**) muito; **2.** adv muito; ~ **as I would like** embora gostasse muito; **I thought as** ~ também achei isso, também me pareceu; ~ **to my surprise** para meu grande espanto; → **so; 3.** s muito, grande quantidade; **make** ~ **of** dar muita importância a; **I am not** ~ **of a dancer** não sou grande bailarino.

muck [mʌk] s porcaria f; lixo m; fig. disparate m; ~•**rake 1.** s forquilha f; **2.** v/i denunciar escândalos ou casos de corrupção; contp. remexer na trampa.

mud [mʌd] s lama f; lodo m.

mud•dle ['mʌdl] **1.** v/t confundir; perturbar; a. ~ **up**, ~ **together** misturar; F estar com os copos; *v/i* imiscuir-se; **~ *through*** F virar-se, desenrascar-se; **2.** *s* confusão *f;* desordem *f.*

mud|dy ['mʌdɪ] *adj* □ *(-ier, -iest)* lamacento; enlameado; **~•guard** *s* guarda-lamas *m.*

muff [mʌf] *s* regalo *m.*

muf•fle ['mʌfl] *v/t often* ~ *up* embrulhar, agasalhar; *voice, etc.:* abafar; **~r** *s* agasalho *m;* cachecol *m; Am. mot.* panela *f* de escape.

mug¹ [mʌg] *s* caneca *f.*

mug² F [_] *v/t (-gg-)* assaltar; **~•ger** *s* F assaltante *m/f;* ladrão/ladra *m/f;* **~•ging** *s* F assalto *m.*

mug•gy ['mʌgɪ] *adj* pesado; abafado.

mug•wump *Am. iro.* ['mʌgwʌmp] *s* pessoa *f* importante; *pol.* político *m* independente.

mu•lat•to *mst contp.* [mjuː'lætəʊ] *s (pl -tos, Am. -toes)* mulato/a *m/f.*

mul•ber•ry *bot.* ['mʌlbərɪ] *s* amora *f;* amoreira *f.*

mule [mjuːl] *s zoo.* mula *f; fig.* tcimoso/a *m/f;* **mu•le•teer** [_ɪ'tɪə] *s* almocreve *m.*

mull¹ [mʌl] *s* musselina *f.*

mull² [_] *v/i:* ~ *over* meditar, reflectir.

mulled [mʌld] *adj:* ~ *claret,* ~ *wine* vinho aquecido com especiarias.

mul•li•gan *Am.* F ['mʌlɪgən] *s* cozido *m* de carne com legumes.

mul•ti- ['mʌltɪ] *in compunds:* multi…

mul•ti|chan•nel [mʌltɪ'tʃænl] *adj TV, etc.:* com vários canais; **~•cul•tural** *adj society:* multicultural; **~•far•i•ous** [_'feərɪəs] *adj* variado; **~•form** *adj* multiforme; **~•lat•e•ral** *adj* multilateral; **~•lin•gual** *adj dictionary, etc.:* multilingue; **~•na•tion•al 1.** *s* multinacional *m;* **2.** *adj* multinacional; **~party sys•tem** *s pol.* sistema *m* pluripartidário; **~•ple** ['mʌltɪpl] **1.** *adj* múltiplo; **2.** *s math.* múltiplo *m;* **~•pli•ca•tion** [_plɪ'keɪʃn] *s* multiplicação *f;* reprodução *f; math.* multiplicação *f;* ~ *table* tabuada *f;* **~•pli•ci•ty** [_'plɪsətɪ] *s* multiplicidade *f;* **~•ply** ['_plaɪ] *v/t and v/i* multiplicar(-se) *(a. biol.); math.* multiplicar (**by** por).

mul•ti•sto•rey [mʌltɪ'stɔːrɪ] *adj* com vários andares; ~ *car-park* estacionamento *m* vertical.

mul•ti|tude ['mʌltɪtjuːd] *s* multidão *f;* grande quantidade *f;* **~•tu•di•nous** [mʌltɪ'tjuːdɪnəs] *adj* numeroso.

mum¹ [mʌm] **1.** *int.* ~*'s the word* bico calado! **2.** *adj keep* ~ calar a boca, calar o bico.

mum² *Br.* F [_] mamã *f.*

mum•ble ['mʌmbl] *v/t and v/i* murmurar; resmungar.

mum•my¹ [mʌmɪ] *s* múmia *f.*

mum•my² *Br.* F [_] *s* mamã *f.*

mumps *med.* [mʌmps] *s sg* papeira *f.*

munch [mʌntʃ] *v/t and v/i* mastigar ruidosamente.

mun•dane [mʌn'deɪn] *adj* □ mundano.

mu•ni•ci•pal [mjuː'nɪsɪpl] *adj* □ municipal; **~•i•ty** [mjuːnɪsɪ'pælətɪ] *s* municipalidade *f;* município *m.*

mu•ral ['mjʊərəl] **1.** *s* mural *m;* **2.** *adj* mural.

mur•der ['mɜːdə] **1.** *s* homicídio *m;* assassínio *m;* **2.** *v/t* assassinar; *fig.* F estropiar; **~•er** *s* assassino *m;* homicida *m;* **~•ess** *s* assassina *f;* homicida *f;* **~•ous** *adj* □ homicida; mortífero.

murk•y ['mɜːkɪ] *adj* □ *(-ier, -iest)* escuro; sombrio, triste.

mur•mur ['mɜːmə] **1.** *s* murmúrio *m;* sussurro *m;* **2.** *v/t and v/i* murmurar; sussurrar.

mus|cle ['mʌsl] *s* músculo *m;* **~•cu•lar** ['mʌskjʊlə] *adj* muscular; musculoso.

Muse¹ [mjuːz] *s* musa *f.*

muse² [_] *v/i* meditar.

mu•se•um [mjuː'zɪəm] *s* museu *m.*

mush [mʌʃ] *s* papa *f; Am.* papas *f pl* de milho.

mush•room ['mʌʃrʊm] **1.** *bot. s* cogumelo *m;* **2.** *v/i* crescer rapidamente.

mu•sic ['mjuːzɪk] *s* música *f;* peça *f* de música; notas *f pl; to set to* ~ pôr em música; *fig. that's* ~ *to my ears* isso é música para os meus ouvidos; **~•al 1.** *s* musical *m;* **2.** *adj* □ musical; melodioso; ~ *box* caixinha *f* de música; **~•hall** *s Br.* teatro *m* de variedades; **mu•si•cian** [mjuː'zɪʃn] *s* músico *m/f;* **~•stand** *s* estante *f* de música; **~•stool** *s* banco *m* de piano.

musk [mʌsk] *s* almíscar *m;* **~•deer** *zoo.* [mʌsk'dɪə] *s* boi *m* almiscarado.

M

musket

mus•ket *mil. hist.* [ˈmʌskɪt] *s* mosquete *m.*

musk-rat [ˈmʌskræt] *s zoo.* rato *m* almíscarado.

muss *Am.* F [mʌs] *s* confusão *f.*

mus•sel *zoo.* [ˈmʌsl] *s* mexilhão *m.*

must[1] [mʌst] **1.** *v/aux* ter que, dever; *I ~ go to the bank* tenho que ir ao banco; *you ~ not* (F *mustn't*) não podes; *you ~ be crazy* deves ser doido; **2.** *s* obrigação *f;* *this film is a(n absolute) ~* não se pode perder este filme.

must[2] [_] *s* bolor *m;* mofo *m.*

must[3] [_] *s* mosto *m.*

mus•tache *Am.* [ˈmʌstæʃ] → *moustache.*

mus•tard [ˈmʌstəd] *s* mostarda *f.*

mus•ter [ˈmʌstə] **1.** *s mil.* revista *f;* *pass ~* passar revista *(a. fig.);* **2.** *v/t mil.* passar em revista; *a. ~ up* courage, etc.: ganhar, arranjar.

must•y [ˈmʌstɪ] *adj (-ier, -iest)* bolorento.

mu•ta|ble [ˈmjuːtəbl] *adj* □ mutável; *fig.* inconstante; *~•tion* [mjuːˈteɪʃn] *s* alteração *f; biol.* mutação *f.*

mute [mjuːt] **1.** *adj* □ mudo; **2.** *s* mudo/a *m/f;* figurante *m/f;* **3.** *v/t* abafar, baixar.

mu•ti•late [ˈmjuːtɪleɪt] *v/t* mutilar.

mu•ti|neer [mjuːtɪˈnɪə] *s* amotinado *m;* *~•nous* [ˈmjuːtɪnəs] *adj* □ rebelde; amotinado; *~•ny* [ˈmjuːtɪnɪ] **1.** *s* motim *m;* rebelião *f;* **2.** *v/i* amotinar--se.

mut•ter [ˈmʌtə] **1.** *s* murmúrio *m;* resmungo *m;* **2.** *v/t and v/i* murmurar; resmungar.

mut•ton [ˈmʌtn] *s* carne *f* de carneiro; *leg of ~* perna *f* de carneiro; *~ chop s* costeleta *f* de carneiro.

mu•tu•al [ˈmjuːtʃʊəl] *adj* □ mútuo; F *shared:* comum.

muz•zle [ˈmʌzl] **1.** *s zoo.* focinho *m;* *of gun:* boca *f;* açaime *m;* **2.** *v/t* açaimar; *fig.* tapar a boca, calar.

my [maɪ] *pron* meu, minha, meus, minhas.

my•self [maɪˈself] *pron* me; eu mesmo; eu próprio; *by ~* sozinho.

mys•te|ri•ous [mɪˈstɪərɪəs] *adj* □ misterioso; secreto; *~•ry* [ˈmɪstərɪ] *s* mistério *m;* segredo *m;* enigma *m.*

mys|tic [ˈmɪstɪk] **1.** *adj a. ~•tic•al* [_kl] □ místico; secreto; **2.** *s* místico/a *m/f;* *~•ti•fy* [_faɪ] *v/t* mistificar; enganar, iludir.

myth [mɪθ] *s* mito *m;* lenda *f.*

N

nab F [næb] *v/t (-bb-)* apanhar; prender.

nag [næg] **1.** *s* F cavalo *m* rocim; **2.** *(-gg-) v/i* irritar; ralhar; *~ at* implicar com; *v/t* implicar; rabujar.

nail [neɪl] **1.** *s* unha *f; tech.* prego *m; zoo.* garra *f;* **2.** *v/t* pregar; *eyes, etc.:* cravar, fixar *(to em) ~•ar•i•um* [neɪˈlærɪəm] *s Am.* salão *m* de manicura; *~ e•nam•el, ~ pol•ish s Am.* verniz *m* para as unhas; *~ remover* dissolvente *m* de verniz; *~ scis•sors s pl* tesoura *f* de unhas.

na•ive, na•ïve [nɑːˈiːv] *adj* □ ingénuo.

na•ked [ˈneɪkɪd] *adj* □ nu/nua; pobre; exposto; *fig.* natural; *~•ness s* nudez *f; fig.* pobreza *f.*

name [neɪm] **1.** *s* nome *m; by the ~ of* com o nome de; *what's your ~?* como se chama? *call s.o. ~s* chamar nomes a alguém; **2.** *v/t* chamar, apelidar; *~•less adj* □ sem nome; desconhecido; *~•ly adv* nomeadamente; isto é; *~•plate s* placa *f* identificadora; *~•sake* [_seɪk] *s* homónimo/a *m/f.*

nan•ny [ˈnænɪ] *s* ama *f; ~-goat s zoo.* cabra *f.*

nap [næp] **1.** *s* sesta *f,* soneca *f; have or take a ~* → **2.** *v/i (-pp-)* fazer a sesta, bater uma soneca.

nape [neɪp] *s mst ~ of the neck* nuca *f.*

nap|kin [ˈnæpkɪn] *s* guardanapo *m; Br.* fralda *f; ~•py Br.* F [ˈnæpɪ] fralda *f.*

nar•co•sis *med.* [naːˈkəʊsɪs] *s* (*pl* **-ses** [-siːz]) narcose *f.*

nar•cot•ic [naːˈkɒtɪk] **1.** *adj* (*~ally*) narcótico *m;* barbitúrico *m;* entorpecente; ~ *addiction* dependência *f* de estupefacientes; ~ *drug* estupefaciente *m;* **2.** *s* narcótico *m;* estupefaciente *m; ~s squad* brigada *f* antidroga.

nar|rate [nəˈreɪt] *v/t* narrar, contar; ~•ra•tion [_ʃn] *s* narração *f;* ~•ra•tive* ['nærətɪv] **1.** *adj* □ narrativo; **2.** *s* narrativa *f;* história *f;* ~•ra•tor [nə'-reɪtə] *s* narrador/a *m/f.*

nar•row ['nærəʊ] **1.** *adj* estreito; *fig.* limitado; escasso, por um triz (*majority, escape*); apertado; **2.** *~s s pl* estreito *m;* desfiladeiro *m,* garganta *f;* **3.** *v/i and v/t* estreitar, apertar; limitar; ~•mind•ed *adj* □ limitado, de vistas curtas; ~•ness *s* estreiteza *f;* limitação *f.*

na•sal ['neɪzl] *adj* □ nasal.

nas•ty ['nɑːstɪ] *adj* □ (*-ier, -iest*) mau, mesquinho; maldoso; odioso; desagradável; indecente.

na•tal ['neɪtl] *adj* natalício.

na•tion ['neɪʃn] *s* nação *f;* povo *m.*

na•tion•al ['næʃənl] **1.** *adj* □ nacional; público; **2.** *s* nativo/a *m/f,* nacional *m/f;* ~ *an•them* *s* hino *m* nacional; ~ *dress* *s* fato *m* regional; ♀ **Health (Ser•vice)** *s* Br. Serviço *m* Nacional de Saúde; ~ *hol•i•day* *s* feriado *m* nacional; ♀ **In•sur•ance** *s* Br. seguro *m* social.

na•tion•al•i•ty [næʃəˈnælətɪ] *s* nacionalidade *f,* naturalidade *f;* ~•is•m ['næʃənəlɪzm] *s* nacionalismo *m;* ~•ist *s* nacionalista *m/f;* ~•ize *v/t* person: naturalizar; property: nacionalizar.

na•tion•al park [næʃənlˈpɑːk] *s* parque *m* nacional; ♀ **So•cial•ism** *s* hist. nacional-socialismo; ♀ **So•cial•ist** hist. **1.** *adj* nacional-socialista; **2.** *s* nacional-socialista *m/f.*

na•tion-wide ['neɪʃnwaɪd] *adj* de nível nacional.

na•tive ['neɪtɪv] **1.** *adj* □ indígena; natural; natal; ~ *language* língua *f* materna; **2.** *s* natural *m/f;* ~ *speaker of…* falante de…; ~•born *adj* natural.

nat•u•ral ['nætʃrəl] *adj* □ natural; espontâneo; ~ *sciences* ciências *f pl*

naturais; ~•ist *s* naturalista *m/f;* esp. biólogo/a *m/f;* ~•ize *v/t* naturalizar; ~•ly *adv* naturalmente, evidentemente; ~•ness *s* naturalidade *f.*

na•ture ['neɪtʃə] *s* natureza *f;* ~ *reserve* reserva *f* natural; ~ *trail* trilho *m.*

na•tur•is•m ['neɪtʃərɪzəm] → *nudism;* **na•tur•ist** ['neɪtʃərɪst] → *nudist.*

naugh•ty ['nɔːtɪ] *adj* □ (*-ier, -iest*) atrevido, mal-educado; travesso.

nau•se|a ['nɔːsɪə] *s* náusea *f;* nojo *m;* ~•ate ['nɔːsɪeɪt] *v/t:* ~ *s.o.* meter nojo a alguém; repugnar; *be ~d* estar enjoado; estar enojado; ~•at•ing *adj* enjoativo; nojento; ~•ous ['nɔːsɪəs] *adj* □ enjoativo.

nau•ti•cal ['nɔːtɪkl] *adj* náutico.

na•val *mil.* ['neɪvl] *adj* naval; marítimo; ~ *base* base *f* naval.

na•vel ['neɪvl] *s* anat. umbigo *m; fig.* centro *m.*

nav•i|ga•ble ['nævɪgəbl] *adj* □ navegável; ~•gate [_eɪt] *v/i* navegar; viajar; *v/t* pilotar o navio ou avião; ~•ga•tion [_ˈgeɪʃn] *s* navegação *f;* ~•ga•tor ['_geɪtə] *s* mar. navegador/a *m/f;* mar. piloto *m/f;* aer. navegador *m/f.*

na•vy ['neɪvɪ] *s* marinha *f.*

near [nɪə] **1.** *adj and adv* perto (*distance*); related: familiar; friend: íntimo; directo; literal; quase; ~ *at hand* à mão; **2.** *prep* perto de; junto a; **3.** *v/t* aproximar-se; ~•by *adj and adv* perto, nas proximidades; ~•ly *adv* quase; por pouco; aproximadamente; ~•ness *s* proximidade *f;* ~•side *s* Br. mot. lado *m* direito; ~ *door* porta *f* do lado direito; ~•sight•ed *adj* míope.

neat [niːt] *adj* □ ordenado; limpo; cuidado; bem arranjado; *esp. Br.* puro (*whisky, etc.*) ~•ness *s* limpeza *f;* habilidade *f;* bom aspecto *m.*

neb•u•lous ['nebjʊləs] *adj* □ nebuloso.

ne•ces|sa•ry ['nesəsərɪ] **1.** *adj* □ necessário; indispensável; **2.** *s mst* *necessaries pl* coisas *f pl* necessárias à vida; ~•si•tate [nɪˈsesɪteɪt] *v/t* necessitar, precisar de; ~•si•ty [_ətɪ] *s* necessidade *f;* pobreza *f.*

neck [nek] **1.** *s* pescoço *m; of bottle:* gargalo *m; dress:* gola *f,* decote *m;* ~

N

and ~ emparelhado; ~ *or nothing* a todo o custo; F *be a pain in the* ~ ser um chato; irritar alguém; **2.** *v/t and v/i* F abraçar e beijar, fazer marmelada; ~•**er•chief** ['nekətʃɪf] *s* lenço *m* de pescoço; ~•**ing** *s* F dar beijos e carícias; ~•**lace** ['neklɪs], ~•**let** [ˌ_lɪt] *s* colar *m;* ~•**line** *s (of dress, etc.)* decote *m;* ~•**tie** *s Am.* gravata *f.*

nec•ro•man•cy ['nekrəʊmænsɪ] *s* necromancia *f.*

née, *Am. a.* **nee** [neɪ] *adj before a woman's original family name:* nascida, em solteira.

need [niːd] **1.** *s* necessidade *f;* carência *f;* falta *f;* **be** *or* **stand in** ~ **of** precisar de; *if* ~ *be* se preciso for; em caso de necessidade; **2.** *v/t* necessitar, precisar; *v/aux.* ter de, dever; ~•**ful** *adj* □ necessário; necessitado.

nee•dle ['niːdl] **1.** *s* agulha *f;* indicador *m;* **2.** *v/t* costurar; *fig.* enfiar; *fig.* espicaçar, provocar.

need•less ['niːdlɪs] *adj* desnecessário.

nee•dle|wom•an ['niːdlwʊmən] *s* costureira *f;* ~•**work** *s* costura *f;* bordado *m.*

need•y ['niːdɪ] *adj* □ *(-ier, -iest)* necessitado, pobre.

ne•gate [nɪ'geɪt] *v/t* negar; **ne•ga•tion** [nɪ'geɪʃn] *s* negação *f;* **ne•ga•tive** ['negətɪv] **1.** *adj* □ negativo; negado; **2.** *s* negativa *f; phot.* negativo *m;* **answer in the** ~ negar, responder negativamente; **3.** *v/t* negar; recusar.

ne•glect [nɪ'glekt] **1.** *s* negligência *f;* desleixo *m;* **2.** *v/t* negligenciar; ~•**ful** *adj* □ negligente.

neg•li|gence ['neglɪdʒəns] *s* negligência *f;* ~•**gent** *adj* □ negligente.

neg•li•gi•ble ['neglɪdʒəbl] *adj* negligenciável; insignificante.

ne•go•ti•ate [nɪ'gəʊʃɪeɪt] *v/t and v/i* negociar; *hill, etc.* transpor; ~•**a•tion** [nɪgəʊʃɪ'eɪʃn] *s* negociação *f;* ~•**a•tor** [nɪ'gəʊʃɪeɪtə] *s* negociador/a *m/f.*

Ne•gress ['niːgrɪs] *s* negra *f;* **Ne•gro** [ˌ_əʊ] *s (pl* -*groes)* negro *m.*

neigh [neɪ] **1.** *s* relincho *m;* **2.** *v/i* relinchar.

neigh•bo(u)r ['neɪbə] *s* vizinho/a *m/f;* ~•**hood** *s* vizinhança *f;* bairro *m;* vi-

zinhos *m pl;* ~•**ing** *adj* vizinho; próximo; ~•**ly** *adj* sociável, amistoso; ~•**ship** *s* vizinhança *f.*

nei•ther ['naɪðə, *Am.* 'niːðə] **1.** *adj and pron* nenhum (de dois); **2.** *adv* também não; **3.** *cj:* ~... *nor...* nem... nem.

ne•on *chem.* ['niːən] *s* néon *m;* ~ *lamp* lâmpada *f* de néon; ~ *sign* reclame *m* de néon.

neph•ew ['nevjuː] *s* sobrinho *m.*

nep•o•tis•m ['nepətɪzəm] *s* nepotismo *m.*

nerve [nɜːv] **1.** *s* nervo *m; of leaf:* nervura *f;* coragem *f;* vigor *m;* descaramento *m;* **lose one's** ~ perder a coragem, perder o sangue-frio; *get on s.o.'s* ~*s* irritar alguém; *you've got a* ~*!* F tens cá uma lata; **2.** *v/t* encorajar; dar forças; ~•**less** *adj* □ fraco, desanimado.

ner•vous ['nɜːvəs] *adj* □ nervoso; enervado, irritado; ~•**ness** *s* nervosismo *m.*

nest [nest] **1.** *s* ninho *m* (a. *fig.*); **2.** *v/i* nidificar, fazer o ninho.

nes•tle ['nesl] *v/i* aninhar-se, aconchegar-se (*to, against* em).

net¹ [net] **1.** *s* rede *f;* **2.** *v/t (-tt-)* apanhar com rede.

net² [ˌ_] **1.** *adj* líquido; ~ *profit* lucro *m* líquido; **2.** *v/t (-tt-)* obter lucro líquido.

net•tle ['netl] **1.** *s bot.* urtiga *f;* **2.** *v/t* zangar, irritar.

net•work ['netwɜːk] *s* rede *(estradas, canais, etc.); TV, etc.:* emissora *f;* grupo *m* de emissoras.

neu•ro•sis *psych.* [njʊə'rəʊsɪs] *s (pl* -**ses** [-siːz]) neurose *f;* **neu•rot•ic** [njuː'rɒtɪk] **1.** *adj* neurótico; **2.** *s* neurótico/a *m/f.*

neu•ter ['njuːtə] **1.** *adj* neutro; *gr.* neutro; **2.** *s* animal *m* castrado; *gr.* neutro.

neu•tral ['njuːtrəl] **1.** *adj* neutral; imparcial; ~ *gear mot.* ponto *m* morto; **2.** *s* pessoa *f* neutral; ponto *m* neutro; ~•**i•ty** [njuː'trælətɪ] *s* neutralidade *f;* ~•**ize** ['njuːtrəlaɪz] *v/t* neutralizar.

neu•tron *phys.* ['njuːtrɒn] *s* neutrão *m.*

nev•er ['nevə] *adv* nunca; jamais; ~•**more** *adv* nunca mais; ~•**the•less**

[nevəðə'les] *adv* contudo, apesar de; todavia.

new [njuː] *adj* novo; não usado; fresco, recente; **~-com•er** *s* recém-chegado/a *m/f;* **~•ly** ['njuːlɪ] *adv* novamente; recentemente.

news [njuːz] *s mst sg* notícias *f pl;* novidades *f pl; be in the ~* ser notícia; **~•a•gent** *s* jornaleiro/a *m/f,* vendedor/a *m/f* de jornais; **~•boy** *s* vendedor de jornais; **~•cast** *s TV, etc.:* noticiário *m;* **~•cast•er** *s TV, etc.:* apresentador/a *m/f* de noticiário; **~•deal•er** *s Am.* vendedor/a *m/f* de jornais; **~•mon•ger** *s* boateiro *m;* **~•pa•per** *s* jornal *m;* **~•print** *s* papel *m* de jornal; **~•reel** *s (dated):* film: jornal *m* de actualidades; **~•room** *s* redacção *f;* **~•stand** *s* banca *f* de jornais.

new year [njuːˈjɜː] *s* ano *m* novo; *New Year's Day* dia *m* de Ano Novo; *New Year's Eve* véspera *f* de Ano Novo, S. Silvestre; *Happy New Year!* Feliz Ano Novo!

next [nekst] **1.** *adj* próximo; seguinte; *(the) ~ day* o dia seguinte; *~ to* ao lado de; *fig.* quase; *~ but one* segundo; **~-door to** *fig.* ao lado de; **2.** *adv* depois; da próxima vez; **3.** *s* o/a seguinte; **~-door** *adj* vizinho; da casa ao lado; *~ of kin s* parente(s) *m pl* mais próximo(s).

nib•ble ['nɪbl] *v/t* mordiscar (*at* em); *fig.* censurar; embirrar.

nice [naɪs] *adj* □ *(~r, ~st)* fino, refinado; simpático; belo, bonito; amável, bondoso; **~•ly** *adv* bem; **ni•ce•ty** [ˌ_ətɪ] *s* delicadeza *f;* amabilidade *f.*

niche [nitʃ] *s* nicho *m.*

nick [nɪk] **1.** *s* corte *m,* incisão *f; in the ~ of time* no momento exacto, no último momento; **2.** *v/t* entalhar; *Br. sl.* agarrar; F roubar.

nick•el ['nɪkl] **1.** *s min.* níquel *m; Am.* moeda *f* de cinco centavos; **2.** *v/t* niquelar.

nick•name ['nɪkneɪm] **1.** *s* alcunha *f;* **2.** *v/t* alcunhar.

niece [niːs] *s* sobrinha *f.*

nif•ty F ['nɪftɪ] *adj (-ier, -iest)* bonito, chique; *clever:* habilidoso, jeitoso.

nig•gard ['nɪgəd] *s* avarento/a *m/f;* **~•ly** *adj* avarento, sovina.

night [naɪt] *s* noite *f; at ~, by ~, in the ~* à noite; **~•cap** *s* última bebida *f* antes de dormir; **~•club** *s* clube *m* nocturno; **~•dress** *s* camisa *f* de dormir; **~•fall** *s* anoitecer *m;* **~•gown** *esp. Am.* **~•ie** F → *nightdress;* **nigh•tin•gale** *zoo.* [ˌˈɪŋgeɪl] *s* rouxinol *m;* **~•life** *s* vida *f* nocturna; **~•ly** *adj and adv* todas as noites; **~•mare** *s* pesadelo *m;* **~•owl** *s zoo.* mocho *m;* F *fig.* noctívago *m;* **~•school** *s* escola *f* nocturna; **~•y** F → *nightie.*

nil [nɪl] *s esp. sports:* zero.

nim•ble ['nɪmbl] *adj* □ *(~r, ~st)* ágil; esperto.

nine [naɪn] **1.** *adj* nove; *~ to five* horário de expediente; *a ~-to-five job* um emprego das nove às cinco; **2.** *s* nove; **~•pin** *s* taco de madeira para jogar; *~s sg* jogo semelhante ao bowling; **~•teen** [ˌ_ˈtiːn] *s and adj* dezanove; **~•teenth** [ˌ_θ] *adj* décimo nono; **~•tieth** ['ˌ_tɪɪθ] *adj* nonagésimo; **~•ty** ['ˌ_tɪ] *s and adj* noventa.

nin•ny F ['nɪnɪ] *s* parvo/a *m/f;* tolo/a *m/f.*

ninth [naɪnθ] *s and adj* nono; **~•ly** ['ˌ_lɪ] *adv* em nono lugar.

nip [nɪp] **1.** *s* beliscão *m; tech.* prega *f;* trago *m;* gole *m;* **2.** *v/t and v/i (-pp-)* beliscar; *cold:* cortar; *sl:* correr; F beberricar; *~ in the bud* ir por água abaixo.

nip•per ['nɪpə] *s zoo. of crab:* pinça *f;* tenaz *f; (a pair of)~s pl* (um) alicate *m.*

nip•ple ['nɪpl] *s* mamilo *m.*

no [nəʊ] **1.** *adj* nenhum/a; *at ~ time* nunca; *in ~ time* rapidamente; *~ one* ninguém; **2.** *adv* não. *I won't say ~* não direi que não; **3.** *s (pl noes)* não *m;* negativa *f.*

no•bil•i•ty [nəʊˈbɪlətɪ] *s* nobreza *f (a. fig.).*

no•ble ['nəʊbl] **1.** *adj* □ *(~r, ~st)* nobre; digno; distinto; aristocrático; excelente; **2.** *s* nobre *m/f;* **~•man** *s* nobre *m;* **~-mind•ed** *s* generoso; **~•wom•an** *s* nobre *f,* fidalga *f.*

no•bod•y ['nəʊbədɪ] **1.** *pron* ninguém; **2.** *s* joão-ninguém *m;* nulidade *f.*

no-claim bo•nus [nəʊˈkleɪmbəʊnəs] *s* bonificação *f* por ausência de pedido de indemnização.

N

nod [nɒd] **1.** *v/i and v/t* **(-dd-)** cumprimentar (com a cabeça); inclinar (a cabeça); ~ *off* adormecer, dormitar; ~*ing acquaintance* pessoa que se conhece superficialmente; **2.** *s* aceno *m* de cabeça; *give s.o. a* ~ cumprimentar alguém com um aceno de cabeça.

noise [nɔɪz] **1.** *s* barulho *m;* ruído *m;* *big* ~ *contp. person:* pessoa *f* importante; **2.** *v/t:* ~ *abroad (about, around)* propagar, difundir; ~•*less* *adj* □ silencioso.

nois•y ['nɔɪzɪ] *adj* □ *(-ier, -iest)* barulhento, ruidoso; *colour:* berrante.

nom•i‖nal ['nɒmɪnl] *adj* □ nominal; sobretudo; ~ *value econ.* valor *m* nominal; ~•*nate* [_eɪt] *v/t* nomear; propor; ~•*na•tion* [nɒmɪ'neɪʃn] *s* nomeação *f; of candidate:* nomeação *f;* apresentação *f;* ~•*nee* [_'niː] *s* candidato/a *m/f.*

nom•i•na•tive *gr.* ['nɒmɪnətɪv]*s (a. adj* ~ *case)* nominativo *m.*

non‖-al•co•hol•ic [nɒnælkə'hɒlɪk] *adj* não-alcoólico, sem álcool; ~**a‑ligned** *pol.* [_ə'laɪnd] *adj* não-alinhado; ~**-cash** *adj. econ.* por cheque.

nonce [nɒns] *s:* *for the* ~ só para este caso.

non‖-com•mis•sioned [nɒnkə'mɪʃnd] *adj* inferior, subalterno; ~**-com•mit•tal** [_kə'mɪtl] *adj* sem compromisso; *be* ~ não se comprometer; ~**-con•duc•tor** *s esp. electr.* não condutor; ~**-con•form•ist** [_kən'fɔːmɪst] *s* não-conformista; ² *Br. eccl.* dissidente *m/f;* ~•**de•script** ['nɒndɪskrɪpt] *adj* indefinível; *person:* pouco vistoso, que passa despercebido.

none [nʌn] **1.** *pron.* nenhum/a; ninguém; nada; de modo algum; ~*the‑less* no entanto, apesar disso.

non-EU coun•try [nɒniːsiː'kʌntrɪ] *s pol.* país *m* que não pertence à UE.

non-ex•ist•ence [nɒnɪg'zɪstəns] *s* inexistência *f.*

non-fic•tion [nɒn'fɪkʃn] *s* não-ficção (literatura, etc.).

non-per•form•ance *jur.* [nɒnpə'fɔːməns] *s* não-execução *f.*

non•plus [nɒn'plʌs] **1.** *s* confusão *f;* perplexidade *f;* **2.** *v/t* **(-ss-)** confundir, baralhar.

non-pol•lut•ing [nɒnpə'luːtɪŋ] *adj* não poluente.

non-res•i•dent [nɒn'rezɪdənt] *adj* não residente.

non‖sense ['nɒnsəns] *s* disparate *m;* absurdo *m;* ~•**sen•si•cal** [nɒn'sensɪkl] *adj* □ disparatado.

non-skid [nɒn'skɪd] *adj* antiderrapante.

non-smok•er [nɒn'sməʊkə] *s* não fumador/a *m/f;* *rail.* carruagem *f* para não fumadores.

non-stop [nɒn'stɒp] *adj* ininterrupto; contínuo; *rail:* directo; *aer.* sem escala.

non-u•nion [nɒn'juːnɪən] *adj* espontâneo, que não foi organizado pelo sindicato.

non-vi•o•lence [nɒn'vaɪələns] *s* não violência.

noo•dle ['nuːdl] *s* talharim *m.*

nook [nʊk] *s* canto *m;* recanto *m.*

noon [nuːn] *s* meio-dia *m; at (high)* ~ ao meio-dia; ~•**day**, ~•**tide**, ~•**time** *Am.* → *noon.*

noose [nuːs] **1.** *s* nó *m* corrediço; **2.** *v/t* laçar, apanhar com laço; fazer um laço.

nope F [nəʊp] *adv* nã, não.

nor [nɔː] *cj* nem; também não.

norm [nɔːm] *s* norma *f;* regra *f;* padrão *m;* medida *f;* **nor•mal** ['nɔːml] *adj* □ normal; **nor•mal•ize** ['_əlaɪz] *v/t* normalizar.

north [nɔːθ] **1.** *s* norte *m;* **2.** *adj* setentrional; relativo ao norte; ~**-east 1.** *s* nordeste *m;* **2.** *adj a.* ~**-east•ern** a nordeste, no nordeste; **nor•ther•ly** ['nɔːðəlɪ], **nor•thern** ['nɔːðən] *adj* do norte, setentrional; ~•**ward(s)** ['nɔːθwəd(z)] *adv* em direcção ao norte, para norte; ~•**west 1.** *s* noroeste *m;* **2.** *adj a.* ~**-west•ern** a noroeste, relativo ao noroeste.

Nor•we•gian [nɔː'wiːdʒən] **1.** *adj* norueguês; **2.** *s* norueguês/esa *m/f; ling.* norueguês.

nose [nəʊz] **1.** *s* nariz *m;* focinho *m;* *follow your* ~ segue a direito; *pay through the* ~ F pagar os olhos da cara; **2.** *v/t* cheirar; ~ *one's way* avançar cautelosamente; *v/i* (~ *about or around)* intrometer-se; ~•**bleed** *s* hemorragia *f* nasal; ~•**dive** *s aer.* voo *m* picado; **~•gay** *s* raminho *m* de flores.

nos•ey ['nəʊzɪ] → *nosy.*

nos•tal•gia [nɒ'stældʒɪə] *s* nostalgia *f;* saudade *f.*

nos•tril ['nɒstrəl] *s* narina *f.*

nos•y F ['nəʊzɪ] *adj (-ier, -iest)* intrometido, curioso.

not [nɒt] *adv* não.

no•ta•ble ['nəʊtəbl] **1.** *adj* ☐ notável; **2.** *s* celebridade *f.*

no•ta•ry ['nəʊtərɪ] *s mst* ~ *public* notário/a *m/f.*

no•ta•tion [nəʊ'teɪʃn] *s* notação *f.*

notch [nɒtʃ] **1.** *s* corte *m;* entalhe *m; Am. geol.* desfiladeiro *m;* **2.** *v/t* entalhar.

note [nəʊt] **1.** *s* sinal *m;* nota *f;* aviso *m; print.* anotação *f;* notícia *f; esp. Br. money:* nota *f; diplomacy, music.:* nota *f; mus.* tom *m (a. fig.); fig.* reputação *f;* observação *f;* **take ~s** tomar apontamentos; **2.** *v/t* notar; prestar atenção; *a.* **~ down** anotar; **~•book** *s* bloco *m* de apontamentos; **not•ed** ['nəʊtɪd] *adj* conhecido, famoso (**for** por); **~•pa•per** *s* papel *m* de carta; **~•wor•thy** *adj* digno de nota, notável.

noth•ing ['nʌθɪŋ] **1.** *pron* nada; **2.** *s* nada *m;* nulidade *f;* ~ **but** só, somente; **for** ~ de graça; **good for** ~ inútil; **come to** ~ dar em nada; **to say** ~ **of** para já não falar de; **there is** ~ **like** não há nada como.

no•tice ['nəʊtɪs] **1.** *s* aviso *m;* anúncio *m;* informação *f;* observação *f;* **at short** ~ a curto prazo; **give** ~ **that** dar a conhecer que; **give (a week's)** ~ despedir (com o prazo de uma semana); **hand in** (*Am.* **give**) **one's** ~ despedir-se; **take** ~ **of** notar, dar conta de; **without** ~ sem aviso prévio; **2.** *v/t* notar; reparar; **~•a•ble** *adj* ☐ perceptível; notável; ~ **board** *s Br.* quadro *m* de avisos.

no•ti•fi•ca•tion [nəʊtɪfɪ'keɪʃn] *s* notificação *f;* participação *f;* aviso *m;* **~•fy** ['nəʊtɪfaɪ] *v/t* notificar; avisar; informar.

no•tion ['nəʊʃn] *s* noção *f;* ideia *f;* opinião *f;* **~s** *pl Am.* miudezas *f pl.*

no•to•ri•ous [nəʊ'tɔːrɪəs] *adj* ☐ notório; evidente; público.

not•with•stand•ing [nɒtwɪθ'stændɪŋ] **1.** *prep* apesar de; **2.** *adv* no entanto, não obstante.

nought [nɔːt] *s* zero *m; poet. or dated:* nada.

noun *gr.* [naʊn] *s* substantivo *m.*

nour•ish ['nʌrɪʃ] *v/t* alimentar; *fig.* fomentar, apoiar; **~•ing** *adj* alimentício, nutritivo; **~•ment** *s* alimento *m;* sustento *m.*

nov•el ['nɒvl] **1.** *adj* novo; **2.** *s* romance *m;* **~•ist** *s* romancista *m/f;* **no•vel•la** [nəʊ'velə] *s (pl* **-las, -le)** conto *m;* **~•ty** *s* novidade *f.*

No•vem•ber [nəʊ'vembə] *s* Novembro *m.*

nov•ice ['nɒvɪs] *s* noviço/a *m/f;* principiante *m/f.*

now [naʊ] **1.** *adv* agora; já; **just** ~ agora mesmo; ~ **and again** *or* **then** de vez em quando; **2.** *cj a.* ~ **that** agora que.

now•a•days ['naʊədeɪz] *adv* hoje em dia, presentemente.

no•where ['nəʊweə] *adv* em nenhum lugar; ~ **near** nem sequer próximo de; **get** ~ não ir a lado nenhum, não conseguir nada.

nox•ious ['nɒkʃəs] *adj* ☐ nocivo.

noz•zle *tech.* ['nɒzl] *s* bocal *m.*

nu•ance [njuː'ɑ̃ːns] *s* matiz *m.*

nub [nʌb] *s* nó *m;* saliência *f;* **the** ~ *fig.* o ponto central (**of** de).

nu•cle•ar ['njuːklɪə] *adj* nuclear, atómico; **~-free** *adj* livre de armas nucleares; **~-pow•ered** *adj* de, com energia nuclear; ~ **pow•er sta•tion** *s* central *f* de energia nuclear; ~ **re•ac•tor** *s* reactor *m* nuclear; ~ **war•head** *s mil.* míssil *m* nuclear; ~ **weap•ons** *s pl* armas *f pl* nucleares; ~ **waste** *s* lixo *m* nuclear, resíduos *m pl* nucleares.

nude [njuːd] **1.** *adj* nu; **2.** *s paint.* nu *m.*

nudge [nʌdʒ] **1.** *v/t* acotovelar; **2.** *s* cotovelada *f.*

nud•is•m ['njuːdɪzəm] *s* nudismo *m;* **nud•ist** ['njuːdɪst] *s* nudista *m/f;* **nu•di•ty** ['njuːdɪtɪ] *s* nudez *f.*

nug•get ['nʌgɪt] *s (esp. gold)* pepita *f.*

nui•sance ['njuːsns] *s* aborrecimento *m;* incómodo *m; person:* F chato/a *m/f;* praga *f;* **what a ~!** que chatice!

que maçada! *be a ~ to s.o.* aborrecer alguém; *make a ~ of o.s.* ser um/a chato/a, aborrecer alguém.

nuke [nju:k] **1.** *s Am. sl.* central *f* nuclear; **2.** *v/t* F atacar com armas nucleares; *fig. vermin, weed:* exterminar.

null [nʌl] **1.** *adj* nulo; *~ and void* sem validade; **2.** *s tech., math.* zero *m.*

numb [nʌm] **1.** *adj* dormente; insensível; *fingers, etc.:* entorpecido, dormente; **2.** *v/t* entorpecer; adormecer.

num•ber ['nʌmbə] **1.** *s math.* número *m; of periodical, etc.:* exemplar *m,* edição *f; bus, etc.:* carreira *f; without ~* infinito; *in ~* em número de; **2.** *v/t* contar; numerar; **~•less** *adj* infinito; **~•plate** *s esp. Br. mot.* número *m* de matrícula.

nu•me|ral ['nju:mərəl] **1.** *adj* numeral; **2.** *s math., ling.* numeral *m;* **~•rous** *adj* □ numeroso.

nun [nʌn] *s* freira *f;* **~•ne•ry** *s* convento *m* de freiras.

nurse [nɜ:s] **1.** *s* enfermeiro/a *m/f;* ama *f; a. dry-~* ama-seca *f; a. wet-~* ama-de-leite *f; put out to ~* entregar aos cuidados de alguém; **2.** *v/t and v/i* alimentar; tratar; curar; criar; acariciar; **~•maid** *s* ama *f;* **nur•se•ry** *s* quarto *m* das crianças; *agr.* viveiro *m; ~ rhymes pl* canções *f pl* infantis; *~ school* infantário *m,* jardim *m* de infância; *~ slope skiing:* F rampa *f* para principiantes.

nurs•ing ['nɜ:sɪŋ] *s* assistência *f;* enfermagem *f; ~ bot•tle s* biberão *m; ~ home s Br.* clínica *f* de repouso.

nur•ture ['nɜ:tʃə] **1.** *s* cuidado *m;* educação *f;* **2.** *v/t* educar; alimentar.

nut [nʌt] *s bot.* noz *f; tech.* porca *f; sl.* tipo doido, maluco; *~s pl Am. sl.* tomates *m pl; be ~s sl.* ser doido; **~•crack•er** *s a. ~s pl* quebra-nozes *m;* **~•meg** *s bot.* noz-moscada *f.*

nu•tri•ment ['nju:trɪmənt] *s* alimento *m;* nutrição *f.*

nu•tri|tion [nju:'trɪʃn] *s* nutrição *f;* alimentação *f;* **~•tious** [_ʃəs], **~•tive** ['nju:trɪtɪv] *adj* □ nutritivo.

nut|shell ['nʌtʃel] *s* casca *f* de noz; *in a ~* em poucas palavras, laconicamente; **~•ty** ['nʌtɪ] *adj (-ier, -iest)* com muitas nozes; *sl.* doido, maluco.

ny•lon ['naɪlɒn] *s* nylon *m; ~s pl* meias *f pl* de nylon.

nymph [nɪmf] *s* ninfa *f.*

O

o [əʊ] **1.** *int* oh! **2.** *s in phone numbers:* zero *m.*

oaf [əʊf] *s* idiota *m/f,* imbecil *m/f.*

oak *bot.* [əʊk] *s* carvalho *m.*

oar [ɔ:] *s* remo *m; ~s•man* ['ɔ:zmən] *s* remador *m.*

o•a•sis [əʊ'eɪsɪs] *s (pl -ses* [-si:z]) oásis *m (a. fig.).*

oat [əʊt] *s mst ~s pl bot.* aveia *f; feel one's ~* sentir-se em forma.

oath [əʊθ] *s (pl ~s* [əʊðz]) juramento *m;* praga *f; be on ~* estar sob juramento; *take (make, swear) an ~* fazer um juramento.

oat•meal ['əʊtmi:l] *s* papas *f pl* de aveia.

ob•du•rate ['ɒbdjʊərət] *adj* □ obstinado.

o•be•dilence [ə'bi:dɪəns] *s* obediência; **~ent** *adj* □ obediente.

o•bei•sance [əʊ'beɪsəns] *s* homenagem *f;* reverência *f; do (make, pay) ~ to s.o.* prestar homenagem a alguém.

o•bese [əʊ'bi:s] *adj* obeso, gordo; **o•bes•i•ty** [_ətɪ] *s* obesidade *f.*

o•bey [ə'beɪ] *v/t and v/i* obedecer; *order, etc.:* cumprir.

o•bit•u•a•ry [ə'bɪtjʊərɪ] *s* obituário *m;* necrologia *f.*

ob•ject 1. *s* ['ɒbdʒɪkt] objecto *m;* objectivo *m;* propósito *m; gr.:* comple-

O

mento *m* directo; **2.** [əb'dʒekt] *v/t*
objectar (*to* a); *v/i* ter alguma coisa
contra (*to*).

ob•jec|tion [əb'dʒekʃn] *s* objecção *f;*
~•tio•na•ble *adj* □ censurável, re-
preensível; desagradável.

ob•jec•tive [əb'dʒektɪv] **1.** *adj* □ objectivo; imparcial; **2.** fim *m;* intenção
f; opt. objectiva *f.*

ob•li•ga•tion [ɒblɪ'geɪʃn] *s* obrigação
f; econ. contrato *m;* **be under an ~
to s.o.** dever favores a alguém, ter a
obrigação de; **ob•lig•a•to•ry** [ə'blɪ-
gətərɪ] *adj* □ obrigatório.

o•blige [ə'blaɪdʒ] *v/t* obsequiar; obrigar, forçar; **~ s.o.** fazer um favor a
alguém; **much ~ed** muito agradecido; **o•blig•ing** *adj* □ amável; disponível.

o•blique [ə'bliːk] *adj* □ oblíquo; torto, enviesado, de esguelha *(a. fig.:
look, etc.); hint:* indirecto.

o•blit•er•ate [ə'blɪtəreɪt] *v/t* apagar,
obliterar *(a. fig.);* F *opponents:* eliminar *(a. sports).*

o•bliv•i|on [ə'blɪvɪən] *s* esquecimento
m; **~•ous** *adj* □: **be ~ of sth.** esquecer, estar inconsciente de; **be ~ to sth.**
não compreender, não se aperceber de.

ob•long ['ɒblɒŋ] *adj* oblongo; rectangular.

ob•nox•ious [əb'nɒkʃəs] *adj* □ odioso, detestável.

ob•scene [əb'siːn] *adj* □ obsceno; *fig.*
the ~ poverty in the Third World
a pobreza escandalosa do Terceiro
Mundo.

ob•scure [əb'skjʊə] **1.** *adj* □ *fig.* obscuro, escuro; desconhecido; **2.** *v/t*
hide: obscurecer, tapar; **ob•scu•ri•ty**
[_rətɪ] *s* obscuridade *f;* escuridão *f;*
sink into ~ cair no esquecimento.

ob•ser|va•ble [əb'zɜːvəbl] *adj* □ ob-
servável; perceptível; notável; **~•van-
ce** [_ns] *s* observância *f;* cumprimento *m;* **~•vant** *adj* □ cumpridor;
observador; **~•va•tion** [ɒbzə'veɪʃn]
s observação *f;* reparo *m;* **~•va•to•ry**
[əb'zɜːvətrɪ] *s* observatório *m.*

ob•serve [əb'zɜːv] *v/t* observar, ver;
custom: seguir, respeitar; *law, etc.:*
cumprir, respeitar.

ob•sess [əb'ses] *v/t* obcecar; **~ ed
by** *or* **with** obcecado por; **ob•ses•-**

sion *s* obsessão *f;* **ob•ses•sive** *adj*
□ *phych.* obsessivo.

ob•so•lete ['ɒbsəliːt] *adj* obsoleto.

ob•sta•cle ['ɒbstəkl] *s* obstáculo *m.*

ob•sti|na•cy ['ɒbstɪnəsɪ] *s* obstina-
ção *f;* teimosia *f;* **~•nate** [_ənət] *adj*
□ obstinado, teimoso.

ob•struct [əb'strʌkt] *v/t* obstruir;
bloquear; impedir; **ob•struc•tion**
[_kʃn] *s* obstrução *f;* obstáculo *m;*
bloqueamento *m;* **ob•struc•tive** *adj*
□ obstrutivo.

ob•tain [əb'teɪn] *v/t* obter, conseguir,
alcançar, receber; **ob•tai•na•ble** *adj*
econ. alcançável.

ob•trude [əb'truːd] *v/t and v/i* intrometer-se (*on* em) **ob•tru•sive** [_sɪv]
adj □ intrometido.

ob•tuse [əb'tjuːs] *adj* □ obtuso; estúpido.

ob•vi•ate ['ɒbvɪeɪt] *v/t* obviar; remover, eliminar.

ob•vi•ous ['ɒbvɪəs] *adj* □ óbvio, claro, evidente.

oc•ca•sion [ə'keɪʒn] **1.** *s* ocasião *f;*
oportunidade *f;* motivo *m;* acontecimento *m;* **on the ~ of** por motivo de,
por ocasião de; **2.** *v/t* ocasionar, causar; **~•al** *adj* □ ocasional.

Oc•ci|dent ['ɒksɪdənt] *s* ocidente *m;*
°**~•dental** [ɒksɪ'dentl] *adj* □ ocidental.

oc•cu|pant ['ɒkʊpənt] *s of flat, etc.:*
ocupante *m/f;* inquilino/a *m/f; of car:*
passageiro/a *m/f; jur.* possuidor/a *m/f;*
~•pa•tion [ɒkjʊ'peɪʃn] *s* ocupação *f;*
mil. ocupação *f; profession:* profissão
f; activity: ocupação *f;* **~•py** ['ɒkjʊ-
paɪ] *v/t* ocupar; *mil.* ocupar, tomar;
flat, etc.: habitar; *take up time:* ocupar.

oc•cur [ə'kɜː] *v/i (-rr-)* ocorrer; acontecer; **it ~red to me** ocorreu-me;
~•rence [ə'kʌrəns] *s* ocorrência *f;*
acontecimento *m.*

o•cean ['əʊʃn] *s* oceano *m,* mar *m.*

o'clock [ə'klɒk] *adv telling the time:*
hora *f; (at) five* ~ às cinco horas.

Oc•to•ber [ɒk'təʊbə] *s* Outubro *m.*

oc•u|lar ['ɒkjʊlə] *adj* ocular; **~•list**
[_ɪst] *s* oculista *m/f.*

odd [ɒd] *adj* □ *number:* ímpar; desir-
manado; *after numbers:* de sobra; excedente; estranho; curioso, esquisito;
five pounds ~ F cinco libras e tal;

O

203

~•i•ty ['ɒdətɪ] *s* extravagância *f;* esquisitice *f.*

odds [ɒdz] *s often sg* vantagem *f;* probabilidade *f;* diferença *f;* desigualdade *f;* singularidade *f;* **be at ~ with s.o.** estar zangado com alguém; **the ~ s are that** é provável que;**~ and ends** bugigangas *f pl,* tralha *f.*

ode [əʊd] *s poem:* ode *f.*

o•di•ous ['əʊdɪəs] *adj* □ odioso; detestável.

o•do(u)r ['əʊdə] *s* odor *m;* cheiro *m.*

of [ɒv, əv] *prep* de; do/a; *with cause:* de, devido a (**die ~** morrer de); por (**~ charity** por caridade); **be afraid ~** ter medo de; em (**be proud ~** ter orgulho em, estar orgulhoso de); **be ashamed ~** ter vergonha de; a (**smell ~ roses** cheirar a rosas); **speak ~ sth.** falar de algo; **think ~ s.o.** pensar em alguém; *origin:* de; *material:* de; **nimble ~ foot** ágil, ligeiro; **the city ~ London** a cidade de Londres; **the works ~ Dick•ens** a obra de Dickens; **your letter ~...** a sua carta de; **five minutes ~ twelve** *Am.* cinco minutos para o meio-dia.

off [ɒf] **1.** *adv* embora; fora, ausente; *distance:* longe, afastado; *time:* distante (**3 months ~** daqui a três meses); *light, etc.:* desligado; *tap, etc.:* fechado; *button, etc.:* solto; livre *(at work);* inteiramente; *econ.* fraco; *meat, etc.:* passado o prazo; anulado; **be ~** a) ir-se embora; b) *cancelled:* cancelado; **~ and on** intermitentemente, de vez em quando; **be well (badly) ~** viver bem (mal); **I'm ~** vou-me embora; **~ we go!** vá, toca a andar! **2.** *prep* fora, fora de; distante; livre de *(work);* **be ~ duty** estar de folga; **be ~ smoking** ter deixado de fumar; **3.** *adj* distante, afastado; desocupado; *econ.* fraco, parado; *int.* fora! rua!

of•fal ['ɒfl] *s* restos *m pl; ~s pl esp. Br. of animal:* entranhas *f pl.*

of•fence, *Am.* **-fense** [ə'fens] *s* ofensa *f;* afronta *f;* insulto *m; jur.* delito *m,* crime *m.*

of•fend [ə'fend] *v/t* ofender; injuriar; *v/i* infringir **(against); ~•er** *s* ofensor/a *m/f; jur.* transgressor/a *m/f.*

of•fen•sive [ə'fensɪv] **1.** *adj* □ ofensivo; injurioso: **2.** *s* ofensiva *f.*

of•fer ['ɒfə] **1.** *s* oferta *f; ~ of marriage** proposta *f* de casamento; **2.** *v/t* oferecer *(a. econ.); price, advice, etc.:* propor, dar; *prize, award:* instituir; *prayers, sacrifice, resistance:* oferecer; *v/i* oferecer-se, apresentar-se; **~•ing** *s eccl.* dádiva *f;* oferta *f.*

off•hand [ɒf'hænd] *adj and adv* informal; improvisado; livre.

of•fice ['ɒfɪs]*s* escritório *m;* repartição *f;* serviço *m;* cargo *m; eccl.* serviço *m* divino; **~ hours** *pl* horas de expediente; **of•fi•cer** *s* funcionário/a *m/f;* polícia *m/f; mil.* oficial *m.*

of•fi•cial [ə'fɪʃl] **1.** *adj* □ oficial; **2.** *s* funcionário/a *m/f.*

of•fi•ci•ate [ə'fɪʃɪeɪt] *v/i* oficiar; exercer as funções de.

of•fi•cious [ə'fɪʃəs] *adj* □ oficioso; intrometido.

off·l-li•cence *Br.* ['ɒflaɪsəns] *s* permissão *f* para venda de álcool; loja *f* de bebidas alcoólicas; **~•print** *s* separata *f;* **~•peak** *adj:* **~ fare** preço *m* mais barato; **~ ticket** bilhete *m* mais barato; **~-put•ting** *adj smell, etc.:* desagradável; repugnante; **~- sea•son** *s* estação *f* baixa; **~•set 1.** *v/t* [ɒf'set] compensar, equilibrar; **2.** *s* ['ɒfset] *print.* impressão *f* a offset; **~•shoot** *s bot.* ramo *m;* pernada *f;* **~•side 1.** *s sports:* situação de fora de jogo; *mot.* do lado do condutor; **2.** *adj sports:* fora de jogo; **~•spring** *s* descendência *f, filhos m pl; fig.* resultado *m,* fruto *m.*

of•ten ['ɒfn] *adv* muitas vezes, frequentemente.

o•gle ['əʊgl] *v/t (a. v/i ~ at)* deitar olhinhos a.

oh [əʊ] *int* oh! ah!

oil [ɔɪl] **1.** *s* óleo *m;* petróleo *m;* **2.** *v/t* olear; lubrificar; **~•cloth** *s* pano *m* encerado; **~ rig** *s* torre *f* de perfuração; **~•skin** *s* oleado *m; ~s pl* capa *f* de oleado; **~ slick** *s* mancha *f* de óleo; derrame *m* de óleo; **~•y** *adj* □ **(-ier, -iest)** oleoso *(a. fig.);* gorduroso *(a. fig.).*

oint•ment ['ɔɪntmənt] *s* pomada *f;* linimento *m.*

O.K., o•kay F [əʊ'keɪ] **1.** *adj* certo, bom, bem; **2.** *int.* combinado; óptimo; está certo; **3.** *v/t* aprovar, dar luz verde.

O

old [əʊld] **1.** *adj (~er, ~est, a.* **elder, eldest**) velho; antigo; experimentado; ~ **age** velhice *f;* ~ **people's home** lar *m* de idosos; **grow** ~ envelhecer; F ~ **chap** F velho amigo; **2.** *s* **the** ~ *people:* os velhos *m pl;* **~age** *adj* relativo à velhice; **~fash•ioned** *adj* antiquado, fora de moda; **~•ish** *adj* envelhecido, de aspecto velho.

ol•ive ['ɒlɪv] *s bot.* azeitona *f.*

O•lym•pic Games [əlɪmpɪk'geɪmz] *s pl* Jogos Olímpicos; **Summer (Winter)** ~ *pl* Jogos Olímpicos de Verão (de Inverno).

om•i•nous ['ɒmɪnəs] *adj* □ ameaçador.

o•mis•sion [əʊ'mɪʃn] *s* omissão *f;* falta *f.*

o•mit [ə'mɪt] *v/t (-tt-)* omitir; excluir.

om•nip•o•tence [ɒm'nɪpətəns] *s* omnipotência *f;* **~•tent** *adj* □ omnipotente.

on [ɒn] **1.** *prep mst* sobre, em (~ **the wall** na parede); *direction, aim:* para; *day, date, etc.:* em, no/na, nos/nas (~ **Sunday** no domingo; ~ **the 1st of April** no primeiro de Abril); a (~ **his arrival** à sua chegada); *belonging to:* de; *employed:* em, a (**be** ~ **a committee** pertencer a um comité); **be** ~ **the Daily Mail** trabalhar no Daily Mail; *situation:* em (~ **duty** em serviço); *topic:* sobre; **be** ~ **the pill** tomar a pílula; ~ **the street** *Am.* na rua; **get** ~ **a train** *esp. Am.* apanhar o comboio; ~ **hearing it** ao ouvir aquilo; **2.** *adj and adv* light, *etc.:* ligado; *tap:* aberto; *clothes:* **put** ~ **:** vestir (**have a coat** ~ ter um casaco vestido); **go** ~, **speak** ~ continue; **and so** ~ e assim por diante, etc.; ~ **and on** sem parar; ~ **to...** para; **be** ~ estar em movimento, estar a andar; *theat, movie:* estar em cartaz; **what's** ~ **?** que se passa? o que é que há?

once [wʌns] **1.** *adv* uma vez; outrora; **at** ~ imediatamente, já; **all at** ~ de repente; **for** ~ por esta vez, por uma vez, excepcionalmente; ~ **(and) for all** uma vez por todas; ~ **again**, ~ **more** mais uma vez; ~ **in a while** de vez em quando; **2.** *cj a.* ~ **that** assim que, logo que, uma vez que.

one [wʌn] **1.** *adj* um, uma; único; ~ **day** um dia; ~ **Smith** um certo Smith; **2.** *pron* um, uma; alguém; **the** ~ **who** aquele/a que; ~ **another** um ao outro; **3.** *s:* ~ **by** ~, ~ **after another**, ~ **after the other** um a um, um de cada vez; **be at** ~ **with s.o.** estar de acordo com alguém; **I for** ~ por mim, pela parte que me toca; **the little ~s** *pl* as criancinhas.

one|self [wʌn'self] *pron* se; si mesmo/a; si próprio/a; **~•sid•ed** *adj* □ unilateral; **~ way** *adj:* ~ **street** rua de sentido único; ~ **ticket** *Am.* bilhete *m* simples.

on•ion *bot.* ['ʌnɪən] *s* cebola *f.*

on•look•er ['ɒnlʊkə] *s* espectador/a *m/f.*

on•ly ['əʊnlɪ] **1.** *adj* único; só; **2.** *adv* somente, apenas; ~ **yesterday** ainda ontem; **3.** *cj:* ~ **(that)** só que, excepto.

on•rush ['ɒnrʌʃ] *s* ataque *m.*

on•set ['ɒnset], **on•slaught** ['ɒnslɔːt] *s* ataque *m;* começo *m;* med. aparecimento *m (of fever, etc.).*

on•ward ['ɒnwed] **1.** *adj* avançado; **2.** *a.* **~s** *adv* para a frente, para diante.

ooze [uːz] **1.** *s* lodo *m;* lama *f;* **2.** *v/i:* infiltrar-se; ~ **away** *fig.* desvanecer, desaparecer; *v/t* exalar.

o•pen ['əʊpən] **1.** *adj* □ aberto; descoberto; discutível; público; livre; generoso; *fig.* acessível (**to** a); **2.** *s:* **in the** ~ **(air)** ao ar livre; **come out in the** ~ *fig.* dar a conhecer, tornar público; **3.** *v/t* abrir; *v/i* abrir-se; começar; ~ **into** dar para *(door, etc.);* ~ **on to** virado para, a dar para *(window, etc.);* ~ **out** abrir-se.

o•pen|-air [əʊpən'eə] *adj* ao ar livre; **~•er** *s* for *cans, bottles, etc.:* abre-latas *m;* **~•eyed** *adj* com os olhos abertos, acordado; consciente; **~•hand•ed** *adj* generoso; ~ **heart•ed** *adj* franco, sincero; **~•ing** *s* abertura *f; fig.* oportunidade *f;* **~•mind•ed** *adj fig.* receptivo, de vistas largas; compreensivo; **~•plan of•fice** *s* escritório *m* sem divisórias.

op•e•ra ['ɒpərə] *s* ópera *f;* **~•glass•es** *s pl* binóculos *m pl* de teatro.

op•e|rate ['ɒpəreɪt] *v/t* efectuar; *tech. machine:* pôr em funcionamento, operar; *business:* movimentar, dirigir; *v/i tech.* trabalhar com, fazer funcionar; *mil.* fazer uma operação estratégica;

med. operar *(on* or *upon s.o.); **operating room** Am.,* **operating theatre** *Br.* sala *f* de operações; **~ra•tion** [ɒpə'reɪʃn] *s* operação *f; (on); tech.* funcionamento *m; med., mil.* operação *f; **be in** ~* estar em funcionamento; *come into* ~ *jur.* entrar em funcionamento; **~ra•tive** ['ɒpərətɪv] **1.** *adj* □ operacional; prático; *med.* operativo; **2.** *s* trabalhador/a *m/f;* **~ra•tor** [_eɪtə] *s tech.* operador/a *m/f;* telefonista *m/f.*

o•pin•ion [ə'pɪnɪən] *s* opinião *f;* ponto *m* de vista; parecer *m; in my ~* na minha opinião.

op•po•nent [ə'pəʊnənt] *s* oponente *m/f.*

op•por|tune ['ɒpətjuːn] *adj* □ oportuno; conveniente; **~•tu•ni•ty** [ɒpə'tjuːnətɪ] *s* oportunidade *f.*

op•pose [ə'pəʊz] *v/t* opor, opor-se; lutar contra; **~d** *adj* oposto; *be ~ to* opor-se a, ser contra; **op•po•site** ['ɒpəzɪt] **1.** *adj* □ oposto, em frente; **2.** *prep and adv* em frente; **3.** *s* contrário *m,* oposto *m;* **op•po•si•tion** [ɒpə'zɪʃn] *s* oposição *f (a.pol.);* obstáculo *m;* contrariedade *f.*

op•press [ə'pres] *v/t* oprimir; **op•pres•sion** *s* opressão *f;* tirania *f;* peso *m (a. fig.);* **op•pres•sive** *adj* □ opressivo; pesado; sufocante *(weather).*

opt [ɒpt] *v/i* optar, decidir-se por *(for).*

op•tic ['ɒptɪk] *adj* óptico, relativo aos olhos; → **op•ti•cal** *adj* □ óptico; **op•ti•cian** [ɒp'tɪʃn] oculista *m/f.*

op•ti|mis•m ['ɒptɪmɪzəm] *s* optimismo *m;* **~•mist** [_mɪst] *s* optimista *m/f;* **~•mist•ic** [_'mɪstɪk] *adj (~ally)* optimista.

op•tion ['ɒpʃn] *s* opção *f;* escolha *f;* alternativa *f; econ.* direito *m* de opção; **~al** *adj* □ opcional, facultativo.

op•u•lence ['ɒpjʊləns] *s* opulência *f;* abundância *f;* excesso *m.*

o•pus ['əʊpəs] *s* trecho *m* musical.

or [ɔː] *cj* ou; *~ else* senão.

or•a•cle ['ɒrəkl] *s* oráculo *m.*

o•ral ['ɔːrəl] **1.** *adj* □ oral; **2.** *s* F *exam:* prova *f* oral.

or•ange ['ɒrɪndʒ] **1.** *s bot.* laranja *f;* cor *f* de laranja; **2.** laranja *(colour);* **~•ade** [_'eɪd] *s* laranjada *f.*

or•bit ['ɔːbɪt] **1.** *s* órbita *f;* círculo *m; get* or *put into* ~ pôr em órbita; **2.** *v/t and v/i planet:* orbitar; *satellite:* fazer entrar em órbita.

or•ches•tra ['ɔːkɪstrə] *s mus.* orquestra *f; Am. theat.* plateia *f.*

or•chid *bot.* ['ɔːkɪd] *s* orquídea *f.*

or•deal *fig.* ['ɔːdiːl] *s* provação *f;* grande sofrimento *m;* tortura *f.*

or•der ['ɔːdə] **1.** *s* ordem *f (a. eccl.);* sequência *f;* regra *f; in restaurant, etc.:* pedido *m,* encomenda *f; econ.* encomenda *f,* ordem *f* de pagamento; classe *f;* categoria *f; in ~ to inf* para, a fim de; *in ~ that* para que; *out of* ~ avariado; *get out of* ~ desordenar; *make to* ~ mandar fazer por encomenda; **2.** *v/t* ordenar; mandar; *econ., in restaurant:* encomendar; **~ book** *s econ.* livro *m* de encomendas; **~•ly 1.** *adj* ordenadamente; *fig.* sossegadamente; **2.** *s mil.* ordenança *m/f;* assistente *m/f* hospitalar.

or•di•nal ['ɔːdɪnl] **1.** *adj* ordinal; **2.** *a. ~ number* math. número ordinal.

or•di•nary ['ɔːdnrɪ] *adj* □ vulgar, comum, normal.

ore [ɔː] *s* minério *m.*

or•gan ['ɔːgən] *s mus.* órgão *m; anat. and fig.* órgão *m;* **~•ic** [ɔː'gænɪk] *adj (~ally)* orgânico; *farming:* biológico; **~•is•m** *s* organismo *m.*

or•gan|i•za•tion [ɔːgənaɪ'zeɪʃn] *s* organização *f;* **~•ize** ['ɔːgənaɪz] *v/t* organizar; **~d** *crime* crime *m* organizado; **~•iz•er** *s* organizador/a *m/f,* agenda *f.*

or•gas•m ['ɔːgæzəm] *s* orgasmo *m.*

or•gy ['ɔːdʒɪ] *s* orgia *f (a. fig.).*

o•ri|ent ['ɔːrɪənt] **1.** *s:* ♀ oriente *m,* este *m;* **2.** *v/t: ~ o.s.* orientar-se *(by* por) *(a. fig.);* **~•en•tal** [ɔːrɪ'entl] **1.** *adj* □ oriental; **2.** *s:* ♀ oriental *m/f;* **~•en•tate** ['ɔːrɪ'enteɪt] *v/t* → *orient* 2.

or•i•gin ['ɒrɪdʒɪn] *s* origem *f;* princípio *m;* procedência *f.*

o•rig•i•nal [ə'rɪdʒənl] **1.** *adj* □ original; primitivo; **2.** *s* original *m;* **~•i•ty** [ərɪdʒə'nælətɪ] *s* originalidade *f;* **~•ly** *adv* originalmente, ao princípio, primeiro.

o•rig•i•nate [ə'rɪdʒɪneɪt] *v/t* originar, causar; *v/i* surgir de, provir; **~•na•tor** *s* causador/a *m/f.*

or•na|ment 1. *s* ['ɔːnəmənt] ornamento *m;* **2.** *v/t* [‿ment] ornamentar, decorar; **~•men•tal** [ɔːnə'mentl] *adj* ☐ ornamental, decorativo.

or•nate [ɔː'neɪt] *adj* ☐ adornado, enfeitado.

or•phan ['ɔːfn] **1.** *s* órfão/órfã *m/f;* **2.** *adj a.* **~ed** órfão; **~•age** [‿ɪdʒ] *s* orfanato *m.*

or•tho•dox ['ɔːθədɒks] *adj* ☐ ortodoxo.

os•cil•late ['ɒsɪleɪt] *v/i* oscilar; *fig.* hesitar, vacilar.

os•ten•si•ble [ɒ'stensəbl] *adj* ☐ ostensivo, aparente.

os•ten•ta|tion [ɒstən'teɪʃn] *s* ostentação *f;* **~•tious** [‿ʃəs] *adj* ☐ aparatoso; pomposo.

os•tra•cize ['ɒstrəsaɪz] *v/t* ostracizar, banir.

os•trich *zoo.* ['ɒstrɪʃ] *s* avestruz *f.*

other ['ʌðə] *adj* outro/a; **some ~ time** noutra altura; **one ~ thing** outra coisa; **the ~ day** outro dia, recentemente; **the ~ morning** uma destas manhãs; **every ~ day** dia sim, dia não; **~•wise** *adv* de outro modo, senão.

ot•ter ['ɒtə]*s zoo.* lontra *m/f;* pêlo *m* de lontra.

ought [ɔːt] *v/aux* dever; **you ~ to have done it** devia tê-lo feito.

ounce [aʊns] *s* onça *f (Br.* = 28,35 gr; *Am.* = 29,6 gr).

our ['aʊə] *pron.* nosso/a, nossos/as; **~s** *pron* o/a nosso/a, os/as nossos/as; **~•selves** [aʊə'selvz] *pron* nós próprios/as; nós mesmos/as.

oust [aʊst]*v/t* desalojar; expulsar; *from office:* exonerar.

out [aʊt] **1.** *adv* fora; para fora *(go, come, throw, etc.);* de fora; fora de casa; fora de moda; apagado; esgotado; **~ and about** por aí; **way ~** saída *f;* **be ~** não estar; sair; **~ of** fora de, sem; **~ of breath** sem fôlego; **~ of fear** por medo; **in nine cases ~ of ten** em nove casos em cada dez; **be ~ of sth.** já não ter alguma coisa; **2.** *s* saída *f;* **the ~s** *pl parl.* a oposição *f;* **3.** *int.* fora! rua!

out|bal•ance [aʊt'bæləns] *v/t* exceder; desequilibrar. **~•bid** *v/t (-dd-; -bid)* cobrir um lance; **~•board** *adj* fora de bordo; **~•break** *s* surto *m;* ex

plosão *f;* **~ of war** eclosão *f* de guerra; **~•build•ing** *s* anexo *m;* **~•burst** *s fig.* explosão *f;* **~•cast 1.** *adj* marginal; **2.** *s* marginal *m/f,* pária *m/f;* **~•come** *s* resultado *m;* **~•cry** *s* protesto *m;* **~•dat•ed** *adj* fora de moda, ultrapassado; **~•dis•tance** *v/t* distanciar-se de, deixar para trás; **~•do** *v/t (-did, -done)* ultrapassar, exceder.

out•door ['aʊtdɔː] *s* fora; ar *m* livre; **~s** *adv* lá fora, ao ar livre.

out•er ['aʊtə] *adj* exterior; externo; **~ space** espaço *m* exterior, sideral.

out•fit ['aʊtfɪt] *s* armamento *m;* equipamento *m;* equipa *f* de trabalho; *Am. mil.* unidade *f;* roupa *f;* **~•ter** *s Br.* fornecedor *m.*

out|go•ing ['aʊtɡəʊɪŋ] **1.** *adj* de saída; *retiring:* que deixa um cargo; *friendly:* sociável; **2.** *s* partida *f;* saída *f;* **~s** *pl* despesas *f pl;* **~•grow** *v/t (-grew, -grown)* crescer demais para; tornar-se maior do que; **~•house** *s* anexo *m; Am.* casa de banho exterior.

out•ing ['aʊtɪŋ] *s* saída *f;* excursão *f.*

out|last [aʊt'laːst]*v/t* sobreviver; **~•law** *s* fora-da-lei *m/f;* **~•lay** *s* despesas *f pl;* **~•let** *s* saída *f;* escapatória *f; econ.* mercado *m* de escoamento de produtos; *Am. electr.* tomada *f; fig.* válvula *f;* **~•line 1.** *s* contorno *m;* esboço *m;* esquema *m* geral; **2.** *v/t* contornar; esquematizar; **~•live** *v/t* sobreviver; **~•look** *s* perspectiva *f;* opinião *f;* **~•ly•ing** *adj* afastado; **~•match** *v/t* superar; ganhar; **~•num•ber** *v/t* superar em número.

out-pa•tient *med.* ['aʊtpeɪʃnt] *s* doente *m/f* externo; **~s(' department)** serviço *m* externo, ambulatório.

out|post ['aʊtpəʊst] *s* posto *m* avançado; **~•pour•ing** *s (esp. feelings)* efusão *f.*

out•put ['aʊtpʊt] *s* produção *f; econ. and tech.* rendimento *m; electr.* potência *f* de saída; *electr.* saída *f (of amplifier, etc.); computer:* dados *m pl.*

out|rage ['aʊtreɪdʒ] **1.** *s* abuso *m;* afronta *f;* escândalo *m;* **2.** *v/t* escandalizar; ultrajar; **~•ra•geous** [aʊt'reɪdʒəs] *adj* ☐ ultrajante; escandaloso.

out|right [*adj* 'aʊtraɪt, *adv* aʊt'raɪt] *adj* sincero, directo; completo; *adv* sinceramente; completamente; **~•run**

v/t **(-nn-; -ran, -run)** ultrapassar; **~•set** *s* começo *m*, início *m;* **~•shine** *v/t* **(-shone)** brilhar excessivamente; *fig.* eclipsar.

out|side ['aut'saɪd] **1.** *s* exterior *m;* lado *m* de fora; *sports:* lateral *m*, ponta *m;* **at the (very)** ~ no máximo; ~ **left(right)** *sports:* extremo-esquerdo/ /direito *m;* **2.** *adj* exterior, externo; **3.** *adv* para fora, fora; **4.** *prep* além; fora de; **~•sid•er** *s* estranho/a *m/f;* intruso/a *m/f;* desconhecido/a *m/f.*

out|size ['autsaɪz] *s* tamanho *m* muito grande; **~•skirts** *s pl* arredores *m pl;* subúrbios *m pl;* **~•smart** *v/t* F enganar; **~•spo•ken** *adj* aberto, franco; **~•spread** *adj* expandido; exposto; **~•stand•ing** *adj* notável, excelente; pendente *(debts, work);* por esclarecer *(question);* **~•stay** *v/t* permanecer demasiado tempo; ~ **one's welcome** abusar da hospitalidade de alguém; **~•stretched** → **outspread;** **~•strip** *v/t* **(-pp-)** ultrapassar, passar adiante *(a. fig.);* **~•vote** *v/t pol. a. fig.* vencer por votos.

out•ward ['autwəd] **1.** *adj* externo; dirigido ao exterior; **2.** *adv mst* **~s** para fora, para o exterior; **~•ly** *adv* exteriormente.

out|weigh [aut'weɪ] *v/t* pesar mais do que; *fig.* ter mais valor do que; **~•wit** *v/t* **(-tt-)** ser mais esperto do que; enganar, vencer; **~•worn** *adj* esgotado; *fig.* antiquado; gasto.

o•val ['əʊvl] **1.** *adj* □ oval; **2.** *s* oval *f.*

o•va•ry *anat.* ['əʊvərɪ] *s* ovário *m.*

o•va•tion [əʊ'veɪʃn] *s* ovação *f;* **standing** ~ ovação *f* em pé.

ov•en ['ʌvn] *s* forno *f;* **put sth. in the** ~ fazer um assado; **~•able, ~•proof** *adj* resistente ao calor, ao forno; **~•read•y** *adj* pronto a ir ao forno.

o•ver ['əʊvə] **1.** *adv* por cima; acima de; **hand** ~ entregar; **boil** ~ ferver demais; **fall** ~ cair; **turn** ~ virar; **read** ~ ler até ao fim; **switch** ~ mudar, comutar; **think** ~ reflectir; **(all)** ~ **again** outra vez, novamente; ~ **against** contra; **all** ~ em toda a parte; completamente; ~ **and** ~ **again** repetidamente, uma e outra vez; **2.** *prep* por cima de; acima de; ~ **and above** além de; **3.** *adj* acabado.

o•ver•act [əʊvər'ækt] *v/t theat., etc.* exagerar na representação; *v/i fig.* exagerar.

o•ver•all 1. *s* ['əʊvərɔːl] *Br. (a.* **~s)** fato *m* de trabalho, fato-macaco *m;* **2.** *adj* [əʊvər'ɔːl] total, no conjunto; *parl.* ~ **majority** maioria *f* absoluta.

o•ver|awe [əʊvər'ɔː] *v/t* intimidar, assustar; **~•bal•ance 1.** *s* excesso *m* de peso; **2.** *v/i* perder o equilíbrio, desequilibrar-se; *v/t* desequilibrar; **~•bear•ing** *adj* □ dominante; arrogante; **~•board** *adv mar.* ao mar; **~•cast** *adj* nublado; **~•charge 1.** *v/t electr., tech.* sobrecarregar; *v/i* cobrar demasiado *(for* por); **2.** *s* preço *m* excessivo; sobrecarga *f;* **~•coat** *s* sobretudo *m;* **~•come** *v/t* **(-came, -come)** vencer, ultrapassar, superar; **~•crowd** *v/t* sobrelotar; **~•do** *v/t* **(-did, -done)** exagerar; cozinhar tempo demais; esforçar-se demais; **~•draft** *s econ.* saldo *m* negativo; **~•draw** *v/t* **(-drew, -drawn)** *econ. bank account:* passar cheques a descoberto, sem provisão; **~•due** *adj* atrasado; **~•eat** *v/i* **(-ate, -eaten)** *a.* ~ **o.s.** comer demasiado.

o•ver•flow 1. [əʊvə'fləʊ] *v/t* inundar, alagar; *v/i* transbordar; **2.** *s* ['əʊvə-fləʊ] inundação *f;* alagamento *m.*

o•ver|grow [əʊvə'grəʊ] **(-grew, -grown)** *v/t* cobrir de vegetação; *v/i* crescer demasiado; **~•grown** *adj* coberto de vegetação; enorme.

o•ver•hang 1. [əʊvə'hæŋ] **(-hung)** *v/t* cair sobre, pender; estar pendente sobre; **2.** *s* ['əʊvəhæŋ] saliência *f;* **~•haul** *v/t car, etc.:* inspeccionar, fazer uma revisão.

o•ver•head 1. *adv* [əʊvə'hed] por cima, em cima; **2.** ['əʊvəhed] suspenso; *econ.* geral *(costs);* ~ **projec- tor** retroprojector *m;* **3.** *s mst Br.* **~s** *pl econ.* despesas *f pl* gerais.

o•ver|hear [əʊvə'hɪə] *v/t* **(-heard)** ouvir por acaso; **~•joyed** *adj* cheio de alegria, felicíssimo *(at);* **~•kill** *s mil.* poder *m* de retaliação; *fig.* exagero *m;* **~•lap** *v/t and v/i* **(-pp-)** sobrepor(-se); **~•lay** *v/t* **(-laid)** cobrir, revestir; **~•leaf** *adv* no verso; **~•load** *v/t* sobrecarregar; **~•look** *v/t* supervisionar; negligenciar; dar para, estar virado para; **~ing the sea** com vista para o mar;

~•**night 1.** *adv* de um dia para o outro; durante a noite; **stay ~** pernoitar; **2.** *adj* nocturno; ~•**pay** *v/t (-paid)* pagar demais; ~•**peo•pled** *adj* sobrepovoado; ~•**plus** *s* sobra *f;* excesso *m (of* de); ~•**power** *v/t* dominar; assolar; ~•**pro•duc•tion** *s econ.* superprodução *f;* excesso *m* de produção; ~•**rate** *v/t* sobreavaliar; ~•**reach** *v/t* prejudicar; lograr; **~ o.s.** exceder-se; ~•**ride** *v/t (-rode, -ridden) fig.* ignorar, não se importar com; anular, revogar; ~•**rule** *v/t* derrotar, vencer; *jur. verdict:* anular, indeferir.

o•**ver•run** [əʊvə'rʌn] *v/t (-nn-; -ran, -run) land:* inundar; alagar; *signal:* passar; *time:* ultrapassar o limite; **be ~ with** *fig.* formigar, estar infestado de.

o•**ver•sea(s)** [əʊvə'siː(z)] **1.** *adj* ultramarino; **2.** *adv* no ultramar, no estrangeiro.

o•**ver|see** [əʊvə'siː] *v/t (-saw, -seen)* vigiar; supervisionar; ~•**seer** ['əʊvəsɪə] *s* capataz *m/f;* supervisor *m.*

o•**ver|shad•ow** [əʊvə'ʃædəʊ] *v/t* ofuscar *(a. fig.);* abrigar à sombra; ~•**sight** *s* descuido *m;* engano *m;* ~•**sleep** *v/i (-slept)* dormir demais, acordar tarde; ~•**staffed** *adj* com excesso de pessoal.

o•**ver•state** [əʊvə'steɪt] *v/t* exagerar; ~•**ment** *s* exagero *m.*

o•**ver•strain 1.** *v/t* [əʊvə'streɪn] forçar, submeter a tensão excessiva: **~ o.s.** esforçar-se demasiado; **2.** *s* ['əʊvəstreɪn] excesso *m* de esforço.

o•**ver|take** [əʊvə'teɪk] *v/t (-took, -taken)* ultrapassar; ~•**tax** *v/t* sobrecarregar de impostos; *fig.* abusar de, exigir demasiado a.

P

pace [peɪs] **1.** *s* passo *m;* ritmo *m;* **2.** *v/t* medir com passos; atravessar; *v/i* andar; **~ up and down** andar de um lado para o outro.

pac•i|fi•er *Am.* ['pæsɪfaɪə] *s* chupeta *f;* ~•**fy** [_aɪ] *v/t* pacificar; acalmar.

o•**ver•throw 1.** *v/t* [əʊvə'θrəʊ] *(-threw, -thrown)* derrubar *(a. fig.);* derrotar; **2.** *s* ['əʊvəθrəʊ] queda *f;* derrota *f.*

o•**ver•time** *econ.* ['əʊvətaɪm] *s* horas *f pl* extraordinárias; **be on ~, do ~** fazer horas extraordinárias.

o•**ver•ture** ['əʊvətjʊə] *s mus.* abertura *f; mst* **~s** *pl* proposta *f;* oferta *f;* avanços *m pl.*

o•**ver|turn** [əʊvə'tɜːn] *v/t and v/i* derrubar *(a. fig.);* ~•**weight** *s* excesso *m* de peso; ~•**whelm** *v/t* esmagar *(a. fig.),* dominar; ~•**work 1.** *s* excesso *m* de trabalho; **2.** *v/i* trabalhar em excesso.

owe [əʊ] *v/t money, etc.:* dever, estar em dívida; **~ sth. to s.o.** dever alguma coisa a alguém.

ow•ing ['əʊɪŋ] *adj:* **~ to** devido a.

owl *zoo.* [aʊl] *s* mocho *m.*

own [əʊn] **1.** *adj* próprio; **2.** *s:* **my ~** meu (próprio); **a house of one's ~** a sua própria casa; **hold one's ~** aguentar; **3.** *v/t* possuir, ter; *admit:* reconhecer, admitir.

own•er ['əʊnə] *s* dono/a *m/f;* possuidor/a *m/f;* ~•**ship** ['əʊnəʃɪp] *s* posse *f.*

ox *zoo.* [ɒks] *s (pl* **oxen** ['ɒksn]) boi *m.*

ox•i|da•tion *chem.* ['ɒksɪ'deɪʃn] *s* oxidação *f;* **ox•ide** *chem.* ['ɒksaɪd] *s* óxido *m;* **ox•i•dize** *chem.* ['ɒksɪdaɪz] *v/t and v/i* oxidar; **ox•y•gen** *chem.* ['ɒksɪdʒən] *s* oxigénio *m.*

oy•ster *zoo.* ['ɔɪstə] *s* ostra *f.*

o•**zono** *chem.* ['əʊzəʊn] *s* ozono *m;* ~•**friendly** *adj of aerosols, etc.:* não prejudicial à camada de ozono; **~ hole** *s* buraco *m* do ozono; **~ layer** *s* camada *f* de ozono; **the hole in the ~** o buraco *m* de ozono.

pack [pæk] **1.** *s* pacote *m;* embrulho *m;* fardo *m;* trouxa *f; Am.* maço *(cigarettes);* matilha *f (dogs);* alcateia *f (wolves);* bando *m; med., cosmetic:* embalagem *f; a.* **~ of cards** baralho *m* de cartas; **a ~ of lies** F um amontoado de mentiras; **2.** *v/t* embrulhar, empacotar; encher; *econ.* embalar; *tech.* calafetar; *Am.* F *gun, etc.:* trazer consigo; *often* ~ **up** arrumar; fazer as malas; *mst* ~ **off** despachar para longe, mandar embora; *v/i* conservar-se em forma; *often* ~ **up** fazer as malas; **send s.o. ~ing** pôr alguém a andar, livrar-se de alguém; ~ **into** *car, etc.:* apinhar-se em.

pack|age ['pækɪdʒ] *s* embalagem *f;* pacote *m;* ~ **tour** excursão *f* organizada; ~•**er** *s* embalador/a *m/f;* ~•**et** *s* pacote *m;* maço *m (cigarettes); a.* ~-**boat** paquete *m;* ~•**ing** *s* embalagem *f.*

pact [pækt] *s* pacto *m;* acordo *m.*

pad [pæd] **1.** *s* estofo *m;* chumaço *m; sports:* caneleira *f;* bloco *m* de notas; rampa *f* de lançamento *(for rockets); a.* **ink~** almofada *f* para carimbos; **2.** *v/t* **(-dd-)** acolchoar, almofadar; ~•**ding** *s* chumaço *m.*

pad•dle ['pædl] **1.** *s* remo *m; mar.* roda *f* do leme; **2.** *v/t and v/i* remar; chapinhar; ~-**wheel** *s mar.* roda *f* de leme.

pad•lock ['pædlɒk] *s* cadeado *m.*

pa•gan ['peɪɡən] **1.** *adj* pagão; **2.** *s* pagão/pagã *m/f;.*

page[1] [peɪdʒ] **1.** *s* página *f (of book, etc.);* **2.** *v/t* paginar.

page[2] [ ] **1.** *s* paquete *m* de hotel; **2.** *v/t* mandar chamar.

paid [peɪd] *pret and pp of* **pay** 2.

pail [peɪl] *s* balde *m.*

pain [peɪn] **1.** *s* dor *f;* preocupação *f;* ~**s** *pl* esforço *m;* **on** *or* **under** ~ **of death** sob pena de morte; **be in (great)** ~ ter muitas dores; **take ~s** esforçar-se muito; → **arse, neck** 1; **2.** *v/t* doer; fazer doer; ~•**ful** *adj* □ doloroso; difícil; desagradável; *memories:* triste, doloroso; ~•**less** *adj* □ indolor, sem dor; ~-**s•tak•ing** *adj* □ meticuloso, esmerado.

paint [peɪnt] **1.** *s* tinta *f; contp.* cosmético *m;* **2.** *v/t* pintar, colorir; ~•**box** *s* caixa de aguarelas; ~•**brush** *s* pincel *m;* ~•**er** *s* pintor/a *m/f;* ~•**ing** *s* quadro *m;* pintura *f.*

pair [peə] **1.** *s* par *m; a* ~ **of** um par de; **a** ~ **of scissors** uma tesoura *f;* **2.** *v/i zoo.* acasalar, cruzar; ~ **off** emparelhar; formar pares.

pa•ja•ma(s) *Am.* [pə'dʒɑːmə(z)] → *pyjama(s).*

pal [pæl] *s* amigo/a *m/f;* camarada *m/f.*

pal•ace ['pælɪs] *s* palácio *m;* castelo *m.*

pal•a•ta•ble['pælətəbl] *adj* □ saboroso.

pal•ate ['pælɪt] *s anat.* palato *m; fig.* paladar *m,* sabor *m.*

pale[1] [peɪl] *s* estaca *f; fig.* limite *m.*

pale[2] [ ] **1.** *adj* □ **(~r, ~st)** pálido; descorado; ~ **ale** cerveja *f* branca; **2.** *v/i* empalidecer; ~•**ness** *s* palidez *f.*

pal•ings [peɪlɪŋz] *s pl* paliçada *f.*

pal•i•sade [pælɪ'seɪd] *s* paliçada *f;* ~**s** *pl Am.* ribanceira *f.*

pal•li•ate ['pælɪeɪt] *v/t med.* aliviar; *fig.* disfarçar; ~•**a•tive** *med.* [_ətɪv] *s* paliativo *m,* lenitivo *m.*

pal•lid ['pælɪd] *adj* □ pálido; ~•**lid•ness,** ~•**lor** [_ə] *s* palidez *f.*

palm [pɑːm] **1.** *s* palma da mão *f; bot.* palmeira *f;* **2.** *v/t* esconder na palma da mão; ~ **sth. off, on** *or* **upon s.o.** impingir alguma coisa a alguém.

pal•pi|tate *med.* ['pælpɪteɪt] *v/i* palpitar *(heart);* ~•**ta•tion** *med.* [pælpɪ-'teɪʃn] *s* palpitação *f.*

pal•try ['pɔːltrɪ] *adj* □ **(-ier, -iest)** vil, sórdido.

pam•per ['pæmpə] *v/t* mimar; *child:* apaparicar; estragar com mimos.

pam•phlet ['pæmflɪt] *s* panfleto *m;* brochura *f.*

pan [pæn] *s* caçarola *f;* frigideira *f.*

pan•a•ce•a [pænə'sɪə] *s* panaceia *f.*

pan•cake ['pænkeɪk] *s* panqueca *f;* ♀ **Day** *Br.* dia das panquecas (terça-feira de Carnaval); ~ **landing** *aer.* placagem *f.*

pan•da *zoo.* ['pændə] *s* panda *m/f;* ~ **car** *s Br.* carro *m* patrulha; *s Br.* ~ **crossing** passagem para peões sinalizada com luzes amarelas.

pan•de•mo•ni•um *fig.* [pændɪ'məʊ-nɪəm] *s* pandemónio *m.*

pan•der ['pændə] **1.** *v/i* favorecer **(to);** *dated:* alcovitar; **2.** *s dated:* alcoviteiro/a *m/f.*

pane [peɪn] *s* vidraça *f.*

pan•e•gyr•ic [pænɪ'dʒɪrɪk] *s* panegírico *m.*

pan•el ['pænl] **1.** *s of door:* almofada *f; of wall:* painel *m; electr., tech.* painel *m* do quadro de distribuição; *jur.* lista *f* de jurados; os jurados *m pl;* painel *(radio, TV, etc.);* **2.** *v/t (esp. Br. -ll-, Am. -l-)* apainelar, almofadar.

pang [pæŋ] *s* dor *f* súbita; *fig.* medo *m;* remorso *m;* **~s of conscience** remorso *m.*

pan•han•dle ['pænhændl] **1.** *s* cabo *m* de panela; *Am. strech of land:* faixa *f* estreita de terra; **2.** *v/i Am.* F mendigar.

pan•ic ['pænɪk] **1.** *adj* pânico; **2.** *s* pânico *m;* **3.** *v/i (-ck-)* entrar em pânico.

pan•sy *bot.* ['pænzɪ] *s* amor-perfeito *m.*

pant [pænt] *v/i breath:* arquejar, ofegar.

pan•ther *zoo.* ['pænθə] *s* pantera *m/f; Am.* puma *m/f.*

pan•ties ['pæntɪz] *s pl* cuecas *f pl* (de senhora).

pan•ti•hose *esp. Am.* ['pæntɪhəʊz] *s* collants *m pl,* meias *f pl* altas.

pan•try ['pæntrɪ] *s* despensa *f.*

pants [pænts] *s pl esp. Am.* calças *f pl; esp. Br.* cuecas *f pl.*

pap [pæp] *s* papas *f pl.*

pa•pa [pə'pɑ:] *s* papá *m.*

pa•pal ['peɪpl] *adj* □ papal.

pa•per ['peɪpə] **1.** *s* papel; jornal *m;* prova *f,* exame *m;* artigo *m;* tese *f,* dissertação *f;* **~s** *pl* documentos *m pl;* **2.** *v/t* forrar com papel; **~•back** *s* livro *m* de bolso; **~•bag** *s* saco *m* de papel; **~•clip** *s* clipe *m;* **~•hang•er** *s* técnico de revestimento a papel; **~•mill** *s* fábrica *f* de papel; **~•weight** *s* pesa-papéis *m.*

pap•py ['pæpɪ] *adj (-ier, iest)* com a consistência de papa.

par [pɑ:] *s econ.* paridade *f; golf:* média *f; at ~* ao par; *be on a ~ with* estar em pé de igualdade com.

par•a•ble ['pærəbl] *s* parábola *f.*

par•a\chute ['pærəʃuːt] **1.** *s* pára-quedas *m;* **2.** *v/i* saltar em pára-quedas; **~•chut•ist** *s* pára-quedista *m/f.*

pa•rade [pə'reɪd] **1.** *s* desfile *m;* cortejo *m; mil.* parada *f,* revista *f* das tropas; *make a ~ of fig.* ostentar algo; **2.** *v/i and v/t mil.* passar revista; desfilar; **~•ground** *s mil.* praça *f* de armas; campo *m* de exercícios.

par•a•dise [pærədaɪs] *s* paraíso *m.*

par•a•gon ['pærəgən] *s* modelo *m;* padrão *m; a ~ of virtue* F um modelo de virtudes.

par•a•graph ['pærəgrɑːf] *s print.* parágrafo *m;* alínea *f.*

par•al•lel ['pærəlel] **1.** *adj* paralelo; **2.** *s math.* paralela *f; fig.* paralelo *m,* comparação *f; without ~* sem paralelo; **3.** *v/t (-l-; Br. a. -ll-)* comparar; fazer corresponder; correr paralelamente a.

par•a•lyse, *Am.* **-lyze** ['pærəlaɪz] *v/t med.* paralisar *(a. fig.); fig.* neutralizar; **pa•ral•y•sis** *med.* [pə'rælɪsɪs] *s (pl -ses* [-siːz]) paralisia *f.*

par•a•mount ['pærəmaʊnt] *adj* primordial, essencial.

par•a\noi•a [pærə'nɔɪə] *s med* paranóia *f;* **~•noid** ['pærənɔɪd] *adj med.* paranóico.

par•a•pet ['pærəpɪt] *s* parapeito *m;* balaustrada *f.*

par•a•pher•na•li•a [pærəfə'neɪlɪə] *s pl* parafernália *f,* acessórios *m pl;* equipamento *m.*

par•a•site ['pærəsaɪt] *s* parasita *m.*

par•a•sol ['pærəsɒl] *s* guarda-sol *m;* sombrinha *f.*

par•a•troop\er *mil.* ['pærətruːpə] *s* pára-quedista *m/f;* **~s** *s pl mil.* tropas *f pl* pára-quedistas.

par•boil ['pɑːbɔɪl] *v/t* escaldar.

par•cel ['pɑːsl] **1.** *s* pacote *m;* embrulho *m,* parcela *f,* **2.** *v/t (esp. Br.-ll-, Am. -l-): ~ out* embrulhar, empacotar; *v/i* emparcelar.

parch [pɑːtʃ] *v/t and v/i* secar, ressecar.

parch•ment ['pɑːtʃment] *s* pergaminho *m.*

pard *Am. sl* [pɑːd] *s* parceiro *m.*

par•don ['pɑːdn] **1.** *s* perdão *m; jur.* indulto *m; ~?* desculpe? como? **2.** *v/t* perdoar; *jur.* indultar; *~ me!* desculpe! **~•a•ble** *adj* □ perdoável, desculpável.

pare [peə] *v/t* aparar, descascar; podar.

par•ent ['peərənt] *s* pai *m or* mãe *f; fig.* origem *f,* causa *f;* **~s** *pl* pais *m pl;* **~-teacher meeting** *school:* reunião de pais e professores; → *single parent;* **~•age** [_ɪdʒ] *s* descendência *f;* **pa•ren•tal** [pə'rentl] *adj* paternal e/ /ou maternal; relativo aos pais.

P

pa•ren•the•sis [pə'renθɪsɪs] *s* (*pl* **-ses** [-siːz]) parêntese *m.*

par•ing ['peərɪŋ] *s* poda *f;* desbaste *m;* **~s** *pl* aparas *f pl.*

par•ish ['pærɪʃ] **1.** *s* paróquia *f;* **2.** *adj* paroquiano; **~ church** igreja *f* paroquial; **~ council** junta *f* paroquial; **pa•rish•io•ner** [pə'rɪʃənə] *s* paroquiano *m.*

par•i•ty ['pærətɪ] *s* paridade *f;* igualdade *f.*

park [paːk] **1.** *s* parque *m;* zona *f* natural; *Am.* recinto *m* desportivo; **the ~** *Br.* F estádio *m* de futebol; **car-~** parque *m* de estacionamento; **2.** *v/t and v/i* mot. estacionar.

park•ing *mot.* ['paːkɪŋ] *s* estacionamento *m;* **no ~** proibido estacionar; **~ for 200 cars** parque de estacionamento com 200 lugares; **~ fee** *s* custo *m* do estacionamento; **~ lot** *s Am.* parque *m* de estacionamento; **~ me•ter** *s* parquímetro *m;* **~ tick•et** *s* multa *f* por estacionamento proibido.

par•lance ['paːləns] *s* linguagem *f;* terminologia *f;* forma *f* de expressão.

par•lia|ment ['paːləmənt] *s* parlamento *m;* **member of ~** deputado/a *m/f;* *Br.* membro da Câmara dos Comuns; **~•men•tar•i•an** [ˌmen'terɪən] *s* parlamentar *m/f;* **~•men•ta•ry** [ˌ'mentərɪ] *adj* □ parlamentar.

par•lo(u)r ['paːlə] *s dated:* sala *f* de estar; locutório *m;* **beauty ~** *Am.* salão *m* de beleza; **~ car** *rail. Am.* carruagem-salão *m;* **~•maid** *s Br.* criada *f* de fora.

pa•ro•chi•al [pə'rəʊkɪəl] *adj* □ paroquial; *fig.* provinciano.

par•o•dy ['pærədɪ] **1.** *s* paródia *f;* arremesso *m;* **2.** *v/t* parodiar.

pa•role [pə'rəʊl] **1.** *s mil.* senha; *jur.* liberdade *f* condicional; **he is out on ~** ele foi solto em liberdade condicional; **2.** *v/t:* **~ s.o.** *jur.* dar liberdade condicional.

par•quet ['paːkeɪ] *s* soalho *m* de tacos; *Am. theat.* plateia *f.*

par•rot ['pærət] **1.** *s zoo.* papagaio *m* (*a. fig.*); **2.** *v/t* papaguear.

par•ry ['pærɪ] *v/t* aparar (golpes); desviar.

par•si•mo•ni•ous [paːsɪ'məʊnɪəs] *adj* □ parcimonioso, frugal.

pars•ley *bot.* ['paːslɪ] *s* salsa *f.*

par•son ['paːsn] *s* padre *m;* pastor *m;* **~•age** [ˌɪdʒ] *s* presbitério *m.*

part [paːt] **1.** *s* parte *f;* pedaço *m;* peça *f;* facção *f;* *theat. fig.* papel *m;* *Am. of hair:* risca *f;* **a man of many ~s** um homem de muitos talentos; **take ~ in sth.** tomar parte em algo; **take sth. in bad (good) ~** (não) aceitar de bom grado; **for my ~** pela minha parte; **for the most ~** de uma maneira geral, geralmente; **in ~** em parte; **on the ~ of** da parte de; **on my ~** da minha parte; **2.** *adj* parcial; **3.** *adv* em parte; **4.** *v/t* dividir; separar; *hair:* abrir risca; **~ company** separar-se (**with** de).

part ex•change [paːtɪks'tʃeɪndʒ] *s econ.:* **take (offer) sth. in ~** aceitar (dar) algo como parte do pagamento.

par|tial ['paːʃl] *adj* □ parcial; faccioso; partidário; apreciador de; **~•ti•al•i•ty** [paːʃɪ'ælətɪ] *s* parcialidade *f;* preferência *f* (**for** por).

par•tic•i|pant [paː'tɪsɪpənt] *s* participante *m/f;* **~•pate** [ˌpeɪt]*v/i* participar (**in** em); **~•pa•tion** [ˌ'peɪʃn] *s* participação *f.*

par•ti•ci•ple *gr.* ['paːtɪsɪpl] *s* particípio *m.*

par•ti•cle ['paːtɪkl] *s* partícula *f.*

par•tic•u•lar [pə'tɪkjʊlə] **1.** *adj* □ especial; específico; próprio; esquisito; minucioso; exigente. **2.** *s* particularidade *f;* **~s** *pl* pormenores *m pl;* detalhes *m pl;* individualidades *f pl;* **for further ~s apply to** para mais informações, dirija-se a; **in ~** em especial, especialmente; **~•i•ty** [ˌ'lærətɪ] *s* particularidade; especialidade *f;* pormenor *m;* **~•ly** [ˌlɪ]*adv* especialmente; detalhadamente.

part•ing ['paːtɪŋ] **1.** *s* separação *f;* despedida *f; of hair:* risca *f;* **~ of the ways** *esp. fig.* na encruzilhada dos caminhos; **2.** *adj* de despedida.

par•ti•san ['paːtɪ'zæn] *s* partidário/a *m/f;* *mil.* guerrilheiro/a *m/f.*

par•ti•tion [paː'tɪʃn] **1.** *s* divisão *f;* divisória *f;* tabique *m;* **2.** *v/t:* **~ off** separar; dividir.

part•ly ['paːtlɪ] *adv* em parte, parcialmente.

part•ner ['paːtnə] **1.** *s* sócio/a *m/f;* parceiro/a *m/f;* **2.** *v/t* juntar; acompanhar; **~•ship** s associação f; econ. sociedade f.

part-own•er ['pɑːtəʊnə] s co-proprietário/a m/f.

par•tridge zoo. ['pɑːtrɪdʒ] s perdiz f.

partl-time [pɑːt'taɪm] **1.** adj de meio--tempo; **2.** adv a meio-tempo, a meio expediente; **~•tim•er** s empregado/a m/f a meio-tempo.

par•ty ['pɑːtɪ] s festa f; pol. partido m; group: grupo m (de trabalho, de viagem, etc.); F person: tipo m, indivíduo m; **~ line** s pol. linha f partidária; **~ pol•i•tics** s sg política f partidária.

pass [pɑːs] **1.** s passe m; licença f; passaporte m; of exam: aprovação f; Br. univ. appr. certificado com nota de suficiente; situação f difícil; sports: passe m, passagem f de bola; desfiladeiro m; viela f; card games: recusa f; passe m de prestidigitação; F tentativa f de aproximação, F engate m; **free ~** entrada f gratuita; **2.** v/i passar; percorrer; andar; move from s.o. to s.o. passar, ser transportado; change: transformar-se; tornar-se; andar de mão em mão; sports: passar a bola (**to** a); time, pain, etc.: passar, desvanecer-se; valer; conseguir; univ., school: ser aprovado, passar; parl. ser aprovado; card games: passar, não realizar uma jogada; **~ away** falecer, dar o último suspiro; **~ by** passar por; **~ for** or **as** passar por, ser válido; **~ off** passar, decorrer; **~ out** F desmaiar; v/t passar, atravessar, andar, ultrapassar (a. mot.); chegar, ser suficiente; dar; exam: passar; candidate: ser aprovado; aprovar; time: decorrer; money: circular; parl. votar; suggestion, etc.: apresentar; judgment: julgar; opinion: expor; remark: fazer uma observação.

pass•a•ble ['pɑːsəbl] adj □ river: navegável; road: transitável; fig. praticável, viável; knowledge: razoável.

pas•sage ['pæsɪdʒ] s passagem f; corredor m; caminho m; viagem f; travessia f; bilhete m; parl. passagem f, aprovação f; mus., text: trecho m, passagem f; **bird of ~** ave f de arribação.

pass•book econ. ['pɑːsbʊk] s caderneta f de depósitos.

pas•sen•ger ['pæsɪndʒə] s passageiro/a m/f; viajante m/f; of car: ocupante m/f.

pass•er-by [pɑːsə'baɪ] s transeunte m/f.

pas•sion ['pæʃn] s paixão f; sentimento m; excitação f; cólera f; **2** eccl. Paixão f; **2 Week** eccl. Semana f Santa; **~•ate** [ˌ_ət] adj □ apaixonado; ardente.

pas•sive ['pæsɪv] adj □ passivo; gr. passiva; indiferente.

pass•port ['pɑːspɔːt] s passaporte m.

pass•word ['pɑːswɜːd] s senha f.

past [pɑːst] **1.** adj passado; gr. passado; anterior; **for some time ~** há algum tempo; **~ tense** gr. passado m; pretérito m; **2.** prep time: depois de; além de; **half ~ two** duas e meia; **~ endurance** insuportável; **~ hope** sem esperança; desesperado; **3.** s passado m (a. gr.).

paste [peɪst] **1.** s pasta f; cola f; massa f; **2.** v/t colar; **~•board** ['_bɔːd] s cartão m; papelão m.

pas•tel [pæ'stel] s pastel m (pintura).

pas•teur•ize ['pæstəraɪz] v/t pasteurizar.

pas•time ['pɑːstaɪm] s passatempo m; entretenimento m.

pas•tor ['pɑːstə] s pastor/a m/f; **~•al** adj □ pastoral; idílico; eccl. pastoral.

pas•try ['peɪstrɪ] s pastelaria f; bolos m pl; massas f pl; **~-cook** s pasteleiro/a m/f.

pas•ture ['pɑːstʃə] **1.** s pastagem f; prado m; **2.** v/t and v/i pastar; levar a pastar.

pat [pæt] **1.** s pancadinha f; palmadinha f; festa f; naco m (butter); **2.** v/t (-tt-) dar palmadinhas; fazer festas; **3.** adj apropriado; fixo.

patch [pætʃ] **1.** s mancha f; remendo m; lote m de terra; med. penso m; **in ~es** por vezes, aqui e acolá; **2.** v/t remendar; **~•work** s patchwork m; contp. trabalho m remendado; obra de retalhos.

pa•tent ['peɪtənt, Am. 'pætənt] **1.** adj patente, evidente; pantenteado; **~ agent**, Am. **~ attorney** angariador m de patentes; **letters ~** ['pætənt] pl carta f patente; **~ leather** verniz m; **2.** s patente f; privilégio m; licença f;

P

paternal

direito *m;* **3.** *v/t* patentear; registar uma patente; **~•ee** [peitən'ti:] *s* possuidor/a *m/f* de patente; **~ of•fice** *s* serviço *m* de registo de patentes; **~ pro•tec•tion** *s* protecção *f* conferida pelo direito de patente.

pa•ter|nal [pə'tɜ:nl] *adj* □ paternal; **~•ni•ty** [_əti] *s* paternidade *f.*

path [pɑ:θ] *s* (*pl* **paths** [pɑ:ðz]) caminho *m;* atalho *m.*

pa•thet•ic [pə'θetik] *adj* (**~ally**) patético, confrangedor; *attempt:* lastimável; ridículo; *it's* ~ F é ridículo; **pa•thos** ['peiθɒs] *s* piedade *f;* compaixão *f.*

pa•tience ['peiʃns] paciência *f;* resignação *f; Br.* paciência (*card game*); **pa•tient** [_t] **1.** *adj* □ paciente; **2.** *s* paciente *m/f,* doente *m/f.*

pat•i•o ['pætiəʊ] *s* (*pl* -*os*) pátio *m.*

pat•ri•ot ['pætriət] *s* patriota *m/f;* **~•ic** [pætri'ɒtik] *adj* (**~ally**) patriótico.

pa•trol [pə'trəʊl] **1.** *s mil.* patrulha *f;* ronda *f; on* ~ em patrulha; a fazer a ronda; **2.** *v/t and v/i* (-*ll*-) patrulhar, fazer a ronda; **~ car** *s* carro *m* patrulha; **~•man** *s Am.* polícia *m/f* de ronda; *Br.* técnico de desempanagem (*of automobile association*).

pa•tron ['peitrən] *s* protector/a *m/f;* benfeitor/a *m/f;* mecenas *m/f;* cliente *m/f;* **pat•ron•age** ['pætrənidʒ] *s* patrocínio *m;* mecenato *m;* protecção *f;* **pat•ron•ize** ['pætrənaiz] *v/t* patrocinar; proteger; tratar de forma condescendente; ~ **saint** *s* santo/a *m/f* padroeiro/a.

pat•ter ['pætə] *v/i* correr com passos miúdos; *rain:* tamborilar.

pat•tern ['pætən] **1.** *s* padrão *m* (*a. fig.*); modelo *m;* **2.** *v/t* moldar; modelar (*after, on* a partir de).

paunch ['pɔːnʃ] *s* barriga *f.*

pau•per ['pɔːpə] *s* pobre *m/f.*

pause [pɔːz] **1.** *s* pausa *f;* intervalo *m;* **2.** *v/i* fazer uma pausa.

pave [peiv] *v/t* pavimentar; ~ *the way for fig.* preparar o caminho para; **~•ment** *s Br.* passeio *m; Am.* pavimento *m;* ~ *artist* calceteiro/a *m/f.*

paw [pɔ:] **1.** *s* pata *f;* garra *f;* F *keep your* **~s off** tira as patas de cima de mim; **2.** *v/t* F apalpar; agarrar; *a. v/i:* ~ (*the ground*) dar patadas.

paw•ky *esp. Br.* ['pɔ:ki] *adj* □ *humour:* sagaz, astuto.

pawn [pɔ:n] **1.** *s chess:* peão *m;* penhor *m; in or at* ~ empenhado; **2.** *v/t* empenhar; **~•bro•ker** *s* penhorista *m/ff,* agiota *m/f;* **~•shop** *s* casa *f* de penhores.

pay [pei] **1.** *s* salário *m;* solda *f;* **2.** (*paid*) *v/t* pagar; compensar; *attention:* prestar; *visit:* fazer; *honour:* prestar; *compliment:* fazer; ~ *attention or heed to* prestar atenção a; ~ *down,* ~ *cash* pagar em dinheiro; ~ *in or into* depositar; ~ *off* liquidar; despedir; *v/i* compensar, valer a pena; ~ *for* pagar por; **~•a•ble** *adj* pagável; **~-as-you-earn (tax) system** *s appr.* tributação na fonte; **~-bed** *s in hospital:* quarto *m* particular; **~-day** *s* dia *m* de pagamento; **~•ee** [_'i:] *s* beneficiário/a *m/f;* ~ *en•ve•lope* *s Am.* envelope *m* de pagamento; ~ *freeze* *s* congelamento *m* de salários; ~ *in•crease* *s econ.* aumento *m* salarial; **~•ing** *adj* compensatório; **~•ment** *s* pagamento *m;* ~ *pack•et* *s Br.* envelope *m* de pagamento; ~ *phone* *s Br.* telefone *m* público; **~•roll** *s* folha *f* de pagamentos; ~ *slip* *s* recibo *m* de pagamento; ~ *sta•tion Am.,* ~ *tel•e•phone* *s* cabina *f* telefónica; **~-TV** *s* televisão *f* por cabo.

pea *bot.* [pi:] *s* ervilha *f.*

peace [pi:s] *s* paz *f;* sossego *m; at* ~ em paz; **~•a•ble** *adj* □ pacato, sossegado; **~•ful** *adj* □ pacífico; **~-keep•ing** *adj* que mantém a paz, pacificador; ~ *force* força *f* de manutenção da paz; **~•ma•ker** *s* artífice *m/f* da paz.

peach *bot.* [pi:tʃ] *s* pêssego *m.*

pea|cock *zoo.* ['pi:kɒk] *s* pavão *m;* **~•hen** *s zoo.* pavoa *f.*

peak [pi:k] *s* pico *m;* cume *m;* ~ *hours traffic:* pl hora de ponta; ~ *ed* pontiagudo.

peal [pi:l] **1.** *s* toque *m* (de sinos); estrépito *m;* ~*s of laughter* gargalhadas *f pl;* **2.** *v/i and v/t;* ribombar.

pea•nut *bot.* ['pi:nʌt] *s* amendoim *m.*

pear *bot.* [peə] *s* pêra *f;* pereira *f.*

pearl [pɜːl] **1.** *s* pérola *f* (*a. fig.*); **2.** *v/i* dar a forma de pérola; brilhar; **~•y** *adj* (-*ier,* -*iest*) relativo a pérolas; nacarado.

peas•ant ['peznt] **1.** *s* camponês/esa *m/f;* **2.** *adj* camponês; **~•ry** [_ɪɪ] *s* campesinato *m;* os pequenos camponeses *m pl.*

peat [piːt] *s* turfa *f.*

peb•ble ['pebl] *s* seixo *m.*

peck [pek] **1.** *v/t* dar bicadas *(bird);* F dar um beijo leve; **2.** *s* F beijinho *m.*

pe•cu•li•ar [pɪ'kjuːlɪə] *adj* □ peculiar; próprio; esquisito; especial; **~•i•ty** [_'ærətɪ] *s* peculiaridade *f;* característica *f;* excentricidade *f.*

ped•a|gog•ics [pedə'gɒdʒɪks] *s mst sg* pedagogia *f;* **~•gogue**, *Am. a.* **~•gog** ['pedəgɒg] *s* pedagogo/a *m/f;* professor/a *m/f;* F pedante *m/f.*

ped•al ['pedl] **1.** *s* pedal *m;* **2.** *v/i (esp. Br. -II-, Am. -I-)* pedalar; andar de bicicleta; F espernear.

pe•dan•tic [pɪ'dæntɪk] *adj (~ally)* pedante.

ped•dle ['pedl] *v/t and v/i* vender nas ruas; **~** *drugs* traficar drogas; **~r** *s* traficante *m/f* de drogas; vendedor/a *m/f* ambulante; *Am.* → **pedlar.**

pe•des•tri•an [pɪ'destrɪən] **1.** *adj* pedestre; *fig.* prosaico; **2.** *s* peão *m;* **~ cross•ing** *s* passagem *f* de peões; **~ pre•cint** *s* zona *f* para peões.

ped•i•gree ['pedɪgriː] *s* raça *f;* genealogia *f,* origem *f.*

ped•lar ['pedlə] *s Am.* vendedor/a *m/f* ambulante.

pee [piː] F **1.** *s:* **have (go for) a ~** ir fazer xixi, ir fazer uma mijinha; **2.** *v/i* fazer xixi; mijar.

peek [piːk] **1.** *v/i* espiar; espreitar; **2.** *s* espreitadela *f.*

peel [piːl] **1.** *s* casca *f;* pele *f;* **2.** *v/t* descascar *(a. ~ off);* *label:* arrancar; *clothes:* despir; *v/i a.* **~ off** descascar-se; desfolhar-se.

peep [piːp] **1.** *s* olhadela *f;* espreitadela *f;* pio *m;* **2.** *v/i* dar uma olhadela (às escondidas); *a.* **~ out** espreitar; *fig.* mostrar-se, revelar-se; piar; **~•hole** *s* vigia *m;* **~•ing Tom** *s* voyeur *m;* bisbilhoteiro *m.*

peer [pɪə] **1.** *v/i* espreitar; **~ at** fitar, observar com atenção; **2.** *s* par *m/f;* igual *m/f;* **~•less** *adj* □ incomparável.

peev•ish ['piːvɪʃ] *adj* □ irritado, rabugento.

peg [peg] **1.** *s* cavilha *f;* espiga *f;* estaca *f; for clothes:* cabide *m; Br. a. clothes ~:* mola *f* da roupa; *for tent:* estaca *f; fig.* desculpa *f;* **take s.o. down a ~ (or two)** F humilhar alguém; **2.** *(-gg-) v/t* prender; segurar com estacas; *mst* **~ out** *boundary, etc.:* fixar; *v/i* **~ away, ~ along** F trabalhar afincadamente *(at* em).

pel•i•can *zoo.* ['pelɪkən] *s* pelicano *m.*

pel•let ['pelɪt] *s* bola *f* pequena.

pelt [pelt] **1.** *s* pêlo *m;* pele *or* couro não curtido; *f;* **2.** *v/t* atirar; *v/i a.* **~ down** chover a potes *(rain).*

pel•vis *anat.* ['pelvɪs] *s (pl -vises, -ves* [-vɪːz]) pélvis *f,* bacia *f.*

pen¹ [pen] **1.** *s* caneta *f* de tinta permanente; esferográfica; *dated:* pena *f;* **2.** *v/t (-nn-)* escrever.

pen² [_] **1.** *s* curral *m;* redil *m;* **2.** *v/t (-nn-):* **~ in, ~ up** encurralar.

pe•nal ['piːnl] *adj* □ penal; **~ code** código *m* penal; **~ servitude** sentença *f* de trabalhos forçados; **~•ize** [_əlaɪz] *v/t* penalizar; **pen•al•ty** ['penltɪ] *s* penalidade *f;* pena *f; sports:* punição *f,* castigo *m; soccer:* penalidade *f;* **~ area** *soccer:* grande área *f;* **~ goal** *soccer:* grande penalidade *f;* **~ kick** *soccer:* pontapé *m* de grande penalidade.

pen•ance ['penəns] *s* penitência *f.*

pence [pens] *pl of* **penny.**

pen•cil ['pensl] **1.** *s* lápis *m;* **2.** *v/t (esp. Br. -II-, Am. -I-)* desenhar; anotar a lápis; *eyebrows:* desenhar as sobrancelhas a lápis; **~•sharp•en•er** *s* apara-lápis *m.*

pend•ing ['pendɪŋ] **1.** *adj jur.* pendente; **2.** *prep* durante; até.

pen•du•lum ['pendjʊləm] *s* pêndulo *m.*

pen•e|tra•ble ['penɪtrəbl] *adj* □ penetrável; **~•trate** [_eɪt] *v/t and v/i* penetrar; **~ into** penetrar em; **~•trating** *adj* □ penetrante; sagaz *(mind);* perspicaz; **~•tra•tion** [_'treɪʃn] penetração *f;* perspicácia *f;* **~•tra•tive** ['penɪtrətɪv] *adj* □ → **penetrating.**

pen-friend ['penfrend] *s* amigo/a *m/f* por correspondência.

pen•guin *zoo.* ['peŋgwɪn] *s* pinguim *m.*

P

pen•hold•er ['penhəʊldə] *s dated:* pena *f* (caneta).

pe•nin•su•la [pə'nɪnsjʊlə] *s* península *f.*

pe•nis *anat.* [pi:nɪs] *s* pénis *m.*

pen•i•tence ['penɪtəns] *s* penitência *f;* arrependimento *m;* **~•tent** [_t] **1.** *adj* □ penitente, arrependido; **2.** *s* penitente *m/f,* arrependido/a *m/f;* **~•ten•tia•ry** [penɪ'tenʃərɪ] *s Am.* penitenciária *f,* prisão *f.*

pen|knife ['pennaɪf] *s* canivete *m;* **~•name** *s* peseudónimo *m.*

pen•ni•less ['penɪlɪs] *adj* falido, sem um tostão.

pen•ny ['penɪ] *s (pl* **-nies,** *coll.* **pence** [pens]): *a.* **new ~** *Br.* péni; *Am.* centavo.

pen•sion¹ [penʃn] **1.** *s* pensão *f* de reforma; **2.** *v/t often:* **~ off** aposentar; **~•er** [_ə] *s* pensionista *m/f,* reformado/a *m/f.*

pension² ['pɒnsɪɒn] *s boardinghouse:* pensão *f.*

pen•sive ['pensɪv] *adj* □ pensativo.

pen•tath|lete [pen'tæθli:t] *s sports:* atleta *m/f* de pentatlo; **~•lon** [_ɒn] *s sports:* pentatlo *m.*

Pen•te•cost ['pentɪkɒst] *s* Pentecostes *m.*

pent•house ['penthaʊs] *s* penthouse *f,* apartamento *m* construído no topo de um edifício; cobertura *f;* andar recuado.

pent-up [pent'ʌp] *adj emotions:* reprimido.

peo•ple ['pi:pl] **1.** *s* povo *m;* pessoas *f pl;* nação *f;* **2.** *v/t* povoar.

pep F [pep] **1.** *s* energia *f;* vigor *m;* **~ pill** droga *f* estimulante; **2.** *v/t (-pp-) mst ~ up* animar, encorajar.

pep•per ['pepə] **1.** *s* pimenta *f;* **2.** *v/t* apimentar; temperar com pimenta; **~•mint** *s bot.* hortelã-pimenta *f;* **~•y** *adj* apimentado, picante.

per [pɜː] *prep* por; conforme.

per•am•bu•la•tor *esp. Br.* ['præmbjʊleɪtə] *s → pram.*

per•ceive [pə'siːv] *v/t* notar, aperceber-se; observar; compreender.

per cent, *Am.* **per•cent** [pə'sent] *s* por cento.

per•cen•tage [pə'sentɪdʒ] *s* percentagem *f;* parte *f.*

per•cep|ti•ble [pə'septəbl] *adj* □ perceptível; sensível; **~•tion** [_pʃn] *s* percepção *f;* conhecimento *m;* consciência *f.*

perch [pɜːtʃ] **1.** *s zoo.* perca *f;* poleiro *m (for birds);* **2.** *v/i* empoleirar-se *(birds).*

per•co|late ['pɜːkəleɪt] *v/t coffee, etc.:* passar, filtrar; *v/i* ser filtrado; **~•la•tor** *s* cafeteira *f* de café; máquina *f* de café com filtro.

per•cus•sion [pə'kʌʃn] *s* percussão *f;* golpe *m; med.* exame *m* médico; *mus.* F bateria *f;* **~ instrument** *mus.* instrumentos *m pl* de percussão.

per•e•gri•na•tion [perɪgrɪ'neɪʃn] *s* peregrinação *f.*

pe•ren•ni•al [pə'renɪəl] *adj* perene, perpétuo; permanente; *bot.* perene.

per|fect 1. *adj* □ ['pɜːfɪkt] perfeito; completo; virtuoso; certo; **2.** *s* [_] *a.* **~ tense** *gr.* pretérito *m* perfeito; **3.** *v/t* [pə'fekt] aperfeiçoar; melhorar. **~•fec•tion** [pə'fekʃn] *s* perfeição *f;* mestria *f; fig.* máximo *m.*

per|fid•i•ous [pə'fɪdɪəs] *adj* □ pérfido, maldoso; traiçoeiro *(to);* **~•fi•dy** ['pɜːfɪdɪ] *s* perfídia *f;* maldade *f.*

per•fo•rate ['pɜːfəreɪt] *v/t* perfurar.

per•form [pə'fɔːm] *v/t* realizar; levar a cabo, fazer; *duty:* desempenhar; *(itál.) thea., mus.* representar, interpretar; **~•ance** *s* realização *f;* desempenho *m; theat., mus.* espectáculo *m;* **~•er** *s* actor/actriz *m/f;* artista *m/f.*

per•fume 1. *s* ['pɜːfjuːm] perfume *m;* aroma *m;* **2.** *v/t* [pə'fjuːm] perfumar.

per•haps [pə'hæps, præps] *adv* talvez.

per•il ['perəl] **1.** *s* perigo *m;* **2.** *v/t* pôr em perigo, arriscar; **~•ous** [_əs] *adj* □ perigoso.

pe•rim•e•ter [pə'rɪmɪtə] *s math.* perímetro *m;* circunferência *f;* limite *m.*

pe•ri•od ['pɪərɪəd] *s* período *m;* época *f; gr. esp. Am.* ponto *m* final; *gr.* período *m;* aula *f; physiol.* período *m,* regras *f pl;* **~•ic** [pɪərɪ'ɒdɪk] *adj* periódico; **~•i•cal** [_ɪkl] **1.** *adj* periódico; **2.** *s* jornal *m,* revista *f.*

pe•riph|e•ral [pə'rɪfərəl] **1.** *adj* periférico; *fig.* secundário; **~ region** *geogr., econ.* região *f* periférica; **2.** *s* com-

P

puter: periférico *m;* ~**e•ry** *s* periferia *f;* orla *f.*

per•ish ['perɪʃ] *v/i* perecer, morrer; ~**a•ble** *adj* □ perecível, deteriorável; ~**•ing** *adj* □ *esp. Br.* F gelado; F maldito, danado.

per|jure ['pɜːdʒə] *v/t:* ~ *o.s.* prestar falso testemunho, testemunhar em falso; ~**•ju•ry** [_rɪ] *s* perjúrio *m;* **commit** ~ cometer perjúrio.

perk [pɜːk] *v/i:* ~ *up* animar-se *(person); v/t:* ~ *up head:* levantar, *ears:* arrebitar, aguçar; enfeitar-se, embonecar-se.

perk•y ['pɜːkɪ] *adj* □ *(-ier, -iest)* alegre, bem-disposto; animado.

perm F [pɜːm] **1.** *s* permanente *f;* **2.** *v/t* fazer uma permanente.

per•ma|nence ['pɜːmənəns] *s* permanência *f;* ~**•nent** *adj* □ permanente; duradouro; ~ *wave* permanente *f.*

per•me|a•ble ['pɜːmɪəbl] *adj* □ permeável; ~**•ate** [_ɪeɪt] *v/t* penetrar; *v/i* trespassar *(into, through).*

per•mis|si•ble [pə'mɪsəbl] *adj* □ permissível; ~**•sion** [_ʃn] *s* permissão *f,* autorização *f;* **ask** ~ pedir autorização; *with your* ~ com a sua permissão; ~**•sive** [_sɪv] *adj* □ permissivo, tolerante; livre (sexualmente); ~ *society* sociedade livre, tolerante.

per•mit 1. [pə'mɪt] *(-tt-) v/t* permitir, autorizar; *v/i: weather ~ting* se o tempo o permitir; **2.** *s* ['pɜːmɪt] autorização *f;* licença *f;* passe *m.*

per•ni•cious [pə'nɪʃəs] *adj* □ pernicioso; nocivo; mortal, fatal; *med.* maligno.

per•pen•dic•u•lar [pɜːpən'dɪkjʊlə] *adj* □ perpendicular.

per•pe•trate ['pɜːpɪtreɪt] *v/t* cometer, perpetrar.

per•pet•u|al [pə'petʃʊəl] *adj* □ perpétuo, eterno; ~**•ate** [_eɪt] *v/t* perpetuar; eternizar.

per•plex [pə'pleks] *v/t* confundir; *adj* perplexo, confuso; ~**•i•ty** [_ətɪ] *s* perplexidade *f.*

per•se|cute ['pɜːsɪkjuːt] *v/t* perseguir; ~**•cu•tion** [pɜːsɪ'kjuːʃn] *s* perseguição *f;* ~**•cu•tor** ['pɜːsɪkjuːtə] *s* perseguidor/a *m/f.*

per•se•ver|ance [pɜːsɪ'vɪərəns] *s* perseverança *f;* persistência *f;* ~**e**

[pɜːsɪ'vɪə] *v/i* perseverar, persistir *(at, in, with).*

per|sist [pə'sɪst] *v/i* persistir (*in* em); insistir; ~**•sis•tence,** ~**•sis•ten•cy** [_əns, _sɪ] *s* persistência *f;* insistência *f;* ~**•sis•tent** *adj* □ persistente, insistente.

per•son ['pɜːsn] *s* pessoa *f (a. gr., jur.);* ~**•age** *s* personalidade *f,* pessoa *f* importante; ~**•al** *adj* □ pessoal *(a. gr.);* privado; ~ *call teleph.* chamada *f* particular; ~ *computer* computador *m* pessoal, PC; ~ *data pl* informações *f pl* pessoais; ~**•al•i•ty** [pɜːsə'nælətɪ] *s* personalidade *f; personalities pl* observações *f pl* pessoais; ~**•i•fy** [pɜː'sɒnɪfaɪ] *v/t* personificar; ~**•nel** [pɜːsə'nel] *s* pessoal *m; mil.* guarnição *f; mar., aer.* tripulação *f;* ~ *department* departamento *m* de pessoal; ~ *manager* gerente *m/ff* de pessoal.

per•spec•tive [pə'spektɪv] *s* perspectiva *f;* visão *f.*

per•spic•u•ous [pə'spɪkjʊəs] *adj* □ claro.

per|spi•ra•tion [pɜːspə'reɪʃn] *s* transpiração *f;* suor *m;* ~**•spire** [pə'spaɪə] *v/i* transpirar, suar.

per|suade [pə'sweɪd] *v/t* persuadir, convencer; ~**•sua•sion** [_ʒn] *s* persuasão *f;* acto *m* de convencer; opinião *f;* crença *f;* ~**•sua•sive** [_sɪv] *adj* □ persuasivo, convincente.

pert [pɜːt] *adj* □ atrevido, descarado; ousado.

per•ti•nent ['pɜːtɪnənt] *adj* □ pertinente, relevante; importante.

per•turb [pə'tɜːb] *v/t* importunar, incomodar.

pe•rus|al [pə'ruːzl] *s* leitura *f or* observação *f* atenta; ~**e** [_z] *v/t* ler atentamente; rever.

per•vade [pə'veɪd] *v/t* impregnar; penetrar *(smell, idea, etc.).*

per|verse [pə'vɜːs] *adj* □ *psych.* perverso; maldoso; teimoso, obstinado; ~**•ver•sion** [_ʃn] *s* desvio *m;* deturpação *f; psych.* perversão *f;* ~**•versi•ty** [_ətɪ] *s psych.* perversidade *f;* maldade *f;* teimosia *f;* capricho *m.*

per•vert 1. *v/t* [pə'vɜːt] perverter; deturpar; corromper; **2.** *s psych.* ['pɜːvɜːt] pervertido/a *m/f.*

P

217

pes•si|mis•m ['pesɪmɪzəm] *s* pessimismo *m;* ~•**mist** [_mɪst] *s* pessimista *m/f;* ~•**mist•ic** [_'mɪstɪk] *adj* **(~ally)** pessimista.

pest [pest] *s fig.* peste *f,* pessoa *f* insuportável; peste *f,* praga *f; zoo.* insecto *m* nocivo; **pes•ter** *v/t* importunar, incomodar.

pet [pet] **1.** *s* animal *m* de estimação; favorito/a *m/f;* **2.** *adj* favorito, de estimação; ~ **dog** cão *m* de estimação; ~ **name** nome *m* carinhoso; alcunha *f;* ~ **shop** loja *f* de animais; **3.** **(-tt)** *v/t* acariciar, amimar; *v/i* F acariciar-se.

pet•al *bot.* ['petl] *s* pétala *f.*

pe•ti•tion [pɪ'tɪʃn] **1.** *s* petição *f;* abaixo-assinado *m;* requerimento *m;* **2.** *v/t* pedir, requerer, solicitar; *v/i* apresentar uma petição **(for).**

pet•ri•fy ['petrɪfaɪ] *v/t* petrificar.

pet•rol ['petrəl] *s Br.* gasolina *f;* ~ **station** bomba *f* de gasolina.

pe•tro•le•um *chem.* [pɪ'trəʊlɪəm] *s* petróleo *m;* óleo *m;* ~ **refinery** refinaria *f* de petróleo.

pet•ti•coat ['petɪkəʊt] *s* combinação *f,* saiote *m.*

pet•ting F ['petɪŋ] *s* fazer carícias.

pet•tish ['petɪʃ] *adj* □ rabugento.

pet•ty ['petɪ] *adj* □ **(-ier, -iest)** mesquinho; insignificante; ~ **cash** dinheiro *m* para pequenas despesas; ~ **larceny** *jur.* roubo *m* menor.

pet•u•lant ['petjʊlənt] *adj* □ petulante.

pew [pjuː] *s* banco *m* de igreja.

pew•ter ['pjuːtə] *s* estanho *m;* recipiente *m* de estanho.

phan•tom ['fæntəm] *s* fantasma *m;* aparição *f;* espectro *m.*

phar•ma•cy ['faːməsɪ] *s* farmácia *f.*

phase [feɪz] **1.** *s* fase *f;* **2.** *v/t* fasear; planear; ~ **in** *scheme, etc.:* introduzir gradualmente; ~ **out** *scheme:* terminar gradualmente.

pheas•ant *zoo.* ['feznt] *s* faisão *m.*

phe•nom•e•non [fɪ'nɒmɪnən] *s (pl -na* [-ə]) fenómeno *m;* aparição *f.*

phi•al ['faɪəl] *s* frasco *m.*

phi•lan•thro•pist [fɪ'lænθrəpɪst] *s* filantropo/a *m/f.*

phi•lol•o•gist [fɪ'lɒlədʒɪst] *s* filólogo/a *m/f;* ~•**gy** [_ɪ] *s* filologia *f.*

phi•los•o|pher [fɪ'lɒsəfə] *s* filósofo *m;* ~•**phize** [_aɪz] *v/i* filosofar; ~•**phy** [_ɪ] *s* filosofia *f.*

phlegm [flem] *s* muco *m;* fleuma *f.*

phone F [fəʊn] **1.** *s* telefone *m;* **pick up (put down) the** ~ atender (desligar) o telefone; ~ **book,** ~ **directory** lista *f* telefónica; ~ **booth,** ~ **box** cabina *f* telefónica; ~ **card** cartão *m* credifone; → *a.* **telephone;** **2.** *v/i* telefonar; *v/t* telefonar a alguém.

pho•net•ics [fə'netɪks] *s sg* fonética *f;* transcrição *f* fonética.

pho•n(e)y *sl.* ['fəʊnɪ] **1.** *s* impostor/a *m/f;* aldrabão/ona *m/f;* **2.** *adj* **(-ier, -iest)** falso, fingido.

phos•pho•rus *chem.* ['fɒsfərəs] *s* fósforo *m.*

pho•to F ['fəʊtəʊ] *s (pl -tos)* foto *f.*

pho•to- [_] relativo a luz; ~•**cop•i•er** *s* fotocopiadora *f;* ~•**cop•y 1.** *s* fotocópia *f;* **2.** *v/t* fotocopiar; ~•**gen•ic** [_'dʒenɪk] *adj* fotogénico.

pho|to•graph ['fəʊtəɡrɑːf] **1.** *s* fotografia *f;* **2.** *v/t* fotografar; ~•**tog•ra•pher** [fə'tɒɡrəfə] *s* fotógrafo/a *m/f;* ~•**tog•ra•phy** [_ɪ] *s* fotografia *f (art, business).*

phras•al ['freɪzl] *adj:* ~ **verb** verbo com advérbio ou preposição; **phrase** [freɪz] **1.** *s* frase *f;* expressão *f;* expressão *f* idiomática; ~ **book** livro *m* de expressões correntes de uma língua; **2.** *v/t* exprimir.

phys|i•cal ['fɪzɪkl] *adj* físico; relativo ao corpo; ~ **education,** ~ **training** educação *f* física, treino *m* físico; ~ **handicap** deficiência *f* física; ~**ly handicapped** deficiente físico; **phy•si•cian** [fɪ'zɪʃn] *s* médico/a *m/f;* ~•**i•cist** ['fɪzɪsɪst] *s* físico/a *m/f;* ~•**ics** [_ɪks] *s sg* física *f.*

phy•sique [fɪ'ziːk] *s* físico *m.*

pi•an•o ['pjænəʊ] *s (pl -os)* piano *m.*

pi•az•za [pɪ'ætsə] *s* praça *f; Am.* varanda *f.*

pick¹ [pɪk] → **pickaxe.**

pick² [pɪk] **1.** *s* escolha *f;* **take your** ~ escolha! **2.** *v/t* escolher; debicar *(bird);* colher, apanhar; *bone:* roer; esburacar; *lock:* abrir com gazua; F roubar; *quarrel:* provocar; *Am. mus. strings:* dedilhar, *banjo:* tocar; ~ **one's nose** meter o dedo no nariz; ~

P

one's teeth palitar os dentes; ~ *s.o.'s pocket* roubar alguém; *have a bone to ~ with s.o.* discutir algo com alguém; ~ *out* escolher; andar à procura; ~ *up* apanhar; debicar *(bird); trail:* encontrar, seguir; *criminal:* apanhar; F compreender, aprender; *foreigh language:* aprender; *in a car:* ir buscar, levar; F conhecer por acaso; *a.* ~ *up speed mot.* acelerar; **~-a-back** *adv* aos ombros.

pick|axe, *Am.* **~•ax** ['pɪkæks] *s* picareta *f.*

pick•et ['pɪkɪt] **1.** *s* estaca *f;* poste *m;* piquete *m* de greve; ~ *line* cadeia *f* de grevistas; **2.** *v/t* colocar piquetes de greve; *v/i* fazer piquete.

pick•ings ['pɪkɪŋz] *s pl* restos *m pl;* lucros *m pl,* ganhos *m pl.*

pick•le ['pɪkl] **1.** *s mst* **~s** picles *m pl;* conserva *f* em vinagre; F situação *f* difícil; apuro *m;* **2.** *v/t* conservar em vinagre; **~d herring** arenque de conserva.

pick|lock ['pɪklɒk] arrombador *m;* ladrão *m;* **~•pocket** *s* carteirista *m/f;* **~-up** *s* pick-up; gira-discos *(record player);* camioneta *f* de caixa aberta, pick-up *f;* F conhecimento *m* casual.

pic•nic ['pɪknɪk] **1.** *s* piquenique *m;* **2.** *v/i (-ck-)* fazer um piquenique.

pic•to•ri•al [pɪk'tɔːrɪəl] **1.** *adj* □ pictórico; ilustrado; **2.** *s* ilustração *f.*

pic•ture ['pɪktʃə] **1.** *s* imagem *f;* pintura *f;* quadro *m;* desenho *m;* fotografia *f;* filme *m;* **~s** *pl esp. Br.* cinema *m; put s.o. in the* ~ informar alguém, pôr a par da situação; **2.** *v/t* reproduzir; imaginar; *fig.* descrever; ~ **post•card** *s* postal *m* ilustrado; **pic•ture•some** ['_səm] *adj* fotogénico; **pic•tur•esque** [_'resk] *adj* □ pitoresco.

pie [paɪ] *s* tarte *f;* bolo *m* de frutas.

pie•bald ['paɪbɔːld] *adj* malhado.

piece [piːs] **1.** *s* bocado *m;* pedaço *m;* peça *f (of machine, etc.); chess:* figura *f,* peça *f; board games:* pedra *f,* peça *f; by the* ~ à peça, à unidade; *a ~ of advice* um conselho; *a ~ of cake* F canja! *a ~ of news* uma novidade; *of a ~* inteiro; uniforme; *give s.o. a ~ of one's mind* dizer abertamente a sua opinião; *take to* **~s** desmontar;

2. *v/t:* ~ *together* montar; **~•meal** *adj and adv* peça por peça; **~-work** *s* empreitada *f; do* ~ trabalhar por empreitada.

pier [pɪə] *s* pilar *m; mar.* cais *m;* embarcadouro *m;* molhe *m.*

pierce [pɪəs] *v/t* furar; brocar; penetrar; atravessar.

pi•e•ty ['paɪətɪ] *s* piedade *f;* compaixão *f.*

pig [pɪg] *s zoo.* porco *m (a. fig.* F); *esp. Am.* porcalhão/ona *m/f; sl. contp.* chui *m (policeman).*

pi•geon ['pɪdʒɪn] *s zoo.* pombo/a *m/f;* **~-hole 1.** *s* compartimento *m,* escaninho *m;* **2.** *v/t* classificar, ordenar.

pig|head•ed [pɪg'hedɪd] *adj* teimoso; **~-i•ron** *s* ferro *m* fundido; **~-skin** *s* pele *f* de porco; **~•sty** *s* pocilga *f;* **~•tail** *s* rabo-de-cavalo *m;* rabicho *m.*

pike [paɪk] *s zoo.* lúcio *m;* barreira *f;* direitos *m pl* de alfândega; *mil. hist.* lança *f.*

pile [paɪl] **1.** *s* pilha *f,* monte *m;* F montão *m; electr.* bateria *f;* estaca *f;* pêlo *m (of carpets, etc.);* **~s** *pl* F *med.* hemorróidas *f pl; (atomic)* ~ reactor *m* atómico; **2.** *v/t often:* ~ *up,* ~ *on* empilhar, amontoar(-se).

pil•fer ['pɪlfə] *v/t* roubar, F surripiar.

pil•grim ['pɪlgrɪm] *s* peregrino/a *m/f;* **~•age** [_ɪdʒ] *s* peregrinação *f.*

pill [pɪl] *s* pílula *f (a. fig.); the* ~ a pílula (anticoncepcional).

pil•lar ['pɪlə] *s* pilar *m;* coluna *f;* **~-box** *s Br.* marco *m* do correio.

pil•li•on *mot.* ['pɪlɪən] *s* assento *m* do pendura em motociclo.

pil•lo•ry ['pɪlərɪ] **1.** *s hist.* pelourinho *m;* **2.** *v/t hist.* and *fig.* expor no pelourinho; ridicularizar, humilhar.

pil•low ['pɪləʊ] *s* almofada *f;* **~•case,** **~•slip** *s* fronha *f* de almofada.

pi•lot ['paɪlət] **1.** *s aer., mar.* piloto *m/f;* **2.** *adj* piloto, inovador; ~ *film TV* filme *m* piloto; ~ *project* projecto *m* piloto; ~ *scheme* esquema *m* piloto; **3.** *v/t* pilotar.

pimp [pɪmp] *s* chulo *m.*

pim•ple ['pɪmpl] *s* borbulha *f;* ponto *m* negro.

pin [pɪn] **1.** *s* alfinete *m; tech.* cavilha *f;* prego *m; mus.* cravelha *f; ninepins:* taco de madeira *m; (clothes)* ~ *esp.*

Am. mola *f;* **(drawing-)** ~ *Br.* pino *m;* **2.** *v/t* **(-nn-)** prender, fixar; espetar (**to** em, a); pressionar (**against, to** contra).

pin•a•fore ['pɪnəfɔː] *s* avental *m.*

pin•cers ['pɪnsəz] *s pl* **(a pair of ~)** pinça *f;* tenaz *f.*

pinch [pɪnʃ] **1.** *s* beliscão *m;* pitada *f (salt, tobacco, etc.); fig.* necessidade *f;* **2.** *v/t* beliscar; apertar; F roubar; F *arrest:* prender, engaiolar; *v/i* apertar *(shoe, poverty, etc.);* oprimir; *a.* ~ **and scrape** arranjar-se.

pin•cush•ion ['pɪnkuʃn] *s* almofada *f* de alfinetes.

pine [paɪn] **1.** *s bot.* pinheiro *m;* **2.** *v/i* ansiar (**for** por); ~ **(away)** consumir-se; ~**ap•ple** *bot.* ['_æpl] *s* ananás *m.*

pin•ion ['pɪnɪən] **1.** *s zoo.* ponta *f* da asa; *zoo.* pena *f* da asa; **2.** *v/t* aparar as asas; amarrar.

pink [pɪŋk] **1.** *s bot.* cravo *m;* cor-de--rosa; **be in the** ~ (**of condition** or **health**) estar em excelente forma; **2.** *adj* rosa, rosado.

pin-mon•ey ['pɪnmʌnɪ] *s* dinheiro *m* de bolso, dinheiro para os alfinetes.

pin•na•cle ['pɪnəkl] *s arch.* pináculo *m;* cume *m; fig.* auge *m,* apogeu *m.*

pint [paɪnt] *s* quartilho *m* (= 0,57 or *Am.* 0,47 *litre); Br.* F caneca *f (of beer).*

pi•o•neer [paɪə'nɪə] **1.** *s* pioneiro *m (a. mil.);* **2.** *v/i and v/t* abrir caminho, ser pioneiro.

pi•ous ['paɪəs] *adj* □ pio, religioso, devoto.

pip [pɪp] *s vet.* pevide *f,* semente *f;* F má disposição *f,* irritação *f;* pinta *(on dice, etc.); mil. Br.* F estrela *f (indicating rank); sound:* sinal *m.*

pipe [paɪp] **1.** *s* cano *m;* tubo *m;* cachimbo *m; mus.* tubo *m* de órgão; *mus.* flauta *f; of bird:* canto *m;* pipa *f (wine casks = 477,3 litres);* **2.** *v/t* entubar; *a. v/i* tocar flauta; fumar cachimbo; cantar *(of birds);* ~**line** *s* oleoduto *m;* gasoduto *m;* **pip•er** *s* flautista *m/f.*

pip•ing ['paɪpɪŋ] **1.** *adj* agudo; *adv* ~ **hot** a ferver; **2.** *s* tubagem *f; tailoring:* enfeites *m pl;* pio *m;* assobio *m.*

pi•quant ['piːkənt] *adj* picante.

pique [piːk] **1.** *s* amuo *m;* **2.** *v/t* amuar; ressentir-se; irritar; ~ **o.s. on** vangloriar-se de.

pi•ra•cy ['paɪərəsɪ] *s* pirataria *f;* **pi•rate** [_ət] **1.** *s* pirata *m;* barco *m* pirata; ~ **radio station** estação *f* de rádio pirata; **2.** *v/t idea, etc.:* roubar, copiar; *book, record, etc.:* piratear.

piss V [pɪs] *v/i* mijar; ~ **off!** vai à merda! põe-te a andar! ~**ed** V *Br.* F bêbado; *Am.* chateado, irritado; **be ~ off with** estar farto de.

pis•tol ['pɪstl] *s* pistola *f.*

pis•ton *tech.* ['pɪstən] *s* pistão *m.*

pit [pɪt] **1.** *s* fosso *m (a. mining, anat.); agr.* tulha *f;* cova *f; motor sports:* box *f; athletics:* caixa *f* de saltos; *theatr.* plateia *f; a.* **orchestra** ~ fosso *m* da orquestra; *Am.* caroço *m;* **2.** *v/t* **(-tt-)** *agr.* entulhar; descaroçar.

pitch [pɪtʃ] **1.** *s min.* pez *m; Br.* local *m* de venda *(of street trader, etc.); mus.* tom *m;* intensidade *f;* nível *m;* altura *f;* inclinação *f,* tendência *f;* lançamento *m (a. sports); esp. Br. sports:* campo *m; mar.* passo *m* de hélice *(of ship);* **2.** *v/t* lançar; arremessar; *tent, etc.:* armar, montar; *mus.* afinar; ~ **too high** *fig.* expectations: esperar demasiado; *v/i mil.* colocar-se; ~ **into** F tombar, cair; ~~**black,** ~~**dark** *adj* negro como breu.

pitch•er ['pɪtʃə] *s* jarro *m,* frasco *m; baseball:* lançador *m.*

pitch•fork ['pɪtʃfɔːk] *s* forquilha *f.*

pit•e•ous ['pɪtɪəs] *adj* □ deplorável; lamentável.

pit•fall ['pɪtfɔːl] *s* fosso *m; fig.* armadilha *f.*

pith [pɪθ] *s* medula *f; fig.* força *f; fig.* núcleo *m;* ~**y** ['pɪθɪ] *adj* □ **(-ier, -iest)** forte; essencial.

pit•i•a•ble ['pɪtɪəbl] *adj* □ lastimável; deplorável; ~**ful** *adj* □ lastimável; comovente; desprezível; ~**less** *adj* □ impiedoso.

pit•tance ['pɪtəns] **1.** *s* ninharia *f;* insignificância *f.*

pit•y ['pɪtɪ] **1.** *s* piedade *f* (**on** de); **it is a** ~ é pena; **2.** *v/t* ter pena de.

piv•ot ['pɪvət] **1.** *s tech.* pino *m;* parafuso *m; fig.* centro *m;* **2.** *v/i* girar à volta de, depender de **(on, upon).**

piz•za ['piːtsə] *s* pizza *f.*

pla•ca•ble ['plækəbl] *adj* □ aplacável; conciliador.

plac•ard ['plækɑːd] **1.** *s* cartaz *m;* placar *m;* **2.** afixar cartazes.

place [pleɪs] **1.** *s* lugar *m;* local *m;* sítio *m;* local *m* de trabalho; lar *m,* casa *f;* habitação *f;* posição *f* social; ~ *of delivery econ.* local *m* de entrega; *give* ~ *to* dar lugar a; *in* ~ *of* em lugar de; *out of* ~ fora de ordem; **2.** *v/t* colocar; pôr; *order:* fazer uma encomenda (*with s.o.* a alguém); *be* ~*d sports.* ser colocado, colocar-se; *I can't* ~ *him fig.* não me recordo de onde o conheço.

plac•id ['plæsɪd] *adj* □ plácido, calmo.

pla•gia•ris•m ['pleɪdʒərɪzm] *s* plágio *m;* ~*rize* [_raɪz] *v/i and v/t* plagiar.

plague [pleɪg] *s* **1.** praga *f;* peste *f;* **2.** *v/t* infestar; *fig.* incomodar.

plaice *zoo.* [pleɪs] *s* solha *f.*

plain [pleɪn] **1.** *adj* □ claro, perceptível; óbvio; simples, evidente; feio *(person);* franco, aberto; liso; puro *(truth, nonsense, etc.);* **2.** *adv* claramente; evidentemente; **3.** *s* planície *f;* prado *m; the Great* ²*s pl Am.* as Grandes Pradarias; ~ *choc•o•late s* chocolate *m* preto; ~*•clothes man s* polícia à paisana; ~ *deal•ing s* franqueza *f;* ~*•s•man s Am.* habitante *m/f* das pradarias.

plain|tiff *jur.* ['pleɪntɪf] *s* queixoso/a *m/f;* ~*•tive* [_v] *adj* □ triste; queixoso.

plait [plæt, *Am.* pleɪt] **1.** *s* trança *f* (de cabelo); dobra *f;* **2.** *v/t* entrançar.

plan [plæn] **1.** *s* plano *m;* **2.** *v/t (-nn-)* planear; fazer planos.

plane [pleɪn] **1.** *adj* plano *(a. math);* **2.** *s* plano *m;* superfície *f;* aer. asa *f;* *aircraft:* avião *m; tech. tool:* plaina *f;* *fig.* nível *m; by* ~ de avião; *go by* ~ andar de avião; **3.** *v/t* alisar; aplainar.

plan•et *ast.* ['plænɪt] *s* planeta *m.*

plank [plæŋk] **1.** *s* tábua *f;* prancha *f; pol.* ponto *m* programático; **2.** *v/t* colocar soalho; forrar; ~ *down* F *money:* pôr dinheiro na mesa, sustentar a casa.

plant [plɑːnt] **1.** *s bot.* planta *f; tech.* fábrica *f;* **2.** *v/t* plantar *(a. fig.);* semear; pôr, colocar; **plan•ta•tion** [plæn'teɪʃn] *s* plantação *f;* proprie-

dade *f* agrícola; ~*•er s* agricultor/a *m/f; agr.* máquina *f* para plantar.

plaque [plɑːk] *s* placa *f* comemorativa; *med.* placa *f* dentária, prótese *f.*

plash [plæʃ] *v/i* chapinhar; salpicar.

plas•ter ['plɑːstə] **1.** *s arch.* emplastro *m; (a. sticking* ~*) med.* penso *m* rápido; *a* ~ *of Paris* gesso *m (a. med.);* **2.** *v/t wall:* rebocar; *med. wound:* colocar um penso; ~ *cast s* escultura *f* de gesso; *med.* ligadura *f* de gesso; **plas•tered** ['plɑːstəd] *adj sl. drunk:* bêbado.

plas•tic ['plæstɪk] **1.** *adj (~ally)* de plástico; plastificado; ~ *money* F cartão *m* de crédito; ~ *packaging* embalagem *f* de plástico; **2.** *s often* ~*s sg* plástico *m.*

plate [pleɪt] **1.** *s* prato *m;* baixela *f;* quadro *m,* ilustração *f;* placa *f;* escudo *m;* chapa *f;* faqueiro *m;* **2.** *v/t* chapear; laminar.

plat•form ['plætfɔːm] *s* plataforma *f; geol.* plataforma *f; rail.* cais *m;* tribuna *f; tech.* palco *m;* estrado *m; pol.* programa *m* partidário; *esp. Am. pol.* programa *m* eleitoral.

plat•i•num *chem.* ['plætɪnəm] *s* platina *f.*

plat•i•tude *fig.* ['plætɪtjuːd] *s* chavão *m.*

plau•si•ble ['plɔːzəbl] *adj* □ plausível.

play [pleɪ] **1.** *s* jogo *m;* espectáculo *m;* peça *f* de teatro; *tech.* jogo *m; fig.* espaço *m;* **2.** *v/t and v/i* jogar; representar; *tech.* ter espaço; ~ *back ball:* passar a bola para trás *(to); tape:* repetir; ~ *off fig.* praticar; fazer cenas; ~ *on,* ~ *upon fig. s.o.'s weakness:* aproveitar-se, usar; ~*ed out fig.* gasto; esgotado; ~*•back s* reprodução *f* de gravação; ~*•bill s* programa *m* de teatro; ~*•boy s* playboy *m;* ~*•er s* actor/actriz *m/f;* gira-discos *m;* ~*•fel•low s* companheiro/a *m/f;* ~*•ful adj* □ brincalhão/ona *m/f;* ~*•girl s* playgirl *f;* ~*•go•er s* amante *m/f* de teatro; ~*•ground s* recreio *m;* ~*•house s thea.* casa *f* de espectáculos; ~*•mate* → *playfellow;* ~*•thing s* brinquedo *m;* ~*•wright s* dramaturgo/a *m/f.*

plea [pliː] *s jur.* objecção *f;* apelo *m;* requerimento *m; on the* ~ *of or that* sob o pretexto de.

P

plead [pli:d] (*~ed, esp. ScotE., Am.* **pled**) *v/i jur.* alegar; defender, advogar; *~ for* defender alguém, advogar em nome de; *~ (not) guilty* declarar-se culpado (inocente); *v/t* recorrer; *s.o.'s case:* defender; *jur.* alegar; *~•ing s jur.* discurso *m* final em julgamento.

pleas•ant ['pleznt] *adj* □ agradável; amável, simpático; *~•ry s* brincadeira *f.*

please [pli:z] **1.** *v/i and v/t* agradar, ser agradável; querer; *~ yourself* como quiseres! **2.** *int* por favor; *(yes,) ~* (sim), se faz favor; *~ come in!* entre, por favor; *~d adj* contente, satisfeito; *be ~d at* estar contente com; *be ~d to do* gostar de fazer alguma coisa; *~ to meet you!* muito prazer em conhecê-lo; *be ~ with* estar contente com, ter prazer em; **pleas•ing** ['pli:zɪŋ] *adj* □ agradável.

plea•sure ['pleʒə] *s* prazer *m;* alegria *f;* gosto *m; at ~* a gosto; *my ~, it's a ~* foi um prazer, o prazer foi todo meu; *~-boat s* barco *m* de recreio; *~-ground s* parque *m* de diversões.

pleat [pli:t] **1.** *s* prega *f;* **2.** *v/t* preguear, dobrar, plissar.

pled [pled] *pret and pp of* **plead**.

pledge [pledʒ] **1.** *s* penhor *m;* brinde *m;* promessa *f;* voto *m;* **2.** *v/t* penhorar; fazer um brinde a alguém; *he ~d himself* ele comprometeu-se a.

ple•na•ry ['pli:nəri] *adj* plenário.

plen•ti•ful ['plentɪfl] *adj* □ abundante.

plen•ty ['plentɪ] **1.** *s* abundância *f;* fartura *f; ~ of* bastante; **2.** *adv* F bastante.

pli•a•ble ['plaɪəbl] *adj* □ flexível; *fig.* dócil.

pli•ers ['plaɪəz] *s pl (a pair of ~)* alicate *m.*

plight [plaɪt] *s* situação *f* difícil; apuros *m pl.*

plim•soll *Br.* ['plɪmsəl] *s* sapatos *m pl* de ginástica, ténis.

plod [plɒd] *v/i (-dd-) a. ~ along, ~ on* caminhar lenta e pesadamente; arrastar-se *~ away* trabalhar afincadamente *(at).*

plop [plɒp] **1.** *v/i and v/t (-pp-)* esta-telar-se; cair de chapa *(esp. into water).*

plot [plɒt] **1.** *s* lote *m;* pedaço *m* de terra; plano *m,* conspiração *f;* intriga *f;* enredo *m (of drama);* **2.** *(-tt-) v/t* lotear; planear; *v/i* conspirar *(against* contra).

plough, *Am.* **plow** [plaʊ] **1.** *s* arado *m;* **2.** *v/i and v/t* lavrar; *~•share s* relha *f* de arado.

pluck [plʌk] **1.** *s* puxão *m;* safanão *m;* entranhas *f pl; fig.* determinação *f,* coragem *f;* **2.** *v/t* colher; *bird:* depenar *(a. fig.); mus. strings:* dedilhar; *~ up courage* ganhar coragem; *v/i* arrancar; puxar *(at* por); *~•y F adj* □ *(-ier, -iest)* corajoso.

plug [plʌg] **1.** *s* tampa *f;* tampão *m; electr.* ficha *f;; mot.* vela *f; radio, TV:* F publicidade *f* escondida; **2.** *v/t (-gg-) (a. ~ up)* tapar: F *radio, TV, etc:* fazer publicidade a; *~ in electr.* ligar.

plum [plʌm] *s bot.* ameixa *f;* ameixeira *f;* uva *f* passa.

plum•age ['plu:mɪdʒ] *s* plumagem *f.*

plumb [plʌm] **1.** *adj and adv* vertical; *fig.* exacto, completo; completamente; **2.** *s* prumo *m;* chumbo *m* para a pesca; **3.** *v/t* tomar o prumo; sondar *(a. fig.);* colocar pesos; *~ in connect:* ligar; *v/i* trabalhar como canalizador; *~•er s* canalizador/a *m/f;* *~•ing s* canalização *f;* trabalho *m* de canalização; instalação *f* de sanitários.

plume [plu:m] **1.** *s* pena *f,* pluma *f;* **2.** *v/t* adornar de penas; *plumage:* emplumar; *~ o.s. on* gabar-se.

plump [plʌmp] **1.** *adj* gorducho; F directo, franco *(refusal, etc.);* **2.** *v/i and v/t a. ~ down* deixar cair; **3.** *s* queda *f;* **4.** *adv* F francamente, abertamente.

plum pud•ding [plʌm'pʊdɪŋ] *s* pudim *m* de ameixas.

plun•der ['plʌndə] **1.** *s* saque *m;* pilhagem *f;* despojo *m;* **2.** *v/t* saquear, pilhar.

plunge [plʌndʒ] **1.** *s* mergulho *m;* salto *m* de cabeça; queda *f; take the ~ fig.* dar o passo decisivo; **2.** *v/i and v/t* mergulhar; cair *(into); knife, etc.:* arremessar.

plu•ral *gr.* ['plʊərəl] *s* plural *m;* *~•i•ty* [plʊə'rælətɪ] *s* pluralidade *f.*

plus [plʌs] **1.** *prep* mais; **2.** *adj* positivo; adicional; **3.** *cj* F além disso, além do mais; **4.** *s* sinal *m* de adição.

P

plush [plʌʃ] *s* pelúcia *f.*

ply [plaɪ] **1.** *s* dobra *f;* camada *f (of cloth, wood, etc.);* fio *m (thread, etc.); fig.* tendência *f;* **three-~** triplo *(thread, etc.);* tecido com três fios; triplo **2.** *v/t* dobrar; *fig.* importunar alguém; *fig.* bombardear **(with)**; *v/i bus, etc.:* viajar regularmente (**between** entre); **~•wood** *s* aglomerado *m* de madeira.

pneu•matic [njuːˈmætɪk] *adj* **(~ally)** pneumático; **~ brake** *tech.* travões *m pl* hidráulicos.

pneu•mo•ni•a *med.* [njuːˈməʊnɪə] *s* pneumonia *f.*

poach¹ [pəʊtʃ] *v/t* escalfar; **~ed eggs** *pl* ovos *m pl* escalfados.

poach² [_] *v/t and v/i* caçar em terreno proibido; **~•er** *s* caçador *m* furtivo.

PO Box [piːˈəʊbɒks] *s* caixa *m* postal.

pock *med.* [pɒk] *s* pústula *f;* sinal *m* de varíola.

pock•et [ˈpɒkɪt] **1.** *s* bolso *m;* algibeira *f; billiards:* ventanilha *f; aer.* → **air pocket; with an empty ~** com os bolsos vazios; **it's beyond my ~** está para além das minhas posses; **… to suit every ~, … easy on the ~** para todas as bolsas; **2.** *v/t* embolsar *(a. fig.); emotion:* reprimir, engolir *(fig.); billiards:* colocar a bola em uma das ventanilhas; **~ one's pride** engolir o orgulho; **3.** *adj* de bolso; **~•book** *s notebook:* agenda *f;* bloco *m* de notas; *wallet:* pasta *f; Am. handbag:* bolsa *f; Am. paperback:* livro *m* de bolso; **~ cal•cu•la•tor** *s* calculadora *f* de bolso; **~•knife** *s* canivete *m;* **~•money** *s* dinheiro *m* de bolso.

pod *bot.* [pɒd] *s* vagem *m.*

po•em [ˈpəʊɪm] *s* poema *m.*

po•et [ˈpəʊɪt] *s* poeta *m;* **~•ess** *s* poetisa *f;* **~•ic** [pəʊˈetɪk] **(~ally)**, **~•i•cal** *adj* □ poético; **~•ics** *s sg* poética *f;* **~•ry** [ˈpəʊɪtrɪ] *s* poesia *f;* arte *f* poética; F versos *m pl.*

point [pɔɪnt] **1.** *s* ponta *f; geogr.* cabo *m; gr., math., phys., etc.:* ponto *m: math.* ponto *m* decimal, vírgula *f; phys.* grau *m (on scale); mar.* divisão *f* da bússola; pinta *f (on playing card, etc.); sports:* ponto *m; place:* ponto *m,* local *m; main idea:* apogeu *m,* aspecto *m* mais importante; *purpose:* fim *m,* objectivo *m; of joke:* piada *f; fig.* caracte-

rística *f;* **~s** *pl Br. rail.* agulha *f;* **~ of view** ponto *m* de vista; **the ~ is that** a questão é…; **make a ~ of sth.** fazer questão de alguma coisa; insistir em; **there is no ~ in doing** não vale a pena fazer; **in ~ of** na verdade; **to the ~** a propósito, importante; **off** *or* **beside the ~** irrelevante, fora de questão; **on the ~ of** prestes a; quase a; *boxing, etc.:* **beat s.o. on ~s** bater alguém aos pontos; **win (lose) on ~s** ganhar (perder) aos pontos; **winner on ~** vencedor/a *m/f* aos pontos; **1.5** [wʌnpɔɪntˈfaɪv] um vírgula cinco; **2.** *v/t* aguçar; **~ at** *weapon, etc.:* apontar para; *with fingers:* apontar; **~ out** mostrar; *fig.* chamar a atenção para; *v/i:* **~ at** querer dizer; mostrar; **~ to** *compass needle:* apontar, indicar; **~•ed** *adj* □ aguçado; *fig.* penetrante, objectivo; **~•er** *s* indicador *m,* ponteiro *m; zoo.* **~ (dog)** pointer *m,* perdigueiro *m;* F sugestão *f;* palpite *m;* **~•less** *adj* □ sem sentido, inútil.

poise [pɔɪz] **1.** *s* equilíbrio *m;* pose *f,* porte *m;* **2.** *v/t* equilibrar; *head, etc.:* manter, suster; *v/i* pairar.

poi•son [ˈpɔɪzn] **1.** *s* veneno *m;* **2.** *v/t* envenenar; **~ gas** *s* gás *m* venenoso; **~•ing** *s* envenenamento *m;* **~•ous** *adj* □ venenoso.

poke [pəʊk] **1.** *s* cotovelada *f;* empurrão *m;* **2.** *v/t* empurrar; dar cotoveladas; *fire:* atiçar; *hole:* esburacar; **~ fun at** troçar de alguém, ridicularizar alguém; **~ one's nose into everything** F meter o nariz em tudo; *v/i* remexer (**among, at, in** em).

pok•er¹ [ˈpəʊkə] *s* atiçador *m.*

pok•er² [_] *s card game:* póquer *m;* **play ~** jogar póquer.

pok•y F [ˈpəʊkɪ] *adj* **(-ier, -iest)** apertado; maltrapilho.

po•lar [ˈpəʊlə] *adj* polar; **~ bear** *zoo.* urso-polar *m.*

Pole¹ [pəʊl] *s* polaco/a *m/f.*

pole² [_] *s* pólo *m;* vara *f;* mastro *m;* poste *m; sports:* vara *f.*

po•lem•ic [pəˈlemɪk], *a.* **~•i•cal** *adj* □ polémico.

pole-star [ˈpəʊlstɑː] *s ast.* estrela *f* polar; *fig.* guia *m.*

pole-vault [ˈpəʊlvɔːlt] **1.** *s* salto *m* com vara; **2.** *v/i* saltar com vara; **~•er**

s atleta *m/f* do salto com vara; **~•ing** *s* salto *m* com vara.

po•lice [pə'liːs] **1.** *s pl* polícia *f*; **2.** *v/t* policiar; **~•man** *s* polícia *m*; **~•of•fi•cer** *s* oficial *m/f* da polícia; **~ sta•tion** *s* esquadra *f* da polícia; **~•wom•an** *s* mulher-polícia *f*.

pol•i•cy ['pɒləsɪ] *s* política *f*; táctica *f*; orientação *f*; apólice *f* de seguros.

po•li•o *med.* ['pəʊlɪəʊ] *s* poliomielite *f*, paralisia *f* infantil.

Pol•ish¹ ['pəʊlɪʃ] **1.** *adj* polaco; **2.** *s ling.* polaco/a *m/f*.

pol•ish² ['pɒlɪʃ] **1.** verniz *m*; graxa *f*; *fig.* boa educação *f*; **2.** *v/t* dar brilho; *shoes:* engraxar; *fig.* refinar.

po•lite [pə'laɪt] *adj* □ **(~r, ~st)** bem-educado, cortês; **~•ness** *s* boa educação *f*.

pol•i•tic ['pɒlɪtɪk] *adj* □ diplomático; esperto.

po•lit•i•cal [pə'lɪtɪkl] *adj* □ político; **~ asylum** asilo *m* político; **pol•i•ti•cian** [pɒlɪ'tɪʃn] *s* político *m/f*; **pol•i•tick•ing** ['pɒlɪtɪkɪŋ] *s contp.* politiquice *f*; **pol•i•tics** ['pɒlɪtɪks] *s sg or pl* política *f*; *univ.* ciência *f* política.

pol•ka ['pɒlkə] *s* polca *f*.

poll [pəʊl] **1.** *s* sondagem *f*; votação *f*; eleição *f*; número *m* de votos; ***heavy ~*** alta percentagem de votantes; ***go to the ~s*** ir às urnas, ir votar; **2.** *v/t votes:* receber; *jur.* votar.

pol•len *bot.* ['pɒlən] *s* pólen *m*; **~ count** *s* contagem *f* de pólen.

poll•ing ['pəʊlɪŋ] *s* votação *f*; eleição *f*; **~ booth** cabina *f* de voto; **~ dis•trict** círculo *m* eleitoral; **~ place** *Am.*, **~ station** *esp. Br.* local *m* de voto.

poll-tax ['pəʊltæks] *s Br.* imposto *m* camarário individual.

pol|lut•ant [pə'luːtənt] *s* poluente *m*; substância *f* poluente; **~•lute** *v/t* poluir; sujar; *fig.* estragar; corromper; **~•lut•er** *s* poluidor *m/f*;**~•lu•tion** *s* poluição *f* (do ar, da água, do ambiente); **~ control** *appr.* controlo *m* da poluição; redução *f* da poluição; **~ le•vel** nível *m* de poluição.

po•lo ['pəʊləʊ] *s sports:* pólo *m*; **~•neck** *s* camisola *f* de gola alta.

pomp [pɒmp] *s* pompa *f*.

pom•pous ['pɒmpəs] *adj* □ pompo-so, faustoso; pretensioso.

pond [pɒnd] *s* lagoa *f*; tanque *m*.

pon•der ['pɒndə] *v/t* ponderar; *v/i* reflectir.

po•ny *zoo.* pónei *m*.

poo•dle *zoo.* ['puːdl] *s* cã-d'água *m*.

pool [puːl] **1.** *s* poça *f*; tanque *m*, piscina *f*; *card games:* bolo *m*; *econ.* cartel *m*, associação *f*; *econ.* fundo *m*, F vaquinha *f*; *mst* **~s** *pl* totoloto *m*; *Am.* espécie de bilhar; **~room** *Am.* sala *f* de bilhar; **2.** *v/t money, ideas, etc.:* reunir, arranjar.

poop *mar.* [puːp] *s* popa *f*; **~ deck** tombadilho *m*.

poor [pʊə] *adj* □ pobre; escasso; mau; **~•ly 1.** *adj* adoentado, indisposto; **2.** *adv* mal; insuficientemente.

pop¹ [pɒp] **1.** *s* estalo *m*; F *lemonade:* limonada *f*; **2.** ***(-pp-)*** *v/t* F *put:* fazer; pôr, meter; *v/i* estalar; saltar; *balloon:* rebentar; **~ in** aparecer de repente (*visitor*); **~ in for a cup of tea** aparecer para tomar uma chávena de chá.

pop² [_] *s a.* **~ music** música *f* pop; **2.** *adj* popular; **~ concert** concerto *m* pop; **~ singer** cantor/a *m/f* pop; **~ song** canção *f* pop.

pop³ *Am.* F [_] *s* papá *m*; *elderly man:* avô *m*.

pop•corn ['pɒpkɔːn] *s* pipocas *f pl*; milho *m* para pipocas.

pope [pəʊp] *s mst* ² Papa *m*.

pop-eyed F ['pɒpaɪd] *adj* com os olhos esbugalhados.

pop•lar *bot.* ['pɒplə] *s* álamo *m*; choupo *m*.

pop•py *bot.* ['pɒpɪ] *s* papoila *f*; **~•cock** *s* F conversa *f* fiada.

pop•u|lace ['pɒpjʊləs] *s* populaça *f*; *contp.* povinho *m*, ralé *m*; **~•lar** *adj* □ popular, preferido; **~•lar•i•ty** [_'lærətɪ] *s* popularidade *f*.

pop•u|late ['pɒpjʊleɪt] *v/t* povoar; **~•la•tion** [_'leɪʃn] *s* população *f*; **~•lous** *adj* □ populoso, muito povoado.

porce•lain ['pɔːslɪn] *s* porcelana *f*.

porch [pɔːtʃ] *s Am.* varanda *f*; entrada *f*.

por•cu•pine *zoo.* ['pɔːkjʊpaɪn] *s* porco-espinho *m*.

pore [pɔː] **1.** *s* poro *m*; **2.** *v/i:* **~ over** analisar *or* estudar atentamente.

pork [pɔːk] *s* carne *f* de porco; **~•y** *adj* F gordo.

porn F [pɔːn], **por•no** F ['pɔːnəʊ] **1.** *s (pl -nos)* filme *m* porno; **2.** *adj* porno, pornográfico; **por•nog•ra•phy** [pɔː'nɒgrəfɪ] *s* pornografia *f*.

po•rous ['pɔːrəs] *adj* □ poroso.

por•poise *zoo.* ['pɔːpəs] *s* toninha *f*.

por•ridge ['pɒrɪdʒ] *s* papa *f* de aveia.

port[1] [pɔːt] *s* porto *m*.

port[2] [_] *s mar.* escotilha *f* → **porthole**.

port[3] *mar., aer.* [_] bombordo *m*.

port[4] [_] *s* vinho *m* do Porto.

por•ta•ble ['pɔːtəbl] **1.** *adj* portátil; **2.** *s TV, computer:* portátil *m*.

por•tal ['pɔːtl] *s* portal *m;* portada *f*.

por•ter ['pɔːtə] *s* carregador/a *m/f; esp. Br.* porteiro/a *m/f; Am. rail.* empregado das carruagens-cama.

port•hole *mar., aer.* ['pɔːthəʊl] *s* escotilha *f*.

por•tion ['pɔːʃn] **1.** *s* porção *f,* ração *f (food);* parte *f;* quinhão *m; fig.* sorte *f,* destino *m;* **2.** *v/t:* **~ out** repartir (**among** entre).

por•trait ['pɔːtrɪt] *s* retrato *m*.

por•tray [pɔː'treɪ] *v/t* representar; retratar; pintar; **~•al** [_əl] *s* representação *f*.

pose [pəʊz] **1.** *s* pose *f;* atitude *f;* **2.** *v/t* posar; *question, etc.:* colocar, pôr; *v/i* fazer- se passar por; ser modelo, posar; **~ as** posar como.

posh F [pɒʃ] fino, chique.

po•si•tion [pə'zɪʃn] *s* posição *f;* situação *f;* cargo *m; fig.* ponto *m* de vista, opinião *f*.

pos•i•tive ['pɒzətɪv] **1.** *adj* □ positivo *(a. math.);* certo, claro; afirmativo; convincente; correcto; **2.** *s phot.* positivo *m*.

pos|sess [pə'zes] *v/t* possuir, ter; dominar; *fig.* preencher; **~ o.s. of** apoderar-se de; **~•sessed** *adj* possuído; louco; **~•ses•sion** *s* posse *f; fig.* possessão *f;* **~•ses•sive 1.** *adj* □ *gr.* possessivo; *person:* possessivo, ciumento; **~ case** *gr.* caso *m* possessivo; **~•ses•sor** *s* possuidor/a *m/f*.

pos•si|bil•i•ty [pɒsə'bɪlətɪ] *s* possibilidade *f;* **~•ble** ['pɒsəbl] *adj* possível; **~•bly** [_lɪ] *adv* possivelmente, talvez; **if I ~ can** se me for de todo possível.

post [pəʊst] **1.** *s* poste *m; job:* posição *f,* cargo *m; esp. Br.* correio *m;* **2.** *v/t notice, etc.:* afixar; *esp. Br. letter, etc.:* pôr no correio; **~ up** informar alguém.

post•age ['pəʊstɪdʒ] *s* porte *m;* **~ stamp** selo *m* do correio.

post•al ['pəʊstl] **1.** *adj* □ postal; **~ order** *Br.* encomenda *f* postal; **2.** *s a.* **~ card** *Am.* postal *m*.

post|-bag *esp. Br.* ['pəʊstbæg] *s* mala *f* postal; **~-box** *s esp. Br.* marco *m* do correio; **~•card** *s* postal *m; a.* **picture ~** postal *m* ilustrado; **~•code** *s Br.* código *m* postal.

post•er ['pəʊstə] *s* poster *m;* cartaz *m*.

poste res•tante [pəʊst'restɑːnt] *esp. Br. s* posta-restante *f*.

pos•te•ri•or [pɒ'stɪərɪə] **1.** *adj* □ posterior (**to** a); **2.** *s often pl* traseiro *m,* nádegas *f pl.*

pos•ter•i•ty [pɒ'sterətɪ] *s* posteridade *f;* eternidade *f*.

post-free *esp. Br.* [pəʊst'friː] *adj* sem portes.

post-grad•u•ate [pəʊst'grædjʊət] **1.** *adj* pós-graduado; **~ study** estudos *m pl* de pós-graduação.

post•hu•mous ['pɒstjʊməs] *adj* □ póstumo.

post|man *esp. Br.* ['pəʊstmən] *s* carteiro *m;* **~•mark 1.** *s* carimbo *m* do correio; **2.** *v/t* carimbar; **~•mas•ter** *s* chefe *m/f* dos correios; **~ of•fice** *s* correios *m pl;* **~-of•fice box** *s* marco *m* do correio; **~-paid** *adj* sem portes.

post•pone [pəʊst'pəʊn] *v/t* adiar; **~•ment** *s* adiamento *m*.

post•script ['pəʊsskrɪpt] *s (abbr. PS)* pós-escrito *m*.

pos•ture ['pɒstʃə] **1.** *s* postura *f;* posição *f;* **2.** *v/i* posicionar-se; posar.

post-war [pəʊst'wɔː] *adj* pós-guerra.

po•sy ['pəʊzɪ] *s* ramalhete *m*.

pot [pɒt] **1.** *s* panela *f;* caçarola *f;* pote *m;* vaso *m;* F *sports:* taça *f; sl. hashish:* pot *m,* haxe *m; sl. marijuana:* erva *f;* **2.** *v/t (-tt-)* deitar na panela; *plant:* plantar em vaso; *billiards:* enfiar a bola na ventanilha.

po•ta•to [pə'teɪtəʊ] *s (pl -toes)* batata *f;* → **chip** 1, **crisp** 3.

pot-bel•ly ['pɒtbelɪ] *s* pança *f; person:* F barrigudo/a *m/f*.

P

po•ten|cy ['pəʊtənsɪ] s potência f; poder m; força f; physiol. potência f; **~t** adj potente; forte; physiol. potente; **~•tial** [pə'tenʃl] **1.** adj potencial; possível; **2.** s potencial m; capacidade f.

pot-herb ['pɒthɜːb] s especiaria f.

po•tion ['pəʊʃn] s poção f (curativa, venenosa, mágica, etc).

pot•ter[1] ['pɒtə] v/i: **~ about** fazer pequenos trabalhos.

pot•ter[2] [_] s ceramista m/f; **~•y** s cerâmica f; artigos m pl de cerâmica.

pot•ty ['pɒtɪ] adj F doido.

pouch [paʊtʃ] s bolso m; bolsa f (a. zoo.); anat. saco m lacrimal.

poul•try ['pəʊltrɪ] s aves f pl de capoeira.

pounce [paʊns] **1.** s salto m; **2.** v/i atirar-se, precipitar-se; eagle, etc.: lançar-se sobre **(on, upon)**.

pound[1] [paʊnd] s libra f (weight); **~ (sterling)** libra f esterlina (abbr. **£** = 100 pence).

pound[2] [_] s for stray animals: canil m municipal; for cars: parque m para carros rebocados.

pound[3] [_] v/t triturar, calcar; v/i dar pancadas; **~ at** or **on** martelar; dar murros em.

pour [pɔː] v/t deitar, verter; **~ out** drink: servir; v/i sair em massa; **it's ~ing down** está a chover a potes.

pout [paʊt] **1.** s beicinho m; amuo m; **2.** v/t lips: arregaçar; fazer beicinho, amuar.

pov•er•ty ['pɒvətɪ] s pobreza f; escassez f.

pow•der ['paʊdə] **1.** s pó m; gun: pólvora f; **2.** v/t pulverizar; empoar-se; **~-box** s caixa f de pó-de-arroz; **~room** s casa de banho f das senhoras.

pow•er ['paʊə] **1.** s força f; poder m; poderio m; tech. corrente f eléctrica; jur. procuração f; math. potência f; **in ~** no poder; **2.** v/t tech. ligar à corrente; **~ed** movido a; **~-cur•rent** s electr. corrente f eléctrica; **~ cut** s electr. corte m de corrente; **~•ful** adj □ poderoso; influente; **~•less** adj □ impotente; sem influência; **~•plant → power-station; ~ pol•i•tics** s often sg política f de força; **~•sta•tion** s central f de energia eléctrica.

pow•wow Am. F ['paʊwaʊ] s reunião f de tribos nativas americanas.

prac•ti|ca•ble ['præktɪkəbl] adj □ praticável; road: transitável; **~•cal** adj □ prático; útil; **~ joke** brincadeira f; **~•cal•ly** adv praticamente.

prac•tice, Am. a. **-tise** ['præktɪs] **1.** s prática f; exercício m (a. med); med. consultório m; **it is common ~** é prática comum; **put into ~** pôr em prática; **2.** v/t Am. → **prac•tise** [_] v/t atender em consultório; praticar, exercitar; v/i exercitar-se, praticar; **~d** exercitado, prático **(in)**.

prac•ti•tion•er [præk'tɪʃnə] s: **general ~** médico/a m/f de clínica geral; **legal ~** advogado/a m/f.

prai•rie ['preərɪ] s pradaria f (in North America).

praise [preɪz] **1.** s louvor m; elogio m; **2.** v/t louvar, elogiar; **~•wor•thy** ['_wɜːðɪ] adj digno de louvor, louvável.

pram esp. Br. [præm] s carrinho m de bebé.

prance [prɑːns] v/i pavonear-se; horse: cavalgar fazendo cabriolas.

prank [præŋk] s brincadeira f; travessura f.

prat F [præt] s estúpido/a m/f; idiota m/f.

prat•tle F ['prætl] **1.** s tagarela m/f; **2.** v/i and v/t tagarelar.

prawn zoo. [prɔːn] s camarão m pequeno.

pray [preɪ] v/i and v/t rezar; orar; **~er** [preə] s oração f; often **~s** pl orações f pl; **the Lord's ♀** o Padre-Nosso m; **~•book** s missal m.

pre- [priː; prɪ] temporal: pré-; antes de.

preach [priːtʃ] v/i and v/t pregar; **~•er** s pregador/a m/f.

pre•am•ble [priː'æmbl] s preâmbulo m; introdução f.

pre•car•i•ous [prɪ'keərɪəs] adj □ precário; incerto; perigoso.

pre•cau•tion [prɪ'kɔːʃn] s precaução f; **~•a•ry** adj de precaução.

pre|cede [priː'siːd] v/t preceder; **~•ce•dence, ~•ce•den•cy** ['presɪdəns, _sɪ] s precedência f; **~•ce•dent** ['presɪdənt] s precedente m.

pre•cept [priːsept] s preceito m.

pre•cinct ['pri:sɪŋkt] s distrito m; Am. círculo m eleitoral; Am. distrito m policial; **~s** pl arredores m pl; limites m pl; zona f; → **pedestrian precinct.**

pre•cious ['preʃəs] **1.** adj □ precioso; F bonito, óptimo; **2.** adv F bastante; calorosamente.

pre•ci•pice ['presɪpɪs] s precipício m.

pre•cip•i‖tate 1. [prɪ'sɪpɪteɪt] v/t precipitar; chem. precipitar; fig. acelerar, apressar; v/i separar por meio de precipitação; meteor. condensar-se, cair; **2.** [_tət] adj □ precipitado, apressado; **3.** chem. [_teɪt] s precipitado m; **~•ta•tion** [prɪsɪpɪ'teɪʃn] s precipitação f, queda f (a. chem., meteor.), chuva f; fig. precipitação f, pressa f; **~•tous** [prɪ'sɪpɪtəs] adj □ íngreme.

pré•cis ['preɪsi:] s (pl -cis [-si:z]) resumo m; sumário m; índice m.

pre‖cise [prɪ'saɪs] adj □ preciso, exacto; **at one o'clock ~ly** exactamente à uma hora; à uma hora em ponto; **be more ~!** seja mais preciso! explique-se melhor! **~•ci•sion** [_'sɪʒn] s precisão f; exactidão f.

pre•clude [prɪ'klu:d] v/t excluir; impedir.

pre•co•cious [prɪ'kəʊʃəs] adj □ precoce.

pre•con‖ceived [pri:kən'si:vd] adj preconcebido (opinion); **~•cep•tion** [_'sepʃn] s preconcepção f; preconcebimento m.

pre•do•ces•sor ['pri:dɪsesə] s predecessor/a m/f.

pre•de•ter•mine [pri:dɪ'tɜ:mɪn] v/t predeterminar.

pre•dic•a•ment [prɪ'dɪkəmənt] s situação f difícil; apuro m.

pred•i•cate 1. v/t ['predɪkeɪt] afirmar; basear (**on** em); **2.** s gr. [_kət] predicado m.

pre‖dict [prɪ'dɪkt] v/t predizer; profetizar; **~•dic•tion** s previsão f; profecia f; prognóstico m.

pre•di•lec•tion [pri:dɪ'lekʃn] s predilecção f; preferência f.

pre•dis‖pose [pri:dɪ'spəʊz] v/t predispor (**to** a); **~•po•si•tion** [_pə'zɪʃn] s ~ **to** predisposição f para; esp. med. tendência f para.

pre•dom•i‖nance [prɪ'dɒmɪnəns] s predominância f; superioridade; fig.

preponderância f; **~•nant** [_t] adj □ predominante; **~•nate** [_eɪt] v/i predominar; preponderar.

pre•em•i•nent [pri:'emɪnənt] adj □ preeminente.

pre•emp‖tion [pri:'empʃn] s econ. antemão f; apropriação f antecipada; **~•tive** [_tɪv] adj mil. preventivo.

pre•exist [pri:ɪg'zɪst] v/i preexistir.

pre•fab F ['pri:fæb] s prefabricado m.

pre•fab•ri•cate [pri:'fæbrɪkeɪt] v/t prefabricar; **~d house** casa f prefabricada.

pref•ace ['prefɪs] **1.** s prefácio m; introdução f;; **2.** v/t prefaciar.

pre•fect ['pri:fekt] s prefeito/a m/f; school: Br. monitor/a m/f.

pre•fer [prɪ'fɜ:] v/t (-rr-) preferir; jur. charges: intentar uma acção judicial.

pref•e‖ra•ble ['prefərəbl] adj (**to**) preferível a; melhor do que; **~•ra•bly** [_lɪ] adv preferencialmente; melhor; **~•rence** [_əns] s preferência f; **~•ren•tial** [prefə'renʃl] adj □ preferencial.

pre•fix ['pri:fɪks] s prefixo m.

preg•nan‖cy ['pregnənsɪ] s gravidez f; prenhez (of animals); fig. engenho m; **~t** adj □ grávida; prenhe (of animal); fig. significativo.

pre•judge [pri:'dʒʌdʒ] v/t julgar antecipadamente, fazer um juízo antecipado.

prej•u‖dice ['predʒʊdɪs] **1.** s preconceito m; desvantagem f; prejuízo m; **2.** v/t influenciar (**in favour of** a favor de; **against** contra); predispor; chances: prejudicar; **~d** com preconceito, preconceituoso; **~•di•cial** [_'dɪʃl] adj □ prejudicial.

pre•lim•i•na•ry [prɪ'lɪmɪnərɪ] **1.** adj □ preliminar; introdutório; **2.** s preparação f; preliminar m.

prel•ude ['prelju:d] s prelúdio m; introdução f.

pre•mar•i•tal [pri:'mærɪtəl] adj pré--nupcial.

pre•ma•ture [premə'tjʊə] adj □ prematuro; precoce.

pre•med•i•tate [pri:'medɪteɪt] v/t premeditar; planear; **~•tat•ed** adj premeditado; **~•ta•tion** [_'teɪʃn] s premeditação f.

P

227

prem•i•er ['premɪə] **1.** *adj* primeiro; **2.** *s pol.* primeiro-ministro *m.*

prem•is•es ['premɪsɪz] *s pl* local *m;* edifício *m.*

pre•mi•um ['priːmɪəm] *s* prémio *m; econ.* prémio *m* do seguro; **at a ~** difícil de obter; *fig.* muito procurado.

pre•mo•ni•tion [priːmə'nɪʃn] *s* presságio *m;* pressentimento *m.*

pre•oc•cu|pied [priː'ɒkʊpaɪd] *adj* distraído; absorto; preocupado; **~•py** [_aɪ] *v/t* preocupar; absorver.

prep F [prep] → ***preparation, preparatory school.***

pre•paid *mail.* [priːpeɪd] *adj* com porte pago; **~ envelope** envelope com porte pago.

prep•a•ra•tion [prepə'reɪʃn] *s* preparação *f;* **pre•par•a•to•ry** [prɪ'pærətərɪ] *adj* □ preparatório; **~ (school)** escola *f* preparatória.

pre•pare [prɪ'peə] *v/t* preparar; *v/i* preparar-se; **~d** *adj* □ pronto, preparado.

pre•pay [priː'peɪ] *v/t* **(-paid)** pagar antecipadamente.

pre•pon•de|rance [prɪ'pɒndərəns] *s fig.* preponderância *f;* **~•rant** [_t] *adj* preponderante; **~•rate** [_reɪt] *v/i* preponderar.

prep•o•si•tion *gr.* [prepə'zɪʃn] *s* preposição *f.*

pre•pos•sess [priːpə'zes] *v/t* influenciar; ***be ~ed by*** ser influenciado por; **~•ing** *adj* □ cativante, atraente.

pre•pos•ter•ous [prɪ'pɒstərəs] *adj* absurdo, ridículo, grotesco.

pre•req•ui•site [priː'rekwɪzɪt] *s* pré--requisito *m;* condição *f* prévia.

pre•rog•a•tive [prɪ'rɒgətɪv] *s* direito *m;* prerrogativa *f.*

pres•age ['presɪdʒ] **1.** *s* presságio *m;* **2.** *v/t* pressagiar.

pre•scribe [prɪ'skraɪb] *v/t* prescrever; *med.* receitar.

pre•scrip•tion [prɪ'skrɪpʃn] *s* prescrição *f; med.* receita *f.*

pres•ence ['prezns] *s* presença *f;* **~ of mind** presença de espírito.

pres•ent[1] ['preznt] **1.** *adj* □ presente; actual; corrente *(year, etc.); gr.* presente; **2.** *s* presente *m;* actualidade *f; gr.* presente *m;* **for the ~** por agora, para já.

pre•sent[2] [prɪ'zent] *v/t* apresentar; *thea., film, radio, TV:* apresentar; apresentar alguém a outra pessoa; oferecer algo a alguém; entregar algo a alguém.

pre•sen•ta•tion [prezən'teɪʃn] *s* apresentação *f;* entrega *f; gift:* presente *m; of person:* apresentação *f; thea., film:* representação *f; of petition:* entrega *f.*

pres•ent-day [preznt'deɪ] *adj* actual, de hoje; moderno.

pre•sen•ti•ment [prɪ'zentɪmənt] *s* pressentimento *m.*

pres•ent•ly ['prezntlɪ] *adv* em breve; logo; *Am.* actualmente.

pres•er•va•tion [prezə'veɪʃn] *s* preservação *f;* protecção *f;* manutenção *f (a. fig.);* **~ agent** conservante; **pre•ser•va•tive** [prɪ'zɜːvətɪv] **1.** *adj* conservante; **~ agent** conservante; **2.** *s* conservante *m.*

pre•serve [prɪ'zɜːv] **1.** *v/t* preservar; manter; conservar; **2.** *s hunt.* reserva *f,* coutada *f (a. fig.); mst* **~s** *pl* conservas *f pl.*

pre•side [prɪ'zaɪd] *v/i* presidir *(**at, over** a).*

pres•i|den•cy ['prezɪdənsɪ] *s* presidência *f;* **~•dent** [_t] *s* presidente *m/f; univ.* reitor/a *m/f; Am. econ.* director/a *m/f.*

press [pres] **1.** *s* pressão *f (a. fig.);* prensa *f; printing house:* prelo *m,* gráfica *f; publishing firm:* edição *f;* impressão *f; a.* **printing ~** imprensa *f; newspapers, etc.:* a imprensa *f; crowd:* multidão *f;* **2.** *v/t* pressionar, fazer pressão; *clothes:* engomar; prensar; espremer; ***be ~ed for time*** ter pressa, estar com pressa; *v/i* apertar; fazer pressão; engomar; apinhar-se; empurrar; **~ for** estimular, urgir; **~ on** continuar; **~ a•gen•cy** *s* agência *f* noticiosa; **~ a•gent** jornalista *m/f,* repórter *m/f;* **~-but•ton** *s* botão *m;* **~•ing** *adj* □ urgente; **~-stud** *s Br.* botão *m;* **pres•sure** [_ʃə] *s* pressão *f (a. fig.);* aflição *f;* apuro *m.*

pres•tige [pre'stiːʒ] *s* prestígio *m.*

pre•su|ma•ble [prɪ'zjuːməbl] *adj* □ presumível; **~me** [_'zjuːm] *v/t* presumir, supor; *v/i* atrever-se a, ousar; **~ on, upon** aproveitar-se.

pre•sump|tion [prɪ'zʌmpʃn] *s* presunção *f;* arrogância *f;* suposição *f;* audácia *f;* **~•tive** *adj* ☐ presuntivo; **~•tu•ous** [ˌtjʊəs] *adj* ☐ presunçoso.

pre•sup|pose [priːsə'pəʊz] *v/t* pressupor; **~•po•si•tion** [priːsʌpə'zɪʃn] *s* pressuposto *m.*

pre•tence, *Am.* **-tense** [prɪ'tens] *s* simulação *f;* fingimento *m;* aparência *f;* pretexto *m.*

pre•tend [prɪ'tend] *v/t* fingir; dissimular; *v/i* fingir, ser dissimulado; aspirar a, pretender *(to);* **~•ed** *adj* ☐ pretenso.

pre•ten•sion [prɪ'tenʃn] *s* presunção *f;* pretensão *f* (**to** a).

pre•ter•it(e) *gr.* ['pretərɪt] *s* pretérito *m;* passado *m.*

pre•text ['priːtekst] *s* pretexto *m.*

pret•ty ['prɪtɪ] **1.** *adj* ☐ *(-ier, -iest)* bonito; F *a ~ penny* F uma boa maquia; **2.** *adv* bastante.

pre•vail [prɪ'veɪl] *v/i* prevalecer; imperar; vigorar; triunfar; *~ on or upon s.o. to do sth.* persuadir alguém a fazer alguma coisa.

pre|vent [prɪ'vent] *v/t* impedir; evitar; **~•ven•tion** [ˌʃn] *s* prevenção *f;* impedimento *m;* **~•ven•tive** *adj* ☐ *esp. med.* preventivo.

pre•view ['priːvjuː] *s* pré-estreia *f;* antestreia *f;* antecipação *f.*

pre•vi•ous ['priːvɪəs] *adj* ☐ prévio; *~ to* anterior a; *~ knowledge* conhecimento *m* prévio; **~•ly** *adv* proviamente, antes.

pre-war [priː'wɔː] *adj* anterior à guerra.

prey [preɪ] **1.** *s* presa *f; fig.* vítima *f; beast of ~* animal *m* de rapina; *bird of ~* ave *f* de rapina; *be or fall ~ to* ser vítima de, cair nas mãos de; **2.** *v/i: ~ on, ~ upon zoo.* caçar, comer; *fig.* saquear, pilhar; *fig.* explorar, depenar; *fig.* viver à custa de.

price [praɪs] **1.** *s* preço *m;* recompensa *f;* prémio *m;* **2.** *v/t goods:* fixar o preço; *fig.* avaliar; *~ control s econ.* controlo *m* de preços; **~•cut** *s* desconto *m,* abatimento *m;* **~•less** *adj* de valor incalculável; sem preço; *~ sup•port s econ.* subvenção *f* de preços; **pric•ing** *s econ.* política *f* de preços.

prick [prɪk] **1.** *s* picadela *f;* V picha *f (penis);* idiota *m/f;* **~s** *pl of conscience* remorsos *m pl;* **2.** *v/t* picar; *fig.* atormentar, torturar; *a. ~ out pattern:* gravar; *~ up one's ears* aguçar os ouvidos; *animals:* arrebitar as orelhas; *v/i* picar.

prick|le ['prɪkl] *s* comichão *f;* espinho *m;* **~•ly** *adj (-ier, -iest)* que faz comichão; *fig.* irritadiço.

pride [praɪd] **1.** *s* orgulho *m;* soberba *f,* arrogância *f; take (a) ~ in* ter orgulho em; **2.** *v/t: ~ o.s. on or upon* ter orgulho em.

priest [priːst] *s* padre *m.*

prig [prɪg] *s* pedante *m/f.*

prim [prɪm] *adj* ☐ *(-mm-)* afectado; empertigado.

pri•ma|cy ['praɪməsɪ] *s* primazia *f;* prioridade *f;* **~•ri•ly** [ˌrəlɪ] *adv* principalmente; em primeiro lugar; **~•ry** [ˌrɪ] **1.** *adj* ☐ primário; principal; elementar; **2.** *s a. ~ election Am. pol.* eleições *f pl* primárias; **~•ry school** *s Br.* escola *f* primária.

prime [praɪm] **1.** *adj* ☐ primeiro; excelente, de primeira classe; mais importante; *~ cost econ.* preço *m* de custo; *~ minister* primeiro-ministro *m/f; ~ number math.* número *m* primo; *~ time TV* horário *m* nobre; **2.** *s fig.* primavera *f; fig.* apogeu *m; fig.* nata *f,* escol *m;* **3.** *v/t* preparar; *pump:* pôr a trabalhar; instruir; *paint.* imprimar

pri•m(a)e•val [praɪ'miːvl] *adj* primitivo; relativo às origens.

prim•i•tive ['prɪmɪtɪv] *adj* ☐ primitivo; *contp.* rude, grosseiro; *art:* naïf.

prince [prɪns] *s* príncipe *m;* **prin•cess** [prɪn'ses] *s* princesa *f.*

prin•ci•pal ['prɪnsəpl] **1.** *adj* ☐ principal; **2.** *s* dirigente *m/f;* director/a *m/f;* reitor/a *m/f;* chefe *m/f; jur.* constituinte *m/f,* outorgante *m/f; econ.* capital *m* principal; **~•i•ty** [prɪnsɪ'pælətɪ] *s* principado *m.*

prin•ci•ple ['prɪnsəpl] *s* princípio *m;* norma *f; on ~* por princípio.

print [prɪnt] **1.** *s print.* impressão *f;* carácter *m* gráfico; impressão *f* digital; gravura *f; phot.* fotografia *f; esp. Am.* jornal *m; in ~* impresso; *out of ~* esgotado; **2.** *v/t* imprimir; escrever em

P

letra de imprensa; *fig.* gravar *(on)*; ~
(off or out) phot. copiar, fazer cópias;
~ *out computer:* imprimir; **~-out**
computer: trabalho *m* impresso; *~ed*
matter mail: impressos *m pl;* **~•er**
['prɪntə] *s machine:* impressora *f.*

print•ing ['prɪntɪŋ] *s* impressão *f;* imprensa *f; phot.* cópia *f;* **~-ink** *s* tinta *f*
de impressão; **~-of•fice** *s* imprensa *f*
gráfica; **~-press** *s* máquina *f* impressora.

pri•or ['praɪə] **1.** *adj* anterior, prévio
(to a); **2.** *adv* ~ *to* antes de; **3.** *s eccl.*
prior *m;* **~•i•ty** [praɪ'ɒrɪtɪ] *s* prioridade *f; mot.* prioridade *f; a top* ~
prioridade *f* máxima; urgência *f.*

prise *esp. Br.* [praɪz] → *prize².*

pris•m ['prɪzəm] *s* prisma *m.*

pris•on ['prɪzn] *s* prisão *f;* **~•er** [_ə] *s*
prisioneiro *m; take s.o.* ~ prender
alguém.

priv•a•cy ['prɪvəsɪ] *s* privacidade *f;*
vida *f* privada; intimidade *f;* isolamento *m.*

pri•vate ['praɪvɪt] **1.** *adj* □ privado;
pessoal; secreto; F ~ *eye* detective *m/f*
privado/a; *~ parts pl* órgãos *m pl* ge-
nitais; *~ sector econ.* sector *m* privado; **2.** *s mil.* soldado *m* raso; *in* ~ em
privado; a sós.

pri•va•tion [praɪ'veɪʃn] *s* privação *f;*
necessidade *f.*

pri•vat•li•za•tion *econ.* [praɪvətaɪ'-
zeɪʃn] *s* privatização *f;* **~•ize** *econ.*
['praɪvətaɪz] *v/t* privatizar.

priv•i•lege ['prɪvɪlɪdʒ] *s* privilégio *m;*
direito *m;* ~d *adj* privilegiado.

priv•y ['prɪvɪ] **1.** *adj (-ier, -iest):* ~
to saber, estar ao corrente de; **♀**
Council Conselho *m* Privado; **♀**
Councillor conselheiro *m* privado;
2. *s* privada *f.*

prize¹ [praɪz] **1.** *s* prémio *m;* distinção
f; **2.** *adj* premiado; **~-winner** vence-
dor/a *m/f;* **3.** *v/t* valorizar.

prize², *esp. Br.* **prise** [praɪz] *v/t* apri-
sionar; *~ open* forçar, arrombar.

pro¹ [prəʊ] **1.** *prep* por; **2.** *s: the ~s*
and cons as vantagens e as desvan-
tagens, os prós e os contras.

pro² F [_] *s (pl pros) sports:* F profissional *m/f; prostitute:* F prostituta *f.*

pro- [prəʊ] *in compounds:* pró, a favor.

prob•a|bil•i•ty [prɒbə'bɪlətɪ] *s* pro-
babilidade *f;* **~•ble** *adj* □ provável.

pro•ba•tion [prə'beɪʃn] *s* estágio *m;*
jur. liberdade *f* condicional; *~ officer*
funcionário/a que vigia quem está em
liberdade condicional.

probe [prəʊb] **1.** *s med., tech.* sonda *f;*
fig. investigação *f; lunar* ~ sonda *f*
lunar; **2.** *v/t* sondar *(a. med.);* investigar.

prob•lem ['prɒbləm] *s* problema *m;*
math. exercício *m;* **~•at•ic** [_'mætɪk]
(~ally), **~•at•i•cal** *adj* □ problemático; complicado.

pro•ce•dure [prə'siːdʒə] *s* procedimento *m;* processo *m.*

pro•ceed [prə'siːd] *v/i* continuar *(a.*
fig.); proceder; ir para, dirigir-se para
(to); ir-se embora; *~ from* continuar
a partir de; *~ to* passar a; **~•ing** *s*
procedimento *m;* **~s** *pl jur.* processo
m; **~s** *pl* ganho *m;* proveitos *m pl.*

pro|cess ['prəʊses] **1.** *s* progressão *f,*
decurso *m;* marcha *f;* processo *m; be*
in ~ estar em andamento, estar a decorrer; *in ~ of construction* em
construção *f;* **2.** *v/t tech.* proceder;
waste: processar, transformar; *phot.*
revelar; *jur.* instaurar processo contra;
~•ces•sion [prə'seʃn] *s* procissão *f.*

pro•claim [prə'kleɪm] *v/t* proclamar;
esclarecer; anunciar; **proc•la•ma•**
tion [prɒklə'meɪʃn] *s* proclamação
f; anúncio *m;* esclarecimento *m.*

pro•cure [prə'kjʊə] *v/t* obter; conseguir.

prod [prɒd] **1.** *s* empurrão *m;* cotovelada *f; fig.* incitamento *m;* **2.** *v/t*
(-dd-); empurrar *(a. v/i); fig.* incitar.

prod•i•gal ['prɒdɪgl] **1.** *adj* □ pródigo; **2.** *s* pródigo/a *m/f.*

pro•di•gious [prə'dɪdʒəs] *adj* □ prodigioso, espantoso; **prod•i•gy** ['prɒ-
dɪdʒɪ] *s* prodígio *m;* maravilha *f (ob-*
ject or person); child or infant ~
criança *f* prodígio.

prod•uce¹ ['prɒdjuːs] *s* produtos *m*
pl agrícolas; produto *m,* receita *f;*
tech. força *f,* poder *m.*

pro|duce² [prə'djuːs] *v/t* produzir;
render; apresentar; *econ. interest,*
etc.: apresentar, produzir; *proof, rea-*
sons, etc.: produzir, apresentar; *math.*
line: prolongar; *film:* produzir; *fig.*

P

provocar, causar; **~•duc•er** *s* produtor/a *m/f (a. film); theat.*, etc.: Br. director/a *m/f*.

prod•uct ['prɒdʌkt] *s* produto *m;* resultado *m;* ~ **liability** *econ.* garantia *f*.

pro•duc|tion [prə'dʌkʃn] *s* produção *f;* fabricação *f;* fabrico *m; theat.*, etc.: encenação *f;* **~•tive** *adj* □ produtivo; criativo; **~•tive•ness**, **~•tiv•i•ty** [prɒdʌk'tɪvətɪ] *s* produtividade *f*.

prof F [prɒf] *s* prof *m*, professor *m*.

pro|fa•na•tion [prɒfə'neɪʃn] *s* profanação *f;* **~•fane** [prə'feɪn] **1.** *adj* □ profano; mundano; sacrílego; **2.** *v/t* profanar; **~•fan•i•ty** [ˌ'fænətɪ] *s* profanação *f;* blasfémia *f*.

pro•fess [prə'fes] *v/t* declarar, professar; manifestar; *interest, etc.:* manifestar; **~ed** *adj* □ professado; manifestado; confesso.

pro•fes•sion [prə'feʃən] *s* confissão *f;* declaração *f;* profissão *f;* **~•al 1.** *adj* □ profissional; técnico; ~ **man (woman)** homem (mulher) com profissão liberal; **2.** *s* especialista *m/f;* técnico/a *m/f; sports:* atleta *m/f* profissional; artista *m/f* profissional.

pro•fes•sor [prə'fesə] *s* professor/a *m/f* catedrático/a.

pro•fi•cien|cy [prə'fɪʃənsɪ] *s* competência *f;* **~t** [ˌt] *adj* □ competente.

pro•file ['prəʊfaɪl] *s* perfil *m*.

prof|it [prɒfɪt] **1.** s lucro *m;* ganho *m;* vantagem *f;* **2.** *v/t* lucrar, ganhar; *v/i:* ~ **from** or **by** lucrar com; **~•i•ta•ble** *adj* □ lucrativo; vantajoso; **~•i•teer** [ˌ'tɪə] **1.** *v/i* explorar; **2.** *s* explorador *m;* **~•it-shar•ing** *s* participação *f* nos lucros.

prof•li•gate ['prɒflɪɡət] *adj* devasso, libertino.

pro•found [prə'faʊnd] *adj* □ profundo.

pro|fuse [prə'fjuːs] *adj* □ esbanjador; abundante; **~•fu•sion** *fig.* [ˌʒn] *s* profusão *f;* abundância *f*.

pro•gen•i•tor [prəʊ'dʒenɪtə] *s* progenitor/a *m/f;* **prog•e•ny** ['prɒdʒənɪ] *s* prole *f;* descendência *f; zoo.* crias *f pl.*

prog•no•sis [prɒɡ'nəʊsɪs] *s (pl -ses* [ˌsiːz]) prognóstico *m*.

pro•gram ['prəʊɡræm] **1.** *s computer:* programa *m; Am.* → *Br.* **pro-**

gramme 1; **2.** *v/t (-mm-) computer:* programar; *Am.* → *Br.* **programme** 2; **~•er** → **programmer.**

pro|gramme, *Am.* **-gram** ['prəʊɡræm] **1.** *s* programa *m; radio, TV: a.* emissão *f;* **2.** *v/t* programar; **~•gram•mer** *s computer:* programador/a *m/f.*

pro|gress 1. *s* ['prəʊɡres] progresso *m;* avanço *m;* desenvolvimento *m;* **in** ~ em curso; **2.** *v/i* [prə'ɡres] progredir; **~•gres•sion** *s* progressão *f;* desenvolvimento *m;* **~•gres•sive 1.** *adj* □ progressivo; gradual; **2.** *s pol.* progressista *m/f.*

pro|hib•it [prə'hɪbɪt] *v/t* proibir; **~•hi•bi•tion** [prəʊɪ'bɪʃn] *s* proibição *f;* lei *f* seca; **~•hi•bi•tion•ist** *s* proibicionista *m/f;* **~•hib•i•tive** [prə'hɪbɪtɪv] *adj* □ proibitivo; muito caro.

proj•ect¹ ['prɒdʒekt] *s* projecto *m;* plano *m.*

pro|ject² [prə'dʒekt] *v/t* projectar, plancar; pesquisar, investigar; *v/i* ressaltar; **~•jec•tile** [ˌaɪl] *s* projéctil *m;* **~•jec•tion** [ˌkʃn] *s* projecção *f;* saliência *f; math., phot.* projecção *f;* **~•jec•tion•ist** [ˌkʃənɪst] *s* projeccionista *m/f;* **~•jec•tor** *opt.* [ˌtə] *s* projector *m.*

pro•le•tar•i•an [prəʊlɪ'teərɪən] **1.** *adj* proletário; **2.** *s* proletário/a *m/f.*

pro•lif•e•rate [prə'lɪfəreɪt] *v/i number:* proliferar, *plants, etc.:* crescer, reproduzir-se; **pro•lif•e•ra•tion** [ˌ'reɪʃn] *s* proliferação *f; of nuclear weapons:* proliferação *f;* ~ **of algae** infestação *f* de algas.

pro•lif•ic [prə'lɪfɪk] *adj (~ally)* prolífico; fecundo.

pro•logue, *Am. a.* **-log** ['prəʊlɒɡ] *s* prólogo *m.*

pro•long [prə'lɒŋ] *v/t* prolongar.

prom•e•nade [prɒmə'nɑːd] **1.** *s* passeio *m* à beira da praia; **2.** *v/i and v/t* passear à beira da praia.

prom•i•nent ['prɒmɪnənt] *adj* □ proeminente, importante; notável.

pro•mis•cu•ous [prə'mɪskjʊəs] *adj* □ promíscuo.

prom|ise ['prɒmɪs] **1.** *s* promessa *f;* **2.** *v/t* prometer; **~•is•ing** *adj* □ promissor; prometedor.

P

prom•on•to•ry *geol.* ['prɒmәntri] *s* promontório *m.*

pro|mote [prә'mәut] *v/t* promover; patrocinar; *Am. school:* passar de ano; *parl.* apoiar; *econ.* patrocinar, anunciar; *organize:* organizar; **~-mot•er** *s* promotor/a *m/f;* organizador/a *m/f;* **~•mo•tion** *s* promoção *f; econ.* estabelecimento *m; econ.* promoção *f* comercial, publicidade *f.*

prompt [prɒmpt] **1.** *adj* □ pronto; aprontado; imediato; **2.** *v/t* incitar, impelir; *idea:* induzir; recordar; **~•er** *theat. s* ponto *m/f;* **~•ness** *s* prontidão *f;* rapidez *f.*

prone [prәun] *adj* □ de bruços, debruçado; propenso, predisposto; *be ~ to* *fig.* ter tendência para.

prong [prɒŋ] *s* forquilha *f;* ponta *f.*

pro•noun *gr.* ['prәunaun] *s* pronome *m.*

pro•nounce [prә'nauns] *v/t* pronunciar; informar, esclarecer.

pron•to F ['prɒntәu] *adv* já, rápido.

pro•nun•ci•a•tion [prәnʌnsɪ'eɪʃn] *s* pronúncia *f.*

proof [pruːf] **1.** *s* prova *f; print.* revisão *f;* **2.** *adj* à prova de; seguro; resistente; **~-read** *v/i and v/t (-read)* fazer revisão de provas; **~-read•er** *s* revisor *m* de provas.

prop [prɒp] **1.** *s* apoio *m; fig.* amparo *m;* **2.** *v/t (-pp-) a.* **~ up** apoiar; escorar; apoiar-se, encostar-se a *(against).*

prop•a•gan•da [prɒpә'gændә] *s* propaganda *f.*

prop•a|gate ['prɒpәgeɪt] *v/i and v/t* propagar(-se); difundir-se; **~•ga•tion** [_'geɪʃn] *s* propagação *f;* difusão *f.*

pro•pel [prә'pel] *v/t (-ll-)* propulsionar; impulsionar **~•ler** *s* propulsor *m;* hélice *f;* **~•ling pen•cil** *s* lapiseira *f.*

prop•er ['prɒpә] *adj* □ próprio; adequado; correcto; *esp. Br.* F correcto; **~** *name* nome *m* próprio; **~•ty** [_tɪ] *s* propriedade; F posses *f pl,* bens *m pl.*

proph•e|cy ['prɒfɪsɪ] *s* profecia *f;* **~•sy** [_aɪ] *v/t* profetizar; predizer.

proph•et ['prɒfɪt] *s* profeta *m/f.*

pro•por•tion [prә'pɔːʃn] **1.** *s* proporção *f;* parte *f;* **~s** *pl* dimensões *f pl;* **2.** *v/t* proporcionar; dividir em porções; **~•al** *adj* □ proporcional; → **~•ate**

[_nәt] *adj* □ proporcionado *(to* a); equilibrado.

pro•pos|al [prә'pәuzl] *s* proposta *f;* pedido *m* de casamento; oferta *f;* **~e** *v/t* propor; sugerir; fazer um brinde; **~** *s.o.'s health* beber à saúde de alguém; *v/i* declarar-se, pedir em casamento *(to);* **prop•o•si•tion** [prɒpә'zɪʃn] *s* proposta *f; econ.* oferta *f;* afirmação *f.*

pro•pound [prә'paund] *v/t question, etc.:* propor, fazer.

pro•pri•e|ta•ry [prә'praɪәtәrɪ] *adj* registado; patenteado; **~•tor** [_ә] *s* proprietário *m;* dono *m;* **~•ty** [_ɪ] *s* correcção *f;* boas maneiras *f pl;* decência *f; the proprieties* pl convenções *f pl* sociais.

pro•pul•sion *tech.* [prә'pʌlʃn] *s* propulsão *f.*

pro•sa•ic *fig.* [prәu'zeɪk] *adj (~ally)* prosaico, vulgar.

prose [prәuz] *s* prosa *f.*

pros•e|cute ['prɒsɪkjuːt] *v/t* processar; *studies, etc.:* prosseguir; *jur.* acusar de *(for);* **~•cu•tion** [_'kjuːʃn] *s* jur. acusação *f; plan, etc.:* execução *f;* **~•cu•tor** [_'kjuːtә] *s* promotor/a *m/f* de justiça; *public ~* promotor/a *m/f* público/a.

pros•pect 1. *s* [prɒspekt] hipótese *f;* probabilidade *f; econ.* interessado *m;* **2.** *v/i* [prә'spekt]: **~** *for mining:* prospectar.

pro•spec•tive [prә'spektɪv] *adj* □ provável.

pro•spec•tus [prә'spektәs] *s (pl -tuses)* prospecto *m.*

pros•per ['prɒspә] *v/i* prosperar, ter êxito; florescer; *v/t* favorecer; **~•i•ty** [prɒ'sperәtɪ] *s* prosperidade *f;* bem--estar *m;* sorte *f;* florescimento *m;* **~•i•ty gap** *s pol.* assimetria *f* económica; **~•ous** ['prɒspәrәs] *adj* □ próspero; florescente; favorável.

pros•ti•tute ['prɒstɪtjuːt] *s* prostituta *f;* pega *f; male ~* prostituto *m.*

pros|trate 1. *adj* ['prɒstreɪt] prostrado, abatido, esgotado; **2.** *v/t* [prɒ'streɪt] prostrar, esgotar; *fig.* abater; **~•tra•tion** [_'streɪʃn] *s* prostração *f;* esgotamento *m.*

pros•y *fig.* ['prәuzɪ] *adj (-ier, -iest)* prosaico; aborrecido.

pro•tag•o•nist [prəʊ'tægənɪst] s theat. protagonista m/f, actor/actriz m//f principal; fig. protagonista m/f.

pro|tect [prə'tekt] v/t proteger; **~•tec•tion** [_kʃn] s protecção f; jur. protecção f judicial; econ. tarifa f proteccionista; **~•tec•tion•is•m** s econ. proteccionismo m; **~•tec•tive** adj □ protector; **~ duty** econ. tarifa f proteccionista; **~•tec•tor** s protector/a m/f; defensor/a m/f; **~•tec•tor•ate** [_rət] s pol. protectorado m.

pro•test 1. s ['prəʊtest] protesto m; reclamação f; **2.** [prə'test] v/i protestar (**against** contra).

Prot•es•tant ['prɒtɪstənt] **1.** adj protestante; **2.** s protestante m/f.

prot•es•ta•tion [prɒte'steɪʃn] s protesto m; afirmação f (**against** contra).

pro•to•col ['prəʊtəkɒl] s protocolo m.

pro•to•type ['prəʊtətaɪp] s protótipo m.

pro•tract [prə'trækt] v/t prolongar; puxar.

pro|trude [prə'truːd] v/i ressaltar; projectar-se para fora; **~•tru•sion** s saliência f; protuberância f.

pro•tu•ber•ance [prə'tjuːbərəns] s protuberância f.

proud [praʊd] adj □ orgulhoso (**of** de).

prove [pruːv] (**proved, proved** or esp. Am. **proven**) v/t provar; comprovar; v/i dar provas de; **prov•en** ['pruːvən] **1.** esp. Am. pp of **prove; 2.** adj provado, comprovado, demonstrado.

prov•erb ['prɒvɜːb] s provérbio m.

pro•vide [prə'vaɪd] v/t fornecer, dar; abastecer; providenciar; jur. estipular; v/i cuidar de; **~d (that)** desde que, contanto que; **~ for** family: alimentar, manter; **the treaty ~s for...** o tratado estipula que.

prov•i|dence ['prɒvɪdəns] s providência f; prudência f; **~•dent** adj □ prudente; frugal, económico; **~•den•tial** [_'denʃl] adj □ providencial; oportuno.

pro•vid•er [prə'vaɪdə] s of family: provedor m, aquele/a que sustenta; econ. provedor/a m/f.

prov•ince ['prɒvɪns] s província f; fig. região f; fig. ramo m de conhecimento; **pro•vin•cial** [prə'vɪnʃl] **1.**

adj □ provinciano; **2.** s habitante m/f da província.

pro•vi•sion [prə'vɪʒn] s provisão f; fornecimento m; jur. cláusula f; medida f; **~s** pl provisões f pl, alimentos m pl; **~•al** adj □ provisório; driving licence, etc.: provisório.

pro•vi•so [prə'vaɪzəʊ] s (pl **-sos**, Am. a. **-soes**) condição f; cláusula f.

prov•o•ca•tion [prɒvə'keɪʃn] s provocação f; **pro•voc•a•tive** [prə'vɒkətɪv] adj provocante; irritante; **pro•voke** [prə'vəʊk] v/t provocar; irritar.

prov•ost ['prɒvəst] Br. mst º of certain colleges: reitor/a m/f; ScotE. presidente m/f da Câmara.

prow mar. [praʊ] s proa f.

prowl [praʊl] **1.** v/i a. **~ about, ~ around** rondar, andar à espreita; v/t percorrer, **2.** s ronda f; **~ car** s Am. carro m de ronda.

prox•im•i•ty [prɒk'sɪmətɪ] s proximidade f.

prox•y ['prɒksɪ] s procurador/a m/f; procuração f; **by ~** por procuração.

prude [pruːd] s pudico/a m/f; **be a ~** ser pudico.

pru|dence ['pruːdns] s prudência f; cautela f; **~•dent** adj □ prudente, cauteloso; esperto.

prud|er•y ['pruːdərɪ] s afectação f; melindre m; **~•ish** adj □ pudico; melindroso, afectado.

prune [pruːn] **1.** s ameixa f seca; **2.** v/t agr. podar (a. fig.); a. **~ away, ~ off** desbastar.

pry¹ [praɪ] v/i ser curioso; espreitar; **~ about** espiar; **~ into** intrometer-se em, meter o nariz em.

pry² [_] → **prize².**

psalm [sɑːm] s salmo m.

pseu•do- ['sjuːdəʊ] in compounds: pseudo, falso.

pseu•do•nym ['sjuːdənɪm] s pseudónimo m.

psy•chi•a|trist [saɪ'kaɪətrɪst] s psiquiatra m/f; **~•try** s psiquiatria f.

psy|chic ['saɪkɪk] (**~ally**), **~•chi•cal** adj □ psíquico; paranormal.

psy|cho•log•i•cal [saɪkə'lɒdʒɪkl] adj □ psicológico; **~•chol•o•gist** [saɪ'kɒlədʒɪst] s psicólogo/a m/f; **~•chol•o•gy** s psicologia f.

pub *Br.* F [pʌb] *s* pub *m; bar m; ~* ***crawl*** F andar de bar em bar, bater os bares, fazer a ronda dos bares.

pu•ber•ty ['pjuːbətɪ] *s* puberdade *f.*

pu•bic *anat.* ['pjuːbɪk] *adj* púbico; ~ ***bone*** púbis *m; ~* **hair** pêlos *m pl* púbicos.

pub•lic ['pʌblɪk] **1.** *adj* □ público; conhecido; estatal; ~ ***spirit*** espírito *m* público; **go ~** *econ. company:* ser cotada na Bolsa; **2.** *s* público *m;* povo *m.*

pub•li•can *esp. Br.* ['pʌblɪkən] *s* dono/a de um pub.

pub•li•ca•tion [pʌblɪ'keɪʃn] *s* publicação *f;* proclamação *f;* ***monthly ~*** publicação *f* mensal.

pub•lic| com•pa•ny *s econ.* companhia *f* por quotas, sociedade *f* anónima; **~ con•ve•ni•ence** *s Br.* casa de banho *f* pública; **~ health** *s* saúde *f* pública; **~ service** serviço *m* público de saúde; **~ hol•i•day** *s* feriado *m* nacional; **~ house** *s Br.* → **pub.**

pub•lic•i•ty [pʌb'lɪsətɪ] *s* publicidade *f;* reclames *m pl,* anúncios *m pl.*

pub•lic| law *jur.* direito *m* público; ~ **li•bra•ry** *s* biblioteca *f* pública; ~ **money** *s* dinheiros *m pl* públicos; ~ **o•pin•ion** *s* opinião *f* pública; **~ poll** sondagem *f* à opinião pública; ~ **pur•chas•er** *s econ.* fornecedor/a *m/ /f* de serviços públicos; ~ **re•la•tions** *s pl* relações públicas; trabalho *m* de relações públicas; ~ **school** *s Br.* escola *f* privada, colégio *m* privado; *Am.* escola *f* pública, oficial; ~ **ser•vice** *s* funcionalismo *m* público; ~ **spend•ing** *s pol., econ.* despesa *f* pública; ~ **trans•port** *s* transportes *m pl* públicos.

pub•lish ['pʌblɪʃ] *v/t* publicar; *book, etc.:* publicar, editar; ~ ***ing house*** editora *f;* ~ **er** *s* editor *m.*

pud•ding ['pʊdɪŋ] *s* pudim *m; (solid)* sobremesa *f,* doce *m; with meat, etc.:* empada *f* de carne; ***black ~*** chouriço *m* de sangue, morcela *f;* ***white ~*** chouriço *m* de fígado.

pud•dle ['pʌdl] *s* poça *f.*

puff [pʌf] **1.** *s* sopro *m;* lufada *f; at cigarette:* passa *f;* nuvem *m* de fumo; borla *f;* **2.** *v/i and v/t* soprar; ofegar, arfar; **~ out, ~ up** elogiar-se, gabar-

se; **~ed up eyes** olhos inchados; ~ **pas•try** *s* massa *f* folhada; **~•y** *adj (-ier, -iest)* inchado.

pug *zoo.* [pʌg] *s a.* **~-dog** dogue *m.*

puke *sl.* [pjuːk] *v/i and v/t* vomitar; fazer vomitar.

pull [pʊl] **1.** *s* puxão *m; of planet:* força *f* gravitacional; *print.* prova *f; rowing:* remada *f;* passa *f,* puxada *f* (**from** *a cigarette, etc.*); gole *m,* trago *m* (**at** *a bottle*); *fig.* influência *f;* atracção *f;* **2.** *v/t and v/i* puxar; arrastar; ~ (**at** *or* **on**) puxar por; ~ **about** arrastar de um lado para o outro; ~ **ahead of** ultrapassar; ~ **away** arrancar, partir *(bus, etc.);* soltar-se de **(from)**; ~ **down** abaixar; derrubar; ~ **in** encostar *(car, boat);* chegar *(train);* ~ **off** F tirar; conseguir; ~ **out** partir, arrancar *(car, bus); fig.* retirar-se, ir-se embora; ~ **over** encostar *(car);* ~ **round** *patient:* recuperar a consciência, voltar a si; ~ **through** recuperar; ~ **o.s. to•gether** recompor-se; ~ **up** *car, horse, etc.:* parar; ~ **up with, ~ up to** apanhar, recuperar.

pul•ley *tech.* ['pʊlɪ] *s* roldana *f;* polé *m.*

pull|-in *Br.* ['pʊlɪn] *s* local *m* de repouso, paradouro *m (esp. for truckers);* **~•o•ver** *s* pulôver *m,* camisola *f* de malha; **~-up** *s Br.* → **pull-in.**

pulp [pʌlp] *s* polpa *f;* pasta *f;* ~ **ma•gazine** revista *f* de escândalos.

pul•pit ['pʊlpɪt] *s* púlpito *m.*

pulp•y ['pʌlpɪ] *adj (-ier, -iest)* carnudo; pastoso.

pul•sate [pʌl'seɪt] *v/i* pulsar, bater; **pulse** [pʌls] *s* pulso *m,* batimento *m* cardíaco.

pul•ver•ize ['pʌlvəraɪz] *v/t* pulverizar; *v/i* reduzir a pó.

pum•mel ['pʌml] *v/t (esp. Br. -ll-, Am. -l-)* esmurrar, socar.

pump [pʌmp] **1.** *s* bomba *f; shoe:* sapato *m* raso; **2.** *v/t* bombear; F tirar informações; ~ **up** *tyre, etc.:* encher; ~ **at•tend•ant** *s* empregado/a *m/f* de estação *f* de serviço.

pump•kin *bot.* ['pʌmpkɪn] *s* abóbora *f.*

pun [pʌn] **1.** *s* jogo *m* de palavras, trocadilho *m;* **2.** *v/i (-nn-)* fazer um trocadilho.

P

Punch[1] [pʌntʃ] *s* fantoche *m*; **~-and-Judy show** teatro *m* de fantoches.

punch[2] [_] **1.** *s* murro *m*; soco *m*; *tool:* punção *m*; **2.** *v/t* esmurrar, socar *(with fist);* perfurar; picotar; *esp. Am. time clock:* picar o ponto; *card:* perfurar; *Am. cattle:* tocar, conduzir; **~(ed) card/tape** cartão *m* perfurado; **~ line** *s* piada *f* de uma anedota.

punc·tu·al ['pʌnktʃʋəl] *adj* pontual; **~·i·ty** [_'ælətɪ] *s* pontualidade *f*.

punc·tu|ate *gr.* ['pʌnktʃʋeɪt] *v/t* pontuar; **~·a·tion** *gr.* [_'eɪʃn] *s* pontuação *f*; **~ mark** sinal *m pl* de pontuação.

punc·ture ['pʌŋktʃə] **1.** picada *f*; orifício *m*; *mot.* furo *m*, pneu *m* furado; **2.** *v/t* picar; fazer um furo em; *v/i* rebentar; **be ~d** *mot.* ter um furo.

pun·gen|cy ['pʌndʒənsɪ] *s* sabor *m* ou aroma picante; **~t** [_t] *adj* picante; acre.

pun·ish ['pʌnɪʃ] *v/t* punir, castigar; *boxing:* aplicar pena; **~·a·ble** *adj* □ punível; **~·ing** *adj* F *blow, pace, etc.:* intenso, desgastante; **~·ment** *s* castigo *m*; pena *f*.

punk [pʌŋk] *s sl.* punk *m (mus.);* **~ rock(er)** *mus.* punk rock *m* (músico de punk rock).

pu·ny ['pjuːnɪ] *adj (-ier, -iest)* fraco; minúsculo.

pup *zoo.* [pʌp] *s* cachorro/a *m/f*.

pu·pa *zoo.* ['pjuːpə] *s (pl -pae* [-piː], **~pas)** crisálida *f*.

pu·pil ['pjuːpl] *s anat.* pupila *f*; aluno/ /a *m/f*; estudante *m/f*.

pup·pet ['pʌpɪt] *s* marioneta *f (a. fig.);* **~-show** *s* espectáculo *m* de marionetas.

pup·py ['pʌpɪ] *s zoo.* cachorro/a *m/f*.

pur|chase ['pɜːtʃəs] **1.** *s* compra *f*; aquisição *f*; *grip:* apoio *m*; **make ~s** fazer compras; **2.** *v/t* comprar; **~·chas·er** *s* comprador/a *m/f*; → **pu·blic purchaser;** **~·chas·ing pow·er** *s econ.* poder *m* de compra.

pure [pjʋə] *adj* □ *(~r, ~st)* puro; **~-bred** *adj* de raça pura.

pu·rée [pjʋəreɪ] *s* puré *m*; **tomato ~** polpa *f* de tomate.

pur·ga|tive *med.* ['pɜːgətɪv] **1.** purgante, purgativo; **2.** *s* purgante *m*; **~·to·ry** *eccl.* [_ərɪ] *s* purgatório *m*.

purge [pɜːdʒ] **1.** *s med.* purgante *m*; *pol.* purga *f*; **2.** *v/t mst. fig.* purgar, limpar; *pol.* limpar, eliminar inimigos; *v/i med.* purgar.

pu·ri·fy ['pjʋərɪfaɪ] *v/t* purificar; limpar.

pu·ri·tan ['pjʋərɪtən] *(hist.* ²*)* **1.** *s* puritano/a *m/f*; **2.** *adj* puritano.

pu·ri·ty ['pjʋərətɪ] *s* pureza *f (a. fig.).*

purl [pɜːl] *v/i* murmurar *(stream).*

pur·loin [pɜː'lɔɪn] *v/t* furtar, roubar.

pur·ple ['pɜːpl] **1.** *adj* de cor púrpura; roxo; **2.** roxo *m*; púrpura *f*; **3.** *v/t and v/i* tornar-se roxo, arroxear-se, ficar roxo.

pur·port ['pɜːpət] **1.** *s* sentido *m*; conteúdo *m*; **2.** *v/t* significar; pretender.

pur·pose ['pɜːpəs] **1.** *s* propósito *m*; fim *m*; objectivo *m*; **for the ~ of** com o fim de, com o objectivo de; **on ~** de propósito; **to the ~** oportuno, a propósito; **to no ~** inútil, em vão; **2.** *v/t* pretender; propor; **~·ful** *adj* □ decidido, determinado; proposital; **~·less** *adj* □ despropositado, inútil, sem sentido; **~·ly** *adv* propositadamente, intencionalmente.

purr [pɜː] *v/i* ronronar *(cat);* zumbir *(engine).*

purse [pɜːs] **1.** *s* bolsa *f*; porta-moedas *m*; *Am.* mala *f* de mão; prémio *m* monetário; **~ snatcher** *Am.* carteirista *m/f*; **2.** *v/t:* **~ (up) one's lips** fazer beicinho.

pur·su·ance [pə'sjuːəns] *s:* **in (the) ~ of** em consequência de.

pur|sue [pə'sjuː] *v/t* prosseguir, continuar; perseguir; *profession:* seguir; *studies:* seguir, prosseguir; **~·su·er** *s* perseguidor/a *m/f*; **~·suit** *s* perseguição *f*; *mst* **~s** *pl* actividade *f*; ocupação *f*.

pur·vey [pə'veɪ] *v/t goods:* fornecer, abastecer; **~·or** *s* fornecedor/a *m/f*.

pus [pʌs] *s* pus *m*.

push [pʋʃ] **1.** *s* empurrão *m*; caso *m* de necessidade; emergência *f*; esforço *m*; F impulso *m*; ímpeto *m*, energia *f*; **2.** *v/ /t and v/i* empurrar; impelir; *button:* apertar; *a.* **~ through** abrir caminho aos empurrões; *claim, etc.:* impor; F vender, impingir; *drugs:* vender, passar; **~ sth. on s.o.** impingir alguma

P

coisa a alguém; ~ *one's way* abrir caminho; ~ *along*, ~ *on*, ~ *forward* prosseguir, continuar; ~•**but•ton** *s tech.* botão *m* de pressão; ~-**chair** *s Br.* carrinho *(for small children);* ~•**er** *s* F traficante *m/f*, passador/a *m/f* de drogas; ~•**o•ver** *s fig.* brincadeira *f* de crianças, coisa *f* fácil; *be a ~ for* deixar-se apanhar, deixar-se enganar.

puss [pʊs] *s* gatinho/a *m/f (a. fig. girl);* **pus•sy** *s: a* ~-**cat** gatinho/a *m/f*; **pus•sy•foot** *v/i* F andar com pezinhos de lã.

put [pʊt] *(-tt-; put) v/t* pôr; colocar; meter; *time, work:* gastar em *(into);* *question:* fazer; *sports shot:* atirar; *say:* expressar, dizer, ~ *to school* mandar para a escola; ~ *s.o. to work* pôr alguém a trabalhar; ~ *about rumours:* espalhar; *mar. ship:* virar(-se); ~ *across idea, etc.:* comunicar; sugerir; ~ *back* atrasar *(a. watch, clock); fig.* parar; ~ *by money:* poupar; ~ *down v/t* pôr no chão; anotar, tomar notas; *revolt:* abafar, sufocar; *mismanagement:* demitir; suprimir; aterrar; ~ *forth energy:* aplicar; *buds, leaves:* desenvolver; ~ *forward watch, clock:* adiantar; *opinion, etc.:* manifestar; ~ *o.s. forward* fazer-se notar; ~ *in v/t* colocar dentro de; meter; *claim, petition:* apresentar; *application:* entregar; *as employee:* contratar; *remark:* objectar; *v/i* hospedar-se *(at* em); *mar.* entrar *(at* em); ~ *off v/t clothes:* despir; *light:* desligar; *postpone:* adiar; *passengers:* mandar sair; *v/i mar.* partir; ~ *on clothes:* vestir; *hat, gloves:* pôr; *watch, clock:* adiantar; *light:* acender; fingir, simular; ~ *on airs* dar-se ares, fingir; ~ *on speed* acelerar; ~ *on weight* engor-

dar; ~ *out v/t* apagar; torcer; *attitude:* confundir, perturbar; irritar; *money:* emprestar; *v/i mar.* zarpar, partir; ~ *right* endireitar, resolver; ~ *through teleph.* ligar, pôr em comunicação; ~ *together* juntar; ~ *up v/t* levantar, erguer; *building:* construir; *picture, etc.:* pendurar; *hair:* pentear ao alto; *umbrella:* abrir; *tent, etc.:* armar; *goods:* oferecer; *price:* aumentar, subir; *resistance:* aguentar; *fight:* causar; *guests:* alojar, hospedar; *announcement:* publicar; ~ *up at* hospedar-se, pernoitar em; ~ *up for* candidatar-se a, concorrer a; ~ *up with* aturar, suportar.

pu•tre•fy ['pjuːtrɪfaɪ] *v/i* apodrecer.

pu•trid ['pjuːtrɪd] *adj* □ pútrido, podre; *sl.* porco; ~•**i•ty** [pjuː'trɪdətɪ] *s* podridão *f*.

put•ty ['pʌtɪ] **1.** massa *f* de vidraceiro; **2.** *v/t* betumar.

put-you-up *Br.* F ['pʊtjuːʌp] *s* sofá-cama *m*.

puz•zle ['pʌzl] **1.** *s* quebra-cabeças *m;* tarefa *f* difícil; jogo *m* de paciência; enigma *m;* **2.** *v/t* desconcertar, confundir; ficar confuso *or* perplexo; ~ *out* subutilizar; *v/i* estar confuso; ~-**head•ed** *adj* confuso.

pyg•my ['pɪgmɪ] *s* pigmeu *m;* anão *m*.

py•ja•ma *Br.* [pə'dʒɑːmə] *s* pijama *m;* ~**s** *Br.* [_əz] *s pl* pijama *m*.

py•lon ['paɪlən] *s* poste *m*.

pyr•a•mid ['pɪrəmɪd] *s* pirâmide *f*.

pyre ['paɪə] *s* pira *f* funerária.

Py•thag•o•re•an [paɪθægə'rɪən] **1.** *adj* pitagórico; **2.** *s* pitagórico/a *m/f*.

py•thon *zoo.* ['paɪθn] *s* pitão *f*, serpente *f* pitão.

pyx *eccl.* [pɪks] *s* recipiente *m* das hóstias.

quack¹ [kwæk] **1.** *s* grasnido *m;* **2.** *v/i* grasnar.

quack² [_] *s* charlatão/ã *m/f; a.* ~ *doc•tor* curandeiro/a *m/f*; ~•**er•y** ['kwækərɪ] *s* charlatanice *f*.

quad•ran|gle ['kwɑdræŋgl] *s* quadrângulo *m;* quadrilátero *m; court:* pátio *m* quandrangular; ~•**gu•lar** [kwɑ'dræŋgjʊlə] *adj* □ quadrangular.

quad•ren•nial [kwɑ'drenɪəl] *adj* □ quadrienal.

quad•ru|ped ['kwɑdrʊped] *s* quadrúpede *m;* **~ple** [_pl] **1.** *adj* □ quádruplo; **2.** *v/t and v/i* quadruplicar; **~plets** [_plɪts] *s pl* quádruplos *m pl;* quadrigémeos.

quag•mire ['kwægmaɪə] *s* pântano *m;* lodaçal *m.*

quail[1] *zoo.* [kweil] *s* codorniz *f.*

quail[2] [_] *v/i* acobardar-se, ceder; tremer de medo *(before, at).*

quaint [kweɪnt] *adj* □ esquisito; curioso; pitoresco; estranho.

quake [kweɪk] **1.** *v/i* tremer, estremecer *(with, for* de); **2.** *s* F tremor *m* de terra, terramoto *m.*

Quak•er ['kweɪkə] *s* quaker, membro de seita religiosa *m/f.*

qual•i|fi•ca•tion [kwɑlɪfɪ'keɪʃn] *s* qualificação *f;* habilitação *f;* restrição *f;* **~fy** ['kwɑlɪfaɪ] *v/t and v/i* qualificar(-se); habilitar(-se); capacitar; restringir; moderar, diminuir; **~ta•tive** ['kwɑlɪtətɪv] *adj* qualitativo; **~ty** ['kwɑlətɪ] *s* qualidade *f;* condição *f; econ.* qualidade *f.*

qualm [kwɑːm] *s* dúvida *f; often* **~s** *pl* escrúpulos *m pl.*

quan•ti|fy ['kwɑntɪfaɪ] *v/t* quantificar; **~ta•tive** ['_tətɪv] *adj* quantitativo; **~ty** ['kwɑntətɪ] *s* quantidade *f.*

quan•tum ['kwɑntəm] *s (pl -ta* [-tə]) quantidade *f; phys.* quantum *m.*

quar•an•tine ['kwɑrəntiːn] **1.** *s* quarentena *f;* **2.** *v/t* pôr de quarentena.

quar•rel ['kwɑrəl] **1.** *s* discussão *f;* briga *f;* **2.** *v/i (esp. Br. -ll-, Am. -l-)* discutir, brigar; **~some** *adj* □ brigão/ona *m/f;* implicativo.

quar•ry ['kwɑrɪ] **1.** *s* pedreira *f; hunt.* presa *f; fig.* mina *f,* fonte *f;* **2.** *v/t stone:* extrair.

quart [kwɔːt] *s* quarto *m* de galão (= 1,136 l).

quar•ter ['kwɔːtə] **1.** *s* quarto *m;* quarta parte *f;* quarto *m* de hora; trimestre *m;* quarto *m* de quilo; *Am.* quarto *m* de dólar (25 centavos); *sports:* quarta parte *f* do jogo; quartos *m pl* traseiros *(of animal);* bairro *m;* direcção *f;* região *f;* **~s** *pl* alojamento *m (a. mil.);* **a ~ (of an hour)** um quarto de hora; *time:* **a ~ to** *(Am.* **of)** um quarto para; **a ~ past 2** *(Am.* **after)** duas e um quarto; **at close ~s** de perto; **from official ~s** de fonte oficial; **2.** *v/t* dividir em quatro; hospedar, alojar; *mil.* aquartelar; **~•back** *s American football:* quarterback *m,* capitão *m* da equipa; **~ day** dia *m* de pagamento; **~•deck** *s mar.* tombadilho *m* superior; **~•fi•nal** *s sports:* quartos-de-final *m pl;* **~•ly 1.** *adj and adv* trimestralmente; **2.** *s* revista *f* trimestral.

quar•tet(te) *mus.* [kwɔː'tet] *s* quarteto *m.*

quartz *min.* [kwɔːts] *s* quartzo *m;* **~ clock** relógio *m* de quartzo; **~ watch** relógio *m* (de pulso) de quartzo.

qua•si ['kweɪzaɪ] *adv* quase; por assim dizer.

qua•ver ['kweɪvə] **1.** *s* tremor *m; mus.* colcheia *f;* **2.** *v/t and v/i* falar ou cantar com a voz a tremer.

quay [kiː] *s* cais *m.*

quea•sy ['kwiːzɪ] *adj* □ *(-ier, -iest)* enjoado *(stomach, conscience); I feel ~* sinto-me enjoado, esquisito.

queen [kwiːn] *s* rainha *f (a. zoo.); card games, chess:* dama *f,* rainha *f; sl. homosexual:* maricas *m;* **~ bee** abelha-mestra *f;* **~•like, ~•ly** *adj* majestosamente.

queer [kwɪə] *adj* estranho, esquisito; fantástico; F maricas.

quench [kwentʃ] *v/t flames, fire:* apagar; *thirst, etc.:* matar, satisfazer; *hope:* aniquilar, frustar.

quer•u•lous ['kwerʊləs] *adj* □ queixoso, lamuriante.

que•ry ['kwɪərɪ] **1.** *s* ponto *m* de interrogação; pergunta *f;* dúvida *f;* **2.** *v/t* perguntar; duvidar.

quest [kwest] **1.** *s* busca *f;* **2.** *v/i* procurar *(for).*

ques•tion ['kwestʃən] **1.** *s* pergunta *f;* problema *m;* questão *f;* dúvida *f;* **ask ~s** fazer perguntas; *beyond (all)* ~ sem dúvida; *in ~* em questão; *call in ~* levantar uma dúvida; pôr algo em questão; *that is out of the ~* isso está fora de questão; **2.** *v/t* perguntar, questionar; *jur.* interrogar; **~•a•ble** *adj* □ questionável, discutível; duvidoso; **~•er** *s* examinador/a *m/f;* aquele que faz perguntas; **~**

237

Q

mark *s* ponto *m* de interrogação; **~•naire** [kwestʃə'neə] *s* questionário *m.*

queue [kjuː] **1.** *s* bicha *f*, fila *f (of persons, etc.);* **2.** *v/i mst* **~ up** fazer fila; esperar na fila.

quib•ble ['kwɪbl] **1.** *s* queixa *f*; **2.** *v/i* discutir; **~ with s.o. about** *or* **over sth.** discutir com alguém por alguma coisa.

quick [kwik] **1.** *adj* rápido; imediato; esperto, ágil, sagaz *(mind);* penetrante, perspicaz *(eye);* apurado *(ear);* vivo, activo; **be ~!** despacha-te!; **2.** *s:* **cut s.o. to the ~** *fig.* ferir alguém; **~•en** *v/t and v/i* apressar(-se); *v/i* acelerar; **~•freeze** *v/t (- froze, -frozen)* congelar; **~•ie** *s* F coisa feita à pressa; pergunta *f* breve; F rapidinha *f (a. sex);* **~•ly** *adv* rapidamente; **~•ness** *s* rapidez *f*; perspicácia *f (a. of eye);* vivacidade *f*; **~•sand** *s* areia *f* movediça; **~-tempered** *adj* irritadiço; **~-wit•ted** *adj* perspicaz, vivo, rápido.

quid *Br. sl.* [kwɪd] *s (pl ~)* libra *f.*

qui•es|cence [kwaɪ'esns] *s* sossego *m;* tranquilidade *f*; **~•cent** [_] *adj* □ sossegado, tranquilo.

qui•et ['kwaɪət] **1.** *adj* □ sossegado, calmo; quieto; calado; **be ~!** está/estejam calado(s); **2.** *s* sossego *m;* tranquilidade *f*; **on the ~** discretamente; sem ruído; **3.** *esp. Am.* → **~•en** *esp. Br.* [_tn] *v/t* tranquilizar, acalmar; *v/i mst* **~ down** acalmar- se; **~•ness** *s* tranquilidade *f*; sossego *m.*

quilt [kwɪlt] **1.** *s* colcha *f*; acolchoado *m;* edredão *m;* **2.** *v/t* acolchoar.

quin•ine [kwɪ'niːn, *Am.* 'kwaɪnaɪn] *s* quinino *m.*

quin•quen•ni•al [kwɪŋ'kweniəl] *adj* □ quinquenal.

quin•tes•sence [kwɪn'tesns] *s* requinte *m;* essência *f.*

quin•tu|ple ['kwɪntjʊpl] **1.** *adj* □ quíntuplo; **2.** *v/t and v/i* quintuplicar; **~•plets** [_lɪts] *s pl* quíntuplos *m pl.*

quip [kwɪp] **b1.** *s* piada *f* maldosa; dito *m* engraçado; **2.** *v/i* **(-pp-)** troçar, zombar.

quirk [kwɜːk] *s* peculiaridade *f*; hábito *m* estranho; capricho *m (of fate, etc.);* *arch.* ardil *m.*

quit [kwɪt] **1.** *(-tt-; Br. ~ted or ~, Am. mst ~) v/t* desistir; *job:* demitir-se, despedir-se; *v/i* desistir; abandonar, deixar; desocupar *(tenant);* **give notice to ~** entregar aviso para desocupar um imóvel; **2.** *adj* livre.

quite [kwaɪt] *adv* totalmente, completamente; bastante; muito; **~ nice** muito simpático; **~ (so)!** exactamente! **~ the thing** F exactamente isso! **she's ~ a beauty** ela é mesmo uma beleza; **I ~ agree** concordo absolutamente.

quits [kwɪts] *adj:* **be ~ with s.o.** estar quite com alguém.

quit•ter F ['kwɪtə] *s* covarde *m/f*; pessoa *f* sem força de vontade.

quiv•er¹ ['kwɪvə] *v/i* estremecer, tremer.

quiv•er² [_] *s* aljava *f.*

quiz [kwɪz] **1.** *s (pl quizzes)* concurso *m;* questionário *m;* **2.** *v/t* **(-zz-)** testar, questionar; **~•mas•ter** *s esp. Am.* locutor/a *m/f* de concursos de perguntas; **~•zi•cal** *adj* esquisito; problemático.

quoit [kɔɪt] *s* disco *m*, malha *f*; **~s** *sg* jogo *m* da malha.

quo•rum ['kwɔːrəm] *s* quórum *m.*

quo•ta ['kwəʊtə] *s* cota *f*; quota *f*; parcela *f*, parte *f.*

quo•ta•tion [kwəʊ'teɪʃn] *s* citação *f*; *econ.* orçamento *m; econ.* cotação *f*; **~ marks** *s pl* aspas *f pl.*

quote [kwəʊt] **1.** *s from author:* citação *f*; **~s** *pl* aspas *f pl*; **2.** *v/t* citar *(text); econ. price:* calcular, orçar; *stock exchange:* cotar **(at** em); *v/i* citar **(from** de).

quo•tient *math.* ['kwəʊʃnt] *s* quociente *m.*

Q

R

rab•bi ['ræbaɪ] s rabino m.

rab•bit zoo. ['ræbɪt] s coelho m.

rab•ble ['ræbl] s povo m, ralé f; **~rous•er** s agitador/a m/f; demagogo/a m/f; **~rous•ing** adj □ agitador, demagógico.

rab•id ['ræbɪd] adj □ raivoso (animal); fig. furioso, raivoso.

ra•bies vet. ['reɪbiːz] s raiva f.

rac•coon zoo. [rə'kuːn] s guaxinim m.

race[1] [reɪs] s raça f; género m; espécie f; povo m; nação f.

race[2] [_] **1.** s corrida f (a. fig.); competição f; corrente f; **~s** pl corridas f pl (de cavalos); **2.** v/i and v/t correr; competir; acelerar; **~•course** s pista f de corridas; **~•horse** s cavalo m de corrida; **rac•er** s corredor/a m/f; cavalo m de corrida; barco m de corrida; carro m de corridas; bicicleta f de corridas.

ra•cial ['reɪʃl] adj racial; **~is•m, ra•cis•m** s racismo m.

rac•ing ['reɪsɪŋ] s corrida f.

rack [ræk] **1.** s cavalete m; estante f; cabide m; in train, etc.: rede f para bagagens; on car: porta-bagagens m; for fodder: grade f de manjedoura; for torture: roda f; **go to ~ and ruin** arruinar-se, cair aos pedaços (building, person); falir (country, economy); **2.** v/t atormentar, afligir; torturar (a. fig.); **~ one's brains** matar a cabeça.

rack•et ['rækɪt] **1.** s tennis, etc.: raqueta f; loud noise: barulheira f; confusão f; F aldrabice f; fraude f; negócio m ilegal; occupation: emprego m; **2.** v/i fazer barulho; divertir-se.

rack•e•teer [rækə'tɪə] s chantagista m/f; criminoso/a m/f; **~•ing** s chantagem f; ocupação f criminosa.

ra•coon Br. zoo. [rə'kuːn] → **raccoon**.

rac•y ['reɪsɪ] adj □ (-ier, -iest) vivo, enérgico; forte; fig. picante; Am. ousado, indecente.

ra•dar ['reɪdə] s radar m.

ra•di•ance ['reɪdɪəns] s radiância f, brilho m (a. fig.); **~•ant** adj □ radiante, brilhante (a. fig. **with** de).

ra•di•ate ['reɪdɪeɪt] v/t irradiar; v/i cintilar; **~•a•tion** [_'eɪʃn] s radiação

f; irradiação f; **~•a•tor** ['_ə] s radiador m (a. mot.).

rad•i•cal ['rædɪkl] **1.** adj □ bot., math. radical; drástico; pol. radical; **2.** s pol. radical m/f; math. radical m; princípio m; chem. radical m.

ra•di•o ['reɪdɪəʊ] **1.** s (pl -os) rádio m (aparelho); **~ play** peça f radiofónica; **~ set** aparelho m de rádio; **by ~** por rádio; **on the ~** no rádio; **2.** v/t transmitir por rádio; **~•ac•tive** adj radioactivo; **~ waste** detritos m pl radioactivos; **~•ac•tiv•i•ty** s radioactividade f; **~•ther•a•py** s med. radioterapia f.

rad•ish bot. ['rædɪʃ] s rabanete m.

ra•di•us ['reɪdɪəs] s (pl -dii [-dɪaɪ], -uses) raio m; anat. rádio m.

raf•fle ['ræfl] **1.** s rifa f; sorteio m; **2.** v/t rifar, sortear.

raft [rɑːft] **1.** s jangada f, balsa f; **2.** v/i and v/t viajar de jangada; **~•er** s tech. viga f; **~•s•man** s balseiro m.

rag[1] [ræg] s trapo m; farrapo m; **in ~s** esfarrapado; em farrapos; **~-and-bone man** esp. Br. negociante m de velharias.

rag[2] sl. [_] travessura f, partida f; barulho m; confusão f; **2. (-gg-)** v/t pregar uma partida a alguém; gozar com alguém; divertir-se.

rag•a•muf•fin ['rægəmʌfɪn] s maltrapilho/a m/f; garoto/a m/f da rua.

rage [reɪdʒ] **1.** s raiva f; fúria f; ira f; violência f, intensidade f (of storm, etc.); desejo m (**for** de); mania f; moda f; êxtase f; **it is (all) the ~** é a última moda, é o último grito; **2.** v/i enraivecer-se, enfurecer-se; assolar.

rag•ged ['rægɪd] adj □ irregular, áspero; hair: guedelhudo; rocks: escarpado; person: andrajoso; clothes: esfarrapado; puído; exhausted: F estoirado; exausto; **be run ~** F estar pronto.

raid [reɪd] **1.** s invasão f; ataque m; (esp. air ~: ataque aéreo); by police: surtida f, batida f; **2.** v/t assaltar, atacar de repente; invadir.

rail[1] [reɪl] v/i injuriar, ofender.

rail[2] [_] **1.** s corrimão m; parapeito m; balaústre m; grade f; gradeamento m; mar. amurada f; rail. carril m; caminho-de-ferro *m;* **by** ~ de comboio; **be off the ~s** *fig.* descarrilar, estar maluco; **run off** *or* **leave, jump the ~s** descarrilar: **2.** *v/t a.* ~ **in** cercar com gradeamento; *a.* ~ **off** separar com gradeamento.

rail•ing ['reɪlɪŋ] *s a.* ~**s** *pl* gradeamento *m;* grade *f.*

rail•ler•y ['reɪlərɪ] *s* repreensão *f;* troça *f.*

rail•road *Am.* ['reɪlrəʊd] *s* caminho--de-ferro *m.*

rail•way *esp. Br.* ['reɪlweɪ] *s* caminho--de-ferro *m;* ~•**man** *s* ferroviário *m.*

rain [reɪn] **1.** *s* chuva *f;* ~**s** chuva *f;* **the ~s** *pl* a estação *f* das chuvas *(in tropical countries);* ~ **or shine** quer chova ou faça sol; **it's ~ing buckets** *or* **cats and dogs** está a chover a cântaros ou a potes; **it never ~s but it pours** um azar nunca vem só; não há duas sem três; ~•**bow** *s* arco-íris *m;* ~•**coat** *s* gabardina *f;* impermeável *m;* ~•**fall** *s* chuva *f;* pluviosidade *f;* ~ **for•est** *s* floresta *f* tropical; ~**proof 1.** *adj* impermeável *(material);* **2.** *s* impermeável *m,* gabardina *f;* ~•**y** *adj* **(-ier, -iest)** chuvoso; **for a ~ day** *fig.* para para os tempos difíceis, para uma necessidade.

raise [reɪz] **1.** *v/t often* ~ **up** levantar, erguer; *often fig.* aumentar *(a. salary); money, etc.:* angariar, obter; *loan:* obter; *family, children:* criar; suscitar; recrutar; *siege, etc.:* levantar; **2.** *s* aumento *m.*

rai•sin ['reɪzn] *s* passa *f,* uva *f* seca.

rake [reɪk] **1.** *s* ancinho *m;* libertino/a *m/f;* **2.** *v/t* trabalhar com o ancinho; *fig.* revistar; *v/i :* ~ **about** remexer, vasculhar; ~**-off** *s* F comissão *f;* ganho *m.*

rak•ish ['reɪkɪʃ] *adj* □ *life:* libertino, devasso; descuidado, desmazelado; *person:* ousado, audaz; *mar.* elegante, bem proporcionado *(ship).*

ral•ly ['rælɪ] **1.** *s* encontro *m;* reunião *f;* ajuntamento *m* de pessoas; comício *m; mot.* rali *m;* **2.** *v/t and v/i* juntar(-se), reunir(-se); restabelecer-se, recuperar.

ram [ræm] **1.** *s zoo.* carneiro *m;* ♀ *ast.* Carneiro *m; tech.* êmbolo *m; mar.* esporão *m;* **2.** *v/t* **(-mm-)** bater, golpear;

mar. abalroar; ~ **sth. down s.o.'s head** *fig.* convencer alguém de alguma coisa.

ram|ble ['ræmbl] **1.** *s* excursão *f* a pé; passeio *m;* **2.** *v/i* vaguear, passear a pé; divagar; ~•**bler** *s* caminheiro/a *m/f;* ~•**bling** *adj* incoerente, sem nexo; errante; *plant:* trepadeira; ~ **rose** *bot.* roseira *f* trepadeira.

ram•i•fy ['ræmɪfaɪ] *v/i* ramificar-se.

ramp [ræmp] *s* rampa *f.*

ram•pant ['ræmpənt] *adj* □ exuberante; *fig.* exaltado, desenfreado.

ram•part ['ræmpɑːt] *s* muralha *f.*

ram•shack•le ['ræmʃækl] *adj* em ruínas; a cair aos bocados.

ran [ræn] *pret of* **run** 1.

ranch [rɑːntʃ, *Am.* ræntʃ] *s* rancho *m;* quinta *f;* ~•**er** *s* rancheiro/a *m/f,* fazendeiro/a *m/f.*

ran•cid ['rænsɪd] *adj* □ rançoso.

ran•co(u)r ['ræŋkə] *s* rancor *m;* ódio *m.*

ran•dom ['rændəm] **1.** *s:* **at** ~ ao acaso, aleatoriamente; **2.** *adj* casual, ao acaso, fortuito.

rang [ræŋ] *pret of* **ring**[1] 2.

range [reɪndʒ] **1.** *s* série *f; mountains:* cordilheira *f; econ.* gama *f,* sortido *m; stove:* fogão *m; scope:* alcance *m,* âmbito *m; distance:* alcance *m,* raio *m* de acção; *area:* extensão *f; shooting ~:* alcance *m; grazing ground:* pasto *m,* pastagem *f;* **at close** ~ de perto, à queima-roupa; **within** ~ **of vision** ao alcance da vista; **a wide** ~ **of** uma grande escolha de; **2.** *v/t* ordenar, arrumar; *area, etc.:* percorrer; *v/i* alinhar; vaguear por; estender-se; contar, pertencer (**among, with** entre); ~ **from... to...,** ~ **between... and...** oscilar entre... e..., variar entre... e... *(prices, etc.).*

rang•er ['reɪndʒə] *s* guarda-florestal *m/f;* membro *m/f* de tropa especial; comando *m.*

rank [ræŋk] **1.** *s row:* fila *f;* fileira *f;* linha *f; class:* classe *f,* espécie *f; social ~:* categoria *f,* posição *f; taxi ~:* praça *f* de táxis; **the** ~ **and file** *fig.* o povo *m; pol., of party:* as bases *f pl; mil.* ~**s** as tropas *f pl;* **2.** *v/t* enfileirar; ordenar, classificar; *v/i* pertencer, fazer parte, figurar (**among, with**); superar (**abo-**

ve); **~ as** vigorar; **3.** *adj plants:* viço-so; *smell:* rançoso; *beginner:* comple-to; *injustice:* extremo, crasso.

ran•kle *fig.* ['ræŋkl] *v/i* magoar, doer.

ran•sack ['rænsæk] *v/t* revistar, vas-culhar; pilhar.

ran•som ['rænsəm] **1.** *s* resgate *m;* **2.** *v/t* resgatar.

rant [rænt] **1.** *s* fanfarronice; **2.** *v/i* arengar, fazer um discurso bombásti-co.

rap[1] [ræp] **1.** *s* pancada *f* rápida; batida *f* leve, tipo de música; **2.** *v/i and v/t* **(-pp-):** ~ **at** bater ao de leve.

rap[2] *fig.* [_] *s* vintém *m,* real *m.*

ra•pa|cious [rə'peɪʃəs] *adj* □ ávido, voraz; ~•**ci•ty** [rə'pæsətɪ] *s* avidez *f;* voracidade *f.*

rape[1] [reɪp] **1.** *s* violação *f,* estupro *m (a. fig.);* **2.** *v/t* violar.

rape[2] *bot.* [_] nabo *m* silvestre.

rap•id ['ræpɪd] **1.** *adj* □ rápido; **2.** *s:* ~**s** *pl* rápidos *m pl;* **ra•pid•i•ty** [rə'-pɪdətɪ] *s* rapidez *f.*

rap•proche•ment *pol.* [ræ'prɒʃ-mɑ̃:ŋ] *s* aproximação *f.*

rapt [ræpt] *adj* □ absorto, absorvido; **rap•ture** ['ræptʃə] *s* absorção *f;* em-bevecimento *m;* **go into ~s** ficar com-pletamente embevecido, extasiado.

rare [reə] *adj* □ **(~r, ~st)** raro; *phys.* rarefeito *(air);* mal passado *(meat);* F excelente, extraordinário.

rare•bit ['reəbɪt] *s:* **Welsh** ~ tosta *f* de queijo.

rar•i•ty ['reərətɪ] *s* raridade *f.*

ras•cal ['rɑːskəl] *s* malandro/a *m/f,* velhaco/a *m/f.*

rash[1] [ræʃ] *adj* □ apressado, precipita-do; impetuoso.

rash[2] *med.* [_] *s* erupção *f* cutânea.

rash•er ['ræʃə] *s* fatia *f* de presunto *or* toucinho fumado.

rasp [rɑːsp] **1.** *s* lima *f,* raspadeira *f;* **2.** *v/t* limar, raspar.

rasp•ber•ry *bot.* ['rɑːzbərɪ] *s* fram-boesa *f.*

rat [ræt] *s zoo.* ratazana *f;* *pol.* vira-casaca *m/f;* **smell a ~** suspeitar de algo, cheirar a esturro; ~**s!** *sl.* bolas! que chatice!

rate [reɪt] **1.** *s* relação *f;* proporção *f;* percentagem *f;* índice *m;* preço *m;* va-lor *m;* diária *f;* taxa *f,* imposto *m;* clas-

se *f,* categoria *f;* **at any** ~ de qualquer modo; ~ **of exchange** cotação *f,* taxa *f* de câmbio; ~ **of interest** taxa *f* de juro; **2.** *v/t* avaliar; taxar; ~ **among** considerar como; **be ~ed** ser considerado, avaliado como.

ra•ther ['rɑːðə] *adv* bastante; antes, preferencialmente; um pouco; muito; *int.* ~! F sim! e como! **I'd ~ not!** é melhor não! **I had** *or* **would ~ (not) go** prefiro (não) ir.

rat•i•fy *pol.* ['rætɪfaɪ] *v/t* ratificar.

rat•ing ['reɪtɪŋ] *s* valor *m;* avaliação *f;* *mar.* posto *m;* marinheiro *m;* *sports:* classe *f,* categoria *f (sailing, etc.);* ~**s** índices *m pl* de audiência *(TV).*

ra•ti•o *math.* ['reɪʃɪəʊ] *s (pl* **-os)** ra-zão *f;* proporção *f;* relação *f.*

ra•tion ['ræʃn] **1.** ração *f;* **2.** *v/t* racio-nar.

ra•tion•al ['ræʃənl] *adj* □ racional *(a. math);* razoável; ~•**i•ty** [ræʃə'nælətɪ] *s* razão *f;* racionalidade *f;* ~•**ize** *econ.* ['ræʃnəlaɪz] *v/t* racionalizar.

rat race ['rætreɪs] *s* luta *f* diária; com-petição *f.*

rat•tle ['rætl] **1.** *s* estrépito *m,* estron-do *m;* matraca *f;* chocalho *m;* **2.** *v/i and v/t* chocalhar; matraquear; ~ **(at)** F dar uma ensaboadela a; ~ **off** *poem, etc.:* matraquear; ~•**snake** *s zoo.* cas-cavel *f;* ~•**trap** *s fig.* traste *m;* calham-beque *m (car, etc.).*

rat•tling ['rætlɪŋ] **1.** *adj* que causa ruído semelhante ao do chocalho; F vivo, esperto; **2.** *adv* F excelente, de primeira qualidade; ~ **good** excelen-te.

rau•cous ['rɔːkəs] *adj* □ áspero, rou-co.

rav•age ['rævɪdʒ] *Br.*1. *s* devastação *f,* destruição *f;* **2.** *v/t* devastar, destruir.

rave [reɪv] **1.** *v/i* delirar; encolerizar--se **(about, of** com); **2.** *s* festa onde se consomem drogas.

rav•el ['rævl] *(esp. Br.* **-ll-,** *Am.* **-l-)** *v/t* emaranhar; complicar; ~ **(out)** desfa-zer, desenredar; *fig.* deslindar; *v/i a.* ~ **out** desfiar.

ra•ven *zoo.* ['reɪvn] *s* corvo *m.*

rav•e•nous ['rævənəs] *adj* □ esfo-meado; voraz, ávido.

ra•vine [rə'viːn] *s* ravina *f;* desfiladei-ro *m;* ribanceira *f.*

R

rav•ish ['rævɪʃ] *v/t* encantar, cativar; **~•ing** *adj* □ encantador, cativante; **~•ment** *s* encanto *m;* arrebatamento *m.*

raw [rɔː] *adj* □ cru; *data:* não processado; *sore:* esfolado; *climate:* frio, húmido; *inexperienced:* inexperiente, novato; **~-boned** *adj* ossudo; **~ hide** *s* couro *m* não tratado.

ray [reɪ] *s* raio *m; fig.* vestígio *m.*

ray•on ['reɪɒn] *s* seda *f* artificial.

raze [reɪz] *v/t house, etc.:* arrasar, demolir; *fig.* exterminar, eliminar; **~ sth. to the ground** arrasar, demolir alguma coisa.

ra•zor ['reɪzə] *s* navalha *f;* gilete *f;* **~ blade** *s* lâmina *f* de barbear; **~-edge** *s fig.* fio *m* da navalha, situação crítica; **be on a ~** estar numa situação crítica.

re- [riː] *in compounds:* de novo, novamente.

reach [riːtʃ] **1.** *s* alcance *m;* distância *f* ao alcance; extensão *f;* **beyond ~, out of ~** fora de alcance, inalcançável; **within easy ~** perto, ao alcance de; **2.** *v/i* alcançar; estender(-se); esticar(-se); *v/t* alcançar; agarrar; chegar a; *a.* **~ out** esticar a mão para.

re•act [rɪˈækt] *v/i* reagir (**to** a).

re•ac•tion [rɪˈækʃn] *s* reacção *f (a. chem., pol.);* repercussão *f;* **~•a•ry 1.** *adj* reaccionário; **2.** *s* reaccionário/a *m/f.*

re•ac•tor *phys.* [rɪˈæktə] *s* reactor *m.*

read [riːd] *v/t* (**read** [red]) *v/t* ler; *interpret:* significar; indicar *(thermometer); univ.* estudar, cursar; **~ medici•ne** estudar medicina; *v/i book, essay, etc.* ler; *text:* dizer; **~ to s.o.** ler para alguém; **rea•da•ble** *adj* □ legível; que merece ser lido; **read•er** *s* leitor/a *m/f; print.* revisor/a *m/f; univ.* professor/a *m/f;* livro *m* de leitura.

read•i•ly ['redɪlɪ] *adv* de boa vontade; rapidamente, sem demora; facilmente; **~•ness** *s* prontidão *f;* boa vontade *f.*

read•ing ['riːdɪŋ] *s* leitura *f;* indicação *f,* leitura *f (of thermometer);* conferência *f;;* compreensão *f;* interpretação *f;* saber *m,* erudição *f.*

re•ad•just [riːəˈdʒʌst] *v/t* reajustar; **~•ment** *s* reajustamento *m.*

read•y ['redɪ] *adj* □ (**-ier, -iest**) pronto, preparado; disposto; disponível; rápido, expedito; *econ.* em dinheiro; **~ for use** pronto a ser usado; **get ~** preparar-se; **~ cash, ~ money** dinheiro à vista; **~-made** *adj* pronto-a--vestir, feito em série *(clothes).*

re•a•gent *chem.* [riːˈeɪdʒent] *s* reagente *m.*

real [rɪəl] *adj* □ real, verdadeiro, autêntico; **~ es•tate** *s* bens *m pl* imóveis *or* imobiliários.

re•a•lis|m ['rɪəlɪzəm] *s* realismo *m;* **~t** [_ɪst] *s* realista *m/f;* **~•tic** [rɪəˈlɪstɪk] *adj* (**~ally**) realistíco; realista.

re•al•i•ty [rɪˈælətɪ] *s* realidade *f.*

re•a•li|za•tion [rɪəlaɪˈzeɪʃn] *s* compreensão *f;* realização *f (a. econ.);* **~ze** ['rɪəlaɪz] *v/t* compreender, perceber; realizar *(a. econ.);* converter em dinheiro.

real•ly ['rɪəlɪ] *adv* realmente, na verdade; **~!** francamente!

realm [relm] *s* reino *m;* domínio *m;* campo *m,* área *f.*

real|tor *Am.* ['rɪəltə] *s* agente *m/f* imobiliário/a; **~•ty** *jur.* [_ɪ] *s* bens *m pl* imóveis.

reap [riːp] *v/t grain:* ceifar; *field:* fazer a colheita; *fig.* colher os frutos; **~•er** *s dated* ceifeiro/a *m/f; harvester:* segadora *f.*

re•ap•pear [riːəˈpɪə] *v/i* reaparecer.

rear [rɪə] **1.** *v/t* criar; *v/i horse:* empinar-se; **2.** *s* F traseiro *m;* parte *f* traseira; *mot., mar.* popa *f; mil.* retaguarda *f;* **at (in) the ~ of** na parte de trás, atrás; **3.** *adj* posterior, de trás; **~ wheel drive** tracção *f* às rodas traseiras; **~-lamp, ~-light** *s mot.* luzes *f pl* traseiras.

re•arm *mil.* [riːˈɑːm] *v/i and v/t* rearmar; **re•ar•ma•ment** *mil.* [_məmənt] *s* rearmamento *m.*

rear|most ['rɪəməʊst] *adj* último, em último lugar; **~-view mir•ror** *s mot.* espelho *m* retrovisor; **~•ward 1.** *adj* posterior, último; **2.** *adv a.* **~s** na retaguarda, em direcção à retaguarda.

rea•son ['riːzn] **1.** *s* razão *f;* justificação *f,* causa *f,* motivo *m;* **for ~s of…** por razões de…; **by ~ of** devido a, por causa de; **for this ~** por esta razão; **with ~** com razão; **without any ~, for no ~** sem razão alguma; **listen to ~** escutar a voz da razão; **it stands to**

R

~ *that* é lógico que, é justo que; **2.** *v/i* raciocinar; argumentar; *v/t* concluir (*from* de); *a.* ~ *out* concluir, inferir; ~ *away* discutir; ~ *s.o. into (out of) sth.* persuadir (dissuadir) alguém de fazer alguma coisa; **rea•so•na•ble** *adj* □ razoável; sensato, moderado.

re•as•sure [riːə'ʃʊə] *v/t* tranquilizar, acalmar.

re•bate ['riːbeɪt] *s econ.* desconto *m*, abatimento *m;* reembolso *m*.

reb•el¹ ['rebl] **1.** *s* rebelde *m/f;* revoltoso/a *m/f;* **2.** *adj* rebelde, revoltoso.

re•bel² [rɪ'bel] *v/i* revoltar-se, rebelar--se; ~•**lion** [_lɪən] *s* rebelião *f;* ~•**lious** [_lɪəs] → *rebel¹* 2.

re•birth [riːˈbɜːθ] *s* renascimento *m*.

re•bound [rɪ'baʊnd] **1.** *v/i* ressaltar; ricochetear; **2.** *s* [*mst* 'riːbaʊnd] ricochete *m; in ball games, esp. basketball:* ressalto *m*.

re•buff [rɪ'bʌf] **1.** *s* recusa *f*, rejeição *f;* **2.** *v/t* recusar, rejeitar.

re•build [riː'bild] *v/t (-built)* reconstruir; *house: a.* recuperar.

re•buke [rɪ'bjuːk] **1.** *s* repreensão *f;* censura *f;* **2.** *v/t* repreender, ralhar.

re•call [rɪ'kɔːl] **1.** *s* chamada *f;* recordação *f;* *beyond* ~, *past* ~ esquecido, que caiu no esquecimento; **2.** *v/t* recordar, lembrar; chamar de volta, mandar regressar.

re•ca•pit•u•late [riːkə'pɪtjʊleɪt] *v/t and v/i* recapitular; repetir; resumir.

re•cap•ture [riː'kæptʃə] *v/t* recapturar *(a. mil.); fig.* recriar *(past emotions, etc.)*.

re•cast [rɪ'kɑːst] *v/t (-cast) tech.* refundir; reformar; *theat. part:* redistribuir.

re•cede [rɪ'siːd] *v/i* afastar-se, regredir; recuar; *receding* metido para dentro; em segundo plano *(chin, forehead)*.

re•ceipt [rɪ'siːt] **1.** *s* recibo *m; econ.* recepção *f (of goods);* ~*s pl* receitas *f pl;* **2.** *v/t* passar recibo.

re•cei•va•ble [rɪ'siːvəbl] *adj* a receber; **re•ceive** [_v] *v/t* receber; acolher, hospedar; admitir; sofrer *(wound);* **re•ceived** *adj* recebido; **re•ceiv•er** *s* destinatário/a *m/f; teleph.* auscultador *m;* receptor *m; of taxes:* tesoureiro/a *m/f;* **official** ~ *jur.* curador *m*.

re•cent ['riːsnt] *adj* □ recente; novo; moderno; ~ *events* *pl* acontecimentos *m pl* recentes; ~•**ly** *adv* recentemente, há pouco tempo.

re•cep•ta•cle [rɪ'septəkl] *s* receptáculo *m*.

re•cep•tion [rɪ'sepʃn] *s* recepção *f (a. fig., radio, TV);* acolhimento *m;* ~ *desk s* recepção *f (in hotel);* ~•**ist** *s* recepcionista *m/f;* ~ *room s* sala *f* de recepção.

re•cep•tive [rɪ'septɪv] *adj* □ receptivo; sensível, aberto *(of, to* a).

re•cess [rɪ'ses] *s* intervalo *m; Am.* recreio *m;* pausa *f; esp. parl.* férias *f pl* parlamentares; nicho *m,* recesso *m;* ~*es pl fig.* recôndito *m;* interior *m;* **re•ces•sion** *s* retirada *f;* recuo *m; econ.* recessão *f*.

re•ci•pe ['resɪpɪ] *s* receita *f* de culinária.

re•cip•i•ent [rɪ'sɪpɪənt] *s* recipiente *m;* receptor/a *m/f*.

re•cip•ro•cal [rɪ'sɪprəkl] *adj* recíproco, mútuo; ~•**cate** [_eɪt] *v/i* retribuir; *tech.* produzir um movimento de vaivém; *v/t good wishes, etc.:* retribuir; **re•ci•pro•ci•ty** [resɪ'prɒsətɪ] *s* reciprocidade *f*.

re•cit•al [rɪ'saɪtl] *s* recital *m;* récita *f; mus.* recital *m,* concerto *m;* **re•ci•ta•tion** [resɪ'teɪʃn] *s* recitação *f;* declamação *f;* **re•cite** [rɪ'saɪt] *v/t* recitar; relatar, contar.

reck•less ['reklɪs] *adj* □ irresponsável; imprudente; despreocupado; estouvado.

reck•on ['rekən] *v/t* calcular; acreditar, pensar (*that* que); ~ *among* contar, considerar; ~ *as* considerar, ter como; ~ *up* somar; *v/i* ~ *on, upon* contar com; ~ *with(out)* (não) contar com; ~•**ing** *s* cálculo *m;* conta *f; to be out in one's* ~ enganar-se.

re•claim [rɪ'kleɪm] *v/t* reclamar; corrigir; civilizar; recuperar; *tech.* ganhar.

re•cline [rɪ'klaɪn] *v/i* reclinar-se; recostar-se; ~*d* recostado, reclinado; *reclining seat* assento *m* reclinável.

re•cluse [rɪ'kluːs] *s* recluso/a *m/f*.

rec•og•ni•tion [rekəg'nɪʃn] *s* reconhecimento *m;* ~•**nize** ['rekəgnaɪz] *v/t* reconhecer; aceitar, concordar.

recoil

re•coil 1. *v/i* [rɪˈkɔɪl] recuar; 2. *s* [ˈriː-kɔɪl] recuo *m;* coice *m.*

rec•ol|lect [rekəˈlekt] *v/t* lembrar-se; **~•lec•tion** [ˌˈlekʃn] *s* lembrança *f* (*of* de); memória *f.*

rec•om|mend [rekəˈmend] *v/t* recomendar; **~•men•da•tion** [rekəmen'deɪʃn] *s* recomendação *f.*

rec•om•pense [ˈrekəmpens] 1. *s* recompensa *f;* compensação *f;* gratificação *f;* remuneração *f;* 2. *v/t* recompensar; remunerar; compensar; indemnizar.

rec•on|cile [ˈrekənsaɪl] *v/t* reconciliar; conciliar; *disagreement:* apaziguar; **~•cil•i•a•tion** [rekənsɪlɪˈeɪʃn] *s* reconciliação *f.*

re•con•di•tion [riːkənˈdɪʃn] *v/t* recondicionar; *tech.* limpar, arranjar.

re•con|nais•sance [rɪˈkɒnɪsəns] *s* *mil.* reconhecimento *m;* **~•noi•tre,** *Am.* **~•noi•ter** [ˈrekənɔɪtə] *v/t* reconhecer; *v/i* fazer o reconhecimento.

re•con•sid•er [riːkənˈsɪdə]*v/t* reconsiderar, reflectir.

re•con•sti•tute [riːˈkɒnstɪtjuːt] *v/t* reconstituir.

re•con|struct [riːkənˈstrʌkt] *v/t* reconstruir; **~•struc•tion** [ˌkʃn] *s* reconstrução *f.*

rec•ord¹ [ˈrekɔːd] *s* nota *f,* apontamento *m;* protocolo *m;* acta *f;* registo *m;* ficha *f;* relatório *m;* reputação *f,* fama *f;* disco *m; sports:* recorde *m; place on ~* registar por escrito; *~ office* arquivo *m; ~ player* gira-discos *m; off the ~* confidencial; não oficial.

re•cord² [rɪˈkɔːd] *v/t* anotar, apontar; *on disc, tape, etc.:* gravar; **~•er** *s* gravador *m* (*de fita, de cassetes, de vídeo); mus.* flauta *f;* **~•ing** *s TV, etc.:* gravação *f.*

re•coup [rɪˈkuːp] *v/t* indemnizar (*for* por); recuperar, reaver.

re•cov•er [rɪˈkʌvə] *v/t* recuperar; restabelecer; *losses:* recuperar; *debts, etc.:* resgatar; *car, ship, etc:* recolher, salvar; *be ~ed* ser recuperado; *v/i* convalescer, curar-se; **~•y** *s* recuperação *f;* convalescença *f; past ~* perdido; sem salvação.

rec•re|ate [ˈrekrɪeɪt] *v/t* recriar; *v/i* (*a. ~ o.s.*) divertir-se; **~•a•tion**

[rekrɪˈeɪʃn] *s* divertimento *m;* passatempo *m; ~ centre* centro *m* de tempos livres.

re•crim•i•na•tion [rɪkrɪmɪˈneɪʃn] *s* recriminação *f; ~s pl* queixas *f pl.*

re•cruit [rɪˈkruːt] 1. *s mil.* recruta *m/f; fig.* novato/a *m/f;* 2. *v/t* staff, *members, etc.:* recrutar.

rec•tan•gle *math.* [ˈrektæŋgl] *s* rectângulo *m.*

rec•ti|fy [ˈrektɪfaɪ] *v/t* rectificar; melhorar; *damage:* reparar; *electr.* transformar; **~•tude** [ˌtjuːd] *s* rectidão *f;* integridade *f.*

rec|tor [ˈrektə] *s Br. eccl.* pároco *m;* reitor/a *m/f;* **~•to•ry** *s* presbitério *m;* casa *f* paroquial.

re•cum•bent [rɪˈkʌmbənt] *adj* deitado.

re•cu•pe•rate [rɪˈkjuːpəreɪt] *v/i* recuperar, restabelecer-se; *health:* recuperar a saúde.

re•cur [rɪˈkɜː] *v/i* (*-rr-*) repetir-se, ocorrer novamente; reaparecer; **~•rence** [rɪˈkʌrəns] *s* repetição *f;* **~•rent** *adj* □ repetido; periódico.

re•cy|cle [riːˈsaɪkl] *v/t waste:* reciclar; **~•cling** [ˌɪŋ] *s* reciclagem *f.*

red [red] 1. *adj* vermelho, encarnado; 2. *s* vermelho, encarnado; *esp. pol.* vermelho/a, comunista *m/f; be in the ~* estar falido, estar sem dinheiro.

red|breast *zoo.* [ˈredbrest] *s a. ro-bin ~* pisco-de-peito-ruivo *m;* **~•den** *v/i and v/t* corar, ruborizar-se; avermelhar; **~•dish** *adj* avermelhado.

re•dec•o•rate [ˈriːˈdekəreɪt] *v/t room:* redecorar.

re•deem [rɪˈdiːm] *v/t* readquirir; redimir; *promise:* pagar, cumprir; indemnizar; **~•er** *s eccl.* redentor *m.*

re•demp•tion [rɪˈdempʃn] *s* nova aquisição *f;* resgate *m;* redenção *f.*

re•de•vel•op [ˈriːdɪˈveləp] *v/t building, part of town:* recuperar, renovar; **~•ment** *s* recuperação *f;* renovação *f; ~ area* zona *f* recuperada.

red|-hand•ed [redˈhændɪd] *adj: catch s.o. ~* apanhar alguém em flagrante; **~•head** *s* ruivo/a *m/f;* **~-head•ed** *adj* de cabelo ruivo; **~-hot** *adj* incandescente; *fig.* ao rubro; **~ In•di•an** *s* índio/a *m/f* americano/a; **~-let•ter day** *s* dia *m* de festa; feria-

244

do *m;* dia *m* inesquecível; **~ light** *s* sinal *m* vermelho; **~-light dis•trict** *s* bairro *m* de prostituição; **~•ness** *s* vermelhidão *f.*

re•dou•ble [ri:'dʌbl] *v/t and v/i* redobrar; desdobrar-se.

re•dress [rɪ'dres] **1.** *s* ajuda *f;* reparação *f;* rectificação *f; jur.* indemnização *f;* **2.** *v/t* ajudar, aliviar; reparar (um erro); rectificar.

red tape [red'teɪp] *s* burocracia *f;* F papelada *f;* formalidades *f pl.*

re•duce [rɪ'dju:s] *v/t* reduzir; diminuir; *price:* baixar, reduzir; converter, transformar; levar a **(to)**; *math., chem.* reduzir; *med.* destorcer, endireitar; **~ to writing** pôr por escrito; **re•duc•tion** [rɪ'dʌkʃn] *s* redução *f;* diminuição *f;* desconto *m; med.* colocação *f* no lugar certo.

re•dun•dant [rɪ'dʌndənt] *adj* □ redundante, a mais, supérfluo; *style:* verboso; *worker:* desempregado; **be made ~** *worker:* ser despedido.

reed *bot.* [ri:d] *s* junco *m.*

re•ed•u•ca•tion [ri:edjʊ'keɪʃn] *s* reeducação *f.*

reef [ri:f] *s* recife *m; mar.* rize *m.*

reek [ri:k] **1.** *s* mau cheiro *m;* cheiro *m* desagradável; fedor *m;* **2.** *v/i* cheirar mal, feder **(of** a).

reel [ri:l] **1.** *s* dobadora *f;* bobina *f;* rolo *m,* filme *m;* **2.** *v/t* **~ up** dobar; enrolar; *v/i* girar; oscilar; cambalear.

re•e•lect [ri:ɪ'lekt] *v/t* reeleger.

re•en•ter [ri:'entə] *v/i and v/t* reentrar.

re•es•tab•lish [ri:ɪ'stæblɪʃ] *v/t* reestabelecer.

ref F [ref] → *referee.*

re•fer [rɪ'fɜ:] *v/t and v/i:* **~ to** referir-se a; aplicar-se a; recorrer a; **~ s.o. to** encaminhar, remeter alguém a; **~ sth. to** submeter algo a.

ref•er•ee [refə'ri:] **1.** *s* árbitro *m; boxing, wrestling:* juiz *m; arbitrator:* medianeiro *m; Br.* referência *(person);* **2.** *v/t and v/i sports:* arbitrar; *match:* apitar.

ref•er•ence ['refrəns] *s* referência *f;* alusão *f;* recomendação *f; note:* referência *f;* menção *f;* marca *f;* **in or with ~ to** com relação a; **~ book** livro *m* de consulta; obra *f* de referên-

cia; **~ number** número *m* de referência; **make ~ to** fazer referência a.

ref•e•ren•dum [refə'rendəm] *s (pl - da* [-də], *-dums)* referendo *m.*

re•fill 1. *s* ['ri:fɪl] recarga *f;* **2.** *v/t* [ri:'fɪl] encher de novo; recarregar.

re•fine [rɪ'faɪn] *v/t tech.* refinar; purificar; aperfeiçoar; cultivar; *v/i* **~ on, ~ upon** refinar, melhorar; **~d** *adj* refinado, distinto; elegante; **~•ment** *s* refinamento *m;* purificação *f;* requinte *m,* distinção *f;* **re•fin•e•ry** *s tech.* refinaria *f; metall.* siderurgia *f.*

re•fit *mst. mar.* [ri:'fɪt] *(-tt-) v/t* consertar; reaparelhar; reequipar; *v/i* ser consertado; ser aparelhado; ser reequipado.

re•flect [rɪ'flekt] *v/t* reflectir; espelhar; *fig.* reflectir, meditar, ponderar; *v/i* **~ on, ~upon** recair sobre; prejudicar; **re•flec•tion** *s* reflexão *f;* reflexo *m; fig.* meditação *f,* ponderação *f;* **re•flec•tive** *adj* □ reflexivo; reflectivo; *fig.* pensativo, meditativo.

re•flex ['ri:fleks] **1.** *adj* reflexo; **2.** *s* reflexo *m;* reflexão *f;* **~•ive** *gr.* [rɪ'fleksɪv] *adj* □ reflexivo.

re•for•est [ri:'fɒrɪst] *v/t* reflorestar.

re•form [ri:'fɔ:m] **1.** *s* reforma *f;* melhoramento *m;* **2.** *v/t* melhorar, reformar, renovar.

ref•or•ma•tion [refə'meɪʃn] *s* reforma *f;* melhoramento *m; eccl.* & Reforma; **re•form•er** [rɪ'fɔ:mə] *s eccl., pol.* reformador/a *m/f.*

re•fract [rɪ'frækt] *v/t light:* refractar; **re•frac•tion** *s* refracção *f.*

re•frain [rɪ'freɪn] **1.** *v/i* abster-se de, conter-se **(from);** **2.** *s* refrão *m,* estribilho *m.*

re•fresh [rɪ'freʃ] *v/t* **(o.s.)** refrescar(-se); revigorar(-se); *memory, etc.:* refrescar; **~•ment** *s* descanso *m; drink:* refresco *m.*

re•fri•ge•rant [rɪ'frɪdʒərənt] *s tech.* refrigerante *m;* **~•rate** [_reɪt] *v/t* refrigerar; **~•ra•tor** *s* frigorífico *m;* **~ van,** *Am.* **~ car** *rail.* vagão-frigorífico *m.*

re•fu•el [ri:'fjʊəl] *v/t* encher o depósito.

ref•uge ['refju:dʒ] *s* refúgio *m;* **wo•men's ~** abrigo *m* para mulheres; **~•u•gee** [refjʊ'dʒi:] *s* refugiado/a *m/f;* **~ camp** campo *m* de refugiados.

245

refund

re•fund 1. v/t [riːˈfʌnd] devolver, reembolsar; **2.** s [ˈriːfʌnd] devolução f; reembolso m.

re•fur•bish [riːˈfɜːbɪʃ] v/t polir; renovar (a. fig.).

re•fus•al [rɪˈfjuːzl] s recusa f; negação f; econ. direito m de opção (**of** sobre).

re•fuse[1] [rɪˈfjuːz] v/t recusar; negar; declinar; **~ to do sth.** negar-se a fazer algo; v/i recusar-se, negar-se.

re•fuse[2] [ˈrefjuːs] s refugo m; lixo m.

re•fute [rɪˈfjuːt] v/t refutar, contrapor.

re•gain [rɪˈgeɪn] v/t recuperar.

re•gard [rɪˈgɑːd] **1.** s consideração f; respeito m; estima f; **with ~ to** em relação a, com respeito a; **~s** pl cumprimentos m pl (esp. in letters); **kind ~s** os melhores cumprimentos; **2.** v/t considerar; olhar, observar; **~ s.o. as** considerar alguém como; **as ~s...** no que diz respeito a; **~•ing** prep em relação a, com respeito a; **~•less** adv: **~ of** independentemente de, apesar de; apesar de tudo.

re•gen•e•rate [rɪˈdʒenəreɪt] v/t and v/i regenerar-se; corrigir(-se); restaurar.

re•gent [ˈriːdʒənt] s regente m/f; **Prince ♀** Príncipe ♀ Regente.

re•gi•ment 1. s [ˈredʒɪmənt] mil. regimento m; **2.** v/t [ˈ_ment] organizar; regulamentar; controlar; **~•als** mil. [redʒɪˈmentlz] s pl uniforme m.

re•gion [ˈriːdʒən] s região f; área f; fig. âmbito m, domínio m; **~•al** adj □ regional; local.

re•gis•ter [ˈredʒɪstə] **1.** s registo m; lista f; catálogo m; índice m; tech. trinco m; mus. registo m; **cash ~** caixa f registadora; **2.** v/t and v/i registar; enter: registar-se; enrol: inscrever-se, matricular-se; record: registar; letter: registar; Br. luggage: registar; with police: apresentar-se; **~ed letter** carta f registada; **~ed office** econ. sede f.

re•gis|trar [redʒɪˈstrɑː] s oficial m/f de registo; escrivão/ã m/f; **~•tra•tion** [_eɪʃn] s registo m; inscrição; admissão f; matrícula f; **~ fee** taxa f de inscrição; **~•try** [ˈredʒɪstrɪ] s cartório m; registo m; **~ office** registo m civil.

re•gress [ˈriːgres], **re•gres•sion** [rɪˈgreʃn] s regressão f; retrocesso m.

re•gret [rɪˈgret] **1.** s lamento m; desgosto m; dor f; **2.** v/t (**-tt-**) lamentar, arrepender-se; loss: chorar, lamentar; **~•ful** adj pesaroso, triste; **~•ta•ble** adj □ lamentável.

reg•u•lar [ˈregjʊlə] regular; normal; habitual; ordenado; certo; pontual; ordeiro; **~•i•ty** [regjʊˈlærətɪ] s regularidade f; ordem f.

reg•u|late [ˈregjʊleɪt] v/t regular, ordenar; regulamentar; **~•la•tion** [regjʊˈleɪʃn] **1.** s regra f; regulamento m; **~s** pl regras f pl; **2.** adj regulamentar.

re•hash fig. [riːˈhæʃ] **1.** v/t retocar; refazer; aquecer; **2.** s infusão f.

re•hears|al [rɪˈhɜːsl] s thea. ensaio m; repetição f; **~e** [rɪˈhɜːs] v/t thea. ensaiar (a. v/i); repetir; recitar.

reign [reɪn] **1.** s reino m; a. fig. domínio m; **2.** v/i dominar, reinar.

re•im•burse [riːɪmˈbɜːs] v/t reembolsar.

rein [reɪn] **1.** s rédea f; **2.** v/t refrear; fig. controlar.

rein•deer zoo. [ˈreɪndɪə] s rena f.

re•in•force [riːɪnˈfɔːs] v/t reforçar; **~•ment** s reforço m.

re•in•state [riːɪnˈsteɪt] v/t readmitir; reempossar.

re•in•sure [riːɪnˈʃʊə] v/t ressegurar.

re•it•e•rate [riːˈɪtəreɪt] v/t reiterar; repetir.

re•ject [rɪˈdʒekt] v/t rejeitar; recusar; **re•jec•tion** s rejeição f; recusa f.

re•joice [rɪˈdʒɔɪs] v/t regozijar; v/i regozijar-se (**at, over** com); **re•joic•ing 1.** adj □ alegre; **2.** s alegria f; regozijo m; **~s** pl festa f.

re•join [riːˈdʒɔɪn] v/t juntar de novo; regressar a; [rɪˈdʒɔɪn] reply: replicar, retorquir.

re•ju•ve•nate [rɪˈdʒuːvɪneɪt] v/t rejuvenescer.

re•kin•dle [riːˈkɪndl] v/t and v/i reacender, reanimar; love, etc.: reacender.

re•lapse [rɪˈlæps] **1.** s recaída f; **2.** v/i recair; ter uma recaída.

re•late [rɪˈleɪt] v/t relatar; relacionar; v/i relacionar-se (**to** com); **re•lat•ed** adj aparentado (**to** com), parente.

re•la•tion [rɪˈleɪʃn] s relação f; parente m/f; account: relatório m; **~s** pl relações f pl; família f, familiares m pl; **in**

~ *to* em relação a; ~•**ship** *s* relação *f;* relacionamento *m;* parentesco *m.*

rel•a•tive ['relətɪv] **1.** *adj* □ relativo *(a. gr.);* **2.** *s gr.* pronome *m* relativo; parente *m/f,* familiar *m/f.*

re•lax [rɪ'læks] *v/t and v/i* relaxar, descansar, descontrair-se; ~•**a•tion** [riːlæk'seɪʃn] *s* relaxação *f;* descanso *m;* repouso *m;* diversão *f;* ~**ed** *adj* descontraído, descansado.

re•lay[1] **1.** *s* ['riːleɪ] substituição *f; electr.* relé *m,* interruptor *m; radio:* transmissão *f; sports:* substituição *f;* ~ *race* corrida *f* de estafetas; **2.** *v/t* [riː'leɪ] *radio:* transmitir.

re•lay[2] [riː'leɪ] *v/t (-laid) cable:* colocar de novo.

re•lease [rɪ'liːs] **1.** *s* libertação *f;* restituição *f;* entrega *f; tech. phot.* obturador *m; tech.* desengate *m;* publicação *f,* lançamento *m* ; **2.** *v/t* libertar, soltar; lançar, publicar; *right:* desistir; *film:* lançar; *tech.* disparar, desengatar.

rel•e•gate ['relɪgeɪt] *v/t* relegar; afastar (*to* para); *be* ~*d sports:* descer, distanciar.

re•lent [rɪ'lent] *v/i* abrandar; ceder; ter pena; *storm, etc.:* abrandar, afrouxar; ~•**less** *adj* □ implacável, inflexível.

rel•e•vant ['reləvənt] *adj* □ relevante, significativo; pertinente.

re•li•a•bil•i•ty [rɪlaɪə'bɪlətɪ] *s* confiança *f;* seriedade *f;* ~**ble** [rɪ'laɪəbl] *adj* □ de confiança, seguro.

re•li•ance [rɪ'laɪəns] *s* confiança *f;* esperança *f.*

rel•ic ['relɪk] *s* relíquia *f;* vestígio *m.*

re•lief [rɪ'liːf] *s* alívio *m; mil.* rendição *f;* ajuda *f,* assistência *f; art.* relevo *m.*

re•lieve [rɪ'liːv] *v/t* aliviar; abrandar; *mil.* render, substituir; ajudar, dar assistência a; socorrer; revezar; ~ *o.s.* or *nature* aliviar-se, satisfazer as necessidades.

re•li•gion [rɪ'lɪdʒən] *s* religião *f;* ~•**gious** *adj* □ religioso.

re•lin•quish [rɪ'lɪŋkwɪʃ] *v/t* abandonar; renunciar a, desistir de.

rel•ish ['relɪʃ] **1.** *s* sabor *m;* condimento *m;* prazer *m,* deleite *m; fig.* entusiasmo *m; with great* ~ com muito apetite; *fig.* com muito prazer; **2.** *v/t* saborear; comer com prazer; apreciar, ter prazer em.

re•luc•tance [rɪ'lʌktəns] *s* relutância *f;* aversão *f; esp. phys.* resistência *f;* ~•**tant** *adj* □ relutante, hesitante; contrário a.

re•ly [rɪ'laɪ] *v/i:* ~ *on,* ~ *upon* confiar em, contar com.

re•main [rɪ'meɪn] **1.** *v/i* permanecer; continuar; sobrar; **2.** *s* ~*s pl* restos *m pl,* despojos *m pl; mortal* ~*s* os restos mortais; ~•**der** *s* resto *m.*

re•mand *jur.* [rɪ'mɑːnd] **1.** *v/t:* ~ *s.o.* *(in custody)* manter alguém sob custódia; **2.** *s a* ~ *in custody* pôr em prisão preventiva *or* sob custódia; *prisoner on* ~ recluso/a *m/f* sob custódia, em prisão preventiva; ~ *home centre Br.* reformatório *m* juvenil.

re•mark [rɪ'mɑːk] **1.** *s* observação *f;* comentário *m;* **2.** *v/t* fazer uma observação *or* comentário; ~ *i* comentar (*on, upon* sobre); **re•mar•ka•ble** *adj* □ notável, digno de nota; extraordinário.

rem•e•dy ['remədɪ] **1.** *s* remédio *m* (*for* contra); **2.** *v/t* remediar; curar.

re•mem•ber [rɪ'membə] *v/t and v/i* lembrar, lembrar-se de; pensar em; *do you* ~ *when* lembras-te quando...? ~ *me to her* dá-lhe lembranças minhas; ~•**brance** *s* lembrança *f,* recordação *f;* memória *f.*

re•mind [rɪ'maɪnd] *v/t* lembrar-se; lembrar alguma coisa a alguém; *that* ~*s me* por falar nisso; ~•**er** *s* memorando *m;* lembrete *m.*

rem•i•nis•cence [remɪ'nɪsns] *s* lembrança *f;* reminiscência *f;* ~•**cent** *adj* □ rememorativo; *be* ~ *of* que lembra algo.

re•mis•sion [rɪ'mɪʃn] *s* remissão *f;* perdão *m (of sins);* absolvição *f,* indulto *m (of penalty, etc.).*

re•mit [rɪ'mɪt] *v/t (-tt-) sins:* perdoar, absolver; *debts, etc.:* perdoar; *money:* enviar, remeter; ~•**tance** *s econ.* remessa *f;* envio *m.*

rem•nant ['remnənt] *s* remanescente *m;* resto *m.*

re•mod•el [riː'mɒdl] *v/t* remodelar.

re•mon•strance [rɪ'mɒnstrəns] *s* protesto *m,* reclamação *f;* **rem•on•strate** ['remənstreɪt] *v/i* protestar, reclamar (*about* contra; *with s.o.* junto de alguém).

R

re•morse [rɪ'mɔːs] s remorsos m pl;
without ~ sem remorsos; ~**•less** adj
□ sem remorsos.

re•mote [rɪ'məʊt] adj □ **(-r, ~st)** remoto, afastado, distante; ~ **control**
tech. controlo m remoto; ~**•ness** s
afastamento m; distância f.

re•mov|al [rɪ'muːvl] s remoção f;
transferência f; change of house: mudança f; dismissal: demissão f; ~ **van**
camioneta f de mudanças; ~**e** [_uːv]
1. v/t afastar; tirar; transferir; v/i mudar-se; demitir; **2.** s distância f; afastamento m; fig. passo m; ~**er** s companhia f de mudanças.

Re•nais•sance [rə'neɪsəns] s o Renascimento m, a Renascença f.

re•name [riː'neɪm] v/t renomear, dar
novo nome a.

re•nas|cence [rɪ'næsns] renascença
f; renascimento m; ~**•cent** [_nt] adj
renascente

ren•der ['rendə] v/t fazer; retornar;
restituir, devolver; help, etc.: dar,
prestar; honour, etc.: prestar, render;
thanks: dar, prestar; translate: traduzir; mus. tocar; thea. representar; reason: apresentar, dar; econ. account:
entregar; fat: derreter; ~**•ing** s restituição f; interpretação f; contribuição
f; prestação f; tradução f.

ren•di•tion esp. Am. [ren'dɪʃn] s restituição f; interpretação f; conferência
f; relato m.

ren•e•gade ['renɪgeɪd] s renegado/a
m/f.

re•new [rɪ'njuː] v/t renovar; conversation, etc.: retomar, recomeçar;
strength, etc.: reanimar; passport,
etc.: renovar; ~**•a•ble** adj renovável;
~ **sources of energy** fontes de
energia renováveis; ~**•al** s renovação
f; of passport: renovação f; → **urban**.

re•nounce [rɪ'naʊns] v/t renunciar a;
desistir de; renegar.

ren•o•vate ['renəʊveɪt] v/t renovar.

re•nown [rɪ'naʊn] s renome m; fama
m; **re•nowned** adj famoso.

rent[1] [rent] s fenda f; brecha f.

rent[2] [_] **1.** s renda f; arrendamento m;
for ~ para alugar; **2.** v/t alugar, arrendar; car, etc.: alugar; ~**•al** s aluguer m.

re•nun•ci•a•tion [rɪnʌnsɪ'eɪʃn] s renúncia f.

re•pair [rɪ'peə] **1.** s reparação f; melhoramento m; ~**s** pl obras f pl; ~
shop oficina f de reparações; **in
good** ~ em bom estado de conservação; **out of** ~ em mau estado, estragado; **2.** v/t reparar, arranjar.

rep•a•ra•tion [repə'reɪʃn] s reparação f; indemnização f; ~**s** pl pol.
compensação f.

rep•ar•tee [repɑː'tiː] s resposta f
pronta, réplica f perspicaz.

re•pay [riː'peɪ] v/t **(-paid)** restituir,
reembolsar; visit: retribuir; compensar; ~**•ment** s restituição f; reembolso m; retribuição f.

re•peal [rɪ'piːl] **1.** s revogação f (of
law); **2.** v/t revogar, anular.

re•peat [rɪ'piːt] **1.** v/t repetir; contar;
fazer novamente; **2.** s repetição f;
mus. sinal m de repetição, estribilho;
~ **order** econ. ordem f de renovação.

re•pel [rɪ'pel] v/t **(-ll-)** enemy: repelir;
fig. rejeitar; fig. repugnar; afastar, empurrar; ~**•lent** [_ənt] **1.** adj repelente
(a. fig.); **2.** s: (insect) ~ repelente m.

re•per•cus•sion [riːpə'kʌʃn] s repercussão f; mst pl ~**s** consequências f
pl, repercurssões f pl.

rep•er•to•ry ['repətərɪ] s thea. repertório m; fig. colecção f.

rep•e•ti•tion [repɪ'tɪʃn] s repetição f;
imitação f; reprodução f.

re•place [rɪ'pleɪs] v/t substituir; repor,
colocar no lugar; ~**•ment** s substituição f.

re•plant [riː'plɑːnt] v/t plantar de
novo, replantar.

re•play sports **1.** s ['riːpleɪ] jogo m
repetido; (action) ~ repetição f; **2.** v/t
[riː'pleɪ] match: repetir.

re•plen•ish [rɪ'plenɪʃ] v/t encher novamente; completar; reabastecer;
~**•ment** s reabastecimento m.

re•plete [rɪ'pliːt] adj repleto, cheio
(**with** de).

rep•li•ca ['replɪkə] s of painting, etc.:
réplica f, cópia f; reprodução f.

re•ply [rɪ'plaɪ] **1.** v/i and v/t replicar,
responder (**to** a); **2.** s resposta f; réplica f; **in** ~ **to your letter** em resposta
à sua carta; ~**-paid envelope** envelope de resposta paga.

re•port [rɪ'pɔːt] **1.** s relatório m; informação f; notícia f; rumour: boato *m; reputation:* reputação *f,* fama *f; of gun:* estampido *m,* detonação *f;* **(school)** ~ relatório *m,* ficha *f* escolar; **2.** *v/t* relatar, informar; *v/i* apresentar relatório sobre; queixar-se de; **it is ~ed that** conta-se que; **~ed speech** *gr.* discurso *m* indirecto; **~•er** *s* repórter *m/f,* jornalista *m/f.*

re•pose [rɪ'pəʊz] **1.** *s* repouso *m;* descanso *m;* **2.** *v/t* **(o.s.)** descansar; ~ **trust**, *etc.,* **in** depositar confiança em, confiar em; *v/i* descansar, sossegar.

re•pos•i•to•ry [rɪ'pɒzɪtərɪ] *s* repositório *m;* armazém *m; fig.* confidente *m/f.*

rep•re•sent [reprɪ'zent] *v/t* representar; simbolizar; *thea. part:* representar, *play:* desempenhar, figurar; apresentar **(as, to be** como); *act for:* agir em lugar de, representar; **~•sen•ta•tion** [‿'teɪʃn] *s* representação *f; thea.* espectáculo *m,* exibição *f;* **~•sen•ta•tive** [‿'zentətɪv] **1.** *adj* □ representativo **(of** de); *a. parl.* representante; típico, característico; **2.** *s* representante *m/f;* substituto/a *m/f; parl.* deputado/a *m/f;* **House of ~s** *Am. parl.* Câmara dos Representantes.

re•press [rɪ'pres] *v/t* reprimir, subjugar; **re•pres•sion** [‿ʃn] *s* repressão *f.*

re•prieve [rɪ'priːv] **1.** *s* suspensão *f* temporária; moratória *f; fig.* alívio; **2.** *v/t* suspender temporariamente; prorrogar; *fig.* aliviar.

rep•ri•mend ['reprɪmɑːnd] **1.** *s* repreensão *f,* reprimenda *f;* **2.** *v/t* repreender.

re•print 1. *v/t* [riː'prɪnt] reimprimir; **2.** *s* ['riːprɪnt] reimpressão *f.*

re•pri•sal [rɪ'praɪzl] *s* represália *f;* retaliação *f.*

re•proach [rɪ'prəʊtʃ] **1.** *s* censura *f;* repreensão *f;* **2.** *v/t* censurar alguma coisa a alguém **(s.o. with sth.);** repreender; **~•ful** *adj* □ injurioso; vergonhoso.

re•pro•cess [riː'prəʊses] *v/t atomic waste:* reprocessar; **~•ing plant** *s* fábrica *f* de reprocessamento.

re•pro•duce [riːprə'djuːs] *v/t* reproduzir, copiar; *v/i* reproduzir, multiplicar; **~•duc•tion** [‿'dʌkʃn] *s* reprodução *f;* multiplicação *f;* **~•ductive** [‿'dʌktɪv] *adj* reprodutivo.

re•proof [rɪ'pruːf] *s* repreensão *f;* reprovação *f.*

re•prove [rɪ'pruːv] *v/t* reprovar, censurar.

rep•tile *zoo.* ['reptaɪl] *s* réptil *m.*

re•pub•lic [rɪ'pʌblɪk] *s* república *f;* **~•li•can 1.** *adj* republicano; **2.** *s* republicano/a *m/f.*

re•pu•di•ate [rɪ'pjuːdɪeɪt] *v/t* repudiar; rejeitar; negar, não reconhecer.

re•pug•nance [rɪ'pʌgnəns] *s* repugnância *f;* nojo *m;* **~•nant** *adj* □ repugnante, nojento.

re•pulse [rɪ'pʌls] **1.** *s mil.* defesa *f;* repulsa *f;* **2.** *v/t mil.* contra-atacar; repelir; **re•pul•sion** *s* aversão *f;* repugnância *f; phys.* repulsão *f;* **re•pul•sive** *adj* □ repulsivo, repugnante.

rep•u•ta•ble ['repjʊtəbl] *adj* □ respeitável; de confiança; honesto; **~•tion** [repjʊ'teɪʃn] *s* reputação *f;* fama *f;* **re•pute** [rɪ'pjuːt] **1.** *s* reputação *f;* **2.** *v/t* considerar, julgar; **be ~d (to be)** ser considerado; ter em conta; **re•put•ed** *adj* reputado; suposto.

re•quest [rɪ'kwest] **1.** *s* pedido *m;* petição *f;* requerimento *m; econ.* pedido *m,* demanda *f;* **by ~, on ~** a pedido; **in (great)** ~ muito procurado; ~ **stop** paragem *f* não obrigatória *(bus);* **2.** *v/t* pedir, solicitar.

re•quire [rɪ'kwaɪə] *v/t* requerer; exigir; precisar; **if ~d** se necessário; **~d** *adj* necessário; **~•ment** *s* requisito *m;* exigência *f; to get a job:* requisito *m;* **~s** *pl* necessidade *f.*

req•ui•site ['rekwɪzɪt] **1.** *adj* indispensável, necessário; **2.** *s* requisito *m;* **toilet ~s** *pl* artigos *m pl* de toilette; **~•si•tion** [rekwɪ'zɪʃn] **1.** *s* requerimento *m;* petição *f; mil.* requisição *f;* **2.** *v/t* requerer, pedir; *mil.* requisitar, confiscar.

re•sale ['riːseɪl] *s* revenda *f;* ~ **price** preço *m* de revenda.

re•scind *jur.* [rɪ'sɪnd] *v/t judgment, etc.:* revogar, anular; *contract:* rescindir; **re•scis•sion** *jur.* [rɪ'sɪʒn] *s* revogação *f,* anulação *f.*

res•cue ['reskjuː] **1.** *s* salvamento *m;* socorro *m;* libertação *f;* **2.** *v/t* salvar, libertar.

R

re•search [rɪ'sɜːtʃ] **1.** s investigação f; pesquisa f; **2.** v/i investigar; pesquisar; **~•er** s investigador/a m/f.

re•sem|blance [rɪ'zembləns] s parecença f; semelhança f; **bear ~ to** ter parecenças com, ser parecido com; **~•ble** [rɪ'zembl] v/t parecer-se; ser parecido com.

re•sent [rɪ'zent] v/t ofender-se; levar a mal; **~•ful** adj □ ressentido; ofendido; **~•ment** s ressentimento m; rancor m.

res•er•va•tion [rezə'veɪʃn] s of rooms, etc.: reserva f; marcação f; **central ~** Br. of motorway: divisória f central.

re•serve [rɪ'zɜːv] **1.** s reserva f (a. mil.); discrição f; provisões f pl; econ. reservas f pl; sports: suplente m/f; **2.** v/t reservar; pôr de lado; guardar; ser discreto, ser reservado; ticket, seat, etc.: reservar, marcar; **~d** adj □ fig. reservado, contido.

res•er•voir ['rezəvwɑː] s for water: reservatório m; depósito m; tanque m; represa f.

re•side [rɪ'zaɪd] v/i morar, residir; **~ in** fig. consistir em.

res•i|dence ['rezɪdəns] s residência f; habitação f; domicílio **~ permit** autorização f de residência; **~•dent 1.** adj residente; interno; permanente; **2.** s habitante m/f; hóspede m/f; **~•den•tial** [rezɪ'denʃl] adj residencial; **~ area** área f residencial.

re•sid•u•al [rɪ'zɪdjʊəl] adj residual; restante; **res•i•due** ['rezɪdjuː] s resíduo m; resto m.

re•sign [rɪ'zaɪn] v/t resignar-se; renunciar; office: demitir-se; **~ o.s. to** resignar-se a, conformar-se com; **res•ig•na•tion** [rezɪg'neɪʃn] s resignação f; renúncia f; demissão f; **~•ed** [rɪ'zaɪnd] adj □ resignado; conformado.

re•sil•i|ence [rɪ'zɪliəns] s elasticidade f; fig. resistência f; **~•ent** adj elástico; fig. resistente.

res•in ['rezɪn] s resina f.

re•sist [rɪ'zɪst] v/t resistir; opor-se a; v/i opor resistência; **~•ance** s resistência f; (a. electr., phys.); oposição f; med. resistência f; **line of least ~** linha f de menor resistência; **re•sis•tant** adj resistente.

res•o|lute ['rezəluːt] adj □ resoluto; decidido; resolvido; enérgico; **~•lu•tion** [rezə'luːʃn] s resolução f; decisão f; determinação f; pol. solução f.

re•solve [rɪ'zɒlv] **1.** v/t solucionar; resolver; doubts, etc.: esclarecer, explicar; v/i (a. **~ o.s.**) decidir-se; **~ on, ~ upon** decidir-se a; **2.** s resolução f; decisão f; **~d** adj □ resolvido, decidido.

res•o|nance ['rezənəns] s ressonância f; **~•nant** adj □ ressonante.

re•sort [rɪ'zɔːt] **1.** s recurso m; refúgio m; local m turístico; holiday ~: estância f turística; **health ~** estação f termal, caldas f pl; **seaside ~** estância f balnear; **summer ~** estância f de veraneio; **2.** v/i: **~ to** dirigir-se a; frequentar; v/t recorrer a, valer-se de.

re•sound [rɪ'zaʊnd] v/i and v/t ressoar.

re•source [rɪ'sɔːs] s recurso m; meio m; expediente m; **~s** pl recursos m pl (naturais); **~•ful** adj □ desembaraçado; expedito.

re•spect [rɪ'spekt] **1.** s respeito m; consideração f; **with ~ to** no que diz respeito a; **in this ~** com respeito a isto, a este respeito; **~s** pl cumprimentos m pl; **give my ~s to...** dê os meus cumprimentos a; **2.** v/t respeitar; **as ~s...** no que diz respeito a; **re•spec•ta•ble** adj □ respeitável; honrado; digno; **~•ful** adj □ respeitoso; atencioso; **yours ~ly** atenciosamente; **~•ing** prep em relação a; com respeito a.

re•spec•tive [rɪ'spektɪv] adj □ respectivo; **we went to our ~ places** fomos para os nossos lugares; **~•ly** adv respectivamente.

res•pi•ra|tion [respə'reɪʃn] s respiração f; **~•tor** med. ['respəreɪtə] s máscara f; respirador m; **re•spire** [rɪ'spaɪə] v/i respirar.

re•spite ['respaɪt] s pausa f; intervalo m; folga f **(from); without (a) ~** sem parar, sem uma pausa.

re•splen•dent [rɪ'splendənt] adj □ resplandecente; brilhante.

re•spond [rɪ'spɒnd] v/i and v/t reagir; responder; **~ to** reagir a.

re•sponse [rɪ'spɒns] s reacção f; resposta f; **meet with little ~** ser mal recebido; ter fraca recepção, aceitação.

re•spon•si|bil•i•ty [rɪspɒnsə'bɪlətɪ] *s* responsabilidade *f; on one's own* ~ sob a (nossa) responsabilidade; *sense of* ~ sentido de responsabilidade; *take (accept, assume)* ~ *for* assumir a responsabilidade por; **~•ble** [rɪ'spɒnsəbl] *adj* □ responsável.

rest[1] [rest] **1.** sossego *m;* descanso *m;* intervalo *m;* tech. suporte *m;* descanso *m* do telefone; *have or take a* ~ descansar, repousar; *be at* ~ estar em paz, estar em sossego; estar morto; **2.** *v/i* descansar, repousar; dormir; apoiar-se (*on* em); ~ *on, upon* descansar (*eyes, load);* depender de; basear-se em; ~ *with* fig. residir em (*mistake, responsibility);* *v/t* ir descansar; apoiar-se (*on, against* em, contra).

rest[2] [_] *s the* ~ o resto *m; and all the* ~ *of it* e etecetera e tal, e tudo o mais; *for the* ~ no restante, além disso, quanto ao resto.

res•tau•rant ['restərɔːŋ, _rɒnt] *s* restaurante *m.*

rest•ful ['restfl] *adj* sossegado; repousante.

rest•ing-place ['restɪŋpleɪs] *s* local *m* de repouso; fig. túmulo *m.*

res•ti•tu•tion [restɪ'tjuːʃn] *s* restituição *f;* indemnização *f,* compensação *f.*

res•tive ['restɪv] *adj* □ inquieto, desassossegado.

rest•less ['restlɪs] *adj* □ impaciente; desassossegado; agitado; **~•ness** *s* desassossego *m;* inquietação *f;* agitação *f;* impaciência *f.*

res•to•ra•tion [restə'reɪʃn] *s* restauração *f;* restituição *f;* restabelecimento *m;* reposição *f;* conserto *m.*

re•store [rɪ'stɔː] *v/t* restaurar; restituir; restabelecer; repor; ~ *s.o.* (*to health)* restituir a saúde a alguém.

re•strain [rɪ'streɪn] *v/t* restringir (*from* de); moderar; *emotions:* reprimir; **~t** *s* restrição *f;* moderação *f;* coação *f.*

re•strict [rɪ'strɪkt] *v/t* restringir, limitar; **re•stric•tion** *s* restrição *f;* econ. *often pl* restrições *f pl; without* ~ *s* sem restrições, sem limites.

rest room Am. ['restruːm] *s* casa *f* de banho, lavabos *m pl.*

re•struc•ture [riː'strʌktʃə] *v/t* economy, *etc.:* reestruturar.

re•sult [rɪ'zʌlt] **1.** *s* resultado *m;* consequência *f;* **2.** *v/i* resultar (*from* de); ~ *in* ter como consequência.

re•sume [rɪ'zjuːm] *v/t* retomar, recomeçar; continuar; **re•sump•tion** [rɪ'zʌmpʃn] *s* recomeço *m;* retomada *f;* continuação *f.*

re•sur•rec•tion [rezə'rekʃn] *s* ressurreição *f (a. eccl.).*

re•sus•ci•tate [rɪ'sʌsɪteɪt] *v/t* ressuscitar.

re•tail 1. ['riːteɪl] *s* retalho *m;* venda *f* a retalho; *by* ~ a retalho; **2.** *adj* [_] retalhista; **3.** *v/t* [riː'teɪl] vender a retalho; **~•er** *s* retalhista *m/f;* ~ *price s* econ. preço *m* de retalho; ~ *index* econ. índice *m* de preços ao consumidor.

re•tain [rɪ'teɪn] *v/t* reter; conservar; ~ *power* conservar o poder.

re•tal•i•ate [rɪ'tælɪeɪt] *v/i* retaliar, vingar-se (*against* contra, de); *sports: a.* desforrar-se; **~•a•tion** [rɪtælɪ'eɪʃn] *s* retaliação *f;* vingança *f;* represália *f.*

re•tard [rɪ'tɑːd] *v/t and v/i* retardar(-se); demorar(-se); atrasar(-se); *(mentally)* **~ed** *psych* deficiente mental.

retch [retʃ] *v/i* tentar vomitar; ter vómitos.

re•tell [riː'tel] *v/t (-told)* contar novamente; repetir.

re•think [riː'θɪŋk] *v/t (-thought)* repensar.

ret•i•cent ['retɪsənt] *adj* reservado; discreto.

ret•i•nue ['retɪnjuː] *s* comitiva *f;* séquito *m.*

re•tire [rɪ'taɪə] *v/t and v/i* retirar(-se); reformar(-se); aposentar(-se); **~d** *adj* □ retirado; reformado; aposentado; *be* ~ estar reformado; ~ *pay* pensão *f* de reforma; **~•ment** *s* reforma *f;* aposentação *f;* intimidade *f;* ~ *pension* pensão *f* de reforma; **re•tir•ing** *adj* reservado.

re•tort [rɪ'tɔːt] **1.** *s* resposta *f* pronta; réplica *f* mordaz; **2.** *v/t* responder prontamente, replicar.

251

re•touch [riː'tʌtʃ] *v/t* retocar, aperfeiçoar *(a. phot.)*.

re•trace [rɪ'treɪs] *v/t* contar de novo;
~ one's steps voltar atrás pelo mesmo caminho.

re•tract [rɪ'trækt] *v/t offer, statement:*
retirar, desdizer(-se); *claws, aer. undercarriage:* recolher.

re•train [riːtreɪn] *v/t and v/i* treinar de
novo; reciclar.

re•tread 1. *v/t* [riːtred] *tyres:* recau-
chutar; **2.** *s* ['riːtred] recauchutagem *f.*

re•treat [rɪ'triːt] **1.** *s* retirada *f;* retiro
m; esconderijo *m;* **sound the ~** *mil.*
tocar a retirar; **2.** *v/i* retirar-se.

ret•ri•bu•tion [retrɪ'bjuːʃn] *s* retribuição *f;* **in ~** em retribuição.

re•trieve [rɪ'triːv] *v/t* recuperar; reaver; salvar; *hunt.:* trazer (ao caçador).

ret•ro-['retrəʊ] *pref.* para trás;
~•ac•tive *jur.* [‿'æktɪv] *adj* □ retroactivo; **~•grade** ['‿greɪd] *adj* retrógrado; atrasado; **~•spect** [‿spekt]
s retrospecção *f;* **~•spec•tive**
[‿'spektɪv] *adj* □ retrospectivo; *jur.*
retroactivo.

re•try *jur.* [riː'traɪ] *v/t* julgar novamente; tentar novamente.

re•turn [rɪ'tɜːn] **1.** *s* regresso *m;* volta
f; retorno *m;* devolução *f; Br.* bilhete
m de volta; *aer.* bilhete de volta (de
avião); *econ.* lucro *m,* rendimento *m;*
relatório *m; parl.* eleição *f (of candidate); sports:* (jogo *m* de) desempate;
tennis, etc.: rebatida *f;* réplica *f,* resposta *f;* **~s** *pl econ.* receita(s) *f;*
many happy ~s of the day parabéns! que este dia se repita por muitos
anos; **in ~ for** como pagamento de;
by ~ (of post), by ~ mail *Am.* na
volta do correio; **~ ticket** *Br.* bilhete
m de regresso; **2.** *v/i* regressar, voltar;
v/t devolver; *money:* pagar (um empréstimo); recolocar; restituir, entregar, *profit:* lucrar; *parl. candidate:*
eleger; *tennis, etc.:* bater; responder,
replicar; **~ a veredict of guilty** *jur.*
declarar culpado.

re•u•ni•fi•ca•tion *pol.* [riːjuːnɪfɪ'-
keɪʃn] *s* reunificação *f.*

re•u•nion [riː'juːnɪən] *s* reunião *f;* re-
encontro *m.*

re•val•ue *econ.* [riː'væljuː] *v/t currency:* revalorizar.

re•vamp F [riː'væmp]*v/t* renovar;
company: modernizar; *text, etc.:* aperfeiçoar.

re•veal [rɪ'viːl] *v/t* revelar; mostrar;
descobrir; **~•ing** *adj* revelador.

rev•el ['revl] *v/i (esp. Br. -ll-, Am. -l-)*
deleitar-se; **~ in** deleitar-se com, deliciar-se com; divertir-se.

rev•e•la•tion [revə'leɪʃn] *s* revelação
f; descoberta *f.*

rev•el•ry ['revlrɪ] *s* orgia *f;* festança *f.*

re•venge [rɪ'vendʒ] **1.** *s* vingança *f;*
desforra *f (esp. sports, match);* **in ~
for** como vingança por; **2.** *v/i* vingar-
-se; **~•ful** *adj* □ vingativo; **re•veng-
er** *s* vingador/a *m/f.*

rev•e•nue *econ.* ['revənjuː] *s* receitas
f pl; rendimentos *m pl; Br.* **Inland ²**
Repartição *f* de Finanças.

re•ver•be•rate *phys.* [rɪ'vɜːbəreɪt] *v/t*
reflectir; reverberar; *v/i* ressoar.

re•vere [rɪ'vɪə] *v/t* reverenciar, venerar.

rev•e•rence ['revərəns] **1.** *s* reverência *f;* respeito *m;* veneração *f;* **2.** *v/t*
respeitar; venerar; **~•rend 1.** *adj* venerável; **2.** *s* reverendo *m.*

rev•e•rent ['revərənt], **~•ren•tial**
[‿'renʃl] *adj* □ reverente; respeitador.

re•vers•al [rɪ'vɜːsl] *s* inversão *f;* mudança *f* de direcção; **~e 1.** *s* contrário
m; reverso *m;* avesso *m; mot.* marcha
f atrás; **2.** *adj* □ inverso; **in ~ order**
por ordem inversa; **~ gear** *mot.*
marcha-atrás *f;* **~ side** *of cloth:* avesso *m;* **3.** *v/t* inverter; *judgment:* revogar, anular; *mot. car:* andar de
marcha-atrás; *v/i mot.* fazer marcha-
-atrás; **~•i•ble** *adj* □ reversível.

re•vert [rɪ'vɜːt] *v/i (to)* voltar a; retroceder; reverter; *jur.* reverter a favor de.

re•view [rɪ'vjuː] **1.** *s* revisão *f;* recapitulação *f,* revisão *f; mil.* revista *f; of
book:* crítica *f;* **pass sth. in ~** revistar, passar em revista; **2.** *v/t* examinar;
fazer revisão a; *mil.* inspeccionar, passar revista; *book, etc.:* criticar, fazer a
crítica de; **~•er** *s* crítico/a *m/f.*

re•vise [rɪ'vaɪz] *v/t* rever; corrigir; *Br.*
repetir, recapitular **(for** an exam
para); **re•vi•sion** [rɪ'vɪʒn] *s* revisão
f; correcção *f; Br.* recapitulação *f.*

re•viv•al [rɪ'vaɪvl] *s* renascença *f;* renascimento *m;* despertar *m* religioso;

R

renovação *f;* reflorescimento *m;* **re•vive** *v/t* renascer; despertar; reviver; *v/i* restabelecer-se.

re•voke [rɪ'vəuk] *v/t* revogar; anular.

re•volt [rɪ'vəult] **1.** *s* revolta *f;* rebelião *f;* **2.** *v/i* revoltar-se, rebelar-se (*against* contra); *v/t fig.* repugnar; **~•ing** *adj* □ repugnante, horrível.

rev•o•lu•tion [revə'lu:ʃn] *s tech.* volta *f; fig.* revolução *f (a. pol.);* mudança *f* radical; **~•ar•y 1.** *adj* revolucionário; **2.** *s pol. and fig.* revolucionário/a *m/f;* **~•ize** *v/t fig.* revolucionar.

re•volve [rɪ'vɒlv] *v/i* girar (*about, round* em volta de); **~ around** *fig.* girar à volta de; **re•volv•ing** *adj* giratório.

re•vue [rɪ'vju:] *s thea.* revista *f.*

re•vul•sion *fig.* [rɪ'vʌlʃn] *s* repulsa *f.*

re•ward [rɪ'wɔ:d] **1.** *s* recompensa *f;* prémio *m;* **2.** *v/t* recompensar; retribuir; premiar; **~•ing** *adj* □ gratificante; recompensador.

re•write [ri:'raɪt] *v/t (-wrote, -written)* reescrever.

rhap•so•dy ['ræpsədɪ] *s mus.* rapsódia *f; fig.* exaltação *f.*

rhe•to•ric ['retərɪk] *s* retórica *f; fig. contp.* discurso *m* sem conteúdo.

rheu•ma•tis•m *med.* ['ru:mətɪzəm] *s* reumatismo *m.*

rhu•barb *bot.* ['ru:bɑ:b] *s* ruibarbo *m.*

rhyme [raɪm] **1.** *s* rima *f;* verso *m;* **without ~ or reason** sem pés nem cabeça; **2.** *v/i and v/t* rimar.

rhythm ['rɪðəm] *s* ritmo *m;* **~•mic** (**~ally**), **~•mi•cal** *adj* □ rítmico.

rib [rɪb] **1.** *s anat.* costela *f;* **2.** *v/t (-bb-)* F gozar com.

rib•ald ['rɪbəld] *adj* irreverente; obsceno.

rib•bon ['rɪbən] *s* fita *f;* faixa *f;* tira *f;* **~s** *pl* trapos *m pl.*

rib cage *anat.* ['rɪbkeɪdʒ] *s* caixa *f* torácica.

rice *bot.* [raɪs] *s* arroz *m.*

rich [rɪtʃ] **1.** *adj* □ rico (*in* em); *splendid:* magnífico, esplêndido; *soil:* fértil; *sound:* forte, agradável; *food:* forte, suculento; *wine, smell:* forte, pesado; *colour:* forte; **2.** *s:* **the ~** *pl* os ricos *m pl;* **~es** *s pl* riqueza *f.*

rid [rɪd] *v/t (-dd-; rid)* libertar, livrar (*of* de); **get ~ of** livrar-se de.

rid•dance F ['rɪdəns] *s iro:* **good ~!** (põe-te) ao largo!; livra!

rid•den ['rɪdn] **1.** *pp of* **ride** 2; **2.** *in compounds:* infestado; crivado; **fever-~** cheio de febre.

rid•dle¹ ['rɪdl] *s* adivinha *f;* mistério *m;* charada *f.*

rid•del² [_] **1.** *s* peneira *f* grossa; **2.** *v/t* peneirar; perfurar.

ride [raɪd] **1.** *s* passeio *m* (a cavalo); viagem *f;* trajecto *m;* **give s.o. a ~** dar uma boleia a alguém; **2.** *(rode, ridden) v/i* ir, viajar (*on a bicycle* de bicicleta, *in, Am.* **on a bus** de autocarro); *v/t horse, etc.:* montar; *bicycle, motorbike:* andar, viajar de; **rid•er** *s* cavaleiro/a *m/f;* passageiro/a *m/f.*

ridge [rɪdʒ] **1.** *s* cume *m;* cimo *m; agr.* sulco *m.*

rid•i•cule ['rɪdɪkju:l] **1.** *s* ridículo *m;* **2.** *v/t* ridicularizar; **ri•dic•u•lous** [rɪ'dɪkjuləs] *adj* □ ridículo; **make s.o. (look) ~** ridicularizar alguém.

rid•ing ['raɪdɪŋ] *s* equitação *f.*

riff-raff ['rɪfræf] *s* ralé *f;* povinho *m.*

ri•fle¹ ['raɪfl] *s* espingarda *f.*

ri•fle² [_] *v/t* saquear; vasculhar.

rift [rɪft] *s* fenda *f;* racha *f; fig.* situação *f* difícil.

rig¹ [rɪg] *v/t (-gg-)* manipular.

rig² [_] **1.** *s mar.* cordame *m; tech.* torre *f* de perfuração; F apresentação *f;* **2.** *v/t (-gg-) ship:* armar; **~ up** F instalar, montar; **~•ging** *s mar.* cordame *m.*

right [raɪt] **1.** *adj* □ certo; correcto; direito; **all ~!** está bem! tudo bem!; **that's all ~!** não faz mal!; **I am perfectly all ~** estou óptimo/a; **that's ~!** isso mesmo!; exactamente! **be ~** ter razão; **put ~, set ~** pôr em ordem, corrigir, arranjar; **..., ~?** não é verdade?, não é?; **2.** *adv* bem; correctamente; exactamente; à direita; totalmente; **~ away** imediatamente; **~ on** em frente; **turn ~** virar à direita; **3.** *s* direito *m;* direita *f (a. pol., boxing);* lado *m* direito; mão *f* direita; **by ~ of** por direito de; **on** *or* **to the ~** à direita; **~ of way** direito *m* de passagem; *mot.* prioridade *f;* **4.** *v/t* endireitar; corrigir; pôr em ordem; **~•eous** ['raɪtʃəs] *adj* □ justo; justificado;

~•**ful** *adj* □ legítimo; ~-**hand** *adj* relativo à mão direita; à direita; ~ *drive* condução *f* pela direita; ~-**hand•ed** *adj* destro; ~•**ly** *adv* correctamente; justamente; com razão; ~-**wing** *adj* *pol.* de direita, direitista.

rig•id ['rɪdʒɪd] *adj* □ rígido; firme, rigoroso; *fig.* duro, inflexível; ~•**i•ty** [rɪ'dʒɪdətɪ] *s* rigidez *f;* dureza *f;* firmeza *f.*

rig•or•ous ['rɪgərəs] *adj* □ rigoroso, severo; excessivamente exacto.

rig•o(u)r ['rɪgə] *s* rigor *m;* severidade *f;* dureza *f.*

rile F [raɪl] *v/t* irritar, fazer zangar; aborrecer.

rim [rɪm] *s* borda *f;* orla *f;* beira *f;* aro *m;* ~•**less** *adj* sem aro *(glasses);* ~**med** *adj* com aro *or* borda.

ring¹ [rɪŋ] **1.** *s* toque *m;* badalada *f;* chamada *f* telefónica; *give s.o. a ~* telefonar a alguém; *there was a ~ at the door* tocaram à porta; **2.** *v/i and v/t (rang, rung)* tocar; soar; badalar; zumbir; *esp. Br. teleph* telefonar; ~ *the bell* tocar a campainha; F *fig. this tune ~s a bell* isto faz-me lembrar alguma coisa; *esp. Br. teleph.* ~ *back* telefonar novamente; ~ *off* desligar o telefone a alguém; ~ *s.o. up* telefonar a alguém.

ring² [_] **1.** *s* anel *m;* aro *m;* círculo *m;* ringue *m;* grupo *m* (espiões, ladrões, etc.); **2.** *v/t* circundar, rodear; ~-**bind•er** *s* pasta *f* de argolas; *dossier m;* ~•**lead•er** *s* cabecilha *m/f;* ~•**let** *s* caracol *m,* madeixa *f;* ~•**mas•ter** *s* director *m* do circo; ~ **road** *s Br.* estrada *f* de circumvalação; ~•**side** *s:* *at the ~ boxing:* na primeira fila; ~ *seat* lugar *m* na primeira fila.

rink [rɪŋk] *s* ringue *m* de patinagem no gelo; ringue *m* de patinagem.

rinse [rɪns] **1.** *s* lavagem *f;* enxaguadela *f;* **2.** *v/t often* ~ *out* enxaguar, lavar.

ri•ot ['raɪət] *s* motim *m;* revolta *f;* desordem *f;* *run ~* cometer excessos; provocar distúrbios; ~•**er** *s* desordeiro/a *m/f;* ~•**ous** *adj* □ desordeiro; revoltoso; amotinador.

rip [rɪp] **1.** *s* rasgão *m;* **2.** *(-pp-) v/t* rasgar; *v/i* rasgar-se; F praguejar; estar furioso.

ripe [raɪp] *adj* □ maduro; **rip•en** *v/i and v/t* amadurecer; deixar amadurecer; ~•**ness** *s* amadurecimento *m.*

rip•ple ['rɪpl] **1.** *s* pequena onda *f;* ondulação *f;* encrespação *f;* **2.** *v/i and v/t* encrespar-se; ondular.

rise [raɪz] **1.** *s* elevação *f;* aumento *m;* subida *f;* *origin:* origem *f;* *fig.* ascensão *f;* *give ~ to* dar origem a, causar; **2.** *v/i (rose, risen)* erguer-se, levantar-se; *end a meeting:* terminar os trabalhos; ascender; subir; *storm:* levantar-se; *sun, seed:* nascer; *river:* subir, encher; *in one's job:* subir; ~ *to the occasion* estar à altura da ocasião; F ~ *and shine!* toca a levantar! **ris•en** *pp of* **rise** 2; **ris•er** *s: early ~* madrugador/a *m/f.*

ris•ing ['raɪzɪŋ] *s* insurreição *f;* *ast.* nascimento *m.*

risk [rɪsk] **1.** *s* perigo *m;* risco *m (a. econ);* *be at ~* estar em perigo; *run the ~ of doing sth.* correr o risco de fazer alguma coisa; *run or take a ~* arriscar-se, correr um risco; **2.** *v/t* arriscar; ~•**y** *adj* □ arriscado, perigoso.

rite [raɪt] *s* rito *m;* cerimónia *f;* **rit•u•al** ['rɪtʃʊəl] **1.** ritual; **2.** *s* ritual *m.*

ri•val ['raɪvl] **1.** *s* rival *m/f;* concorrente *m/f;* opositor/a *m/f;* **2.** *adj* rival, da concorrência; **3.** *v/t (esp. Br. -ll-, Am. -l-)* rivalizar, concorrer contra; ~•**ry** *s* rivalidade *f;* concorrência *f.*

riv•er ['rɪvə] *s* rio *m;* corrente *f (a. fig.);* ~•**side** **1.** *s* margem *f;* **2.** *adj* situado à margem.

riv•et ['rɪvɪt] **1.** *s tech.* rebite *m;* **2.** *v/t tech.* rebitar; *fig. eyes, etc.:* cravar.

road [rəʊd] *s* estrada *f;* rua *f;* *fig.* caminho *m;* *on the ~* a caminho; *thea.* em tourné; *across the ~* do outro lado da rua; *is this the ~ to?* é este o caminho para? *the ~ to success* o caminho do êxito; ~ *ac•ci•dent* *s* acidente de trânsito; ~•**block** *s* barricada *f;* obstáculo *m;* ~ *haul•age* *s* transportes *m pl* rodoviários; ~•**haul•i•er** *s* despachante *m;* ~-**hog** *s* dono *m* da estrada; ~ **map** *s* mapa *m* das estradas; ~•**safe•ty** *s* segurança *f* das estradas; ~•**side** **1.** *s* berma *f* da estrada; **2.** *adj* na berma da estrada; ~•**way** leito *m* da estrada; ~ **works** *s* *pl* obras *f pl* na estrada; **~•wor•thy** *adj mot.* em bom estado.

roam [rəʊm] *v/i* vaguear, errar; *v/t* vaguear por.

roar [rɔː] **1.** *v/i* rugir *(a. v/t);* bramir; urrar; trovejar; ribombar; **2.** *s* rugido *m;* bramido *m;* urro *m;* berro *m;* o troar (das armas); *laughter:* gargalhada *f* estrondosa.

roast [rəʊst] **1.** *s* assado *m;* **2.** *v/t* assar; torrar; **2.** *adj* assado; torrado; ~ **beef** rosbife *m;* carne *f* assada.

rob [rɒb] *v/t* **(-bb-)** roubar; assaltar; **~•er** *s* ladrão/ladra *m/f;* assaltante *m/f;* **~•ber•y** *s* assalto *m;* roubo *m;* ~ **with violence** *jur.* assalto *m* agravado.

robe [rəʊb] *s* manto *m;* toga *f;* veste *f;* roupão *m.*

rob•in *zoo.* ['rɒbɪn] *s* pintarroxo *m.*

ro•bot ['rəʊbɒt] *s* robô *m.*

ro•bust [rə'bʌst] *adj* □ robusto, forte.

rock [rɒk] *s* rochedo *m;* rocha *f; Br. sweet:* chupa-chupa *m; on the ~s* a) com gelo *(whisky, etc.),* b) arruinado *(marriage);* ~ **crystal** cristal de rocha; **2.** *v/t* balançar; sacudir; embalar; **~-bot•tom** *s* F: ~ **prices** *pl* preços mínimos; **our spirits reached** ~ o nosso ânimo estava o mais baixo possível.

rock•er ['rɒkə] *s* cuba *f; Am.* cadeira *f* de baloiço; *Br.* músico *m* de rock; **off one's** ~ *sl.* estar maluco.

rock•et ['rɒkɪt] *s* foguetão *m;* **~-pro•pelled** movido por meio de foguetão; **~•ry** *s* técnica *f* de construção de foguetões.

rock•ing|-chair ['rɒkɪŋtʃeə] cadeira *f* de baloiço; **~-horse** *s* cavalo *m* de baloiço.

rock•y ['rɒkɪ] *adj* rochoso; pedregoso.

rod [rɒd] *s* vara *f;* varinha *f; tech.* haste *m;* barra *f.*

rode [rəʊd] *pret of* **ride** 2.

ro•dent *zoo.* ['rəʊdənt] *s* roedor *m.*

ro•de•o [rəʊ'deɪəʊ] *s (pl -os)* rodeio *m;* cavalhada *f.*

roe[1] *zoo.* [rəʊ] *s* corça *f.*

roe[2] *zoo.* [_] *s a.* **hard** ~ ova *f* de peixe; *a.* **soft** ~ esperma *m* de peixe.

rogue [rəʊg] *s* velhaco/a *m/f;* malandro/a *m/f;* mentiroso/a *m/f;* **ro•guish** *adj* □ brincalhão, malandro.

role, rôle *thea.* [rəʊl] *s* papel *m.*

roll [rəʊl] **1.** *s* rolo *m;* pãozinho *m;* lista *f (of names); of thunder:* trovão *m; of drums:* rufar *m; mar.* balanço *m;* **2.** *v/t* rolar; enrolar; *cigarette:* enrolar; ~ **up** *sleeve:* arregaçar; *mot. window:* fechar; *v/i* rolar; viajar; dar voltas; *thunder:* ribombar; *drums:* rufar; *mar.* baloiçar; **~-call** *s* chamada *f; mil.* toque *m* de chamada.

roll•er ['rəʊlə] *s* rolo *m;* cilindro *m;* bigodim *m; mar.* vagalhão *m,* onda *f* grande; ~ **coast•er** *s* montanha-russa *f;* ~ **skate** *s* patim *m;* **~-skate**, **~-skat•ing** *v/i* andar de patins; ~ **tow•el** *s* toalha *f* rolante.

rol•lick•ing ['rɒlɪkɪŋ] *adj* alegre, divertido.

roll•ing ['rəʊlɪŋ] *adj* rolante; giratório; ~ **mill** *tech.* laminador *m;* ~ **pin** rolo *m* de massa.

roll-neck ['rəʊlnek] *s* camisola *f* de gola alta.

Ro•man ['rəʊmən] **1.** *adj* romano. **2.** *s* romano/a *m/f.*

ro•mance[1] [rəʊ'mæns] **1.** *s* romance *m;* caso *m* amoroso; aventura *f* amorosa; romantismo *m;* charme *m;* **2.** *v/i* fantasiar, imaginar.

Ro•mance[2] *ling.* [_] *s (a. adj:* ~ **languages)** as línguas *f pl* românicas.

Ro•ma•ni•an [ruː'meɪnɪən] **1.** *adj* romeno; **2.** *s* romeno/a *m/f; ling.* romeno *m.*

ro•man|tic [rə'mæntɪk] **1.** *adj* **(~ally)** romântico; **2.** *s* romântico/a *m/f;* **~•ti•cis•m** *s* romantismo *m.*

romp [rɒmp] **1.** *s* brincadeira *f;* travessura *f;* **2.** *v/i a.* ~ **about,** ~ **around** brincar exageradamente; **~-er-suit** *s, a.* **~-ers** *s pl* calções *m pl* com peitilho.

roof [ruːf] **1.** *s* telhado *m (a. fig.);* ~ **of the mouth** *anat.* céu *m* da boca; **2.** *v/t* cobrir com telhas; telhar; ~ **in,** ~ **over** telhar, cobrir; **~•ing 1.** *s* cobertura *f;* **2.** *adj* material *m* para cobertura; ~ **felt** chapa *f* ondulada; ~ **rack** *s* porta-bagagens *m.*

rook [rʊk] **1.** *s chess:* torre *f; zoo.* gralha *f;* **2.** *v/t* aldrabar no jogo, fazer batota.

room [ruːm] **1.** *s* aposento *m;* sala *f;* quarto *m;* espaço *m;* **~s** *pl* alojamento *m,* quartos *m pl;* **2.** *v/i Am.* morar,

R

255

habitar; **~•er** s esp. Am. hóspede m/f;
~•ing-house s Am. casa f de hóspedes, pensão f; **~•mate** s companheiro/
/a m/f de quarto; **~•y** adj □ **(-ier, -iest)** espaçoso.

roost [ruːst] **1.** s poleiro m; abrigo m
de aves; **2.** v/i empoleirar-se *(birds);*
~•er s esp. Am. zoo. galo m.

root [ruːt] **1.** s raiz f; fig. origem f; **2.**
v/i enraizar-se; fig. torcer **(for** por); ~
about, ~ **around** esquadrinhar, vasculhar **(among);** v/t criar raízes, enraizar; ~ **out, up** arrancar; descobrir,
achar; **~•ed** adj enraizado; **deeply ~**
fig. profundamente enraizado; **stand
~ to the spot** ficar imóvel como
uma pedra.

rope [rəʊp] **1.** s corda f; cabo m; baraço m; fiada f *(of pearls, etc.);* **be
at the end of one's ~** esgotar o
seu latim; **know the ~s** estar por
dentro de um assunto; **2.** v/t atar,
amarrar; ~ **off** cercar com cordas; ~
lad•der s escada f de corda; ~ **tow** s
corda f de reboque; **~•way** s linha f
suspensa.

ro•sa•ry eccl. ['rəʊzərɪ] s rosário m,
terço m.

rose[1] [rəʊz] s bot. rosa f; crivo m de
regador; cor-de-rosa f.

rose[2] [_] pret of **rise** 2.

ros•trum ['rɒstrəm] s (pl **-tra** [-trə],
-trums) tribuna f.

ros•y ['rəʊzɪ] adj □ **(-ier, -iest)** rosado.

rot [rɒt] **1.** s podridão f; Br. F disparate
m; **2. (-tt-)** v/i apodrecer; decompor,
estragar.

ro•ta•ry ['rəʊtərɪ] adj rotativo; **ro•tate** [rəʊ'teɪt] v/i and v/t girar, rodar;
fazer girar; pol., agr. crops: girar, alternar; **ro•ta•tion** s rotação f *(a.
pol.);* troca f; turno m.

ro•tor esp. aer. ['rəʊtə] s rotor m.

rot•ten [rɒtn] adj □ podre; estragado;
em mau estado; fig. mau, detestável;
feel ~ sl. sentir-se mal, em baixo.

ro•tund [rəʊ'tʌnd] adj □ rotundo;
gorducho.

rough [rʌf] **1.** adj □ rude, grosseiro;
áspero; rouco; acidentado; aproximado *(estimate, etc.);* inacabado; ~
copy rascunho m; ~ **draft** rascunho
m; **2.** adv duro; tosco; **3.** s terreno m

irregular; golf: relva f não tratada; **4.**
v/t tornar-se áspero; ~ **it** F viver mal;
~•age s fibras f pl alimentares;
~•cast 1. s tech. reboco m; **2.** adj
inacabado, em esboço; **3.** v/t **(-cast)**
tech. rebocar; **~•en** v/i tornar-se áspero ou rude; v/t encrespar; irritar;
~•neck s Am. F valentão m; desordeiro m; **~•ness** s aspereza f; rudeza
f; grosseria f; **~•shod** adv: **ride ~
over** tratar (alguém) ao pontapé; ignorar, passar por cima.

round [raʊnd] **1.** adj □ redondo; voice, etc.: cheio, agradável; style:
fluente, expressivo; sem rodeios; **a ~
dozen** uma dúzia f certa; **in ~ figures** em números redondos; **2.** adv
em círculo; por toda a parte; em todas as direcções; **ask s.o.** ~ convidar alguém para sua casa; ~ **about**
aproximadamente, mais ou menos;
all the year ~ durante todo o ano;
the other way ~ ao contrário; **3.**
prep ao redor de, à volta de; **4.** s
círculo m; esfera f; Br. fatia f *(bread,
etc.);* rodada f; ronda f; trajecto m
fixo; med. visita f *(in hospital);* mus.
regra f; **5.** v/t virar; dobrar; circundar; ~ **off** terminar, acabar; fig. ~ **up**
figure, etc.: arredondar **(to** a); cattle:
cercar, encurralar; people, etc.: reunir, juntar.

round|a•bout ['raʊndəbaʊt] **1.** adj ~
way or **route** desvio m; **in a ~ way**
fig. com rodeios; **2.** s Br. carrossel m;
Br. rotunda f; **~•ish** adj arredondado;
~ **trip** s viagem f de ida e volta; **~•
trip** adj: ~ **ticket** Am. bilhete m de
ida e volta; **~•up** s o recolher do gado.

rouse [raʊz] v/t acordar; game birds:
levantar; incitar, estimular; anger:
despertar, causar; ~ **o.s.** levantar-se;
v/i despertar.

route [ruːt] s trajecto m; rota f; caminho m.

rou•tine [ruː'tiːn] **1.** s rotina f; **2.** adj
rotineiro.

rove [rəʊv] v/i and v/t errar, vaguear.

row[1] [rəʊ] s fila f; fileira f.

row[2] F [raʊ] **1.** s barulho m; briga f;
discussão f; **2.** v/i brigar; discutir.

row[3] [rəʊ] **1.** s acção de remar; passeio
m de barco; **2.** v/i and v/t remar;
~•boat s Am. barco m a remos; **~•er** s

R

remador/a *m/f;* ~•**ing boat** *s Br.* barco *m* a remos.

roy•al ['rɔɪəl] *adj* real; ~•**ty** *s* realeza *f;* F a família real; *econ.* direitos *m pl* de autor.

rub [rʌb] **1.** *s:* **give sth. a good** ~ dar uma esfregadela em algo; **2.** *(-bb-) v/t* esfregar; puxar o lustro, polir; friccionar; ~ **down** esfregar; secar com toalha; ~ **in** friccionar; impregnar; ~ **it in** *fig.* F continuar a bater na mesma tecla; ~ **off** limpar esfregando; ~ **out** *Br.* apagar; ~ **up** polir; ~ **s.o. up the wrong way** irritar alguém; *v/i* esfregar (**against, on** contra).

rub•ber ['rʌbə] **1.** *s* borracha *f;* borracha de apagar; F *condom:* borracha *f,* preservativo *m,* camisinha *f;* ~**s** *pl Am.* galochas *f pl; Br.* sapatilhas *f pl;* ~ **band** *s* elástico *m;* ~ **cheque,** *Am.* ~ **check** *s* cheque careca, cheque sem cobertura; ~•**neck** *Am.* F **1.** *s* curioso/a *m/f;* basbaque *m;* **2.** *v/i* olhar embasbacado; ~•**y** *adj* elástico; feito de borracha.

rub•bish ['rʌbɪʃ] *s* lixo *m;* detritos *m pl; fig.* porcaria *f;* disparate *m;* ~ **bin** *s Br.* caixote *m* do lixo; ~ **chute** *s* conduta *f* de lixo.

rub•ble ['rʌbl] *s* entulho *m;* escombros *m pl.*

ru•by ['ruːbɪ] *s* rubi *m.*

ruck•sack ['rʌksæk] *s* mochila *f.*

rud•der ['rʌdə] *s mar.* leme *m.*

rud•dy ['rʌdɪ] *adj* □ *(-ier, -iest)* rosado; corado; sadio.

rude [ruːd] *adj* □ *(-r, ~st)* grosseiro, rude; mal-educado; malcriado; simples.

ru•di•men•ta•ry [ruːdɪ'mentərɪ] *adj* rudimentar; elementar; ~•**ments** ['ruːdɪmənts] *s pl* rudimentos *m pl;* bases *f, pl;*

rue•ful ['ruːfl] *adj* □ arrependido; sentido, magoado.

ruf•fle ['rʌfl] **1.** *s* folho *m;* franzido *m;* ondulação *f;* **2.** *v/t* enrugar; *hair:* despentear; *feathers:* eriçar; *fig.* irritar.

rug [rʌg] *s* manta *f* de viagem; tapete *m.*

rug•ged ['rʌgɪd] *adj* □ acidentado; rugoso; *fig.* rude, áspero, severo.

ru•in ['rʊɪn] **1.** *s* ruína *f;* queda *f;* destruição *f; mst* ~**s** *pl* ruínas *f pl;* **2.** *v/t*

arruinar, destruir; aniquilar; ~•**ous** *adj* □ ruinoso; desastroso.

rule [ruːl] **1.** *s* regra *f;* regulamento *m;* critério *m;* governo *m;* poder *m,* domínio *m;* **as a** ~ em regra, regra geral, geralmente; ~**s** *pl* ordens *f pl;* regras *f pl;* ~**(s) of the road** regras *f pl* do trânsito, código da estrada; **stick to the** ~**s** limitar-se a cumprir as regras; ~ **of thumb** empiricamente; **2.** *v/t* governar; mandar; dirigir; traçar (linhas); ~ **out** excluir; *v/i* governar; decretar; **rul•er** *s* governante *m/f;* régua *f.*

rum [rʌm] *s* rum *m; Am.* álcool *m.*

rum•ble ['rʌmbl] *v/i* ressoar; *thunder:* ribombar; *stomach:* roncar.

ru•mi|nant *zoo.* ['ruːmɪnənt] **1.** *adj* ruminante; **2.** *s* ruminante *m;* ~•**nate** [_eɪt] *v/i zoo.* ruminar; *fig.* meditar (**about, over** sobre).

rum•mage ['rʌmɪdʒ] **1.** *s* busca *f* minuciosa; ~ **sale** *Am.* bazar *m* de caridade; **2.** *v/i a.* ~ **about** remexer, esquadrinhar; vasculhar.

ru•mo(u)r ['ruːmə] **1.** *s* boato *m;* **2.** *v/t:* **it is** ~**ed** diz-se.

rump [rʌmp] *s* anca *f;* F *of person:* traseiro *m; of animal:* garupa *f.*

rum•ple ['rʌmpl] *v/t* despentear; amarrotar.

run [rʌn] **1.** *(-nn-; ran, run) v/i* correr; apressar-se; ir; circular *(train, bus);* fugir; passar *(road),* conduzir *(route); tech.* correr; estar em funcionamento; trabalhar *(watch, clock);* derreter *(butter, etc.);* debotar *(colour);* dizer, rezar *(text);* soar *(tune);* estar em cartaz *(play, film); jur.* correr; *esp. Am. pol.* candidatar-se **(for** a); ~ **across s.o.** encontrar alguém por acaso; tropeçar em alguém; ~ **after** correr atrás de (alguém ou alguma coisa); ~ **along!** F vai lá! ~ **away** fugir; ~ **away with** fugir com, roubar; *(temper, enthusiasm):* dominar; ~ **down** parar *(clock, watch, etc) fig.* reduzir; ~ **dry** secar; esgotar-se; ~ **into** encontrar por acaso, dar com; chocar contra; contrair *(debts, etc.);* importar em; ~ **low** escassear; ~ **off with** → ~ **away with;** ~ **out** esgotar-se; acabar *(time);* ~ **out of petrol** ficar sem gasolina; ~ **over** atropelar;

recapitular, rever; **~ short** estar no fim; **~ short of petrol** ter pouca gasolina; **~ through** examinar; rever; **~ up to** importar em; *v/t distance:* percorrer, *route:* seguir, tomar; *train, bus:* seguir; *hand, etc.:* deslizar, passar; *business, company:* gerir, administrar; *temperature, fever:* ter; **~ down** atropelar; *fig.* afundar, dizer mal de; **~ errands** fazer recados; **~ s.o. home** F trazer alguém a casa; **~ in** *car:* rodar; F *criminal:* encarcerar; **~ over** atropelar; **~ s.o. through** trespassar alguém; **~ up** *price, etc.:* subir; *bill, debts, etc.:* acumular; **2.** *s* corrida *f;* passeio *m,* viagem *f;* excursão *f;* série *f; econ.* afluência *f (***on** em); procura *f* repentina de; *Am.* ribeiro *m; Am.* malha *f* caída (nas meias); cerca *f;* terreiro *m; sports:* pista *f; thea., film:* temporada *f;* **have a ~ of 20 nights** *thea.* estar em cartaz durante 20 noites seguidas; **in the long ~** a longo prazo; **in the short ~** a curto prazo; **on the ~** em fuga.

run|a•bout F *mot.* ['rʌnəbaut] *s* pequeno carro *m* utilitário; **~•a•way** *s* foragido/a *m/f,* fugitivo/a *m/f.*

rung[1] [rʌŋ] *pp of* **ring**[1] 2.

rung[2] [_] *s* degrau *m (a. fig.).*

run•ner ['rʌnə] *s* corredor/a *m/f; horse:* cavalo *m* de corridas; mensageiro/a *m/f;* varal *m; carpet:* passadeira *f; Am.* malha *f* caída; **~ bean** *s Br. bot.* feijão *m* verde; **~-up** *s (pl* **runners-up)** *sports:* segundo/a classificado/a *m/f.*

run•ning ['rʌnɪŋ] **1.** *adj* corrente; em fuga; **two days ~** dois dias seguidos; **2.** *s* corrida *f;* **~-board** *s* estribo *m.*

run•way *aer.* ['rʌnweɪ] pista *f* de descolagem ou aterragem.

rup•ture ['rʌptʃə] **1.** *s* ruptura *f;* rompimento *m;* discórdia *f;* **2.** *v/i* romper; separar.

ru•ral ['ruərəl] *adj* □ rural; campestre.

ruse [ruːz] *s* ardil *m;* truque *m.*

rush[1] *bot.* [rʌʃ] *s* junco *m.*

rush[2] [_] **1.** *s* pressa *f;* investida *f;* ímpeto *m;* aperto *m; econ.* procura *f* inesperada, grande procura; torrente *f;* **2.** *v/i* apressar-se; precipitar-se; **~ at** precipitar-se sobre; **~ in** entrar precipitadamente; *v/t* apressar; arremessar-se contra; agarrar; trazer depressa; **~ hour** *s* hora *f* de ponta; **~-hour traf•fic** *s* trânsito *m* da hora de ponta.

Rus•sian ['rʌʃn] **1.** *adj* russo; **2.** *s* russo/a *m/f; ling.* russo *m.*

rust [rʌst] **1.** *s* ferrugem *f;* cor *f* de ferrugem; **2.** *v/i and v/t* enferrujar.

rus•tic ['rʌstɪk] **1.** *adj (~ally)* rústico, campestre; **2.** *s* rústico/a *m/f,* camponês/esa *m/f.*

rus•tle ['rʌsl] **1.** *v/i* sussurrar; murmurar; *v/t* fazer ruído; *Am. cattle:* roubar; **2.** *s* sussurro *m;* murmúrio *m;* ruído *m* leve.

rust|less ['rʌstlɪs] *adj* sem ferrugem; **~•y** *adj* □ *(-ier, -iest)* enferrujado *(a. fig.).*

rut[1] [rʌt] *s* trilho *m; esp. fig.* rotina *f.*

rut[2] *zoo.* [_] *s* cio *m.*

ruth•less ['ruːθlɪs] *adj* □ impiedoso; sem escrúpulos; cruel.

rut|ted ['rʌtɪd], **~•ty** [_ɪ] *adj (-ier, -iest)* sulcado, trilhado *(path).*

rye *bot.* [raɪ] *s* centeio *m.*

S

sa•ble ['seɪbl] *s zoo.* zibelina *f;* pele *f* de zibelina.

sab•o•tage ['sæbətɑːʒ] **1.** *s* sabotagem *f;* **2.** *v/t* sabotar.

sa•bre, *Am. mst* **-ber** ['seɪbə] *s* sabre *m.*

sack [sæk] **1.** *s* saco *m; Am.* saco *m* de compras; tecido *m* para fazer sacos; *hist.* saque *m;* **get the ~** F ser posto na rua, ser despedido; ser demitido; **2.** *v/t* despedir, F pôr na rua; *hist.* saquear; **~•cloth** *s* sarapilheira *f;* **~•ing** *s* F despedimento *m.*

sac•ra•ment *eccl.* ['sækrəmənt] *s* sacramento *m.*

sa•cred ['seɪkrɪd] *adj* □ sagrado, santo.

sac•ri•fice ['sækrɪfaɪs] **1.** *s* sacrifício *m; at a ~ econ.* com prejuízo; **2.** *v/t* sacrificar; *econ.* vender com prejuízo, vender abaixo do preço de custo.

sac•ri•lege ['sækrɪlɪdʒ] *s* sacrilégio *m;* profanação *f;* **~•le•gious** [~'lɪdʒəs] *adj* □ sacrílego.

sad [sæd] *adj* □ triste; lamentável, deplorável; *colour:* escuro, sombrio.

sad•dle ['sædl] **1.** *s* sela *f;* selim *m;* **2.** *v/t* selar; *fig.* sobrecarregar; **~r** *s* seleiro *m.*

sa•dis•m ['seɪdɪzəm] *s* sadismo *m.*

sad•ness ['sædnɪs] *s* tristeza *f.*

safe [seɪf] **1.** *adj* □ (**~r, ~st**) seguro; ileso; digno de confiança; **2.** *s* cofre *m;* **~•con•duct** *s* salvo-conduto *m;* **~•guard 1.** *s* salvaguarda *f,* protecção *f* (*against* contra, de); **2.** *v/t* salvaguardar, proteger (*against* contra, de).

safe•ty ['seɪftɪ] *s* segurança *f;* **~-belt** *s* cinto *m* de segurança; **~ hel•met** *s* capacete *m* de segurança; **~ is•land** *s* *Am.* ilha *f* (trânsito); **~-lock** *s* fechadura *f* de segurança; **~-pin** *s* alfinete de segurança; **~ ra•zor** *s* aparelho *m* de barbear, gilete *f.*

saf•fron *bot.* ['sæfrən] *s* açafrão *m.*

sag [sæg] *v/i* (**-gg-**) ceder; vergar; cair; afrouxar.

sage[1] [seɪdʒ] **1.** *adj* □ (**~r, ~st**) esperto, sábio; **2.** *s* sábio/a *m/f.*

sage[2] *bot.* [~] *s* salva *f.*

said [sed] *pret and pp of* **say** 1.

sail [seɪl] **1.** *s* vela *f;* passeio *m* de barco à vela; barco *m* à vela; *set ~* zarpar, partir (*for* para); **2.** *v/i* velejar, navegar à vela; *fig.* pairar, estar suspenso; *v/t mar.* manobrar; *~ through* fazer com uma perna às costas; **~•boat** *s Am.* barco *m* à vela; **~•er** *s* veleiro *m* (*ship*); **~•ing-boat** *s Br.* barco *m* à vela; **~•ing-ship, ~•ing-ves•sel** *s* veleiro *m;* **~•or** *s* marinheiro *m; be a good (bad) ~* (não) enjoar no mar; **~•plane** *s* planador *m.*

saint [seɪnt] **1.** santo/a *m/f; before name:* São, Santo ...; **2.** *v/t* canonizar; **~•ly** ['seɪntlɪ] *adj* santo, santificado; religioso, pio.

sake [seɪk] *s: for the ~ of* por causa de; por consideração por; *for my ~* por minha causa, para meu bem; *for God's ~* por amor de Deus.

sa•la•ble ['seɪləbl] → **saleable**.

sal•ad ['sæləd] *s* salada *f.*

sal•a•ried ['sælərɪd] *adj* assalariado; *~ employee* empregado/a *m/f* assalariado/a; *~ job* emprego *m* do quadro.

sal•a•ry ['sælərɪ] *s* salário *m; ~ earn•er* *s* trabalhador/a *m/f;* empregado/a *m/f.*

sale [seɪl] *s* venda *f;* saldo *m;* liquidação *f; for ~* à venda, vende-se; *be on ~ Am.* estar em saldos; *Br.* à venda.

sale•a•ble *esp. Br.* ['seɪləbl] *adj* vendável, com saída.

sales|clerk *Am.* ['seɪlzklɑːk] *s* vendedor/a *m/f;* **~•man** *s* vendedor *m* (viajante); **~•per•son** *s* vendedor/a *m/f;* **~ slip** *s Am.* recibo *m;* **~•wom•an** *s* vendedora *f.*

sa•line ['seɪlaɪn] *adj* salino.

sa•li•va [sə'laɪvə] *s* saliva *f.*

sal•low ['sæləʊ] *adj* pálido; amarelado; adoentado.

salm•on *zoo.* ['sæmən] *s* salmão *m.*

sa•loon [sə'luːn] *s* salão *m;* primeira classe (*on ships*); *Am.* bar *m; ~ (car)* *Br. mot.* limusina *f.*

salt [sɔːlt] **1.** *s* sal *m; fig.* gosto *m,* sabor *m;* **2.** *adj* salgado; **3.** *v/t* salgar; pôr em salmoura; **~•cel•lar** *s* saleiro *m;* **~•pe•tre,** *Am.* **~•pe•ter** *chem.* [~'piːtə] *s* salitre *m;* **~-wa•ter** *adj* marinho, relativo ao mar; de água salgada; **~•y** *adj* (**-ier, -iest**) salgado.

sa•lu•bri•ous [sə'luːbrɪəs], **sal•u•ta•ry** ['sæljʊtərɪ] *adj* □ salubre, salutar, saudável.

sal•u•ta•tion [sælju'teɪʃn] *s* cumprimento *m;* saudação *f;* abertura *f* (*in letter*).

sa•lute [sə'luːt] **1.** cumprimento *m; mil.* continência *f;* **2.** *v/t* saudar, cumprimentar; *v/i mil.* fazer a continência.

sal•vage ['sælvɪdʒ] **1.** *s* salvamento *m;* salvados *m pl;* **2.** *v/t* salvar.

sal•va•tion [sæl'veɪʃn] *s* salvação *f; 2 Army* Exército *m* de Salvação.

salve[1] [sælv] *v/t* salvar; pôr a salvo, recolher.

S

salve

salve[2] [~] **1.** *s* pomada *f*, unguento *m*, bálsamo *m;* **2.** *v/t fig.* acalmar, aliviar.

same [seɪm] *adj, pron, adv:* **the** ~ o/a mesmo/a, os/as mesmos/as; **all the** ~ contudo, apesar de; **it is all the** ~ **to me** é-me indiferente; ~ **to you!** igualmente.

sam•ple ['sɑːmpl] **1.** *s* amostra *f;* **2.** *v/t* provar, experimentar.

san•a•to•ri•um [sænə'tɔːrɪəm] *s (pl -ums, -a* [-ə]) sanatório *m.*

sanc•ti•fy ['sæŋktɪfaɪ] *v/t eccl.* santificar, canonizar; sancionar.

sanc•tion ['sæŋkʃn] **1.** *s* sanção *f (a. pol.);* ratificação *f;* **2.** *v/t* sancionar; ratificar.

sanc|ti•ty ['sæŋktətɪ] *s* santidade *f;* ~•**tu•a•ry** ['sæŋktʊərɪ] *s* santuário *m;* refúgio *m;* asilo *m;* reserva *f,* zona *f* protegida *(for animals);* **seek** ~ **with** procurar refúgio junto de.

sand [sænd] **1.** *s* areia *f;* ~**s** *pl* areal *m;* banco *m* de areia; **2.** *v/t* arear, cobrir com areia; lixar.

san•dal ['sændl] *s* sandália *f.*

sand|bag ['sændbæg] **1.** *s* saco *m* de areia; **2.** *v/t* fortificar com sacos de areia; ~ **dune** *s* duna *f* de areia; ~**glass** *s* ampulheta *f;* ~**hill** *s* duna *f* de areia.

sand•wich ['sænwɪdʒ] **1.** *s* sanduíche *f,* sandes *f;* **2.** *v/t* apertar; *a.* ~ **in** *fig.* intercalar.

sand•y ['sændɪ] *adj (-ier, -iest)* arenoso; *hair:* louro-avermelhado.

sane [seɪn] *adj (~r, ~st)* são de espírito; ajuizado; *jur.* imputável, responsável.

sang [sæŋ] *pret of* **sing.**

san|gui•na•ry ['sæŋgwɪnərɪ] *adj* □ sanguinário, cruel; ensanguentado; ~•**guine** [~ŋgwɪn] *adj* □ avermelhado; *fig.* optimista, confiante.

san•i•tar•i•um *Am.* [sænɪ'teərɪəm] *s (pl -ums, -a* [-ə]) → **sanatorium.**

san•i•ta•ry ['sænɪtərɪ] *adj* □ sanitário; limpo; saudável; ~ **napkin** *Am.,* ~ **towel** penso *m* higiénico.

san•i•ta•tion [sænɪ'teɪʃn] *s* instalações *f pl* sanitárias; medidas *f pl* de saneamento.

san•i•ty ['sænɪtɪ] *s* sanidade *f* (mental); *jur.* imputabilidade *f,* responsabilidade *f.*

sank [sæŋk] *pret of* **sink** 1.

San•ta Claus [sæntə'klɔːz] *s* Pai *m* Natal.

sap [sæp] **1.** *s bot.* seiva *f; fig.* força *f,* vigor *m;* **2.** *v/t (-pp-)* enfraquecer; consumir; ~•**less** *adj* esgotado, sem força; ~•**ling** *s bot.* árvore *f* nova.

sap•phire ['sæfaɪə] *s* safira *f.*

sap•py ['sæpɪ] *adj (-ier, -iest)* suculento; *fig.* vigoroso, forte.

sar•cas•m ['sɑːkæzəm] *s* sarcasmo *m.*

sar•dine *zoo.* ['sɑː'diːn] *s* sardinha *f.*

sash [sæʃ] *s* faixa *f;* caixilho *m;* ~ **window** *s* janela *f* de correr.

sat [sæt] *pret and pp of* **sit.**

Sa•tan ['seɪtən] *s* Satanás *m,* Satã *m.*

satch•el ['sætʃəl] *s* sacola *f;* pasta *f* da escola.

sate [seɪt] *v/t* saciar, fartar.

sa•teen [sæ'tiːn] *s* cetim *m* de algodão.

sat•el•lite ['sætəlaɪt] *s* satélite *m; a.* ~ **state** estado *m* satélite; ~ **dish** *s* antena *f* parabólica.

sa•ti•ate ['seɪʃɪeɪt] *v/t* saciar, fartar.

sat•in ['sætɪn] *s* cetim *m* (de seda).

sat|ire ['sætaɪə] *s* sátira *f;* ~•**ir•ist** [~ərɪst] *s* satírico/a *m/f;* ~•**ir•ize** [~əraɪz] *v/t* satirizar.

sat•is•fac|tion [sætɪs'fækʃn] *s* satisfação *f;* contentamento *m;* ~•**to•ry** [~'fæktərɪ] *adj* □ satisfatório.

sat•is•fy ['sætɪsfaɪ] *v/t* satisfazer; convencer; **be satisfied with** estar satisfeito com.

sat•u•rate *chem. and fig.* ['sætʃəreɪt] *v/t* saturar.

Sat•ur•day ['sætədɪ] *s* sábado *m.*

sat•ur•nine ['sætənaɪn] *adj* □ *fig.* triste, melancólico.

sauce [sɔːs] **1.** *s* molho *m;* calda *f; fig.* tempero *m; Am.* compota *f;* F atrevimento *m,* insolência *f;* **2.** *v/t* F ser insolente, ser atrevido; ~**boat** *s* molheira *f;* ~•**pan** *s* caçarola *f.*

sau•cer ['sɔːsə] pires *m.*

sauc•y ['sɔːsɪ] *adj* □ *(-ier, -iest)* atrevido, insolente; provocante.

saun•ter ['sɔːntə] **1.** *s* passeio *m;* vadiagem *f;* **2.** *v/i* passear, vadiar.

saus•age ['sɒsɪdʒ] *s* salsicha *f.*

sav|age ['sævɪdʒ] **1.** *adj* □ selvagem; cruel, feroz; **2.** *s* selvagem *m/f;* bárbaro/a *m/f;* ~•**ag•e•ry** *s* selvajaria *f;* crueldade *f.*

save [seɪv] **1.** *v/t* salvar; resguardar; preservar; poupar; *computer:* gravar; *(sports) ball, goal, shot:* impedir; **2.** *prep and cj:* à excepção de, excepto, salvo; a não ser que; ~ **for** com excepção de; ~ **that** a menos que; **3.** *s sports:* salvamento *m.*

sav•er ['seɪvə] *s* salvador/a *m/f;* economizador *m; it is a time* ~ poupa tempo.

sav•ing ['seɪvɪŋ] **1.** *adj* □ económico; salvador; **2.** *s* salvação *f;* ~**s** *pl* poupanças *f pl*, economias *f pl;* ~**s ac•count** *s* conta *f* poupança; ~**s bank** *s* caixa *f* económica; ~**s book** *s* caderneta *f* de poupança; ~**s de•pos•it** *s* depósito *m* de poupanças.

sa•vio(u)r ['seɪvjə] *s* salvador *m; the* ² *eccl.* o Salvador.

sa•vo(u)r ['seɪvə] **1.** *s* sabor *m; fig.* tempero *m;* **2.** *v/t fig.* saborear, apreciar; *v/i* provar; saber a *(of);* ~•**y** *adj* □ saboroso.

saw¹ [sɔː] *pret of* **see**¹.

saw² [~] *s* provérbio *m.*

saw³ [~] **1.** *v/t* (~**ed**, ~**n** *or* ~**ed**) serrar; **2.** *s* serra *f;* ~•**dust** *s* serradura *f;* ~•**mill** *s* serração *f;* ~**n** *pp of* **saw**³ 1.

Sax•on ['sæksn] **1.** *adj* saxão; *ling. often* alemão; **2.** *s* saxão *m.*

say [seɪ] **1.** *v/t and v/i* (**said**) dizer; falar; informar; relatar; ~ **grace** dar graças; *what do you ~ to ...?* que pensa(s) de ...? qual é a tua (sua) opinião sobre ...? *it ~s* diz, afirma *(writing, document, etc.); it ~s here* diz aqui, está aqui escrito; *that is to ~* isto é, ou seja; *(and) that's ~ing sth.* e já é dizer muito; *you don't ~ (so)!* não me diga(s)! *I ~!* não me diga(s)! ora esta! *you can ~ that again,* F *you said it* F é isso mesmo, nem mais; *he is said to be...* diz-se que ele, consta que ele; *no sooner said than done* dito e feito; **2.** *s* fala *f;* afirmação *f;* opinião *f; let him have his ~* deixa-o falar, deixa-o dizer a sua opinião; *have a or some (no) ~ in sth.* (não) dar opinião sobre algo; (não) ter algo a dizer sobre; *have the final ~* ter a

última palavra; ~•**ing** *s* ditado *m*, provérbio *m;* expressão *f; it goes without* ~ é óbvio, nem é preciso falar; *as the* ~ **goes** como se costuma dizer.

scab [skæb] *s med., bot.* crosta *f*, casca *f;* cicatriz *f; sl.* fura-greves *m/f.*

scaf•fold ['skæfəld] *s* cadafalso *m,* andaime; ~•**ing** *s* cadafalso *m.*

scald [skɔːld] **1.** *s* queimadura *f*, escaldadura *f;* **2.** *v/t* queimar, escaldar; *milk:* deixar ferver; ~**ing hot** a escaldar; escaldante *(day, etc.).*

scale¹ [skeɪl] **1.** *s* escama *f;* pedra *f* (calcário, dentes); **2.** *v/t and v/i* escamar(-se); *med. teeth:* tirar a pedra.

scale² [~] **1.** *s* prato *m* da balança; *(a pair of)* ~**s** *pl* balança *f;* **2.** *v/t* pesar.

scale³ [~] **1.** *s* escala *f (a. mus.);* graduação *f;* régua *f;* **2.** *v/t* subir a, montar; ~ **up (down)** subir (descer) de acordo com a escala; aumentar/reduzir.

scalp [skælp] **1.** *s* escalpe *m;* couro *m* cabeludo; **2.** *v/t* escalpelizar.

scal•y ['skeɪlɪ] *adj (-ier, -iest)* escamoso.

scamp [skæmp] **1.** *s* malandro/a *m/f,* preguiçoso/a *m/f*, trapalhão/ona *m/f;* **2.** *v/t* trabalhar mal, fazer mal feito.

scam•per ['skæmpə] **1.** *v/i a.* ~ **about,** ~ **around** apressar-se, andar rapidamente de um lado para o outro; **2.** *s* corrida *f.*

scan [skæn] *v/t* (**-nn-**) examinar atentamente; esquadrinhar; *horizon, etc.:* perscrutar; *computer, radar, TV:* decompor a imagem para transmissão; *headlines:* dar uma vista de olhos; ~•**ner** equipamento que converte uma imagem física numa imagem equivalente em formato digital.

scan•dal ['skændl] *s* escândalo *m;* desonra *f;* mexerico *m;* ~•**ize** [~dəlaɪz] *v/t: be* ~**d at sth.** escandalizar-se com algo; ~•**mon•ger** *s* F difamador *m*, caluniador *m; journalist:* jornalista *m/f* de escândalos; ~•**ous** *adj* □ escandaloso, vergonhoso.

Scan•di•na•vi•an [skændi'neɪvɪən] **1.** *adj* escandinavo; **2.** *s* escandinavo/a *m/f.*

scant [skænt] *adj* □ escasso; insuficiente; ~•**y** *adj* □ *(-ier, -iest)* insuficiente, pouco; parco, escasso.

S

scape|goat ['skeɪpgəʊt] *s* bode *m* expiatório; **~•grace** [~greɪs] *s* mandrião/ã *m/f.*

scar [skɑː] **1.** *s* cicatriz *f; fig.* mancha *f,* mácula *f;* recife *m;* **2.** **(-rr-)** *v/t* marcar (com cicatriz); *v/i:* **~ over** cicatrizar.

scarce [skeəs] *adj (~r, ~st)* escasso; raro; **~•ly** *adv* mal, quase não; **scar-ci•ty** [~ətɪ] *s* escassez *f;* insuficiência *f (of).*

scare [skeə] **1.** *v/t* assustar; **~ away**, **~ off** afugentar; **be ~d (of sth.)** ter medo (de algo); **2.** *s* susto *m;* pânico *m;* **~•crow** *s* espantalho *m (a. fig.).*

scarf [skɑːf] *s (pl* **scarfs** [~fs], **scar-ves** [~vz]) lenço *m* de cabeça; cachecol *m.*

scar•let ['skɑːlət] **1.** *s* escarlate *m;* **2.** *adj* escarlate; **~ fever** *med.* escarlatina *f;* **~ runner** *bot.* feijão *m* trepador.

scarred [skɑːd] *adj* cicatrizado.

scarves [skɑːvz] *pl of* **scarf.**

scath•ing ['skeɪðɪŋ] *adj look, criticism:* sarcástico, mordaz.

scat•ter [skætə] *v/t and v/i* espalhar; dispersar *(birds, etc.);* **~•brain** *s* F desmiolado/a *m/f;* pessoa *f* distraída; **~•brained** *adj* distraído, desmiolado; **~ed** *adj* espalhado; *showers, etc.:* disperso.

sce•na•rio [sɪ'nɑːrɪəʊ] *s (pl* **-os)** *film:* cenário *m.*

scene [siːn] *s* cena *f;* cenário *m;* vista *f;* **~s** *pl* bastidores *m pl;* **sce•ne•ry** ['siːnərɪ] *s* vista *f,* panorama *m;* paisagem *f;* cenário *m.*

scent [sent] **1.** *s* cheiro *m;* aroma *m; Br.* perfume *m; hunt:* pista *f,* rasto *m;* olfacto *m;* **2.** *v/t* apanhar o rasto; *esp. Br.* perfumar; **~•less** *adj* inodoro.

scep|tic, *Am.* **skep-** ['skeptɪk] *s* céptico/a *m/f;* **~•ti•cal,** *Am.* **skep-** *adj* □ céptico.

scep•tre, *Am.* **-ter** ['septə] *s* ceptro *m.*

sched•ule ['ʃedjuːl, *Am.* 'skedʒuːl] **1.** *s* horário *m;* horário *m* escolar; *esp. Am.* programa *m;* plano *m;* **be ahead of ~** estar adiantado; **be behind ~** estar atrasado; **be on ~** chegar/estar a horas, de acordo com o previsto; **2.** *v/t* planear; marcar; **~d** *adj* marcado *(departure, etc.);* programado; **~ flight** *aer.* voo *m* regular.

scheme [skiːm] **1.** *s* esquema *m;* plano *m;* projecto *m;* intriga *f;* **2.** *v/t* planear, projectar; *v/i* fazer planos; intrigar.

schol•ar ['skɒlə] *s* estudioso/a *m/f;* erudito/a *m/f; univ.* bolseiro/a *m/f; dated:* estudante *m/f;* **~•ly** *adj* erudito, instruído; **~•ship** *s* erudição *f; univ.* bolsa *f* de estudos.

school [skuːl] **1.** *s zoo.* cardume *m;* escola *f; univ.* faculdade *f; Am.* escola *f* secundária; **at ~** na escola; **2.** *v/t* ensinar, educar; *animal:* ensinar, treinar; **~•boy** *s* aluno *m;* **~•chil•dren** *s pl* alunos *m pl;* **~•fel•low** *s* colega *m/f* de escola; **~•girl** *s* aluna *f;* **~•ing** *s* educação *f,* instrução *f,* ensino *m;* **~•mate** *s* colega *m/f* de escola; **~•teach•er** *s* professor/a *m/f.*

schoo•ner ['skuːnə] *s mar.* escuna *f; Am.* caneca *f* de cerveja; *Br.* copo *m* de licor.

sci•ence ['saɪəns] *s* ciência *f; a.* **na-tural ~** Ciências *f pl* Naturais; arte *f;* técnica *f;* **~ fiction** *s* ficção *f* científica.

sci•en•tif•ic [saɪən'tɪfɪk] *adj (~ally)* científico; exacto, sistemático.

sci•en•tist ['saɪəntɪst] *s* cientista *m/f.*

scin•til•late ['sɪntɪleɪt] *v/i* cintilar.

scis•sors ['sɪzəz] *s pl (a pair of ~)* tesoura *f.*

scoff [skɒf] **1.** *s* escárnio *m; v/i* escarnecer, F gozar com.

scone [skɒn] *s* scone *m,* bolinho para acompanhar o chá.

scoop [skuːp] **1.** *s* pá *f;* concha *f;* colherão *m;* F golpe *m,* bom negócio *m; newspaper:* F furo *m,* exclusivo *m;* **2.** *v/t* escavar; tirar com concha; **~ up** recolher.

scoot•er ['skuːtə] *s* motoreta *f;* patim *m.*

scope [skəʊp] *s* alcance *m;* âmbito *m;* limite *m.*

scorch [skɔːtʃ] *v/t* queimar; chamuscar; *v/i* F enfurecer-se.

score [skɔː] **1.** *s sports:* pontuação *f,* resultado *m;* (grande) quantidade *f;* conta *f; mus.* partitura *f,* pauta *f;* **keep ~** *sports:* marcar pontos; **what's the ~?** qual é o resultado? como é que está o jogo; **the ~ is 2-2** o resultado está 2 a 2; **~s of** muitos; **run up a ~**

fazer dívidas; *on the* ~ *of* devido a;
2. *v/t and v/i sports:* marcar *(points, goals)*, pontuar; *mus.* orquestrar; *Am. F* criticar duramente, deitar abaixo;
~•**board** *s sports:* marcador *m*, tabela *f* de resultados; ~•**keep•er** *s sports:* marcador/a *m/f;* **scor•er** *s* marcador/a *m/f; soccer:* goleador/a *m/f.*

scorn [skɔːn] **1.** *s* desprezo *m;* desdém *m;* **2.** *v/t* desprezar; ridicularizar; ~•**ful** *adj* ☐ desdenhoso.

Scot [skɒt] *s* escocês/escocesa *m/f.*

Scotch [skɒtʃ] **1.** *adj* escocês; **2.** *s ling.* escocês; uísque *m* escocês; *the* ~ *pl* os escoceses *m pl;* ~•**man**, ~•**wom•an** → *Scotsman, Scotswoman.*

scot-free [skɒt'friː] *adj* impune.

Scots [skɒts] → *Scotch; the* ~ *pl* os escoceses *pl;* ~•**man** *s* escocês *m;* ~•**wom•an** *s* escocesa *f.*

Scot•tish ['skɒtɪʃ] *adj* escocês.

scour[1] [skauə] *v/t* esfregar; limpar.

scour[2] [~] *v/t* procurar; explorar.

scourge [skɜːdʒ] **1.** *s* castigo *m* corporal, tareia *f;* açoite *m; (a. fig.); fig.* flagelo *m;* **2.** *v/t* açoitar, chicotear.

scout [skaut] **1.** *s esp. mil.* batedor *m*, explorador *m; sports:* espião *m; aer.* avião *m* de reconhecimento; *Br. mot.* brigada *f* de desempanagem; *(boy)* ~ escoteiro *m; (girl)* ~ escuteira *f; ta•lent* ~ descobridor de talentos; **2.** *v/t* explorar; patrulhar; *v/i esp. mil.* fazer reconhecimento; ~ *about,* ~ *around* explorar.

scowl [skaul] **1.** *s* olhar *m* zangado; **2.** *v/i* olhar com expressão zangada.

scrab•ble ['skræbl] *v/i* esgravatar; apalpar, tactear; *s* jogo em que os jogadores procuram formar palavras com peças marcadas com letras.

scram•ble ['skræmbl] **1.** *v/i* trepar, subir; lutar *(for* por); *v/t* misturar; ~*d eggs pl* ovos *m pl* mexidos; **2.** escalada *f;* luta *f.*

scrap [skræp] **1.** *s* bocado *m;* fragmento *m;* resto *m;* recorte *m* de jornal; sucata *f;* ~*s pl* restos *m pl,* sobras *f pl* (de comida); **2.** *v/t (-pp-)* deitar fora; ~•**book** *s* álbum *m* de recortes.

scrape [skreip] **1.** *s* acto *m* de raspar; raspador *m; fig.* aperto *m;* **2.** *v/t* raspar; arranhar; ~ *together* F *money:*

juntar com dificuldade; *v/i* roçar *(against* por).

scrap|-heap ['skræphiːp] *s* lixeira *f;* monte *m* de lixo; lixo *m;* ~•**i•ron**, ~•**met•al** *s* ferro-velho *m*, sucata *f;* ~•**pa•per** *s* papel *m* de rascunho.

scratch [skrætʃ] **1.** *s* arranhão *m;* esfoladela *f; sports:* linha *f* de partida; *start from* ~ *fig.* começar do nada; *be up to* ~ estar à altura das circunstâncias; *bring sth. up to* ~ trazer algo para a primeira linha; **2.** *adj* improvisado; *sports:* improvisado; **3.** *v/t and v/i* marcar, riscar, arranhar; ~ *out,* ~ *through,* ~ *off* riscar, apagar; ~ *pad s Am.* bloco *m* de rascunho; ~ *pa•per s Am.* papel *m* de rascunho.

scrawl [skrɔːl] **1.** *v/t* rabiscar, garatujar; **2.** *s* garatujo *m*, rabisco *m.*

scraw•ny ['skrɔːnɪ] *adj (-ier, -iest)* magricela, esquelético.

scream [skriːm] **1.** *s* grito *m;* gritaria *f; he is a* ~ F ele é de gritos; **2.** *v/i and v/t* gritar.

screech [skriːtʃ] → *scream.*

screen [skriːn] **1.** *s* ecrã *m;* biombo *m;* tapume *m; radar, TV, computer:* ecrã *m;* rede *f* mosquiteira; **2.** *v/t* esconder, tapar *(a.* ~ *off) (from* de); proteger *(from* de); *picture:* projectar; *TV:* emitir; *film:* projectar, mostrar; *fig.* proteger; *person:* examinar; ~•**play** *s* roteiro *m*, guião *m.*

screw [skruː] **1.** *s* parafuso *m;* hélice *f; 2.sl* aparafusar; V comer, foder); ~ *up* aparafusar, F *spoil:* estragar, lixar; ~ *up one's courage* ganhar coragem; ~•**ball** *s Am. sl.* tipo *m* esquisito; ~•**driv•er** *s* chave *f* de parafusos.

scrib•ble ['skrɪbl] **1.** *s* rabisco *m;* **2.** *v/t* rabiscar.

scrimp [skrɪmp] *v/i* poupar; economizar, ser mesquinho *(on* com).

script [skrɪpt] *s* escrita *f;* caligrafia *f; print.* manuscrito *m; film, TV:* roteiro *m,* script *m.*

Scrip•ture ['skrɪptʃə] *s: (Holy)* ~, *The (Holy)* ~*s* as Escrituras *f pl* Sagradas.

scroll[1] [skrəul] *s* rolo *m* de pergaminho; voluta *f (of violin);* floreado *m.*

scroll[2] [~] *v/t computer:* rolar, passar.

scro•tum *anat.* ['skrəutəm] *s (pl -ta* [-tə], *-tums)* escroto *m.*

scrub[1] [skrʌb] s moita f; arbustos m
pl; homem m pequeno; fig. nulidade
f; Am. sports: segunda guarnição f;
suplentes.

scrub[2] [~] **1.** s esfrega f; acto m de
esfregar; **2.** v/t (-bb-) esfregar, lavar
esfregando.

scru|ple ['skru:pl] **1.** s escrúpulo m;
dúvida f; **2.** v/i ter escrúpulos;
~•**pu•lous** [~julǝs] adj □ escrupuloso; cuidadoso, conscencioso.

scru•ti|nize ['skru:tınaız] v/t escruti-
nar; examinar; ~•**ny** [~ı] s escrutínio
m; exame m minucioso; esp. pol. escrutínio m, contagem f de votos.

scu•ba ['sku:bǝ] s equipamento m de
mergulho; ~ **diving** mergulho m.

scuff [skʌf] v/t desgastar; v/i arrastar
os pés.

scuf•fle ['skʌfl] **1.** s confusão f; tumulto m; **2.** v/i brigar, lutar.

scull [skʌl] s **1.** remo m curto; barco
m a remos; **2.** v/t and v/i remar.

scul•le•ry ['skʌlǝrı] s copa f.

sculp|tor ['skʌlptǝ] s escultor m;
~•**tress** s escultora f; ~•**ture 1.** s escultura f; **2.** v/t esculpir.

scum [skʌm] s espuma f; **the ~ of
the earth** fig. a escumalha f, a escória da sociedade.

scurf [skɜ:f] s caspa f.

scur•ri•lous ['skʌrılǝs] adj □ baixo,
vil; grosseiro.

scur•ry ['skʌrı] v/i correr, apressar-se.

scur•vy med. ['skɜ:vı] s escorbuto m.

scut•tle ['skʌtl] **1.** s balde m para carvão; **2.** v/i → **scurry** sair apressadamente.

scythe agr. [saıð] s foice f, segadeira f.

sea [si:] s mar m, oceano m; onda f
grande; **at** ~ no mar; **(all) at** ~ desorientado; **by** ~ de barco; **by the** ~ na
costa, na praia; ~•**board** s costa f;
região f costeira; ~•**coast** s costa f,
~•**far•ing** [~feǝrıŋ] adj navegante,
relativo ao mar; ~•**food** s marisco m;
~•**front** s appr. orla f marítima; caminho m à beira do mar; ~•**going** adj
mar. de longo curso, de alto mar; ~•
gull s zoo. gaivota f.

seal[1] [si:l] **1.** s selo m; carimbo m;
tech. calafetagem f; fig. autenticação
f, ratificação f; **2.** v/t selar; fig. auten-
ticar; ~ **off** fig. bloquear; ~ **up** lacrar.

seal[2] zoo. [_] s foca f.

sea-lev•el ['si:levl] s nível m do mar.

seal•ing-wax ['si:lıŋwæks] s lacre m.

seam [si:m] **1.** s costura f; junta f;
mar. fenda f; geol. filão m, veio m; **2.**
v/t: ~ **together** coser; ~**ed** face: vin-
cado.

sea•man ['si:mǝn] s marinheiro m.

seam•stress ['semstrıs] s costureira f.

sea|plane ['si:pleın] s hidroavião m;
~•**port** s porto m marítimo; cidade f
portuária; ~ **pow•er** s poder m marítimo.

sear [sıǝ] v/t queimar, endurecer; med.
secar.

search [sɜ:tʃ] **1.** s busca f, procura f;
pesquisa f; investigação f; **in** ~ **of** em
busca de; **2.** v/t procurar; examinar;
med., conscience: sondar; ~ **me!** F
não faço a mais pequena ideia; v/i investigar; procurar **(for)**; ~ **into** pesquisar; ~•**ing** adj □ perscrutador;
(examination, inquiry, etc.) minucioso; ~•**light** s holofote m; farol m; ~•
par•ty s equipa f de salvamento; ~•
war•rant s jur. mandato m de busca.

sea|shore ['si:ʃɔ:] s costa f marítima;
~•**sick** adj enjoado; ~•**sick•ness** s
enjoo m; ~•**side** s: **at the** ~ na praia,
no litoral; **go to the** ~ ir para a praia,
para o litoral; ~ **place,** ~ **resort** estância f balnear marítima.

sea•son ['si:zn] **1.** s estação f do ano;
época f; Br. F → **season ticket**;
cherries are now in ~ é a estação
das cerejas; **out of** ~ fora de estação,
fora de época; fig. deslocado; **with the
compliments of the** ~ com os melhores votos da época; **2.** v/t temperar;
wood: deixar secar; **sea•so•na•ble**
adj □ adequado; oportuno; ~•**al** adj □
sazonal; ~•**ing** s tempero m, condimento m (a. fig.); ~ **tick•et** s rail.,
thea. etc. bilhete m de temporada.

seat [si:t] **1.** s assento m; lugar m;
banco m; cadeira f; poltrona f;
but•tocks: nádegas f pl; fig, pol. assento m, mandato m; sede f; → **take**
1; **2.** v/t sentar; ter espaço para; ~**ed**
sentado; **be** ~**ed** estar sentado; **be**
~**ed!** sentem-se! **remain** ~**ed** fiquem
sentados; ~•**belt** s aer., mot. cinto m
de segurança.

seal-ur•chin zoo. ['siːɜːtʃɪn] s ouriço-do-mar m; **~•ward 1.** adj para o mar; **2.** adv a. **~s** em direcção ao mar; **~•weed** s bot. alga f marinha; **~•wor•thy** adj em boas condições de navegar.

se•cede [sɪ'siːd] v/i separar-se (**from** de); **se•ces•sion** [sɪ'seʃn] s separação f; secessão f; **se•ces•sion•ist** s separatista f/m.

se•clude [sɪ'kluːd] v/t excluir, segregar; **se•clud•ed** adj isolado; segregado; retirado; **se•clu•sion** [~ʒn] s exclusão f; segregação f.

sec•ond¹ ['sekənd] s segundo m; **just a ~!** só um momento! **have you got a ~ ?** tem (tens) um minuto?

sec•ond² [~] **1.** adj □ segundo; **~ to none** o melhor, sem rival; **on ~ thought** pensando bem; **2.** adv em segundo lugar; **3.** s o/a segundo/a; assistente m/f; **~s** pl artigos m pl com defeito, artigos m pl de segunda escolha; **4.** v/t secundar; apoiar, proteger.

sec•ond•a•ry ['sekəndərɪ] adj □ secundário; **~ education** ensino m secundário; **~ modern (school)** Br. (appr) escola f secundária.

sec•ond|-hand [sekənd'hænd] adj em segunda mão (a. adv); usado; **~•ly** [~lɪ] adv em segundo lugar; **~-rate** adj de segunda categoria.

se•cre|cy ['siːkrɪsɪ] s segredo m; sigilo m; **~t** [~t] **1.** adj □ secreto; fechado; oculto; clandestino; **2.** s segredo m; **in ~** em segredo; **be in the ~** conhecer o segredo, conhecer o assunto; **keep sth. a ~ from s.o.** esconder algo de alguém.

sec•re•ta•ry ['sekrətrɪ] s secretário/a m/f; **♀ of State** Br. secretário m de Estado; Br. Ministro m; Am. ministro m dos Negócios Estrangeiros.

se•crete [sɪ'kriːt] v/t esconder, ocultar; biol., med. segregar; **se•cre•tion** [~ʃn] secreção f; **se•cre•tive** [~tɪv] adj reservado; discreto.

se•cret•ly ['siːkrɪtlɪ] adv secretamente.

sec•tion ['sekʃn] s med. secção f, corte m; parte f; jur. parágrafo m, artigo m; print. parágrafo m, alínea f; secção f; sector m, grupo m.

se•cure [sɪ'kjʊə] **1.** adj □ seguro; certo, assegurado; **2.** v/t assegurar; proteger; garantir; trancar; **se•cu•ri•ty** s segurança f; medidas f de segurança; garantia f; defesa f; **securities** pl acções f pl, certificados m pl; **~ check** controlo m de segurança.

se•date [sɪ'deɪt] adj □ tranquilo; sereno.

sed•a•tive mst med. ['sedətɪv] **1.** adj calmante, sedativo; **2.** s calmante m, sedativo m.

sed•i•ment ['sedɪmənt] s sedimento m; depósito m.

se•duce [sɪ'djuːs] v/t seduzir; **se•duc•er** s sedutor m; **se•duc•tion** [sɪ'dʌkʃn] s sedução f; **se•duc•tive** adj □ sedutor; atraente.

see¹ [siː] (**saw, seen**) v/i ver; make sure: confirmar; reflect: pensar, considerar; **I ~!** compreendo; bem vejo!; **~ about** preocupar-se com; **I'll ~ about it** vou ver o que posso fazer, vou pensar nisso; **~ into** examinar, estudar; **~ through** ver através de; **~ to** tratar de; v/t ver; meet: visitar, encontrar; tratar; doctor, etc.: consultar; **~ s.o. home** acompanhar alguém a casa; **~ you!** F até breve, até à vista; **~ you later!** até logo, adeus; **~ s.o. off** despedir-se de alguém (**at station,** etc.); **~ s.o. out** acompanhar alguém à porta; **~ through** levar até ao fim; **live to ~** viver, experimentar.

see² |~| s: **the Holy ♀** o Vaticano m.

seed [siːd] **1.** s semente f; trigo m; caroço m; sementes f pl; mst **~s** pl fig. colheita f; germe f; **go** or **run to ~** espigar (salad, etc.); fig. falir; **2.** v/t semear; descaroçar, tirar a semente; v/i espigar, grelar; **~•less** adj sem caroço (fruit); **~•ling** s agr. planta f nova, rebento m; **~•y** adj □ F (**-ier, -iest**) gasto, usado; miserável, com mau aspecto.

seek [siːk] v/t and v/i (**sought**) procurar (**after, for**); ambicionar.

seem [siːm] v/i parecer; **it ~s to me that...** parece-me que; **~•ing** adj □ aparente.

seen [siːn] pp of **see**¹.

seep [siːp] v/i penetrar, infiltrar(-se).

see-saw ['siːsɔː] **1.** s arre-burrinho m; baloiço m; **2.** v/i baloiçar; oscilar.

S

seethe [si:ð] v/i ferver; espumar (a. fig.); fig. cozinhar.

seg•ment ['segmənt] s segmento m; secção f.

seg•re•gate ['segrɪgeɪt] v/t segregar, separar (a. social groups); **~•ga•tion** [~'geɪʃn] s segregação f (racial), separação f.

seize [si:z] v/t agarrar, pegar; apoderar-se de; jur. empossar; confiscar; capturar, prender; acometer.

sei•zure ['si:ʒə] s acto m de agarrar; jur. embargo m; med. ataque m súbito.

sel•dom ['seldəm] adv raramente.

se•lect [sɪ'lekt] 1. v/t seleccionar, escolher; 2. adj escolhido; fino, selecto, exclusivo; **se•lec•tion** s selecção f, escolha f.

self [self] 1. s (pl **selves** [selvz]) o/a próprio/a; eu; 2. pron si, mesmo/a; econ. or F → **myself**, etc.; **~-as•sured** adj confiante, seguro de si; **~-ca•ter•ing** adj com cozinha; **~-cen•t(e)red** adj egoísta; egocêntrico; **~-col•o(u)red** adj esp. bot. de cor natural, com uma só cor; **~-com•mand** s autodomínio m; **~-con•fi•dence** s autoconfiança f; **~-con•fi•dent** adj □ confiante, seguro de si, autoconfiante; **~-con•scious** adj □ inseguro, inibido; **~-con•tained** adj retraído, fechado, reservado; completo, independente; **~ flat** Br. apartamento m independente; **~-con•trol** s autodomínio m; **~-de•fence**, Am. **~-de•fense** s autodefesa f; **in ~** em autodefesa; **~-de•ni•al** s abnegação f; **~-de•ter•mi•na•tion** s esp. pol. autodeterminação f; **~-drive** adj: **~ hire** aluguer m de automóveis sem condutor; **~ vehicle** automóvel m de aluguer; **~-em•ployed** adj econ. independente; **~-ev•i•dent** adj evidente, óbvio; **~-gov•ern•ment** s pol. governo m autónomo; **~-help** s iniciativa f, esforço m individual; **~-in•dul•gent** adj comodista, tolerante consigo próprio; **~-in•struc•tion** s aprendizagem f autodidacta; **~-in•terest** s egoísmo m; **~-ish** adj □ egoísta; **~-made** adj feito por si mesmo; **~ man** homem que venceu sozinho na vida; **~-pit•y** s pena f de si mesmo; **~-pos•ses•sion** s autodo-

mínio m; **~-re•li•ant** adj seguro de si próprio, confiante em si mesmo; **~-re•spect** s orgulho m; **~-right•eous** adj □ presumido, presunçoso; **~-ser•vice** 1. adj com auto-serviço; 2. s auto-serviço m; **~-willed** adj teimoso, obstinado.

sell [sel] (**sold**) v/t vender (a. fig.); impingir; **~ off** liquidar; **~ out** esgotar; v/i vender-se (**at, for** por); **~-by date** s data f de vencimento; **~•er** s vendedor/a m/f; **good ~** econ. artigo m que se vende bem.

selves [selvz] pl of **self** 1.

sem•blance ['sembləns] s aparência f.

se•men biol. ['si:men] s sémen m, esperma m.

sem•i ['semi] 1. s Br. F casa f geminada; 2. adj semi..., meio...; **~-co•lon** s ponto e vírgula; **~-de•tached (house)** s casa f geminada; **~-fi•nal** s sports: semifinal f; **~s** pl semifinais f pl.

sem•i•nar ['semina:] s seminário m; Am. conferência f; **sem•i•na•ry** ['seminəri] s seminário m (para padres); fig. escola f.

semp•stress ['semstrɪs] → **seamstress**.

sen•ate ['senɪt] s senado m; **sen•a•tor** ['senətə] s senador m.

send [send] (**sent**) v/t enviar, mandar; (with adj or prp) fazer; **~ s.o. mad** enlouquecer alguém; **~ forth** expedir, emitir; publicar; **~ in** entregar; **~ up** fig. price, etc.: fazer subir; **~ word to s.o.** mandar um recado or notícias a alguém; **~ for** mandar chamar; **~•er** s remetente m.

se•nile ['si:naɪl] adj senil; **se•nil•i•ty** [sɪ'nɪlətɪ] s senilidade f.

se•ni•or ['si:nɪə] 1. adj mais velho; superior; **~ citizens** pl idosos m pl; ♀ **Citizen's Railcard** passe m para a Terceira Idade; **~ partner** econ. sócio/a m/f principal; 2. s o/a mais velho/a; o/a superior/a; **he is my ~ by a year** ele é um ano mais velho do que eu; **~•i•ty** [si:nɪ'ɒrətɪ] antiguidade f.

sen•sa•tion [sen'seɪʃn] s sensação f; impressão f; **~•al** adj □ sensacional.

sense [sens] 1. s sentido m; sensação f; senso m; compreensão f; significado m; interpretação f; **in (out of)**

one's ~s no (fora do) seu juízo perfeito; *bring s.o. to his* or *her* ~s chamar alguém à razão; *make* ~ fazer sentido; *talk* ~ falar com seriedade; **2.** *v/t* sentir, perceber.

sense•less ['senslɪs] *adj* □ inconsciente, insensível; insensato, idiota; **~•ness** *s* insensibilidade *f;* insensatez *f,* estupidez *f.*

sen•si•bil•i•ty [sensɪ'bɪlətɪ] *s* sensibilidade *f; phys., etc.*: sensibilidade *f;* **sensibilities** *pl* susceptibilidade *f.*

sen•si•ble ['sensəbl] *adj* □ sensato; razoável.

sen•si•tive ['sensɪtɪv] *adj* sensível (*to* a); susceptível; **~•tive•ness** *s,* **~•tiv•i•ty** [~'tɪvətɪ] *s* sensibilidade *f.*

sen•sor *tech.* ['sensə] *s* sensor *m.*

sen•su•al ['senʃʊəl] *adj* □ sensual.

sen•su•ous ['senʃʊəs] *adj* □ sensual.

sent [sent] *pret and pp of* **send**.

sen•tence ['sentəns] **1.** *s jur.* sentença *f; gr.* frase *f,* oração *f;* **serve one's** ~ cumprir pena; **2.** *v/t jur.* sentenciar, condenar.

sen•ti•ment ['sentɪmənt] *s* sentimento *m;* opinião *f;* → *sentimentality*; **~•ment•al** [~'mentl] *adj* □ sentimental; **~•men•tal•i•ty** [~men'tælətɪ] *s* sentimentalidade *f.*

sen•try *mil.* ['sentrɪ] *s* sentinela *f.*

sep•a•ra•ble ['sepərəbl] *adj* □ separável; **~•rate 1.** *adj* □ ['seprət] separado; isolado; **2.** *v/t and v/i* ['sepəreɪt] separar(-se); desligar(-se), desunir; afastar(-se); partir-se (*into* em); **~•ra•tion** [sepə'reɪʃn] *s* separação *f;* divisão *f;* divórcio *m.*

sep•sis *med.* ['sepsɪs] *s* (*pl* **-ses** [-siːz]) septicemia *f.*

Sep•tem•ber [sep'tembə] *s* Setembro *m.*

sep•tic *med.* ['septɪk] *adj* (~*ally*) séptico.

se•pul•chral [sɪ'pʌlkrəl] *adj* sepulcral; *fig.* grave, sombrio, fúnebre; **sep•ul•chre**, *Am.* **-cher** ['sepəlkə] *s* sepulcro *m,* sepultura *f.*

se•quel ['siːkwəl] *s* sequência *f,* continuação *f;* **a four-~ program(me)** *TV* um programa em quatro episódios.

se•quence ['siːkwəns] *s* sequência *f;* continuação *f; film:* cena *f;* **se•quent** [~t] *adj* subsequente.

se•ques•trate *jur.* [sɪ'kwestreɪt] *v/t property:* confiscar; sequestrar.

ser•e•nade *mus.* [serə'neɪd] **1.** *s* serenata *f;* **2.** *v/t* fazer uma serenata.

se•rene [sɪ'riːn] *adj* □ sereno, calmo, sossegado; **se•ren•i•ty** [sɪ'renətɪ] *s* serenidade *f;* calma *f.*

ser•geant ['sɑːdʒənt] *s mil.* sargento *m.*

se•ri•al ['sɪərɪəl] **1.** *adj* □ em série; periódico; **2.** *s* romance *m* em episódios; publicação *f* em fascículos; série *f.*

se•ries ['sɪəriːz] *s* (*pl* **-ries**) série *f;* sucessão *f;* seguimento *m.*

se•ri•ous ['sɪərɪəs] *adj* □ sério; grave; *newspaper*: de qualidade, sério; **be** ~ falar a sério *(about); you can't be* ~! não está(s) a falar a sério! *take s.o.* ~*ly* levar alguém a sério; ~*ly wounded* ferido com gravidade; **~•ness** *s* seriedade *f.*

ser•mon ['sɜːmən] *s eccl.* sermão *m,* prédica *f; iro.* sermão *m.*

ser|pent *zoo.* ['sɜːpənt] *s* serpente *f;* **~•pen•tine** [~aɪn] *adj* serpentiforme; *road:* tortuoso, sinuoso.

se•rum ['sɪərəm] *s* (*pl* **-rums, -ra** [-rə]) soro *m.*

ser•vant ['sɜːvənt] *s a.* **domestic** ~ empregado/a *m/f* doméstico/a; criado/a *m/f;* **public** ~ funcionário/a *m/f* público/a; → *civil.*

serve [sɜːv] **1.** *v/t* servir; *period of service (a. mil.)* fazer serviço (militar); trabalhar; *apprenticeship:* fazer; *jur. sentence:* cumprir; *customers:* servir, atender; *meal, drink:* servir; *be useful:* servir, ser útil; *purpose:* satisfazer, preencher; *tennis, etc.:* servir; *(it)* ~*s him right* é bem feito; ~ *out* servir (para fora); *v/i* servir (*a. mil., as, for* como); *econ.* fornecer; utilizar; ser útil; aproveitar; ~ *at table:* servir à mesa; **2.** *s tennis, volleyball:* serviço *m.*

ser•vice ['sɜːvɪs] **1.** *s* serviço *m; in hotel, etc.:* serviço *m; favour:* ajuda *f,* assistência *f; eccl.* serviço *m* religioso; *mil.* serviço *m* militar; *tech.* vigilância *f; mot. a.* revisão *f;* atendimento *m; trains, etc.:* trajecto *m; set of dishes:* serviço *m; tennis, volleyball, etc.:* serviço *m;* **be at s.o.'s** ~ estar ao serviço de alguém; **2.** v/t tech. consertar, fazer a revisão; **ser•vi•ceable** adj □ útil, aproveitável; **~ ar•e•a** s Br. posto m de gasolina com serviços de apoio; **~ charge** s serviço m, taxa de serviço; **~ in•dus•try** s econ. sector m dos serviços; **~ sta•tion** s posto m de gasolina; oficina f.

ser|vile ['sɜːvaɪl] adj □ servil (a. fig.); humilde; **~•vil•i•ty** [sɜː'vɪlətɪ] s servilismo m.

ser•vi•tude ['sɜːvɪtjuːd] s servidão f; escravatura f.

ses•sion ['seʃn] s sessão f; **be in ~** jur., parl. estar reunido em sessão.

set [set] **1.** (-tt-; set) v/t pôr, colocar; causing to happen: causar; tech. afinar, regular; (alarm-)clock: pôr a despertar; gem: encastrar; liquid: coalhar; endurecer; hair: arranjar; med. fracture, bone: encaixar; mus. print. compor; task: atribuir; time, price: fixar; record: estabelecer; **~ s.o. laugh•ing** fazer alguém rir; **~ an example** dar o exemplo; **set one's hopes on** focar as esperanças em; **~ the table** pôr a mesa; **~ one's teeth** cerrar os dentes; **~ at ease** pôr à vontade; **~ s.o.'s mind at rest** descansar alguém; **~ great (little) store by** atribuir muito (pouco) valor a; **~ aside** pôr de lado; jur. revogar; **~ forth** expor, demonstrar; **~ off** partir; **~ up** montar; fundar; estabelecer; government: constituir; v/i descer, pôr-se (sun); coalhar; endurecer (a. face, muscles); med. encaixar(-se); **~ about doing sth.** começar a fazer algo; **~ about s.o.** F lançar-se sobre alguém; **~ forth** partir, abalar; **~ in** surgir, começar; **~ off** partir, ir-se embora; **~ on** incitar, instigar; **~ out** partir, sair; **~ to** deitar-se a, aplicar-se; **~ up** estabelecer-se (**as** como), iniciar um negócio; **2.** adj fixo, rígido; fixado, estabelecido; pronto; decidido; **~ fair** barometer: constante; **~ phrase** frase feita; **~ speech** discurso preparado; **3.** s jogo m; conjunto m; serviço m; produção f (of author); série f; radio, TV: aparelho m; thea., film: cenário m; tennis: set; agr. estaca f; círculo m (of people); contp. grupelho m; conjunto (clo-

thes); poet. pôr do Sol; fig. direcção f, tendência f; **have a shampoo and ~** lavar e secar o cabelo; **~-back** s fig. contratempo m.

set•tee [se'tiː] s sofá m.

set the•o•ry math. ['setθɪərɪ] teoria f dos conjuntos.

set•ting ['setɪŋ] s colocação f; moldura f; cenário m; organização f; guarnição f; engaste m (of jewel); talher m; tech. afinação f; mus. acompanhamento m; pôr do sol m; ambiente m, tempo m; lugar m.

set•tle ['setl] **1.** s banco m; **2.** v/t assentar; estabelecer; decidir; pôr em ordem; colonizar, povoar; ir morar em; question, etc.: esclarecer; deal: ajustar, fechar; bill: liquidar; econ. account: ajustar, liquidar; quarrel, dispute: resolver; a. **~ down** sossegar, acalmar; child: cuidar de; property: legar (**on** a); annuity: suspender; **~ s.o. in** ajudar alguém a instalar-se; **~ o.s.** instalar-se; **~ one's affairs** resolver os seus assuntos; **that ~s it** F isso resolve a questão; **that's ~ed then** então, está combinado, então está resolvido; v/i instalar-se, estabelecer-se, casar-se (a. **~ down**); melhorar (weather); a. **~ down** fig. acalmar-se; assentar (sediment, dust); ficar límpido (liquid); **~ back** recostar-se; **~ down to** dedicar-se a, consagrar-se a; **~ in** instalar-se; habituar-se; **~ on, ~ upon** decidir-se a; **~d** adj firme, seguro; resolvido; combinado; instalado (life); estável (weather); **~•ment** s colónia f, povoado m; acordo m; clarificação f; acordo m; liquidação f; jur. trespasse f; **~r** s colono m.

set-up ['setʌp] s F situação f preparada; acordo m; coisa f combinada.

sev•en ['sevn] **1.** adj sete; **2.** s número sete; **~•teen** ['tiːn] **1.** adj dezassete; **2.** s número dezassete; **~•teenth** [~'tiːnθ] adj décimo sétimo; **~th** ['~θ] **1.** adj sétimo; **2.** s sétimo m, sétima parte; **~th•ly** [~θlɪ] adv em sétimo lugar; **~•ti•eth** [~tɪɪθ] adj septuagésimo; **~•ty** [~tɪ] **1.** adj setenta; **2.** s número setenta.

sev•e•ral ['sevrəl] adj □ vários/as; diversos/as; alguns/algumas; separados/

/as; respectivos/as; **~•ly** *adv* separadamente; respectivamente.

se•vere [sɪ'vɪə] *adj* □ *(~r, ~st)* severo; duro; rigoroso *(a. weather, winter);* sério, grave *(look, disease, etc.);* forte, violento *(pain);* **se•ver•i•ty** [sɪ'verətɪ] *s* severidade *f;* dureza *f;* gravidade *f;* seriedade *f;* inclemência *f.*

sew [səʊ] *v/t and v/i (sewed, sewn or sewed)* coser, costurar.

sew•age ['sju:ɪdʒ] *s* água *f* de esgotos; resíduos *m pl* líquidos; **~ pollution** poluição *f* causada por esgotos.

sew•er¹ ['səʊə] *s* costureira *f.*

sew•er² [sjʊə] *s* esgoto *m;* **~•age** ['~rɪdʒ] *s* sistema *m* de esgotos, canalização *f.*

sew|ing ['səʊɪŋ] *s* costura *f;* trabalho *m* de costura; **~n** [səʊn] *pp of* **sew.**

sex [seks] *s* sexo *m;* género *m;* sexualidade *f;* **~•is•m** *s* sexismo *m;* **~•ist** **1.** *s* sexista *m/f;* **2.** *adj* sexista.

sex•ton ['sekstən] *s* sacristão *m;* coveiro *m.*

sex|u•al ['seksʃʊəl] *adj* □ sexual; **~ intercourse** relações sexuais; **→ harassment; ~•u•al•i•ty** [~'ælətɪ] *s* sexualidade *f;* **~•y** *adj* F *(-ier, -iest)* sexy, atraente, excitante.

shab•by ['ʃæbɪ] *adj* □ *(-ier, -iest)* gasto, surrado, usado.

shack [ʃæk] *s* cabana *f;* barraca *f.*

shack•le ['ʃækl] **1.** *s* algema *f (fig. mst pl);* **2.** *v/t* algemar.

shade [ʃeɪd] **1.** *s* sombra *f (a. fig.);* quebra-luz *m;* matiz *f;* sombreado *m; Am.* estore *m,* persiana *f; fig.* nuance *f; fig.* F vestígio *m,* rasto *m;* **2.** *v/t* sombrear, dar sombra; escurecer; proteger da luz.

shad•ow ['ʃædəʊ] **1.** *s* sombra *f (a. fig.);* fantasma *f; fig.* vestígio *m,* rasto *m;* **2.** *v/t* sombrear, fazer sombra; *fig.* seguir alguém; **~•y** *adj (-ier, -iest)* sombrio, escuro; vago.

shad•y ['ʃeɪdɪ] *adj* □ *(-ier, -iest)* à sombra, sombreado; escuro; F duvidoso, suspeito.

shaft [ʃɑ:ft] *s* cabo *m;* haste *f; poet.* seta *f (a. fig.); poet.* raio *m; tech.* eixo *m; mining:* poço *m.*

shag•gy ['ʃægɪ] *adj (-ier, -iest)* peludo; desgrenhado.

shake [ʃeɪk] **1.** *(shook, shaken) v/t* sacudir, abanar; abalar; comover; **~ down** derrubar; **~ hands** dar um aperto de mão; **~ off** sacudir; livrar-se *(a. fig.);* **~ up bed:** sacudir; *fig.* animar; *v/i* vibrar; tremer *(a. voice);* estremecer (**with** de); *mus.* gorjear; **2.** *s* sacudidela *f;* safanão *m;* abalo *m; mus.* trinado *m;* batido *m (drink);* **~•down 1.** *s* teste *m; Am.* F extorsão *f,* chantagem *f; Am.* F revista *f* minuciosa; **2.** *adj* **~ flight** *aer.* voo *m* experimental; **~ voyage** *mar.* viagem *f* experimental; **shaken 1.** *pp of* **shake** 1; **2.** *adj* abalado.

shak•y ['ʃeɪkɪ] *adj* □ *(-ier, -iest)* trémulo; vacilante; inseguro, incerto; **feel ~** sentir-se fraco *or* abalado.

shall [ʃæl] *v/aux (pret should; negative:* **~ not, shan't)** dever; utilizado na formação do futuro: *I* **shall know:** eu saberei.

shal•low ['ʃæləʊ] **1.** *adj* □ raso, pouco profundo; *fig.* superficial; **2.** *s* baixio *m;* **3.** *v/i* tornar raso.

sham [ʃæm] **1.** *adj* falso; **2.** *s* fraude *f;* impostura *f;* logro *m;* **3.** *(-mm-) v/t* fingir; simular; **~ ill(ness)** fingir-se doente.

sham•ble ['ʃæmbl] *v/i* bambolear(-se); **~s** *s sg* caos *m;* confusão *f;* campo *m* de batalha.

shame [ʃeɪm] **1.** *s* vergonha *f;* pena *f;* **for ~! - on you!** que vergonha! **put to ~** ser envergonhado; **2.** *v/t* envergonhar; **~•faced** *adj* □ envergonhado; **~•ful** *adj* □ vergonhoso; **~•less** *adj* □ desavergonhado, descarado.

sham•poo [ʃæm'pu:] **1.** *s* champô *m;* **→ set** 3; **2.** *v/t head, hair:* lavar; lavar a cabeça.

sham•rock *bot.* ['ʃæmrɒk] *s* trevo *m.*

shank [ʃæŋk] *s* canela *f; bot.* talo *m,* haste *f.*

shan•ty ['ʃæntɪ] *s* barraca *f;* quiosque *m;* **~ town** *s* bairro *m* de lata.

shape [ʃeɪp] **1.** *s* forma *f,* figura *f (a. fig.); physical or mental:* condição *f;* **2.** *v/t* formar; dar forma; moldar; *v/i* a **~ up** desenvolver-se; **~d** *adj* formado, em forma de; **... ~** em forma de; **~•less** *adj* sem forma, disforme; **~•ly** *adj (-ier, -iest)* bem formado, bem proporcionado.

share [ʃeə] **1.** s parte f; contributo m; econ. acção f; agr. relha f; **have a ~ in** tomar parte em, ter participação em; **go ~s** partilhar, dividir; **2.** v/t partilhar, dividir; v/i tomar parte em, participar em **(in)**; ~•**crop•per** s Am. meeiro m; ~•**hold•er**, ~•**own•er** s econ. accionista m/f.

shark [ʃɑ:k] s zoo. tubarão m; impostor/a m/f, aldrabão/ona m/f.

sharp [ʃɑ:p] **1.** adj □ aguçado (a. fig.); needle: afiado; slope, etc.: íngreme, acentuado; pain: agudo; acid, etc.: cáustico; sound: estridente, penetrante; mind, etc.: rápido, perspicaz; mus. elevado em meio tom; **C ~** dó maior; **2.** adv prontamente, pontualmente; bruscamente; exactamente; mus. demasiado alto; **at eight o'clock ~** às oito horas em ponto; **look ~!** F atenção! F rápido! **3.** s mus. sustenido m.

sharp|en ['ʃɑ:pən] v/t aguçar, afiar; ~•**en•er** s for knife: amolador m; apara-lápis m; ~•**er** s vigarista m/f; ~•**eyed** adj perspicaz; de olhar agudo; ~•**ness** s aspereza f; severidade f; ~•**shoot•er** s atirador/a m/f de alto nível; ~•**sight•ed** adj perspicaz; ~•**wit•ted** adj bom observador, esperto.

shat [ʃæt] pret and pp of **shit** 2.

shat•ter ['ʃætə] v/t despedaçar; health, nerves: destruir, abalar.

shave [ʃeɪv] **1.** v/t and v/i (**shaved**, **shaved** or as adj **shaven**) barbear(-se), fazer a barba; rapar; raspar; **2.** s acto m de fazer a barba; raspagem f; **have (get) a ~** fazer a barba; **have a close** or **narrow ~** escapar por pouco, escapar por um triz; **that was a close ~** essa foi por pouco; **shav•en** pp of **shave** 1; **shav•ing** **1.** s acto m de fazer a barba; ~**s** pl aparas f pl; **2.** adj de/para barbear.

shawl [ʃɔ:l] s xaile m; lenço m de cabeça.

she [ʃi:] **1.** pron ela; **2.** s mulher f; zoo. fêmea f; **3.** adj in compounds, esp. zoo.: fêmea; ~•**dog** cadela f; ~•**goat** cabra f.

sheaf [ʃi:f] s (pl **sheaves**) agr. feixe m; maço m.

shear [ʃɪə] **1.** v/t (**sheared, shorn** or **sheared**) tosquiar; **2.** s (a pair of) ~**s** pl tesoura f de podar ou tosquiar.

sheath [ʃi:θ] s (pl **sheaths** [~ðz]) bainha f; estojo m; capa f; tech. camisa f; ~•**e** [ʃi:ð] v/t embainhar; esp. tech. envolver com camisa.

sheaves [ʃi:vz] pl of **sheaf**.

she•bang esp. Am. sl. [ʃə'bæŋ] s: **the whole ~** todo o negócio; a tralha toda.

shed[1] [ʃed] v/t (**-dd-; shed**) derramar; leaves, etc.: deixar cair, largar; mudar (pele).

shed[2] [~] s telheiro m; abrigo m.

sheep [ʃi:p] s (pl **sheep**) zoo. carneiro m, ovelha f; ~•**dog** s cão m pastor; ~•**ish** adj □ tímido, envergonhado; ~•**skin** s pele f de carneiro, carneira f.

sheer [ʃɪə] adj puro, completo; abrupto, íngreme; fino, transparente.

sheet [ʃi:t] s lençol m; of glass, etc.: lâmina f, placa f; of paper: folha f; superfície f plana (water, etc.); mar. escota f; **the rain came down in ~s** a chuva caía torrencialmente; ~ **i•ron** s tech. ferro m em chapa; ~ **light•ning** s relâmpago m.

shelf [ʃelf] s (pl **shelves**) prateleira f; **on the ~** fig. na prateleira; ~•**life** s of food, etc.: validade f.

shell [ʃel] **1.** concha f; bot. casca f, cápsula f; mil. bomba f; arch. armação f, estrutura f; Am. cartucho m; **2.** v/t descascar; mil. bombardear; ~•**fire** s fogo m de artilharia; ~•**fish** s zoo. crustáceo m; ~ ~ pl marisco m; ~•**proof** adj à prova de bombas.

shel•ter ['ʃeltə] **1.** s abrigo m; refúgio m; resguardo m; protecção f; **take ~** abrigar-se, refugiar-se; **bus ~** paragem f de autocarros com cobertura; **2.** v/t abrigar; proteger; esconder; dar abrigo a alguém; v/i procurar abrigo or refúgio, abrigar-se, refugiar-se.

shelve [ʃelv] v/t colocar na prateleira; fig. pôr de lado, arquivar; v/i inclinar-se (land).

shelves [ʃelvz] pl of **shelf**.

she•nan•i•gans F [ʃɪ'nænɪgəns] s pl disparate m; truque m.

shep•herd ['ʃepəd] **1.** s pastor m; **2.** v/t guiar, conduzir.

sher•iff Am. ['ʃerɪf] s xerife m.

shield [ʃiːld] **1.** s escudo m; fig. protecção f; **2.** v/t proteger (*from* de, contra).

shift [ʃɪft] **1.** s mudança f; substituição f; troca f; *trick:* manha f, astúcia f; turno m (*workers*); *work in* ~s trabalhar por turnos; *make* ~ arranjar--se; **2.** v/t mudar, transferir; a. fig. deslocar; *guilt, etc.:* pôr (*on* para); ~ *gear(s)* esp. Am. mot. meter uma mudança; v/i mudar; mudar de posição; esp. Am. mot. mudar a mudança (*into* para); ~ *from one foot to the other* apoiar-se ora num pé ora noutro; ~ *in one's chair* mexer-se na cadeira impacientemente, mudar de posição; ~ *for o.s.* lutar por si próprio; ~ **kcy** s *typewriter:* tecla f para maiúsculas; ~•**less** adj □ desajeitado; preguiçoso; ~•**y** adj (*-ier, -iest*) fig. esperto, astuto; inconstante.

shil•ling [ʃɪlɪŋ] s *until 1971 British coin:* xelim m.

shim•mer [ʃɪmə] **1.** s luz f fraca; **2.** v/i tremeluzir, alumiar fracamente.

shin [ʃɪn] **1.** s a. ~-**bone** canela f da perna, tíbia f; **2.** v/i (*-nn-*) ~ **up** trepar (às árvores).

shine [ʃaɪn] **1.** s brilho m; polimento m; **2.** v/i (*shone*) brilhar, luzir; fig. resplandecer, lustrar; → *rise* 2; v/t (*shined*) polir, puxar o lustro.

shin•gle [ʃɪŋgl] s telha f; ripa f; Am. F tabuleta f com letreiro; cascalho m, arcão m; **6** sg med. herpes-zóster m.

shin•y [ʃaɪnɪ] adj (*-ier, -iest*) brilhante, lustroso.

ship [ʃɪp] **1.** s navio m; barco m; **2.** (*-pp-*) v/t mar. embarcar; mar. transportar por barco; mar. alistar; v/i mar. alistar; ~•**board** s mar.: **on** ~ a bordo; ~•**ment** s carregamento m; embarque m; ~•**own•er** s armador/a m/f; ~•**ping** s carregamento m; embarque m; navios m pl; frota f; ~•**wreck 1.** s naufrágio m; **2.** v/t: **be** ~**ed** naufragar; fig. a. falhar, fracassar; ~•**yard** s estaleiro m.

shirk [ʃɜːk] v/i and v/t esquivar-se; fugir ao trabalho; ~•**er** s mandrião/ona m/f.

shirt [ʃɜːt] s camisa f; a ~ *blouse* blusa f; F *keep your* ~ *on* F calma! não te enerves! ~-**sleeve 1.** s manga

f de camisa; **2.** adj descontraído, natural; ~•**waist** s Am. blusa f.

shit V [ʃɪt] **1.** s merda f (a. fig.); sl. hashish: merda f; F *don't give me that* ~ não me venhas com essa merda; com conversa fiada; **2.** v/i (*-tt-; shit [ted] or shat*) cagar.

shiv•er [ʃɪvə] **1.** arrepio m; tremor m; **2.** v/i arrepiar-se, tremer; tiritar (de frio); ~•**y** adj friorento, a tremer.

shoal [ʃəʊl] s cardume m (esp. fish); grande quantidade f; massa f; baixio m; banco m de areia.

shock [ʃɑk] **1.** s choque m (a. emotional); abalo m; desgosto m; impacto m; med. choque m; of hair: tufo m, poupa f; **2.** v/t chocar, abalar; ~-**ab•sorb•er** s tech. amortecedor m; ~•**ing** adj □ chocante; revoltante; escandaloso; horrível.

shod [ʃɑd] pret and pp of *shoe* 2.

shod•dy [ʃɑdɪ] **1.** s lã f de qualidade inferior; fig. coisa de má qualidade; **2.** adj (*-ier, -iest*) ordinário, inferior, de segunda, de má qualidade.

shoe [ʃuː] **1.** s sapato m; **2.** v/t (*shod*) horse: ferrar; ~•**black** s graxa f; ~•**horn** s calçadeira f; ~-**lace** s atacador m; ~•**mak•er** s sapateiro m; ~•**shine** s esp. Am. graxa f; ~ **boy** Am. engraxador m; ~-**string** s atacador m.

shone [ʃɑn Am. ʃəʊn] pret and pp of *shine* 2.

shook [ʃʊk] pret of *shake* 1.

shoot [ʃuːt] **1.** s caça f; reserva f de caça; sociedade f de caçadores; bot. rebento m, raminho m; **2.** (*shot*) v/t disparar, balear; atirar; matar; lançar; fotografar; film: filmar, rodar um filme; passar, percorrer rapidamente; bot. brotar, nascer; ~ **up** sl. heroin, etc.: subir, pedrar; v/i disparar; caçar; crescer rapidamente, aumentar (pain); bot. brotar, nascer; fotografar, filmar; ~ **ahead of** ultrapassar, passar à frente rapidamente; ~•**er** s atirador/a m/f.

shoot•ing [ʃuːtɪŋ] **1.** s tiros m pl; tiroteio m; caça f; acto m de atirar; fuzilamento m; film: filmagem f; **2.** adj agudo (pain); ~-**gal•le•ry, ~-range** s carreira f de tiro; ~ **star** s estrela f cadente.

S

shop [ʃɑp] **1.** *s* loja *f;* oficina *f;* estabelecimento *m;* **talk** ~ falar sobre a profissão; **2.** *v/i (-pp-) mst* **go** ~**ping** ir às compras; ~ **as•sis•tant** *s Br.* vendedor/a *m/f;* ~•**keep•er** *s* lojista *m/f;* ~-**lift•er** *s* ladrão/ladra *m/f* de lojas; ~-**lift•ing** *s* roubo *m* em lojas; ~•**per** *s* pessoa *f* que anda às compras.

shop•ping [ˈʃɑpɪŋ] **1.** *s* compras *f pl;* acto *m* de fazer compras; **do one's** ~ fazer as compras; **2.** *adj* de compras; ~ **bag** *Am.* saco *m* de compras; ~ **centre** (*Am.* **center**) centro *m* comercial; ~ **street** rua *f* comercial.

shop|-stew•ard [ʃɑpˈstjʊəd] *s* representante *m/f* sindical; ~ *Br.* supervisor/a *m/f (in large shop);* ~-**win•dow** *s* montra *f.*

shore [ʃɔː] *s* costa *f;* margem *f;* praia *f;* **on** ~ em terra.

shorn [ʃɔːn] *pp of* **shear** 1.

short [ʃɔːt] **1.** *adj* □ curto; baixo; pequeno; escasso, raro; conciso, lacónico; seco, brusco **(with);** bem cozido *(pastry);* forte *(drink);* **in** ~ em resumo; ~ **of** com falta de; **a** ~ **time** *or* **while ago** há pouco tempo, há bocadinho; **2.** *adv* de repente, abruptamente; ~ **of** a não ser, à excepção de; **come** *or* **fall** ~ **of** não conseguir, não estar à altura de; **cut** ~ interromper de repente; **stop** ~ parar de repente; **stop** ~ **of** chegar quase a, parar antes de; → **run** 1; ~•**age** *s* falta *f,* escassez *f* (**of** de); ~•**com•ing** *s* defeito *m;* falha *f;* fraqueza *f;* ~ **cut** *s* atalho *m;* **take a** ~ tomar um atalho, encurtar o caminho; ~-**dat•ed** *adj econ.* a curto prazo; ~-**dis•tance** *adj* de curta distância; ~•**en** *v/t* encurtar; diminuir; *v/i* ficar curto; ~•**en•ing** *s* gordura *f;* ~•**hand** *s* estenografia *f;* ~ **typist** estenónagrafo/a *m/f;* ~•**ly** *adv* em breve, pouco tempo depois; ~•**ness** *s* pequenez *f;* brevidade *f;* ~**s** *s pl (a pair of* ~**s)** calções *m pl; esp. Am.* cuecas *f pl* de homem; ~-**sight•ed** *adj* □ míope; *fig.* de vistas curtas; ~-**term** *adj econ.* a curto prazo; ~ **wave** *s phys.* onda *f* curta; ~-**wind•ed** *adj* □ com falta de ar.

shot [ʃɑt] **1.** *pret and pp of* **shoot** 2; **2.** *s* tiro *m;* disparo *m;* bala *f; a.*

small ~ chumbo *m;* alcance *m* de tiro; atirador/a *m/f; soccer, etc.:* pontapé *m, basketball, etc.:* lançamento *m; tennis, golf:* batida *f,* pancada *f; phot., film:* fotografia *f; med.* F injecção *f;* F chuto *m (injection of drug);* trago *m (small quantity of alcohol); fig.* tentativa *f;* **have a** ~ **at** tentar; **not by a long** ~ F nem de longe, nem nada que se pareça; **big** ~ F figurão *m;* **like a** ~ F como um relâmpago; muito rapidamente; ~•**gun** *s* espingarda *f;* ~ **marriage** *or* **we-dding** F casamento *m* forçado; ~ **put** *s sports:* lançamento do peso; ~-**put•ter** *s sports:* lançador/a *m/f* de peso.

should [ʃʊd, ʃəd] *pret of* **shall.**

shoul•der [ˈʃəʊldə] **1.** *s* ombro *m (a. animals; a. fig.);* espádua *f; Am.* berma *f (of road);* **2.** *v/t* arcar com; carregar; assumir; ~•**blade** *s anat.* omoplata *f;* ~-**strap** *s* alça *f.*

shout [ʃaʊt] **1.** *s* grito *m;* gritaria *f;* **2.** *v/i and v/t* gritar; chamar em voz alta.

shove [ʃʌv] **1.** *s* empurrão *m;* **2.** *v/t and v/i* empurrar.

shov•el [ˈʃʌvl] **1.** *s* pá *f;* **2.** *v/t (esp. Br.* -**ll**-, *Am.* -**l**-) cavar com pá.

show [ʃəʊ] **1.** (**showed, shown** *or* **showed**) *v/t* mostrar, apresentar; demonstrar; ~ **in** mandar entrar, acompanhar; ~ **off** gabar, exibir; ~ **out** acompanhar à saída; ~ **round** mostrar (instalações, local); ~ **up** mandar subir; descobrir; desmascarar; *v/i a.* ~ **up** aparecer, surgir; destacar-se, tornar-se visível; ~ **off** gabar-se, exibir--se; **2.** *s* sinal *m,* indício *m;* demonstração *f;* exposição *f;* apresentação *f;* F *thea., film:* espectáculo *m,* representação *f; radio, TV.:* emissão *f,* programa *m; outward appearance:* aparência *f,* aspecto *m;* **on** ~ em exposição; **bad** ~! F má figura! **good** ~! bem feito! óptimo!; ~•**biz** *s* F, ~ **busi•ness** *s* mundo do espectáculo; ~-**case** *s* vitrina *f;* ~-**down** *s* confrontação *f,* luta *f.*

show•er [ˈʃaʊə] **1.** *s* aguaceiro *m;* duche *m; fig.* abundância *f;* **have** *or* **take a** ~ tomar um duche; **2.** *v/t* cobrir de, cumular; *v/i* chover; tomar banho de chuveiro, tomar duche; ~

down bater (chuva); **~•y** *adj* **(-ier, -iest)** chuvoso.

show|-jump•er ['ʃəʊdʒʌmpə] *s sports:* cavaleiro/a *m/f* de saltos; **~jump•ing** *s sports:* saltos *m pl* (a cavalo); **~n** *pp of* **show** 1; **~•room** *s* sala *f* de exposições; **~•win•dow** *s* montra *f;* **~•y** *adj* □ **(-ier, -iest)** vistoso; pomposo.

shrank [ʃræŋk] *pret of* **shrink.**

shred [ʃred] **1.** *s* tira *f;* trapo *m;* pedaço *m; fig.* vestígio *m,* sinal *m;* **2.** *v/t* **(-dd-)** rasgar em tiras, esfarrapar.

shrew [ʃruː] *s woman:* F megera *f.*

shrewd [ʃruːd] *adj* □ esperto, astuto.

shriek [ʃriːk] **1.** *s* grito *m;* guincho *m;* **2.** *v/i* gritar, guinchar.

shrill [ʃrɪl] **1.** *adj* □ agudo, estridente; **2.** *v/i* guinchar, emitir um som estridente; chiar.

shrimp [ʃrɪmp] *s zoo.* camarão *m; fig. contp.* homem *m* pequeno.

shrine [ʃraɪn] *s* santuário *m.*

shrink [ʃrɪŋk] **1.** *v/i* **(shrank, shrunk)** encolher; diminuir; contrair; encolher-se **(from, at);** **2.** *s* F psicanalista *m/f,* psiquiatra *m/f;* **~•age** ['~ɪdʒ] *s* encolhimento *m;* contracção *f;* diminuição *f.*

shriv•el ['ʃrɪvl] *v/i and v/t (esp. Br. -ll-, Am. -l-)* secar, murchar; enrugar(-se).

shroud [ʃraʊd] **1.** *s* mortalha *f; fig.* coberta *f;* **2.** *v/t* amortalhar; cobrir, envolver.

Shrove|tide ['ʃrəʊvtaɪd] *s* o Carnaval *m;* **~ Tues•day** *s* terça-feira de Carnaval.

shrub [ʃrʌb] *s* arbusto *m;* **~•be•ry** ['ʃrʌbərɪ] *s* arbustos *m pl.*

shrug [ʃrʌg] **1.** **(-gg-)** *v/i (and v/t:* **~ one's shoulders)** encolher os ombros; **2.** *s* acção de encolher os ombros.

shrunk [ʃrʌŋk] *pp of* **shrink; ~•en** ['~ən] *adj* encolhido.

shud•der ['ʃʌdə] **1.** *v/i* estremecer, tremer; **2.** *s* estremecimento *m,* tremor *m.*

shuf•fle ['ʃʌfl] **1.** *v/t playing cards:* baralhar; *(a. v/i)* **~ (one's feet)** arrastar os pés; **~ off** *clothes:* tirar; *fig. work, etc.:* livrar-se de, descarregar em alguém **(on, upon);** **2.** acção de

baralhar as cartas; acção de arrastar os pés; *pol.* remodelação *f; fig.* pretexto *m,* subterfúgio *m;* embuste *m.*

shun [ʃʌn] *v/t* **(-nn-)** evitar, afastar-se de.

shunt [ʃʌnt] **1.** *s rail.* manobra *f;* desvio *m; electr.* derivação *f;* **2.** *v/t rail.* manobrar; *electr.* fazer derivação; pôr de lado; *fig.* livrar-se de.

shut [ʃʌt] *v/t and v/i* **(-tt-; shut)** fechar(-se); cerrar; trancar, prender; **~ down** *company, etc.:* fechar; **~ off** *water, gas, etc.:* cortar, desligar; **~ up** prender, encarcerar; *house, etc.:* fechar, trancar; *person:* calar(-se); **~ up!** F cala a boca! cala o bico! **~•ter** *s* persiana *f; phot.* obturador *m;* **~ speed** *phot.* tempo *m* de exposição.

shut•tle ['ʃʌtl] **1.** *s tech.* lançadeira *f;* serviço *m* de ida e volta; → **space shuttle; 2.** *v/i bus, etc.:* ir e vir; **~•clock** *s sports:* volante *m;* **~ ser•vice** *s* trânsito *m* de ida e volta; *aer.* ponte *f* aérea.

shy [ʃaɪ] **1.** *adj* □ **(~er** *or* **shier, ~est** *or* **shiest)** tímido; acanhado; **2.** *v/i* acanhar-se; assustar-se **(at); ~ away from** *fig.* ter receio de, não se atrever a; **~•ness** *s* timidez *f;* acanhamento *m.*

Si•be•ri•an [saɪ'bɪərɪən] **1.** *adj* siberiano; **2.** *s* siberiano/a *m/f.*

sick [sɪk] *adj* doente **(of** de; **with** com); farto, enfastiado **(of** de); *fig.* F *fig.* de mau gosto, negro *(joke, etc.);* **be ~** vomitar; F **be ~ of sth.** estar farto de alguma coisa; F **be ~ and tired of...** F estar pela raiz dos cabelos, estar muito farto de; **fall ~** adoecer; **I feel ~** estou enjoado; **go ~, report ~** dar parte de doente; **be off ~** estar ausente por motivo de doença; **skive off ~** fingir-se doente; **~-ben•e•fit** *s Br.* subsídio *m* de doença; **~•en** *v/i* adoecer; **~ at** enojar-se com; *v/t* enjoar, meter nojo; **~•en•ing** *adj* □ enjoativo, nojento; *fig.* repugnante.

sick•le ['sɪkl] *s* foice *f.*

sick|-leave ['sɪkliːv] *s* licença *f* por doença; **be on ~** estar de baixa; **~•ly** *adj* **(-ier, -iest)** adoentado; fraco; pálido; pouco saudável *(climate);* enjoativo; repugnante; amarelo *(smile);*

~•ness s doença f; enfermidade f; náusea f.

side [saɪd] **1.** s lado m; **~ by ~** lado a lado; **take ~s with** tomar o partido de; **2.** adj lateral; secundário; **3.** v/i tomar o partido de, alinhar com **(with);** **~•board** s aparador m; **~•car** s mot. sidecar m; **~•dish** s acompanhamento m (with main dish); **~•long 1.** adv lateralmente; de lado; **~•road, ~•street** s estrada f, rua f secundária; **~•walk** s Am. passeio m; **~ artist** Am. artista m/f de rua; **~•ward(s), ~•way(s)** adv de lado, para o lado.

sid•ing rail. ['saɪdɪŋ] s desvio m.

siege [siːdʒ] s cerco m; **lay ~ to** sitiar, cercar; fig. assediar.

sieve [sɪv] **1.** s peneira f; passador m; **2.** v/t peneirar, passar por passador.

sift [sɪft] v/t peneirar, fig. examinar, analisar.

sigh [saɪ] **1.** s suspiro m; **2.** v/i suspirar.

sight [saɪt] **1.** s vista f; visão f; olhar m; opinião f; aspecto m; aparição f; mira f; **~s** pl vistas f pl; **at ~, on ~** imediatamente; mus. **at ~** pela pauta; **at the ~ of** ao ver, ao avistar; **at first ~** à primeira vista; **be out of ~** longe da vista, escondido; **catch ~ of** avistar; **know by ~** conhecer de vista; **lose ~ of** perder de vista; **(with)in ~** à vista; **2.** v/t ver, avistar; **~•ed** adj que vê; **~•ly** adj (-ier, -iest) vistoso, imponente; **~•see•ing 1.** s turismo m; **go ~** ir ver as vistas; **2.** adj: **~ tour** excursão f turística; **~•se•er** s turista m/f.

sign [saɪn] **1.** s sinal m; aceno m; vestígio m; notice: aviso m, sinal m, tabuleta f; **in ~ of** em sinal de; **2.** v/t and v/i assinar.

sig•nal ['sɪɡnl] **1.** s sinal m; aviso m; **2.** adj fora do vulgar, notável; **3.** (esp. Br. **-ll-,** Am. **-l-**) v/t fig. readiness, etc.: sinalizar, fazer sinal; **~ s.o. to do sth.** fazer sinal para alguém fazer alguma coisa; v/i: **~ for a taxi** chamar um táxi, fazer sinal a um táxi.

sig•na|to•ry ['sɪɡnətərɪ] **1.** s signatário/a m/f; **2.** adj signatário; **~ pow•ers** pl pol. potências f pl signatárias; **~•ture** [~tʃə] s assinatura f.

sign|board ['saɪnbɔːd] s tabuleta f; quadro m para anúncios; **~•er** s signatário/a m/f.

sig•nif•i|cance [sɪɡ'nɪfɪkəns] s significado m; **~•cant** adj □ significativo (of); **~•ca•tion** [sɪɡnɪfɪ'keɪʃn] s significado m; sentido m.

sig•ni•fy ['sɪɡnɪfaɪ] v/t significar; dar a entender.

sign•post ['saɪnpəʊst] s placa f de sinalização.

si•lence ['saɪləns] **1.** s silêncio m; calma f; sossego m; **~!** silêncio! **put** or **reduce to ~** → **2.** v/t calar, fazer calar; **si•lenc•er** s tech. silenciador m; mot. silencioso m.

si•lent ['saɪlənt] adj □ silencioso; calado; calmo; **~ partner** Am. econ. sócio/a m/f comanditário/a.

silk [sɪlk] s seda f; attr de seda; **~•en** adj de seda; **~•worm** s zoo. bicho-da--seda m; **~•y** adj □ (-ier, -iest) sedoso.

sill [sɪl] s parapeito m; soleira f.

sil•ly ['sɪlɪ] adj □ (-ier, -iest) tolo, idiota, imbecil; **~ fool** F grande idiota; **~ season** press: período m de estagnação; época de Verão.

silt [sɪlt] **1.** s sedimento m; **2.** v/i and v/t mst **~ up** entupir(-se).

sil•ver ['sɪlvə] **1.** s prata f; **2.** adj de prata, prateado; **3.** v/t pratear; **~ pla-te, ~•ware** s baixela f de prata; **~•y** adj como prata; coberto de prata; prateado.

sim•i•lar ['sɪmɪlə] adj □ semelhante, parecido; **~•i•ty** [sɪmɪ'lærətɪ] s semelhança f; parecença f.

sim•mer ['sɪmə] v/i and v/t cozer em fogo lento, apurar; fig. estar a ferver (**with** de), estar quase a rebentar; **~ down** esfriar, acalmar-se.

sim•per ['sɪmpə] **1.** s sorriso m afectado; **2.** v/i sorrir afectadamente.

sim•ple ['sɪmpl] adj □ (**~r, ~st**) simples; natural; clothes, etc.: modesto; foolish: tolo, ignorante; **~-heart•ed, ~-mind•ed** adj sincero, ingénuo; simplório.

sim•pli|ci•ty [sɪm'plɪsətɪ] s simplicidade f; naturalidade f; clareza f; facilidade f; **~•fi•ca•tion** [~fɪ'keɪʃn] s simplificação f; **~•fy** ['~faɪ] v/t simplificar.

sim•ply ['sɪmplɪ] *adv* simplesmente.

sim•u•late ['sɪmjʊleɪt] *v/t* simular; aparentar; imitar; *mil., tech. a. conditions:* simular.

sim•ul•ta•ne•ous [sɪml'teɪnɪəs] *adj* □ simultâneo.

sin [sɪn] **1.** *s* pecado *m;* **2.** *v/i* *(-nn-)* pecar.

since [sɪns] **1.** *prep* desde; **2.** *adv* desde então; **3.** *cj* desde que; já que, uma vez que.

sin•cere ['sɪn'sɪə] *adj* □ sincero, honesto, aberto; **Yours ~ly** *letter:* Atenciosamente, Com os melhores cumprimentos; **sin•cer•i•ty** [~'serətɪ] *s* sinceridade *f;* honestidade *f.*

sin•ew *anat.* ['sɪnjuː] *s* tendão *m;* ~•**y** [~juːɪ] *adj* fibroso; *fig.* forte, resistente.

sin•ful ['sɪnfl] *adj* □ pecaminoso; pecador.

sing [sɪŋ] *v/t and v/i (sang, sung)* cantar; **~ to s.o.** cantar perante alguém.

singe [sɪndʒ] *v/t* chamuscar; queimar ligeiramente.

sing•er ['sɪŋə] *s* cantor/a *m/f.*

sing•ing ['sɪŋɪŋ] *s* canto *m;* canções *f pl;* **~ bird** ave *f* canora.

sin•gle ['sɪŋgl] **1.** *adj* único; só; simples; solteiro; *bookkeeping by ~ entry econ.* escrituração *f* simples; *in ~ file* em fila indiana; **2.** *s Br.* bilhete *m* simples, bilhete *m* de ida; single *(record);* pessoa *f* solteira; *Br.* uma libra *f, Am.* um dólar *m;* **~s** *sg, pl tennis:* simples; **3.** *v/t:* **~ out** escolher, distinguir; **~•breast•ed** com uma fileira de botões *(jacket, etc.);* **~•en•gined** *adj aer.* monomotor; **⌕ Eu•ro•pe•an Act** *s pol.* Acto Único Europeu; ~ **(Eu•ro•pe•an) cur•ren•cy** *s* moeda *f* única (europeia); **⌕ (Eu•ro•pe•an) Mar•ket** *s pol.* Mercado *m* Único (europeu); **~•hand•ed** sozinho, sem ajuda; **~•heart•ed**, **~•mind•ed** *adj* □ sincero; decidido; **~ par•ent** *s* pai/mãe *m/f* solteiro/a *or* viúvo/a; divorciado/a **~ family** família de pai/mãe solteiro/a *or* viúvo/a.

sin•glet *Br.* ['sɪŋglɪt] *s* camisola *f* interior sem mangas.

sin•gle-track ['sɪŋgltræk] *adj rail.* via *f* única; F *fig.* limitado.

sin•gu•lar ['sɪŋgjʊlə] **1.** *adj* □ singular; especial; esquisito; **2.** *s a* ~ *number gr.* número *m* singular; **~•i•ty** [~'lærətɪ] *s* singularidade *f;* particularidade *f;* curiosidade *f.*

sin•is•ter ['sɪnɪstə] *adj* □ sinistro; ameaçador.

sink [sɪŋk] **1.** *(sank, sunk) v/i* afundar-se; cair para o fundo; *v/t* afundar; *well:* escavar; *money:* cair (cotação); **2.** *s* pia *f;* lava-loiças *m;* **~•ing** *s* baixada *f;* escavação *f;* queda *f,* declínio *m; econ.* amortização *f,* pagamento *m;* **~ fund** fundo *m* de amortizações.

sin•less ['sɪnlɪs] *adj* □ sem pecado, puro; **sin•ner** *s* pecador/a *m/f.*

sin•u•ous ['sɪnjʊəs] *adj* □ sinuoso.

sip [sɪp] **1.** *s* gole *m;* **2.** *(-pp-) v/t* beberricar, sorver; beber aos golinhos.

sir [sɜː] *s* senhor *m (form of address);* ⌕ [sə] Sir *(title);* **Dear Sir or Madam** Exm.º/Exm.ª Senhor/Senhora.

sire ['saɪə] *s mst poet.* pai *m;* antepassado *m; zoo.* macho *m,* garanhão *m.*

si•ren ['saɪərən] *s* sirene *f;* sereia *f (myth.).*

sir•loin ['sɜːlɔɪn] *s* lombo *m* de vaca.

sis•sy F ['sɪsɪ] *s* pessoa *f* tímida *or* medrosa, mariquinhas *m/f.*

sis•ter ['sɪstə] *s* irmã *f;* enfermeira *f;* freira *f;* **~•in-law** *s* cunhada *f;* **~•ly** *adj* fraternal.

sit [sɪt] *(-tt-; sat) v/i* sentar-se; estar sentado; acomodar; ocupar um cargo; estar reunido; **~ down** sentar-se; **~ in** fazer uma manifestação pacífica; **~ in for** ocupar o lugar de, substituir; **~ up** sentar-se direito; endireitar-se; ficar acordado, fazer serão; *v/t* sentar; sentar-se em; *exam:* fazer.

site [saɪt] *s* local *m;* sítio *m;* lote *m* de terreno (para construção).

sit•ting ['sɪtɪŋ] *s* reunião *f;* **~ room** *s* sala *f* de estar.

sit•u•at•ed ['sɪtjʊeɪtɪd] situado, localizado; *be ~* estar situado, ficar; **~•a•tion** [~'eɪʃn] *s* situação *f; job:* colocação *f,* posição *f.*

six [sɪks] **1.** *adj* seis; **2.** *s* número seis; **~•teen** [~'tiːn] **1.** *adj* dezasseis; **2.** *s* número dezasseis; **~•teenth** [~'tiːnθ] *adj* décimo sexto; **~th** [~θ] **1.** *adj* sexto; **2.** sexto, sexta parte; **~•th•ly** ['~θlɪ] *adv* em sexto lugar; **~•ti•eth** [~tɪɪθ]

S

adj sexagésimo; **~•ty** [~tɪ] **1.** *adj* sessenta; **2.** *s* número sessenta.

size [saɪz] **1.** *s* tamanho *m;* dimensão; medida *f;* **2.** *v/t* encomendar por medida; **~ up** F avaliar; **~d** *adj* de certo tamanho.

siz(e)•a•ble ['saɪzəbl] *adj* □ relativamente grande, razoável; importante.

siz•zle ['sɪzl] *v/i* chiar; *sizzling (hot)* a escaldar.

skate [skeɪt] **1.** patim *m;* **2.** *v/i* andar de patins, patinar; **~•board 1.** *s* skate *m;* **2.** *v/i* andar de skate; **skat•er** *s* patinador/a *m/f;* **skat•ing** *s* patinagem *f.*

ske•dad•dle F [skɪ'dædl] *v/i* fugir, safar-se.

skel•e•ton ['skelɪtn] *s* esqueleto *m;* carcaça *f;* armação *f;* **~ key** chave *f* mestra, gazua *f.*

skep|tic ['skeptɪk], **~•ti•cal** [~l] *Am.* → *sceptic(al).*

sketch [sketʃ] **1.** *s* esboço *m;* projecto *m; thea.* cena *f* cómica de um acto, sketch *m;* **2.** *v/t* esboçar, projectar, fazer um esboço.

ski [skiː] **1.** *s* esqui *m;* **2.** *v/i* esquiar, fazer esqui.

skid [skɪd] **1.** *s* escorregadela *f; aer.* varal *m; mot.* derrapagem *f;* **~ mark** *mot.* marcas *f pl* de travagem; **2.** *v/i* *(-dd-)* derrapar, escorregar.

ski|er ['skiːə] *s* esquiador/a *m/f;* **~•ing** *s* esqui *m.*

skil•ful ['skɪlfl] *adj* □ habilidoso, jeitoso.

skill [skɪl] *s* habilidade *f;* capacidade *f;* jeito *m;* **~ed** *adj* hábil; especializado; **~ worker** trabalhador/a *m/f* especializado/a; **~•ful** *Am.* → *skilful.*

skim [skɪm] *(-mm-)* *v/t* escumar; *milk:* desnatar; passar os olhos por; *book:* ler por alto; *v/i:* **~ through** folhear; **~ milk** *s* leite *m* magro.

skimp [skɪmp] *v/t* restringir; poupar; *v/i* ser mesquinho, ser avarento (**on** com); **~•y** *adj* □ *(-ier, -iest)* escasso; mesquinho.

skin [skɪn] **1.** *s* pele *f;* casca *f;* **2.** *(-nn-)* *v/t* tirar a pele; *animal:* esfolar; *fruit:* descascar; *v/i a.* **~ over** cicatrizar; **~•deep** *adj* superficial; **~ diving** *s* caça-submarina *f;* **~•flint** *s* sovina *m/f,* avarento/a *m/f;* **~•ny** *adj (-ier, -iest)*

muito magro, esquelético; **~•ny-dip** *v/i (-pp-)* F tomar banho nu.

skip•per ['skɪpə] *s mar.* barco *m* de pesca; *mar., aer., sports:* capitão *m.*

skir•mish ['skɜːmɪʃ] **1.** *s mil. and fig.* escaramuça *f;* briga *f;* **2.** *v/i* brigar, lutar.

skirt [skɜːt] **1.** *s* saia *f;* bainha *f; often* **~s** *pl* beira *f,* periferia *f;* margem *f;* **2.** *v/t* circundar, ladear; limitar.

skit [skɪt] *s* sátira *f;* **~•tish** *adj* □ caprichoso, inconstante; espantadiço, nervoso *(horse).*

skit•tle ['skɪtl] *s* boliche *m,* bowling *m;* *play (at)* **~s** jogar boliche, jogar bowling; **~•al•ley** *s* pista *f* de boliche *or* de bowling.

skive [skaɪv] *v/i* fugir ao trabalho, fazer gazeta; *a.* **~ off (sick)** fingir-se doente; **skiv•er** *s* gazeteiro/a *m/f.*

skulk [skʌlk] *v/i* esconder-se, safar-se; esquivar-se.

skull [skʌl] *s* crânio *m;* caveira *f.*

skul(l)•dug•ge•ry F [skʌl'dʌgərɪ] *s* fraude *f,* acto *m* desonesto.

skunk *zoo.* [skʌŋk] *s* doninha *f.*

sky [skaɪ] *s often* **skies** *pl* céu *m;* **~•jack** *v/t* F *aircraft:* desviar; **~•jack•er** *s* F pirata *m/f* do ar; **~•lab** *s Am.* laboratório *m* espacial; **~•light** *s* clarabóia *f;* **~•line** *s* horizonte *m;* silhueta *f,* linha *f* do horizonte; **~•rock•et** *v/i* F subir vertiginosamente *(prices),* **~•scrap•er** *s* arranha-céus *m;* **~•ward(s)** *adj and adv* em direcção ao céu.

slab [slæb] *s* placa *f;* laje *f;* fatia *f* grossa *(of cheese, etc.).*

slack [slæk] **1.** *adj* □ indolente, mole; frouxo; desmazelado; fraco, inactivo *(a. econ.);* **2.** *s mar.* baixa *f* v/i da maré; período *m* de calma *(a. econ.);* pó *m* de carvão; **~•en** *v/i and v/t* afrouxar, diminuir a velocidade; relaxar(-se); **~s** *s pl* calças *f pl* práticas.

slag [slæg] *s* escória *f.*

slain [sleɪn] *pp of* **slay.**

slake [sleɪk] *v/t lime:* apagar; *thirst:* matar.

slam [slæm] **1.** *s* estrondo *m;* acto *m* de bater com a porta violentamente; **2.** *v/t (-mm-)* *door, etc.:* bater violentamente; **~ the book on the desk** atirar com o livro para cima da mesa.

sland•er ['slɑːndə] **1.** s difamação f; calúnia f; **2.** v/t difamar, caluniar; **~•ous** adj □ calunioso.

slang [slæŋ] **1.** s calão m; gíria f; jargão m; **2.** v/t falar mal de alguém.

slant [slɑːnt] **1.** s inclinação f; superfície f inclinada; declive m; ponto m de vista; tendência f; **2.** v/i and v/t inclinar; colocar de forma inclinada; inclinar-se para, ter tendência para; **~•ing** adj □ **~•wise** adv inclinado, oblíquo.

slap [slæp] **1.** s bofetada f; palmada f; **a ~ in the face** uma estalada na cara (a. fig.); **2.** (-pp-) v/t dar uma bofetada or estalada; v/i bater; **~•sticks** s F trapos m pl, coisas f pl; **~ comedy** film, etc.: comédia f, palhaçada f.

slash [slæʃ] **1.** s corte m; golpe m; **2.** v/t cortar, golpear; fig. criticar duramente.

slate [sleɪt] **1.** s ardósia f; quadro m de ardósia; esp. Am. pol. lista f de candidatos; **2.** v/t cobrir com telhas de ardósia; Br. F criticar duramente; Am. F candidates: apresentar; **~•pen•cil** s lápis m de ardósia.

slaugh•ter ['slɔːtə] **1.** s matança f; carnificina f; fig. banho m de sangue; **2.** v/t matar, abater; fig. massacrar; **~•house** s matadouro m.

Slav [slɑːv] **1.** s eslavo/a m/f; **2.** adj eslavo.

slave [sleɪv] **1.** s escravo/a m/f (a. fig.); **2.** v/i esfalfar-se, trabalhar como um escravo.

slav•er ['slævə] **1.** s baba f; **2.** v/i babar-se.

sla•ve•ry ['sleɪvərɪ] s escravatura f; escravidão m; **slav•ish** adj escravo; servil.

slay [sleɪ] v/t (slew, slain) matar.

sled [sled] **1.** → **sledge**[1] 1; **2.** (-dd-) → **sledge**[1] 2.

sledge[1] [sledʒ] **1.** s trenó m; **2.** v/i andar de trenó.

sledge[2] [~] s a. **~•hammer** marreta f.

sleek [sliːk] **1.** adj □ macio; lustroso (hair, fur); flexível; fig. insinuante; **2.** v/t alisar.

sleep [sliːp] **1.** (slept) v/i dormir; **~ (up)on** or **over** consultar o travesseiro, dormir sobre um assunto; **~ with s.o.** have sex: dormir com al-

guém; v/t dormir; acomodar, dar cama; **~ away** time: acordar tarde; **2.** s sono m; **get** or **go to ~** ir dormir; **put to ~** animal: abater.

sleep•er ['sliːpə] s dorminhoco/a m/f; on railway track: dormente m; rail. carruagem-cama f; **~•ette** [~'ret] s on train, aircraft, etc.: cadeira f reclinável.

sleep•ing ['sliːpɪŋ] adj adormecido; **2 Beau•ty** s Bela Adormecida; **~•car(•riage)** s rail. carruagem-cama f; **~ part•ner** s Br. econ. sócio/a m/f comanditário.

sleep|less ['sliːpləs] adj □ sem sono, agitado; **~•less•ness** s insónia f; **~•walk•er** s sonâmbulo/a m/f; **~•y** adj □ (-ier, -iest) sonolento, com sono; cansado.

sleet [sliːt] **1.** s chuva f com granizo or com neve; **2.** v/i: **it was ~ing** chovia granizo.

sleeve [sliːv] s manga f (a. tech.); Br. capa f de disco.

sleigh [sleɪ] s (esp. horse) trenó m.

sleight [slaɪt] s: **~ of hand** acto m de prestidigitação; truque m; destreza f manual.

slen•der ['slendə] adj □ magro; esbelto; fig. escasso, insuficiente.

slept [slept] pret and pp of **sleep** 1.

sleuth [sluːθ] s a. **~•hound** cão m de caça; fig. detective m.

slew [sluː] pret of **slay.**

slice [slaɪs] **1.** s fatia f; rodela f; posta f; pedaço m; porção f; **2.** v/t cortar em fatias.

slick [slɪk] **1.** adj □ liso, macio; lustroso; F lisonjeiro; refinado; escorregadio; **2.** adv directo; rápido; **3.** s mancha f de óleo; **~•er** s Am. F impermeável m; trapaceiro/a m/f.

slid [slɪd] pret and pp of **slide** 1.

slide [slaɪd] **1.** v/i and v/t (slid) escorregar; deslizar; patinar; **~ into** fig. acostumar-se lentamente; **let things ~** fig. deixar correr as coisas; **2.** s escorrega m; diapositivo m; montanha f russa; tranca f, ferrolho m; Br. gancho m para cabelo; a. **land ~** desabamento m de terras; **~•rule** s math régua f de cálculo.

slid•ing ['slaɪdɪŋ] adj □ escorregadio; corrediço; **~ door** porta f de correr.

slight [slaɪt] **1.** *adj* □ leve; insignificante; fraco; débil, franzino; **2.** *s* desprezo *m;* **3.** *v/t* tratar com desprezo, menosprezar; não dar importância.

slim *(-mm-)* [slɪm] **1.** *adj* □ magro; elegante, esbelto; *fig.* escasso, pobre; **2.** *v/i* emagrecer, fazer dieta, perder peso.

slime [slaɪm] *s* lodo *m;* limo *m;* **slim•y** *adj (-ier, -iest)* viscoso; *fig.* nojento, repugnante.

sling [slɪŋ] **1.** *s* fisga *f;* funda *f; med.* ligadura *f,* cinta *f;* **2.** *v/t (slung)* atirar, lançar, arremessar.

slink [slɪŋk] *v/i (slunk)* esquivar-se, fugir.

slip [slɪp] **1.** *v/i and v/t (-pp-)* escorregar; deslizar; *on ice:* escorregar; **~ away** escapar, escapulir-se; **~ by** *time:* passar, fugir; **~ in** *remark:* meter, introduzir; **~ into** intrometer-se; **~ off (on)** *ring, dress, tec.:* tirar (pôr); **~ up** cometer um erro, ter um deslize; **have ~ped s.o.'s memory** *or* **mind** esquecer-se; **she let ~ that...** ela deu a entender que, saiu-lhe, escapou-lhe que...; **2.** *s* escorregadela *f;* deslize *m;* engano *m;* folha *f,* papelinho *m; econ.* talão *m;* fronha *f;* combinação *f;* **a ~ of a boy (girl)** um rapaz (uma rapariga) débil, magro/a; **~ of the tongue** um lapso de linguagem; **give s.o. the ~** escapulir-se, fugir; **~ped disc** *s med.* vértebra *f* deslocada; **~•per** *s* chinelo *m;* **~•per•y** *adj* □ *(-ier, -iest)* escorregadio; *fig. person:* falso, de pouca confiança; **~•road** *s Br.* via *f* de entrada/saída na auto-estrada; **~•shod** *adj* descuidado, desmazelado; **~•stream** *sports:* **1.** *s* cone *m* de ar; **2.** *v/i* seguir, conduzir no cone de ar.

slit [slɪt] **1.** *s* fenda *f;* ranhura *f;* **2.** *v/t (-tt-; slit)* fender, rachar.

slith•er ['slɪðə] *v/i* escorregar, deslizar.

sliv•er ['slɪvə] *s* lasca *f.*

slob•ber ['slɒbə] **1.** *s* baba *f;* saliva *f;* **2.** *v/i* babar-se; salivar.

slo•gan ['sləʊgən] *s* lema *m,* slogan *m;* frase *f* publicitária.

slo•mo F ['sləʊməʊ] → **slowmo.**

sloop mar. [sluːp] **1.** *s for sick people:* comida *f* líquida sem sabor; **~s** *pl* água *f* suja de lavagens; **2.** *(-pp-) v/t*

derramar, entornar (líquidos); *v/i* **~ over** transbordar.

slope [sləʊp] **1.** *s* encosta *f;* declive *m;* ladeira *f;* inclinação *f;* **2.** *v/t tech.* enviesar; *v/i* estar inclinado, inclinar-se.

slop•py ['slɒpɪ] *adj* □ *(-ier, -iest)* sujo, desmazelado; descuidado, mal feito; sentimental, piegas.

slot [slɒt] *s* fenda *f;* abertura *f,* ranhura *f.*

sloth [sləʊθ] *s a. zoo.* preguiça *f.*

slot-machine ['slɒtməʃiːn] *s* máquina *f* de distribuição automática; slot-machine, máquina *f* de jogo a dinheiro.

slouch [slaʊtʃ] **1.** *v/i* estar *or* sentar-se relaxadamente; *f;* vadiar; **2.** *s* porte *m* relaxado *or* incorrecto; **~ hat** chapéu *m* de abas descaídas.

slough¹ [slaʊ] *s* pântano *m;* lamaçal *m.*
slough² [slʌf] *v/t skin:* mudar.

slow [sləʊ] **1.** *adj* □ lento; demorado; pesado; indolente; **be ~** estar atrasado *(clock, watch);* **2.** *adv* lentamente; **3. ~ down, ~ up** *v/t speed:* abrandar, acelerar; *v/i* tornar-se lento; **~•coach** *s* F chato/a *m/f;* molengão/ona *m/f;* **~•down** *s* retardamento *m; of inflation, etc.:* abrandamento *m,* descida *f; a. ~ (strike) Am. econ.* greve *f* de zelo; **~•lane** *s mot.* faixa *f* lenta; **~•mo** F, **~•mo•tion** *s* TV câmara *f* lenta; **~•poke** *Am.* → **slow•coach; ~-worm** *s zoo.* cobrelo *m.*

sludge [slʌdʒ] *s* lama *f;* lodo *m.*

slug [slʌg] **1.** *s zoo.* lesma *f;* pedaço *m* de metal; *esp. Am.* bala *f; Am.* soco *m;* **2.** *v/t (-gg-) Am.* F dar um soco.

slug•gard ['slʌgəd] *s* pessoa *f* preguiçosa; **~•gish** *adj* □ preguiçoso, indolente; *econ.* lento.

sluice *tech.* [sluːs] comporta *f.*

slum•ber ['slʌmbə] **1.** *s mst* **~s** *pl* sono *m* leve; **2.** *v/i* dormitar, fazer uma soneca.

slump [slʌmp] **1.** *v/i* afundar-se, baixar-se; *econ.* baixar, cair *(prices);* **2.** *s econ.* queda *f* brusca; baixa *f;* depressão *f.*

slums [slʌmz] *s pl* bairro *m* de lata.

slung [slʌŋ] *pret and pp of* **sling** 2.

slunk [slʌŋk] *pret and pp of* **slink.**

slur [slɜː] **1.** *v/t (-rr-)* difamar, caluniar; pronunciar desarticuladamente, engolir as palavras; *mus. notes:* mo-

S

dular, ligar; **2.** *s* calúnia *f,* difamação *f;* pronúncia *f* desarticulada; *mus.* ligação *f,* modulação *f.*

slush [slʌʃ] *s* lama *f,* lodo *m;* neve *f* derretida.

slut [slʌt] *s* mulher *f* desmazelada; prostituta *f.*

sly [slaɪ] *adj* □ *(~er, ~est)* astuto, dissimulado; *on the ~* às escondidas, secretamente.

smack [smæk] **1.** *s* sabor *m,* gosto *m;* aroma *m;* beijoca *f;* estalido *m;* pancada *f; fig.* indício *m,* traço *m;* **2.** *v/i* saber (*of* a); *v/t* estalar, dar estalos; ~ *one's lips* dar estalos com a boca; dar beijocas.

small [smɔːl] **1.** *adj* pequeno; *effect, etc.:* diminuto; *not much:* pouco; *minor:* insignificante; baixo; *petty:* mesquinho; *feel* ~ sentir-se insignificante *or* envergonhado; *look* ~ parecer envergonhado; *the ~ hours pl* as primeiras horas da madrugada; *in a ~ way* modestamente; *it's a ~ world* como o mundo é pequeno; **2.** *s:* ~ *of the back anat.* os rins *m pl,* a zona ao fundo das costas; ~*s pl Br.* F roupa *f* interior, lenços, etc.; *wash one's ~s* lavar pequenas peças de roupa; ~ *arms s pl* armas *f pl* leves; ~ *change s* trocos *m pl;* ~•**ish** *adj* muito pequeno; ~•**pox** *s med.* varíola *f;* ~ *talk* conversa *f* fiada; ~-**time** *adj* F pequeno, insignificante.

smart [smɑːt] **1.** *adj* □ esperto; inteligente; vivo, astuto; espirituoso; vistoso, elegante; agudo; forte; apreciável; ~ *aleck* F espertalhão *m,* chico *m* esperto; **2.** *s* dor *f* aguda; **3.** *v/i* doer, sentir dor, causar dor; ~•**ness** *s* esperteza *f;* habilidade *f;* agilidade *f;* elegância *f.*

smash [smæʃ] **1.** *v/t* quebrar, despedaçar; esmagar; *fig.* destruir; *v/i* estilhaçar-se, quebrar-se; *fig.* sucumbir, fracassar; **2.** *s* estrondo *m;* choque *m;* desastre *m; econ.* falência *f; tennis, etc.:* corte *m; a.* ~ *hit* F êxito *m* estrondoso; ~•**ing** *adj esp. Br.* F estonteante, formidável; ~-**up** *s* choque *m,* desastre *m; econ.* falência *f.*

smat•ter•ing ['smætərɪŋ] *s* conhecimento *m* superficial; *have a ~ of German* ter alguns conhecimentos de alemão.

smear [smɪə] **1.** *v/t* manchar; untar; *fig.* caluniar, ofender, lesar; manchar-se, sujar-se; **2.** *s* mancha *f;* nódoa *f.*

smell [smel] **1.** *s* olfacto *m;* cheiro *m,* odor *m;* fedor *m;* **2.** *(smelt or smelled) v/t* cheirar; *v/i* cheirar a *(at);* cheirar mal, feder; ~•**y** *adj (-ier, -iest)* malcheiroso.

smelt[1] [smelt] *pret and pp of smell* 2.

smelt[2] *mettall.* [~] *v/t ore:* fundir.

smile [smaɪl] **1.** *s* sorriso *m;* **2.** *v/i* sorrir; ~ *at* rir-se de alguma coisa *or* para alguém.

smirch [smɜːtʃ] *v/t* manchar, sujar.

smirk [smɜːk] **1.** *v/i* sorrir de forma maliciosa *or* falsa; **2.** *s* sorriso malicioso *or* falso.

smith [smɪθ] *s* ferreiro *m.*

smith•e•reens [smɪðə'riːnz] *s pl* pedacinhos *m pl,* fragmentos *m pl; smash to* ~ desfazer(-se) em mil pedaços.

smith•y ['smɪðɪ] *s* forja *f.*

smit•ten ['smɪtn] *adj* atacado; tomado de; apanhado; apaixonado *(with).*

smock [smɒk] *s* bibe *m.*

smog [smɒg] *s* smog *m,* mistura de fumo e nevoeiro.

smoke [sməʊk] **1.** *s* fumo *m; have a* ~ fumar; **2.** *v/i* fumar; fumegar; *v/t* fumar; ~-**dried** *adj* fumado, defumado; **smok•er** *s* fumador/a *m/f; rail.* F carruagem *f* para fumadores; ~-**stack** *s rail, mar.* chaminé *f.*

smok•ing ['sməʊkɪŋ] *s* acto *m* de fumar; casaco de cerimónia ~-**com-part•ment** *s rail.* carruagem *f* para fumadores.

smok•y *adj* □ *(-ier, -iest)* fumegante; cheio de fumo.

smooth [smuːð] **1.** *adj* □ macio; calmo *(tech., sea, journey, voice);* fluente *(style, etc.);* suave *(wine);* tranquilo *(manner);* **2.** *v/t* alisar; *fig.* acalmar, suavizar; ~ *away fig.* afastar; ~ *down v/i* acalmar-se; *v/t* moderar, diminuir; ~ *out wrinkles:* alisar; *difficulties:* aplainar, solucionar; ~•**ness** *s* suavidade *f.*

smo(u)l•der ['sməʊldə] *v/i* arder sem chama.

smudge [smʌdʒ] **1.** *v/t* sujar, manchar; *v/i* sujar-se, manchar-se; **2.** *s* mancha *f;* nódoa *f.*

S

smug•gle ['smʌgl] *v/t* contrabandear; fazer contrabando; **~r** *s* contrabandista *m/f.*

smut [smʌt] *s* mancha *f;* mancha *f* de fuligem; *fig.* obscenidade *f;* **~•ty** *adj* □ *(-ier, -iest)* porco, sujo.

snack [snæk] *s* lanche *m,* refeição *f* leve; *have a ~* lanchar, comer uma coisa leve; **~-bar** *s* snack-bar *m.*

snag [snæg] *s fig.* obstáculo *m;* dificuldade *f.*

snail *zoo.* [sneɪl] *s* caracol *m.*

snake *zoo.* [sneɪk] *s* cobra *f.*

snap [snæp] **1.** *s* dentada *f; sound:* estalo *m,* clique *m; of whip:* estalido *m;* F *phot.* fotografia *f* instantânea; *fig.* F brio *m; cold ~* período *m* de frio; **2.** *(-pp-) v/i* morder, abocanhar *(at); a. ~ shut* fechar com estalo; *sound:* estalar; *break:* romper, estourar; *~ at s.o.* vociferar, falar rispidamente; *~ to it!, Am. a. ~ it up sl.* despacha-te! rápido!; *~ out of it! sl.* acaba com isso! vá lá; *v/t* agarrar, apanhar; estalar; *phot.* tirar um instantâneo; berrar com alguém; *~ one's fingers* dar estalinhos com os dedos; *~ one's fingers at fig.* não levar alguém ou alguma coisa a sério, mostrar indiferença, mostrar desprezo; *~ out words:* falar bruscamente; *~ up* abarbatar; abocanhar; **~-fas•ten•er** *s* mola *f* de pressão; **~•pish** *adj* □ mordaz; **~•py** *adj (-ier, -iest)* F descuidado; desembaraçado; F rápido; vivo; elegante; *make it ~!, Br. a. look ~!* F despacha-te! **~-shot** *s* fotografia *f* instantânea.

snare [sneə] **1.** *s* armadilha *f,* laço *m (a. fig.);* **2.** *v/t* apanhar em armadilha ou laço; *fig.* enganar, trair.

snarl [snɑːl] **1.** *v/i and v/t* rosnar; **2.** *s* rosnadela *f; fig.* palavras *f pl* ásperas.

snatch [snætʃ] **1.** *s* empurrão *m; acto m* de agarrar rapidamente; pedacinhos *m pl;* **2.** *v/t* agarrar rapidamente, arrebatar; *v/i ~ at* pegar rapidamente em.

sneak [sniːk] **1.** *v/i* andar furtivamente; *Br. sl.* denunciar; *v/t sl.* bifar, surripiar; **2.** *s* F pessoa *f* sorrateira; *Br. sl.* bufo *m;* **~•ers** *s pl esp. Am.* sapatos *m pl* de treino, sapatilhas *f pl;* **~•y** *adj* F sorrateiro.

sneer [snɪə] **1.** *s* sorriso *m* de escárnio *or* desprezo; observação *f* sarcástica;

2. *v/i* sorrir com desprezo; olhar com desprezo.

sneeze [sniːz] **1.** *v/i* espirrar; **2.** *s* espirro *m.*

snick•er ['snɪkə] *v/i esp. Am.* rir-se à socapa; *esp. Br.* rir estrondosamente.

sniff [snɪf] *v/t and v/i* fungar; aspirar, cheirar *(esp. glue, snuff, cocaine); fig.* torcer o nariz.

snig•ger *esp. Br.* ['snɪgə] *v/i* rir à socapa; rir mostrando falta de respeito.

snip [snɪp] **1.** *s* corte *m;* retalho *m;* **2.** *v/t (-pp-)* cortar em pedacinhos.

snipe [snaɪp] **1.** *s zoo.* narceja *f;* **2.** *v/i* disparar de local oculto; **snip•er** *s* franco-atirador *m.*

snob [snɒb] *s* snobe *m/f;* **~•ish** *adj* □ snobe.

snoop F [snuːp] **1.** *v/i: ~ about, ~ around* F *fig.* bisbilhotar; **2.** *s* bisbilhoteiro/a *m/f.*

snooze F [snuːz] **1.** *s* soneca *f;* **2.** *v/i* fazer uma soneca, passar pelas brasas.

snore [snɔː] **1.** *v/i* ressonar; **2.** *s* ronco *m.*

snort [snɔːt] *v/i and v/t* resfolegar; roncar.

snout [snaʊt] *s* focinho *m;* tromba *f.*

snow [snəʊ] **1.** *s* neve *f; (a. sl.: cocaine, heroin);* **2.** *v/i* nevar; **~ed in** *or up* bloqueado pela neve; *be ~ed under der fig.* estar atolado em, estar sobrecarregado; **~-bound** *adj* bloqueado pela neve; **~-capped, ~•clad, ~•cov•ered** *adj* coberto de neve; **~-drift** *s* monte *m* de neve; **~•drop** *s bot.* campainha *f* branca; **~-white** *adj* alvo como a neve; **~•y** *adj* □ *(-ier, -iest)* nevado, coberto de neve.

snub [snʌb] **1.** *v/t (-bb-)* desdenhar, desprezar; tratar friamente; **2.** *s* atitude *f* desdenhosa; **~-nosed** *adj* de nariz arrebitado; insolente.

snuff [snʌf] **1.** *s* rapé *m; take ~* tomar rapé; **2.** *v/t* tomar rapé; *candle:* apagar.

snug [snʌg] *adj* □ *(-gg-)* confortável, aconchegado; justo; **~•gle** *v/i* aconchegar-se, aninhar-se *(up to s.o.).*

so [səʊ] *adv* tão; *cj* portanto, consequentemente; *I hope ~* espero que sim; *I think ~* acho que sim; *are you tired? ~ I am* estás cansado? pois estou; *you are tired, ~ am I* estás cansado e eu também; *~ far* até

S

agora, até aqui; ~ **much for...** chega,
basta de; ~ **much for that** lá se
vai...; **very much ~!** pois! exactamente!

soak [səʊk] v/t ensopar; pôr de molho;
~ **in** embeber em; ~ **up** absorver; v/i
impregnar-se; ~**ing (wet)** encharcado.

soap [səʊp] **1.** s sabão m, sabonete m;
soft ~ sabão m mole; sl. fig. lisonja f,
adulação f; ~ **(opera)** F TV: novela f;
2. v/t ensaboar; ~**-box** s saboneteira
f; **get up on one's** ~ F fig. falar do
seu assunto favorito; ~•**y** adj □ **(-ier,
-iest)** ensaboado; fig. F lisonjeiro,
adulador.

soar [sɔ:] v/i subir, erguer-se; elevar-
-se nos ares; aer. voar, planar.

sob [sɒb] **1.** s soluço m; **2.** v/i and v/t
(-bb-) soluçar.

so•ber ['səʊbə] **1.** adj sóbrio; discreto; **2.** v/t and v/i mst ~ **up** ficar sóbrio; ~•**ness** s, **so•bri•e•ty** [səʊ'-
braɪətɪ] s sobriedade f.

so-called [səʊ'kɔ:ld] adj assim chamado.

soc•cer ['sɒkə] s futebol m.

so•cia•ble ['səʊʃəbl] **1.** adj □ sociável; amigável.

so•cial ['səʊʃl] **1.** adj □ social; sociável; relativo à sociedade; **2.** s reunião
f social; **2** **Char•ter** s of EC: a Carta
Social; ~ **dem•o•crat** s pol. social-
-democrata m/f; ~ **dem•o•crat•ic**
adj pol. social-democrata; ~ **fab•ric** s
tecido m social; ~ **in•sur•ance** s seguro m social.

so•cial•is•m ['səʊʃəlɪzm] s socialismo m; ~•**ist 1.** s socialista m/f; **2.** →
~•**is•tic** [~'lɪstɪk] adj **(~ally)** socialista; ~•**ize** v/t socializar; v/i ter relações sociais **(with** com).

so•cial **pol•i•cy** [səʊʃl'pɒləsɪ] s política f social; ~ **sci•ence** s ciências f
pl sociais; ~ **se•cu•ri•ty** s segurança
f social, assistência f social; **be on** ~
viver da assistência f social; ~ **ser•vi-
ces** s pl serviços m pl sociais; **cuts
in** ~ cortes m pl nos serviços sociais;
~ **work** s assistência f social; ~
work•er s assistente m/f social.

so•ci•e•ty [sə'saɪətɪ] s sociedade f.

so•ci•ol•o•gy [səʊsɪ'ɒlədʒɪ] s sociologia f.

sock [sɒk] s meia f, peúga f.

sock•et ['sɒkɪt] s anat. órbita f; anat.
articulação f; cavidade f; tech. manga
f; electr. tomada f.

sod [sɒd] s terreno m coberto de erva;
sl. person: V cretino/a m/f, imbecil m/
/f, porco/a m/f.

so•da ['səʊdə] s chem. soda f; água f
com gás; ~**-foun•tain** s gaseificador
m; Am. loja f de sumos e gelados.

soft [sɒft] **1.** adj □ macio, suave (light, etc.); mole; meigo; fácil (job); a.
~ **in the head** F idiota, doido; sem
álcool, fraco (drink); leve (drugs);
have a ~ **job** F ter um emprego leve,
agradável; **2.** adv docemente, ao de
leve; ~•**en** ['sɒfn] v/t suavizar; voice,
etc.: suavizar, enternecer; water: des-
calcificar; amolecer, amaciar; ~•
head•ed adj idiota, tonto; ~•**heart-
ed** adj brando, bondoso; ~•**ware** s
computer: software m, aplicativos m
pl; ~•**y** s F tipo/a m/f fraco/a.

sog•gy ['sɒgɪ] adj **(-ier, -iest)** ensopado, encharcado.

soil [sɔɪl] s solo m; terra f.

sol•ace ['sɒləs] **1.** s consolo m; **2.** v/t
consolar.

so•lar ['səʊlə] **1.** adj solar.

sold [səʊld] pret and pp of **sell.**

sol•dier ['səʊldʒə] s soldado m.

sole¹ [səʊl] adj □ único; ~ **agent**
agente m exclusivo.

sole² [~] **1.** s sola f (do pé, sapato); **2.**
v/t pôr solas em.

sole³ zoo. [~] s solha f, linguado m.

sol•emn ['sɒləm] adj □ solene, sério;
so•lem•ni•ty [sə'lemnətɪ] s soleni-
dade f.

so•li•cit [sə'lɪsɪt] v/t solicitar, pedir;
v/i oferecer-se (prostitute).

so•lic•i•tor [sə'lɪsɪtə] s Br. jur. soli-
citador; Am. agente m/f, angariador/a
m/f.

sol•id ['sɒlɪd] **1.** adj □ sólido; duro,
forte; resistente; maciço; math. com
três dimensões; justo; profundo, pormenorizado; de confiança (person);
unânime; **a** ~ **hour** uma hora inteira;
2. s matéria f sólida; geom. sólido m;
~**s** pl alimentos m pl sólidos;
sol•i•dar•i•ty [sɒlɪ'dærətɪ] s solida-
riedade f.

so•lid•i•fy [sə'lɪdɪfaɪ] v/i and v/t solidificar; engrossar; ~•**ty** s solidez f.

S

281

so•lil•o•quy [sə'lɪləkwɪ] *s* solilóquio *m; esp. thea.* monólogo *m.*

sol•i•taire ['sɒlɪˈteə] *s gem:* solitário *m; Am. card game:* paciência *f.*

sol•i•ta•ry ['sɒlɪtərɪ] *adj* □ solitário; só; único; ~ **confinement** prisão *f* solitária, solitária *f;* isolamento *m;* ~•**tude** *s* solidão *f.*

so•lo ['səʊləʊ] *s (pl -los)* solo *m; aer.* voo *m* solitário; ~•**ist** *s mus.* solista *m/f.*

sol•u•ble ['sɒljubl] *adj* solúvel; *fig.* solucionável; **so•lu•tion** [sə'luːʃn] *s* solução *f.*

solve [sɒlv] *v/t* resolver, solucionar; **sol•vent 1.** *adj chem.* dissolvente; *econ.* solvente, que pode pagar; **2.** *s chem.* solvente *m.*

som•bre, *Am.* **-ber** ['sɒmbə] *adj* □ sombrio, escuro; *fig.* triste.

some [sʌm, səm] *adj and pron* algum, alguma, alguns, algumas; um pouco; certa quantidade; ~ **20 miles** cerca de 20 milhas; **to ~ extent** até certo ponto; ~•**bod•y** *pron* alguém; ~•**day** *adv* um dia; ~•**how** *adv* de algum modo, de alguma maneira; ~ **or other** de qualquer modo; ~•**one** *pron* alguém; ~•**place** *adv Am.* → **somewhere.**

som•er•sault ['sʌməsɔːlt] **1.** *s* salto *m;* cambalhota *f;* **turn a ~** → **2.** *v/i* dar uma cambalhota *or* salto.

some|thing ['sʌmθɪŋ] *adv and pron* alguma coisa; ~ **like** aproximadamente, mais ou menos; ~ **or other** qualquer coisa; **the book is really** ~ o livro é realmente extraordinário; ~•**time 1.** *adv* algum dia; **2.** *adj* outrora; ocasional; ~•**times** *adv* às vezes, ocasionalmente; ~•**what** *adv* um tanto, um pouco, relativamente; ~•**where** *adv* em algum lugar, algures; F **get ~** conseguir resultados.

son [sʌn] *s* filho *m.*

song [sɒŋ] *s* canção *f;* canto *m;* poesia *f;* **for a ~** muito barato, uma pechincha; ~•**bird** *s* ave *f* canora.

son•ic ['sɒnɪk] *adj* sónico; ~ **boom,** *Br. a.* ~ **bang** *s* som *m* supersónico.

son-in-law ['sʌnɪnlɔː] *s* genro *m.*

son•net ['sɒnɪt] *s* soneto *m.*

so•nor•ous [sə'nɔːrəs] *adj* □ sonoro, com som forte.

soon [suːn] *adv* em breve, brevemente, logo; cedo; de preferência; **as** *or* **so ~ as** assim que; ~•**er** *adv* antes, mais cedo; de preferência; ~ **or later** mais cedo ou mais tarde; **the ~ the better** quanto mais cedo melhor; **no ~ ... than** mal..., assim que...; **no ~ said than done** dito e feito.

soot [sʊt] **1.** *s* fuligem *f;* **2.** *v/i* cobrir de fuligem.

soothe [suːð] *v/t* acalmar, confortar; aliviar, suavizar; **sooth•ing** *adj* □ calmante, que alivia; **sooth•say•er** ['suːθseɪə] *s* vidente *m/f.*

soot•y ['sʊtɪ] *adj* □ *(-ier, -iest)* preto, coberto de fuligem.

sop [sɒp] **1.** *s* pedaço de pão embebido em líquido; **2.** *v/t (-pp-)* embeber.

so•phis•ti•cat•ed [sə'fɪstɪkeɪtɪd] *adj* sofisticado; culto; intelectual; exigente; *tech.* complicado; enganador; **soph•ist•ry** ['sɒfɪstrɪ] *s* sofisma *m.*

soph•o•more *Am.* ['sɒfəmɔː] *s* estudante *m/f* do segundo ano de escola ou universidade.

sop•o•rif•ic [sɒpə'rɪfɪk] **1.** *adj (~ally)* soporífero; **2.** *s* soporífico *m.*

sor•cer|er ['sɔːsərə] *s* feiticeiro *m;* mágico *m;* ~•**ess** *s* feiticeira *f;* bruxa *f;* ~•**y** *s* feitiçaria *f;* bruxaria *f.*

sor•did ['sɔːdɪd] *adj* □ sórdido, sujo, imundo; miserável.

sore [sɔː] **1.** *adj* □ *(~r, ~st)* doloroso, ferido; magoado; ofendido; zangado; **a ~ throat** dores *f pl* de garganta, anginas *f pl;* **2.** *s* ferida *f;* dor *f;* ~•**head** *s Am.* F pessoa *f* vingativa.

sor•row ['sɒrəʊ] *s* dor *f;* sofrimento *m;* tristeza *f;* ~•**ful** *adj* □ triste, infeliz.

sor•ry ['sɒrɪ] *adj and int (-ier, -iest)* arrependido; triste, preocupado; **be ~ about sth.** estar arrependido de alguma coisa; **I am (so) ~!** lamento (imenso)! **~!** desculpe! perdão! **I am ~ for him** tenho pena dele; **we are ~ to say** lamentamos informar que.

sort [sɔːt] **1.** *s* classe *f,* espécie *f;* tipo *m;* modo *m,* maneira *f;* **what ~ of** que espécie de; **of a ~, of ~s** F duvidoso; ~ **of** F de certo modo, mais ou menos; **out of ~s** F mal, aborrecido, em baixo; **2.** *v/t* seleccionar, escolher; ~ **out** classificar; *fig.* resolver, solucionar.

sot [sɒt] *s* beberrão *m*, bêbedo *m*.

sought [sɔːt] *pret and pp of* **seek**.

soul [səʊl] *s* alma *f (a. fig.);* espírito *m; mus.* soul *f.*

sound [saʊnd] **1.** *adj* □ saudável; completo, intacto; *econ.* sólido, estável, seguro; *jur.* válido; de confiança; forte; profundo *(sleep);* **2.** *s* som *m;* ruído *m;* barulho *m; med.* sonda *f; geogr.* estreito *m,* braço *m* de mar; **3.** *v/i and v/t* soar, ressoar, retinir; repicar; fazer soar; parecer; *mar.* sondar; *med.* auscultar; **~ bar•ri•er** *s* barreira *f* do som; **~-film** *s* filme *m* sonoro; **~•ing** *s mar.* sondagem *f;* **~•less** *adj* □ insondável; **~ lev•el** *s* nível *m* de ruído; **~•ness** *s* saúde *f,* sanidade *f (a. fig.);* **~ pol•lu•tion** *s* poluição *f* sonora; **~-proof** *adj* à prova de som; **~-track** *s of film* banda *f* sonora; **~-wave** *s* onda *f* sonora.

soup [suːp] **1.** *s* sopa *f;* **2.** *v/t:* **~ up** F *engine:* aumentar a força do motor.

sour ['saʊə] **1.** *adj* □ azedo; *fig.* carrancudo, rabugento; **2.** *v/t* azedar; fazer fermentar; *fig.* ficar aborrecido *or* de mau humor; *v/i* estragar-se, talhar, azedar.

source [sɔːs] **1.** *s* fonte *f;* origem *f;* **2.** *v/t esp. econ.* adquirir, ganhar.

sour|ish ['saʊərɪʃ] *adj* □ azedado, amargo; **~•ness** *s* acidez *f;* gosto *m* ácido; *fig. of person:* amargura *f.*

south [saʊθ] **1.** *s* sul *m;* **2.** *adj* do sul, meridional; **~-east 1.** *s* sudeste *m;* **2.** *adj* relativo ao sudeste; **~-east•er** *s* vento *m* de sudeste; **~-east•ern** *adj* de sudeste.

south•er|ly ['sʌðəlɪ], **~n** [~n] *adj* meridional, do sul; **~n•most** *adj* que está mais para o sul.

south•ward(s) ['saʊθwəd(z)] *adv* em direcção ao sul, para sul.

south|-west [saʊθ'west] **1.** *s* sudoeste *m;* **2.** *adj* sudoeste; **~-west•er** *s* vento *m* de sudoeste; *mar.* tempestade *f* de sudoeste; **~-west•er•ly**, **~-west•ern** *adj* de *or* relativo ao sudoeste.

sou•ve•nir [suːvə'nɪə] *s* lembrança *f;* recordação *f.*

sove•reign ['sɒvrɪn] **1.** *adj* □ soberano, supremo; inexcedível; superior; **2.** *s* soberano/a *m/f,* monarca *m/f,* rei/rainha *m/f;* soberano *m (former British coin);* **~•ty** [~əntɪ] *s* soberania *f;* poder *m* supremo.

sow[1] [saʊ] *s* porca *f.*

sow[2] [səʊ] *v/t (sowed, sown or sowed)* semear, plantar; espalhar; **~n** [~n] *pp of* **sow**[2].

spa [spɑː] *s* termas *f pl;* estância *f* de águas minerais.

space [speɪs] **1.** *s* espaço *m;* universo *m;* lugar *m;* espaço *m* de tempo; **2.** *v/t mst* **~ out** *print.* espaçar; **~ age** *s* era *f* espacial; **~ cap•sule** *s* cápsula *f* espacial; **~•craft** *s* nave *f* espacial; **~ flight** *s* voo *m* espacial; **~•lab** *s* laboratório *m* espacial; **~•man** *s* astronauta *m or* cosmonauta *m* **~•port** *s* centro *m* de controlo espacial; **~ probe** *s* sonda *f* espacial; **~ re•search** *s* investigação *f* espacial; **~•sav•ing** *adj* que poupa espaço; **~•ship** *s* nave *f* espacial; **~ shut•tle** *s* vaivém *m* espacial; **~ sta•tion** *s* estação *f* orbital; **~•suit** *s* fato *m* de astronauta; **~ walk** *s* passeio *m* no espaço; **~•wom•an** *s* astronauta *f or* cosmonauta *f.*

spa•cious ['speɪʃəs] *adj* □ espaçoso; amplo, vasto.

spade [speɪd] *s* pá *f; playing card:* espadas *f pl; king of* **~s** *s* rei *m* de espadas; *call a* **~** *a* **~** chamar as coisas pelo nome.

span [spæn] **1.** *s* palmo *m;* distância *f;* período *m* de tempo; *arch.* vão *m;* **2.** *v/t (-nn-)* estender, atravessar, abarcar.

span•gle ['spæŋgl] **1.** *s* lantejoula *f;* coisa *f* que brilha; **2.** *v/t* enfeitar com lantejoulas; *fig.* salpicar.

Span•iard ['spænjəd] *s* espanhol/a *m/f.*

Span•ish ['spænɪʃ] **1.** *adj* espanhol; **2.** *s ling.* espanhol; *the* **~** *pl* o povo espanhol.

spank F [spæŋk] **1.** *v/t* bater, dar uma tareia; **2.** *s* palmada *f;* **~•ing 1.** *adj* □ rápido; forte; bom, formidável; **2.** *adv* **~ clean** completamente limpo; **~ new** novinho em folha; **3.** *s* F sova *f,* tareia *f.*

span•ner *tech.* ['spænə] *s* chave *f* de porcas.

spar [spɑː] *v/i (-rr-) boxing:* treinar; *fig.* brigar.

S

spare [speə] **1.** *adj* □ excedente, de sobra; poupado; escasso; disponível; ~ **part** peça *f* sobressalente; ~ **room** quarto *m* de hóspedes; ~ **time,** ~ **hours** *pl* tempo *m* livre; **2.** *s tech.* peça *f* sobressalente; **3.** *v/t* poupar; dispensar; privar-se de; ter a mais.

spar•ing ['speərɪŋ] *adj* □ poupado, económico.

spark [spɑːk] **1.** *s* faísca *f;* chispa *f;* centelha *f;* **2.** *v/i* faiscar, chispar; ~**•ing-plug** *s Br. mot.* vela *f* de ignição.

spar|kle ['spɑːkl] **1.** *s* brilho *m;* cintilação *f;* **2.** *v/i* brilhar, cintilar; deitar espuma *(wine);* ~**•kling** *adj* □ cintilante, brilhante; *fig.* vivo, espirituoso; ~ **wine** vinho *m* espumante.

spark-plug *Am. mot.* ['spɑːkplʌg] *s* vela *f* de ignição.

spar•row *zoo.* ['spærəʊ] *s* pardal *m;* ~**•hawk** *s zoo.* gavião *m.*

sparse [spɑːs] *adj* □ escasso; ralo; fino.

spas•m ['spæzəm] *s med.* espasmo *m,* contracção *f;* **spas•mod•ic** [spæz'mɒdɪk] *adj (~ally) med.* espasmódico; *fig.* incoerente.

spas•tic *med.* ['spæstɪk] **1.** *adj (~ally)* espástico; **2.** *s* espástico/a *m/f.*

spat [spæt] *pret and pp of **spit**[2] 2.*

spat•ter ['spætə] *v/t and v/i* salpicar; respingar.

spawn [spɔːn] **1.** *s zoo.* ovas *f pl; fig. contp.* ninhada *f;* **2.** *v/i zoo.* desovar; *v/t fig.* gerar, criar.

speak [spiːk] *(spoke, spoken) v/i* falar, conversar **(to** com; **about** sobre); ~ **out,** ~ **up** falar alto e claramente; ~ **to s.o.** falar com alguém; *v/t* contar; dar opinião; expressar; *language:* conhecer; ~**•er** *s* orador/a *m/f; of radio, etc.:* alto-falante *m;* 🅿 *parl.* presidente *m/f.*

spear [spɪə] **1.** *s* lança *f;* **2.** *v/t* espetar com lança.

spe•cial ['speʃl] **1.** *adj* □ especial; **2.** *s newspaper:* edição *f* extra; *rail.* comboio *m* especial; *radio, TV:* emissão *f* especial; *Am.* prato *m* do dia *(in restaurant); Am. econ.* promoção *f;* **on** ~ *Am. econ.* em promoção; ~**•ist** *s* especialista *m/f; med.* médico/a *m/f* especialista; **spe•ci•al•i•ty** [speʃɪ'æ- lətɪ] *s* especialidade *f;* ~**•ize** ['speʃəlaɪz] *v/i and v/t* especializar-se; ~**•ly** ['speʃəlɪ] *adv* especialmente; ~**•ty** *esp. Am.* → **speciality.**

spe•cies ['spiːʃiːz] *s (pl -cies)* espécie *f.*

spe•cif•ic [spɪ'sɪfɪk] *adj (~ally)* específico, preciso; peculiar; exacto; ~**•ci•fy** ['spesɪfaɪ] *v/t* especificar; descrever; ~**•ci•men** ['spesɪmən] *s* espécime *m;* exemplar *m.*

spe•cious ['spiːʃəs] *adj* □ brilhante, deslumbrante; ilusório, enganador.

speck [spek] *s* grão *m;* mancha *f;* pinta *f;* ~**•le** *s* mancha *f;* salpico *m;* ~**•led** *adj* manchado, salpicado.

spec•ta•cle ['spektəkl] *s* espectáculo *m; (a pair of)* ~**s** *pl* óculos *m pl.*

spec•tac•u•lar [spek'tækjʊlə] **1.** *adj* □ espectacular, sensacional; **2.** *s* grande produção *f;* espectáculo *m* de gala.

spec•ta•tor [spek'teɪtə] *s* espectador/a *m/f.*

spec|tral ['spektrəl] *adj* □ espectral, fantasmagórico; ~**•tre,** *Am.* ~**•ter** *s* espectro *m.*

spec•u|late ['spekjʊleɪt] *v/i* especular *(a. econ.);* considerar; ~**•la•tion** ['~leɪʃn] *s* especulação *f (a. econ.);* reflexão *f;* ~**•la•tive** ['~lətɪv] *adj* □ especulativo *(a. econ.);* teórico; ~**•la•tor** ['~leɪtə] *s econ.* especulador/a *m/f.*

sped [sped] *pret and pp of **speed** 2.*

speech [spiːtʃ] *s* fala *f;* discurso *m;* **make a** ~ fazer um discurso; ~**•day** *s Br. school:* festa *f* de encerramento do ano lectivo; ~**•less** *adj* □ sem fala, atónito.

speed [spiːd] **1.** *s* velocidade *f;* rapidez *f;* pressa *f;* prontidão *f; mot.* mudança *f; phot.* sensibilidade *f; phot.* tempo *m* de exposição; *sl.* speed *(drug),* pedra *f;* **full** *or* **top** ~ velocidade *f* máxima; **a ten-~ bicycle** uma bicicleta *f* de dez velocidades; **2.** *(sped) v/i* apressar-se, andar depressa, correr; ~ **up** *(pret and pp **speeded)* acelerar; *v/t* despachar; ~ **up** *(pret and pp **speeded)* acelerar, aumentar a velocidade; ~**•boat** lancha *f;* ~**•ing** *s mot.* excesso *m* de velocidade; ~ **lim•it** *s mot.* limite *m* de velocidade; ~**•o** F [~əʊ], ~**•om•e•ter** [spɪ'dɒmɪtə] *s mot.* velocímetro *m;*

S

~-up s aceleração f; econ. aumento m de produção; **~•way** s sports: pista f de corridas; via f rápida; **~•y** adj □ (-ier, -iest) rápido, veloz.

spell [spel] **1.** s período m de tempo, temporada f; ataque m, acesso m; feitiço m; **a ~ of fine weather** um período de bom tempo; uma aberta **hot ~** onda f de calor; **2.** v/t: **~ s.o. at sth.** esp. Am. substituir, revezar alguém; (**spelt** or Am. **spelled**) soletrar; escrever correctamente; significar; **~•bound** adj fascinado, enfeitiçado; **~•er** s computer: corrector m ortográfico; **be a good (bad) ~** ser bom (mau) em ortografia; **~•ing** s soletração f; correcção f ortográfica.

spelt [spelt] pret and pp of **spell** 2.

spend [spend] **1.** v/t (**spent**) passar; money, energy, etc.: gastar; time, holiday: passar; **~ o.s.** esgotar-se, cansar-se; **2.** s despesas f pl; **~•thrift** s gastador/a m/f; esbanjador/a m/f.

spent [spent] **1.** pret and pp of **spend** 1; **2.** adj esgotado, exausto.

sperm [spɜːm] s esperma m.

spew [spjuː] v/i F vomit: vomitar, cuspir; lançar; **~ out** of water, etc.: saltar para fora.

sphere [sfɪə] s esfera f; globo f terrestre; fig. ambiente m; esfera f de acção, alçada f; zona f de influência; **spher•i•cal** ['sferɪkl] adj □ esférico, redondo.

spice [spaɪs] **1.** s especiaria f; condimento m; fig. sabor m; **2.** v/t temperar, condimentar.

spick and span [spɪkən'spæn] adj novinho em folha; limpo e arrumado.

spic•y ['spaɪsɪ] adj □ (-ier, -iest) condimentado; fig. picante.

spi•der zoo. ['spaɪdə] s aranha f.

spig•ot ['spɪgət] s espiche m; Am. torneira f.

spike [spaɪk] **1.** s espigão m; ponta f aguçada; espinho m; agr. espiga f; sports: pitões m pl; **2.** v/t pregar com prego ou espigão; **~ heel** s salto m alto.

spill [spɪl] **1.** (**spilt** or **spilled**) v/t entornar; derramar (a. blood); rider: derrubar; sl. dar com a língua nos dentes; → **milk** 1; v/i transbordar; sl. desabafar; **2.** s queda f (from horse, etc.).

spilt [spɪlt] pret and pp of **spill** 1.

spin [spɪn] **1.** (-nn-; **spun**) v/t fiar; girar; coin: atirar ao ar; fig. inventar, contar; **~ sth. out** esticar, prolongar; v/i girar; rodar; torcer; aer. rodopiar; mot. girar; **~ along** correr; **2.** s volta f; rotação f; aer. parafuso m; **go for a ~** ir dar uma volta.

spin•ach bot. ['spɪnɪdʒ] s espinafre m.

spin•al anat. ['spaɪnl] adj espinal; **~ column** coluna f vertebral; **~ cord**, **~ marrow** medula f espinal.

spin•dle ['spɪndl] s fuso m.

spin|-dri•er ['spɪndraɪə] s secador m (de roupa); **~-dry** v/t washing: torcer, secar; **~-dry•er** → **spin-drier**.

spine [spaɪn] s anat. espinha f; bot., zoo. espinho m; ponta f, cume m; lombada f (de livro).

spin•ning|-mill ['spɪnɪŋmɪl] s fábrica f de fiação; **~-wheel** s roda f de fiar, roca f.

spin•ster ['spɪnstə] s jur. mulher f solteira; contp. solteirona f.

spin•y bot., zoo. ['spaɪnɪ] adj (-ier, -iest) espinhoso.

spi•ral ['spaɪərəl] **1.** adj □ em espiral; **~ staircase** escada f em caracol; **2.** s espiral f; **price ~** subida de preços em espiral.

spire ['spaɪə] s pináculo m.

spir•it ['spɪrɪt] **1.** s espírito m; ânimo m; coragem f; mentalidade f; chem. álcool m; **~s** bebidas f pl alcoólicas or espirituosas; **high (low) ~s** pl animado (deprimido); **that's the ~!** assim é que é! **2.** v/t: **~ away** or **off** fazer desaparecer; **~ed** adj □ vivo, animado; temperamental; enérgico; fogoso (horse, etc.); **~•less** adj □ desanimado, deprimido, desencorajado.

spir•i•tu•al ['spɪrɪtjʊəl] **1.** adj espiritual; mental; **2.** s mus. espiritual m; **~•is•m** [~ɪzəm] s espiritualismo m.

spit[1] **1.** s espeto m; geogr. península f, língua f de terra; **2.** v/t (-tt-) espetar.

spit[2] [~] **1.** s saliva f; cuspo m; F retrato m; **2.** v/i and v/t (-tt-; **spat**, Am. a. **spit**) cuspir; bufar, fungar; rain: choviscar; a. **~ out** dizer a verdade, falar depressa.

spite [spaɪt] **1.** s rancor m; malvadez f; **in ~ of** apesar de; **2.** v/t ofender, magoar; **~•ful** adj □ rancoroso, odioso.

spit•fire ['spɪtfɪɹə] *s* pessoa *f* irascível.

spit•ting im•age [spɪtɪŋ'ɪmɪdʒ] *s* retrato *m*, cara *f* chapada.

spit•tle ['spɪtl] *s* saliva *f;* cuspo *m.*

spit•toon [spɪ'tuːn] *s* escarradeira *f.*

splash [splæʃ] **1.** *s* salpico *m;* mancha *f;* som *m* de esguichar *or* salpicar; **2.** *v/t and v/i* salpicar; chapinhar; espirrar; **~** *down* amarar *(spacecraft);* **~•down** *s* amaragem *f.*

spleen [spliːn] *s anat.* baço *m;* má disposição.

splen|did ['splendɪd] *adj* □ esplêndido, magnífico; F óptimo, excelente; **~•do(u)r** [~ə] *s* esplendor *m;* magnificência *f.*

splice [splaɪs] *v/t ropes:* entrançar; *film:* montar.

splint *med.* [splɪnt] **1.** *s* tala *f;* **2.** *v/t* pôr uma tala.

splin•ter ['splɪntə] **1.** *s* lasca *f;* farpa *f;* **2.** *v/t and v/i* lascar; **~** *off* lascar(-se).

split [splɪt] **1.** *s* fenda *f;* ruptura *f;* racha *f;* rompimento *m;* divisão *f,* separação *f;* **2.** *adj* separado; fendido; **3.** *(-tt-; split) v/t* fender, rachar; dividir; separar; **~** *hairs* perder-se em detalhes; **~** *one's sides laughing or with laughter* morrer a rir; *v/i* separar-se; dividir-se *(into* em); **~•ting** *adj* agudo; lancinante *(headache).*

splut•ter ['splʌtə] *v/t and v/i* falar incoerentemente; balbuciar; *spit:* cuspir; *of fire:* crepitar; *of engine:* engasgar-se.

spoil [spɔɪl] **1.** *s mst* **~s** *pl* saque *m; fig.* espólio *m;* lucro *m;* **2.** *v/t (spoilt or spoiled)* estragar, arruinar; *child:* estragar, amimar demais; **~•er** *s mot.* avental *m,* spoiler *m;* **~•sport** *s* desmancha-prazeres *m;* **~t** *pret and pp of* *spoil* 2.

spoke[1] [spəʊk] *s* raio *m* (de roda); degrau *m* (de escada de mão).

spoke[2] [~] *pret of* *speak*; **spok•en** **1.** *pp of* *speak*; **2.** *adj* falado *(language);* **~•s•man** *s* porta-voz *m;* orador *m;* **~•per•son** *s* orador/a *m/f;* **~•s•wom•an** *s* porta-voz *f;* oradora *f.*

sponge [spʌndʒ] **1.** *s* esponja *f;* F *fig.* parasita *m/f; Br.* → *sponge-cake;* **2.** *v/t* lavar com esponja; **~** *off* esfregar com esponja; **~** *up* chupar, absor-

ver; *v/i* F *fig.* viver à custa de; **~•cake** *s* espécie de pão-de-ló; **spong•y** *adj (-ier, -iest)* esponjoso.

spon•sor ['spɒnsə] **1.** *s* patrocinador/a *m/f (a. sports);* fiador/a *m/f;* padrinho/ /madrinha *m/f;* **2.** *v/t sports, etc.:* patrocinar; promover, fiar; **~•ship** *s* patrocínio *m;* fiança *f.*

spon•ta•nei•ty [spɒntə'neɪətɪ] *s* espontaneidade *f;* naturalidade *f;* **~•ous** [spɒn'teɪnɪəs] *adj* □ espontâneo, natural.

spook [spuːk] *s* fantasma *m;* **~•y** *adj (-ier, -iest)* fantasmagórico; arrepiante.

spool [spuːl] *s* bobina *f;* novelo *m; a.* *a* **~** *of thread Am.* um novelo de fio.

spoon [spuːn] **1.** *s* colher *f;* **2.** *v/t* com colher; **~•ful** *s* colherada *f.*

spo•rad•ic [spə'rædɪk] *adj (~ally)* esporádico, raro.

spore *bot.* [spɔː] *s* esporo *m;* germe *m,* semente *f.*

sport [spɔːt] **1.** *s* desporto *m; fun:* divertimento *m;* F bom tipo; **~s** *pl* desporto *m; Br. school:* Dia *m* do Desporto; *do* **~** praticar desporto; *be a* *good (bad)* **~** ser bom (mau) perdedor; **2.** *v/i* brincar; *v/t* F gabar-se de; **~•ing** *adj* desportivo; *chance:* boa, leal; **spor•tive** *adj* □ desportivo; alegre, divertido; **~•s•man** *s* desportista *m;* **~•s•man•ship** *s* desportivismo *m;* **~•s•wom•an** desportista *f.*

spot [spɒt] **1.** *s* mancha *f,* pinta *f,* ponto *m;* lugar *m,* local *m; med.* sarda *f,* sinal *m; med.* borbulha *f,* espinha *f; radio, TV:* anúncio *m; Br.* F gole *m,* trago *m; a* **~** *of Br.* F um pouco de; *on the* **~** ali mesmo, imediatamente; **2.** *adj econ.* à vista; **3.** *(-tt-) v/t* manchar, salpicar; notar, perceber; reconhecer; *v/i* ficar manchado; **~•less** *adj* □ limpo, sem manchas; *fig.* imaculado, puro; **~•light** *s thea.* holofote *m; fig.* **be in the** **~** estar na ribalta; **~•ter** *s* observador *m; mil.* vigia *m/f,* guarda *m/f;* **~•ty** *adj (-ier, -iest)* manchado; salpicado.

spouse [spaʊz] *s* esposo/a *m/f.*

spout [spaʊt] **1.** *s* bico *m (of teapot, etc.);* tube: cano *m,* tubo *m;* bica *f; water* **~:** jacto *m;* jorro *m;* **2.** *v/i* jorrar; verter.

sprain *med.* [spreɪn] **1.** *s* distensão *f;* deslocamento *m;* **2.** *v/t* distender, deslocar.

sprang [spræŋ] *pret of* **spring** 2.

sprat *zoo.* [spræt] *s* pequeno arenque *m.*

sprawl [sprɔːl] *v/i* estender-se; esticar-se; espreguiçar-se; *bot.* alastrar.

spray [spreɪ] **1.** *s* borrifo *m;* espuma *f;* → **sprayer; 2.** *v/t* borrifar, pulverizar; regar; **~•er** *s* atomizador *m;* pulverizador *m.*

spread [spred] **1.** *(spread) v/t a.* **~ out** espalhar; abrir; estender; espaçar; *butter, etc.:* barrar; **~ the word** espalhar a palavra, contar; **~ the table** pôr a mesa; *v/i* espalhar-se, difundir-se; alastrar; **2.** *s* extensão *f,* expansão *f;* difusão *f;* colcha *f* (de cama); pasta *f* (para barrar); F comida *f.*

spree F [spriː] *s:* **go (out) on a ~** ir para a farra; **go on a buying** *(or* **shopping, spending)** **~** gastar muito dinheiro em compras.

sprig *bot.* [sprɪg] *s* raminho *m.*

spright•ly ['spraɪtlɪ] *adj (-ier, -iest)* vivo, animado.

spring [sprɪŋ] **1.** *s* salto *m;* pulo *m;* *tech.* mola *f;* elasticidade *f;* fonte *f;* *fig.* origem *f;* Primavera *f (a. fig.);* **2.** *(sprang* or *Am.* **sprung, sprung)** *v/t* fazer saltar; borrifar; regar; **~ a leak** *mar.* meter água; **~ a surprise on s.o.** espantar alguém, fazer uma surpresa a alguém; *v/i* saltar, pular; *fig.* ter origem, provir **(from** de); *bot.* brotar, nascer; **~ up** nascer, aparecer *(ideas, etc.);* **~•board** *s* trampolim *m;* **~ tide** *s* maré *f* muito cheia pela lua nova e lua cheia; **~•time** *s* Primavera *f;* **~•y** *adj* □ *(-ier, -iest)* elástico.

sprin|kle ['sprɪŋkl] *v/t and v/i* borrifar, salpicar; *rain:* chuviscar; **~•kler** *s* borrifador *m;* regador *m;* irrigador *m* de aspersão; **~•kling** *s* rega *f* por aspersão; **a ~ of** *fig.* um bocadinho de.

sprint [sprɪnt] *sports:* **1.** *v/i* correr com a máxima velocidade; **2.** *s* corrida *f* de velocidade; **~•er** *s sports:* corredor/a *m/f* de velocidade, velocista *m/f.*

sprout [spraʊt] **1.** *v/i* brotar; crescer; **2.** *s bot.* rebento *m;* **(Brussels) ~s** *pl bot.* couves-de-Bruxelas *f.*

spruce[1] [spruːs] *adj* □ bem arranjado, elegante.

spruce[2] *bot.* [~] *s a.* **~ fir** abeto *m.*

sprung [sprʌŋ] *pret and pp of* **spring** 2.

spry [spraɪ] *adj* vivo, ágil; esperto.

spun [spʌn] *pret and pp of* **spin** 1.

spur [spɜː] **1.** *s* espora *f;* esporão *m (a. zoo., bot.);* espigão *m;* contraforte *m (of mountains); fig.* impulso *m;* **on the ~ of the moment** espontaneamente, de repente; **2.** *v/t (-rr-) horse:* esporear; *often* **~ on** *fig.* estimular, incitar.

spurt[1] [spɜːt] **1.** *v/i* esforçar-se; agir rapidamente; *sports:* correr, dar uma corrida; **2.** *s* esforço *m* súbito; actividade *f* súbita, *sports:* corrida *f.*

spurt[2] [~] **1.** *v/i* jorrar; **2.** *s* jorro *m,* jacto *m* (de água).

sput•ter ['spʌtə] → **splutter.**

spy [spaɪ] **1.** *s* espião/espia *m/f;* agente *m/f* da polícia; **2.** *v/t* espreitar, descobrir; *v/i* fazer espionagem, espiar; **~ on, ~ upon** espiar alguém *or* alguma coisa; **~•glass** *s* telescópio *m* pequeno; **~•hole** *s* visor *m.*

squab•ble ['skwɒbl] **1.** *s* briga *f;* discussão *f;* **2.** *v/i* brigar; discutir.

squad [skwɒd] *s* grupo *m;* esquadra *f (a. mil.); police:* pelotão *m; sports:* selecção *f;* **~ car** *Am.* radiopatrulha *f;* **~•ron** *mil.* ['skwɒdrən] *s* esquadrão *m;* batalhão *m; aer., mar.* esquadrilha *f.*

squal•id ['skwɒlɪd] *adj* □ esquálido, sujo; miserável; sórdido.

squall [skwɔːl] **1.** *s meteor.* rajada *f* de vento; **~s** *pl* gritos *m pl;* **2.** *v/i* gritar.

squal•or ['skwɒlə] *s* sujidade *f;* miséria *f.*

squan•der ['skwɒndə] *v/t* desperdiçar, esbanjar.

square [skweə] **1.** *adj* □ quadrado, quadrangular; correcto; completo, em ordem; *quits:* desempatado, igual; *honest:* honesto, justo, aberto; *stocky:* robusto, forte; F *old-fashioned:* conservador, antiquado; **2.** *s* quadrado *m (a. math);* esquadro *m;* quadrícula *f,* quadrado *m (on game-board); in town:* praça *f; sl.* pessoa *f* antiquada; **3.** *v/t* formar em quadrado, fazer um quadra-

S

287

do; *number:* elevar ao quadrado; *shoulders:* endireitar; *sports:* empatar *(match); econ.* equilibrar *(account); econ.* saldar, liquidar *(debt); fig.* ajustar, acertar; *fig.* concordar (**with** com); ajustar-se (**to** a); *v/i* ajustar-se **(with);** **~-built** *adj person.:* de ombros largos; **~ dance** *s esp. Am.* quadrilha *f;* **~ mile** *s* milha *f* quadrada.

squash[1] [skwɒʃ] **1.** *s* sumo *m;* polpa *f; sports:* squash *m;* **2.** *v/t* espremer, esmagar.

squash[2] *bot.* [~] *s* abóbora *f.*

squat [skwɒt] **1.** *(-tt-) v/i* agachar-se, acocorar-se; *(a. v/t)* ocupar ilegalmente; **~ down** acocorar-se; *v/t empty building:* ocupar; **2.** *adj* atarracado; **~•ter** *s* ocupante *m/f* ilegal; colonizador/a *m/f* em terras devolutas *(in Australia).*

squawk [skwɔːk] **1.** *v/i* grasnar; gritar; **2.** *s* grasnido *m;* grito *m* agudo.

squeak [skwiːk] *v/i* guinchar; ranger, chiar.

squeal [skwiːl] *v/i* gritar, guinchar; ranger, chiar.

squeam•ish ['skwiːmɪʃ] *adj* □ sensível, melindroso; delicado; meticuloso.

squeeze [skwiːz] **1.** *v/t* espremer; apertar; comprimir; *v/i* espremer-se; **2.** *s* aperto *m;* apertão *m;* pressão *f;* **squeez•er** *s* espremedor *m;* prensa *f.*

squid *zoo.* [skwɪd] *s* lula *f;* choco *m.*

squint [skwɪnt] *v/i* olhar de soslaio; ser estrábico.

squire ['skwaɪə] *s* proprietário *m* rural.

squirm F [skwɜːm] *v/i* torcer-se, retorcer-se.

squir•rel *zoo.* ['skwɪrəl, *Am.* 'skwɜːrəl] *s* esquilo *m.*

squirt [skwɜːt] **1.** *s* jorro *m;* esguicho *m;* **2.** *v/i and v/t* jorrar, esguichar.

stab [stæb] **1.** *s* punhalada *f;* facada *f;* **2.** *(-bb-) v/t* apunhalar, esfaquear.

sta•bil|i•ty [stə'bɪlətɪ] *s* estabilidade *f;* firmeza *f;* constância *f;* **~•ize** ['steɪbəlaɪz] *v/t and v/i* estabilizar(-se).

sta•ble[1] ['steɪbl] *adj* □ estável, firme.

sta•ble[2] [~] **1.** *s* estábulo *m,* cavalariça *f;* **2.** *v/t* levar para o estábulo; manter no estábulo.

stack [stæk] **1.** *s agr.* meda *f* de feno; pilha *f,* F montão *m;* chaminé *f;* **~s** *pl* estantes *f pl* para livros *(in library);* **2.** *v/t a.* **~ up** amontoar, empilhar.

sta•di•um ['steɪdɪəm] *s (pl* **-diums, -dia** [-dɪə]) *sports:* estádio *m.*

staff [stɑːf] **1.** *s* bastão *m;* bordão *m;* apoio *m;* (*pl* **staves** [steɪvz]) *mus.* pauta *f;* pessoal *m,* funcionários *m pl;* corpo *m* docente; **2.** *v/t* colocar pessoal; **~ mem•ber** *s* membro *m* do pessoal; **~ room** *s* sala *f* dos professores.

stag *zoo.* [stæg] *s* veado *m.*

stage [steɪdʒ] **1.** *s theat.* palco *m;* teatro *m; fig.* cena *f;* fase *f,* etapa *f;* zona *f (bus, etc.); tech.* plataforma *f (of rocket);* **2.** *v/t* encenar, pôr em cena; representar; organizar; **~•coach** *s hist.* diligência *f;* **~•craft** *s* dramaturgia *f;* **~ de•sign** *s* encenação *f;* **~ de•sign•er** *s* encenador/a *m/f;* **~ di•rec•tion** *s* direcção *f* de cena; **~ fright** *s* medo *m* da plateia; **~ prop•er•ties** *s pl* indumentária *f* e material *m.*

stag•ger ['stægə] **1.** *v/i* cambalear, vacilar; *fig.* hesitar; *v/t* fazer vacilar; *working hours, etc.:* escalonar; *fig.* surpreender, espantar; **2.** *s* vertigem *f,* tontura *f;* **~•ing** *adj fig.* espantoso, de tirar a fala *(news, revelations).*

stag|nant ['stægnənt] *adj* □ estagnado *(water, air); econ.* estagnado, parado; *fig.* indolente, preguiçoso; **~•nate** [ˌ'neɪt] *v/i* estagnar.

stain [steɪn] **1.** *s* nódoa *f;* mancha *f; fig.* mácula *f;* **2.** *v/t* manchar; tingir; *wood:* macerar; *glass:* pintar; *v/i* sujar, pôr nódoa; **~ed glass** vidro *m* colorido, vitral *m;* **~•less** *adj* □ inoxidável; *esp. fig.* sem mácula, imaculado.

stair [steə] *s* degrau *m;* **~s** *pl* escadas *f pl;* **~•case, ~•way** *s* escadas *f pl.*

stake [steɪk] **1.** *s* estaca *f;* poste *m;* aposta *f (a. fig.);* **~s** *pl horse race:* prémio *m;* corrida *f;* **pull up ~s** *esp. Am. fig.* F retirar-se, ir-se embora; **be at ~** *fig.* estar em jogo; **2.** *v/t* apostar; arriscar; **~ off, ~ out** demarcar.

stale [steɪl] *adj* □ **(~r, ~st)** *not fresh:* seco, duro, estragado; *beer, etc.:* mole, passado; *air:* estagnado; *fig.* aborrecido, desinteressante; **~•mate** ['~meɪt] *s* empate *m; fig.* impasse *m,* beco *m* sem saída.

stalk[1] *bot.* [stɔːk] *s* caule *m;* haste *f.*

stalk[2] [~] *v/i hunt.* caçar furtivamente; aproximar-se silenciosamente; *often* ~ **along** andar com arrogância; *v/t* seguir silenciosamente.

stall[1] [stɔːl] **1.** *s* baia *f (in stable);* barraca *f,* tenda *f;* banca *f;* assento *m* no coro; **~s** *pl Br. thea.* plateia *f;* **2.** *v/t animal:* pôr em estábulo; *mot. engine:* parar, desligar; *v/i* F ir-se abaixo *(engine).*

stall[2] [~] *v/i* esquivar-se, evitar; *a* ~ **for time** protelar, tentar ganhar tempo; *sports:* ganhar tempo.

stal•li•on *zoo.* ['stæliən] *s* garanhão *m.*

stam•i•na ['stæminə] *s* resistência *f;* força *f.*

stam•mer ['stæmə] **1.** *v/i and v/t* gaguejar; **2.** *s* gaguez *f.*

stamp [stæmp] **1.** *s* selo *m;* marca *f;* carimbo *m;* sinete *m; fig.* cunho *m,* carácter *m;* **2.** *v/t* bater o pé; calcar; *letter:* selar, carimbar; ~ **out** apagar com os pés; *v/i* estampar; ~ **al•bum** *s* álbum *m* de selos; ~ **col•lec•tion** *s* colecção *f* de selos.

stam•pede [stæm'piːd] **1.** *s* pânico *m,* fuga *f* precipitada; debandada *f;* **2.** *v/i of horses, etc.:* debandar, fugir em pânico.

stanch [stɑːntʃ] → **staunch**[1] *and* [2].

stand [stænd] **1. (stood)** *v/i* estar de pé; encontrar-se; ficar em pé; *mst* ~ **still** ficar imóvel, ficar quieto; ~ **about** andar de um lado para o outro; ~ **aside** desviar-se; ~ **back** chegar-se para trás; ~ **by** assistir; estar pronto; *fig.* dar assistência, ajudar; ~ **for** apoiar; candidatar-se a; significar; ser responsável por; representar ~ **in** substituir **(for s.o.);** ~ **in for** *film:* dobrar; ~ **off** afastar-se; *fig.* abstrair--se; ~ **on** basear-se; ~ **out** sobressair, destacar-se **(against** contra); *fig.* salientar-se; ~ **over** sobrar; aguentar; ~ **to** permanecer, manter; *mil.* estar de prevenção; ~ **up** levantar-se, erguer--se; ~ **up for** defender, apoiar; ~ **up to** enfrentar, encarar; ~ **upon** → ~ **on**; *v/t* pôr, colocar; *endure:* aguentar, suportar; *test, exam, etc.:* submeter-se

a; *chance:* ter; F pagar; ~ **a round** F pagar uma rodada; **2.** *s* posição *f;* lugar *m;* posto *m;* estrado *m;* praça *f* de táxis; banca *f* de venda; *fig.* ponto *m* da situação; *support:* suporte *m; in stadium:* tribuna *f; esp. Am. jur.* banco *m* das testemunhas; **make a ~ against** tomar posição contra.

stan•dard ['stændəd] **1.** *s* estandarte *m,* bandeira *f; norm:* padrão *m;* critério *m;* modelo *m; level:* nível *m; of currency:* quilate *m,* padrão *m; of lamp, etc.:* suporte *m;* ~ **of living** nível *m* de vida; **2.** *adj* padronizado; normal; **~•ize** *v/t* padronizar, estandardizar.

stand•by ['stændbaɪ] **1.** *s (pl -bys)* assistência *f;* auxílio *m;* prontidão *f;* reserva *f;* **2.** *adj* de reserva; à espera; **~-in** *s film:* duplo *m/f;* suplente *m/f.*

stand•ing ['stændɪŋ] **1.** *adj* em pé, em posição vertical; permanente; *econ.* em vigor, contínuo; **2.** *s* posição *f;* reputação *f;* duração *f;* **of long** ~ antigo, conhecido; ~ **or•der** *s econ.* ordem *f,* regulamento *m;* **~-room** *s* espaço *m,* lugar *m* em pé.

stand•off•ish [stænd'ɒfɪʃ] *adj* reservado, retraído; convencido; **~•point** *s* ponto *m* de vista; **~•still** *s* paragem *f,* pausa *f;* paralisação *f;* **be at a** ~ estar parado; estar num impasse; **~-up** *adj* em pé; ~ **collar** colarinho *m* duro.

stank [stæŋk] *pret of* **stink** 2.

stan•za ['stænzə] *s* estância *f,* estrofe *f.*

sta•ple[1] ['steɪpl] *s* género *m or* produto *m* básico; assunto *m* básico.

sta•ple[2] [~] **1.** *s* grampo *m;* agrafo *m;* **2.** *v/t* agrafar; **~r** *s* agrafador *m.*

star [stɑː] **1.** *s* estrela *f (a. thea., film, sports);* **The ⍣s and Stripes** *pl* bandeira *f* dos EUA; **2. (-rr-)** *v/t* estrelar; ornamentar com estrelas; brilhar; apresentar como estrela; **a film ~ring...** um filme com... no papel principal; *v/i* desempenhar o papel principal, ser a estrela de **(in** em).

star•board *mar.* ['stɑːbəd] *s* estibordo *m.*

stare [steə] **1.** *s* olhar *m* fixo; olhar *m* de espanto; **2.** *v/i* **(~ at** para) olhar fixamente para; olhar com os olhos arregalados.

stark [stɑːk] **1.** *adj* □ forte, intenso; rígido, duro; puro, verdadeiro; completo *(nonsense)*; **2.** *adv* totalmente, completamente; **~** *naked or Br.* F **~ers** completamente nu.

star•light ['stɑːlaɪt] *s* luz *f* das estrelas.

star•ling *zoo.* ['stɑːlɪŋ] *s* estorninho *m.*

star•lit ['stɑːlɪt] *adj* iluminado pelas luz das estrelas.

star|ry ['stɑːrɪ] *adj (-ier, -iest)* estrelado; **~•ry-eyed** *adj* F romântico; deslumbrado; **~-span•gled** *adj* coberto de estrelas.

start [stɑːt] **1.** *s* começo *m;* início *m;* partida *f (a. sports);* princípio *m; fig.* vantagem *f; in surprise, etc.:* susto *m,* sobressalto *m;* **for a ~** para começar; *from the* **~** do princípio; *get the* **~** *of s.o.* tomar a dianteira a alguém; **2.** *v/i set out:* pôr-se a caminho, partir *(a. train, ship, aer., sports); tech.* pôr a trabalhar, ligar *(engine, machine); begin:* começar, principiar; *in surprise:* assustar-se, sobressaltar-se; *to* **~** *with* para começar; **~** *from scratch* F começar do nada; *v/t* pôr em movimento; ligar *(a. tech.);* causar, originar; **~•er** *sports:* juiz/juíza *m/f* de partida; *mot.* motor *m* de arranque; **~s** *pl* F entradas *f pl.*

start|le ['stɑːtl] *v/t* sobressaltar, assustar; **~•ling** *adj* surpreendente; assustador.

starv|a•tion [stɑːˈveɪʃn] *s* fome *f;* morte *f* pela fome; **~e** [stɑːv] *v/i and v/t* passar fome; fazer passar fome; morrer de fome; *fig.* atrofiar-se; *I'm starving!* F estou esfomeado!

state [steɪt] **1.** *s* estado *m;* condição *f;* situação *f; often* **♀** *pol.* Estado *m; lie in* **~** jazer em câmara ardente; *the* **~** *of things* o ponto da situação; **2.** *v/t* afirmar, declarar; expor; esclarecer.

state| aid ['steɪteɪd] *s mst pl econ.* ajuda *f* estatal, subsídio *m* estatal; **♀ De•part•ment** *s Am. pol.* Ministério *m* dos Negócios Estrangeiros; **~•ly** *adj (-ier, -iest)* majestoso, grandioso; **~•ment** *s* afirmação *f;* declaração *f;* esclarecimento *m; esp. econ.* relatório *m;* **~** *of account* extracto *m* de conta; **~-of-the-art** *adj* a última palavra; **~-owned** *adj* estatal; **~•man**

s pol. político *m;* estadista *m;* **~ sub•si•dies** *s pl →* *state aid.*

stat•ic ['stætɪk] *adj (~ally)* estático.

sta•tion ['steɪʃn] **1.** *s* lugar *m;* posto *m;* posição *f;* estação *f (radio, TV);* esquadra *f;* quartel *m;* posto *m* de gasolina; *rail.* estação *f; rank:* posto *m;* **2.** *v/t* pôr, colocar; *mar., mil.* estacionar; **~•a•ry** *adj* □ estacionário; parado; fixo.

sta•tion|er ['steɪʃnə] *s* comerciante *m/f* de papelaria; **~'s (shop)** papelaria *f;* **~•er•y** *s* artigos *m pl* de papelaria; papel *m* de carta.

sta•tion|-mas•ter ['steɪʃnmɑːstə] *s rail.* chefe *m/f* de estação; **~ wag•on** *s Am. mot.* carrinha *f,* carro *m* misto de passageiros.

sta•tis•tics [stəˈtɪstɪks] *s pl and sg.* estatística *f; →* *vital statistics.*

stat•ue ['stætʃuː] *s* estátua *f.*

stat•ure ['stætʃə] *s* estatura *f;* desenvolvimento *m;* envergadura *f.*

sta•tus ['steɪtəs] *s* posição *f* social; estatuto *m;* categoria *f;* nível *m.*

stat•ute ['stætjuːt] *s* estatuto *m;* lei *f.*

staunch[1] [stɔːntʃ] *v/t blood:* estancar.

staunch[2] [~] *adj* □ constante, de confiança.

stay [steɪ] **1.** *s* estadia *f;* visita *f; jur.* suspensão *f,* adiamento *m; tech.* suporte *m,* apoio *m;* estação *f;* **~s** *pl* espartilho *m;* **2.** *v/i* ficar, permanecer (*with s.o.* com alguém); hospedar-se, morar *(at, in; with s.o.);* **~ away (from)** afastar-se, manter-se afastado, F largar; **~ up** ficar acordado.

stead•y ['stedɪ] **1.** *adj (-ier, -iest)* firme; constante, regular; de confiança; seguro; sensato; sereno; **2.** *adv go* **~** *with s.o.* F ter uma relação amorosa séria com alguém; **3.** *v/i and v/t* manter firme; segurar; acalmar(-se); **4.** *s* F namorado/a *m/f.*

steak [steɪk] *s* bife *m.*

steal [stiːl] **1.** *(stole, stolen) v/t and v/i* roubar *(a. fig.);* **~ away** sair discretamente; **2.** *s Am. sl.* roubo *m; esp. Am.* F *bargain:* pechincha *f; it's a* **~** é de graça.

stealth [stelθ] *s:* **by ~** secretamente, furtivamente; **~•y** *adj* □ *(-ier, -iest)* em segredo, às escondidas.

steam [stiːm] **1.** *s* vapor *m;* **2.** *v/i* deitar vapor; fumegar; **~ up** embaciar-se *(glass); v/t food:* cozinhar a vapor; **~•er** *s mar.* navio *m* a vapor; **~•y** *adj* □ *(-ier, -iest)* cheio de vapor, húmido; embaciado *(glass).*

steel [stiːl] **1.** *s* aço *m;* **2.** *adj* de aço; **3.** *v/t fig.* endurecer; **~•work•er** *s* operário *m* siderúrgico; **~•works** *s sg* siderurgia *f.*

steep [stiːp] **1.** *adj* □ íngreme, abrupto; **2.** *v/t* embeber; pôr em infusão; *be ~ed in sth. fig.* estar mergulhado em.

stee•ple ['stiːpl] *s* torre *m* de igreja, campanário *m;* **~•chase** *s athletics, horse-race:* corrida *f* de obstáculos.

steer[1] *zoo.* [stɪə] *) s* boi *m* novo, novilho *m.*

steer[2] [~] *v/t* guiar; pilotar; **~•age** *s mar.* leme *m;* entrepontes *f pl.*

steer•ing ['stɪərɪŋ] *s mot.* direcção *f; mar.* pilotagem *f;* **~ col•umn** *s mot.* coluna *f* de direcção; **~ wheel** *s mar.* roda *f* do leme; *mot.* volante *m.*

stem [stem] *s* caule *m,* pé *m,* haste *f;* **2.** *(-mm-) v/i* originar-se *(from* de); *v/t* parar; impedir; deter; *bleeding:* estancar.

stench [stentʃ] *s* mau cheiro *m,* fedor *m.*

sten•cil ['stensl] *s* padrão *m; print.* cera *f* de impressão; estampa *f* de impressão.

ste•nog•ra|pher [stə'nɒɡrəfə] *s* estenógrafo/a *m/f;* **~•phy** *s* estenografia *f.*

step [step] **1.** *s* passo *m,* degrau *m;* distância *f* curta, pulo *m;* marcha *f; fig.* rasto *m; (a pair of) ~s pl* escadote *m; mind the ~!* cuidado com o degrau! *take ~s fig.* tomar medidas; **2.** *(-pp-) v/i* pisar; andar; **~ out** acelerar, andar mais depressa; sair; **~ up** aumentar.

step- [~] *in compounds:* indica parentesco por casamento; **~•child** *s* enteado/a *m/f;* **~•fa•ther** *s* padrasto *m;* **~•moth•er** *s* madrasta *f.*

steppe [step] *s* estepe *f.*

step•ping-stone *fig.* ['stepɪŋstəʊn] *s* trampolim *m.*

ster•e•o ['sterɪəʊ] *s (pl -os) radio, etc.:* estéreo *m,* aparelho *m* de som estereofónico.

ster|ile ['steraɪl] *adj* estéril; infrutífero; **ste•ril•i•ty** [stə'rɪlətɪ] *s* este-

rilidade *f;* **~•il•ize** ['sterəlaɪz] *v/t* esterilizar.

ster•ling ['stɜːlɪŋ] **1.** *adj* esterlino; genuíno, verdadeiro; **2.** *s econ.* libra *f* esterlina.

stern [stɜːn] **1.** *adj* □ sério; severo, duro; **2.** *s mar.* popa *f;* **~•ness** *s* seriedade *f;* severidade *f.*

stew [stjuː] **1.** *v/t and v/i* guisar; **2.** *s* guisado *m;* ensopado *m; be in a ~* estar muito nervoso.

stew•ard [stjʊəd] *s* administrador *m; mar., aer.* comissário *m;* **~•ess** *s mar., aer.* hospedeira *f* de bordo.

stick [stɪk] **1.** *s* pau *m;* ramo *m;* talo *m,* haste *f;* bastão *m;* vara *f;* bengala *f;* **~s** *pl* lenha *f* miúda, pauzinhos *m pl;* **2.** *(stuck) v/i* espetar, ficar espetado ou enfiado; colar-se a, aderir a *(to); ~ at nothing* não recuar perante nada; **~ out** sobressair; **~ to** ficar ao lado; *fig.* agarrar-se a; *v/t* enfiar, meter; colar, aderir; F *knife:* espetar; F suportar, aguentar; **~ out** resistir, sobressair; **~ it out** F aguenta firme; **~•er** *s* autocolante *m;* adesivo *m;* **~•ing plas•ter** *s* penso *m* rápido.

stick•y ['stɪkɪ] *adj* □ *(-ier, -iest)* pegajoso; *fig.* difícil, complicado.

stiff [stɪf] **1.** *adj* rígido, duro; firme, inflexível; penoso; forte *(alcoholic drink); be bored ~* F estar chateadíssimo; *keep a ~ upper lip* manter-se impassível; **2.** *s sl.* cadáver *m;* **~•en** *v/i* endurecer-se, fortalecer-se; *v/t* endurecer; **~•necked** *adj* com torcicolo; *fig.* teimoso.

sti•fle ['staɪfl] *v/t* sufocar, abafar; *fig.* reprimir.

sti•let•to [stɪ'letəʊ] *s (pl -tos, -toes)* estilete *m;* **~ heel** *s* salto *m* alto.

still [stɪl] **1.** *adj* □ quieto, calmo; imóvel; *keep ~* ficar parado *or* quieto; **2.** *adv* ainda; *nevertheless:* no entanto, contudo; **3.** *v/t* acalmar, sossegar; **4.** *s* alambique *m;* **~•born** *adj* nado-morto; **~ life** *s (pl still lifes) paint.* natureza-morta *f;* **~•ness** *s* calma *f,* sossego *m.*

stilt [stɪlt] *s* andas *f pl;* **~•ed** *adj* □ afectado, formal.

stim•u|lant ['stɪmjʊlənt] **1.** *adj med.* estimulante; **2.** *s med.* estimulante *m;* **~•late** ['~leɪt] *v/t med.* estimular *(a.*

S

fig.); incitar, animar; **~•la•tion** [~'leɪ-ʃn] *s med.* estimulação *f;* estímulo *m,* incentivo *m;* **~•lus** ['~ləs] *s (pl* **-li** [-laɪ]) *med.* estímulo *m,* incentivo *m.*

sting [stɪŋ] **1.** *s* ferrão *m;* espinho *m;* picada *f;* ardor *m;* **2.** *v/t and v/i (stung)* picar; arder; doer; *fig.* irritar, provocar.

stin|gi•ness ['stɪdʒɪnɪs] *s* mesquinhez *f,* avareza *f;* **~•gy** *adj* □ *(-ier, -iest)* mesquinho, avarento, sovina; escasso.

stink [stɪŋk] **1.** *s* fedor *m,* mau cheiro *m;* **kick up** *or* **raise a ~** F fazer uma cena, fazer um escândalo; **2.** *v/i (stank or stunk, stunk)* cheirar mal, feder.

stint [stɪnt] **1.** *s* restrição *f;* tarefa *f;* **2.** *v/t* restringir, limitar; *fig.* apertar alguém.

stip•u•llate ['stɪpjʊleɪt] *v/t and v/i:* ~ *(for)* estipular, determinar; **~•la•tion** [~'leɪʃn] *s* condição *f,* acordo *m;* cláusula *f.*

stir [stɜː] **1.** *s* agitação *f;* confusão *f;* tumulto *m;* barulho *m;* **2.** *v/t and v/i (-rr-)* agitar(-se); mexer; misturar(-se); *fig.* suscitar, causar; **~ up** excitar, incitar; *dispute, etc.:* atiçar.

stir•rup ['stɪrəp] *s* estribo *m.*

stitch [stɪtʃ] **1.** *s* ponto *m;* pontada *f;* **2.** *v/t* coser, costurar.

stock [stɒk] **1.** *s of tree:* tronco *m; handle:* cabo *m; of gun:* coronha *f; origin:* linhagem *f,* origem *f,* família *f; cookery:* caldo *m; supply:* provisão, existências *m,* reserva *f; econ.* mercadoria *f;* tesouro *m* (público); *a.* **live~** gado *m; econ.* capital *m,* fundo *m* público; subscrição *f* pública; **~s** *pl econ.* acções *f pl,* apólices *f pl; in (out of)* ~ *econ.* em estoque (esgotado); **take ~** *econ.* fazer o inventário; **take ~ of** *fig.* avaliar, fazer o balanço; **2.** *adj* corrente, habitual; **3.** *v/t* armazenar; abastecer; *econ. goods:* ter em estoque; ter à venda, vender.

stock|breed•er ['stɒkbriːdə] *s* criador *m* de gado; **~•brok•er** *s econ.* corretor/a *m/f* da Bolsa; **~ ex•change** *s econ.* Bolsa *f* de Valores; **~ farm•er** *s* criador *m* de gado; **~•hold•er** *s esp. Am. econ.* accionista *m/f.*

stock•ing ['stɒkɪŋ] *s* meia *f.*

stock|job•ber *econ.* ['stɒkdʒɒbə] especulador/a *m/f* da Bolsa; **~ mar•ket** *s econ.* Bolsa *f,* mercado *m* de acções; **~-still** *adv* imóvel; **~-tak•ing** *s econ.* inventário *m;* **~•y** *adj (-ier, -iest)* forte, robusto; atarracado.

stok•er ['stəʊkə] *s* fogueiro *m.*

stole [stəʊl] *pret of* **steal** 1; **sto•len** ['stəʊlən] *pp of* **steal** 1.

stol•id ['stɒlɪd] *adj* □ impassível.

stom•ach ['stʌmək] **1.** *s* estômago *m;* ventre *m; fig.* desejo *m,* gosto *m;* **2.** *v/t fig.* suportar, aguentar; **~•ache** *s* dores *f pl* de estômago; **~ up•set** *s* indisposição *f* de estômago.

stone [stəʊn] **1.** *s* pedra *f;* caroço *m; (pl* **stone***) Br. unit of weight (= 14 lb = 6,35 kg);* **2.** *adj* de pedra; **3.** *v/t* apedrejar; descaroçar; **~-blind** *adj* completamente cego.

stoned *sl.* [stəʊnd] *adj of alcohol:* F borracho, bêbedo; *of drugs: sl.* pedrado.

stone|-dead [stəʊn'ded] *adj* morto e bem morto; **~-deaf** *adj* surdo que nem uma porta; **~•ma•son** *s* pedreiro *m;* **~•ware** *s* loiça *f;* objectos *m pl* de barro.

ston•y ['stəʊnɪ] *adj* □ *(-ier, -iest)* pedregoso; *fig.* duro, inflexível.

stood [stʊd] *pret and pp of* **stand** 1.

stool [stuːl] *s* banco *m,* mocho *m; physiol.* evacuação *f,* fezes *f pl;* **~-pi•geon** *s* pombo *m* de chamariz; agente *m/f,* espião/espia *m/f;* reclamo *m.*

stoop [stuːp] **1.** *v/i* curvar-se; andar curvado; *fig.* humilhar-se, rebaixar-se; *v/t* inclinar, dobrar; **2.** *s* postura *f* com os ombros curvados.

stop [stɒp] **1.** *(-pp-) v/t* acabar, terminar; deter, impedir; *payment, activity, etc.:* suspender; *bleeding:* estancar; *a.* **~ up** tapar; *v/i* parar; terminar, acabar; permanecer; **~ dead** parar de repente; **~ off** F fazer uma paragem *or* interrupção; **~ over** parar por pouco tempo; **~ short** parar de repente; **2.** *s* paragem *f;* interrupção *f;* suspensão *f;* fim *m; rail., etc.:* paragem *f,* estação *f; phot.* diafragma *m; mst* **full ~** *gr.* ponto *m* final; **~•gap** *s* substituto/a *m/f;* **~•light** *s mot.* luz *f* dos travões; **~•o•ver** *s esp. Am.* estação *f; aer.* escala *f;* **~•page** [~ɪdʒ] *s* interrupção *f* (*a.* de trabalho); pausa *f;* obstrução *f;* bloqueio *m;* paralisação *f;* suspensão *f* de pagamento; **~•per** *s* rolha *f;* travão *m;* **~•ping** *s med.* chumbo *m;* **~ sign** *s mot.* sinal *m* de paragem; **~•watch** *s* cronómetro *m.*

stor•age ['stɔːrɪdʒ] *s* armazenagem *f;* armazém *m;* **~ charges** *pl econ.* custos *m pl* de armazenagem.

store [stɔː] **1.** *s* depósito *m;* mercadoria *f;* armazém *m; esp. Am.* loja *f; fig.* riqueza *f,* tesouro *m;* **in ~** em armazém; **2.** *v/t* fornecer, abastecer; *a* **~ up, ~ away** armazenar; *electr., computer:* guardar; **~•house** *s* armazém *m; fig.* tesouro *m,* mina *f;* **~•keep•er** *s* dono/a *m/f* de armazém; *esp. Am.* lojista *m/f.*

sto•rey, *esp. Am.* **-ry** ['stɔːrɪ] *s* andar *m;* **-sto•reyed,** *esp. Am.* **-sto•ried** *adj* com (vários) andares.

stork *zoo.* [stɔːk] *s* cegonha *f.*

storm [stɔːm] **1.** *s* tempestade *f;* temporal *m;* **2.** *v/i* fazer temporal; *fig.* enfurecer-se, andar numa fúria; *v/t* tomar de assalto *(a. mil.);* **~•y** *adj* ☐ **(-ier, -iest)** tempestuoso, ventoso.

sto•ry¹ ['stɔːrɪ] *s* história *f;* conto *m;* narrativa *f; thea., etc.:* enredo *m;* F mentira *f;* **short ~** conto *m.*

sto•ry² *esp. Am.* [~] → **storey.**

stout [staut] *adj* ☐ forte; gordo, corpulento.

stove¹ [stəuv] *s* fogão *m.*

stove² [~] *pret and pp of* **stave** 2.

stow [stəu] *v/t* guardar; **~ away** arrumar, guardar; **~•a•way** *s mar., aer.* passageiro/a *m/f* clandestino/a.

strad•dle ['strædl] **1.** *v/i and v/t* escarranchar(-se), sentar(-se) com uma perna para cada lado; estar montado em; cavalgar; *jump:* saltar com as pernas afastadas; **2.** *s sports:* salto *m* de eixo; *high jump:* salto *m* de tesoura.

straight [streɪt] **1.** *adj* ☐ direito, erecto; sério; liso *(hair);* puro *(whisky, etc.);* franco, honesto; **put ~** pôr em ordem, esclarecer; **2.** *adv* logo, imediatamente; francamente, honestamente; directamente; *a* **~ out** sem mais nem menos; **~ away** imediatamente; **~•en** *v/t* endireitar, pôr em ordem, arrumar; **~ out** pôr em ordem, esclarecer; **~ up** endireitar-se;

~•for•ward *adj* ☐ directo, honesto, verdadeiro; simples.

strain [streɪn] **1.** *s biol.* raça *f,* estirpe *f,* classe *f;* tendência *f; tech.* tensão *f; mental tension:* esforço *m,* tensão *f,* pressão *f; med.* luxação *f; fig.* estilo *m; mst* **~s** *pl mus.* melodia *f,* composição *f;* **2.** *v/t* esticar, puxar; *med.* torcer, deslocar; *fig.* cansar, estafar; espremer, coar; *v/i* esforçar-se, exceder-se, abusar; puxar (**at** por); **~ed** *adj* forçado, tenso; cansado; **~•er** *s* coador *m;* peneira *f.*

strait [streɪt] *s (in proper names:* **²s** *pl)* estreito *m;* **~s** *pl* necessidade *f,* situação *f* difícil; **be in dire ~s** estar em apuros; **~•ened** *adj:* **in ~ cir•cum•stances** em circunstâncias difíceis; **~•jack•et** *s* camisa *f* de forças.

strand [strænd] **1.** *s* corda *f;* madeixa *f* (de cabelo); *poet.* costa *f,* margem *f;* **2.** *v/t and v/i* dar à costa; *fig.* fracassar.

strange [streɪndʒ] *adj* ☐ **(~r, ~st)** estranho; desconhecido; esquisito; notável, fora do comum; **strang•er** *s* estranho/a *m/f,* desconhecido/a *m/f.*

stran•gle ['stræŋgl] *v/t* estrangular.

strap [stræp] **1.** *s* tira *f,* correia *f;* alça *f (of dress);* **2.** *v/t* **(-pp-)** amarrar com correia; bater com correia; **~•hang** *v/i* F *in bus, etc.:* ir de pé; **~•hang•er** *s* F passageiro/a *m/f* em pé.

stra•te•gic [strə'tiːdʒɪk] *adj* **(~ally)** estratégico; **strat•e•gy** ['strætɪʒɪ] *s* estratégia *f.*

stra•tum *geol.* ['strɑːtəm] *s (pl* **-ta** [-tə]) estrato *f,* camada *f (a. fig.).*

straw [strɔː] **1.** *s* palha *f;* **2.** *adj* de palha; **~•ber•ry** *s bot.* morango *m.*

stray [streɪ] **1.** *v/i* vaguear; perder-se, extraviar-se; **2.** *adj* extraviado, perdido; **3.** *s* animal *m* perdido.

streak [striːk] **1.** *s* risca *f;* linha *f;* traço *m; fig.* sinal *m; fig.* fase *f;* **~ of lightning** raio *m;* **2.** *v/t* riscar; *v/i* correr como um raio; F *run naked:* correr nu em público.

stream [striːm] **1.** *s* ribeiro *m;* riacho *m;* corrente *f;* canal *m* de água; fluxo *m;* **2.** *v/i* correr, fluir; jorrar; gotejar *(eyes);* pingar; esvoaçar, flutuar; **~•er** *s* fita *f;* serpentina *f.*

S

street [striːt] *s* rua *f; in (Am. on) the*
~ na rua; ~•**car** *s Am.* (carro) eléctrico *m;* ~•**map** *s* mapa *f* da cidade;
~•**wise** *adj sl. appr.* F malandro, ru-
fia.

strength [streŋθ] *s* força *f; on the ~*
of com base em; ~•**en** *v/t* reforçar;
fortalecer, fortificar.

stren•u•ous ['strenjʊəs] *adj* ☐ enérgico, vigoroso; árduo; solícito.

stress [stres] **1.** *s* acento *m;* acentua-
ção *f; fig.* pressão *f,* tensão *f; fig.* esforço *m; strain:* esforço *m;* **2.** *v/t*
acentuar; *fig.* salientar, dar ênfase a.

stretch [stretʃ] **1.** *v/t* esticar, estender; *fig.* exagerar; ~ *out* esticar; *v/i*
esticar-se, estender-se; **2.** *s* extensão
f; distância *f;* área *f;* superfície *f;* período *m;* ~•**er** *s* maca *f.*

strick•en ['strɪkən] *adj* atacado, afectado; ferido.

strict [strɪkt] *adj* ☐ severo, austero;
rigoroso, exacto; ~*ly speaking* rigorosamente, num sentido estrito;
~•**ness** *s* exactidão *f;* severidade *f,*
austeridade *f.*

strid•den ['strɪdn] *pp of stride* 1.

stride [straɪd] **1.** *v/i (strode, strid-*
den) (a. ~ out) andar a passos largos; **2.** *s* passo *m* largo.

strife [straɪf] *s* discussão *f;* briga *f.*

strike [straɪk] **1.** *s econ.* greve *f;* filão
m; achado *m; mil.* ataque *m; be on ~*
estar em greve; *go on ~* fazer grave;
a lucky ~ um achado *m; first ~ mil.*
primeiro ataque; **2.** *(struck) v/t* bater
em; esbarrar com, encontrar; *find sud-*
denly: descobrir; *flag, sail:* abaixar;
mus. mudar de tom; *match:* acender;
light: fazer; *tent:* desmontar; cair; *im-*
press: impressionar, dar nas vistas;
occur: ocorrer, lembrar-se; *be stru-*
ck by ficar impressionado com; *it ~s*
me as rather strange parece-me
muito estranho; ~ *off,* ~ *out* riscar,
rasurar; ~ *up mus.* começar a tocar,
entrar; *friendship:* travar, fazer; *v/i* bater; *mar.* encalhar; *econ.* fazer greve;
~ *home fig.* acertar em cheio;
strik•er *s econ.* grevista *m/f; soccer:*
atacante *m/f;* **strik•ing** *adj* ☐ impressionante, admirável.

string [strɪŋ] **1.** *s* cordel *m;* fio *m;*
fileira *f,* fila *f;* corrente *f; mus.* corda

f; bot. fibra *f,* filamento *m;* ~**s** *pl mus.*
instrumentos *m pl* de corda; *pull the*
~**s** *fig.* puxar os cordelinhos; *no ~s*
attached sem condições; **2.** *v/t*
(strung) esticar; *pearls, etc.:* enfiar,
mus. pôr cordas em; *beans:* descascar; *be strung up* estar enervado *or*
tenso; ~ *band s mus.* orquestra *f* de
cordas.

strin•gent ['strɪndʒnt] *adj* ☐ rigoroso, severo, estrito.

string•y ['strɪŋɪ] *adj (-ier, -iest)* fibroso, duro; resistente.

strip [strɪp] **1.** *(-pp-) v/t* despir, esfolar *(a. fig.); a.* ~ *off* despir, descascar;
a. ~ *down tech.* desmontar; *fig.* despojar, roubar; *v/i* despir-se; **2.** *s* tira *f;*
faixa *f.*

stripe [straɪp] *s* faixa *f,* lista *f; mil.*
galão *m.*

strive [straɪv] *v/i (strove, striven)*
esforçar-se por, lutar por; **striv•en**
['strɪvn] *pp of strive.*

strode [strəʊd] *pret of stride* 1.

stroke [strəʊk] **1.** *s* golpe *m;* pancada
f; traço *m,* risco *m; med.* derrame *m*
cerebral, acidente vascular; ~ *of*
(good) luck um golpe de sorte; **2.** *v/*
t afagar, passar a mão, acariciar.

stroll [strəʊl] **1.** *v/i* dar uma volta,
passear; **2.** *s* passeio *m,* volta *f;* ~•**er** *s*
esp. Am. pram: carrinho *m* de criança.

strong [strɒŋ] *adj* ☐ forte, robusto;
enérgico; firme; sincero, ardente; ~•
box *s* caixa-forte *f;* ~•**hold** *s* fortaleza *f; fig.* baluarte *m;* ~•**mind•ed** *adj*
de carácter forte, independente; ~•
room *s* casa-forte *f.*

strove [strəʊv] *pret of strive.*

struck [strʌk] *pret and pp of strike* 2.

struc•ture ['strʌktʃə] *s* estrutura *f;*
construção *f.*

strug•gle ['strʌgl] **1.** *v/i* lutar; esforçar-se; debater-se; **2.** *s* luta *f;* esforço
m.

strung [strʌŋ] *pret and pp of string*
2.

stub [stʌb] **1.** *s* toro *m,* cepa *f;* ponta *f*
(de cigarro); canhoto *m* (de cheque);
2. *v/t (-bb-)* desbravar; *toe:* bater com
o pé, dar uma topada; ~ *out cigarette,*
etc.: apagar.

stub•ble ['stʌbl] *s* restolho *m;* → *de-*
signer stubble.

stub•born ['stʌbən] *adj* □ teimoso, obstinado; inflexível.

stuck [stʌk] *pret and pp of* ***stick*** 2; **~-up** *adj* F convencido, arrogante.

stud¹ [stʌd] **1.** *s* tacha *f;* cabeça *f* de prego; **2.** *v/t* ***(-dd-)*** cobrir de tachas *or* pregos.

stud² [~] *s* coudelaria *f; a* **~-horse** garanhão *m;* **~-farm** coudelaria *f;* **~-mare** égua *f* para criação.

stu•dent ['stju:dnt] *s* estudante *m/f; Am.* aluno/a *m/f.*

stud•ied ['stʌdɪd] *adj* □ estudado, planeado, calculado.

stu•di•o ['stju:dɪəʊ] *s (pl* **-os***)* estúdio *m;* atelier *m; TV, etc.:* estúdio *m;* **~ couch** *s* sofá-cama *m.*

stu•di•ous ['stju:dɪəs] *adj* □ estudioso, aplicado; cuidadoso; zeloso.

stud•y ['stʌdɪ] **1.** *s* estudo *m; room:* estúdio *m,* sala *f* de trabalho; *paint., etc.:* estúdio *m;* ***studies*** *pl* estudos *m pl; in a brown* ~ mergulhado em pensamentos; **2.** *v/t and v/i* estudar, aprender.

stuff [stʌf] **1.** *s* material *m;* coisa *f;* bens *m pl;* **2.** *v/t* encher; estofar; *cookery:* rechear; ***get ~ed!*** F vai-te lixar! *v/i* empanturrar-se; **~•ing** *s* recheio *m;* **~•y** □ *adj (-ier, -iest)* abafado; com falta de ar; aborrecido, enjoado; F atrasado; F convencido.

stum•ble ['stʌmbl] **1.** *s* lapso *m,* deslize *m;* passo *m* em falso; **2.** *v/i* tropeçar; *fig.* errar, hesitar; **~ *across*, ~ *on*, ~ *upon*** tropeçar em, topar com.

stump [stʌmp] **1.** *s* toco *m;* cepa *f;* coto *m;* **2.** *v/t* F desconcertar, espantar; *v/i* bater com os pés; **~•y** *adj* □ *(-ier, -iest)* gordo, rechonchudo.

stun [stʌn] *v/t (-nn-)* espantar, pasmar *(a. fig.).*

stung [stʌŋ] *pret and pp of* ***sting*** 2.

stunk [stʌŋk] *pret and pp of* ***stink*** 2.

stun•ning F ['stʌnɪŋ] *adj* □ espantoso, maravilhoso.

stunt¹ [stʌnt] *s* façanha *f,* proeza *f;* truque *m* publicitário; sensação *f;* **~ man** *film:* duplo *m.*

stunt² [~] *v/t* impedir o crescimento; **~ed** *adj* raquítico, atrofiado.

stu•pe•fy ['stju:pɪfaɪ] *v/t* espantar, pasmar.

stu•pen•dous [stju:'pendəs] *adj* □ espantoso, prodigioso.

stu•pid ['stju:pɪd] *adj* □ estúpido; idiota, parvo; **~•i•ty** [~'pɪdətɪ] *s* estupidez *f.*

stu•por ['stju:pə] *s* estupor *m;* letargia *f.*

stur•dy ['stɜ:dɪ] *adj* □ *(-ier, -iest)* forte, robusto; *fig.* firme, resoluto.

stut•ter ['stʌtə] **1.** *v/i and v/t* gaguejar; balbuciar; **2.** *s* gaguez *f.*

sty¹ [staɪ] *s* pocilga *f.*

sty², stye *med.* [~] *s* terçol *m;* terçolho *m.*

style [staɪl] **1.** *s* estilo *m;* moda *f;* maneira *f,* modo *m;* **2.** *v/t* esboçar, projectar.

styl•ish ['staɪlɪʃ] *adj* □ elegante, com estilo; **~•ish•ness** *s* elegância *f;* **~•ist** *s* estilista *m/f.*

suave [swɑ:v] *adj* □ suave, aprazível.

sub- [sʌb] *in compounds:* sub-, inferior, abaixo.

sub•di•vi•sion ['sʌbdɪvɪʒn] *s* subdivisão *f.*

sub•due [səb'dju:] *v/t* subjugar, vencer, reprimir; baixar, reduzir.

sub|ject 1. *adj* ['sʌbdʒɪkt] sujeito, exposto; dependente, condicionado *(to* a); ***be ~ to*** estar sujeito a; **~ *to*** salvo, com a reserva de; **2.** *s* [~] súbdito *m,* vassalo *m; gr.* sujeito *m;* assunto *m,* tema *m;* disciplina *f* (escolar); **3.** *v/t* [səb'dʒekt] sujeitar; *fig.* dominar, submeter *(to* a); **~•jec•tion** [səb'dʒckʃn] *s* sujeição *f;* dependência *f;* domínio *m.*

sub•ju•gate ['sʌbdʒʊgeɪt] *v/t* subjugar.

sub•junc•tive *gr.* [səb'dʒʌŋktɪv] *s (a. adj* **~ *mood***) conjuntivo *m.*

sub|lease [sʌb'li:s], **~•let** *v/t (-tt-; -let)* subalugar.

sub•lime [sə'blaɪm] *adj* □ sublime; *ideas, etc.:* nobre, grandioso, sublime.

sub•ma•chine gun [sʌbmə'ʃi:ngʌn] *s* pistola *f* metralhadora.

sub•ma•rine ['sʌbməri:n] **1.** *adj* submarino, subaquático; **2.** *s mar., mil.* submarino *m.*

sub•merge [səb'mɜ:dʒ] *v/t and v/i* submergir, mergulhar.

sub•mis|sion [səb'mɪʃn] *s* submissão *f;* obediência *f;* **~•sive** [~sɪv] *adj* □ submisso, obediente.

sub•mit [səb'mɪt] *(-tt-) v/t and v/i* submeter(-se), sujeitar(-se), apresentar *(to* a); *v/i* conformar-se *(to* com).

subordinate

sub·or·di·nate 1. *adj* □ [sə'bɔ:dɪnət] subordinado, dependente; **~ clause** *gr.* oração *f* subordinada; **2.** *s* [~] subordinado/a *m/f;* **3.** *v/t* [~eɪt] subordinar.

sub|scribe [səb'skraɪb] *v/t money:* contribuir (**to** para); *specified sum:* pagar; *with one's name:* assinar, subscrever; *v/i* : **~ to** *newspaper, etc.:* assinar; **~·scrib·er** *s* assinante *m/f;* subscritor/ /a *m/f;* **~·scrip·tion** [~'skrɪpʃn] *s* subscrição *f;* assinatura *f; membership fee:* quota *f;* mensalidade *f.*

sub·se·quent ['sʌbsɪkwənt] *adj* subsequente, seguinte; posterior; **~·ly** subsequentemente, posteriormente.

sub|side [səb'saɪd] *v/i* baixar; diminuir; acalmar-se *(wind, etc.);* **~ into** cair em; **~·sid·i·a·ry** [~'sɪdɪərɪ] **1.** *adj* □ subsidiário; auxiliar; secundário; subordinado; **2.** *s econ.* companhia *f* subsidiária; **~·si·dize** *econ.* ['sʌbsɪdaɪz] *v/t* subsidiar; **~·si·dy** *econ.* [~ɪ] *s* subsídio *m;* subvenção *f;* **~ policies** *econ.* política *f* de subvenções.

sub|sist [səb'sɪst] *v/i* subsistir, existir (**on** de); **~·sis·tence** *s* subsistência *f;* existência *f;* sustento *m.*

sub·stance ['sʌbstəns] *s* substância *f;* essência *f;* âmago *m;* bens *m pl.*

sub·stan·dard [sʌb'stændəd] *adj* de qualidade inferior.

sub·stan·tial [səb'stænʃl] *adj* □ substancial, importante; essencial, fundamental; nutritivo *(a. meal);* sólido, forte; grande *(sum).*

sub·stan·ti·ate [səb'stænʃɪeɪt] *v/t* substanciar, confirmar; realizar, concretizar.

sub·stan·tive *gr.* ['sʌbstəntɪv] *s* substantivo *m.*

sub·sti|tute ['sʌbstɪtjuːt] **1.** *v/t and v/i* substituir (**for** por); **~ A for B** substituir A por B; **2.** *s* substituto/a *m/f;* **~·tu·tion** [~'tjuːʃn] *s* substituição *f (a. sports).*

sub·ter·ra·ne·an [sʌbtə'reɪnɪən] *adj* □ subterrâneo.

sub·ti·tle ['sʌbtaɪtl] *s* subtítulo *m.*

sub·tle ['sʌtl] *adj* □ *(~r, ~st)* subtil, ténue; delicado.

sub·tract *math.* [səb'trækt] *v/t* subtrair.

sub·trop·i·cal [sʌb'trɒpɪkl] *adj* subtropical.

sub|urb ['sʌbɜːb] *s* subúrbio *m;* **~·ur·ban** [sə'bɜːbən] *adj* suburbano.

sub·ven·tion *econ.* [səb'venʃn] *s* subvenção *f.*

sub·ver|sion [səb'vɜːʃn] *s* subversão *f;* revolta *f;* **~·sive** *adj* □ subversivo; revoltoso; **~t** *v/t* subverter, revolucionar.

sub·way ['sʌbweɪ] *s* passagem *f* subterrânea; *Am.* metropolitano *m.*

suc·ceed [sək'siːd] *v/i* ter êxito; ser bem sucedido; conseguir; **~ to** suceder a, tomar o lugar de.

suc·cess [sək'ses] *s* sucesso *m;* êxito *m;* **~·ful** *adj* □ bem sucedido.

suc·ces|sion [sək'seʃn] *s* sucessão *f;* **in ~** em sucessão; **~·sive** *adj* □ sucessivo; **~·sor** *s* sucessor/a *m/f.*

suc·cumb [sə'kʌm] *v/i* : **~ to** *illness, etc.:* sucumbir a.

such [sʌtʃ] *adj* tal; deste modo; semelhante; certo/a, assim; *adv* tão; *pron* tal pessoa, tal coisa; **~ a man** um certo homem; **no ~ thing** nada de semelhante, nada disso; **~ is life** a vida é assim mesmo; **~ as** tal como, por exemplo.

suck [sʌk] **1.** *v/t and v/i* chupar; sugar; mamar *(at);* **2.** *s* succção *f;* **~·er** *s* ventosa *f;* órgão *m* de sucção; *bot.* rebento *m;* F trouxa *m/f,* nabo/a *m/f;* **~·le** *v/t* amamentar; **~·ling** *s* criança *f* de peito, lactante *m/f.*

suc·tion ['sʌkʃn] *s* succção *f.*

sud·den ['sʌdn] *adj* □ repentino, inesperado; **all of a ~** de repente, repentinamente.

suds [sʌdz] *s pl* água *f* de sabão; espuma *f* de sabão; **~·y** *adj (-ier, -iest)* espumoso.

sue [sjuː] *v/t* processar (**for** por); *a.* **~ out** obter, conseguir (por petição); *v/i* solicitar, requerer.

suede, suède [sweɪd] *s* camurça *f.*

suf·fer ['sʌfə] *v/i* sofrer (**from** de); *v/t* sofrer, aguentar; permitir; **~·ance** *s* paciência *f;* tolerância *f;* **~·er** *s* sofredor/a *m/f;* doente *m/f,* paciente *m/f;* **~·ing** *s* sofrimento *m.*

suf·fice [sə'faɪs] *v/i and v/t* ser suficiente, bastar; **~ it to say** basta dizer.

suf•fi•cien|cy [sə'fɪʃnsɪ] s suficiência f; meios m pl; **~t** adj suficiente, bastante; **be ~** ser suficiente or bastante.

suf•fix ['sʌfɪks] s sufixo m.

suf•fo•cate ['sʌfəkeɪt] v/i and v/t sufocar.

suf•frage pol. ['sʌfrɪdʒ] s voto m, sufrágio m; direito m de voto.

suf•fuse [sə'fjuːz] v/t banhar, cobrir; derramar.

sug•ar ['ʃʊgə] **1.** s açúcar m; **2.** v/t açucarar, adoçar; **~•ba•sin**, esp. Am. **~ bowl** s açucareiro m; **~•cane** s bot. cana-de-açúcar f; **~•coat** v/t cristalizar; cobrir de açúcar; fig. atenuar, dourar; **~•y** adj açucarado; fig. doce.

sug|gest [sə'dʒest, Am. səg'dʒest] v/t sugerir, propor; aconselhar; **~•ges•tion** s sugestão f; proposta f; psych. sugestão f, impressão f; **~•ges•tive** adj □ sugestivo; insinuante, provocante; **be ~ of sth.** fazer lembrar, dar a impressão de.

su•i•cide ['sjʊɪsaɪd] **1.** s suicídio m; suicida m/f; **commit ~** suicidar-se; **2.** v/i Am. suicidar-se.

suit [sjuːt] **1.** s fato m; conjunto de saia e casaco; cards: naipe m; jur. processo m; **follow ~** fig. seguir o exemplo; **2.** v/t ficar bem; convir; **~ oneself** fazer a sua vontade; **~ yourself** como queira(s); **~ sth. to** adaptar alguma coisa a; **be ~ed** ser apropriado (**for, to** a); **sui•ta•ble** adj □ conveniente; apropriado (**for, to** a); **~•case** s mala f.

suite [swiːt] s séquito m, comitiva f; mus. suite f; conjunto m de salas; conjunto m de móveis.

sul•fur Am. ['sʌlfə] → **sulphur**.

sulk [sʌlk] v/i amuar, fazer beicinho; estar de mau humor; **~•i•ness** s, **~s** s pl amuo m; **~•y** adj □ (-ier, -iest) amuado, mal-humorado.

sul•len ['sʌlən] adj □ rabugento; mal-humorado, zangado.

sul|phur chem. ['sʌlfə] s enxofre m; **~•phu•ric** chem. [sʌl'fjʊərɪk] adj sulfúrico.

sul•tri•ness ['sʌltrɪnɪs] s calor m sufocante; **sul•try** adj □ (-ier, -iest) abafado, sufocante; fig. tentador, provocante.

sum [sʌm] **1.** s soma f; quantia f; total m; fig. essência f; **do ~s** fazer contas; **2.** v/t (-mm-): **~ up** somar, adicionar; resumir; situation: avaliar, aperceber-se de.

sum|ma•rize ['sʌməraɪz] v/t resumir, fazer um resumo; **~•ma•ry 1.** adj sumário, breve; sem formalidades; **2.** s sumário m; resumo m.

sum•mer ['sʌmə] s Verão m; **in early (late) ~** no início (no fim) do Verão; **~ school** curso m de Verão; **~•ly**, **~•y** adj estival; **~•time** s Verão m.

sum•mit ['sʌmɪt] s cimeira f (a. fig.).

sum•mon ['sʌmən] v/t mandar chamar, convocar; jur. intimar; **~ up** courage, etc.: criar, arranjar; **~s** s citação f, intimação f; convocatória f.

sump•tu•ous ['sʌmptʃʊəs] adj □ sumptuoso, luxuoso.

sun [sʌn] **1.** s sol m; **2.** v/t (-nn-) expor ao sol, corar; **~ o.s.** apanhar sol; **~•bath** s banho m de sol; **~•beam** s raio m de sol; **~•burn** s queimadura f solar.

sun•dae ['sʌndeɪ] s gelado m com frutas.

Sun•day ['sʌndɪ] s domingo m; **on ~** no domingo; **on ~s** aos domingos.

sun|di•al ['sʌndaɪəl] s relógio m de sol; **~•down** → **sunset**.

sun|dries ['sʌndrɪz] s pl coisas f pl diversas; **~•dry** adj diversos, vários.

sung [sʌŋ] pp of **sing**.

sun•glass•es ['sʌŋglɑːsɪz] s pl (a pair of ~) óculos m pl de sol.

sunk [sʌŋk] pret and pp of **sink** 1.

sunk•en ['sʌŋkən] adj afundado; submerso; baixo, fundo, encovado.

sun|loung•er ['sʌnlaʊndʒə] s espreguiçadeira f; **~•ny** adj □ (-ier, -iest) soalheiro, ensolarado; **~•rise** s nascer m do Sol; **~•set** s pôr m do Sol; **~•shade** s chapéu m de sol; barraca f de praia; **~•shine** s luz f do sol; **~•stroke** s med. insolação f; **~•tan** s bronzeado m; **~•wor•ship•per** s adorador/a m/f do sol.

su•per F ['suːpə] adj óptimo, bestial, giríssimo.

su•per- ['sjuːpə] in compounds: super, em excesso; **~•a•bun•dant** [~rə'bʌndənt] adj □ superabundante.

su•per•an•nu•late [sjuːpəˈrænjʊeɪt] *v/t* aposentar, reformar; **~d** aposentado, reformado; **~•a•tion** [~ˈeɪʃn] *s pension:* reforma *f*, pensão *f; contribution:* seguro *m* de reforma.

su•perb [sjuːˈpɜːb] *adj* □ soberbo, excelente, extraordinário.

su•per|charg•er *mot.* [ˈsjuːpətʃɑːdʒə] *s* compressor *m*; **~•cil•i•ous** [~ˈsɪlɪəs] *adj* □ arrogante, desdenhoso; **~•e•go** *s psych.* superego *m*; **~•fi•cial** [~ˈfɪʃl] *adj* □ superficial; **~•fine** *adj* extrafino; **~•flu•i•ty** [~ˈfluətɪ] *s* coisa *f* supérflua, superficialidade *f*; **~•flu•ous** [sjuːˈpɜːfluəs] *adj* □ supérfluo, inútil; excessivo; **~•grass** *s F of police:* informador/a *m/f*; **~•heat** *v/t mot.* sobreaquecer; **~•hu•man** *adj* □ sobre-humano; **~•im•pose** *v/t* sobrepor; **~•in•tend** *v/t* superintender, dirigir; **~•in•tend•ent 1.** *s* director/a *m/f*, chefe *m/f*; inspector/a *m/f; Br.* comissário/a *m/f; Am.* chefe *m/f* da polícia; **2.** *adj* superintendente.

su•pe•ri•or [sjuːˈpɪərɪə] **1.** *adj* □ superior; muito bom; excelente; **2.** *s* superior/a *m/f; Father* ♀ *eccl.* Superior *m; mst.* **Lady** ♀, **Mother** ♀ *eccl.* Madre *f* Superiora; **~•i•ty** [sjuːpɪərɪˈɒrətɪ] *s* superioridade *f*.

su•per•la•tive [sjuːˈpɜːlətɪv] **1.** *adj* □ excelente, supremo, o melhor; **2.** *s a.* **~ degree** *gr.* grau *m* superlativo.

su•per|mar•ket [ˈsjuːpəmaːkɪt] *s* supermercado *m*; **~•nat•u•ral** *adj* □ sobrenatural; **~•sede** [~ˈsiːd] *v/t* substituir; afastar; ocupar o lugar de; **~•son•ic** *adj phys.* supersónico; **~•sti•tion** [~ˈstɪʃn] *s* superstição *f*; **~•sti•tious** *adj* supersticioso; **~•struc•ture** *s* superestrutura *f (a. sociol.);* **~•vene** [~ˈviːn] *v/i* intervir; **~•vise** [ˈ~vaɪz] *v/t* supervisar, supervisionar, inspeccionar; **~•vi•sion** [~ˈvɪʒn] *s* supervisão *f;* inspecção *f;* **~•vi•sor** [ˈ~vaɪzə] *s* supervisor/a *m/f*, inspector/a *m/f; univ.* orientador/a *m/f*.

sup•per [ˈsʌpə] *s* jantar *m; the (Lord's)* ♀ a Última Ceia; **have ~** jantar.

sup•plant [səˈplɑːnt] *v/t* suplantar, vencer.

sup•ple|ment 1. *s* [ˈsʌplɪmənt] suplemento *m;* complemento *m;* contribuição *f;* **2.** *v/t* [~ment] acrescentar, suprir; **~•men•tal** [~ˈmentl] □, **~•men•ta•ry** [~ˈmentərɪ] *adj* suplementar.

sup•pli•er [səˈplaɪə] *s* fornecedor/a *m/f; a.* **~s** *pl* fornecedores *m pl.*

sup•ply [səˈplaɪ] **1.** *v/t* fornecer, abastecer; *deficiency:* suprir; *post, etc.:* preencher, completar; **2.** *s* provisão *f;* fornecimento *m*, abastecimento *m; econ.* oferta *f; mst* **supplies** *pl* víveres, provisões *f pl; econ.* bens *m pl,* artigos *m pl;* **~ and demand** *econ.* oferta e procura.

sup•port [səˈpɔːt] **1.** *s* apoio *m;* ajuda *f; tech.* suporte *m;* sustento *m;* **2.** *v/t* apoiar, ajudar; sustentar *(family, etc.);* aguentar; **~er** *s* apoiante *m/f (a. sports).*

sup•pose [səˈpəʊz] *v/t* supor, presumir; acreditar; *he is ~ed to...* ele devia...; **~ we go** vamos, e que tal irmos embora?; *what is that ~ed to mean?* que é que quer(es) dizer com isso? *after questions:* **I ~ not** acho que não; *I ~ so* acho que sim.

sup|posed [səˈpəʊzd] *adj* □ suposto; **~•pos•ed•ly** *adv* supostamente.

sup•po•si•tion [sʌpəˈzɪʃn] *s* suposição *f;* hipótese *f.*

su•pra•na•tion•al [suːprəˈnæʃənəl] *adj pol.* supranacional.

sup|press [səˈpres] *v/t* suprimir; **~•pres•sion** [~ʃn] *s* supressão *f*, eliminação *f.*

sup•pu•rate *med.* [ˈsʌpjʊreɪt] *v/i* supurar.

su•prem|a•cy [sjuːˈpreməsɪ] *s* supremacia *f;* domínio *m;* **~e** [~ˈpriːm] *adj* supremo.

sur•charge 1. *v/t* [sɜːˈtʃɑːdʒ] sobrecarregar; sobretaxar; **2.** *s* [ˈsɜːtʃɑːdʒ] sobrecarga *f;* sobretaxa *f.*

sure [ʃʊə] **1.** *adj* □ *(~r, ~st):* **~ of** certo de, convencido de; *make ~ that* certificar-se de que; verificar; *for ~!* F certamente, com certeza!; **2.** *adv Am.* F realmente; *it ~ was cold Am.* F estava mesmo frio; *~!* claro, com certeza! **~ enough** certamente, sem dúvida; **~•ly** *adv* certamente; **sure•ty** [ˈʃɔːrətɪ] *s sum:* caução *f; person:* fiador/a *m/f.*

surf [sɜːf] **1.** s ressaca f (da onda); rebentação f; **2.** v/i sports: fazer surf.

sur•face ['sɜːfɪs] **1.** s superfície f; aer. asa f; **2.** v/i mar. vir à superfície (submarine).

surf|board ['sɜːfbɔːd] s prancha f de surf.

sur•feit ['sɜːfɪt] **1.** s excesso m; fartura f; **2.** v/t and v/i exceder-se, comer e beber demais.

surf|er ['sɜːfə] s sports: praticante m/f de surf, surfista m/f; **~•ing**, **~-rid•ing** s sports: fazer surf.

surge [sɜːdʒ] **1.** s onda f, vaga f; **2.** v/i subir e descer; a. **~ up** aumentar de repente (emotions).

sur|geon ['sɜːdʒən] s cirurgião m; **~•ge•ry** s cirurgia f; sala f de operações; Br. consultório m; **~ hours** pl Br. horas de consulta.

sur•gi•cal ['sɜːdʒɪkl] adj □ cirúrgico.

sur•ly ['sɜːlɪ] adj □ (-ier, -iest) grosseiro, rude.

sur•mount [sɜː'maʊnt] v/t superar, vencer.

sur•name['sɜːneɪm] s apelido m.

sur•pass fig. [sə'pɑːs] v/t ultrapassar, exceder; **~•ing** adj insuperável, excelente.

sur•plus ['sɜːpləs] **1.** s excesso m; resto m; **2.** adj excedente.

sur•prise [sə'praɪz] **1.** s surpresa f; **2.** v/t surpreender, espantar.

sur•ren•der [sə'rendə] **1.** s rendição f; capitulação f; **2.** v/t render, desistir; v/i render-se (**to** a), capitular, entregar-se.

sur•ro•gate ['sʌrəgɪt] s substituto m; **~ mother** mãe f portadora.

sur•round [sə'raʊnd] v/t rodear, cercar; mil. cercar; **~•ing** adj circundante; **~•ings** s pl arredores m pl.

sur•tax ['sɜːtæks] s sobretaxa f.

sur•vey 1. v/t [sə'veɪ] inspecionar, vistoriar; examinar, observar; area: fazer o levantamento; **2.** s ['sɜːveɪ] inspecção f, vistoria f; exame m; levantamento m; **~•or** [sə'veɪə] s agrimensor m; fiscal m.

sur|viv•al [sə'vaɪvl] s sobrevivência f; **~ kit** equipamento m de sobrevivência; **~•vive** [~aɪv] v/i sobreviver (a. v/t); subsistir; **~•vi•vor** s sobrevivente m/f.

sus•cep•ti•ble [sə'septəbl] adj □ susceptível, sensível (**to** a); **be ~ of** ser passível de; admitir.

sus•pect 1. v/t ['sə'spekt] suspeitar, desconfiar; duvidar; **2.** s ['sʌspekt] suspeito/a m/f; **3.** adj [~] → **~•ed** [sə'spektɪd] adj suspeito.

sus•pend [sə'spend] v/t suspender, pendurar; interromper, parar; payment, jur. sentence: suspender; sports: cancelar, anular; **~•ed** adj suspenso, pendurado; **~•er** s Br. liga f; (a. **a pair of**) **~s** pl Am. suspensórios m pl.

sus|pense [sə'spens] s incerteza f; indecisão f; tensão f; **~•pen•sion** s suspensão f; interrupção f; adiamento m; sports: anulação f; **~ bridge** ponte f suspensa; **~ railroad**, esp. Br. **~ railway** linha f férrea suspensa.

sus•pi|cion [sə'spɪʃn] s suspeita f; desconfiança f; **~•cious** adj □ desconfiado; suspeito, duvidoso.

sus•tain [sə'steɪn] v/t manter, sustentar; aguentar, sofrer; family: sustentar, alimentar; ajudar; jur. objection: admitir.

swab [swɒb] **1.** s esfregão m; med. mecha f de algodão; med. zaragatoa f; **2.** v/t (-bb-): **~ up** limpar.

swad•dle ['swɒdl] v/t baby: pôr a fralda.

swag•ger ['swægə] v/i vangloriar-se, gabar-se; dar-se ares.

swal•low[1] zoo. ['swɒləʊ] s andorinha f.

swal•low[2] [~] **1.** s golo m; **2.** v/t and v/i engolir; insult: engolir; fig. **~ the bait** cair na cilada.

swam [swæm] pret of **swim** 1.

swamp [swɒmp] **1.** s pântano m; **2.** v/t alagar, inundar (a. fig.); boat: encher de água e afundar; **~•y** adj (-ier, -iest) pantanoso.

swan zoo. [swɒn] s cisne m.

swank F [swæŋk] **1.** s gabarolice f; ostentação f; **2.** v/i gabar-se, pavonear-se; **~•y** adj □ (-ier, -iest) gabarola; pretensioso.

swap F [swɒp] **1.** s troca f; **2.** v/t (-pp-) trocar.

swarm [swɔːm] **1.** s enxame m; multidão f; horda f; **2.** v/i enxamear; fervilhar (**with**); aglomerar-se.

swar•thy ['swɔːði] *adj* *(-ier, -iest)* escuro; moreno.

swas•ti•ka ['swɒstɪkə] *s* suástica *f.*

swat [swɒt] *v/t* *(-tt-)* *fly, etc.:* matar.

sway [sweɪ] **1.** *s* oscilação *f;* influência *f;* domínio *m;* **2.** *v/i and v/t* oscilar, balançar; influenciar, dominar.

swear [sweə] *v/i and v/t* *(swore, sworn)* jurar; prestar juramento; praguejar; ~ *s.o. in* ajuramentar; ~•**word** *s* praga *f;* palavrão *m.*

sweat [swet] **1.** *s* suor *m;* transpiração *f;* *by the ~ of one's brow* com o suor do rosto; F *be in a ~, all of a ~* banhado em suor, *fig.* estar ansioso; **2.** *(sweated, Am. a. sweat)* *v/i* suar, transpirar; *v/t employees:* explorar; ~•**er** ['swetə] *s* camisola *f;* *econ.* explorador/a *m/f;* ~•**shirt** *s* sweatshirt *f,* camisola *f* de treino; ~•**suit** *s* *sports: esp. Am.* fato *m* de treino; ~•**y** *adj* □ *(-ier, -iest)* suado, transpirado.

Swede [swiːd] *s* sueco/a *m/f;* **Swed•ish** [~ɪʃ] **1.** *adj* sueco; **2.** *s* *ling.* sueco *m.*

sweep [swiːp] **1.** *(swept)* *v/t* varrer *(a. fig.),* limpar; *scan:* sondar, passar sobre; deslizar; pairar; *v/i* passar majestosamente; *on skis:* passar ruidosamente; **2.** *s* varredura *f;* movimento *m* circular; alcance *m,* extensão *f;* *esp. Br.* limpa-chaminés *m;* *make a clean ~ fazer uma limpeza total (of);* ~•**er** *s* varredor *m;* *soccer:* F trinco *m,* varredor *m;* ~•**ing** *adj* □ geral; largo; abarcador; abrangente; *victory, success:* avassalador; ~•**ings** *s pl* lixo *m.*

sweet [swiːt] **1.** *adj* □ doce; querido, simpático; meigo; fresco; aromático; *have a ~ tooth* ser guloso; **2.** *s* doce *m;* guloseima *f;* *Br.* sobremesa *f;* *form of address:* querido/a *m/f;* ~•**en** *v/t* adoçar, açucarar; ~•**en•er** *s* adoçante *m;* ~•**heart** *s* querido/a *m/f;* ~•**ish** *adj* adocicado; ~•**shop** *s* *Br.* confeitaria *f.*

swell [swel] **1.** *(swelled, swollen or swelled)* *v/i* engrossar; inchar; crescer, dilatar; aumentar; **2.** *adj* *Am.* F bestial, óptimo; **3.** *s* inchaço *m;* expansão *f;* *mar.* vaga *f;* ~•**ing 1.** *s* *med.* inchaço *m,* intumescência *f;* **2.** *adj* *sail:* cheio, inchado; *sound, etc.* elevado; que aumenta.

swel•ter ['sweltə] *v/i* suar, transpirar.

swept [swept] *pret and pp of* *sweep* 1.

swerve [swɜːv] **1.** *v/i* desviar-se *(car, horse);* curvar *(road);* *mot.* virar o volante; **2.** *s* *mot.* viragem *f;* desvio *m (of road).*

swift [swɪft] *adj* □ rápido, veloz; ~•**ness** *s* rapidez *f,* velocidade *f.*

swill [swɪl] **1.** *s* lavagem *f;* água *f* de lavagem; **2.** *v/t and v/i* lavar.

swim [swɪm] **1.** *v/t and v/i* *(-mm-; swam, swum)* nadar; pairar; *my head ~s* sinto a cabeça tonta; **2.** *s* acto *m* de nadar, natação *f;* *go for a ~* ir nadar; *have or take a ~* tomar banho, nadar; *be in the ~* estar na onda; ~•**mer** *s* nadador/a *m/f;* ~•**ming 1.** *s* natação *f;* **2.** *adj* que nada; ~•*bath(s) pl Br.;* ~•**pool** piscina *f;* *(a pair of) ~•trunks pl* calções *m pl* de banho; ~•**suit** *s* fato *m* de banho.

swin•dle ['swɪndl] **1.** *v/t* enganar, defraudar; **2.** *s* fraude *f;* ~•**r** *s* vigarista *m/f.*

swine [swaɪn] *s* porco *m.*

swing [swɪŋ] **1.** *v/i and v/t* *(swung)* balançar; girar; oscilar; *of door:* girar; F bambolear-se; **2.** *s* balanço *m;* oscilação *f;* balanceio *m;* baloiço *m;* ~ *in opinion* mudança *f* de opinião; *in full ~* em plena força; ~•**door** *s* *Br.* porta *f* de vaivém; ~•**ing** *adj* *step, music:* ritmado; ~ *door Am.* → *swing-door.*

swin•ish ['swaɪnɪʃ] *adj* □ porco, sujo.

swipe [swaɪp] **1.** *v/i:* ~ *at* bater violentamente; *v/t* F roubar; **2.** *s* pancada *f* violenta.

swirl [swɜːl] **1.** *v/i and v/t* rodopiar, redemoinhar; rodar; **2.** *s* remoinho *m;* turbilhão *m.*

Swiss [swɪs] **1.** *adj* suíço; **2.** *s* suíço/a *m/f;* *the ~ pl* os suíços *m pl.*

switch [swɪtʃ] **1.** *s* *electr.* interruptor *m;* *stick:* chibata *f;* *Am. rail.* desvio *m;* *of hair:* trança *f* postiça; *do or make a ~* mudar, trocar; **2.** *v/t and v/i electr., TV, etc.:* ligar, estabelecer contacto; açoitar, fustigar; *esp. Am. rail.* manobrar; ~ *off* desligar; ~ *on* ligar; ~•**board** *s* *electr.* quadro *m* de distribuição; *teleph.* central *f* telefónica.

swol•len ['swəʊlən] *pp of **swell*** 1; ~-**head•ed** *adj* F presunçoso.

swoop [swuːp] **1.** *v/i:* ~ **down on** or **upon** precipitar-se sobre, cair *(bird of prey); fig.* cair sobre; **2.** *s* ataque *m;* arremetida *f.*

swop F [swɒp] → *swap.*

sword [sɔːd] *s* espada *f.*

swore [swɔː] *pret of **swear.***

sworn [swɔːn] *pp of **swear.***

swum [swʌm] *pp of **swim*** 1.

swung [swʌŋ] *pret and pp of **swing*** 1.

sy•la•ble ['sɪləbl] *s* sílaba *f.*

syl•la•bus ['sɪləbəs] *s* (*pl* **-buses,** **-bi** [-baɪ]) programa *m* (escolar); índice *m.*

sym•bol ['sɪmbl] *s* símbolo *m;* ~**ic** [sɪm'bɒlɪk], ~**i•cal** *adj* □ simbólico; ~**ism** ['sɪmbəlɪzəm] *s* simbolismo *m;* ~**ize** *v/t* simbolizar.

sym|met•ric [sɪ'metrɪk], ~•**met•ri•cal** *adj* □ simétrico; ~•**me•try** ['sɪmɪtrɪ] *s* simetria *f.*

sym•pa|thet•ic [sɪmpə'θetɪk] *adj* (~**ally**) compreensivo; compassivo; ~**thize** ['sɪmpəθaɪz] *v/i* demonstrar simpatia; compadecer-se; ~•**thy** *s* compaixão *f;* compreensão *f.*

sym•pho•ny *mus.* ['sɪmfənɪ] *s* sinfonia *f;* ~ *orchestra* orquestra *f* sinfónica.

symp•tom ['sɪmptəm] *s* sintoma *m.*

syn•chro|nize ['sɪŋkrənaɪz] *v/i* estar sincronizado; *v/t machines, actions:* sincronizar, acertar; ~•**nous** *adj* □ sincrónico; sincronizado.

syn•di•cate ['sɪndɪkət] *s* sindicato *m;* associação *f.*

syn•o•nym ['sɪnənɪm] *s* sinónimo *m;* **sy•non•y•mous** [sɪ'nɒnɪməs] *adj* □ sinónimo, com o mesmo significado.

sy•nop•sis [sɪ'nɒpsɪs] *s* (*pl* **-ses** [-siːz]) sinopse *f,* resumo *m.*

syn|the•sis ['sɪnθəsɪs] *s* (*pl* **-ses** [-siːz]) síntese *f;* ~•**the•siz•er** *s mus.* sintetizador *m;* ~•**thet•ic** [sɪn'θetɪk], ~•**thet•i•cal** *adj* □ sintético; ~ *fibre* fibra *f* sintética.

sy•ringe ['sɪrɪndʒ] **1.** *s* seringa *f;* **2.** *v/t* injectar com seringa.

syr•up ['sɪrəp] *s* xarope *m.*

sys|tem ['sɪstəm] *s* sistema *m; physiol.* organismo *m;* plano *m;* ~ *of government pol.* sistema *m* de governo; ~•**te•mat•ic** [sɪstɪ'mætɪk] *adj* (~**ally**) sistemático.

T

ta *Br.* [tɑː] *int* obrigado.

tab [tæb] *s* tira *f;* risco *m;* etiqueta *f;* cabide *m;* F conta *f.*

ta•ble ['teɪbl] **1.** *s* mesa *f;* tabela *f,* quadro *m;* lista *f; at* ~ à mesa; *turn the ~s on s.o.* virar o feitiço contra o feiticeiro; **2.** *v/t* fazer lista ou tabela; *parl. motion:* apresentar; ~-**cloth** *s* toalha *f* de mesa; ~-**lin•en** *s* roupa *f* de mesa; ~-**mat** *s* descanso *m;* ~ *set s radio, TV:* rádio *m* de mesa; ~•**spoon** *s* colher *f* de sopa.

tab•let ['tæblɪt] *s pill:* comprimido *m,* pastilha *f; bloco m; piece:* pedaço *m;* barra *f (chocolate).*

ta•ble|top ['teɪbltɒp] *s* tampo *m* de mesa; ~•**ware** *s* loiça *f* e talheres.

ta•boo [tə'buː] **1.** *adj* tabu, proibido, interdito; **2.** *s* (*pl* **-boos**) tabu *m;* proibição *f,* interdição *f;* **3.** *v/t* declarar tabu.

tab•u|lar ['tæbjʊlə] *adj* □ tabelar, em forma de tabela; ~•**late** [~eɪt] *v/t* ordenar em tabela.

tack [tæk] **1.** *s* tacha *f;* prego *m* de cabeça chata; *sewing:* alinhavo *m; mar.* amura *f,* movimento *m* em ziguezague; *fig.* caminho *m;* **2.** *v/t* pregar com tachas *(to);* alinhavar; *v/i mar.* virar de bordo ou de rota.

tack•le ['tækl] **1.** *s* aparelho *m;* equipamento *m; mar.* cordame *m; tech.* guincho *m; soccer:* acto de tirar a bola ao adversário; **2.** *v/t soccer:* agarrar, atacar, tirar a bola; *problem, etc:* atacar, solucionar.

tack•y ['tækı] *adj* **(-ier, -iest)** pegajoso; *Am.* F mal vestido.

tact [tækt] *s* tacto *m;* discernimento *m;* diplomacia *f;* **~•ful** *adj* □ diplomático, discreto.

tac•tics ['tæktıks] *s pl and sg* táctica *f.*

tact•less ['tæktlıs] *adj* □ sem tacto, rude.

tad•pole *zoo.* ['tædpəʊl] *s* girino *m.*

tag [tæg] **1.** *s* etiqueta *f;* talão *m;* ponta *f* solta; ponta *f* metálica do atacador; modo *m* de expressão; *a.* **question ~** *gr.* pergunta *f* de confirmação; jogo *m* infantil; **2. (-gg-)** *v/t* etiquetar; marcar preços em **(to, on to);** *v/i:* **~ along** F seguir; **~ along behind s.o.** seguir alguém com pouco entusiasmo.

tail [teıl] **1.** *s* cauda *f;* rabo *m;* parte *f* traseira; fim *m;* **~s** *pl* verso *m* de moeda *(of coin);* F fraque *m;* **turn ~** fugir, F dar à sola; **~s up** alegre, bem disposto; **2.** *v/t:* **~ s.o.** F seguir alguém; *v/i:* **~ after s.o.** seguir alguém muito de perto; **~ away, ~ off** ficar para trás, diminuir gradualmente; **~•back** *s mot.* fila *f* de carros; **~•coat** *s* fraque *m;* **~•light** *s mot., etc.:* luz *f* traseira.

tai•lor ['teılə] **1.** *s* alfaiate *m;* **2.** *v/t* costurar; **~-made** *adj* feito por medida.

taint [teınt] **1.** *s* mancha *f;* nódoa *f;* mácula *f; of illness, etc.:* infecção *f;* **2.** *v/t* manchar; estragar; *med.* infectar, contagiar; **become ~ed** ficar manchado; estragar-se *(meat, etc.).*

take [teık] **1. (took, taken)** *v/t* tomar, pegar em; *grasp:* agarrar, apanhar *(a. prisioner);* prender, *mil.* fazer prisioneiro; *assume possession:* apropriar-se, tomar posse de; *carry:* levar; *accept, etc.:* aceitar; *insult:* sofrer, aguentar; suportar; compreender, conceber; *fig.* interessar, cativar, *phot.,* *picture* tirar; *temperature:* medir; *notes:* tomar, anotar, assentar; *exam:* fazer; *holidays, rest, etc.:* fazer, tirar; *day off:* tirar; *bath:* tomar; *illness:* apanhar; *food:* comer; *meal:* tomar; *newspaper:* assinar; *train, bus, etc.:* tomar, apanhar; *route:* seguir, ir; *prize:* ganhar; *opportunity:* agarrar, apro-

veitar; *measures:* tomar; *presidency, etc.:* assumir, aceitar; *oath:* fazer; *time, patience, courage:* requerer, exigir; *offence:* ficar (ofendido); **I ~ it that** parto do princípio que; **~ it or leave it** F é pegar ou largar; **~n all in all** vistas bem as coisas, considerando tudo; **be ~n** estar ocupado; **be ~n ill** or F **bad** adoecer; **be ~n with** ficar cativado, conquistado por; **~ breath** descansar, respirar fundo; **~ comfort** consolar-se com; **~ compassion on** apiedar-se de; **~ counsel** aconselhar-se (com); **~ a drive** dar uma volta de carro; **~ fire** incendiar-se, pegar fogo; **~ in hand** empreender, tomar conta; **~ hold of** agarrar; **~ a look** dar uma olhadela **(at** a); **can I ~ a message?** posso dizer(-lhe) do que se trata?, posso deixar recado?; **~ to pieces** destruir; **~ pity on** ter pena de, apiedar-se de; **~ place** acontecer, realizar-se (em); passar-se *(plot);* **~ a risk** arriscar, correr um risco; **~ a seat** sentar-se; **~ a walk** dar um passeio (a pé); **~ my word for it** confia em mim, acredita na minha palavra; **~ along** levar consigo; **~ apart** separar, desmontar; **~ around** levar a visitar; **~ away** tirar, levar; **... to ~ away** *Br. of food:* pronta a levar; **~ down** trazer para baixo; *building:* demolir; anotar, escrever; **~ from** tirar, retirar; *math:* descontar; **~ in** apertar; *newspaper:* comprar; acolher *(as a guest, etc.); situation:* abarcar, abranger; *fig.* compreender; F enganar; **be ~n in** ser enganado; **~ in lodgers** alugar quartos; **~ off** tirar; *clothes, hat:* tirar, despir; **~ a day off** tirar um dia de folga; **~ on** empreender; *workers, etc.:* aceitar, empregar; *passengers:* mandar entrar; **~ out** tirar, extrair; *stain:* limpar; *insurance:* fazer; **~ over** *office, task, idea, etc:* ficar encarregue de, tomar a seu cargo, aproveitar; **~ up** levantar; ocupar-se de; *case, idea, etc.:* dedicar-se a, encarregar-se de; *space, time:* ocupar; *v/i med.* reagir, ter efeito; F agradar, gostar; **~ after** parecer-se com; **~ off** saltar; *aer., space travel:* levantar voo, descolar; **~ on** agradar a; **~ over** tomar posse de;

suceder a alguém; ~ *to* sentir-se atraído por, gostar de, simpatizar com; ~ *to doing sth.* passar a dedicar-se a; ~ *up with* travar amizade com; **2.** *s fishing:* pesca *f;* receita *f,* rendimentos *m pl; hunt:* presa *f;* parte *f (of* de); *film:* tomada *f,* cena *f;* **~-a•way 1.** *adj food, etc.:* pronto a levar; **2.** *s* restaurante *m* com serviço de rua; restaurante de comida pronta a levar; **~-in** F aldrabice *f,* fraude *f;* **tak•en** *pp of take* 1; **~-off** *s* salto *m; aer., space* descolagem *f;* descida *f* em pára-quedas; F imitação *f;* **~-o•ver** *s econ.* aquisição *f,* controlo *m; (un)friendly ~* → **leveraged; ~-o•ver bid** *s econ.* oferta *f* pública de aquisição.

tak•ing ['teɪkɪŋ] **1.** *adj* □ atraente, encantador; agradável; **2.** *s* acto de tomar ou pegar; *mil.* captura *f;* F agitação *f,* alvoroço *m; ~s pl econ.* receitas *f pl,* rendas *f pl.*

tale [teɪl] *s* conto *m;* história *f;* narrativa *f;* **tell ~s** mexericar; *it tells its own ~* fala por si.

tal•ent ['tælənt] *s* talento *m;* aptidão *f;* **~ed** *adj* talentoso, hábil.

talk [tɔːk] **1.** conversa *f;* conversação *f;* mexerico *m; lecture:* conferência *f; contp.* palavrório *m; way of conversation:* fala *f,* modo de falar; **2.** *v/i and v/t* falar, conversar; F dar à língua; ~ *to s.o.* falar com alguém; ~ *at s.o.* insinuar a alguém; ~ *over sth.* conversar sobre alguma coisa, discutir um assunto; **~-a•tive** *adj* □ falador; **~er** *s* falador/a *m/f;* fanfarrão/fanfarrona *m/f;* ~ **show** *s TV:* programa *m* de entrevistas, talk show, **~-show host** *s TV:* apresentador *m* de um talk show.

tall [tɔːl] *adj* alto, grande; F incrível, inacreditável; *that's a ~ order* F isso é um pouco difícil de acreditar.

tal•low ['tæləʊ] *s* sebo *m.*

tal•ly ['tælɪ] **1.** *s econ.* conta *f;* livro *m* de registo de contas; etiqueta *f;* marca *f; sports:* ponto *m;* **2.** *v/t* registar; *v/i* conferir com.

tal•on ['tælən] *s* garra *f.*

tame [teɪm] **1.** *adj* □ *(~r, ~st)* manso, domesticado; dócil; **2.** *v/t* amansar, domesticar.

tam•per ['tæmpə] *v/i:* ~ *with* mexer indevidamente em; falsificar; forçar.

tam•pon *med.* ['tæmpən] *s* tampão *m.*

tan [tæn] **1.** *s* bronzeado *m;* **2.** *adj* bronzeado; **3.** *(-nn-) v/t* bronzear.

tang [tæŋ] *s* sabor *m* or cheiro *m* forte; travo *m;* som *m* agudo.

tan•gent ['tændʒənt] *s math.* tangente *f; fly or go off at a ~* afastar-se repentinamente do tema.

tan•ge•rine *bot.* ['tændʒə'riːn] *s* tangerina *f.*

tan•gi•ble ['tændʒəbl] *adj* □ tangível, palpável; real.

tan•gle ['tæŋgl] **1.** *s* confusão *f;* emaranhado *m;* **2.** *v/t and v/i* confundir(-se); enredar(-se).

tank [tæŋk] **1.** *s mot., etc.:* tanque *m;* tanque *m* (de água); cisterna *f; mil.* tanque *m;* **2.** *v/t:* ~ *up* encher o depósito.

tank•ard ['tæŋkəd] *s* caneca *f* de cerveja, canecão *m.*

tank•er ['tæŋkə] *s mar.* petroleiro *m; mot.* camião *m* cisterna.

tan|ner ['tænə] *s* curtidor *m;* **~•ne•ry** *s* curtume *m.*

tan•ta•lize ['tæntəlaɪz] *v/t* tentar; atormentar.

tan•ta•mount ['tæntəmaʊnt] *adj* equivalente, igual *(to* a).

tan•trum ['tæntrəm] *s* acesso *m* de raiva; fúria *f.*

tap [tæp] **1.** *s* pancadinha *f,* palmadinha *f;* torneira *f;* ~ *room Br.* bar *m; on* ~ imperial, de barril *(beer);* **~s** *pl Am. mil.* toque *m* de recolher; **2.** *v/t and v/i (-pp-)* bater levemente, dar uma palmadinha *(on, at* em); pôr sob escuta *(a. telephone);* **~•dance** *s* sapateado *m.*

tape [teɪp] **1.** *s* fita *f; sports:* meta *f;* fita *f* adesiva, fita-cola *f; tel.* tira *f* de papel (telégrafo); fita *f* magnética; → *red tape;* **2.** *v/t* atar com fita; colar com fita-cola; gravar; ~ **cas•sette** *s* cassete *f,* ~ **deck** *s* gravador *m;* ~ **li•bra•ry** *s* arquivo *m* de fitas magnéticas; ~ **mea•sure** *s* fita *f* métrica.

ta•per ['teɪpə] **1.** *s* vela *f;* **2.** *adj* aguçado; **3.** *v/i often* ~ *off* estreitar-se; *v/t* aguçar, afilar.

tapel-re•cord ['teɪprɪkɔːd] *v/t* gravar em fita; ~ **re•cord•er** *s* gravador *m;* ~ **re•cord•ing** *s* gravação *f;* ~ **speed** *s* velocidade de gravação.

T

303

ta•pes•try ['tæpɪstrɪ] *s* tapeçaria *f.*

tape•worm *zoo., med.* ['teɪpwɜːm] *s* ténia *f;* solitária *f.*

tar [taː] **1.** *s* alcatrão *m;* **2.** *v/t* **(-rr-)** alcatroar.

tar•dy ['taːdɪ] *adj* □ **(-ier, -iest)** devagar; *Am.* tarde.

tare *econ.* [teə] *s* tara *f.*

tar•get ['taːgɪt] *s* disco *m; mil., radar:* alvo *m; objective, goal:* objectivo *m,* alvo *m;* ~ *group econ.* grupo *m* alvo; ~ *language ling.* língua *f* alvo; ~ *practice* tiro *m* ao alvo.

tar•iff ['tærɪf] *s* tarifa *f;* ~ *restrictions pl,* ~ *walls pl econ.* barreiras *f pl* alfandegárias.

tar•nish ['taːnɪʃ] **1.** *v/t tech.* tirar o brilho a; *ideals, reputation:* manchar; *v/i* embaçar- se; sujar-se; **2.** *s* mancha *f;* turvação *f;* sujidade *f.*

tart [taːt] **1.** *adj* □ ácido; azedo; *fig.* rude, mordaz; **2.** *s esp. Br.* torta *f* de fruta; *sl.* prostituta *f.*

tar•tan ['taːtn] *s* tecido *m* escocês axadrezado.

task [taːsk] *s* tarefa *f;* trabalho *m;* **take to** ~ censurar, repreender; ~ **force** *s mar., mil.* unidade *f* especial.

tas•sel ['tæsl] *s* borla *f.*

taste [teɪst] **1.** *s* gosto *m;* sabor *m;* bocadinho *m;* tendência *f;* preferência *f* **(for** por); **2.** *v/t* provar; *food:* provar; *v/i* saber **(of** a); ~•**ful** *adj* □ de bom gosto, elegante; ~•**less** *adj* □ de mau gosto; sem sabor, insípido.

tast•y ['teɪstɪ] *adj* □ **(-ier, -iest)** saboroso; *sl. music, woman, etc.:* F óptima, boa.

ta-ta F [tæ'taː] *int* adeus!

tat•ter ['tætə] *s* farrapo *m.*

tat•tle F ['tætl] **1.** *v/i* tagarelar, mexericar; **2.** *s* tagarelice *f;* mexerico *m.*

tat•too [tə'tuː] **1.** *s* (*pl* **-toos**) *mil.* espectáculo *m* militar; tatuagem *f;* **2.** *v/i fig.* tamborilar **(at, on** em); *v/t* tatuar.

taught [tɔːt] *pret and pp of* **teach.**

taunt [tɔːnt] **1.** troça *f;* escárnio *m;* **2.** *v/t* troçar, zombar.

taut [tɔːt] *adj* □ esticado; teso.

tav•ern *dated* ['tævn] *s* taberna *f.*

taw•dry ['tɔːdrɪ] *adj* □ **(-ier, -iest)** barato, reles; de mau gosto, espalhafatoso.

taw•ny ['tɔːnɪ] *adj* **(-ier, -iest)** amarelo-acastanhado.

tax [tæks] **1.** *s* imposto *m;* taxa *f; fig.* encargo *m* **(on, upon);** → *incentive, include;* **2.** *v/t* tributar, cobrar imposto; *fig.* sobrecarregar, impor; ~ *s.o. with sth.* acusar alguém de alguma coisa; ~•**a•tion** [tæk'seɪʃn] *s* tributação *f;* impostos *m pl;* **double** ~ *econ.* tributação *f* dupla.

tax•i F ['tæksɪ] **1.** *s a.* ~-**cab** táxi *m;* **2.** *v/i* **(~-ing, taxying)** *aer.* rolar em terra; ~ **driv•er** *s* motorista *m/f* de táxi, taxista; ~ **rank,** esp. *Am.* ~ **stand** *s* praça *f* de táxis.

tax|pay•er [tækspeɪə] *s* contribuinte *m/f;* ~ **re•turn** *s* declaração *f* de impostos.

tea [tiː] *s* chá *m;* → *high tea;* ~•**bag** *s* saquinho *m* de chá.

teach [tiːtʃ] *v/t* **(taught)** ensinar, leccionar; ~•**a•ble** *adj* disciplinável; ~•**er** *s* professor/a *m/f.*

tea|-cosy ['tiːkəʊzɪ] *s* abafador (de bule); ~•**cup** *s* chávena *f* de chá; **storm in a** ~ *fig.* tempestade num copo de água; ~•**ket•tle** *s* chaleira *f.*

team [tiːm] *s* equipa *f* (*a. sports*); grupo *m* de trabalho; ~•**ster** *s Am.* motorista *m/f* de camião; ~•**work** *s* trabalho *m* de equipa.

tea•pot [tiːppt] *s* bule *m.*

tear[1] [teə] **1.** *v/t and v/i* **(tore, torn)** rasgar(-se); romper(-se); **2.** *s* rasgão *m.*

tear[2] [tɪə] *s* lágrima *f;* **in** ~**s** lavado em lágrimas; ~•**ful** *adj* □ choroso.

tea•room ['tiːrʊm] *s* sala *f* de chá.

tease [tiːz] *v/t* implicar com; irritar; arreliar.

teat [tiːt] *s zoo.* teta *f; anat.* teta *f,* bico *m* do seio; tetina *f* (de biberão).

tech•ni•cal ['teknɪkl] *adj* □ técnico; *fig.* especializado; ~•**i•ty** [~'kælətɪ] *s* particularidade *f* técnica; termo *m* técnico.

tech•ni•cian [tek'nɪʃn] *s* técnico/a *m/f;* trabalhador/a *m/f* especializado/a.

tech•nique [tek'niːk] *s* técnica *f;* método *m.*

tech•no•crat ['teknəkræt] *s* tecnocrata *m/f;* ~•**ic** [~'krætɪk] *adj* tecnocrático.

tech•nol•o•gy [tek'nɒlədʒɪ] *s* tecnologia *f;* técnica *f.*

T

ted•dy| bear ['tedɪbeə] s ursinho m de peluche; **º boy** s esp. Br. (in the 50's) teddy boy m.

te•di•ous ['tiːdɪəs] adj □ aborrecido, F chato; style: a. palavroso.

teen [tiːn] → **teenage(d)**, **teenager.**

teen|-age(d) ['tiːneɪdʒ(d)] adj na adolescência; **~•ag•er** s adolescente m/f.

teens [tiːnz] s pl adolescência f; **be in one's ~** ser adolescente.

tee•ny¹ F ['tiːnɪ] s adolescente m/f.

tee•ny² F [~], a. **~-wee•ny** F [~'wiː-nɪ] adj (-ier, -iest) pequenino, minúsculo.

tee shirt ['tiːʃɜːt] → **T-shirt.**

teeth [tiːθ] pl of **tooth; ~e** [tiːð] v/i nascer os dentes.

tee•to•tal•(l)er [tiː'təʊtlə] s abstémio/a m/f.

tel•e|book ['telɪbuk] s to a TV series: revista f com resumos dos episódios; **~•cast 1.** s emissão f televisiva; **2.** v/t (~**cast**) transmitir por televisão; **~•com•mu•ni•ca•tions** s pl telecomunicações f pl; **~•course** s curso m pela televisão; **~•fax** → **fax; ~•gram** s telegrama m.

tel•e•graph ['telɪɡrɑːf] **1.** s telégrafo m; **2.** v/t telegrafar; **~•ic** [~'ɡræfɪk] adj (~**ally**) telegráfico; **te•leg•ra•phy** [tɪ'legrəfɪ] s telegrafia f.

tel•e•phone ['telɪfəʊn] **1.** s telefone m; **2.** v/i and v/t telefonar; **~ booth** esp Am , **~ box** Br. s cabina f telefónica; **tel•e•phon•ic** [~'fɒnɪk] adj (~**ally**) telefónico.

tel•e|pho•to lens phot. [telɪfəʊtəʊ'-lenz] s tele-objectiva f; **~•print•er** s teletipo m; **~•scope** ['~skəʊp] **1.** s telescópio m; **2.** v/i and v/t encaixar(-se); **~•type•writ•er** Am. [~'taɪpraɪtə] teletipo m; **~•vise** ['~vaɪz] v/t televisionar; passar na televisão; **~•vi•sion** ['~vɪʒn] s televisão f; **be on ~** aparecer na televisão; **watch ~** ver televisão; a. **~ set** aparelho m de televisão.

tel•ex ['teleks] **1.** s telex m; **2.** v/t enviar por telex; mandar um telex.

tell [tel] (told) v/t dizer, contar; see: conhecer, reconhecer; distinguish: distinguir; count: contar; **~ s.o. to do sth.** mandar fazer algu-

ma coisa a alguém; **~ off** ralhar, repreender; v/i contar (of, about); agir, actuar (on sobre); acertar (punch, etc.); **~ on s.o.** denunciar, fazer queixa de; **you never can ~** nunca se sabe; **~•er** s esp. Am. caixa m/f (de banco); **~•ing** adj □ revelador; impressionante, significativo; **~•tale 1.** s bisbilhoteiro/a m/f; **2.** adj fig. revelador, denunciador.

tel•ly Br. F ['telɪ] s televisão f.

temp F [temp] **1.** força f de trabalho temporária; **2.** v/i fazer trabalho temporário; **~ a•gen•cy** s F agência f de trabalho temporário.

tem•per ['tempə] **1.** v/t moderar; diminuir; tech., metal: endurecer, temperar; **2.** s tech. grau m de dureza; temperamento m; humor m; disposição f; **keep one's ~** controlar-se, dominar-se; **lose one's ~** perder a cabeça, enfurecer-se.

tem•pe|ra•ment ['tempərəmənt] s temperamento m; feitio m; **~•ra•men•tal** [~'mentl] adj □ temperamental; **~•rance** s temperança f; moderação f; **~•rate** ['~rət] adj □ moderado; ameno, temperado; **~•ra•ture** ['~prətʃə] s temperatura f.

tem|pest ['tempɪst] s tempestade f; **~•pes•tu•ous** [tem'pestʃʊəs] adj □ tempestuoso.

tem•ple ['templ] s templo m; anat. têmpora f.

tem•po|ral ['tempərəl] adj □ temporal; mundano; **~•ra•ry** adj □ temporário; transitório.

tempt [tempt] v/t tentar (alguém); seduzir, atrair; **temp•ta•tion** ['~teɪʃn] s tentação f; **~•ing** adj □ tentador.

ten [ten] s and adj dez.

ten•a•ble ['tenəbl] adj sustentável, defensável (theory, etc.).

te•na|cious [tɪ'neɪʃəs] adj tenaz, persistente; bom (memory); **be ~ of sth.** ser obstinado perante alguma coisa; **~•ci•ty** [tɪ'næsətɪ] s tenacidade f; persistência f.

ten•ant ['tenənt] s inquilino/a m/f.

tend [tend] v/i tender (**to** para); v/t cuidar de; tech. vigiar; **ten•den•cy** s tendência f; inclinação f.

ten•der ['tendə] **1.** adj □ mole, macio; sensível; delicado (subject); cari-

T

nhoso, terno; **2.** *s* oferta *f; econ.* orçamento *m; rail., mar.* escaler *m;* **legal** ~ moeda *f* corrente; **3.** *v/i econ.* ~ **for** fazer uma proposta; *v/t resignation:* apresentar; **~•foot** *s* (*pl* **-foots, -feet**) *Am.* F novato/a *m/f,* principiante *m/f;* **~•loin** *s* F lombo *m;* **~•ness** *s* ternura *f.*

ten•don *anat.* ['tendən] *s* tendão *m.*

ten•dril *bot.* ['tendrɪl] *s* gavinha *f.*

ten•e•ment ['tenɪmənt] *s* casa *f* alugada (*a.* **~ house**).

ten•nis ['tenɪs] *s* ténis *m;* ~ **court** *s* campo *m* de ténis.

ten•or ['tenə] *s* tendência *f;* teor *m,* conteúdo *m; mus.* tenor *m/f.*

tense [tens] **1.** *s gr.* tempo *m* verbal; **2.** *adj* □ (**~r, ~st**) tenso (*a. fig.*); nervoso; **ten•sion** *s* tensão *f.*

tent [tent] **1.** *s* tenda *f;* **2.** *v/i* acampar em tenda.

ten•ta•cle *zoo.* ['tentəkl] *s* tentáculo *m;* antena *f.*

ten•ta•tive ['tentətɪv] *adj* □ hesitante; cuidadoso; indeciso; **~ly** hesitantemente, com indecisão.

ten•ter•hooks *fig.* ['tentəhʊks] *s pl:* **be on ~** estar ansioso, estar em suspense.

tenth [tenθ] *s and adj* décimo; **~•ly** ['~lɪ] *adv* em décimo lugar.

tent|-peg ['tentpeg] *s* estaca *f;* ~ **pole** *s* ferro *m* de tenda.

ten•u•ous ['tenjʊəs] *adj* □ ténue, fino; *fig.* escasso.

ten•ure ['tenjʊə] *s* posse *f;* ~ **of office** mandato *m.*

tep•id ['tepɪd] *adj* □ tépido, morno.

term [tɜːm] **1.** *s* período *m;* prazo *m;* duração *f;* data *f* de vencimento; *jur.* sessão *f; univ.* período *m,* trimestre *m; expression:* termo *m,* expressão *f;* **~s** *pl* condições *f pl,* termos *m pl;* **be on good (bad) ~s with** dar-se bem (mal) com; **we are not on speaking ~s** estamos de relações cortadas; **come to ~s** chegar a um acordo com, aceitar algo; **2.** *v/t* denominar, chamar.

ter•mi|nal ['tɜːmɪnl] **1.** *adj* □ terminal, final; *med.* fatal; **~ly** para finalizar; **2.** *s* parte *f* final; *electr.* borne *m; rail., aer., computer, etc.*: terminal *m;* **~•nate** [~neɪt] *v/t* terminar, concluir; *contract:* pôr fim a; **~•na•tion** [~'neɪʃn] *s* término *m;* fim *m; gr.* terminação *f.*

ter•mi•nus ['tɜːmɪnəs] *s* (*pl* **-ni** [-naɪ], **-nuses**) terminal *m,* estação *f* final.

ter•race ['terəs] *s* terraço *m; of houses:* fileira *f* de casas; **~d** *adj* desnivelado; ~ **house** *Br.* → ~ **house** *s Br.* casa *f* ladeada por outras casas; casas em banda.

ter•res•tri•al [tɪ'restrɪəl] *adj* □ terrestre; *zoo., bot.* terreno.

ter•ri•ble ['terəbl] *adj* □ terrível.

ter•rif•ic F [tə'rɪfɪk] *adj* (**~ally**) maravilhoso, sensacional, fantástico; terrível (*speed, heat, etc.*).

ter•ri•fy ['terɪfaɪ] *v/t* aterrorizar.

ter•ri•to|ri•al [terɪ'tɔːrɪəl] *adj* □ territorial; **~•ry** ['terɪtərɪ] *s* território *m;* região *f.*

ter•ror ['terə] *s* terror *m;* pavor *m;* **~•is•m** *s* terrorismo *m;* **~•ist** *s* terrorista *m/f;* **~•ize** *v/t* aterrorizar, apavorar.

terse [tɜːs] *adj* □ (**~r, ~st**) conciso, sucinto.

test [test] **1.** *s* teste *m;* prova *f;* exame *m;* ensaio *m; chem.* prova *f;* **2.** *v/t* testar, pôr à prova, experimentar.

tes•ta•ment ['testəmənt] *s* testamento *m;* **last will and ~** *jur.* testamento *m.*

tes•ti•cle *anat.* ['testɪkl] *s* testículo *m.*

tes•ti•fy ['testɪfaɪ] *v/t* testemunhar algo; *v/i* depor, testemunhar.

tes•ti•mo|ni•al [testɪ'məʊnɪəl] *s* certificado *m;* tributo *m;* sinal *m* de reconhecimento; **~•ny** ['testɪmənɪ] *s jur.* depoimento *m,* testemunho *m.*

test-tube ['testtjuːb] *s chem.* tubo *m* de ensaio, proveta *f;* ~ **ba•by** *s* bebé *m* proveta.

tes•ty ['testɪ] *adj* □ (**-ier, -iest**) irritável, impaciente.

teth•er ['teðə] **1.** *s* corda *f; fig.* sala *f* de brincadeiras; **at the end of one's ~** *fig.* no limite das forças, a ponto de perder a paciência; **2.** *v/t* amarrar, atar.

text [tekst] *s* texto *m;* **~•book** *s* livro *m* de textos, manual *m.*

tex•tile ['tekstaɪl] **1.** *adj* têxtil; **2.** *s:* **~s** *pl* têxteis *m pl.*

T

text| **in•put** [tekst'ınput] *s computer:* inserção *f* de texto; **~** **pro•cess•ing** *s computer:* processamento *m* de texto.

tex•ture ['teksʃə] *s* textura *f;* estrutura *f.*

than [ðæn, ðən] *cj* do que.

thank [θæŋk] **1.** *v/t* agradecer; **~ *you*** obrigado; ***no,* ~ *you*** não, obrigado; **(yes,) ~ *you*** sim, se faz favor; **2.** *s:* **~s** *pl* agradecimentos *m pl;* **~s** obrigado; ***no,* ~** não, obrigado; **~s *to*** graças a; **~•ful** *adj* □ agradecido; **~•less** *adj* □ ingrato; **~s•giv•ing** *s* acção de graças; ² ***(Day)*** *Am.* Dia *m* de Acção de Graças.

that [ðæt, ðət] **1.** *pron and adj* (*pl* ***those*** [ðɔuz]) esse/a, aquele/a; isso, aquilo; **~ *is (to say)*** isto é; **~'s *it!*** é isso mesmo; exactamente; **2.** *adv* F tão, de tal forma; tanto; **~ *much*** dessa maneira, tanto; **3.** *rel pron* (*pl* ***that***) que, quem, o qual, a qual; **4.** *cj* que; para que, a fim de que, de modo que.

thatch [θætʃ] **1.** *s* colmo *m;* telhado *m* de palha; **2.** *v/t* cobrir de colmo.

thaw [θɔ:] **1.** *s* degelo *m;* **2.** *v/t and v/i* derreter.

the [ðı:; *before vowel:* ðı; *before consonant:* ðə] **1.** *def art* o, a, os, as; **2.** *adv* quanto... tanto.

the•a•tre, *Am.* **-ter** ['θıətə] *s* teatro *m;* **the•at•ri•cal** [θı'ætrıkl] *adj* □ teatral.

theft [θeft] *s* roubo *m.*

their [ðeə] *poss pron pl* deles, delas, seu/sua; **~s** [~z] *poss pron* o seu, a sua, o deles.

them [ðem, ðəm] *pron* os/as, lhes.

theme [θi:m] *s* tema *m; film, TV:* melodia *f,* música *f.*

them•selves [ðəm'selvz] *pron* eles mesmos, elas mesmas; a si mesmos, a si próprios; se; si.

then [ðen] **1.** *adv* então; em seguida; depois; portanto; ***by* ~** por essa altura; entretanto; ***every now and* ~** de vez em quando; ***there and* ~** imediatamente; ***now* ~** bom, portanto; ***but* ~** mas então; **2.** *attr adj* de então.

the•ol•o•gy [θı'ɒlədʒı] *s* teologia *f.*

the•o•ret•ic [θıə'retık] ***(~ally)*,** **~•ret•i•cal** *adj* □ teórico; **~•reti•**

cian [~rə'tıʃn] *s,* **~•rist** ['θıərıst] *s* teórico/a *m/f;* **~•ry** ['θıərı] *s* teoria *f.*

ther•a|peu•tic [θerə'pju:tık] *adj* ***(~ally)*** terapêutico; **~•pist** ['~pıst] *s* terapeuta *m/f;* **~•py** *s* terapia *f.*

there [ðeə] *adv* ali, acolá, além; *int* isso! **~ *is, pl* ~ *are*** há; **~ *you are!*** *giving sth. to s.o.:* aqui tem! *spotting s.o.:* aí estás! ah, estás aí!; ***we are getting* ~** estamos quase a conseguir; **~•a•bout(s)** *adv* mais ou menos; **~•af•ter** *adv* depois, depois disso; **~•by** *adv* por meio disso; **~•fore** *adv* portanto, por essa razão, consequentemente; **~•up•on** *adv* logo após, imediatamente após; após o que; **~•with** *adv* com isso.

ther•mal ['θɜ:ml] *adj* □ termal; *phys.* térmico; **ther•mom•e•ter** [θə'mɒmıtə] *s* termómetro *m.*

Ther•mos *TM* ['θɜ:məs] *s a.* **~ *flask*** termo *m.*

these [ði:z] *pl of* **this.**

the•sis ['θi:sıs] *s* (*pl* **-ses** [-si:z]) tese *f;* dissertação *f.*

they [ðeı] *pro pl* eles, elas.

thick [θık] **1.** *adj* □ grosso; *hair:* forte; *forest:* denso; *liquid, soup:* espesso; *accent:* forte; F estúpido, burro; F *very friendly:* íntimo; **~ *with*** coberto de; cheio de; ***that's a bit* ~!** *sl.* é demais, é um exagero; **2.** *s* parte *f* mais grossa; *fig.* foco *m;* ***in the* ~ *of*** no centro, no meio; **~•en** *v/t and v/i* engrossar; tornar(-se) espesso; **~•et** *f;* **~•head•ed** *adj* estúpido, burro; **~•ness** *s* espessura *f,* grossura *f;* densidade *f;* **~•skinned** *adj fig.* insensível.

thief [θi:f] *s* (*pl* ***thieves*** [θi:vz]) ladrão/ladra *m/f;* **thieve** [θi:v] *v/i and v/t* roubar.

thigh *anat.* [θaı] *s* coxa *f.*

thim•ble ['θımbl] *s* dedal *m.*

thin [θın] **1.** *adj* □ ***(-nn-)*** magro; fino, delgado; *hair:* ralo; *forest:* pouco denso; *sparse:* escasso, fraco; *excuse:* débil, fraco; **2.** *v/t and v/i* ***(-nn-)*** diluir; dispersar.

thing [θıŋ] *s* coisa *f;* objecto *m;* assunto *m;* criatura *f;* **~s** *pl* as coisas *pl (circumstances);* ***the* ~** a coisa certa.

think [θıŋk] ***(thought)*** *v/i* pensar (***of*** em); reflectir (***about*** sobre); **~ *of***

T

lembrar-se de; **~ of doing sth.** tencionar fazer alguma coisa; **it made me ~** deu-me que pensar; **~ again!** reflecte! **what do you ~ of...?** o que é que acha de...? *v/t* pensar em; achar, ser de opinião, acreditar; imaginar; tencionar; **~ sth. over** reflectir sobre alguma coisa.

third [θɜːd] **1.** *adj* terceiro; **2.** *s* o terceiro; **~•ly** *adv* em terceiro lugar; **~•rate** *adj* de terceira categoria.

thirst [θɜːst] *s* sede *f;* **~•y** *adj* □ *(-ier, -iest)* sedento, com sede; seco *(land);* **be ~** ter sede, estar com sede.

thir|teen [θɜː'tiːn] **1.** *adj* treze; **2.** o número treze; **~•teenth** [~iːnθ] *adj* décimo terceiro; **~•tieth** ['θɜːtɪɪθ] *adj* trigésimo; **~•ty** ['θɜːtɪ] **1.** *adj* trinta; **2.** *s* o número trinta.

this [ðɪs] *pron and adj (pl these* [ðiːz]) este, esta, isto; **~ morning** hoje de manhã; **~ is John speaking** *teleph.* aqui fala o John.

this•tle *bot.* ['θɪsl] *s* cardo *m.*

thorn [θɔːn] *s* espinho *m;* **~•y** *adj (-ier, -iest)* espinhoso; *fig.* difícil, complexo.

thor•ough ['θʌrə] *adj* □ completo, perfeito, inteiro; minucioso; **~•bred** *s* animal *m* de sangue puro; **~•go•ing** *adj* eficaz, radical; extremo.

those [ðəʊz] *pl of* **that**.

though [ðəʊ] *cj* embora, apesar de, se bem que; *adv* no entanto; **as ~** como se; **even ~** mesmo que.

thought [θɔːt] **1.** *pret and pp of* **think**; **2.** *s* pensamento *m;* ideia *f;* conceito *m;* **on second ~s** pensando melhor, depois de reflectir; **~•ful** *adj* □ pensativo; atencioso **(of);** **~•less** *adj* □ irreflectido; egoísta.

thou•sand ['θaʊzənd] **1.** *adj mil;* **2.** *s (pl ~, ~s)* milhar, o número mil; **~th** [~ntθ] **1.** *adj* milésimo; **2.** *s* a milésima parte.

thrash [θræʃ] *v/t* surrar, dar surra em; *sports:* derrotar; **~ out** *fig.* discutir; *v/i:* **~ about, ~ around** *in bed:* mexer-se repetidamente, virar-se de um lado para o outro; debater-se *(fish);* **~•ing** *s* surra *f,* sova *f; sports:* derrota *f* estrondosa.

thread [θred] **1.** *s* fio *m (a. fig.);* linha *f; tech.* rosca *f;* **2.** *v/t* enfiar a agulha;

v/i fig. passar por **(through);** **~•bare** *adj* no fio, gasto *(a. fig.);* puído.

threat [θret] *s* ameaça *f;* **~•en** *v/t* ameaçar; **~•en•ing** *adj* ameaçador.

three [θriː] **1.** *adj* três; **2.** *s* o número três; **~•fold** *adj* triplo.

thresh *agr.* [θreʃ] *v/t and v/i* debulhar; **~•er** *s* debulhadora *f;* **~•ing-machine** *s* máquina *f* debulhadora.

thresh•old ['θreʃhəʊld] *s* limiar *m.*

threw [θruː] *pret of* **throw** 1.

thrift [θrɪft] *s* poupança *f,* economia *f;* **~•less** *adj* □ gastador; **~•y** *adj* □ *(-ier, -iest)* poupado; frugal.

thrill [θrɪl] **1.** *v/t* emocionar, vibrar; excitar; *v/i* estremecer, vibrar **2.** *s* emoção *f;* vibração *f;* excitação *f;* **~•er** *s* romance *m or* filme *m* de suspense; **~•ing** *adj* emocionante, excitante.

thrive [θraɪv] **(thrived** or **throve, thrived** or **thriven)** *v/i* prosperar, medrar; *fig.* florescer; ter êxito.

throat [θrəʊt] *s* garganta *f;* **clear one's ~** pigarrear; **have a sore ~** estar com dores de garganta.

throb [θrɒb] *v/i (-bb-)* palpitar, bater, pulsar; **2.** *s* batimento *m;* pulsação *f;* vibração *f.*

throm•bo•sis *med.* [θrɒm'bəʊsɪs] *s (pl -ses* [-siːz]) trombose *f.*

throne [θrəʊn] *s* trono *m.*

throng [θrɒŋ] *s* **1.** *s* multidão *f;* **2.** *v/i and v/t* aglomerar; amontoar-se, apinhar-se; **be ~ed with** parecer um formigueiro.

throt•tle ['θrɒtl] **1.** *v/t* estrangular, sufocar; *v/i:* **~ back, ~ down** *mot. tech.* desacelerar; **2.** *s a.* **~-valve** *mot., tech.* válvula *f* de regulação.

through [θruː] **1.** *prep* por, através; *Am.* (de ...) até; **Monday ~ Friday** *Am.* de segunda a sexta; **live ~ sth.** *survive:* sobreviver; *experience:* viver, experimentar; **2.** *adj* directo; **~ car** *Am.,* **~ carriage, ~ coach** *Br. rail.* carro *m or* carruagem *f* directa; **~ flight** voo *m* directo; **~ travel(l)er** passageiro/a *m/f* em trânsito; **~•out 1.** *prep* por todo/a o/a; durante todo/a; **2.** *adv* completamente, em toda a parte; **~•put** *s econ. computer:* capacidade *f* de tratamento de dados; **~ traf•fic** *s* trânsito *m* directo; **~•way** *s Am.* via *f* rápida.

throve [θrəʊv] *pret of* **thrive.**

throw [θrəʊ] **1.** *(threw, thrown)* *v/t* lançar, atirar; *Am. competition, etc.*: perder intencionalmente; *dice:* lançar; *number:* jogar; *tech.* ligar, desligar; ~ **away** deitar fora, desperdiçar *(money);* ~ **over** *fig.* abandonar, renunciar a *(friend, etc.);* ~ **up** atirar ao ar; *fig.* desistir de; *v/i:* ~**up** F *vomit:* vomitar; **2.** *s* lançamento *m;* ~**a•way** *adj* descartável; ~ **price** preço *m* de lançamento; ~ **society** sociedade *f* do desperdício; ~**n** *pp of* **throw** 1.

thrush *zoo.* [θrʌʃ] *s* tordo *m.*

thrust [θrʌst] **1.** *s* empurrão *m;* impulso *m; tech.* pressão *f;* **2.** *v/t (thrust)* empurrar, impelir; espetar; ~ *o.s. into* intrometer-se em; ~ *sth. upon s.o.* impingir algo a alguém, obrigar alguém a fazer uma coisa.

thud [θʌd] **1.** *v/i (-dd-)* bater com som surdo; F dar uma queca; **2.** *s* baque *m,* som *m* surdo; F queca *f.*

thug [θʌg] *s* criminoso/a *m/f;* assassino/a *m/f.*

thumb [θʌm] **1.** *s* polegar *m;* **2.** *v/t:* ~ *a lift or ride* viajar à boleia; *well-* ~*ed book, etc.*: manuseado, folheado; *v/i:* ~ *through a book* folhear um livro; ~**tack** *s Am.* tacha *f.*

thump [θʌmp] **1.** *s* pancada *f;* golpe *m;* som *m* surdo; **2.** *v/t* esmurrar, bater; *v/i* bater violentamente *(heart).*

thun•der ['θʌndə] **1.** *s* trovão *m;* **2.** *v/i and v/t* trovejar; ~**bolt** *s* raio *m,* ~**•clap** *s* estrondo *m* do trovão; ~**•ous** *adj* □ trovejante; estrondoso; ~**•storm** *s* trovoada *f;* ~**•struck** *adj fig.* estupefacto, assombrado.

Thurs•day ['θɜːzdɪ] *s* quinta-feira *f.*

thus [ðʌs] *adv* assim, deste modo; portanto.

thwart [θwɔːt] **1.** *v/t* contrariar; impedir; **2.** *s* banco *m* de remador.

tick[1] *zoo.* [tɪk] *s* carrapato *m.*

tick[2] [~] **1.** *s* tiquetaque *m;* marca *f;* instante *m,* momento *m;* **2.** *v/i* fazer tiquetaque; *v/t* marcar, assinalar; ~ *off* assinalar; *fig.* dar uma ensaboadela.

tick[3] [~] *s of pillow:* fronha *f; of mattress:* forro *m* de colchão.

tick•er tape ['tɪkəteɪp] *s* tira *f* de papel de máquina registadora; ~ *parade esp. Am.* chuva *f* de papelinhos.

tick•et ['tɪkɪt] **1.** *s* bilhete *m;* passagem *f;* entrada *f;* etiqueta *f; mot.* multa *f;* intimação *f;* brevete *m* de piloto; *esp. Am. pol.* lista *f* de candidatos; **2.** *v/t* etiquetar, *goods:* marcar; ~**-can•cel•(l)ing machine** *s* máquina *f* de obliterar bilhetes; ~ **col•lec•tor** *s rail.* revisor/a *m/f;* ~ **machine** *s Am.* **automatic** ~ máquina *f* de venda de bilhetes; ~ **of•fice** *s rail., thea.* bilheteira *f.*

tick•le ['tɪkl] *v/t and v/i* fazer cócegas *(a. fig.);* ~**•lish** *adj* □ coceguento; *fig.* sensível.

tid•al ['taɪdl] *adj* relativo à maré; ~ **wave** onda *f* gigantesca.

tid•bit *Am.* ['tɪdbɪt] → **titbit.**

tide [taɪd] **1.** *s* maré *f; fig.* corrente *f; fig.* marcha *f,* curso *m;* **high** ~ maré *f* alta; **low** ~ maré *f* baixa; **2.** *v/t:* ~ **over** *fig.* vencer, aguentar; manter-se à tona de água.

ti•dy ['taɪdɪ] **1.** *adj* □ *(-ier, -iest)* arrumado, limpo; meticuloso; considerável *(sum);* **2.** *s* coberta *f* para móveis; cesto *m;* **3.** *v/t a.* ~ *up* arrumar, pôr em ordem; limpar.

tie [taɪ] **1.** *s* fita *f;* laço *m;* gravata *f; fig.* ligação *f,* vínculo *m; sports:* empate *m; parl.* igualdade *f* de votos; *sports:* jogo *m* de eliminatória; *Am. rail.* dormente *m;* **2.** *v/t* atar, ligar; *v/i sports:* empatar; *with adverbs:* ~ **down** *fig.* amarrar (*to* a); ~ *in with* combinar com; ~ *up* prender, amarrar; ~**break(•er)** *s tennis:* desempate *m;* ~**in** *s econ.* fusão *f; a book movie* ~ *Am. appr.* livro *m* baseado num filme; ~**-up** *s* ligação *f; econ.* fusão *f; esp. Am.* paralisação *f.*

ti•ger *zoo.* ['taɪgə] *s* tigre *m.*

tight [taɪt] **1.** *adj* □ apertado, justo; estreito; esticado; *econ.* escasso; F bêbedo; F avarento; *be in a* ~ *corner or place or* F *spot fig.* estar metido em sarilhos, estar aflito; **2.** *adv* firmemente; hermeticamente; *hold* ~ segurem-se bem! ~**en** *v/t* esticar; apertar; *belt:* apertar; *a.* ~ *up* (*v/i*) apertar-se, esticar-se; ~**-fist•ed** *adj* avarento; ~**•ness** *s* tensão *f;* impermeabilidade *f;* rijeza *f;* ~**s** *pl* caneleiras *f pl; esp. Br.* collants *m pl,* meias *f pl* calças.

ti•gress *zoo.* ['taɪgrɪs] *s* tigre *m* fêmea.

tile [taɪl] **1.** *s* telha *f;* ladrilho *m;* azulejo *m;* **2.** *v/t* telhar; colocar ladrilhos ou azulejos.

till¹ [tɪl] *s* caixa *f* registadora.

till² [~] **1.** *prep* até; **2.** *cj* até.

tilt [tɪlt] **1.** *s* inclinação *f;* tendência *f;* **2.** *v/i and v/t* inclinar(-se).

tim•ber ['tɪmbə] **1.** *s* madeira *f* (de construção); viga *f;* floresta *f,* árvores *f pl;* **2.** *v/t* forrar com madeira; **~ed** *adj a.* **half-~** com madeiramento à vista.

time [taɪm] **1.** *s* tempo *m;* hora *f;* época *f;* vez *f; mus.* compasso *m;* **~ is up** o tempo acabou; **for the ~ being** por agora, de momento; **have a good ~** divertir-se; **what's the ~ ?, what ~ is it?** Que horas são? **~ and again** repetidamente; **all the ~** sempre; **at a ~** de uma vez só; **at any ~, at all ~s** em qualquer altura; **at the same ~** ao mesmo tempo; **in ~** a tempo; **in no ~** num abrir e fechar de olhos; **on ~** a horas, pontualmente; **2.** *v/t* medir (o tempo); cronometrar; calcular o tempo; escolher o momento certo para; **~ card** *s* cartão *m* de marcar o ponto; **~ clock** *s* relógio *m* de ponto; **~•con•sum•ing** *adj* demorado, que exige muito tempo; **~-keep•er** *s sports:* cronometrista *m/f;* **~ lim•it** *s* limite *m* de tempo; prazo *m;* **~•ly** *adj* oportuno.

tim•er ['taɪmə] *s* cronómetro *m;* temporizador *m.*

time| sheet ['taɪmʃiːt] *s* folha *f* de ponto; **~ sig•nal** *s radio, TV:* sinal *m* horário; **~•ta•ble** *s* horário *m.*

tim|id ['tɪmɪd], **~•or•ous** [~ərəs] *adj* □ tímido, medroso.

tin [tɪn] **1.** *s* estanho *m; esp. Br.* lata *f* de conservas; **2.** *v/t* **(-nn-)** estanhar; *esp. Br.* conservar em lata, enlatar.

tinc•ture ['tɪŋktʃə] *s med.* tintura *f; fig.* matiz *m,* demão *f.*

tin•foil ['tɪnfɔɪl] *s* papel *m* de estanho.

tinge [tɪndʒ] **1.** *s* matiz *f; fig.* laivo *m;* toque *m;* **2.** *v/t* tingir; *fig.* dar-se ares de.

tin•gle ['tɪŋgl] *v/i* formigar; tremer.

tink•er ['tɪŋkə] *v/i* remendar; improvisar **(at).**

tin•kle ['tɪŋkl] *v/i and v/t* tinir, soar; fazer tinir.

tin| o•pen•er *esp. Br.* ['tɪnəupnə] *s* abre-latas *m;* **~ plate** *s* folha-de-flandres *f.*

tin•sel ['tɪnsl] *s* ouropel *m;* lantejoula *f.*

tint [tɪnt] **1.** *s* tinta *f;* tom *m;* matiz *f;* **2.** *v/t* pintar; colorir.

ti•ny ['taɪnɪ] *adj* □ **(-ier, -iest)** minúsculo, muito pequeno.

tip [tɪp] **1.** *s* ponta *f,* extremidade *f;* filtro *m (of cigarette); for waiter, etc.:* gorjeta *f,* gratificação *f; advice:* sugestão *f; Br. dump:* depósito *m* de lixo; **2.** *v/t* **(-pp-)** colocar ponta em; inclinar; dar uma gorjeta, gratificar; *a.* **~ off** dar gorjeta.

tip•sy ['tɪpsɪ] *adj* □ **(-ier, -iest)** tocado, alegre (bêbedo).

tip•toe ['tɪptəu] **1.** *v/i* andar na ponta dos pés; **2.** *s:* **on ~** na ponta dos pés, em bicos de pés.

tire¹ *Am.* ['taɪə] → **tyre.**

tire² [~] *v/t and v/i* cansar(-se), ficar cansado; **~d** *adj* □ cansado; **~•less** *adj* □ incansável; **~•some** *adj* □ cansativo.

tis•sue ['tɪʃuː] *s* tecido *m;* lenço *m* de papel; → **~ pa•per** *s* papel *m* de seda.

tit¹ [tɪt] → **teat.**

tit² *zoo.* [~] *s a.* **~mouse** chapim *m (bird).*

tit•bit *esp. Br.* ['tɪtbɪt] *s* guloseima *f.*

ti•tle ['taɪtl] *s* título *m; jur.* direito *m;* **~d** *adj* nobre.

tit•ter ['tɪtə] **1.** *v/i* rir-se silenciosamente; **2.** *s* riso *m* abafado.

tit•tle-tat•tle F ['tɪtltætl] **1.** *s* mexericos *m pl;* tagarelice *f;* **2.** *v/i* mexericar; tagarelar.

to [tuː, tʊ, tə] **1.** *prep* para; a; até; *a quarter ~ one* um quarto para a uma; *from Monday ~ Friday Br.* de segunda a sexta; *~ me* para mim; *here's to you!* à tua (sua) saúde! **2.** *simple infinite:* **~ come** vir; *I weep ~ think of it* choro só de pensar nisso; **3.** *adv* em direcção a; *pull ~ door:* fechar; *come ~* recuperar os sentidos; *~ and fro* de um lado para o outro.

toad *zoo.* [təud] *s* sapo *m;* **~•stool** *s bot.* fungo *m* venenoso; **~•y 1.** *s* bajulador, adulador; **2.** *v/i fig.* bajular, adular.

toast [təust] **1.** *s* tosta *f;* torrada *f;* saúde *f,* brinde *m;* **2.** *v/t* tostar, torrar; *fig.* aquecer; beber à saúde de.

to•bac•co [tə'bækəu] *s (pl -cos)* tabaco *m;* **~•nist** [~ənɪst] *s* vendedor/a *m/f* de tabaco.

to•bog•gan [təˈbɒgən] **1.** *s* tobogã *m*, trenó *m;* **2.** *v/i* andar de tobogã.

to•day [təˈdeɪ] *adv* hoje; hoje em dia; *a week ~, ~ week* de hoje a uma semana.

tod•dle [ˈtɒdl] *v/i* gatinhar, andar de gatas *(esp. small child);* **~r** *s* criança entre 1 e 3 anos.

tod•dy [ˈtɒdɪ] *s appr.* grogue *m*, ponche *m.*

to-do F [təˈduː] *s* barulho *m;* confusão *f;* alvoroço *m.*

toe [təʊ] **1.** *s anat.* dedo *m* do pé; ponta *f*, bico *m; (of shoe, etc.);* → *tread* 1; **2.** *v/t:* ~ *the line* conformar-se, sujeitar-se a; ~ *the party line* obedecer às orientações do partido; **~nail** *s* unha *f* do pé.

tof•fee, *a.* ~•**fy** [ˈtɒfɪ] *s* caramelo *m.*

to•geth•er [təˈgeðə] *adv* juntamente, juntos; ao mesmo tempo; *days, etc.:* consecutivamente.

toil [tɔɪl] **1.** *s* trabalho *m* pesado; esforço *m;* **2.** *v/i* labutar, trabalhar com esforço.

toi•let [ˈtɔɪlɪt] *s* casa *f* de banho; *go to the* ~ ir à casa de banho; ~**pa•per** *s* papel *m* higiénico.

to•ken [ˈtəʊkən] **1.** *s* sinal *m;* símbolo *m;* oferta *f*, brinde *m; voucher:* vale *m;* cupão *m; as a ~, in ~ of* como sinal de; **2.** *adj* simbólico; ~ *strike* greve *f* simbólica.

told [təʊld] *pret and pp of* **tell**.

tol•e•ra•ble [ˈtɒlərəbl] *adj* □ tolerável, suportável; ~•**rance** *s* tolerância *f;* ~•**rant** *adj* □ tolerante *(of);* ~•**rate** [ˈ~reɪt] *v/t* tolerar, suportar; ~•**ra•tion** [~ˈreɪʃn] *s* tolerância *f.*

toll [təʊl] **1.** *s* portagem *f; fig.* tributo *m;* número *m* de baixas; **2.** *v/i and v/t* dobrar, tocar *(bell).*

to•ma•to *bot.* [təˈmɑːtəʊ, *Am.* təˈmeɪtəʊ] *s (pl -toes)* tomate *m.*

tomb [tuːm] *s* túmulo *m.*

tom•boy [ˈtɒmbɔɪ] *s girl:* maria-rapaz *f.*

tomb•stone [ˈtuːmstəʊn] *s* pedra *f* tumular, lápide *f.*

tom•cat *zoo.* [ˈtɒmkæt] *s* gato *m.*

to•mor•row [təˈmɒrəʊ] **1.** *adv* amanhã; **2.** *s* o amanhã *m; ~'s paper, etc.:* de amanhã.

ton [tʌn] *s unit of weight:* tonelada *f.*

tone [təʊn] **1.** *s* tom *m;* som *m;* matiz *f;* **2.** *v/t* dar tom; matizar; harmonizar; ~ *down (a. v/i)* reduzir, diminuir.

tongs [tɒŋz] *s pl (a pair of* ~*)* tenaz *f;* pinça *f.*

tongue [tʌŋ] *s anat.,* língua *f; ling.* língua *f,* idioma *m; of shoe:* pala *f,* presilha *f;* ~-*tied adj fig.* sem fala; → *slip* 2; ~-*tied adj fig.* sem fala; ~-*twist•er* *s* trava-língua *m.*

ton•ic [ˈtɒnɪk] **1.** *adj (~ally)* tónico, fortalecedor; **2.** *s mus.* tónica *f;* tónico *m*, fortificante *m.*

to•night [təˈnaɪt] *adv* hoje à noite.

ton•nage *mar.* [ˈtʌnɪdʒ] *s* tonelagem *f.*

ton•sil *anat.* [ˈtɒnsl] *s* amígdala *f;* ~•**li•tis** *med.* [tɒnsɪˈlaɪtɪs] *s* amigdalite *f.*

too [tuː] *adv* também; demais.

took [tʊk] *pret of* **take** 1.

tool [tuːl] *s* ferramenta *f;* utensílio *m;* ~-**bag** *s* saco *m* de ferramentas; ~-**box** *s* caixa *f* de ferramentas; ~-**kit** *s* jogo *m* de ferramentas.

toot [tuːt] **1.** *v/i* apitar, buzinar *(a. v/t);* **2.** *s* buzinadela *f;* apitadela *f.*

tooth [tuːθ] *s (pl teeth* [tiːθ]) dente *m;* ~•**ache** *s* dor *f* de dentes; ~•**brush** *s* escova *f* de dentes; ~•**less** *adj* ~ desdentado; ~•**paste** *s* pasta *f* de dentes; ~•**pick** *s* palito *m.*

top¹ [tɒp] **1.** *s* topo *m;* parte *f* superior; ponta *f (a. fig.);* cume *m (a. fig.); of tree:* copa *f;* superfície *f;* tampa *f; mot.* capota *f; at the* ~ *of one's voice* a plenos pulmões, aos gritos; *on* ~ em cima, sobre; *on* ~ *of* em cima de; para além de; **2.** *adj* mais alto; principal, superior; **3.** *v/t (-pp-)* cobrir, tapar; sobressair, dominar *(a. fig.); list, etc.:* estar à cabeça; ~ *up tank, etc.:* encher, atestar, completar; ~ *s.o. up* encher o copo a alguém.

top² [~] *s* pião *m.*

top|-flight [ˈtɒpflaɪt] *adj* de primeira classe, óptimo; ~ *hat* *s* chapéu *m* alto.

top•ic [ˈtɒpɪk] *s* tópico *m;* tema *m;* ~•**al** *adj* □ actual.

top|less [ˈtɒplɪs] *adj* sem a parte superior; ~-**lev•el** *adj* de alto nível; ~•**most** *adj* superior, o mais alto *or* importante.

topple

top•ple ['tɒpl] *v/t:* (*~ down, ~ over*) derrubar; *fig. government:* fazer cair.

top•sy-tur•vy [tɒpsɪ'tɜːvɪ] *adj and adv* de pernas para o ar; confuso, atrapalhado.

torch [tɔːtʃ] *s* tocha *f;* archote *m; a.* **electric ~** *esp. Br.* lanterna *f* de bolso; **~•light** *s* luz *f* de archote; **~ procession** procissão *f* de archotes.

tore [tɔː] *pret of* **tear**[1] 1.

tor•ment 1. *s* ['tɔːment] tormento *m;* martírio *m;* 2. *v/t* [tɔː'ment] atormentar, martirizar; F chatear.

torn [tɔːn] *pp of* **tear**[1] 1.

tor•na•do [tɔː'neɪdəʊ] *s (pl -does, -dos)* tornado *m.*

tor•pe•do [tɔː'piːdəʊ] 1. *s (pl -does)* torpedo *m;* 2. *v/t* torpedear *(a. fig.).*

tor|rent ['tɒrənt] *s* ['tɒrənt] *s* torrente *f;* corrente *f; fig.* tempestade *f;* **~•ren•tial** [tə'renʃl] *adj:* **~ rain(s)** chuva(s) torrencial(ais).

tor•toise *zoo.* ['tɔːtəs] *s* tartaruga *f.*

tor•tu•ous ['tɔːtjʊəs] *adj* □ tortuoso.

tor•ture ['tɔːtʃə] 1. *s* tortura *f;* suplício *m;* 2. *v/t* torturar.

toss [tɒs] 1. *s* lance *m;* arremesso *m;* lançamento *m;* sacudidela *(of head);* 2. *v/t* atirar (ao ar); lançar; sacudir, abanar; *a. v/i* **~ about** virar-se de um lado para o outro, agitar-se; abanar; **~ off** *drink:* engolir de um trago; *work:* trabalhar; V *masturbate:* bater punheta; *a.* **~ up** lançar ao ar; *with coin:* jogar cara ou coroa.

tot F [tɒt] *s: small child:* criancinha *f.*

to•tal ['təʊtl] 1. *adj* □ completo, total; inteiro; 2. *s* total *m;* soma *f;* 3. *v/t (esp. Br. -ll-, Am. -l-)* totalizar, atingir um total de; **~•i•tar•i•an** [təʊtælɪ-ˈteərɪən] *adj* totalitário; **~•i•ty** [təʊ'tælətɪ] *s* totalidade *f;* soma *f.*

tot•ter ['tɒtə] *v/i* cambalear; vacilar.

touch [tʌtʃ] 1. *v/t* tocar; apalpar, roçar; pegar em; *fig.* comover; *mus.* tocar; **~ glasses** fazer um brinde; *a bit ~ed fig.* desaparafusado, maluco; **~ up** retocar; *v/i* comover-se, emocionar-se; **~ at** *mar.* atracar, fazer escala; **~ down** *aer.* aterrar; 2. *s* toque *m;* tacto *m;* contacto *m; mus.* toque *m,* modo de tocar; *paint.* toque *m,* pincelada *f; a ~ of vinegar, etc.* um pouco de vinagre; *he has a ~ of style* ele

tem um certo cstilo; *be in* **~** estar em contacto; *keep in* **~** ficar em contacto; dar notícias; **~-and-go** *adj* rápido; *it is* **~** é arriscado; **~•ing** *adj* □ comovente; **~•stone** *s* pedra *f* de toque; **~•y** *adj* □ *(-ier, -iest)* sensível, irritadiço.

tough [tʌf] *adj* □ duro *(a. fig.);* robusto, forte; difícil; teimoso; **~•en** *v/t and v/i* endurecer; **~•ness** *s* dureza *f.*

tour [tʊə] 1. *s* excursão *f;* viagem *f;* volta *f;* passeio *m;* visita *f; theat.* tournée *f;* **~ operator** agente *m/f* de viagens; → **conduct** 2; 2. *v/t* fazer uma viagem; dar uma volta *or* passeio; **~•is•m** *s* turismo *m;* **~•ist** *s* turista *m/f;* **~ agency** agência *f* de viagens; **~ information (centre), ~ office** posto *m* de turismo; **~ season** época *f* turística; **~ trap** *bar, resort, etc.: appr.* armadilha *f* para turistas, local *m* muito caro.

tour•na•ment ['tʊənəmənt] *s* torneio *m.*

tow [təʊ] 1. *s* reboque *m;* acto *m* de rebocar; *take in* **~** levar a reboque *(a. fig.);* 2. *v/t* rebocar, puxar.

to•ward(s) [tə'wɔːd(z)] *prep in direction of:* em direcção a, para; *in relation to:* para com.

tow•el ['taʊəl] 1. *s* toalha *f;* 2. *v/t (esp. Br. -ll-, Am. -l-)* secar com toalha, esfregar.

tow•er ['taʊə] 1. *s* torre *f; fig.* defesa *f,* protecção *f; a.* **~ block** prédio *m* alto; 2. *v/i* elevar-se; *fig.* dominar; **~•ing** *adj* □ elevado; dominante; violento *(rage).*

town [taʊn] 1. *s* cidade *f;* 2. *adj* citadino; **~ cen•tre,** *Am.* **~ cen•ter** *s* centro *m* da cidade; **~ clerk** *s Br.* funcionário/a *m/f* municipal; **~ coun•cil** *s Br.* assembleia *f* municipal; **~ coun•ci(l)•lor** *s Br.* vereador/a *m/f* municipal; **~ hall** *s* câmara *f* municipal; **~•s•folk** *s pl* população *f* da cidade; **~•ship** *s* município *m;* **~•s•man** *s* cidadão *m;* **~•s•peo•ple** *s pl* → **towns-folk**; **~•s•wom•an** *s* cidadã *f.*

tox|ic ['tɒksɪk] *adj* *(~ally)* venenoso, tóxico; **~ waste** resíduos *m pl* tóxicos; **~•in** *s* toxina *f.*

toy [tɔɪ] 1. *s* brinquedo *m;* **~s** *pl* brinquedos *m pl;* 2. *adj* de brinquedo, pequeno; 3. *v/i* brincar.

T

trace [treɪs] **1.** *s* vestígio *m;* rasto *m;* pista *f;* traço *m;* **2.** *v/t* seguir a pista de; seguir o rasto de; descobrir; esboçar, traçar; decalcar.

trac•ing ['treɪsɪŋ] *s* decalque *m.*

track [træk] **1.** *s* pista *f,* rasto *m; rail.* carril *m;* atalho *m,* caminho *m (a. computer); of tape:* faixa *f; sports:* pista *f;* **~-and-field** *Am. sports:* atletismo *m;* **~ events** *pl sports:* corrida *f;* **~ suit** fato *m* de treino; **2.** *v/t* seguir a pista de; **~ down, ~ out** descobrir; **~ing station** *space travel:* estação *f* de rastreamento.

tract [trækt] *s* área *f;* região *f; text:* trecho *m.*

trac|tion ['trækʃn] *s* tracção *f;* acção *f* de puxar; tensão *f;* **~•tor** *s tech.* tractor *m.*

trade [treɪd] **1.** *s* comércio *m;* ofício *m;* **2.** *v/i* comerciar, negociar; **~ on** explorar; **~ def•i•cit** *s* défice *m* da balança comercial; **~ mark** *s* marca *f* registada; **~ price** *s* preço *m* retalhista; **trad•er** *s* comerciante *m/f,* negociante *m/f;* **~•s•man** *s* lojista *m/f,* negociante *m/f;* **~(s) u•nion** *s* sindicato *m;* **~(s) u•nion•ist** *s* sindicalista *m/f;* **~ wind** *s* vento *m* alísio; **trad•ing part•ner** *s* sócio/a *m/f.*

tra•di•tion [trə'dɪʃn] *s* tradição *f;* **~al** *adj* □ tradicional.

traf•fic ['træfɪk] **1.** *s* trânsito *m;* tráfego *m;* tráfico *m;* **2.** *v/i (-ck-) (a. illegal)* traficar (*in* em), negociar em; **~ cir•cle** *s Am.* rotunda *f;* **~ jam** *s* engarrafamento *m;* **~ light(s** *pl)* *s* semáforo(s) *m pl;* **~ sign** *s* sinal *m* de trânsito; **~ sig•nal** → **traffic light(s)**; **~ war•den** *s Br.* polícia *m/f* de trânsito.

tra|ge•dy ['trædʒɪdɪ] *s* tragédia *f;* **~•gic (~ally), trag•i•cal** *adj* □ trágico.

trail [treɪl] **1.** *s* pista *f;* rasto *m;* caminho *m;* trilho *m; fig.* cauda *f;* **2.** *v/t* arrastar; seguir; seguir alguém; *v/i* arrastar-se, rastejar; *bot.* rastejar; **~•er** *s bot.* planta *f* rastejante; *mot.* atrelado *m,* reboque *m; Am. mot.* caravana *f; film, TV:* trecho *m* de filme, trailer.

train [treɪn] **1.** *s rail.* comboio *m; line of people, etc.:* comitiva *f;* sequência *f;* cauda *f (of dress);* **2.** *v/t* treinar,

educar, formar; *dog, sports:* treinar; **~•ee** [~'niː] *s* formando/a *m/f;* **~•er** *s* formador/a *m/f;* **~•ing** *s* formação *f;* treino *m; esp. sports:* treino *m.*

trai•tor ['treɪtə] *s* traidor/a *m/f.*

tram(•car) *Br.* ['træm(kɑː)] *s* carro *m* eléctrico.

tramp [træmp] **1.** *s* pateada *f;* caminhada *f* fatigante; vagabundo/a *m/f;* **2.** *v/i* andar com passos pesados; *v/t* percorrer.

tram•ple ['træmpl] *v/i* maltratar; *v/t* calcar, pisar.

trance [trɑːns] *s* transe *m.*

tran•quil ['træŋkwɪl] *adj* □ tranquilo, sossegado, calmo; **~•(l)i•ty** [~'kwɪlətɪ] *s* tranquilidade *f;* sossego *m;* **~•(l)ize** *v/t* tranquilizar, sossegar; **~•(l)iz•er** *s* tranquilizante *m.*

trans|act [træn'zækt] *v/t* transaccionar; efectuar, realizar; **~•ac•tion** *s* transacção *f;* negócio *m.*

trans•al•pine [trænz'ælpaɪn] *adj* transalpino.

trans•at•lan•tic [trænzət'læntɪk] *adj* transatlântico.

tran|scend [træn'send] *v/t* transcender, exceder, ultrapassar; **~•scen•dence, ~•scen•den•cy** *s* transcendência *f.*

tran•scribe [træn'skraɪb] *v/t* transcrever.

tran|script ['trænskrɪpt], **~•scrip•tion** [~'skrɪpʃn] *s* transcrição *f.*

trans•fer 1. [træns'fɜː] *(-rr-) v/t* transferir; transportar; *money, player:* transferir (**to** para); *v/i* transferir-se; *sports:* trocar, transferir; *rail., etc.:* mudar; **2.** *s* ['trænsfɜː] transferência *f;* transbordo *m; Am. rail, etc.* bilhete *m* com direito a transbordo; **~•able** [træns'fɜːrəbl] *adj* transferível; **~ fee** ['trænsfɜː] *s sports:* verba *f* de transferência.

trans•fig•ure [træns'fɪgə] *v/t* transfigurar.

trans•fix [træns'fɪks] *v/t* trespassar; **~ed** *adj fig.* paralisado (**with** de).

trans|form [træns'fɔːm] *v/t* transformar; **~•for•ma•tion** [trænsfə'meɪʃn] *s* transformação *f,* mudança *f.*

trans|fuse *med.* [træns'fjuːz] *v/t blood:* fazer uma transfusão; **~•fu•sion** *s med.* transfusão *f.*

313

trans|gress [træns'grɛs] *v/t* transgredir, violar *(a. law)*; *v/i* desobedecer; **~•gres•sion** *s* transgressão *f*; violação *f*; **~•gres•sor** *s* transgressor/a *m/f*; violador/a *m/f* (de lei).

tran•sient ['trænzɪənt] **1.** *adj* □ → **transitory**; **2.** *s Am.* transeunte *m/f*.

tran•sis•tor [træn'sɪstə] *s* transístor *m*.

tran•sit ['trænsɪt] *s* passagem *f*; trânsito *m*; *econ.* transporte *m (of goods)*; **~ camp** campo *m* de trânsito; **~ visa** visto *m* de trânsito.

tran•si•tion [træn'sɪʒn] *s* transição *f*; **~.al** *adj* transitório *(period, etc.)*.

tran•si•tive *gr.* ['trænsɪtɪv] *adj* □ transitivo.

tran•si•to•ry ['trænsɪtərɪ] *adj* □ transitório, passageiro.

trans|late [træns'leɪt] *v/t* traduzir; *fig.* converter em, transformar em; **~•la•tion** *s* tradução *f*; **~•la•tor** *s* tradutor/a *m/f*.

trans•lu•cent [trænz'luːsnt] *adj* translúcido.

trans•mi•gra•tion [trænzmaɪ'greɪʃn] *s* transmigração *f*.

trans•mis•sion ['trænz'mɪʃn] *s* transmissão *f (a. radio, TV, mot)*; *phys.* propagação *f*; *biol.* transmissão *f* hereditária.

trans•mit [trænz'mɪt] *v/t* **(-tt-)** transmitir; **~•ter** *s* transmissor *m*; *radio, tel., etc.*: aparelho *m* transmissor.

trans•par•ent [træns'pærənt] *adj* □ transparente *(a. fig.)*.

tran•spire [træn'spaɪə] *v/t* transpirar; *v/i fig.* divulgar-se, espalhar-se.

trans|plant [træns'plɑːnt] **1.** *s med.* transplante *m*; transplantação *f*; *organ:* transplante *m*; **2.** *v/t* transplantar *(a. med.)*; **~•plan•ta•tion** [~'teɪʃn] *s* transplantação *f (a. med.)*.

trans|port 1. *v/t* [træns'pɔːt] transportar; expedir; levar; *fig.* entusiasmar(-se); **2.** *s* ['trænspɔːt] transporte *m*; expedição *f*; meio *m* de transporte; **public ~** transporte *m* público; **be in ~s of** estar fora de si, estar muito entusiasmado com; **~•por•ta•tion** [~'teɪʃn] *s* transporte *m*; expedição *f*.

trans•pose [træns'pəuz] *v/t* transpor; mudar; *mus.* transportar.

trap [træp] **1.** *s* armadilha *f*, ratoeira *f (a. fig.)*; *tech.* válvula *f*; *sl. mouth:* bico *m*; **keep one's ~ shut** *sl* manter o bico calado; **set a ~ for s.o.** armar uma cilada a alguém; **2.** *v/t* **(-pp-)** encurralar; *fig.* apanhar em armadilha; **~•door** *s* alçapão *m*.

tra•peze [trə'piːz] *s* trapézio *m*.

trap•per ['træpə] *s* caçador *m* de peles.

trash [træʃ] *s esp. Am.* lixo *m*; refugo *m*; disparates *m pl*; *contp. people:* escória *f*; *film, etc.*: *fig.* lixo; **~ can** *s Am.* caixote *m* do lixo; **~•y** *adj* □ **(-ier, -iest)** sem valor, inútil.

trav•el ['trævl] **1.** *(esp. Br. -ll-, Am. -l-)* *v/i* viajar; deslocar-se; *esp. fig.* vaguear, andar por; *econ.* ser agente de; *v/t* viajar em; visitar; **2.** *s* viagem *f*; *tech.* passeio *m*; **~s** *pl* viagens *f pl*; **~ a•gen•cy, ~ bu•reau** *s* agência *f* de viagens; **~•(l)er** *s* viajante *m/f*; *econ.* agente *m/f*; **~'s cheque** (*Am.* **check**) cheque *m* de viagem; **~ sickness** *s* enjoo *m*.

tra•verse ['trævəs] *v/t* atravessar; conduzir por.

trav•es•ty ['trævɪstɪ] **1.** *s* caricatura *f*; travesti *m*; **2.** *v/t* parodiar, ridicularizar.

trawl *mar.* [trɔːl] **1.** *s* rede *f* de arrasto; **2.** *v/i and v/t* pescar por arrasto; **~•er** *s mar.* arrastão *m*; traineira *f*.

tray [treɪ] *s* tabuleiro *m*; bandeja *f*; cesta *f*.

treach•er•ous ['tretʃərəs] *adj* □ traiçoeiro; perigoso; **~•y** *s* traição *f*; (*to* a).

trea•cle ['triːkl] *s* melaço *m*.

tread [tred] **1.** *v/i and v/t* **(trod, trodden)** pisar, andar, caminhar; **~ on s.o.'s toes** *fig.* pisar os calos a alguém; **2.** *s* passo *m*; modo *m* de andar; *tech., mot.* piso *m*; **trea•dle** *s* pedal *m*; **~•mill** *s* tambor *m* movimentado pelo andar de pessoa ou animal; *fig.* trabalho *m* penoso.

trea|son ['triːzn] *s* traição *f*; **~•so•na•ble** *adj* □ traiçoeiro.

treas|ure ['treʒə] **1.** *s* tesouro *m*; relíquia *f*; **~ trove** tesouro *m* encontrado (sem dono); **2.** *v/t* apreciar muito, estimar; **~ up** acumular; ter em grande estima; **~•ur•er** *s* tesoureiro/a *m/f*; caixa *m/f*.

T

treas•ur•y ['treʒərı] s tesouraria f; º Ministério m das Finanças; º **Bench** s Br. parl. banco m dos ministros; º **De•part•ment** s Am. Departamento m do Tesouro (Ministério m das Finanças).

treat [tri:t] 1. v/t tratar; **~ s.o. to sth.** convidar alguém para fazer algo; v/i: **~ of** tratar de; **~ with** tratar de algo com alguém; 2. s prazer m; **school ~** excursão f escolar; **it is my ~** sou eu que convido.

trea•tise ['tri:tız] s tratado m.

treat•ment ['tri:tmənt] s tratamento m.

treat•y ['tri:tı] s tratado m; **the º of Rome** pol. hist. o Tratado de Roma.

tre•ble ['trebl] 1. adj □ tríplice; triplicado; triplo; 2. s mus. soprano; radio: som m agudo; **~ clef** clave f de sol; 3. v/t and v/i triplicar(-se).

tree [tri:] s árvore f.

tre•foil bot. ['trefɔıl] s trevo m.

trem•ble ['trembl] v/i tremer.

tre•men•dous [trı'mendəs] adj □ tremendo; F enorme, gigantesco; F bestial, óptimo.

trem•or ['tremə] s tremor m; tremura f.

trem•u•lous ['tremjʊləs] adj □ trémulo; vacilante.

trench [trentʃ] 1. s (mil) trincheira f; vala f; 2. v/t abrir valas; v/i (mil.) entrincheirar.

tren•chant ['trentʃənt] adj □ cortante (comment, criticism).

trend [trend] s direcção f; fig. tendência f; curso m; inclinação f; **~y** esp. Br. F (-ier, -iest) adj moderno, na moda; **be ~** estar na moda, F estar «in».

trep•i•da•tion [trepı'deıʃn] s trepidação f; agitação f; medo m.

tres•pass ['trespəs] 1. s jur. trespasse m; violação f; intrusão f, invasão f; 2. v/i: **~ (up)on** jur. infringir, transgredir; **no ~ing** entrada proibida; **~er** s jur. transgressor/a m/f.

tres•tle ['tresl] s cavalete m; suporte m, armação f.

tri•al ['traıəl] 1. s tentativa f; ensaio m, teste m (a. fig.); jur. julgamento m, processo m; **by error and ~** por tentativa e erro; **on ~** à experiência;

give sth. (s.o.) a ~ pôr alguma coisa (alguém) à prova, dar uma oportunidade a; **be on ~** jur. ser julgado; **put s.o. on ~** jur. levar alguém a julgamento; 2. adj experimental.

tri•an•gle ['traıæŋgl] s triângulo m; **~gu•lar** [~'æŋgjʊlə] adj □ triangular.

tri•ath•lon [traı'æθlɒn] s triatlo m.

tribe [traıb] s tribo m; contp. laia f; bot., zoo. classe f, tribo f.

tri•bu•nal [traı'bju:nl] s jur. tribunal m; **trib•une** ['trıbju:n] s hist. tribuno m; platform: tribuna f.

trib•u•ta•ry ['trıbjʊtərı] 1. adj □ tributário, afluente; 2. s afluente m; **~ute** ['~ju:t] s tributo m (a. fig.); imposto m, taxa f; homenagem f.

trice [traıs] s: F **in a ~** num instante.

trick [trık] 1. s truque m; fraude f; partida f; habilidade f; hábito m; **play a ~ on s.o.** pregar uma partida a alguém; 2. v/t enganar, iludir; **~•e•ry** s malandragem f; aldrabice f.

trick•le [trıkl] v/i pingar, gotejar.

trick|ster ['trıkstə] s malandro/a m/f; vigarista m/f; **~y** adj □ (-ier, -iest) complicado; F bicudo; difícil.

tri•cy•cle ['traısıkl] s triciclo m.

tri•dent ['traıdənt] s tridente m.

tri•fle ['traıfl] 1. s ninharia f; insignificância f; **a ~** um bocadinho; 2. v/i brincar, divertir-se; v/t: **~ away** perder tempo; **~•fling** adj □ insignificante; pequeno.

trig•ger ['trıgə] s gatilho m (of gun); phot. disparador m.

trill [trıl] 1. s trinado m, gorjcio m; «r» rolado; 2. v/i and v/t trinar, cantar; emitir o som de «r» rolado.

tril•lion ['trıljən] s Br. trilião m (= 10^{18}, Am. bilião = 10^{12}).

trim [trım] 1. adj □ (-mm-) arrumado; elegante; bem cuidado; 2. s bom estado m; ordem f; corte m de cabelo; **in good ~** em forma; 3. v/t (-mm-) aparar, cortar; arrumar; (a. **~ up**) limpar, arranjar; dress, etc.: guarnecer, enfeitar; budget: cortar, apertar; aer., mar. ajustar; **~•ming** s: **~s** pl decoração f; dish: acompanhamentos m pl.

Trin•i•ty eccl. ['trınıtı] s Trindade f.

trin•ket ['trıŋkıt] s adorno m sem valor, peça f de bijutaria.

trip [trɪp] **1.** s viagem f; excursão f; *fall:* tropeção m, passo m em falso; *fig.* erro m, gafe f; trip f *(on drugs);* **we make a ~ to** vamos para...; **2.** **(-pp-)** v/i tropeçar **(over** em); *fig.* cometer um erro; v/t a. **~ up** passar uma rasteira a.

tripe [traɪp] s tripa f; F disparate f.

trip|le ['trɪpl] adj triplo, tríplice; **~ jump** sports: triplo salto m; **~•lets** s pl trigémeos/as m/f pl.

trip•li•cate 1. adj ['trɪplɪkɪt] triplo, tríplice, triplicado; **2.** v/t [~keɪt] triplicar.

tri•pod ['traɪpɒd] s tripé m *(a. phot.)*.

trip•per esp. Br. ['trɪpə] s excursionista m/f.

trite [traɪt] adj □ trivial, banal.

tri|umph ['traɪəmf] **1.** s triunfo m; vitória f; **2.** v/i triunfar; **~•um•phal** [~'ʌmfl] adj triunfal, vitorioso; **~•um•phant** [~'ʌmfənt] adj □ triunfante, vitorioso.

triv•i•al ['trɪvɪəl] adj □ trivial, insignificante; comum.

trod [trɒd] *pret of* **tread** 1; **~•den** pp *of* **tread** 1.

trol•l(e)y ['trɒlɪ] s Br. carrinho m de mão; *for suitcases, etc.:* carrinho m de bagagens; *in shops, etc.:* carrinho m de compras; *golf:* caddie; Br carrinho m de chá; *electr. of tram:* roldana f de contacto; *Am.* carro m eléctrico; **~•bus** s carro m eléctrico, trólei m.

trom•bone mus. [trɒm'bəʊn] s trombone m.

troop [truːp] **1.** s grupo m; bando m; **~s** pl mil. tropas f pl; **2.** v/i agrupar-se; marchar; **~ away, ~ off** F ir-se embora de repente (em grupo), debandar; v/t: **~ the colours** Br. mil. saudar a bandeira; **~•er** s mil. soldado m/f de cavalaria; *Am.* polícia m/f militar.

tro•phy ['trəʊfɪ] s troféu m.

trop|ic ['trɒpɪk] **1.** s trópico m; **~s** pl os trópicos m pl; **2.** adj **(~ally)** → **~•i•cal** adj □ tropical; **~ rain forest** floresta f tropical.

trot [trɒt] **1.** s trote m; v/i and v/t **(-tt-)** trotar; fazer andar a trote.

trou•ble ['trʌbl] **1.** s aborrecimento m; preocupação f; problema m; esforço m; dificuldade f; incómodo m; **ask** or **look for ~** meter-se em trabalhos;

take (the) ~ dar-se ao trabalho de; **don't go to a lot of ~** não se incomode; **what's the ~?** o que se passa? **2.** v/t incomodar, importunar; aborrecer, perturbar; **don't ~ yourself** não se incomode; **~•mak•er** s desordeiro/a m/f; **~•some** adj □ importuno, incómodo.

trough [trɒf] s gamela f; coxo m; rego m, vala f; depressão f.

trounce [traʊns] v/t sports: vencer.

troupe thea. [truːp] s trupe f, grupo m de teatro.

trou•ser ['traʊzə] s: *(a pair of)* **~s** pl calças f pl; **~ suit** s Br. fato m completo.

trous•seau ['truːsəʊ] s enxoval m.

trout zoo. [traʊt] s truta f.

trow•el ['traʊəl] s colher f de pedreiro.

tru•ant ['truːənt] s F faltista m/f; **play ~** faltar às aulas.

truce mil. [truːs] s trégua f.

truck [trʌk] s rail. vagão m; esp. Am. camião m; Am. verduras f pl, produtos m pl hortícolas; **~•er** s Am. camionista m/f; **~ farm** s Am. horta f.

truc•u•lent ['trʌkjʊlənt] adj □ truculento, agressivo; cruel, bárbaro.

trudge [trʌdʒ] v/i arrastar-se; caminhar penosamente.

true [truː] adj □ **(~r, ~st)** verdadeiro; certo, correcto; fiel; genuíno; *(it is)* **~** (é) verdade, certo; **come ~** realizar-se, acontecer, tornar-se realidade; **~ to nature** realista, fiel.

tru•ly ['truːlɪ] adv verdadeiramente; realmente; fielmente; **Yours ~** *ending a letter:* Atenciosamente.

trump [trʌmp] **1.** s trunfo m; **2.** v/t trunfar; **~ up** inventar, falsificar.

trum•pet ['trʌmpɪt] **1.** s mus. trompete f; **2.** v/i tocar trombeta; trombetear; v/t fig. proclamar em voz alta.

trun•cheon ['trʌntʃən] s cassetete m.

trunk [trʌŋk] s tronco m; casco m; tromba f; baú m; Am. mot. porta-bagagens m, mala f do carro; **~•line** s rail. linha f principal; *dated teleph.* linha f interurbana; **~s** s pl calções m pl de banho; *sports:* calções m pl; esp. Br. f pl cuecas de homem.

truss [trʌs] **1.** s feixe m; fardo m; *med.* funda f; *arch.* armação f, suporte *m;* **2.** *v/t* atar, amarrar; *arch.* armar, fixar.

trust [trʌst] **1.** *s* confiança *f;* crença *f;* crédito *m; jur.* fideicomisso *m,* procurador *m; econ.* monopólio *m; ~ company* monopólio *m; in ~* em fideicomisso; **2.** *v/t* confiar em; ter fé em, crer; *~ s.o. with sth., sth. to so.* confiar algo a alguém; *v/i* acreditar *(in, to);* ~•ee [trʌsˈtiː] *s jur.* fideicomissário/a *m/f,* depositário/a *m/f;* ~•ful, ~•ing *adj* ☐ confiante; ~•worthy *adj* ☐ de confiança, digno de confiança.

truth [truːθ] *s (pl ~s* [truːðz, truːθs]) verdade *f;* autenticidade *f;* exactidão *f;* ~•ful *adj* ☐ verdadeiro.

try [traɪ] **1.** *v/t* tentar; provar, pôr à prova; *jur.* julgar; *eyes, etc.:* esforçar; *~ on dress, etc.:* provar, experimentar; *~ out* experimentar, pôr à prova; *v/i* esforçar-se *(for* por); **2.** *s* tentativa *f;* ~•ing *adj* ☐ penoso, difícil, cansativo.

tsar *hist.* [zɑː] *s* czar *m.*

T-shirt [ˈtiːʃɜːt] *s* T-shirt *f;* camisola *f* de algodão de manga curta.

tub [tʌb] *s* tina *f;* barrica *f;* tonel *m; Br.* F banheira *f; Br.* F banho *m* de imersão.

tube [tjuːb] *s* tubo *m (a. electr.);* cano *m; (inner) ~* câmara-de-ar *f;* túnel *m; Br.* metro(politano) *m; the ~ Am.* F caixa *f* (televisão); ~•less *adj* sem câmara.

tu•ber *bot.* [ˈtjuːbə] *s* tubérculo *m.*

tu•ber•cu•lo•sis *med.* [tjuːbɜːkjuˈləʊsɪs] *s* tuberculose *f.*

tu•bu•lar [ˈtjuːbjʊlə] *adj* ☐ tubular, em forma de tubo.

tuck [tʌk] **1.** *s* dobra *f;* prega *f;* bainha *f;* **2.** *v/t* enfiar, meter; *~ away* guardar, esconder; *~ in, ~ up* cobrir, aconchegar; *~ s.o. up in bed* aconchegar a roupa da cama a alguém; *~ up skirt, sleeve:* arregaçar.

Tues•day [ˈtjuːzdɪ] *s* terça-feira *f.*

tuft [tʌft] *s* tufo *m;* penacho *m.*

tug [tʌg] **1.** *s* puxão *m; a. ~boat mar.* rebocador *m; fig.* esforço *m;* **2.** *(-gg-) v/t* puxar; *mar.* rebocar; *v/i* esforçar-se; *~ of war s* cabo-de-guerra *m.*

tu•i•tion [tjuːˈɪʃn] *s* instrução *f;* ensino *m;* custos *m pl* escolares, propinas *f pl.*

tu•lip *bot.* [ˈtjuːlɪp] *s* tulipa *f.*

tum•ble [ˈtʌmbl] **1.** *v/i* cair; tombar; dar um trambolhão; cambalear; F ir-se abaixo das pernas; **2.** *s* queda *f; fig.* confusão *f;* ~•down *adj* em ruínas; ~•dri•er *s* máquina *f* de secar roupa.

tum•bler [ˈtʌmblə] *s* copo *m; zoo.* toninha *f;* → *tumble-drier.*

tu•mid [ˈtjuːmɪd] *adj* inchado.

tum•my F [ˈtʌmɪ] *s* barriga *f.*

tu•mo(u)r *med.* [ˈtjuːmə] *s* tumor *m.*

tu•mult [ˈtjuːmʌlt] *s* tumulto *m;* **tu•mul•tu•ous** [tjuːˈmʌltʃʊəs] *adj* ☐ tumultuoso, barulhento.

tu•na *zoo.* [ˈtuːnə] **1.** *s* atum *m.*

tune [tjuːn] **1.** *s* melodia *f,* cantiga *f; mus.* acorde *m; fig.* harmonia *f; in ~* de acordo; *out of ~* desafinado, *fig.* em desacordo; **2.** *v/t mus.* afinar; *~ in v/i* (rádio, etc.) sintonizar; *v/t radio, etc.:* sintonizar para *(to); ~ up v/i* afinar os instrumentos; *v/t mot. engine:* afinar; ~•ful *adj* ☐ melódico, melodioso; ~•less *adj* ☐ desafinado, dissonante.

tun•er [ˈtjuːnə] *s radio, TV:* sintonizador *m.*

tun•nel [ˈtʌnl] **1.** *s* túnel *m; mining:* galeria *f;* **2.** *v/t and v/i (esp. Br. -ll-, Am. -l-)* escavar *or* abrir um túnel.

tun•ny *zoo.* [ˈtʌnɪ] *s* atum *m.*

tur•bine *tech.* [ˈtɜːbaɪn] *s* turbina *f.*

tur•bot *zoo.* [ˈtɜːbət] *s* rodovalho *m.*

tur•bu•lent [ˈtɜːbjʊlənt] *adj* ☐ turbulento; desassossegado.

tu•reen [təˈriːn] *s* terrina *f.*

turf [tɜːf] **1.** *s (pl ~s, turves* [tɜːvz]) relvado *m;* turfa *f; the ~* pista *f* de corrida de cavalos; corridas *f pl* de cavalos; **2.** *v/t* cobrir com relva.

tur•gid [ˈtɜːdʒɪd] *adj* ☐ inchado; *fig. style:* a. bombástico.

Turk [tɜːk] *s* turco/a *m/f.*

tur•key [ˈtɜːkɪ] *s zoo.* peru/a *m/f; talk ~ esp. Am.* F falar sem rodeios.

Turk•ish [ˈtɜːkɪʃ] **1.** *adj* turco; **2.** *s ling.* turco.

tur•moil [ˈtɜːmɔɪl] *s* tumulto *m;* agitação *f;* desassossego *m.*

turn [tɜːn] **1.** *v/t* voltar, virar, girar; *page:* voltar; virar; desviar alguém *(from* de); *text:* traduzir, verter; transformar; *tech.* tornear; *leaves:* mudar de cor; ~ *a corner* virar a esquina; ~ *loose* soltar-se; ~ *s.o. sick* fazer adoecer, dar cabo de alguém; ~ *sour milk:* azedar; → *somersault;* ~ *s.o. against* influenciar alguém contra (algo); ~ *aside* desviar; ~ *away* desviar; ~ *down* recusar, F dar com os pés; *collar:* dobrar; *bed:* abrir; *gas, radio, etc.:* baixar; ~ *in esp. Am.* apresentar, entregar; ~ *off gas, water, light, radio, etc.:* desligar, fechar, apagar ~ *on gas, water, radio, light etc.:* ligar, abrir, acender; F excitar *(sexually);* ~ *out econ. goods:* produzir; → ~ *off;* ~ *over econ. goods:* vender, colocar; *page:* virar; entregar (*to* a); reflectir; ~ *up* virar para cima, voltar; *collar:* levantar; *sleeve, trousers, etc.:* enrolar, arregaçar; *gas, radio, etc.:* levantar, aumentar; *v/i* voltar-se, virar-se; *mot.* mudar de direcção; virar *(road);* mudar *(weather, etc.);* become: mudar; ~ *(sour)* azedar *(milk);* ~ *upside down* virar de pernas para o ar; capotar *(car);* ~ *about* dar meia-volta; ~ *aside,* ~ *away* abandonar, virar as costas; ~ *back* voltar atrás; ~ *in* F ir deitar-se, ir dormir; ~ *off* sair da estrada, tomar um desvio; ~ *out develop:* revelar-se; ~ *over* virar-se; ~ *to* voltar-se para; ~ *up fig.* aparecer; **2.** *s* volta *f; bend:* curva *f; change of direction:* viragem *f; fig.* momento *m* crítico, crise *f;* vez *f;* turno *m; service:* favor *m; inclination:* tendência *f;* F susto *m;* ~ *(of mind)* modo de pensar; *at every* ~ a toda a hora; *by* ~*s* à vez; *in* ~ por sua vez; *it is my* ~ é a minha vez; *take* ~*s* revezar-se (*at* em); ~•**coat** *s* vira-casaco *m/f;* ~•**er** *s tech.* torneiro *m;* ~•**ing** viragem *f;* esquina *f;* rua *f* transversal; ~•**ing-point** *s fig.* ponto *m* de viragem; ~•**out** *s* apresentação *f;* assistência *f;* afluência *f; econ.* produção *f;* ~•**o•ver** *s econ.* movimento *m,* volume *m* de vendas; ~•**pike** *s a.* ~ *road Am.* estrada *f* com portagem; ~•**stile** *s* torniquete *m;* ~•**ta•ble** *s rail.* plataforma *f* giratória; prato *m* de gira-discos.

tur•pen•tine *chem.* ['tɜːpəntaın] *s* terebintina *f,* aguarrás *f.*

tur•ret ['tʌrɪt] *s* torre *f* pequena; *mil, mar.* torre *f* blindada.

tur•tle *zoo.* ['tɜːtl] *s* tartaruga *f;* ~•**dove** *s zoo.* espécie de pombo *m;* ~•**neck** *s* gola *f* alta; *a.* ~ *sweater* camisola *f* de gola alta.

tusk [tʌsk] *s* presa *f;* dente *m* de elefante.

tus•sle ['tʌsl] **1.** *s* luta *f;* briga *f;* **2.** *v/i* lutar, brigar.

tus•sock ['tʌsək] *s* moita *f.*

tut [tʌt] *int* que disparate!

tu•te•lage ['tjuːtɪlɪdʒ] *s jur.* tutela *f;* instrução *f.*

tu•tor ['tjuːtə] **1.** *s* tutor/a *m/f;* professor/a *m/f* privado/a; *Br. univ.* tutor/a *m/f; Am. univ.* assistente *m/f;* **2.** *v/t* ensinar, dar aulas; educar; **tu•to•ri•al** [tjuː'tɔːrɪəl] **1.** *s Br. univ.* seminário *m,* curso *m;* **2.** *adj* tutorial.

tux•e•do *Am.* [tʌk'siːdəʊ] *s (pl -dos, -does)* smoking *m.*

TV F [tiː'viː] *s* TV *f,* televisão *f;* aparelho *m* de televisão; *on* ~ na televisão.

twang [twæŋ] **1.** *s* vibração *f; mst nasal* ~ timbre *m* nasal; **2.** *v/i and v/t* vibrar; arranhar; *mus.* dedilhar.

tweak [twiːk] *v/t* beliscar.

tweet [twiːt] *v/i* gorjear, trinar.

tweez•ers ['twiːzəz] *s pl (a pair of ~)* pinça *f.*

twelfth [twelfθ] **1.** *adj* décimo segundo; **2.** *s* duodécima parte; ~•**night** *s* noite *f* de Reis.

twelve [twelv] **1.** *adj* doze; **2.** *s* número *m* doze.

twen|ti•eth ['twentɪɪθ] *adj* vigésimo; ~•**ty 1.** *adj* vinte; **2.** *s* número *m* vinte.

twice [twaıs] *adv* duas vezes.

twid•dle ['twɪdl] *v/t:* ~ *one's thumbs fig.* preguiçar.

twig [twɪg] *s* ramo *m,* galho *m.*

twi•light ['twaılaıt] *s* crepúsculo *m;* lusco-fusco *m; fig.* ruína *f,* decadência *f.*

twin [twɪn] **1.** *adj* gémeo, igual; duplo; **2.** *s* gémeo/a *m/f;* ~*s pl* gémeos *m pl;* ~•**bed•ded room** quarto *m* com duas camas; ~ *broth•er* irmão *m* gémeo; ~•**engined** *aer.* bimotor; ~•**jet** *aer.* avião *m* bimotor; ~ *sister* irmã *f* gémea; ~ *town* cidade *f* geminada; **3.** *v/i towns:* geminar.

twine [twaın] **1.** *s* cordel *m;* fio *m;* **2.** *v/t* enrolar; entrelaçar; *v/i* entrelaçar--se; enroscar-se.

318

twinge [twɪndʒ] *s* dor *f* aguda, ponta-da *f*; remorso *m*.

twin•kle ['twɪŋkl] **1.** *v/i* brilhar, cinti-lar; pestanejar; **2.** *s* brilho *m*, cintila-ção *f*; piscar *m* de olhos.

twirl [twɜːl] *s* rodopio *m*; reviravol-ta *f*; **2.** *v/t* and *v/i* girar, rodopiar.

twist [twɪst] **1.** *s* volta *f*; curva *f*; con-torsão *f*; viragem *f*; *thread:* entrelaça-mento *m*; *bread, cakes, etc.:* rosca *f*; *mus.* twist *m*; *fig.* deturpação *f*; mu-dança *f*; **2.** *v/t* and *v/i* torcer(-se); en-rolar(-se); entrelaçar(-se); serpentear *(road); mus.* dançar o twist.

twit *fig.* [twɪt] *v/t (-tt-)* criticar; fazer troça de.

twitch [twɪtʃ] **1.** *v/t* puxar, arrancar; beliscar; *v/i* encolher-se, contrair-se; **2.** *s* puxão *m*; contracção *f* muscular.

twit•er ['twɪtə] **1.** *v/i* chilrear, gorjear; **2.** *s* gorjeio *m*, trinado *m*; *in a ~, all of a ~* enervado, excitado.

two [tuː] **1.** *adj* dois; *in ~s* aos pares, de dois em dois; *in ~* ao meio; *put ~ and ~ together fig.* concluir algo, tirar uma conclusão; **2.** *s* número *m* dois; *the ~* ambos; *the ~ of us* nós dois; *that makes ~ of us* F sou da mesma opinião, concordo inteiramen-te; **~•bit** *adj Am. fig.* insignificante; **~•cy•cle** *adj Am. tech.* a dois tempos; **~•edged** *adj* de dois gumes *(a. fig.);* **~•fold** *adj* duplo; de duas partes; **~•pence** *Br.* ['tʌpəns] *s* moeda *f* in-glesa de dois pence; **~•pen•ny** *Br.* ['tʌpnɪ] *adj* no valor de dois pence,

barato; **~•piece 1.** *adj* em duas partes; **2.** *s a.* **~ dress** traje *m* de duas peças, saia e casaco; *a.* **~ swimming-cos-tume** biquini *m;* **~•seat•er** *s mot., aer.* carro *m or* avião *m* de dois luga-res; **~•stroke** *adj esp. Br. tech.* a dois tempos; **~•way** *adj* duplo; de duas vias; **~ adapter** *electr.* adaptador *m;* **~ traffic** trânsito *m* nos dois sentidos.

ty•coon *Am.* F [taɪˈkuːn] *s* magnata *m; oil ~* magnata *m* do petróleo.

type [taɪp] **1.** *s* tipo *m;* espécie *f;* cate-goria *f;* modelo *m;* estilo *m; print.* tipo *m*, letra *f;* **true to ~** característi-co, típico; **set in ~** *print.* compor; **2.** *v/t* and *v/i* escrever à máquina, dacti-lografar; **~•writ•er** *s* máquina *f* de es-crever; **~ ribbon** fita *f* da máquina de escrever.

ty•phoid *med.* ['taɪfɔɪd] **1.** *adj* tifói-de; **~ fever** → **2.** *s* febre *f* tifóide.

ty•phoon [taɪˈfuːn] *s* tufão *m*.

ty•phus *med.* ['taɪfəs] *s* tifo *m*.

typ•i•cal ['tɪpɪkl] *adj* típico, carac-terístico *(of* de); **~•ty** *v/t* tipificar, simbolizar.

typ•ist ['taɪpɪst] *s* dactilógrafo/a *m/f.*

ty•ran•nic [tɪˈrænɪk] *(~ally)*, **~•ni•cal** *adj* □ tirânico.

tyr•an•nize ['tɪrənaɪz] *v/t* tiranizar; **~ny** *s* tirania *f.*

ty•rant ['taɪərənt] *s* tirano/a *m/f.*

tyre *Br.* ['taɪə] *s* pneu *m.*

Tyr•o•lese [tɪrəˈliːz] **1.** *s* tirolês/esa *m/f;* **2.** *adj* tirolês.

tzar *hist.* [zɑː] *s* czar *m.*

U

u•biq•ui•tous [juːˈbɪkwɪtəs] *adj* □ omnipresente.

ud•der ['ʌdə] *s* úbere *m.*

ug•ly ['ʌglɪ] *adj* □ *(-ier, -iest)* feio; mau; infame, ignóbil.

ul•cer *med.* ['ʌlsə] *s* úlcera *f;* **~•ate** *med.* ['_reɪt] *v/i* and *v/t* ulcerar; supu-rar; **~•ous** *adj med.* ulceroso.

ul•te•ri•or [ʌlˈtɪərɪə] *adj* □ ulterior; profundo; secreto.

ul•ti•mate ['ʌltɪmət] *adj* □ último, fi-nal, derradeiro; **~•ly** *adv* no fim de contas, por fim.

ul•ti•ma•tum [ʌltɪˈmeɪtəm] *s (pl -tums, -ta* [-tə]*)* ultimato *m.*

ul•tra ['ʌltrə] *adj* ultra, excessivo, ex-travagante; **~•fash•ion•a•ble** *adj* que está muito na moda; hiper-moderno; **~•mod•ern** *adj* hipermo-derno.

um·bil·i·cal cord *anat.* [ʌmbɪlɪk-l'kɔːd] *s* cordão *m* umbilical.

um·brel·la [ʌm'brelə] *s* chapéu-de--chuva *m; mil., aer.* barreira *f* aérea; *fig.* protecção *f.*

um·pire ['ʌmpaɪə] **1.** *s* árbitro *m;* **2.** *v/i and v/t* arbitrar.

un- [ʌn] *in compounds:* indica negação.

un·a·bashed [ʌnə'bæʃt] *adj* imperturbável; impassível.

un·a·bat·ed [ʌnə'beɪtɪd] *adj* que não diminui; persistente.

un·a·ble [ʌn'eɪbl] *adj* incapaz.

un·ac·com·mo·dat·ing [ʌnə'kɒmədeɪtɪŋ] *adj* inflexível, intransigente; pouco atencioso, descortês.

un·ac·coun·ta·ble [ʌnə'kaʊntəbl] *adj* inexplicável; irresponsável.

un·ac·cus·tomed [ʌnə'kʌstəmd] *adj* estranho a, não familiar; desabituado, desacostumado.

un·ac·quaint·ed [ʌnə'kweɪntɪd] *adj:* **be ~ with sth.** não conhecer alguma coisa; não estar familiarizado com alguma coisa.

un·ad·vised [ʌnəd'vaɪzd] *adj* irreflectido, insensato, imprudente.

un·af·fect·ed [ʌnə'fektɪd] *adj* □ natural, simples, não afectado.

un·aid·ed [ʌn'eɪdɪd] *adj* sem ajuda; sozinho; *eye:* a olho nu.

un·al·ter·a·ble [ʌn'ɔːltərəbl] *adj* inalterável; **un·al·tered** *adj* inalterado.

u·na·nim·i·ty [juːnə'nɪmətɪ] *s* unanimidade *f;* **u·nan·i·mous** [juː'-nænɪməs] *adj* □ unânime; **~ voting** *pol•* votação *f* unânime.

un·an·swe·ra·ble [ʌn'ɑːnsərəbl] □ irrefutável; incontestável; **un·answered** [ʌn'ɑːnsəd] *adj* sem resposta.

un·ap·proa·cha·ble [ʌnə'prəʊtʃəbl] *adj* □ inacessível; inalcançável; intratável.

un·apt [ʌn'æpt] *adj* □ incapaz; inapto.

un·a·shamed [ʌnə'ʃeɪmd] *adj* □ desavergonhado; descarado.

un·asked [ʌn'ɑːskt] *adj* sem ser solicitado; sem ser convidado.

un·as·sist·ed [ʌnə'sɪstɪd] *adj* sem assistência, sem ajuda.

un·as·sum·ing [ʌnə'sjuːmɪŋ] *adj* □ despretencioso; modesto.

un·at·tached [ʌnə'tætʃt] *adj* livre; desligado; solto.

un·at·trac·tive [ʌnə'træktɪv] *adj* □ sem atractivos, feio.

un·au·thor·ized [ʌn'ɔːθəreɪzd] *adj* não autorizado; sem autorização.

un·a·vai·la·ble [ʌnə'veɪləbl] *adj* □ indisponível; ocupado.

un·a·void·a·ble [ʌnə'vɔɪdəbl] *adj* □ inevitável.

un·a·ware [ʌnə'weə] *adj:* **be ~ of** não se dar conta de, não se aperceber de.

un·bal·ance [ʌn'bæləns] *v/t* desequilibrar; **~d** *adj* desequilibrado; **of ~ mind** perturbado.

un·bear·a·ble [ʌn'beərəbl] *adj* □ insuportável.

un·beat·a·ble [ʌn'biːtəbl] *adj team, price, etc.:* imbatível, invencível.

un·beat·en [ʌn'biːtn] *adj* insuperado; inexplorado.

un·be·com·ing [ʌnbɪ'kʌmɪŋ] *adj* □ inconveniente; que não fica bem.

un·be·known(st) [ʌnbɪ'nəʊn(st)] *adv* **(to)** sem o conhecimento de; com o desconhecimento de.

un·be·lief *eccl.* [ʌnbɪ'liːf] *s* incredulidade *f;* desconfiança *f.*

un·be·lie·va·ble [ʌnbɪ'liːvəbl] *adj* □ inacreditável; **un·be·liev·ing** *adj* □ incrédulo; descrente.

un·bend [ʌn'bend] *v/i* **(-bent)** relaxar; soltar-se; endireitar; **~·ing** *adj* □ inflexível; *fig.* firme, rígido.

un·bi·as(s)ed [ʌn'baɪəst] *adj* □ imparcial.

un·bid·den [ʌn'bɪdn] *adj* não solicitado; sem ser convidado.

un·bind [ʌn'baɪnd] *v/t* **(-bound)** desatar; desprender; soltar.

un·born [ʌn'bɔːn] *adj* por nascer; futuro.

un·break·a·ble [ʌn'breɪkəbl] *adj* inquebrável.

un·bri·dled *fig.* [ʌn'braɪdld] *adj* desenfreado; sem controlo.

un·bro·ken [ʌn'brəʊkən] *adj* intacto; contínuo; ininterrupto; não domado *(horse).*

un·bur·den [ʌn'bɜːdn] *v/t:* **~ o.s. (to s.o.)** abrir o coração a.

un·but·ton [ʌn'bʌtn] *v/t* desabotoar.

un·called-for [ʌn'kɔːldfɔː] *adj* indesejado; desnecessário.

un•can•ny [ʌn'kænɪ] *adj* *(-ier, -iest)* estranho.

un•cared-for [ʌn'keədfɔː] *adj* descurado; deixado ao acaso; negligenciado.

un•ceas•ing [ʌn'siːsɪŋ] *adj* □ incessante.

un•ce•re•mo•ni•ous [ʌnserɪ'məʊnɪəs] *adj* □ sem cerimónia; descortês.

un•cer•tain [ʌn'sɜːtn] *adj* □ inseguro; incerto; **~ty** *s* incerteza *f;* insegurança *f.*

un•chal•lenged [ʌn'tʃæləndʒd] *adj* incontestado.

un•change•a•ble [ʌn'tʃeɪndʒəbl] *adj* □ imutável; constante; **un•chang•ed** *adj* inalterado, sem alterações; **un•chang•ing** *adj* □ invariável, imutável.

un•char•i•ta•ble [ʌn'tʃærɪtəbl] *adj* □ sem caridade; desumano; antipático.

un•chart•ed [ʌn'tʃɑːtɪd] *adj* não mencionado nos mapas; inexplorado.

un•checked [ʌn'tʃekt] *adj* desenfreado; sem controlo.

un•civ•il [ʌn'sɪvl] *adj* □ mal-educado, grosseiro; **un•civ•i•lized** *adj* incivilizado.

un•claimed [ʌn'kleɪmd] *right, claim:* não reclamado.

un•clas•si•fied [ʌn'klæsɪfaɪd] *adj* não classificado; público.

un•cle ['ʌŋkl] *s* tio *m.*

un•clean [ʌn'kliːn] *adj* sujo, porco.

un•col•oured [ʌn'kʌləd] *adj* descolorido; sem cor; *fig.* sem descriminação racial.

un•com•for•ta•ble [ʌn'kʌmfətəbl] *adj* □ desconfortável; desagradável; pouco à vontade, incomodado; **be ~** sentir-se incomodado, pouco à vontade.

un•com•mon [ʌn'kɒmən] *adj* □ raro, fora do comum, invulgar.

un•com•mu•ni•ca•tive [ʌn'kə'mjuːnɪkətɪv] *adj* □ fechado, reservado, pouco comunicativo.

un•com•plain•ing [ʌnkəm'pleɪnɪŋ] *adj* □ que não se queixa, submisso.

un•compli•cat•ed [ʌn'kɒmplɪkeɪtɪd] *adj* simples.

un•com•pro•mis•ing [ʌn'kɒmprə'maɪzɪŋ] *adj* □ firme, inflexível.

un•con•cern [ʌnkən'sɜːn] *s* indiferença *f;* despreocupação *f;* **~ed** *adj* □ indiferente; despreocupado; desinteressado (**with** de).

un•con•di•tion•al [ʌnkən'dɪʃnl] *adj* □ incondicional *(surrender);* sem reservas *(promise).*

un•con•firmed [ʌnkən'fɜːmd] *adj* não confirmado; sem confirmação; *eccl.* que não recebeu a confirmação.

un•con•nect•ed [ʌnkə'nektɪd] *adj* □ desligado; não relacionado.

un•con•quer•a•ble [ʌn'kɒŋkərəbl] *adj* □ inexpugnável; **un•con•quered** *adj* não conquistado, livre.

un•con•scious [ʌn'kɒnʃəs] **1.** *adj* □ inconsciente; *med.* sem sentidos; **be ~ of sth.** não se dar conta de alguma coisa, não se aperceber de alguma coisa; **2.** *s psych.* o inconsciente *m;* **~ness** *s med.* inconsciência *f.*

un•con•sti•tu•tion•al [ʌnkɒnstɪ'tjuːʃənl] *adj pol.* inconstitucional.

un•con•trol•la•ble [ʌnkən'trəʊləbl] *adj* □ incontrolável; **un•con•trolled** *adj* □ descontrolado.

un•con•ven•tion•al [ʌnkən'venʃənl] *adj* □ inconvencional, informal, não convencional; natural.

un•con•vinced [ʌnkən'vɪnst] *adj* não convencido (**of** de); **un•con•vinc•ing** *adj* pouco convincente, que não convence.

un•cooked [ʌn'kʊkt] *adj* cru.

un•cork [ʌn'kɔːk] *v/t* desarrolhar.

un•count|a•ble [ʌn'kaʊntəbl] *adj* incontável; **~ed** *adj* não contado, por contar.

un•coup•le [ʌn'kʌpl] *v/t* separar, desacoplar.

un•couth [ʌn'kuːθ] *adj* □ rude, grosseiro.

un•cov•er [ʌn'kʌvə] *v/t* destapar; descobrir.

un•cul•ti•vat•ed [ʌn'kʌltɪveɪtɪd], **un•cul•tured** [_tʃəd] *adj* inculto, sem educação.

un•dam•aged [ʌn'dæmɪdʒd] *adj* não danificado; ileso.

un•daunt•ed [ʌn'dɔːntɪd] *adj* destemido, corajoso; inabalável.

un•de•ceive [ʌndɪ'siːv] *v/t* abrir os olhos a; esclarecer.

un•de•cid•ed [ʌndɪ'saɪdɪd] *adj* indeciso, hesitante.

U

un•de•fined [ʌndɪ'faɪnd] *adj* ▢ indefinido; vago.

un•de•mon•stra•tive [ʌndɪ'mɒnstrətɪv] *adj* ▢ reservado; *fig.* frio.

un•de•ni•a•ble [ʌndɪ'naɪəbl] *adj* ▢ inegável; indiscutível.

un•der ['ʌndə] **1.** *adv* de baixo, por baixo; **2.** *prep* de baixo de; **3.** *adj in compounds:* inferior; insuficiente; **~•age** *adj* menor de idade; **~•bid** *v/t (-dd-; -bid)* oferecer menos que o valor real; **~•brush** *s* vegetação *f* rasteira; **~•car•riage** *s aer.* trem *m* de aterragem; *mot.* estrutura *f* inferior; **~•clothes** *pl,* **~•cloth•ing** *s* roupa *f* interior; **~•cov•er** *adj* encoberto; clandestino; *spy:* clandestino, secreto; **~•cut** *v/t (-tt-; -cut) price:* baixar o preço; **~•dog** *s* fraco/a *m/f;* vítima *f;* prejudicado/a *m/f;* **~•done** *adj* mal-passado; **~•es•ti•mate** *v/t* subestimar; **~•ex•pose** *v/t phot.* expor por tempo insuficiente; **~•fed** *adj* subnutrido; **~•floor heat•ing** *s* aquecimento *m* sob o soalho; **~•go** *v/t (-went, gone)* sofrer, passar por; ser submetido a; **~•grad•u•ate** *s* estudante *m/f* universitário/a; **~•ground 1.** *adj* subterrâneo; **2.** *s esp. Br.* metropolitano *m,* metro *m;* **~•growth** *s* vegetação *f* rasteira; **~•hand(•ed)** *adj* ▢ astuto; **~•lie** *v/t (-lay, lain)* estar subjacente; estar por baixo; **~•line** *v/t* sublinhar; **~•ling** *s contp.* inferior *m/f,* subalterno/a *m/f;* **~•mine** *v/t* minar; *fig.* enfraquecer; **~•most** *adj* o mais baixo; **~•neath 1.** *prep* por baixo de, debaixo de; **2.** *adv* debaixo; **~•nour•ished** *adj* subnutrido; **~•pass** *s* passagem *f* subterrânea *or* inferior; **~•pin** *v/t (-nn-)* sustentar, justificar; **~•plot** *s thea., etc.:* acção *f* secundária; **~•priv•i•leged** *adj* desfavorecido; **~•rate** subestimar, subavaliar; **~•sec•re•ta•ry** *s pol.* subsecretário/a *m/f;* **~•sell** *v/t (-sold) econ.* vender por preço mais baixo; **~•shirt** *s Am.* camisola *f* interior; **~•signed** *the* **~** o abaixo-assinado; **~•size(d)** *adj* demasiado pequeno; **~•skirt** *s* combinação *f;* **~•staffed** *adj* com falta de pessoal.

un•der•stand [ʌndə'stænd] *v/t and v/i (-stood)* compreender; entender de; subentender; ouvir dizer; *make*

o.s. **understood** fazer-se compreender, fazer-se entender; *an understood thing* uma coisa subentendida; **~•a•ble** *adj* compreensível; **~•ing** *s* compreensão *f;* acordo *m;* entendimento *m;* pressuposto *m.*

un•der•state [ʌndə'steɪt] *v/t* minimizar; suavizar; **~•ment** *s* eufemismo *m.*

un•der|take [ʌndə'teɪk] *v/t (-took, -taken)* empreender, levar a cabo; encarregar-se de; **~•tak•er** ['ʌndəteɪkə] *s* agente *m/f* funerário; empresário/a *m/f;* empreiteiro *m;* **~•tak•ing** *s* [ʌndə'teɪkɪŋ] empreendimento *m;* incumbência *f;* promessa *f;* ['ʌndəteɪkɪŋ] funeral *m.*

un•der|tone ['ʌndətəʊn] *s* voz *f* baixa; meia voz *f; fig.* sugestão *f;* **~•va•lue** *v/t* subvalorizar; subestimar; **~•wear** *s* roupa *f* interior; **~•wood** *s* vegetação *f* rasteira; **~•world** *s* submundo *m;* **~•writ•er** *s insurance:* subscritor/a *m/f.*

un•de•served [ʌndɪ'zɜːvd] *adj* ▢ injusto; **un•de•serv•ing** *adj* ▢ não merecedor de, indigno de.

un•de•signed [ʌndɪ'zaɪnd] *adj* ▢ não intencional; não premeditado.

un•de•si•ra•ble [ʌndɪ'zaɪərəbl] **1.** *adj* ▢ indesejável; **2.** *s* indesejado/a *m/f.*

un•de•vel•oped [ʌndɪ'veləpt] *adj* não desenvolvido; pouco desenvolvido.

un•de•vi•at•ing [ʌn'diːvɪeɪtɪŋ] *adj* ▢ constante; invariável.

un•dies F ['ʌndɪz] *s pl* roupa *f* íntima.

un•dig•ni•fied [ʌn'dɪgnɪfaɪd] *adj* ▢ indigno; sem dignidade.

un•dis•ci•plined [ʌn'dɪsɪplɪnd] *adj* indisciplinado.

un•dis•guised [ʌndɪs'gaɪzd] *adj* ▢ sem disfarce; *fig.* franco, directo.

un•dis•put•ed [ʌndɪ'spjuːtɪd] *adj* ▢ incontestável; incontestado.

un•do [ʌn'duː] *v/t (-did, -done)* desfazer; desmanchar; anular; destruir; **~•ing** *s* anulação *f;* desgraça *f;* ruína *f;* **un•done** *adj* desfeito; desmanchado; arruinado.

un•doubt•ed [ʌn'daʊtɪd] *adj* ▢ indubitável; evidente.

un•dreamed [ʌn'driːmd], **un•dreamt** [ʌn'dremt] *adj:* **~•of** jamais imaginado; impensável.

un•dress [ʌnˈdres] *v/t and v/i* despir; despir-se; **~ed** *adj* despido.

un•due [ʌnˈdjuː] *adj* ☐ indevido; impróprio; excessivo; desmedido; *econ.* ainda não vencido (prazo).

un•du|late [ˈʌndjuleɪt] *v/i* ondular; flutuar; **~•la•tion** [ˌˈleɪʃn] *s* ondulação *f.*

un•du•ly [ʌnˈdjuːlɪ] *adj* indevido; impróprio; injustificado.

un•earth [ʌnˈɜːθ] *v/t* desenterrar; *fig.* descobrir, revelar; **~•ly** *adj* sobrenatural; **at an ~ hour** F tardíssimo, a horas impróprias.

un•eas|i•ness [ʌnˈiːzɪnɪs] *s* desassossego *m;* inquietação *f;* **~•y** *adj* ☐ *(-ier, -iest)* inquieto, preocupado.

un•ed•u•cat•ed [ʌnˈedjʊkeɪtɪd] *adj* mal-educado; inculto.

un•e•mo•tion•al [ʌnɪˈməʊʃənl] *adj* ☐ fleumático; frio; imperturbável.

un•em|ployed [ʌnɪmˈplɔɪd] **1.** *adj* desempregado; fora de uso; **2.** *s: the ~ pl* os desempregados *pl;* **~•ploy•ment** *s* desemprego *m;* **~ benefit** *Br.,* **~ compensation** *Am.* subsídio *m* de desemprego.

un•end•ing [ʌnˈendɪŋ] *adj* ☐ infindável, interminável.

un•en•dur•a•ble [ʌnɪnˈdjʊərəbl] *adj* ☐ insuportável.

un•e•qual [ʌnˈiːkwəl] *adj* ☐ desigual; **~(l)ed** *adj* sem par, inigualável.

un•er•ring [ʌnˈɜːrɪŋ] *adj* ☐ infalível.

un•es•sen•tial [ʌnɪˈsenʃl] *adj* não essencial, desnecessário; secundário.

un•e•ven [ʌnˈiːvn] *adj* ☐ desigual; irregular; *temper:* caprichoso; *number:* ímpar.

un•e•vent•ful [ʌnɪˈventfl] *adj* ☐ calmo; monótono.

un•ex•am•pled [ʌnɪgˈzɑːmpld] *adj* sem precedente; sem igual.

un•ex•cep•tio•na•ble [ʌnɪkˈsepʃnəbl] *adj* ☐ impecável; correcto, perfeito.

un•ex•pec•ted [ʌnɪkˈspektɪd] *adj* ☐ inesperado, súbito.

un•fail•ing [ʌnˈfeɪlɪŋ] *adj* ☐ infalível; inesgotável; *fig.* verdadeiro, leal, fiel.

un•fair [ʌnˈfeə] *adj* ☐ injusto; *econ. competition:* desleal.

un•faith•ful [ʌnˈfeɪθfl] *adj* ☐ desleal; infiel.

un•fa•mil•i•ar [ʌnfəˈmɪlɪə] *adj* desconhecido; estranho; que não é habitual.

un•fash•ion•a•ble [ʌnˈfæʃnəbl] *adj* fora de moda.

un•fas•ten [ʌnˈfɑːsn] *v/t* desatar; abrir; **~ed** *adj* desatado; solto.

un•fath•o•ma•ble [ʌnˈfæðəməbl] *adj* ☐ insondável.

un•fa•vo(u)•ra•ble [ʌnˈfeɪvərəbl] *adj* ☐ desfavorável; contrário.

un•feel•ing [ʌnˈfiːlɪŋ] *adj* ☐ insensível.

un•fin•ished [ʌnˈfɪnɪʃt] *adj* inacabado; incompleto.

un•fit [ʌnˈfɪt] **1.** *adj* ☐ impróprio; incapaz; *sports:* sem preparação física, em má forma física; **2.** *v/t (-tt-)* tornar impróprio.

un•fix [ʌnˈfɪks] *v/t* soltar, desprender.

un•fledged [ʌnˈfledʒd] *adj bird:* sem penas; *fig.* imaturo.

un•flinch•ing [ʌnˈflɪntʃɪŋ] *adj* ☐ destemido; inflexível, firme.

un•fold [ʌnˈfəʊld] *v/t and v/i* desenrolar(-se); abrir(-se); estender(-se); *fig.* revelar, expor.

un•forced [ʌnˈfɔːst] *adj* não obrigado, de livre vontade.

un•fore|see•a•ble [ʌnfɔːˈsiːəbl] *adj* imprevisível; **~•seen** *adj* inesperado.

un•for•get•ta•ble [ʌnfəˈgetəbl] *adj* ☐ inesquecível.

un•for•giv•ing [ʌnfəˈgɪvɪŋ] *adj* que não perdoa; rancoroso.

un•for•got•ten [ʌnfəˈgɒtn] *adj* não esquecido.

un•for•tu•nate [ʌnˈfɔːtʃnət] **1.** *adj* ☐ infeliz; **2.** *s* desgraçado/a *m/f;* infeliz *m/f;* **~•ly** *adv* infelizmente.

un•found•ed [ʌnˈfaʊndɪd] *adj* ☐ infundado, sem fundamento.

un•friend•ly [ʌnˈfrendlɪ] *adj (-ier, -iest)* antipático, hostil.

un•furl [ʌnˈfɜːl] *v/t* desenrolar; desfraldar.

un•fur•nished [ʌnˈfɜːnɪʃt] *adj* não mobilado.

un•gain•ly [ʌnˈgeɪnlɪ] *adj* deselegante; pouco gracioso; desajeitado.

un•gen•er•ous [ʌnˈdʒenərəs] *adj* ☐ mesquinho; avarento.

un•god•ly [ʌnˈgɒdlɪ] *adj* descrente, ateu; F horrível; **at an ~ hour** às tantas da madrugada.

U

ungovernable

un•gov•er•na•ble [ʌnˈgʌvənəbl] *adj*
□ *country:* ingovernável; *passion:*
descontrolada.

un•grace•ful [ʌnˈgreɪsfl] *adj* □ deselegante; desajeitado.

un•gra•cious [ʌnˈgreɪʃəs] *adj* □ indelicado; desagradável.

un•grate•ful [ʌnˈgreɪtfl] *adj* □ ingrato, mal-agradecido.

un•guard•ed [ʌnˈgɑːdɪd] *adj* □ desatento; descuidado; desprotegido.

un•guent *pharm.* [ˈʌŋgwənt] *s* unguento *m.*

un•ham•pered [ʌnˈhæmpəd] *adj* livre, sem estorvo.

un•han•dy [ʌnˈhændɪ] *adj* □ *(-ier,
-iest)* difícil de manusear; desajeitado; inconveniente.

un•hap•py [ʌnˈhæpɪ] *adj* □ *(-ier,
-iest)* infeliz.

un•harmed [ʌnˈhɑːmd] *adj* ileso.

un•health•y [ʌnˈhelθɪ] *adj (-ier, -iest)*
adoentado, doente; pouco saudável.

un•heard-of [ʌnˈhɜːdɒv] *adj* inaudito; único, extraordinário.

un•heed•ed [ʌnˈhiːdɪd] *adj* □ despercebido; **~•ing** *adj* descuidado; negligente.

un•hes•i•tat•ing [ʌnˈhezɪteɪtɪŋ] *adj*
resoluto, sem hesitar; pronto.

un•ho•ly [ʌnˈhəʊlɪ] *adj (-ier, -iest)*
profano; F → *ungodly.*

un•hook [ʌnˈhʊk] *v/t* desprender, soltar; desengachar.

un•hoped-for [ʌnˈhəʊptfɔː] *adj*
inesperado.

un•hurt [ʌnˈhɜːt] *adj* ileso.

u•ni•corn *myth.* [ˈjuːnɪkɔːn] *s* unicór-
nio *m.*

u•ni•fi•ca•tion [juːnɪfɪˈkeɪʃn] *s* uni-
ficação *f.*

u•ni•form [ˈjuːnɪfɔːm] **1.** *adj* □ uniforme; homogéneo; **2.** *s* uniforme *m;*
bata *f;* **3.** *v/t* uniformizar; **~•i•ty**
[ˌ_ˈfɔːmətɪ] *s* uniformidade *f;* homo-
geneidade *f.*

u•ni•fy [ˈjuːnɪfaɪ] *v/t* unificar; unir.

u•ni•lat•e•ral [juːnɪˈlætərəl] *adj* □
unilateral.

un•i•ma•gi•na|ble [ʌnɪˈmædʒɪnəbl]
adj □ inimaginável; **~•tive** *adj* □ sem
imaginação.

un•im•por•tant [ʌnɪmˈpɔːtənt] *adj*
□ sem importância; insignificante.

un•in•formed [ʌnɪnˈfɔːmd] *adj* de-
sinformado; ignorante.

un•in•habi•ta•ble [ʌnɪnˈhæbɪtəbl]
adj inabitável; **~•it•ed** *adj* desabitado.

un•in•jured [ʌnˈɪndʒəd] *adj* ileso,
sem ferimentos.

un•in•tel•li•gi•ble [ʌnɪnˈtelɪdʒəbl]
adj □ incompreensível; ininteligível.

un•in•ten•tion•al [ʌnɪnˈtenʃənl] *adj*
□ não intencional, involuntário; im-
pensado.

un•in•terest•ing [ʌnˈɪntrɪstɪŋ] *adj* □
desinteressante.

un•in•ter•rupt•ed [ʌnɪntəˈrʌptɪd]
adj □ ininterrupto, contínuo.

u•nion [ˈjuːnɪən] *s* união *f;* ligação *f;*
associação *f;* aliança *f; pol.* coligação
f; sindicato *m;* **~•ist** *s* sindicalista *m/f;*
♀ **Jack** *s* Union Jack, bandeira *f* do
Reino Unido; **~ suit** *s Am.* ceroulas e
camisola interior numa só peça.

u•nique [juːˈniːk] *adj* □ único, sem
par.

u•ni•son *mus. and fig.* [ˈjuːnɪzn] *s*
uníssono *m.*

u•nit [ˈjuːnɪt] *s* unidade *f; tech.* unidade *f; math.* unidade *f,* um; **kitchen ~**
elemento (móvel) *m* de cozinha.

u•nite [juːˈnaɪt] *v/t and v/i* unir(-se);
ligar(-se); **u•nit•ed** *adj* unido;
u•ni•ty [ˈjuːnətɪ] *s* unidade *f;* uniformidade *f;* acordo *m;*

u•ni•ver•sal [juːnɪˈvɜːsl] *adj* □ universal; geral; mundial; **~•i•ty** [ˌ_ˈsæ-
lətɪ] *s* universalidade *f;* generalidade
f.

u•ni•verse [ˈjuːnɪvɜːs] *s* universo *m.*

u•ni•ver•si•ty [juːnɪˈvɜːsətɪ] *s* universidade *f;* **~ graduate** licenciado/a
m/f.

un•just [ʌnˈdʒʌst] *adj* □ injusto; **~ly**
injustamente.

un•jus•ti•fi•a•ble [ʌnˈdʒʌstɪfaɪəbl]
adj □ injustificável; indesculpável.

un•kempt [ʌnˈkempt] *adj* descuidado; desleixado; despenteado.

un•kind [ʌnˈkaɪnd] *adj* □ antipático.

un•know•ing [ʌnˈnəʊɪŋ] *adj* □ des-
conhecedor; **un•known 1.** *adj* desconhecido; **~ to me** sem eu saber,
sem o meu conhecimento; **2.** *s* o desconhecido *m.*

un•lace [ʌnˈleɪs] *v/t* desatar; desapertar.

un•latch [ʌn'lætʃ] *v/t door:* abrir o trinco.

un•law•ful [ʌn'lɔːfl] *adj* □ ilegal.

un•lead•ed ['ʌnledɪd] *adj* sem chumbo.

un•learn [ʌn'lɜːn] *v/t (-ed or -learnt)* desaprender.

un•less [ən'les] *cj* a não ser que, a menos que, excepto se.

un•like [ʌn'laɪk] **1.** *adj* □ desigual; diferente; **2.** *prep* ao contrário de; de modo diferente; **~•ly** *adj* improvável.

un•lim•it•ed [ʌn'lɪmɪtɪd] *adj* ilimitado.

un•load [ʌn'ləʊd] *v/t* descarregar; *mar. cargo:* desembarcar.

un•lock [ʌn'lɒk] *v/t* destrancar; **~ed** *adj* destrancado, aberto.

un•looked-for [ʌn'lʊktfɔː] *adj* inesperado; imprevisto.

un•loose [ʌn'luːs], **un•loos•en** [ʌn'luːsn] *v/t* soltar; desprender; desatar.

un•love•ly [ʌn'lʌvlɪ] *adj* feio, pouco atraente; **un•lov•ing** *adj* □ frio, sem carinho.

un•luck•y [ʌn'lʌkɪ] *adj* □ *(-ier, -iest)* infeliz; desafortunado; **be ~** ter azar.

un•man [ʌn'mæn] *v/t (-nn-)* castrar; *fig.* desanimar; **~ned** *space travel:* sem tripulação.

un•man•age•a•ble [ʌn'mænɪdʒəbl] *adj* □ ingovernável; de difícil manejo; incontrolável.

un•mar•ried [ʌn'mærɪd] *adj* solteiro.

un•mask [ʌn'mɑːsk] *v/t* desmascarar; *fig.* revelar.

un•matched [ʌn'mætʃt] *adj* sem rival; inigualável.

un•mean•ing [ʌn'miːnɪŋ] *adj* □ sem significado; não intencional.

un•mea•sured [ʌn'meʒəd] *adj* não medido; incomensurável.

un•mind•ful [ʌn'maɪndfl] *adj* □: **be ~ of** não ter algo em consideração; desatento; desatencioso.

un•mis•ta•ka•ble [ʌnmɪ'steɪkəbl] *adj* □ inconfundível; indiscutível.

un•mit•i•gat•ed [ʌn'mɪtɪgeɪtɪd] *adj* consumado; completo; **~ scoundrel** um completo patife.

un•mount•ed [ʌn'maʊntɪd] *adj* não montado; não encastrado *(gem);* sem moldura *(picture).*

un•moved [ʌn'muːvd] *adj* impassível, calmo; inabalável.

un•mu•sic•al [ʌn'mjuːzɪkl] *adj tune:* pouco melodioso; desafinado; *person:* não musical.

un•named [ʌn'neɪmd] *adj* anónimo; *without name:* sem nome.

un•nat•u•ral [ʌn'nætʃrəl] *adj* □ antinatural; artificial.

un•ne•ces•sa•ry [ʌn'nesəsərɪ] *adj* □ desnecessário; supérfluo.

un•neigh•bo(u)r•ly [ʌn'neɪbəlɪ] *adj* que não tem boas relações de vizinhança; antipático.

un•nerve [ʌn'nɜːv] *v/t* enervar; desanimar.

un•no•ticed [ʌn'nəʊtɪst] *adj* despercebido.

un•ob•jec•tio•na•ble [ʌnəb'dʒekʃnəbl] *adj* □ irrepreensível.

un•ob•serv•ant [ʌnəb'zɜːvənt] *adj* □ desatento; não observador; **un•observed** *adj* □ despercebido; inobservado.

un•ob•tai•na•ble [ʌnəb'teɪnəbl] *adj* inalcançável.

un•ob•tru•sive [ʌnəb'truːsɪv] *adj* □ discreto; reservado.

un•oc•cu•pied [ʌn'ɒkjʊpaɪd] *adj* desocupado; livre; vazio.

un•of•fend•ing [ʌnə'fendɪŋ] *adj* inocente.

un•of•fi•cial [ʌnə'fɪʃl] *adj* □ não oficial.

un•op•posed [ʌnə'pəʊzed] *adj* sem oposição; incontestado.

un•owned [ʌn'əʊnd] *adj* sem dono.

un•pack [ʌn'pæk] *v/t* desfazer as malas; desempacotar.

un•paid [ʌn'peɪd] *adj* não pago, por pagar; não remunerado.

un•par•al•leled [ʌn'pærəleld] *adj* inigualável; sem paralelo, sem igual.

un•par•don•a•ble [ʌn'pɑːdnəbl] *adj* □ imperdoável.

un•per•ceived [ʌnpə'siːvd] *adj* □ despercebido.

un•per•turbed [ʌnpə'tɜːbd] *adj* □ imperturbado, calmo.

un•pick [ʌn'pɪk] *v/t stitches, etc.:* descoser.

un•placed [ʌn'pleɪst] *adj:* **be ~** *sports:* ser desclassificado.

un•pleas•ant [ʌn'pleznt] *adj* □ desagradável; antipático; **~•ness** *s* desagrado *m*; dissabor *m*; desacordo *m*.

un•pol•ished [ʌn'pɒlɪʃt] *adj* não polido; *fig.* rude, grosseiro.

un•pol•lut•ed [ʌnpə'luːtɪd] *adj* não poluído, limpo *(environment).*

un•pop•u•lar [ʌn'pɒpjʊlə] *adj* impopular; **~•i•ty** [ˌ 'lærətɪ] *s* impopularidade *f.*

un•prac|ti•cal [ʌn'præktɪkl] *adj* □ não praticável; **~•tised,** *Am.* **~•ticed** *adj* não exercitado; desaproveitado; inexperiente.

un•pre•ce•dent•ed [ʌn'presɪdəntɪd] *adj* □ sem precedentes.

un•prej•u•diced [ʌn'predʒʊdɪst] *adj* □ sem preconceitos, despreconceituado; imparcial.

un•pre•med•i•tat•ed [ʌnprɪ'medɪteɪtɪd] *adj* □ não premeditado; espontâneo.

un•pre•pared [ʌnprɪ'peəd] *adj* não preparado; improvisado.

un•pre•ten•tious [ʌnprɪ'tenʃəs] *adj* □ despretencioso; simples.

un•prin•ci•pled [ʌn'prɪnsəpld] *adj* sem princípios; sem escrúpulos.

un•prof•i•ta•ble [ʌn'prɒfɪtəbl] *adj* □ não lucrativo.

un•proved [ʌn'pruːvd], **un•prov•en** [ʌn'pruːvn] *adj* não provado, sem provas.

un•pro•vid•ed [ʌnprə'vaɪdɪd] *adj:* ~ *with* desprovido de, destituído de; ~ *for* imprevisto.

un•pro•voked [ʌnprə'vəʊkt] *adj* □ sem provocação; não provocado, espontâneo.

un•qual•i•fied [ʌun'kwɒlɪfaɪd] *adj* sem qualificação, sem habilitação; inapropriado.

un•ques|tio•na•ble [ʌn'kwestʃənəbl] *adj* □ inquestionável; **~•tion•ing** *adj* □ incondicional, total.

un•quote [ʌn'kwəʊt] *adv:* ~*!* fim de citação!

un•rav•el [ʌn'rævl] *v/t and v/i (esp. Br.* **-ll-,** *Am.* **-l-)** desembaraçar(-se); desenredar(-se); *fig.* deslindar(-se), esclarecer(-se).

un•read [ʌn'red] *adj book:* por ler, não lido; *person:* ignorante, pouco culto; **un•rea•da•ble** [ʌn'riːdəbl]

adj writing: ilegível; *book:* de leitura difícil.

un•real [ʌn'rɪəl] *adj* □ irreal; **un•re•a•lis•tic** *adj (~•ally)* irrealista.

un•rea•so•na•ble [ʌn'riːznəbl] *adj* □ irrazoável; absurdo; exagerado.

un•rec•og•niz•a•ble [ʌn'rekəgnaɪzəbl] *adj* □ irreconhecível.

un•re•deemed [ʌnrɪ'diːmd] *adj* □ *eccl.* não redimido; não resgatado *(bill, pawn);* não resgatado, não pago *(debt).*

un•re•fined [ʌnrɪ'faɪnd] *adj* não refinado; *fig.* inculto; descortês.

un•re•flect•ing [ʌnrɪ'flektɪŋ] *adj* □ irreflectido; estouvado.

un•re•gard•ed [ʌnrɪ'gɑːdɪd] *adj* desconsiderado; descuidado.

un•re•lat•ed [ʌnrɪ'leɪtɪd] *adj* não relacionado, sem relação *(to).*

un•re•lent•ing [ʌnrɪ'lentɪŋ] *adj* □ inflexível; impiedoso.

un•rel•i•a•ble [ʌnrɪ'laɪəbl] *adj* □ que não é de confiança; inseguro.

un•re•lieved [ʌnrɪ'liːvd] *adj* não aliviado; não revezado.

un•re•mit•ting [ʌnrɪ'mɪtɪŋ] *adj* □ constante; incessante; contínuo.

un•re•quit•ed [ʌnrɪ'kwaɪtɪd] *adj:* ~ *love* amor não correspondido.

un•re•served [ʌnrɪ'zɜːvd] *adj* □ sincero, sem reservas; não reservado.

un•re•sist•ing [ʌnrɪ'zɪstɪŋ] *adj* □ sem resistência.

un•re•spon•sive [ʌnrɪ'spɒnsɪv] *adj* □ sem reacção; indiferente *(to).*

un•rest [ʌn'rest] *s* desassossego *m;* inquietação *f; pol. a.* distúrbios *m pl.*

un•re•strained [ʌnrɪ'streɪnd] *adj* □ descontrolado; desenfreado.

un•re•strict•ed [ʌnrɪ'strɪktɪd] *adj* □ sem restrições; livre.

un•right•eous [ʌn'raɪtʃəs] *adj* □ injusto; iníquo.

un•ripe [ʌn'raɪp] *adj* verde, não maduro.

un•ri•val(l)ed [ʌn'raɪvld] *adj* sem rival, inigualável, único.

un•roll [ʌn'rəʊl] *v/t* desenrolar; *v/i* desenrolar-se.

un•ruf•fled [ʌn'rʌfld] *adj* liso; *fig.* imperturbável.

un•ru•ly [ʌn'ruːlɪ] *adj (-ier, -iest)* indisciplinado; desobediente; teimoso.

U

un•safe [ʌn'seɪf] *adj* □ inseguro.

un•said [ʌn'sed] *adj* não mencionado.

un•sal(e)•a•ble [ʌn'seɪləbl] *adj* invendável.

un•san•i•tar•y [ʌnsænɪtərɪ] *adj* insalubre; anti-higiénico.

un•sat•is|fac•to•ry [ʌnsætɪs'fæktərɪ] *adj* □ insatisfatório; **~•fied** [ʌn'sætɪsfaɪd] *adj* insatisfeito; **~•fy•ing** → *unsatisfactory.*

un•sa•vo(u)r•y [ʌn'seɪvərɪ] *adj* □ sem gosto, insípido; *fig.* antipático; *fig.* repugnante.

un•say [ʌn'seɪ] *v/t (-said)* desdizer.

un•scathed [ʌn'skeɪðd] *adj* ileso; incólume.

un•schooled [ʌn'skuːld] *adj* sem instrução; inculto, ignorante.

un•screw [ʌn'skruː] *v/t and v/i* desaparafusar; desenroscar(-se).

un•scru•pu•lous [ʌn'skruːpjʊləs] □ sem escrúpulos; imoral.

un•sea•soned [ʌn'siːznd] *adj* verde *(timber)*; insípido, sem tempero.

un•seat [ʌn'siːt] *v/t rider:* desmontar; *from office:* depor, retirar do cargo; *pol.* ocupar o lugar de outrem.

un•see•ing [ʌn'siːɪŋ] *adj* □ *fig.* cego; **with ~ eyes** com o olhar vazio.

un•seem•ly [ʌn'siːmlɪ] *adj* impróprio; inconveniente.

un•self•ish [ʌn'selfɪʃ] *adj* □ generoso; altruísta; **~•ness** *s* generosidade *f*; altruísmo *m.*

un•set•tle [ʌn'setl] *v/t* perturbar, agitar; inquietar; desarranjar; **~d** *adj* incerto, variável *(weather).*

un•shak•en [ʌn'ʃeɪkən] *adj* inabalável, firme.

un•shaved [ʌn'ʃeɪvd], **un•shav•en** [ʌn'ʃeɪvn] *adj* não barbeado, por barbear.

un•ship [ʌn'ʃɪp] *v/t* desembarcar; descarregar.

un•shrink|a•ble [ʌn'ʃrɪŋkəbl] *adj* que não encolhe *(fabric);* **~•ing** *adj* □ corajoso, destemido.

un•sight•ly [ʌn'saɪtlɪ] *adj* feio.

un•skil(l)•ful [ʌn'skɪlfl] *adj* □ desajeitado; **un•skilled** *adj worker:* não especializado.

un•so•cia•ble [ʌn'səʊʃəbl] *adj* □ insociável; intratável; **un•so•cial** *adj*

anti-social; *work ~ hours* Br. trabalhar fora do horário normal.

un•so•lic•it•ed [ʌnsə'lɪsɪtɪd] *adj* não solicitado; **~ goods** *econ.* produtos não encomendados.

un•solv•a•ble [ʌn'sɒlvəbl] *adj chem.* insolúvel *(a. fig.);* **un•solved** *adj* não solucionado, sem solução.

un•so•phis•ti•cat•ed [ʌnsə'fɪstɪkeɪtɪd] *adj* simples, natural, não sofisticado.

un•sound [ʌn'saʊnd] *adj* □ doente, doentio; podre; sem fundamentos *(argument);* alienado; transtornado; *of ~ mind jur.* irresponsável.

un•spar•ing [ʌn'speərɪŋ] *adj* □ magnânimo, pródigo; desumano, impiedoso.

un•spea•ka•ble [ʌn'spiːkəbl] *adj* □ indizível; indescritível, terrível.

un•spoiled, un•spoilt [ʌn'spɔɪld, _t] *adj* intacto, em bom estado; não estragado *(child).*

un•spoken [ʌn'spəʊkən] *adj* não mencionado; tácito *(agreement);* **~-of** inédito.

un•stead•y [ʌn'stedɪ] *adj* □ *(-ier, -iest)* inseguro; instável; inconstante; irregular; oscilante; trôpego.

un•strained [ʌn'streɪnd] *adj* não forçado, espontâneo.

un•strap [ʌn'stræp] *v/t (-pp-)* desafivelar.

un•stressed *ling.* [ʌn'strest] *adj* não acentuado, átono.

un•strung [ʌn'strʌŋ] *adj mus.* sem cordas; *mus.* frouxo *(string);* *fig.* enervado; esgotado.

un•stuck [ʌn'stʌk] *adj come ~* soltar-se, despregar-se; *fig.* fracassado *(person, plan).*

un•stud•ied [ʌn'stʌdɪd] *adj* natural, não afectado; improvisado.

un•suc•cess•ful [ʌnsək'sesfl] *adj* □ sem sucesso, sem êxito; frustrado.

un•suit•a•ble [ʌn'sjuːtəbl] *adj* □ impróprio, inadequado.

un•sure [ʌn'ʃɔː] *adj (~r, ~st)* inseguro.

un•sur•passed [ʌnsə'pɑːst] *adj* inultrapassado; inexcedido.

un•sus•pect|ed [ʌnsə'spektɪd] *adj* □ insuspeito; desconhecido; **~•ing** *adj* □ que não desconfia, confiante, insuspeitado.

U

unsuspicious

un•sus•pi•cious [ʌnsəˈspiʃəs] *adj* □ insuspeito; ingénuo.

un•tan•gle [ʌnˈtæŋgl] *v/t* desembaraçar, desenredar.

un•tapped [ʌnˈtæpt] *adj* inexplorado *(resources, energy).*

un•teach•a•ble [ʌnˈtiːtʃəbl] *adj* incapaz de ser ensinado *(person);* impossível de ensinar *(subject).*

un•ten•a•ble [ʌnˈtenəbl] *adj* insustentável *(theory, position).*

un•thank•ful [ʌnˈθæŋkfl] *adj* □ ingrato.

un•think|a•ble [ʌnˈθiŋkəbl] *adj* impensável, inconcebível.**~•ing** *adj* □ irreflectido; estouvado.

un•thought [ʌnˈθɔːt] *adj* não premeditado; **~-of** imprevisto, inesperado; inconcebível.

un•ti•dy [ʌnˈtaidi] *adj* □ *(-ier, -iest)* desarrumado; desleixado, desmazelado.

un•tie [ʌnˈtai] *v/t knot, etc.:* desatar, desfazer; soltar.

un•til [ənˈtil] **1.** *prep* até; **2.** *cj* até que; **not ~** só quando.

un•time•ly [ʌnˈtaimli] *adj* prematuro; inoportuno.

un•tir•ing [ʌnˈtaiəriŋ] *adj* □ infatigável, incansável.

un•to [ˈʌntʊ] → **to** 1.

un•told [ʌnˈtəʊld] *adj* não contado; inédito; inumerável, imenso.

un•touched [ʌnˈtʌtʃt] *adj* intacto *(meal, adv, etc.); fig.* insensível.

un•trou•bled [ʌnˈtrʌbld] *adj* calmo, tranquilo.

un•true [ʌnˈtruː] *adj* □ falso; desleal.

un•trust•wor•thy [ʌnˈtrʌstwɜːði] *adj* indigno de confiança.

un•truth•ful [ʌnˈtruːθfl] *adj* □ falso; mentiroso; incorrecto.

un•used¹ [ʌnˈjuːzd] *adj* novo, sem uso.

un•used² [ʌnˈjuːst] *adj* não habituado, não acostumado (**to** a); não habituado, não acostumado a fazer **(to doing).**

un•u•su•al [ʌnˈjuːʒʊəl] *adj* □ invulgar, incomum.

un•var•nished *fig.* [ʌnˈvɑːniʃt] *adj* sem enfeites *or* adornos.

un•veil [ʌnˈveil] *v/t* revelar; *monument, etc.:* destapar.

un•versed [ʌnˈvɜːst] *adj* não versado, ignorante (**in** em).

un•want•ed [ʌnˈwɒntid] *adj* indesejado.

un•war•rant•ed [ʌnˈwɒrəntid] *adj* injustificado; não comprovado; não garantido, sem garantia.

un•wel•come [ʌnˈwelkəm] *adj* indesejável; inoportuno.

un•well [ʌnˈwel] *adj* **she is** *or* **feels ~** ela sente-se mal.

un•whole•some [ʌnˈhəʊlsəm] *adj* adoentado; doentio *(a. fig.).*

un•wield•y [ʌnˈwiːldi] *adj* □ pesado; difícil de manejar.

un•will•ing [ʌnˈwiliŋ] *adj* □ de má vontade, relutante; **be ~ to do** estar relutante em fazer algo.

un•wind [ʌnˈwaind] *v/t and v/i (-wound)* desenrolar(se); desatar(-se); desembaraçar(-se); F relaxar.

un•wise [ʌnˈwaiz] *adj* □ insensato; imprudente.

un•wor•thy [ʌnˈwɜːði] *adj* indigno; **he is ~ of it** ele é indigno de..., não merece isso.

un•wrap [ʌnˈræp] *v/t (-pp-)* desembrulhar; abrir.

un•writ•ten [ˈʌnritn] *adj:* **~ law** lei não escrita, baseada nos costumes.

un•yield•ing [ʌnˈjiːldiŋ] *adj* □ duro, rijo; *fig.* inflexível, obstinado.

un•zip [ʌnˈzip] *v/t (-pp-)* abrir o fecho de correr.

up [ʌp] **1.** *adv* para cima, em cima; no alto; *esp. Br. to capital:* para a cidade; **~right:** em pé, erecto; *baseball:* em posição de bater; **~ to** até; **~ North** no Norte; **~ there** ali em cima, lá em cima; **~ here** aqui em cima; **~ and away** a salvo; **walk ~ and down** andar de um lado para o outro; **rents have gone ~** as rendas subiram; **it is ~ to him** é com ele, depende dele; **what are you ~ to?** o que é que estás a tramar? **2.** *adj* para cima; em cima; alto; acima do horizonte; passado, decorrido *(time);*levantado; **~ and about** novamente em actividade; de pé e a trabalhar; **what's ~?** o que é que se passa? **~ train** comboio ascendente; **3.** *prep* para cima; **~ (the) country** pelo país acima; F **~ yours!** vai-te lixar! **4.** *(-pp-) v/i* levantar-se,

328

erguer-se; *v/t prices, etc.*: subir. **5.** *s:* **the ~s and downs** *pl* os altos e baixos *pl* (**of life** da vida).

up-and-com•ing [ʌpən'kʌmɪŋ] *adj* prometedor.

up•bring•ing ['ʌpbrɪŋɪŋ] *s* criação *f,* educação *f.*

up•com•ing *Am.* ['ʌpkʌmɪŋ] *adj* próximo, a chegar.

up•coun•try [ʌp'kʌntrɪ] *adj and adv* no interior; em direcção ao interior.

up•date [ʌp'deɪt] *v/t* actualizar, pôr em dia.

up•end [ʌp'end] *v/t* colocar em pé, erguer.

up-front F [ʌp'frʌnt] *adj* à frente; *of payment:* à cabeça, antes; *person:* directo, aberto.

up•grade [ʌp'greɪd] *v/t* promover; actualizar.

up•heav•al *fig.* [ʌp'hiːvl] *s* tumulto *m;* revolta *f.*

up•hill [ʌp'hɪl] *adj and adv* monte acima; *fig.* difícil, trabalhoso.

up•hold [ʌp'həʊld] *v/t (-held)* suster, segurar; apoiar; defender; *jur.* ratificar.

up•hol•ster [ʌp'həʊlstə] *v/t chair, etc.*: estofar; **~•er** *s* estofador *m;* **~•y** *s* tapeçarias, cortinas, artigos de tapeçaria e móveis.

up•keep ['ʌpkiːp] *s* manutenção *f;* custos *m pl* de manutenção.

up•land ['ʌplənd] *s mst* **~s** *pl* regiões *f pl* montanhosas.

up•lift *fig.* [ʌp'lɪft] *v/t* enaltecer.

up-mar•ket ['ʌpmɑːkɪt] *adj goods, etc.*: de luxo.

up•on [ə'pɒn] *prep* → **on** 1; **once ~ a time there was** era uma vez.

up•per ['ʌpə] *adj* superior; mais alto; **~ middle class** classe média alta; **~ class** *s* classe *f* alta, alta burguesia *f;* **~•most 1.** *adj* mais elevado; mais importante; **2.** *adv* em primeiro lugar; no lugar mais alto.

up•right ['ʌpraɪt] **1.** *adj* □ erecto; vertical; *fig.* correcto, honrado; **2.** *s* viga *f* vertical.

up•ris•ing ['ʌpraɪzɪŋ] *s* revolta *f;* rebelião *f.*

up•roar ['ʌprɔː] *s* tumulto *m;* protesto *m* ruidoso; **~•i•ous** [ʌp'rɔːrɪəs] *adj* □ barulhento, ruidoso; estrondoso *(applause, laughter).*

up•root [ʌp'ruːt] *v/t* desenraizar; arrancar.

up•set [ʌp'set] *v/t (-tt-; -set)* transtornar, preocupar, aborrecer; afligir; *stomach:* causar indigestão; *fig.* desconcertar; **be ~** estar aborrecido, estar aflito, estar nervoso.

up•shot ['ʌpʃɒt] *s* resultado *m.*

up•side down [ʌpsaɪd'daʊn] *adv* de pernas para o ar.

up•stairs [ʌp'steəz] *adj and adv* no andar de cima; pela escada acima.

up•start ['ʌpstɑːt] *s* novo-rico *m.*

up•stream [ʌp'striːm] *adv* pelo rio acima.

up•tight F ['ʌptaɪt] *adj* nervoso.

up-to-date [ʌptə'deɪt] *adj* moderno.

up•town *Am.* [ʌp'taʊn] *adj and adv* no bairro residencial, nos subúrbios.

up•turn ['ʌptɜːn] *s* reviravolta *f.*

up•ward(s) ['ʌpwəd(z)] *adv* para cima.

u•ra•ni•um *chem.* [jʊə'reɪnɪəm] *s* urânio *m.*

ur•ban ['ɜːbən] *adj* urbano; **~ renewal** recuperação *f* urbana; **~e** [ɜː'beɪn] *adj* □ educado, cortês.

urge [ɜːdʒ] **1.** *v/t* incitar (**to do** a); instigar; apressar; *claim:* fazer valer; *often* **~ on** incitar, encorajar; **2.** *s* desejo *m;* ânsia *f;* **ur•gen•cy** ['ɜːdʒənsɪ] *s* urgência *f;* insistência *f;* **ur•gent** *adj* □ urgente; insistente.

u•ri•nal ['jʊərɪnl] *s* urinol *m;* **~•nate** ['ˌneɪt] *v/i* urinar; **u•rine** ['jʊrɪn] *s* urina *f.*

urn [ɜːn] *s* urna *f; in cafeteria, etc.*: cafeteira *f.*

us [ʌs, əs] *pron* nos, nós; **all of ~** todos nós; **both of ~** ambos.

us•age ['juːzɪdʒ] *s* uso *m;* costume *m;* hábito *m;* utilização *f;* manuseamento *m.*

use 1. *s* [juːs] uso *m;* utilização *f; custom:* hábito *m,* uso *m; ~fulness:* utilidade *f;* **(of) no ~** inútil; **have no ~ for** não necessitar de; *Am.* não gostar de; **2.** *v/t* [juːz] usar, utilizar; empregar; manusear; **~ up** esgotar; **I ~d to do** eu costumava fazer; **~d** *adj* [juːzd] usado, utilizado; [juːst] habituado (**to** a); **~•ful** *adj* □ útil; **~•less** *adj* □ inútil.

us•er ['juːzə] *s* utilizador/a *m/f; of drugs:* consumidor/a *m/f;* **~-friend•ly** *adj* de fácil utilização.

ush•er ['ʌʃə] **1.** *s* oficial *m/f* de justiça; arrumador *m;* **2.** *v/t mst* ~ *in* fazer entrar, conduzir; *era:* conduzir; **~•ette** [‿'ret] *s* arrumadora *f.*

u•su•al ['juːʒʊəl] *adj* □ habitual, usual.

u•surp [juː'zɜːp] *v/t* usurpar; *power:* usurpar, apoderar-se de; **~•er** *s* usurpador/a *m/f.*

u•ten•sil [juː'tensl] *s* utensílio *m.*

u•te•rus *anat.* ['juːtərəs] *s (pl -ri* [-raɪ]) útero *m.*

u•til•i•ty [juː'tɪlətɪ] *s* utilidade *f;* proveito *m; utilities pl* serviços *m pl* de utilidade pública; serviços *m pl* públicos.

u•tilli•za•tion [juːtɪlaɪ'zeɪʃn] *s* utilização *f;* aproveitamento *m;* **~•lize** ['juːtɪlaɪz] *v/t* utilizar, usar.

ut•most ['ʌtməʊst] *adj* maior.

u•to•pi•an [juː'təʊpɪən] **1.** *adj* utópico; **2.** *s* utopista *m/f.*

ut•ter ['ʌtə] **1.** *adj* □ *fig.* total, absoluto; **2.** *v/t* proferir, pronunciar; *sigh, etc.:* soltar; **~•ance** *s* declaração *f;* afirmação *f;* forma *f* de expressão.

U-turn ['juːtɜːn] *s mot.* curva *or* volta *f* em U; *fig.* reviravolta *f.*

u•vu•la *anat.* ['juːvjʊlə] *s (pl -lae* [-liː], *-las)* úvula *f.*

V

vac F [væk] *s Br. univ.* férias *f pl.*

va|can•cy ['veɪkənsɪ] *s* vaga *f;* quarto *m* livre *(hotel);* lugar *m* vago; *fig.* vazio *m;* **~•cant** *adj* □ vago *(a. fig.);* livre *(room, seat);* vazio, para alugar, desabitado *(house);* vago *(job);* desocupado, livre *(office); fig.* vazio, oco.

va•cate [və'keɪt, *Am.* 'veɪ-] *v/t* vagar, deixar vago; *job:* deixar; *post:* abandonar; *office:* desocupar; **va•ca•tion** [və'keɪʃn, *Am.* veɪ'-] **1.** *s esp. Am.* férias *f pl* escolares; *univ.* férias *f pl* semestrais; *jur.* férias *f pl* judiciais; *esp. Am.* férias *f pl;* **be on** ~ *esp. Am.* estar de férias; **take a** ~ *esp. Am.* ir de férias, tirar férias; **2.** *v/i esp. Am.* ir de férias, fazer férias; **va•ca•tion•ist** *s esp. Am.* veraneante *m/f,* pessoa *f* em férias.

vac|cin•ate ['væksɪneɪt] *v/t* vacinar; **~•cin•a•tion** [‿'neɪʃn] *s* vacinação *f;* **~•cine** *med.* ['‿siːn] *s* vacina *f.*

va•le•ri•an•ate *mst. fig.* ['væsɪleɪt] *v/i* vacilar, hesitar.

vac•u•um ['vækjʊəm] **1.** *s (pl -uums, -ua) phys.* vácuo *m;* ~ **bottle** termo *m;* ~ **cleaner** aspirador *m;* ~ **flask** termo *m;* **~-packed** embalado no vácuo; **2.** *v/t carpet:* aspirar; *v/i* aspirar.

vag•a•bond ['vægəbɒnd] *s* vagabundo/a *m/f.*

va•ga•ry ['veɪgərɪ] *s* capricho *m; strange idea:* fantasia *f,* excentricidade *f.*

va•gi|na *anat.* [və'dʒaɪnə] *s* vagina *f;* **~•nal** *adj anat.* vaginal.

va|grant ['veɪgrənt] **1.** *adj* □ errante, vadio; *fig.* ocioso; **2.** *s* vagabundo/a *m/f.*

vague [veɪg] *adj* □ *(~r, ~st)* vago, indefinido; impreciso.

vain [veɪn] *adj* □ vaidoso; convencido; inútil; *in* ~ em vão, inutilmente.

vale [veɪl] *s poet. or in place names:* vale *m.*

val•en•tine ['væləntaɪn] *s* cartão *m* do Dia dos Namorados *(sent on St. Valentine's Day, 14th February);* rapaz *m or* rapariga *f* que recebe esse cartão.

va•le•ri•an *bot.* [və'lɪərɪən] *s* valeriana *f.*

val•et ['vælɪt] *s* criado *m;* camareiro *m* de hotel.

val|id ['vælɪd] *adj* □ válido; *argument:* válido, pertinente; *claim:* legal, justo, válido; **be** ~ ser válido; **become** ~ entrar em acção, tornar-se legal;

~•i•date *v/t jur.* validar, legalizar; ~•id•i•ty [və'lɪdətɪ] *s* validade *f;* solidez *f.*

val•ley ['vælɪ] *s* vale *m.*

val•o(u)r ['vælə] *s* valor *m;* coragem *f;* bravura *f.*

val•u•a•ble ['væljuəbl] **1.** *adj* □ valioso; **2.** *s:* ~*s pl* valores *m pl.*

val•u•a•tion [vælju'eɪʃn] *s* avaliação *f;* valor *m;* orçamento *m.*

val•ue ['væljuː] **1.** *s* valor *m; econ.* valor *m* cambial; *mst.* ~*s pl fig. (cultural or ethical)* valores *m pl; at ~ econ.* ao câmbio do dia; *give* (*get*) *good ~ for money econ.* servir bem (ser bem servido); **2.** *v/t* avaliar, orçar; *fig.* estimar, dar valor a; ~•**added tax** *s econ. (abbr.* ***VAT****)* imposto *m* de valor acrescentado *(abbr. **IVA**);* ~**d** *adj* valioso; apreciado, estimado; ~•**less** *adj* sem valor.

valve [vælv] *s tech., anat., electr.* válvula *f.*

vam•pire ['væmpaɪə] *s* vampiro *m.*

van[1] [væn] *s* carrinha *f* or camioneta *f* de mercadorias; furgão *m; esp. Br. rail.* vagão *m* de mercadorias; F autocaravana *f.*

van[2] *mil.* [_] → *vanguard.*

van•dal ['vændəl] *s hist.* vândalo *m; fig.* vândalo *m,* bárbaro *m;* ~•**is•m** *s* vandalismo *m;* ~•**ize** *v/t* vandalizar, destruir.

vane [veɪn] *s* cata-vento *m;* pá *f* de hélice; *tech.* pá *f* de turbina.

van•guard *mil.* [vænguːd] *s* vanguarda *f.*

va•nil•la [və'nɪlə] *s* baunilha *f.*

van•ish ['vænɪʃ] *v/i* desaparecer.

van•i•ty ['vænətɪ] *s* vaidade *f;* futilidade *f; ~ bag or case* bolsa *f* de maquilhagem.

van•quish ['væŋkwɪʃ] *v/t* vencer; subjugar.

van•tage *rare* ['vɑːntɪdʒ] *s tennis:* desempate; ~•**ground** *s mst. mil.* local *m* favorável.

vap•id ['væpɪd] *adj* □ desenxabido; insípido, insonso.

va•por•ize ['veɪpəraɪz] *v/i and v/t* vaporizar, evaporar.

va•po(u)r ['veɪpə] *s* vapor *m; ~ trail aer.* esteira *f* de vapor.

var•i•a•ble ['veərɪəbl] **1.** *adj* □ variável; incerto, irregular; **2.** *s* quantidade

f variável; ~•**ance** *s: be at ~ (with)* não estar de acordo com, estar em desacordo com; ~•**ant 1.** *adj* diferente; divergente; **2.** *s* variante *f;* ~•**a•tion** [_'eɪʃn] *s* alteração *f;* modificação *f;* variação *f.*

var•i•cose veins *med.* [værɪkəus'veɪnz] *s pl* veias *f pl* varicosas.

var•ied ['veərɪd] *adj* □ variado; diferente; *life, etc.:* rico, variado.

va•ri•e•ty [və'raɪətɪ] *s* variedade *f;* diversidade *f;* multiplicidade; *econ.* escolha *f,* espécie *f; for the sake of ~* para variar; *for a ~ of reasons* por vários motivos; *~ show* espectáculo *m* de variedades; *~ theatre* teatro *m* de variedades.

var•i•ous ['veərɪəs] *adj* □ variados/ /as, vários/as, diversos/as.

var•mint F ['vɑːmɪnt] *s zoo.* verme; *fig.* patife *m,* velhaco *m.*

var•nish ['vɑːnɪʃ] **1.** *s* verniz *m;* esmalte *m;* lustro *m;* **2.** *v/t* envernizar; esmaltar; *furniture:* puxar o lustro, polir; *fig.* embelezar.

var•y ['veərɪ] *v/i and v/t* variar, mudar; trocar; ser diferente (*from* de); *~ in price* variar no preço; *opinions on this matter ~* as opiniões sobre este assunto variam; ~•**ing** *adj* □ variado.

vase [vɑːz, *Am.* veɪs, veɪz] *s* vaso *m.*

vast [vɑːst] *adj* □ enorme, imenso; *majority:* grande.

vat [væt] *s* barril *m,* cuba *f;*

vau•de•ville *Am.* ['vəudəvɪl] *s* variedades *f pl;* teatro *m* de variedades.

vault[1] ['vɔːlt] *s* abóbada *f;* adega *f;* caixa-forte subterrânea *f;* cripta *f.*

vault[2] [_] **1.** *s esp. sports:* salto *m* com vara; **2.** *v/i and v/t* saltar (*over* sobre); ~•**ing- horse** *s gymnastics:* cavalo *m* com arções; ~•**ing pole** *s athetics:* vara *f* de saltos.

veal [viːl] *s* carne *f* de vitela; *~ chop or cutlet* costeleta *f* de vitela; *roast ~* vitela *f* assada.

veer [vɪə] *v/i* virar, voltar; *car: a.* mudar repentinamente de direcção.

vege•ta•ble ['vedʒtəbl] **1.** *adj* vegetal; **2.** *s* vegetal *m;* planta *f; mst* ~**s** *pl* vegetais *m pl.*

veg•el•tar•i•an [vedʒɪ'teərɪən] **1.** *s* vegetariano/a *m/f; be a ~* ser vegetariano/a; **2.** *adj* vegetariano; ~•**tate** *fig.*

V

331

['_teɪt] v/i vegetar; **~•ta•tive** ['_tə-tɪv] adj □ vegetativo.

ve•he•mence ['viːɪməns] s veemência f; intensidade f; ardor m; **~•ment** adj □ veemente, intenso, ardente.

ve•hi•cle ['viːɪkl] s veículo m; fig. meio m; fig. forma f de expressão.

veil [veɪl] **1.** s véu m; **2.** v/t velar; esconder; fig. encobrir, disfarçar.

vein [veɪn] s anat. veia f; filão m; nervura f; fig. inclinação f, talento m; fig. disposição f.

ve•loc•i•pede Am. [vɪ'lɒsɪpiːd] s triciclo m.

ve•loc•i•ty [vɪ'lɒsətɪ] s velocidade f.

vel•vet ['velvɪt] **1.** s veludo m; **2.** adj de veludo; **~•y** adj aveludado.

ve•nal ['viːnl] adj venal; corrupto, subornável.

vend [vend] v/t vender; **~•ing-ma-chine** s máquina f automática de vendas; **~•or** s esp. jur. vendedor/a m/f; máquina f automática de vendas.

ve•neer [və'nɪə] **1.** s madeira f folheada; fig. aparência f; **2.** v/t folhear, chapear.

ven•e•ra•ble ['venərəbl] adj □ venerável; **~•rate** ['_reɪt] v/t venerar, honrar; **~•ra•tion** [_'reɪʃn] s veneração f.

ve•ne•re•al [vɪ'nɪərɪəl] adj venéreo; **~ disease** med. doença venérea.

Ve•ne•tian [vɪ'niːʃn] **1.** adj veneziano; **2 blind** persiana f, veneziana f; **2.** s veneziano/a m/f.

ven•geance ['vendʒəns] s vingança f; **with a ~** F com ímpeto, para valer.

ve•ni•al ['viːnɪəl] adj □ venial, perdoável; eccl. perdoável (sin).

ven•i•son ['venɪzn] s carne f de veado.

ven•om ['venəm] s (esp. cobra) veneno m; fig. veneno, malevolência f; **~•ous** adj □ venenoso (a. fig.).

ve•nous ['viːnəs] adj venoso, relativo às veias.

vent [vent] **1.** s abertura f; saída f de ar; conduta f; respiradouro m; **give ~ to →** **2.** v/t fig. anger, etc. dar largas a, desabafar.

ven•til•late ['ventɪleɪt] v/t ventilar, arejar; fig. discutir, examinar; **~•la-tion** [_'leɪʃn] s ventilação f; fig. discussão f; exame m; **~•la•tor** s ventilador m (a. med. **~ machine**).

ven•tril•o•quist [ven'trɪləkwɪst] s ventríloquo/a m/f.

ven•ture ['ventʃə] **1.** s econ. empreendimento m; risco m; aventura f; econ. especulação f; **at a ~** ao acaso; **joint ~** econ. empreendimento m conjunto, joint venture; **2.** v/t and v/i aventurar(-se), arriscar(-se).

ve•ra•cious [və'reɪʃəs] adj □ verídico, verdadeiro.

verb gr. [vɜːb] s verbo m; **~•al** adj □ verbal, oral; **ver•bi•age** ['vɜːbɪɪdʒ] s verbosidade f; palavreado m; **ver•bose** [vɜː'bəus] adj □ loquaz, palrador.

ver•dant poet. ['vɜːdənt] adj verde; fig. imaturo.

ver•dict ['vɜːdɪkt] s jur. veredicto m (of jury); fig. decisão f; **bring or re-turn a ~ of guilty** declarar (o réu/a ré) como culpado/a.

ver•di•gris ['vɜːdɪgrɪs] s verdete m.

ver•dure ['vɜːdʒə] s verdes m pl, vegetais m pl frescos.

verge [vɜːdʒ] **1.** s berma f; margem f; limite m; of road: berma f; **on the ~ of** à beira de, a ponto de; **2.** v/i: **~ (up) on** ser contíguo a.

ver•il•fi•able ['verɪfaɪəbl] adj verificável; **~•fi•ca•tion** [_'fɪ'keɪʃn] s verificação f; comprovação f; **~•fy** v/t verificar, comprovar.

ver•i•ta•ble ['verɪtəbl] adj verdadeiro, genuíno.

ver•mi•cel•li [vɜːmɪ'selɪ] s sg aletria f.

ver•mi•form ap•pen•dix anat. [vɜː-mɪfɔːmə'pendɪks] s apêndice m vermiforme.

ver•min ['vɜːmɪn] s vermes m pl, bichos m pl, insectos m pl nocivos; fig. gentalha f; **~•ous** adj cheio de vermes.

ver•nac•u•lar [və'nækjulə] **1.** adj □ vernáculo; popular; **2.** s linguagem f vernacular, popular; jargão m.

ver•sa•tile ['vɜːsətaɪl] adj □ versátil, flexível.

verse [vɜːs] s verso m; estrofe f; poesia f; **~d** adj versado; **be (well) ~ in** ser versado em, ser conhecedor de.

ver•si•fy ['vɜːsɪfaɪ] v/t pôr em verso; v/i versejar.

ver•sion ['vɜːʃn] s versão f; interpretação f; translation: tradução f; tech. versão f, modelo m (of car, etc.).

ver•sus ['vɜːsəs] *prep jur., sports:* contra.

ver•te|bra *anat.* ['vɜːtɪbrə] *s (pl -brae* [-briː]) vértebra *f;* **~•brate** *zoo.* [_eɪt] *s* animal *m* vertebrado.

ver•ti•cal ['vɜːtɪkl] *adj* □ vertical.

ver•tig•i•nous [vɜːˈtɪdʒɪnəs] *adj* vertiginoso.

ver•ti•go ['vɜːtɪgəʊ] *s (pl -gos)* vertigem *f.*

ver•ve [vɜːv] *s* garra *f;* entusiasmo *m;;* energia *f.*

ver•y ['verɪ] **1.** *adv* muito; *with sup.:* o mais; *the ~ best* o melhor de todos; *~ little* muito pouco; *thank you ~ much* muito obrigado; *the ~ same car* esse mesmo carro, exactamente esse carro; **2.** *adj* exacto; mero; puro; genuíno; o mesmo; *the ~ same* exactamente o mesmo; *in the ~ act* em grande delito; *the ~ opposite* exactamente o oposto; *the ~ thing* exactamente isso; *the ~ thought* só de pensar, o simples pensamento (*of* em de).

ves•i•cle *med.* ['vesɪkl] *s* vesícula *f.*

ves•sel ['vesl] *s* vaso *m (anat., bot., fig.);* vasilha *f; mar.* navio *m.*

vest [vest] *s Br.* camisola *f* interior; *Am.* colete *m.*

ves•ti•bule ['vestɪbjuːl] *s anat.* vestíbulo (cavidade do ouvido) *m; of house:* entrada *f,* átrio *m.*

ves•tige *fig.* ['vestɪdʒ] *s* vestígio *m.*

vest•ment ['vestmənt] *s* veste *f;* trajo *m.*

ves•try *eccl.* ['vestrɪ] *s* sacristia *f.*

vet F [vet] **1.** *s* veterinário/a *m/f; Am. mil.* veterano *m;* **2.** *v/t (-tt-)* examinar.

vet•e•ran ['vetərən] **1.** *adj* veterano; experiente; **2.** *s* veterano/a *m/f.*

vet•e•ri•nar•i•an *Am.* [vetərɪˈneərɪən] *s* veterinário/a *m/f.*

vet•e•ri•na•ry ['vetərɪnərɪ] **1.** *adj* veterinário; **2.** *s a.* **~ surgeon** *Br.* veterinário/a *m/f.*

ve•to ['viːtəʊ] **1.** *s (pl -toes)* veto *m;* **2.** *v/t* vetar.

vex [veks] *v/t* irritar; vexar; **~•a•tion** [_ˈseɪʃn] *s* vexação *f;* vexame *m;* irritação *f;* **~•a•tious** *adj* vexante; irritante.

vi•a ['vaɪə] *prep* por, via.

vi•a•duct ['vaɪədʌkt] *s* viaduto *m.*

vi•al ['vaɪəl] *s* frasco *m;* garrafinha *f.*

vi•brate [vaɪˈbreɪt] *v/i* vibrar; estremecer; **vi•bra•tion** *s* vibração *f;* tremor *m.*

vic•ar *eccl.* ['vɪkə] *s* vigário *m,* pároco *m;* **~•age** ['_rɪdʒ] *s* vicariato *m,* casa *f* paroquial.

vice[1] [vaɪs] *s* vício *m;* mau hábito *m;* defeito *m;* **~ squad** brigada *f* de narcóticos; polícia *f* de costumes.

vice[2] *Br. tech.* [_] *s* torno *m* mecânico.

vi•ce[3] ['vaɪsɪ] *prep* em vez de, no lugar de.

vice[4] F [vaɪs] *s* vice; **~•roy** *s* vice-rei *m.*

vi•ce ver•sa [vaɪsɪˈvɜːsə] *adv* vice-versa.

vi•cious ['vɪʃəs] *adj* □ cruel, mau; vicioso; **~ circle** círculo *m* vicioso.

vi•cis•si•tude [vɪˈsɪsɪtjuːd] *s* vicissitude *f;* acontecimento *m* desagradável; reviravolta *f;* mudança *f;* **~s** vicissitudes *f pl.*

vic•tim ['vɪktɪm] *s* vítima *f;* **~•ize** *v/t* vitimar; atormentar; sacrificar.

vic|tor ['vɪktə] *s* vencedor/a *m/f;* **º•to•ri•an** *hist.* [_ˈtɔːrɪən] *adj* vitoriano; **~•to•ri•ous** *adj* □ vitorioso, vencedor; **~•to•ry** ['_tərɪ] *s* vitória *f.*

vid•e•o ['vɪdɪəʊ] **1.** *s (pl -os)* vídeo *m; a.* gravador *m* de vídeo; **2.** *adj* de vídeo; **3.** *v/t* registar em vídeo; **~ cas•sette** *s* cassete *f* de vídeo; **~ (cas•sette) re•cord•er** *s* gravador *m* de vídeo; **~ game** *s* jogo *m* de vídeo; **~ nas•ty** *s* F filme *m* de vídeo porno *or* de horror; **~•phone** *s* videofone *m;* **~•tape 1.** *s* cassete *f* de vídeo; **2.** *v/t* gravar em vídeo.

vie [vaɪ] *v/i* competir (*with* com; *for* por).

Vi•en•nese [vɪəˈniːz] **1.** *s* vienense *m/f;* **2.** *adj* vienense.

view [vjuː] **1.** *s* vista *f;* olhar *m;* paisagem *f;* opinião *f; in ~* em vista; *in ~ of* devido a, em virtude de; *on ~* à vista; *with a ~ to* com a intenção de; *have (keep) in ~* ter em vista; **2.** *v/t* ver; olhar; **~ da•ta** *s pl* videotexto *m;* **~•er** *s* espectador/a *m/f;* visor *m;* **~•find•er** *s phot.* visor *m;* **~•less** *adj* sem opinião; **~•point** *s* ponto *m* de vista.

vig|il ['vɪdʒɪl] *s* vigília *f;* **~•i•lance** *s* vigilância *f;* **~•i•lant** *adj* □ vigilante; **~•i•lante** [ˌ'læntiː] *s:* **~ group** comité *m* de vigilância.

vig|or•ous ['vɪgərəs] *adj* □ vigoroso; forte; enérgico; **~•o(u)r** *s* vigor *m;* força *f;* vitalidade *f;* energia *f;* **with ~** com vigor, com força.

Vi•king ['vaɪkɪŋ] **1.** *s* viquingue *m/f;* **2.** *adj* viquingue.

vile [vaɪl] *adj* □ vil, infame.

vil•la ['vɪlə] *s for holidays:* casa *f* de férias; *country house:* casa *f* de campo, vivenda *f.*

vil•lage ['vɪlɪdʒ] *s* aldeia *f;* **~ green** *s* prado *m* da aldeia; **~ id•i•ot** *s* F tonto *m* da aldeia; **vil•lag•er** *s* aldeão/ã *m/f.*

vil•lain ['vɪlən] *s* vilão *m;* patife *m;* **~•ous** *adj* □ vil, desprezível; abominável; **~•y** *s* infâmia *f.*

vim F [vɪm] *s* força *f,* vigor *m.*

vin•di|cate ['vɪndɪkeɪt] *v/t* reabilitar; defender; **~•ca•tion** [ˌ'keɪʃn] *s* defesa *f;* reabilitação *f.*

vin•dic•tive [vɪn'dɪktɪv] *adj* □ vingativo, rancoroso.

vine *bot.* [vaɪn] *s* vinha *f;* videira *f.*

vin•e•gar ['vɪnɪgə] *s* vinagre *m.*

vine| grow•er ['vaɪngrəʊə] *s* viticultor/a *m/f;* **~-growing** *s* viticultura *f;* **~ district** região *f* vinícola; **~•yard** ['vɪnjəd] *s* vinha *f.*

vin|tage ['vɪntɪdʒ] **1.** *s* vindima *f;* safra *f,* colheita *f;* **2.** *adj* antigo, clássico; **~ car** *mot.* carro *m* antigo; **~•tag•er** *s* vindimador/a *m/f.*

vi•o•la *mus.* [vɪ'əʊlə] *s* viola *f.*

vi•o•late ['vaɪəleɪt] *v/t* violar; *oath, etc.:* quebrar; *rape:* violar; **~•la•tion** [ˌ'leɪʃn] *s* violação *f.*

vi•o•llence ['vaɪələns] *s* violência *f;* veemência *f;* **~•lent** *adj* □ violento; veemente.

vi•o•let *bot.* ['vaɪələt] *s* violeta *f.*

vi•o•lin *mus.* [vaɪə'lɪn] *s* violino *m.*

VIP F [viːaɪ'piː] *(abbr. very important person)* VIP.

vi•per *zoo.* ['vaɪpə] *s* víbora *f.*

vir•gin ['vɜːdʒɪn] **1.** *s* virgem *f;* **2.** *adj a.* **~•al** *adj* □ virgem, virginal; **~•i•ty** [və'dʒɪnətɪ] *s* virgindade *f.*

vir•ile ['vɪraɪl] *adj* viril, masculino, másculo; **vi•ril•i•ty** [vɪ'rɪlətɪ] *s* virilidade *f;* masculinidade *f.*

vir•tu•al ['vɜːtʃʊəl] *adj* □ virtual, real; **~•ly** *adv* virtualmente, realmente.

vir|tue ['vɜːtʃuː] *s* virtude *f;* **in** *or* **by ~ of** devido a, graças a, em virtude de; **make a ~ of necessity** fazer da necessidade uma virtude; **~•tu•os•i•ty** [vɜːtʃʊ'ɒsətɪ] *s* virtuosidade *f;* **~•tu•ous** ['vɜːtʃʊəs] *adj* □ virtuoso.

vir•u•lent ['vɪrʊlənt] *adj* □ *med.* virulento, muito venenoso, maligno *(a. fig.).*

vi•rus ['vaɪərəs] *s med.* vírus *m; fig.* veneno *m.*

vi•sa ['viːzə] *s* visto *m;* **~ed, ~'d** *adj* visado, com visto.

vis•cose ['vɪskəʊs] *s* viscose *f.*

vis•count ['vaɪkaʊnt] *s* visconde *m;* **~•ess** *s* viscondessa *f.*

vis•cous ['vɪskəs] *adj* □ viscoso.

vise *Am. tech.* [vaɪs] *s* torno *m* mecânico.

vis•i|bil•i•ty [vɪzɪ'bɪlətɪ] *s* visibilidade *f;* **~•ble** ['vɪzəbl] *adj* □ visível; *fig.* evidente, óbvio.

vi•sion ['vɪʒn] *s* visão *f;* vista *f; fig.* aparição *f;* **~•a•ry 1.** *adj* visionário; **2.** *s* visionário/a *m/f,* fantasista *m/f.*

vis|it ['vɪzɪt] **1.** *v/t* visitar; *v/i* fazer uma visita a; *Am.* conversar (**with** com); **2.** *s* visita *f;* **pay** *or* **make a ~ to s.o.** fazer uma visita a; **~•i•ta•tion** [ˌ'teɪʃn] *s* visita *f;* vistoria *f;* **~•it•ing** *s* visitas *f pl;* **~ hours** *pl in hospital, etc.:* horas da visita; **~ team** *sports:* equipa *f* visitante; **~•it•or** *s* visitante *m/f; pl sports:* os visitantes *m pl.*

vi•sor ['vaɪzə] *s* viseira *f;* pala *f.*

vis•ta ['vɪstə] *s* vista *f;* perspectiva *f.*

vis•u•al ['vɪzjʊəl] *adj* visual; **~ aids** *pl school:* meios visuais (de ensino); **~ display unit** *computer:* terminal *m* de vídeo, monitor *m;* **~ instruction** *school:* educação *f* visual; **~•ize** *v/t* visualizar; imaginar.

vi•tal ['vaɪtl] **1.** *adj* □ vital, muito importante, fundamental; **~ parts** *pl* → **2.** *s:* **~s** *pl* órgãos *m pl* vitais; **~•i•ty** [vaɪ'tælətɪ] *s* vitalidade *f;* força *f,* energia *f;* **~•ize** *v/t* vitalizar; **~ sta•tis•tics** *s pl* estatísticas *f pl* vitais.

vit•a•min ['vɪtəmɪn] *s* vitamina *f*; ~ **deficiency** falta *f* de vitaminas.

vi•ti•ate ['vɪʃɪeɪt] *v/t* viciar.

vit•re•ous ['vɪtrɪəs] *adj* □ vítreo, de vidro.

vi•va•cious [vɪ'veɪʃəs] *adj* □ vivo, animado; **vi•vac•i•ty** [vɪ'væsətɪ] *s* vivacidade *f*.

viv•id ['vɪvɪd] *adj* □ vivo, cheio de vida, animado; brilhante.

vix•en ['vɪksn] *s* raposa *f*; *fig.* megera.

V-neck [viːnek] *s* decote *m* em V; **V-necked** *adj* com decote em V.

vo•cab•u•la•ry [və'kæbjʊlərɪ] *s* vocabulário *m*.

vo•cal ['vəʊkl] *adj* □ vocal; oral; *mus.* vocal; *ling.* sonante; ~**ist** ['vəʊkəlɪst] *s* vocalista *m/f*; ~**ize** ['vəʊkəlaɪz] *v/t (ling.)* vocalizar.

vo•ca•tion [vəʊ'keɪʃn] *s* vocação *f*; profissão *f*; ~**al** *adj* □ vocacional; ~ **adviser** conselheiro de orientação profissional; ~ **education** educação *f* vocacional; ~ **guidance** orientação *f* profissional; ~ **school** *Am. appr.* escola *f* profissional; ~ **training** ensino *m* profissional.

vogue [vəʊg] *s* voga *f*, moda *f*; **be in** ~ estar na moda.

voice [vɔɪs] **1.** *s* voz *f*; **active (passive)** ~ *gr.* voz *f* activa (passiva); **give** ~ **to** dar voz a; **2.** *v/t* expressar, exteriorizar; *ling.* pronunciar sonoramente.

void [vɔɪd] **1.** *adj* vazio; oco; *jur.* nulo; ~ **of** livre de, isento; **2.** *s* vazio *m*; vácuo *m*; *fig.* lacuna *f*.

vol•a•tile ['vɒlətaɪl] *adj* *chem.* volátil; *fig.* inconstante, volúvel.

vol•ca•no [vɒl'keɪnəʊ] *s (pl* **-noes**, **-nos)** vulcão *m*.

vol•ley ['vɒlɪ] **1.** *s* salva *f*, saraivada *f*; *fig.* torrente *f*; *tennis:* serviço *m*; **2.** *v/i tennis:* bater a bola; *mil.* dar uma descarga *or* salva; ~**ball** *s sports:* voleibol *m*.

volt *electr.* ['vəʊlt] *s* volt *m*; ~**age** *electr.* ['‿ɪdʒ] *s* voltagem *f*; ~**me•ter** *s electr.* voltímetro *m*.

vol•ume ['vɒljuːm] *s* volume *m (book);* volume *m; fig.* capacidade *f*; grande quantidade *f; (esp.* voz) intensidade *f*, sonoridade *f; sound:* intensidade *f*, altura *f*; **vo•lu•mi•nous** [və'-

lju:mɪnəs] *adj* □ volumoso; grande; com muitos volumes.

vol•un|ta•ry ['vɒləntərɪ] *adj* □ voluntário; ~**teer** [vɒlən'tɪə] **1.** *s* voluntário/a *m/f*; **2.** *v/i* inscrever-se voluntariamente; alistar-se voluntariamente; voluntarizar-se; oferecer-se; *v/t remark, etc.:* permitir-se.

vo•lup•tu•a•ry [və'lʌptjʊərɪ] *s* pessoa voluptuosa; ~**ous** *adj* □ voluptuoso, sensual.

vom•it ['vɒmɪt] **1.** *v/t and v/i* vomitar; **2.** *s* vómito *m*.

vo•ra•cious [və'reɪʃəs] *adj* □ voraz, faminto, esfomeado; **vo•rac•i•ty** [vɒ'ræsətɪ] *s* voracidade *f*.

vor•tex ['vɔːteks] *s (pl* **-texes**, **-tices** [-tɪsiːz]) vórtice *m;* turbilhão *m*, furacão *m (mst fig.)*.

vote [vəʊt] **1.** *s* voto *m;* votação *f*; direito *m* de voto; sufrágio *m;* ~ **of no confidence** moção *f* de desconfiança; **take a** ~ **on sth.** submeter algo à votação; **2.** *v/t and v/i* votar; ~ **for** votar em; **vot•er** *s* votante *m/f*, eleitor/a *m/f*.

vot•ing ['vəʊtɪŋ] *s* votação *f*; ~ **pa•per** *s* boletim *m* de voto; ~ **right** *s* direito *m* de voto; ~**s in local elections** direito de voto em eleições autárquicas; ~ **sys•tem** *s* sistema *m* eleitoral.

vouch [vaʊtʃ] *v/i:* ~ **for** garantir, responder por; ~**er** *s* vale *m;* recibo *m;* certificado *m*.

vow [vaʊ] **1.** *s* voto *m*, juramento *m;* jura *f;* **take a ~, make a ~** fazer um juramento, jurar; **2.** *v/t* jurar, prometer.

vow•el *ling.* ['vaʊəl] *s* vogal *f*.

voy|age ['vɔɪɪdʒ] *s* viagem *f* por mar; ~**ag•er** *s* viajante *m/f*.

vul•gar ['vʌlgə] *adj* □ ordinário; grosseiro, rude; inculto; ~ **tongue** vernáculo *m*, linguagem *f* popular; ~**i•ty** [vʌl'gærətɪ] *s* grosseria *f;* má educação *f*.

vul•ne•ra•ble ['vʌlnərəbl] *adj* □ vulnerável *(a. fig., mil., sports)*.

vul•pine ['vʌlpaɪn] *adj* respeitante à raposa; *fig.* astuto, manhoso.

vul•ture *zoo.* ['vʌltʃə] *s* abutre *m*.

vy•ing ['vaɪɪŋ] *adj* que rivaliza, que disputa.

V

W

wad [wɒd] **1.** s chumaço m; bucha f; maço m de notas; **2.** v/t (**-dd-**) acolchoar, enchumaçar; **~•ing** s for packing: chumaço m, estofo m; algodão m em rama; material m para estofar.

wad•dle ['wɒdl] **1.** v/i bambolear, gingar; **2.** s andar bamboleante.

wade [weɪd] v/i atravessar a vau; **~ through** fig. F andar com dificuldade; v/t atravessar algo com dificuldade.

wa•fer ['weɪfə] s bolacha f; filhó f; eccl. hóstia f.

waf•fle[1] ['wɒfl] s filhó f, barquilho.

waf•fle[2] Br. F [_] **1.** v/i disparatar; **2.** s disparates m pl.

waft [wɑːft] **1.** v/t and v/i flutuar; ser levado pelo vento ou pela água; **2** s sopro m; rajada f.

wag [wæg] **1.** v/t and v/i (**-gg-**) sacudir, abanar; **2.** s sacudidela f; abanão m.

wage[1] [weɪdʒ] v/t war, campaign: fazer, empreender (**on, against** contra).

wage[2] [_] s mst **~s** pl salário m; ordenado m; **~•earn•er** s econ. assalariado/a m/f; **~ freeze** s econ. congelamento m de salários; **~ in•crease** s aumento m salarial; **~ pack•et** s econ. envelope m de pagamento.

wag•gish ['wægɪʃ] adj □ brincalhão; divertido.

wag•gle ['wægl] v/i and v/t sacudir, abanar.

wag•(g)on ['wægən] carroça f; Br. rail. vagão m, vagoneta f; **~•er** s carroceiro m.

wag•tail zoo. ['wægteɪl] s alvéola f (bird).

wail [weɪl] **1.** s lamento m, gemido m; **2.** v/i lamentar-se; gemer; gritar (de dor) (a. wind).

waist [weɪst] s cintura f; mar. parte central do convés; **~•coat** s colete m; **~•line** s cintura f.

wait [weɪt] **1.** v/i esperar (**for** por); a. **~ at** (Am. **on**) **table** servir à mesa; **on, ~ upon s.o.** servir alguém; v/t aguardar, esperar; **2.** s espera f; **lie in ~ for s.o.** esperar alguém em emboscada; **~•er** s criado m de mesa; **~, the**

bill (Am. **check**), **please!** a conta, se faz favor!

wait•ing ['weɪtɪŋ] s espera f; serviço m; **in ~** em serviço; **~-room** s sala f de espera.

wait•ress [weɪtrɪs] s criada f de mesa.

waive [weɪv] v/t renunciar a, desistir de.

wake [weɪk] **1.** s mar. esteira f (a. fig.); **in the ~ of** na esteira de (of a ship); fig. na sequência de; **2.** (**woke** or **waked, woken** or **waked**) v/i and v/t a. **~ up** acordar; **~•ful** adj □ acordado, desperto; atento; **wak•en** → **wake** 2.

walk [wɔːk] **1.** v/i andar (a. sports), percorrer a pé; passear; vaguear; **~ out** econ. fazer greve; **~ out on** F abandonar, boy-, girlfriend: deixar, abandonar; v/t andar a pé; dog: levar à rua; levar a passear; horse: levar à mão; vaguear, andar de um lado para o outro; **2.** s passeio m; hike: excursão f a pé, caminhada f; **a 5 minutes' ~** cinco minutos a pé; **~ of life** estrato m social; **~•a•bout** s of politician, etc.: banho m de multidão; **~•er** s caminhante m/f; **be a good ~** gostar de andar a pé.

walk•ie-talk•ie [wɔːkɪ'tɔːkɪ] s transmissor-receptor m portátil, walkie-talkie m.

walk•ing ['wɔːkɪŋ] s caminhada f; marcha f; modo m de andar; **~ pa•pers** s pl Am. F nota f de despedimento; **~-stick** s bengala f; **~-tour** s excursão f a pé.

walk|-out econ. ['wɔːkaʊt] s greve f; **~-o•ver** s F fig. vitória f fácil; **~-up** s Am. andar m num prédio sem elevador.

wall [wɔːl] **1.** s parede f; muro m; muralha f; **2.** v/t a. **~ in** murar; emparedar; **~ up** fechar com parede.

wal•let ['wɒlɪt] s carteira f.

wall•flow•er fig. ['wɔːlflaʊə] s moça que fica sem dançar por não ter par.

wal•lop F ['wɒləp] v/t espancar.

wal•low ['wɒləʊ] v/i espojar-se; chafurdar.

wall|-pa•per ['wɔːlpeɪpə] **1.** s papel m de parede; **2.** v/t forrar a parede

com papel; **~-sock•et** *s electr.* tomada *f* de parede; **~-to-~** *adj*: ~ **carpet**
alcatifa *f.*

wal•nut *bot.* ['wɔːlnʌt] *s* noz *f;* nogueira *f.*

wal•rus *zoo.* ['wɔːlrəs] *s* morsa *f.*

waltz [wɔːls] **1.** *s* valsa *f;* **2.** *v/i* valsar.

wand [wɒnd] *s* varinha *f* mágica, varinha *f* de condão.

wan•der ['wɒndə] *v/i* vaguear, errar;
fig. divagar; delirar.

wane [weɪn] **1.** *v/i* minguar *(moon);*
fig. diminuir; **2.** *s* diminuição *f;* mín-
gua *f.*

wan•gle F ['wæŋgl] *v/t* arranjar; conseguir com artimanhas; *v/i* fazer batota.

wank V [wæŋk] **1.** *v/i* V bater uma
punheta; **2.** *s*: **have a ~** bater uma
punheta; **~•er** *s fig.* cretino *m.*

want [wɒnt] **1.** *s* necessidade *f* **(of** de);
falta *f;* carência *f;* **2.** *v/i* sentir falta de
(for); **he ~s for nothing** ele não
tem falta de nada; *v/t* desejar, querer;
need: precisar, necessitar; **you ~
to...** tu deves…; **it ~s sth.** falta-lhe
qualquer coisa; **he ~s energy** falta-
-lhe energia; **~ed** procurado; **~-ad** *s*
F anúncio *m* classificado; **~•ing** *adj*:
be ~ carecer de **(in)**.

wan•ton ['wɒntən] *adj* □ arbitrário;
desumano; licencioso, impúdico.

war [wɔː] *s* guerra *f;* **make** *or* **wage ~**
fazer guerra **(on, against)** a, contra.

war•ble ['wɔːbl] *v/i and v/t* gorjear,
chilrear.

ward [wɔːd] **1.** *s* enfermaria *f;* quarto
m de hospital; ala *f* de prisão; cela *f* de
prisão; círculo *m* eleitoral; *jur.* custódia *f,* tutela *f;* **in ~** *jur.* sob custódia,
sob tutela; **2.** *v/t*: **~ off** repelir; desviar; **war•den** *s* guarda *m/f;* vigilante
m/f; univ. reitor/a *m/f; Am.* director *m/
f* de prisão; **~•er** *s Br.* guarda *m/f*
prisional.

war•drobe ['wɔːdrəʊb] *s* roupeiro *m;*
guarda-roupa *m;* ~ **trunk** mala-rou-
peiro *f.*

ware [weə] *s in compounds:* artigos *m pl,*
mercadorias *f pl;* **~•house 1.** *s* armazém *m;* depósito *m;* **2.** *v/t* armazenar.

war|fare ['wɔːfeə] *s* guerra *f;* luta *f;*
~•head *s mil.* ogiva *f (of missile,
etc.).*

war•i•ness ['weərɪnɪs] *s* cuidado *m,*
prudência *f.*

war•like ['wɔːlaɪk] *adj* guerreiro.

warm [wɔːm] **1.** *adj* □ quente *(a. fig.);*
morno; *applause:* entusiástico; *smile:*
caloroso, acolhedor; **2.** *s* aquecimento
m; **3.** *v/t a.* ~ **up** aquecer; *v/i a.* ~ **up**
aquecer-se; aquecer *(engine, etc.);*
sports: aquecer, fazer o aquecimento;
~-heart•ed *adj* caloroso, *person:*
afectuoso; **~th** *s* calor *m.*

warn [wɔːn] *v/t* avisar, prevenir **(of,
against** de, contra); chamar a atenção; acautelar; **~•ing** *s* aviso *m;* advertência *f.*

warp [wɔːp] **1.** *v/i* empenar *(wood); v/t*
fig. deturpar; influenciar; **2.** *s* teia *f,*
urdidura *f.*

war|rant ['wɒrənt] **1.** *s* procuração *f;*
garantia *f; jur.* mandado *m* de busca;
~ of arrest *jur.* mandado *m* de prisão; **2.** *v/t* autorizar, permitir; garantir; **~•ran•ty** *s econ.*: **it's still under
~** ainda está na garantia.

war•ri•or ['wɒrɪə] *s* guerreiro *m.*

wart [wɔːt] *s* verruga *f.*

war•y ['weərɪ] *adj* □ **(-ier, -iest)** cuidadoso, cauteloso.

was [wɒz, wəs] *1. and 3. sg pret of
be.*

wash [wɒʃ] **1.** *v/t* lavar; ~ **up** lavar a
loiça; *v/i* lavar-se; *by the sea, river:*
ser levado, ser arrastado; ~ **up** *Br.* lavar a loiça; **2.** *s* lavagem *f;* roupa *f*
para lavar; aluvião *m;* águas *f pl* residuais; esteira *f* (de navio); **mouth-**
elixir (dentífrico) *m;* **~•a•ble** *adj* lavável; **~-and-wear** *adj* roupa que
não precisa de ser engomada; **~-
ba•sin** *s* lavatório *m;* **~•cloth** *s Am.*
pano *m* turco para lavar o corpo; **~•er**
s lavadeira *f;* máquina *f* de lavar a
roupa; → **dishwasher;** *tech.* torno
m; **~•ing** *s* lavagem *f;* roupa (suja *or*
lavada); **~•ing ma•chine** *s* máquina
f de lavar; **~•ing pow•der** *s* detergente *m;* **~•ing-up** *s Br.* loiça para
lavar; **~•rag** *s Am.* esfregão; **~•y** *adj*
(-ier, - iest) aguado, ralo; diluído.

wasp *zoo.* [wɒsp] *s* vespa *f.*

wast•age ['weɪstɪdʒ] *s* desperdício
m; perda *f;* desgaste *m.*

waste [weɪst] **1.** *adj land:* baldio *m;*
superfluous: supérfulo, de sobra; **lay**

337

~ devastar, destruir; **2.** *s* desperdício *m; refuse:* lixo *m; land:* deserto *m;* terra *f* inculta, baldio *m;* **3.** *v/t* desperdiçar; perder *(time);* ~ **a•void••ance** *s* redução *f* dos lixos; ~ **dis•pos•al** *s* remoção *f* dos lixos; ~ **unit** triturador *m* de lixo; ~**•ful** *adj* □ esbanjador; dispendioso; ~ **pa•per** *s* papel *m* usado; ~(-**pa•per**) **bas•ket** *s* cesto *m* de papéis; ~ **pipe** *s* tubo *m* de descarga de lixo; ~ **prod•uct** *s* resíduo *m;* ~ **re•duc•tion** *s* redução *f* dos lixos; ~ **wa•ter** *s* águas *f pl* residuais; ~ **treatment** tratamento de águas residuais.

watch [wɒtʃ] **1.** *s* vigia *f;* relógio *m;* **2.** *v/i* observar, olhar; ~ **for** esperar por; ~ **out (for)** estar à espera de; ~ **out!** atenção! cuidado!; *v/t* observar; ver; assistir; prestar atenção; *chance:* esperar; ~**•dog** *s* cão *m* de guarda; *fig.* guarda *m/f;* ~**•ful** *adj* □ vigilante; atento; ~**•mak•er** *s* relojoeiro/a *m/f;* ~**•man** *s* guarda *m,* guarda-nocturno *m.*

wa•ter ['wɔːtə] **1.** *s* água *f;* águas *f pl;* **the ~s** águas *f pl* medicinais; **drink** or **take the ~s** fazer uma cura de águas; **2.** *v/t* regar; dar de beber a; aguar; *fig.* trivializar; *v/i* bochechar *(mouth);* pôr de molho; lacrimejar *(eyes);* ~ **can•non** *s* canhão *m* de água; ~ **clos•et** *s* sanitários *m pl;* ~**•col•o(u)r** *s* aguarela *f;* ~**•course** *s* curso *m* de água; leito *m* de rio; canal *m;* ~**•fall** *s* queda *f* d'água; ~**•front** *s* zona *f* portuária; orla *f* marítima; ~ **ga(u)ge** *s tech.* indicador *m* do nível da água; ~**•hole** *s* poço *m.*

wa•ter•ing ['wɔːtərɪŋ] *s* irrigação *f;* abastecimento *m* de água; acção de dar de beber aos animais; ~**-can** *s* regador *m;* ~**-place** *s* bebedouro *m;* local *m* de banhos; ~**-pot** *s* regador *m.*

wa•ter| lev•el ['wɔːtəlev] *s* nível *m* da água; linha *f* d'água; *tech.* nível *m;* ~ **main** *s tech.* conduta *f* d'água; ~**•mark** *s print.* marca *f* d'água; ~**•mel•on** *s bot.* melancia *f;* ~ **pol•lu•tion** *s* poluição *f* das águas; ~ **po•lo** *s sports:* pólo *m* aquático; ~**•proof 1.** *adj* à prova de água; **2.** *s* gabardina *f;* **3.** *v/t* impermeabilizar;

~**•shed** *s geogr.* linha divisória das águas; bacia *f* hidrográfica; *fig.* momento *m* difícil; ~**•side** *s* margem *f* de rio; beira-mar; ~ **ski•ing** *s sports:* esqui *m* aquático; ~**•tight** *adj* à prova de água; hermético; *fig.* claro, explícito; ~**•way** *s* curso d'água navegável; ~**•works** *s often sg* sistema *m* hidráulico; serviço *m* de águas; **turn on the** ~ *fig.* F chorar copiosamente, lavar-se em lágrimas; ~**•y** *adj* aguado; húmido.

watt *electr.* [wɒt] *s* watt *m.*

wave [weɪv] **1.** *s* onda *f (a. phys.);* aceno *m;* sinal *m;* **2.** *v/t* ondear, ondular; balançar; ~ **s.o. aside** afastar alguém com um gesto; *v/i* flutuar; ~ **at** or **to s.o.** acenar para alguém, fazer um sinal; dizer adeus; ~**•length** *s phys.* comprimento *m* de onda *(a. fig.).*

wa•ver ['weɪvə] *v/i hesitate:* vacilar; *light:* tremeluzir.

wav•y ['weɪvɪ] *adj (-ier, -iest)* ondulado; ondulante.

wax[1] [wæks] **1.** cera *f;* lacre *m;* cera *f* do ouvido; **2.** *v/t* encerar.

wax[2] [ ] *v/i* crescer *(moon).*

wax|works ['wækswɜːks] *s sg* museu *m* de cera; ~**•y** *adj (-ier, -iest)* feito de cera; mole.

way [weɪ] **1.** *s* caminho *m;* rua *f;* maneira *f,* modo *m;* direcção *f; fig.* ponto *m* de vista, opinião *f;* estado *m;* ~ **in** entrada *f;* ~ **out** saída *f; fig.* solução *f;* **right of** ~ *jur.* direito *m* de passagem; *esp. mot.* prioridade *f;* **this** ~ por aqui; **by the** ~ a propósito; **by• of** por, por intermédio de; como; **on the** ~, **on one's** ~ a caminho, no caminho; **out of the** ~ fora de caminho, fora de mão; **under** ~ em andamento; a caminho; **give** ~ recuar, ceder; *mot.* dar prioridade (**to** a); **have one's** ~ levar a melhor; **lead the** ~ conduzir, indicar o caminho; **2.** *adv* longe; ~ **off** muito longe; ~ **back** há muito tempo; ~**•bill** *s* conhecimento *m;* ~**•lay** *v/t (-laid)* armar uma cilada or emboscada; ~ **sta•tion** *s Am.* apeadeiro *m;* ~ **train** *s Am.* comboio *m* que pára em todas as estações; ~**•ward** *adj* □ teimoso; caprichoso.

we [wiː, wɪ] *pron* nós.

weak [wi:k] *adj* □ fraco; débil; aguado *(drink);* ~•**en** *v/t* enfraquecer; diminuir; *v/i* enfraquecer-se; ~•**ling** *s*
pessoa *f* fraca; ~-**mind•ed** *adj* fraco
de espírito; ~•**ness** *s* fraqueza *f;* ponto *m* fraco.

weal [wi:l] *s* vergão *m.*

wealth [welθ] *s* riqueza *f;* econ. posses *f pl,* bens *m pl;* fortuna *f; fig.* abundância *f;* ~•**y** *adj (-ier, -iest)* rico.

wean [wi:n] *v/t* desmamar; ~ *s.o.
from sth.* desabituar alguém de alguma coisa.

weap•on ['wepən] *s* arma *f.*

wear [weə] **1.** *(wore, worn) v/t* clo-
thing, etc.: usar, vestir; *a.* ~ *away,* ~
down, ~ *off,* ~ *out clothes, etc.:*
gastar, desgastar; *tyres:* gastar; *a.* ~
out esgotar; *patience:* esgotar; *a.* ~
away, ~ *down* esgotar, acabar com;
v/i shoes, etc.: usar, calçar; *last:* conservar-se; *a.* ~ *away,* ~ *down,* ~ *off,*
~ *out* desgastar-se, gastar-se, esgotar-se; ~ *off fig.* perder-se; ~ *on* alon-
gar-se, arrastar-se *(time, etc.);* ~ *out
fig.* esgotar-se; **2.** *s* uso *m;* desgaste
m; roupa *f; for hard* ~ para serviços
pesados, resistente; *the worse for* ~
desgastado, gasto; ~ *and tear s* desgaste *m;* ~•**er** *s* aquele/a que usa.

wear|i•ness ['wɪərɪnɪs] *s* cansaço *m;*
esgotamento *m;* ~•**i•some** *adj* □ cansativo; aborrecido; ~•**y** ['wɪərɪ] **1.** *adj*
□ *(-ier, -iest)* cansado; esgotado;
aborrecido, deprimido; **2.** *v/t and v/i*
cansar, aborrecer; cansar-se de *(of).*

wea•sel *zoo.* ['wi:zl] *s* doninha *f.*

weath•er ['weðə] **1.** *s* tempo *m;* **2.** *v/t* expor às intempéries; *storm:* resistir a; *v/i* desintegrar-se por influência
do tempo; desgastar-se; ~-**beat•en**
adj desgastado pelo tempo; curtido;
~ **bu•reau** *s* estação *f* meteorológi-
ca; ~ **chart** *s* boletim *m* meteorológico; ~ **fore•cast** *s* previsão *f* do
tempo; ~-**worn** *adj* gasto, curtido
pelo tempo.

weave [wi:v] *v/t and v/i (wove, woven)* tecer; *fig.* compor, imaginar;
weav•er *s* tecelão/tecelã *m/f.*

web [web] *s* teia *f;* rede *f;* membrana *f*
natatória.

wed•ding ['wedɪŋ] **1.** *s* casamento *m;*
bodas *f pl; ceremony:* casamento *m;*

2. *adj* nupcial; ~ *ring* aliança *f* de
casamento.

wedge [wedʒ] **1.** *s* cunha *f;* calço *m;*
2. *v/t* segurar com cunha; entalar por
meio de cunha *(in).*

Wednes•day ['wenzdɪ] *s* quarta-feira
f.

wee [wi:] *adj* pequenino, minúsculo; F
a ~ *bit* um bocadinho.

weed [wi:d] **1.** *s* erva *f* daninha; **2.** *v/t*
mondar, tirar as ervas daninhas; ~ *out
fig.* eliminar; *v/i* mondar; ~-**kill•er** *s*
herbicida *m;* ~•**y** *adj (-ier, -iest)* infestado de ervas; F *fig.* fracote.

week [wi:k] *s* semana *f; today* ~, *this
day* ~ daqui a oito dias; *a* ~ *on Monday, Monday* ~ de segunda a oito
dias; ~•**day** *s* dia *m* de semana, dia
útil; *on* ~*s* durante a semana; ~•**end** *s*
fim de semana; *a long* ~ um fim-
-de-semana prolongado; ~•**end•er** *s*
pessoa *f* que passa o fim-de-semana
fora; ~•**ly 1.** *adj* semanal; ~ *season-
ticket* bilhete válido para um fim-de-
semana; **2.** *s a.* ~ *paper* semanário *m.*

weep [wi:p] *v/i and v/t (wept)* chorar;
~•**ing** *adj:* ~ *willow bot.* salgueiro *m*
chorão; ~•**y** *adj* F *(-ier, -iest)* choroso, lacrimoso.

weigh [weɪ] *v/t and v/i* pesar; *fig.* avaliar; ~ *anchor mar.* levantar ferro;
~-**ed down** prostrado; ~ *on,* ~ *upon*
pesar sobre, carregar sobre.

weight [weɪt] **1.** *s* peso *m (a. fig.);*
carga *f; fig.* significado *m; fig.* encargo *m,* responsabilidade *f; put on* ~,
gain ~ engordar; *lose* ~ emagrecer;
2. *v/t* carregar; pesar sobre; ~•**less**
adj leve; ~•**less•ness** *s* ausência *f* de
peso; ~ *lift•ing s sports:* halterofilia
f; ~•**y** *adj* □ *(-ier, -iest)* pesado; importante.

weir [wɪə] *s* represa *f,* açude *m.*

weird [wɪəd] *adj* □ esquisito, estranho.

wel•come ['welkəm] **1.** *adj* bem-vin-
do; *you are* ~ *to inf* pode, tem toda a
liberdade de; *(you are)* ~*!* de nada;
às suas ordens; **2.** *s* boas-vindas *f pl,*
recepção *f* amável; **3.** *v/t* dar as boas-
-vindas a, acolher; *fig.* cumprimentar.

weld *tech.* [weld] *v/t* soldar.

wel•fare ['welfeə] *s* bem-estar *m;* assistência *f* social; ~ *state s pol.* esta-

W

339

well

do *m* providência; **~ work** *s* trabalho *m* social; **~ work•er** *s* trabalhador/a *m/f* da assistência social.

well[1] [wel] **1.** *s* poço *m;* fonte *f;* nascente *f; tech.* poço *m* de elevador, de luz, de ar; **2.** *v/i* nascer, jorrar.

well[2] [_] **1.** *adj and adv (better, best)* bom; bem; certo; saudável; *be ~, feel ~* sentir-se bem; *be ~ off* ser rico; **2.** *int* bem! bom! incrível; **~•bal•anced** *adj* equilibrado *(diet);* sensato *(person);* **~•be•ing** *s* bem-estar *m;* **~•born** *adj* de boas famílias; **~•de•fined** *adj* claro, explícito; **~•done** *adj* muito bem! bem passado *(meat);* **~•in•ten•tioned** *adj* bem-intencionado; **~•kept** *adj* bem tratado; em bom estado; **~•known** *adj* conhecido; **~•man•nered** *adj* bem-educado, com boas maneiras; **~•off** *adj* rico; **~•read** *adj* culto; **~•timed** *adj* oportuno; **~•to-do** *adj* rico, abastado; **~•worn** *adj* gasto; batido.

Welsh [welʃ] **1.** *adj* galês; **2.** *s ling.* galês; *the ~ pl* os galeses; **~ rab•bit, ~ rare•bit** *s* tosta *f* de queijo.

welt [welt] *s* vergão *m.*

wel•ter ['weltə] *s* tumulto *m;* confusão *f.*

went [went] *pret of* **go** 1.

wept [wept] *pret and pp of* **weep.**

were [wɜː, wə] *pret of* **be.**

west [west] **1.** *s* oeste *m;* ocidente *m;* *the ~* o Oeste *(of the USA);* *pol.* ocidente *m;* **2.** *adj* ocidental; **3.** *adv* para ocidente; **~•er•ly** *adj* ocidental; **~•ern 1.** *adj* ocidental; **2.** *s* western *m,* filme *m* de *cowboys;* **~•ward(s)** *adj and adv* para ocidente, para oeste.

wet [wet] **1.** *adj* molhado, húmido; F *weak:* F mole, fracote; **2.** *s* humidade *f;* F *Br. (a. pol.)* F fracalhote/a *m/f,* medricas *m/f;* **3.** *v/t (-tt-; wet or wetted)* molhar; humedecer.

weth•er *zoo.* ['weðə] *s* carneiro *m.*

wet•lands ['wetlændz] *s pl* regiões *f pl* húmidas; **~•nurse** *s* ama de leite.

whack [wæk] **1.** *s* pancada *f,* golpe *m;* F parte *f,* porção *f;* **2.** *v/t* F bater; **~ed** *adj* F *exhausted:* estoirado, esgotado; **~•ing 1.** *adj and adv* F enorme; **2.** *s* sova *f.*

whale *zoo.* [weɪl] *s* baleia *f;* **~•bone** *s* barba *f* de baleia; **~ oil** *s* óleo *m* de baleia.

whal•er ['weɪlə] *s* baleeiro *m (a. ship);* **~•ing** *s* pesca *f* da baleia.

wharf [wɔːf] *s (pl* **wharfs, wharves** [_vz])* cais *m.*

what [wɒt] **1.** *pron* quê, o que; aquilo que; que; *know ~'s ~* ser bem informado; *~ about...?* e que tal...; *~ for?* para quê?; *~ of it?, so ~* e depois?; *~ next?* e agora? e que mais? mais alguma coisa?; *and ~'s more* e além disso; *~ luck!* mas que sorte! **2.** *int* o quê! como! *interrogative:* o quê? como? **~•(so•)ev•er** *adj and pron* qualquer que; tudo o que; por mais que.

wheat *bot.* [wiːt] *s* trigo *m.*

wheel [wiːl] **1.** *s* roda *f;* *mot.* volante *m;* *potter's ~* roda *f* de oleiro; *movement:* rotação *f;* *mil.* conversão *f;* **2.** *v/t and v/i* girar, dar voltas; voltar-se; **~•bar•row** *s* carrinho *m* de mão; **~•chair** *s* cadeira *f* de rodas; **~ clamp** *s mot.* gancho *m* para imobilizar automóveis; **~ed** *adj* com rodas.

-wheel•er ['wiːlə] *in compounds:* veículo *m* com rodas.

wheeze [wiːz] *v/i* respirar com dificuldade.

whelp [welp] **1.** *s zoo.* filhote *m,* cria *f;* *dated* F *naughty child:* rapaz *m* maroto; **2.** *v/i* ter crias.

when [wen] **1.** *adv* quando; **2.** *cj* quando, durante; embora.

when•ev•er [wen'evə] *cj* sempre que; quando quer que.

where [weə] *adv and cj* onde; para onde; *~... from?* donde...? *~... to?* para onde?; **~•a•bouts 1.** *adv* [weərə'baʊts] onde, por onde, **2.** *s* ['weərəbaʊts] paradeiro *m;* **~•as** *cj* ao passo que; **~•by** *adv* pelo que, por meio do que; **~•upon** *cj* depois do que; **wher•ev•er** *adv* onde quer que; **~•with•al** *s* F recursos *m pl;* meios *m pl* financeiros.

whet [wet] *v/t (-tt-)* afiar; aguçar; *fig.* abrir, estimular (apetite).

wheth•er ['weðə] *cj* se; quer; ou; *~ or no* quer sim quer não.

whet•stone ['wetstəʊn] *s* pedra *f* de amolar.

whey [weɪ] *s* soro *m* de leite.
which [wɪtʃ] **1.** *adj* que, qual; **2.** *pron* que; o que; o qual; **~•ev•er** *adj and pron* qualquer que; seja qual for.
whiff [wɪf] **1.** *s* brisa *f;* baforada *f;* cheiro *m;* F cigarrilha *f; puff:* F passa *f; have a few ~s* dar umas passas; **2.** *v/t and v/i* fumar; dar baforadas; *smell:* F cheirar.
while [waɪl] **1.** *s* espaço *m* de tempo; tempo *m; for a ~* durante algum tempo; **2.** *v/t mst ~ away time:* passar o tempo; **3.** *cj a.* **whilst** [waɪlst] enquanto.
whim [wɪm] *s* capricho *m;* fantasia *f.*
whim•per ['wɪmpə] **1.** *v/i and v/t* choramingar; lastimar-se; **2.** *s* choradeira *f;* lamúria *f.*
whim|si•cal ['wɪmzɪkl] *adj* □ esquisito; extravagante; caprichoso *(a. weather, etc.);* **~•sy** *s* capricho *m;* extravagância *f.*
whine [waɪn] *v/i* ganir *(dog).*
whin•ny ['wɪnɪ] *v/i* relinchar.
whip [wɪp] **1.** *(-pp-) v/t* chicotear; açoitar; bater; *a. eggs, cream:* bater; *~ped cream* natas *f pl* batidas, chantilly *m; ~ped eggs pl* claras *f pl* em castelo; *v/i* voar, correr; **2.** *s* chicote *m;* açoite *m; Br. parl.* líder *m/f* da bancada parlamentar.
whip•ping ['wɪpɪŋ] *s* surra *f,* sova *f; ~ boy s* bode *m* expiatório.
whirl [wɜːl] **1.** *v/i* redemoinhar; girar; **2.** *s* remoinho *m;* turbilhão *m; ~•pool s* remoinho *m* (de água); sorvedouro *m; (a. fig.);* **~•wind** *s* remoinho *m* de vento; furacão *m;* tufão *m (a. fig.).*
whir(r) [wɜː] *v/i (-rr-)* zumbir.
whisk [wɪsk] **1.** *s* movimento *m* rápido e repentino; rabanada *f;* espanador *m; cooking:* batedeira *f;* **2.** *v/t* arrebatar, levar rapidamente; *eggs:* bater; *~ its tail horse:* abanar a cauda; *~ away* fazer desaparecer rapidamente; levar; **whis•ker** *s* pêlo *m* do bigode; bigode *m* de animal; *~s pl* suíças *f pl.*
whis•per ['wɪspə] **1.** *v/i and v/t* murmurar; **2.** *s* murmúrio *m;* sussurro *m; in a ~, in ~s* baixinho, num murmúrio.
whis•tle ['wɪsl] **1.** *v/i and v/t* assobiar; **2.** *s* assobio *m;* apito *m; ~ stop s Am.*

rail. pequena cidade do interior; *pol. of candidate:* viagem *f* eleitoral.
Whit [wɪt] *in compounds:* relativo ao Pentecostes.
white [waɪt] **1.** *adj (~r, ~st)* branco; puro; F honesto; **2.** *s* brancura *f;* branco *m; ~•col•lar adj* relativo a escritório; *~ worker* empregado/a *m/f* de escritório; *~ crime* burla *f* financeira; *~ el•e•phant s* F elefante *m* branco; *(costly)* investimento *m* mal feito e dispendioso; *~ heat s fig.* raiva *f,* ódio *m; ~ horse s* crista *f* de onda; **♀ House** *s pol.* a Casa Branca; *~ knight s fig.* salvador *m; ~ lie s* mentira *f* inofensiva; **whit•en** *v/t and v/i* branquear; **~•ness** *s* brancura *f;* **~•wash 1.** *s* cal *f;* caiação *f;* **2.** *v/t* caiar.
whit•ish ['waɪtɪʃ] *adj* esbranquiçado.
Whit•sun ['wɪtsn] **1.** *adj* relativo ao Pentecostes; **2.** *s* Pentecostes *m; ~•tide s* semana *f* do Pentecostes.
whiz(z) [wɪz] *v/i (-zz-)* zunir; sibilar; *~ kid s* F génio *m;* prodígio *m.*
who [huː, hʊ] *pro* quem; o qual.
who•dun(n)•it F [huː'dʌnɪt] *s* romance *m* policial.
who•ev•er [huː'evə] *pron* quem quer que.
whole [həʊl] **1.** *adj* □ todo; inteiro; intacto; **2.** *s* o todo *m; the ~ of London* toda a cidade de Londres; *on the ~* no todo, no geral, no conjunto; *~•heart•ed adj* □ sincero; *~•meal adj* cereal *m* integral; *~ bread* pão *m* integral; *~•sale s econ.* venda *f* por atacado; *~ dealer → ~•sal•er s econ.* grossista *m; ~•some adj* □ saudável; *~ wheat esp. Am. → whole-meal.*
whol•ly ['həʊlɪ] *adv* totalmente, completamente.
whom [huːm, hʊm] *pron* que, o qual, quem; *rel.* a quem, o qual, os quais.
whoop [huːp] **1.** *s (esp.* de alegria) *a. ~s* hei! eh! ena!; *med.* coqueluche *f (in whooping cough);* **2.** *v/i* gritar, a. *~ with joy* gritar de alegria; *v/t ~ it up* F fazer barulho; *~•ing cough s med.* coqueluche *f,* tosse *f* convulsa.
whore [hɔː] *s v* puta *f.*
whose [huːz] *pron.* de quem; *rel.* de quem, cujo/a, cujos/as.

why [waɪ] **1.** *adv* porquê? por que; ~ *so?* como? **2.** *int.* ora essa! essa agora!

wick [wɪk] *s* mecha *f*; pavio *m*.

wick•ed ['wɪkɪd] *adj* □ mau, malvado; ~**ness** *s* maldade *f*.

wick•er ['wɪkə] *adj* de vime, feito de vime; ~ *basket* cesto *m* de vime; ~ *chair* cadeira *f* de vime; ~*work* trabalhos *m pl* de vime.

wick•et ['wɪkɪt] *s cricket:* arco *m*.

wide [waɪd] *adj and adv* largo; vasto; extenso; amplo; *six meters* ~ com seis metros de largura; ~ *awake* completamente acordado; **wid•en** *v/t and v/i* alargar(-se); aumentar *(knowledge, etc.);* ~**•o•pen** *adj* totalmente aberto; *Am. laws: appr.* liberal, tolerante; ~**•spread** *adj* difundido, comum; abrangente.

wid•ow ['wɪdəʊ] *s* viúva *f*; ~*ed adj* viúvo; ~**•er** *s* viúvo *m*.

width [wɪdθ] *s* largura *f*.

wield [wiːld] *v/t influence, etc.:* exercer; empunhar, brandir.

wife [waɪf] *s (pl wives* [waɪvz]) esposa *f*.

wig [wɪg] *s* peruca *f*.

wild [waɪld] **1.** *adj* □ selvagem; louco, desvairado; extravagante; ~ *about* doido por; **2.** *adv: run* ~ crescer desordenadamente, sem controlo *(garden, etc.; a. children); talk* ~ dizer disparates, falar sem sentido; **3.** *s a.* ~*s pl* terras *or* regiões *f pl* selvagens; ~*cat* **1.** *s zoo.* gato *m* selvagem; *econ. Am.* negócio *m* fraudulento; **2.** *adj* selvagem *(strike); econ. Am.* fraudulento; **wil•der•ness** ['wɪldənɪs] *s* selva *f*; região *f* deserta; deserto *m*; ~**•fire** *s: like* ~ rapidamente; ~**•life** *s coll.* vida *f* selvagem (animais e plantas).

will [wɪl] **1.** *s* vontade *f*; querer *m*; testamento *m*; *of one's own free* ~ de nossa livre vontade; **2.** *v/aux (pret* **would;** *negative:* ~ *not,* **won't);** **3.** *v/t* desejar; obrigar, forçar; decidir; *jur.* legar.

wil(l)•ful ['wɪlfl] *adj* □ teimoso; *jur.* premeditado.

will•ing [wɪlɪŋ] *adj* □ disposto, pronto; voluntarioso; ~**•ness** *s* teimosia *f*; prontidão; disponibilidade.

wil•low *bot.* ['wɪləʊ] *s* salgueiro *m*; ~**•y** *adj fig.* esbelto, gracioso, elegante.

will•pow•er ['wɪlpaʊə] *s* força *f* de vontade.

wil•ly-nil•ly [wɪlɪ'nɪlɪ] *adv* quer queira quer não; indeciso.

wilt [wɪlt] *v/i* murchar.

wi•ly ['waɪlɪ] *adj* □ *(-ier, -iest)* esperto, manhoso.

win [wɪn] **1.** *(-nn-; won)* *v/t* ganhar, vencer; conseguir, obter; alcançar; ~ *s.o. over* or *round* conquistar alguém; *v/i* ganhar; **2.** *s sports:* vitória *f*.

wince [wɪns] *v/i* assustar-se; encolher-se de medo.

winch [wɪntʃ] *s* guincho *m*.

wind[1] [wɪnd] **1.** vento *m*; fôlego *m*; aragem *f*; *med.* gases *m pl*, flatulência *f*; *the* ~*s* instrumentos *m pl* de sopro; *a load of* ~ F palavrório *m*; **2.** *v/t hunt.* farejar; *make breathless:* ficar sem fôlego.

wind[2] [waɪnd] *(wound)* *v/t* enrolar; envolver; dobar *(winded or wound) horn:* soprar; ~ *up clock, etc.:* dar corda; *v/i* serpentear; ~ *up (esp.* conversa) terminar, acabar *(by saying* dizendo, com as palavras).

wind|bag F ['wɪndbæg] *s* falador/a *m/f*; ~**•fall** *s fruit:* fruta *f* caída; *fig.* sorte *f* inesperada; F chuva *f* quente.

wind•ing ['waɪndɪŋ] **1.** *s* curva *f*; volta *f*; **2.** *adj* sinuoso; ~ *stairs pl* escadas *f pl* em caracol.

wind-in•stru•ment *mus.* ['wɪndɪnstrəmənt] *s* instrumento *m* de sopro.

wind•mill ['wɪnmɪl] *s* moinho *m* de vento.

win•dow ['wɪndəʊ] *s* janela *f*; *of bank, etc.:* guichê *m*; ~**•dress•ing** *s* decoração *f* de montras; *fig.* fachada *f*, aparência *f*; ~ *shade s Am.* toldo *m*; ~ *shop•ping s: to go* ~ ir ver as montras.

wind|pipe *anat.* ['wɪndpaɪp] *s* traqueia *f*; ~**•screen,** *Am.* ~**•shield** *s mot.* pára-brisas *m*; ~ *wiper* limpa-pára-brisas *m*; ~**•surf•ing** *s sports:* windsurfing *m*.

wind•y ['wɪndɪ] *adj* □ *(-ier, -iest)* ventoso; *person:* pomposo, fútil.

wine [waɪn] *s* vinho *m*; ~**•press** *s* prensa *f* de vinho.

wing [wɪŋ] **1.** *s* asa *f (a. aer., mil., arch., sports, zoo); Br. mot.* guarda-lamas *m;* ala *f; aer., mil.* esquadrilha *f;* **~s** *pl thea.* bastidores *m pl;* **take ~s** levantar voo, libertar-se; fugir; **2.** *v/i and v/t* voar; *fig.* apressar, acelerar.

wink [wɪŋk] **1.** *s* piscadela *f;* **not get a ~ of sleep** não pregar olho; → **forty ;** **2.** *v/i* piscar o olho; pestanejar; *(a. v/t:* **~ one's lights);** **~ at** fazer de conta que não vê.

win|ner ['wɪnə] *s* vencedor/a *m/f;* **~•ning 1.** *adj* □ vencedor; cativante, sedutor; **2.** **~s** *pl* ganhos *m pl.*

win|ter ['wɪntə] **1.** *s* Inverno *m;* **2.** *v/i* passar o Inverno; **~ter sports** *s pl* desportos *m pl* de Inverno; **~•try** *adj* invernoso; *fig.* frio, reservado.

wipe [waɪp] *v/t* limpar; secar; **~ out** apagar; liquidar; *fig.* aniquilar, exterminar; **~ up** limpar, secar; **wip•er** *s mot.* limpa-pára-brisas *m.*

wire ['waɪə] **1.** *s* arame *m; electr.* fio *m* eléctrico; F telegrama *m;* **pull the ~s** puxar os cordelinhos, exercer influência; **2.** *v/t* fazer a instalação eléctrica; telegrafar; **~•less 1.** *adj* □ sem fios; **2.** *s Br. dated* rádio *m;* **on the ~** no rádio; **~ net•ting** *s* rede *f* de arame; **~•tap** *v/i (-pp-)* fazer escuta telefónica; pôr um telefone sob escuta.

wir•y ['waɪərɪ] *adj* □ *(-ier, -iest)* fibroso, rijo.

wis•dom ['wɪzdəm] *s* sabedoria *f;* saber *m;* bom senso *m;* **~ tooth** dente *m* do siso.

wise[1] [waɪz] *adj* □ *(~r, ~st)* sensato, prudente; sábio; esperto; **~ guy** F espertalhão *m.*

wise[2] *dated* [~] *s* modo *m;* maneira *f.*

wise•crack F ['waɪzkræk] **1.** *s* piada *f;* **2.** *v/i* dizer piadas.

wish [wɪʃ] **1.** *v/t and v/i* desejar; querer; **~ for** desejar alguma coisa; **~ s.o. well (ill)** desejar bem (mal) a alguém; **2.** *s* desejo *m;* **~•ful** *adj* □ desejoso, ansioso; saudoso; **~ thinking** desejo *m* irreal.

wish•y-wash•y ['wɪʃɪwɒʃɪ] *adj drink:* aguado, fraco, diluído; *fig.* tolo, insípido, mole.

wist•ful ['wɪstfl] *adj* □ saudoso, triste.

wit [wɪt] *s* graça *f;* presença *f* de espírito; **~s** *pl* compreensão *f;* juízo *m;*

be at one's ~'s *or* **~s' end** não saber o que fazer, estar desesperado; **keep one's ~s about one** manter o sangue-frio, manter a cabeça fria.

witch [wɪtʃ] *s* bruxa *f;* feiticeira *f;* **~•craft, ~•e•ry** *s* bruxaria *f;* feitiçaria *f;* **~-hunt** *s pol.* caça às bruxas *(for, against).*

with [wɪð] *prep* com; por, a, em de; por meio de, através de; **~ it** F moderno, em dia; conhecedor de uma situação.

with•draw [wɪð'drɔː] *(-drew, drawn) v/t* retirar, tirar; recolher; *money:* retirar (do banco); *v/i* retirar-se; *sports:* abandonar; **~al** *s* retirada *f (a. mil.);* afastamento *m; econ.* levantamento *m (of money); sports:* abandono *m; med.* abstinência; **~ cure** *med.* cura *f* de abstinência; **~ symptoms** *pl med.* síndrome *f* de abstinência.

with•er ['wɪðə] *v/i* murchar, secar; definhar.

withhold [wɪð'həʊld] *v/t (-held)* reter; *truth:* a. esconder; **~ sth. from s.o.** esconder, ocultar; reter, ficar com alguma coisa de alguém; **~ing tax** *s econ.* imposto *m* retido na fonte.

with|in [wɪ'ðɪn] **1.** *adv* dentro, interiormente, intimamente; em casa; **2.** *prep* dentro de; dentro dos limites de; **~ doors** em casa; **~ call** ao alcance da voz; **~•out 1.** *adv* fora, exteriormente, no lado de fora; **2.** *prep* sem.

with•stand [wɪð'stænd] *v/t (-stood)* resistir a.

witness ['wɪtnɪs] **1.** *s* testemunha *f;* **bear ~ to** testemunhar, ser testemunha de; **2.** *v/t* testemunhar, ser testemunha de; **~ box,** *Am.* **~ stand** *s* banco *m* das testemunhas.

wit|ti•cis•m ['wɪtɪsɪzəm] *s* observação *f* engraçada, dito *m* espirituoso; **~•ty** *adj* □ *(-ier, -iest)* engraçado, espirituoso.

wives [waɪvz] *pl of* **wife.**

wiz•ard ['wɪzəd] *s* bruxo *m;* feiticeiro *m;* mago *m.*

wiz•en(ed) ['wɪzn(d)] *adj* murcho, enrugado.

wob•ble ['wɒbl] *v/i* oscilar, cambalear; balançar.

woe [wəʊ] *s* aflição *f;* dor *f;* sofrimento *m;* **~ is me!** ai de mim! **~•be-**

gone ['ˈ-bɪgɒn] *adj* abatido, desanimado; **~•ful** *adj* □ aflito, angustiado.

woke [wəuk] *pret and pp of* **wake** 2; **wok•en** ['wəukən] *pp of* **wake** 2.

wolf [wulf] **1.** *s* (*pl* **wolves** [~vz]) *zoo.* lobo *m;* **2.** *v/t a.* **~ down** engolir avidamente, devorar; **~•ish** *adj* □ com aspecto de lobo, feroz.

wom•an ['wumən] **1.** *s* (*pl* **women** ['wɪmɪn]) mulher *f;* F esposa *f;* F amiga *f;* F namorada *f;* **2.** *adj* feminino; **~ doctor** médica *f;* **~ student** estudante *f;* **~•hood** *s* condição *f* feminina; as mulheres *f pl;* o mundo *m* das mulheres; **~•ish** *adj* □ feminino, próprio da mulher; **~•ize** *v/i* perseguir mulheres; **~•iz•er** *s* conquistador *m,* mulherengo *m;* **~•kind** *s* o mundo *m* das mulheres; **~•like**, **~•ly** *adj* próprio das mulheres, feminino.

womb [wuːm] *s* ventre *m;* útero *m; fig.* seio *m,* regaço *m.*

wom•en ['wɪmɪn] *pl of* **woman;** ♀**'s Liberation (Movement),** F ♀**'s Lib** [lɪb] movimento *m* de emancipação das mulheres; **~•folk,** **~•kind** *s* as mulheres *pl;* **~'s rights** *s pl* os direitos *m pl* das mulheres.

won [wʌn] *pret and pp of* **win** 1.

won•der ['wʌndə] **1.** *s* maravilha *f;* espanto *m;* **work ~s** fazer milagres; **2.** *v/t and v/i* admirar-se; interrogar-se; desejar saber; *I* **~** *if you could help me* talvez me possa ajudar; **~•ful** *adj* □ maravilhoso; **~•ing** *adj* □ admirado; surpreendido.

wont [wəunt] **1.** *adj* acostumado, habituado; *be* **~** *to do* estar acostumado a fazer; **2.** *s* hábito *m;* costume *m; as was his* **~** como era seu hábito; **~•ed** *adj* acostumado.

wood [wud] *s* madeira *f;* lenha *f; often* **~s** *pl* floresta *f,* bosque *m;* mata *f;* → **woodwind;** *touch* **~!** o diabo seja cego (*or* surdo), longe vá o agoiro; *he cannot see the* **~** *for the trees* não consegue ver a floresta por causa das árvores; toma a árvore pela floresta; **~•chip** *s* lasca *f* de madeira; **~•cut** *s* xilografia *f,* gravura *f* em madeira; **~•cut•ter** *s* lenhador *m;* artista *m/f* gravador/a de madeira; **~•ed** *adj* arborizado; **~•en** *adj* □ de madeira; *fig.* inexpressivo; **~•man** *s* lenhador

m; **~•peck•er** *s zoo.* pica-pau *m;* **~s•man** *s* habitante *m* da floresta; **~•wind** *s mus.* istrumentos *m pl* de sopro de madeira; *the* **~** *sg or pl* músicos *m pl* que tocam esses instrumentos; **~•y** *adj* (*-ier, -iest*) muito arborizado; lenhoso.

wool [wul] *s* lã *f;* **~•gath•er•ing** *s* distração *f,* devaneio *m;* **~•(l)en 1.** *adj* de lã; **2.** *s:* **~s** *pl* artigos *m pl* de lã; **~•ly 1.** *adj* (*-ier, -iest*) de lã, felpudo; *fig.* confuso (*ideas*); **2.** *s:* **woolies** *pl* F artigos *m pl* de lã.

word [wɜːd] **1.** *s* palavra *f;* vocábulo *m; message:* notícia *f,* aviso *m; mil.* ordem *f; promise:* palavra *f,* promessa *f; order:* comando *m,* ordem *f; saying:* expressão *f,* dizer *m;* **~s** *pl* palavras *f pl;* troca *f* de palavras, conversa *f;* discussão *f;* letra *f* (de canção); *have a* **~** *with* falar com alguém, dar uma palavrinha a alguém; *in a or one* **~** numa palavra; *in other* **~s** por outras palavras; *keep one's* **~** manter a palavra; **2.** *v/t* exprimir por palavras; enunciar; redigir; **~•ing** *s* teor *m;* **~ or•der** *s gr.* ordem *f* das palavras na frase; **~ pro•cess•ing** *s computer:* processamento *m* de texto; **~ pro•ces•sor** *s computer:* processador *m* de texto.

word•y ['wɜːdɪ] *adj* □ (*-ier, -iest*) palavroso.

wore [wɔː] *pret of* **wear** 1.

work [wɜːk] **1.** *s* trabalho *m;* **~s** *pl tech.* fábrica *f;* **~ of art** obra *f* de arte; *at* **~** no trabalho; *be in* **~** ter trabalho; *be out of* **~** estar desempregado; *set to* **~, set** *or* **go about** *one's* **~** começar a trabalhar; **~s council** comissão *f* de trabalhadores; **2.** *v/i* trabalhar (*at, on*); *tech.* funcionar; *fig.* conseguir, F resultar; *v/t* trabalhar; *machine:* fazer trabalhar; *fig.* efectuar; conseguir; **~** *one's way* avançar com dificuldade; **~ off** transformar; *feeling:* exprimir-se; *econ. goods:* liquidar; **~ out** *v/t plan:* traçar, elaborar; *problem:* resolver; *v/i sports:* treinar, manter-se em forma; **~ up** desenvolver (*into*); *interest:* despertar; **~ o.s. up** enervar-se, irritar-se.

wor•ka•ble ['wɜːkəbl] *adj* □ possível, praticável; aproveitável.

work|a•day ['wɜːkədeɪ] *adj* relativo aos dias úteis; **~•a•hol•ic** [wɜːkə'-hɒlɪk] *s* trabalhador/a *m/f* obsessivo/a; **~•bench** *s tech.* bancada *f* de trabalho; **~•book** *s school:* livro *m* de exercícios; **~•day** *s* dia *m* útil; **on ~s** nos dias úteis; **~•er** *s* trabalhador/a *m/f.*

work•ing ['wɜːkɪŋ] **1.** *s:* **~s** *pl* funcionamento *m;* processo *m* de trabalho; **2.** *adj* que funciona, que trabalha; **~-class** *adj* classe *f* trabalhadora; **~day** *s* dia *m* útil; **~ hours** *pl* horas *f pl* de expediente; → *flexible.*

work•man ['wɜːkmən] *s* trabalhador *m;* operário *m;* **~•like** *adj* hábil; bem feito; **~•ship** *s* acabamento *m;* habilidadc *f.*

work|out ['wɜːkaut] *s* F *sports:* treino *m* físico; **~•shop** *s* oficina *f;* **~-shy** *adj* preguiçoso; **~~-to-rule** *s econ.* serviço *m* por encomenda; **~•wom•an** *s* trabalhadora *f.*

world [wɜːld] *s* mundo *m;* **a ~ of** uma grande quantidade de; *bring (come) into the ~* trazer (vir) ao mundo; *think the ~ of* ter uma grande opinião de; **♀ Bank** *s econ.* Banco *m* Mundial; **~ cham•pi•on** *s* campeão /ã *m/f* mundial; **~-class** *adj* de classe internacional *(athlete, etc.);* **♀ Cup** *s* Campeonato *f* do Mundo.

world•ly ['wɜːldlɪ] *adj (-ier, -iest)* mundano; **~-wise** *adj* conhecedor do mundo.

world| power *pol.* ['wɜːldpauə] *s* potência *f* mundial; **~ rec•ord** *s sports, etc.:* recorde *m* mundial; **~ holder** detentor/a *m/f* de recorde mundial; **~•wide** *adj* mundial, universal.

worm [wɜːm] **1.** *s zoo.* verme *m (a. fig.);* **2.** *v/t secret, etc.:* arrancar *(out of);* **~ o.s.** enroscar-se; *fig.* insinuar--se; *fig.* introduzir-se furtivamente *(into);* **~-eat•en** *adj* carunchoso, carcomido; *fig.* antiquado, obsoleto.

worn [wɔːn] *pp of wear* 1; **~-out** *adj* gasto, usado *(a. fig.);* cansado, esgotado, exausto.

wor•ried ['wʌrɪd] *adj* ☐ preocupado, inquieto.

wor•ry ['wʌrɪ] **1.** *v/i and* v/t preocupar(-se); afligir(-se); inquietar-se; *don't ~!* não se (te) preocupe(s); **2.** *s*

preocupação *f;* inquietação *f;* aborrecimento *m.*

worse [wɜːs] *adj (comp of bad)* pior; **~ luck!** infelizmente!; ainda por cima!; **wors•en** *v/i and v/t* piorar.

wor•ship ['wɜːʃɪp] **1.** *s* adoração *f;* culto *m;* veneração *f;* **2.** *(esp. Br. -pp-, Am. -p-) v/t* adorar; venerar; *v/i* prestar culto a; **~•(p)er** *s* adorador/a *m/f;* venerador/a *m/f.*

worst [wɜːst] **1.** *adj (sup of bad)* (o/a) pior; **2.** *adv (sup of badly)* pior; **3.** *s* o pior *m;* *at the ~* na pior das hipóteses.

wor•sted ['wustɪd] *s* fio *m* de lã penteada.

worth [wɜːθ] **1.** *adj* que vale; merecedor; **~ reading** que vale a pena ler; **2.** *s* valor *m;* **~•less** *adj* ☐ sem valor, inútil; **~•while** *adj* que vale a pena o esforço; **~•y** *adj* ☐ *(-ier, -iest)* que vale, merecedor; justo; meritório.

would [wud] *pret of will* 2; *I ~ like* eu gostaria, eu gostava; **~-be** *adj* suposto, assim chamado; futuro.

wound¹ [wuːnd] **1.** *s* ferida *f*, ferimento *m (a. fig.);* mágoa *f;* **2.** *v/t* ferir, magoar *(a. fig.).*

wound² [waund] *pret and pp of wind².*

wove [wəuv] *pret of weave;* **wov•en** ['wəuvn] *pp of weave.*

wow F [wau] *int* ena!; porreiro!

wran•gle ['ræŋgl] **1.** *v/i* brigar; **2.** *s* briga *f.*

wrap [ræp] **1.** *(-pp-) v/t often* **~ up** embrulhar; envolver; cobrir; *fig.* encobrir, ocultar; *be ~ped up in* estar envolto em; *v/i* **~ up** envolver-se; **2.** *s* agasalho *m;* xaile *m;* casaco *m;* **~•per** *s* invólucro *m;* capa *f;* **a ~ postal** cinta *f* (de revista *or* jornal); **~•ing** *s* embalagem *f;* embrulho *m;* **~~-paper** papel *m* de embrulho.

wreck [rek] **1.** *s* destruição *f* total; ruína *f;* destroço *m;* naufrágio *m;* **2.** *v/t* destruir; arruinar; arrasar; *be ~ed mar.* naufragar; *fig.* falhar; **~•age** *s* naufrágio *m;* **~ed** *adj* naufragado; arruinado; destruído; **~•er** *s mar.* demolidor/a *m/f;* destruidor/a *m/f; esp. hist.* ladrão do espólio dos naufrágios; aquele que trabalha no salvamento de restos de naufrágios; *Am. mot.* pron

345

to-socorro *m;* ~•**ing** *s esp. hist.* pilhagem *f* de naufrágios; ~ **company** *Am.* firma *f* de demolições; ~ **service** *Am. mot.* serviço *m* de pronto-socorro.

wrench [rentʃ] **1.** *v/t* arrancar violentamente; arrebatar **(from s.o.);** *med.* deslocar, distender; ~ **open** abrir violentamente; **2.** *s* empurrão *m;* puxão *m; med.* luxação *f; fig.* dor *f; tech.* chave *f* inglesa; **be a** ~ doer.

wrest [rest] *v/t* arrancar, puxar violentamente; ~ **sth. from s.o.** arrancar alguma coisa a alguém.

wres|tle ['resl] *v/i and v/t* lutar, brigar; ~•**tler** *s esp. sports:* praticante *m* de luta livre; ~•**tling** *s esp. sports:* luta *f* livre.

wretch [retʃ] *s a.* **poor** ~ um pobre diabo.

wretch•ed ['retʃid] *adj* □ miserável, infame; desgraçado.

wrig•gle ['rɪgl] *v/i* contorcer-se, torcer-se; ~ **out of sth.** esquivar-se a alguma coisa, conseguir sair de uma dificuldade.

-wright [raɪt] *in compounds:* fabricante *m,* construtor *m.*

wring [rɪŋ] *v/t* **(wrung)** *hands:* torcer; espremer; prensar; arrancar algo a alguém **(from s.o.);** ~ **s.o.'s heart** fazer doer o coração.

wrin•kle ['rɪŋkl] **1.** *s* ruga *f;* prega *f;* **2.** *v/t and v/i* enrugar(-se); franzir.

wrist [rɪst] *s* pulso *m;* ~**watch** relógio *m* de pulso; ~•**band** *s* punho *m* da camisa; pulseira *f; sports:* pulso *m* elástico.

writ [rɪt] *s* edital *m;* mandato *m* judicial; **Holy** $^{\underline{2}}$ Sagrada Escritura *f.*

write [raɪt] *v/t and v/i* **(wrote, written)** escrever; ~ **down** anotar; **writer** *s* escritor/a *m/f;* ~~**off** *s econ.* dedução *f;* depreciação *f;* F *car:* destroço *m.*

writ•ing ['raɪtɪŋ] *s* escrita *f (act);* composição *f;* obra *f;* documento *m;* caligrafia *f;* artigo *m;* **in** ~ por escrito; ~ **case** *s* estojo *m* para escrever; ~ **desk** *s* secretária *f;* ~ **pad** *s* bloco *m or* pasta *f* para escrever; ~ **pa•per** *s* papel *m* para escrever.

writ•ten ['rɪtn] **1.** *pp of* **write; 2.** *adj* escrito.

wrong [rɒŋ] **1.** *adj* □ errado, falso; injusto; incorrecto; **be** ~ não ter razão; estar errado; não estar certo *(clock; watch);* **go** ~ correr mal; **be on the** ~ **side of sixty** ter mais de 60 anos; **2.** *s* injustiça *f;* erro *m;* delito *m; be in the* ~ não ter razão; **3.** *v/t* agir de forma incorrecta, errar; ~•**do•er** *s* malfeitor/a *m/f;* ~•**foot** *v/t fig.* espantar; não se encontrar preparado para; ~•**ful** *adj* □ injusto.

wrote [rəʊt] *pret of* **write.**

wrought| i•ron ['rɔɪt'aɪən] *s* ferro *m* forjado; ~~**i•ron** *adj* de ferro forjado.

wrung [rʌŋ] *pret and pp of* **wring.**

wry [raɪ] *adj* □ **(-ier, -iest)** *smile:* irónico; de esguelha; *humour:* sarcástico, irónico.

X

X•mas F ['krɪsməs] → **Christmas.**
X-ray [eks'reɪ] **1.** *s* radiografia *f;* raio *m* X; **2.** *adj* relativo ao raio X; **3.** *v/t* tirar uma radiografia, radiografar.

Y

yacht *mar.* [jɒt] **1.** *s* iate *m;* veleiro *m;* **2.** *v/i* navegar de iate; velejar; **~-club** *s* clube *m* naval; **~•ing** *s* iatismo *m.*

Yan•kee F ['jæŋkɪ] *s* ianque *m/f;* americano.

yap [jæp] *v/i (-pp-)* latir, ganir; *f;* F tagarelar.

yard [jɑːd] *s* jarda *f (= 0,914 m); mar.* verga *f;* pátio *m;* depósito *m* de materiais; *Am.* jardim *m;* **~ mea•sure**, **~•stick** *s* medida *f* de uma jarda.

yarn [jɑːn] *s* fio *m;* F história *f* duvidosa; conto *m* aventuroso.

yawl *mar.* [jɔːl] pequena embarcação *f.*

yawn [jɔːn] **1.** *v/i* bocejar; **2.** *s* bocejo *m.*

yea F *dated* [jeɪ] *int.* sim.

year [jɪə, jɜː] *s* ano *m; wine, students:* do ano de, da classe de; *from his or her earliest* **~s** desde a infância; **~•book** *s* anuário *m;* almanaque *m;* **~•ly** *adj and adv* anual, anualmente.

yearn [jɜːn] *v/i* ansiar por *(for);* **~•ing 1.** *s* ânsia *f;* desejo *m* ardente; saudade *f;* **2.** *adj* □ saudoso, desejoso.

yeast [jiːst] *s* fermento *m;* espuma *f* (água, cerveja).

yell [jel] **1.** *v/i and v/t* gritar, berrar; **2.** *s* grito *m,* berro *m.*

yel•low ['jeləʊ] **1.** *adj* amarelo, F *cowardly:* cobarde; **2.** *s* amarelo *m;* **3.** *v/i and v/t* tingir de amarelo; **~ card** *s sports:* cartão *m* amarelo; **~ed** *adj* amarelado; **~ fe•ver** *s med.* febre *f* amarela; **~•ish** *adj* amarelado; **~ pag•es** *s pl teleph.* páginas *f pl* amarelas; **~ press** *s* imprensa *f* sensacionalista.

yelp [jelp] **1.** *v/i* latir *(dog, etc.);* gritar; **2.** *s* latido *m;* grito *m.*

yep F [jep] *adv* sim.

yes [jes] **1.** *adv* sim; **2.** *s* sim *m,* resposta *f* afirmativa.

yes•ter•day ['jestədɪ] *adv* ontem.

yet [jet] **1.** *adv* ainda; já *(in questions);* até; *as* **~** até agora; *not* **~** ainda não; **2.** *cj* porém, contudo.

yew *bot.* [juː] *s* teixo *m.*

yield [jiːld] **1.** *v/t* ceder; produzir; *profit:* render; *v/i agr.* dar, produzir; **2.** *s* produção *f;* **~•ing** *adj* □ produtivo; *fig.* submisso.

yip•pee F [jɪ'piː] *int* viva! ena!

yo•del ['jəʊdl] **1.** *s* cantar *m* tirolês; **2.** *v/i and v/t (esp. Br.* **-ll-,** *Am.* **-l-)** cantar à moda do Tirol.

yog•hurt ['jɒgət] *s* iogurte *m.*

yoke [jəʊk] **1.** *s* canga *f; fig.* jugo *m; oxen:* junta *f* de bois; balancim *m; v/t* unir, ligar; *fig.* emparelhar **(to** com).

yolk [jəʊk] **1.** *s* gema *f* do ovo.

you [juː, jʊ] *pron* tu, vós, o/a Senhor/a; se *(ind.).*

young [jʌŋ] **1.** *adj* □ jovem; novo; pequeno; **2.** *s pl* cria *f; the* **~** os jovens *m pl; with* **~** grávida; **~•ster** *s* jovem *m/f.*

your [jɔː] *pron* teu(s), tua(s), seu(s), sua(s), vosso(s) vossa(s); **~,** *Bill in letters:* O seu, o teu Bill; **~•self** *pron (pl* **yourselves)** tu mesmo, você mesmo, a ti, a si; próprio; *by* **~** sozinho.

youth [juːθ] *s (pl* **~s** [~ðz]) juventude *f;* jovem *m;* **~ hostel** albergue *m* de juventude; **~•ful** *adj* □ jovem.

yuck [jʌk] *int* que nojo!

yule•tide *esp. poet.* ['juːltaɪd] *s* Natal *m,* época *f* natalícia.

Yup•pie ['jʌpɪ] *s* Yuppie *m/f.*

Z

za•ny ['zeɪnɪ] *adj* tolo, idiota.

zap F [zæp] **1.** *s* impulso *m;* ímpeto *m;* **2.** *v/t:* ~ **s.o. one** dar um murro em alguém.

zeal [ziːl] *s* zelo *m;* fervor *m;* ~•**ot** ['zelət] *s* entusiasta *m/f;* fanático/a *m/f;* ~•**ous** ['zeləs] *adj* □ zeloso; entusiasta, ferveroso (**for** por).

zeb•ra *zoo.* ['ziːbrə] *s* zebra *f;* ~ **cross•ing** *s* passadeira *f* de peões.

zen•ith ['zenɪθ] *s* zénite *m; fig.* apogeu *m.*

ze•ro ['zɪərəʊ] **1.** *s (pl* **-ros, -roes**) zero *m;* ponto m zero; **2.** *adj* nulo; ~ **(economic) growth** crescimento *m* nulo; ~ **option** *pol.* opção *f* zero; ~ **rating** *econ.* taxa *f* de isenção de IVA; **have** ~ **interest in sth.** F não ter o mínimo interesse por alguma coisa.

zest [zest] *s* gosto *m;* prazer *m;* interesse *m.*

zig•zag ['zɪgzæg] **1.** *s* ziguezague *m;* **2.** *v/i* andar em ziguezague; **3.** *adj* em forma de ziguezague, tortuoso.

zinc [zɪŋk] **1.** *s min.* zinco *m;* **2.** *v/t* zincar.

zip [zɪp] **1.** *s* vigor *m;* ímpeto *m;* → **zip-fastener;** **2.** *v/t (-pp-):* ~ **sth. open** abrir o fecho éclair; ~ **s.o. up** correr o fecho éclair a alguém; ~ **code** *s Am.* código *m* postal; ~ **fas•ten•er** *esp. Br.,* ~•**per** *s Am.* fecho *m* éclair.

zo•di•ac *ast.* ['zəʊdɪæk] *s* zodíaco *m.*

zone [zəʊn] *s* zona *f; fig.* região *f;* ~ **bound•a•ry** *s public transport: appr* limite *m* de zona.

zoo [zuː] *s (pl* ~**s**) F jardim *m* zoológico.

zo•o•log•i•cal [zəʊə'lɒdʒɪkl] *adj* □ zoológico; ~ **garden(s** *pl)* jardim *m* zoológico.

zo•ol•o•gy [zəʊ'ɒlədʒɪ] *s* zoologia *f.*

zoom [zuːm] **1.** *v/i* zumbir; *aer.* subir rapidamente; F sibilar, zunir; *phot., film:* puxar o zoom; ~ **in on sth.** *phot., film:* aproximar algo através do zoom; ~ **past** F passar rapidamente com um som sibilante; **2.** *s* zumbido *m; aer.* subida *f* rápida; ~ **lens** *s phot.* lente *f or* objectiva com zoom.

A

a[1] **1.** *art def f* the; **2.** *pron* her, it.

a[2] *prep* **1.** *loc. perto:* at, by; on, in; *direcção, meta:* to; towards; *distância:* **a poucos passos (de aqui)** within a short distance (from here); **2.** *temp.:* at; till, until; **às três** at three (o'clock); **ao entrar** in entering; **3.** *modo:* by; **a pé (cavalo)** on foot (on horseback); **4.** *sequência:* by; **folha a folha** page by page; **ser o primeiro (segundo etc.) a fazer a/c** to be the first (the second etc.) to do sth.; **5.** *meio, instrumento:* with; by; **6.** *preço:* at; **7.** *comparação:* like; **8.** *circunstância:* **ao sol** in the sun.

aba *s f casaco* tail; *chapéu* brim; *mesa* edge; *(borda)* brink; border.

abacate *s m bot.* avocado.

abaflado *adj ar* stuffy; sultry; *som* hollow, muffled; *temperatura, fig.* humid, heavy, oppressive; **vinho** *s m* ~ sweet wine; *tec. mot. Br.* silencer, *Am.* muffler; **~ar** (1b) *v/t* to cover well; to suffocate; to stifle; *sentimento* to suppress, to hold back; *som* to muffle; *escândalo:* to hush up, to cover up; *velas* to lower the sails.

abaixlar (1a) *v/t olhos, fig.* to lower; *aer.* to come out; *v/i* to drop; to let down; **~ar-se** to stoop down; **~o 1.** *adv* down; *ir-se abaixo fig.* to collapse; *auto.:* to stall; **o ~ assinado** the undersigned; **2.** *int* down! down with...! **3.** *prep:* **~ de** below; **~o--assinado** *s m* petition.

abalar (1b) *v/t (sacudir)* to shake; *fig.* to move, to touch; to affect *(doença)*; *v/i (abanar)* to wobble, to shake; *(demover, inquietar)* to totter, to make unsure.

abalo *s m* commotion, shock; shaking; **dar (ou fazer) ~ a ou em** to give s.o. ou sth. a push; *(impressionar)* to impress s.o.; *(inquietar, comover)* to move, to upset, to shatter.

abalrloamento *s m mar.* boarding; *fig.* onset, assault; **~oar** *v/t* (1f) to board; to assault; *fig.* to run into, to collide.

abananar (1a) *v/t* to bewilder, to confuse.

abanlão *s m* jerk, jolt; **~ar** (1a) *v/t leque* to fan; *(a cabeça)* to shake; **~ as orelhas, a cauda** to wag; **com as** *(ou* **de***)* **mãos a** ~ empty-handed.

abandonlar (1f) *(deixar)* to leave; *(desamparar)* to desert, to let down; **~o** *s m (renúncia)* giving up, renunciation; *(desamparo)* desertion; neglect; **deixar ao** ~ to neglect, to abandon.

abanlico, ~o *s m (leque)* fan; fire-fan.

abarrotar (1e) *v/t* to cram full, to overfill.

abastlado *adj* wealthy; **~ança** *s f (fartura)* abundance, plenty; *(fortuna)* wealth.

abastecledor 1. *s m* supplier, caterer; **2.** *adj* supplying, catering; **~er** (2g) *v/t* to supply (with **de**); *combustível* to fill up, to refuel; **~imento** *s m* supply.

abate *s m* slaughter.

abatledor *s m:* **~ (de gado)** butcher; **~er** (2b) *v/t* to knock down *(tb. fig.);* to shoot down; *árvore* to fell, to cut down; *preço* to cut down, to reduce, to lower; *(abalar)* to weaken, to prostrate; *gado* to slaughter; *aer.* to shoot down; **~ido** *adj fisicamente* weary, tired out; *moralmente* depressed, discouraged; **~imento** *s m preço* discount, reduction; *(queda)* decrease, fall; *(desânimo)* depression, low spirits; *(cansaço)* weakness, tiredness.

abcesso *s m* tumour; abscess.

abdiclação *s f* abdication; *(desistência)* renunciation; **~ar** (1n) *v/t direito* to abdicate, to renounce; *função* to resign; to give up; *v/i* to abdicate, to resign; **~ de** to do without.

abdlome, ~ómen *s m* abdomen.

abecedário *s m* alphabet.

abelha *s f* bee; **~-mestra** *s f* queen bee.

abelh|ão *s m* drone; bumble-bee; **~eira** *s f* beehive; **~eiro** *s m* beekeeper.

aben(di)çoar (1f) *v/t* to bless.

aberração *s f* aberration; anomaly; *psicol.* mental disorder.

aberta *s f* opening; inauguration; *(clareira)* glade; *céu* break, opening; *fig.* opportunity; **~o** *adj* open; **em ~** open; **ficar ~** to leave open; **estar ~** to be open; **~ura** *s f* opening; disclosure; *(fenda)* gap; crevice; *fig.* sincerity; *mús.* overture.

abism|al *adj* unfathomable; **~o** *s m* abyss, precipice.

abjec|ção *s f* abjection, baseness; **~to** *adj* abject, vile, contemptible.

abjudic|ação *jur. s f* abjudication; **~ar** (1n) *v/t* to dispossess, to disallow.

abjurar (1a) *v/t crença* to renounce; *vício* to give up.

abneg|ação *s f* self-denial, unselfishness; **~ado** *adj* unselfish, self-sacrificing.

abóbada *s f* arch; vault.

abóbora *s f* pumpkin; *fig.* softy.

aboli|ção *s f* abolition; **~ir** (3f) *v/t* to abolish; to revoke.

abolorecer *v/i* to mould, to moulder.

abomin|ação *s f* abomination; abhorrence; **~ar** (1a) *v/t (detestar)* to loathe, to detest; *(condenar)* to condemn; **~ável, ~oso** *adj* abominable; loathsome, repulsive.

abon|ação *s f* security, guarantee; **~ado** *adj (endinheirado)* well-off, wealthy; *(afiançado) jur.* bailed; trustworthy; **~ador** *s m* warranter; **~ar** (1f) *v/t* to guarantee; *(ser fiador de)* to declare good or true; to stand surety for; *(responder por)* to answer for; *(adiantar)* to advance money; *(remunerar)* to reimburse, to remunerate; *fig.* to guarantee; **~o** *s m (fiança)* guarantee; *jur.* bail; *(importância adiantada)* advance; = **~ação**; **~ de família** child benefit, family allowance; **em ~ de** in behalf of.

abordar (1e) *v/t* to board; *pessoa* to approach; *questão* to broach.

aborígene 1. *adj* aboriginal; native; **2. ~s** *s m pl* aborigine.

aborrec|er *v/t* (2g) *(enfadar)* to annoy; *(causar aborrecimento)* to bore; **~er-se: ~ com, ~ de** to get upset about; *(estar farto)* to be bored, to have enough; **~ido** *adj (maçador)* boring; *(irritante)* annoying; **~imento** *s m (transtorno, contrariedade)* annoyance; nuisance; *(tédio)* boredom.

abort|ar (1e) *v/t* to abort; **(fazer) ~** *fig.* to fail, to make unsuccessful; *v/i* to miscarry; *fig.* to fail; **~o** *s m* abortion; miscarriage; **fazer um ~** to have an abortion; *(malogro)* failure.

abotoar (1f) *v/t* to button up.

abraç|ar (1p; 1b) to hug; *(abranger)* to include, to encompass; *profissão* to embrace; **~o** *s m* hug, embrace.

abrandar (1a) *v/t* to soften; *fig. (diminuir, afrouxar)* to decrease, to lessen; *(aliviar, serenar)* to calm down, to soothe; *velocidade* to slow down; *v/i e v/r* **~-se** *(acalmar-se)* to calm down; *(diminuir)* to reduce; to slacken.

abranger (2h) *v/t* to include, to comprise; to reach; *(compreender)* to grasp, to understand.

abrasivo *s m* abrasive.

abre|-cartas (-latas, -portas) *(pl inv)* letter (can, door) opener.

abrevi|ação *s f* abbreviation; **~ar** (1g) *v/t* to shorten; to abridge; **~atura** *s f* abbreviation.

abridor *s m téc.* opener.

abrig|ar (1o) *v/t* to shelter; *fig.* to protect; **~ar-se** *v/r* to take shelter; **~o** *s m* shelter; cover; **~ antiaéreo** air raid shelter; **ao ~ de** under; protected by.

Abril *s m* April.

abrir (3b; *pp* **aberto**) **1.** *v/t* to open; *livro, cama* to open; *exposição* to inaugurate; *falência* to declare bankruptcy, to go bankrupt; *caminho* to clear the way; *escavar* to bore, to drill; *excepção* to make; *concurso* to advertise for; *apetite* to whet ou sharpen the appetite; *torneiras* to turn on; **~ mão de** to give up, to renounce; **2.** *v/i* to open up to s.o., to confide in s.o.; *(desabrochar)* to blossom.

ab-rog|ação *s f* anullment, repeal; **~ar** *v/t* to repeal, to anull.

abrunh|eiro *s m* blackthorn tree; **~o** *s m* wild plum.

abrupto *adj (escarpado)* very steep; *(repentino)* sudden; *(rude)* rough, rude.

abside *arq. s f* apse.

absolutlamente *adv* absolutely; ~ **nada** not at all, nothing at all; ~**ismo** *s m* absolutism; ~**o** *adj poder:* absolute; *(imperioso)* unconditional; ~**ório: sentença** *s f -a* acquital.

absolvler (2e) *v/t* to absolve; *jur.* to acquit; *(perdoar)* to forgive, to pardon; ~**ição** *s f* absolution; *jur.* acquital.

absorlção *s f* absorption; *(distracção)* immersion; ~**to** *adj em pensamentos* absorbed, engrossed.

absorvlente 1. *adj* absorbent; *fig.* absorbing; **2.** *s m* absorbent; ~**er** (2e) *v/t* to absorb; *fig.* to take in; *(recolher em si)* to concentrate; ~**er-se em** to become wrapt in.

abstémio 1. *adj* abstemious; teetotal; **2.** *s m*, **-a** *f* teetotaller.

abstenção *s f* abstention.

abster (2zb): ~ **(-se) de** to refrain from.

abstinência *s f* abstinence; *rel.* fasting; **dia** *s m* **de** ~ fasting day.

abstrlacção *s f* abstraction; absorption; ~**acto** *adj* abstract.

abstrair (3l) *v/t* to abstract; *v/i* ~ **de** to distract o.s. from.

absurdo 1. *adj* absurd; **2.** *s m* nonsense.

abundlância *s f (abastança, fartura)* abundance; plenty; ~**ante** *adj* plentiful, copious; abounding in *(em)*; ~**ar** (1a) *v/i* to abound; ~ **em** to be rich in.

abuslar (1a) *v/i (de)* to abuse; *(exagerar)* to go too far, to go beyond limits; ~**ivo** *adj* abusive; ~**o** *s m* abuse; *(exagero)* excessive use.

abutre *s m* vulture.

acablado *adj* finished; ready *(gasto)* worn; *(cansado)* exhausted, worn out; ~ **de chegar** just arrived; **produto** *s m* ~ finished product; ~**amento** *s m* finishing; *construção:* equipment; ~**ar** (1b) **1.** *v/t (terminar)* to finish; to complete; to accomplish; *(concluir)* to conclude; *(aperfeiçoar)* to complete; to give the final touch; *construção:* to equip; *(consumir)* to use; **2.** *v/i*

to finish; *(chegar ao fim)* to end; **estar a** ~ to run out; ~ **com** to put an end to.

acabrunhado *adj (oprimido)* depressed; *(triste)* sad, distressed.

acácia *s f* acacia.

academia *s f* academy.

açafrão *s m* saffron.

acalmar (1a) *v/t (tranquilizar)* to calm; *(abrandar)* to calm down; *dor* to soothe; *v/i* to abate, to die down *(vento, etc.).*

acalorlado *adj fig.* heated; ~**ar** (1e) *v/t* to heat; *(entusiasmar)* to inflame, to excite.

acamar (1a) *v/i (adoecer)* to fall ill; *(estar deitado)* to lie in bed; *v/t (pôr em camadas)* to arrange in layers.

açambarclamento *s m* monopoly; hoard; ~**ar** (1a) *v/t* to hoard, to corner, to monopolize.

acamplamento *s m* camping; **fazer** ~ = ~**ar** (1a) *v/i* to camp.

acanhado *adj (apertado)* tight; *(pequeno)* narrow; *(tímido)* shy, awkward; *(tacanho)* mean, stingy.

acarelação *s f* confrontation of witnesses; ~**ar** (1l) *v/t testemunhas* to confront.

acariciar (1g) *v/t* to caress, to fondle.

acarinhar (1a) *v/t* to treat kindly; to pet; *(acariciar)* to fondle, to caress.

ácaro *s m* acarid.

acarretar (1c) *v/t* to bring about, to cause; *(amontoar)* to collect, to transport.

acasalar (1b) *v/t* to mate.

acaso *s m* hazard, accident; **ao** ~ at random; **por** ~ by chance.

acautellado *adj* cautious, careful; ~**ar** (1c) *v/t* to warn *(about* **de***)*; *(proteger)* to protect, to safeguard; ~**ar-se** to be careful, to watch out (for **com**).

acção *s f* **a)** action; activity; *(obra)* act, deed; *(intervenção)* intervention; *(procedimento)* proceeding; *jur.* lawsuit; ~ **civil** civil suit; ~ **penal** criminal procedure *ou* suit; **pôr** *(ou* **instaurar) uma** ~ to bring a lawsuit against s.o.; **b)** *econ.* share; **cotações** *s f* **de acções** share price.

accionlamento *s m téc.* drive; **mecanismo** *s m* **de** ~ gears; ~**ar** (1f) *(pôr em movimento)* to put in action, to set in motion; **~ista** *s m/f* shareholder; **~ de capital** ordinary shareholder.

aced|ência *s f* agreement, accordance; **~er** (2c) *v/i* to agree; to consent.

aceit|ação *s f* = **~amento** *s m* acceptance; *(reconhecimento)* recognition; *(tolerância)* approbation; **ter ~** to be well received, to meet with approval; **~ar** (1a) *v/t* to accept; to take; *fig.* to recognize; *(tolerar)* to admit; **~ável** *adj* acceptable.

aceler|ação *s f* acceleration; **~ador** *s m auto.* accelerator; *filme:* time lapse photography; **~ar** (1c) *v/t e v/i auto.* to accelerate; to hasten; to speed up.

acelga *bot. s f* Swiss chard.

acenar (1d) *v/i* to wave; **~ com a cabeça** to nod.

acender (2a) *v/t* to light; *luz* to switch on; *fig.* to inflame, to excite.

aceno *s m* wink; *cabeça* nod.

acento *s m ortográfico* accent; *(inflexão)* tone, stress; **~ tónico** primary accent.

acentu|ação *s f* accentuation, accent; stress; **~ar** (1g) *v/t* to accent; *fig.* to stress, to emphasize.

acepção *s f* meaning, sense; **~ original, ~ primitiva** basic meaning.

acepipes *s m pl* delicacy; titbit; horsd'oeuvres.

acerbo *adj* sharp; *fig.* bitter, harsh.

acerca: **~ de** *prep* about; regarding, as to, as regards.

acercar-se (1n; 1c) *v/r:* **~ de** to approach, to draw close.

acert|ar (1c) *v/t* to set right; to regulate; to settle; *adivinha* to solve; *relógio* to set; *v/i* to get sth. right, to be right; **~ com** *(descobrir)* to find out, to guess right; *(ter sorte)* to be lucky *ou* successful; *adivinhar* to guess; **~o** *s m* correctness; *(êxito)* success; *(tino)* judgment.

acess|ível *adj* accessible; *preço* reasonable, affordable; **~o** *s m (passagem)* access, way; *fig.* admission, admittance; *med.* attack; *rua s f de* **~** access road; *de fácil (difícil)* **~** of easy (difficult) access; **~ório 1.** *adj (pertencente a)* accompanying; *(adicional)* supplementary; additional; *(secundário)* secondary; **2.** *s m* acces-

sory; **~s** *pl* fittings; accessories; *tea.* requisites.

acetato *s m* transparency.

acetilen|e, ~o *s m* acetyline.

acetinado *adj* silky.

acetona *s f quím.* acetone.

acha *s f* log.

achado *s m (descoberta)* finding, discovery; *(ideia)* sudden idea.

achar (1b) *v/t* to find; to discover; *(pensar)* to think; **~-se** to be.

achatado *adj* flattened; crushed.

acident|ado *adj* rough, broken *(piso);* bumpy *(estrada);* *(tumultuoso)* eventful; turbulent; **~al** *adj* accidental; *(inesperado)* unexpected; *(sem importância)* irrelevant, unimportant; **~e** *s m (caso)* chance; *(infelicidade)* misfortune; *(desastre)* accident; roughness *(piso);* *mús.* accidental; **por ~** by chance, by accident.

acidez *s f* acidity.

ácido 1. *adj* acid; sour; *fig.* snappy, biting; **2.** *s m* acid; **~ clorídrico** hydrochloric.

acima 1. *adv* above; up; **2.** *prep* **~ de** above; beyond; *estar* **~ de a/c** to be above sth.

acinzentado *adj* greyish.

aclam|ação *s f* acclamation; applause; **~ar** (1a) to acclaim; to applaud.

aclar|ação *s f (esclarecimento)* clarification; elucidation; *(explicação)* explanation; **~ar** (1b) *v/t (esclarecer)* to clarify, to make clear; *(explicar)* to explain, to elucidate; *cor* to brighten.

aclim|a(ta)ção *s f* acclimatization; **~a(ta)r** (1a) *v/t* to acclimatize; **~arse** *(habituar-se a)* to get used to.

acne *med. s m* acne.

aço *s m* steel; **~s** *s m pl* steelwares.

acocorar-se (1e) *v/r* to squat; to crouch.

açoitar (1a) *v/t* to whip; to flog.

acolá *adv* over there.

acolh|edor *adj* welcoming; cosy; **~er** (2d) *v/t* to welcome; to shelter; *(receber)* to receive; to lodge.

acólito *s m (ajudante)* acolyte; assistant, helper; *(companheiro)* companion.

acomet|er (2c) *v/t (atacar)* to attack; to strike *(doença);* **~ida** *s f* attack, onset.

acomod|ação s f (adaptação) adaptation; (comodidade) comfort; (alojamento) accomodation; jur. settlement; ~**amento** s m = ~**ção**; **política** s f **de** ~ compromise policy.

acompanh|amento s m (séquito) suite; escort; cul. side dish; ~**ar** (1a) v/t to accompany; to go with; acontecimentos to follow, to keep up with.

acondicion|amento econ. packaging; ~**ar** (1f) v/t (dispor) to arrange, to accomodate; (recolher) to put away safely; mercadoria, bagagem to pack.

aconselhar (1d) v/t to advise.

acontec|er (2g) v/i (suceder) to happen; to take place; ~**imento** s m event; happening; (ocorrência) incident, occurance.

acopl|amento s m coupling; ~**ar** (1e) v/t to couple; to connect.

acord|ar (1e) **1.** v/t **a)** to awake, to wake; **b)** (combinar, ajustar) to agree; to arrange; (conceder) to grant; **2.** v/i to wake up; ~**o** s m understanding; (conformidade) agreement; accordance; correspondence; (anuência) consent; (decisão) decision, settlement; (contrato) agreement, contract; **de** ~ agreed; **de** ~ **com** in accordance with; in agreement with; **estar de** ~ **com** to agree with; **de comum** ~ unanimously; **chegar a (um)** ~ to come to terms, to reach an agreement.

açoriano 1. adj Azorean; **2.** s m, -a f Azorean.

acorrentar (1a) v/t to chain.

acorrer (2d) v/i to hasten; (acudir) to run to help.

acostum|ado adj used; ~**ar** (1a) v/t to accustom; ~**-se** to get used to **(a)**.

acre adj acrid; fig. (picante) sharp; (mordaz) biting, stingy.

acredit|ado adj (reputado) accredited, credited; (crível) credible; reputable; ~**ar** (1a) v/t to believe; (dar crédito a) to credit; v/i ~ **em** to believe in.

acrescentar (1a) v/t to add.

acrobata s m/f acrobat; aer. aerial acrobat; aerobat.

acromático ópt. adj achromatic.

acta s f minute; ~**s** pl records; congresso: report.

activa gr. active (voice).

activ|ação s f activation; ~**ar** (1a) v/t to activate, to bring into action; ~**idade** s f activity; (dinamismo) initiative; ~**o 1.** adj active, busy; (dinâmico) dynamical, efficient; **2.** s m econ. assets pl.

acto s m act; (acção) action; tea. act.

ac|tor s m actor; ~**triz** s f actress.

actu|al adj (presente) current; ~**alidade** s f the present, present time; ~**alizar** (1a) v/t to bring up to date, to update; ~**almente** presently, nowadays.

açúcar s m sugar; ~ **areado** refined sugar; ~ **branco** white sugar; ~ **(em) bruto** raw sugar, brown sugar; ~**-cândi** sugar candy; ~**-cristal(izado)** granulated sugar; ~ **de beterraba** beetroot sugar; ~ **de cana** cane sugar; ~ **mascavado** brown sugar; ~ **em pó** powdered sugar; **pão** s m **de** ~ sugar loaf; **sem** ~ sugarless.

açucar|ado adj sweet, sugary; ~**eiro** s m sugar bowl.

açude s m dam.

acudir (3h) v/i to run to help, to aid.

acumul|ação s f (armazenamento) storage; (amontoação) accumulation; heap; (acréscimo) increase; ~**ador** fís. s m accumulator; battery; ~**ar** (1a) v/t to accumulate; to heap, to pile up; energia to store; experiência to gain; ~**ar-se** to accumulate (dívidas).

acupun(c)tura s f acupuncture.

acus|ação s f accusation; charge, indictement; ~ **de recepção** acknowledgement of receipt; ~**ado** s m, -a f accused, defendant; ~**ador 1.** adj = ~**atório; 2.** s m prosecutor; plaintiff; ~**ar** (1a) v/t to accuse; to charge with; recepção to acknowledge; (denunciar) to reveal, to expose; (culpar) to blame; ~**ativo** gr. accusative; ~**atório** adj accusing, charging.

acústic|a s f acoustics sg; ~**o** adj acoustic.

adapt|ação s f adaptation; adjustment; (remodelação) renovation; (modificação) rearrangment; filme: adaptation; ~**ar** (1a) (ajustar) v/t to fit, to adapt; (modificar) to modify, to rearrange; para o cinema to adapt; ~**ar-se a** to adapt to, to get used to.

adega s f wine cellar.

353

adenda *s f* addendum; supplement.

adens|ado *adj* compact, condensed; **~ar** (1a) *v/t* to condense, to compact; to thicken; *(escurecer)* to darken.

adepto *s m*, **-a** *f* follower; adherent.

adequado *adj (apropriado)* appropriate, adequate; fit.

ader|ência *s f* adherence; *(partidários)* support; **~ente 1.** *adj* sticking; **2.** *s m/f* supporter, follower; **~ir** (3c) *v/i* to adhere (to **a**); to join; *(colar)* to stick.

ades|ão *s f* adhesion; adherence; *(a um grupo)* support; *(entrada)* enrolment; **~ivo 1.** *adj* sticky, adhesive; **2.** *s m med.* sticking plaster; *(fita)* adhesive tape.

adeus 1. *int.* goodbye!; bye-bye! farewell! **2.** *s m* goodbye.

adiamento *s m* postponement; *(prorrogação)* adjournment.

adiant|adamente *adv* in advance; beforehand; **~ado** *adj* advanced; *relógio* fast; **dinheiro** *s m* ~ advanced money; **estar ~, andar ~** to be fast *(relógio);* **~ar** (1a) *v/t* to advance; *relógio* to put forward; *dinheiro* to advance, to pay in advance; **~ar-se** *v/r* to advance, to get ahead; **~ a alg** to get ahead of s.o.

adi|ante 1. *int* onward! **2.** *adv* forward; in front, ahead; **~ar** (1g) to postpone, to put off; *(reunião)* to adjourn.

adição *s f (acrescentamento)* addition; supplement; *mat.* sum.

adicion|al 1. *adj* additional, extra; supplementary; **rendimento** *s m* ~ extra income; **2.** *s m* supplement; **~ar** (1f) *v/t* to add.

adido *s m*, **-a** *f* attaché.

adit|amento *s m (suplemento)* supplement; postscript; **~ivo** *s m* additive; **sinal** *s m* ~ plus.

adivinh|a *s f* riddle; puzzle; *(vidente)* fortune-teller; **~ar** (1a) *v/t*, *v/i* to guess; to forsee; *pensamento* to read; *enigma* to solve; to unriddle **adivinhou!** right! **~o** *s m* fortune-teller.

adjunto 1. *adj* attached; adjoining, contiguous; **2.** *s m (ajudante)* assistant, helper.

administr|ação *s f* administration; management; board; *(governo)* cabinet; *med.* administration; **~ de empresas** business management; **~ador** *s m*, **-a** *f* administrator; director; manager; **~ar** (1a) *v/t* to administer; to manage; to direct; *medicamento, sacramentos* to administer; **~ativo** *adj* administrative.

admir|ação *s f (espanto)* astonishment, wonder; surprise; **~ado** *adj:* **ficar ~** to be surprised, to be astonished; **~ador** *s m*, **-a** *f* admirer; **~ar** (1a) *v/t* to admire; *(espantar)* to surprise, to astonish; **não admira** it's not surprising; **~ar-se** *v/r* to wonder; to be astonished *ou* surprised.

admissão *s f* admission; addmitance; *exame* intake; *(recepção)* acceptance; *pessoal:* employment.

admitir (3a) *v/t* to admit; *(concordar)* to agree; *(permitir)* to allow; *pessoal* to hire, to take on; *possibilidade* to accept; *verdade* to admit; **não admito** *(impertinência)* I won't have it! **~ a hipótese** to admit the possibility.

ado|çar (1p) *v/t* to sweeten; *fig.* to soften; *(suavizar)* to smooth; **~ a boca a alg** to butter s.o. up; **~cicado** *adj* sweetish.

adoecer (2g) *v/i* to fall ill (with **com**).

adolesc|ência *s f* adolescence; **~ente 1.** *s m/f* adolescent, teenager; **2.** *adj* adolescent, teenage(d).

adop|ção *s f criança* adoption; *planos, etc.* undertaking; *(aplicação)* application; **~tar** (1a) *v/t* to adopt; *(seguir)* to follow, to join; **~ivo** *adj* adoptive.

adorar (1e) *v/t* to adore; *(respeitar)* to venerate; to worship.

adormecer (2g) *v/i* to fall asleep; *v/t* to put to sleep.

adquir|ir (3a) *v/t (comprar)* to buy, to acquire; to get; *(ganhar)* to get, to obtain; **~ível** *adj* acquirable.

adstringente *s m* astringent.

aduaneiro 1. *adj* referring to customs; **2.** *s m*, **-a** *f* customs officer.

adub|ar (1a) *v/t* to fertilize; **~o** *s m* fertilizer; manure; **~ químico** chemical fertilizer.

adular (1a) *v/t* to flatter.

adultério *s m* adultery; *fig.* falsification; **cometer ~** to commit adultery.

adúltero 1. *adj* adulterous; **2.** *s m*, **-a** *f* adulterer/adulteress.

adulto 1. *adj* adult; **2.** *s m*, **-a** *f* adult, grown-up.

advento *s m (chegada)* arrival; approach; *(início)* beginning; *rel.* Advent.

adverbial *adj* adverbial.

advérbio *s m* adverb.

adversIário 1. *adj* antagonistic; adverse; **2.** *s m*, **-a** *f* adversary, opponent; **~ativo** *gr.* adversative; **~idade** *s f* adversity; *(infortúnio)* misfortune; **~o** *adj* adverse; unfavourable; *(rival)* opposed; **ser ~ a** to be against, to oppose.

advertência *s f* warning; *(repreensão)* admonition; *(notificação)* notification; *(cautela)* warning, remark.

advocacia *s f* the law, the legal profession.

advogado *s m*, **-a** *f* lawyer; barrister; *Am.* attorney; **~ de defesa** counselor.

aéreo *adj* referring to air; aerial; **ser ~** to be in the clouds, to be vague.

aerodinâmicIa *s f* aerodynamics *sg;* **~o** *adj* aerodynamic.

aeródromo *s m* airfield, aerodrome; small airport.

aeroImotor *s m* wind power engine; **~nauta** *s m/f* aeronaut, ballonist; **~náutica** *s f* air force; **~náutico** *adj* aeronautical; **~nave** *s f* aircraft; **~plano** *s m* airplane; **~porto** *s m* airport.

aeroItecnia *s f* technical aeronautics; **~técnico 1.** *adj* aerotechnical; **2.** *s m* aeronautics technician; **~via** *s f* airway.

afabilidade *s f* friendliness, kindness.

afagIar (1o) *v/t* to caress; to stroke; *téc.* to smooth out; **~o** *s m* caress.

afasia *s f* aphasia.

afastIado *adj* distant *(parente); lugar* far off, remote; **~ar** (1b) *v/t* to remove; to separate; to put aside; *funcionário* to lay off, to dismiss; *obstáculo, suspeita* to get rid of, to remove; *(empurrar)* to push away; **~ar-se** *v/r (retirar-se)* to move away, to go away; *do caminho, etc.* to stand back.

afazeres *s m pl* tasks, duties; **ter muitos ~** to have a lot to do, to be busy.

afecção *s f med.* affection.

afecItação *s f* affectation; presumption; **~ado** *adj* affected; pretentious; **~ar** (1a) *v/t* to affect; *med.* to attack; *(fingir)* to pretend to have, to feign; *(influenciar)* to influence; **~tivo** *adj* affectionate; **~to 1.** *s m* affection; **2.** *adj ~ a* submitted to, pending.

afeição *s f* affection, love; fondness; **tomar ~ por** to take a fancy for, to take kindly for.

aferIlição *s f* gauging; checking; assessment; **posto** *s m* **de ~** Weights and Measures Office; **~idor** *s m* standard; gauger; **~ de pesos e medidas** surveyor of weights and measures; **~ir** (3c) *v/t* to gauge; to check.

aferrIar (1c) *v/t* to secure, to grip; *mar.* to anchor; *peixe* to harpoon; *(atacar)* to lay hold of; **~ar-se a** to cling to, to stick fast to; **~oar** (1f) *v/i* to sting, to prick; *(provocar)* to incite, to spur; **~olhar** (1e) *v/t porta* to lock, to bolt.

afilado *adj* sharp; sharpened; **~ador** *s m* sharpener; *aparelho* grinder; *pedra* whetstone, grindstone.

afiar (1g) *v/t lápis, seta* to sharpen; to whet; to grind.

afilIado *adj (fino)* thin; narrow; *(bicudo)* sharp; snappy *(cão)*; **~ar** (1a) *v/t* **a)** to sharpen; **b)** *cães* to set on.

afilhado *s m*, **-a** *f* godson, goddaughter.

afinal *adv (finalmente)* at last, finally; *(pois então)* after all.

afinar (1a) *v/t* to make fine; *sentidos* to sharpen; *téc.* to readjust; *mús.* to tune; *v/i mús.* to tune in; **~ por** to agree.

afirmIação *s f (afirmativa)* affirmative answer; *(garantia)* guarantee; *(afirmação pessoal)* statement; **~ar** (1a) *v/t* to answer in the affirmative; *(declarar)* to state, to declare; *(provar)* to prove, to show; **~ar-se** *v/r* to prove o.s.; *(mostrar-se)* to appear; *(impor--se)* to distinguish o.s. (as **como**).

afixar (1a) *v/t* to fasten; *cartaz* to stick, to post.

afliIção *s f* worry; anxiety, anguish; *(dificuldade)* trouble; **~gir** *v/t* to worry; to distress; **~to** *adj* worried; distressed.

aflorar (1e) *v/t* to emerge; to show up, to appear; *v/i* to surface; *fig.* to arise.

355

afluência *s f geo.* confluence; *(visita)* affluence; crowd; **~ente 1.** *adj fig.* affluent, rich; **2.** *s m* tributary; **~ir** (3i) *v/i* to flow; *fig.* to flock, to crowd in.

afog|ado *adj* high-necked *(vestido)*; **morrer ~** to drown; **estar ~ em** *fig.* to be stifled in; to be up to one's neck in; **~ar-se** *v/r (sufocar)* to suffocate, to asphyxiate; *(matar-se)* to drown, to be drowned.

afogueado *adj* glowing, red-hot; *fig.* ardent, fervent.

afoit|ar-se *v/r* to venture, to dare; **~o** *adj* bold, daring.

afonia *s f* aphonia.

afónico, áfono *adj* aphonic, voiceless.

aforismo *s m* aphorism.

aforr|ar (1e) *v/t (dinheiro)* to save; *mangas* to line; to pad; **~o** *s m* savings.

africano 1. *adj* African; **2.** *s m*, **-a** *f* African.

afrodisíaco *adj e s m* aphrodisiac.

afronta *s f (insulto)* insult, offence.

afront|ar (1a) *v/t* to insult, to offend; to annoy; *(enfrentar)* to confront, to face; *med.* to torment; **~oso** *adj* offensive, abusive.

afroux|amento *s m aperto* slackening; loosening; *velocidade* moderation; **~ar** (1a) *v/t aperto* to loosen; *tensão, dor* to slacken; *velocidade* to slow down; *fig.* to relax.

afta *s f* ulcer, thrush.

afugentar (1a) *v/t inimigos* to chase away, to scare away.

afundar (1a) *v/t* to sink; *poço* to deepen; *problema* to examine; **~se** *v/r* to sink.

afunilado *adj* funnel-shaped.

agarr|ado *adj* stingy; *preso* stuck; **ser ~ ao dinheiro** to be stingy; **~ar** (1a) *v/t* to catch; to seize, to grasp; **~-se** *v/r* to hold on to, to cling to *(a)*; **~ com unhas e dentes** to stick obstinately to.

agasalho *s m (protecção)* shelter; *(vestuário)* warm clothing.

agência *s f* agency; *(representante)* branch office; *imobiliária* real estate agency; **~ de colocações** employment agency; **~ de correios** post office; **~ de informações** intelligence office; **~ de publicidade** advertis-

ing agency; **~ de transportes** transport agency; **~ de turismo** tourism agency; **~ de viagens** travel agency; **~ funerária** funeral parlour.

agenda *s f* notebook; **~ de bolso** pocket notebook; **~ de trabalhos** agenda.

agente 1. *adj* agent; acting; **2.** *s m/f* agent; **~ propulsor** drive; **~ de transmissão** transmission agent; **~ de ligação** contact; intermediary; **~ marítimo** shipping agent; **~ (de polícia)** policeman, policewoman; **~ de seguros** insurance underwriter; **~ provocador** agent provocateur.

ágil *adj* agile, quick.

agilidade *s f* agility; quickness.

agir (3n) *v/i* to act; to take action; *(intervir)* to intervene; *(proceder)* to proceed.

agit|ação *s f* agitation; *(excitação)* excitement; *pol.* disturbance; **~ador** *s m* agitator; **~ar** (1a) *v/t* to agitate; *(sacudir)* to shake, to stir; *(excitar)* to disturb, to excite; *(desinquietar)* to make restless; *pol.* to riot.

aglomeração *s f* accumulation; mass; *(concentração)* gathering; *pessoas* crowd.

agon|ia *s f* agony; *fig.* anguish, grief; *(má disposição)* náusea; **nas vascas da ~** in death struggle; **~iado** *adj fig.* anguished; uneasy; **estou ~** I feel ill.

agora 1. *adv* now; **de ~ em diante** from now on; **~ mesmo** right now; **ainda ~** a moment ago, just now; **por ~** for the time being; **de ~** current, modern; **essa ~!** well now! **essa é boa** that's a good one; **2.** *cj* but; **~ que** now that.

Agosto *s m* August.

agrad|ar (1b) *v/t* to please; **~ável** *adj* pleasant; *(confortável)* comfortable.

agradec|er (2g) *v/t* to thank **(por** for); **~imento** *s m* thanks, *(gratidão)* gratefulness.

agrado *s m* delight, satisfaction; *(aplauso)* applause; *(amenidade)* convenience, comfort.

agrafe, -o *s m* staple; clip.

agrário 1. *adj* agrarian; **2.** *s m* farmer.

agrav|ante 1. *adj* aggravating; **testemunha** *s m/f* **~** witness for the prosecution; **2.** *s f* aggravating circumstance; **~ar** (1b) *v/t* to aggravate; to make worse, to worsen; *estado* to get worse; *pena* to aggravate; *v/i júr.* to file an objection to sth.; **~ar-se** *v/r situação* to get worse.

agredir (3d) *v/t* to attack ; *(assaltar)* to assault.

agressão *s f* aggression, attack; *(assalto)* assault; insult, offence; **~ivo** *adj* aggressive, injurious; **~or** *s m*, **-a** *f* aggressor.

agrião *s m* watercress.

agrícola 1. *adj* agricultural; **2.** *s m* farmer.

agricultlor *s m* farmer; **~ura** *s f* agriculture.

agrimenslor *s m* surveyor; **~ura** *s f* land-surveying, geodesy.

agronomia *s f* agronomy.

agrónomo *s m*, **-a** *f* agronomist.

agruplamento *s m* grouping; *(associação)* assembly; *grupo* group; **~ar** (1a) *v/t* to group; *(juntar)* to gather; *(abranger)* to cover.

água 1. *s f* water. **2. ~s** *pl termas* waters, spa; *mar.* wake; *med.* urin; **~** *acima (abaixo)* up (down) the river; **~s residuais** sewage.

aguaceiro *s m* shower; down pour.

água-lfurtada *s f* attic, loft; **~marinha** *s f* aquamarine; **~pé** *s f* light wine.

aguardar (1b) *v/t* e *v/i* to wait (for); *aguardando a sua resposta* looking forward to your answer.

aguardente *s f* brandy; spirits *pl.*

aguarela *s f (quadro)* water-colour.

aguarrás *s f* turpentine.

aguçlado *adj* sharp, sharpened; *(pontiagudo)* pointed; **~ar** (1p) *v/t* to sharpen; *lápis, sentidos* to sharpen; *orelhas* to prick up; *fig.* to excite, to stimulate.

agudleza *s f* sharpness; *visão* keenness of sight, visual acuity; *espírito* perspicacity, cunning; **~o 1.** *adj* sharpened; pointed; *mús.* sharp; *med.* acute; *gr* stressed on the last syllable; *acento* **~** acute accent; **2.** *s m mús.* **os ~s** the sharp keys.

aguentar (1a) *v/t* to stand; to withstand; *(aturar)* to put up with; *v/i (durar)* to last; **~ com** to hold; **~-se** *v/r* to hold on.

aguilhlão *s m* prickle, thorn *(tb. fig.)*; **~oar** *v/t* to sting; *fig.* to spur.

agulha *s m* needle; steel pointer; compass; *cf.* switch point; *mil.* firing pin; *arq. torre* spire; *cabina s f (ou posto s m) de* **~** *Br.* signal box, *Am.* switchtower; *trabalho s m de* **~** needlework; *vinho s m* **~** tingling wine.

agulhleiro *s m artesão* needlemaker; needle-case; *(abertura)* cleft; *cf.* switchman, switcher; **~s** *s m pl* outlet; **~eta** *s f* nozzle; jet-pipe; *(gume)* tack; *mús.* mouthpiece.

aí *adv* there; *até* **~** until then.

ainda *adv* still; **~** *hei-de ser rico* I'll be rich some day; **~** *assim* even so; **~** *bem* just as well, fortunately; **~** *por cima* in addition, on top of all; **~** *que* although, even if, even though.

aipo *s m* celery.

airoso *adj* graceful; elegant; *(fresco)* fresh.

ajaezar (1c) *v/t* to harness; *fig.* to adorn.

ajeitlado *adj* arranged; fixed; *(apropriado)* adequate; **~ar** (1a) *v/t* to arrange; to manage; *(alisar)* to smooth; *(arranjar)* to fix; **~ar-se** *v/r* to manage; to adapt o.s.

ajuda *s f* help; aid; *(subsídio)* grant, subsidy; *(apoio)* support.

ajudlante *s m* assistant; helper; *mil. (-de-campo)* adjutant; **~-de-ordens** orderly; **~ar** (1a) *v/t* to help; to aid; *(apoiar)* to support.

ajuizado *adj* sensible.

ajuramentlação *s f* swearing in; **~ar** *v/i* to swear; to bind by an oath.

ajustlado *adj* adjusted; settled, agreed upon; fitting; **~ador** *téc.* fitter; **~agem** *s f* regulation; adjustment; **~ar** (1a) *v/t* to adjust; to fit; *(acordo, preço)* to settle, to agree upon; *(afinar)* to adjust, to tune in; **~e** *s m* **~agem**; **~** *de contas* settlement.

ala *s f* row; aisle; *mil., edifício* wing; *abrir* **~s** to form a lane.

alabastro *s m* alabaster.

alaglado *adj* flooded, waterlogged; *sangue, suor* drenched; **~ar** (1o) *v/t* e *v/i* to flood; *(inundar)* to overflow; *(destruir)* to destroy; *fig.* to waste, to squander.

alambique *s m* still.

álamo *s m* poplar; ~ *branco* white poplar.

alargar (1o) *v/t* e *v/i (dilatar-se)* to extend, to dilate; to widen; *vestuário* to widen, to broaden; *tensão* to relax; *no espaço e no tempo* to spread out.

alarm|ante *adj* alarming; ~**ar** (1b) *v/t* to alarm; to frighten; to disturb; ~**-se** to be alarmed, to get frightened; **~e** *s m* alarm; warning signal; *(tumulto)* tumult, confusion; row; *falso* ~ false alarm; *dar (o sinal de)* ~ to raise the alarm; *cf. sinal s m de* ~ alarm signal.

alastrar (1b) *v/t* = *lastrar; fig.* to cover; *v/i* e ~**-se** to scatter, to spread.

alavanca *s f* lever; handle; ~ *de velocidades* auto. gear lever.

albatroz *s m* albatross.

albergar (1o) *v/t* to shelter.

albergue *s m* shelter; lodge; *estalagem* inn; hospice; ~ *para jovens* youth hostel; ~ *nocturno* night shelter.

álbum *s m de poesia, de fotografias* album.

albumina *quím.* albumin.

alça *s f* strap; handle; ~ *de mira* notch.

alcachofra *s f* artichoke.

alcáçova *s f* fortress, castle.

alçada *s f* jurisdiction; sphere; competence; *não é da minha* ~ that is beyond my powers.

alcalino *adj* alkaline.

alcançar (1b) *v/t* to reach; *(apanhar)* to catch; *(obter)* to obtain, to get; *(abranger)* to cover; *(passar)* to hand, to pass; *(perceber)* to understand, to grasp.

alcance *s m* reach; *(âmbito)* range; *(compreensão)* intelligence, understanding; *ao* ~ *de* within reach; *ao* ~ *da voz* within earshot; *de (grande)* ~ long range; *fig.* of great value, of consequence; *estar fora do* ~ to be out of reach, to be beyond s.o.'s grasp; *pôr ao* ~ *de* to make available.

alçapão *s m* trapdoor.

alcaparra *s f* caper.

alçar (1p) *v/t (levantar)* to lift; to raise; *(erigir)* to edify; to heave; *fig.* to put out; *(vela)* to hoist.

alcateia *s f* pack (of wolves).

alcatif|a *s f* carpet; ~**ado** *adj* covered with a wall-to-wall carpet; ~**ar** (1a) *v/t* to cover with a wall-to-wall carpet.

alcatra *s f* rump.

alcatr|ão *s m* tar; ~ *vegetal* woodtar; ~**oado** asphalted; ~**oar** (1f) to tar; to asphalt.

alce *s m* moose, elk.

álcool *s m* alcohol.

alcoólico 1. *adj* alcoholic; **2.** *s m*, **-a** *f* alcoholic.

alcool|ismo *s m* alcoholism; ~**izado** *adj* drunk, intoxicated.

ald|eão(s, -ões, -ães) *s m (pl)*, ~**eã** *f* villager; ~**eia** *s f* village.

aldrab|ão *s m*, ~**ona** *f* liar; *(vigarista)* swindler; ~**ar** *v/i* to lie; to fib; ~**ice** *s f* swindle, fraud; F bungling.

aleatório *adj* aleatory; casual; random.

alecrim *s m* rosemary.

alegar (1o) *v/t factos* to allege; *provas* to proof, to present as proof; *v/i (afirmar)* to state; to quote; *jur.* to plead.

aleg|oria *s f* allegory; ~**órico** *adj* allegorical.

alegr|ar (1c) *v/t (causar alegria)* to make happy; *(animar)* to cheer up; to liven up; *(embelezar)* to embellish, to brighten up; ~**e** *adj* happy, glad; cheerful; *álcool* merry; ~**ia** *s f* happiness, joy, cheerfulness.

aleiloar (1f) *v/t* to auction, to sell in auction.

aleluia *s f* hallelujah; *Sábado de* ~ Easter Saturday.

além 1. *adv* over there; **2.** *prep* ~ *de* beyond; ~ *disso*, ~ *de que*, ~ *do mais* besides; in addition, moreover; **3.** *s m* the hereafter.

alemão(-ães) 1. *adj* German; **2.** *s m (pl)*, **-ã** *f* German; **3.** *ling.* German.

além-mar 1. *adv* overseas; **2.** *s m* oversea territory.

alergia *s f* allergy.

alérgico *adj* allergic.

alerta 1. *adj* watchful, vigilant; *(na defensiva)* on one's guard; **2.** *s m* alert; *tocar o* ~ to sound the alarm.

alfa *s m* alpha; *o* ~ *e o ómega* the beginning and the end.

alfabético *adj* alphabetic(al).

alfabet|ização *s f* literacy; ~**izar** (1a) *v/t* to teach to read and write; ~**o** *s m* alphabet.

alface *s f* lettuce.

alfaiat|aria *s f* tailor's shop; **~e** *s m* tailor.

alfândega *s f* customs; customs house.

alfandeg|ar (1o) *v/t* to pay customs; *(declarar)* to declare; **~ário** *adj* customs; **direitos** *s m pl* **~s** custom-duties.

alfarr|ábio *s m* second-hand book; old book; **~abista** *s m/f* second-hand bookseller.

alfarroba *s f* carob.

alfazema *s f* lavender.

alferes *s m/f* second lieutenant.

alfinete *s m* pin; **~ de chapéu** hat pin **~ de peito** brooch; **~ de segurança** safety pin.

alg|a *s f bot.* alga; **~s** seaweed; **~áceo** algoid.

algália *s f med.* catherer.

algarismo *s m* digit; numeral.

algazarra *s f* racket, shouting; tumult.

álgebra *s f* algebra.

algem|a *s f* handcuff; shackles; *fig.* oppression; **~ar** (1d) *v/t* to handcuff; *fig.* to oppress.

algibeira *s f* pocket; **pergunta** *s f* **de ~** tricky question.

algo 1. *pron* something; anything; **2.** *adv* rather; somewhat, a bit.

algodão *s m* cotton; **~ em rama** cotton wool, raw cotton; *med.* wadding; **~ hidrófilo** cotton wool.

alguém *pron* someone, somebody; anyone, anybody.

alguidar *s m* bowl; pan.

algum 1. *pron* one; **2.** *adj* some; *(um pouco)* something, a bit; **~a coisa** something; **~ dia** one day, some day; **~a vez** sometime; *em frases negativas* any; **de maneira (ou forma) ~**, **de modo ~** in no way, by no means; **alguns, -mas** some, a few; **~as vezes** sometimes.

algures *adv* somewhere.

alhe|ado distracted, absent-minded; **~ar-se** (1l) *v/r* to be removed from; to be lost in thought, to be absorbed in sth.

alheio *adj* belonging to someone else; **~ de** distant from; removed from, far from; *(desfavorável)* contrary to; *(estranho)* alien, not at ease; unfamiliar; **estar ~ a** to be unaware of; *(indife-*

rente) indifferent to; distracted; **~ ao mundo** indifferent to the world.

alho *s m* garlic; **dente** *s m* **de ~** bulb of garlic; **~-porro** *s m* leek.

ali *adv* there; **para ~** over there; **por ~** around there.

ali|ado 1. *s m*, **-a** *f* ally; **2.** allied; **~ança** *s f* alliance; **~ de casamento** wedding ring; **~ar** (1g) *v/t* to ally; **~ar-se** *v/r* to make an alliance.

aliás *adv* by the way, incidentally; *(de outro modo)* otherwise; *(ou seja)* that is; rather.

alicate *s m* pliers.

alicerce(s) *s m (pl)* foundations; *fig.* basis.

aliciar (1g) *v/t* to allure, to attract; to seduce.

alien|ação *s f* alienation; *(venda)* transfer; *(alheamento)* estrangement; **~ mental** insanity, madness; **~ado 1.** *adj* insane; mentally affected; **2.** *s m*, **-a** *f* lunatic; **hospital** *s m* **de ~s** mental hospital; **~amento** *s m* = **~ação**; **~ dos sentidos** ecstasy; **~ante** *adj* alienating; **~ar** (1d) *v/t (vender)* to transfer; *(alhear)* to estrange; to separate; *(fazer enlouquecer)* to madden; **~ável** *(que pode ser vendido)* alienable.

aligeirar (1a) *v/t* to lighten, to ease; *(suavizar)* to lessen; *passo* to hasten, to speed up.

aliment|ação *s f* food, feeding; *(forçada)* force); *(sustento)* nourishment; *téc. e quím.* supply; *infor.* input; **~ar 1.** *adj* = **~ício; produtos** *s m pl* **~es** foodstuffs *pl*; **2.** (1a) *v/t* to feed; to nourish; *téc.* to supply with; **~ício** nutritive, nourishing; **géneros** *s m pl* **~es** foodstuffs *pl*; **~o** *s m* food, nourishment.

alínea *s f* paragraph; sub-heading.

alinh|amento *s m* alignment; *(disposição)* arrangement; *(orientação)* orientation; *(regularização)* rectification; **~ar** (1a) *v/t (orientar)* to align; to range; *(em fila)* to line up; *v/i* **~ com** *(cooperar)* to cooperate.

alinho *s m* alignment; *fig.* elegance, neatness.

alis|ado *adj* smooth; **~ar** (1a) *v/t* to smooth; to soften; *cabelos* to straighten, to comb.

alist|amento *s m (inscrição)* enrol(l)ment; *(disposição)* putting-up; line-up; *mil.* recruitment; **~ar** (1a) *v/t (inscrever)* to enrol; *(pôr em lista)* to list; *mil.* to enlist, to recruit; **~ar-se** *v/r (exército)* to enlist; to join (in **em**).

aliviar (1g) *v/t* to relieve; to lighten; *(descarregar)* to relieve the load; *dor* to ease, to soothe; *fig.* to comfort, to calm down.

alívio *s m* relief; *(consolo)* comfort; *(repouso)* rest.

alma *s f* soul; spirit; **~s** people, inhabitants; **~ de Deus!** heavens above! **~ danada, ~ do diabo** evil soul, damned soul; **~ penada, ~ do outro mundo** ghost; **pela salvação da minha ~** upon my soul; **de ~ e coração, com ~** with heart and soul; completely; **sem ~** heartlessly; **dia** *s m* **das ~s** All Souls' Day; **abrir a ~** to open one's heart, to make a clean breast; **dar ~ a** to give life to; **dar a ~ a Deus** to give one's soul to the Creator; **dar a vida e a ~ por** to do anything to; **ter ~ para** to have heart to.

almirante *s m/f* admiral; *bot.* admiral's pear; *(navio s m)* **~** admiral-ship, flagship.

almoç|ar (1p) *v/i* to have lunch; **~o** *s m* lunch; **pequeno~** breakfast.

almofada *s f de cama* pillow; *vestuário* pad; *sofá* cushion; *porta ou janela* panel; **~ de ar, ~ pneumática** air cushion; **~ eléctrica** warming pad.

almofariz *s m* mortar; **mão** *s f* **de ~** pestel.

almôndega *s f* meat ball.

aloir|ado *adj* blond, blondish, fair *(cabelo)*; **~ar** (1a) *v/t cul.* to brown, to roast; *cabelo* to make blond; to dye blond; *fig.* to golden; *v/i* to become blond; to mature.

aloj|amento *s m* accomodation; lodging; housing; *téc.* store; **~ar** (1e) *v/t* to lodge, to house; to put s.o. up; *téc.* embed; **~ar-se** *v/r* to take lodgings.

along|ado *adj* elongated; prolonged; lengthened; **~amento** *s m* lengthening; extension, expansion; prolongation; **~ar** (1o) *v/t* to lengthen; to extend; *(prolongar)* to prolong; *(estender, esticar)* to stretch; *vista* to look about, to survey; **~ o passo** to

hasten; **~ar-se:** *esticar-se* to stretch o.s.; **~ em** *fig.* to dwell on.

alpaca *s f lã:* alpaca; *metal:* german silver; **manga de ~** *(irónico)* civil servant, clerk.

alpendre *s m (telheiro)* shed, lean-to; porch.

alper|ce, ~che *s m* apricot; **~ceiro, ~cheiro** *s m* apricot tree.

alp|inismo *s m* mountaineering; mountain climbing; **~inista** *s m/f* climber, mountaineer.

alquim|ia *s f* alchemy; **~ista** *s m/f* alchemist.

alta *s f* **a)** *preços* rise; increase; boom; **b)** *certificado* discharge, leave; **dar ~** to discharge; **ter ~** to be discharged, to have leave; **estar em ~** to be on the up, to be on the rise; **~mente** very much.

altar *s m* altar.

alta-roda *s f* high society.

alter|ação *s f* alteration, change; *(degeneração)* degeneration, destruction; *costumes* change; *desordem* disturbance; *indignição* indignation, vexation; *mús.* transfer; **~ da moeda** devaluation; **sem ~** unchanged; **~ar** (1c) *v/t* to change, to modify; *fig.* to annoy, to upset.

altern|adamente *(vez sim, vez não)* alternately, alternatively; = **~ado** alternated, by turns; *(em camadas)* in layers; **corrente** *s f* **~a** *electr.* alternating current; **~ar** (1c) *v/t (revezar)* to alternate; to take turns; *(trocar)* to interchange; *v/i e v/r* **~ar-se** to alternate, to change; **~ativa** *s f (sucessão)* alternation; *(opção)* alternative, choice; **~ativo** *adj* alternative; **~o** alternated; *agr.* rotating.

alteza *s f (altura)* elevation; *título* Highness.

altímetro *s m* altimeter.

altíssimo 1. *adj* highest; **2. o ♀** The Almighty God.

altista 1. *s m* **a)** *mús.* violist; **b)** *econ.* rise, boom; **2.** *adj* speculative.

altitude *s f* altitude; height.

altiv|ez *s f* haughtiness, arrogance; pride; **~o** *adj* haughty, arrogant; proud.

alto 1. *adj altura:* high; *envergadura:* tall; *som:* high, sharp; **o ♀ Douro** the

Upper Douro; ~ **dia** plain day; ~ **noite** deep in the night; **-a finança** high finance; **-a sociedade** high society; **2.** *adv* loud; **por** ~ roughly; **ler por** ~ to skim; **ver por** ~ to glance; **3.** *s m* height; peak, summit.

alto|-mar *s m* high sea, deep sea; **~-relevo** *s m* high-relief.

altruí|smo *s m* altruism; **~sta 1.** *adj* altruistic; **2.** *s m /f* altruist.

altura *s f* height; altitude; *(envergadura)* size; *(nível)* greatness; *(momento)* time, period; **ter 1,80 m de altura** *(pessoas)* to be 1,80 meters tall; **ter 3 m de** ~ to be 3 meters high; **em que** ~ **?** when? **a certa** ~ suddenly; at a certain point; **nessa** ~ then, at that moment; **estar à** ~ **de** to be up to.

alucin|ação *s f* hallucination; **~ado** *adj* hallucinated; *(louco)* crazy, possessed; **~ador** = **~ante** hallucinating, crazy; **~ar** (1a) *v/t* to hallucinate; *(apaixonar)* to fall deeply in love.

aludir (3a) *v/i*: ~ **a** to refer to, to hint; *(mencionar)* to mention.

alugar (1o) *v/t* to rent; to hire; to lease; to let; **aluga-se** to let.

aluguer *s m* rent; hiring; lease; *carros, etc.* hire, rent; *(renda)* rent; *(contrato)* lease; **casa** *s f* **de** ~ tenement house; **carro** *s m* **de** ~ hire(d) car.

alumiar (1g) *v/t* to light; = **iluminar**.

alumínio *s m* aluminium.

aluno *s m*, **-a** *f* pupil, student.

alusão *s f* allusion; *(referência)* reference; **fazer** ~ = **aludir**.

alva *s f* daybreak; dawn.

alvejar (1df) *v/t* **a)** *(branquear)* to whiten; to bleach; **b)** *(tomar como alvo)* to aim at, to hit the mark.

alvenaria *s f* masonry, brickwork.

alvo 1. *adj* white; *(limpo)* clean; **2.** *s m* **a)** *do olho* the white of the eye; **b)** target, aim; *fig.* purpose; **tiro** *s m* **ao** ~ target shooting; **acertar no** ~ to hit the mark.

alvor *s m* *(brancura)* whiteness; *(brilho)* glimmer; brightness; **o(s) ~(es)** dawn.

alvor|ada *s f* dawn, daybreak; *mil.* **toque** *s m* **de** ~ reveille; **~ar** (1e) = **~ecer** (2g) *v/i* to dawn; *fig.* to grow clear, to realise; **ao** ~ at dawn.

alvoroç|ar (1p) *v/t* to stir up; *(sobressaltar)* to frighten; *(amotinar)* to rebel, to riot; *(entusiasmar)* to excite; **~ar-se** *v/r (insurgir-se)* to be outraged; *(alegrar-se)* to rejoice (at **com**); **~o** *s m* agitation; *(motim)* riot; tumult; *(entusiasmo)* enthusiasm; *(sobressalto)* start, fright.

alvura *s f* whiteness.

ama *s f* *de criança* nurse; F nanny; *(dona de casa)* housewife.

amabilidade *s f* kindness, friendliness; **falta** *s f* **de** ~ unfriendliness.

amaciar (1g) *v/t* to soften; *(alisar)* to smooth; *(acalmar)* to calm, to appease; *(suavizar)* to soothe.

amador *s m*, **-a** *f* amateur; **~ismo** *s m* amateurism.

amadur|ecer (2g) *v/t* e *v/i* to ripen; to mature; **~ecido** ripe; matured.

âmago *s m* *bot.* pith, heart; *fig.* core; *fig.* soul, essence.

amaldiçoar (1f) *v/t* to curse.

amamentar (1a) *v/t* to breast-feed.

amanhã *adv* tomorrow; *mais tarde* later; ~ **de manhã** tomorrow morning; **depois de** ~ the day after tomorrow; **de hoje para** ~ overnight; **guardar para** ~ to leave for tomorrow; **o dia de** ~ *fig.* the future.

amanhecer (2g) **1.** *v/i* to dawn; *(acordar)* to awake *(tb. fig.)*; **2.** *s m* dawn, daybreak.

amansar (1a) *v/t* to tame; *sede, dor* to mitigate, to assuage; *v/i* e *v/r* **~-se** to calm down, to quiet down; *(tempestade)* to abate, to die down.

amante 1. *adj* loving, fond of; ~ **da paz** peace loving; **ser** ~ **de** to be fond of; **2.** *s m/f* lover; sweetheart.

amar (1a) *v/t* to love; **fazer-se** ~ to make o.s. loveable.

amarelo 1. *adj* yellow; *(pálido)* pale; *sorriso* forced; **2.** *s m* yellow.

amarg|o *adj* bitter *(tb. fig.)*; **~urado** bitter, sad.

amarra *s f* *(corda)* cable, rope; *(corrente)* chain.

amarr|ação *s f* *(cordame)* lashing; *(ancoradouro)* mooring; **~ar** (1b) *v/t* *mar. (fundear)* to anchor; *(atracar)* to moor; *embrulho* to bind, to tie up; *fig.* to stop, to stay; **~ar-se** to attach o.s. to, to commit o.s. to; ~ **a** to cling to.

amarrotar (1e) *v/t* to crumple; to wrinkle; to ruffle.

amassar (1b) *v/t massa, cimento* to mix.

amável *adj (encantador)* friendly; *(simpático)* kind; **pouco** ~ unfriendly.

âmbar *s m* amber.

ambição *s f* ambition; *(aspiração)* desire; ~**cionar** (1f) *v/t (aspirar a)* to aspire to, to hanker after; *(cobiçar)* to crave for, to desire, to ask for; ~**cioso** *adj* ambitious.

ambiência *s f* = **ambiente**.

ambiental *adj* environmental; ~**ar** (1a) to create an atmosphere; ~**ar-se** *v/r* to fit in; to adapt o.s.; to get used to *(a)*; ~**e 1.** *adj* surrounding; environmental; **2.** *s m* **meio** ~ environment; *(atmosfera)* atmosphere; ambience; ~ **de cortar à faca** heavy atmosphere.

ambiguidade *s f* ambiguity; doubtfulness.

ambíguo *adj* ambiguous; *(duvidoso)* dubious.

âmbito *s m (dimensão)* extent; *(esfera)* scope, range.

ambos, -as *adj pl* both.

ambulância *s f* ambulance; ~**ante** *adj* mobile; wandering; **vendedor/a** *s m/f* ~ peddler.

ameaça *s f* threat; **fazer** ~**s** to threaten.

ameaçador *adj* threatening; ~**ar** (1p) *v/t* to threaten.

amedrontar (1a) *v/t (assustar)* to frighten; *(meter medo)* to scare; ~**se** *v/i* to be afraid, to be frightened.

amêijoa *s f* mussel.

ameixa *s f* plum.

amêndoa *s f* almond.

amendoeira *s f* almond tree; ~**im** *s m* peanut.

amenizar (1a) *v/t (acalmar)* to soften, to soothe; *(alegrar)* to brighten, to cheer up; *v/i* to get better; ~**o** *adj (aprazível, suave)* mild; bland; *(harmonioso)* graceful; *(alegre)* agreeable; pleasant.

americano 1. *adj* American; **2.** *s m*, -**a** *f* American.

amesquinhador *adj* depreciative; ~**ar** (1a) *v/t (depreciar)* to humiliate; to belittle.

amestrador *s m* trainer; *de circo* dresseur; ~**ar** (1c) *v/t* to train; *cavalos* to break in; ~**ar-se** *v/r (exercitar-se)* to train, to exercise o.s., to practise.

ametista *s f* amethyst.

amianto *s m* asbestus.

amiba *s f* amoeba.

amido *s f* starch.

amígdala *s f med.* tonsil.

amigo 1. *s m*, -**a** *f* friend; **2.** *adj* friendly; *(dedicado)* devoted; **pessoa** *s f* -**a** acquaintance; **ser** ~ **de** to be friends with; ~ **de música** music lover; ~**ável** friendly.

amiudado *adj* frequent; *(repetido)* repeated; -**as vezes** often, frequently; ~**ar** (1q) *v/t e v/i* to repeat.

amizade *s f* friendship (**travar** to make).

amnésia *s f* amnesia.

amnistia *s f* amnesty; ~**iar** (1g) *v/t* to grant an amnesty to; *(perdoar)* to forgive.

amo *s m* master; *(dono)* owner.

amoldar (1a) *v/t (dar forma)* to shape, to form; ~**se a, com** *v/r* to adapt to, to get used to.

amolecer (2g) *v/t* to soften; *em água* to soak; *fig. (abrandar)* to relent; *(comover) fig.* to move, to touch; *v/i e* ~**se** to become soft; to weaken; *(efeminar-se)* to effiminate; ~**imento** *s m fig.* softening; ~ **cerebral** encephalomalacia.

amolgadela *s f* = ~**adura**; ~**ado** *adj* battered; ~**adura** *s f* bump; dent; ~**ar** (1o) *v/t* to dent; *(achatar)* to crush; *fig.* to crush.

amoníaco *s m* ammonia.

amontoar (1f) *v/t* to heap, to pile up; to accumulate; to gather.

amor *s m* love; *(querido)* sweetheart; **meu** ~ F my dear, my sweety; **pelo** *(ou por)* ~ **de Deus** for goodness' sake; **por** ~ **de** for the sake of.

amora *s f* mulberry; ~ **negra** blackberry.

amoreira *s f* mulberry tree.

amoroso *adj* loving; affectionate; *(suave)* gentle; mild.

amor-próprio *s m* self-esteem.

amortecedor *s m* shock absorber; *(pára-choques)* buffer; ~ **de som** *(silenciador)* silencer; ~**er** (2g) *v/t* to lessen, to soften; *(matar)* to deaden; *luz* to dim; *v/i* to fade; **~ido** *adj* deadened; weakened.

amortiz|ação *s f (reembolso)* payment in instalments; amortization; *(depreciação)* depreciation; **fundo** *s m* **de ~** sinking fund; **~ar** (1a) *v/t (pagar)* to pay in instalments; *(dívida)* to pay off.

amostra *s f tecidos* sample; *de ~* sample.

ampar|ar (1b) *v/t (proteger)* to protect; *(auxiliar)* to assist; *(apoiar)* to support; **~ar-se em** *v/r (apoiar-se)* to lean against/on; *(refugiar-se)* to take refugee; **~o** *s m* protection; *(auxílio)* help, assistance; *(apoio)* support.

amperagem *s f* amperage, current intensity.

ampere, ampério *s m* ampere.

amper|ímetro, ~ómetro *s m* ammeter.

ampl|iação *s f* amplification; *foto.* enlargement; **~iador** *s m* amplifier, enlarger; **~iar** (1g) *v/t* to amplify; *foto.* to enlarge.

amplitude *s f (extensão)* extent; scope; amplitude; *rádio* range; **~ magnética** deviation.

amplo *adj* ample, large; *(espaçoso)* spacious; *fig.* broad *(conhecimentos)*.

amplific|ação *s f* enlargement; amplification *(tb. rádio)*; **~ador** *s m* amplifier; **~ar** (1n) *v/t* to amplify; to enlarge; *fig.* to widen, to increase.

amput|ação *s f* amputation; **~ar** (1a) *v/t* to amputate.

amu|ado *adj* F sulky, surly; **~ar** (1g) *v/i* to sulk; to pout; **fazer ~** to make sulky.

analfab|etismo *s m* illiteracy, analphabetism; **~eto 1.** *adj* illiterate; *(ignorante)* ignorant; **2.** *s m*, **-a** *f* analphabete, illiterate person.

analgésico 1. *adj* analgesic, pain-killing; **2.** *s m* painkiller.

analis|ar (1a) *v/t* to analyse; *quím.* to describe; *bio.* to dissect; **~ável** analysable.

análise *s f* analysis; *(prova)* test; **~s clínicas** blood tests; **~ do mercado** market analysis.

anal|ista *s m/f* analyst; **~ítico** *adj* analytic(al).

analogia *s f* analogy; *(semelhança)* similarity.

analógico, análogo *adj* similar; resembling; *(correspondente)* corresponding.

analogismo *s m* analogism.

anamnese, -nesia *s f med.* history of a disease.

ananás *s m* pineapple.

anão 1. *s m*, **anã** *f* dwarf; **2.** *adj* dwarfish.

anarquia *s f* anarchy; chaos.

anarquista *s m/f* anarchist.

anat|omia *s f* anatomy; **~ómico** *adj* anatomic(al).

anca *s f pessoa* hip; *animal* rump, haunch; *cavalo* croup.

anchova *s f* anchovy.

âncora *s f* anchor.

ancor|agem *s f* anchorage; harbour tax; **~ar** (1e) *v/t e v/i* to anchor, to cast anchor; *fig.* to base upon.

andaime *s m* scaffold(ing).

andamento *s m* process; *(continuação)* progress; *(decorrer)* course; *mús.* tempo, time; **dar ~ a** *fig.* to set sth. in motion; **estar em ~** *fig.* to be in progress; **pôr em ~** to set in motion.

andar (1a) **1.** *v/i* to go; to walk; *de automóvel, comboio, avião* to travel by...; *(estar)* to be; **~ + adj, p. ex., ~ desesperado (triste)** to be desperate (sad); **~ de luto** to be in mourning; **~ bem (mal)** to be well (badly); **~ mal de dinheiro** to be short of money; **~ mal de saúde** to be in poor health; **como anda?** how are you? **ando bem** I'm fine; **2.** *s m de casa Br.* floor, *Am.* story; *forma de caminhar* gait.

andas *s f pl* stilts.

andebol *s m* handball.

andorinha *s f* swallow.

anedota *s f* joke.

anel *s m* ring; *corrente* link; *cabelo* lock.

anemia *s f* anaemia.

anémico *adj* anaemic; *fig.* weak, pale.

anest|esia *s f* anaesthesia; **~esiar** (1g) *v/t* to anaesthetize; **~ésico** *s m e adj* anaesthetic; **~esista** *s m/f* anaesthetist.

anex|ação *s f* annexation; *(junção)* attachment; enclosure; **~ar** (1a) *v/t* to annex; *(juntar)* to attach, to enclose.

anexo 1. *adj* enclosed; attached; *edifício* ~ annex; outbuilding; *(acessório)* accessory; *(apêndice)* appendix.
anfíbio 1. *adj* amphibious; **2.** *s m,*- **a** *f* amphibian.
anfiteatro *s m* amphitheatre.
anfitrião *s m,* **-ã** *f* host, hostess.
angarilação *s f (recrutamento)* enlistment, recruitment; *(fundos)* raising; **~ador** *s m,* **-a** *f* recruiter; raiser; agent; **~ar** (1g) *v/t (recrutar)* to recruit, to enlist; *(fundos)* to raise.
angina *s f* angina.
anglo-americano *adj* Anglo-American.
anglo-saxão (-ões) 1. *s m (pl)* Anglo-Saxon; **2.** *adj* = **~saxónico** Anglo-Saxon.
angolano 1. *adj* Angolan; **2.** *s m,* **-a** *f* Angolan.
angra *s f* bay.
ângulo *s m* angle; corner; ~ *agudo, obtuso, recto* acute, obtuse, right angle; *fig.* point of view.
anguloso *adj* angular; *(esquinado)* cornered.
angústia *s f* anguish.
angusti|ado *adj* distressed, anguished; **~ador, ~ante** *adj* distressing, afflictive; **~ar** (1g) *v/t* to distress, to afflict; *(torturar)* to torment.
anidrido *quím.* anhydride; ~ *carbónico* carbon dioxide.
anim|ação *s f* animation; activity; liveliness; *(encorajamento)* cheerfulness; *(entusiasmo)* enthusiasm; *(movimento)* bustle; **~ado** *adj (entusiasmado)* enthusiastic; *(vivo)* lively, cheerful; *(divertido)* high-spirited; *desenhos s m pl* **~s** cartoons; **~ador 1.** *adj* encouraging; **2.** *s m,* **-a** *f* presenter.
animal 1. *adj* animal; *reino s m* ~ animal kingdom; **2.** *s m* animal.
animar (1a) *v/t (dar vida)* to liven up; *(estimular)* to encourage, to stimulate; *(consolar)* to spirit up; to cheer up; **~-se** *v/r ambiente* to liven up; *(entusiasmar-se)* to take courage; to take heart.
ânimo *s m (espírito)* spirit; heart; *(índole)* nature; *(coragem)* courage; *(vontade)* joy, pleasure; *de* ~ *leve* lightheartedly; *recobrar (o)* ~ to pluck up courage, to recollect o.s.

anim|osidade *s f* animosity; dislike; **~oso** *adj* brave, courageous.
aniquil|ação *s f,* **~amento** *s m (destruição)* destruction, annihilation; *(exterminação)* extermination; **~ar** (1a) *v/t (destruir)* to destroy; *(exterminar)* to exterminate.
anis *s m* anise, aniseed.
aniversário *s m comemoração* anniversary; *de nascimento* birthday.
anjo *s m* angel; ~ *da guarda* guardian angel.
ano 1. *s m* year; ~ *económico* financial year; ♃ *Novo* New Year; *os* ~s *cinquenta, etc.* the fifties, etc; **2.** *s m pl dia de* **~s** birthday; *fazer* **~s** to have a birthday; *fazer trinta* **~s** to be 30 years old.
anoitecer (2g) *v/i* to grow dark; *ao* ~ at nightfall.
anomalia *s f* anomaly; *(erro)* failure.
anómalo *adj* anomalous, irregular; *(defeituoso)* defective, faulty; *(doentio)* pathological.
an|onimato *s m* anonymity; **~ónimo 1.** *adj* anonymous; *sociedade s f* **-a** limited company, joint-stock company; **2.** *s m (autor)* anonym; *(desconhecido)* unknown person.
anoraque *s m* anorak.
anorm|al *adj* abnormal; *(invulgar)* unusual; = *anómalo;* **~alidade** *s f* abnormality.
anot|ação *s f (observação)* comment; *(apontamento)* annotation, note; **~ar** (1e) *v/t (observar)* to comment; *(tomar nota)* to note down.
anseio *s m* longing, yearning; *(aspiração)* wish, craving.
ânsia = ansiedade; **~s** *pl* nausea.
ansi|edade *s f* anxiety; *(tensão)* worry, tension; *(desejo)* longing, craving, eagerness; **~oso** *adj* anxious; eager, impatient.
antag|onismo *s m* antagonism; **~onista** *s m/f* antagonist, opponent, adversary.
ante *prep* before, in the presence of; in the view of.
antece|dência *s f* antecedence; advance; **~s** what happened before; *com* ~ in advance; *(a tempo)* early; **~dente 1.** *adj* preceding, previous; **2.** *s m* antecedent; **~s** *pl* **a)** record; **b)**

background, history; **~s penais** *pl* criminal record; **maus ~s** bad record; **sem ~s** unprecedented; **~der** (2c) *v/t* to precede.

anteciplação *s f* anticipation; advance; **~ado** *adj (anterior)* previous; *(prematuro)* early, premature; **pagamento** *s m* ~ advance payment; **~ar** (1a) *v/t* to anticipate; to forestall; *(adiantar)* to bring forward; ~ **os agradecimentos** to thank in advance; **~ar-se** *v/r (adiantar-se)* to do sth. *ou* act beforehand; *(chegar antes)* to arrive in advance *ou* earlier.

antedatla *s f* antedate; **pôr ~ em** = **~ar** (1b) *v/t* to antedate.

antena *s f zoo.* antenna, feeler; *rádio, TV* aerial.

anteontem *adv* the day before yesterday.

anteparar (1b) *v/t (proteger)* to protect; to screen, to shield; *(evitar)* to prevent.

antepassado *s m*, **-a** *f* ancestor.

anterior *adj* previous; former.

antes 1. *prep* ~ **de** before; ~ **de mais nada** firstly; **2.** *adv temp* before now; *(de preferência)* rather, better; ~ **(pelo contrário)** on the contrary; **de** ~ **= dantes**; **quanto** ~ as soon as possible, the sooner the better.

anti... *prefixo* anti-.

antilácido *adj* antiacid; **~aéreo** *adj* antiaircraft; **~biótico** *s m* antibiotic; **~concepcional** *adj*, *s m* contraceptive; **~constitucional** *adj* unconstitutional.

antildemocrático *adj* undemocratic; **~deslizante** *adj*, *s m* antiskid, nonskid.

antídoto *s m* antidote.

antileconómico *adj* uneconomic; **~fascista** *adj*, *s m/f* antifascist; **~ferruginoso** *adj* antirust; **~flogístico** *adj* antiphlogistic.

antiglamente *adv* formerly, in the past, in former days; **~o 1.** *adj* old, ancient; *móvel* antique; **à -a** in an old-fashioned way; **2.** *s m* **os ~s** the ancient.

antigreve: *lei* **s f** ~ antistrike law.

antiguidade *s f* antiquity; ancient times; *serviço* seniority; **~s** *s f pl* antiques *pl*.

antílope *s m* antelope.

antiplatia *s f* antipathy, *(relutância)* reluctance; *(repugnante)* aversion; *(insuportável)* intolerable; **~ático** *adj* disagreable, impleasant; **~atizar** (1a) *v/i*: ~ **com alg** to dislike s.o.

antiquiado *adj* old-fashioned; out-of-date; **~ário** *s m*, **-a** *f* antique dealer.

anti-rugas *adj* crease-resistant.

anti-Iséptico *adj* antiseptic; **~social** *adj* antisocial; **~espasmódico** *adj* antispasmodic.

antítese *s f* antithesis.

antologia *s f* anthology.

antónimo 1. *adj* antonymous; **2.** *s m* antonym.

antrIacite *s f* anthracite; **~az** *med.* anthrax, carbuncle.

antro *s m* hole; *animal* lair; *ladrões* den.

anual *adj* yearly, annual.

anuário *s m* yearbook; ~ **comercial** directory.

anullação *s f* cancellation; *(declaração de nulidade)* nullification, anullment; **~ar** *v/t* (1a) to cancel; *(declarar sem efeito)* to nullify; to annul.

anunciar (1g) *v/t* to announce; *(proclamar)* to proclaim; *(tornar público)* to make known; *(pôr anúncio)* to advertise.

anúncio *s m* announcement; *(proclamação)* proclamation; *publicidade* advertisement, F ad; ~ **luminoso** neon sign; **pôr um ~** to advertise.

ânus *s m* anus.

anuviar (1g) = **nublar**.

anzol *s m* fishhook; *fig.* bait, trick.

aonde *adv* where.

aorta *s f* aorta.

apaglado *(tom, tb. fig.)* faint, dull; **~ar** (1o) *v/t luz* to switch off; *fogo* to put out; *tom, cor* to muffle; to fade; *fig.* to calm down, to soothe; *palavra* to erase; *vestígio* to wipe out; **~ar-se** *v/r* to go out.

apainellado *s m* panel work; **~ar** (1c) *v/t* to panel.

apaixonlado *adj* impassioned, fervent; *(enamorado)* in love; **~ante** *adj* exciting; **~ar** *v/t* (1e) to impassion; **~ar-se por** to fall in love with; *(entusiasmar-se)* to get enthusiastic about sth.

apalpladela *s f* touch, touching; **às ~s** groping; in the dark; **andar às**

~s to grope one's way; **~ar** (1a) *v/t* to touch, to feel; to finger.

apanh|ado 1. *s m (compilação)* compilation, survey; *(resumo)* summary; *fato* fold; **2.** *adj* **bem ~** well said, well done; **~ar** (1a) *v/t* to catch; to grab; to snatch; to get; *fruta, pessoas* to pick up; *chuva* to get wet; *castigo* to be punished; *transporte* to catch; *v/i tareia* to get a beating.

aparador *s m* sideboard.

aparafusar (1a) *v/t* to screw.

apara-lápis *(pl inv)* *s m* pencil sharpener.

aparar (1b) *v/t golpe* to ward off; *(cortar)* to cut; *barba* to trim; *unhas* to clip; *lápis* to sharpen; *(suportar) fig.* to bear; *(agarrar)* to catch.

aparec|er (2g) *v/i* to appear; *(vir)* to come; to show up, to turn up; **~imento** *s m* emergence; appearance; *(aparição)* apparition; *publicação* publication.

aparelh|ado *adj* ready; *madeira* plained off; **~agem** *s f* equipment *(tb. som)*; implements, tools; **~ar** (1d) *v/t* to equip; to fit; *(preparar)* to prepare; to get ready; *pedra* to cut; *madeira* to finish; *cavalo* to harness; *mar.* to rig; **~o** *s m* **a)** equipment; *dispositivo* device; *doméstico* appliance, gadget; *cavalo* harness; *digestivo* digestive system; **b)** *(preparação)* preparation.

aparência *s f* appearance; *(salvar* to keep up, to save face); aspect; likelihood.

aparente *adj* apparent.

aparição *s f* apparition, ghost.

apart|ado 1. *adj (longínquo)* distant, far-away; *(solitário)* secluded; **2.** *s m correios* post-office box, P.O. box; **~amento** *s m (separação)* separation; *(isolamento)* seclusion; *(casa)* *Br.* flat, *Am.* apartment.

apartidário *adj* independent.

apatia *s f* apathy; indifference.

apático *adj* apathetic, indifferent.

apátrida *adj* stateless.

apavorar (1e) *v/t* to terrify; to frighten.

apazigu|ador *s m* peacemaker; **~amento** *s m (pacificação)* peacemaking; appeasement; **~ante** *adj* appeasing, pacifying; **~ar** (1m) *v/t (pacificar)* to pacify; *(acalmar)* to appease.

apedrejar (1d) *v/t* to stone.

apel|lação *s f jur.* appeal; **sem ~** without appeal; irrevocable; **~ar** (1c): *v/i* **~ para** to appeal to; **~ de** to appeal against; **~ a** to call for.

apelido *s m* surname, family name.

apelo *s m* appeal; plea; **sem ~** without appeal, irrevocable.

apenas *adv* **a)** only; *temp* just; **b)** barely, scarcely.

apêndice *s m* appendix; supplement; *(aditamento)* addition, addendum.

apendicite *s f* appendicitis.

aperceber (2c) *v/t* to perceive, to understand; **~-se** *v/r de* to notice, to become aware of.

aperfeiço|amento *s m (melhoramento)* improvement, betterment; *(acabamento)* finishing, polishing; *educação* further education; **~ar** (1f) *v/t (melhorar)* to improve, to perfect; *(acabar)* to finish, to polish, to refine; **~ar-se** *v/r* to improve o.s.

aperitivo *s m* aperitif.

apert|ado *adj* tight; *(estreito)* narrow; *(asfixiante)* stuffy, oppressive; *(urgente)* urgent; *(sem dinheiro)* hard-up; **~ar** (1c) *v/t* to tighten; *(comprimir)* to press; to squeeze; *vestuário* to tighten; *botão* to button up; *cinto* to tighten one's belt; *parafuso* to tighten a screw; *mão* to shake hands.

aperto *s m tempo, etc.:* haste, hurry; *gente:* crowd, throng; *espaço:* tightness, narrowness; *(estreitamento)* narrow passage; *fig.* pressure, stress, trouble; *F* fix, jam, tight spot.

apesar *prep:* **~ de** in spite of, despite; **~ disso** in spite of that; **~ de que** even though, though.

apetec|er (2g) *v/t* to desire, to feel like sth.; *(não) me apetece* I (don't) feel like; **~ível** *adj* tempting, desirable.

apetit|e *s m* appetite; *(desejo)* desire, craving for; **~oso** *adj aspecto:* appetizing; *(saboroso)* savoury; *(desejoso)* desirable.

apetrech|ar (1d) *v/t (prover de)* to provide, to supply; *(equipar)* to equip, to fit; **~o(s)** *s m (pl) (equipamento)* equipment, outfit, appliance; *(acessório)* accessories.

apit|ar (1a) *v/i* to whistle; **~o** *s m instrumento* whistle.

aplan|ação *s f*, **~amento** *s m* leveling; **~ar** (1a) *v/t* to level; *dificuldades* to smooth over.

aplau|dir (3a) *v/t* (*elogiar*) to praise, to loud, to acclaim; *v/i* to applaud, to clap; **~so(s)** *s m (pl)* applause, cheering.

aplic|ação *s f* application; *medicamento* administration; (*zelo*) industry; *vestido* appliqué; *dinheiro* investment; **~ar** (1n) *v/t* to apply; *penso, cor* to put on; *pancada* to inflict; *pena* to sentence: **~ar-se a** *v/r* to apply o.s. to; (*dedicar-se*) to devote o.s. to; (*dizer respeito*) to apply to; **~ável** applicable.

apoderar-se (1c) *v/r* (*apossar-se*) to take possession of; (*agarrar*) to seize, to grab.

apodr|ecer (2g) *v/t e v/i* to decay; to rot; to spoil; to go off (*alimentos*); **~ecimento** *s m* decay; decomposition; spoiling.

apogeu *s m fig.* height; peak.

apoiar (1l) *v/t* (*auxiliar*) to aid, to support; (*encostar*) to stay, to uphold; **~~ se em** *v/r* to lean against, to rest (up)on.

apoio *s m* support; backing; (*amparo*) hold; (*auxílio*) help, aid; assistance; (*aplauso*) applause; **dar ~ a** to assist; **ter o ~ de** to be backed by.

apólice *s f* policy; **~ de seguro** insurance policy.

apont|amento *s m* (*referência*) reference; (*anotação*) note; annotation; (*registo*) entry; (*pós-escrito*) postscript; **tomar ~s** to take notes; **~ar** (1a) *v/t* **a)** to show, to point at; *testemunha* to indicate, to designate; *data* to fix; *arma* to aim (at); (*assinalar*) to point out; **b)** to note, to make notes, to register; **~ para** to point to.

após 1. *prep temp, loc* after; **ano ~ ano** year after year; **2.** *adv* after, thereafter.

aposent|ação *s f* retirement; old age pension; **~ado** *adj* retired; **~ar-se** *v/r* to retire; **~o** *s m* room; dwelling.

aposição *s f* apposition.

apossar-se *v/r:* **~ de** to take possession of.

aposta *s f* bet (**fazer** to make); **~r** (1e) to bet (**em** on).

aposti|lla, ~lha *s f* (*nota*) annotation, note; (*aditamento*) supplement; (*explicação*) study notes.

apóstolo *s m* apostle.

apostrofar (1e) *v/t* to address s.o., to interrupt; **~ alg de** to curse s.o.; F to tell s.o. off.

apóstrof|e *s f* interruption; **~o** apostrophe.

apoteose *s f* apotheosis.

aprazar (1b) *v/t* to put a time limit on; to fix a date; (*combinar*) to arrange.

apreciar (1g) *v/t* to appreciate; to admire; to enjoy; (*julgar*) to value; (*examinar*) to judge, to estimate.

apreen|der (2a) *v/t* to apprehend; to seize; *fig.* to understand, to grasp; **~são** *s f* (*captura*) arrest; (*confiscação*) seizure; (*receio*) apprehension; **fazer a ~ de = ~der**, **de fácil ~** easily understandable.

aprego|ador *s m* crier; **~ar** (1f) *v/t* (*tornar público*) to announce; (*vender*) to cry; **~ como** to sell sth. as.

aprend|er (2a) *v/t e v/i* (*estudar*) to learn; (*vir a saber*) to experience; **~iz** *s m* apprentice; learner.

apresent|ação *s f* presentation; (*comportamento em público*) bearing; (*preâmbulo*) introduction; (*proposta*) proposal, suggestion; (*exibição*) performance; (*notícia*) report; (*aparência*) appearance; *pessoas* introduction; **carta** *s f* **de ~** letter of introduction; **fazer a ~ de = ~ar; ter boa ~** to have a good appearance; **~ar** (1a) *v/t* to present; *pessoas, orador* to introduce; (*oferecer*) to offer; *questão* to put; to put forward; *solução* to propose, to present; *projecto-lei* to bring in, to introduce a bill; *queixa* to lodge (a complaint); *dificuldades* to arise; *pedido* to present; *desculpas* to apologize; *vestígios* to show; *mil.* **~ armas** to present arms; **~ar-se** *v/r* (*aparecer*) to show up; (*dar-se a conhecer*) to introduce o.s; *polícia* to report.

apress|ado *adj* hurried, hasty; **~ar** (1c) *v/t* to hurry, to hasten; (*impelir*) to urge on, to press; **~ar-se** *v/r* to hurry.

aprofundar (1a) *v/t* to deepen.

apropri|ado *adj* adequate, suitable; **~ar-se** *v/r:* **de** to take possession of.

aprov|ação *s f* approval; *elogio* praise; *aplauso* applause; *(exame)* pass; **~ar** (1e) *v/t* to approve; *(autorizar)* to consent, to allow; *lei* to ratify, to pass; *aluno* to pass.

aproveit|amento *s m (utilização)* utilization; *exploração* exploitation; **~ar** (1a) *v/t (utilizar)* to use; *(explorar)* to exploit; *ocasião, oportunidade* to take advantage of; *v/i* to make the most of; **~ar-se** *v/r: de* to take advantage of, to make good use of.

aproxim|ação *s f* approach; *(cálculo)* approximation; **~ado** *adj (cálculo)* approximate; close; **~ar** (1a) *v/t* to bring close; *(ligar)* to connect; **~ar--se** *v/r: de* to come close to, to approach sth. *ou* s.o.; **~ativo** *adj* approximative; close to.

aptidão *s f* ability; talent; *(capacidade)* capability, capacity; **~ para línguas** to be good at languages; **ter -ões para** to have qualifications for.

apto *adj* able, capable; qualified, fit.

apunhalar (1a) *v/t* to stab; *fig.* to betray.

apur|ado *adj* refined, select; **~ar** (1a) *v/t (aperfeiçoar)* to perfect, to improve; *(requintar)* to refine; *factos, verdade* to investigate, to find out; *votos* to count; *dinheiro, quantia* to make, to amass; **~o** *s m (perfeição)* perfection; *(selecção)* selection; *(cuidado)* accuracy, carefulness; **~(s)** *(pl) problema* difficulty, F trouble; *(receitas)* receipt.

aquário *s m* aquarium; *astr.* Aquarius.

aquartelar (1c) *v/t (alojar)* to quarter, to lodge; *(estacionar)* to station.

aquático *adj* aquatic, water…

aquec|edor 1. *adj* warming; **2.** *s m* heater; **~er** (2g) *v/t* to warm, to heat; *café* to warm; *quarto* to heat; *fig.* to get angry, to get excited; *v/i* to heat up; **~imento** *s m* heating; *(calorífero)* heater; *fig.* irritation; **~ central** central heating.

aqueduto *s m* aqueduct.

aquele, -a *adj* that, *pl* those; *pron* that one, *pl* those ones; **-a casa** that house; **quem é ~, -a?** who is that?

aqui *adv* here.

aquilo *pron* that.

aquisi|ção *s f (compra)* acquisition; purchase; **~tivo** *adj* purchasing; **capacidade** *s f -a* purchasing power.

ar *s m* **a)** air; atmosphere; *téc.* wind; **~es** *pl* airs; climate; **corrente** *s f de ~* draught; **falta** *s f de ~* shortness of breath; **mudança** *s f de ~es* change of atmosphere; **ao ~ livre** in the open air; **no ~** *(incerto)* undecided; *(irreflectido)* headlessly (done); **andar com a cabeça** *(ou estar)* **no ~** to be absent-minded; **apanhar no ~** to pick up; **ir pelos** *(ou aos)* **~es** to blow up; **tomar ~** to get some air; **b)** *(aspecto)* look; **ter (dar) ~es de** to put on airs, to pretend to be.

árabe *adj, s m/f* Arab; *ling.* Arabic.

arado *s m Br* plough, *Am.* plow.

aragem *s f* breeze.

arame *s m* wire; **~ farpado** barbed wire; **ir aos ~s** to explode, to blow up.

aranha *s f* spider; **andar às ~s com** to have a hard time with; **ver-se em papos** *(ou palpos)* **de ~** F to be in trouble.

arar (1b) *v/t Br.* to plough, *Am.* to plow.

araucária *bot.* araucaria.

arbitr|agem *s f* arbitration; *desp.* refereeing; **comissão** *s f de ~* arbitration comittee; **~al** *adj.* **decisão ~** referee's decision; **laudo (convénio)** *s m* **~** arbitration award; **~ariedade** *s f* arbitrariness; wilfulness; **~ário** *adj* arbitrary; *(injusto)* discretionary.

arbítrio *s m* decision; will; *(despotismo)* arbitrariness; *(sentença)* arbitration award; **livre ~** free will.

árbitro *s m desp.* referee; *(ténis)* umpire; *fig.* judge.

arbori|zação *s f* arborization, forestation; **~zar** (1a) *v/t* to plant with trees, to forest.

arbusto *s m* shrub; bush.

arca *s f* chest; trunk.

arcada *s f* arcade; vault; *(abóbada)* arch; *mús.* stroke with the bow.

arcanjo *s m* archangel.

arcebisp|ado *s m* archdiocese; **~o** *s m* archbishop.

archote *s m* torch.

arco *s m* bow *(tb. mús.)*; *arq.* arch; *(roda)* hoop; *(aro)* ring.

arco-íris *s m* rainbow.

árctico *adj* Arctic.

ard|ência *s f* burning; fervency; **~ente** *adj* ardent, intense *(temperamento)*; strong *(sabor)*; **câmara ~** death chamber; **~er** (2b) *v/i (inflamar-se)* to sting; *(abrasar)* to blaze, to burn; *(fulgir)* to glow, to shine, to glisten; **~ em febre** to have a burning fever; **~ por** *inf.* to burn for sth., to desire ardently; *v/t* to burn; *(consumir)* to consume.

ardor *s m* burning; heat; *paixão* eagerness, passion; *pele* itching; *fervor* zeal.

ardina *s m* newspaper boy.

ardósia *s f* slate.

árduo *adj (íngreme)* steep; *(difícil)* hard, difficult.

área *s f (terreno)* area; field; *(extensão)* expanse; *(região)* region; *mat.* area.

areal *s m* sandy area; *(praia)* beach.

areia *s f* sand.

arej|ado *adj* aired, ventilated; **~ar** (1d) *v/t* to air, to ventilate; *agr.* to dry up.

arena *s f* arena; *tourada* ring.

arenoso *adj* sandy.

arenque *s m* herring.

areoso *adj* sandy.

aresta *s f* edge; brim; border; **limpar as ~s** to smooth the rough edges.

argelino, -a *adj, m/f* Argelian.

argênteo *adj atr.* silver.

argila *s f* clay, potter's earth.

argil|eira *s f* clay pit; **~oso** *adj* clay.

argol|a *s f* ring; hoop; *(brinco)* earring; *(batente)* door knocker; **~inha** *s f* small ring; *cul.* pastry used in soups.

argúcia *s f* astuteness, shrewdness; *(subtileza)* subtlety.

argu|ente *s m* speaker; opponent; **~ição** *s f* arguing; *(argumentação)* argumentation; *(acusação)* charge; **~ido** *s m* defendant; **~idor** *s m* accuser; **~ir** (3p) *v/t* to accuse; to argue; *(rejeitar)* to decline, to reject; *(deduzir)* to deduce.

argument|ação *s f* argumentation; *(demonstração)* demonstration; **~ar** (1a) *v/t e v/i* to argue; *(concluir)* to conclude; *(fundamentar)* to found, to give reasons for; *a favor, contra* to speak for, against sth.; **~o** *s m* argument; *(prova)* reason; *(assunto)* subject, topic; *cinema* script.

ária *s f* aria; *(canção)* song.

aridez *s f* dryness; barrenness.

árido *adj* dry, barren.

aristocr|acia *s f* aristocracy; **~ata** *s m/f* aristocrat, noble; **~ático** *adj* aristocratic.

aritmética *s f* arithmetic; *(cálculo)* sums *pl.*

arlequim *s m* harlequin.

arma *s f* weapon; **~s** *pl* arms; **~ de fogo** firearm; **~ branca** cold steel.

arm|ação *s f* frame; framework; *(equipamento)* equipment; outfit; *arq.* framework, structure; *barco* rigging; *pesca* tackle; *veado* horns; **-ões** *s f pl* frames; **~ada** *s f* fleet, navy; **~adilha** *s f* trap; **~ador** *s m naut.* shipwright; **~adura** *s f* armour, mail; *arq.* framework, structure; *(rede metálica)* chain-mail; **~amento** *s m* armaments, weapons; equipment; *naut.* gunnage; **~ar** (1b) *v/t* to arm; to equip; *(montar)* to assemble; *(consolidar)* to fasten, to consolidate; *naut.* to rig; *(maquinar) fig.* to scheme, to plot; **~-se** *v/r* to arm o.s.; to get ready; **~ em** to give o.s. airs; to set o.s. up as sth.; **~ário** *s m* cupboard.

armaz|ém *s m* warehouse; *(estabelecimento)* store; **~enamento** *s m* storage; **~ de dados** *inform.* data storage; **~enar** (1d) *v/t* to store; *provisões* to stock.

armistício *s m* armistice.

aro *s m (anel)* ring; hoop; *(roda)* rim; *(porta, janela)* frame.

arom|a *s m* aroma, fragrance, smell; *vinho* bouquet; **~ático** *adj (perfumado)* fragrant; *(apurado)* aromatic.

arp|ão *s m* harpoon; **~ar** (1b) = **~ear** (1l) to harpoon.

arquej|ante *adj* panting, out of breath; **~ar** (1d) *v/i* to pant, to gasp for breath; **~o** *s m* gasp.

arque|ologia *s f* archaeology; **~ólogo** *s m*, **- a** *f* archaeologist.

arquipélago *s m* archipelago.

arquitect|ar (1a) *v/t* to erect, to build; *planos, etc.:* to plan, to think up, to conceive; **~** *fantasias* to imagine, to daydream; **~o** *s m* architect; **~ónico** *adj* architectural; **~ura** *s f* architecture.

arquivlar (1a) v/t to file; to shelve; *processo* to dismiss; ~**o** s m file; *(armário)* archive.

arrancar (1n) v/t to pull away, to snatch; *árvore* to uproot; *dente* to pull; v/i to start off, to leave; *motor* to start.

arranco s m pull, jerk; *(salto)* jump; *(pulo)* sudden start; *(acesso)* impulse; *(ataque)* outbreak; = **arranque**.

arranhla-céus s m *(pl inv)* skyscraper, ~**adela**, ~**adura** s f, ~**ão** s m scratch; ~**ar** (1a) v/t to scratch; *(esfregar)* to scrape; *língua* to speak imperfectly; *mús.* F to plonk away.

arranjlado adj: **bem (mal)** ~ (un)tidy; **estar** ~ to be in order; **estar bem** ~ *irón.* to be done for; ~**amento** s m = ~**o**; *mús.* arrangement; ~**ar** (1a) v/t to fix; *(obter)* to get; *(arrumar)* to put in order, to tidy; *(aprontar)* to get ready; *(emprego)* to find, to get; ~**ar-se** *(resolver-se)* to settle; *(ser possível)* to manage; *(vestir-se)* to get ready; ~ **com (sem)** to do with (without); ~**o** s m *(disposição)* setting; *(conserto)* fixing; *(embelezamento)* embellishment; *(decoração)* decoration; *(acordo, concordância)* settlement, agreement.

arranque s m = **arranco**; *tec., desp.* start; **mecanismo** s m **de** ~ starter.

arrasado adj levelled; demolished *(tb. fig.)*; *(desgostoso)* crushed; ~ **em lágrimas** swimming in tears; **estar** ~ to be exhausted.

arrastlado adj dragged; *(lento)* dragging; *voz* drawling; ~**ar** (1b) v/t to drag; to pull; *(atrair)* to draw; ~ **a voz** to drawl; ~ **os pés** to drag one's feet; v/i e ~**ar-se** v/r to drag o.s.

arre! *int.* **a)** dammit; **b)** ~ **burro** gee up!

arrebatlado adj passionate, impetuous; *(enlevado)* entranced; *(irascível)* rash, quick-tempered; *(violento)* violent; **pessoa** s f -**a** hot-headed person; ~**ador** adj ravishing, overpowering; ~**ar** (1b) v/t to enchant, to enrapture; *(tirar, arrancar)* to snatch; *(entusiasmar)* to delight; *(pôr fora de si)* to enrage; ~**ar-se** v/r to be entranced, to be transported.

arrebitlado adj turned up; *fig.* pretentious, insolent; *(sabichão)* know-all; **nariz** ~ snub nose; ~**ar** (1b) v/t to turn up; *(torcer)* to bend; *orelhas* to prick up.

arrecadlação s f shed; *(detenção)* custody; *(depósito)* deposit; *econ.* collection (of taxes); ~**ar** (1b) v/t *(guardar)* to put away; *(pôr a salvo)* to keep safe; *impostos* to collect.

arredondlado adj round; **canto** s m ~ rounded corner; ~**ar** (1a) v/t to make round; *(contas)* to round up.

arredor **1.** *adv* around, about; **2.** *adj* near, close by; **3.** s m ~**(es)** *(pl)* suburbs; outskirts.

arrefecler (2g) v/t to cool, to chill; v/i to cool off; ~**ido** adj cooled, cooled off; ~**imento** s m cooling; refrigeration.

arreio(s) s m *(pl)* *cavalo* harness *sg*; *fig.* jewellery.

arrellia s f anger; trouble; **que** ~! what a nuisance; what a bother!; ~**iado** adj angry, upset; ~**iar** (1g) v/t to upset, to tease; *(importunar)* to bother.

arrematar (1b) v/t **a)** *(leiloar)* to sell *(ou* to buy) by auction; **b)** = **rematar** to finish off.

arremesslar (1c) v/t *(atirar)* to throw; to hurl; *(empurrar)* to push away; ~**ar-se a, sobre** to hurl o.s. at; ~**o** s m throw; *(ímpeto)* swing; *(empurrão)* push.

arrendlamento s m *acto* leasing; *quantia* rent; **tomar de** ~ to rent; **contrato** s m **de** ~ lease; ~**ar** (1a) v/t **a)** to let, to lease, to hire; **arrenda-se** to let; **b)** to trim with lace.

arreplanhar (1a) v/t *vestuário* to crease, to wrinkle; *cabelo* to raise; *(arrebatar)* to snatch, to gripe; *(economizar)* to hoard, to amass; ~**elar** (1c) v/t ~ **os cabelos** to pull s.o.'s hair; *fig.* to frighten.

arrependler-se (2a) v/t to repent; to regret; ~**ido** adj sorry; **estar** ~ to be sorry; ~**imento** s m regret; repentance.

arrepilado adj *(despenteado)* standing on end; *(horrorizado)* terrified; **estou todo** ~ it gives me the creeps; **estou com o cabelo** ~ my hair stands on end; **pele** s f -**a** goose skin; ~**ar** (1g) v/t to make one's flesh creep, to make one's hair stand on end; to fill with horror; *(sentir frio)* to shiver; *cabelo* to stand on end; ~**ar-se** v/r to shudder, to shiver; *(de horror)* to be terrified; ~**o** s m shiver, shudder, chill.

arriscado *adj* risky, perilous *(coisa)*; daring *(pessoa); ~ar* (1n) *v/t* to risk, to dare; *~ar-se v/r* to take a risk; to risk doing sth.

arrivis|mo *s m* opportunism; *~ta s m/f* upstart, opportunist, pusher.

arrog|ância *s f* arrogance; *(impertinência)* insolence; haughtiness, presumption; *~ante adj* arrogant; *(impertinente)* insolent; *(atrevido)* cheeky, impudent; *~ar-se v/r (direitos)* to claim (sth.); to have the presumption.

arroj|ar (1e) *v/t (deitar fora)* to throw away; *(lançar)* to throw; to hurl; *~ar--se v/r (atrever-se)* to dare; *(atirar-se)* to rush upon sth.; *~o s m (audácia)* boldness; audacity; *ter o ~ de* to dare.

arromb|amento *s m jur.* breaking in, burglary; *~ar* (1a) *v/t (destruir)* to smash; *(assaltar)* to break in *(casa)*; *(derrubar)* to break down.

arrotar (1e) *v/i* to belch; *fig.* to boast, to pretend.

arroz *s m* rice; *~-doce* rice pudding; *~al s m* rice field.

arruinar (1q) *v/t (edifício)* to ruin, to destroy; *~ar-se v/r* to be ruined, to ruin o.s.; *(edifício)* to decay.

arrum|ação *s f* clearing up; *(acomodamento)* accomodation, arrangement; *~ar* (1a) *v/t* to set in order, to tidy up; *malas* to pack.

arsenal *s m* arsenal; *(apetrechos)* equipment.

arsén|ico *s m* arsenic.

arte *s f* art; *(jeito)* skill, knack; *(ofício)* trade, craft; *(manha)* cunning, mischief; *ter ~s de* to be capable of; *~s manuais* handicraft.

artelho *s m* ankle.

artéria *s f anat.* artery, blood vessel; *rua* street.

arter|ial *adj* arterial; *~iosclerose s f* arteriosclerosis.

artes|anato *s m* handicraft, craftwork; *~ão(s) s m (pl)* craftsman(men).

articul|ação *s f med.* joint; *(dobradiça)* hinge; *(divisão)* division in articles; *(pronúncia)* pronunciation; *~ esférica* whirl bone; *em ~ com* together with; *~ado adj* articulate; jointed; *~ar* **1.** *adj* articular; **2.** *v/t* to

join; *(dividir)* to divide in paragraphs; *(exprimir)* to articulate; *(formular)* to enunciate; *(expor)* to pronounce.

artífice *s m/f* craftsman/craftswoman.

artifici|al *adj* artificial; *(pretencioso)* affected; *~alidade s f = ~alismo s m* artificiality; affectation.

artifício *s m (truque)* stratagem, trick; *(jeito)* ability, art; *fogo-de-~* fireworks.

artigo *s m gr.* article; *lit.* passage; section; *~ de fundo* cover story, leading article; *~ de fé* article of faith; *~s de consumo* consumer goods; *~ em série econ.* mass-produced article.

artilh|aria *s f* artillery; *~eiro s m* artillery man, gunner.

artista *s m/f* artist.

artístico *adj* artistic.

árvore *s f* tree; *navio* mast; *téc.* shaft; *~ de fruto* fruit tree.

ás *s m* ace; *fig. filme, desporto* star.

asa *s f* wing; *chávena, tacho* handle; *nariz* wing.

asbesto *s m* asbestos.

ascend|ência *s f (antepassados)* ancestry; *fig. (influência)* ascendency; *~ente* **1.** *adj* rising; *(crescente)* growing; **2.** *s m (antepassado)* ancestor; *(influência) = ~ência; ~er* (2a) *v/i* to rise; *~ a* to rise to.

ascensão *s f* ascent; *trono, poder* rise; *rel.* ♀ Ascension.

asfalt|ar (1a) *v/t* to cover with asphalt; *~o s m* asphalt.

asfix|ia *s f* suffocation; *~iado adj* suffocated; *~iar(-se)* (1g) *v/t e v/i* to suffocate; to stifle.

asiático *adj e s m* Asiatic.

asil|ado **1.** *adj estar ~* living in an asylum; **2.** *s m*, *-a f* refugee; *~o s m pol.* asylum; *fig.* refuge, shelter; *~ de terceira idade* old people's home.

asma *s f* asthma.

asmático **1.** *adj* asthmathic; **2.** *s m*, *-a f* asthmathic person.

asneira *s f* foolishness; *(estupidez)* stupidity, silliness; *~s pl* nonsense.

aspa *s f fig. ~s pl* inverted commas, quotation marks (*entre* in).

aspecto *s m* aspect; *(aparência)* look, appearance; *(ponto de vista)* point of view; *(característica)* characteristic, feature.

aspereza *s f* roughness; *(brusquidão)* harshness; *(acrimónia)* rudeness.

áspero *adj* rough; *(brusco)* harsh; *(acre)* rude.

aspir|ação *s f* inhalation; *tec.* suction; *gr.* aspiration; *(desejo)* longing, yearning; **~ador 1.** *s m* exhaustor; **~ *(de pó)*** vacuum cleaner; **2.** *adj* = **~ante 1.** *adj* aspiring; sucking; **2.** *s m/f* candidate; *mil.* cadet; **~ar** (1a) *v/t* to inhale, to breathe in; *téc.* to suck up; *gr.* to aspirate; **~ *a (por)*** to wish, to aspire to; **~ina** *s f* aspirin.

assado *s m* roast; **~s** *pl fig.* difficulty, trouble.

assalariado *s m*, **-a** *f* employee, wage-earner.

assalt|ante *s m/f banco* robber; *rua* mugger; *casa* burglar; **~ar** (1a) *v/t* to attack; *banco* to rob; *rua* to mug; *casa* to break in; **~o** *s m (ataque)* attack; *banco* robbery; *rua* mugging; *casa* burglary.

assanhado *adj (furioso)* furious, angry, excited.

assar (1b) *v/t* to roast; *grelha* to grill.

assass|inar (1a) *v/t* to kill, to murder; **~inato**, **~ínio** *s m* murder; **~ino 1.** *s m.* **-a** *f* murderer; **2.** *adj* murderous.

asseado *adj* clean.

assegurar (1a) *v/t (pôr a salvo)* to secure; *(garantir)* to assure.

asseio *s m* cleanliness; ***com*** **~** tidy; ***falta de*** **~** untidiness.

assembleia *s f* assembly; meeting; **~ *geral*** general meeting.

assemelh|ar (1d) *v/t* to liken; *(comparar)* to compare; **~ar-se: ~ *a*, ~ *com*** to resemble, to look like.

assentar (1a) *v/t (pôr em cima)* to lay, to place; *(sentar)* to seat; *(decidir)* to decide, to agree upon; *(estabelecer)* to establish, to settle; *(apontar)* to note down; *v/i pó* to settle; *(ficar bem)* to suit; *(estabelecer-se)* to settle down.

assent|imento *s m* assent, agreement; **~ir** (3e) *v/i* to agree.

assento *s m (residência)* dwelling; *(lugar)* seat; *(base)* base; *(apontamento)* note; *econ.* entry.

asséptico *adj* aseptic.

assessor *s m*, **-a** *f (adjunto)* assistant; *(conselheiro)* adviser.

assíduo *(constante)* constant; *(aplicado)* diligent.

assim *adv* thus, in this way; *(por isso)* so, therefore; **~**, **~** so-so, more or less; **~ *como*** as well as; ***ainda* ~**, ***mesmo* ~** nevertheless; **~ *mesmo!*** exactly! right!; **~ *que*** as soon as.

assim|etria *s f* asymmetry; **~étrico** *adj* asymmetric(al).

assimil|ação *s f (absorção)* absorption; *(apropriação)* assimilation; *anat.* anabolism; *gr.* assimilation; **~ar** (1a) *v/t* to assimilate; *(absorver)* to absorb.

assinalar (1b) *v/t* to mark; *(designar)* to designate; *(apontar)* to point out.

assin|ante *s m/f contrato* signatory; *revista, jornal, telef.* subscriber; **~ar** (1a) *v/t* to sign; *revista, jornal* to subscribe; **~atura** *s f* signature; *revista, jornal* subscription.

assistência *s f (presença)* presence; *(apoio)* assistance; *(cuidados)* aid; *(público)* audience; **~ *hospitalar*** hospitalization; **~ *médica*** medical aid; **~ *pública*, ~ *social*** social services; **~ente 1.** *adj* auxiliary; attending *(médico)*; **2.** *s m/f* assistant; **~s** *pl* onlookers; **~ir** (3a) *v/t e v/i (auxiliar)* to assist; *(reunião)* to attend; *espectáculo* to watch.

assoalhada *s f* room.

assoar (1f) *v/t (nariz)* to blow (one's nose).

assobi|ar (1g) *v/i* to whistle; **~o** *s m* whistle; *instrumento* whistle.

associ|ação *s f* association; *(sociedade)* partnership, society; *desporto* club; **~ *comercial*** board of trade; **~ *dos consumidores*** consumer's association; **~ado** *s m*, **-a** *f (membro)* member; *(sócio)* partner; **~ar** (1g) *v/t* to associate; *pensamento* to link; *numa sociedade* to form a partnership; to enter into a partnership; *(juntar)* to join; **~ar-se** *v/r* to form a partnership; **~ *a*** to join; to associate with; *fig.* to take part in; **~ativo** *adj* associative; ***vida*** *s f* **-a** society activities; ***organismo*** *s m* **~** association.

assomo *s m* mark; *fig.* **~ *de cólera*** fit of anger.

assumir (3a) *v/t (tomar sobre si)* to take over; *(responsabilizar-se)* to shoulder (a responsibility), to take upon o.s.; *(aceitar)* to accept, to admit; *cargo* to take.

assunto *s m* matter, subject; topic, theme; *(questão)* case; matter.

assust|ador *adj* frightening; **~ar** (1a) *v/t* to frighten; **~ar-se** *v/r* to be frightened.

astro *s m* star *(tb. fig.)*; **~logia** *s f* astrology.

astrólogo *s m* astrologer.

astron|auta *s m/f* astronaut; **~áutica** *s f* astronautics.

astron|omia *s f* astronomy; **~ómico** *adj* astronomical *(tb. fig.)*.

atac|ado 1. *adj* attacked; **2.** *s m por ~* wholesale; **comércio** *s m por ~* wholesale trade; **~ante** *s m/f* attacker; *futebol* forward; **~ar** (1n) *v/t* **a)** *sapato* to lace; **b)** to attack; to assault; *doença* to strike.

atalh|ar (1b) *v/t o caminho* to take a short cut; *(impedir)* to prevent; *(interromper)* to interrupt, to cut short; *(encurtar)* to shorten; **~o** *s m (vereda)* sideway; *(caminho mais curto)* shortcut; **pôr ~ a** to end sth.

ataque *s m* attack *(tb. med.)*; *futebol* forward line; *(acesso)* fit.

atar (1b) *v/t* to tie; to fasten; *(unir)* to bind.

ataref|ado *adj* busy; **estar ~** to be busy; **~ar** (1c) *v/t sobrecarregar* to burden, to overload.

até 1. *prep temp.* until, till; *loc.* up to; **~ que** until; **~ que enfim!** finally, at last; **2.** *adv* even.

ateísmo *s m* atheism.

atenção *s f* attention; *(chamar* attract); *(favor)* favour; *(cortesia)* courtesy, politeness; *(cuidado)* care, carefulness.

aten|cioso *adj* considerate; *(cortês)* gallant, corteous; *(dedicado)* assiduous; **~der** (2a) *v/t doente* to see; *cliente* to serve; *visita* to receive; *tel. chamada* to answer; *petição, pedido* to grant; *v/i* **~ a** to pay attention to, to heed; *(ter em atenção)* to consider; *(dar ouvidos)* to pay attention to; *(encarregar-se)* to take care of.

atent|ado *s m* attack; attempt on; **~ar** (1a) **a)** to pay attention to; *(considerar)* to take into consideration; *(realizar)* to undertake; **b)** *(tencionar)* to

plan; *v/i* **~ contra** to make an attempt on; **~ contra a vida de alg.** to make an attempt on s.o.'s life.

atenu|ante 1. *adj* extenuating; **2.** *s f* extenuating circumstance; **~ar** (1g) *v/t* to lessen, to reduce; *(enfraquecer)* to weaken; *(minorar)* to ease, to mitigate.

aterr|ador *adj* terrifying; **~agem** *aer.* landing; **campo** *s m* **de ~** landing field *ou* strip; **~ar** (1c) *v/t* **a)** to horrify; **b)** to cover with earth, to level; *v/i aer.* to land.

aterroriz|ado *adj* terrified; **~ante** *adj* terrifying; **~ar** (1a) *v/t* to terrorize, to terrify; **~-se** *v/r* to get *ou* be terrified.

atest|ado 1. *adj* certified; **2.** *s m* certificate; credential; **~ médico** medical certificate; **~ar** (1c) *v/t* **1.** to fill up; **2.** to certify; *(testemunhar)* to bear witness; *(comprovar)* to testify, to prove.

ateu *s m e adj* atheist.

atingir (3n) *v/t* to reach; *(tocar)* to touch; *fig.* compreender to grasp; *mil.* to wound; *(alcançar)* to achieve.

atir|ador *s m*, **-a** *f* shooter, marksman, markswoman; **~ar** (1a) *v/t (lançar)* to throw, to fling; *(disparar)* to shoot; **~ar-se a** to hurl o.s. at.

atitude *s f* attitude.

atlântico *adj* Atlantic; **o ~** the Atlantic.

atlas *s m* atlas.

atl|eta *s m/f* athlete; **~ético** *adj* athletic; **~etismo** *s m* athletics *sg.*

atmosf|era *s f* atmosphere; **~ carregada** stormy weather; **~érico** *adj* atmospheric; **pressão** *s f* **-a** atmospheric pressure; **poluição** *s f* **~** air pollution.

atómico *adj* atomic; **central** *s f* **de energia -a** nuclear power station.

atomiz|ador *s m* sprayer, atomizer; **~ar** (1a) *v/t* to spray; *(destruir)* to pulverize.

átomo *s m* atom.

atormentar (1a) *v/t* to torment; to pester, to bother.

atrac|ção *s f* attraction; *(tendência)* tendency (to); **~tivo 1.** *adj* attractive; catchy, engaging; **força** *s f* **-a** *fig.* appeal; **2.** *s m* attraction; charm; *(incentivo)* incentive.

atraente *adj* attractive.

atraiçoar (1f) *v/t* to betray, to double-cross; *(iludir)* to deceive, to mislead; *(abandonar)* to forsake, to let down.

atrair (3l) *v/t* to attract.

atrapalh|ado *adj* embarrassed; *(confuso)* confused; *(desamparado)* helpless; **~ar** (1b) *v/t e v/i (confundir)* to confuse, to mix up; *(desconcertar)* to disturb, to upset.

atrás *adv* behind; back; *temp.* before.

atras|ado 1. *adj* late; *(relógio)* slow; *(pessoa)* old-fashioned; backward; *pagamento* overdue; ***chegar* ~** to be late; **2. ~s** *pl econ.* arrears *pl*; **~ar** (1b) *v/t* to delay; *relógio* to put back; *v/i e v/r* **~ar-se** *(ficar para trás)* to fall behind; *(relógio)* to be slow; *(chegar tarde)* to be late; **~o** *s m* delay; *retrocesso* backwardness; *pagamento* arrearage; ***estar em* ~** to be late.

através *adv* across; *(com o auxílio de)* through.

atravessar (1c) *v/t* to cross; *(pôr ao través)* to put across; *(viajar por)* to travel through *ou* across; *crise, etc.* to go through; *rio* to cross.

atrel|ado *s m auto.* trailer; **~ar** (1c) *v/t cão* to put on a leash, to leash; *cavalos* to harness; *(juntar)* to link; *fig.* to cling to (s.o.); *auto.* to hitch up, to couple up.

atrev|er-se (2c) *v/r* to dare; **~ *a*** to dare to; **~ *a a/c*** to risk sth., to try sth.; **~ido** *adj (impertinente)* cheeky, insolent; *(audaz)* bold, daring; **~imento** *s m (impertinência)* insolence, cheek; *(audácia)* boldness, daring.

atribu|ição *s f* attribution; *prémio* award; *poderes* powers; **~ões** *pl dever* duties; **~ir** (3i) *v/t cargo* to assign; *poderes, direito* to grant; *(imputar)* to attribute.

atribut|ivo *adj gr.* attributive; **~o** *s m* characteristic, feature; *gr.* attribute.

atropel|amento *s m* running over; *lei* violation; **~ar** (1c) *v/t* to run over; *(derrubar)* to knock down; *(menosprezar)* to look down on, to thrust aside; **~ar-se** *v/r* to swarm, to crowd; **~o** = **~amento; *fazer* ~ *a*** to disrespect; ***de* ~** in a hurry.

atroz *adj* atrocious; *(desumano)* merciless, cruel.

atum *s m* tuna (fish).

aturar (1a) *v/t* to endure, to suffer, to put up with.

aud|lácia *s f* boldness; *(insolência)* presumption, cheek; **~az** *adj* bold, daring.

audição *s f* audition; *(ouvido)* hearing; *(espectáculo)* performance; *rádio* reception.

audiência *s f* audience; *assistência* public; *tribunal* hearing, session; *índice s m de* ~ audience rating.

auditório *s m (sala)* auditorium; *(ouvintes)* audience, public.

aula *s f* lesson; ***sala* *s f* *de* ~** classroom; **~s** *pl* classes.

aument|ar (1a) *v/t* to increase; *preço* to raise; *v/i* to increase; *preço* to rise; **~o** *s m* increase; *(crescimento)* growth; *preço* rise.

áureo *adj* golden.

auscultar (1a) *v/t* to sound (out); *fig. opinião* to sound out, to inquire.

ausl|ência *s f* absence; *(falta de)* lack of; **~ente** *adj* absent.

austero *adj* severe, strict; *(poupado)* thrifty.

australiano *adj, s m,* **-a** *f* Australian.

austríaco *adj, s m,* **-a** *f* Austrian.

autarquia *s f* local authority; ***eleições* *s f pl* *para as* ~s *locais*** local elections.

autárquico *adj* local; ***eleições* *s f pl* *-as* local elections.

autenti|cação *s f* authentication; certification; **~car** (1n) *v/t* to authenticate; to certify; *(afiançar)* to guarantee; **~cidade** *s f* authenticity; *(fidedignidade)* reliability; credibility.

autêntico *adj* authentic; true, real; *(fidedigno)* reliable; credible.

auto *s m* document, certificate; **~s** *pl jur.* legal proceedings *pl.*

auto|biografia *s f* autobiography; **~carro** *s m* bus; **~clismo** *s m* flush.

autodid|acta *s m/f* autodidact, self-taught person; **~áctico** *adj* self-taught.

autódromo *s m* race track, motordrome.

autoestrada *s f Br.* motorway, *Am.* expressway, highway.

autógrafo *s m* autograph; signature.

auto|mação *s f* automation; **~mático** *adj* automatic, mechanical; **~matis-**

mo *s m* automatism; **~matizar** (1a) *v/t* to automate.

autómato *s m* automaton, robot.

automóvel *s m Br.* motor car, *Am.* automobile.

autonomia *s f* autonomy; **~ administrativa** self-administration.

autónomo *adj* autonomous; independent.

autópsia *s f* autopsy.

autor *s m*, **-a** *f* author/ess; *(inventor)* inventor, maker; *texto* writer; *júr. (réu)* perpetrator; *queixoso* plaintiff.

autoria *s f* authorship.

autori|dade *s f* authority; *(crédito)* prestige; *(poder)* power; *(competência)* expert; **as ~s** *pl* the authorities; **~tário** *adj* authoritarian; *(arbitrário)* autocratic; *(soberbo)* arrogant.

autoriz|ação *s f* authorization, permission; *(licença)* permit; **~ar** (1a) *v/t* to authorize; to allow; *(conferir poder)* to empower; *(dar direito)* to entitle; *(aprovar)* to approve.

auxil|iar 1. *v/t* (1g) to help; to assist; *(apoiar)* to support; **2.** *adj* auxiliary; **3.** *s m/f* assistant; **~ílio** *s m* help; assistance; *(apoio)* support.

avali|ação *s f* evaluation, assessment; *(taxação)* valuation; *(juízo)* judgment; **~ar** (1g) *v/t* to evaluate, to assess; *(taxar)* to value; *(julgar)* to judge.

avanç|ada *s f (investida)* advance; **~ado 1.** *adj* advanced; *(idade)* well up in years; *(ideias)* progressive; **2.** *s m desporto* forward; **~-centro** center-forward; **~ar** (1p) *v/t mil.* to move forward; *v/i* to advance; *(progredir)* to improve; *(passar à frente)* to step forward; *(aproximar-se)* to come near, to approach; **~o** *s m* advancement; *(progresso)* progress; *(melhoria)* improvement; *dinheiro* advancement; *(vantagem)* advantage; *téc.* feed.

avar|ento 1. *adj* mean, stingy; **2.** *s m*, **-a** *f* miser, pincher; **~eza** *s f* meanness, avarice.

avaria *s f* damage; *auto.* breakdown; *téc.* failure.

ave *s f* bird; **~s** *pl cul.* poultry.

aveia *s f* oats *pl.*

avelã *s f* hazelnut.

aveludado *adj* velvety.

avença *s f (conciliação)* agreement; *(quantia)* payment; *(amortização)* redemption; **estar de boas ~s com** to be on good terms with.

avenida *s f* avenue.

avental *s m* apron.

aventura *s f* adventure.

aventurar (1a) *v/t* to risk; *pensamentos* to put forward; **~-se** *v/r* to risk o.s., to attempt; **~ a** to dare to.

averb|amento *s m (registo)* legal registration; **~ar** (1c) *v/t (registar)* to register; *(transferir)* to sign over.

averigu|ação *s f (investigação)* investigation; *(constatação)* ascertainment; **~ar** (1m) *v/t (certificar-se)* to check, to verify; *(constatar)* to ascertain; *(investigar)* to investigate.

aversão *s f* aversion, repulse; *(relutância)* distaste.

avestruz *zoo. s m/f* ostrich.

aviação *s f* flying; aviation; **~ civil** civil aviation; **~ militar** air force; **campo** *s m* **de ~** airfield.

aviador *s m*, **-a** *f* aviator.

avião *s m* aeroplane; **~ a jacto** jet plane; **~ de bombardeamento** bomber; **~ de carreira** air liner; **~ de carga** freighter.

aviar (1g) *v/t (despachar)* to dispatch, to get ready; *cliente* to serve; *receita* to get.

aviário *s m* chicken farm.

avicult|or *s m* poultry raiser; **~ura** *s f* poultry raising.

avidez *s f* greediness.

ávido *adj* greedy.

avis|ado *adj* wise; *(prudente)* careful; **~ar** (1a) *v/t* to inform, to let know; *(advertir)* to warn; *perigo* to warn, to forewarn; **~ar-se** *v/r* to take into consideration, to reflect upon; **~o** *s m (informação)* notice, information; *(advertência)* warning; *(ofício)* circular; *(sinal)* hint; **quadro** *s m* **de ~s** notice board.

avivar (1a) *v/t* to liven up; *fig.* to stimulate; *(memória)* to bring back.

avizinhar (1a) *v/i (aproximar)* to approach; *(confinar)* to border, to adjoin.

avô *s m* grandfather.

avó 1. *s f* grandmother; **2. ~s** *s m pl* grandparents.

avolumar (1a) *v/t* to increase, to become bigger; *(inchar)* to swell; **~ar- -se** *v/r* to increase, F to pile up.

à-vontade *s m* at ease; casualness.

avulso *adj (solto)* loose; *(em separado)* single.

avult|ado *adj* large, bulky; **~ar** (1a) *v/t* to enlarge; to widen; to make bigger; *v/i* to increase.

axila *s f* armpit.

axioma *s m* axiom, maxim.

azar *s m (acaso)* chance, hazard; *(desgraça)* misfortune; *(má sorte)* bad luck, hard luck.

azed|ar (1c) *v/t e v/i* to sour, to turn sour; *fig.* to embitter; to put in a bad mood; **~ar-se** *v/r* to become sour; *fig.*

to become angry; **~o** *adj* sour, acid; *(irritado)* bad-tempered; morose.

azeit|e *s m* olive oil; **~eira** *s f* cruet, oil can; **~eiro** *s m* oil manufacturer; **~ona** *s f* olive; **~onado** *adj (cor)* olive-green; **~oneira** *s f* flask to hold olives; *mulher* olive plucker; **~onei- ro** *s m comerciante* oil merchant; *apanhador* olive plucker.

azia *s f med.* heartburn.

azinheira *s f*, **-o** *m* holm-oak.

azoto *s m* azote, nitrogen.

azul 1. *adj* blue; **~** *celeste* sky-blue, azure; **~-claro (-escuro, -ferrete, -marinho)** pale/light (dark/royal, navy) blue; **2.** *s m* the colour blue; **~ejo** *s m* tile.

B

baba *s f* saliva, dribble; *deitar* **~** to dribble.

babadinho *adj* crazy about, very fond of (*de ou por*).

babuíno *s m* baboon.

bacalh|au *s m* cod, codfish; **~** *fres- co* fresh cod; *ficar (ou dar) em água(s) de* **~** to come to nothing; *meter o* **~** *em* to slander, to defame.

bacanal *s m* orgy.

bacia *s f* bowl, washbasin; *anat.* pelvis; *rio* basin.

bacilo *s m* bacillus.

bacio *s m* chamber pot.

baço 1. *s m anat.* spleen; **2.** *adj (sem brilho)* dull; *(trigueiro)* dark brown.

bact|éria *s f* bacterium, germ; **~eria- no** *adj* bacterial; **~ericida 1.** *s m* bactericide; **2.** *adj* bactericidal.

bacteriol|ogia *s f* bacteriology; **~ogista** *s m/f* bacteriologist.

badal|ada *s f* clang of a bell, toll; **~ar** (1b) *v/i* to ring, to toll; *(tocar)* to ring, to strike; *(dar à língua)* F to blab, to prattle; **~o** *s m* clapper.

baf|ejar (1d) *v/t* to breathe, to blow softly, to fan; *fig.* to smile upon; *(adu-*

lar) to flatter; *(apoiar)* to stimulate, to back; **~ejo** *s m* breath, whiff, slight breeze; *(protecção)* assistance, help; **~o** *s m* breath, respiration; *(exalação)* exhalation; *(calor)* warm puff of wind; *fig.* flavour.

baga *s f* berry; *(suor)* drop (of sweat); **~ceira** *s f* sugarcane brandy; **~ço** *s m* brandy.

bagag|eiro *s m (c. f.)* luggage van; *(bagagista)* porter; **~em** *s f* luggage; *(despachar* to register); *carrinho s m de* **~** luggage trolley; *guiché s m de* **~** luggage counter; *seguro s m de* **~** luggage insurance.

bagatela *s f* trifle, bagatelle, bargain.

bago *s m* berry; *(dinheiro)* money, F dough.

baía *s f* bay.

baila *s f: ir à* **~** to come up; *trazer à* **~** to bring up; *andar ou estar na* **~** to be the talk of the town.

bail|ado *s m* ballet, dance; **~arino** *s m*, **-a** *f* dancer, ballet dancer; **~e** *s m* dance, ball.

bainha *s f espada* sheath; *saia* hem, border.

baioneta *s f* bayonet.

bairro *s m* district, quarter, neighbourhood; **~ económico** housing estate; council houses; **~ operário** working-class district.

baixa *s f preço* decrease, fall; *bolsa* depression, low; *solo* lowland, plain; *(decadência)* decay, decadence; *hospital* release; *mil.* dismissal, discharge; **~ de vendas** sales fall.

baixa-mar *s f* low tide; **~ar** (1a) *v/t* to lower, to reduce, to put down; *(tirar)* to draw, to reduce, to diminish; *preços* to drop, to reduce; *juros* to decrease; *decreto* to return; *(preços, etc.)* to fall; *terreno* to descend, to sink; *v/i aer.* to land; **~ar-se** *v/r* to bend, to stoop; *fig.* to humble oneself.

baixeza *s f* meanness; *(vileza)* wickedness; *(miséria)* misery; **~o 1.** *adj* low *(tb. fig.);* short *(pessoa);* shallow *(rio);* cheap *(mercadoria);* low *(olhar);* lowered *(cabeça, etc.);* soft *(voz);* low-pitched *(tom); fig.* mean; **2.** *s m* bass; *(banco de areia)* sandbank; *(depressão)* depression; *(parte baixa)* low(er) part; **3.** *adv* lowly, softly; **em ~** below; **em (por) ~ de** under, underneath.

bala *s f* bullet.

balada *s f* ballad.

balança *s f* scales *pl; fig.* equilibrium, steadiness; **~ comercial (de pagamentos)** balance of trade (payments).

balançar (1p) *v/t e v/i (contrapesar)* to counterbalance; *(equilibrar)* to equilibrate; *(compensar)* to compensate; *econ.* to balance accounts; *(oscilar)* to swing, to oscillate; **~ço** *s m* swinging *(ou naut.* rolling); *(rolar)* rolling, swaying; *oscilação* oscillation; *(solavanco)* jolt, bump; *fig.* examination; *desp.* balance; *econ.* balance, cash balance.

balão *s m* balloon; *quím.* glass flask.

balastro *s m* gravel.

balbuciar (1g) *v/t e v/i* to babble, to stutter.

balcão *s m* counter; *teatro* circle, gallery; **empregado** *s m* **de ~** shop assistant.

balde *s m* bucket, pail; **~ de água fria** disappointment.

baldio 1. *adj* fallow, uncultivated; *(vão)* void; **terra** *s f* **-a = 2.** *s m*

wasteland, barren land; **~o** *(em vão)* useless, purposeless.

baleeira *s f* whaler, whaleboat; **~o** *s m* whaler, whalefisher.

baleia *s f* whale.

balir (3b) *v/i* to bleat, to below.

baliza *s f (bóia)* buoy; *(estaca)* post, landmark; *fig.* principle; *desp.* goal; **~ar** (1a) *v/t (demarcar)* to demarcate, to set bounds.

balnear *adj* balneal; **~ário** *s m* bathhouse, shower room; *(estância)* health-resort.

balofo *adj* puffy; plump; *fig.* superficial.

baloiçar (1p) *v/t e vi* to swing, to rock, to dangle; **~o** *s m assento* swing; *movimento* swinging, rocking.

balsâmico *adj* balsamic.

bálsamo *s m* balm, balsam.

báltico *s m e adj.* Baltic.

bambolear (1l) *v/t (oscilar)* to swing; *(cambalear)* to waggle, to wobble; **~eio** *s m (cambaleio)* wobble; *(baloiçar)* swing.

bambu *s m* bamboo.

banal *adj* banal, trivial; **~idade** *s f* banality, triviality; **~izar** (1a) *v/t* to make or become common.

banana *s f* banana; *(idiota) fig.* wimp.

banca *s f* table; *(secretária)* desk; *cozinha* counter; *jogo* bank; **abafar a ~** *jogo* to overcome all opponents; **~ de jornais** newsstand.

bancada *s f* row of seats; *(tribuna)* tribune; *de trabalho, pol.* bench; **~ário 1.** *adj* bank...; **conta** *s f* **-a** bank account; **2.** *s m* bank clerk; **~arrota** *s f* bankruptcy.

banco *s m* **1.** *s móvel* seat, bench; *(escabelo)* footstool; *de remar* sliding seat; *de areia* sandbank; *geo.* layer; *téc.* workbench; **2.** *econ.* bank; **~ central** central bank.

banda *s f* side; *rio* bank, shore; *(debrum)* border, trimming; *oficial* officer's belt; sash; *(faixa)* stripe; *grupo* band (of musicians); *naut.* broadside, flank; *mús.* (music) band; **mandar à outra ~** to throw someone out; **ficar de cara à ~** to be taken aback; **~ desenhada** cartoon.

bandeira *s f* flag; (national) flag; banner; *mil.* ensign; **~ada** *s f (de um táxi)* basic fare indicated by a taximeter.

3

bandeja *s f* tray.

bandido *s m* bandit, outlaw.

bando *s m* band, group; *pássaros* flock.

bandolim *mús. s m* mandolin.

banha *s f* lard, fat.

banh|ar (1a) *v/t* to bathe, to wash; *mergulhar* to dive, to plunge; **-se** *v/r* *(rio, mar)* to bathe; **~eira** *s f* bath, bathtub; **~eiro** *s m* lifeguard; **~ista** *s m* bather.

banho *s m* bath, bathing; *tomar ~* to have a bath, *(chuveiro)* to have a shower; **~s** *pl* thermal baths, spa, health spa; **~-maria** *s m* bain-marie.

banhos *s m pl* banns; *publicar os ~* to publish the banns.

banir (3a) *v/t* to banish, *(desterrar)* to exile, to expatriate.

banjo *s m* banjo.

banqu|eiro *s m*, **-a** *f* banker; **~ete** *s m* banquet, feast.

baptil|smo *s m* baptism, christening; **~sta** *s m* Baptist; **~zado** *s m acto* baptism; *criança* baptized child; **~zar** (1a) *v/t* to baptize, to christen.

baque *s m* thud, thump; *(choque)* collision; *(queda)* fall; *(pressentimento)* suspicion; **~ar** (1l) *v/t* to thud; *(cair)* to fall; *mil.* to prostrate.

bar *s m* bar.

barafunda *s f (aperto)* throng, crowd; *(barulho)* noise; *(confusão)* hodgepodge, confusion, disorder.

baralh|ado *adj* confused; **~ar** (1b) *v/t* *cartas* to shuffle; *(confundir)* to mix up, to confuse; *v/i* to become confused; **~o** *s m* pack of playing cards; *cortar o ~* to cut.

barão *s m* baron.

barata *s f* cockroach, black beetle.

barato *adj* cheap, inexpensive.

barba *s f* a) beard; *milho* barb awn; *~ a ~* face to face; *~ cerrada* full beard; *fazer a ~ a alg.* to shave s.o.; *rir-se na ~* laugh up one's sleeve; b) **~s** *pl* whiskers; *baleia* whalebones; *pena* barbs; *(raiz)* fiber; *téc.* indentation; *nas ~s de alg* under someone's nose.

barbaridade *s f* barbarity, cruelty; *(monstruosidade)* inhumanity.

bárbaro 1. *adj* barbaric, brutal; *(desumano)* savage, brutal; **2.** *s m*, **-a** *f* barbarian.

barbatana *s f* fin.

barbel|ar (1l) *v/t* to shave; **~aria** *s f* barbershop, barber's.

barbeiro *s m* barber; *irón.* Sunday driver; *(aldrabão)* unskilful, clumsy person; *frio* sharp, cold wind.

barbo *s m (peixe)* barbel.

barbudo *adj* bearded.

barca *s f* barge, flatboat; *~ (de passagem)* ferry.

barcaça *s f* barge.

barco *s m* boat, ship.

barítono *s m* baritone.

barlavento *s m* windward.

barómetro *s m* barometer.

baronesa *s f* baroness.

barqueiro *s m* boatman, ferryman.

barra *s f* bar; *porto* stay-bar; *ferro* iron bar; *ouro* ingot; *(alavanca)* lever; *vestuário* trimming, hem; *de cor* stripe; *mus.* bar; *~ fixa* horizontal bar; **~s** *pl paralelas* parallel bars.

barrac|a *s f* stall, shed; *praia* sunshade; *campismo* tent; *bebidas, jornais* kiosk, stand; *feira* stall; **~ão** *s m* shed.

barragem *s f (barreira)* barrier; *(barricada)* stockade, barricade; *(represa)* dam, barrage.

barranco *s m (garganta)* gorge, ravine; *(desfiladeiro)* gully; slope.

barrar (1b) *v/t* to bar; *(impedir)* to obstruct; *com barro* to daub with clay; *parede* to plaster; *pão* to spread.

barreir|a *s f* a) barrier; *(trincheira)* trench, ditch; *(cancela)* gate; *corrida s f de ~s* hurdle race; **b**) = **~o** *s m* clay-pit.

barrete *s m* cap, bonnet.

barriga *s f* belly; *(saliência)* salience, prominence; *~ da perna* calf; *fazer ~* to bulge out.

barril *s m* cask, wooden keg.

barrista *s m/f* a) gymnast on the horizontal bar or the parallel bars; **b**) clay worker, potter.

barro *s m (argila)* clay, potter's earth; *~ vidrado* ceramics; **~s** *pl s med.* pimples.

barulh|ento *adj* loud; *(ruidoso)* noisy; **~o** *s m* noise, *(briga)* quarrel; *(ruído)* noise, uproar; *(barafunda)* confusion; *fazer ~* to make noise; *fig.* = *armar ~* to raise hell.

bas|áltico *adj* basaltic; **~alto** *s m* basalt.

base *s f* *(fundamento)* basis, ground; *(alicerces)* foundation; *arq.* plinth, pedestal; *(coluna)* supporting pillar; *mat.* e *quím.* base; *mil.* headquarters; **na ~ de** by means of; **com ~ em** based on; **não ter ~** to be without foundation, to be groundless; = **ficar sem ~** to become groundless; **formação** *s f* **de ~** base formation; **indústria (fábrica)** *s f* **de ~** key industry, basic industry.

basear (1l) *v/t* **~ em** to base on; *(apoiar)* to rely on; *(fundamentar)* to found; **~-se** *v/r:* **em** to be based on.

básico *adj* basic, fundamental.

bacílioa *s f* basilica.

basquetebol *s m* basketball.

basta *int.* ~! enough!, stop!, that will do!

bastante *adj* enough, sufficient; *adv* enough, sufficiently.

bastão *s m* stick.

bastar (1b) *v/i* to be enough; *(chegar)* to suffice.

bastardo 1. *adj* bastard; *(degenerado)* degenerate; *(híbrido)* half-bred; **2.** *s m* bastard, illegitimate child.

bata *s f* smock, overall.

batalha *s f* battle; *(luta)* fight; **~ verbal** argument, quarrel; **cavalo de ~** battle horse; *fig.* bone of contention.

batata *s f* potato; **~-doce** sweet potato; **~ e fritao** *Br.* chips, *Am.* French fries; *(de pacote)* crisps.

batel *s m* canoe, small bark; **~ão** *s m* barge.

batente *s m* *(meia-porta)* leaf, side; *(ombreira)* doorcase, doorpost; *(aldraba)* latch, doorknocker; **~ das ondas** shoreline where the sea breaks.

bater (2b) *v/t* to beat, to strike; *porta* to knock; *tapete etc.* to shake; *ferro etc.* to hammer; *(trabalhar)* to strive, to struggle; *(ondas)* to pound; *terreno* to explore; *mil. posição* to open fire, to vanquish.

bateria *s f* battery; *mús.* drums; *cozinha* kitchen utensils.

bati|da *s f* beat; *mil.* scouting; *(rusga)* police raid; **~do 1.** *adj* *(caminho)* beaten; *(fato)* worn; *fig.* common-

place, common; **2.** *s m:* **~ de leite** milkshake.

batina *s f* cassock.

bâton *s m* lipstick.

batota *s f* cheating, false play; **casa** *s f* **de ~** gambling house; **fazer ~** to cheat, to trick.

baú *s m* trunk, locker.

baunilha *s f* vanilla.

bávaro *adj* e *s m,* **-a** *f* Bavarian.

bazar *s m* bazaar.

bebé *s m* baby, infant.

bebedeira *s f* *(embriaguez)* drunkenness; **cozer a ~** to sleep off the drunkenness.

bêbedo 1. *adj* drunk; **~ como um cacho** blind drunk; **2.** *s m* drunk(ard).

bebedoiro *s m* drinking fountain; watering place.

beber (2c) *v/t* to drink; to booze *(bêbedo)*; *fig.* to assimilate easily; *palavras* to absorb; *dinheiro* to spend money on drinks; *quím.* to absorb; **~ azeite** to be very clever.

bebes *s m pl* drinks; **comes e ~** food and drinks.

bebida *s f* drink, beverage; **dado à ~** addicted to drink.

bebível *adj* drinkable.

beco *s m* alley; **~ sem saída** blind alley; *fig.* deadlock.

beduíno *s m* Bedouin.

beiço *s m* *(lábio)* lip; *de ferida* edge; *(saliência)* salience, **andar de ~ caído por** to be in love with; F **levar** *(ou* **trazer) alg. pelo ~** to lead someone by the nose.

beij|ar (1a) *v/t* to kiss; **~inho** *s m* little kiss; **~o** *s m* kiss;

beira *s f* edge, border; *(margem)* bank; **à ~ de** on the edge of; **estar à ~ de** to be on the brink of.

beira-mar *s f* seashore, seaside; **à ~** on the coast, at the seaside.

belas-|artes *s f pl* the fine arts; **Academia das ~** Academy of Arts; **~letras** *s f pl* literature, belles-lettres.

beldade *s f* beauty.

beldroega *bot. s f* purslane.

beleza *s f* beauty; **uma ~ !** wonderful! marvellous!

belga *adj* e *s m/f* Belgian.

beliche *s m* bunk bed.

bélico *adj* warlike, bellicose.
belisc|adura *s f*, **~ão** *s m* pinch(ing); *(nódoa negra)* bruise; *fig.* sting; **~ar** (1n) *v/t* to pinch, to nip; *fig.* to sting.
belo *adj* beautiful, fine, handsome.
bem 1. *s m* good; the good; *(benefício)* benefit; *meu ~ fig.* darling, sweetheart; *homem s m de ~* honourable man; *querer ~ a* to wish someone well; **2. bens** *pl (fortuna)* possessions, personal estate; *(haveres)* property, wealth; *~ de raiz* landed property; **3.** *adv* well, right; *(muito)* very; *(bastante)* quite, rather; *(convenientemente)* conveniently, properly; *(acertadamente)* correctly, right; *(exactamente)* right, correctly; **~...**, **mas** well..., but; *~ de* plenty (of); *(se) ~ que* though, although; *ainda ~!* fortunately, thank God!; *ainda ~ que* good, that; *por ~* willingly; *~ como* as well as; *estou ~* I'm fine; *está ~ !* O.K.!, all right!; *~ feito!* it serves (you) right!; *a gente ~* posh people.
bem-|criado(s) well educated, well bred; **~estar** *s m* comfort, well-being; *(abastança)* wealth; **~humorado(s)** good humoured; *(bom)* good; **~intencionado(s)** well intentioned; *(de boa vontade)* willingly; *conselho* well intentioned.
bem-vindo(s) welcome.
bénção(s) *s f (pl)* blessing.
benefi|cência *s f* beneficence, charity; **~icente** *adj* beneficient, charitable; **~iciar** (1g) *v/t* to benefit; *(embelezar)* to improve; *~ de* to benefit from/ by; *(gozar)* to profit; **~iciário** *s m*, **-a** *f* beneficiary, gainer; **~ício** *s m* benefit, profit; *(oferta)* gift, service; *em (ou a) ~ de* for the benefit of.
benéfico *adj* beneficial, benefic.
bene|volência *s f* benevolence; *(bondade)* kindness; **~volente = benévolo** *adj* benevolent, kind.
bengal|a *s f* walking stick, cane; **~eiro** *s m* hat-and-umbrella stand.
benigno *adj* benign, kind, benevolent; *(suave)* mild; *s med.* benign.
benzer (2a) *v/t (consagrar)* to consecrate, to bless; **~-se** *v/r* to cross oneself; *fig.* to be surprised.
benz|ina *s f* benzine, gasoline; **~ol** *s m* benzol.

berbequim *s m* drill.
berbigão *s m* cockle.
berço *s m* cradle; *arq. abóbada* section of a barrel-vault; *naut.* stocks, slips *(pl)*; *téc.* bearer.
bergamota *s f bot.* bergamot, water mint.
beringela *s f* aubergine, egg-plant.
berlinense 1. *adj* of or relative to Berlin; **2.** *s m/f* Berliner.
berma *s f* berm; *(faixa)* stripe, waistband.
berr|ar (1c) *v/t* to cry, to shout; to bleat *(carneiro)*; to roar, to howl *(veado)*; *(clamar)* to clamour, to vociferate; **~o** *s m* yell, cry, shout; *(mugir)* moo, low; *carneiro* bleat; *fig. (esp ~os pl) (berreiro)* bawling, yowl; *(clamor)* clamour, vociferation.
besoiro *s m* beetle.
besta[1] *(arma)* crossbow.
besta[2] **1.** *s f* quadruped, beast, mule; *fig.* fool, blockhead; *~ de carga (tiro)* beast of burden, pack animal; **2.** *adj* stupid, silly.
bestial *(animalesco)* beastly; *(bruto)* brutish; *(óptimo)* great.
bestialidade *s f* bestiality, brutality; atrocity; *(estupidez)* stupidity.
besuntar (1a) *v/t* to smear, to grease.
betão *s m* concrete; *~ armado* steel concrete; *~ compacto (leve)* heavy (light) concrete.
beterraba *s f* sugar beet, beetroot; red beet.
bet|onar (1f) *v/t* to concrete; **~oneira** *s f* concrete mixer.
bétula *s f* birch.
betum|ar (1a) *v/t* to asphalt; **~e** *s m* asphalt.
bexiga *s f* bladder; **~s** *pl* small-pox; *~s doidas, ~s loucas* chicken pox, varicella.
bezerro *s m* calf, male calf; *(pele)* calf leather.
biberão *s m* feeding bottle, nursing bottle.
Bíbl|ia *s f* (the) Bible; **²ico** *adj* biblical.
bibli|ografia *s f* bibliography; *(literatura)* reference list (at the end of a book); **~ográfico** *adj* bibliographic(al); **~oteca** *s f* library; *(estante)* bookcase; **~otecário** *s m*, **-a** *f* librarian.

bica *s f* springlet, fountain; spout; *bebida* black coffee, expresso; **~da** *s f* (*golpe*) peck; (*quantidade*) beakful.

bíceps (*pl inv*) *s m* biceps.

bichla *s f* leech, worm; *cobra* snake (*a fig.*); *parasita* parasite, worm; *fila de pessoas* line, queue; *homossexual pej.* queer; **~ *solitária*** tapeworm; **~ *de sangrar*** leech; ***fazer* ~** to wait in line, to queue; ***meter-se na* ~** to line up; **~o** *s m* animal, vermin.

bicicleta *s f* bicycle, F bike; **~ *de corridas*** racing bicycle; **~ *a motor*** moped; ***ir (andar) de* ~** to ride on a bicycle, to cycle.

bico *s m pássaro* beak; (*ponta*) point; (*extremidade*) (sharp) end; *cafeteira* spout; *téc.* burner; *mús.* nozzle; **~ *do peito*** nipple; **~-*de-obra*** difficult task; ***calar o* ~** to shut up, to be quiet; **~!** hush!

bicolor *adj* bicolour(ed), two coloured.

bicudo *adj* pointed; (*afiado*) sharp; F difficult.

bidão *s m* canister, can.

bidé *s m* bidet.

bienal *adj* biennial.

bife *s m* (beef) steak.

bifurclação *s f* bifurcation, fork; (*desvio*) junction; **~ar** (1n) *v/t* to bifurcate, to fork; **~ar-se** *v/r* to divide.

bigamia *s f* bigamy.

bigode *s m* moustache.

bigorna *s f* anvil.

bilateral *adj* bilateral.

bilhão *s m* billion.

bilhar *s m* billiards.

bilhete *s m cinema, transportes, etc.* ticket; (*pequena carta*) note, short letter; (*papel*) slip; *lotaria* lottery ticket.

bilheteira *s f* ticket office; *tea.* box office.

bilião *s m* billion.

bilingue *adj* bilingual; *fig.* double tongued.

bilioso *adj* bilious; *fig.* bad tempered.

bílis *s f* bile, gall.

biltre *s m* rascal.

bilmensal *adj* bimensal, twice-monthly; **~mestral** *adj* bimestrial, bi-monthly; **~nóculo** *s m* binoculars *pl*; *tea.* opera glasses *pl*.

biodegradável *adj* biodegradable.

biolgrafia *s f* biography; **~gráfico** *adj* biographic(al).

biógrafo *s m* biographer.

biollogia *s f* biology; **~lógico** *adj* biologic(al); **~logista** *s m/f*, **biólogo** *s m*, **-a** *f* biologist.

biombo *s m* folding screen.

bioquímica *s f* biochemistry.

biótopo *s m* biotope.

biquíni *s m* bikini.

birrla *s f* (*teima*) stubbornness; (*aversão*) aversion; hatred; ***ter*** (*or* ***estar com a***) **~** to be obstinate, to have a tantrum; ***ter* ~ *a*** to dislike.

bisavlô *s m* great-grandfather; **~ó** *s f* great-grandmother; **~ós** *pl* great-grandparents.

bisbilhotlar (1e) *v/t* (*intrigar*) to scheme; (*espionar*) to poke into, to pry into; *v/i* (*mexericar*) to gossip; (*espionar*) to snoop; **~eiro** *s m*, **-a** *s f* (*intrigante*) schemer; (*metediço*) snoop; (*mexeriqueiro*) gossiper; **~ice** *s f* (*intriga*) scheme, intrigue; (*mexerico*) gossip; (*espionagem*) prying.

biscolto *s m Br.* biscuit, *Am.* cookie.

bisnaga *s f* (*tubo*) tube.

bisneto *s m*, **-a** *s f* great-grandson, great-granddaughter.

bisonte *s m* bison.

bispado *s m* bishopric, diocese.

bispo *s m* bishop (*tb. xadrez*).

bisseclção *s f* bisection; **~tor** *adj* bisectional; **~triz 1.** *adj* = **~tor**; **2.** bisector; *mat.* line of an angle; bisectrix.

bissemanal *adj* twice weekly.

bissexto *adj* bissextile; ***ano*** *s m* **~** leap year.

bitola *s f* gauge; norm, pattern; *c.f.* railway gauge.

bizarro *adj* bizarre; (*exagerado*) exagerated; (*excêntrico*) extravagant.

blasflemar (1d) *v/t e v/i* to curse; to blaspheme; **~émia** *s f* blasphemy; (*praga*) curse; (*insulto*) offence.

blindlado *adj* armoured; **~agem** *s f* blindage, armour, shield.

bloco *s m* block; (*caderno*) writing pad; ***em* ~** F lock, stock and barrel; in block.

bloquleamento *s m* block; (*tb. inform.*); **~ear** (1l) *v/t* to blockade; (*fechar*) to block; *inform.* to block; **~eio**

s m blockade; *(barricada)* blockage, stockade; **~ de salários** wage freeze.

blusa *s f* blouse; *(bata)* smock.

blusão *s m* jacket; *(anoraque)* windbreaker.

boa 1. *adj (ver bom); (essa) é ~!* that's a good one!, indeed!; **às ~s** friendly; **2.** *s f zoo.* boa.

boas-|festas *s f pl* greetings; **cartão** *s m de* ~ Christmas card; **votos** *s m pl de* ~ best wishes, season greetings; **dar as** ~ to wish the best for the season; **~ vindas** *s f pl* welcome.

boato *s m* rumour.

bobina *s f* bobbin, reel; *(cilindro)* roll.

bobin|ador *s m* reeler; **~agem** *s f* reeling; **~ar** (1a) *v/t* to reel, to coil.

bobo 1. *s m* fool; *(da corte)* jester; **2.** *adj* silly, imbecile.

boca *s f* mouth; *animal* muzzle, jaw; *(fauces)* fauces; *túnel, etc.* entrance; *tubo* nozzle; *rio* estuary; *inferno* gate; *(entrada)* entrance; *canhão* mouth; *ind. mineira* bank; **~s** *pl s fig.* rumour; **~ de fogo** cannon, piece of artillery; **~ de incêndio** fire hydrant; **abrir a** ~ *s fig.* to yawn.

bocado *s m* (a) mouthful, piece; *tempo* little while; **um ~** a (little) bit; **há** ~ recently, a moment ago.

bocal *s m recipiente* receiver; *(abertura)* opening; *(tubeira)* nozzle; *mús.* mouthpiece.

bocej|ar (1d) *v/i* to yawn; **~o** *s m* yawn.

bochecha *s f* cheek.

bochech|ar (1d) *v/i (boca)* to rinse the mouth; **~o** *s m* mouthwash, mouthful.

boda(s) *s f (pl)* wedding (feast); **~ de prata (ouro, diamante)** silver (golden, diamond) wedding.

bode *s m* (buck) goat; **~ expiatório** scapegoat.

bodega *s f* wine cellar; *(porcaria)* piece of trash, rubbish.

bofet|ada *s f* slap; **~ão** *s m* punch, blow (in the face).

boga *s f (peixe)* boce.

boi *s m* ox; **a passo de** ~ at a snail's pace.

bóia *s f* buoy; **~ de sinalização** light buoy.

boião *s m conservas* pot; *(frasco)* jar.

boiar (1k) *v/t* to float, to buoy; *(in the water)* to swim on the surface; *fig.* to hesitate.

boicot|agem *s f* boycott; **~ar** (1e) = **~ear** (1l) *v/t* to boycott; to coerce.

boina *s f* cap, bonnet.

bola[1] *s f* ball; *(berlinde)* marble; **~ de jogar** ball; **~ de sabão** soap bubble; **ora ~s!** *int.* darned; blast (it); darn!

bola[2] *s f* round flat loaf.

bolacha *s f* biscuit, cookie; *fig.* slap; **~ de água e sal** cracker.

bolas 1. *s m* good for nothing; **2. ~!** *int.* darned; blast (it); damned.

bolb|o *s m* bulb; *s flor* bulb; **~oso** *adj* bulbous.

boleia *s f coche* driver's seat; *fig.* hitchhike; **à** ~ hitchhiking; **dar** ~ to give a lift; **pedir** ~ to hitchhike.

boletim *s m* bulletin, short notice; *conferência* report; *(impresso)* form; *(periódico)* news, periodical publication; **~ meteorológico** weather forecast; **~ de voto** ballot paper; **~ oficial** law gazette.

bolha *s f pele* blister; *sabão* bubble; **ter ~** to have a screw loose; **estar com a** ~ to be annoyed, morose.

bolo *s m* **a)** cake; **b)** stake, jackpot.

bolor *s m cobertura* mould; **coberto de** ~ mouldy.

bolota *s f anat* acorn.

bolsa *s f (carteira)* purse; *econ.* stock exchange; *(mala de mão)* handbag; *cano* sleeve; **~ de ar** air pocket; **~ (de estudo)** scholarship; **~ de fundos públicos** securities; **~ de câmbios** stock exchange.

bols|eiro *s m* scholarship holder; **~o** *s m calças, etc.* pocket; **meter a mão no** ~ to fork out a lot of money.

bom *adj* good; *(bondoso)* kind; *(competente)* capable, competent; *(bonito)* fine; **estou** ~ I'm fine; **ele não está** ~ **(da cabeça)!** he has not his wits about him! He is out of his mind!

bomba *s f* pump; **~ de sucção** suction pump; *mil.* bomb; *c. f.* buffer; **~ (de gasolina)** filling station, petrol pump.

bombard|eamento *s m* bombardment, bombing; **~ aéreo** air raid; **~ear** (1l) *v/t* to bomb, to bombard.

bombleiro *s m* fireman; *os* **~s** *pl* fire brigade; **~ista** *s m* bomber; *atentado s m* ~ bomb attempt.

bombom *s m* chocolate; *Am.* candy.

bombordo *s m* port(side).

bondade *s f* kindness; *tenha a ~ de* would you please…

bondoso *adj* kind, good natured.

boné *s m* cap.

boneca *s f* doll.

bonificlação *s f* bonus; *~ por horas extraordinárias* overtime bonus; **~ar** (1n) *v/t* to give a bonus.

bonito *adj (engraçado)* pretty; *(belo)* beautiful, handsome; *~!* nice!; *arranjei-a -a* I got into trouble; *fê-la -a!* you messed it all up!

bonomia *s f* good nature, kindness.

bónus *s m* bonus, reward; *c. f.* reduction; *(desconto)* bonus.

boquilha *s f* (cigar-, cigarette-) holder; *mús.* mouthpiece.

borboleta *s f* butterfly.

borbulha *s f* pimple; *(bolha)* blister; *bot.* bud.

borbulhar (1a) *v/i (ferver)* to bubble; *(brotar)* to sprout; *fig.* to talk or act effusively.

borda *s f (orla)* edge, rim; *(aresta)* edge; *(chanfro)* notch; *(debrum)* border; *(margem)* bank.

bordado *s m* embroidery, needlework.

bordão *s m* stick, staff; *fig.* help, support.

bordar (1e) *v/t* to embroider; *(debruar)* to hem, to border; *fig.* to embellish.

bordel *s m* brothel.

bordo[1] *s m naut* board; *(margem)* margin, border; *a ~* on board.

bordo[2] *s m* maple-tree.

bordoada *s f* stroke, knock (with a stick).

boreal *adj* boreal, northern.

borne *s m* terminal, wire clamp.

boro *s m* boron.

borra *s f* dregs *pl*; *seda* silk refuse; *fig.* mob, rabble.

borracha *s f s material* rubber; *de apagar* eraser; *~ sintética* synthetic rubber, caoutchouc.

borrlão *s m (tinta)* blot; *(rascunho)* sketch, rough draft; *fig.* dishonour, shame; **~ar** (1e) *v/t* to stain, to blot;

(riscar) to cross out; *fig.* to scribble; *(sujar)* to dirty.

borrascla *s f* storm, tempest; *fig.* rage; *(tumulto)* turmoil; **~oso** *adj* stormy, tempestuous; *fig.* furious.

borrego *s m*, **-a** *s f* lamb; *s fig.* calm person.

borriflador *s m* sprinkler, watering can; **~ar** (1a) *v/t* to sprinkle; to spray; to drizzle; **~o** *s m* sprinkling, spray; *(chuva)* drizzle; *dar um ~ a = ~ar.*

bosque *s m* wood, grove.

bota *s f* boot; *~ alta* top boot; *~ de montar* riding boot; *umas* **~s** a pair of boots; *descalçar a ~* to get out of a scrape; *bater a ~* to kick the bucket, to die.

botânicla *s f* botany; **~o 1.** *adj* botanic(al); **2.** *s m*, **-a** *f* botanist.

botão *s m* button; *(maçaneta)* knob; *bot.* bud; *com os seus -ões* with oneself.

bote *s m* (small) boat.

botija *s f (gás)* gas cylinder; *recipiente* jug, flask; *~ de água quente* hot-water bottle; *fig.* fatso.

boutique *s f* boutique, fashion shop.

bovino 1. *adj* bovine; *gado s m ~ =* **2.** *s m* **~s** *pl* cattle.

boxe *s m* boxing, pugilism.

braçladeira *s f* armband, band; *(anel)* ring; *(argola)* clamp; *(correia)* leather handle; *(para tubos)* pipe-clip; **~ado** *s m* armful; *(muito)* a lot of.

braceljar (1d) *v/t* to wave one's arms; **~jo** *s m* movement of the arms; gesticulation; **~lete** *s m* bracelet, strap.

braço *s m* arm; upper arm *(pessoa)*; forelimb, foreleg *(animal)*; *(tentáculo)* tentacle; bough, branch *(árvore)*; elbow rest, arm *(cadeira)*; *(alavanca)* lever (arm); *(bomba)* drawbeam; *naut.* braces, shrouds; *violino* neck; *fig. (trabalhador)* man power, work; *(poder)* power; *cadeira s f de* **~s** armchair; *enfiar o ~ no de alg* to link arms with someone; *de ~ dado* arm in arm.

brado *s m* yell, shout; *(gritaria)* scream; *dar ~ fig.* to attract attention.

braguilha *s f* fly.

branclo 1. *adj* white; *(claro)* bright, light; *carta s f* **-a** full power; *pão s m ~* white bread; *crédito (cheque)* *s m* **em** ~ blank credit (cheque); **página** *s f* **em** ~ blank page; **2.** *s m* white; **homem** *s m* ~ white man; ~ **do ovo** white of the egg; **~ura** *s f* whiteness.

brando *adj* soft, gentle, tender; *(suave)* gentle, mild *(tempo);* weak *(fogo); (que cede)* soft.

branquelar (1l) *v/t* to whiten; *(caiar)* to whitewash; *roupa* to bleach; *v/i* = **~ejar** (1d) to bleach, to whiten; *(brilhar)* to gleam.

brânquias *s f pl* gills.

brasa *s f* burning coal; **em** ~ red hot, ardent; *fig.* furious; **estar** *(ou* **andar)** **sobre** **~s** to be on thorns, to be on tenter hooks.

brasão *s m* coat of arms.

braseira *s f* brazier, fire pan.

brasil *s m* brazil wood.

brasileiro 1. *adj* Brazilian; **2.** *s m*, **-a** Brazilian.

bravlio 1. *adj* wild; *(fogoso)* fiery, fierce; *(bruto)* coarse; rough, harsh *(clima)*; untilled, uncultivated *(terreno);* **2.** *s m* wasteland, uncultivated ground; **~o 1.** *adj (corajoso)* brave; *(destemido)* fearless, valiant; wild *(animal);* impetuous, furious *(pessoa);* rough *(clima);* **2.** *s m* bravo, cheers.

brecha *s f* breach, gap; *(fenda)* crack, break; *(abertura)* gap.

bretão *s m e adj* Breton.

breu pitch, tar; **escuro como** ~ pitch black.

breve 1. *adv* soon; **2.** *adj* short; **em ~s anos** in a few years; **uma resposta** ~ a short reply; **o mais** ~ **possível** as soon as possible; **(dentro) em** ~ = **~mente** soon, shortly.

brevet *s m aer.* pilot's licence.

briga *s f (luta)* fight; *(verbal)* quarrel; *(pancadaria)* brawl, punch-up.

brig|ada *s f* brigade; ~ **da polícia** patrol; **~adeiro** *s m* brigadier.

brilh|ante 1. *adj* bright, shining; **2.** *s m* gem, diamond; **~antina** *s f* brilliantine, grease; **~ar** (1a) *v/i* to shine; *(luzir)* to glitter, to gleam; **~o** *s m* brightness, glow; *(fulgor)* brilliance.

brinc|adeira *s f* entertainment, game; **fora de** ~ joking aside; **~ar** (1n) *v//i* to play *(criança);* to joke, to have fun; **~o** *s m* earring.

brind|ar (1a) *v/t (alg com a/c)* to toast; ~ **à saúde de alg** to drink to a person's health; **~e** *s m* toast; *(prenda)* present, (free) gift; **erguer, fazer um** ~ **a** to drink to someone.

brinquedo *s m* toy.

briquete *s m* briquette.

brisa *s f* breeze.

britânico *adj* British.

britar *pedra* to crush, to stamp; *ossos etc.* to smash, to crush *(fig.).*

broa *s f* corn bread.

broca *s f* drill.

brocar = **broquear.**

broche *s m* brooch, clasp.

brochura *s f* brochure, pamphlet.

brócolos *s m pl* broccoli.

broncopneumonia *s f* bronchial pneumonia.

bronquial bronchial.

brônquios *s m pl* bronquial tubes, bronchus.

bronquite *s f* bronchitis.

bronze *s m* bronze; ore; **de** ~ brazen; **~ado** bronzed; ~ **da praia** sunburnt, tanned; **~ar** (1l) to bronze; to tan; **óleo** *s m* **de** ~ suntan oil.

broquear (1ql) *v/t* to drill, to perforate.

brotar (1e) *v/i* to sprout, to shoot; to force *(planta);* to flow *(água);* *fig.* *(advir)* to arise; *(surgir)* to appear; *v/t* to produce; *queixas, etc.* to utter; *disparates* to talk nonsense.

bruma *s f* mist, haze; *(fumaça)* smoke, vapour.

brumoso *adj* foggy, hazy.

brus|co brusque, abrupt; *(arrebatado)* violent, passionate; **~quidão** *s f* brusqueness, abruptness; *(arrebatamento)* passion, fierceness; *(rudeza)* rudeness; **com** ~ brusquely; **sem** ~ gently.

brut|al rough, tough, brutal; *(violento)* violent; **~alidade** *s f* brutality, roughness; **~o** *adj* rough, brutish; *fig.* unpolished; **em ~o** in the rough, raw; **peso** *s m* **(rendimento)** ~ gross income (weight).

bruxa *s f* witch, sorceress; **mandar à** ~ to send to hell.

bucha *s f* stopper, plug; *comida* bite; *pão* morsel, snack; *téc.* sleeve, socket.

buço *s m* down, fluff.
budismo *s m* Buddhism.
búfalo *s m* (**-a** *s f*) buffalo.
bufete *s m* (*aparador*) sideboard; buffet.
bufo 1. *s m* puff; *fig.* buffon; (*avarento*) miser; 2. *adj* burlesque, comical.
buganvília *bot.* bougainvillaea.
bulbo *s m* (seed)bulb; **~oso** *adj* bulbous.
buldogue *s m* bulldog.
bule *s m* teapot.
búlgaro 1. *adj* Bulgarian; 2. *s m* **-a** *s f* Bulgarian.
bulha *s f* (*barulho*) noise, confusion; (*briga*) quarrel, fight.
bulício *s m* (*desassossego*) agitation, unrest; (*aperto*) crowd; (*confusão*) confusion; (*barulho*) noise.
bulimia *s f* insatiable hunger; *med.* bulimia.
bulir (3h) *v/i* to agitate, to stir; **~ em** to touch; **~ com** to meddle; = *v/t* to agitate; (*desinquietar*) to disturb; (*incomodar*) to bother.
buraco *s m* hole.
burburinho *s m* (*murmúrios*) murmur(ing); (*barulho*) noise, tumult.
burguês 1. *s m* bourgeois, villager; 2. *adj* bourgeois; **~esia** bourgeoisie, middle-class; *pequena* **~** petty bourgeoisie.

burla *s f* jest, trick; (*zombaria*) mockery; **~s** *pl* frauds.
burlador, ~ão 1. *s m* jester, cheater; 2. *adj* joking, cheating; **~ar** (1a) to jest, to fool, to cheat; (*roubar*) to cheat, to deceive.
burlesco *adj* (*engraçado*) comical; (*ridículo*) ridiculous, grotesque.
burocracia *s f* bureaucracy, officialism; **~ata** *s m* bureaucrat; **~ático** *adj* bureaucratic(al).
burrice *s f* stupidity, foolishness; (*teimosia*) stubbornness; **~o** 1. *s m* donkey; fool, ass (*fig.*); *téc.* (saw)horse; *cabeça de* **~** blockhead; 2. *adj* foolish, stupid.
busca *s f* search; (*pesquisa*) investigation, research; **~** *domiciliária* house search; *andar em* **~** *de* to inquire after; **~ar** (1n) to search, to look for; *domicílio, etc.* to search, to inquire; *ir* **~**, *vir* **~** to fetch; *mandar* **~** to send for.
bússola *s f* magnetic needle, compass.
busto *s m* bust; *foto* half-length portrait.
butano *s m* butane.
buzina *s f* horn, hooter; **~ar** (1a) to sound a horn; to trumpet (*fig.*); to hoot (*carro*).
búzio *s m* a) music shell, horn, trumpet; b) pearl diver.

C

cá *adv* here; in this place.
cabana *s f* hut, shack.
cabaz *s m* basket, pannier.
cabeça *s f* head; (*inteligência*) intelligence, brain, mind; *dedos, etc.* tip; *capítulo* title, heading; *família* head, chief; (*dirigente*) leader, head; **~** (*de gado*) head of cattle; **~** *no ar* absent-minded; **~** *de avelã* (*ou* *alho*, *vento*), **~** *leve* scatterbrain; *uma grande* **~** a smart head.
cabeçada *s f* a bump with the head; *desporto* header; **~alho** *s m carta, jornal* letterhead, heading; (*título*) title.

cabeceira *s f* headrest; *mesa* place of honour, end; *mesa-de-*~ bedside table; **~s** *pl* source, spring (*de um rio*); **~ilha** *s m* leader; *de um partido* party leader.
cabedal *s m* leather.
cabeleira *s f* head of hair; **~** *postiça* wig; **~eireiro** *s m*, **-a** *s s f* hairdresser.
cabelo *s m* hair; (*relógio*) plume; *pelos* **~s** F fed up, unwilling.
cabeludo *adj* hairy, hirsute; *fig.* complicated.
caber (2q) *v/i*: to fit, be contained in; (*servir*) to suit, to fit; *v/t* (*conter*) to

contain; *(convir)* to be suitable; *(ser possível)* to be possible to be done; *(calhar)* to fall to one's lot; *(pertencer)* to be entitled to; *(ter a obrigação)* to be one's duty.

cabide *s m* (coat) hanger, hat stand.

cabina, -e *s f* cabin; **~ telefónica** telephone booth, call box.

cablar *v/t* to cable.

cabo *s m* end; *vassoura, etc.* stick; *faca, etc.* handle; *geo.* cape; *mar.* rope; *mar. and elect.* cable; *mil.* corporal; commander; **rede de ~** *inform.* cable net; **televisão por ~** cable TV (*ou* television); **~ do mar a)** (ship's) mate; **b)** beach police; **~ da polícia** sergeant; **~ de aço** steel cable; **ao ~** in the end; **ao ~ de** at the end of.

cabo-verdiano(s) *s m* Cape Verdean.

cabra *s f* she-goat; *(couro)* goatskin; *mec.* small winch.

cabrestante *mar. s m* capstan, winding engine.

cabriolé *s m* cabriolet, cart.

cabrito *s m* kid.

cábula 1. *s f (ardil)* trick; *(apontamento)* note; **2.** *s m/*f lazybones, slacker; **3.** *adj* lazy, sly.

caça 1. *s f* hunt; *cul.* game; **~ grossa (miúda)** big (small) game; **andar à ~ de** to be in pursuit of; **dar ~ a** to follow after, to chase; **ir à ~ de** to go in pursuit of; **2.** *aer.* fighter (plane).

caçada *s f* hunting trip; **~ador** *s m*, **-a** *f* hunter, gunner *(mil.)*; **~ clandestino, ~ furtivo** poacher.

caça-minas *s m inv* minesweeper.

caçar (1p) *v/t* to hunt; *fig.* to get hold of; *(apanhar)* to catch; *mar. escota* to haul in; *v/i mar.* to draw in.

caçarola *s f* casserole, (sauce) pan.

cacau *s m* cocoa, cacao.

cacetada *s f* blow (with a stick); **~e 1.** *s m* stick; *(pão)* long white bread; **2.** *adj* boring, tiresome.

cachalote *s m* cachalot, sperm whale.

cachecol *s m* scarf, muffler.

cachimbo *s m* (tobacco) pipe.

cacho *s m* bunch; *cabelo* ringlet; **~ de uvas** bunch of grapes.

cachorro *s m* young dog, pup; *arquit.* corbel prop; *fig.* scoundrel.

cachorro-quente *s m* hot dog.

cacifo *s m (cofre)* safe; *(arca)* trunk; *(armário)* locker; *(nicho)* niche, recess.

caco *s m* broken piece; *(velharia)* junk; *fig.* F noddle; **fazer em ~s** to break into pieces.

cacto *s m* cactus.

cada each, every; **~ um, ~ qual** each and all, each one; **um escudo ~ (um)** an escudo each; **~ vez mais (bonito)** more and more (prettier and prettier).

cadafalso *s m* scaffold, gallows.

cadastr|ado *adj* having a police record; **~ar** (1b) *v/t* to register (in a cadaster); **~o** *s m (registo predial)* land register; *(registo pessoal)* personal file; *(registo criminal)* criminal file *ou* register, cadaster; *impostos* register.

cadáver *s m* corpse, dead body; *animal* carcass.

cadavérico *adj* cadaveric, cadaverous.

cad|eado *s m* padlock; **~eia** *(corrente)* chain; *(prisão)* prison, jail; **em ~** chained.

cadeira *s f* chair, seat; *(cátedra)* professorship; *(disciplina)* subject.

cadeirado *s m* lecture hall, seats.

cadência *s f* cadence; *(ritmo)* rhythm; *mús.* cadenza; *fig.* tendency, inclination.

cadern|eta *s f de apontamentos* notebook; *de estudo* school register; *de poupança* savings account; *registo de depósitos* bank book; *de cheques* chequebook; *mil.* pay book; **~o** exercise book, notebook.

cadete *s m* cadet.

cádmio *quím. s m* cadmium.

caduc|ar (1n) *v/i* to age, to expire, to lapse; *jur.* to decay; **~o** *(devoluto)* invalid, expired, senile; *jur.* invalid; **árvore de folha -a** deciduous tree.

café *s m* coffee; *estabelecimento* café.

cafeína *s f* caffein(e).

cafeteira *s f* coffee pot.

cágado *s m* turtle; *fig.* slow person, laggard.

cagar V (1o) *v/i* to (have a) shit.

caiar (1b) to whitewash, to limewash.

cãibra *s f* cramp.

caíd|a *s f* = **queda**; **~o 1.** *adj* fallen; *fig.* invalid; *(acabrunhado)* downcast, depressed; *(perdido)* lost; F in love with; due *(juros)*; **2.** *s m* **~s** *pl* arrears *(tb. econ.)*.

cair (3l) *v/i* to fall, to drop, to decay; to set *(sol)*; to decay *(nível)*; to decrease *(rendimento, etc.)*; to crash *(avião)*; to come down, to fall *(tecto, etc.)*; to fall down *(folhas, cabelo)*.

cais *(pl inv) s m* quay; *c. f.* platform.

caixa 1. *s f de papel* carton, paper box; *de metal* tin, can; *téc.* case; *óculos* case; *dinheiro* cash box, cash register; **~ de previdência** social insurance; **~ de depósitos (económica)** savings bank; **~ de velocidades** gear box; **~ de escada** stairwell; **2.** *s m* cashier, cash book.

caixlão *s m* (large) box; *(féretro)* coffin; *de ~ à cova* F groovy; crazy; **~eiro** *s m* shop assistant; salesclerk; **~ viajante** *econ.* bagman, travelling salesman; **~ilho** *s m* frame, moulding; **~inha** *s f* small box.

cajado *s m* shepherd's stick; *fig.* support.

cal *s f* lime, whitewash; **~ apagada** burned lime; **~ viva** quicklime.

caladla *s f* stillness, quietness; *(silêncio)* silence; **pela ~** secretly; **às ~s** silently; **~o 1.** *adj* quiet, silent; *(pouco falador)* silent, discrete; **estar ~** to keep silent, to be quiet; F steep *(conta)*; **2.** *s m mar.* draught.

calafetlagem *s f* caulking; *(isolamento)* caulk; **~ar** (1c) *v/t* to caulk; *(isolar)* to stop up.

calamidade *s f* calamity, disaster; *(infelicidade)* misfortune, disgrace.

calão *s m* slang, argot, jargon.

calar (1b) *v/t* to silence, to keep silent; *(não dizer)* to conceal; *v/i* **~-se** to be silent.

calça *s f (anel)* leg band; **~s** *s f pl* trousers.

calçlada *s f* pavement, sidewalk; paved street; **~adeira** *s f* shoe-horn; **~ado** *s m* footwear; **indústria do ~** shoe industry; **~ão (-ões)** *s m (pl)* shorts; **~ de banho** swimming trunks.

calcanhar *s m* heel; **dar aos ~es** to take to one's heels; **andar nos ~es de alg** to follow *ou* run after a person; **não chegar aos ~es de alg**

to be not fit to hold a candle to someone, to be no match for someone.

calcar (1n) *v/t* to step on *(aos pés with the feet)*, tread upon; to smash, to crush, to squeeze; *(copiar)* to trace.

calçar (1p) *meias, sapatos* to put on; *rua* to pave; *carro* to prop up; *ferramenta* to coat with steel; *roda* to scotch; *esporas* to shoe; *v/i* to fit, to suit.

calcário 1. *adj* calcareous, chalky; **2.** *s m* limestone, chalk.

calcetar (1c) *v/t* to pave.

calcificlação *s f* calcification; **~ar-se** (1n) *v/r med.* to become calcified.

cálcio *s m* calcium.

calcular (1a) *v/t (computar)* to compute; *(fazer contas)* to calculate, to count; *(prever)* to estimate, to foresee; *(crer)* to presume; *(imaginar)* to imagine; **calculo!** I can imagine!; **~ a/c em** to value, to estimate; *v/i* to calculate.

cálculo *s m* **a)** arithmetics, sums; *(conta)* counting; *(premeditação)* calculation; *(plano)* plan; **~ mental** mental arithmetic; **b)** *med.* calculus, stone.

calda *s f ferro* incandescent iron; *açúcar* syrup; **~s** *s f pl* hot springs, health baths.

caldeira *s f* kettle, cauldron; *téc.* (steam) boiler; *agric.* (little) ditch; **~ eléctrica** electric boiler.

caldeirlada *s f* kettleful; *cul.* fish stew; **~ão** large kettle, caldron; *mús.* rest, suspension.

caldo *s m* soup; broth; **~-verde** potato and cabbage broth.

calefacção *s f aparelho* (central) heating; *acto* heating, warming.

calendário *s m* calendar.

calha *s f (rego)* gutter; *(carril)* rail.

calhar (1b) *v/i fig.* to come about; *(resultar)* to work out, to succeed; *(servir)* to fit in; **estar (mesmo) a ~** to suit just fine; **se ~** maybe, perhaps; **como calha(r)** straight as it comes.

calhau *s m*; (pebble) stone; **tapado como um ~** as thick as two (short) planks.

calibr|ar (1a) *v/t* to calibrate; *(medir)* to measure; **~e** *s m* calibre; gauge; *fig.* state, nature.

caliça *s f* pieces of dry mortar, rubble.

cálice *s m* wine glass; *vinho do Porto* port glas; *rel. and bot.* chalice.

califa *s m* calif, caliph.

caligr|afia *s f* calligraphy; *(letra)* handwriting; **~áfico** *adj* calligraphic(al).

calista *s m/f* pedicure, chiropodist.

cálix *s m* calyx, chalice.

calma *s f* calmness; *(calor)* (noonday) heat; *mar.* calm.

calm|ante *s m* sedative; **~o** *adj* calm, quiet; *(imóvel)* still.

calo *s m* callus, hard skin; *med.* corn.

calor *s m* heat, warmth; *fig.* vividness, eagerness; *está (ou faz)* ~ it's warm; *tenho* ~ I feel warm; *com* ~ *fig.* fervently, ardently; **~ia** *s f* calory, calorie.

calor|ífero *s m* heater, radiator; heating; **~oso** *adj* warm *(tb. fig.)*; ardent; *(vivo)* lively.

calos|idade *s f* callosity, callousness; **~o** *adj* corny, callous.

caluda! (keep) quiet!, silence!

calúnia *s f* slander, defamation, detraction.

caluni|ador *s m* detractor, slanderer; **~ar** (1g) *v/t* to slander, to detract; **~oso** *adj* slanderous.

calva *s f* baldhead, baldness; *pôr a ~ à mostra a alg* to expose to someone, show one's weak points to someone.

calv|ície *s f* baldness; **~o 1.** *adj* bald, baldheaded; *fig.* obvious; **2.** *s m* bald, baldhead(ed person).

cama *s f* bed; *fig.* basis, bolster; *(camada)* layer; *~ de casal (solteiro)* double (single) bed.

camada *s f* layer, lay; *(película)* cover, coat(ing); *dispor em ~s* to put in layers.

camaleão *s m* chameleon.

câmara *s f (aposento)* chamber; *(caixa)* case; cabinet; *mar.* cabin; *mil.* cartridge camp; **♀** *Municipal* Town Hall; *~ óptica* optical camera; *foto ~ escura* darkroom; *Presidente da* **♀** Mayor; **♀** *de Comércio e Indústria* Chamber of Commerce and Industry; *~-ardente* mourning chamber.

camar|ada *s m (colega)* colleague, partner; *pol.* comrade; F pal, buddy; **~adagem** *s f* comradeship, fellowship.

camarão *s m* shrimp, prawn.

camarote *s m mar.* cabin; berth; *tea.* box.

cambalear (1l) *v/i* to sway, to stagger, to wobble.

cambalhota *s f* forward roll, somersault.

cambiar (1g) *v/t (dinheiro)* to change, to exchange; *v/i* to shimmer, to change *(cor)*; *fig.* to wander.

câmbio *s m* change, exchange; *bolsa* (exchange) rate; *letra de ~* exchange bill; *casa de ~* exchange bureau; *corretor de ~* bill broker, *queda (subida) de ~* exchange fall (rise).

cambista *s m* cambist, exchange broker.

camélia *s f* camellia.

camelo *s m* camel.

camião *s m c.f.* luggage wagon; *Br.* lorry, *Am.* truck.

caminh|ada *s f (passeio)* walk; *(marcha)* march, journey, **~ante 1.** *adj* walking, travelling; **2.** *s m/f* walker; *(viajante)* traveller; *(passante)* passer-by, **~ar** (1a) *v/i* to walk, to travel; *(andar)* to go on foot; *~ para fig.* to be heading for; *~ por* to hike through, to tour, to travel around; *v/t percurso* to walk.

caminho *s m* road, way; *~ de ferro* railway, railroad.

camion|agem *s f* long distance motor traffic; *empresa de ~* haulage contractors, carriers; **~eta** *s f (passageiros)* coach; *(comercial)* van; *~ de carga Br.* lorry, *Am.* truck; **~ista** *s m* lorry driver, truck driver.

camisa *s f* shirt; *~ de dormir, ~ de noite (homem)* nightshirt, *(senhora)* nightdress; *~ de forças* straitjacket; *~-de-vénus* condom, rubber; *em ~* in shirt; *em mangas de ~* in shirtsleeves; *ficar sem ~* to lose everything; *meter-se numa ~ de onze varas* F to get oneself into a mess.

camis|aria *s f* shirt shop; **~ola** *s f* sweater, pullover; *~ interior Br.* vest, *Am.* undershirt.

camomila *s f* camomile.

campa *s f* grave(stone), tomb(stone); *(sino)* bell; **~inha** *s f* (door)bell; *(tb. bot.)* bellflower, bluebell; **~s** *pl* Canterbury bells, cuckooflowers; ***tocar à*** ~ to ring the (door)bell.

campanha *s f* campaign; *(acampamento)* camp; *(campina)* plain, prairie; *fig.* campaign; ~ ***eleitoral*** electoral campaign.

campe|ão *s m* champion, master; ~ ***de automobilismo*** racing car champion; **~onato** *s m* championship, contest.

camp|ismo *s m* camping; ***fazer*** ~ to camp; ***parque de*** ~ camping site *ou* park, campsite; **~ista** *s m/f* camper; **~o** *s m* field; country; *de concentração* concentration camp; ~ ***de trabalho*** working field; ~ ***de acção*** action field; ~ ***desportivo*** sports ground, sports field; ~ ***de batalha*** battlefield; **~onês 1.** *s m,* **-esa** *f* countryman, countrywoman; farmer, peasant; **2.** *adj* rural, rustic; **~ónio** *s m irón.* yokel.

camurça *s f animal* chamois; *pele* suede, chamois leather.

cana *s f* cane; *açúcar, bambu* sugar, bamboo cane; *(pau)* cane; *cereal* haulm; *(pesca)* fishing rod.

canal *s m* canal, channel; *(tubo)* tube.

canaliz|ação *s f* canalization; *água* plumbing; *gás* piping; **~ar** (1a) *v/t* to canalize, to channel; *fig.* to guide, to lead.

canapé *s m (mobília)* couch, sofa; *(comida)* canapé, appetizer.

canário *s m* canary.

canavial *s m* cane field.

canção *s f* song.

cancela *s f (portão)* gate; *ferroviária* (railway) gate.

cancelar (1c) *v/t registo* to cancel; *(invalidar)* to invalidate; to annul; *econ. encomenda* to cancel, to undo; *crédito, etc.* to freeze, block, suspend; *processo* to cancel, to abort.

canceroso *adj* cancerous, cancered.

cancro *s m med.* cancer; *fig.* deadly evil.

candeeiro *s m* lamp.

candeia *s f* lamp, light, candle; *bot.* catkin; ***de ~s às avessas*** on ill terms, at variance.

candelabro *s m* chandelier; candlestick.

candid|atar-se (1a) *v/t* to be a candidate for, to apply for; **~ato** *s m,* **-a** *f* candidate, applicant; *(aspirante)* aspirant; *(pretendente)* candidate; **~atura** *s f* candidature; application; aspiration.

caneca *s f* mug.

canela *s f* cinnamon; *anat.* shin; *(cavalo)* pastern; *téc.* spool, reel; ***dar às*** **~s** F to bolt, to run away.

caneta *s f* ~ ***(de tinta) permanente*** fountain pen; F pen; *(esferográfica)* ballpoint pen.

cânfora *s f* camphor.

canguru *s m* kangaroo.

cânhamo *s m* hemp; ~ ***em rama*** hemp plant.

canhão *s m* cannon, canyon; *manga* cuff, *bota* top; *pena* quill; cylinder *(fechadura)*.

canhoto 1. *adj* left-handed; *fig.* awkward, clumsy; **2.** *s m* left-handed person; F the devil, the evil one.

canib|al *s m* cannibal; **~alismo** *s m* cannibalism.

caniçal *s m* reed.

canil *s m* kennel.

canino *adj* canine, doglike; ***dente*** ~ canine tooth, eyetooth; ***fome -a*** wolfish appetite.

canivete *s m* pocketknife, jackknife.

canja *s f* chicken soup with rice; ***ser*** ~ F to be a piece of cake; ***que nem*** ~ F like clockwork.

cano *s m* pipe, tube; *espingarda* barrel; *bota* leg; *coluna* shaft, shank; *órgão* (organ) pipe; *pena* keel.

canoa *s f* canoe, paddle boot; *(frigideira)* frying pan.

cânon(e) *s m* rule, precept; *mús., rel.* canon.

cans|aço *s m* tiredness; *(enfraquecimento)* weakness; *(fartura)* weariness; **~ado** *adj* tired; *(exausto)* exhausted; *(gasto)* spent; F outworn; ***estar*** ~ ***de*** to be tired of; ***vista -a*** presbyopia; **~ar** (1a) *v/t* to tire, to fatigue; *(aborrecer)* to bore, to annoy; **~ar-se** *v/r* to tire oneself; *(esfalfar-se)* to slave away; **~ativo** *adj* tiring, wearisome.

cantar (1a) **1.** *v/i* to sing, to chant; to crow *(galo);* **2.** *v/t* to sing, to praise;

C

cantiga to sing; **3.** *s m* song, tune; **isto é outro** ~ that sounds different.

cantaria *s f* stonecutting, masonry; **pedra de** ~ masonry stone.

cântaro *s m barro* earthen pot, jug; *(metal)* tin can.

cântico *s m* chant, song; **♀ dos ♀s** Solomon's Song, Song of Songs.

cantil *s m* flask, water bottle.

cantina *s f* canteen.

canto *s m* **a)** edge, brink; *(esquina)* corner; *(esquadria)* right angle; *fig.* angle; *desporto* corner; ~ **da boca** corner of the mouth; **de** ~ on end; **b)** chant, song.

cantoneiro *s m c. f.* linesman.

cantor *s m* singer; ~**a** *s f* singer.

canudo *s m* (long) tube, pipe.

cânula *med. s f* cannula; pipe, quill.

cão (cães) *s m (pl) dog (tb. fig.); arma* hammer, cock; ~ **de água** poodle; ~ **de guarda** watchdog; ~ **de luxo,** ~ **de regaço** lapdog.

caos *s m (pl inv.) (confusão)* confusion; chaos; **pôr num** ~ to bring into chaos.

caótico *adj* chaotic(al).

capa *s f* coat, overcoat; cover; *(invólucro)* wrap, covering; *(camada)* coat; *fig.* shelter; outward appearance.

capacete *s m mil.* helm, helmet; *moto* crash helmet.

capacho *s m* doormat; *fig.* crawler, flatterer.

capacidade *s f* capacity, capability; *(aptidão)* ability, skill; *téc.* performance, output; *mat* capacity, volume; *fig.* capacity; ~ **eleitoral** right to vote; ~ **de compra** purchasing power.

capar (1b) *v/t animal* to castrate; *bot.* to prune.

capataz *s m* foreman, headman; *(contramestre)* foreman; *arquit.* overseer; *ind. min.* foreman.

capaz *adj* capable; *(habilitado)* skillful; *(com direito)* entitled; *(prestadio)* suitable, qualified; *(bom)* good.

capela *s f* chapel.

capilar *adj* capillary, capillaceous.

capital 1. *adj* capital; *(principal)* primal, principal; *(importante)* essential, important; capital; *tip.* **letra** ~ capital letter; **pena** ~ death penalty, capital

punishment; **2.** *s f (cidade)* capital; **3.** *s m (finanças)* capital (stock).

capitalismo *s m* capitalism; ~**ista** *s m/f* capitalist; *(sócio s m)* partner; ~**izar** (1a) *v/t* to capitalize; *juros* to collect, to increase.

capitania *s f* captainship.

capitão (ães) *s m (pl)* captain; *mar.* commander; *desporto* leader, captain; ~~-**de-mar-e-guerra** *Br.* captain RN; *Am.* commodore.

capitel *s m* capital.

capitulação *s f* capitulation; ~**ar** (1a) *v/i* to capitulate; *(aceitar)* to come to terms.

capítulo *s m* chapter; section; episode.

capoeira *s f* henhouse, chickenhouse.

capotla *s f auto* top, capote; ~**e** *s m* overcoat, mantle, cloak.

caprichlar (1a) *v/i (obstinar-se)* ~ **em** to insist on; *(esforçar-se)* to make an effort, to try hard; ~**o** *s m* caprice; *(fantasia)* fancy, *(obstinação)* obstinacy, stubbornness; *(esmero)* accuracy; ~**oso** *adj (inconstante)* moody; *(obstinado)* obstinate, stubborn; *(brioso)* accurate.

capricórnio *s m zoo.* capricorn, goat chafer; *astr.* Capricorn; ~**no** *adj* caprine, goatlike.

cápsula *s f* capsule.

captlar (1b) *v/t something* to obtain; to captivate; *água* to catch; *emissora* to intercept, to pick up; ~**ura** *s f* capture; catch, detention; ~**urar** (1a) *v/t* to capture, to catch, to seize.

capuchla *s f* hood; **à** ~ secretly; ~**o** *s m* hood.

capuz *s m* hood; cap; bonnet.

caqui *s m* **1.** *s m cor* khaki; **2.** *adj* khaki(-coloured).

cara *s f* face, visage; head *(moeda)*; ~ **a** ~ face to face; **na** ~ frankly, openly; **dar de** ~ **com** to come across, to stumble on; **estar com** *(ou* **ter)** ~ **de** to look like; **ter** ~ **para** to have the courage to; **(não) ter** ~ **de** *inf.* (not) to look like, as if; **chupar os olhos da** ~ to fleece someone.

caracol *s m* snail; *(cabelo)* curl; **escada de** ~ spiral staircase.

carácter (-cteres) *s m (pl)* character; feature; *(escrita)* character, sign, mark; *(letra)* letter.

caracter|ística *s f* characteristic, mark, property; **~ístico** *adj* characteristic(al), typical; **~ização** *s f* characterization; **~izar** (1a) *v/t* to characterize, to mark, to describe.

caramanch|ão, -el *s m* summerhouse, arbour.

caramelo *s m (açúcar)* caramel, burnt sugar; *(rebuçado)* toffee, candy; *(gelo)* frozen snow, icicle.

caramujo *s m* snail, scroll.

caranguejo *s m* crab.

carapau *s m* stickleback, mackerel; *fig.* F a very lean person.

carapinha *s f* the crisp curled hair of Negroes; frizzy hair.

carapuça *s f* cap, hood.

caravana *s f* caravan.

caravela *s f* caravel(le).

carbon|ato *s m* carbonate; **~o** *s m* carbon.

carbónico *adj* carbonic; *geo.* **período ~** the Carbonic period.

carbon|ífero *adj* carboniferous; **~izar** (1a) *v/t* to carbonize.

carbur|ação *s f* carburation; *auto* gasification; **~ador** *auto s m Br.* carburetor, *Am.* carburator; **~ante** *s m* fuel.

carcaça *s f (esqueleto)* carcass; *(arcabouço)* frame(work); *(pão)* white bread, loaf.

cárcere *s m* carcer, prison.

cardan *s m* cardan, joint.

cardeal 1. *s m* cardinal; **2.** *adj* cardinal, principal; **pontos** *s m pl* **cardeais** *pl* cardinal points.

cardíaco 1. *adj* cardiac(al); **2.** *s m* cardiac patient.

cardinal *adj* cardinal; **número ~** cardinal number.

cardio|logia *s f* cardiology; **~logista** *s m/f* cardiologist.

cardume *s m* shoal (of fish).

careca 1. *adj* bald; **2.** *s m (pessoa)* baldhead.

carecer (2g) *v/t:* **~ de** to lack, to need.

careiro *adj* expensive, costly.

carência *s f* lack, need (**de** of).

carestia *s f* high cost, high prices.

careta *s f* grimace; **fazer careta** to pull a face.

carga *s f* load, burden *(tb. fig.);* loading; charge *(tb. mil. e elect.); econ.* freight; *mil.* attack; *econ.* **~ útil** payload; *econ.* **peso de ~** load weight; **~ de água** (heavy) downpour; **voltar à ~** to insist on sth.

cargo *s m (função)* post, charge, duty; *(encargo)* order, responsibility; **ter a seu ~** to be in charge of, to be responsible for; **deixar a ~ de** to leave sth. to s.o.

cargueiro *s m* freighter.

cariado *adj* carious *(dente),* decayed.

caricato *adj* ridiculous, funny.

caricat|ura *s f* caricature, cartoon; **~urar** (1a) *v/t* to caricature.

carícia *s f* caress.

carid|ade *s f* charity; **~ pública** welfare charity; **fazer (a) ~** to bestow (a) charity; **~oso** *adj* charitable, kind.

cárie *s f* caries.

caril *s m* curry.

carimb|ar (1a) *v/t* to stamp; **~o** *s m* stamp.

carinh|o *s m* care, kindness; *(carícia)* caress; **~oso** *adj* caressing, kind, gentle; affectionate (**com** with).

carioca 1. *s m/f* native or inhabitant of Rio de Janeiro; **2.** *adj* of, belonging to or relative to Rio de Janeiro.

caritativo *adj* charitable, kind, beneficent.

carmlesim *s m* crimson; **~im** *s m* carmine.

carn|agem *s f* slaughter, carnage; *fig.* massacre; **~al** *adj* carnal, fleshly; *(consanguíneo)* consanguineous.

carnaval *s m* Shrovetide; carnival; **~esco** *adj* relative to carnival; funny, grotesque.

carne *s f* flesh *(tb. fig.),* meat; **em ~ e osso** in flesh and blood, in the flesh, in person.

carneiro *s m* sheep, mutton; *(castrado)* wether; **carne de ~** mutton.

carniceiro 1. *s m* butcher; **2.** *adj* carnivorous; *fig.* sanguinary.

carn|ificina *s f* bloodshed, massacre, slaughter; **~ívoro 1.** *adj* carnivorous; **2. ~s** *s m pl* Carnivora, carnivore; **~udo** *adj* fleshy, muscular.

caro *adj* expensive, costly; *fig.* dear, beloved; **sair ~** to work out expensive.

carochinha *s f:* **histórias da ~** nursery tales.

caroço *s m (grainha)* seed kernel, pip, stone; *med.* knot, hardened gland.

carótida *s f* carotid.

carpa *s f* carp.

carpete *s f* carpet.

carpintlaria *s f* carpentry, joinery; **~eiro** *s m móveis* carpenter, joiner; *escadas, janelas, etc.* carpenter; **banco de ~** joiner's bench.

carpir (3b) *v/t (mondar)* to pluck, to weed; *(chorar)* to weep, to mourn, to lament.

carrancudo *adj* frowning, grim.

carrapato *s m zoo.* carp louse; *fig.* importunate person, clinger.

carrapito *s m* (hair) bun.

carrasco *s m* hanger, executioner; *fig.* cruel person, tyrant.

carrear (1l) *v/t (acarretar)* to carry, to transport (in a carriage or wagon); *(arrastar)* to drag along.

carreglado *adj* heavy *tb. fig.*; loaded; *fig.* cloudy *(céu);* heavy, strong *(cor);* F drunk; **~ador** *s m* carrier, loader; *c.f.* carrier, porter; *mil. pistola* depot, cartridge clip; **~ar** (1o) *v/t peso* to load; to carry; *carro, etc.* to load; *arma, pilha* to charge; *mercadorias* to freight; *impostos* to raise, to increase; *preço* to raise (the price of); *com trabalho, etc.* to overwork, to overburden; *barriga* to overstuff, to overload; *econ.* to put a strain on; **~ as sobrancelhas** to knit one's brows; **~ar-se** *v/r com nuvens* to become cloudy, to darken; **~ de** to load oneself with; **~o** *s m* load, weight; *fig.* burden, load.

carreira *s f (percurso habitual)* line, trail; *(itinerário)* route; *(decurso)* race, run; *(corrida)* race; **~ profissional** career; **diplomata de ~** career diplomat.

carril *s m (sulco)* track, rut; *c. f.* (steel) rail.

carrilhão *s m* carillon, chime; *relógio* striking mechanism.

carrinhla *s f* **~ (mista)** estate car, station wagon; **~o** *s m* toy car; *bebé* pram; **~ de mão** wheelbarrow.

carro *s m* car, motorcar, automobile.

carrolçaria *s f* bodywork, the body of a motorcar; **~ssel** *s m* carroussel, merry-go-round.

carruagem *s f* carriage, coach; **~cama** *c. f.* sleeping car, sleeper, wagon-lit; **~ directa** through coach.

carta *s f* letter, note; *jogo* playing card; **~ de recomendação** commendatory letter; **~ de condução** driving licence, driver's license; **2 constitucional** constitutional letter.

cartão *s m* card, cardboard; *de visita, sócio* visiting card; **~ de cheque** cheque card; **~ credifone** phonecard.

cartlaz *s m* placard, poster; *tea.* programme; *espectáculos* calendar of events; *fig.* figurehead; **~eira** *s f* wallet; *de senhora* purse; *(escrivaninha)* desk, writing table; *escola* desk; **~eirista** *s m/f* pickpocket; **~eiro** *s m Br.* postman, *Am.* mailman; **~el** *s m* **a)** *(provocação)* challenge letter, provocation; **b)** cartel.

cartilagem *s f* cartillage.

cartógrafo *s m,* **-a** *f* cartographer.

cartolina *s f* light cardboard.

cartório *s m (notário)* notary's office; *(arquivo)* archives, records; **ter culpas no ~** to be guilty.

cartuchleira *s f* cartridge box, cartouche; **~o** *s m* cartridge, cornet; *(saco)* paper bag, packet; **papel ~** wrapping paper.

carunchlo *s m* woodworm; dry rot, deterioration; *fig.* old age; **~oso** *adj* wormy, rotten.

carvalho *s m* oak (tree).

carvão *s m* coal, charcoal; *pint.* charcoal drawing; **pastilha de ~** charcoal tablet.

casa *s f* house; *(apartamento) Br.* flat, *Am.* apartment; **~ comercial** trading house, commercial house, firm; *xadrez* chessboard square; *(algarismo)* digit, decimal; **~ do botão** buttonhole; **2 da Moeda** Mint; **~ de aluguer** rented house; **2 Real** Royal House; **marca da ~** own brand.

casaco *s m* coat, jacket; **~ comprido** overcoat.

casal *s m (propriedade)* village, hamlet; farmhouse; *(par)* pair, couple; *(cônjuges)* married couple; *pássaros, etc.* (courting) couple.

casamento *s m* marriage, matrimony; *acto* wedding, marriage; *instituição* marriage; *fig.* harmony; **~ religioso (civil)** religious (civil) marriage.

casar (1b) *v/t* to marry, to wed; *fig.* to unite, combine; **~ com** to marry

someone, to get married to someone;
~-se to get married.

casca s f peel(ing); husk; *árvore* rind.

cascalho s m gravel, rubble, crushed
rock.

cascata s f cascade; waterfall.

cascavel s f rattle; *(cobra s f)* ~ rat-
tlesnake, rattler.

casco s m *cavalo* hoof; *(vasilha)* keg,
barrel; *mar.* hull.

caseiro 1. *adj* homely, domestic *(tb.
fig.)*; *feito em casa* homemade; **2.** s
m, **-a** f caretaker, housekeeper, farm
manager.

caserna s f caserne, barrack.

casino s m casino.

casmurro *adj* stubborn, obstinate.

caso s m case, event; *(incidente)* incident, occurrence; *(questão)* matter;
(circunstância) fact, circumstance.

casota s f *cão* doghouse, doghutch.

caspa s f *cabeça* dandruff.

casquinha s f veneer; metal plating; ~
de ouro gold leaf.

cass|ação s f *(anulação)* abrogation,
cassation; **~ar** (1b) *v/t* to annul, to
cancel.

cassete s f cassette; *leitor de ~s* tape
recorder.

casta s f caste, sort; *(raça)* race; *(família)* lineage, family; *rel.* caste; *de ~*
pedigree, of high quality; *toda a ~
de* all kinds of, all sorts of.

castanha s f chestnut.

castanheiro s m, **-a** s f chestnut tree;
~o 1. s m chestnut wood; **2.** *adj*
(chestnut) brown.

castelhano 1. *adj* Castilian; **2.** s m, -
a s f Castilian.

castelo s m castle; *(forte)* fort, fortress; *(fortim)* stronghold; *fazer (ou
levantar) ~s no ar* to build castles
in the air.

castiçal s m candlestick.

castidade s f chastity, purity.

castig|ar (1o) *v/t* to punish, to casti-
gate; to discipline; **~o** s m punishment, penalty; ~ *corporal* corporal
punishment.

casto *adj* chaste, pure, virgin.

castor s m castor, beaver.

castr|ação s f castration; **~ado** s m
castrate, eunuch; **~ar** (1b) *v/t* to castrate.

cataclismo s m cataclysm; *(inundação)* flood, inundation; *(terramoto)*
earthquake; *fig.* catastrophe, disaster.

catalão (-ães) 1. *adj* Catalan; **2.** s m
(pl) Catalan.

catalis|lador s m, **-a** f catalyser, cata-
lyst; **~ar** (1a) *v/t* to catalize.

catalogar (1o) *v/t* to catalogue, to arrange, to classify.

catálogo s m *exposição, etc.* catalogue; register.

cataplasma s f *med.* cataplasm; *fig.*
softie, sissy.

catarata s f waterfall; *med.* cataract.

catástrofe s f catastrophe.

catastrófico *adj* catastrophic(al).

catecismo s m catechism.

cátedra s f cathedra; lecturer's chair;
pontifícia pontifical chair.

catedr|al: (sé) ~ s f dome, cathedral;
~ático *(professor)* ~ university
lecturer, university professor.

categoria s f category, class; *(hierarquia)* hierarchy, rank.

cateter s m catheter.

cateto s m *mat.* cathetus.

cativ|ante *adj* captivating; attractive;
seductive; **~ar** (1a) *v/t* to captivate;
(subjugar) to enslave; *fig.* to fascinate,
to charm; ~ *a simpatia de alg* to
engage someone's affection; **~eiro** s
m captivity; *lugar* prison, jail;
(servidão) slavery, servitude; **~o 1.** *adj*
captive; *econ.* dutiable; sensitive to
light *(cor);* **2.** s m, **-a** f captive; *(prisioneiro)* prisoner; *(escravo)* slave.

católico 1. *adj* Catholic; **2.** s m, **-a** s f
Catholic.

catorze *num* fourteen.

catre s m field bed; cot; pallet.

caução s f security, guaranty, pledge.

caucion|ar (1f) *v/t* to bond, to guaran-
tee; to pledge; to give as security;
~ário 1. *adj* serving as a security *ou*
bond; **2.** s m guarantor, warrantor;
bondsman.

cauda s f tail *(tb. aer.);* *ast.* tail; *vestido* train; *mil.* rear-end; *mús.* stem of a
note; *fig.* end, hind part; *piano de ~*
grand piano.

caud|al 1. *adj* posterior; torrential
(torrente); **2.** s m stream; current; tor-
rent; **~aloso** *adj* torrential, great; *fig.*
abundant.

caule *s m* caulis, stem; *erva* stalk.

causa *s f* cause; ground, reason; *jur.* lawsuit, case, process; **~ final** final cause.

causlador 1. *s m*, **-a** *f* causer, originator; **2.** *adj* causative, productive; **~al 1.** *adj* causal, causative; **2.** *s f* cause; motive; *(proveniência)* origin; **~ar** (1a) *v/t* to cause, to originate; *(produzir)* to produce, to bring about; *desgraça* to cause.

causticar (1n) *v/t* to cauterize, to burn, to sear; *fig.* to molest, to annoy.

cáustico 1. *adj* caustic; burning, corrosive; *fig.* severe, bitter; **2.** *s m* caustic, cautery; *(emplastro)* blistering plaster.

cautella *s f* caution, cautiousness; care; *(senha)* ticket; *lotaria* lottery ticket; **~eiro** *s m*, **-a** *f* lottery ticket seller; **~oso** *adj* cautious, careful.

cauterizar (1a) *v/t* to cauterize, to etch, to sear; to punish severely.

cavala *s f* mackerel.

cavallaria *s f* herd of horses; *mil.* cavalry; **~ariça** *s f* horse stable; **~eira** *s f* horsewoman; **~eiro 1.** *s m* horseman; *(nobre)* nobleman; *mil.* cavalryman, trooper; **2.** *adj* mounted, on horseback; **~ete** *s m* stand; wooden horse; *carro* drop hanger frame; *tip.* rack; *telhado* saddle roof; *(suporte)* stand, base, easel; *mús.* bridge.

cavalgar (1o) *v/i* to ride (on horseback).

cavalheiro *s m* cavalier; *(homem cortês, senhor)* gentleman.

cavalo *s m* horse; *(garanhão)* stallion; *xadrez* knight; *(tenaz)* tongs; *téc.* trestle; *agri* rootstock for grafting; *fís.* horsepower; **~-marinho** *s m (bengala)* hippopotamus stick; seahorse; **~-(s)-vapor** *(abr.* **C.V.**) horsepower.

cavar (1b) *v/i* to dig; *(escavar)* *v/t* to pit.

cave *s f* cellar.

caveira *s f* skull.

caverna *s f* cave, cavern; *med.* oedema of the lungs; *mar.* the ship's ribs.

cavidade *s f* cavity, hole; *(depressão)* depression; *abdominal, etc.* chamber, bursa.

cavilha *s f* dowel; bolt; *(espicho)* spigot, tap; *madeira* wooden peg; *aço* metal peg.

cear (1l) *v/i* to have supper, to dine.

cebola *s f* onion.

cecear (1l) *v/i* to lisp.

cecleio *s m* lisp; **~eoso** *adj* lisping.

ceder (2c) *v/t (desistir)* to give up; *v/i* to give in, to yield; *(ficar atrás)* to abandon, to give way.

cedo *adv* early; *(em breve)* soon; **de manhã ~** early in the morning.

cedro *s m* cedar (tree).

cédula *s f* : **~ pessoal** identity card.

ceglar (1o) *v/i* to go blind; *v/t* to blind; *fig.* to fascinate, to charm; **~o** *s m*, **-a** *f* blind; *fig.* ignorant, hallucinated.

cegonha *s f* stork; *fig.* handle.

cegueira *s f* blindness; *fig.* fanatism; ignorance.

ceia *s f* supper, evening meal.

ceifa *s f* harvest (time), reaping.

ceiflar (1a) *v/t* to harvest, to reap; *fig.* to kill, to destroy; **~eira** *s f* reaper, reaping machine; *mulher* harvestwoman, reaper; **~eiro 1.** *s m* harvestman, reaper **2.** *adj* harvesting, reaping.

cela *s f* cell; prison cell.

celebrar (1c) *v/t* to celebrate, to commemorate; *contrato* to officiate.

célebre *adj* famous.

celebridade *s f* celebrity.

celeiro *s m* barn; granary.

celeste, -stial *adj* celestial, heavenly.

celibatlário 1. *adj* single, celibate; **2.** *s m*, **-a** *f* celibate, bachelor; **~o** *s m* celibacy, singleness.

celofane *s m* cellophane.

célula *s f* cell.

celullar *adj (formado por células)* cellular; *(relativo a células)* cellular; **~ose** *s f* cellulose.

cem *num* one hundred.

cemitério *s m* cemetery, graveyard.

cena *s f* scene; *(palco)* stage; *(local)* scene; *fig.* spectacle, violent discussion; **entrada em ~** entrance; scene *(tb. fig.).*

cenário *s m* scenery, scenario, setting; *(paisagem)* landscape, view; *(local)* scenery.

cenógrafo *s m*, **-a** *f* scenographer, set designer.

cenoura *s f* carrot.

censo *s m* census, (number) registration.

cens|or *s m,* **-a** *f* censor; **~ura** *s f (instituição)* censorship; *(crítica)* censure, criticism; **~urar** (1a) *v/t* to censure; *(crítica)* to criticize.

centavo *s m* **a)** hundredth part; **b)** centavo *(Portuguese coin = 1/100 escudo).*

centeio *s m* rye.

centelha *s f* spark(le).

centen|a *s f* one hundred; **~ário 1.** *adj* centenary; **2.** *s m,* **-a** *f* centenarian.

cent|ésimo 1. *adj* centesimal, (a) hundredth; **2.** *s m* centesimal, (a) hundredth; **~ímetro** *s m Br.* centimetre, *Am.* centimeter.

centr|agem *s f téc. s f* centring; **~al 1.** *adj* central; **2.** *s f* central; **~ *dos telefones*** telephone exchange; **~ *(hidro-)eléctrica*** (electric) power station; **~ *atómica*** nuclear power station; **~alismo** *s m* centralism; **~alização** *s f* centralization; **~alizar** (1a) *v/t* to centralize; **~ar** (1a) *v/t téc.* to centre; **~ífuga** *s f,* **~ífugador** *s m* centrifuge, centrifuging machine; **~ifugar** (1o) to centrifuge; *fig.* to displace; **~ífugo** *adj* centrifugal; **força -a** centrifugal power *(ou* force).

centro *s m* centre, middle point; heart, bowels *(tb. fig.);* middle, focal point *(tb. pol.);* **~ *da cidade*** town's centre, *Am.* downtown.

cepa *s f árvore* stump; *videira* grapevine, vinestock.

cepticismo *s m Br.* scepticism, *Am.* skepticism.

céptico 1. *adj* sceptic(al) **2.** *s m,* **-a** *f* sceptic.

cera *s f* wax, beeswax; **fazer ~** to work slowly on purpose, to dawdle.

cerâmic|a *s f* ceramics, pottery; **~o** *adj* ceramic.

cerca 1. *s f* fence, railing, stockade; **2.** *prep* **~ *de*** near, close (to); *(mais ou menos)* about, approximately.

cercar (1n) *v/t* to hedge, enclose; *fig.* to persecute, to harass; *(sitiar)* to surround, to encircle.

cerco *s m* enclosure, siege; *mil.* encirclement.

cereal 1. *adj* cereal; **2.** *s m* cereal, corn; **cereais** *pl* cereals, grain.

cerebral *adj* cerebral; intellectual, rational.

cérebro *s m* brain, cerebrum; *med.* cerebrum; *fig.* intelligence.

cereja *s f* cherry.

cerejeira *s f* cherry (tree).

cerimónia *s f* ceremony, *fig.* formality; **~s** *s f pl* ceremonial rules.

cerimonia|l 1. *adj* ceremonial, ritual; **2.** *s m* ceremonial; **~oso** *adj* formal.

cerr|ado 1. *s m* close, tight; *(escuro)* dark, gloomy; difficult to understand *(pronúncia);* hard, harsh *(crítica, etc.);* *fig.* narrow minded; **2.** *s m (tapado)* enclosure; **~ar** (1c) *v/t* to close; *terreno* to enclose, to fence in; *passagem* to block, to obstruct; *punhos* to clench one's fists; *dentes* to clench one's teeth.

cert|eza *s f* certainty, sureness; **com ~** certainly, surely; **ter a ~** to be sure; **~idão** *s f* certificate; **~ *de baptismo (de óbito)*** baptism (death) certificate; **~ *de nascimento*** birth certificate.

certific|ado *s m* certification, certificate; **~ *médico*** medical attest; **~ *de registo de propriedade*** propriety's register certificate; **~ar** (1n) *v/t* to certificate, to certify; *(assegurar)* to assure; **~ar-se** *v/r* to convince oneself, to have the assurance.

certo 1. *antes do adj:* certain; *indeterminado:* **~ *dia*** one day; *depois:* sure, right; **2.** *s m* **o ~ é que** the truth is that…; **ao ~** exactly; **= 3.** *adv* certainly, surely, exactly.

cerveja *s f* beer **(*branca, preta*** lager, brown ale); **jardim da ~** beer garden.

cervejaria *s f fábrica* brewery; *bar* bar, pub.

cervi|cal *adj* cervical; **~iz** *s f* cervix, neck.

cervo *s m* deer.

cess|ão *s f* cession, release; *(entrega)* release; **~ar** (1c) *v/t* to cease, to come to an end; *(desistir)* to give up; to interrupt; *mil.* to cease (fire).

cesto *s m* basket; **~ *da gávea*** crow's nest, bird's nest.

cetim *s m* satin.

céu *s m* sky, heaven; **~~-da-boca** (mouth's) roof, palate.

cevada 1. *s f* barley; **2.** *adj* **palha ~** barleystraw.

chá *s m* tea.

chacal *s m* jackal.

chacinla *s f fig.* slaughter, massacre; *fazer (a) ~ (de) fig.* = ~ar (1a) *v/t* to slaughter; *fig.* to massacre.

chafariz *s m* fountain, spout.

chaga *s f* wound; ~*s de Cristo* stigmata Christi; *fig.* F plague; pest.

chalé *s m* chalet, cottage, lodge.

chaleira *s f* kettle.

chalupa *s f* shallop, sloop.

chama *s f* flame.

chamlada *s f* call; *(telefonema)* telephone call; *aluno* (roll) call; *funcionário* appeal, calling; convocation; *mil.* conscription; *tea.* call; *fazer a ~* to call the roll(s); *~ paga pelo destinatário* reversed charge call, collect call; *~ar* (1a) *v/t* to call; *reunião, recrutas* to convoke, call together; *para um posto* to appoint someone to; *tea.* to call for; *pelo nome* to call (out) someone's name; *~ar-se v/r* to be called.

chamejar (1d) *v/i* to flame, to blaze.

chaminé *s f* chimney, *fábrica* smoke stack; *min.* shaft.

champanhe *s m* champagne.

chamuscar (1n) *v/t* to singe, to scorch; to burn slightly.

chancela *s f* seal.

chancellar (1c) *v/t* to seal; *~aria s f* chancellery; *~er s m/f* chancellor.

chanfrlador *s m* chamfer plane, chaser; *~adura s f* chamfer, chase; *(ranhura)* fold, rabbet; *~ar* (1a) *v/t (contornar)* to contour; to chamfer; to groove; *(ensamblar)* to fold, to rabbet.

chantagem *s m* blackmail; *fazer ~* to blackmail.

chão(s) 1. *adj (f* **chã)** level, flat; *(simples)* plain, simple; *(directo)* frank, straight; **2.** *s m (pl)* ground, level ground; floor; *(fundo)* ground, bottom.

chapa *s f* plate, metal sheet; *vidro* glass plate; *matrícula* index number, licence; *distintivo* mark; *comemorativa* badge; *tip.* engraved plate, cliché; *de ~* fully.

chapear (1l) *v/t madeira* to veneer; *metal* to plate; *com placas* to fix, to cover with plates; to trim.

chapéu *s m* hat; *pôr (tirar) o ~* to put on (take off) one's hat.

chapinhar (1a) *v/i* to plash, to paddle.

charco *s m* marsh, bog.

charcutaria *s f* delicatessen (shop).

charlatão *s m (pl* -ães, -ões), -ã *f* quacksalver, *(tagarela)* blabber; *(intrujão)* swindler; charlatan.

charneca *s f* moor.

charneira *s f* joint, hinge.

charrua *s f* plough.

charter *s m: voo ~* charter flight.

charuto *s m* cigar.

chassi *s m* chassis; *foto* cartridge, box.

chata *s f barcaça* barge; *lancha* flatboat.

chatlear F (1l) *v/t (entediar)* to bore; *(irritar)* to annoy, to irritate; *~ice* F *s f* annoyance; nuisance; *que ~ !* damn it! what a nuisance.

chato 1. *adj* importunate *(tb. fig.);* flat; F boring, dreary, dull; **2.** *s m*, *-a f* F bore; *zoo.* crablouse.

chave *s f* key; *(torneira)* tap; *elec.* switch; *mús.* keynote; *arquit.* keystone; *~ de boca* coachwrench; *~ de fenda* screwdriver; *~ geral* house main switch; *~ mestra* passkey, master key.

chavleiro *s m* key keeper, key rack; *(porta-chaves)* key ring; *~elho s m* horn, feeler.

chávena *s f* cup.

checo 1. *adj* Czech; **2.** *s m*, *-a f* Czech; *~slovaco s m*, *-a f* Czech.

chefe *s m (dirigente)* leader, manager; *família, etc.* head; *(superior)* principal, chief; *~ de vendas* sales manager.

cheflia *s f* leadership; command; *~iar* (1g) *v/t* to manage; *(dirigir)* to lead, to command.

cheglada *s f* arrival; *~ar* (1o) *v/t (dar)* to reach, to hand; *v/i* to arrive **a)**; *(aproximar-se)* to approach, to come near; *~ a* to reach, to arrive at; *(alcançar)* to reach, to touch; *chega!* enough!; *~ a fazer a/c* to get to do something; *~ a ser* to become; *~ar-se v/r (dirigir-se)* to head to **a)**; *(aproximar-se)* to approach; *(apertar-se)* to move up, make room.

cheila *s f* high tide; *(inundação)* flood, inundation; *~o adj* full; *(gordo)* stout, fat; *(repleto)* plentiful; *~ de* filled with, stuffed with.

cheir|ar (1a) *v/t* to smell; *v/i* to smell, to sniff; **~ mal** to stink; **~o** *s m* smell; scent; *(essência)* essence; **erva de cheiro** spice herb.

cheque *s m* cheque; **~ cruzado** crossed cheque; **~ ao portador** bearer cheque; **~ em branco** blank cheque.

cherne *s m* (black) grouper.

chichi *s m* wee-wee.

chicória *s f* chicory, endive.

chicot|ada *s f* whiplash; **~e** *s m* whip; *mar.* rope's end; **~ear** (1l) *v/t* to whip.

chifre *s m* horn; **~s** *pl* horns; *veado* antlers.

chileno 1. *adj* Chilean; **2.** *s m,* **-a** *f* Chilean.

chilr|ear (1l) *v/i* to chirp, to twitter; *fig.* to sing; **~eio** *s m* chirp, twitter.

chimpanzé *s m* chimpanzee.

chinchila *s f* chinchilla.

chinela *s f* slipper; = **~o** *s m* slipper; **meter num ~** to put s.o. in the shade, to put to shame.

chinês 1. *adj* Chinese; **2.** *s m,* **-esa** *f* Chinese.

chip *s m inform.* chip.

chilque *adj* chic, stylish; **~queiro** *s m* pigsty.

chisp|a *s f* spark; *fig.* talent, genius; **~ar** (1a) *v/i* to spark; **~e** pork's foot.

chita *s f zoo.* cheetah; *(tecido)* calico.

chocadeira *s f galinha* broody hen; brooder, hatcher.

chocalh|ar (1b) *v/t* to rattle, to brattle; *(agitar)* to shake; *fig.* to break out in laughter; to blab out; **~o** *s m* rattle, bell.

choc|ante schocking; amazing; **~ar** (1n) *v/t* **a)** to hatch *(tb. fig.); v/i* to brood; *(apodrecer)* to go off; **b)** *(indignar)* to schock, to scandalize; *v/i* to crash (into **com**); to knock against, to bump into.

choco *s m* cuttlefish.

chocolat|e *s m* chocolate; **~eira** *s f* chocolate kettle.

chofer *s m* chauffeur, driver.

choque *s m* collision, crash *(a mil.);* impact; bump, shock *(tb. med.);* electric shock.

chor|ão 1. *s m,* **-ona** *f* whimperer; **2.** *adj* whimpering; **~ar** (1e) *v/i* to weep, to cry; *(lastimar)* to lament; *(prantear)* to mourn; *v/r* to complain of; **~o** *s m* weep; *(lágrimas)* tears; **~oso** *adj* weeping; *(chorão)* whimpering; *(magoado)* offended, hurt.

chorudo *adj gordo* fat; profitable.

choupo *s m* poplar tree.

chouriço *s m* sausage, smoked sausage; **~ de areia** sandbag.

chov|ediço *adj* rainy, showery; **~er** (2d) *v/i* to rain; **~ a cântaros** *(ou potes, baldes)* to rain cats and dogs, to pour.

chuchar (1a) *v/t* to suck, to suckle; *fig.* to be disappointed.

chucrute *s m* sauerkraut.

chumaço *s m* pad, padding.

chumb|ar (1a) *v/t* to solder; *med., econ.* to lead; *(tornar pesado)* to weigh down (with sinkers); *mil.* to fire at; *no exame* to fail; F to get drunk; **~o** *s m* lead; *med.* filling; *mil.* shot; *(peso)* very heavy object; F intelligence, wit; *no exame* fail; **com (sem) ~** *gasolina* leaded (unleaded).

chupa-chupa *s m* lollipop.

chup|ar (1a) *v/t* to suck; *cigarro* to draw; **~eta** *s f* sucker, comforter.

chuva *s f* rain; **~ de pedra** hail(storm); **~ ácida** acid rain; **~s** *pl* rain fall.

chuveiro *s m* sprinkler, shower; *(chuvada)* downpour.

ciátic|a *s f* sciatica; **~o:** *nervo ~ s m* sciatic nerve; **dor** *s f* **-a** sciatica.

cicatr|iz *s f* scar; **~izar** (1a) *v/t* to scar, to heal; *v/i* to scar over.

cicerone *s m* cicerone, tourist guide.

cíclico *adj* cyclic.

cicli|smo *s m* cycling; **~sta** *s m/f* cyclist.

ciclo *s m* cicle; *(período)* period; *elect.* speed.

ciclone *s m* cyclone.

cidad|ão(s) *s m,* **-ã** *f (pl)* citizen(s); commoner; **~e** city, town; **~-dormitório** dormitory town; **~-satélite** satellite town; **~ela** *s f* citadel.

ciência *s f* science; *(saber)* knowledge, wisdom; **Faculdade de ~s** Science Faculty; **~s** *pl* exact sciences; **~s naturais** natural science.

cient|ífico *adj* scientific; **~ista** *s m/f* scientist.

cifra *s f (algarismo)* figure, number; *(escrita)* cipher; *(sinal)* sign, mark; *(rubrica)* key; *em ~* written in code.

cigano *s m,* **-a** *s f* gypsy.

cigarra *s f* cicada, harvest fly, balm cricket; *téc.* buzzer.

cigarr|ilha *s f* cigarillo, cheroot; **~o** *s m* cigarette.

cilindr|ada *s f auto* cubic capacity; **~agem** *s f* roller, cylinder; **~ar** (1a) *v/t estrada* to cylinder, to roll.

cilíndrico *adj* cylindrical.

cilindro *s m mat.* cylinder; *(calandra)* mangle; *téc.* cylinder, roller.

cima *prep: de ~* from above; *ao de ~* on top, on the surface; *em ~* over, on, above; *em ~ de* on top of, on.

cimeir|a *s f* summit; *telhado* ridge; *montanha* peak; *fig. conferência* summit conference; **~o** *adj* on the top, elevated; *fig.* leading.

cimento *s m* cement; concrete; *fig.* foundation, basis; *~ armado* reinforced concrete.

cinco *num* five.

cine|asta *s m/f* cineast; **~clube** film club.

cinema *s m* cinema, *Am.* movies; *ac-tor (estrela s f, sessão s f) de ~* film actor/actress (star, show).

cingir (3n) *v/t* to gird; to belt; to unite; *fig.* to comprise; **~-se a** to keep close to; *(limitar-se)* to restrict, to limit oneself to.

cínico 1. *adj* cynical; **2.** *s m,* **-a** *f* cynic.

cinquenta *num* fifty.

cinquentenário *s m* fiftieth anniversary; *~ do nascimento* fiftieth birthday.

cinta *s f* girdle, sash; *(cintura)* waist, waistline; *livro, etc.* wrapper; *téc.* ribbon, band; *corr.* postal wrapper; *arquit.* cincture, truss.

cintado *adj* belted, girded, waisted *(vestido).*

cintilar (1a) *v/i* to sparkle, to glitter, to glare; *v/t* to sprinkle, to radiate.

cint|o *s m* belt; girdle, sash; *~ de se-gurança* safety belt; **~ura** *s f* waist, waistband, sash; *anat* waist, waistline.

cinz|a(s) *s f (pl)* ash(es); *Quarta-Feira s f de ²* Ash Wednesday; **~eiro** *s m* ashtray.

cinzel *s m* chisel; graver; **~ar** (1c) *v/t* to chisel; to carve, to engrave; *fig.* to perfect, to refine.

cinzento *adj Br.* grey, *Am.* gray.

cio *s m* rut; mating season *(aves);* heat *(cadela).*

cipreste *s m* cypress.

cipriota 1. *s m/f* Cypriot(e); **2.** *adj* Cyprian.

circo *s m* circus.

circuito *s m* circle; circuit; *(circula-ção)* circulation; *(volta)* tour; *(pista)* ring, circle; *elect.* electric circuit.

circul|ação *s f* circulation, circuit; *(corrente)* current, stream; *de veícu-los, etc.* traffic; **~ar 1.** *adj* circular, round; **2.** *s f* circular, bill; **3.** (1a) *v/t* to surround; *v/i* to circulate; to operate, to run *(comboio, etc.); ~ pela direita (esquerda)* to circulate on the right (left); *pôr a ~* to put in circulation.

círculo *s m* circle; *eleitoral* district, circumscription; *fig.* circle, union.

circun|dar (1a) *v/t (rodear)* to surround; *(cingir)* to enclose, to edge; *(cercar)* to circle, to round; *(contor-nar)* to walk around; **~ferência** *s f* circumference; *(periferia)* periphery; **~flexo** *gr (acento) ~* circumflex (accent).

circuns|crever (2c; *pp* **~ito**) to circumscribe, to encircle, to limit; *mat.* to circumscribe; **~ição** *s f (delimita-ção)* circumscription; boundary, limitation; *eleitoral* district; *militar* range; *florestal* ward; district.

circunstância *s f* circumstance; condition, situation.

circunvalação *s f* circumvallation; *estrada de ~* ring road.

cirrose *med. s f* cirrhosis.

cirurg|ia *s f* surgery; **~ião** *s m,* **-ã** *f* surgeon.

cisão *s f* scission, split, division.

cisne *s m* swan.

cisterna *s f* cistern.

citação *s f* citation, quotation; *(alusão)* mention; *jur.* summons.

citadino 1. *adj* citizen, urban **2.** *s m,* **-a** *f* city dweller; citizen.

citar (1a) *v/t passo* to state, to mention; *autor* to cite, to quote; *jur.* to summon.

cítara *s f* cither, cithara.

cítrico *adj* citrus, citrine; **ácido** *s m* ~ citric acid.

citrino: ~**s** *s m/pl* citrine(s), citrus fruit(s).

ciúme *s m* jealousy; **ter ~s de** to be jealous of.

ciumento *adj* jealous.

cívico 1. *adj* civic, civil; **serviço** ~ civilian service; **2.** *s m* constable.

civil *adj* civil, urbane; *(civilizado)* civilized; *(delicado)* polite; *(ant militar)* civilian; **ano** *s m* ~ calendar year; **Guarda** *s f* Ω civil guard.

civili‖zação *s f* civilization; ~**zado** *adj* civilized; *(polido)* polite; ~**zar** (1a) *v/t* to civilize; *(educar)* to teach, to educate.

civismo *s m* civism, principles of good citizenship.

clamar (1a) *v/t* to claim for, to clamour for; *v/i* to shout.

clandestino *adj* clandestine, illegal; secret, furtive; deadhead *(passageiro)*.

clara *s f (clareira)* clearing; *(abertura)* opening; ~ **(de ovo)** white of the egg; ~ **do olho** sclera; ~**bóia** skylight; dormer window.

clar‖ão *s m* glaring radiance; *(brilho)* brightness; ~**eira** *s f* clearing; *fig.* gap.

clari‖dade *s f* clarity, clearness; *(luz)* light; ~**ficador** *s m* clarifier.

clarinete *s m* clarinet.

clarividente *adj* clear-sighted, clairvoyant.

claro *adj* clear; light, fair; *(puro)* pure, clean; *(evidente)* evident; *(inegável)* undeniable.

classe *s f* class; *profissional* professional category; *fig.* kind, sort; range; ~ **social** social class; ~ **média** middle class; ~ **turística** economy class; ~ **operária** working class.

classicismo *s m* classicism, classical period.

clássico 1. *adj* classic, ancient; **autor** *s m* ~ = **2.** *s m* classic author.

classific‖ação *s f (divisão)* division; *bot.* grouping, sorting; *(ordenação)* arrangement; *(avaliação)* evaluation, classification; *desporto*: field score(s); *escola* mark(s); ~**ado**: **ficar** ~ to be classified; **lista** ~**a** classified

directory; ~**ar** (1n) *v/t* to classify, to assort, to arrange; *téc.* to classify, to label; *correspondência, etc.* to assort, to arrange.

claustro *s m (pátio)* patio, courtyard of a cloister; monastery, cloister.

cláusula *s f* clause.

clavícula *s f anat.* collarbone.

clerical *adj* cleric(al), priestly, ecclesiastic(al).

clérigo *s m* cleric, clergyman.

clero *s m* clergy, priesthood.

cliché *s m foto* negative; *tip.* cliché.

cliente *s m/f* client, customer.

clima *s m* climate, clime.

clim‖atérico *adj* climacteric(al); **alteração** *s f* ~**a** change in climate; **catástrofe** *s f* ~ climateric catastrophe; ~**ático** *adj* climatic(al).

clínic‖a *s f* clinic; *(consultório) Br.* surgery, *Am.* doctor's office; **exercer** ~ to practise medicine; **médico** *s m* **de** ~ **geral** general practitioner; ~**o 1.** *adj* clinical; **2.** *s m* clinician; general practitioner, physician.

clip(s) *s m* clip(s).

cloaca *s f* cloaca.

cloro *s m* chlorine.

clorofórmio *s m* chloroform.

clube *s m* club.

coacção *s f* coaction; compulsion; *(violência)* coercion.

coadjuvar (1a) *v/t* to coadjuvate, to help; *(apoiar)* to aid, to back up; *jur.* to assess.

coagir (3n) *v/t* to coerce; to oblige, to compel.

coagular (1a) *v/t e v/i* to coagulate; to curdle; *quím.* to precipitate; *(engrossar)* to thicken.

co-aut‖or *s m* co-author, collaborator; *jur.* accomplice; ~**oria** *s f jur.* co-authorship.

coaxar (1b) *v/i* to croak.

cobaia *s f* guinea pig.

cobalto *s m* cobalt.

cobard‖e 1. *adj* cowardly; *(vil)* perfidious, mean; **2.** *s m/f* coward; ~**ia** *s f* cowardice; *(vileza)* perfidiousness.

coberta *s f (colcha)* bedspread, coverture; *(telhado)* roof; *(cobertor)* blanket, coverlet; *(tampa)* cover, lid; *cul.* table top; *mar.* deck; *mil.* cover; *fig.* cloak; protection, shelter.

cobert|or s m blanket; **~ura** s f (telhado) roof; (tampa) cover; jur. e mil. cover; **~ deficitária** jur. cover in deficit, deficient cover.

cobi|ça s f greed, envy; **~ar** (1p) v/t to covet, to envy; to long for; **~oso** greedy, covetous.

cobra s f snake, serpent.

cobrar (1e) v/t taxa to levy; dívidas, impostos to collect, to charge; factura to collect; mar. velas to take in sail.

cobre s m copper; **~s** pl F money.

cobrir (3f; pp **coberto**) to cover (tb. mil.); to cover, to hide, to conceal; (untar, pintar) to spread; (vestir) to cover, to coat; percurso to travel, walk; mús. to drown (out); fig. to cover up, to conceal; (proteger) to protect.

coca|ína s f cocain(e); **~inómano** cocaine addict.

coçar (1p) v/t to scratch; (gastar) to wear out; fig. to muff.

cócegas s f/pl tickles, tickling, fig. desire, impatience; **ter ~** to be ticklish; **fazer ~ a alg** to tickle someone.

coche s m coach, carriage.

coco s m coconut; **chapéu de ~** s m bowler hat, derby.

côdea s f crust, husk.

codeína s f codeine.

códex (pl inv), **-ice** s m manuscript; code, codex.

código s m civil, penal, etc. code of law; **~ secreto** secret code; **~ bancário** secret number; **~ postal** post code; med. e farmácia code, principle; **⌀ Comercial** Commercial Code; **⌀ Penal** Penal Code; **⌀ da Estrada** Highway Code.

codorniz s f quail.

coelho s m rabbit.

coentro bot. s m coriander.

coer|lência s f coherence, cohesion; (lógica) logic; **~ente** coherent, cohesive; (lógico) logical; (consequente) consequent.

coesão s f cohesion; fig. bond.

coexist|lência s f simultaneous existence, coexistence; **~ir** (3a) v/i to exist at the same time, to coexist, to exist together.

cofre s m (armário) money box, safe; **~ forte** safe.

cogestão s f codetermination; participation in decision-making.

cogumelo s m mushroom.

coincid|lência s f coincidence; (simultaneidade) simultaneity; acaso chance, accident; **~ente** coincident(al) (with **com**); **~ir** (3a) v/i to coincide (with); to agree (with); to occur at the same time; to combine.

coisa s f thing; matter; (negócio) business; **alguma ~** something, somewhat; anything; **alguma ~ de valor** something valuable; **~ alguma, ~ nenhuma** nothing, not… anything; **outra ~** something else; **pouca (muita) ~** not much (a lot of); **a mesma ~** the same thing.

coitado adj poor, miserable fellow; **~ de mim!** poor me!; **~!** poor fellow!

coito s m intercourse, coitus.

cola s f (grude) glue; adhesive.

colabor|lação s f collaboration, cooperation; assistance; **~ador 1.** adj collaborative; **2.** s m, **-a** f collaborator, co-worker; **~ar** (1e) v/i to collaborate; to work together; to cooperate.

colar 1. s m necklace; band, chain; téc. fast collar; **2.** (1e) v/t to glue; to stick on, to stick together; to adhere.

cola-tudo s m all-purpose glue.

colch|la s f blanket, bedspread; **~ão** s m mattress; **~ de molas** spring mattress; **~ pneumático** air mattress.

colec|ção s f collection; moda collection; **~cionador** s m, **-a** f collector; **~cionar** (1f) v/t to collect.

colecta s f collect; collection, gathering.

colect|lânea s f collectanea, collection; **~ividade** s f collectivity, community; (sociedade) society, group; **~ivo 1.** adj collective; common; **acordo ~, contracto ~** collective agreement; **despedimento ~** mass dismissal; gr **nome ~** collective noun; **sociedade -a** general partnership; **2.** s m collective; jur. chamber; senate.

colega s m/f colleague; de estudos schoolmate; de trabalho workmate.

colégio s m college; eleitoral electoral college; **~ privado** private school.

coleira s f cão dog collar.

cólera s f anger; (fúria) rage, fury; med. cholera.

colete *s m* waistcoat; corset *(tb. fig.);* **~ de forças** straitjacket; **~ de salvação** life jacket.

colheita *s f* harvest; crop.

colher¹ (2d) *v/t* to harvest; to pluck; *inform. dados* to gather, to register.

colher² *s f* spoon; *pedreiro* float, trowel; *agric.* trowel; **~ de sopa (café, chá, sobremesa)** table- (coffee-, tea-, dessert-) spoon; **às ~es** by spoonfuls.

colibri *s m* colibri.

cólica *s f* colic.

colidir (3a) *v/i* to collide, to crash; to bump into; to knock *(com against).*

coligação *s f* coalition; **governo de ~** coalition government.

colina *s f* hill.

colisão *s f* collision; *(conflito)* conflict; **~iseu** *s m* Colosseum; coliseum; **~ite** *s f med.* colitis.

colmeia *s f* beehive, bee stock.

colo *s m* neck, bosom, breast; **ao ~** in one's lap *(ou* arms).

colocação *s f* placement; collocation; *(montagem)* fitting up; *dinheiro* investment; *mercadorias* sales; *(acomodação)* accommodation, housing; *(emprego)* employment, job; **~ar** (1n) *v/t* to place; to arrange; *(dispor)* to dispose; *(instalar)* to instal, to equip; *mercadoria* to market; *dinheiro* to invest, to spend.

colónia *s f* colony; *(povoação)* settlement, community.

coloquial *adj* colloquial.

colóquio *s m* conversation, conference.

colorau *s m* paprika; **~ido 1.** *adj* colourful, coloured; **2.** *s m (pintura)* painting; *(coloração)* colouring; *fig.* colouring, tinction.

coluna *s f* column; pillar *(tb. fig.); tip.* column; *mil.* convoy.

com *prep companhia* with; *instrumento, meio*: with, by means of; *proximidade, circunstância:* by, with; *relação*: **(para) ~** towards, to; *concessivo:* despite, in spite of.

coma *s f* coma.

comandante *s m/f* commandant, commander; officer; *mar.* captain; **~ar** (1a) *v/t* to command, to direct; *(dirigir)* to control, to head.

comandita *s f* limited partnership; **~ário** *s m* silent partner.

comando *s m* command, order, commando; *fig.* leadership; *téc.* control; *(propulsão)* propulsion; *(circuito)* circuit.

comarca *s f* district, county; **tribunal** *s m* **da ~** district court.

combate *s m* battle, combat; *parasitas, etc.* fight.

combatente 1. *adj* combatant, fighting; **2.** *s m/f* fighter, combatant; *guerra* warrior; **~er** (2b) *v/i* to fight, to combat, to battle; *(discutir)* to argue; *(defender)* to defend, withstand; *v/t* to fight against; **~ivo** combative; militant.

combinação *f* combination; *(ligação)* union, association, formation *(esp quím.);* combination; *fig.* arrangement, agreement; *vestuário* slip, underskirt; **~ar** (1a) *v/t* to combine, to unite together; *(ligar)* to unite, to connect; *(calcular)* to calculate, to estimate; *(convencionar)* to arrange, to agree upon.

comboio *s m* train; *mar.* convoy; **~ suburbano** commuter train.

combustão *s f* combustion; act of burning; ignition; *fig.* fire; **~ível 1.** *adj* combustible, burnable; **2.** *s m* combustible, gasoline, gas; fuel *(sólido, líquido); auto* fuel.

começar (1p) *v/t e v/i* to start, to begin; **~o** *s m* start, beginning.

comédia *s f* comedy, farce; dissimulation *(tb. fig.).*

comemoração *s f* commemoration; **em ~ de** in commemoration of; **~ar** (1e) *v/t* to commemorate, to celebrate.

comentar (1a) *v/t (explicar)* to explain, to expound; *(fazer notas)* to annotate, to coment; *(observar)* to notice, to remark; *(criticar)* to criticize; **~ário** *s m* commentary, comment; *(explicação)* explanation; *(observação)* remark, note.

comer (2d) *v/t e v/i* to eat; to feed; to eat *(animal);* to corrode *(ferrugem); fortuna* to spend, waste; *palavras* to swallow; *jogo: figura* to beat.

comercial *adj* commercial, trading; **banco ~** merchant bank; **centro ~** shopping centre; **representação ~**

C

commercial agency; **~alizar** (1a) v/t to commercialize, market; **~ante 1.** s m/f trader, merchant, dealer, businessman; **2.** s f businesswoman **3.** adj trading, commercial.

comércio s m trading, trade, commerce; (tráfico) traffic; **~ exterior (interior)** foreign (home, domestic) trade.

cometa s m comet.

comichão s f itching; fig. ardent desire, longing.

comício s m meeting, assembly.

cómico 1. adj comic(al), funny; **2.** s m comedian, comic.

comida s f (alimento) food; feed, nourishment; **~ caseira** home cooking.

comigo pron with me.

comiss|ão s f (incumbência) duty, charge; commission; (delegação) delegation; (comité) committee; econ. remuneration, commission; **♀ Europeia** European Commission; **~ de inquérito** fact-finding committee; **~ de trabalhadores** working council; **~ de vendas** sales commission; **~ário** s m, **-a** f commissioner, commissar.

comité s m committee, commission.

como 1. adv how; (na qualidade de) as; **assim ~** like, as, such as...; **~ (que)** as; **tanto... ~...** as well as..., both... and...; **~ quem diz** so to speak; **2.** interr how?; **~ é isso?** what?; how is that?; **3.** cj causal: as, since; temp as, as soon as; concessiva **~ se** as if, as though.

comoção s f commotion; (abalo) distress; (excitação) excitement; (enternecimento) emotion.

cómoda s f commode, chest of drawers.

comodidade s f comfortableness, cosyness/coziness; convenience; suitableness.

cómodo adj comfortable; (agradável) pleasant; (fácil) easy.

comov|edor, ~ente adj touching, moving, impressing; **~er** (2d) v/t to touch, to move, to affect; v/i to take to the heart.

compacto adj (comprimido) compressed; (denso) thick; compact.

compadre s m godfather; (amigo) friend, companion, F pal.

compaixão s f compassion, commiseration; mercy; **ter ~ de** to take pity on.

companh|eira s f (female) companion; **~eiro** s m companion; (camarada) comrade, pal, buddy; **~ia** s f company (**fazer** to keep someone company); mil. unit, company; tea. company, troupe; **~ anónima** joint stock company; **~ colectiva** trading company.

compar|ação s f comparison; gr comparison, simile; **em ~** comparatively; in comparison; **~ar** (1b) v/t to compare; **~ecer** (2g) v/i to attend to, to show up.

compartimento s m compartment; division, room de uma casa; c. f. carriage, compartment.

compasso s m compasses; mús. beat, measure.

compat|ibilidade s f compatibility, compatibleness; inform. compatibility; **~ível** adj compatible, conformable; inform. compatible.

compatrício, - triota s m/f compatriot, fellow countryman/woman.

compêndio s m compendium; summary; manual.

compens|ar (1a) v/t to compensate; (substituir) to replace, to make up for; (indemnizar) to reimburse, to indemnify; (valer a pena) to be worth (while); v/i to be worth (while), to pay; **~atório** adj compensatory.

compet|ência s f competence, ability; (capacidade legal) jurisdiction; (discernimento) discernment; **= ~ição; de ~** competent; **não é da minha ~** that's not my job, that's out of my scope; **~ente** adj competent, capable; (determinante) determinant; **= capaz; ~ição** competition, competitiveness; econ. competition, rivalry; **~ir** (3c) v/i **a)** (pertencer) to belong to; (caber) to be incumbent to, to vie; **b)** to contest, to dispute; econ. to compete.

comple|mentar adj complementary; **imposto ~** income tax; **~mento** s m complement, supplementation; mat. complemental angle; gr complement; **~tar** (1c) v/t (acrescentar) to supplement, to add; to complete; (terminar) to finish, to conclude; **~to** *adj* complete, entire, whole; *c. f.* full (up).

complex|ado *adj* self-conscious, hung-up; **~o 1.** *adj (complicado)* complex, complicated; *(composto)* compound; *(rico)* varied, rich; **2.** *s m (totalidade)* totality, the whole; complex.

complic|ação *s f* complication; *(dificuldade)* difficulty; **~ado** *adj (difícil)* difficult; complicated; **~ar** (1n) *v/t (misturar)* to tangle, *(dificultar)* to complicate, to cause difficulty.

comp|onente 1. *adj* component; **2.** *s m* component (part); **~or** (2zd) *v/t* to compose, *fig.* (dispor) to arrange, to sort out; to put in order; *(consertar)* to mend, to repair; *mús.* to compose, to write music; *v/i versos* to write (poetry).

comporta *s f* floodgate, canal lock.

comport|amento *s m* behaviour, manner, conduct; **~ar** (1e) *v/t (suportar)* to bear; *(conter)* to hold, contain; to admit; **~ar-se** *v/r* to behave.

composição *s f* composition; mixture; disposition; *(redacção)* essay, writing.

compositor *s m,* **-a** *f mús.* composer; *tip.* typesetter.

compota *s f* jam, *de laranja* marmalade; compote, (fruit) preserve.

compr|a *s f* purchase, buy, acquisition; *fig.* bribery; **~ador** *s m,* **-a** *s f* purchaser, buyer; customer; **~ar** (1a) *v/t* to buy, to purchase.

compreen|der (2a) *v/t (conter)* to contain, to hold; *(abranger)* to comprise, to cover; *(perceber)* to understand; *chegar a* **~** to find out about something; **~são** *s f (capacidade)* comprehension; *(simpatia)* understanding.

compress|a *s f* compress, bandage; **~ão** *s f* compression; pressure; **~or 1.** *s m* compressor *(tb. auto);* **2.** *adj* compressive; *rolo* **~** (steam) roller.

compr|ido *adj* long; **~imento** *s m* length.

comprim|ido 1. *adj: ar* **~** compressed air; **2.** *s m* tablet, pill; **~ir** (3a) *v/t* to compress; *gás* to condense; *fig.* to repress.

compromisso *s m* compromise; *(obrigação)* obligation.

comprovar (1e) *v/t (confirmar)* to confirm; *(documentar)* to give a reference for; *(averiguar)* to verify.

comput|ador *s m* computer; **~ar** (1a) *v/t* to compute, to calculate; *(estimar)* to estimate.

comum *adj (geral)* common; *(conjunto)* common; ordinary; *(habitual)* usual, customary; *em* **~** in common.

comunal *adj* communal.

comun|icação *s f (participação)* notification; *(transmissão)* transmission; *(trato)* treating; *(ligação)* connection; *(circulação)* contact, dealing; *meios s m/pl de* **~** *(de massas)* mass media; **~icado** *s m* communication; report *(jornal); tropas* report; communiqué; **~icar** (1n) *v/t* to communicate; *(ligar)* to connect; *v/i* to communicate; *fís.* to communicate; **~idade** *s f* community; *(corporação)* corporation, association; *(colectividade)* collectivity; **♀** *Europeia* European Community; **♀** *Europeia de Carvão e Aço* Coal and Steel European Union; **~ismo** *s m* communism; **~ista 1.** *s m/f* communist; **2.** *adj* communist(ic); **~itário** *adj* belonging to a community, communal.

comutador *s m elect.* switch.

concavidade *s f* concavity, hollow.

côncavo *adj* concavous; *(oco)* hollow.

conceder (2c) *v/t pedido* to concede, to grant a request; *direito* to concede; *palavra, autorização* to permit, to allow.

concelho *s m* council, district.

concentr|ação *s f* concentration; *(reunião)* meeting; *quím.* saturation; *minas* accumulation; **~ar** (1a) *v/t* to concentrate; *num ponto* to centralize; *em si* to focus; *tropas* to mass, concentrate; *forças* to strain.

concêntrico *adj* concentric(al).

concerto *s m (harmonia)* consonance, harmony; *(convénio)* convention, accord; *(ordem)* order, disposition; *mús.* concert, concerto; *de* **~** in conformity.

concess|ão *s f* grant; *(permissão)* permission; *(autorização)* authorization, allowance; concession *(tb. econ., minas);* **~ionário 1.** *adj* concessionary; **2.** *s m* concessionaire; *(representante)* authorized dealer; **~ivo** *adj* concessive.

concha *s f* shell; *(casca)* shell, peel, husk; *sopa* (soup) ladle; *caracol* (snail) shell.

conciliar 1. *adj* conciliar; **2.** (1g) *v/t* to conciliate; *(conjugar)* to conjugate; *(harmonizar)* to harmonize.

concluIir (3i) *v/t (encerrar)* to bring to an end; *(acabar)* to finish, to end; *(decidir)* to decide, to determine; ~ **de** to deduce from; ~ **por** *jur.* to pass a sentence of; ~ **por** *inf.* to conclude, to close; **~são** *s f* conclusion; closing, termination; *(dedução)* deduction; *jur.* verdict, final judgement; **em** ~ in conclusion, finally.

concordIância *s f* agreement, conformity; *(entendimento)* consent, agreement; **~ar** (1e) *v/t e v/i* to agree; ~ **com** to agree with, to sustain the same opinion; ~ **em** to agree to; **~ata** *s f* concordat; liquidation agreement; *econ.* settlement; **processo de** ~ agreement proceeding.

concorrIência *s f (candidatura)* candidature, application; *(concorrentes)* candidates, applicants; *(acorrência)* affluence; *econ.* competition; **~ente** *s m/f* competitor, applicant; *(participante)* participant, competitor; **~er** (2d) *v/i (juntar-se)* to join; to compete (with); ~ **a** to apply for; *(participar)* to participate, to take part in.

concreto *adj (espesso)* thick, solid; *fig. (determinado)* determined, firm; *(palpável)* concrete, within reach, real; concrete.

concurso *s m* contest; *econ.* invitation to bid.

conde *s m* count, earl.

condecorIação *s f* decoration; *(ordem)* order, decoration; **~ar** (1e) *v/t* to decorate, to distinguish, to honour; ~ **com** to decorate with, to honour with.

condenIação *s f* condemnation; *jur.* conviction; *rel.* condemnation; **~ado** *adj:* **estar** ~ to be condemned; **~ar** (1d) *v/t* to condemn; to sentence; *(anatemizar)* to condemn.

condensIação *s f* condensation; compression; *(concentração)* concentration; **~ador** *s m téc., elect.* condensator; *ópt.* condenser; **~ar** (1a) *v/t* to condense, to condensate; to compress.

condessa *s f* countess.

condição *s f* condition; *(estado)* state; *(natureza)* nature, quality; *(constituição)* condition, nature; *(posição)* position, situation; **-ões** *pl* terms, conditions; **-ões de trabalho** working conditions; **em -ões** in order.

condicionIado: ar *s m* ~ air conditioner; **~al 1.** *adj* conditional, conditioned; **2.** *s m gr* conditional (mood); **~ar** (1f) *v/t condições* to condition, to subject; *téc.* to condition, to regulate; *economia* to guide, to control; *mantimentos* to ration; *comércio* to limit, to restrict.

conduIção *s f* driving; *(gestão)* management; *(governo)* control, direction; *(transporte)* transport(ation); *(carregamento)* load(ing), cargo; **~to** *s m (cano)* pipe, tube; *(rego)* gutter, ditch; *(canalização)* water pipe; channel; ~ **de lixo** rubbish chute; **~tor 1.** *adj* conducting; **fio** *s m* ~ conducting wire; *fig.* thread; **2.** *s m,* **-a** *f* driver; conductor; *c.f.* train conductor; *eléctrico* conductor; *auto* driver, *(rádio)* transmitter; **~zir** (3m) *v/t e v/i* to guide, to lead; to conduct; *automóvel* to drive; *(transportar)* to carry, to transport; *morto* to transport, to accompany.

cone *s m* cone.

coneIctar (1a) *v/t* to connect; *electr.* to connect, to plug in; **~ctável** connectable; **~xão** *s f* connection; junction; union.

confecIção *s f* confection; production; **~cionar** (1f) *v/t* to confection, to manufacture; *(produzir)* to produce.

confederIação *s f* confederation; confederacy; league; **~ativo** *adj* confederate.

conferIência *s f* lecture, conference (**realizar** to hold); convention; *(prelecção)* lecture, speech (**fazer** to hold); **~ir** (3c) *v/t* to compare, to check, to control; *prémio* to award; *palavra* to confer, to grant; *v/i* to check, to tally.

confessar (1c) *v/t* to confess, to reveal; to admit; to declare; *rel.* to confess.

confiIança *s f* trust (**em** in); *(intimidade)* intimacy; ~ **em si** self-reliance, self-assurance; *de* ~ reliable, trustworthy; *ter* ~ *com* to trust in, to place reliance on; ~**ar** *v/t* (1g) to trust, to rely on, to count with; *v/i* ~ *em* to trust in.

confidencial *adj* confidential.

confirml‌ação *s f* confirmation; ~**ar** (1a) *v/t* to confirm; *(assegurar)* to assure.

confiscar (1n) *v/t jur.* to confiscate; to seize.

confissão *s f jur.* confession; *rel.* admission, confession; declaration.

conflito *s m (embate)* clash, collision; *(oposição)* opposition, disagreement; conflict; ~ *colectivo de trabalho* pay dispute.

conflul‌ência *s f* confluence; meeting, junction; *ponto de* ~ junction point, meeting point; ~**ir** (3i) *v/i* to flow together; to join, to meet.

conforme *adj* conformable, accordable; *(igual)* of the same kind, similar; *(certo)* right, suitable, appropriate; ~ *à constituição* according to the constitution, in accordance with the constitution.

confortl‌ável *adj* comfortable, cosy; ~**o** *s m (fortalecimento)* strengthening; *(consolo)* consolation, comfort; *(comodidade)* cosiness, comfort.

confrontl‌ação *s f (acareação)* confrontation; ~**ões** *pl* frontiers, borders, limits; ~**ar** (1a) *v/t* to confront; *(comparar)* to compare; *v/t* ~ *com* to confront with; ~**o** *s m* confront, comparison; = ~**ação**.

confundir (3a) *v/t (misturar)* to entangle, mix; *(trocar)* to confuse, to change; *(baralhar)* to mix up; to confound.

confusl‌ão *s f* confusion; *(equívoco)* mistake; *(embaraço)* embarassment; *fazer* ~ *a (com)* to confuse someone with; ~**o** confused, entangled; *(embaraçado)* embarassed.

congell‌ado *adj* frozen, icy, chilly; *carne s f -a* frozen meat; *crédito* ~ frozen credit; ~**ador 1.** *adj* freezing, congealing; **2.** *s m* freezer; ~**ar** (1c) *v/t* to freeze, to congeal, to chill, to ice.

congestão *s f* congestion; ~ *cerebral* apoplexy.

conglomerado *s m* conglomerate.

congregação *s f (reunião)* reunion, assembly; congregation.

congressl‌ista *s m/f* Congressman, Congresswoman; ~**o** *s m* Congress; *pol.* party conference, convention.

congro *s m* conger eel, conger.

congrul‌ência *s f* congruence, congruency; *mat.* congruence; ~**ente** *adj (conveniente)* appropriate, suitable, practical; *mat.* congruent.

conhaque *s m* cognac, brandy.

conhecl‌er (2g) *v/t* to know, to meet; *(travar conhecimento)* to meet, to become acquainted with; *(estar familiarizado)* to be familiar with; *(perceber de)* to be well versed in; ~**ido** *adj* (well) known, famous, public; ~**imento** *s m (reconhecimento)* recognition; *(consciência)* awareness, perception; *(relação)* acquaintance (*travar* get).

cónico *adj* conic(al).

conjectura *s f* conjecture, supposition, guess.

conjugl‌ação *s f* conjugation; conjunction, union; *gr* conjugation; ~**ado** *téc.: eixo s m (roda)* ~ dome axle, dome wheel; ~**ar** (1o) *v/t (reunir)* to join, to unite; *(ligar)* to connect; *gr* to conjugate.

cônjuge *s m* consort, spouse, mate, partner; ~**s** *pl* married couple.

conjunl‌ção *s f* conjunction; *(união)* union, association; *(ocasião)* opportunity, chance; ~**tivo 1.** *adj* conjunctive, connective; *modo s m* ~ = **2.** *s m* conjunctive mood; ~**to 1.** *adj (unido)* united; *(comum)* common; **2.** *s m* whole, entirety; set, kit; *(nexo)* coherence, sense; *(composição)* composition, constitution; *(colecção)* set; *tea.* company, cast.

conjurl‌a(ção) *s f* conjuration, conspiracy; ~**ar** (1a) *v/t* to conjure, to conspire; to conjure up *(tb. fig.)*; *conspiração* to instigate; to plot against someone; *v/i* to conspire.

connosco *pron* with (to *ou* for) us.

conquista *s f amorosa e mil.* conquest; *téc.* achievement, feat.

conquistl‌ador 1. *s m,* -**a** *f* conqueror; victor; F Don Juan; **2.** *adj fig.* irresistible; conquering; ~**ar** (1a) *v/t pessoa,*

C

país to conquer; *fama, etc.* to achieve, to gain.

consagrar (1b) *v/t rel.* to consecrate, to devote; to sanctify *(tb. fig.); (dedicar)* to dedicate, to devote.

consciência *s f* consciousness; *(moral)* conscience (**limpa** good, clean); *(esmero)* conscientiousness; **objecção** *s f de* ~ conscientious objection; **objector de** ~ conscientious objector.

conscien|cioso *adj* conscientious; ~**te** *adj* conscious, aware.

consecutivo *adj* consecutive, successive; **três horas -as** three hours over.

conseguir (3o) *v/t (alcançar)* to achieve, to get; to obtain, to succeed in; *(obter)* to obtain; **consigo** I succeed in, I can.

conselh|eiro *s m* adviser, counselor; *jur.* counsel(or); ~**o** *s m* advice, recommendation, counsel; *(reunião)* council; ♀ **Europeu** Council of Europe.

consenso *s m* consensus, agreement, accord.

consent|imento *s m* consent(ment), permission, approval; ~**ir** (3e) *v/t (autorizar)* to authorize, to permit; *(aprovar)* to approve; *(deixar)* to let, to allow; *v/i* ~ **em** to consent to.

consequ|ência *s f* consequence; *(coerência)* coherence; ~**ente** *adj* consequent(ial), resultant; *(coerente)* coherent.

conserva *s f* conserve, preserve; **de (em)** ~ preserved, pickled.

conserv|ação *s f* conservation, preservation; *(depósito)* deposit, store; *alimentos* shelf life; **data limite de** ~ eat-by date; ~**ador 1.** *adj* conservative, conservatory; *pol.* conservative; **2.** *s m,* -**a** *f* conservator, preserver; *(guarda)* keeper, guard; *pol.* conservative; ~**ante** *s m* preservative; ~**ar** (1c) *v/t* to conserve, to preserve; *(guardar)* to keep, to guard; *(manter)* to maintain, to preserve; ~**atória** *s f:* ~ **do registo predial** land register department *(ou* office); ~ **do registo civil** registry office.

consider|ação *s f* consideration, respect, regard; *(atenção)* considera-

tion, regardfulness; *(prestígio)* reputation, prestige; *(apreço)* (deep) respect; ~**ar** (1c) *v/t e v/i* to consider, to take into consideration; to ponder; *(examinar)* to examine; *(ponderar)* to ponder, to examine carefully; *(achar)* to consider, to take for; *(respeitar)* to respect, to esteem; ~**ável** *adj* considerable, remarkable, eminent; *(importante)* important, notable.

consign|ação *s f econ., mar.* consignation; *depósito* deposit; *dinheiro* assignement; *fig.* raising, assessment; ~**ar** (1a) *v/t econ.* to give on commission; *mar.* to consign; *jur.* to deposit, to commit; *por escrito* to register, to record.

consigo *pron* with (to *ou* for) you(rself); *[com o(a) Sr(a)]* with (to *ou* for) you.

consistência *s f* consistency; *(durabilidade)* durability; *(constância)* constancy.

consolada *s f* Christmas Eve supper; ~**ante 1.** *adj* consonant(al); **2.** *prep* according to; because of; *(conforme)* conformable, consonant with; **3.** *s f* consonant.

consolar (1e) *v/t* to console, to comfort; *(alegrar)* to cheer up.

consolid|ação *s f* consolidation, solidification; *econ.* consolidation; ~**ar** (1a) *v/t* to consolidate, to solidify; *econ.* to consolidate; ~**ar-se** *v/r* to become consolidated; *med.* to cure, to heal.

consolo *s m* consolation; console; *(apoio)* support, back up; *(alívio)* relief.

consórcio *s m* consortium, partnership; *econ.* trust, association.

conspir|ação *s f* conspiracy, plot; ~**ar** (1a) *v/i* to conspire, to complot; to scheme.

const|ância *s f* constancy; ~**ante 1.** *adj (persistente)* persistent, continuous; constant, invariable; **2.** *s f* constant; ~**ar** (1a) *v/i* to consist of, to be known.

constelação *s f* constellation *(tb. fig.).*

constip|ação *s f* cold; ~**ar-se** *v/r* to catch a cold.

constit|ucional *adj* constitutional; *(de nascença)* innate; ~**uição** *s f* constitution; organization; *(instituição)* Constitution; *(formação)* formation; *(composição)* composition, nature; *pol.* constitution; *med.* constitution; **~uir** (3i) *v/t* to constitute, to form; *(representar)* to represent; *(ocasionar)* to originate, to bring about; *(erigir)* to raise, to edify; **~utivo** *adj* constitutive; substantial.

constru|ção *s f* construction; *(edifício)* building; *(montagem)* assembly; *formação* structure, formation; *gr* syntax; *mat., etc.* construction; **~ civil** civil architecture, building trade; **engenheiro** *s m* **de ~ civil** civic engineer; **~ir** (3k) *v/t* to construct; *(projectar)* to sketch, outline; *frases* to buil (sentences); *mat.* to construct; **~tivo** constructive; **~tor** *s m mestre de obras* master builder, surveyor; constructor.

cônsul(-es) *s m (pl)* consul.

consul|ado *s m* consulate, consulship; **~ar** *adj* consular.

consulta *s f* consultation; *(parecer)* opinion, point of view; *médico* appointment; *(horas s f/pl de ~)* consulting hours.

consult|adoria *s f:* **~ em management (de empresas)** management consultancy; **~ de investimentos** investment consultancy; **~ar** (1a) *v/t* to consult, to ask for advice; *(deliberar)* to deliberate; *(apreciar)* to examine, to judge; *dicionário* to look up in, to consult; **~or** *s m,* **-a** *f (de empresas)* management consultant; **~ jurídico** legal adviser; **~ório** *med. Br.* surgery, *Am.* doctor's office.

consum|idor 1. *adj* **mercado** *s m* **~** consumer market; **2.** *s m,* **-a** *f* consumer; **preço** *s m* **ao ~** consumer price; **protecção** *s f* **do ~** consumer protection; **~ir** (3h) *v/t* to consume *(tb. fig.);* to spend, to waste; *(destruir)* to destroy; *econ.* to buy, to purchase, to consume; *fig.* to wear out; to distress, to trouble; **~o** *s m* consumption, use; *econ.* consumption; **bens** *s m pl* **de ~** consumer goods; **mercado** *s m* **de ~** consumer market.

conta *s f* account; *colar* bead, pearl; **~** *s f* **bancária** bank account; **~-corrente** current account; **~ de pou-**

pança savings account; **~ numerada** numbered account; **número** *s m* **de ~** account number.

contabil|idade *s f* accountancy; *(cálculo)* calculation, computation; *econ.* bookkeeping, accountancy (**por partidas dobradas [simples]** double [simple]); **~ista** *s m/f* accountant.

contactar (1a) *v/t:* **~ (com)** to contact with.

contacto *s m* contact; touch (**pôr-se em** get in); *elect.* **~ intermitente** intermittent contact, tick.

cont|ador *s m* counter, bookkeeper; *jur.* teller; *téc.* teller; *gás, água* meter; **~agem** *s f* counting.

cont|agiar (1g) *v/t* to contaminate, to infect; **~ a** to transmit to; **~ágio** *s m* infection, contagion; **~agioso** *adj* infectious, contagious.

conta-gotas *(pl inv)* *s m* dropper, filler.

contamin|ação *s f* contamination; *do meio ambiente* pollution; **~ar** (1a) *v/t* to contaminate, to infect; to pollute; *(manchar)* to spot; *(sujar)* to dirty; *(estragar)* to spoil.

conta-quilómetros *(pl inv)* *s m* speedometer.

contar (1a) *v/t e v/i* to count; *(calcular)* to calculate; *(narrar)* to tell; *(tencionar)* to intend (to).

contemplar (1a) *v/t* to contemplate, to gaze upon, to admire; *(considerar)* to regard.

contemporâneo 1. *adj* contemporary; **~ de** from the time of; **2.** *s m,* **-a** *f* contemporanian, contemporary.

content|amento *s m* contentment, satisfaction; *(prazer)* pleasure, joy; **~ar** (1a) *v/t* to content, to satisfy; **~ar-se** *v/r* to be content; **~e** *adj* happy, contented; *(alegre)* cheerful, joyful.

contentor *s m* container; **~ de lixo** dustbin.

conter (2zb) *v/t* to contain, to enclose, to hold within; *(reprimir)* to repress; **~-se** *v/r* to restrain o.s.

contest|ação *s f* contestation; *(luta)* fight, disputation; *(contradição)* contradiction; *(briga)* quarrel, fight; *(protesto)* protest; **~ar** (1c) *v/t (negar)* to deny; *sentença* to appeal (from); to contest.

conteúdo

conteúdo *s m* content; *fig.* content, substance.

contexto *s m* context.

contigo *pron* with (to *ou* for) you.

contin|ental *adj* continental; **clima** ~ continental climate; **Europa** ♀ Continental Europe; **~ente** *s m* mainland, continent.

continu|ação *s f* continuation, continuity; *(duração)* length, duration; *(seguimento)* succession; **com a** ~ subsequently, in the long run; **~ar** (1g) *v/t* to continue, to go on; *(durar)* to last, to endure; *(manter-se)* to hold out, to keep up; **~idade** *s f* continuity, permanence; *(nexo)* nexus, link; *(duração)* duration.

contínuo 1. *adj (incessante)* continuous, incessant; *(consecutivo)* consecutive; **2.** *s m,* **-a** *f* attendant, office attendant.

conto *s m* **a)** story, tale, fable; **b)** ~ *de réis* conto (= 1000 Escudos).

contorção *s f* contortion, twisting.

contorn|ar (1c) *v/t* to contour, to profile; *(rodear)* to surround, to encircle, to avoid *(tb. fig.);* **~o** *s m* contour, shape, outline; *(perímetro)* perimeter; *(circunferência)* perimeter, periphery.

contra 1. *prep* against, contrary to, versus; **2.** *adv* adversely, contrarily; **3.** *s m* opposition, objection; *(desvantagem)* disadvantage.

contraband|ista *s m/f* smuggler; **~o** *s m* smuggling, illegal traffic, contraband; *(mercadoria)* smuggled goods, illegal goods.

contracção *s f* retraction, contraction; convulsion; *(atrofia)* shrinking.

contracepção *s f* contraception.

contra|dição *s f* contradiction; **sem** ~ unquestionable, incontestable; **~ditório** *adj* contradictory, discordant; **~-dizer** (2x) *v/t* to contradict, to contest; *(negar)* to deny.

contraente 1. *adj* contracting, contrahent; **2.** *s m* contrahent, contracting party.

contra-indicação (-ões) *s f (pl)* counterindication(s).

contrair (3l) *v/t* to contract, to constrict; *(encurtar)* to shorten; *doença* to contract, to catch; *hábito* to acquire, to get; *obrigações* to take over,

to adopt; *dívidas* to contract; *(empréstimo)* to take up.

contra|partida *s f* counterpart; *fig.* balance; **em** ~ on the other hand; **~pesar** (1c) *v/t* to counterbalance; *(compensar)* to compensate; **~peso** *s m* counterweight; compensation *(tb. fig.); econ.* counterbalance; **~por** (2zd) *v/t* to put against, to set against; to compare; to expose; *(opor)* to oppose.

contrari|ar (1g) *v/t* to counteract, to oppose, to contradict; *(arreliar)* to annoy, to tease; **~edade** *s f* contrariety, opposition, resistance; *(arrelia)* tease, vexation.

contrário 1. *adj* contrary, opposite; *(adverso)* adverse; *(nocivo)* harmful; *(hostil)* hostile; **2.** *s m* opposite; **ao** ~ **de** in contrast to, unlike.

contrast|ar (1b) *v/t* to contrast; *(contradizer)* to contradict; *quilate* to determine; *(examinar)* to examine, = *v/i* ~ **com** to contrast with, to be inconsistent with; **~e** *s m* contrast, opposition, difference; *toque* contrast, nuance.

contrat|ante *adj* contracting; **~ar** (1b) *v/t* to contract, to bargain, to undertake, to charter; *(empregar)* to hire, to engage.

contrato *s m* agreement, engagement, contract.

contratual *adj* contractual, pactional.

contribu|ição *s f* contribution; *(taxa)* tribute, tax; *(imposto)* tax, duty; **~inte 1.** *adj* contributive, tributary; **2.** *s m/f* contributor, taxpayer, ratepayer; **~ir** (3i) *v/t e v/i* to contribute, to pay taxes (to *para*).

contributo *s m* contribution.

control|ador *s m,* **-a** *f* controller, supervisor; ~ **de tráfego aéreo** aircraft controller; **~ar** (1e) *v/t* to control, to supervise; *(dominar)* to dominate, to master; **~e, ~o** *s m* control, regulation; *rádio:* controlling device, control system; **fazer o** ~ to control, to supervise; ~ **de passaportes** passport control.

contudo *cj* however, yet, although, nevertheless.

contund|ente *adj* contusing; *fig.* aggressive; **~ir** (3a) *v/t* to contuse, to injure, to bruise; *fig.* to fall upon, to attack.

contusão *s f* contusion, bruise.

convalescença *s f* convalescense, recovery; *estar em* ~ to be in convalescence, to be in recovery.

conven|ção *s f* convention; agreement, pact; ~ *colectiva de trabalho* collective agreement on working conditions; ~**cer** (2g) to convince, to persuade.

convencional *adj* conventional, stipulated; *(formal)* formal.

conveni|ência *s f* convenience, suitability; *(vantagem)* profit, advantage; *(utilidade)* utility, appropriateness; ~**ente** *adj (apropriado)* appropriate; convenient; *(decoroso)* proper, fitting; *(útil)* useful, advantageous; *é* ~ it is convenient, it is fit.

convénio *s m* convention, accord; *em* ~ *com* in convention with, in agreement with.

convento *s m* convent, cloister.

convergência *s f mat.* convergence; ~**ente** *adj* convergent, converging; ~**ir** (3n) *v/i* to converge.

conversa *s f* conversation, talk; discourse; *(negociação)* negotiation.

convers|ador *s m,* -**a** *f,* conversationalist; ~**ão** *s f* conversion, commutation; *econ.* conversion; ~ *de dívidas* conversion of debts; ~**ar** (1c) *v/i* (with each other) to talk, to chat.

conver|sor *s m* converter; ~**ter** (2c) *v/t* to convert, to transform, to change; *econ.* to convert; *rel.* to convert; *dívidas* to convert; ~**tibilidade** *s f inform.* convertibility; ~**tível** *adj* convertible.

convés *s m* deck.

convexo *adj* convex.

convicção *s f* conviction.

convid|ado *s m,* -**a** *f* guest; ~**ar** (1a) *v/t* to invite, to summon (to *a, para*); *(desafiar)* to challenge.

convincente *adj* convincing; powerful; *(pertinente)* valid.

convite *s m* invitation, call; convocation.

convocar (1n) *v/t* to convoke, to summon.

convosco *pron* with (to *or* for) you.

convulsão *s f* convulsion; tumult; *fig.* revolution, upheaval.

cooper|ação *s f* cooperation, coaction, collaboration; ~**ar** (1c)*v/i* to co-operate, to work together, to collaborate; ~ *em* to cooperate in, to collaborate in; ~ *para* to cooperate for; ~**ativa** *s f* cooperative; ~**ativo** *adj (colaborador)* cooperative.

coorden|ação *s f* co-ordination; ~**ar** (1a) *v/t* to co-ordinate.

cópia *s f* copy, transcript.

copiar (1g) *v/t* to copy, to transfer; *(fotocopiar)* to photocopy; *(imprimir)* to print; *desenho* to trace; *(imitar)* to imitate.

copo *s m vinho, água* glass.

cor[1] colour; *fig.* semblance; *de* ~ coloured.

cor[2] : *de* ~ by heart.

coração[1] *s m* heart; *(coragem)* courage; *do* ~ at heart.

cor|ação[2] *s f* colouring; blushing; ~**ado** *adj de vergonha* red with shame, blushing.

cora|gem *s f* courage; ~ *cívica* civilian courage; ~**joso** *adj* couragcous, brave.

coral 1. *s m* a) coral; b) chorus, choral; **2.** *adj* choral, choric.

cor|ante 1. *adj matéria s f* ~ = **2.** *s m* bleach(ing agent), dye; ~**ar** (1a) *v/t tecido* to dye, to colour; *roupa* to bleach; *cul.* to brown; *v/i* to blush, to flush.

corda *s f* cord, rope; *roupa* clothesline; *forca* rope; *arco mat.* chord; *anat.* sinew, tendon; *relógio* spring; *mús.* (fiddle)string; *instrumentos s m/pl de* ~ string(ed) instruments.

cord|ame *s m mar.* tackling, ropery; ~**ão** *s m* cord.

cordeiro *s m* lamb; *fig.* a gentle or innocent person.

cordel *s m* twine, thread.

cordi|al 1. *adj* kind, warm, friendly; **2.** *s m bebida* cordial; ~**alidade** *s f* kindness, friendliness, warmth.

cordilheira *s f* chain of mountains, mountain range.

coreografia *s f* choreography.

corista *s f* chorus girl.

córne|a *s f* cornea; ~**o** *adj* corneal; horny, hornish.

corneta 1. horn; ~ *acústica* trumpet; **2.** *s m* hornist.

corno *s m* horn; feeler; V *fig.* cuckold.

coro *s m mús.* choir; **fazer ~ (com)** to agree with; **em ~** in chorus, in one voice; unanimously, simultaneously.

coroa *s f* crown; *louros, etc.* wreath; *montanha* peak, top; *astr.* corona; *rel.* tonsure; *dente* crown, top part of a tooth.

coroar (1f) *v/t* to crown (**rei** to king); to decorate with a crown *(tb. fig.);* to acclaim, to elect.

coronel *s m* colonel.

coronha *s f* butt.

corpo *s m* body *(tb. anat); (parte principal)* main part; *mús.* resonance base; *téc.* trunk, body; *fig.* corporation, unit; **~ de delito** *jur.* (body of) evidence, corpus delicti; **º de Deus** Chorpus Christi; **~ diplomático** diplomatic corps; **~ docente** teaching staff.

corpor|ação *s f* corporation, guild; *(associação)* association; **~ativo** *adj* corporative, collective; **estado** *s m* ~ corporative state.

correc|ção *s f* correction, improvement, rectification; *comportamento* correctness; *(castigo)* reprimand, punishment, penalty; **casa** *s f* **de ~** reform school, reformatory; **~cional 1.** *adj* correctional; **tribunal** *s m* ~ correctional court; **juiz** *s m* ~ correctional judge; **2.** *s m* jurisdiction of a correctional court; **~to** *adj* correct, perfect; *(delicado)* correct; *(certo)* right, appropriate.

corredor 1. *adj* running, racing; **2.** *s m,* **-a** *f (desportista)* runner, racer; *casa:* hall; corridor; **~ de automóveis** racing driver;

correia *s f* leather strap, leash.

correio *s m* mail, post; *(carteiro)* Am. mailman, *Br.* postman; messenger; *(estafeta)* courier.

corrente 1. *adj* current, running; *(comum)* usual, common; running *(água);* flowing *(estilo)* **2.** *s m mês* this month; **estar** *(ou* **andar) ao ~ de** to be well informed of; **pôr ao ~** to inform s.o. of sth.; **3.** *s f* current *(tb. fig.);* stream, watercourse; chain; *téc.* chain; **~ de ar** draught; **~ alternada** *elect.* alternating current; **~ contínua** *elect.* continuous current; **~ marítima** sea current, drift.

correr (2d) *v/i* to run; to travel; to hurry; to chase; to run *(água);* to blow *(ar); (passar)* to pass, run; *(continuar)* to go on, to continue; *(terminar)* to run out, to expire; to circulate *(moeda);* to be *(boatos);* **~ atrás de** to run after s.o. *ou* sth.

correspond|ência *s f* correspondence, exchange of communication, letters; respondence, harmony *sentimento; (ligação)* relation, connection; *c.f.* connection; *correios* correspondence; *(correio)* mail, post; **ter ~** to have a reply, to have an answer *(amor, etc.);* **ter ~ com** to have *(ou* maintain) correspondence with; **voo de ~** connection flight; **voto por ~** postal vote, absentee voting; **~ente 1.** *adj* correspondent, corresponding; **ângulo** *s m* ~ corresponding angle; **sócio** *s m* ~ corresponding partner; **2.** *s m/f* correspondent, representative; **~er** (2a) *v/i* to correspond; *v/t sentimento* to retribute.

corret|agem *s f* brokerage, factorage; **~or** *s m,* **-a** *f* broker, comission agent; *bolsa:* stockbroker, sharebroker.

corrida *s f* run, course; *(corremaça)* scurry; *(afogadilho)* haste, hurry; *desporto:* **~ de velocidade** speed race; **~ de automóveis (bicicletas, cavalos)** car (bicycle, horse) race; **~ de touros** bullfight; **~ a** rush for, rush on; **de ~** in a hurry, hastily.

corrigir (3n) *v/t* to correct, to rectify; (admoestar) to reprimand.

corrimão(s, -ões) *s m (pl)* stair rail, handrail.

corroer (2f) *v/t* to corrode; *(roer)* to gnaw, to nibble; *(carcomer)* to gnaw, to erode; *quím.* to corrode, to erode.

corromper (2a) *v/t (estragar)* to spoil, to adulterate; *(desfigurar)* to disfigure; *(subornar)* to bribe, to subornate, to corrupt.

corros|ão *s f* corrosion; *(erosão)* erosion; *quím.* corrosion; **~ivo 1.** *adj* corrosive; *(destrutivo)* destructive; **2.** *s m* corrosive.

corrup|ção *s f* corruption; *(apodrecimento)* rottenness, deterioration; spoiling; *(suborno)* bribery; *(sedução)* seduction; **~ moral** moral corruption; **~to** *adj* corrupt; *(podre)* rotten, decomposed; *(subornável)* bribable, corruptible.

cortante *adj* cutting.

cortar (1e) *v/t* to cut; to cut down *(tb. fig.); fatia* to slice *(tb. fig.); (serrar)* to saw; *(recortar)* to cut out, to carve, to slash; *maçã* to cut; *ar, etc.* to cut through, to cleave; *planos* to thwart.

corte[1] *s m* cut, cutting; incision; *gume* edge; *transversal* transverse section, cross section; *(eliminação)* elimination, exclusion; *(abreviatura)* shortening, abbreviation; *árvore* cut down.

corte[2] *s f* court.

cortejo *s m* greeting, welcome; complimentation *(tb. fig.);* wooing; ~ ***festivo*** procession.

cortês *adj* courteous, polite.

cortiça *s f (sobreiro)* cork; *(casca)* bark, crust.

cortin|a *s f* curtain, drape *(s pl); (muro)* protecting wall; **~ado** *s m* curtains; drapes.

coruja *s f* owl(et); *fig.* witch, old and ugly woman.

cor|veta *s f* corvette; **~vina** *s f* corvina; **~vo** *s m* crow, raven.

cós *s m calças, saia* waistband.

coser (2d) *v/t e v/i* to sew, to stitch.

cosmétic|a *s f* cosmetic; **~o 1.** *adj* cosmetic, beauty…; **2.** *s m* cosmetic, beauty care product.

cósmico *adj* cosmic(al).

cosmo|logia *s f* cosmology; **~nauta** *s m/f* cosmonaut, astronaut; **~náutica** *s f* astronautics; **~polita 1.** *s m/f* cosmopolite, cosmopolitan; **2.** *adj* cosmopolitan.

cosmos *s m* cosmos *(tb. bot.).*

costa *s f* **a)** coast; *de ~ ***arriba*** (ou ***acima****)* upwards; *dar à ~* to run ashore; **b)** back, rib; **~s** *pl* back; *(traseiras)* backside; *às ~s* on the back, on the shoulders; *fig.* on the back.

costado *s m* back; barrel; flank; *mar.* broadside.

cost|eiro *adj* coastal, coasting; ***protecção*** *s f* **~a** shore protection; **~ela** *s f* rib; *náut.* rib of a vessel.

costeleta *s f* chop, cutlet.

costum|ado *adj* accustomed, usual; **~ar** (1a) *v/i* to be accustomed to; ~ ***fazer*** to be used to doing sth.; **~e** *s m*

custom, habit, use; usage; **~s** *pl* habits, morals, customs; *(maneiras)* manners.

costura *s f actividade* sewing; *(cicatriz)* suture, scar; *(juntura)* juncture; ***trabalhos*** *pl de ~* sewing.

costureira *s f* seamstress, dressmaker.

cota *s f (parte)* share, part; *(prestação)* rate; quota; ~ ***de sócio*** membership fee; ~ ***de mercado*** market share; ***regime por ~s*** quota regime, quota system; ***sociedade por ~s*** *Br.* limited company, *Am.* incorporated company.

cotação *s f bolsa* price; *(curso)* classification; price, value *(mercadoria); fig.* credit, prestige.

cotar (1c) *v/t (avaliar)* to classify, to evaluate; to quote, to estimate; *(fixar)* to fix the price (in *em*); *acções* to quote; *bolsa* to quote; *actas* to classify, to arrange.

cotidiano *adj* daily, quotidian.

cotiz|ação *s f (avaliação)* assessment; *(tributação)* taxation; *(parte)* share; *(preço)* price, value; **~ar** (1a) *v/t* to assess, to allot; *(tributar)* to tax; *quantia* to rate.

cotovelada *s f* shove, nudge; **~(s)** *(pl)* nudges; ***andar às ~s*** to elbow around; **~o** *s m* elbow; *(curva)* bend; corner; *téc.* elbow bend, knee.

cotovia *s f* lark.

couce *s m (calcanhar)* heel; *cavalo* blow with the hoof; *(pontapé)* kick.

couro *s m* leather; *(pele)* skin.

cout|ada *s f* game reserve; **~ar** (1a) *v/t* to fence (in); to enclose.

couve *s f* cabbage; **~~-de-Bruxelas** Brussels sprouts; **~~-galega** green kale; **~~-flor** cauliflower.

cova *s f* hole, hollow, cavity; *(sepultura)* grave; *(caverna)* cavern; *(concavidade)* cavity; *(depressão)* hollow, pit; ~ ***do dente*** tooth's cavity, tooth's hole.

coxa *s f* thigh.

cox|ear (1l) *v/i* to limp; **~ia** *s f* gangway, aisle; *mar.* coursey, gangway plank; *(assento)* folding seat.

coxo limping; ***ser (estar)*** ~ to be lame; lame *(animal).*

coz|edura *s f processo* boiling; **~er** (2d) *v/t e v/i* to cook; *pão, etc.* to bake;

tijolos, etc. to burn; **~inha** *s f* kitchen.

cozinh|ado *s m* cooked food, dish; **~ar** (1a) *v/t e v/i* to cook; **~eiro** *s m* **-a** *s f* cook.

crânio *s m* skull.

cratera *s f geo.* crater.

crav|ar (1b) *v/t* to nail (on); to drive (in); *papéis* to fix, to pin; *pedras* to set; **~ os olhos** to stare (at **em**); **~ejar** (1d) *v/t* to set (gems); to stud (with nails); *metal* to stud; *de pedras* to set.

crav|inho *s m* clove; **~o** *s m* crucifixion; nail, spike; *med.* wart, blackhead; *mús.* harpsichord; *bot.* carnation.

creche *s f* crèche, kindergarten, infant school.

creditar (1a) *v/t* to credit, to warrant.

credifone *s m* phonecard.

crédito *s m (confiança)* trust; credit (*dar* to give); *(nome)* reputation, merit; *(respeitabilidade)* reputation, prestige; *econ.* credit (*a* to); *(haver)* credit; *(obrigação)* claim, debt; **~ aberto** open credit; **~ diplomático** certification, accreditation; **~ activo** active credit; **cartão** *s m* **de ~** credit card; **instituição** *s f* **de ~** credit institution; **linha** *s f* **de ~** credit line; **carta** *s f* **de ~** credit letter; **papéis** *s m/pl* **de ~** securities; **~s** *pl* outstanding debts; **de ~** respected, reputable; *econ.* credit worthy.

credor *s m,* **-a** *f* creditor; **ser ~ de** *fig.* to avail someone of.

crédulo *adj* credulous, gullible.

crem|ação *s f* cremation; incineration; **~atório:** *(forno s m)* crematorium.

creme *s m (natas)* cream; *cosmético, med.* cream, ointment; **~ de protecção solar** sun (filter) cream.

crença *s f* belief, faith.

crente *s m/f* believer.

crepe *s m (luto)* mourning crape; *cul.* crepe, pancake.

crepit|ação *s f lume* crepitation; **~ar** (1a) *v/i lume* to crackle.

crer (2k) *v/t e v/i* to believe (in **em**); *(julgar)* to judge; to think.

cresc|er (2g) *v/i* to grow; *(aumentar)* to increase, to enlarge; to rise; to leaven *(pão, etc.)*; **~imento** *s m* growth, increase; **taxa** *s f* **de ~** *econ.* rate of

economic growth; **~ zero** *econ.* zero growth.

cretino *s m,* **-a** *f* cretin; jerk; *fig.* imbecile, idiot.

cria *s f* suckling, breed, foal, calf; **~ção** *s f* creation; *(organização)* foundation, organization; *(educação)* *fig.* upbringing; *gado* stockbreeding; *(galinhas)* poultry; **~da** *s f* maid; waitress; **~do 1.** *adj bem* **~** well-bred, well-educated; *(alimentado)* well-nourished, fat; *mal* **~** naughty, impolite, rude; **2.** *s m* waiter; **~dor 1.** *s m* creator; *(educador)* educator, tutor; *gado* cattle breeder; **2.** *adj* breeding, raising; creative; *(fecundo)* fertile, fruitful.

criança *s f* child.

criar (1g) *v/t* to create; to breed; to generate; *(produzir)* to produce; *obra, condições* to create, to establish; *gordura, etc.* to put on; *coragem* to get.

criat|ivo *adj* creative; **~ura** *s f* creature, creation; *(ser)* being.

crime *s m* crime.

crimin|al 1. *adj* criminal; *(penal)* penal, punitive; **jurisprudência** *s f* **~** criminal jurisprudence; **2.** *s m* criminal case; **jurisdição** *s f* **~** criminal jurisdiction; **~alidade** *s f (punibilidade)* punishability; criminality; **~oso 1.** *adj* criminal; *(punível)* punishable; **2.** *s m,* **-a** *f* criminal, offender.

crina *s f cavalo* horsehair; crine.

cripta *s f* (underground) cave; crypt.

crise *s f* crisis; *med.* crisis; **gabinete** *s m* **de ~** crisis management group *(tb. fig.).*

cristal *s m* crystal; *(copo)* crystal glass; *(espelho)* looking glass, mirror; **de ~** crystal, crystalline.

cristal|ização *s f fig.* consolidation; crystallization; **~izar** (1a) *v/i* to crystallize.

cristão(s) 1. *adj* Christian **2.** *s m (pl),* **-ã** *f* Christian.

cristianismo *s m* Christianism.

cristo *s m* **a)** *o* $^{\Omega}$ Christ; **b)** crucifix.

critério *s m (característica)* mark, characteristic; *(bitola)* gauge, measure; *(ponto de vista)* point of view, opinion; *(discernimento)* discernment; *(conhecimento)* understanding; criterion.

crítica *s f* critique, criticism; *livro* review.

criticar (1n) *v/t* to criticize, to review; *depreciativo:* to criticize.

crítico 1. *adj* critical; *(decisivo)* crucial, conclusive; *(perigoso)* dangerous; **2.** *s m* critic, reviewer, censurer.

crivar (1a) *v/t (furar)* to perforate; *(salpicar)* to speckle, to dot.

croché *s m* crochet; **fazer ~** to crochet.

crocodilo *s m* crocodile.

crom|ado *s m* chrome-plate; **~ar** (1f) *v/t* to chromate, to chromatize.

cróni|ca *s f* chronicle; **~o** *adj* chronic(al).

cron|ista *s m/f* chronicler, columnist; **~ologia** *s f* chronology, chronological order; **~ológico** *adj* chronologic(al); **~ómetro** *s m* chronometer, stop watch.

croquete *s m* croquete.

crosta *s f* crust; *med.* scab; *téc.* rind.

cru *adj* raw, uncooked; *(verde)* unripe, green, *fig.* imature, raw, *(duro)* rough, plain *(verdade);* unbuilt *(terras);* unbleached *(pano);* nature coloured.

crucific|ação *s f* crucifixion; **~ar** (1n) *v/t* to crucify.

crucifixo *s m* crucifix.

cruel *adj* cruel, fierce; **~dade** *s f* cruelty.

crustáceos *s m/pl* Crustacea.

cruz *s f* cross *(tb. fig.); sinal* sign of the cross; *shoulder (animal); fig.* misfortune, grief.

cruz|amento *s m* crossing; intersection; **~ar** (1a) *v/t* to cross; *(cortar)* to pass over, to pass through; **~ os braços** *fig.* to cross one's arms, to do nothing; *v/i* to cross; = **~ar-se** *v/r* to cross (each other); to intersect (each other) *(linhas);* **~ com** to meet, to come across; **~eiro 1.** cruise; *mat.* transept; *astr.* Southern Cross; **2.** *adj* crossed; **~eta** *s f* coat hanger.

cu(s) V *s m/pl* arse(s), ass(es), butt(s).

cubano 1. *adj* Cuban; **2.** *s m,* **-a** *s f* Cuban.

cubo *s m* cube, dice; **ao ~** cube; *(metro)* cubic meter.

cuco *s m* cuckoo.

cuecas *s f/pl Br.* nickers, *Am.* underpants, panties.

cuid|ado *s m* care; *(apreensão)* apprehension; *(meticulosidade)* meticulousness; *(prudência)* caution; **ao ~ de** in care of; **com ~** with care, carefully; **~adoso** *adj (prudente)* cautious; *(meticuloso)* meticulous; **~ar** (1a) *v/t (arranjar)* to provide *(tb. fig.); (tratar)* to take care; *(temer)* to fear; *v/i* to take care (of **de**); *(cuidar)* to care (for **de**); *(prestar atenção)* to pay attention (to **a**); *(precaver-se)* to watch out (for **de**).

cujo, a *pron* whose, of whom, of which.

culinária *s f* cookery, culinary art.

culmin|ação *s f* culmination; **~ante**: **ponto ~** culminating point, climax; *astr.* culminating point; *fig.* height; **~ar** (1a) *v/i* to culminate; *fig.* to reach perfection.

culpa *s f* blame, guilt; *(transgressão)* offence, transgression.

culp|abilidade *s f* guilt, culpability; *(punibilidade)* punishability; **~ado** *adj* guilty, **~ar** (1a) to blame, to accuse; **~ável** *adj* blamable, culpable.

cultiv|ar (1a) *v/t terras* to cultivate; *planta* to grow, to plant; *talento* to cultivate, to promote; **~o** *s m* cultivation, culture; care, cultivation *(tb. fig.).*

culto 1. *adj* learned, enlightened *(pessoa);* civilized *(povo);* elegant *(style)* **2.** *s m* worship, veneration, cult.

cultur|a *s f agr.* cultivation; culture; *(criação)* breeding; *fig.* intelectual development *(de uma pessoa);* **~al** *adj* cultural; **acordo** *s m* **~** cultural agreement; **intercâmbio** *s m* **~** cultural exchange.

cume *s m* summit, peak; *(ponta)* top.

cúmplice 1. *s m/f* accomplice, co-operator; **2.** *adj* implicated.

cumpr|imentar (1a) *v/t* to greet, to salute; *(felicitar)* to congratulate; **~imento** *s m* fulfilment; (realização) accomplishment, execution; *(saudação)* greeting, compliment; **~ir** (3a) *v/t* to fulfil; *(realizar)* to accomplish, to carry out; *palavra* to keep; **~ trinta anos** to complete thirty years; *v/i (pertencer)* to be incumbent; *(ser necessário)* to be necessary, appropriate.

cúmulo *s m (amontoamento)* accumulation; summit *tb. fig.;* **~s** *pl* cumulus.

cunha *s f* wedge; *fig.* F influence, protector; *à* ~ crowded, full.

cunhad|a *s f* sister-in-law; **~o** *s m* brother-in-law.

cúpula *s f* cupula; *téc.* dome, cover; *bot.* cupule; *governo, partido* group, party; party official; *reunião s f de* ~ summit conference.

cura 1. *s f (restabelecimento)* recovery; cure; *ter* ~ to be curable, to be remediable; **2.** *s m* curate, rector.

curar (1a) *v/t* to heal, to treat; *(medical)* to treat; *carne* to dry, to smoke; *v/i* to cure, to heal; **~-se** *v/r (tratar--se)* to recover one's health, to treat oneself; = *v/i*; *fig.* to improve; to mend one's ways.

curios|idade *s f* curiosity, eagerness; *(raridade)* rarity, oddity; **~o** *adj* curious; *(estranho)* strange, odd.

curral *s m* stable, cowshed.

cur|so *s m (decorrer)* running; course; *(aprendizagem)* course; *língua* course, class; *universidade* lecture; *dinheiro* circulation, currency; *téc.* stroke, lift; ~ *de câmbio* exchange course; ~ *dos*

liceus secondary grades; *fim de* ~ graduation; **~or** *s m téc.* cursor, slider.

curtir (3a) *v/t couro* to tan, to toughen.

curto *adj* short, brief; *(conciso)* concise, brief; *(rápido)* quick, fast; *fig.* restricted, limited; **~-circuito** *s m* short circuit.

curva *s f* curve; *(volta)* turn, bend; *(sinuosidade)* bend; *(linha)* bent line, curved line.

cusp|ir (3h) *v/i* to spit (out); *(expelir)* to eject, to expel; to expectorate; **~o** *s m* spit, spittle, saliva.

custa *s f jur.:* **~s** law costs; *à(s) ~(s) de* at another's cost(s); at the expense(s) of.

cust|ar (1a) *v/i* to cost; *(ser difícil)* to be difficult, to be hard; **~o** *s m (preço)* price, cost; *fig.* difficulty, trouble; *a* ~ with difficulty; **~s de produção** production costs.

custoso *adj* expensive; *fig.* difficult, troublesome.

cutâneo *adj* cutaneous; *erupção s f -a* rash.

cútis *s f* cutis, skin.

D

dactil|ógrafa *s f* typist; **~ografar** (1b) *v/t* to type.

dad|o(s) *s m (pl)* **a)** die (dice); *lançar os* **~s** to throw the dice **b)** datum, figure; detail; *(circunstância)* circumstance; **~s** *pl* data; documents; *banco de* **~s** *inform.* data base; *protecção de* **~s** *inform.* data protection; *processamento de* **~s** *inform.* data processing; **~s de referência** key features; *registador de* **~s de voo** flight recorder, black box; **~or** *s m,* **-a** *f* giver; *esmola, sangue* donor; *(fundador)* founder.

dália *s f* dahlia.

dama *s f* lady; *jogo das* **~s** draughts; ~ *de companhia* lady in waiting, companion.

dança *s f* dance; *meter-se na* ~ to get involved in, to take part in.

danç|ar (1p) *v/i* to dance; **~arino** *s m,* **-a** *f* dancer.

danific|ação *s f* damage; **~ar** (1n) *v/t* to damage; *(prejudicar)* to harm, to hurt.

dantes *adv* formerly, hitherto.

dar (1r) **1.** *v/t* to give; *(alcançar)* to hand over; *(oferecer)* to offer; *(entregar)* to deliver; *(conceder)* to grant; *matéria* to teach; **2.** *v/i* ~ to be possible; ~ *a alg fig.* to thrash s.o.; ~ *a entender (ou perceber)* to hint, to suggest; *ir* ~ *a* to lead to; *(não)* ~ *por* (not) to notice; ~ *pela coisa* to find out (about sth.), to notice; **3.** **~-se** *v/r* to happen; *(começar)* to take place; *(ocorrer)* to occur.

dardo *s m* spear; dart; *desp.* javelin.

dat|a *s f* date; *uma* ~ *de* F a lot of, heaps of, loads of; *de fresca (ou* *nova)* ~ recent, new; *de longa (ou velha)* ~ of old; *~ar v/t* to date.

de 1. *atributivo* a) *caracterização de matéria, forma, idade, carácter, etc:* of; ~ *madeira* (made) of wood; b) *finalidade:* *sala ~ jantar* dining room; **2.** *origem:* from a) *ponto de partida:* from; ~ ... *a* from ... to; ~ *dia para dia* from day to day; b) *espaço ou proveniência:* ~ *Lisboa* from Lisbon; *vento do Norte* Northwind; **3.** *causa, motivo:* with; *doente* ~ (to be) sick with; **4.** *meio, circunstância:* with, in; ~ *casaca* in dress-coat; **5.** *tempo:* in; ~ *manhã (tarde, noite)* in the morning (afternoon, evening); **6.** *medida, número, valor, tamanho:* of; *1l ~ leite* 1 liter of milk; **7.** *aposto a um nome:* a *cidade ~ Lisboa* the city of Lisbon.

debaixo *adv* under, beneath, below; *prep ~ de* underneath.

debat|e *s m* debate; discussion; *(negociação)* negotiation; *em ~* in discussion; *(discutível)* questionable; *~er* (2b) *v/t* to discuss; to debate; *(negociar)* to negotiate.

débil *adj* weak; feeble; soft; faint.

debilidade *s f* weakness; feebleness.

debicar (1n) *v/t* to peck.

debitar (1a) *econ.* to debit; ~ *alg em (ou por)* to charge s.o. with.

débito *s m* debit; *(dívida)* debt; *deve e haver econ* debit and credit.

debruçar (1p) *v/t* to bend forward, to lean over; *~-se v/r* to bend o.s.; ~ *sobre fig.* to deal with sth.; to be busy with sth.

debulhadora *s f* thrashing machine.

década *s f* decade.

decad|ência *s f* decadence, decay; *estar em ~* to be in decay; to decay, to decline; *~ente adj* decadent.

deca|ída *s f* decline, fall; *~ir* (3l) *v/i* to decay; to decrease *(rendimento); (prestígio, etc.)* to fall, to lose position.

decalque *s m* copy, imitation; decalcomania, decal.

decan|ado *s m* decanate; *~o* elder, senior; *universidade:* dean.

decantar (1a) *v/t* **a)** *(transvasar)* to decant, to pour off; *(purificar) téc.* to purify; **b)** to praise.

decapitar (1a) *v/t* to behead.

decen|al *adj:* *ciclo* ~ ten year cycle; *~ário* **1.** *adj* in ten parts; **2.** *s m* tenth day of the year.

decência *s f* decency; *(simplicidade)* simplicity; *(asseio)* neatness.

decente *adj* decent; *(decoroso)* proper; *(discreto)* discreet; *(limpo)* tidy.

decentraliz|ação *s f* decentralization; *~ar* (1a) *v/t* to decentralize.

decep|ção *s f* disappointment; *~cionar* (1f) *v/t* to disappoint.

decerto *adv* certainly.

decid|ido *adj* decided, determined; *~ir* (3a) *v/t* to decide; *~ir-se v/r* to make up one's mind.

deci|grama *s m* decigram; *~litro s m* deciliter.

decimal 1. *adj* decimal; **2.** *s f* decimal fraction.

decímetro *s m* decimeter.

décimo *num* tenth; tenth part.

decis|ão *s f* decision *(tomar* take); *(solução)* solution; *(deliberação)* decision *(tomar* reach); *(determinação)* resolution; ~ *maioritária* majority decision; *~ivo adj* decisive; *(firme)* positive, clear.

declamar (1a) *v/t* to recite.

declar|ação *s f* assertion; statement; *econ.* statement, declaration; *jur* statement, evidence; *~ar* (1b) *v/t* to declare, to state; *alfândega, etc.:* to declare, to manifest; *jur* to state, to give evidence; *fig.* to appoint s.o. *(designar)* to call s.o. sth.; *~ar-se v/r* to break out *(fogo, guerra);* to arise *(excitação, etc.);* ~ *a alg* to declare o.s to s.o.

declin|ação *s f gr.* inflexion; *astr.* declination; *~ar* (1b) *v/t negar* to refuse; to decline, to sink.

declínio *s m* decline; decay; *(fim)* end.

declive *s m* slope; *(desnível)* fall.

decompor (2zd) *v/t (desmontar)* to take apart; to dismantle; *quim.* to decompose; to analyse *(tb. fig.); ~osição s f (desmontagem)* dismantling; *quim.* analysis *(tb. fig.); (desintegração)* disintegration *(tb. fig.); (podridão)* rotting; putrefaction *(cadáver); em ~* rotting; bad *(alimentos).*

D

decor|lação *s f* decoration; scenery; ~ **festiva** party decoration; ~**ador** *s m*, -**a** *f* decorator; ~**ar** (1e) *v/t* **a**) to decorate; **b**) to learn by heart; *(não esquecer)* to keep in mind; ~**ativo** *adj* ornamental.

decorrer (2d) *v/i* to elapse *(tempo)*; *(ter lugar)* to take place; *(acontecer)* to occur; ~ **de** to derive from; **no** ~ **de** in the course of.

decot|ado *adj* low-necked; ~**e** *s m* neck-line.

decr|épito *adj* declining; worn out; *(idoso)* old; ~**epitude** *s f* decrepitude; *(velhice)* old age; **em** ~ declining; feeble.

decret|ar (1c) *v/t* to decree; *(determinar)* to determine, to ordain; ~**o** *s m* decree; *(deliberação)* council decision; will *de Deus*; ~**o-lei** *s m* decree, bill, edict.

décuplo *num.* tenfold.

decurso *s m (decorrer)* course; *(duração)* duration; **no** ~ **de** in the course of, during.

dedal *s m* thimble.

dedic|ação *s f (devotamento)* devotion; *(zelo)* diligence; *(aplicação)* dedication; *(consagração)* consecration; ~**ado** *adj* devoted; *(zeloso)* zealous; *(fiel)* faithful; ~**ar** (1n) *v/t* to devote; *livro* to dedicate; *amor, etc.* to offer, to consecrate; *meios* to use; ~**ar-se** *v/r* to devote o.s (to); ~**atória** *s f* dedication.

dedo *s m* finger; *pé* toe; *fig.* skill.

dedu|ção *s f* deduction; *(conclusão)* conclusion, inference; *(abatimento)* allowance, discount; ~**zir** (3m) *v/t e v/i (concluir)* to infer; *custos, etc.* to deduct; **a** ~ deducing.

defeito *s m* fault, defect; *(deformidade)* deformity; *(falta)* lack.

defen|der (2a) *v/t* to defend; to sustain; *(proteger)* to protect (**de** from); *(proibir)* to forbid; ~-**se** *v/r* to defend o.s. (**de** from); ~**siva** *s f* defensive; ~**sivo** *adj* protective; ~**sor** *s m*, -**a** *f* protector.

defer|imento *s m* grant; *(concessão)* concession; **não ter** ~ not to be granted, to be turned down; ~**ir** (3c) *v/t requerimento* to allow; to grant; *honra* to bestow; *v/i (anuir)* to agree to.

defesa 1. *s f* defence; *(protecção)* protection; *(proibição)* prohibition; ~**s** *pl zool.* fangs; horns; antlers; **2.** *s m desp.* backfield.

défice *s m* deficit (**cobrir** to compensate for).

defici|ência *s f (lacuna)* lack, shortage; *(fraqueza)* weakness; *(imperfeição)* imperfection; ~**ente 1.** *adj* deficient; *(imperfeito)* faulty; *(aleijado)* disabled, handicapped; **2.** *s m/f* deficient, handicapped (person).

defin|ição *s f (explicação)* explanation; *de um conceito* definition; ~**ido** *adj* defined; determined; ~**ir** (3a) *v/t* to define; to determine; *(explicar)* to explain; *(delimitar)* to circumscribe; ~-**se** *v/r* to reach a decision, to give an opinion; *(revelar-se)* to prove o.s.; ~**itivo** *adj* final; decisive.

deflagrar (1b) *v/t (queimar)* to burn, to explode; *fig.* to cause; to trigger off; to arouse; *v/i* to blow up *(bomba)*; *(inflamar-se)* to inflame; *fig.* to break out.

deform|lação *s f* deformity; *(desfiguração)* disfiguration; ~**ar** (1e) *v/t (desfigurar)* to disfigure, to misshape; ~**idade** *s f* deformity; *(desfiguração)* disfigurement; *med.* malformation.

defum|ado *adj*: *carne* -**a** cured *(ou* smoke-dried) meat; ~**ar** (1a) *v/t* to smoke-dry.

defunto *adj* deceased.

degener|lação *s f* degeneration; *(depravação)* depravation; ~**ar** (1c) *v/i* to degenerate; to deteriorate; ~ **em** to degenerate into.

degrad|lação *s f* degradation; *(rebaixamento)* abasement; *pint.* shading; *geo.* wearing down by erosion; ~**ar** (1b) *v/t* to degrade; *(rebaixar)* to lower, to debase; *(matizar)* to shade; *(estragar)* to deteriorate.

degrau *s m* step; *(escadote)* rung; *(grau)* degree, standing.

degred|ar (1c) *v/t* to banish, to deport; to exile; ~**o** *s m* exile, deportation.

deit|ado *adj* lying; *estar* ~ to lie; ~**ar** (1a) *v/t* **1.** *(atirar)* to throw; to lay (down); *líquido* to pour; *fogo* to set (fire); *sangue* to bleed; *maldição* to curse; *balão* to fly; *culpa* to blame; *carta* to mail; *sortes, rede* to throw;

2. **~ar-se** *v/r* to lie down; to go to sleep; **~ a** to fall upon, to get down to.

deixar (1a) *v/t* to leave; to quit, to abandon; *por morte* to bequeath; *plano, etc.* to give up; *trabalho* to lay down; *dever* to fail; *(largar)* to let go; *(permitir)* to allow.

delapid|ação *s f* waste; **-ões** *pl* mismanagement; **~ar** (1a) *v/t* to waste; to squander.

delat|ar (1b) *v/t* to denounce, to accuse; **~or** *s m,* **-a** *f* informer.

deleg|ação *s f* delegation, commission; *(transmissão)* transmission; entrusting; *(filial)* branch office; **~ado** *s m* commissioner; delegate; *representante* representative; *jur* public prosecutor; district attorney; **~ar** (1o) *v/t* to delegate; to assign; to entrust; to send *(como representante).*

delgado *adj* thin, lean.

deliber|ação *s f* deliberation; *(reflexão)* consideration; *(conselho)* consultation, discussion; *(decisão)* decision; **~ar** (1c) *v/i* to determine, to resolve; *v/t* **~ sobre** to discuss; *(reflectir)* to reflect upon.

delicad|eza *s f (fragilidade)* fragility; *(fraqueza)* weakness; *(polidez)* politeness; *(sensibilidade)* sensitivity; *(tacto)* tactfulness; *(atenção)* thoughtfulness; **~o** *adj (frágil)* fragile, frail; *(magro)* slender; *(polido)* polite; *(sensível)* sensitive; *assunto* delicate; *comida* tasty; *sentimentos* tender, soft; *(atencioso)* thoughtful.

delicioso *adj* delicious, delightful; *(encantador)* charming.

delimit|ação *s f* delimitation; restriction; *fronteira* border; **~ar** (1a) *v/t* to delimit; to circumscribe, to restrict.

delinear (1l) *v/t* to outline; to draw; *em esboços* to sketch; *fig.* to draw up.

delinquente 1. *adj* criminal; **2.** *s m/f* criminal, transgressor.

delirar (1a) *v/i* to be delirious; to rave; *fig.* to daydream.

delírio *s m* delirium; insanity; *fig.* ecstasy.

delito *s m* fault; *(crime)* crime.

demais 1. *adv* excessively; over…; **comer ~** to overeat; **~ a mais** besides, moreover; **uma coisa por ~** unbearable; *(inacreditável)* unbeliev-

able; **2.** *adj* too much; *(de sobra)* remaining; **o ~** the rest; **os ~** the rest, the others.

demanda *s f jur* lawsuit, prosecution; *fig.* discussion; **mover ~** to prosecute; **andar em ~s** to be involved in lawsuits; *fig.* to dispute; **ir em ~ de** to seek.

demarc|ação *s f* demarcation, boundary; **linha de ~** boundary line; **~ar** (1n) *v/t* to mark; to stake out; *(delimitar)* to delimit.

demasia *s f* surplus, remainder; *(excesso)* excess; *(exagero)* exaggeration; **em ~** too much; in excess.

demasiado *adj* too much; *(excessivo)* excessive; *(exagerado)* exaggerated; *(supérfluo)* superfluous; *adv* much too; excessively.

demência *s f* insanity, madness.

demente *adj* insane, crazy; demented.

demi|ssão *s f* resignation; *(despedimento)* dismissal; **dar a ~ a alg =** **~tir**; **dar (ou pedir) a ~ = ~tir-se**; **~tir** (3a) *v/t* to dismiss, to fire; *do cargo* to remove (from office), to discharge; *enviado* to call back; **~tir-se** *v/r* to resign, F to quit.

democr|acia *s f* democracy; **~ata** *s m/f* democrat; **~ático** *adj* democratic; **~atização** *s f* democratization; **~atizar** (1a) *v/t* to democratize.

demogr|afia *s f* demography; **~áfico** *adj* demographic.

demol|ição *s f* demolition; destruction; **~ir** (3f) *v/t* to destroy, to ruin; *edifício* to demolish, to pull down.

demoníaco *adj* devilish.

demónio *s m* devil *(tb. fig.);* demon.

demonstr|ação *s f* demonstration; *(prova)* proof, evidence; *(ilustração)* illustration; *(exibição)* exhibition, display; *fis.* experiment; **~ar** (1a) *v/t* *afirmação* to prove; *existência* to prove, to demonstrate; *ordem de ideias* to explain; *factos* to display; *aparelho* to demonstrate; *luto, etc.* to show; **~ativo** *adj* demonstrative; **~ável** *adj* demonstrable, sth. that can be proved.

demor|a *s f* delay; **~ar** (1e) *v/t (protelar)* to delay, to put off; *(reter)* to keep back, to retard; *(fazer esperar)* to keep s.o. waiting; *v/i* to take long;

~ a chegar to be late; **~ar-se** v/r to stay, to dwell; *(parar)* to stop.

demoscopia s f opinion research.

denomin|ação s f naming; designation, name; **~ador** s m mat. denominator; **~ comum** common denominator; **~ar** (1a) v/t to name; **~ar-se** v//r to be called.

denot|ação s f denotation; *(sinal)* sign; **~ar** (1e) v/t to mean, to symbolize; *(indicar)* to show, to point out.

dens|idade s f density, thickness; **~ímetro** s m densimeter; **~o** dense; thick; *(impenetrável)* impenetrable.

dent|ada s f bite; fig. blow; **~ado** adj toothed; **roda** s f **~a** téc. cogwheel.

dente s m tooth; garfo tine; arq. e geo. jag, point.

dent|ear (1l) v/t to jag; to indent; **~ista** s m/f dentist.

dentro 1. adv inside; within; adj inner; inside; **2.** prep **~ de, ~ em** inside; within; **~ em breve** soon.

denudar (1a) v/t to lay bare.

denúncia s f denouncement, accusation; exposure; jur indictment; *(sintoma)* sign; *(participação)* report.

denunci|ante s m/f delator, accuser; informer; **~ar** (1g) v/t to denounce, to accuse; *(descobrir)* to reveal; *(anunciar)* to announce; jur. to indict.

deontologia s f deontology.

departamento s m department.

depenar (1d) v/t to pluck.

depend|ência s f dependence; *(edifício anexo)* outbuilding; econ. branch office; **~ente** adj dependent; **~er** (2a) v/t to depend (on); *(precisar)* to be dependent on.

depil|ação s f shaving; **~ar** (1a) v/t to shave; **~atório** s m depilatory.

depoimento s m jur. testimony; statement.

depois 1. adv after, afterward; *(mais tarde)* later; *(para além disso)* besides; **2.** prep **~ de** after; **3. ~ que** cj after, when.

depor (2zd) v/t armas to lay down; vestuário to take off; dinheiro to deposit; ministro, etc. to depose, to discharge; jur. to testify.

deport|ação s f deportation; **~ar** (1e) v/t *(enviar)* to dispatch; *(expulsar)* to banish, to deport.

deposi|tar (1a) v/t to deposit; *mercadoria* to store; **~tário** s m, **-a** f depositary; **fiel ~** trustee.

depósito s m deposit; banco deposit; conta (bank) account; mercadoria depot, warehouse; gasolina tank; água reservoir; med. sediment; quim. sediment, dregs; *(vasilhame)* bottle deposit; **~ a prazo fixo** econ. fixed deposit.

depreci|ação s f depreciation; valor devaluation; *(amortização)* amortization; fig. reduction; *(menosprezo)* underrating; **~ar** (1g) v/t to devaluate; *(amortizar)* to pay off; fig. to reduce; *(menosprezar)* to underrate, to underestimate.

depressa adv fast, quickly, swiftly.

depress|ão s f depression; lowering; decline; econ. depression; **~ivo** adj depressive.

deprim|ente adj depressive, depressing; **~ir** (3a) v/t to depress, to dispirit; *(abater)* to knock down.

deputado s m Member of Parliament *(abbr.* MP); congressman.

deriva s f : **andar à ~** to drift.

deriv|ado s m gr derivative; téc. byproduct; **~ar** (1a) v/t to derive, to deflect; elect. to branch off; v/i to arise from, to follow from.

dermat|ologia s f dermatology; **~o-logista** s m/f dermatologist; **~ose** s f med. dermatosis, skin disease.

derram|ar (1a) v/t to spill; boatos, doutrina to spread; bens to waste; amontoado to scatter; sangue, lágrimas to shed; **~-se** v/r to spread o.s.; **~e** s m med. hemorrhage.

derraplagem s f skidding; **~ar** (1b) v/i to skid.

derreter (2c) v/t to melt, to dissolve; dinheiro to squander; fig. to soften; to harass; **~ os olhos, ~ em lágrimas** to move s.o. to tears; **~-se** v/r to melt; fig. to become softhearted.

derroc|ada s f *(desmoronamento)* collapse; *(despenhamento)* crash; fig. breakdown; *(queda)* fall; mil. defeat; **~ar** (1n) v/t to demolish, to destroy, to ruin; ordem to subvert; governo to overthrow; adversário to defeat, to beat.

derrota s f **a)** defeat, **b)** way, path; naut. e aer. route, course.

derrotlar a) (1e) *v/i* to be driven off course; **b)** *v/t* to defeat, to beat; *fig.* to batter, to make a mess of; **ser ~ado** to be defeated.

derrublar (1a) *v/t* to throw down; to knock down; *edifício* to demolish, to pull down; *governo* to overthrow; *mil.* to shoot down; **~e** *s m pol.* overthrow.

desabaflar (1b) *v/t* to unburden o.s.; *(descobrir)* to uncover, to disclose; *fig.* to expose to the air, to ventilate; **~o** *s m* relief; *fig. sentimentos* outburst; *(expansão)* expansiveness.

desabar (1b) *v/i chapéu* to turn down; *fig.* to undermine; to crumble, to tumble; *fig.* to break down; *(tempestade)* to break.

desabitado *adj* uninhabited.

desabono *s m* discredit; **em ~** to the discredit of.

desabotoar (1f) *v/t* to unbutton; *v/i (rebento)* to sprout; *(flor)* to blow.

desabrido *adj (áspero)* harsh; *(rude)* rude, gruff; *(ofensivo)* rude.

desabrigado *adj* homeless; unsheltered; *(abandonado)* forsaken, abandoned; *(aberto)* open; rough *(vento)*.

desabrochar (1e) *v/t* to unclasp, to unbutton, to unfasten; *(abrir)* to open; *(soltar)* to loosen; *segredo* to reveal; *v/i* to bloom, to blow, *(rebentar)* to sprout.

desaconselhar (1d) *v/t* to dissuade; to advise against.

desacordo *s m* disagreement; quarrel; *(desatino)* rashness; **estar em ~ com** to disagree with.

desacostumlado *adj (invulgar)* unusual; no longer used (to *de*); **~ar** (1a): **~ alg de** to break *(ou* to cure) s.o. of sth.

desacreditlado *adj* discredited; **~ar** (1a) *v/t* to discredit, to slander.

desafectlado *adj* unaffected; *(natural)* natural, simple; *(à vontade)* frank; **~o 1.** *adj* hostile; **2.** *s m* dislike; aversion.

desafiar (1a) *v/t* to challenge, to dare; *(opor-se)* to brave; *(convidar)* to invite (to a game).

desafinlado *adj* out of tune, dissonant; **~ar** (1a) *v/t* to annoy; *v/i* to play *(ou* sing) out of tune; to sound wrong; *fig. (zangar-se)* to become cross *(ou*

angry) (with **com**); *(portar-se mal)* to misbehave.

desafio *s m* challenge; *(concurso)* contest; *desporto* competition.

desafivelar (1c) *v/t* to unbuckle.

desafoglado *adj (livre)* relieved, free; *(espaçoso)* open, ample; *(despreocupado)* carefree; *(à vontade)* easy; **~o** *s m (alívio)* relief; *(descanso)* relaxation; *(à vontade)* at ease; **dar ~ a** to vent; **com ~** carefree; at ease.

desafoguear (1l) *v/i* to cool off; *v/t (refrescar)* to refresh.

desafortunado *adj* unhappy; unlucky.

desagradlar (1b) *v/i* to displease; *v/t* to pester; **~ável** *adj* unpleasant; *(penoso)* painful; **~o** *s m* disfavour; dislike, discontent; **cair *(ou* incorrer) em ~** to lose s.o.'s favour.

desagravo *s m* satisfaction; amends; *(indemnização)* indemnification, compensation.

desagreglação *s f (separação)* separation; *(dissolução)* dissolution; *(desmoronamento)* collapse; **~ar** (1o) *v/t* to disagreggate; *(separar)* to separate; *(dissolver)* to dissolve; **~ar-se** *v/r* to collapse, to fall apart.

desaguladoiro *s m* ditch, drain; outlet; **~ar** (1m) *v/t* to drain; *(secar)* to dry; *v/i* to flow into.

desaljeitado *adj* clumsy; maladroit; thumby; **~juizado** *adj* unwise, foolish.

desajustlar (1a) *v/t* to disturb; *(soltar)* to disconnect, to separate; *contrato* to terminate a contract; to give s.o. his notice; **~ar-se** *v/r* to disagree; to have a misunderstanding; **~ de** to give one's notice; **~e** *s m contrato* termination; notice; *(inadaptação)* misfitting; *(desproporção)* misbehaviour; difference.

desalento *s m* discouragement.

desalinho *s m (desordem)* disarray; *(desleixo)* carelessness; *(confusão)* mess.

desalmado *adj* heartless, wicked, cruel; *(infame)* infamous.

desalojlado *s m pol.* expellee; **~ar** (1e) *v/t* to dislodge, to remove; *(afastar)* to drive away; **de um país, etc.** to expell, to chase away.

desamarrar (1b) *v/t* to untie, to unfasten, to loosen; *fig.* to leave; *v/i mar.* to weigh anchor; *aer.* to take off.

desamparǀado *adj* helpless, abandoned; **~ de** without; **~ar** (1b) *v/t* to abandon, to desert; to neglect; **~o** *s m* helplessness; *(abandono)* forsaking.

desanimǀado *adj (desencorajado)* dispirited, discouraged; *(deprimido)* depressed F blue; *(monótono)* monotonous, dull; *(sem vida)* weary; **~ar** (1a) *v/t (desencorajar)* to discourage; *(tirar a vontade)* to dissuade; *v/i* **~-se** *v/r* to dispair; *(tornar-se monótono)* to become dull.

desânimo *s m* discouragement; depression, dismay.

desanuviǀado *adj* cloudless; *fig.* cheerful; **~amento** *s m* détente; **~ar** (1g) *v/t* to clear up; *fig.* to relax.

desaparafusar (1a) *v/t* to unscrew, to screw off.

desaparecǀer (2g) *v/i* to disappear, to vanish; **~ido** *adj* missing; **~imento** *s m* disappearance.

desapercebido *adj* unprovided, unprepared; **~ de** unprovided of, without.

desapertar (1c) *v/t* to loosen; to unlace, to unfasten; *(aliviar)* to ease.

desapiedado *adj* pitiless, merciless; *(ímpio)* godless; *(infame)* infamous.

desapontǀamento *s m* disappointment; **~ar** (1a) *v/t* to disappoint.

desapossǀado *adj* dispossessed, deprived; *(sem forças)* without strength; **~ar** (1e) *v/t* to take away sth. from s.o.; **~ar-se** *v/r* to give up on sth.

desarborizǀado *adj* deforested; treeless; **~ar** (1a) *v/t* to deforest.

desarmǀação *s f* dismantling; *mar.* unshipping; **~ado** *adj* unarmed; *vista* naked; **~amento** *s m* disarmament; **~ar** (1b) *v/t* to disarm, to unarm; *fig.* to frustrate; *exército* to disband (troops); *máquina, etc.* to disassemble; *mar.* to unrig, to unship.

desarmǀonia *s f* disharmony; *(discórdia)* disaccord; **~onizar** (1a) *v/t* to disharmonize; to disturb; *(desunir)* to divide.

desarranjo *s m* disorder, derrangement; *(perturbação)* disturbance; *auto.* breakdown; *(confusão)* confu-

sion; **~ intestinal** *med.* diarrhea; *causar* **~** to disturb.

desarrolhar (1e) *v/t* to uncork.

desarrumǀação *s f* disarray; untidiness; **~ado** *adj* untidy; messy; **~ar** (1a) *v/t* to mess up, to put out of place.

desarvorar (1e) *v/t barco* to dismast, to dismantle; *v/i* to loose the mast.

desassociar (1g) *v/t* to dissociate; *(desunir)* to divide.

desassossegǀado *adj* restless, hectic; **~ar** (1o) *v/t* to worry; **~o** *s m* restlessness; unquietness.

desastrǀado *adj* unhappy; miserable *(estado)*; *(desajeitado)* awkward, clumsy; **~e** *s m (infelicidade)* misfortune; *(acidente)* accident; **~ de viação, ~ de trânsito** car accident; **~oso** *adj* disastrous; *(fatal)* fatal.

desatar (1b) *v/t* to untie, to unfasten, to unbind, to unlace; *fig.* to loosen, to relax; *(libertar)* to free (from **de**); **~ a** to begin to; **~ em** to break into.

desatenǀção *s f* inattention; **~to** *adj* heedless, distracted; *(irreflectido)* thoughtless.

desatracar (1n) *v/t* to unmoor.

desautorizar (1a) *v/t* to disauthorize; *(desprestigiar)* to weaken one's reputation; *(desacreditar)* to discredit.

desavença *s f* dissension; estrangement; **~s** *pl* discord.

desavergonhado *adj* shameless; *(insolente)* insolent, unashamed.

desbaratar (1b) *v/t* to scatter, to disarray; *fortuna* to waste, to squander; *capital* to squander; *mercadoria* to sell off cheaply; *inimigos* to defeat, to overcome; *multidão* to scatter.

desbastǀador *s m* jack-plane *(plaina)*; **~ar** (1b) *v/t* to rough-hew, to pare, to straighten; to polish; to form; *árvore, floresta* to prune, to lop; *cabelo* to thin out, to trim; **~e** *s m (polidura)* polishing; *(talhe)* forming; *(desarborização)* pruning, lopping; paring.

desbloquǀeamento *s m* withdrawal of a blockade; *(libertação)* liberation; **~ear** (1l) *v/t* to withdraw the blockade.

desbotǀado *adj fig.* discoloured, faded; **~ar** (1e) *v/t* to discolour; *v/i* to lose the colour, to fade.

desbravar (1b) *v/t* to break (*ou* cultivate) the land; *cavalo* to tame; *caminho* to pioneer, to clear.

descabido *adj* inopportune, unbecoming; *(inútil)* pointless.

descalçar (1p) *v/t* to take off (shoes, stockings); *travão* to take off the wedge; *rua* to take away paving stones; **~-se** *v/r* to pull off one's shoes.

descalcificação *s f* med. decalcification.

descalço *adj* barefooted, shoeless; unpaved *(rua); fig.* unprepared.

descampado *s m* open field, plain.

descanslado *adj* quiet, undisturbed, restful; **esteja ~!** don't worry!; **~ar** (1a) **1.** *v/t (apoiar)* to lean against; *(auxiliar)* to help; *(pousar)* to place, to put; *fig.* to reassure; **~ armas** to trail arms; **2.** *v/i* to rest; to relax; to pause; *(dormir)* to sleep; *(acalmar-se)* to calm down; **~ em** to rely on; **~ sobre alg; ~ na palavra de alg** to trust s.o. (*ou* s.o.'s word); **sem ~** endlessly.

descanso *s m* rest; *(restabelecimento)* recovery, relaxation; *(pausa)* recess.

descarlado *adj* shameless, impudent; fresh; **~amento** *s m* impudence.

descarga *s f* unloading; *med.* evacuation; *mil.* gunfire; **cano** (*ou* **tubo**) **de ~** drain; **fazer a ~, proceder à ~ (de)** to unload, to offload.

descarnlado *adj* lean, meagre; fleshless; *(osso)* exposed; *fig.* dry *(estilo);* **~ar** (1b) *v/t osso:* to expose; to pick the flesh off.

descarregar (1o) *v/t* to unload (*tb. arma);* *espingarda, tiro:* to fire, to shoot; *pancada:* to strike (a blow); *fig.* to relieve; *intestino:* to empty; **~ em** (*ou* **sobre**) to unload on; *fúria:* to let one's anger out on; **~-se** *v/r* to relieve o.s.

descarrillamento *s m* derailment, running off the rails; **~ar** (1a) *v/i* to derail.

descascar (1n) *v/t fruta, etc.:* to peel; *feijões:* to shell; *árvore:* to rind; *v/i* to peel off; *fig.* **~ em** to tell s.o. off.

descendlência *s f* offspring; *(filiação)* descent; **~ente 1.** *adj (ant. ascendente)* descending; *(a cair)* falling; **2.** *s m* descendant; **~er** (2a) *v/i* to descend, to proceed; *(vir de)* to come from.

descer (2g) **1.** *v/t e v/i* to come down, to go down, to step down; **2.** *v/t* to bring, put *ou* take down; *ordenado, preço* to reduce; **3.** *v/i* to sink *(tb. fig.);* to land *(avião);* to drop *(preço, temperatura);* to sail downstream; to get (*ou* climb) off *(do cavalo, carro).*

descida *s f* descent; *rua:* incline; slope; *preço:* reduction; *preço, temperatura:* fall, drop; *fig.* decay.

desclassificar (1n) *v/t* to disqualify; *(aviltar)* to dishonour.

descobertla *s f* discovery; **~o** *adj (aberto)* open; *(destapado)* uncovered; *(nu)* naked, nude; *(desprotegido)* uncovered (also econ., mil.); *cabeça:* bare-headed; **a ~o** econ. uncovered.

descobrlidor *s m* discoverer; **~imento** *s m* discovery; **~ir** (3f) *v/t* to uncover; *crime:* to expose; *a/c nova* to discover; *coração:* to open; *v/i* to clear up *(ar).*

descollagem *s f aer.* take off, lift off; **~ar** (1e) *v/t* to unglue; to detach; *aer.* to take off; **prestes a ~** *aer.* ready to take off.

descolorlação *s f* discolouration; **~ar** (1e) *v/t* to discolour, to decolourate; **~ido** *adj* colourless; **~ir** (3f) *v/i* to taint, to lose the colours.

descomunal *(ant. comum)* uncommon, rare; *(excessivo)* excessive; *(enorme)* enormous.

desconcertlante *adj* bewildering; **~o** *s m (confusão)* confusion; *(desordem)* disorder; *(perturbação)* disturbance; *(discórdia)* discord; *(inconveniência)* inconvenience; *(disparate)* non-sense.

desconexo *adj* incoherent, inconsistent.

desconfilado *adj* suspicious; *(que duvida)* doubtful; *(descrente)* incredulous, unbelieving; **~ança** *s f* mistrust; **~ar** (1g) *v/t* to suspect, to guess; *v/i* **~ de** to mistrust; to doubt.

desconforto *s m* dreariness, hopelessness *(ant comodidade)* discomfort.

descongelar (1c) *v/t* to defrost; *fig.* to release.

descongestionlamento *s m med.* rinse; **~ar** (1f) *v/t med.* to rinse; *fig.* to free; *acesso, estrada* to clear; *trânsito* to ease.

desconhecer

desconhec|er (2g) *v/t* to ignore; *(não saber)* not to know; *(não reconhecer)* not to recognize; *(não admitir)* to deny; **~ido** *adj* unknown; *(incógnito)* incognito; **~imento** *s m* ignorance.

desconsideração *s f* disrespect, disregard; *(grosseria)* impoliteness.

desconsol|ado *adj (triste)* sad, disconsolate; *(inconsolável)* miserable; *(monótono)* dull; desolate; **~o** *s m* distress; *(desilusão)* disappointment; **que ~!** how depressing!; **ser um ~** to be terribly dull.

descontar (1a) *v/t* to make a reduction; *(deduzir)* to deduct; *(abstrair)* to leave out, to disregard; *econ.* to discount; *cheque* to cash.

descontent|amento *s m* dissatisfaction; *(aborrecimento)* displeasure, dislike; **~ar** (1a) *v/t* to dissatisfy; *(desagradar)* to displease; **~e** discontent; unsatisfied; *(aborrecido)* displeased.

descontinuidade *s f* discontinuity; *(desconexão)* disconnection.

descontínuo *adj* interrupted; *(desconexo)* incoherent; *(inconstante)* unstable.

desconto *s m preço* reduction; *(diminuição)* reduction; *(dedução)* deduction; *econ.* discount; **~ por compra em atacado** bulk discount.

descontrol|ado *adj* out of control; **~le, ~lo** *s m* lack of control.

descorado *adj* discoloured; *(sem cor)* colourless; *(pálido)* pale.

descrédito *s m* discredit.

descr|ença *s f* disbelief; **~ente** *s m/f* unbeliever; **~er** (2k) *v/t* to disbelieve.

descr|ever (2c; *pp descrito*) *v/t* to describe; to outline; **~ição** *s f* description.

descritivo *adj* descriptive.

descuid|ado *adj (desleixado)* careless; *(despreocupado)* carefree; **~ar** (1a) *v/t (deslexar)* to neglect; *(não ter em conta)* to overlook; **~ar-se** *v/r* to become careless; *(imprudente)* to be rash; *(descurar-se)* to forget o.s.; **~o** *s m (desleixo)* negligence, carelessness; *(falta de atenção)* heedlessness; *(engano)* oversight, lapse.

desculp|a *s f* apology; *(subterfúgio)* excuse, pretext; **dar ~ a** to excuse;

pedir (muitas, mil) ~(s) to apologize sincerely; **~ar** (1a) *v/t* to excuse; to pardon; **~ar-se com** to use as a pretext.

desde *prep e cj* since, from; after; **~ então** since then; **~ há** since; **~ já** at once; **~ logo** immediately; **~ que** since, as soon as; *(contanto que)* provided.

desdém *s m* disdain; haughtiness; **com ~** scornfully; **ao ~** carelessly.

desdenh|ar (1d) *v/t* to disdain, to scorn; *(rejeitar)* to despise; **~oso** *adj* disdainful; *(reservado)* demure.

desdentado *adj* toothless.

desdobr|amento *s m* unrolling, unfolding; *(desenvolvimento)* development; *(exposição)* explanation; *(propagação)* spreading; *(dissociação)* splitting.

desej|ar (1d) *v/t* to wish; to desire; to crave for, to long for, *(cobiçar)* to covet; **não ter nada a ~** to be completely satisfied; **~o** *s m* desire; longing; *(cobiça)* envy, covetousness.

desembalar (1b) *v/t malas* to unpack; *embrulho* to unwrap.

desembaraç|ado *adj* unembarrassed; unencumbered; quick; **~ar** (1n) *v/t* to disentangle; *lugar* to free, to clear; *obstáculo* to remove; **~ar-se** *v/r* to get along, to cope with; **~ar-se de** to get rid of; **~o** *s m* unrestraint, familiarity; *(segurança)* self-reliance; *(habilidade)* ingeniousness, skill.

desembarc|adoiro *s m mar.* quay; **~ar** (1n) *v/t* to unship; *mercadoria* to unload; *v/i* to disembark, to land.

desembar|gar (1o) *v/t* to release; *(libertar)* to free; *(despachar)* to clear; **~que** *s m* disembarkation; landing.

desemboc|adura *s f* mouth of a river; **~ar** (1n) *v/i* to disembogue, to flow into *(rio);* to lead to *(rua).*

desembols|ar (1a) *v/t dinheiro* to disburse, to spend; to come down with money; **~o** *s m* disbursement; outlay.

desembrulhar (1a) *v/t* to unwrap, to open, to unpack; *fig.* to explain.

desem|pacotar (1e) *v/t* to unpack; **~panagem** *s f: serviço de ~* breakdown service; **~panar** (1a) *v/t espelho, metal* to wipe, to polish; *auto* to repair; *fig.* to clear up.

desempate *s m (decisão)* decision; resolution; *(conclusão)* conclusion; **eleição de** ~ runoff; **jogo de** ~ play-off match.

desempenar (1d) *v/t (endireitar)* to straighten; *(arranjar)* to repair, to fix; *v/i e* **~-se** *v/r* to straighten up.

desempenhar (1d) *v/t penhor* to redeem; *dever* to fulfill; *palavra* to keep; *encomenda* to carry out; *cargo* to carry out; to pay off (debts); *papel* to act; ~ **alg de** to pay s.o.'s debts; **~ar-se** *v/r* to acquit o.s. of.

desemperrar (1c) *v/t* to loosen; *fig.* to render compliant.

desempreg|ado *s m*, **-a** *f* unemployed; **~ar** (1o) *v/t* to dismiss; to remove s. o. from service; to sack; **~ar-se** *v/r* to quit one's job; **~o** *s m* unemployment; ~ **em massa** mass unemployment; **seguro contra o** ~ unemployment insurance; **subsídio de** ~ unemployment benefit.

desencadear (1l) *v/t* to unleash, to unchain; *fig.* to cause; **~-se** *v/r* to break loose; *fig.* to rage; *(guerra)* to break out.

desencaixar (1a) *v/t* to take apart; **~-se** *v/r* to get dislodged.

desencanto *s m* disappointment, disillusion.

desencontr|ado *adj* opposite; *(desigual)* dissimilar; *(divergente)* divergent; **~ar** (1a) *v/t* to fail to meet one another; *(desviar)* to deviate; **~ar-se** *v/r* to disagree, to dissent; *(divergir)* to diverge; **~o** *s m* failure in meeting; *(discordância)* disagreement *(mal-entendido)* misunderstanding; *(oposição)* divergency, dissension.

desencorajar (1b) *v/t* to discourage.

desenferrujar (1a) *v/t* to remove the rust; *(polir)* to polish; *fig.* to bring into form, to practise exercise; *fig.* to grease; *garganta* to sing; *pernas* to go for a walk, to stretch one's legs; *língua* to chatter, to blab.

desenfreado *adj* unruled; *desmedido* immoderate.

desenganar (1a) *v/t* to open s.o.'s eyes; *(desiludir)* to disillusion, to undeceive; *(decepcionar)* to disappoint; **~-se** *v/r* to see one's mistake; to go through a disappointment.

desenganchar (1a) *v/t* to unhook; *(soltar)* to loosen.

desengano *s m* disappointment; *(lição)* lesson; *(cepticismo)* skepticism; *(franqueza)* honesty.

desen|gatar (1b) *v/t* to uncouple, to disconnect, to disengage; **~gate** *s m* uncoupling; disconnection.

desengonç|ado *adj* shaky; *(gasto)* worn out; *fig.* shaky, loose; **~ar** (1p) *v/t porta* to disjoint; *(desmanchar)* to tear; *(soltar)* to loosen; *braço* to dislocate.

desenh|ador *s m*, **-a** *f* drawer, tracer, designer; **~ar** (1d) *v/t* to design, to sketch, to draw; **~o** *s m* drawing, sketch; ~ **geométrico** diagram; **~os animados** cartoon.

desenlace *s m (solução)* solution; *(saída)* outcome; *(fim)* finish, epilogue.

desen|raizar (1q) *v/t* to unroot, to uproot; **~raizado** *adj* uprooted person; **~rascar** (1n) *v/t e v/i (desenredar)* to clear up; *(extrair)* to get out; **~redo** *s m* disentanglement; *(solução)* solution; unravelling *de um drama*; **~rolar** (1e) **1.** *v/t* to unroll; *fig.* to tell; *(desenvolver)* to develop; **2.** *s m* development; *(decorrer)* course; **~rolar-se** *v/r fig.* to develop; *(passar-se)* to happen; *(ter lugar)* to take place; **~roscar** (1e) *v/t* to untwine; *parafuso* to unscrew; **~rugar** (1o) *v/t* to unwrinkle.

desentendimento *s m* disagreement; misunderstanding.

desentranhar (1a) *v/t* to disembowel; *(arrancar)* to tear out; *(descobrir)* to find out; *(confessar)* to make a clean breast of.

desentupir (3a) *v/t* to free from obstructions; *(abrir)* to open; *cano, etc.* to unstop, to clear.

desenvencilhar (1a) *v/t* to disentangle; to loosen; **~-se** *v/r* to get rid of.

desenvolv|er (2e) *v/t* to develop; *(expor)* to display; *mat.* to carry out; **~imento** *s m* development; **país em vias de** ~ developing country.

desequil|ibrado *adj* unbalanced; crazy; **~íbrio** *s m* unbalance, unsteadiness; *(desproporção)* disproportion.

deserdar (1c) *v/t* to disinherit; *fig.* to mistreat.

desert|ar (1c) **1.** *v/t* to depopulate; to lay waste; **2.** *v/i* to defect; **~o 1.** *adj* wild; solitary; *(vazio)* empty; *(abandonado)* deserted; *(desabitado)* uninhabited; **2.** *s m* desert; wilderness; waste; **~or** *s m* deserter, fugitive; *(trânsfuga)* rebel.

desesper|ado *adj* desperate, hopeless; *(furioso)* furious; **~ar** (1c) *v/t* to give no hope, to drive to despair; *v/i* to dispair (*de* from); to lose hope; **~o** *s m* despair; *(inutilidade)* hopelessness.

desestabiliz|ação *s f* destabilization; uncertainty; **~ador** *adj* unsettling.

desfalec|er (2g) *v/i* to faint; to become weak; **~imento** *s m (fraqueza)* weakness; *(desmaio)* faint.

desfalque *s m* embezzlement, peculation; *(défice)* deficit.

desfas|ado *adj* out of phase; distant; **~agem** *s f* = **~amento** *s m* fig. distance; gap.

desfav|orável *adj* unfavourable; **~orecer** (2g) *v/t* to disfavour; *esp.* to discriminate against.

desfazer (2v) *v/t (desmontar)* to take apart; *(triturar)* to grind; *(partir)* to break; *(destruir)* to destroy, *costura* to unknitt; *nó* to untie; *açúcar* to dissolve; **~~se** *v/r* to break up, to disperse; *(despedaçar)* to break into pieces; to be unsewed *(costura); (derreter-se)* to melt (into *em*); *(desmoronar-se)* to crumble; **~ de** to get rid of.

desfecho *s m* outcome; result.

desfeita *s f* insult, outrage.

desfigurar (1a) *v/t* to disfigure; *(deformar)* to deform; *(tornar irreconhecível)* to change beyond recognition.

desfil|adeiro *s m (passagem)* pass; gorge; ravine; **~ar** (1a) *v/i* to parade; to march in line; **~e** *s m* parade.

desflor|amento *s m* deflowering; **~ar** (1e) *v/t* to deflorate, to take away the flowers; *med.* to deflower.

desflorest|amento *s m* deforestation; **~ar** (1c) *v/t* to deforest.

desfolhar (1e) *v/t* to take away the leaves or petals, to defoliate; *milho* to husk; **~~se** *v/r* to shed the leaves.

desforr|a *s f* revenge, retribution; *tirar a ~ =* **~ar-se**; *dar ~ jogo* to have a return match; **~ar** (1e) *v/i perda* to win one's money back; *(vingar)* to revenge; **~ar-se *de a/c*** to get even.

desfrut|ar (1a) *v/t* to hold in usufruct; *(explorar)* to make use of; **~ de** to enjoy; **~e**, **~o** *s m (usufruto)* usufruct; *(aproveitamento)* use; *(prazer)* delight.

desgast|ar (1b) *v/t* to consume, to wear down; to abrase *(ferrugem, etc.);* **~e** *s m* wearing, consuming; abrasion.

desgost|ar (1e) *v/t* to displease, to annoy; *(afligir)* to worry, to upset; *v/i ~ de* to dislike; *não ~* to like; **~o** *s m* grief, sorrow; *(desagrado)* displeasure; *(aflição)* worry; **~oso** *adj* displeased, discontent; *(triste)* sad, grieved.

desgoverno *s m* misgovernement; *(desperdício)* waste; *(imprudência)* carelessness.

desgraça *s f (infelicidade, infortúnio)* misfortune; *(miséria)* misery; *(desastre)* disaster; *cair em ~* to be out of favour; *por ~* unfortunately.

desgraçado 1. *adj (infeliz)* unhappy, unlucky; *(desditoso)* unfortunate; *(desastrado)* clumsy; **2.** *s m,* **-a** *f* wretch; *fig.* unlucky person.

desidratar (1b) *v/t* to dehydrate.

design *s m* design.

designar (1a) *v/t* to call; to name; to nominate; *(significar)* to mean; *(eleger)* to elect; *pol.* to appoint.

desígnio *s m* purpose, intention; *(plano)* plan; *(objectivo)* goal.

desigual *adj* unequal, different; *(acidentado)* uneven, rough; *(inconstante)* variable; **~dade** *s f* inequality; *(inconstância)* changeability, unsteadiness; *(desnível)* unevenness.

desilu|dido *adj* disillusioned; *(esclarecido)* realistic; *(decepcionado)* disenchanted, disappointed; **~dir** (3a) *v/t* to disillusion, to disappoint; *(esclarecer)* to undeceive; **~são** *s f* disillusion; disappointment.

desinchar (1a) *v/t* to reduce a swelling; *fig.* to humble.

desinfec|ção *s f* disinfection, decontamination; **~tante** *s m* disinfectant; **~tar** (1a) *v/t* to disinfect.

desin|festar (1a) *v/t* to cleanse; to disinfest; **~flamar** (1a) *v/t* to reduce an inflammation.

desintegr|ação *s f* disintegration, splitting; *átomo* fission; *(desmoronamento)* crumbling; **~ar** (1c) *v/t* to disintegrate, to split; *fig.* to dissolve; **~ar-se** *v/r* to crumble; to fall into pieces.

desinteress|ado *adj (indiferente)* indifferent, uninterested; *(altruísta)* detached, altruistic; **~e** *s m (indiferença)* indifference, aloofness; *(altruísmo)* unselfishness, abnegation.

desistir (3a)**:** *v/t ~ de* to stop; *(renunciar)* to give up on; *(abandonar)* to quit; to desert; *(demitir-se)* to quit, to resign; *fazer ~ de* to talk s.o. out of sth.

deslavado *adj* insipid; *fig.* shameless.

desleal *adj* disloyal; *(infiel)* unfaithful; faithless; *(desonesto)* dishonest; **~dade** *s f* disloyalty; *(infidelidade)* infidelity; *(desonestidade)* dishonesty.

desleix|ado *adj (negligente)* careless, negligent; *(imprudente)* reckless; **~o** *s m* carelessness, negligence; *(imprudência)* recklessness.

deslig|ado *adj (desatado)* untied; *(solto)* loose; *téc.* off, turned off; disconnected; **~ar** (1o) *v/t* to separate, to detach; *(desatar)* to untie, to unfasten; *téc.* to disconnect, to switch off; *ficha* to disconnect; *tel.* to cut off; *auscultador* to hang up.

desliz|ar (1a) *v/i* to glide, to slide; to flow *(água); (escorregar)* to slip, to miss one's step; **~e** *s m* misstep, stumble; *(descuido)* error, lapse.

desloc|ação *s f*, **~amento** *s m* displacement; *(emigração)* emigration; *(viagem, ida)* trip, journey; *(movimentação)* movement; *med.* dislocation; **~ar** (1n) *v/t* to displace, to move; *tropas* to move, to shift; *indústria* to transfer; *massas de terra, ar, água* to move; *braço* to dislocate; **~ar-se** *v/r* to go *(ou* drive); *(viajar)* to travel; *(mudar-se)* to move.

deslumbrar (1a) *v/t (ofuscar)* to dazzle, to blind; *(seduzir)* to seduce; *(entusiasmar)* to fascinate.

desmaiar (1b) *v/t fig.* to discolour, to turn faint; *v/i* to faint; *(esmorecer)* to discourage; *(empalidecer)* to turn pale; *(desaparecer)* to disappear; **~o** *s m* swoon, collapse; *(fraqueza)* weakness; *(desalento)* discouragement.

desmanchar (1a) *v/t* to undo; to unmake; *(desmontar)* to take to pieces; *cabelo* to ruffle; *costura* to unsew; *(desarrumar)* to mess up.

desmantelar (1c) *v/t edifício* to demolish; *obra* to dismantle; *barco* to unrig; *fig.* to close down; *monopólio* to break; *organização* to dissolve.

desmarcar (1n) *v/t* to remove the mark(s); *jogo, reserva* to cancel; *mandar ~ lugares* to cancel.

desmascarar (1n) *v/t* to unmask; *fig.* to expose, to bring to light.

desmaterializar (1a) *v/t* to dematerialize; *(espiritualizar)* to spiritualize.

desmazel|ado *adj (negligente)* careless; sloppy; **~o** *s m (negligência)* negligence; sloppiness, disarray; *(desleixo)* carelessness.

desmedido *adj* excessive; *(enorme)* enormous, immense.

desment|ido *s m* disavowel, denial; *(rectificação)* correction; *governo, etc.* denial; **~ir** (3e) *v/t* to deny, to disclaim; to disavow; *(contradizer)* to contradict; *afirmação* to correct; *factos* to question.

desmesurado *adj* immeasurable; *(enorme)* enormous; *(impróprio)* unbecoming; *(malcriado)* impolite, rude.

desmobil|ização *s f* demobilization; *(despedimento)* dismissal; **~izar** (1a) *v/t exército* to disarm, to demobilize; *soldados* to disband.

desmontar (1n) *v/t* to help s.o. off the horse; to throw from the saddle *(cavalo); máquina* to disassemble; *fig.* to examine; *v/i* to get off; **~ável** *adj* dismountable; *(amovível)* removable.

desmoraliz|ante *adj* discouraging, disheartening; **~ar** (1a) *v/t* to discourage, to dishearten; *(estragar)* to spoil, to ruin.

desmoron|amento *s m terras*: landslide; *queda* collapse; *(decadência)* decadence; *(derrocada)* breakdown; **~ar** (1f) *v/t edifício* to demolish; *disposição* to ruin; *(corromper)* to undermine; **~ar-se** *v/r* to slide *(massas de terra); (cair)* to collapse; *(desfazer-se)* to fall to pieces; *(abater-se)* to break down.

desnacionalizar (1a) *v/t* to denationalize.

desnatar

desnatar (1b) *v/t leite* to skim; *leite desnatado* skimmed milk.

desnecessário *adj* unnecessary, needless.

desnível *s m* difference in level; *(irregularidade)* unevenness; *(depressão)* low.

desnivel|ado *adj* sloping; *(acidentado)* uneven; **~amento** *s m (resvalar)* slide; **~ar** (1c) *v/t* to unlevel; to make uneven; *fig.* to distinguish; *(alterar)* to disrupt.

desobed|ecer (2g) *v/t* to disobey; *(opor-se)* to withstand; *(ignorar)* to disregard; *(infringir)* to transgress; **~iência** *s f* disobedience; *(oposição)* opposition; *(ignorar)* disregard; *(infracção)* transgression; **~iente** *adj* disobedient; *(renitente)* rebellious.

desobrig|ação *s f* exemption; *(libertação)* release; **~ar** (1o) *v/t econ.* to acquit; *libertar* to free.

desobstruir (3k) *v/t* to remove obstructions *(órgão, etc.)*; *limpar* to cleanse; *(abrir)* to free.

desodorizante *s m* deodorant.

desol|ado *adj* inconsolable, bleak; **~ar** (1e) *v/t* to distress, to worry; *(devastar)* to lay waste, to ruin.

desonest|idade *s f* dishonesty; *(indecência)* immorality, indecency; **~o** dishonest; *(indecente)* immoral, indecent.

desonr|a *s f* dishonour, disgrace; shame; **~ar** (1a) *v/t* to dishonour, to disgrace; *(violentar)* to shame, to disgrace s.o.; *(rebaixar)* to debase.

desord|eiro 1. *adj* rowdy, riotous; **2.** *s m* rampager, rioter, hooligan; **~em** *s f* disorder; *(confusão)* confusion; *(pancadaria)* riot, row; *pol.* turmoil; **~enado** disorderly; *(desregrado)* unruly; *(devasso)* dissolute; unbridled *(instinto)*; confused, mixed-up *(espírito, etc.)*.

desorganiz|ação *s f* disorganization; **~ar** (1a) *v/t* to disorganize.

desorient|ação *s f* disorientation; *(confusão)* confusion; *(perplexidade)* bewilderment; **~ado** *adj* lost, adrift; *(perplexo)* bewildered; *(mal informado)* misinformed, misled; **~ar** (1a) *v/t* to mislead; *(confundir)* to confuse, to bewilder.

despach|ado *adj* quick, nimble; **~ante** *s m/f* customs' broker, customs' agent; **~ar** (1b) *v/t* to clear at customs; *(tratar)* to handle; *(enviar)* to send; *(expedir)* to dispatch; *documento* to issue; *requerimento* to grant; to hasten; **~o** customs' clearance; *(execução)* resolution; *(remessa)* dispatch, expedition; *(concessão)* grant; *esp.* enactment; *dar ~ a =* **~ar.**

despedaçar (1p) *v/t* to tear into pieces, to smash; *(estilhaçar)* to shatter; *(rasgar)* to rip.

desped|ida *s f* farewell; *(demissão)* resignation; *(despedimento)* dismissal; *(desfecho)* conclusion; **~imento** dismissal; sack; *protecção contra ~* protection against unlawful dismissal; **~ir** (3r) *v/t* to dismiss; *pessoal* to sack, to fire, to dismiss; *(arrojar)* to hurl; **~ir-se** *v/r (emprego)* to quit, to resign; *(dizer adeus)* to take leave, to say good-bye.

despeito *s m* spite; anger; *(aversão)* disgust; *a ~ de* in spite of.

despej|ar (1d) *v/t (esvaziar)* to empty; *líquido* to pour; *(libertar)* to free of; *casa* to vacate; *v/i* to move (out of); **~o** *s m* compulsory evacuation; *ordem de ~ jur* eviction; **~os** *pl* litter.

despenh|adeiro *s m* precipice, crag; **~ar** (1d) *v/t* to precipitate, to hurl; to crash; *fig.* to rush.

despensa *s f* larder; store-room.

despentear (1l) *v/t* to tousle, to ruffle.

despercebido *adj* unperceived; *passar ~* to go unnoticed; to escape s.o.

desperdi|çar (1p) *v/t* to waste, to throw away, to squander; **~ício** *s m* waste.

despert|ador *s m* alarm-clock; **~ar** (1c) *v/t* to awake; *sentimento* to arouse; *recordação* to bring back; *curiosidade* to excite, to arouse; *(animar)* to cheer up; *(provocar)* to cause, to trigger; *v/i* to wake up; **~o** awake; *fig.* alert.

despesa *s f* expense; expenditure; **~s** *pl* expenses, costs.

despido *adj* naked, undressed; *(árido)* bare; **~ de** without.

despir (3c) *v/t* to undress, to unclothe; to strip; to take off (clothes).

despistar (1a) *v/t (enganar)* to misguide; to divert; **~~-se** *v/r (desorien-*

tar-se) to lose direction; *auto* to get off the road.

despojo *s m (saque)* plunder; *guerra* booty.

despoletar (1c) *v/t fig.* to cause.

despontar (1a) **1.** *v/t ponta* to blunt; *v/i* to break *(dia);* to rise *(estrelas, etc.);* to come into view; *fig.* to sprout; **2.** *s m* break, beginning; rising.

desportlista *s m/f* sportsman, sportswoman; athlete; **~ivo** *adj* athletic; sporting; **~o** *s m* sport.

desposar (1e) *v/t* to marry.

déspota *s m/f* tyrant.

despótico *adj* despotical, autocratic, tyrannical.

despovoado 1. *s m* desert (uninhabited) place; **2.** *adj* descrtcd; **~ar** (1f) *v/t* to depopulate; *(desnudar)* to bare.

despregar (1o) *v/t* **a)** to unhook, to unnail; *(arrancar)* to tear; *(abrir)* to open; **b)** *(alisar)* to unwrinkle; *(desdobrar)* to unfold.

despreocuplação *s f* carelessness, insouciance; *(ignorância)* unawareness; **~ado** *adj (confiante)* trustful; *(descuidado)* carefree.

desprezlar (1c) *v/t* to despise, to disdain; *(recusar)* to refuse; *(ignorar)* to ignore; *(desacreditar)* to discredit; **~ível** *adj* despicable; *(vergonhoso)* shameful; **~o** *s m* contempt, disdain; *(descuramento)* neglect.

despromover (2d) *v/t* to demote.

desproporlção *s f* disproportion; **~cionado** *adj* disproportionate *(grande, comprido, alto, etc.); (desigual)* dissimilar.

desprotegido *adj* unprotected; helpless; *(desabrigado)* shelterless.

desqualiflclação *s f* inaptitude; *desporto:* disqualification; **~ado** *adj (incapaz)* unable; *(sem valor)* worthless; *(desonroso)* dishonourable.

desregrlado *adj* unruly; *(desorganizado)* disorderly; *(exagerado)* intemperate; *(devasso)* dissolute; **~amento** *s m* disorder; *(devassidão)* immorality, dissipation.

dessecar (1n) *v/t pântano* to drain; *campos, planta* to dry up.

destaclamento *s m* detachment (of an army); *(secção)* department; **~ar** (1n) *v/t* to detach; *(separar)* to sepa-

rate; *v/i e* **~ar-se** *v/r* to exceed, to surpass; *(sobressair)* to distinguish o.s.

destapar (1b) *v/t* to uncover, to open.

destaque *s m fig.* **pôr em ~** to emphasize.

desterrlar (1c) *v/t* to banish, to exile; *(expulsar)* to expel; *fig.* to chase away; **~o** *s m* exile.

destillação *s f* distillation; **~ar** (1a) *v/t* to distil; *(gotejar)* to pour out in drops; *v/i* to drip, to trickle; **~aria** *s f* distillery.

destinlação *s f* destination; **porto de ~** port of destination; **~ar** (1a) *v/t* to mean; to determine; *(atribuir)* to allot; *(reservar)* to reserve; *carta* to address; **~atário** *s m* consignee; receiver.

destino *s m (sina)* fate; *(local)* destination; *(objectivo)* purpose; **sem ~** aimless.

destituir (3i) *v/t do cargo* to dismiss; *(despedir)* to fire; **~ alg de a/c** to deprive s.o. of sth.

destrancar (1n) *v/t* to unlock, to unbolt.

destravar (1b) *v/t* to release the brake.

destreza *s f* skill, skillfulness; handiness; *(artifício)* trick.

destroçlar (1o) *v/t* to break, to wreck; *exército* to defeat, to crush; *fortuna* to squander; **~o** *s m* wreck; **~s** *pl* wreckage.

destrulição *s f* destruction; *(aniquilamento)* annihilation; **~ir** (3k) *v/t* to destroy; *(aniquilar)* to annihilate.

destrutivo *adj* destructive, ruinous.

desumano *adj* inhuman; cruel.

desunlião *s f* discord, dissension; *(separação)* separation; **~ir** (3a) *v/t* to separate, to disengage; *(lançar discórdia)* to quarrel, to fall out with s.o.

desvairlado *adj (confuso)* bewildered; *(exaltado)* frantic; *(desatinado)* wild; *(diverso)* varied; **~ar** (1a) *v/t* to vary; *(confundir)* to bewilder; *(enganar)* to mislead; *v/i* to lose one's head; *(desatinar)* to talk *(ou* behave) crazily.

desvalorizlação *s f* depreciation, devaluation; **~ar** (1a) *v/t câmbio* to devaluate, to depreciate; *(tirar valor)* to underrate; **~ar-se** *v/r* to become worthless; to lose value.

desvantagem

desvant|agem *s f* disadvantage; **~ajoso** *adj* disadvantageous; *(desfavorável)* unfavourable.

desvendar (1a) *v/t* to remove the blindfold; *(descobrir)* to unveil, to disclose; **~-se** *v/r fig.* to become public.

desventura *s f* misfortune.

desviar (1g) *v/t* to deflect; to divert; *(empurrar)* to push away; *(afastar)* to remove, to put out of the way; *olhos* to look away; *(cabeça)* to turn one's head; *trânsito* to divert; *indústria, etc.* to shift.

desvio *s m (distracção)* diversion; *(afastamento)* deviation; *(engano)* lapse; *(bifurcação)* fork; *via* detour; *dinheiro* embezzlement; *(esconderijo)* hiding place; *c.f.* side-track.

detectar (1a) *v/t* to notice; *(descobrir)* to find out; *(revelar)* to reveal.

deten|ção *s f* detention; *(prisão)* imprisonment; *(retenção)* apprehension; *(posse)* ownership; **casa de ~** prison-house, jail-house; **~ preventiva** custody; **~tor** *s m* owner; *poder* ruler.

deter (2zb) *v/t (reter)* to retain; *(parar)* to stop; *(ter)* to own; *(prender)* to arrest, to hold in custody; **~-se** *v/r* to linger; *(parar)* to stop; to come to a standstill; *(demorar-se)* to stay.

detergente *s m* detergent.

deterior|ação *s f* deterioration; *(ruína)* waste; ruin; *(estrago)* damage; *alimentos* rot; **~ar** (1e) *v/t* to deteriorate; *(avariar)* to damage, to spoil; *(arruinar)* to ruin; *dentes* to affect.

determin|ação *s f* determination; *(resolução)* resolution; *(deliberação, decisão)* decision; *(certeza)* certainty; *(disposição)* instruction, order; **~ar** (1a) *v/t* to determine; *(decidir)* to decide; *(fixar)* to establish, *(resolver)* to settle.

detest|ar (1c) *v/t* to hate, to detest, to loathe; **~ável** *adj* odious, obnoxious.

deton|ação *s f* detonation, explosion; **~ador** *s m* detonator; **~ar** (1f) *v/t* to detonate, to fire a gun.

detrás *adv* after; behind; **por ~** from behind; **~ de, por ~ de** behind.

detrimento *s m* detriment, damage; **em ~ de** to the detriment of.

deturp|ação *s f* distortion; **~ar** (1a) *v/t* to distort; to falsify.

Deus *s m* God; **~ pagão** god; *(ídolo)* idol; deity.

deusa *s f* goddess.

devagar *adv* slowly; leisurely.

deve *s m* debit.

dev|edor *s m,* **-a** *f* debtor; **~er** (2c) **1.** *v/t* to owe, *(agradecer)* to thank; **~ por** to be in debt for; **2.** *v/i* **~ (de)** *inf.* to have to, must; **não ~** should not; *probabilidade ou conjectura:* **ele (não) deve vir** he probably will (not) come.

devoção *s f (fervor)* fervour; *(religiosidade)* religiousness; *(dedicação)* dedication; **~ões** *pl* prayers.

devol|ução *s f* devolution, return; *econ.* refund; **~uto** *adj* vacant; **~ver** (2e) *v/t* to return; to give (send) back; to refund; *econ.* to transfer.

devorar 1e) *v/t* to devour, to gulp, to engorge; *fig.* to consume.

devot|ado *adj* devoted; altruistic(al); **~ar** (1e) *v/t (oferecer)* to offer; *(doar)* to donate; *fig. esp.* to dedicate.

dez 1. *adj* ten; **2.** *num* ten.

deza|nove *num* nineteen; **~sseis** *num* sixteen; **~ssete** *num* seventeen.

Dez|embro *s m* December; **~ena** *s f* ten; a set of ten; **uma ~ (duas ~s) de** ten (twenty); **~oito** *num* eighteen.

dia *s m* day; **~ santo, ~ santificado** holiday; **~ a ~, ~ após ~,** day by day, daily; **o ~ a ~** the everyday life, the daily routine; **de um ~ para o outro** overnight.

diab|ete(s) *s f med.* diabetes; **~ético 1.** *adj* diabetic; **2.** *s m,* **-a** *f* diabetic.

diabo *s m* devil.

diabólico *adj* devilish; *(danado)* damned.

diafragm|a *s m* diaphragm; *anat.* midriff; *foto* aperture; *elect.* membrane; **~ do ouvido** *anat.* eardrum.

diagn|ose *s f med.* diagnosis; **~osticar** (1n) *v/t* to diagnose; **~óstico** *s m* diagnosis; results *med.*

dia|gonal *s f, adj* diagonal, oblique; **~grama** *s m* diagram.

dialecto *s m* dialect.

dialogar (1o) *v/i* to talk to one another; **~ com** to talk with.

diálogo *s m* dialogue; conversation.

diamante *s m* diamond; *ponta de ~* diamond point.

diâmetro *s m* diameter.

diante 1. *adv* before, in front; *de... em (ou por)* ~ from... on; *para* ~ forward; *ir por* ~ to go ahead; *e assim por* ~ and so on; **2.** *prep* ~ *de (perante)* in the presence of, before.

diáriIa *s f (salário)* daily wages; *(ração)* daily ration; daily rate *no hotel;* ~**o 1.** *adj* daily; **2.** *s m* diary; *(jornal)* (daily) newspaper.

diarreia *s f* diarrhea.

dicção *s f* diction, style, expression; *(expressão)* way of speaking or writing.

dicionário *s m* dictionary.

didáctico *adj* instructive, pedagogic(al).

diesel *s m* diesel.

dieta *s f* **a)** diet; *esp med.* regimen, diet according to medical instructions; **b)** diet, assembly.

dietético *adj* dietetical; *loja de produtos ~s* health food shop.

difamar (1a) *v/t* to slander; to discredit; *(insultar)* to vilify.

diferença *s f* difference; *(diversidade)* variety, diversity; *(divergência)* disagreement, variance; *(resto)* rest; ~ *de opinião* difference of opinion.

diferenIcial 1. *s f mat.* differential; **2.** *s m téc.* *(engrenagem)* ~ differential gear; ~**ciar** (1g) *v/t* to discriminate, to differentiate; *mat.* to calculate the differential; ~**te** *adj* different, unlike; dissimilar; *(mudado)* changed; *(outro)* another; *isto é* ~ this is different.

difícil *adj* difficult, hard; *(delicado)* delicate; *(penoso)* painful; *ser* ~ *a* to be difficult for.

dificulIdade *s f* difficulty, hardship; *levantar (opor, suscitar) ~s* to raise difficulties; ~**tar** (1a) *v/t* to render difficult; to hamper, to hinder.

difteria *s f med.* diphteria.

difundir (3a) *v/t* to spread; *rádio, TV* to broadcast.

difusIão *s f* diffusion; divulgation, spread; *rádio, TV* broadcast; ~**o** *adj* diffuse; dispersed; *fís.* diffuse.

digeIrir (3c) *v/t* to digest; to assimilate *(tb. fig.);* *infelicidade* to endure; ~**s-**

tão *s f* digestion; *fazer a digestão* to undergo digestion; ~**stivo** *adj* digestive; *tubo digestivo* alimentary canal; *aparelho digestivo* digestive system.

digital *adj* digital; finger...; *impressão* ~ fingerprint.

dignIidade *s f* dignity; worthiness; *(reputação)* reputation; ~**o** worthy; honourable; *(adequado)* deserving.

dilação *s f* postponement; *sem* ~ without delay.

dilatar (1b) *v/t* to dilate, to stretch, to expand; to swell; *(aumentar)* to enlarge; *prazo* to extend; *acção* to postpone, to put off; *ensinamento* to spread.

dilema *s m* dilemma.

diletante 1. *s m/f* dilettante; **2.** *adj* dilettante, amateur.

diligência *s f* diligence; laboriousness; *(coche)* stage-coach, post-coach; ~**s** *pl* measures; *jur. (execução)* judicial execution; *oficial de ~s* bailiff.

diluir (3i) *v/t* to dilute, to dissolve; *(aguar)* to thin, to make thin.

dimensão *s f (extensão)* dimension, extension; *(tamanho)* size; ~**ões** dimensions.

diminuir (3i) *v/t* to diminish, to reduce; to shorten; *efeito* to soften; *despesas* to restrict, to reduce; *tempo, pessoal* to reduce; *preços* to decrease; *velocidade* to slow down.

dinamarquês 1. *adj* Danish; **2.** *s m,* ~**esa** *f* Dane.

dinâmicIa *s f* dynamics; *(decorrer)* course; ~**o** *adj* dynamic; *(vigoroso)* vigorous, energetic.

dinamite *s f* dynamite.

dínamo *s m* dynamo, generator.

dinheiro *s m* money.

diploma *s m* diploma; *(certificado)* certificate.

diplomIacia *s f* diplomacy; ~**ata** *s m/f* diplomat, member of a diplomatic body; ~**ático** *adj* diplomatic.

dique *s m* dam, dyke.

direcIção *s f* direction; *(gerência)* management; *(administração)* administration; *(condução)* guidance; *(orientação)* direction, course; *(correio)* address; ⌕ *Geral* General Management; ~ *assistida téc.* power steering;

secretária de ~ management's secretary; **~tiva** s f guideline; **~tivo** adj leading; **Comissão ~a** board of management; managing comittee; **Conselho** ~ univ. senate; (Conselho de Administração) board of directors; **~to 1.** adj straight; (imediato) immediate; (contínuo) continuous; (sem rodeios) straightforward; **ligação -a** tel. direct dialing; **número** ~ direct dial number; **comboio** ~ = **2.** s m semifast train; **~tor 1.** s m director; manager; headmaster; mús. conductor; **²-Geral** general manager; **2.** adj ruling; guiding; **~tora** s f headmistress; manageress, chairwoman; **~triz 1.** s f directive; guideline; ~ **básica da CE** EU general directive; **2.** adj guiding, ruling.

direita s f right side, right hand side; **à** ~ on the right; **às** ~**s** honest, upright; (certo) right, correct; **seguir pela** ~ to turn right; **~o 1.** adj right, straight; (vertical) vertical; fig. honest, loyal; (verdadeiro) true; **2.** adv right; **a** ~ straight ahead; **3.** s m law, jurisprudence; right; ~ **à greve** right to strike; (imposto) tax, duty; **isento de** ~**s** taxfree.

dirig|ente 1. adj leading, directing; **2.** s m leader, director; **~ir** (3n) v/t to direct; to lead; negócios to run; exército to command; carro, barco to drive, to steer; carta, palavra to address (to); **~ir-se para** to go (ou drive ou fly) to; **~ir-se a** to turn to s.o., to apply to s.o.; **~ível 1.** adj controllable, steerable; **2.** s m zeppelin.

disciplina s f discipline; (ordem) order; (regras) rules; (formação) education; (cadeira) subject.

discípulo s m student; rel. disciple.

disco s m disc, disk; mús. record; ~ **magnético** inform. magnetic disk; - **rígido** inform. hard disk; **~-voador** flying saucer.

discordar (1e) v/i to disagree; (contradizer) to contradict.

discórdia s f discord, disharmony; (briga) quarrel.

discoteca s f record shop; (boate) discotheque.

discrepância s f discrepancy; (contradição) contradiction; (desacordo) disagreement; (diferença de opiniões) difference of opinions.

discreto adj discreet; (reservado) reserved; (modesto) inconspicuous; (calado) quiet; (esperto) clever.

discrição s f discretion; (reserva) reserve, tact; (modéstia) modesty; (sigilo) circumspection, secrecy; (esperteza) cleverness; **à** ~ at will.

discrimin|ação s f (diferenciação) distinction; (distribuição) distribution; discrimination; **~ar** (diferenciar) to differentiate; (descrever) to describe in detail; to discriminate; **~atório** discriminating.

discurso s m speech (**fazer** to make).

discu|ssão s f (conversa) discussion; (debate) debate; argument; **~tir** (3a) v/t (debater) to discuss; (negociar) to negotiate; to argue, to quarrel.

disent|eria s f dysentery; **~érico** adj dysenteric.

disfarçar (1p) v/t to disguise; defeito to cover; verdade to conceal.

disforme adj disfigured, deformed; (grosseiro) awkward; (horrível) horrible.

disparar (1b) v/i to shoot; v/t (arremessar) to throw; (expelir) to expel, to eject.

disparate s m nonsense; folly.

dispensa s f exemption; (autorização) leave; rel. dispensation.

dispensar (1a) v/t to release, to free from an obligation; (isentar) to exempt; (tornar supérfluo) to render superfluous; (dar) to give, to donate.

dispers|ão s f scattering; (desperdício) waste; mil. disbandment; **~ar** (1c) v/t e v/i to spread, to scatter; (desperdiçar) to waste.

disponível adj available; (livre) free.

dispor (2zd) **1.** v/t to place, to lay out; tropas to set up, to post; regras to determine, to settle; alicerce to lay; raízes to grow; **2.** v/i ~ **de** to have at one's disposal; ~ **de si** to be free; **3.** **~-se a** ou **para** (preparar-se) to make o.s. ready to; (decidir-se) to decide, to make up one's mind; **4.** s m disposal; **deixar ao** ~ **de alg** to leave at s.o.'s disposal.

disposi|ção s f disposition; arrangement; (situação) situation; (predisposição) aptitude, inclination (to **para**); (carácter) temper; alma mood; *lei* rule, regulation; *med.* state of health; **estar** *ou* **ficar (pôr) à ~** to be (put) at s.o.'s disposal; **~tivo** *s m* gadget, device; *(medida)* measure; **~tivo cénico** stage set; **~tivos** precautions.

disputa *s f (discussão)* argument; *(briga)* quarrel; *(debate)* debate; *desporto* contest, match.

disquete *s f inform.* diskette, floppy disk; **drive de ~** *inform.* disk drive.

dissec|ação *s f* dissection; **~ar** (1n) *v/t* to dissect.

dissertação *s f (tratado)* treatise; *(conferência)* lecture; *(tese de formatura, doutoramento)* dissertation.

dissidente *adj e s m/f* dissident.

dissimul|ação *s f* dissimulation, hypocrisy; **~ar** (1a) *v/t* to dissimulate; *(ocultar)* to conceal; *(disfarçar)* to disguise; *v/i* to feign, to pretend.

dissoci|ação *s f* dissociation; *(isolamento)* isolation; *(desintegração)* separation; **~ar** (1g) *v/t* to dissociate; *(isolar)* to separate.

dissol|vente 1. *adj* liquefying; *fig.* corrupting; **2.** *s m quím.* solvent; **~ver** (2e) *v/t* to liquefy; *quím.* to dissolve; *jur.* to annul; *fig.* to corrupt; *(estragar)* to spoil, to ruin.

distância *s f* distance *(tb. fig.)*; *(espaço intermédio)* space; *fig.* difference; **à ~** from afar, far-away; **à ~ de** at a distance of.

disten|der (2a) *v/t* to expand, to distend; *(esticar)* to stretch; *med.* to pull (a muscle); **~ a vista** to look into the distance; **~são** *s f* stretching; expansion; *(tensão)* tension; *med.* pulled muscle; *psicol.* relaxation.

distin|ção *s f* distinction; *(clareza)* distinctness; *(diferença)* difference; *(agraciamento)* honour; *(elegância)* elegance; **à ~ de** unlike; **com ~** excellent; *(fino)* distinguished; **~tivo** *adj* distinctive; mark; *festa, partido* badge; **~to** *adj* distinct, different; *(claro)* explicit; *(agraciado)* honoured; *(fino)* elegant; high-bred.

distor|ção *s f* distortion; **~cer** (2g) *v/t* to distort.

distracção *s f* absence of mind, inattention; *(passatempo)* diversion, distraction, entertainment, pastime.

distra|ído *adj* distracted, absent-minded; **~ em, ~ por** distracted with; **apanhar alg ~** to surprise s.o.; **~ir** (3l) *v/t* to distract; *(divertir)* to amuse, to entertain; *(desviar a atenção)* to draw away (the attention from).

distribu|ição *s f* distribution; *(classificação)* classification; **~idor** *s m* distributor; *econ.* representative; **~idor automático** vending machine; **~ir** (3i) *v/t* to distribute; to deliver; to allot.

distrito *s m* district; region.

dit|ado *s m* dictation; *(provérbio)* saying; **~ador** *s m,* **-a** *f* dictator; despot; **~adura** *s f* dictatorship; **~afone** *s m* dictaphone; **~ar** (1a) *v/t* to dictate; *(sugerir)* to suggest; *(ordenar)* to order; *lei* to enact.

ditongo *s m* diphthong.

diur|ese *s f* diuresis; **~ético** *adj* diuretic.

diurno diurnal, daytime.

divã *s m* couch.

diverg|ência s *f opinião* difference (of opinion); *(oposição)* opposition (to); *(diferença)* difference; **~ir** (3n) *v/i* to diverge, to disperse; *(diferir)* to differ; *(discordar)* to disagree.

diversão *s f (passatempo)* pastime; *(divertimento)* amusement, entertainment.

divert|ido *adj* amusing, entertaining; *(cómico)* funny; **~imento** *s m* amusement; entertainment; fun; **~ir** (3c) *v/t* to amuse, to entertain; *(afastar a atenção)* to draw away the attention (from **de**); **~-se** *v/r* to enjoy o.s., to amuse o.s., to have fun.

dívida *s f* debt.

divid|endo *s m mat.* dividend; *econ.* share, bonus; **~ir** (3a) *v/i mat.* to divide; *v/t (repartir)* to share; *fig.* to separate, to disunite.

divino *adj* divine.

divis|ão *s f* division; *(separação)* separation; disunion; *(repartição)* division; department; *casa room; mat., mil.* division; **linha de ~** dividing line; **~or** *s m mat.* divisor.

divorciar (1g) *v/t casamento* to divorce; *(apartar)* to separate, to disunite; **~-se** *v/r* to get divorced.

divórcio *s m* divorce; *fig.* opposition; disunion.

divulgar

divulgar (1o) *v/t* to spread; *(publicar)* to announce.

dizer (2x) *v/t* to say; *(falar)* to speak.

do|ação *s f* donation; **~ador** *s m*, **-a** *f* donor; **~ador de órgãos** organ donor; **~ar** (1f) *v/t* to donate.

dobra *s f* fold; plait; *(prega)* crease, pucker.

dobra|diça *s f porta* joint; *(gonzo)* hinge; **~ar** (1e) *v/ t* to fold *(a mãos); quantia* to double; *vara* to bend; *orgulho* to bow; to make s.o. compliant; to change s.o.'s mind; *sino* to toll; **~o** *s m* double.

doca *s f* dock; **~ seca** dry dock.

doce 1. *adj* sweet; agreable; *(suave)* gentle; soft *(aço); água* **~** fresh water; **2.** *s m* sweet, candy, bonbon; *(sobremesa)* dessert; **~ de fruta** jam.

docente *s m/f* teacher; **corpo ~** teaching staff.

dócil *adj (que aprende)* teachable; *(obediente)* submissive; *(suave)* soft, mild; *(manejável)* pliant.

docilidade *s f* docility; teachableness; *(obediência)* compliance; *(suavidade)* softness.

document|ação *s f* documentation; *(certificação)* certification, register; *(papéis)* identification papers; *(provas)* evidence; *(recibos)* receipts; **~ar** (1a) *v/t (certificar)* to certify; *(provar)* to prove, to supply evidence; **~ário** *s m* documentary (film); **~o** *s m* document, certificate, register; writ; *(prova)* evidence; *(recibo)* receipt, voucher; **~os** (identification) papers; *(documentação)* documents, file.

doen|ça *s f* diesease, illness; **~te 1.** *adj* ill, sick, diseased; **2.** *s m/f* patient; **estar (ser) ~** to be ill (a sick person); **~tio** *adj* sickly, unhealthy; *(aberrante)* pathological, obsessive; *(prejudicial)* bad for one's health.

doer (2f) *v/i* to ache, to hurt.

dogma *s m* dogma; doctrine.

doido 1. *adj* crazy, mad; foolish; *(folgazão)* wanton, merry; *(louco)* insane; *fig.* crazy (for *por*); **2.** *s m* madman; fool.

dois 1. *adj* two; **às duas por três** suddenly; **os ~** both; **2.** *num.* (the number) two.

doloroso *adj* painful; aching; *(lastimoso)* pitiful.

dom|ador *s m* tamer; **~ar** (1f) *v/t* to tame, to domesticate; *fig.* to subdue.

doméstico 1. *adj* domestic; tame; private; *(interno)* internal; **voo ~** domestic flight; **2.** *s m*, **-a** *s f* servant; *(dona de casa)* housewife.

domicílio *s m* domicile, residence; house; *fig.* seat.

domin|ador *adj* dominating; **~ante** *adj* dominant; *(principal)* main; **~ar** (1a) *v/t* to dominate, to rule (over); *(suplantar)* to overcome; *v/i* to prevail.

domingo *s m* Sunday; **aos ~s** on Sundays.

domínio *s m* rule; *(poder)* power; *(bens)* property; *(competência)* field of action.

donativo *s m* gift; donation; *(esmola)* alms.

dono *s m* owner; master; *(senhor)* lord; **~ da casa** head of the household; host.

dor *s f* pain, ache; **~es de parto** labour pains; **estar com ~es** to be in pain, to ache.

dorido *adj* aching; *(doloroso)* painful; *(cheio de dores)* in pain; *(triste)* sad, dejected; *(condoído)* compassionate.

dorm|ida *s f estado* sleep; *(pernoita)* overnight stay; *local* sleeping place; **~ir** (3f) *v/i* to sleep; **~itório** *s m* dormitory.

dors|al back...; **espinha ~** backbone; **~so** *s m* back, dorsum.

dose *s f (quantidade)* quantity; *med.* dose; *(parte)* share; portion.

dossier *s m* file.

dot|ado *adj* gifted, talented; **~ar** (1e) *v/t* to endow; **~e** *s m* dowry; *(doação)* gift; *fig.* alms.

dour|ado 1. *adj* golden; gold-plated; **2.** *s m* gold-plate; **peixe ~** goldfish; **~ar** (1a) *v/t* to gild, to cover with a gold layer; *cul.* to brown, to roast.

dout|or *s m* doctor; **~ em direito** lawyer; **~ em medicina** physician; **~ora** *s f* lady doctor; **~orado** *s m* doctorship.

doutrina *s f* teaching; body of principles relating to religion, science or politics; doctrine; *fig.* conviction.

doze 1. *adj* twelve; **2.** *num* twelve.
dragão *s m* dragon; *mil.* dragoon.
dram|a *s m* drama; *(espectáculo)* play; catastrophe; **~ático** *adj* dramatic.
dren|agem *s f* drainage; **~ar** (1d) *v/t* to drain; **~o** *s m* drain.
drog|a *s f* drug; *fig.* rubbish; *(intrujice)* swindle; *dar em* **~** to go wrong *(coisa);* to degenerate *(pessoa);* *ser uma* **~** F to be dull, boring; **~aria** *s f* drugstore.
dualidade *s f* duality.
duas *s f v.* *dois* 1.; *das* **~** *uma* either... or.
ductilidade *s f* ductility; *(elasticidade)* elasticity; *(maleabilidade)* malleability; *(adaptabilidade)* adaptability.
duel|ista *s m* duelist; **~o** duel, single combat.
dumping *econ.* dumping.
duod|écimo twelfth; *um* **~** the twelfth; **~eno** *s m anat.* duodenum.
duplicar (1n) *v/t* to duplicate, to double.

duplo *adj e s m* double, twofold; *de* **~** *sentido* double-meaning.
duqu|e *s m* duke; **~esa** *s f* duchess.
dur|ação *s f* duration; **~ante** *prep* during, in the course of, for; **~** *todo o ano* the year through; **~** *cinco anos* for five years; **~ar** (1a) *v/i* to last; *(prolongar-se)* to continue; *(permanecer)* to remain; *(estender-se)* to last, to do, to be enough; **~eza** *s f* hardness; consistency; *(crueldade)* cruelty; *(endurecimento)* hardening.
duro *adj* hard; consistent, solid; *(tenaz)* tough; *(difícil)* difficult; *(rude)* rough, rude; *(cruel)* cruel.
dúvida *s f* doubt; *(escrúpulo)* scruple.
duvid|ar (1a) *v/t e v/i* to doubt; *(hesitar)* to hesitate; *(desconfiar)* to suspect; *(não saber)* to be uncertain; **~** *de* to doubt, to question; **~oso** *adj* doubtful, dubious; *(suspeito)* questionable; *(indeciso)* undecided.
duzentos *num* two hundred.
dúzia *s f* dozen.

E

e *cj* and; *(mas)* but; *(ou seja)* namely, that is.
ébano *s m* ebony.
ébrio *adj* **(de)** drunk (with).
ebulição *s f* boiling, ebulition; *fig.* excitement, ferment, agitation; **ponto** *s m* **de ~** boiling point.
eclips|ar (1p) *v/i* to eclipse; **~e** *s m (tb. fig.)* eclipse.
eco *s m* echo, resonance; **ter ~** *fig.* to catch on.
eco|logia *s f* ecology; **~ógico** *adj* ecological; *reserva* *s f* *-a* ecological reserve; *movimento* *s m* **~** ecological movement; *sistema* **~** ecological system; **~logista** *s m/f* ecologist.
ecómetro *s m* echometer.
economia *s f* economy; *(ciência)* economics; **~** *de mercado* *s m* market economy; **~s** *s f pl (poupanças)* savings.
econ|ómico *adj* economic; *(que consome pouco)* economical; *(pessoa)*

thrifty; *(barato)* cheap; *classe* *s f* *-a* *aer.* economy class; *crescimento* *s m* **~** economic growth; *crise* *s f* *-a* economic crisis; *política* *s f* *-a* economic policy; *relações* *s f pl* *-as* business relations; **~omista** *s m/f* economist; **~omizar** (1a) *v/i* to economise; *v/t (poupar)* to save.
ecossistema *s m* ecosystem.
eczema *s m* eczema.
edi|ção *s f (publicação)* publication; *(tiragem)* edition; *(TV, cinema)* editing; **~cto** *s m* edict; *(decreto)* decree.
edificar (1n) *v/t* to build, to erect; *fig.* to edify, to set a good example.
edifício *s m* building, construction.
edit|al *s m* announcement; **~ar** (1a) *v/t* to publish.
edit|or *s m,* *-a f (jornal, revista)* editor; *(livro)* publisher; **~ora** *s f* **(casa** *s f* **)** publishing house.
edredão *s m* eiderdown.

433

educ|ação *s f (escolar)* education; *(boas maneiras)* politeness; *(animais)* training; **~ador** *s m,* **-a** *f* educator, teacher; **~ar** (1n) *v/t (instruir)* to educate; *(criar)* to bring up, to raise; *(animal)* to train.

efectivar (1a) *v/t (levar a cabo)* to carry out; *(realizar)* to bring into effect; *(empregado)* to take on permanently.

efect|ivo 1. *adj (eficaz)* effective; *(real)* actual, real; *(empregado)* permanent; **2.** *s m* stock; *mil.* military forces, number of troops; **~uar** (1g) *v/t* to carry out, to do, to make, to perform.

efeito *s m* effect; *(resultado)* outcome, result; *(objectivo)* aim, purpose; **~ de estufa** *s f* greenhouse effect; **com ~** indeed; *econ.* band, security.

efervesc|ência *s f* effervescence; *fig.* commotion, excitement; *pol.* agitation; **~ente** *adj* fizzy; *(arrebatado)* irritable.

efi|cácia *s f* effectiveness; **~caz** *adj* effective; **~ciência** *s f* efficiency; **~ciente** *adj* efficient.

egípcio 1. *adj* Egyptian; **2.** *s m,* **-a** *f* Egyptian.

ego|ísmo *s m* selfishness, egoism; **~ísta 1.** *adj* selfish, egotistic; **2.** *s m/f* egoist.

égua *s f* mare.

eixo *s m* axle; *mat.* axis; *téc.* shaft.

ejacula|ção *s f* ejaculation; **~ar** (1a) *v/i (sémen)* to ejaculate; *(líquido)* to spurt.

ejector *s m* ejector.

ela *pron (pessoal)* she; *(coisa)* it; **a ~** (to) her; **com ~** with her, with it; **para ~** for her, for it; **~s** *s pl* they; *(com prep)* them.

elabor|ação *s f (manufactura)* manufacture; *(de uma teoria)* working out; *(preparado)* preparation; **~ar** (1e) *v/t* to elaborate, to make; *(produzir)* to produce.

elasticidade *s f* elasticity; *(flexibilidade)* flexibility, suppleness.

elástico 1. *adj* elastic; *(flexível)* flexible; **2.** *s m* elastic band.

ele *pron (pessoal)* he; *(coisa)* it; **a ~** (to) him, (to) it; **com ~** with him, with it; **para ~** for him; **~s** *s pl* they; *(com prep)* them.

electivo *adj* elective.

elec|trão *s m* electron; **~tricidade** *s f* electricity; **~tricista** *s m/f* electrician.

eléctrico 1. *adj* electric; *fig.* agitated, excited; **cabo** *s m* **~** electric cable; **2.** *s m* tram.

electrificar (1n) *v/t* to electrify.

electródio *(tb.* **eléctrodo)** *s m* electrode.

electrodoméstico 1. *adj* = **aparelhos** *s m pl* **~s** household appliance(s).

electr|ólise *s f* electrolyse; **~ómetro** *s m* electrometer; **~omotor** *s m* electrical motor.

electrónic|a *s f* electronics; **~o** *adj* electronic.

electrotécnico *adj* electrotechnic(al).

elefante *s m* elephant.

eleg|ância *s f* elegance; *(graciosidade)* graciosity; *(magreza)* slimness; **~ante** *adj* elegant, smart; *(magro)* thin, slim.

eleger (2h) *v/t (votar)* to elect; *(escolher)* to choose.

elei|ção *s f* election; **~tor** *s m,* **-a** *f* voter; **~toral** *adj* electoral.

element|ar *adj* elementary, basic; *(essencial)* essential; *(para principiantes)* for beginners; **~o** *s m* element; *(parte)* component; **~s** *s m pl* rudiments; *(documentação)* documentation.

elev|ação *s f arq.* elevation; *(aumento)* rise; **~ador** *s m Br.* lift, *Am.* elevator; **~ar** (1a) *v/t (levantar)* to lift up; *(preços)* to raise; **~ -se** *v/r* to rise.

elimin|ação *s f* elimination; *(supressão)* suppression; *(exclusão)* exclusion; *(desligar)* to disconnect; **~ar** (1a) *v/t* to remove, to eliminate; *(abolir)* to abolish, *(excluir)* to exclude; *desp. e med.* to eliminate.

elite *s f* elite.

elo *s m* link; *(ligação)* connection; *(relação)* relation; *(vínculo)* bond, tie.

elo|giar (1g) *v/t* to praise; *(alguém por)* to compliment s.o. for; *(glorificar)* to glorify; **~gio** *s m* praise, compliment; *(discurso)* speech.

eloqu|ência *s f* eloquence; **~ente** *adj* eloquent.

elucid|ação *s f* elucidation; *(explicação)* explanation; **~ar** (1a) *v/t* to

elucidate, to clarify, to explain;
~ativo *adj* clarifying.

em *prep* in; *(sobre)* on; **~ 3 semanas**
in 3 weeks.

emagrec|er (2g) *v/i* to grow thin, to
become slimmer; *(perder peso)* to
lose weight; *(fazer dieta)* to go on a
diet; **~imento** *s m* slimming.

emancip|ação *s f* emancipation; *(li-
bertação)* liberation; *jur.* coming of
age; **~ar** (1a) *v/t* to emancipate; *(libertar)* to liberate.

embaciado *adj* dim; *(vidro)* misted;
(janela) steamed up; *(olhos)* misty.

embaix|ada *s f* embassy; **~ador** *s m*
ambassador; **~atriz** *s f* ambassador.

embal|agem *s f* packing; *(de produto)*
packaging; **~ar** (1b) **a)** to pack; **b)**
(balançar) to rock.

embaraç|ado *adj* embarrassed; **~ar**
(1p) *v/t (constranger)* to embarrass;
(impedir) to hinder; *(dificultar)* to
complicate; **~o** *s m* embarrassment;
(perturbação) disturbance; *(estorvo)*
hindrance.

embarc|ação *s f* vessel; **~ar** (1n) *v/i*
(pessoa) to embark, to go on board;
(mercadorias) to ship, to stow; *(comboio)* to climb.

embarg|ar (1o) *v/t jur.* to seize; *(pôr
obstáculos)* to hinder; *(voz)* to choke
up; *(penhorar)* to distrain; *(confiscar)*
to confiscate; **~o** *s m (confiscação)*
confiscation; *(impedimento)* impediment; *mar.* embargo; *jur.* impediment.

embarque *s m (pessoas)* boarding;
(mercadorias) shipment; **cartão** *s m*
de ~ boarding-pass; **porta** *s f* **de ~**
boarding gate.

embat|e *s m* clash; *(choque)* shock;
(ataque) attack; **~er** (2b) *v/i* to clash,
to shock; **~ em** to clash at; **~ com** to
run into.

embeb|edar (1c) *v/t* to make drunk; **~
edar-se** *v/r* to get drunk; **~er** (2c) *v/t*
to soak up, to absorb.

embelezar (1c) *v/t* to embellish;
(casa) to brighten up; *(ornamentar)*
to doll up.

embevec|er (2g) *v/t* to captivate; *(fas-
cinar)* to fascinate; *(impressionar)* to
impress; **~imento** *s m* captivation.

emblema *s m* emblem; *(distintivo)*
badge.

emboc|adura *s f (rio)* mouth; *(cava-
lo)* bit; *mús.* mouthpiece; **~ar** (1n) *v/t*
to put in the mouth, to seize with the
mouth; *rua* to lead to; *rio* to flow into.

êmbolo *s m* piston.

embolsar (1e) *v/t (dinheiro)* to pocket; *(herança)* to come by; *(credores)*
to refund.

embora 1. *cj* although, though, even
if; **ir - (ou vir-) se (mandar)** to go/
/to send away;

emborrachar-se (1b) *v/r* F to get
drunk.

emboscada *s f* ambush.

embrai|ar (1b) *v/t auto* to disengage;
~agem *s f* clutch.

embranquecer (2g) *v/i* to turn white.

embrenhar-se (1d) *v/r* to penetrate,
to make one's way into/ through; *fig.*
to lose onesel *f* into.

embri|agar (1o) *v/t* to make drunk;
(fascinar) to fascinate; **~-se** *v/tr* to
get drunk; **~guez** *s f* drunkenness;
(êxtase) rapture.

embrião *s m* embryo.

embrulh|ada *s f* muddle, mess; **~ar**
(1a) *v/t* to roll up; *(confundir)* to mud-
dle up; *(pacote)* to wrap; **~o** *s m (pacote)* package, parcel; *(confusão)*
mix-up; **papel** *s m* **de ~o** wrapping
paper.

embrutec|er (2g) *v/i (estupidificar)* to
make stupid, to go dumb; **~imento** *s
m (estupidificação)* brutalization.

embut|ido 1. *adj* **armário** *s m* **~**
built-in, fitted; **2.** *s m* inlay; **~ir** (3a)
v/t to build in, to inlay.

emend|a *s f (correcção)* correction;
(de uma pessoa) improvement; *(remendo)* seam; *jur.* amendment; **~ar**
(1a) *v/t (erro)* to correct; *(dano)* to
repair, to make amend; *(vestuário)* to
mend; *jur.* to amend; *(acrescentar)* to
join, to put together; **~-se** *v/r* to improve, to get better.

ementa *s f* menu.

emerg|ência *s f (urgência, crise)*
emergency; *(aparecer, surgir)* emer-
gence; **estado** *s m* **de ~** emergency
state; **saída** *s f* **de ~** emergency exit;
~ir (3n; Stv 2c) *v/i (surgir)* to emerge,
to happen; *(provir)* to come from;
(submarino) to surface.

emersão *s f* emersion.

emigr|ação *s f* emigration; **~ante** *s m/ f* emigrant; **~ar** (1a) *v/i* to emigrate.

emin|ência *s f* eminence; **~ente** *adj* eminent, distinguished; *(alto)* high.

emiss|ão *s f* emission; *(de acções, obrigações)* issue; *(rádio)* broadcast; **~ário** *s m,* **-a** *f* emissary; **~or 1.** *adj (de moeda)* issuing; **2.** *s m (rádio)* transmitter; **banco** *s m* ~ issuing bank; **~ora** *s f (estação)* broadcasting station.

emitir (3a) *v/t (notas bancárias, etc.)* to issue; *(tom)* to give out; *(opinião)* to express; *(rádio)* to broadcast; *v/i (notas, moeda)* to print.

emol|ção *s f* emotion; *(excitação)* excitement; **~cionante** *adj (comovente)* moving, touching; *(excitante)* exciting; **~cionar** (1f) *v/t (comover)* to move, to touch; *(excitar)* to excite, to thrill.

emolumento *s m:* **~s** *s pl* emoluments; *(ganhos adicionais)* profits.

empacotar (1e) *v/t* to pack; to wrap up.

empada *s f* pie.

empalidecer (2g) *v/i* to turn pale.

emparedar (1c) *v/t* to wall in; to shut up.

empat|ado *adj (jogo)* draw, *(dinheiro)* tied up; **estar (ter)** ~ to be tied up; **~ar** (1b) *v/i (impedir)* to hinder; *(suspender)* to suspend; *(votos)* to draw; *(dinheiro)* to tie up; *(tempo)* to take up; *v/i* to draw (with); **~e** *s m* draw; *(xadez)* stalemate; *(negociações)* deadlock.

empedern|ido *adj* hardhearted; **~ir** (3c) *v/i* to become hardhearted; *(endurecer)* to turn hard.

empen|a *s f arq.* gable; **~agem** *s f aer.* tail unit; **~ar** (1d) *v/i* to warp; to bend; *(emplumar)* to feather.

empenh|ado *adj* committed; ~ **em** committed to, pledged to; **~ar** (1d) *v/t (objecto)* to pawn; *(palavra)* to pledge; *(utilizar)* to exert; *(obrigar)* to oblidge; **~-se** *v/r* **(em)** to strive to, to do one's utmost to, to commit oneself to; **~o** *s m (objecto)* pawning; *(palavra)* pledge; *(utilização)* use; *(esforço)* effort; *(interesse)* interest.

empestar (1a) *v/t* to infect, to contaminate; to pollute.

empilhar (1a) *v/t* to pile up, to heap up.

empírico *adj* empirical.

empobrec|er (2g) *v/t* to impoverish; *v/i* to become poor, to grow poor; **~imento** *s m* empoverishment.

empoeirar (1a) *v/t* to cover with dust, to make dusty; **~-se** *v/r* to be dusty.

empoleir|ar (1a) *v/i* to sit on a roost; **~ar-se** *v/r* to roost; *fig.* to rise in position; *fig.* to grow proud.

empolgante *adj* gripping, overpowering; *(excitante)* exciting.

empossar (1e) *v/t cargo* to apoint; **~-se** *v/r* to take possession of.

empreend|edor 1. *adj* enterprising; **2.** *s m,* **-a** *f* enterpriser, entrepeneur; **~er** (2a) *v/t* to undertake; to venture; **~imento** *s m* undertaking, enterprise.

empreg|ado 1. *adj:* **bem** ~ well done, well spent; **2.** *s m,* **-a** *f* employee, clerk; *(criado)* servant; **~ar** (1o) *v/t* to employ; to use; *força* to exert, to apply; *dinheiro* to invest; **~ar-se em** to employ o.s as, to get a job as; **~o** *s m* employment; *(utilização)* use, utilization; *(força, etc.)* expenditure; *capital* investment; *(lugar de trabalho)* job, workplace; **modo** *s m* **de** ~ operating instructions; **pleno** ~ full employment.

empreit|ada *s f: obra* *s f* **de** ~ contract job; **de** ~ by contract; **~ar** (1a) *v/t* to take a job on a contract basis; **~eiro** *s m* contractor.

empresa *s f* enterprise, firm.

empresarial|do *s m* the entrepreneurial class; business people; **~l** *adj* business, entreprencurial.

empresário *s m,* **-a** *f* businessman, businesswoman, entrepreneur; *artístico* agent, manager.

emprestar (1c) *v/t* to lend; to loan.

empréstimo *s m* loan; **de ~, por ~** on loan.

empurr|ão *s m* push, shove; **aos empurrões** shoving, jostling; **~ar** (1a) *v/t* to push, to shove.

emudecer (2g) *v/i* to silence; to be struck dumb.

emulsão *s f* emulsion.

enamorar (1e) *v/t (encantar)* to enchant, to charm, to fascinate; **~-se** *v/r* to fall in love.

encabeçar (1p) *v/t* to head, to lead; *título* to title; *(convencer)* to persuade, to be convinced, to talk s.o. (o.s.) into believings sth.

encadelamento *s m* chaining, linking *(ligação)* junction, connection; **~ar** (1l) *v/t* to chain, to link, to connect; *ideias* to link.

encadernIação *s f* bookbinding; **~ar** (1c) *v/t* to bind, to cover.

encaixIar (1a) *v/t embalar* to box, to pack; *enfiar, inserir* to fit in; to insert; *pôr* to put; *fig. ideia* to put into one's head; **~e** *s m* fitting; *(ranhura)* notch.

encalhar (1b) *v/i* to run ashore; *fig.* to come to a halt.

encaminhar (1a) *v/t* to direct; *(no bom caminho)* to put on the right path; **~ para** to set out for/to; *(dirigir)* to lead, to guide; *(apontar)* to point to, to refer to.

encandear (1e) *v/t (tb. fig.)* to dazzle.

encantIador *adj* enchanting, charming, delightful; **~amento** *s m* charm; *(magia)* spell; **~ar** (1a) *v/t* to enchant; *(enfeitiçar)* to bewitch; *(deleitar)* to delight; **~o** *s m* charm; *(deleite)* delight.

encaracolar(-se) (1e) *v/r* to curl (up).

encarado *adj:* **bem ~** good-looking; *(simpático)* nice; *(amável)* kind; **mal ~** bad-looking, ugly; *(macambúzio)* sullen; *(sombrio)* grim.

encarar (1b) *v/t* to face; *(olhar)* to look at; *(considerar)* to consider; **~ de frente** *fig.* to look in the eyes; *dificuldade* to analyse, to face.

encardIdo *adj (roupa, casa)* grimy.

encarecIer (2g) *v/t* to raise the price; *(exagerar)* to exaggerate; *(elogiar)* to praise; *(descrever)* to describe; *v/i* to go up in price; to get dearer; **~Imento** *s m (preço)* increase; *(exagero)* exaggeration; *(ênfase)* focus.

encargo *s m* burden; *(obrigação)* responsibility; *(imposto)* tax.

encarnado *adj* red, scarlet.

encaroçar (1e) *v/i (molho, farinha)* to go lumpy; *(pele)* to come up in bumps; *(endurecer)* to harden.

encarregIado 1. *adj* in charge; **2.** *s m*, **-a** *f* person in charge, manager, overseer; **~ de negócios** *pol.* chargé d'affaires; *(capataz)* foreman; **~ar**

(1o) *v/t:* **alg de** to put s.o. in charge of sth.; **~ar-se de** *v/r* to undertake sth.; to take sth. upon o.s.

encastrável *adj* built-in; **cozinha** *s f* ~ built-in kitchen.

encavacIado *adj (envergonhado)* embarrassed, ashamed; *(irritado)* irritated; **~ar** (1n) *v/t (envergonhar-se)* to be embarrassed; *(irritar-se)* to get angry.

encefalite *s f* encephalitis.

encenIação *s f* staging; *(representação)* performance; **~ador** *s m*, **-a** *f* director; **~ar** (1d) *v/t* to stage, to put on; *(representar)* to act, to perform.

encerar (1c) *v/t* to wax.

encerraImento *s m (loja, cofre, gaveta)* close; *(conclusão)* end; **~ar** (1c) *v/t* to close, to end, to finish; *(conter)* to contain; *(confinar)* to shut in, to lock up.

encetar (1c) *v/t* to start, to begin.

encharcar (1n) *v/t (inundar)* to flood; *(ensopar)* to soak, to drench; **~-se** *v/r* to get soaked; *fig. (beber demais)* to get loaded.

enchIente *s f (tb. fig.)* flood; **~er** (2a) *v/t* to fill (up); *(tempo)* to fill, to take up; **~er (de ar)** to blow up; *v/i (maré)* to rise; *(lua)* to grow; **~er-se** *v/r (col. ficar farto)* to get fed up with; *(col. enriquecer)* to fill up with; **~er-se de** *(ódio, etc.)* to get full of hatred; **~ido** *s m* sausage.

enciclopédIia *s f* encyclopaedia; **~ico** *adj* encyclopaedic.

encoberto *adj (velado)* indirect; *(escondido)* concealed; *(tempo)* overcast.

encobrir (3f) *v/t* to conceal, to hide; *(tapar)* to cover up; *(dissimular)* to fake, to pretend.

encolerizar (1a) *v/i* to irritate, to annoy; **~-se** *v/r* to get angry.

encolher (2d) *v/t (membro)* to draw up; *(encurtar)* to shorten; *(ombros)* to shrug; *v/i* **~-se** *v/r* to shrink; *(tecido)* to shrink; *(desaparecer)* to disappear; *(de frio)* to huddle; *(conter-se)* to refrain from.

encomenda *s f* order; **~ postal** *adj* mail order; **de ~** to order, custommade; *(por medida)* by measure; **~ar** (1a) *v/t* to order; *(recomendar)* to recommend.

E

encontr|ão *s m* collision, impact, shove; **~ar** (1a) *v/t (achar)* to find; *(inesperadamente)* to come across, to meet; **~ar-se** *v/r (estar)* to meet, to be with; **~o** *s m (pessoas)* meeting; *mil.* encounter; *(choque)* shock; **~o marcado** appointment; *ir ou* **sair ao ~o de** to go/ come and meet.

encorajar (1b) *v/t* to encourage, to give strength.

encost|a *s f* slope; **~ar** (1e) *v/t* to lean; *v/i auto.* to pull in; **~ar a, ~ar em** to lean against; **~o** *s m (apoio)* support; *(de cadeira)* back.

encrav|ado *adj:* **estar ~** to be stuck; *(fig. em dificuldades)* to be in trouble; **~ar** (1b) *v/t (pregar)* to stick; *(furar)* to bore, to perforate; *(congestionar)* to bring to a halt; **~ar-se** *v/r (unha)* to ingrown; *(meter-se em sarilhos)* to get into trouble.

encruzilhada *s f* crossroad; *fig.* standstill.

encurtar (1a) *v/t* to shorten.

encurvar (1a) *v/t* to bend.

endemoninhado *adj* possessed by the devil, devilish; mischievous.

endereç|ar (1p) *v/t* to direct; *(carta)* to address; *(enviar)* to send; **~o** *s m* address.

endiabr|ado *adj* devilish; *(travesso)* mischievous; *(furioso)* furious; *(criança)* wild; naughty.

endinheirado *adj* rich, wealthy; *(abonado)* well-off.

endireitar (1a) *v/t (objecto)* to straighten; *(esclarecer)* to straighten out; *(rectificar)* to put right; **~-se** *v/r* to straighten up.

endívia *s f bot.* endive.

endivid|ado *adj* in debt; **~amento** *s m* debt; **~ar** (1a) *v/t* to put into debt; **~ar-se** *v/r* to run into debt.

endoidecer (2g) *v/t* to madden; *v/i* to go mad.

endoss|ar (1e) *v/t* to endorse; *(assinar)* to underwrite; **~o** *s m* endorsement.

endurec|er (2g) *v/i* to harden; **~imento** *s m* hardening; *(teimosia)* stubbornness.

enegrecer (2g) *v/i* to darken; *fig.* to blacken.

energ|ético *adj* energetic; **fonte** *s f* **~a** energy source; **~ia** *s f* energy; *(vigor)* energy, drive; *fís.* energy; **~ia eléctrica** electricity, electrical power; **~ia nuclear** nuclear energy.

enérgico *adj (activo)* energetic, vigorous; *(decidido)* resolute.

enervar (1c) *v/t* to annoy, to irritate; *v/i* to be irritating; **~-se** *v/r* to get annoyed.

enevoado *adj* misty, hazy; *(tempo)* foggy.

enfarte *s m:* **~ de miocárdio** *s m med.* coronary.

ênfase *s m* focus, emphasis.

enfeit|ar (1a) *v/t* to decorate; **~-se** *v/r* to dress up; **~e** *s m* decoration.

enfeitiçar (1p) *v/t* to bewitch, to cast a spell on.

enferm|agem *s f* nursing; *(pessoal)* nursing staff; **~aria** *s f* ward; **~eira** *s f* nurse; **~eiro** *s m* male nurse; **~o 1.** *adj* sick, ill; **2.** *s m,* **-a** *f* patient.

enferruj|ado *adj* rusty; **~ar** (1a) *v/t* to rust, to corrode; *v/i* to go rusty.

enfi|ada *s f (fila)* row; *(de pérolas)* string; **de ~** in a row; **~ar** (1g) *v/t (meter)* to put; *(agulha)* to thread; *(alinhar)* to line up; *(vestuário)* to slip on; **~ar por (a, em)** to turn to.

enfim *adv* finally, at last; *(em suma)* in short; **até que ~!** at last.

enforcar (1n) *v/t* to hang.

enfraquecer (2g) *v/t* to weaken; *v/i* to grow weak; *(relaxar)* to relax.

enfrascar (1n) *v/t* to bottle up.

enfrentar (1a) *v/t* to confront; *(problemas)* to face up to; *(olhar de frente)* to face; **~-se** *v/r* to face each other.

enfurec|er (2g) *v/t* to infuriate; **~-se** *v/r* to get furious; **~ido** *adj* furious.

engan|ado *adj:* **estar ~** *ou* **~ar-se** *v/r* to be wrong, to be mistaken; **~ador** *adj* deceiving, deceitful; **~ar** (1a) *v/t* to cheat, to deceive; **~o** *s m (ilusão)* deception; *(erro)* mistake.

enganchar (1a) *v/t* to hook; *(pendurar)* to hang.

engarraf|ado *adj:* **vinho** *s m* **~** bottled wine; **~amento** *s m* bottling; *(de trânsito)* traffic jam; **~ar** (1b) *v/t* to bottle; *(trânsito)* to block.

engasg|ado *adj* choked; **~ar-se** *v/r* to choke.

engast|ar (1b) *v/t (jóias)* to set, to mount; **~e** *s m* setting, mounting.

engat|ador *s m téc.* catch; **~ar** (1a) *v/t* to hook, to clutch; *c.f.* to couple; **~e** *s m (embraiagem)* clutch; *c.f.* coupling.

engatilhar (1a) *v/t (espingarda)* to cock; *fig.* to prepare.

engelh|ado *adj (pele, vestuário)* wrinkled; **~ar** (1c) *v/t* to wrinkle; **~ar-se** *v/r* to get wrinkled.

engenh|aria *s f* engineering; **~eiro** *s m,* **-a** *f* engineer; **~ agrónomo** forest engineer, agronomist; **~ civil** civil engineer; **~o** *s m (talento)* talent; *(habilidade)* skill; *(génio)* genius; *(máquina)* machine; **~oso** *adj* clever, ingenious; *(criador)* creative.

englob|ar (1e) *v/t* to include; *(reunir)* to put together; *(compreender)* to comprehend; *(taxar em conjunto)* to tax together; **~ável** *adj (rendimentos)* liable to tax.

engolir (3f) *v/t (tb. fig.)* to swallow; **~ em seco** *s m fig.* to pocket; *v/i fig.* to accept, to forgive.

engord|a *s f* fattening; **~ar** (1e) *v/t* to fatten; *v/i* to put on weight.

engraçado *adj (giro)* cute; *(cómico)* funny; *(alegre)* happy; *(espirituoso)* amusing.

engrandecer (2g) *v/t (elevar)* to elevate; *(enaltecer)* to honour; *(exagerar)* to exaggerate; *v/i* to grow.

engravidar (1a) *v/t* to get s.o. pregnant; *med.* to impregnate s.o., *v/i* to get pregnant.

engraxar (1b) *v/t* to polish.

engren|agem *s f* gear; *roda s f de* **~** cogwheel; **~ar** (1d) *v/t* to put into gear; *v/i* **~ar-se** *v/r* to get on with s.o.

engrossar (1e) *v/t (sopa)* to thicken; *(aumentar)* to swell; *v/i* to thicken, to rise; *(inchar)* to swell.

enguia *s f* eel.

enigm|a *s f* enigma; *(mistério)* mistery; **~ático** *adj* enigmatic.

enjeit|ado *s m,* **-a** *f* foundling, waif; **~ar** (1a) *v/t (recusar)* to reject; *(expulsar)* to expel; *(criança)* to abandon.

enjo|ado *adj* sick; *(enfastiado)* bored; **~ar** (1f) *v/t* to make sick, to sicken; *(enfastiar)* to bore; *v/i* to be sick; **~o** *s*

m (indisposição) sickness; *mar.* seasickness.

enlat|ado 1. *adj* tinned; **2.** *s m* tinned food; **~ar** (1b) *v/t* to can.

enleio *s m (embrulhada)* entanglement; *(confusão)* confusion; perplexity.

enlouquecer (2g) *v/t* to madden; *v/i* to become *ou* to go mad.

enlut|ado *adj* in mourning; **~ar** (1a) *v/i* to put on mourning; *(ensombrar)* to darken.

enobrecer (2g) *v/t* to ennoble; *(aperfeiçoar)* to improve; *(embelezar)* to brighten up; *v/i* to be ennobling.

enorme *adj* enormous, huge.

enquadr|amento *s m* frame; *(conexão)* relation; **~ar** (1b) *v/t* to frame; *(compreender)* to understand; *(fazer parte de)* to be part of.

enquanto 1. *cj (como)* as; *temp.* while; **~ isto** meanwhile; **2.** *adv por* **~** for the time being, for now.

enraivecer (2g) *v/t* to enrage; *v/i* **~-se** *v/r* to become enraged, to get furious.

enraizar (1q) *v/i* to take root; **~-se** *v/r* to create roots; *(pessoa)* to settle down.

enredo *s m* plot; *(intriga)* intrigue; *(confusão)* mess, fuss.

enregelar (1c) *v/i* to freeze.

enriquecer (2g) *v/t* to make rich; *fig.* to enrich; *v/i* to get rich.

enrodilhar (1a) *v/t* to wind round; *(embrulhar)* to wrap up.

enrolar (1e) *v/t* to roll up; *(agasalhar)* to wrap up; *(esconder)* to hide.

enroscar (1n) *v/t* to twist, to wind; **~-se** *v/r* to coil up.

enrug|ado *adj* wrinkled; **~ar** (1o) *v/t* to wrinkle; *(testa)* to furrow; *(tecido)* to crease; *v/i (pele)* to go wrinkly.

ensaiar (1b) *v/t (provar)* to test, to try out; *(treinar)* to practise; *(teatro)* to rehearse.

ensaio *s m* test; *(tentativa)* attempt; *(treino)* practice; *(teatro)* rehearsal; *(literário)* essay; *tubo s m de* **~** test tube.

ensaísta *s m/f* essayist.

ensanguentado *adj* bloody.

enseada *s f* inlet, cove; *(baía)* bay.

ensin|amento *s m* teaching; *(exemplo)* lesson; **~ar** (1a) *v/t* to teach; *(mostrar)* to show; *(animais)* to train;

~o *s m* teaching, tuition; *(educação)* education; *(lição)* lesson; *(animais)* training.

ensopado 1. *adj* soaked; **2.** *s m* stew; **~ar** (1e) *v/t (molhar)* to wet; *(encharcar)* to soak; *(carne)* to stew.

ensurdec|edor *adj* deafening; **~er** (2g) *v/t* to deafen; *v/i* to go deaf; **~imento** *s m* deafening.

entablamento *s m arq.* table.

ental|ado *adj (apertado)* wedged, jammed; *(atrapalhado)* in trouble, in a tight corner; **ficar ~ = ~ar-se** *v/r* to get jammed; **~ar** (1b) *v/t* to wedge, to jam; *fig.* to put in a fix.

entalh|ar (1b) *v/t* to carve; **~e** *s m* groove, notch; **~o** *s m* wood-carving; *(fenda)* incision, cut.

entanto: *no ~ cj* yet, however.

então *adv (nessa altura, aí, depois)* then; *(bom…)* well; **desde ~** since then, ever since; **até ~** until then; **~ !** well then?; **e ~ ?** so what?; **pois ~** in that case.

ente *s m* being.

enteado *s m,* **-a** *f* stepson/stepdaughter.

entend|er (2a) *v/t* to understand; *(reconhecer)* to recognise; *(crer)* to believe; *(achar)* to find; *(querer)* to want; *(saber de)* to know about; **~er-se** *v/r* to understand one another; **~com** to get along with s.o.; **~ido 1.** *adj* understood; *(de acordo)* agreed; **~!** ok!; **2. ~** *s m,* **-a** *f* expert; **~imento** *s m* understanding; *(opinião)* agreement; *(combinação)* agreement.

enternec|edor *adj* touching; **~er** (2g) *v/t* to move, to touch; **~-se** *v/r* to be moved; **~imento** *s m* tenderness.

enterrar (1c) *v/t* to bury; *(faca)* to plunge; *(arruinar)* to ruin; *(assunto)* to close; **~ar-se** *v/r fig.* to sink.

enterro *s m* burial; *(funeral)* funeral.

entidade *s f (essência)* entity; *(ser)* being; *(pessoa)* personality; **~ pública** public figure; *(empresa)* body.

entontecer (2g) *v/t* to make dizzy; *(estupidificar)* to stupidify; *(enlouquecer)* to drive mad; *v/i* to become or get dizzy; to go mad.

entornar (1e) *v/t* to spill; *fig.* to drink; *v/i* to drink a lot.

entorse *s m* sprain.

entortar (1e) *v/t (torcer)* to bend, to twist; *(empenar)* to warp; *fig.* **~ os olhos** to squint.

entrada *s f* entry; *(lugar)* entrance; *(admissão)* admission. admittance; *(acesso)* access; *(de casa)* doorway; *(num país)* arrival; *(início)* start; *(jogo)* stake; *mús.* entry; *tea.* entrance; *(bilhete)* ticket; *cul.* starter, entrée; *(pagamento inicial)* downpayment; *quota* admission fee; **meia ~** half-price ticket; **visto** *s m* **de ~** visa.

entranhas *s f pl* bowels, entrails; *fig.* feelings; *(alma)* heart.

entranh|ado *adj (enraizado)* deeprooted; inner; **~ar** (1a) *v/t* to penetrate; *(guardar)* to keep; **~ar-se** *v/r* to penetrate; *(esconder-se)* to hide; *(entregar-se)* to dive into.

entrar (1d) *v/i* to go in, to come in, to enter; *(cortejo, etc.)* to march in; *(chegar)* to arrive; *(assunto)* to get down to; **~ de férias** to start one's holidays; **~ bem** *adv,* **~ com o pé direito** to start off with the right foot; **~ com a/c** *(quantia)* to contribute.

entrav|ar (1b) *v/t* to obstruct; *(impedir)* to stop; **~e** *s m* impediment; *(obstáculo)* obstruction.

entre *prep (dois)* between; *(mais de dois)* among; **~ si** among(st) themselves;.

entreaberto *adj* half-open; *(porta)* ajar.

entre|ga *s f (trespasse)* transfer, sublet; *(mercadoria)* delivery; *(dedicação)* dedication, devotion; *(pagamento)* payment; **~ ao domicílio** home-delivery; **~gar** (1o) *v/t (dar)* to hand over; *(mercadorias)* to deliver; *(devolver)* to return; *(confiar)* to entrust.

entrelaçar (1p) *v/r* to intertwine, to interweave.

entrelinha *s f* line spacing; *tip.* lead; **ler nas ~s** to read between the lines.

entremear (1l) *v/t* to intermingle; *(ornamentar)* to decorate; *(misturar)* to mix; *(interromper)* to interrupt.

entretanto *adv* in the meantime, meanwhile.

entret|er (2zb) *v/t (divertir)* to entertain, to amuse; *(distrair)* to distract;

E

(ocupar) to occupy; *(reter)* to keep up; **~ido** *adj* busy, amused, entertained.

entrevista *s f* interview; *(encontro)* meeting, appointment.

entrevistar (1a) *v/t* to interview; **~-se com** *v/r* to have an interview with.

entristecer (2g) *v/t* to sadden, to grieve; *v/i* to feel sad.

entroncamento *s m* junction; *(ponto de encontro)* meeting-point, rendezvous point; *c.f.* railway junction.

entrudo *s m* carnival; *rel.* Shrovetide.

entufar (1a) *v/t fig.* to stuff with food.

entulho *s m* rubblc; *(despojos)* debris.

entuplido *adj* blocked; *(comida)* stuffed; **estar ~** *fig.* to be dumbfounded; *(nariz)* to have a blocked-up nose; **ter os ouvidos ~s** to have the ears blocked; **~ir** (3a e 3h) *v/t* to block to clog; **~-se** *v/r* = **estar** *(ou* **ficar)** **~ido** to become blocked.

entusiasmar (1b) *v/t* to fill with enthusiasm; *(estimular)* to excite; **~asmo** *s m* enthusiasm; *(exaltação)* excitement; **~asta 1.** *adj* enthusiastic; **2.** *s m/f* enthusiast.

enumerlação *s f* enumeration; *(numeração)* numbering; **~ar** (1c) *v/t* to enumerate, to number.

enunciar (1g) *v/t (exprimir)* to express; *(enumerar)* to enumerate; *(expor)* to state.

onvaidecer (2g) *v/t* to make proud, to puff up with pride; **~-se** *v/r* **com** ou **de** to become proud with.

envelhecler (2g) *v/i* to age; to grow old; *(passar de moda)* to become old-fashioned, to go out of fashion; **~imento** *s m* aging; *(passar de moda)* old-fashion.

envelope *s m* envelope.

envenenlamento *s m* poisoning; **~ alimentar** *adj* food poisoning; **~ar** (1d) *v/t* to poison; *(deturpar)* to distort.

enveredar (1c) *v/t:* **por** *(caminho)* to follow a road; *(entrar)* to go to; *(dirigir-se)* to head for; *(fig. escolher)* to choose.

envergonhar (1f) *v/t* to shame, to embarrass; **~-se** *v/r* to be ou feel ashamed.

envernizlado *adj* varnished; **~ar** (1a) *v/t* to varnish; *(móveis)* to polish.

envilado *s m* envoy, messenger; **~ especial** special envoy; **~ar** (1g) *v/t* to send.

envidraçlado *adj* glazed; **~ar** (1g) *v/t* to glaze.

envio *s m* sending; *(remessa)* remittance; *(expedição)* dispatch; *(de mercadorias)* consignment.

envollvente *adj* compelling; *(circunvizinho)* surrounding; **~ver** (2e) *v/t (embrulhar)* to wrap (up); *(cobrir)* to cover; *(fazer participar)* to involve.

enxada *s f* hoe.

enxaguar (1m) *v/t* to rinse.

enxame *s m* swarm.

enxaqueca *s f* migraine.

enxertlar (1c) *v/t* to graft; *fig.* to incorporate; **~o** *s m* graft; **fazer ~o em** to graft.

enxofre *s m* sulphur.

enxotar (1e) *v/t* to drive out.

enxoval *s m (de noiva)* trousseau; *(de bebé)* layettc.

enxovalhar (1b) *v/t (sujar)* to soil; *(enrugar)* to crumple; *(ofender)* to blacken; *(ser vergonhoso)* to be shameful.

enxugar (1o) *v/t* to dry (up).

enxuto *adj* dry.

epicentro *s m* epicenter.

épico 1. *adj* epic; **género** *s m* **~** epic; **2. ~** *s m* epic poet.

epidemia *s f* epidemic.

epidlerme *s f* epidermis; **~érmico** *adj* epidermical; *(superficial)* superficial.

epigrate *s f:* inscription; title; **em ~** above.

epillepsia *s f* epilepsy; **~éptico** *adj, s m,* **-a** *f* epileptic.

epílogo *s m* epilogue; *(fim)* end.

episódio *s m* episode.

época *s f* time, period; *(da história)* age, epoch.

epopeila *s f* epic; **~co** *adj* epic.

equalção *s f* equation; **~cionar** (1a) *v/t* to set out, to turn into equation.

equador *s m* equator; **o ~** Ecuador.

equatorial *adj* equatorial.

equilibrlado *adj* balanced; *fig.* level-headed; **~ar** (1a) *v/t* to balance; *(compensar)* to compensate.

equillíbrio *s m* balance; *(ponderação)* serenity; *(justiça)* justice; **~ibrista** *s m/f* equilibrist, acrobat.

equimose *s f med.* contusion.

equipa *s f* team *(tb. desp.); (grupo de trabalho)* workgroup; **trabalho** *s m* **por (ou de)** ~ team work.

equiplagem *s f* equipage; *(barco)* crew; = **~amento** *s m* equipment; *(apetrechos)* kit; **~ar** (1a) *v/t (navio)* to fit out; *(apetrechar)* to equip.

equiparar (1b) *v/t* to equate, to compare.

equitação *s f* riding; *(arte)* horsemanship.

equivallência *s f* equivalence; *(correspondência)* correspondance; *(contrapartida)* compensation; **~ente 1.** *adj* equivalent; *(correspondente)* correspondant; *(idêntico)* identical; **2.** *s m* equivalent; *(compensação)* compensation.

equívoco 1. *adj* ambiguous; *(duvidoso)* doubtful; *(suspeito)* suspicious; **2.** *s m* mistake; *(ambiguidade)* ambiguity; *(duplo sentido)* double-meaning; *(mal-entendido)* misunderstanding.

era *s f (época)* age, era.

erecção *s f (construção)* construction; *med.* erection.

eremita *s m/f* hermit.

erguer (2i) *v/t (levantar)* to raise, to lift; *(edificar)* to build, to erect; *mão, voz, chapéu* to raise.

erigir (3n) *v/t* to erect.

eroslão *s f* erosion; **~ivo** *adj* erosive.

erótico *adj* erotic.

erotismo *s m* eroticism.

errado *adj* wrong; *(falso)* false; **estar ~** to be wrong.

erro *s m* mistake; *(deslize)* blunder.

erudlição *s f* erudition, learning; **~ito 1.** *adj* scholarly, learned; **2.** ~ *s m,* **-a** *f* scholar.

erupção *s f* eruption; *med.* rash; *fig.* outbreak.

erva *s f* herb; *(relva, droga)* grass; **~ daninha** weed.

ervilha *s f* pea.

esboçlar (1p) *v/t* to sketch; *(delinear)* to outline; *(plano)* to draw up; **~o** *s m* sketch; *(primeira vez)* draft; *(resumo)* outline.

esbofetear (1l) *v/t* to slap, to hit.

esborrachar (1b) *v/t* to squash; *(esmagar)* to crush; **~-se** *v/r* to smash to pieces; to fall sprawling.

esburacar (1n) *v/t* to make holes in.

escabeche *s m cul.* marinade; **em ~** in marinade.

escabelo *s m* food-stool.

escalda *s f (em casa)* staircase; *(fora de casa)* steps; *(de mão)* ladder; **~ de caracol** *s m* spiral staircase; **~ de corda** rope ladder; **~ de incêndio** *s m* fire escape; **~ rolante** escalator; **~daria** *s f* staircase; **~dote** *s m* ladder.

escafandrlista *s m/f* deep-sea diver; **~o** *s m* diving-suit.

escala *s f* scale; *(medida)* measure; *(sequência)* sequence; *mar.* port of call; *mús.* scale; **fazer ~ em** to call at; **sem ~** non-stop; **~ móvel** sliding scale; **~ de serviço** *s m* staff shifts-board; **em larga ~** on a large scale; **por ~** *(em turnos)* in shifts.

escallão *s m* step; *mil.* echelon; **~ar** (1b) *v/t (montanha)* to climb; *(designar)* to designate, to choose; *v/i* **~ em** to stop at.

escaldladela *s f* **~adura**; *fig.* lesson; **~adura** *s f* scald; **~ar** (1a) to scald, to burn.

escalonar (1f) *v/t* to grade; *(dívida)*, to schedule.

escalope *s m* scallop.

escalpar (1a) *v/t* to take out the scalp.

escalpelo *s m* scalpel.

escama *s f (peixe)* scale; *(pele)* flake.

escampado *adj* wide, large.

escandalizar (1a) *v/t* to shock, to scandalize; *(indignar)* to outrage; **~-se** *v/r* **com** *ou* **de** to be offended by.

escândalo *s m* scandal, shock; *(indignação)* outrage; **causar um ~** to make a scene.

escandaloso *adj* scandalous, shocking; *(revoltante)* outrageous.

escandinavo 1. *adj* Scandinavian; **2.** ~ *s m,* **-a** *f* Scandinavian.

escapar (1b) *v/t* to escape; *(fugir)* to run away; *à atenção* to miss; **deixar ~ (uma oportunidade)** to miss (an opportunity); *(palavra)* to blurt out; *(das mãos)* to slip out of; **~-se** *v/r* to escape from.

escape *s m (buraco)* hole; *(fuga)* leak; **tubo** *s m* **de** ~ exhaust pipe; **gás de** ~ exhaust fumes; **ter um** ~ to have a leak.

escaramuça *s f* skirmish.

escaravelho *s m* beetle.

escarlatle 1. *adj* scarlet; **2.** *s m* scarlet; **~ina** *s f* scarlet fever.

escarpado *adj* steep.

escarrlar (1b) *v/i* to spit, to cough up; **~o** *s m* phlegm, spit.

escasslez *s f* scarcity; *(falta)* shortage; **~o** *adj* scarce, short; *(raro)* rare.

escavlação *s f* digging, excavation; **~ador** *s m* digger; **~ar** (1b) *v/t* to excavate, to dig.

esclarecledor *adj* explanatory; *(interessante)* informative; **~er** (2g) *v/t* to explain; *(mistério)* to clear up, to explain; **~imento** *s m* explanation, information.

esclerlose *s f med.* sclerosis; **~ótica** *s f* sclerotic; white of the eye.

escoladoiro *s m* drain; *(cano)* drainpipe; **~amento** *s m* drain; **~ar** (1f) *v/t* to drain off; *v/i* to drain away; **~-se** *v/ /r* to seep out; *(tempo)* to fly.

escola *s f* school; **~ de belas-artes** art school; **~ politécnica** technical school; **~ de línguas** language school; **~ naval** naval college; **~ primária,** primary/elementary school; **~ secundária** secondary school; **~ particular/pública** private/state school; **~ superior** college, university.

escolar *adj* school *atr.*; **férias** *s pl* **~es** school holidays.

escolhla *s f* choice; *(selecção)* selection; **sem** ~ with no choice; **~er** (2d) *v/t* to choose.

escolho *s m (recife)* reef; *(rocha)* rock.

escondler (2a) *v/t* to hide; *(dissimular)* to conceal; **~erijo** *s m* hiding place; *(refúgio)* hideout.

escopro *s m* chisel.

escória *s f (de metal)* dross; *fig.* scum.

escoriação *s f* abrasion, scratch.

escorpião *s m* scorpion; ♀ *(astrologia)* Scorpio.

escorraçar (1p) *v/t* to illtreat; *(afugentar)* to throw out.

escorregar (1o) *v/i* to slip; *(fig.)* to slip up.

escorreito *adj* sound; *(saudável)* healthy.

escorrler (2d) *v/t* to drain off; *(verter)* to pour out; *v/i (pingar)* to drip; *(correr em fio)* to trickle; **~ido** *adj (cabelo)* straight; *(vestido)* plain.

escova *s f* brush.

escovar (1e) *v/t* to brush.

escravlatura *s f* slavery; *(tráfico)* slave trade; **~ branca** forced prostitution; **~o 1.** *adj* captive; **2.** ~ *s m*, **-a** *f* slave.

escrever (2c, *pp* **escrito**) *v/t* to write; *(à máquina)* to typewrite.

escrilta *s f* writing; *(letra)* handwriting; **~tor** *s m*, **-a** *f* writer; **~tório** *s m* office; *(em casa)* study; **~tura** *s f jur.* deed, legal document; contract; **~turação** *s f* book-keeping; **~turar** (1a) *v/t* to register, to enter up; **~turário** *s m*, **-a** *f (guarda-livros)* book keeper; **~vaninha** *s f* writing desk; **~vão** *s m*, **-vã** *f* clerk, registrar.

escrúpulo *s m* scruple; *(cuidado)* care; **com ~s** scrupulous; **sem ~s** unscrupulous.

escrupuloso *adj* scrupulous.

escrutínio *s m* scrutiny, poll; *(votos)* counting.

escudo *s m* shield; *(brasão)* coat of arms; *(moeda)* escudo; *fig.* shield.

escullpir (3a) *v/t* to sculpture; *(madeira)* to carve; *(em barro)* to shape; *(gravar)* to engrave; **~tor** *s m*, **-a** *f* sculptor; **~tura** *s f* sculpture.

escumadeira *s f* skimmer.

escurlecer (2g) *v/t* to darken; *v/i* to get dark; **ao** ~ at dusk; **~idão** *s f* darkness; *(cegueira)* blindness; *(tristeza)* saddness; **~o 1.** *adj* dark; *fig. (triste)* sad; **2.** *s m* darkness.

escusado *adj* unnecessary; *(inútil)* useless, pointless; **ser** ~ to be unnecessary.

escutla 1. *s m/f* = **~eiro** *s m*, **-a** *f* scoutboy/scoutgirl; **2. aparelho** *s m* **de** ~ listening device, bug; **encontrar-se sob** ~ to be tapped; **estar** *(ou* **ficar)** à ~ = **~ar** (1a) *v/t* to listen to; *(ouvir)* to hear; *(às escondidas)* to eavesdrop; *(doente)* to listen.

esdrúxulo *adj* stressed on the third syllable.

esfarrap|ado *adj* ragged, in tatters; **~ar** (1b) *v/t* to tear to pieces.

esfera *s f* sphere; *(campo de acção)* field of action.

esférico *adj* spherical.

esferográfica *s f* (ballpoint) pen.

esfiar (1g) *v/t* to fray.

esfinge *s f* sphinx.

esfol|adela *s f* *(arranhão)* scratch; *(ferida)* bruise; **~ar** (1e) *v/t (animal, pele)* to skin; *(arranhar)* to graze, to scratch; *fig.* to overcharge.

esfomeado *adj* starving, very hungry.

esforç|ar (1p) *v/t (reforçar)* to strengthen; *(encorajar)* to encourage; **~ar-se** *v/r* to try hard to, to strive to; **~o** *s m* effort; *(coragem)* courage; *(força)* strength.

esfreg|ão *s m (pano, escova)* dishcloth, mop; **~ de arame** *s m* wirebrush; **~ar** (1o) *v/t* to rub; *(com água)* to scrub; **~ as costas** to rub one's back.

esganiçado *adj* shrill.

esgravat|ador *s m* delver; **~ar** (1b) *v/t* to delve into; *(palitar, remexer)* to pick.

esgazear (1l) *v/t (olhos)* to stare.

esgot|ado *adj (exausto)* exhausted; *(consumido)* used up; *(livro)* out of print; *(espectáculo)* sold out; **~amento** *s m* exhaustion; *(liquidação)* sell out; **~ante** *adj* exhausting; **~ar** (1e) *v/t* to drain, to empty; *(mantimentos)* to use up; *(mercadorias, edição)* to bc sold out; *(recursos)* to run out; **~ar-se** *v/r* to become exhausted, to be sold out; **~o** *s m* drain; **~os** *s m pl* sewer; **águas** *s f pl* **de ~** sewage.

esgrima *s f* fencing.

esguich|ar (1a) *v/t* to squirt; *v/i* to squirt out; **~o** *s m (jacto)* jet; *(mangueira)* spout, gush.

esguio *adj* slender; *(apertado)* tight.

eslavo 1. *s m,* **-a** *f* Slav; **2.** *adj* Slav.

esmag|ador 1. *adj* crushing, irrefutable; **2.** *s m (prensa)* crusher; **~ de átomos** cyclotron; **~ar** (1o) *v/t* to crush; *(asfixiar)* to asfixiate; *(destruir)* to destroy, to tear apart.

esmalte *s m* enamel; *(unhas)* nail polish.

esmerado *adj* careful, neat; *(impecável)* impecable.

esmeralda *s f* emerald.

esmero *s m* (great) care; *(aperfeiçoamento)* improvement.

esmola *s f* alms, charity; **pedir ~** to beg.

esófago *s m* esophagus.

espalçado *adj* spaced out; *(demorado)* rare; **~çar** (1p) *v/t* to space (out) *(tb. tip.)*; *(visitas)* to visit less often.

espal|cial *adj* spacial, space *atr.*; **nave** *s f* **~** spaceship; **~ço** *s m* space, room; *(tempo)* period; **~ intermédio** interval; **de ~ a ~** from time to time, once in a while; **~çoso** *adj* spacious, roomy; *(prolongado)* long.

espada *s f* sword; **estar entre a ~ e a parede** to be between the devil and the deep blue sea; **~s** *(cartas)* *s pl* spades.

espadarte *s m* swordfish.

espádua *s f* shoulder blade.

espaldar *s m* (chair) back.

espalhar (1b) *v/t* to scatter; *(notícia)* to spread.

espanador *s m* duster.

espancar (1n) *v/t* to beat up.

espanhol 1. *adj* Spanish; **2.** *s m,* **-a** *f* Spaniard.

espant|alho *s m* scarecrow; **~ar** (1a) *v/t* to frighten; *(afugentar)* to scare away; *(surpreender)* to surprise; **~ar-se** *v/r* to be amazed, to be frightened; **~o** *s m* fright, fear; *(admiração)* amazement, astonishment; **~oso** *adj* frightening; *(surpreendente)* astonishing, amazing.

espargo *s m* asparagus.

espasm|o *s m* spasm, convulsion; **~ódico** *adj* spasmodic.

espatifar (1a) *v/t* to smash, to shatter; *fig.* to squander.

espátula *s f* spatula; trowel; *(corta-papel)* paper knife.

especial *adj* special; *(característico)* characteristic; **em ~** specially, mainly.

especial|idade *s f* speciality; *(característica)* characteristic; *(disciplina)* specialization; **~sta** *s m/f* expert; **médico** *s m* **~** specialist; **~zado** *adj* specialized; skilled; **~zar** (1a) *v (especificar)* to specify; *(rotular)* to label; *(realçar)* to point out; **~zar-se** *v/r* to specialize.

especialmente *adv* specially, mainly.

espécie *s f* kind; **~** *humana* humankind; *bio.* species; *jur.* particular case; *econ.* goods; *pagar em ~s* to pay in goods.

especificlação *s f* specification; **~ado** *adj* specified; *(exacto)* exact, accurate; **~ar** (1n) *v/t* to specify.

específico *adj* specific, certain.

espécime, -en *s m* specimen; *(amostra)* sample.

espectlacular *adj (que dá nas vistas)* spectacular; **~áculo** *s m* show; *(representação)* performance; **~ador** *s m*, **-a** *f* onlooker; *(testemunha)* witness; *(TV)* viewer; *(desporto)* spectator; *(teatro)* member of the audience.

especullação *s f* speculation; **~ador** *s m*, **-a** *f* speculator; **~ar** (1a) *v/i* to speculate.

espelhlar (1d) *v/t* to mirror; *(polir)* to polish; **~ar-se** *v/r* to be mirrored; **~o** *s m* mirror; **~** *retrovisor* rearview mirror.

espera *s f* wait; *(expectativa)* expectation; *(prazo)* period, deadline; *(emboscada)* ambush; *estar (ou ficar) à* **~** to wait (for).

esperança *s f* hope; *estar de ~s* to be pregnant/ expecting.

esperma *s m* sperm.

espertlalhão 1. *adj* shrewd; **2.** *s m*, **ona** *f fig.* shrewd operator, wise guy/ /wise girl; *(inteligente)* clever boy/ /clever girl; **~eza** *s f* cleverness; *(astúcia)* cunning; **~o** *adj* clever; *(vivaço)* wise; *(inteligente)* smart.

espesslo *adj (grosso)* thick; *(compacto)* compact; **~ura** *s f* thickness; *(densidade)* density.

espetlar (1c) *v/t* to prick; to stick; *(carne)* to put on a spit; *(perfurar)* to pierce; **~o** *s m* spit.

espilla 1. *s m (observador)* observer; **2.** *s f*, **-ão** *m* spy; **~ar** (1g) *v/t* to spy; *(observar)* to watch; to snoop.

espiga *s f (milho)* ear, spike; *téc.* pin, bolt; *fig.* nuisance, drawback.

espigão *s m* great spike; *(cume)* ridge; *(estaca)* peg; *abelha* sting; *(ponta)* sharp end; *unhas* hangnail.

espinafre *s m* spinach.

espinal *adj* spinal; *medula* *s f* **~** spinal marrow.

espingarda *s f* riffle, shotgun.

espinha *s f (peixe)* bone; *(pele)* spot, pimple; *(coluna vertebral)* spine.

espinho *s m* thorn; *(ferrão)* spine; *fig.* snag, difficulty.

espionlagem *s f* spying, espionage; **~ar** (1f) *v/t* to spy on; *v/i* to spy, to snoop.

espiral *adj*, *s f* spiral; *escada s f em* **~** spiral staircase.

espirar (1a) *v/t* to give off; *v/i* to breath.

espírito *s m* spirit; *(sentido)* mind, sense; *(fantasma)* ghost; **♀ Santo** the Holy Spirit.

espiritual *adj* spiritual; *director* **~** *rel.* confessor.

espirrlar (1a) *v/i* to sneeze; *(exaltar- -se)* to get furious; *(salpicar)* to spurt; **~o** *s m* sneeze; *dar um* **~** to sneeze.

esplanada *s f* street café.

esplêndido *adj* splendid.

esplendor *s m* splendour; *(brilho)* sparkle.

espoleta *s f* fuse.

espólio *s m (herança)* estate, property; **~** *de guerra* war spoils; *(pilhagem)* booty.

esponja *s f* sponge; *fig.* parasite, soak.

espontlaneidade *s f* spontaneity; *(originalidade)* originality; *(naturalidade)* straightforwardness; *(voluntariedade)* free will; **~âneo** *adj* spontaneous; *(original)* original; *(natural)* natural; *(voluntário)* free-willing.

esporádico *adj* sporadic; *(raro)* rare; *(ocasional)* occasional.

esposla *s f* wife; **~o** *s m* husband; **~os** *s pl* husband and wife.

espreguiçar-se (1p) *v/r* to stretch o.s.

espreitar (1a) *v/t* to peek; *(observar)* to watch; *(espiar)* to spy on.

espremer (2c) *v/t* to squeeze; *(torcer)* to wring out; *(pessoas)* to squash.

espuma *s f* foam; *tirar a* **~** to skim.

espumladeira *s f* skimmer; **~ante** *adj* frothy, foamy; *(vinho)* sparkling.

esquadra *s f* police station; *aer., mar.* fleet.

esquadrão *s m* squadron.

E

esquecer (2g) *v/t e v/i* to forget; **~er--se** *v/r de a/c* to forget sth.; **~ido** *adj* forgetful.

esqueleto *s m* skeleton.

esquema *s m* scheme; *(resumo)* outline; **~ático** *adj* schematic; **~atizar** (1a) *v/t* to represent schematically, to plan, to outline.

esquentador *s m* boiler.

esquerda *s f (tb. pol.)* left; **à ~** on the left; **~ismo** *s m* left-wing; **~ista 1.** *adj* left-wing; **2.** *s m/f* left-winger; **~o** *adj* left; *(canhoto)* left-handed.

esqui *s m* ski; *desp.* skiing; **~ador** *s m*, **-a** *f* skier; **~ar** *v/i* to ski.

esquilo *s m* squirrel.

esquimó *s m/f* eskimo.

esquina *s f* corner.

esquisito *adj* weird; *(estranho)* strange; *(exagerado)* exaggerated; *(excêntrico)* eccentric.

esquivar (1a) *v/t* to escape; *(evitar)* to avoid; **~ar-se** *v/r* to evade sth.; to dodge sth.; **~o** *adj* aloof, standoffish; *(tímido)* shy; *(desagradável)* unfriendly; *(difícil)* difficult.

esse, essa *pron* that.

essência *s f* **a)** being; *(sentido)* meaning, sense; **b)** *(perfume)* essence.

essencial 1. *adj* essential; *(principal)* main; **2.** *s m* main thing.

esta, este *pron* this (one).

estabelecer (2g) *v/t* to establish; *(estado, instituição, edifício)* to set up; *(regra)* to set; *(factos)* to establish; **~imento** *s m (fundamentação)* ground; *(instituição)* instituition; *(abertura)* opening; *(determinação)* determination; **~ comercial** business; **~ industrial** industrial establishment, factory.

estabilidade *s f* stability; *(firmeza)* firmness, determination; *(continuidade)* continuity; **~zador** *s m* stabilizer; **~zar** (1a) *v/t* to stabilize.

estábulo *s m* cow-shed, stable.

estaca *s f* post, stake.

estação *s f* station; *(paragem)* stop; *c.f.* railway sation; *fig.* season; *(das chuvas, de banhos)* season; **~ de serviço** *s m* petrol station; **~ alta** high season.

estacionamento *s m (paralização)* stop; *(suspensão)* standstill; *(estadia)* stay; *(carro)* parking; **parque** *s m de* **~ car** park; **disco** *s m de* **~** parking disc; **lugar** *s m de* **~** parking place; **~ar** (1f) *v/t e v/i* to stop, to park; **estar ~ado** *(carro)* to be parked; **~ário** *adj* stationary.

estádio *s m* stadium; *med.* stage, phase.

estadista *s m/f* statesman/stateswoman; **~o** *s m* state; *(situação)* situation, state; **~-polícia** police state; **~s** *s pl* states; **~ civil** marital status.

estagiar (1g) *v/t* to work as a trainee, to do a traineeship; **~ário** *s m*, **-a** *f* trainee; *(voluntário)* volunteer; **professor ~** student teacher.

estágio *s m* training; **fazer um ~** = **estagiar**.

estagnação *s f* standstill, stagnation; **~ar** (1b) *v/t* to make stagnant; *v/i* to stagnate; *(paralisar)* to bring to a standstill.

estalactite *s f* stalactite, dripstone.

estalagem *s f* inn.

estalar (1b) *v/t* to break; *(dedos)* to snap; *v/i (vidro)* to split, to crack; *(crepitar)* to crackle; *(guerra)* to break out.

estaleiro *s m mar.* shipyard.

estampado *adj (tecido)* printed.

estância *s f* **1.** resort; *(caldas)* spa; *(pousada)* inn; **2.** *(conjunto de versos)* stanza.

estandardizar (1a) *v/t* to standardize; **~te** *s m* standard, banner; *(bandeira)* flag.

estanho *s m* tin; **papel** *s m de* **~** silverpaper; **folha** *s f de* **~** foil.

estanque *adj* watertight; *(seco)* dry.

estante *s f* bookcase; *(suporte)* stand.

estar (1s) *v/i (temporariamente)* to be; *(encontrar-se)* to be at, to stay; **~ a fazer a/c** to be doing sth.

estática *s f tec.* static; **~o** *adj* static; *(imóvel)* still.

estatística *s f* statistics; **Instituto** *s m* **Nacional de ~** National Institut of Statistics; **~o** *adj* statistical.

estatização *s f* nationalization; **~ar** (1a) *v/t* to nationalize.

estátua *s f* statue.

estatueta *s f* statuette; **~ra** *s f* height; *(tamanho)* size; **~to** *s m* statute.

estável *adj* stable; *(firme)* firm.

este¹ *s m* East.

este², esta *pron* this (one).

estearina s f stearin.

esteira s f **a)** mat; **b)** mar. wake; path; *ir na ~ de alg* fig. to follow s.o.

estend|al s m hanger; a great deal; **~er** (2a) v/t to extend; *(desdobrar)* to spread out; *(esticar)* to stretch; *(massa)* to roll out; *(roupa)* to hang out; **~er-se** v/r to stretch out; fig. *(chumbar)* to fail.

esten|ografar (1b) v/t to write in shorthand; **~ografia** s f shorthand; **~ográfico** adj in shorthand; **~ógrafo** s m, **-a** f shorthand typist.

estepe s f steppe.

estereo|fónico adj stereo(phonic); *aparelhagem* s f **~a** stereo player; **~metria** s f stereometrics; **~scópio** s m stereoscope; **~tipado** adj stereotypical; *ideia* s f **-a** cliché; **~tipia** s f stereotypy; **~típico** adj = **~tipado**.

estéril adj sterile; *(terra)* infertile, unproductive, barren; fig. futile.

estética s f aesthetics.

estetoscópio s m med. stethoscope.

estlbordo s m starboard.

esticar (1n) v/t to stretch, to tighten; **~ a canela**, **~ a perna** F to pop one's clogs, to kick the bucket; **~ o pernil** s m F to die.

estigma s m mark, scar; fig. stigma; **~tizar** (1a) v/t to brand.

estilete s m stiletto.

estil|ística s f stylistics; **~ístico** adj stylistic; **~o** s m style; *(costume)* habit; **~o de vida** way of life.

estima s f esteem; *(afecto)* affection; *ter ~ a alg* to like s.o.; *auto-* **~** self-esteem.

estim|ação s f = **estima**; *valor* s m *de* **~** sentimental value; **~ar** (1a) v/t *(gostar)* to like, to be fond of; *(calcular)* to estimate; *(honrar)* to honour; *(achar)* to believe; *(desejar)* to wish; *preço* s m *estimado* estimated price; **~ativa** s f estimation, estimate; **~ativo** adj esteeming.

estimul|ante 1. s m stimulant; **2.** adj stimulating; **~ar** (1a) v/t to stimulate; *(incentivar)* to encourage.

estímulo s m stimulus, incentive; *(ânimo)* encouragement.

estipul|ação s f stipulation, condition; **~ar** (1a) v/t to stipulate.

estof|ador s m, **-a** f upholsterer; **~ar** (1e) v/t to upholster; *(acolchoar)* to pad, to stuff; **~o** s m **1.** s m *(tecido)* material; *(chumaço)* padding, stuffing; **2.** *ter ~ para* to be able to cope with.

estoir|ar (1a) v/i *(explodir)* to explode; *(escândalo)* to blow up; *(guerra)* to break out; **~o** s m explosion.

estojo s m case; *(óculos)* glasses case; *(pintura)* paintbox; **~ de ferramentas** tool kit.

estômago s m stomach; fig. *(vontade)* will; *(coragem)* courage.

estomatite s f stomatitis.

estomatologista s m/f dentist.

estopa s f tow, hurds.

estoque s m stock; *(armazém)* warehouse.

estore s m blind.

estornar (1e) v/t *(devolver)* to give back.

estorno s m devolution.

estouvado adj rash, foolhardy.

estrábico adj cross-eyed.

estrad|a s f road; fig. way; **~o** s m *(plataforma)* platform; *(cama)* base.

estragão s m tarragon.

estrag|ar (1o) v/t to spoil; to ruin; *(devastar)* to destroy; *(saúde)* to damage; *(dinheiro)* to waste; **~ar-se** v/r to be wasted; **~o** s m damage *(destruição)* destruction; *(perda)* loss; *(desperdício)* loss.

estrangeiro 1. adj foreign; *Ministério* s m *dos Negócios* **ᵉs** Ministry of Foreign Affairs; *país* s m **~** foreign country; *moeda* s f **-a** foreign currency; **2.** s m abroad, foreign country; **3.** s m, **-a** f foreigner.

estrangular (1a) v/t to strangle; *(apertar)* to tighten.

estranho 1. adj strange, odd; *(singular)* rare; *(espantoso)* astonishing; *(surpreendente)* amazing; *(tímido)* shy; **2.** s m, **-a** f stranger.

estrat|agema s f mil. stratagem; *(ardil)* trick; **~égia** s f strategy; **~égico** adj strategic; **~ega** s m/f strategist.

estrat|ificação s f stratification; **~ificar** (1a) v/t to stratify, to entrench; *(camadas)* to put in layers; **~o** s m layer, stratum; **~osfera** s f stratosphere.

estrelar (1l) *v/t* *(vestido)* to wear for the first time; *(peça de teatro)* to open; **a** ~**brandnew**; ~**ar-se** *v/r* to make one's debut.

estreia *s f* opening, first night; *(começo)* debut; *(filme)* première, opening; ~ **mundial** *adj* first night.

estreito 1. *adj (apertado)* narrow; *(limitado)* limited; *(abraço)* big; *(ordem)* strict; *(exacto)* exact; *(poupado)* economical; **2.** *s m* strait; *(desfiladeiro)* pass.

estrela *s f* star *(tb. fig.)*.

estrelado *adj (céu)* starry; **ovo** *s m* ~ fried egg; ~**a(s)-do-mar** starfish.

estremecer (2g) *v/t (sacudir)* to shake; *(abalar)* to strike; *(assustar)* to frighten; *(amar)* to love tenderly; *v/i* to shake, to tremble.

estria *s f* fluting, groove; *(pele)* stretch mark; ~**iar** (1g) *v/t* to flute.

estribo *s m* stirrup; *(degrau)* step; *(pilar)* support; **dar** ~ to trust.

estricnina *s f* strychnine.

estridente *adj* shrill, piercing.

estroina 1. *adj* reckless; wild; harum-scarum; **2.** *s m/f* playboy.

estrondo *s m (trovão)* rumble; *(ruído)* din; *(estalar)* crack; **de** ~ F sensational.

estrume *s m* manure.

estrutura *s f* structure; *(esqueleto)* framework; *(construção)* fabric; ~**al** *adj* structural; ~**ar** (1a) *v/t* to structure; *(edificar)* to build; *(ordenar)* to organize.

estuário *s m* estuary.

estucador *s m*, ~**a** *f* plasterer; ~**ar** (1a) *v/t* to plaster.

estudante *s m/f* student; ~ **universitário/a** college/ university student; ~**ar** (1a) *v/t* to study, to learn; *(decorar)* to learn by heart; *(papel)* to learn the lines; ~ **com alg** to study with s.o.; ~ **o terreno** to explore the field.

estúdio *s m* studio; *(artista)* atelier.

estudo *s m* study; *mús.* étude.

estufa *s f (forno)* oven; *(plantas)* greenhouse; ~ **fria** greenhouse.

estupidez *s f* stupidity, dumbness; *(tolice)* nonsense.

estúpido 1. *adj* stupid; *(parvo)* silly; **2.** ~ *s m*, ~**a** *f* stupid person.

estuprar (1a) *v/t* to rape; ~**o** *s m* rape; **assassínio** *s m* **com** ~ sex murder.

estuque *s m* stucco; *(massa)* plaster.

esvalído *adj* faded; *(sem forças)* weak; ~**ir-se** (3l) *v/r*: ~ **em sangue** to lose a lot of blood, to bleed to death.

esvaziar (1g) *v/t* to empty; to exhaust.

esvoaçar (1p) *v/i* to flutter.

etapa *s f* stage, phase.

éter *s m* ether.

etéreo *adj* ethereal.

eternidade *s f* eternity; ~**o** *adj* eternal.

ética *s f* ethics; ~**o** *adj* ethical.

etílico *adj* ethylic.

etiqueta *s f* **a)** etiquette, good manners; **b)** label; ~**ar** (1c) *v/t* to label.

etnografia *s f* ethnography; ~**gráfico** *adj* ethnographic; ~**logia** *s f* ethnology.

eu *pron* I.

eufemismo *s m* euphemism; ~**oria** *s f* euphoria.

eurocheque *s m* eurocheck; ~**crata** *s m/f* eurocrat; ~**deputado** *s m* member of the European Parliament.

europeu *adj*, *s m*, ~**eia** *f* European.

evacuação *s f* evacuation; *(abolição)* abolishment; *med.* discharge; *(fezes)* defecation; ~**ar** (1g) *v/t* to evacuate; *(tropas)* to retreat; *med. (intestino)* to defecate.

evadir (3b) *v/t (evitar)* to avoid; ~**-se** *v/r* to escape.

Evangelho *s m* Gospel.

evaporação *s f* evaporation; ~**ar** (1e) *v/t* to evaporate; ~**ar-se** *v/r (desaparecer)* to disappear, to vanish.

evasão *s f* flight, escape.

eventual *adj* fortuitous, accidental; *(ocasional)* occasional; **trabalho** *s m* ~ casual work.

evidência *s f* evidence; *(incontestabilidade)* irrefutability; **pôr em** ~ = ~**enciar** to prove, to show; ~**ente** *adj* obvious, evident; *(incontestável)* irrefutable; *(claro)* clear.

evitar (1a) *v/t* to avoid; *(afastar-se)* to get away; *(impedir)* to stop, to prevent; *(escapar)* to escape.

evocar (1n) *v/t* to evoke; *(espíritos)* to invoke; *(recordação)* to remember.

evolu|ção *s f* evolution, development; **~cionismo** *s m* evolutionism; **~ir** (3i) *v/i* to evolve, to develop; *(melhorar)* to improve.

exact|amente *adv:~* ! exactly; **~idão** *s f* exactitude; **com** ~ = ~**o** *adj* exact; *(cuidadoso)* thorough; *(rigoroso)* accurate.

exager|ar (1c) *v/t* to exaggerate; *(sobrestimar)* to overestimate; *(exceder)* to exceed; **~o** *s m* exaggeration.

exalar (1b) *v/t* to exhale; *(cheiro)* to give off.

exalt|ação *s f* exaltation; *(excitamento, excitação)* excitement; *(irritação)* annoyance; **~ado** *adj* fanatical; *(apaixonado)* overexcited; *(irritado)* annoyed; **~ar** (1a) *v/t* to exalt; *(louvar)* to praise; *(excitar)* to excite; *(irritar)* to annoy, **~ar-se** *v/r* to get worked up; *(exceder-se)* to get carried away.

exame *s m* exam; *med.* test, examination, exam; **passar no** ~ to pass an exam.

examinar (1a) *v/t* to examine, to test; *(observar)* to observe; *med.* to examine.

exarar (1b) *v/t* to write down, to register.

exaus|to *adj* exhausted; *(gasto)* used up; **~tor** *s m (de cheiros)* extractor fan.

exced|entário *adj* over…; **produção** *s f* **-a** overproduction; **~ente 1.** *adj* excessive; *econ.* surplus; **2.** *s m/f econ.* surplus; **~er** (2c) *v/t* to exceed, to surpass.

excel|ência *s f* excellence; *(título)* excellency; *(exemplar)* exemplary; **~ente** *adj* excellent.

excêntrico 1. *adj* eccentric; *(estranho)* weird; **2.** *s m,* **-a** *f* eccentric.

excep|ção *s f* exception; **~to** *prep* except (for), apart from.

excerto *s m* fragment, excerpt.

excess|ivo *adj* excessive; *(tamanho)* too big; **~o** *s m* excess; *(resto)* rest; *(abuso)* abuse; ~ **de (peso)** excess weight; ~ **de bagagem** excess luggage; ~ **de velocidade** excessive speed.

excit|ação *s f* excitement; *(irritação)* annoyance; *(nervosismo)* nerves; **~ante 1.** *adj* exciting; **2.** *s m* stimu-

lant; **~ar** (1a) *v/t* to excite; *(irritar)* to annoy; *(incentivar)* to stimulate.

exclam|ação *s f* exclamation; **ponto** *s m* **de** ~ exclamation point; **~ar** (1a) *v/t* to cry out; *(gritar)* to shout.

excluir (3i) *v/t* to exclude, to leave out.

exclusivo 1. *adj* exclusive; **2.** *s m (direito)* exclusive right; *econ.* sole agency.

excurs|ão *s f* trip, outing; *(em grupo)* excursion; **~ionista** *s m/f* tripper; tourist.

execu|ção *s f* execution; *mús./tea.* performance; *(realização)* carrying out; *(desempenho)* performance; **~tar** (1a) *v/t* to execute; *peça, papel* to perform; *(sentença)* to carry out.

exempl|ar 1. *adj* exemplary, **2.** *s m* model, example; *bio.* specimen; **~o** *s m* example; *(ideal)* ideal; **dar o** ~ to give the example.

exerc|er (2g) *v/t* to exercise; *(profissão)* to practise; *(desporto)* to exercise, to train; **~ício** *s m* exercise; *(treino)* training; *(desempenho)* performance; *econ.* financial year; **em** ~ in office.

exército *s m* army.

exib|ição *s f* show, display; *(apresentação)* presentation; *(ostentação)* show off; *(exposição)* exhibition; **~ir** (3a) *v/t* to show, to display; to produce *(quadros)* to exhibit; *(filme)* to show, to screen; *(expor)* to expose.

exig|ência *s f* demand; *(necessidade)* requirement; *(falta)* need; **~ente** *adj* demanding; *(urgente)* urgent; **~ir** (3n) *v/t* to demand; *(precisar)* to need, to require.

exílio *s m* exile.

exist|ência *s f* existence; *(presença)* presence; *(ocorrência)* situation; *(vida)* life; **-s** *s pl econ.* goods, merchandise; **~ir** (3a) *v/t (haver)* there to be; *(acontecer)* to happen; *v/i (viver)* to live.

êxito *s m* success.

exótico *adj* exotic; *(estranho)* odd.

expan|são *s f* expansion; *(difusão)* spread; **~sivo** *adj (pessoa)* out-going; *(franco)* frank, open.

expatri|ação *s f* expatriation; **~ar** (1g) *v/t* to expatriate.

expectativa *s f* expectation; *(esperança)* hope; **estar na** ~ to expect, to be expectant.

expedl|ição *s f (viagem, mil.)* expedition; *(despacho, mercadoria)* dispatch; **~iente 1.** *adj* dispatching; *fig.* active; **2.** *s m* means; *(serviço)* stop-gap; workload; *(correspondência)* correspondence; **(horas** *s pl* **de)** ~ office working hours; **~ir** (3r) *v/t (enviar)* to send; *mercadorias, etc.* to dispatch.

expelir (3c) *v/t (expulsar)* to expel; *(lançar)* to throw; *(vomitar)* to vomit.

experi|ência *s f* experience; *(prova)* experiment, test; *(tentativa)* try; **~ente** *adj* experienced.

experiment|al *adj* experimental; **~ar** (1a) *v/t (ensaiar)* to try out, to test; *(inspeccionar)* to inspect, to test; *(tentar)* to try; *(experienciar)* to experience.

expir|ação *s f* exhalation; *(fig. de um prazo)* expiry; **~ar** (1n) *v/t* to exhale, to breathe out; *v/i (morrer)* to die; *(terminar)* to end.

explic|ação *s f* explanation; **-ões** *pl* private lessons; **~ar** (1n) *v/t* to explain, to teach, to clarify.

explodir (3f) *v/i* to explode.

explor|ação *s f (reconhecimento)* exploration; *(abuso)* exploitation; *(administração)* administration, management; **~ador** *s m,* **-a** *f* explorer; *(de outros)* exploiter; **~ar** (1e) *v/t* to explore; *econ.* to manage; to run.

explos|ão *s f* explosion; **~ivo 1.** *adj* explosive; **2.** *s m* explosive.

expoente *s m* exponent.

expor (2zd) *v/t* to expose; *(pensamentos)* to explain; *(acontecimentos)* to reveal; *(abandonar)* to leave; *(fotos, quadros)* to exhibit; **~se** *v/r* to expose oneself; *(arriscar-se)* to risk.

export|ação *s f* exporting; *(mercadorias)* exports; **imposto** *s m* **de** ~ customs tax; **~ador** *s m,* **-a** *f* exporter; **~ar** (1e) *v/t* to export.

exposição *s f* exhibition; *(explicação)* explanation; *(demonstração)* demonstration.

express|ão *s f* expression; **liberdade** *s f* **de** ~ freedom of speech; **~ionismo** *s m* expressionism; **~ivo** *adj* expressive; *(enérgico)* demonstrative; **~o 1.** *adj* definite; *(claro)* clear; **2.** *s m:* **comboio** ~ *s m* express train; **3.** *s m (café)* expresso.

exprimir (3a) *v/t* to express; to put into words.

expropri|ação *s f* expropriation; **~ar** (1g) *v/t* to expropriate.

expuls|ão *s f* expulsion; *(rejeição)* rejection; *(exclusão)* exclusion; *(desterro)* ban; *(evacuação)* evacuation; **~ar** (1a) *v/t* to expell; *(enjeitar)* to leave out; *(excluir)* to exclude; *(pôr na rua)* to kick out.

êxtase *s m (encanto)* charm; ecstasy.

extens|ão *s f* extension; *(comprimento)* expanse; *(duração)* length, duration; *econ.* expansion; **~o** *adj* extensive, wide; *(comprido)* long; **por** ~ in full; **~or** *s m* extender.

exterior 1. *adj* exterior, outdoors, outside; **2.** *s m (da casa)* outside; *(estrangeiro)* abroad; **do** ~ from abroad.

exterminar (1a) *v/t* to exterminate; *(destruir)* to destroy.

externo 1. *adj* external; **mercado** *s m* ~ foreign market; **serviço** *s m* ~ external duty; **uso** ~ external use; **aluno** ~ = **2.** *s m/f* non resident student.

extin|ção *s f* extinction; *(extermínio)* termination; *(abolição)* abolishment; *(desaparecimento)* disappearance; **~guir** (3o) *v/t* to extinguish; *(exterminar)* to terminate; *(dívida)* to pay out; *(fogo)* to put out, to extinguish; **~guir-se** *v/r* to go out; *bio.* to become extinct; *(morrer)* to die; **~tor** *s m* (fire) extinguisher.

extra 1. *adj* extra; **2.** *s m/f* extra person; *tea.* extra.

extracção *s f* extraction; *arq. e lotaria* draw.

extrair (3l) *v/t* to extract, to take out; *min.* to extract.

extraordinário *adj* extraordinary; *(notável)* remarkable.

extrem|idade *s f* extremity; *(limite)* border, edge; *(ponta)* end; *(dos dedos)* tip; **~ismo** *s m* extremism, fanatism; ~ de direita (de esquerda) right-wing (left-wing) extremism; **~o 1.** *adj* extreme; *(final)* last; *(exagerado)* over...; **2.** *s m* extreme; *(fim)* end; *(antagonismo)* opposite; *(máximo)* maximum; **~s** *s m pl* exaggeration; **de ~s** all-or-nothing.

fábrica *s f Br.* factory, *Am.* plant.

fabric|ante *s m/f* manufacturer, producer; *(fornecedor)* supplier; **~ar** (1n) *v/t* to manufacture, to produce; **~o** *s m* manufacturing, production; **~ em série** *s f* mass-production.

faca *s f* knife; **~ de mato** *s m* machete.

façanha *s f* deed, exploit.

fac|ção *s f* faction, party; **~ciosismo** *s m* partiality, bias; **~cioso** *adj* partial, biased.

face *s f* face; *(bochecha)* cheek; *de um corpo* surface; *(moeda)* head; **em ~ de** in view of.

faceta *s f* feature; facet.

fachada *s f* façade, front; *arq.* façade; *livro, jornal* title page; *fig.* appearance, look.

facho *s m* beam, torch.

fácil *adj* easy, simple, clear; *(temperamento)* easy-going; *(leviano)* easy.

facil|idade *s f* facility; *(à vontade)* ease; **com ~** easily; **~s** *s f pl de pagamento* by instalments; **~tar** (1a) *v/t* to facilitate, to make easy; *(apoiar)* to support; *v/i (agir sem prudência)* to be careless.

fac-símile *s f (cópia)* facsimile; *(documento)* fax; **enviar por ~** to fax.

fact|o *s m* fact; **estar ao ~ de** to be informed about; **~ consumado** fait acompli; **de ~** in fact; **~or** *s m* factor; **~ de protecção solar** protection factor; **~ual** *adj* factual.

factur|a *s f* bill, invoice; **~ar** (1a) *v/t* to invoice; *v/i* to make money, to cash in.

facul|dade *s f* faculty, ability, capacity; *(poder)* power, authority; *(universidade)* college, faculty; **~tativo** *adj* optional.

fadiga *s f* fatigue, weariness; *(esforço)* effort; *(estafa)* hardship, strain.

fad|ista *s m/f* fado singer; **~o** *s m (fig. destino)* fate; *(canção)* fado.

fagote *s m* bassoon.

faísca *s f* spark; *(relâmpago)* flash of lightning, thunderbolt; *(brilho)* flash; *indústria mineira* lump of gold.

faiscar *v/i* (1n) *v/i* to sparkle; *(relampejar)* to flash; *(brilhar)* to sparkle.

faixa *s f (cinto)* belt; *(tira)* strip; *(área)* zone; *(estrada)* lane; *med.* bandage;

(num disco) track; **~ etária** age group; **~ de rodagem** lane; **~ de paragem de emergência** hard shoulder; **~ de ultrapassagem** fast lane.

fala *s f* speech; *(palavras)* words, talk; *(linguagem, língua)* language; **sem ~** speechless.

falar (1b) *v/i* to speak, to talk; *v/t (dizer)* to say; *(língua)* to speak; **por ~ em** speaking of; **por ~ nisso** by the way.

falcão *s m* falcon; hawk.

falecer (2g) *v/i (morrer)* to die.

falência *s f* bankruptcy; *(falta)* lack; **ir à ~** to go bankrupt.

falésia *s f* cliff.

falh|a *s m (erro, geo.)* fault; *(defeito)* flaw; *(omissão)* omission; **~ar** (1b) *v/i* to fail; *(não acertar)* to miss; *(errar)* to be wrong.

fal|ido *adj* bankrupt; **massa** *s f* **-a** *econ.* bankrupt's estate; **estar ~** to be broke; **~ir** (3b) *v/i* to go bankrupt.

fals|idade *s f* falsehood; *(hipocrisia)* hipocrisy, pretence; *(mentira)* lie; **~ficação** *s f (produto da falsificação)* forgery; *(acto de falsificar)* falsification; **~ficador** *s m,* **-a** *f* forger; **~ficar** (1n) *v/t* to forge.

falso *adj* false, fake; **chave** *s f* **-a** skeleton key; **fundo** *s m* **falso** false bottom; **juramento ~** perjury; **~ alarme** *s m* false alarm; **dar um passo em ~** to miss one's step.

falta *s f (erro)* mistake; *(inexistência)* lack (of); *(ausência)* absence.

faltar *v/t e v/i* (1a) *(nao haver)* to lack, to be short of; *(estar ausente)* to be absent; *(perder)* to miss; *(não ir)* to fail to appear; *(falhar)* to fail.

fama *s f (celebridade)* fame; *(reputação)* prestige, standing; *(boato)* reputation; **ter ~** to be famous; **ter boa (má) ~** to have a good (bad) reputation.

família *s f* family; *(parentes)* relatives.

familiar 1. *adj* familiar; **ser ~** to sound familiar; **2.** *s m/f* relative.

famoso *adj* famous, reknowned; *(grandioso)* eminent, excellent.

fanático 1. *adj* fanatical; **2.** *s m,* **-a** *f* fanatic.

fanatismo *s m* fanatism.

fantas|ia *s f* fantasy; *(sonho)* dream; illusion; **~iar** (1g) *v/t* to imagine; *v/i* to day dream; **~iar-se** *v/r* to dress up.

fantasma *s m* ghost, phantom.

fantástico *adj* fantastic, great, terrific.

fantoche *s m (tb. fig.)* puppet.

faqueiro *s m (jogo de talheres)* set of cuttlery; *(pessoa)* cuttler.

farda *s f* uniform.

fardo *s m* bundle; *(carga)* load; *(fig.)* burden.

farejar (1d) *v/t* to smell (out), to sniff (out); *v/i* to sniff.

faringe *s f* pharynx.

farinha *s f* flour.

farm|acêutico 1. *adj* pharmaceutical; **2.** *s m, -a f* pharmacist, chemist; **~ácia** *s f* pharmacy, chemist's; **faculdade** *s f* **de ~** pharmacy faculty.

faro *s m (olfacto)* sense of smell; *(sagacidade)* flair.

farol *s m* lighthouse; *(auto.)* headlight; **~ alto, (médio, baixo)** high (dim, side) beam; **~ traseiro de nevoeiro** rear fog light.

farp|ado *adj* barbed; **arame** *s m* **~** barbed wire; **~ão** *s m* harpoon; *(gancho)* hook.

farrapo *s m* rag; *fig.* rogue.

farsa *s f* farce; *(brincadeira)* joke, lark.

fartura *s f* abundance, plenty.

fascículo *s m (de publicação)* instalment.

fascin|ador, fascinante *adj* fascinating; **~ar** (1a) *v/t* to fascinate.

fascínio *s m* fascination.

fasci|smo *s m* fascism; **~sta** *adj e s m/f* fascist.

fase *s f* phase; *(etapa)* stage; *júr.* period of service.

fast|idioso *adj* tedious; *(monótono)* boring; *(irritante)* annoying; **~io** *s m* lack of appetite; *(tédio)* boredom.

fatal *adj* fatal; *(mortal)* lethal; *(inevitável)* fateful; **~idade** *s f (destino)* fate; *(desgraça)* disaster; **~ista 1.** *adj* fatalistic; **2.** *s m/f* fatalist.

fatia *s f* slice; cut; part.

fati|gante *adj* tiring; *(aborrecido)* tiresome; **~gar** (1o) *v/t* to tire; **~-se** *v/r* to get tired.

fato *s m* suit; *(roupa)* clothes.

fauna *s f* fauna.

fava *s f* (broad) bean; **mandar alguém à ~** to send s.o. packing.

favor *s m* favour; *(gentileza)* attention, courtesy; *(benevolência)* kindness; **por ~** please.

favor|ável *adj* favourable; **~ecer** (2g) *v/t* to favour; *(distinguir)* to benefit; *(vestido)* to suit; *(retrato)* to flatter; **~ito 1.** *adj* favourite; **2.** *s m, -a f* favourite, protegé(e).

fazenda *s f* farm; *(de café, de algodão)* plantation; *(tecido)* cloth, fabric; *econ.* **~ pública** *s f* treasury.

fazer (2v) *v/t* to make; *(executar)* to do; *(produzir)* to produce; *(construir)* to build; **~ desporto** to practise sport; *dinheiro* to bring in; *(causar)* to cause; **~ negócio** to make business; **ele faz anos** it's his birthday; **não faz mal** never mind.

fé *s f* faith; *(crença)* belief; *(confiança)* trust; *de boa/má* **~** in good/bad faith.

fealdade *s f* ugliness.

febr|e *s f (temperatura)* temperature; *(doença)* fever; *estar com* **~** to have a temperature; **~il** *adj* feverish; *fig.* excited.

fech|adura *s f (de porta)* lock; **~amento** *s m* closure; **~ar** (1d) *v/t* to close, to shut; *(luz, torneira)* to turn off; **~ à chave** *s f* to lock; **~o** *s m* bolt, latch; *(fim)* close; **~ éclair** zip fastener.

fécula *s f* starch.

fecund|ação *s f* fertilization; **~ar** (1a) *v/t* to fertilize; **~idade** *s f* fertility; **~o** *adj* fertile; *(fig.)* prolific.

feder (2c) *v/i* to stink.

feder|ação *s f* federation; **~al** *adj* federal; **~alismo** *s m* federalism; **~alista** federalist.

fedor *s m* stink, stench.

feição *s f* form, shape; *(aparência)* aspect, look; *(carácter)* nature; **~ões** *s pl (cara)* features; **à ~** smoothly.

feij|ão *s f* bean; **~oada** *s f* meat and beans stew.

feio *adj* ugly.

feira *s f* fair; *(mercado)* market; **~ industrial** *adj* industrial fair.

feiti|çaria *s f* witchcraft; **~ceiro** *s m* wizard, **-a f** witch.

feit|io *s m* shape; style; *de um vestido* cut; *(carácter)* temperament; **~or** *s m,* **-a** *f* administrator; **~oria** *s f* trading post.

feixe *s m (luz)* beam; *(molho)* bundle, bunch.

fel *s m* bile, gall; *(fig.)* bitterness; *(inveja)* spite.

felici|dade *s f* happiness; **~tar** (1a) *v/t* to congratulate, *(alegrar)* to make happy.

felino 1. *adj* feline; **2.** *s m* feline.

feliz *adj* happy; *(afortunado)* fortunate.

feltro *s m* felt.

fêmea *s f* female.

femin|ino *adj* feminine; *(sexo)* female; **~ismo** *s m* feminism; **~ista** *s m/f* feminist.

fémur *s m anat.* femur.

fenda *s f* crack, slit; *geo.* fissure.

feno *s m* hay.

fenol *s m* carbolic acid.

fenomenal *adj* phenomenal, fantastic, amazing.

fenómeno *s m* phenomenon; *(tb. fig.)* amazing.

fera *s f* wild animal; *(fig., pessoa cruel)* beast.

féria *s f* salary; **dia de ~** pay-day; **~s** *s f pl Br.* holidays, *Am.* vacations; **~ de Verão** *s m* summer holidays.

feriado 1. *adj* holiday; **dia ~ = 2.** *s m* holiday; **~ nacional** national holiday.

feri|da *s f,* **~mento** *s m* injury; wound.

ferir (3c) *v/t* to injure, to wound; *(ofender)* to offend; **~ os sentimentos de alguém** to hurt s.o.'s feelings.

ferment|ação *s f* fermentation; **~ar** (1a) *v/t e v/i* to ferment; to rise (massa); **~o** *s m* yeast; **~ em pó** *s m* baking powder.

feroz *adj* fierce, ferocious; *(irritado)* grim.

ferra|dura *s f* horseshoe; **~menta** *s f* tool.

ferr|ão *s m* prickle; *(de insecto)* sting; **~ar** (1c) *v/t* to spike; *cavalo* to shoe; *gado* to brand; *vela* to reef; **~ as unhas em** to sink one's finger's into sth.; *v/i* **~ar a alg.** to bite s.o. *(cão)*; **~eiro** *s m* blacksmith.

férreo *adj* iron *(atr.)*; **via** *s f* **-a** railway.

ferro *s m* iron; *(âncora)* anchor; *(de passar roupa)* iron; **~s** *s m pl (ferra-*

menta) tongs; *(corrente)* chains; **estar a ~s** to be in shackles; **~ velho** scrap metal; **~ fundido** cast iron; **~ forjado** wrought iron.

ferro|via *s f* railway; **~viário** *s m,* **-a** *f (pessoa)* railway worker.

ferrug|em *s f* rust; **criar ~** to rust; **~ento** *adj* rusty.

ferry-boat *s m* ferry-boat.

fértil *adj* fertile; *(rendível)* productive.

fertilidade *s f* fertility.

ferver (2c) *v/i* to boil; *(arder) fig.* to be excited; *(efervescer)* to bubble; *(fervilhar)* to swarm (with).

ferv|or *s m* heat; ardour, fire; *(paixão)* devotion, desire; *(veemência)* earnestness, seriousness; **~ura** *s f* boiling; *(efervescência)* bubbling; *(ebulição)* ebullition; *fig.* agitation, commotion.

festa *s f* party; *(festejo)* celebration.

fest|ejar (1d) *v/t* to celebrate; **~ejo** *s m* celebration; *(festividade)* festivity; **~ival** *s m* festival; **~ivo** *adj* festive; *(alegre)* merry, joyful.

fétido *adj* foul, stinking.

feto *s m med.* foetus; *bot.* fern.

feud|al *adj* feudal; **~alismo** *s m* feudalism.

Fevereiro *s m* February.

fezes *s f pl* faeces.

fia|ção *s f* spinning; *(fábrica s f de)* spinning mill; *elect.* wiring; **~ador** *s m,* **-a** *f* guarantee, truster.

fiambre *s m* cold ham.

fiança *s f* surety; *(garantia)* guaranty, bail; **prestar ~** to stand bail; **sob ~** on bail.

fiar (1g) *v/t* **a)** *(têxteis)* to spin; **b)** *(confiar)* to trust; *(emprestar)* to lend; *(responder por)* to stand surety for s.o.; *v/i (conceder crédito)* to give credit, to sell on credit; **~se ~ em** to trust s.o., to rely on s.o.; *(confessar-se)* to confide on s.o.

fibra *s f* fibre.

ficar (1n) *v/i* to stay; *(sobrar)* to remain, to be left; *(durar)* to last; *(parar)* to stand; *(estar situado)* to be, to lie; *(tornar-se)* to become.

ficção *s f* fiction; *(logro)* fabrication, falsehood; **literatura** *s f de* **~** fiction; **~ científica** science fiction.

fich|a *s f (jogo)* chip; *elect.* plug; *bengaleiro* ticket; **~ dupla** two-way adaptor; *(de arquivo)* file; **~eiro** *s m* file *(tb. inf.).*

fictício *adj* fictitious, imaginary; *(pretenso)* feigned; *(suposto)* so-called.

fidalg|a *s f* noblewoman; **~o 1.** *s m* nobleman; **2.** *adj* noble; *(generoso)* magnanimous.

fideicomisso *s m* family trust.

fiel *adj* faithful; *(exacto)* accurate; *(de confiança)* reliable; **2.** *s m* representative; **~ da balança** hand; **os fiéis** *s m pl* the faithful.

fígado *s m* liver; *fig.* character; *(coragem)* courage; **ter maus ~s** to be bad-tempered, to be vindictive.

figo *s m* fig; **chamar um ~** to gobble up sth.

figueira *s f* fig tree.

figura *s f (aparência)* figure; *(reprodução)* picture; **fazer (boa) ~** to make a good impression; **fazer fraca ~** to be pitiful, to be pathetic.

figurino *s m* pattern; *fig.* dummy; *(modelo)* model; **~s** *(revistas)* fashion magazines.

fila *s f* row, line; *(de espera)* queue; **em ~** in a row; **fazer ~** to queue; **~ indiana** single file.

filantr|opia *s f* philantropy, **~ópico** *adj* philantropic; **~opo** *s m*, **-a** *f* philantropist.

filão *s m min.* lode, vein.

filarmónic|a *s f* philarmonic; *(sociedade)* philarmonic society; **orquestra** *s f* **~** philarmonic orchestra; **~o** *adj* philarmonic.

filatelia *s f* philately.

filete *s m* stripe; *arq.* fillet, border; *téc.* thread *(of a screw)*; *(debrum)* rim; *cul.* fillet, piece of sirloin; *anat.* nervule; *tip.* rule.

filh|a *s f* daughter; *(criança)* child; **~o** *s m* son; *(criança)* child; **~ único** only child; **~s** *s m pl* children.

fili|ação *s f* affiliation; *num partido, etc.* enrolment; **~al 1.** *adj* filial; **2.** *s f (sucursal)* branch; **gerente** *s m/f* **de ~** branch manager.

film|ar (1a) *v/t e v/i* to film; **~e** *s m Br.* film, *Am.* movie; **~ar a cores** colour film; **~ mudo** silent film; **~ sonoro** sound film; **~ de longa metragem** feature film.

filó *s f* tulle.

filo|logia *s f* philology; **~ógico** *adj* philological.

filólogo *s m*, **-a** *f* philologist.

filosofia *s f* philosophy.

filósofo *s m*, **-a** *f* philosopher.

filtr|ar (1a) *v/t* to filter; **~o** *s m* filter.

fim *s m* end; ending; *(intenção)* aim, objective, purpose; **a ~ de** in order to; **por ~** finally; **sem ~** endless.

fin|al 1. *adj* final, last; *(definitivo)* definitive, ultimate; **exame** *s m* **~** final examination; **dia** *s m* **~, juízo** *s m* **~** day of judgement, doomsday; **ponto** *s m* **~** full stop; **2.** *s m* end; conclusion; **no ~ de contas = afinal** *(ou* **no fim) de contas** after all; **3.** *s f* finale; *desporto* final; *(última volta)* last lap; **~alidade** *s f* aim, objective, purpose.

finança(s) *s f (pl)* finance; **Ministério** *s m* **das** [2] Ministry of Finance, *Br.* The Exchequer, *Am.* Treasury Department.

finan|ceiro 1. *adj* financial; **2.** *s m,* **-a** *f* financier, capitalist; **~anciamento** *s m* financing; **~ciar** *v/t* (1g) to finance.

fincar (1n) *v/t* to drive in; *(apoiar)* to lean (on); **~-se** *v/r* to stand still; *(obstinar-se)* to persist.

findar (1a) *v/i (acabar)* to end, to finish; *v/t* to put an end to; *(chegar ao fim)* to come to an end; *(prazo)* to run out.

fineza *s f* fineness; *(gentileza)* kindness; *(educação)* politeness; **poderia fazer a ~ de** would you be so kind as to.

fing|ido 1. *adj* insincere, false, cynical; **2. ~** *s m,* **-a** *f* hypocrite, cynic; **~imento** *s m* pretence; deceit; *(hipocrisia)* hypocrisy; **~ir** (3n) *v/t (simular)* to feign, to simulate; *v/i* to pretend; **~ir que** to pretend to; to feign sth.

finlandês 1. *adj* finnish; **2. ~esa** *s m/f* Finn.

fino *adj (magro)* thin; *(delgado)* slender; *(educado)* polite; *(som, voz)* shrill; *(delicado)* fine, delicate; *(de bom gosto)* tasteful; *(afiado)* sharp; *(esperto)* cunning.

fio *s m* thread; *bot.* fibre; *de atar* string; *de metal* wire; *da faca* cutting edge; **~**

condutor conducting wire; **~ de água** trickle; **~ de terra** neutral wire; **horas a ~** hours on end; **por um ~** *fig.* by the skin of one's teeth.

firma *s f* firm, company; *(assinatura)* signature.

firmar (1a) *v/t* to secure, to make firm; *(confirmar)* to sanction; *(assinar)* to sign; *(estabelecer)* to establish; **~e** *adj* firm, stable; *(forte)* strong; *(seguro)* sure; *(constante)* constant, resolute; *(definitivo)* definite, unequivocal.

fiscal 1. *adj (de impostos)* tax; **dívida** *s f* **~** tax owing; **fraude** *s f* **~** tax fraud; **grupo** *s m* **~** tax group; **indulto** *s m* **~** tax exemption; **receita** *s f* **~** *Br.* tax yield, *Am.* internal revenue; **conselho** *s m* **~** tax board; **evasão** *s f* **~** tax evasion; **nota** *s f* **~** delivery note; **2.** *s m/f* tax inspector; *(controlador)* supervisor; *alfândega* custom inspector.

fiscaliz|ação *s f* inspection; *(controlo)* supervision; **~ar** (1a) *v/t* to inspect; *(verificar)* to check; *(vigiar)* to supervise.

fisco *s m* public treasury; *Br.* Inland Revenue Service.

físic|a *s f* physics; **-o 1.** *adj* physical; **2.** *s m,* **-a** *f (cientista)* physicist; *(corpo)* physique; *(aspecto)* appearance; **~-química** *s f* physical chemistry.

fisio|logia *s f* physiology; **~logista** *s m/f* physiologist; **~nomia** *s f (face)* face; *(expressão)* expression, look; *(cunho)* character.

fita *s f* strip, band, ribbon, tape; **~ (cinematográfica)** film; **~ métrica** tape measure; **~ para máquina de escrever** ribbon; **~ magnética** tape; **~ isoladora** insulating tape.

fivela *s f* buckle.

fix|ação *s f* fixation; determination; **~ador 1.** *s m* hair spray; *téc.* safety mechanism; *pint.* fixative; *foto* fixing bath; **2.** *adj* fixative; **~ar** (1a) *v/t* to stick; to fasten; *(combinar)* to fix, to set; *(memorizar)* to remember; **~ residência** to set up house.

fixo *adj* fixed; *(firme)* firm; *(imóvel)* rigid; *(determinado)* set; **ideia -a** fixed idea; obsession; **ordenado** *s m* **~** basic salary; **preço** *s m* **~** fixed price.

flácido *adj* flabby, flaccid.

flama *s f* flame, blaze.

flamengo 1. *adj* Flemish; *(língua)* flemish; **2.** *s m,* **-a** *f* Fleming.

flanco *s m* flank; *(lado)* side.

flanela *s f* flannel.

flanquear (1e) *v/t* to flank; *mil.* to out-flank.

flauta *s f* flute.

flecha *s f* arrow; *arq.* spire.

fleumático *adj* phlegmatic.

flex|ão *s f* flexion, press-up, push-up; *téc.* bend; **~ível** *adj* flexible; pliable; *(versátil)* versatile; *(pessoa)* agile; *(tolerante)* tolerant.

flor *s f* flower; *(bolor)* mould; *na fruta* fluff; *do cabedal* grain; **fina ~** the pick, the elite; **à ~ de** on the surface of; level with; **em ~** in bloom; **~a** *s f* flora.

florescer (2g) *v/i* to flower; *(prosperar)* to flourish.

florest|a *s f* forest; **~ virgem** rain forest; **~al** *adj* forest *atr.*; **guarda** *s m/f* **~al** forest ranger.

flor|ir (3f) *v/i* to flower; to bloom; **~ista** *s f (loja)* flower-shop; *(pessoa)* flower seller.

flotilha *s f* flotilla.

flu|ência *s f* fluency; **~ente** *adj* fluent.

fluor|escência *s f* fluorescence; **~escente** *adj* fluorescent.

flutu|ação *s f* fluctuation; *preço* instability; *(ondulação)* ondulation, waviness; **~ar** (1g) *v/i* to float; *(ondular)* to wave; *(bandeira)* to flutter.

fluvial *adj* river *atr.*

fobia *s f* phobia; *(aversão)* aversion.

foca *s f* seal.

foc|agem *s f* focalization, focus; **~ar** (1n) *v/t* to focus; *fig. tema* to broach; *foto* to focus.

focinho *s m* snout.

foc|o *s m* focus; *(fonte de luz)* source of light; **estar em ~** to be in focus; **~al** *adj* focal; **distância** *s f* **~al** focal distance.

fofo 1. *adj* soft; **2. ~** *s m,* **-a** *f (pessoa)* cute.

fog|ão *s m* stove, cooker; **~ de sala** fireplace; **~areiro** *s m* stove, burner; **~o** *s m* fire *(tb. incêndio)*; *(habitação)* home; **~-de-artifício** *s m* fireworks.

fogoso *adj* fiery; *(impetuoso)* impetuous.

fogu|eira *s f* bonfire; *(lareira)* fireplace; *(pira)* pyre; **~etão** = **~ete** *s m* rocket; **deitar os ~s antes da festa** to sell the bearskin before the hunt.

foice *s f* scythe.

folclore *s m* folklore.

fôlego *s m* breath; **sem ~** out of breath; **perder o ~** to get out of breath; **tomar ~** to pause for breath.

folga *s f* rest, break; **dia** *s m* **de ~** day-off, free day; **dar ~** to give elbow room.

folha *s f* leaf; *(faca)* blade; *(de papel, de metal)* sheet; *(página)* page; **novo em ~** brand new; **~ de estanho** tin foil; **~ de salários** pay-roll.

folh|ado *s m cul.* puff pastry (= **massa** *s f* **-a**); **~agem** *s f* foliage; **~etim** serial; **~eto** *s m* booklet, leaflet, pamphlet.

fome *s f* hunger; *(penúria)* scarcity, want; **estou com ~, tenho ~** I'm hungry.

foment|ação = **o** *s f/m* promotion; *med.* fomentation; **~ador** *s m*, **-a** *f* instigator; **~ar** (1a) *v/t (ódio)* to instigate; *(instigar)* to incite (s.o. to do sth.); *(interesses)* to look after; *(promover)* to promote.

fon|ética *s f* phonetics; **~ético** *adj* phonetic.

fonte *s f (nascente)* spring; *(bica)* fountain; *(origem)* source; **~s** *anat.* temples.

fora *adv* outside; **~ de casa** *s f* outdoors; **lá ~** outside; *(no estrangeiro)* abroad; **de ~** from outside; **jantar ~** to eat out; **~gido** *adj e s m*, **-a** *f* fugitive; **~steiro** *s m* outsider, stranger; *(de outro país)* foreigner.

forca *s f* gallows, scaffold.

força *s f* strength; *(violência)* violence; *(poder)* power *(tb. elect.)*; **à ~** by force; **com ~** hard; **♀ Aérea** Air Force; **♀s Armadas** Armed Forces.

forç|ado 1. *adj* forced; **trabalhos ~s** forced labour; **2.** *s m* prisoner, convict; **~ar** (1p) *v/t (obrigar)* to force, to compel; to coerce; *(comprimir)* to press; *(arrombar)* to break open.

forçoso *adj* necessary; *(obrigatório)* compulsory; **é forçoso que eu** I must.

forja *s f* forge; *(fornalha)* furnace; **estar na ~** to be in preparation.

forma¹ *s f* form, shape; *(modo)* way; **~ física** *adj* fitness; **desta ~** in this way; **de tal ~ que** in such a way that; **de qualquer ~** anyway; **de outra ~** otherwise; **de ~ alguma** in no way.

forma² *s f cul.* cake tin; *(molde)* mould; *(para sapatos)* last.

form|ação *s f* formation; building up, development; *(antecedentes)* background; *(educação)* upbringing; *(geração)* formation; **~ profissional** job training; **~ado 1.** *adj* formed; shaped, fashioned; **ser ~ em** to be a graduate in; **2. ~** *s m*, **-a** *f (licenciado)* graduate; **~al** *adj (cerimonioso)* formal; **~alidade** *s f* formality; *(cerimónia)* ceremony; **por ~** for form's sake; **~ar** (1e) *v/t* to form; *(constituir)* to constitute; *(educar)* to bring up, to educate; *(soldados)* to form up; *plano* to develop; **~ar-se** *v/r* to arise; *faculdade* to graduate.

formidável *adj* tremendous, great, fantastic.

formiga *s f* ant.

formos|o *adj* handsome; **~ura** *s f* beauty.

fórmula *s f* formula.

formular (1a) *v/t* to formulate; *receita médica* to prescribe; *queixas* to voice; *pedido* to lay down (a request).

forne|cedor *s m*, **-a** *f* supplier; **~er** (2g) *v/t* to supply; **~imento** *s m* supply.

fornicar V *v/i* (1n) to fornicate.

forno *s m cul.* oven; *téc.* furnace; *(para cerâmica)* kiln.

forr|ar (1e) *v/t* to cover; *(interior)* to line; *(com papel)* to paper; to coat; **~o** *s m* doubling, lining; **com ~ de pele** *s f* fur-lined; *(sótão)* attic; *(cobertura)* coating; plating.

fortal|ecer (2g) *v/t* to strengthen; *(encorajar)* to encourage; *(vigorizar)* to fortify; **~-se** *v/r* to recover (from); **~ecimento** *s m* strengthening; *(vigorização)* invigoration; encouragement; **~eza** *s f (forte)* fortress; *(força)* strength; *(coragem)* courage.

forte 1. *adj* strong; *(robusto)* robust; *(seguro)* secure; *(firme)* firm; **casa** *s f* **~** safe; **2.** *s m mil.* fort.

fortuna *s f* fortune; *(sorte)* luck; *(êxito)* success; *(destino)* fate; **custar uma ~** to cost the earth; **fazer uma ~** to make a fortune.

fosforesc|ência *s f* phosphorescence; **~ do mar** sea fire; **~cer** (2g) *v/i* to phosphoresce, to gleam; **~ente** *adj* phosphorescent.

fósforo *s m* match; *quím.* phosphorous.

fossa *s f* pit; **~ comum** common grave; **~s nasais** *adj* nasal cavities.

fóssil *s m e adj* fossil *(tb. fig.)*.

fosso *s m* trench, ditch.

foto *s f* = **fotografia** photography; **~cópia** *s f* photocopy; **tirar uma ~** to photocopy; **~copiadora** *s f* photocopier; **~copiar** *v/t* to fotocopy; **~génico** *adj* photogenic.

foto|grafar (1b) *v/t* to photograph; F to shoot; *(tirar uma fotografia)* to take a picture, to take a shot; **~grafia** *s f* photography; **tirar uma ~** = **~grafar**; **~gráfico** *adj* photographic; **máquina** *s f* **~a** camera.

fotó|grafo *s m*, **-a** *f* photographer; **~metro** *s m* photometer.

foto|telegrafia *s f* phototelegraphy; **~telegráfico** *adj* phototelegraphic; **~tipia** *s f* phototypy.

foz *s f* river mouth.

fracass|ar (1b) *v/i* to fail; **~o** *s m* failure; fiasco; misfortune, disaster.

frac|ção *s f* fraction; *(fragmento)* fragment, section, part; **~cionar** (1f) *v/t* to break up, to divide, to separate.

fraco 1. *adj* weak; *(magro)* slim; *(cobarde)* cowardly, gutless; **2.** *s m* weakness, weak point; *(cobarde)* weakling.

fractura *s f med.* fracture; break; *solo* fault, landslide.

frade *s m rel.* friar; *(monge)* monk.

fraga *s f* cliff, rock.

frágil *adj* fragile; *(quebradiço)* breakable; *(pessoa)* frail; *(saúde)* delicate, poor.

fragment|ar (1a) *v/t* to break, to divide, to separate; **~ário** *adj* breakable; **~o** *s m* fragment.

fralda *s f (bebé)* nappy, diaper; *(da camisa)* shirt tail; *(sopé)* foot.

framboesa *s f* raspberry.

franc|ês 1. *adj* French; **2. ~esa** *s m/f* Frenchman, Frenchwoman; *(língua)* French.

franco *adj (sincero)* frank; *(honesto)* honest; *(aberto)* open; **loja -a** *s f* free-shop.

frango *s m* chicken; *(fig. futebol)* easy goal.

franqueza *s f* frankness; *(sinceridade)* sincerity; *(honestidade)* honesty; **com ~ !** frankly.

franzir (3a) *v/t (enrugar)* to wrinkle; to crease; *(lábios)* to curl; *(sobrancelhas, o sobrolho)* to frown.

fraqu|ejar (1d) *v/i* to grow weak; *(vontade)* to weaken; *(esmorecer)* to lose courage; **~eza** *s f* weakness.

frasco *s m* bottle.

frase *s f* sentence; **~ feita** set phrase, aphorism.

fratern|al *adj* fraternal, brotherly; **~idade** *s f* fraternity, brotherhood; **~o** *adj* fraternal.

fraude *s f* fraud.

fregu|ês/esa *s m/f* customer; **~esia** *s f* customers; *(comunidade)* community, parish; **junta** *s f de* **~esia** parish council, district council.

freira *s f* nun.

frente *s f* front-side; *(fachada)* façade; **fazer ~ a** to face; **~ a ~** face to face; **à ~** in front of, opposite.

frequ|ência *s f* frequency; **com ~** often, frequently; **~entar** (1a) *v/t* to go to; to visit; *curso* to attend; **~ente** *adj* frequent.

fresc|o 1. *adj* fresh; *(frio)* cool; light *(tecido)*; F fresh *(atrevido)*; **2.** *s m (ar)* fresh air; *(arte)* fresco; **~ura** *s f* freshness; *(frialdade)* coolness.

fresta *s f* gap, slit.

fret|ar (1c) *v/t (avião, navio)* to charter; *(camião)* to hire; **~e** *s m (carregamento)* freight, cargo; *(tarifa)* freightage; *(aborrecimento)* nuisance.

fric|ção *s f* friction; **~cionar** (1f) *v/t* to rub; *med.* to massage.

frigideira *s f* frying-pan.

frigidez *s f* frigidity.

frígido *adj* frigid.

frigorífico *s m* refrigerator; *(diminutivo)* fridge; **arca -a** *s f* freezer.

frio 1. *adj* cold, freezing; *(carácter)* ice-cold; **carnes** *s f pl* **-as** cold meat; **2.** *s m* cold, coldness; **estar com ~** to be cold; **apanhar ~** to catch cold.

fritar (1a) *v/t* to fry.

fronha *s f* pillowcase.

front|al *adj* frontal; **~e** *s f anat.* forehead; **~eira** *s f* frontier, border; **~eiriço** *adj* bordering, adjacent.

frota *s f* fleet.

frugal *adj* frugal.

frustr|ação *s f* frustration; *(fracasso)* failure; **~ado** *adj* frustrated; **~ante** *adj* frustrating; **~ar** (1a) *v/t* to frustrate; *planos, etc.* to thwart.

fruta *s f* fruit; **~ do tempo** fruit of the season.

frut|o *s m bot.* fruit; *(produto)* product; *(resultado)* result; *(proveito)* profit, gain; *(consequência)* consequence; **dar ~** to bear fruit; to fructify; to show results; **~uoso** *adj* fruitful; *(rentável)* profitable; *(útil)* useful.

fuga *s f* flight, escape; *(respiradouro)* venthole; *(parte mal vedada)* leak; *mús.* fugue.

fugir (3n) *v/i* to flee, to escape; *(de casa)* to run away.

fulo *adj* furious.

fum|aça *s f (de fogo)* smoke; *(de gás)* fumes; **~ador 1.** *adj* smoking; **2. ~** *s m*, **-a** *f* smoker; **~ar** (1a) *v/t tabaco* to smoke; *enchido* to cure; *v/i* to smoke; *de raiva* to fume, to be in a rage.

fumo *s m (de fogo)* smoke; *(de gás)* fumes; *(vapor)* vapour; *crepe* mourning band.

função *s f* function; *(ofício)* duty; *(cargo)* job; *(papel)* role; **em ~** in operation; **em ~ de** according to.

funcho *s m bot.* fennel.

funcion|al *adj* functional, operational; **~ar** (1f) *v/i* to function; *(ser possível)* to work; **não funciona!** it's out of work; **~ário** *s m*, **-a** *f* clerk; **~ público** civil servant.

fund|ação *s f* foundation; *(fundamento)* basis; *téc. (suporte)* base; **~dador 1.** *adj* founding; **2.** *s m*, **-a** *f* founder; **~amentação** *s f* grounding, substantiation; **~amental** *adj* fundamental, basic; **~amentar** (1a) *v/t* to ground; to substantiate; *(justificar)* to explain; **~amento** *s m* ground; basis; **sem ~amento** groundless; **~ar** (1a) *v/t* to found; to

set up; *(erigir)* to build; **~ar-se em** to be based on.

fundição *s f (fábrica)* foundry; **~ de aço** steelworks.

fundir (3a) *v/t* to cast, to melt; *(metal)* to smelt, to melt down; *(empresas)* to merge.

fundo 1. *adj* deep; *(fig.)* profound; deep-set *(olhos)*; **2.** *s m* bottom; *(profundidade)* depth, deepness; *(situação)* setting, background; *(rio, vale)* ground; *(âmago)* main point, heart; **~ de amortização (reserva)** guarantee fund; **~s** *pl* capital, funds, cashflow; **~s** *pl* **públicos** public funds; **sem ~** bottomless; **a ~** thoroughly.

funeral *s m* funeral, burial service.

funil *s m* funnel; **~eiro** *s m* tinman.

furacão *s m* hurricane.

fur|ador *s m (sovela)* awl, borer; **~ar** (1a) *v/t (perfurar)* to bore, to drill; *(esburacar)* to jab, to thrust; *fig.* to slip into.

furg|ão *s m* van; **~oneta** *s f* van.

fúria *s f* fury, rage.

furioso *adj* furious, mad, angry.

furna *s f* cavern, cave; den.

furo *s m* hole; *(pneu)* puncture; *(jornalístico)* scoop; **ter um ~** to have a puncture/flat tire.

furor *s m* fury, rage; *(entusiasmo)* enthusiasm, madness.

furt|ar (1a) *v/i e v/t* to steal; **~ -se** *v/r* to avoid; **~ivo** *adj* furtive, stealthy; **~o** *s m* theft.

furúnculo *s m med.* boil.

fusão *s f estado* fusion; melting; *(empresas)* merger; **ponto** *s m* **de ~** melting point; **~ nuclear** nuclear fusion.

fuselagem *s f aer.* fuselage.

fusível *s m elect.* fuse.

fuso *s m (têxtil)* spindle; **~ horário** *adj* time zone.

fute|bol *s m* football; **~bolista** *s m/f* football player.

fútil *adj* futile; *(inútil)* pointless; *(pessoa)* superficial.

futuro *s m* **1.** *adj* future; **2.** *s m* future; **de ~, para o ~** in the future, from now on; **num ~ próximo** in the near future.

fuzilar (1a) *v/t* to shoot; *v/i (olhar)* to flash.

G

gabão s m hooded coat; **o º** Gabon.

gabar (1b) v/t to praise; **~-se** v/r: **de** to boast about.

gabardina s f raincoat.

gabinete s m (escritório) office; (sala de estudo) study-room; pol. cabinet.

gado s m livestock; (bovino) cattle.

gafanhoto s m grasshopper.

gago 1. adj stuttering; 2. s m stutterer.

gaguejar (1d) v/i to stammer, to stutter; **~ez** s f stutter.

gaiola s f (pássaros) cage; fig. F (cudeia) jail; (tabique) wooden framework; ind. mineira elevator box.

gaita s f harmonica; **~ de foles** s pl bagpipes.

gaivota s f seagull.

gajja s f V broad; **~o** s m guy, fellow.

gala s f gala; **traje de ~** full dress.

galantjaria s f gallantry; (gentileza) attention; **~e** adj (gentil) galant; (gracioso) graceful; (espirituoso) witty; (delicado) gentle, pleasant; **~ear** v/t to court, to woo; **~eio** s m wooing.

galão s m lace, strap; mil. stripe; (medida) gallon; (café com leite) white coffee.

galeão s m mar. galleon; tip. compositor's board.

galego 1. adj Galician; 2. s m, **-a** f Galician; 3. (língua) Galician.

galera s f mar. galley; (carro de transporte) lorry; (forno) galley-furnace.

galeria s f gallery; (teatro) circle; (passagem coberta) covered passageway; ind. mineira tunnel; mar. promenade-deck.

galgo s m greyhound.

galheteiro s m cruet stand.

galho s m branch, twig; (rebento) offshoot; (corno) horn.

galinhja s f hen, (frango) chicken; **a ~ do vizinho é sempre melhor que a minha** (fig.) the grass is always greener on the other side of the fence; **a ~ dos ovos de ouro** the goose that lays the golden egg; **pele** s f **de ~** goose skin; **pés** s m pl **de ~** crow's feet; **~eiro** s m hen-house; **~ola** s f snipe.

galo s m Br. cock, Am. rooster; (inchaço) bump; **missa** s f **do ~** midnight mass.

galopjar (1e) v/i to gallop, **~e** s m gallop; **a todo o ~** fig. at full speed.

galvanjizar (1a) v/t to galvanize; (excitar) to excite; **~ómetro** s m galvanometer.

gancho s m hook; **~ de cabelo** s m hair-pin.

ganga s f denim; (calças de) jeans.

gânglio s m med. ganglion.

gangrenja s f med. gangrene.

ganhar (1a) v/t to win; (trabalho) to earn; (lucrar) to gain; (êxito) to achieve; (derrotar alguém) to beat someone, to defeat someone; **~ tempo** to gain time.

ganho s m profit; vantagem advantage.

ganso s m, **-a** f gander, goose.

garagem s f garage; **~ subterrânea** underground garage.

garanhão s m stallion; F (homem) stud.

garantjia s f guarantee; (de dívida) surety; (fiança) bail; **~ir** (3a) v/t to guarantee; (abonar) stand surety for s.o.; fig. vouch for s.o.; (assegurar) to assure; (prometer) to promise.

garça s f heron.

gardénia s f gardenia.

gare s f platform.

garfo s m fork.

gargalhada s f laughter, burst of laughter; **rir às ~s** to roar with laughter; **soltar uma ~** to burst out laughing.

gargalo s m bottleneck.

garganta s f anat. throat; (desfiladeiro) gorge, ravine; fig. (gabarola) loudmouth, show-off.

gargarejjar (1d) v/i to gargle; **~o** s m gargling.

garoto 1. s m, **-a** f kid; (criança) child; (criança traquinas) brat; (café com leite) coffee with milk; 2. adj boyish, childish.

garoupa s f grouper.

garra s f claw; (ave) talon; téc. handle; **ter ~** (fig.) to be strong-minded; **~s** fig. pl clutches.

garrafla *s f* bottle; **~ão** *s m* dcmijohn, flagon; **~eira** *s f* wine-cellar.

garrido *adj* bright, colourful; *(vistoso)* showy.

gás *s m* gas; *(do intestino)* wind; **~ natural** *adj* natural gas.

gaslóleo *s m* diesel oil; **~olina 1.** *s f* petrol; **bomba** *s f* **de ~** petrol station; **meter ~** to fill the tank; **2.** *s m* motor-boat; **~ómetro** *s m* gasometer; **~oso** *adj quim.* gaseous; *(bebida)* fizzy.

gastlar (1b) *v/t (dinheiro, tempo)* to spend; *(utilizar)* to use; *(vestuário, calçado)* to wear out; *(desperdiçar)* to waste; *fortuna* to squander; *v/i* to spend; to wear out; **~o 1.** *adj* spent, worn out; **2.** *s m (custos)* expense; **~os** *spl* expenses, costs; **~os** *s m pl* **públicos** public spending.

gastrlite *s f med.* gastritis; **~onomia** *s f* gastronomy.

gatilho *s m* trigger.

gato *s m* cat; *(gatinho)* kitten; F *(homem)* hunk; **~ escaldado de água fria tem medo** once bitten, twice shy; **fazer de alguém ~-sapato** to treat s.o as a doormat, to make a fool of s.o.

gatuno *s m,* **-a** *f* thief, burglar; *(maroto)* prig.

gaveta *s f* drawer; *téc.* slide.

gaveto *s m (esquina)* corner.

gavião *s m* hawk.

gazela *s f* gazelle.

gazua *s f* picklock, skeleton key.

geada *s f* frost.

gellado **1.** *s m* ice-cream; **2.** *adj* frozen; *bebida* cold; **~ar** *v/t e v/i* to freeze; **~atina** *s f* gelatine; *(doce)* jelly; **~atinoso** *adj* sticky, gooey; **~eia** *s f* fruit jam, marmalade; *carne* brawn; **~eira** *s f* ice-box; *(máquina)* ice maker.

gelo *s m* ice; *(fig.)* freezing; *(frio de gelar)* ice-cold; **quebrar o ~** to break the ice.

gelosia *s f Br.* Venetian blind, *Am.* window shades.

gema *s f (de ovo)* yolk; *(pedra preciosa)* gem; **ser de ~** to be genuine.

gémeo 1. *adj* twin; **2.** *s m* twin; **~s**; *(astrologia)* Gemini.

gemler (2c) *v/i (de dor)* to moan, to groan; *(lamentar-se)* to wail; *(animal,* *choramingar)* to whine; *(porta, etc.)* to creak; **~ido** *s m* groan, moan; *(lamento)* wail.

geminação *s f* twinning.

geneallogia *s f* genealogy; *(origem)* origin; **~ógico** *adj* genealogical; **árvore** *s f* **-a** *adj* family tree.

general *s m mil.* general; **~idade** *s f* generality, majority; *(a maior parte de)* most; **-s** *s pl* basics, principles; **~izar** (1a) *v/i* to generalize; *(espalhar)* to spread, to propagate.

género *s m (espécie)* species; kind, type; *estilo* way; *gr.* gender; **~s** *s pl* food, supplies; **-s de 1.ª necessidade** *s f* essentials.

generlosidade *s f* generosity; **~oso** *adj* generous; *(magnânimo)* magnanimous; **vinho** *s m* **~oso** sweet wine.

géneses, -is 1. *s f* origin, beginning; **2.** *s m rel.* Genesis.

gengibre *s m* ginger.

gengiva *s f anat.* gum.

genial *adj* brilliant, great.

génio *s m (espírito)* spirit; *(talento)* genius; *(carácter)* temper.

genitlal *adj* genital; **órgãos** *s m pl* **-ais** genitals; **~ivo** *gr.* genitive.

genro *s m* son-in-law.

gentle *s f (pessoas, povo)* people; **~il** *adj (delicado)* gracious; pleasant; *(encantador)* kind, charming.

genuino *adj* pure, genuine; authentic, true.

geoldesia *s f* geodesy; **~grafia** *s f* geography; **~gráfico** *adj* geographical.

geógrafo/a *s m/f* geographer.

geologia *s f* geology.

geólogo *s m,* **-a** *f* geologist.

geometria *s f* geometry.

geralção *s f* generation; *(procriação)* procreation; *(estirpe)* lineage, descent; *fig.* creation, formation; **~dor 1.** *adj* generating; reproductive; **2.** *s m* producer, creator; *elect.* generator.

geral *adj* general; **de uma maneira ~** generally, on the whole; *(quase sempre)* mostly, most times.

gerânio *s m* geranium.

gerlar (1c) *v/t* create, produce; **~ência** *s f* management; **~ente 1.** *adj* managing; **2.** *s m/f* manager.

G

gerir (3c) *v/t* to manage; to direct.
germe, gérmen *s m (virus)* germ.
gesso *s m* plaster; *aparelho s m de ~* plaster cast.
gest|ação *s f* gestation; *(gravidez)* pregnancy, *fig.* elaboration; **~ão** *s f* management, administration; *~ de empresas* business management.
gesto *s m* gesture; *(movimento)* motion, sign; *(expressão)* look, expression.
gestor *s m, -a f* manager.
giesta *s f* woodwaxen, broom.
gigant|e 1. *s m/f* giant; **2.** *adj* = **~esco** gigantic, enormous, huge.
gin|ásio *s m* gymnasium; **~asta** *s m/f* gymnast; **~ástica** *s f* gymnastics; *fazer ~* to do gymnastics.
ginecolog|ia *s f* gynecology; **~ista** *s m/f* gynecologist.
ginja *s f* sour cherry.
ginjinha *s f* kirsch.
gira-discos *(pl inv) s m* record-player.
gir|ar (1a) *v/t* to turn; *(correr à volta de)* to circle; to spin; *(contornar)* to go round; *v/i (vadiar)* to wander, to ramble about; **~assol** *s m* sunflower; **~atório** rotative; rotating; revolving; *porta s f -a* revolving door.
girino *s m* tadpole.
giro 1. *adj* cute, terrific; **2.** *s m* turn; *(rotação)* rotation; *(circulação)* circulation; *(turno)* shift; *econ.* turnover; *(passeio)* walk, stroll.
giz *s m* chalk.
glande *s f anat.* glans.
glândula *s f anat.* gland; *~ endócrina adj* endocrine gland.
gli|cerina *s f* glycerine; **~cose** *s f* glucose.
global *adj* global, general, overall.
globo *s m* globe; *~ terrestre* earth globe, world globe; *~ ocular* eyeball.
glóbulo *s m* globule; *~ sanguíneo* blood-disk, corpuscle.
glória *s f* glory, triumph; *(orgulho)* pride; *(bem-aventurança)* salvation.
glor|ificar (1n) *v/t* to glorify; *(enaltecer)* to exalt; *rel.* to bless; **~ioso** *adj* glorious; *(honroso)* honorable, praiseworthy.
glossário *s m* glossary.

godo 1. *adj* Gothic; **2.** *s m* Goth.
goela *s f* throat; *pela ~ abaixo* down the throat.
goense, goês 1. *adj* Goanese; **2.** *s m* Goanese.
gola *s f* collar; *~ alta* polo neck.
golf|e *s m* golf; *campo s m de ~* golf course; **~inho** *s m zoo.* dolphin; **~o** *s m* gulf; *corrente s f do ♀* Gulf stream.
golo *s m* goal.
golpe *s m* blow, stroke; *(choque) fig.* shock, blow; *(corte)* cut; *♀ de Estado s m* coup.
gôndola *s f mar.* gondola.
gongo *s m mus.* gong; *(sineta)* bell.
gonorreia *s f med.* gonorrhea; F claps.
gonzo *s m* hinge.
goraz *s m* sea-bream.
gordo *adj* fat; fleshy, stout; *(gorduroso)* fatty; greasy; *domingo s m ~ (terça-feira s f -a)* Shrove Sunday (Tuesday).
gordura *s f pessoas* obesity, fatness; *(lubrificante)* grease; *alimentos* fat.
gorjeta *s f* tip.
gorra, *s f* **-o** *m* cap; bonnet.
gost|ar (1e) *v/i: ~ de* to love, to like, to enjoy; *~ de fazer a/c* to enjoy doing sth.; **~o** *s m* taste; *(prazer)* pleasure; *(alegria)* joy; *(vontade)* treat; *de bom (mau) ~* good/bad taste; *a seu ~* to your liking; **~oso** *adj* tasty.
gota *s f* drop; *med.* gout; *~a ~* drop by drop; *ser a última ~* to be the last straw.
got|eira *s f (cano)* gutter; *(fuga)* leak; **~ejar** (1d) *v/i* to drip; *(telhado)* to leak.
gótico 1. *adj* Gothic; *caracteres s m pl ~s tip.* black-letter, sans serif; **2.** *s m* Gothic.
govern|ador *s m* governor; ruler; *~ civil* district mayor; **~amental** *adj* government(al), civil; **~anta** *s f* housekeeper; governess; **~ante 1.** *adj* ruling; **2.** *s m/f* ruler, governor; **~ar** (1c) *v/t* to rule, to govern; *casa* to run; *(barco)* to steer; *v/i (funcionar)* to manage; **~-se** *v/r* to govern o.s.; *(poupar)* to make the ends meet.

governo *s m* government; *(administração)* administration, running; *(leme)* rudder; *(rédeas)* control; *(pilotagem)* steerage; **♀ Civil** District Government.

goz|ar (1e) *v/t e v/i* to enjoy, to take pleasure; **~ com alguém** to make fun of s.o., to laugh at s.o.; **~o** *s m* fun, pleasure.

graça *s f (brincadeira)* joke; *rel.* grace; *jur.* pardon; *(elegância)* elegance, grace; *(espírito)* wit; **ter ~** to be funny; **~s a** thanks to; **de ~** for free.

gracej|ar (1d) *v/i* to joke; **~o** *s m* joke.

grácil *adj* gracious; subtle.

G

gracioso *adj* gracious; *(cómico)* witty; *(elegante)* elegant; *(encantador)* charming; *(atraente)* attractive; *(grátis)* free.

grad|e *s f (gradeamento)* rail; grid; *(grelha)* grill; *cavalos* harrow; *(na janela)* bars; **~eamento** *s m* rail; *(vedação)* fence; **~ear** ((1l) *v/t* to fence off; *(janela)* to put bars.

gradu|ação *s f* gradation; *(classificação)* grading; *mil.* rank; *(álcool)* content; *(diploma)* degree; **~ado 1.** *s m,* **-a** *f* graduate; **2.** *adj (dividido em graus)* graduated; *(com álcool)* alcoholic; *fig.* distinguished, high standing; **~al** *adj* gradual, progressive; **~mente** *adv* gradually, little by little, step by step; **~ar** (1g) *v/t (termómetro)* to graduate; *(classificar)* to grade; *(diplomar-se)* to graduate.

graf|ar (1b) *v/t* to write; **~ia** *s f (escrita)* writing; *(ortografia)* spelling.

gráfic|a *adj (arte)* graphic; **~o 1.** *adj* graphic; **2.** *s m mat.* graph; *(diagrama)* diagram, chart; **~os** *s m pl* graphics.

grafite *s m* graphite.

grainha *s f* pip, kernel.

grama *s m* gramme; *(erva)* grass.

gramática *s f* grammar.

gramofone *s m* gramophone.

granada *s f mil.* grenade, shell; *min.* garnet.

grande *adj* big; *(largo)* large; *(alto)* tall; *(longo)* long; *fig. (importante)* great, remarkable; **à ~** in style.

grand|eza *s f (tamanho)* size; *(fig.)* greatness; *(nobreza)* sublimity; *(os-*

tentação) grandcur; **~s** splendour; **ter a mania das ~** to have delusions of grandeur; **~ioso** *adj* magnificent, grand.

granel *s m* barn, corn-loft; *tip.* galley; **prova** *s f* **de ~** galley proof; **a ~** *(com.)* in bulk.

gran|lito *s m* granite; **~izo** *s m* hail.

granja *s f* farm; *(celeiro)* barn.

granuloso *adj* grainy.

grão(s) *s m (pl)* grain; *(semente)* seed; *(de café)* bean; *med.* pustule.

grasnar (1b) *v/i (corvo)* to caw; *(pato)* to quack; *(rã)* to croak.

grat|idão *s f* gratitude; **~ificação** *s f* gratification; *(gorjeta)* tip; **~ificar** (1n) *v/t* to gratify, *(dar gorjeta)* to tip.

grátis *adj* free.

grato *adj* grateful; **ficar ~ a alguém** to be grateful to s.o.

gratuito *adj (grátis)* free; *(sem razão)* groundless, gratuitous; *(em vão)* useless.

gratulação *s f* congratulation.

grau *s m* degree; *(fig.)* extent; *mil.* rank.

grav|ação *s f* engraving; *(música)* recording; **~ador** *s m (música)* tape-recorder; *(artista)* engraver *(tb. f)*.

gravar (1b) *v/t (metal, pedra)* to engrave; *(madeira)* to carve; *(música)* to record.

gravata *s f* tie.

grave *adj* serious; *(importante)* important; *(perigoso)* dangerous; *(som)* deep; **acento** *s m* **~** grave; **estar ~mente doente** to be seriously ill.

grávida 1. *adj* pregnant; **estar ~** to be pregnant, to be expecting; **2.** *s f* pregnant woman.

grav|idade *s f* seriousness; *(gravitação)* gravitation; *(importância)* importance; **centro** *s m* **de ~** gravity center; **sem ~** light; **~idez** *s f* pregnancy.

gravit|ação *s f* gravitation; **~ar** *v/i* (1a) to gravitate.

gravura *s f* engraving; *(em madeira)* carving; *(ilustração)* illustration; **~ a água-forte** etching.

graxa *s f* polish; grease; F **dar ~ a alguém** *(fig.)* to butter s.o. up.

grego 1. *adj* Greek; **2.** *s m* ,**-a** *s f* Greekman, Greekwoman.

grelha *s f* grill; *rádio:* grid; **~ar** (1c) *v/t* to grill, to roast.

grémio *s m* society; *(clube)* club; *(associação)* guild; *(corporação)* corporation.

greta *s f* crack; *(racha)* fault.

grevle *s f* strike; **~** *geral adj* general strike; **~** *de braços caídos* goslow; *fazer* **~** to go on strike; *estar em* **~** to be on strike; **~ista** *s m/f* striker.

grilo *s m* cricket.

grlpe *s f med.* flu; *(constipação)* cold.

gritlar (1a) *v/t e v/i* to shout, to yell; to scream; *(chamar)* to call out; **~** *por auxílio* to call out for help; **~** *com alg.* to yell at s.o.; **~o** *s m* shout, yell; *(chamada)* call; **~o de guerra** war cry; *aos* **~os** shouting, yelling.

groselha *s f* (red) currant, gooseberry; *sumo s m* **de ~** (red) currant juice.

grosslelro *adj (mal-educado)* rude; *(ordinário)* vulgar; **~ista 1.** *s m/f* wholesaler; **2.** *adj* wholesaling; **~o 1.** *adj (gordo)* fat; *(pesado)* heavy; *(volumoso)* thick, bulky; *(grande)* big; **2.** *s m* main part, bulk; *por* **~** *econ.* gross; *preço s m por* **~** wholesale price; *comércio s m por* **~** wholesale trade; **~ura** *s f* thickness.

grotesco *adj* grotesc.

grude *s m* glue.

grunhlido *s m* grunt; **~ir** (3a) *v/i (porco)* to grunt; *(fig.) (resmungar)* to grumble.

grupo *s m* group; *amigos* circle; **~** *sanguíneo* blood group.

gruta *s f* cave, cavern; grotto.

guarda 1. *s m/f* guard; *(inspector/a)* inspector; *(guarda-costas)* bodyguard; *(sentinela)* watchguard; **~** *florestal adj* forest ranger; **~** *fiscal* customs officer; **~** *nocturno adj* night watchman; **2.** *s f* guard; *(vigilância)* vigilance, watchfulness; *estar de* **~** to be on guard; **~** **-chuva(s)** *s m (pl)* umbrella; **~-costas** *(pl inv.)* *s m/f* bodyguard; **~-fato(s)** *s m (pl)* wardrobe; **~-lama(s)** *s m (pl) Br.* wing, *Am.* fender; *bicicleta* mud guard; **~-livros** *(pl inv.)* *s m* book

keeper; **~-loiça(s)** *s m (pl)* cupboard; **~napo** *s m* napkin.

guardar (1b) *v/t* to guard; *(vigiar)* to watch over; *(proteger)* to protect; *(reter)* to keep; *(conter)* to keep to one's self; *(poupar)* to save; *(reservar)* to retain, to keep; *(distância)* to keep a distance.

guardal-redes *s m/f (pl inv.)* goalkeeper; **~-roupa** *s m* wardrobe; *teatro* dresser; **~-sol (-sóis)** *s m (pl)* sunshade, parasol.

guarnlecer (2g) *v/t mil.* to garrison; *(comida)* to garnish; *(fornecer)* to supply, to furnish; *vestido* to line, to hem; *(ornamentar)* to decorate, to adorn; **~ição** *s f mil.* garrison; *barco* crew; *vestido* trimming; *espada* hilt and basket.

guelra *s f* gill.

guerrla *s f* war; *(arte da guerra)* warfare; **~** *civil* civil war; **~** *fria* cold war; **~** *mundial* world war; *a Grande* **2** the First World War; **~eiro 1.** *adj* fighting; **2.** *s m,* **-a** *f* warrior; **~ilha** *s f* guerrilla warfare; **~ilheiro** *s m* guerrilla.

guia 1. *s f* guidance; lead; *(norma)* direction; **~** *de encomenda postal* postal order; **2.** *s m/f* leader; *(cicerone)* guide; *(manual)* guide-book, handbook; *autocarro* time-table.

guillão *s m* script; **~ar** (1g) *v/t e v/i* to guide; *(liderar)* to lead; *(carro)* to drive; **~ché** *s m* ticket window; *(repartição)* window.

guinchar (1a) *v/t* to scream, to shriek; *(animal)* to squeal.

guindaste *s m* hoist, crane.

guislado *s m* stew; **~ar** (1a) *v/t* to stew.

guita *s f* string.

guitarrla *s f* guitar; **~** *portuguesa* portuguese guitar; **~ista** *s m/f* guitar player.

guizo *s m* bell.

gula *s f* gluttony.

guloldice, ~seima *s f Br.* sweets, *Am.* candy; **~so** *s m,* **-a** *f (de doces)* sweet tooth; *(comilão)* glutton.

gume *s m* cutting edge, blade; *fig.* sagacity; *espada de dois* **~s** a two-edged sword.

gutural *adj* guttural.

G

hábil *adj (habilidoso)* skillful, skilled; *(capaz)* capable; *(capaz de)* able to; *(autorizado)* legitimate.

habili|dade *s f* skillfulness; *(desembaraço)* dexterity, deftness; *(capacidade)* capability, ability; **-s** *s f pl* tricks; **~doso** *adj* skilled; deft; **~tação** *s f* qualification; *(direito)* right to; *jur. (capacidade jurídica)* legal capacity; **~tar** (1a) *v/t* to qualify; *(autorizar)* to entitle; *(instruir)* to train, to educate; *(tornar possível)* to enable; *(preparar)* to prepare.

habit|ação *s f* house, home, dwelling; **~ante** *s m/f (cidade, país)* inhabitant; resident; **~ar** (1a) *v/t* to live *(em)* in; to inhabit; *v/i* to live.

hábito *s m* habit; *(social)* custom; *(religioso, traje)* habit.

habitu|al *s f* usual, ordinary; **~ar** (1g) *v/t* to accustom, to get s.o. used to; **~-se** *v/r* to get used to.

hálito *s m* breath; **mau** ~ bad breath.

halogéneo *s m* halogen; **luz** *s f* **de** ~ halogen light.

harmonia *s f* harmony; *(paz)* peace; *(acordo)* agreement; *(união)* harmony.

harmon|ioso *adj* harmonious; *(equilibrado)* balanced; *(unânime)* unanimous; **~izar** (1a) *v/t* to harmonize *(tb. mús.)*; **~izar algo** *(com algo)* to reconcile sth. (with sth.); *v/i* to fit in, to match; **~ização** *s f* harmonization.

harpa *s f* harp.

hast|a *s f* spear, lance; ~ **pública** auction; **vender em** ~ **pública** to auction; **~e** *s f (planta)* stem; *(touro)* horn; *(mar.)* mast; **meia** ~ half-mast; **~ear** *v/t* to hoist; **~ear a bandeira** to fly a flag.

haver (2z) *v/t* **1.** *pess. (possuir)* to have, to possess, to own; *(receber)* to receive; *(achar)* to find, to believe, to think; **2.** *impess.* **há três dias (que)** for 3 days; **há muito (pouco) (que)** for a long/short time; **há** there is/ *pl* there are; *(ter lugar)* to take place; *(acontecer)* to happen; **3.** *s m econ.* credit; **~es** *pl* possessions, assets; *(fortuna)* fortune, wealth.

haxixe *s m* hashish.

heb|raico, -eu/breia *adj e s m/f* Hebrew.

hectare *s m* hectare.

hegemonia *s f* hegemony.

hélice *s f* propeller.

helicópetro *s m* helicopter.

hélio *s m (quím.)* helium.

heliporto *s m* heliport.

hemisfério *s m* hemisphere.

hemo|filia *s f* haemophilia; **~fílico** *s m* haemophilic; **~rragia** *s f* haemorrhage; **~rróidas, -es** *spl* haemorrhoids.

hepatite *s f* hepatitis.

hera *s f* ivy.

herança *s f* inheritance; *(fig.)* heritage.

herbívoro 1. *adj* herbivorous; **2.** *s m* herbivore.

herd|ade *s f* farm; **~ar** *v/t e v/i* to inherit; **~eiro** *s m*, **-a** *f* heir/ess.

heredit|ariedade *s f* heredity; **~ário** *adj* hereditary.

hermético *adj* airtight, hermetic; *(fig.)* obscure, complex.

hérnia *s f (med)* hernia.

herói *s m* hero.

her|óico *adj* heroic, courageous; **~oína** *s f* heroine; *(droga)* heroin; **~oísmo** *s m* heroism, courage.

hesit|ação *s f* hesitation; faltering; **~ar** (1a) *vi* to hesitate; to waver; *(parar v/t e v/i)* to halt, to pause; **~ar em** to hesitate in doing sth.; *(recuar)* to shrink back from.

hexágono *s m* hexagon.

híbrido *adj* hybrid.

hidr|atar (1b) *v/t* to hydrate; *(pele)* to moisturize; **~ato** *s m* hydrate; **~áulica** *s f* hydraulics; **~áulico** *adj* hydraulic.

hidrogénio *s m* hydrogen.

hiena *s f zoo.* hyena.

hier|arquia *s f* hierarchy; **~árquico** *adj* hierarchic(al).

hifen *s m* hyphen.

higi|ene *s f* hygiene, sanitation, cleanliness; **~énico** *adj* hygienic, sanitary; **papel** *s m* ~ *s m* ~ toilet paper; **penso** *s m* ~ *s m* sanitary towel.

hindu *adj e s m/f* Hindu; *(indiano)* Indian.

hino *s m* hymn; ~ **nacional** *adj* national anthem.

hipérbole *s f* hyperbole.

hipismo *s m* horse-racing; *(desporto)* horse-riding.

hipno|se *s f* hypnosis; *(hipnotismo)* hypnotism; **~tizar** (1a) *v/t* to hypnotize; *(paralisar)* to paralyse.

hipocondr|ia *s f* hypocondria; **~íaco** *adj e s m*, **-a** *f* hypocondriac.

hipocrisia *s f* hypocrisy.

hipócrita 1. *adj* hypocritical, false, cinic; **2.** *s m/f* hypocrite.

hipódromo *s m* race-course, race-track.

hipopótamo *s m* hippopotamus.

hipoteca *s f* mortgage.

hipotec|ado *adj* on a mortgage; **~ar** (1n) *v/t* to mortgage, to take on a mortgage; **~ário**: *juros* **~s** *m pl* mortgage interest rate.

hipotenusa *s f (mat)* hypothenuse.

hipótese *s f* hypothesis; *(pressuposto)* assumption; supposition; *na melhor/ pior das* **~s** at best/worst; *em* **~** *alguma* under no circumstance.

hirto *adj* stiff, rigid; *(como pedra)* like a rock.

histeria *s f med.* hysteria; hysterics.

histologia *s f* histology.

história *s f* history, story; *(lenda)* legend; *(conto)* tale; **~** *universal* world history.

historiador *s m*, **-a** *f* historian; *(cronista)* chronicler; *(narrador)* story teller.

histórico *adj* historical; historic.

historiografia *s f* historiography.

hobby *s m* hobby.

hoje *adv* today; *nos dias* *s pl de* **~** at present, nowadays; *de* **~** *em diante* from now on.

holandês 1. *adj* Dutch; **2.** *s m*, **-esa** *f* Dutchman/woman; **3.** *(língua)* Dutch.

holding *s f* holding company.

holofote *s m* searchlight; spotlight; floodlight.

homem *s m* man; *(humanidade)* mankind.

homen|agear (1l) *v/t* to homage; **~agem** *s f* homage, tribute, honour, respect; *prestar* **~** *a* to pay tribute to.

homeopatia *s f* homeopathy.

homic|ida *s m/f* murderer; killer; **~ídio** *s m* murder, homicide; **~** *involuntário* manslaughter.

homófono *adj* homophonous, identical.

homogéneo *adj* homogeneous; *(idêntico)* identical, similar.

homologar (1o) *v/t* to ratify.

homólogo 1. *adj* homologous; **2.** *s m*, **-a** *f* colleague.

homónimo 1. *adj* homonimous; **2.** *s m*, **-a** *f* namesake; *gr.* homonym.

homossexual *adj e s m/f* homosexual.

honest|idade *s f* honesty; *(sinceridade)* sincerity; *(seriedade)* seriousness; **~o** *adj* honest; *(decente)* decent; *(franco)* straight, sincere.

honorário 1. *adj* honorary; **2.** **~s** *s m pl* fees.

honra *s f Br.* honour, *Am.* honor; reputation, virtue; *convidado/a s m/f de* **~** guest of honour; **~s** *s f pl* honours; **~s** *fúnebres* funeral rites.

honr|adez *s f* honesty, integrity; **~ado** *adj* honourable, *(honesto)* honest; *(de confiança)* reliable, trustworthy; *(íntegro)* righteous; **~ar** (1a) *v/t* to honour, to esteem; *(venerar)* to revere; **~ar-se em** *ou* **de** to take pride in, to be proud of; **~oso** *adj* hono(u)rable; *(digno)* creditable.

hora *s f* hour; *(tempo)* time; **~** *local adj* local time; **~** *legal* office hours; **~** *da Europa Central* Central European Time (cet); **~s** *pl extraordinárias* overtime; *à* **~** *ou a* **~s** on time.

horário 1. *adj sinal s m* **~** time signal; **2.** *s m* timetable, schedule; **~** *de trabalho* working hours; **~** *de abertura* opening time; **~** *nobre* prime time.

horda *s f* horde, gang, mob.

horizont|al 1. *adj* horizontal; **2.** *s f* horizontal line; **~e** *s m* horizon; *fig.* aim.

hormona *s f* hormone.

horr|ível *adj* horrible, terrible, awful; *(medonho)* dreadful, horrifying; **~or** *s m* horror; *(repulsa)* repulsion; *(infâmia)* scandalous deed; *(terror s m)* terror; *ter* **~or a** to hate sth., to loathe sth.; *que* **~or!** how awful!; **~orizar** (1a) *v/t* to horrify, to terrify; **~orizar-se** *v/r* to be horrified; **~oroso** horrible, awful.

H

horta

hort|a *s f* vegetable garden; **~aliças** vegetable(s), greens; **~ênsia** hydrangea.

hosped|agem *s f* accomodation, lodging; **~ar** (1c) *v/t* to lodge, to put up; **~aria** *s f* guesthouse, inn, boarding-house.

hóspede *s m/f (amigo)* guest; *(estranho)* lodger; *casa s f de ~s* pension; *quarto s m de ~s* guestroom.

hospedeir|o 1. *s m* host, *(senhorio)* landlord; **~a** *s f* hostess; *aer.* stewardess; **2.** *adj* hospitable.

hospital *s m* hospital; **~ militar** military hospital.

hospital|eiro *adj* hospitable, friendly; **~idade** *s f* hospitality, friendliness; **~ização** *s f* hospitalization; **~izado:** *ser (ficar) ~* to be interned in a hospital, to stay in hospital; **~izar** (1a) *v/t* to hospitalize, to take to hospital.

hóstia *s f* host, holy wafer.

hostil *adj* hostile; unfriendly **~idade** *f* hostility, enmity.

hotel *s m* hotel; **~aria** *s f* hotel industry; **~eiro 1.** *s m,* **-a** *f* hotel-keeper, hotel owner; **2.** *adj* **indústria** *s f* **~a** = **~aria**.

hovercraft *s m* hovercraft.

human|idade *s f* mankind; *(compaixão, humanitarismo)* humanity; **~o 1.** *adj* human; *(humanitário)* humane; *relações s pl* **~as** human relations; **2.** *s m* **~s pl** humankind.

humidade *s f* humidity, moistness, dampness.

húmido *adj* humid, moist, damp.

humild|ade *s f* humility, humbleness; *(modéstia)* modesty; *(pobreza)* poverty; **~e** *adj* humble; *(modesto)* modest; *(insignificante)* unimportant; *(pobre)* poor.

humilh|ação *s f* humiliation; *(vergonha)* embarrassement; **~ante** *adj* embarassing; **~ar** (1a) *v/t* to humiliate; *(rebaixar)* to step on someone's feelings.

humor *s m* humour, *(disposição)* mood; *estar de bom (mau) ~* to be in a good (bad) mood; *com ~* humorously, funny.

húngaro *adj e s m,* **-a** *f* Hungarian.

---

iate *s m mar.* yacht.

ibérico *adj* Iberian.

ibero *s m,* **-a** *f* Iberian

içar *v/t* to hoist, to lift.

icterícia *f med.* jaundice.

ida *s f* setting out; *(viagem)* trip, journey; *mar.* voyage (**a** to); *(partida)* departure; **~s e vindas** *(ou* **voltas***)* comings and goings, back and forth; **~ e volta** *c.f.* round trip.

idade *s f* age; *(época)* epoch.

ide|al 1. *adj* ideal, exemplary; *(de sonho)* dream; **2.** *m* ideal; *(sonho)* dream; **~alismo** *s m* idealism; **~alista 1.** *adj* idealistic; **2.** *m/f* idealist; *(sonhador)* dreamer.

ideia *s f* idea; thought; *(noção)* notion; *(conceito)* concept; *boa ~!* good idea!

idêntico *adj* identical, similar; *(igual)* equal, same as.

identi|dade *s f* identity; *bilhete s m de ~* identity card; *placa de ~ mil.* identification; **~ficar** (1n) *v/t* to identify.

ideo|logia *s f* ideology; **~lógico** *adj* ideological.

idiom|a *s m* language, idiom; **~ático** *adj* idiomatic.

idiota 1. *adj* stupid, foolish, silly; **2.** *m/f* idiot, cretin.

ídolo *s m* idol.

idoso *adj* old; aged.

ignição *s f auto.* ignition; combustion; *chave de ~ f* ignition key.

ignóbil *adj* mean, low; despicable.

ignomínia *s f* shame; *(maldade)* mean or low deed; meanness.

ignor|ância *s f* ignorance; *(desconhecimento)* lack of knowledge; **~ante 1.** *adj* ignorant; *(estúpido)* stupid; **2.** *s* *m/f* ignoramus; ignorant, idiot; **~ar** (1e) *v/t* not to know; be ignorant of; *(desprezar)* to ignore, to disregard.

igreja *s f* church.

igual *adj* equal, same, alike; *(inalterável)* constant; **~ar** (1b) *v/t* to equal, to equalize; to match; *(compensar)* to level; *v/i:* **~ a** to be equal to; **~ar-se** *v/r:* **~ a** to compare to; **~dade** *s f* equality; sameness; parity.

igual|itário *adj* equalitarian; **~mente** *adv* likewise.

ile|gal *adj* illegal, against the law; **~galidade** *s f* illegality, unlawfulness; **~gítimo** *adj* unlawful; *(ilícito)* illicit; illegitimate *(filho)*.

ilegível *adj* unreadable.

ilha *s f* island, isle.

ilhéu *s m* **1.** islet **2.** *(habitante de uma ilha) s m*, **-oa** *f* islander.

ilhó *s f* eyelet; eyehole.

ilibar (1a) *v/t* to clear; to free from guilt; to rehabilitate.

ilícito *adj* illicit, forbidden.

ilimitado *adj* unlimited, without limits, endless.

ilógico *adj* illogical, absurd.

iludir (3a) *v/t* to deceive; to lie to.

ilumin|ação *s f* light; illumination; light decoration; **~ar** (1a) *v/t* to illuminate, to light up; *(fig.)* to enlighten.

ilusão *s f* illusion; deception (obsessão); delusion; *(de óptica)* optic illusion.

ilustr|ação *s f* illustration; picture, figure; *(cultura)* knowledge, erudition; plate; **~ado** *adj (culto)* well-read, cultivated; **~ar** (1a) *v/t* to illustrate, to clarify; to picturize; **~e** *adj* famous; honourable.

imaculado *adj* immaculate, spotless; pure.

imagem *s f* image; picture; *(retrato)* portrait; reflection *(espelho)*.

imagin|ação *s f* imagination; fantasy; **~ar** (1a) *v/t* to imagine; *(supor)* to suppose, to presume; **~oso** *adj* imaginative; fantasist.

imaterial *adj* immaterial; bodyless.

imbecil 1. *adj* imbecil, stupid; **2.** *s m/f* imbecil, idiot.

imedia|ção *f* vicinity; neighbourhood; **~ções** *pl* surroundings; **~to** *adj* immediate; *(instantâneo)* instantaneous.

imenso *adj* immense; *(ilimitado)* unlimited; *(colossal)* enormous; *(inesgotável)* unfailing.

imergir *v/t e v/i* to immerge; to dive; to submerge; to come in *(luz)*.

imersão *s f* immersion.

imigr|ação *s f* immigration; **~ante** *s m/f* immigrant; **~ar** *v/i* to immigrate.

imin|ência *s f* imminence, impendence; **~ente** *adj* imminent; *(ameaçador)* impending.

imissão *f* immission.

imit|ação *f* imitation; copy; impersonation; **à ~ de** following the example of; **~ador** *s m*, **-a** *f* impersonator; **~ar** (1a) *v/t* to immitate; to mimic; to copy; *(alguém)* to impersonate.

imitir (3a) *v/t* to send in.

imobili|ário 1. *adj* immovable; **bens** *s m pl* **~s** real estate; **agente** *s m* **de ~s** real estate agent; *s m* real estate; *(casa)* house; **2. ~ização** *s f* immobilization; *(suspensão)* standstill, stop; *econ.* stagnation; *(paralisação)* paralysis; **~izado:** **estar ~** to lay (to stand) still; **ficar ~** to stop; to come to a halt; *econ.* to come to a standstill; **~izar** (1a) *v/t* to stop; *(paralisar)* to paralyse; *(dinheiro)* to freeze; *(consolidar)* to consolidate.

imol|ação *s f* immolation, sacrifice; *(assassinato)* murder; **~ar** (1e) *v/t* to immolate, to sacrifice; *(abater)* to kill.

imoral *adj* immoral; obscene; *(depravado)* vicious; **~idade** *s f* immorality; *(depravação)* depravation; *(improbidade)* dishonesty.

imortal *adj* immortal.

imóv|el *adj* immovable, motionless; **bens** *s m pl* **~eis** real estate.

impaci|ência *s f* impatience; **~ente** *adj* impatient.

ímpar *adj* odd; *(desigual)* uneven; *med., jur.* unilateral.

impar|cial *adj* impartial; unbiased; **~cialidade** *s f* impartiality.

impass|ibilidade *s f* impassibility; phlegm; **~ível** *adj* impassible; insensitive.

impávido *adj* impavid; undaunted; fearless.

impecável *adj fig.* faultless; excellent.

impedir (3r) *v/t* to prevent; *(deter)* to stop; *rua* to block; to cut off *(ao trânsito)*.

impelir (3c) *v/t* to drive; *(empurrar)* to push; *(pressionar)* to press.

impenetrável *adj* impenetrable; *(insondável)* unreadable, inscrutable.

imperlador *s m* emperor; **~ar** (1c) *v/i* to rule over, to govern; *v/i* to rule, to prevail; **~ativo 1.** *adj* imperative; forced; **2.** *s m* imperative *(tb. gr.)*; peremptory; **~atriz** *s f* empress.

imperdoável *adj* unforgivable.

imperfleição *s f* imperfection; **~eito 1.** *adj* imperfect; *(incompleto)* incomplete; **pretérito ~ = 2.** *m* imperfect tense.

imperilal *adj* imperial; majestic; **~alismo** *s m* imperialism; **~alista 1.** *s m/f* imperialist; **2.** *adj* imperialistic.

império *s m* empire; *(domínio)* power, authority.

impermeável 1. *adj* impermeable, waterproof; **2.** *s m* raincoat.

impertinlência *s f* impertinence, insolence; *(atrevimento)* impudence; **~ente** *adj* impertinent; *(atrevido)* impudent; saucy.

impessoal *adj* impersonal.

ímpeto *s m* momentum; impetus; *(exaltação)* surge; *(de raiva)* fit.

impetuoslidade *s f* impetuousness; fierceness; **~o** *adj* fierce; impetuous; *(acção)* rash.

impiedoso *adj* ruthless; cruel; heartless.

implacável *adj* merciless; ruthless.

implantlação *s f* implantation; (estabelecimento) installation; *fig.* erection; foundation; *(naturalização)* naturalization *(inserção)* insertion; **~ar** (1a) *v/t* to implant; to plant; *(raízes)* to enroot; *(estabelecer-se)* to establish oneself; *(inserir)* to insert; *fig.* to erect.

impliclação *s f* implication; **~ar** (1n) *v/t* to imply, to suggest; *(envolver)* to involve; to implicate; F *(ralhar, incomodar)* to nag.

implorlação *s f* imploration; supplication; **~ar** (1e) *v/t* to implore, to beg.

imponderlado *adj* toughtless; **~ável 1.** *adj* imponderable, unpredictable; *(insignificante)* insignificant; *(incal-*culável)* incalculable; **2.** *s m*: **-eis** imponderables.

imponente *adj* imposing, impressive; *(grandioso)* grand.

impor (2zd) *v/t* to impose; to lay on; *(dever)* to direct; to burden; *(lei)* to enforce; *(decisão)* to determine; *(culpa)* to impute.

importlação *s f* importation; import(s); **restrição de ~** import restriction; **~ador 1.** *adj* importing; **2.** *s m*, **-a** *f* importer; **~ância** *s f* importance; meaning; *econ.* amount; **~ante** important; meaningful; *(essencial)* essential; **~ar** (1e) *v/t* to import; *v/i* to matter; **~ar em** to amount to; **~ável** *adj* importable.

imposição *s f* imposition; *(impostos)* tax, tribution; *(obrigação)* obligation; compulsion.

impossível *adj* impossible; unfeasable.

imposto *s m* tax, duty; **~ complementar** income tax; **~ de transacções, ~ de circulação (de mercadorias)** sales tax; **~ de rendimento de capital** capital gains tax; **~ de retenção na fonte** withholding tax, tax at source; **~ sobre doação** gift tax; **~ sobre rendimento de pessoa colectiva** corporation tax; **~ sobre veículos** road tax; **~ de valor acrescentado** value-added tax (VAT).

impotlência *s f* inability; helplessness; *med.* impotence; **~ente** *adj* helpless; *med.* impotent.

impregnar (1c) to impregnate; to imbue; *fig.* to fecundate.

imprensa *s f (tipografia)* printing press, typography; *fig.* press.

imprescindível *adj* vital; indispensable.

impresslão *s f* print; presswork; *(cópia)* print copy; *fig.* impression; shock; **~ionar** (1f) *v/t* to impress; *v/i* to make (to cause) an impression; *(comover)* to move; *(horrorizar)* to horrify; to shock; **~o** *s m* printed matter; *(formulário)* form; *(panfleto)* leaflet; **~ora** *f* printer.

imprevildência *s f* shortsightedness; imprudence; *(leviandade)* recklessness, carelessness; **~dente** *adj* shortsighted; *(leviano)* reckless; *(descuidado)* careless; **~são** *s f* carelessness; **~sível** *adj* unpredictable; **~sto** *adj* unexpected.

imprimir (3a) *v/t* to print.

improbabilidade *s f* improbability; *(incredibilidade)* incredibility.

improdutivo *adj* unproductive; unfruitful; *(inútil)* useless.

impróprio *adj* inappropriate.

improvislação *s f* improvisation; **~ar** (1a) *v/t* to improvise.

imprudlência *s f* imprudence; rashness; **~ente** *adj* rash; thoughtless.

impugnlação *s f jur.* appeal; **~ar** (1a) *v/t* to contest; *jur.* to appeal against; *(negar)* to deny; *(refutar)* to refute; **~ável** *adj* impugnable.

impulslão *s f* impulsion; thrust; **~ionar** (1f) *v/t* to push, to propel; to impel; *fig.* to stimulate; **~ionador 1.** *s m* driving force; **2.** *adj* = **~ivo** impulsive; rash; **~o** *s m* impulse; impetus; *(empurrão)* push; **~or 1.** *s m* impeller; propeller; **2.** *adj* = **~ivo.**

impunle *adj* unpunished; **~idade** *s f* impunity.

impurleza *s f* impurity; **~o** *adj* impure; unclean; *(sujo)* dirty.

imputlação *s f* imputation; **~ar** (1a) *v/t* to impute; to ascribe; **~ável** *adj* imputable; *(responsável)* responsible.

imunle *adj med. e jur.* immune; **~ de** free of; **~idade** *s f* immunity; *(impostos)* tax exemption; *(isenção)* exemption.

inabalável *adj* unshaken; unfaltering; inexorable.

inabitlado *adj* uninhabited; **~ável** *adj* uninhabitable.

inalceitável *adj* unacceptable; *(inadmissível)* inadmissible; **~cessível** *adj* unattainable; *(impenetrável)* impenetrable.

inadequado *adj* inadequate; *(incompatível)* incompatible.

inallação *s f* inhalation; **~ador** *s m* inhalator; **~ar** (1b) *v/t* to inhale, to breathe in.

inanimado, inânime *adj* lifeless.

inaptlidão *s f* inaptitude; *(incapacidade)* incapacity; **~o** *adj* inapt; unfit; *(incapaz)* unable.

inaudito *adj* unheard of.

inaugurlação *s f* opening; inauguration; *(consagração)* dedication; **~ar** (1a) *v/t* to inaugurate; *(consagrar)* to dedicate; *monumento* to unveil.

incalculável *adj* incalculable; *(incomensurável)* immeasurable.

incansável *adj* tireless, untiring.

incaplacidade *s f* incapacity; *(limitação)* limited capacity; *jur.* lack of criminal responsibility; **~az** *adj* incapable; unfit; *(imprestável)* unserviceable.

incendiar (1g) *v/t* to set fire to; to burn down; *fig.* to inflame.

incêndio *s m* fire.

incentivlar (1a) *v/t* to animate, to encourage; *(relações)* to establish contacts with; **~o** *s m* incentive.

incertleza *s f* uncertainty; *(dúvida)* doubt; **~o** *adj* uncertain; unreliable; *(duvidoso)* doubtful; *(eventual)* contingent.

incestlo *s m* incest; **~uoso** *adj* incestuous.

inchlaço *s m* swelling; *(tumor)* tumor; **~ado** *adj* swollen; inflated; *fig.* pompous; *(altivo)* haughty; **~ar** (1a) *v/t e v/i* to swell; to inflate; *mar.* to bunt (sails); *fig.* to grow haughty.

incidlência *s f* incidence; **~ sobre o meio ambiente** environmental effects; **~ente 1.** *adj* incident; **2.** *m* incident; *(pormenor)* unimportant circumstance.

incinerlação *s f* incineration; **~ de lixo** waste incineration; **~ar** (1e) *v/t* to incinerate.

incislão *s f* incision, cut; **~ivo 1.** *s m anat.* foretooth; **2.** *adj* incisive; *(agudo)* sharp.

inclinlação *s f* tendency to *(tb. fig.)*; *(declive)* inclination; slope; *(afecto)* fondness; **ângulo de ~** angle of inclination; **~ado** *adj* inclined; bent; oblique; **plano ~** slide-way; **~ar** (1a) *v/t* to tilt; to bend; *(baixar)* to bow; **~ar-se** *v/r (mostrar tendência)* to lean towards; to tend to.

inclulído *adj* included; **~ir** (3i) *v/t* to include; to count in; *(juntar)* to enclose.

incoerlência *s f* incoherence; inconsistency; *(inconstância)* inconstancy;

~**ente** *adj* incoherent; inconsistent; *(inconstante)* inconstant.

incógnit|a *s f mat.* unknown quantity; ~**o** *adj e s m*, -**a** *f* incognito.

incomod|ado *adj* indisposed; uncomfortable; *(indignado)* upset; ~**ar** (1e) *v/t* to inconvenience; to disturb; *(maçar)* to trouble, to bother; *(irritar)* to upset.

incómodo 1. *adj* uncomfortable; *(desagradável)* unpleasant; *(maçador)* troublesome; *(embaraçoso)* embarassing; **2.** *m* trouble; *(indisposição)* indisposition.

incomparável *adj* incomparable; unmatched.

incompat|ibilidade *s f* incompatibility; ~**ível** *adj* incompatible.

incompet|ência *s f* incompetence; *(incapacidade)* incapacity; ~**ente** *adj* incompetent; *(não autorizado)* unqualified; *(incapaz)* unfit.

incompleto *adj* fragmentary; unfinished.

incompreen|são *s f* incomprehension; ~**ível** *adj* unintelligible; inconceivable.

incondicional *adj* unconditional; termless; *(ilimitado)* limitless.

inconfundível *adj* unmistakable.

incongru|ência *s f* incongruence; *(incompatibilidade)* incompatibility; *(inconveniência)* inconvenience; ~**ente** *adj* incongruent; *fig.* unheard of; *(impróprio)* unfit.

inconsci|ência *s f med.* unconsciousness; *(desconhecimento)* unawareness; *(irresponsabilidade)* irresponsability; thoughtlessness; *(falta de escrúpulos)* unscrupulousness; ~**ente** *adj* unconscious; unaware; unwitting; *(irresponsável)* irresponsible.

inconsequ|ência *s f* inconsequence; *(contradição)* contradiction; ~**ente** *adj* inconsequential; *(contraditório)* contradictory.

inconsolável *adj* inconsolable.

inconst|ância *s f* unsteadiness; instability; ~**ante** *adj* unstable; unfaithful.

inconstitucional *adj* unconstitutional.

incontestável *adj* unquestionable.

inconveni|ência *s f* inconvenience; unseemliness; *(incómodo)* trouble;

= ~**ente 1.** *s m* inconvenience, nuisance; *(desvantagem)* handicap; *(dificuldade)* difficulty; **2.** *adj (impróprio)* unbecoming; *(inoportuno)* inopportune; *(inadequado)* unsuitable.

incorporar (1e) *v/t* to incorporate; *econ.* to merge; *(ligar)* to connect; ~-**se** *v/r*: ~ **em** to join.

incorr|ecção *s f* mistake; *(indelicadeza)* unkindness; *(descortesia)* tactlessness; ~**ecto** *adj* wrong; inaccurate; *(grosseiro)* rude, tactless.

incred|ibilidade *s f* incredibility; ~**ulidade** *s f* incredulity; skepticism.

incrédulo *adj* incredulous; skeptical.

increment|ar (1a) *v/t* to develop; *econ.* to increase; ~**o** *s m* development; increase; *econ.* upswing; **dar** ~ **a** = ~**ar**.

incrimin|ação *s f* accusation, charge; ~**ar** (1a) *v/t* to incriminate, to accuse, to charge; ~ **por** to accuse of.

incrível *adj* unbelievable.

incrustação *s f* incrustation; *(embutido)* inlaid work; *(entretela)* interlining; *(guarnição)* inlay.

inculto *adj (campo)* fallow; *(ignorante)* unschooled; uncultured; *(simples)* plain.

incumb|ência *s f* task; obligation; *(dever)* duty; ~**ir** (3a) *v/t (alguém)* to entrust; to put in charge.

incúria *s f* negligence; *(descuido)* recklessness; *(desleixo)* carelessness.

incutir (3a) *v/t* to instil; to inspire; *dúvida* to arouse; *(inculcar)* to inculcate.

indag|ação *s f* investigation; inquiry; *(pesquisa)* search; ~**ar** (1o) *v/t* to inquire; *(averiguar)* to find out; to research; *v/i*: ~ **(acerca de)** to investigate.

inde|cente *adj* indecent; *(indecoroso)* indecorous; *(chocante)* shocking; shameful; ~**ciso** *adj* undecided; hesitant; *(pendente)* unconfirmed; *(vago)* dubious; ~**ferir** (3c) *v/t* to refuse, to reject (a request).

indefin|ido *adj* uncertain, vague; unlimited; ~**ível** *adj* undefinable.

inde|lével *adj* indelible; ~**licadeza** *s f* unkindness; tactlessness; ~**licado** *adj* tactless, impolite; *(sem gosto)* tasteless.

indemni|dade *s f* indemnity = **~za-ção** *s f* compensation; **~zar** (1a) *v/t:* *alg. por* to compensate; to pay for damages.

independ|ência *s f* independence; **~ente** *adj* independent; free; *(autónomo)* self-sufficient.

indesejável *adj* undesirable.

indeterminado *adj* indeterminate; *(indeciso)* irresolute.

indevido *adj* undue; *(imerecido)* undeserved; *(impróprio)* unsuitable.

indiano 1. *s m*, **-a** *f* Indian; native of India; **2.** *adj* Indian.

indic|ação *s f* sign; indication; *(referência)* reference; *(alusão)* hint; suggestion; *(instrução)* information; **~ador 1.** *s m* forefinger; *(ponteiro)* pointer; *(pressão, nível de água, etc.* gauge **2.** *adj* indicative; *placa* **-a** sign; plate; **~ar** (1n) *v/t* to indicate; to show; *(informar)* to reveal; **~ativo** *s m tel.* area *(ou* country) code.

índice *s m* table, index; *(registo)* register.

indício *s m* indication; trace; clue; *med.* symptom.

indiferen|ça *s f* indifference; **~te** *adj* indifferent; impassive; *(apático)* apathetical.

indígena 1. *s m/f* native; **2.** *adj* indigenous, native.

indigestão *s f* indigestion; *(dispepsia)* dyspepsia.

indign|ação *s f* indignation; anger; *(fúria)* wrath; **~o** *adj* unworthy; *(vergonhoso)* shameful.

índio *s m*, **-a** *f* Indian; American Indian.

indirecto *adj* indirect; *(tortuoso)* devious; *(traiçoeiro)* unreliable.

indis|cernível *adj* indistinguishable; **~pensável** *adj* essential; necessary; *(inevitável)* inevitable.

indiscr|eto *adj* indiscreet; *(importuno)* obtrusive; *(tagarela)* prattling; *(descuidado)* injudicious; careless; **~ição** *s f* indiscretion; *(impertinência)* obtrusiveness; *(tagarelice)* prattle; *(descuido)* injudiciousness.

indisp|osição *s f* indisposition; *(aversão)* hostility; *(desavença)* quarrel; **~osto** *adj* indisposed, sick; *(irritado)* angry; upset.

indissolúvel *adj* insoluble; indissoluble.

individu|al *adj* individual; *(particular)* private; *(pessoal)* personal; *lições* **~ais** private lessons; *desp.* *provas* **~ais** individual events; **~alidade** *s f* personality; *(particularidade)* distinctive character; *jur.* person; **~alista 1.** *adj* individualistic; **2.** *s m/f* individualist; *(anacoreta)* loner.

indivíduo *s m (pessoa)* individual, person; being; specimen.

índole *s f* nature; temper; *(peculiaridade)* peculiarity; *ter boa* **~** to be good-natured.

indol|ência *s f* indolence; *(preguiça)* laziness; **~ente** *adj* indolent; *(apático)* indifferent; *(preguiçoso)* lazy.

indonésio 1. *s m*, **-a** *f* Indonesian; **2.** *adj* Indonesian.

indulg|ência *s f* mildness; leniency; **~ente** *adj* lenient; tolerant, permissive.

indústria *s f* industry; *(ofício)* trade; *(habilidade)* skill; *(diligência)* diligence; **~** *agrícola* agriculture; **~** *armamentista* armaments industry; **~** *básica,* **~** *de base* basic industry; **~-chave** key industry.

industri|al 1. *adj* industrial; **2.** *s m/f* manufacturer; industrial; **~alizar** (1a) *v/t* to industrialize.

inédito 1. *adj* inedited; unpublished; *fig.* brand new; *(original)* original; **2.** *s m* unpublished work.

inércia *s f* indolence; *(ociosidade)* idleness; *fís.* inertia.

inerte *adj* motionless; *(ocioso)* idle; *(mole)* lethargic; *(preguiçoso)* lazy; *(emoliente)* emolient.

ines|gotável *adj* inexhaustible; unfailing; abundant; **~perado** *adj* unexpected; **~quecível** *adj* unforgettable; **~timável** *adj* priceless.

inevitável *adj* inevitable.

inexacto *adj* inaccurate; *(errado)* incorrect.

inex|periência *s f* inexperience; **~periente** *adj* inexperienced; *(ingénuo)* naive; **~plicável** *adj* inexplicable.

infame 1. *adj* infamous; *(vergonhoso)* shameful, disgraceful; **2.** *s m/f* scoundrel.

infâmia

infâmia *s f* shame, disgrace; ignomini-
ty; *(vileza)* baseness.

infância *s f* childhood.

infantlaria *s f* infantry; **~ário** *s m* kindergarten, infant school, nursery
school; **~e 1.** *s m mil.* infantryman; **2.**
s m infant, young child; **3.** *s m,* **-a** *f*
infante/-a, prince, princess; **4.** *adj*
childish; **~icida** *s m/f* infanticide,
murderer of a child; **~icídio** *s m* infanticide, murder of a child; **~il** *adj*
childish; *med.* infantile.

infatigável *adj* untiring.

infeclção *s f (contágio)* contagion;
med. infection; inflammation; **~cioso**
adj (contagioso) med. contagious; in-
fectious; *fig.* catching; **~tar** (1a) *v/t e
v/i (contagiar)* to infect; *fig.* to pollute.

infellicidade *s f* unhappiness; **~iz** *adj*
unhappy.

inferior 1. *adj* inferior; lower; lesser;
(subordinado) subordinate; secondary; **2.** *s m* subordinate; **~idade** *s f*
inferiority; **~izar** (1a) *v/t* to put down;
to degrade.

inferno *s m* hell.

infértil *adj* sterile, barren.

infidelidade *s f* infidelity; *(traição)*
betrayal; *(inexactidão)* inaccuracy.

infiltração *s f* infiltration.

infinlitivo *s m* infinitive; **~ito** *adj* endless; infinite; *(ilimitado)* boundless,
without limits; *(inúmero)* numberless;
= **~tivo.**

inflação *s f* filling, inflating; *(inchaço)*
swelling; *fig.* haughtiness; *(preconceito)* conceit; *econ.* inflation; **taxa de
~** inflation rate.

inflamlação *s f med.* inflammation;
fig. infatuation; **~ar** (1a) *v/t* to inflame, to set on fire; *med.* to become
inflamed, to cause an inflammation;
fig. to excite.

inflexlão *s f* inflection; *fís.* diversion;
gram. inflexion; **~ível** *adj* inflexible;
stern; *(inexorável)* inexorable; *(implacável)* implacable, ruthless.

influlência *s f* influence; **~enciar**
(1g) to influence; *elect.* to induce
~enciável *adj* vulnerable to other
people's influence; **~ente** *adj* influ-
ent; powerful.

informação *s f* information; *(participação)* communication; *(notícia)*

news; **~ões** *pl* intelligence; information about; **pedido** *s m* **de ~** request
of information; **tirar** *(ou* **tomar, colher)* **~ões** to gather information;
~ões de trânsito traffic report;
guiché *s m* **de ~ões** information
counter.

informlar (1e) *v/i* to inform; *processo*:
to notify; *v/t*: **~alg (acerca) de** *ou*
sobre to inform someone about; to
let someone know; **~ativo** *adj* informative; *(interessante)* interesting.

infraestrutura(s) *s f (pl)* substructure.

infrutífero *adj* fruitless, unfruitful; *fig.*
vain.

infunldado, ~damentado *adj* un-
founded, groundless; *(inconsistente)*
inconsistent.

infusão *f* infusion; *cul.* marinade.

inglenuidade *s f* naiveness; innocence; *(candura)* candour; **~énuo** *adj*
naive; *(natural)* innocent; *(inofensivo)*
harmless.

ingllês 1. *s m* Englishman; **2.** *adj* English; **~esa** *s f* Englishwoman.

ingratlidão *s f* ingratitude; ungreatful-
ness; **~o** *adj* ungrateful; *(desagradável)* unpleasant; *(reservado)* confidential; **tarefa ~a** difficult task.

ingrediente *s m* ingredient; *(parte)*
component.

íngreme *adj* steep; *fig.* arduous, difficult.

inicilação *s f* initiation; *(introdução)*
introduction; **~ador** *s m,* **-a** *f* initia-
tor, founder; **~al 1.** *adj* initial; first;
2. *s f* initial letter; **~ar** (1g) *v/t* to begin, to start; *(preparar)* to initiate; to
teach; **~ em** to introduce to; **~ativa** *s
f* initiative; **espírito de ~** enterpris-
ing spirit.

início *s m* beginning; **ter ~** to begin;
dar ~ to open.

inimigo 1. *adj* adverse, hostile; *(prejudicial)* harmful; **2.** *s m,* **-a** *f* enemy,
foe; *(adversário)* opponent.

injeclção *s f* injection; **~tar** (1a) *v/t
soro* to inject; *madeira*: to impregnate; **~ as faces** to blush violently
(sangue); **~tor** *s m (bocal pulverizador)* spray nozzle; *(compressor a jacto)* jet compressor.

injúria *s f* offense; insult; **fazer uma
~** to affront.

injuri|ar (1g) *v/t* to offend; to insult; *(prejudicar)* to wrong; *(destruir)* to shatter; **~oso** *adj* offensive, insulting.

injust|iça *s f* injustice; **~o** *adj* unfair.

inocência *s f* innocence; **~ente** *adj* innocent, guiltless; *(inofensivo)* harmless; *(ingénuo)* naive.

inofensivo *adj* harmless.

inov|ação *s f* innovation; novelty; **~ador 1.** *adj* innovatory; *(empreendedor)* enterprising; **2.** *s m,* **-a** *f* innovator.

inoxidável *adj* rustproof; stainless.

inquérito *s m* inquiry; investigation; *(sondagem de opinião)* opinion poll.

inquiet|ação *s f* inquietude; disturbance; anxiety; **~ar** (1a) *v/t* to disquiet; to worry; **~o** *adj* worried, disturbed, anxious.

inquilino *s m,* **-a** *f* tenant.

inquin|ação *s f* contamination; **~ar** (1a) *v/t* to pollute; *med.* to contaminate.

inquirir *v/t e v/i (pesquisar)* to research; *(averiguar)* to inquire.

inquisição *s f* inquisition.

inscr|ever (2c; *pp* ***inscrito***) *v/t* to enrol, to enlist, to book; *(escrever)* to write; *(gravar)* to inscribe; **~ição** *s f* inscription; *(matrícula)* matriculation, enrol(l)ment.

insect|icida 1. *s m* insecticide; **2.** *adj* **pó ~** insecticidal powder; **~ívoro** *s m zoo.* insectivore, insectivorous animal; **~o** *s m zoo.* insect; **~ daninho** pest.

inse|guro *adj* insecure; **~minação** *s f (artificial)* insemination.

insensat|ez *s f* foolishness; *(disparate)* nonsense; **~o** *adj* unreasonable, foolish; *(disparatado)* silly; *(absurdo)* absurd.

insens|ibilidade *s f (frieza)* insensibility; **~ível** *adj* insensitive; *(indiferente)* indifferent; *(imperceptível)* imperceptible.

insignificante *adj* insignificant; meaningless; petty.

insinu|ação *s f* insinuation; hint; *(alusão)* allusion; *(imputação)* allegation; **~ar** (1g) *v/t* to insinuate; to hint; *(imputar)* to allege.

insist|ência *s f* insistence, perseverence; *(persistência)* persistence; **~ente** *adj* insistent; *(enérgico)* emphatic; *(premente)* pressing; **~ir** (3a) *v/i* to insist; *(reiterar)* to argue; **~em** to insist on; *(não desistir)* to stick to (sth.).

insolvência *s f* insolvency; bankruptcy; **~ente** *adj* insolvent.

insónia *s f* insomnia, sleeplessness.

inspec|ção *s f* inspection; *médica*: medical examination; *(verificação)* verification; ***serviço de ~*** supervision *(ou* control) service; **~cionar** (1f) *v/t* to inspect, to examine; to review; *(averiguar)* to look into; *(verificar)* to check; *(vigiar)* to survey; **~tor** *s m,* **-a** *f* inspector; supervisor.

inspir|ação *s f* inspiration; act of breathing in; **~ar** (1a) *v/t* to inspire; to breathe in; *(iluminar)* to imbue; *(entusiasmar)* to stimulate.

instabilidade *s f* instability, unsteadiness; *(insegurança)* unsecurity.

instal|ação *s f* installation; fitting; *eléctrica*: electrical system; **~ador** *s m* installer; **~ar** (1b) *v/t* to install; *(colocar)* to place; *(encastrar)* to fit (something into).

instância *s f jur.* instance; insistence; ***com ~*** insistently; ***em última ~*** *fig.* in extreme circumstances.

instant|âneo 1. *adj* instantaneous; *(imediato)* immediate; *(repentino)* sudden; *(passageiro)* momentary; ***bebida ~a*** *f* instant drink; **2.** *s m* snapshot, instantaneous photograph; **~e 1.** *adj* instant; *(insistente)* pressing; *(urgente)* urgent; **2.** *s m* instant, moment.

instável *adj* unsteady; inconstant.

instint|ivo *adj* instinctive; *(involuntário)* involuntary; **~o** *s m* instinct; flair.

institu|ição *s f* institution; *(fundação)* establishment; *(instituto)* institute; **~to** *s m* institute; ***~to de beleza*** beauty parlour; **~ *Industrial (Comercial)*** Commercial Institute; **²** ***Superior Técnico*** Faculty of Engineering.

instru|ção *s f* instruction; knowledge; *(directiva)* direction; *(regulamento)* regulation; *escolar*: education; *jur.* preliminary procedure; **~ões** *pl* instruction manual; **~ir** (3i) *v/t* to instruct; *(formar)* to train.

473

instrumento *s m* instrument; *(ferramenta)* tool; *(aparelho)* appliance; *(documento)* document.

instrutlivo *adj* instructive; *(elucidativo)* informative; **~or 1.** *adj:* **juiz ~** *jur.* examining magistrate; **2.** *s m,* **-a** *f* instructor; teacher, tutor; *mil.* drillmaster.

insuficilência *s f* insufficiency; **~ cardíaca** cardiac insufficiency; **~ente** *adj* insufficient; scanty.

insuflar (1a) *v/t* to inflate; *(injectar)* to inject; *fig.* to inspire; *(influenciar)* to influence.

insulltar (1a) *v/t* to insult; to offend; **~to** *s m* insult; offense.

insuportável *adj* unbearable; intolerable.

insurreição *s f* insurrection; *(sublevação)* uprising; *(indignação)* rage.

intacto *adj* untouched; *(ileso)* safe.

integrlação *s f* integration; *(fusão)* union; *mat.* integration; **~ económica e financeira** economic and financial integration; **~al** *adj* complete; whole; **cálculo** *s m* **~al** *mat.* integral calculus; **pão** *s m* **~al** whole bread; **~ar** (1c) *v/t* to integrate; to aggregate; *tel.* to connect.

íntegro *adj* complete; *(ileso)* whole; *(honrado)* honest; *(recto)* fair.

inteiro *adj* whole; *(completo)* complete; *(ileso)* intact.

intelecto *s m* intellect; intelligence.

intelectual *adj* intellectual.

inteliglência *s f* intelligence; *(entendimento)* understanding; *(bom-senso)* common sense; *(sentido)* sense; **~ente** *adj* intelligent, bright; **~ível** *adj* intelligible; clear.

intenlção *s f* intention, purpose; **segunda ~** ulterior motives; **~cional** *adj* intentional, deliberate.

intenslidade *s f* intensity; *(ênfase)* emphasis; *(insistência)* urgency; *som* volume; **~ificar** (1n) *v/t* to intensify; to enhance; *(aumentar)* to heighten; **~ivo** *adj* intensive; **~o** *adj* intense; *(enfático)* emphatic; *(insistente)* insistent; *(forte)* powerful; *(intensivo)* intensive.

intercâmbio *s m* interchange.

interceptar (1a) *v/t* to intercept; *ligação* to cut off; *comboio* to stop.

intercidades *s m c.f.* intercity.

interdependlência *s f* interdependency, mutual dependence; **~ente** *adj* interdependent, mutually dependant.

interesslado 1. *adj* interested; *fig.* calculating; *(egoísta)* selfish; **2.** *s m* **-a** *f* applicant; *(sócio)* partner; *(participante)* sharer; **~ante** *adj* interesting; *(importante)* important, meaningful; *(excitante)* exciting; **~ar** (1c) *v/i* to interest; to concern; *v/t* *(atrair)* to attract; *(fascinar)* to fascinate; **~e** *s m* interest; *(atracção)* attraction; *(valor)* value; *(ganho)* profit; **(defender** to protect); *(egoísmo)* selfishness; *econ.* share; interest.

interferlência *s f* interference; *(intromissão)* obstruction; *(colaboração)* participation; *fís. e rádio:* interference; **~ir** (3c) *v/i fís.* to interfere; to intervene; *(impedir)* to obstruct.

interior 1. *adj* inner; interior; *mar.* inland; *mercado:* home; *comércio:* domestic; **2.** *s m* interior; *(costa)* inland.

intermediário 1. *adj* intermediate, intervening; **2.** *s m,* **-a** *f* intermediary, intermediate; *(mediador)* mediator; *econ.* broker.

intermitente *adj* intermitting; halting; *(interrupto)* interrupted, suspended.

internacional *adj* international.

internlar (1c) *v/t* to intern; *num internato:* to send s.o. to boarding school; **~ar-se** *v/r* to penetrate; *fig.* to become absorbed in; *(aprofundar-se)* to plunge into; **~ato** *s m* boarding school; *(asilo)* orphanage; **~o** *adj* inner; internal; domestic; *aluno* resident.

interpor (2zd) *v/t* to interpose, to intervene, to place between *(entre); (intercalar)* to insert; *influência, etc.* to use one's influence; *jur. (recurso)* to lodge an appeal.

interpretlação *s f* interpretation; *(tradução)* translation; *mus.* version; *tea.* performance; **~ar** (1c) *v/t* to interpret; *(traduzir)* to translate; *mus. e tea.* to play, to perform.

interroglação *s f* interrogation; *(pergunta)* question; *testemunha* examination, questioning; **(ponto de)** question mark; **~ar** (1o) *v/t* to question; to ask; *aluno* to examine; *jur.* to interrogate.

inter|romper (2a) *v/t* to interrupt; to break in upon; *elect.* to switch off; **~rupção** *s f* interruption; **~ruptor** *s m elect.* switch.

intervalo *s m loc.* distance, intermediate space; *temp.* intermission, break.

interv|enção *s f* intervention; *(discurso)* speech; *(mediação)* mediation; *med.* operation, surgery; **~ir** (3x) *v/i* to intervene; *(discursar)* to make a speech; *(participar)* to take part.

intestino *s m* intestine; **~s** bowels.

intim|ação *s f (anúncio)* notification; *(convite)* citation; *jur.* summons, subpoena; **~ *(judicial) de pagamento*** order for payment; **~ar** (1a) *v/t* to urge; *jur.* to summon; *sessão* to convoke, to call.

intimid|ação *s f* intimidation; *(escarmento)* deterrence; **~ade** *s f* intimacy; privacy; *(amizade)* close friendship; *(confiança)* confidence, familiarity; *(sigilo)* secrecy.

íntimo 1. *adj* intimate; close *(amigo)*; *(de confiança)* trustworthy, familiar; **2.** *s m* intimate; soul; close friend.

intoler|ância *s f* intolerance; bigotry; **~ante** *adj* intolerant; **~ável** *adj* intolerable, unbearable; *(revoltante)* shocking.

intoxic|ação *s f* intoxication, poisoning; **~ar** (1n) *v/t* to poison.

intransit|ável *adj* pathless, untransitable; **~ivo** *adj gram.* intransitiv.

intransmissível *adj* intransmissible.

intravenoso *adj* intravenous.

intrig|a *s f* intrigue, plot; story; **~s** *pl* scheme; **~ar** (1o) *v/i* to intrigue, to plot; *(irritar)* to bother; *(torturar)* to torment; *(provocar curiosidade)* to arouse curiosity.

introdu|ção *s f* introduction; *inform.* input; **~zir** (3m) *v/t* to introduce *(tb. apresentar)*; *(anunciar)* to announce; *(trazer)* to bring in; *téc.* to plug; *inform.* to feed (into).

introm|eter *v/i (juntar)* to insert; to add; *(incomodar)* to intrude; **~issão** *s f* interference; *(incómodo)* annoyance.

intruj|ão *s m* swindler; impostor; **~ar** (1a) *v/t* to dupe; to tell fibs; **~ice** *s f* swindel, fraud.

intruso 1. *adj* intrusive; *(aldrabão)* cheating; *(atrevido)* impudent; **2.** *s m*, **-a** *f* intruder.

intui|ção *s f* intuition; *(sensibilidade)* feeling; *(pressentimento)* anticipation; **~tivo** *adj* intuitive.

inund|ação *s f* flood; **~ar** (1a) *v/t* to flood; *(transbordar)* to overflow.

inútil *adj* useless; *(sem valor)* worthless; *(imprestável)* unserviceable; *(vão)* vain.

inutili|dade *s f* uselessness; worthlessness; **~zado** *adj*: **estar** *(ou ficar)* to be *(ou* become) useless; **~zar** (1a) *v/t* to make useless; to render efectless; to cancel.

invadir (3b) *v/t* to invade; to conquer.

inválido 1. *adj* invalid; *(deficiente)* disabled; null *(bilhete)*; **2.** *s m*, **-a** *f (deficiente)* disabled person.

invariável *adj* unchangeable, unalterable.

invasão *s f* invasion.

invej|a *s f* envy; **~oso 1.** *adj* envious, jealous; **2.** *s m*, **-a** *f* grudger.

invenção *s f* invention.

inventar (1a) *v/t* to invent; *história* to make up.

Inverno *s m* winter.

invers|ão *s f* inversion; reversion; **~ível** *adj* reversible; **~o 1.** *adj* in reverse order; *(contrário)* contrary; *(oposto)* opposite; **na razão ~a de** in inverse proportion; **2.** *s m* contrary; **~or** *s m electr.* switch.

invert|ebrado 1. *adj* invertebrate; **2.** *s m* invertebrate animal; **~er** (2c) *v/t* to reverse; *(alterar)* to change.

investimento *s m econ.* investment; **consultor de ~s** investment consultant; **programa de ~s** investment program.

investig|ação *s f* research; investigation; *(inquérito)* inquiry; **~ador 1.** *adj* investigating, investigatory; **2.** *s m*, **-a** *f* researcher; investigator; **~ar** (1o) *v/t* to research; to investigate; *(averiguar)* to inquire, to examine.

investir (3c) *v/t econ.* to invest; *v/i* **~ contra** to rush at; to attack.

invisível *adj* invisible.

invocar (1n) *v/t* to invoke; *(rogar)* to implore; *(citar)* to quote.

invólucro *s m* wrapping; cover.

involuntário *adj* unwilling; *(inadvertido)* unintended.

invulgar *adj* unusual.

iodo *s m quím.* iodine.

ioga *s m* yoga.

iogurte *s m* yoghurt.

ir (3y) *v/i* to go; to depart; to leave; *de carro:* to drive; *(viajar)* to travel; *a cavalo* to ride; to leave *(comboio, correio)*; **vamos!** let's go; **já vou** I'm coming; **como vai?** how are you?

ira *s f* wrath, anger; **~scível** *adj* irritable.

íris *s f (pl inv)* iris.

irlandês 1. *adj* Irish; **2.** *s m,* **-esa** *f* Irishman, Irishwoman.

irm|lã *s f* sister; **~ão** *s m* brother.

ironia *s f* irony, mockery.

irónico *adj* ironical.

ironizar (1a) *v/i* to mock; to speak *(ou* write) ironically.

irracional 1. *adj* irrational; **2.** *s m* irrational being.

irradi|lação *s f* irradiation; radiation; *(propagação)* spreading; **~ador** *s m* radiator; **~ar** (1g) *v/t* to irradiate; *(propagar)* to spread; *rádio:* to broadcast; *v/i* to radiate, to shine.

irreal *adj* unreal; *(imaginário)* fanciful; **~izável** *adj* unachievable.

irre|conciliável *adj* incompatible; **~conhecível** *adj* irrecognizable; **~cuperável** *adj* irrecoverable.

irregular *adj* irregular; *(desregrado)* unruly; *(ilegal)* illegal; *mil.* irregular; **~idade** *s f* irregularity; *(desregramento)* disorder.

irre|mediável *adj* irremediable; *(incurável)* incurable; *(inevitável)* inevitable; **~quieto** *adj* restless; **~sistível** *adj* irresistible.

irresponsável *adj* irresponsible.

irrig|lação *s f* irrigation, watering; **~ador** *s m* sprinkler; *med.* irrigator, syringe; **~ar** (1o) *v/t terreno, relva* to water; *rua* to sprinkle; *med.* to irrigate.

irrit|lação *s f* irritation, anger; **~ante 1.** *adj* irritative, provoking; *fig.* exciting; *(revoltante)* shocking; **2.** *s m* irritant; **~ar** (1a) *v/t* to irritate; to annoy; to upset; *fig.* to excite; *(encolerizar)* to enrage; *(amargurar)* to distress.

isca *s f* bait; *(estopim)* fuse; *(bocado)* bite.

isen|lção *s f* exemption; freedom; *(independência)* independence; *(retenção)* reserve; **~to** *adj* exempt, free; *(independente)* independent.

islandês 1. *adj* Icelandish; **2.** *s m,* **-esa** *f* Icelander.

iso|lação *s f =* **~amento; ~acionismo** *s m* isolationism; **~ador 1.** *adj* isolating; **2.** *s m elect.* dielectric; **~amento** *s m* isolation; *(retiro)* seclusion; *(separação)* separation; *téc. e electr.* insulation; **~ar** (1e) *v/t* to isolate; *(fechar)* to shut, to segregate; *(separar)* to detach, to separate; *téc. e elect.* to insulate.

isqueiro *s m* lighter.

israel|lense = **~ita 1.** *adj* Israeli, Jewish; **2.** *s m/f* Israeli, Hebrew, Jew.

isso *pron* that; **~!** That's right!; **é ~!, (é) ~ mesmo!** That's it; perfect!

italiano 1. *adj* Italian; **2.** *s m,* **-a** *f* Italian.

itálico 1. *adj* italic; *tip* **letra -a** = **2.** *s m* italics.

itinerário *s m (descrição, guia)* itinerary, route; *(horário)* schedule.

J

já *adv* already; at once; presently; *(agora)* now; **~, ~!** this minute!

jacinto *s m bot.* hyacinth; *(pedra preciosa)* hyacinth, variety of zircon.

jacto *s m* jet; *(lance)* throw, hurl; *(golpe)* blow; *(jorro)* gush; **de ~** gushing; **de um ~** suddenly.

jamais *adv* ever, never, at no time; *(nunca mais)* never again; *(nunca)* never.

Janeiro *s m* January.

janela *s f* window (**à** at the); **da ~ abaixo** off the window.

jangada *s f* raft.

jantar 1. *s m* dinner; **2.** (1a) *v/i* to dine, to have dinner.

jante *s f* wheel rim.

japlonês 1. s *m*, **-esa** *f* Japanese, native of Japan; **2.** *adj* Japanese.

jardim *s m* garden; **~ de infância, ~ infantil** kindergarten, nursery school, infant school.

jardinlagem *s f* gardening; **~eiro** *s m* gardener.

jarra *s f* jar; flowerpot; *mar.* water container.

jasmim *s m* jasmine.

jaula *s f* cage.

javalli *s m* wild pig *(espécie)*; *(macho)* boar.

javanês 1. *s m*, **-esa** *f* Javanese; **2.** *adj* Javanese.

jazigo *s m* grave; *ind. min.* mine.

jeito *s m* *(abanão)* jerk; *(gesto)* movement; *(hábito)* habit; *(habilidade)* skill, adroitness; *(modo)* way, manner; *(aparência)* appearence; *dar um* **~** to fix; to manage; *(dar um) mau* **~** to twist *(ou* to strain).

jejum *s m* fast; *dia s m de* **~** fast day; *em* **~** fasting.

jesuíta *s m* Jesuit.

Jesus *s* Jesus; **~!** *int.* Jesus!

joalhlaria *s f* jewellery store; the art of jewellery; **~eiro** *s m* jeweller.

joelho *s m* knee; *(articulação)* anat. e *téc.* ball-and-socket joint; *de* **~s** on one's knees.

joglada *s f* round *no jogo*; move; *dados:* throw; *jogo de azar:* hit; *fig.* machination; **~ador** *s m*, **-a** *f* player; **~ar** (1o) *v/t* to play; *cartas* to deal; *jtg.* to risk; *dinheiro, etc.:* to gamble away; *pedra, etc.* to hurl; **~o** *s m* game; match; *(brincadeira)* children's play; *(esgrima)* fencing; *(conjunto)* kit; *(decoração)* furnishings; *fig.* bet, gamble; *bolsa:* stock market speculation; *(manobra)* cheat, trick; **~ de água** fountain; **~ de mão** jugglery; **~ de palavras** pun.

jóia *s f* jewel, gem; *(quota de entrada)* entrance fee; *fig.* excellent person *(ou* thing); **~s** *pl* jewelry.

joint-venture *s f* joint-venture.

jornlada *s f* journey; distance travelled in one day; trip; expedition; *(trabalho)* a day's work; **~al** *s m* newspaper; daily pay; *rádio* news bulletin; **~aleiro** *s m* day labo(u)rer; **~alismo** *s m* journalism; **~alista** *s m/f* journalist; **~alístico** *adj* journalistic.

jorrlar (1e) *v/i* to gush; to pour; **~o** *s m* gush, jet; *correr em* **~** = **~ar**.

jovem 1. *adj* young; *(juvenil)* youthful; **2.** *s m/f* young man/woman; youth.

jovial *adj* cheerful; **~idade** *s f* cheerfulness.

jubileu *s m* jubilee.

judleu 1. *adj* Jewish; **2.** *s m*, **-ia** *f* Jew, Jewess ; **~iaria** *s f* Jewish block.

judilcial *adj* judicial, juridical; **~ciário** *adj* judiciary; *polícia s f -a Br.* criminal investigation department, *Am.* detective force.

jugoslavo 1. *s m*, **-a** *f* Yugoslavian; **2.** *adj* Yugoslavian.

juiz *s m*, **-a** *f* judge.

juízo *s m* judgement; *(opinião)* opinion; *(razão)* reason, sensibility; *(previsão)* forecast; *(processo)* jur. lawsuit; *(tribunal)* jur. court; *o* **~** *final (ou universal)* the Last Judgement; *o dia do* **~** Judgement day, Doomsday.

julglamento *s m* court session, trial; *(sentença)* sentence; *(prova)* evidence; **~ar** (1o) *v/t* to judge, to try; *(decidir)* to decide; *(apreciar)* to consider; *(crer)* to think, to deem.

Julho *s m* July.

jumbo-jet *s m* jumbo jet.

junção *s f* junction, joint; *ponto s m de* **~** point of union.

Junho *s m* June.

júnior (juniores) *s m (pl)* junior.

junta *s f* juncture, union; *(ligação)* junction; *(osso)* anat. joint; *(administração)* board; *de saúde etc.:* council; **~mente** *adv* together; *(simultaneamente)* simultaneously.

juntlar (1a) *v/t* to join; *(amontoar)* to heap up; *(reunir)* to adjoin; *(ligar)* to connect; *(unir)* to unite; *(coser)* to sew together; *(acrescentar)* to add; **~o 1.** *adj* joined, joint; adjoining; *(próximo)* near; **2.** *adv (próximo)* near; *(ao lado)* together (with *com*); *por* **~** on the whole; **3.** *prep:* **~ a, ~ de** close to; *(ao lado)* next to.

jurla *s f* oath, vow; *(praga)* curse; *fazer uma* **~** to swear; *dizer* **~s** to curse; **~amento** *s m* oath, vow; **~a-mento falso** perjury; **sob ~amen-to** under oath; **~ar** (1a) *v/i* to swear (over **sobre, por**); *(praguejar)* to curse.

júri *s m* jury.

jurídico *adj* judicial, juridical; legal.

juris|dição *s f* jurisdiction; *fig.* power, authority; **~prudência** *s f* jurisprudence; **~ta** *s m/f* jurist, lawyer.

juro *s m:* **~s** *pl* interests (on money); profit; **~s de mora** interest on arrears.

justiça *s f* justice; equity; fairness; *(direito) jur.* law; *(jurisdição)* jurisdiction; **Ministério da** ℓ Ministry of Justice.

justific|ação *s f* justification; *(prova)* proof; **~ar** (1n) *v/t* to justify; to explain; *(provar)* to prove.

justo *adj* fair, just; reasonable; *(exacto)* correct; *(certo)* right; *(apertado)* tight fitting.

juv|enil *adj* juvenile, youthful; **Taça Nacional de Juvenis** National Youth Cup; **~entude** *s f* youth.

L

lá a) *loc:* there; over there; **~ em cima (baixo)** up (*ou* down) there; **de ~** from there; **b)** *temp:* then, at that time.

lã *s f* wool; **~s** *pl* woolen fabrics, woolen products.

labareda *s f* flame, flare; fire; *fig.* ardour, enthusiasm.

lábio *s m* lip.

labirinto *s m* labyrinth.

labor|al *adj* labour; concerning work; **luta ~** labour dispute; **~atório** *s m* laboratory.

labrego 1. *s m,* **-a** *f* peasant, villager; yokel; **2.** *adj* rustic.

laca *s f* lacquer, varnish.

lacaio *s m* lackey, valet; *fig.* servile person.

laço *s m* noose; tie knot; loop; trap; **cair no ~** to fall into a trap.

la|crau *s m* scorpion; **~cre** *s m* sealing-wax.

lactação *s f* breastfeeding.

lacticínio *s m* milk product; dairy product.

ladeira *s f* slope; hillside; steep street.

lado *s m* side; *(direcção)* direction; *(partido)* party; **~ a ~** side by side; **ao ~** next to; **ao ~ de** beside; **de ~** sideways, to the side; *(à parte)* (to put *ou* be left) aside.

ladr|a *s f* female thief; **Feira da** ℓ flea market; **~ão** *s m* thief, burglar; **~ar** (1b) *v/i* to bark; *(guinchar)* to screech.

lagar *s m* fruit-press; **~ de azeite** olive-press; **~ de vinho** wine-press.

lagart|a *s f* caterpillar; **~ixa** *s f* any small lizard; **~o** *s m* lizard.

lag|o *s m* lake; pond; **~oa** *s f* lagoon.

lagost|a *s f* lobster; **~im** *sm* small lobster, crawfish.

lágrima *s f* tear; *(gota)* drop.

lama 1. *s f* mud; *(excremento)* dirt, muck; **2.** *s m (sacerdote)* lama; **3.** *s m zoo.* llama.

lamber (2a) *v/t* to lick.

lambreta *s f* motor scooter.

lamela *s f* lamella.

lament|ação *s f* wailing; outcry; sorrow; *(jeremiada)* wailing song; **~ar** (1a) *v/t (lastimar)* to regret, do deplore; to mourn; **lamento muito!** I am sorry!; **~ável** *adj* deplorable; pitiful; sad; **~o** *s m* lament, moan.

lâmina *s f* thin plate or sheet; blade; *ouro* foil; *metal* stripe; *serra, faca* blade; slide *(microscópio)*.

lâmpada *s f* (light) bulb.

lamp|arina *s f* oil lamp; night lamp; **~ejo** *s m* flash of light; flare; *(relampejar)* lightening.

lanç|a *s f* spear; *carro* pole; *téc.* shaft; **~amento** *s m* casting, pitch; *foguete* launching; *alicerce* laying of the foundations; *fig.* introduction; publication; *econ.* entry; *imposto* assessment; **~ar** (1p) *v/t* to throw, to cast, to pitch; *rede* to cast; *(exalar)* to exhale; *(expelir)* to expel; *líquido* to spill.

lance *s m* throw; (chess) move; *(risco)* risk; *(acção)* act, deed; *(acontecimento)* incident; *(perigo)* dangerous situation; *(momento)* decisive moment.

lancleta *s f med.* lancet; **~etar** (1c) *v/t* to cut with a lancet.

lanchlar (1a) *v/i* to take a snack; **~e** *s m* snack .

lancinante *adj* sharp; *fig.* poignant.

lanço *s m* throw; draught of fish; *casas* row; *muro* stretch; *escadas* flight; *(extensão)* distance, extent; **~ *mínimo*** minimum bid.

lânguido *adj* languishing; *(fraco)* feeble; *(negligente)* casual, careless; *(langoroso)* languid.

lanifício *s m* woollen fabric, woollen product; ***indústria de ~s*** woollen industry.

lanterna *s f* lantern, lamp; **~ *de furta-fogo*** dark lantern.

lapa *s f (cavidade)* cave, den; *(saliência)* overhanging stone; *zoo.* limpet.

lapela *s f* lapel (of a coat).

lapidar 1. (1a) *v/t* to lapidate; *pedras* to cut; *fig.* to refine, to improve; *(formar)* to educate; **2.** *adj* concise.

láplide *s f* gravestone, tombstone; **~is** *s m* pencil.

lapiselra *s f* port-crayon; mechanical pencil.

lapso *s m* oversight, slip; *(engano)* error; *(erro)* mistake; **~ *(de tempo)*** period (of time).

lar *s m* home; hearth, fireplace; *estudantes* students' residence; *(ninho)* nest.

laranjla *s f* orange; *adj (cor)* orange, orange-colo(u)red; **~ada** *s f* orangeade; orange juice; **~eira** *s f* orange tree.

larglar (1o) *v/t* to release, to let go; *(deixar cair)* to drop; *fig.* to free; *(dar)* to give over; *rédeas* to give free reins to; *bandeira* to unfurl; *vela* to set sail; *fig.* = ***soltar***; *v/i* to leave, to depart; **~o 1.** *adj* broad, wide; *(grande)* large, roomy; *(temp)* long; *(abundante)* plentiful; extensive; liberal *(espírito)*; *(invulgar)* unusual; *s m* high sea; public square; **~ura** *s f* width; *(vastidão)* wideness; *(extensão)* ex-

tensiveness; *(espaço)* room; *(perímetro)* circumference.

laringle *s f* larynx; **~ite** *s f* laryngitis.

larva *s f* larva; early form of an insect; worm.

lasca *s f* splinter; sliver, *fig.* scrap.

lascivo *adj* lascivious, lustful; *(impudico)* wanton, lewd; *(obsceno)* obscene.

lasslidão *s f* lassitude; *(exaustão)* weariness; looseness; **~o** *adj* slack; *(exausto)* weary; *(indolente)* slow; *(gasto)* worn out.

lástima *s f (dó)* pity; *(pena)* sorrow; *(miséria)* misery, suffering.

lastimlar (1a) *v/t* to deplore, to regret; to pity; *(doer)* to hurt, to ache; **~ável** *adj* deplorable; **~oso** *adj (miserável)* pitiful.

lata *s f material* tin; tin box, tin can.

latão *s m* brass.

latejlar (1d) *v/i* to beat, to throb; *(pulsar)* to pulse; *(arfar)* to pant; **~o** *s m* pulsação: beat; **~s** *pl* throbbing.

latente *adj* latent; *(secreto)* concealed; sneaky *(mal)*.

lateral *adj* lateral; at the side.

latido *s m* bark, yelp; **~s** *pl* barking.

latifúndio *s m* latifundium, large landed estate.

latino 1. *adj* latin; **2.** *s m*, **-a** *f* Latin; **~-*americano*** Latin-American.

latitude *s f geo.* latitude; breadth; *fig.* scope; *(liberdade)* freedom of action.

latrocínio *s m* robbery, hold-up.

lava *s f* lava.

lavabo *s m* washbasin; **~s** *pl* water-closet, toilet.

lavagante *s m* lobster.

lavagem *s f* wash, cleansing; **~ *a seco*** dry cleaning; *auto.* **~ *automática*** car wash.

lavandaria *s f* laundry, wash-house.

lavar (1b) *v/t* to wash, to cleanse; *fig.* to purify.

lavatório *s m* washbasin.

lavável *adj* washable.

lava-vidros *s m auto.* windscreen washer unit.

lavoura *s f (agricultura)* farming, agriculture.

lavradleira *s f (camponesa)* woman farmer; peasant woman; **~or** *s m (camponês)* farmer, peasant.

lavrar

lavrar (1b) *v/t* to work; *terra* to cultivate, to till; to plough; *madeira* to carve; *pedra* to polish; to chisel; *ornato* to chase; *documentos* to draw up (a document); to commit to paper; *v/i* to spread; to rage, to ravage (*ódio*, etc.).

lax|ação *s f* looseness; *med.* purge; **~ante** *s m* laxative.

leal *adj (sincero)* honest; loyal, true; **~dade** *s f (sinceridade)* honesty; loyalty, faithfulness.

leão *s m* lion.

lebre *s f* hare.

lec|cionar (1f) *v/t e v/i* to teach; *adj* **~tivo** concerning school; *ano* **~** school year.

leg|ação *s f* legation; **~ado** *m* **a)** legate, envoy; **b)** Papal nuncio; **c)** legacy; **~al** *adj* legal, lawful; *(válido)* valid; **~alidade** *s f* legality, lawfulness; *(validade)* validity; **~alização** *s f* legalization; *(reconhecimento)* legal acknowledgement; **~alizar** (1a) *(autenticar)* to validate; to legalize; **~ar a)** to delegate; *(enviar)* to send as legate; **b)** to bequeath; to transmit.

legenda *s f tip.* caption; *(etiqueta)* label; *(inscrição)* inscription; *quadro* text; *filme* subtitle.

legi|ão *s f* legion; **~ *Estrangeira (de Honra)*** foreign (honour) legion; **~ de** a multitude of; **~onário** *s m* legionary.

legisl|ação *s f* legislation; act of legislating; **~ador** *s m,* **-a** *f* legislator, lawmaker; **~ativo 1.** *adj* legislative; *poder* **~** = **2.** *s m* legislative power, legislative; **~atura** *s f* legislature; *(período)* legislature period.

legitim|ação *s f* legitimation; *(documentos)* authentication; **~ar** (1a) *v/t* to legitimate, to legalize; to authenticate; *(justificar)* to justify; **~ar-se** *v/r* to prove one's identity; **~idade** *s f* legitimacy; legality; *(correcção)* correctness; *(direito)* authority; *(autenticidade)* authenticity.

legítimo *adj* lawful, legal, legitimate; *(filho)* legitimate *(child)*; *(autorizado)* authorized; *(verdadeiro)* genuine, authentic; **-a *defesa*** self-defense.

legível *adj* legible, readable.

legume *s m* edible vegetable; fruit of the leguminous plants; **~s** *pl* vegetables.

lei *s f* law; *(prescrição)* rule, regulation; *(decreto)* decree.

leilão *s m* auction.

leit|ão *s m* sucking pig; **~aria** *s f* dairy, creamery; **~e** *s m* milk.

leito *s m* bed; *téc.* substructure.

leitor *s m,* **-a** *f* reader; *(docente)* reader, lector.

leitura *s f acto:* reading; *(textos)* reading matter.

lembr|ança *s f* recollection; memory; *(presente)* keepsake; souvenir; *(ideia)* idea; *(sinal)* advice, hint; *(repreensão)* admonition; **~anças** *pl* regards; **~ar** (1a) *v/t* to recall; **~ a/c a alg** to remind (s.o. of sth.); *v/i* to come to mind, to occur.

leme *s m* rudder, helm; *aer.* fin; *fig.* direction, control.

len|ço *s m* handkerchief; kerchief; scarf; **~ol** *s m* sheet, bedsheet; *(mortalha)* hearse cloth; *água* ground water; **~ol de banho** towel.

lend|a *s f* legend, tale; **~ário** *adj* legendary.

lenha *s f* firewood.

lenhador *s m* woodcutter.

lenitivo *s m* palliative; *fig.* consolation, relief.

lente 1. *s* *m/f* university teacher, professor; **2.** *s f* lens; *(lupa)* magnifying glass.

lentidão *s f* slowness.

lento *adj* slow; sluggish, lingering; lazy; *(mole)* slack.

leopardo *s m* leopard.

lepra *s f med.* leprosy.

leproso 1. *s m,* **-a** *f* leper; **2.** *adj* leprous.

leque *s m* fan.

ler (2l) *v/t e v/i* to read.

les|ão *s f* injury, wound; *corporal* defect; *cardíaca* cardiac defect; **~ar** (1c) *v/t* to hurt, to wound; *(danificar)* to damage.

leste *s m* east; orient; *(vento)* east wind; *estar a* **~** *fig.* to have no idea.

letal *adj* lethal, deadly.

letargia *s f med.* lethargy; *fig.* numbness; *(inactividade)* inactivity.

letárgico *adj* lethargic; *(sonolento)* drowsy; *(anestesiado)* numb; *(aca-*

brunhado) downcast; *(inactivo)* dull; *(indiferente)* apathetic.

letra *s f* letter, character; *(escrita)* writing; handwriting; *(inscrição)* inscription; *ópera, canções* lyrics; *teor.* literal meaning; *tip.* type; *econ.* bill (of exchange).

letreiro *s m* lettering; label; *(sinal)* placard.

leva *s f (largada)* departure; *(brigada)* troops; *(transporte)* transport; *(fornada) med.* phase; *(alistamento)* recruitment; *(convocação)* call.

levantlamento *s m* lifting *de uma proibição etc.; (revolta)* rebellion; *(elevação)* rise; *(inventário)* inventory; **~amento cénico** stage set; **~ar** (1a) **1.** *v/t* to to raise (up), to lift (up); *(erigir)* to build; *(puxar)* to heave; *a/c do chão* to pick up; *mapa* to survey; *dinheiro* to draw; *efeito* to cause, to bring about; **2.** *v/i* to rise; to clear *(tempo).*

levar (1c) *v/t* to take away; *(carregar)* to carry; *(trazer)* to bring; *(dirigir)* to lead; *caminho* to go.

leve 1. *adj* light; *(passageiro)* superficial; slight *(esperança);* **(ao) de ~** lightly; superficially; **nem (ao) de ~** not a scratch; not even close; **2.** *s m desp.* light-weight.

levedura *s f* leaven, ferment.

leveza *s f* lightness; *(inconstância)* fickleness.

leviano *adj* thoughtless; fickle; rash.

léxico *s m* lexicon; dictionary; *(vocabulário)* vocabulary.

libélula *s f* dragonfly.

liberlal 1. *adj* liberal; *(generoso)* generous, open-handed; *profissão* independent: freelance; **2.** *s m/f* liberal; **~alidade** *s f (generosidade)* generosity; **~alismo** *s m* liberalism; **~alização** *s f* liberalization; **~alizar** (1a) *v/t* to liberalize; **~dade** *s f* freedom; liberty; *(franqueza)* frankness; **~s** *pl* undue familiarities; **tomar a ~ de** to take the liberty to; **~ condicional** release on parole; **~ de circulação** free circulation.

libertlação *s f* liberation; deliverance; *jur.* acquittal; release *da prisão;* **~ar** (1c) *v/t* to free (from **de**); to release (from **de**); to deliver; **~inagem** *s f*

libertinism; **~ino 1.** *adj* dissolute; **2.** *s m* libertine, debauchee; **~o** *adj* free; released from slavery.

libra *s f medida, moeda:* pound.

libré *s f* livery; *fig.* attire; uniform.

libreto *s m* libretto.

lição *s f universidade* lecture; lesson; *(ensinadela)* reprimand; *(dever)* school-exercise, school-work.

licença *s f* licence; *(permissão)* permission; *(documento)* certificate; *caça* permit; *(férias)* on leave; *fig.* dissolution.

licencilado *s m,* **-a** *f* graduate, licentiate; **~ em medicina** graduated doctor; **~amento** *s m* licensing; *(permissão)* permission; **~ar** (1g) *v/t* to licence; to discharge; **~ar-se** *v/r* to take the degree of licentiate; **~atura** *s f* graduation, university degree.

liceu *s m* secondary school; high school.

licor *s m* liquor.

líder *s m* leader.

liderlança *s f* leadership; **~ar** (1c) *v/t* to lead; *desp.* to have the lead.

liga *s f* league, alliance; *metais* alloy.

liglação *s f* connection; junction; bond; *(nexo)* coherence; *c.f. elect., etc.* connection; **~ação à corrente** *rádio:* radio connection; **~adura** *s f med.* bandage; **~amento** *s m* ligament; *anat.* band of connective tissue; **~ar** (1o) *v/t* to bandage; *(atar)* to tie, to fasten; *pensamentos* to link; *elect.* to switch on, to turn on; *à canalização* to connect; *metais* to alloy; *motor* to start.

ligeirleza *f* lightness; swiftness; *(superficialidade)* fickleness; **~o** *adj* light; swift; *(destro)* nimble; *(passageiro)* superficial; *(descuidado)* light-minded.

lilás 1. *s m bot.* lilac; *cor* lilac; **2.** *adj* lilac, lilac-coloured.

lima *s f* **a)** file; **b)** *bot.* sweet lime; **~dura, ~gem** *s f* filing; **~lha** *f* filings.

limão *s m* lemon.

limar (1a) *v/t* to file; *fig.* to polish.

limiar *s m* threshold.

limitlação *s f* limitation; restriction; *(moderação)* reserve; **~ de preços** price control; **~ de velocidade** speed limit; **~ado** *adj* limited; **~ar**

(1a) *v/t* to restrict; to limit; to confine *(reduzir)* to reduce; *cigarros, etc.* to cut down on; **~ar com** to set bounds on; **~e** *s m* limit; border.

limo|al *s m* lemon orchard; **~eiro** *s m* lemon tree; **~nada** *s f* lemonade.

limpar (1a) *v/t* to clean (up); to wash; to sweep; *(mondar)* to prune; *(esvaziar)* to empty entirely.

limpa-|pára-brisas *s m (pl inv)* windshield wiper; **~-vidros** *s m (pl inv)* window wiper.

limpeza *s f* neatness; cleaning; *(depuração) pol.* purge; *(pureza)* honesty, purity.

limpidez *s f* brightness; limpidity; *(transparência)* transparence.

límpido *adj* clear; *(transparente)* transparent; *(puro)* pure; cloudless *céu*; clear *voz*.

limpo *adj* clean *(also fig.)*; neat; clear *consciência*; *(legal)* legal; *(isento)* free (of **de**); *céu* cloudless.

lince *s m* lynx.

lingote *s m* ingot.

língua *s f* tongue; *(idioma)* language; **~-mãe, ~ materna** mother tongue.

lingu|ado *s m* tip. copy of typewritten matter for a newspaper; *metal* blade; *zoo.* sole; **~agem** *s f* speech, style; diction; *(idioma)* language; **~eta** *s f* catch; click; *sapato* tongue; *de carga* pier ramp; *da chave* bolt; *téc.* shutter; **~ista** *s m/f* linguist; **~ístico** *adj* linguistic.

linha *s f* **a)** line; *(fila)* row; *tel.* line; *fig.* track; *(compostura)* posture; **~ de montagem** assembly line; **b)** thread; *(cordel)* string; **~ de pesca** fishing line; **~ de alinhavar** basting.

linh|aça *s f* linseed; **óleo de ~** linseed oil; **~o** *s m* flax; *(tecido)* linen.

liquid|ação *s f* liquidation; *econ.* clearance sale; settlement of debts; *fig.* extinction; **~ provisória (definitiva)** *econ.* advance (final) payment; **~ar** (1a) *v/t econ.* to liquidate; *factura, conta* to settle; *défice* to compensate; *empresa* to shut, to close; *armazém* to sell out; *fig.* to annihilate; *conflito* to settle; **~ável** *adj econ.* liquidable; **~ez** *s f* liquidness, liquidity.

líquido 1. *adj* liquid *(a. econ.)*; fluid; *econ.* net; *produto* ~ net returns; **2.** *s m* liquid.

lira *s f* **a)** lira *(moeda)*; **b)** *mús.* lyre.

líric|a *s f* lyric poetry; **~o 1.** *adj* lyric; *fig.* sentimental; **2.** *s m* lyric poet.

lisbo|eta 1. *adj* from Lisbon; **2.** *s m/f* native or inhabitant of Lisbon.

liso *adj* smooth, even; plane, flat; *(simples)* plain; *(honesto)* sincere.

lisonja *s f* flattery.

lista *s f* list; catalogue; *ementa* menu; *vinhos, bebidas* wine list; *(faixa)* stripe; **~ dos telefones** telephone directory; **~ geral** winners' list *(lotaria)*; **~gem** *f* listing.

liter|al *adj* literal; **~ário** *adj* literary; **~atura** *s f* literature.

litig|ante *s m/f* litigant; **~ar** (1o) *v/t e v/i* to litigate, to suit (at law); to bring action (against s.o.); *(disputar)* to argue, to quarrel.

litígio *s m* quarrel; lawsuit; **em ~** = *litigante*.

litigioso *adj* litigious.

litograf|ar (1b) *v/t* to lithograph; **~ia** *s f* lithography.

litoral 1. *s m* coastland; **2.** *adj* coastal.

litro *s m* liter.

lividez *s f* intense paleness.

lívido *adj* ashy, pale; *(descorado)* ashen.

livrar (1a) *v/t* to release, to liberate; **~ de** to free of; *(preservar)* to protect *(or* shield) from.

livraria *s f* bookstore; *(biblioteca)* library.

livre *adj* free; **(pontapé)** ~ *m* free-kick; **~-câmbio** *m* free trade.

livreiro *s m,* **-a** *f* bookseller; **~ editor** publisher.

livr|ete *s m* booklet; **~ de poupança** savings account book; *auto.* car documents; **~o** *s m* book.

lix|a *s f* sandpaper; *zoo.* dog-fish; **~ar** (1a) *v/t* to smooth, to polish; **~eira** *s f* garbage heap; **~eiro** *s m* garbage collector; dustman; **~s** *pl* garbage collection; **~ívia** *s f* lye; bleach; **~o** *s m* garbage; refuse, waste; *fig.* rabble; **recolha de ~o** garbage collection.

lobo *s m* wolf; **~ do mar** *fig.* sea-dog, experienced sailor.

lóbulo *s m anat.* ear-lap; little lobe.

locação *s f* lease; rent.

local 1. *adj* local; **anestesia ~** local anaesthesia; **2.** *s m* place, site; premises; *(localidade)* village; (small) town; **no próprio** ~ on the spot; **3.** *s f* = **-ais** *pl* local news; **~idade** *s f* village; **~ização** *s f* localization, location; **~izar** (1a) *v/t* to locate.

loção *s f med.* washing; lotion; ~ **para o rosto** face lotion; ~ **capilar** hair lotion.

locatário *s m* tenant.

locomotiva *s f* locomotive, train engine.

locutor *s m* speaker.

lodo *s m* mud; slime; dirt; **banho de** ~ mud bath.

loendro *s m* oleander.

logaritmo *s m* logarithm.

lógic|**a** *s f* logic; coherence; **erro de** ~ incoherence; faulty reasoning; **~o** *adj* logical.

logístic|**a** *s f* logistic; **~o** *adj* logistic(al).

logo 1. *adv* immediately, at once; *(depois)* later on; *(em breve)* soon; **2.** *cj (portanto)* therefore, so; **até ~!** so long! see you later.

logr|**adoiro** *s m* public park; playground; **~o** *s m (usufruto)* fruition, possession; *(engano)* cheat, swindle.

loiro 1. *adj* blond; **2.** *s m* laurel.

loiça *s f* dishware, chinaware; **lava-~** kitchen basin.

loja *s f* shop; store.

lombo *s m* loin; back (of an animal); *monte* moutain-ridge; *livro* back of a book, spine; ~ **de porco (assado)** (roast) pork roast.

lona *s f* canvas, sailcloth.

longe 1. *adv* far; = **ao** ~ far off; **de** ~ from afar; *fig.* by far; **2.** *m* **~s** *pl* distance(s) *(pl); pint.* background; *fig.* remote likeness; *(vestígios)* traces; **3.** *adj* remote, far away; **~s terras** *pl* distant lands.

long|**evidade** *s f* longevity; **~ínquo** *adj* far-away, distant.

longitude *s f geo.* longitude.

longo *adj* long, lengthy; *(longínquo)* far-away; **ao** ~ **de** along; *temp.* during.

lontra *s f zoo.* otter.

losango *s m mat.* lozenge.

lot|**ação** *s f* estimate; *(divisão)* allotment; *(lugares)* capacity of a theater; *mar.* tonnage; **~aria** *s f* lottery; **~e** *s m (cautela)* ticket; *(parte)* lot, share;

mercadoria item; *terreno* lot; *mar.* tonnage; **~o** *s m* Lotto.

louc|**o** *adj* mad, crazy, insane, lunatic; **~ura** *s f* madness, insanity, craziness; *(maluquice)* foolishness.

louv|**ar** (1a) *v/t* to laud, to praise; *(enaltecer)* to praise; *(estimar)* to value; **~ável** *adj* commendable; **~or** *s m* praise; *(glorificação)* glorification.

lua *s f* moon; ~ **cheia (nova)** full (new) moon; **~-de-mel** honeymoon; **~r** *s m* moonshine, moonlight.

lubrific|**ação** *s f* lubrification; **~ante 1.** *adj* lubricating; **2.** *s m* lubricant; **~ar** (1n) *v/t* to lubricate; to grease.

lucidez *s f* lucidity, clearheadedness; *(nitidez)* perceptibility.

lúcido *adj* clearheaded; *(claro)* clear; *(brilhante)* bright.

lucr|**ar** *v/t e v/i* to profit; to benefit; *(ganhar)* to gain (from **com**); *(aproveitar)* to take advantage of; *v/i* **~ar com** to benefit from; **~ativo** *adj* profitable; *(vantajoso)* advantageous; **~o** *s m* gain, profit; *(rendimento)* proceeds *pl*, returns *pl; (proveito)* advantage.

lufada *s f* gust of wind.

lugar *s m* place; site; *(sítio)* place, spot; *(posição)* position, employment; *(localidade)* village; **~-comum** commonplace; **dar** ~ **a** *fig.* to give place to; *(possibilitar)* to cause.

lúgubre *adj* dreadful; *(sombrio)* gloomy; mournful.

lula *s f* squid.

lume *s m* fire; *(luz)* light.

lumin|**escência** *s f* luminescence; **~osidade** *s f* luminosity; *(claridade)* light, brightness; **~oso** *adj* shining, bright; *(claro)* light.

lun|**ar 1.** *adj* lunar; **2.** *s m* birthmark; **~ático** *adj* moonstruck; lunatic; *fig.* peculiar; **~eta** *s f* field-glass.

lúpulo *s m* hop.

lusitano 1. *adj* Portuguese; Lusitanian; **2.** *s m, -a f* Portuguese; Lusitanian.

luso *adj* Portuguese.

lustr|**e** *s m* gloss, shine; *(fama)* fame, reputation; *(candeeiro)* chandelier; **dar** ~ **a** to polish; **~oso** *adj* shining, glossy.

luta *s f* fight, combat; struggle; conflict.

lut|ador *s m,* **-a** *f* fighter; wrestler; **~ar** (1a) *v/i* to fight, to wrestle; to struggle; *(brigar)* to quarrel.

luterano *adj* lutheran.

luto *s m* mourning; mourning dress.

luva *s f* glove; *téc.* pipe coupling; *(manga)* socket.

lux|ação *s f,* **~amento** *s m med.* dislocation; **~ar** (1a) *v/t med.* to dislocate sth.

lux|o *s m* luxury; expenditure; **~uoso** *adj* luxurious; *(caro)* expensive; *(opulento)* sumptuous; **~úria** *s f* luxuriance, exuberance; *(lascívia)* lasciviousness; *(impudícia)* shamelessness; *(libertinagem)* libertinism.

luz 1. *s f* light; *meia ~* dusk; *~ traseira* tail-light; **2. -es** *pl fig.* knowledge; notions; *(cultura)* education, culture; *século das ~es* age of enlightenment; **~ente** *adj* shining

luzi|dio *adj* bright, glittering; **~r** (3m) *v/i* to shine; to gleam; *(desenvolver-se)* to develop o.s.

M

maca *s f* stretcher; litter; *mar.* hammock.

maçã *s f* apple; *~ do rosto* cheekbone; *~-de-adão* Adam's apple.

macabro *adj* ghastly; macabre; *dança s f -a* dance of death.

macaco 1. *s m* monkey; ape; *auto.* jack; *fato- m ~ Br.* overalls *pl, Am.* coveralls *pl;* **2.** *adj (sabido)* cunning; *(feio)* ugly.

maçada *s f (aborrecimento)* bore; drudgery.

maçador 1. *adj* boring; tiresome; **2.** *s m* bore.

maçaneta *s f* knob; *porta:* doorknob, door handle; *sela:* pommel.

maçar (1p) *v/t (aborrecer)* to bore, to pester; *(esmagar)* to pound, to beat; *(embater)* to ram.

macarrão *s m* pasta; spaghetti.

machad|a *s f* hatchet, chopper; **~ada** *s f* blow with an axe; **~o** *s m Br.* axe, *Am.* ax.

macho 1. *s m animal:* male; mule; *(ilhó)* hook; *torneira:* tap, plug; *(saia)* pleat; *téc.* screw tap; **2.** *adj* male; *fig.* virile, manly.

maciço 1. *adj* massive; *(cerrado)* thick; *(sólido)* solid, compact; *(de peso)* weighty; **2.** *s m* massif; *floresta:* dense forest.

macieira *s f* apple tree.

macio *adj* soft, *(liso)* smooth; *(suave)* soft, supple; *(brando)* mild.

maço *s m* mallet; *~ de calceteiro s m* ram; *papel:* bundle; *cartas:* deck; *cigarros:* pack.

má-criação *s f* rudeness; bad manners; *(desaforo)* impertinence, impudence.

maçudo *adj fig.* difficult; *(cansativo)* boring, tedious; weary.

mácula *s f* stain; *fig.* blemish, dishonour.

madeira 1. *s f* wood; timber, lumber; *~ contraplacada* plywood; **2.** *s m (vinho)* Madeira.

madeir|amento *s m* timberwork; *(vigamento)* framework; *telhado:* woodwork; **~ense** *s m/f, adj* Madeiran; **~o** *s m* log, block of wood; beam.

madeixa *s f* lock; strand *(of hair).*

madrasta 1. *s f* stepmother; **2.** *adj* unloving.

madre *s f* nun; mother superior; **~pérola** *s f* mother of pearl.

madrinha *s f baptismo:* godmother; *casamento:* witness.

madrugada *s f* dawn; early morning.

maduro *adj* ripe; *(sensato)* prudent, sensible.

mãe *s f* mother; *fig.* source, origin.

maestro *s m mús.* conductor; maestro.

magia *s f* magic.

mágica *s f truque* magic trick; magic.

mágico 1. *s m* magician; **2.** *adj* magic.

magistério *s m* teaching; teaching profession.

magistr|ado *s m* magistrate; judge; **~atura** *s f* magistracy.

magn|ésia *s f* magnesia; **~ésio** *s m* magnesium; **~ete** *s m* magnet; **~éti-co** *adj* magnetic; **agulha** *s f* **-a** magnetic needle.

magnífico *adj* excellent, wonderful; *(sumptuoso)* magnificent.

mago *s m*, **-a** *f* magician.

mágoa *s f fig.* sorrow, grief.

mago|ado *adj* hurt; *fig.* hurt, sad, offended; **~ar** (1f) *v/t* to hurt; to bruise; *fig.* to upset, to sadden; *(ofender)* to offend.

magr|eza *s f* thinness, slimness; **~o** *adj* thin, slim; *dia* ~ fasting day.

Maio *s m* May.

maionese *s f* mayonnaise.

maior 1. *adj comp* bigger; greater; *(mais velho)* older; *sup* biggest; greatest; **2.** *s m/f* adult, grownup.

maior|ia *s f* majority; *a* ~ *de* most of; *em* ~ in majority; **~idade** *s f* adulthood; **~itário** *adj* (be) in a majority; *sistema ~itário* majority votes system.

mais 1. *adv* more (*do que* than); most; *para* ~ *(para além disso)* besides, moreover; *(de preferência)* preferentially, rather; *mat.* plus; ~ *a/c (alg)* anything (anyone) else; **2.** *concessivo:* *por* ~ *que trabalhe* however much I work; *por* ~ *difícil que seja* however difficult it is; **3.** *para formação do comparativo:* **a)** *comparativo:* ~ *adj*, ~ *adv* *ele é* ~ *alto (do) que ela* he is taller than she (her); *ela é* ~ *bonita (do) que inteligente* she is pretty rather than intelligent; *o* ~ *velho dos dois* the older of the two; *ele tem* ~ *juízo do que tu* he is more sensible than you; **b)** *superlativo:* a) *predicativo:* *ele é quem trabalha* ~ *(~ depressa)* he works the most (the quickest); b) *atributivo:* *o homem* ~ *velho do mundo* the oldest man in the world; **4.** *s m* **o** ~ the rest; **o(s)** ~ *de* the most; **5.** *adj os* ~ *navios* the remaining ships.

maiúscul|a *s f* capital letter; **~o** *adj* capital.

majest|ade *s m/f* majesty; *(alteza)* highness; **~oso** *adj* majestic.

major *s m mil.* major.

mal 1. *adv* badly; *(errado)* wrong, wrongly; *(quase não)* hardly; **2.** *cj* hardly; as soon as; **3.** *s m* harm; evil; *(prejuízo)* damage; *(sofrimento)* pain; *(doença)* illness; *(infelicidade)* misfortune.

mala *s f* suitcase; ~ *de mão* handbag; ~ *do correio* mail bag; *auto. Br.* boot, *Am.* trunk.

maland|rice *s f* cheating, swindling; **~ro** *s m (gatuno)* crook; *(preguiçoso)* idler; F sly customer.

malar 1. *adj osso m* ~ = **2.** *s m* cheekbone.

malária *s f* malaria.

malcriado 1. *adj* rude, impolite; **2.** *s m* slob.

mald|ade *s f* wickedness; malice; *(baixeza)* inequity; cruelty; *(de crianças)* naughtiness; **~ição** *s f* curse; **~ito** *adj* damned; cursed; **~izer** (2x) to curse, to swear.

male|abilidade *s f* malleability; flexibility; **~ável** *adj* malleable; flexible; pliant.

maledicência *s f* slander; *(má-língua)* gossip.

malefício *s m* harm; damage.

maléfico *adj* harmful; damaging; *(pernicioso)* pernicious.

malevolência *s f* malice; spite.

malfeitor *s m* evil-doer, wrong-doer.

malha *s f* mesh; *fig.* net; ~ *caída* run, ladder; **~s** *f pl*, *artigos m pl de* ~ knitwear.

malh|ado *adj cavalo* spotted; speckled; **~ar** *v/t grão* to thresh; *ferro* to hammer, to forge; *fig.* to run down, to scorn; **~o** *s m* mallet; sledgehammer; ~ *de calceteiro* rammer.

mal|ícia *s f* malice; slyness; **~icioso** malicious; *(astucioso)* sly.

maligno *med. adj* malignant; evil, harmful.

malogro *s m* failure; frustration.

malta *s f* rabble, riffraff; gang; F group, gang.

malte *s f* malt.

maltra|pilho 1. *adj* ragged, shabby; **2.** *s m* ragamuffin, bum; **~tar** (1b) *v/t (brutalizar)* to ill-treat; to mishandle; to abuse; to treat badly.

malu|co 1. *adj* crazy, nutty, daft; **2.** *s m*, **-a** *s f* fool, madman/woman;

~queira *s f* crazyness, madness; **~quice** *s f* crazy thing; *(disparate)* nonsense.

malvad|ez *s f (perfídia)* vileness, malice; *(maldade)* wickedness, meanness; **~o 1.** *adj (pérfido)* vile, malicious; *(mau)* wicked, mean; **2.** *s m*, **-a** *f* villain.

mama *s f* breast; *vaca:* udder; *(teta)* teat; *(leite)* (mother's) milk; *criança s f de ~* baby.

mamífero *s m* mammal; *adj* mammiferous, mammalian.

mamilo *s m* nipple; *(teta)* teat.

mamute *s m* mammoth.

mana *s f* F sister.

manada *s f* herd.

manancial 1. *s m* spring; *fig.* source, origin; *(maré)* high tide; **2.** *adj* inexhaustible.

manch|a *s f* stain; spot; *(defeito)* blemish; **~ado** *adj* stained; spotted; **~ar** (1a) *v/t* to stain *(tb. fig.);* *(sujar)* to soil; to dirty; *fig.* to dishonour, to discredit.

mand|ado *s m* instruction, order; **~ de prisão** arrest warrant; **~ de segurança** injunction; **~amento** *s m* order; *mil.* command; *os dez ~s* the ten commandments; **~ante** *s m/f jur.* client; **~ar** (1a) *v/t e v/i* to order; to command; *(governar)* to rule; to be in charge; *(dirigir)* to lead; to run; *(enviar)* to send; to dispatch; *(lançar)* to throw; **~atário/a** *s m/f* delegate, representative; **~ato** *s m* mandate; brief.

mandíbula *s f* jaw, jawbone *(maxilar)* maxillary; *insecto:* pincers *pl; téc.* pliers *pl.*

mandri|lão 1. *adj* lazy; **2.** *s m*, **-ona** *s f* idler, sluggard, F lazybones; **~ar** (1g) to idle, to loaf (about).

maneira *s f* way; *(modo)* way, manner; *(possibilidade)* way, possibility; **~s** *pl* manners *pl.*

maneir|ismo *s m estilo* mannerism; style; **~o** *adj (jeitoso)* handy; *(cómodo)* comfortable; *(pássaro)* tame.

manej|ar (1d) *v/t* to handle; *dispositivo* use, manipulate; *(saber tratar com)* to deal with; to manage; *barco* to steer; **~ável** *adj* manageable, workable; *(dirigível)* steerable; = *maneável;* **~o** *s m* handling; *(comando)* operation; *(tratamento)* handling; *(conduta)* conduct; *(direcção)* directing; **~os** *pl fig.* intrigues *pl;* *(truques)* tricks *pl.*

manequim *s m/f* dummy; *(modelo)* model.

manga *s f* **a)** sleeve; *candeeiro* lampchimney; *téc.* sleeve; **~ de água** water spout; *dar pano para ~s* to offer chances; **b)** *bot.* mango.

mangueira *s f* (water) hose.

manha *s f* trick; craftiness; *(astúcia)* slyness; **~s** *pl* tricks *pl.*

manhã *s f* morning; *de ~, pela ~* in the morning.

manhoso *adj* crafty, sly; *(traiçoeiro)* foxy, cunning; shrewd; *(delicado)* delicate, ticklish.

mania *s f med.* mania; *fig.* whim, obsession; craze; fixed idea; *(capricho, fantasia)* fancy; *(vício)* vice, passion.

maníaco/a 1. *s m/f med.* maniac; **2.** *adj* manic; *fig.* obsessed; **~ por** possessed by, obsessed with.

manicómio *s m* mental hospital; F loon bin.

manicura *s f* manicurist.

manifest|ação *s f* expression, display; *(comício, pol.)* demonstration; **~ante** *s m/f* demonstrator; **~ar** (1c) *v/t* to show; to display; *(expressar)* to express; *(depor)* to state; **~o 1.** *adj* obvious, clear; *(evidente)* evident; **2.** *s m* manifesto.

manilha *s f* **a)** *mão* bracelet; *pé* foot ring; *canalização* drain pipe; *corrente* link; **b)** a type of tobacco; **c)** the seven in a deck of cards in certain games.

manipul|ação *s f (manejo)* handling; *fig.* manipulation; *(produção)* production, manufacture; **~ar** (1a) *v/t* to manipulate; to handle; *(utilizar)* to handle, to operate; to organize; *(produzir)* to produce; **~ável** *adj* manoeuverable.

manivela *s f* handle, crank; **~ de comando** gear level.

manjar *s m* delicacy, choice morcel.

mano *s m* F brother.

manobr|a *s f mar., mil.* manoeuvre; *cf.* shunting; *fig.* machination, trick; *téc.* control; gear change; **~ar** (1e) *v/i* to manoeuver; to operate; *cf.* to shunt; *v/t* to steer; *fig.* F to manage.

manómetro *s m* manometer, pressure gauge.

mans|ão *s f (habitação)* mansion; manor house; **~arda** *s f* attic.

manso *adj* gentle; quiet *(suave);* even-tempered, docile *(carácter);* tame *(animal);* cultivated *(planta);* still *(água).*

manta *s f* blanket; **~ de viagem** travelling rug.

manteiga *s f* butter; **dar** ~ *fig.* to butter up, to lick.

manter (2zb) *v/t família* to support; to keep; *princípios, opinião* to uphold; *contacto* to keep up.

mantilha *s f* mantilla.

mantimento *s m (alimento)* food, provisions; *(manutenção, conservação)* maintainance; **~s** *pl* food.

manto *s m* mantel, cloak; robe.

manual 1. *adj* manual; *(feito à mão)* hand made; **2.** *s m* handbook; textbook.

manufactura *s f* manufacture; *(fábrica) Br.* factory, *Am.* plant; *(produto)* factory goods; *(produção)* production.

manuscrito 1. *adj* handwritten; **2.** *s m* manuscrit, scroll.

manutenção *s f* maintenance; upkeep; *(sustento)* support; *(administração)* management, administration; *téc.* maintenance, servicing; *mil.* bakery.

mão(s) *s f (pl)* hand; *medida:* handful; *animal* paw; *pássaro* claw; *(pilão)* pestle; *(ferramenta)* handle; *(camada)* coat; *(auxílio)* hand, help; *(poder)* authority, influence; *jogo de cartas:* lead; *(direcção)* flow; **~ única** one-way (street); **à ~ direita (esquerda)** on the right (left) side; **em primeira (segunda)** ~ first-(second)-hand; **~-de-obra** *s f* labour.

maometano 1. *adj* Mohammedan; **2.** *s m,* **-a** *f* Mahometan.

mapa *s m* map; **~ das estradas** road-map.

maple *s m* armchair, clubchair.

maquil|hagem *s f* make-up; **~ar** *v/t e v/i* to make up.

máquina *s f* machine; *(aparelho)* appliance; *c. f.* engine; **~ de barbear** razor; **~ de costura** sewing machine; **~ de escrever** typewriter; **~**

fotográfica camera; **~ automática de cigarros** cigarette machine; **à ~** typewritten.

maquin|ador *s m* plotter, schemer; *(autor)* author; **~al** *adj* mechanical; *(involuntário)* unconscious; **~aria** *s f* machinery; **~ismo** *s m* mechanism; *tea.* stage machinery; **~ista** *s m/f* mechanical engineer; *c. f.* engine driver.

mar *s m* sea.

maratona *s f* marathon.

maravilh|a *s f* wonder; marvel; **às mil ~s** wonderfully; **~oso** *adj* wonderful, marvellous.

marc|a *s f* mark; *(marcação)* marking; *(carimbo)* stamp; *(rubrica)* signature; *(fabrico)* brand, make; *(sinal)* mark; *(vestígio)* trace; *(cicatriz)* scar; *(limite)* limit; **~ação** *s f* marking; *(rótulo)* labelling; *tea.* booking *(de lugares);* jogo de azar stake; *entrada* entry.

marcar (1n) *v/t* to mark; *(rotular)* to label; *passagem em livro* to mark; *lugar* to book, to reserve; *tel.* to dial; *jogo* to mark; *prata, etc.* to stamp; *prazo, itinerário* to set, to fix; *hora* to make an appointement; *desporto: golo* to score; *compasso* to beat the time.

marcen|aria *s f* joinery; **~eiro** *s m* joiner.

marcha *s f* march, marching *(tb. fig.);* *téc.* running; *mil. e mús.* march; *c. f.* velocity; movement; course; *(desenvolvimento)* progress.

marchar (1b) *v/i* to march, to go, to walk; to run, to work *(máquina);* to move *(estrelas);* to be in progress *(desenvolver-se).*

marco *s m* **a)** milestone; boundary, limit; **~ postal** *Br.* pillar box, post box, *Am* mail box; **b)** *moeda* mark.

Março *s m* March.

maré *s f* tide; *fig.* chance, opportunity; **~ alta** high tide; **~ baixa** low tide; **~ enchente** flood; **~ vazante** ebb (tide); **~ negra** oil spill.

marechal *s m* marshal; **~ de campo** field-marshal.

mare|jar (1d) *v/i* to be permeable; *(gotejar)* to drip; **~moto** *s m* seaquake.

marfim *s m* ivory.

margari|da *s f bot.* daisy; **~na** *s f* margarine.

margem *s f* edge; *rio* bank; margin; *téc.* area, sphere; *fig.* chance, possibility; *(ocasião)* occasion.

marginal 1. *adj* marginal; **2.** *s m/f* outsider; **~idade** *s f* delinquency; **~ização** *s f* marginal note; **~izado** *s m,* **-a** *f* outsider; **~izar** (1a) *v/t* to marginalize; to segregate.

marido *s m* husband.

marinha *s f* navy; *mercante* merchant navy; *(salina)* saline, salt-works; *pint.* seascape.

marinhar (1a) *v/t barco* to man, to steer; *v/i* to be a sailor; **~eiro** *s m* sailor, seaman; **~o** *adj* marine; related to the sea.

mariscos *s m pl* shellfish, seafood.

marital *adj* marital.

marítimo 1. *adj* maritime; marine.

marketing *s m* marketing.

marmelada *s f* quince jam.

marmita *s f* marmite; metal pot; *mil.* mess tin.

mármore *s m* marble.

maroto/a 1. *s m/f* rascal; naughty child; **2.** *adj* naughty; *(manhoso)* sly.

marquês *s m* marquis; **~esa** *s f* marchioness; **~ise** *s f (toldo)* canopy; marquee; *(varanda)* glass balcony.

marta *s f* marten.

Marte *s m* Mars.

martelada *s f* hammer blow; **~ar** (1c) *v/i* to hammer; *fig.* to hammer on sth.; *(assediar)* to keep on about sth., to assail; *(moer)* to bother; **~o** *s m* hammer; **~ pilão** steam hammer; *(peixe)* **~** hammerfish; **a ~o** *fig.* by force.

mártir *s m/f* martyr.

martírio *s m* martyrdom; torment; **~tirizar** (1a) *v/t* to torment; to martyr.

marxismo *s m* marxism; **~sta** *adj, s m/f* marxist.

mas *cj.* but.

máscara *s f* mask; *largar ou tirar a* **~** to take off the mask.

masculino *adj* masculine; male.

másculo *adj* masculine, manly.

masmorra *s f* dungeon.

massa *s f* mass *(tb. porção); tomate* paste; *téc.* cement; *cul.* dough; *(esparguete)* spaghetti; F *(dinheiro)* dough; **~s** *f pl alimentícias* pasta; *turismo de* **~s** mass tourism.

massacrar (1b) *v/t* to massacre; to annoy; **~e** *s m* massacre; slaughter; *fig.* annoyance.

massagem *s f* massage; *dar* **~ a** to do a massage to; **~ista** *s m/f* masseur/ /masseuse.

mastigação *s f* chewing; **~ar** (1o) *v/t* to chew; *fig.* to think over; *fig. (murmurar)* to mumble, to mutter.

mastro *s m* mast; *(bandeira)* flagpole; **~ grande** mainmast; **~ do traquete, ~ da proa** foremast; **~ da mezena** mizen mast.

masturbação *s f* masturbation.

mata *s f* small wood, copse.

matadoiro *s m* slaughterhouse.

matagal *s m* thicket, brushwood; *(selva)* jungle.

matança *s f* massacre; slaughter; *porco* butchering of the pig.

matar *(pp morto)* (1b) *v/t* to kill; to murder; *gado* to butcher, to slaughter; *caça* to shoot; *tempo* to kill; *fome, etc.* to satisfy, to quench.

mate 1. *s m* **a)** *xadrez:* checkmate; **b)** *(chá)* maté; **2.** *adj* dull, dim.

matemática(s) *s f (pl)* mathematics, F maths; **~o/a** *s m/f* mathematician; *adj* mathematical.

matéria *s f* matter; stuff, material; *quím.* preparation; *(tema)* topic, subject; **~-prima** raw material.

material 1. *adj* material; physical; *(significado)* relevant; *(defeito)* functional; **2.** *s m* material; equipment; *(tecido)* fabric.

materialismo *s m* materialism; **~ista 1.** *adj* materialistic; **2.** *s m/f* materialist; **~ização** *s f* embodiment, personification; **~izar** (1a) *v/t* to materialize; *(representar)* to embody; to portray.

maternal *adj* motherly; maternal; **~o** = *maternal; avô* **~** maternal grandfather.

matilha *s f cães:* pack; *fig.* mob, rabble.

matinal *adj* morning; matinal; **~é** *s f* matinée.

matiz *s f (tonalidade)* shade, tone, hue; nuance; colouring; *(brilho)* glaze; **~ado** *adj* tinged; multicoloured; *(reluzente)* opalescent.

mato *s m* bush; brushwood.

matricídio *s m* matricide.

matrícula *s f* registration; *universidade Br.* enrolment, *Am.* enrollment; *mil.* muster roll; *auto. Br.* registration number, *Am.* license number.

matricular (1a) *v/t,* **~-se** *vr* to register; *universidade Br.* to enrol, *Am.* to enroll.

matrimónio *s m instituição* marriage; *acto* wedding.

matriz 1. *s f* matrix; *anat.* womb; *téc.* stencil; *poét.* source; **~ predial** register of real estate, cadastre; **2.** *adj* original; principal.

matutino 1. *adj* morning; *(cedo)* early; **2.** *s m* morning paper.

mau 1. *adj* (*f* **má**) bad; evil; mean; *(ruim)* nasty, wicked; *(desagradável)* unpleasant; *moralmente:* evil; *criança* naughty; **2.** *s m* bad, evil; bad character.

maxila *s f* jawbone; **~ inferior (superior)** lower (upper) jawbone; **~ar** *s m* jawbone.

máxima *s f* saying; *(axioma)* axiom, maxim; **~o 1.** *adj* greatest; maximum; highest; best; **2.** *s m* maximum; **ao ~** to the utmost, to the highest degree; = **no ~;** **~s** *pl auto. Br.* main beam, *Am.* high beam.

meação *s f* halving; division between two owners; **~ do lugar de trabalho** job sharing.

meada *s f* skein; coil.

mealheiro *s m* moneybox; F piggy bank.

mecânica *s f* mechanics *sg; (mecanismo)* mechanism; **~a de precisão** precision mechanics; **~o 1.** *adj* mechanical; **2.** *s m,* **-a** *f,* mechanic; **serralheiro- ~** engine fitter.

mecanismo *s m* mechanism; *(maquinaria)* machinery; *(engrenagem)* gears; *(dispositivo)* device, gadget; **~ização** *s f* mechanization; **~izar** (1a) *v/t* to mechanize.

mecha *s f enxofre:* sulphurized paper; *(pavio)* wick; *(rastilho)* lunt; *cabelo* strand; *téc.* tenon; pin.

medalha *s f* medal.

media *s m pl* the media.

média *s f* average; **acima da ~** above average.

mediação *s f* mediation; **~ação de emprego** employment agency;

~ador 1. *adj* mediatory; arbitrating; **2.** *s m,* **-a** *f* mediator, intermediary.

medicamento *s m* medicine; medication; **~camentoso** *adj* medicinal.

medicar (1n) *v/t e v/i* to prescribe medicine; *(tratar)* to treat, to administer medicine; **~cina** *s f* medicine; **~cina legal** forensic medicine; **~cinal** *adj* medicinal.

médico 1. *s m,* **-a** *f* doctor; physician; **~-especialista** specialist; **2.** *adj* medical; medicinal.

medida *s f* measure *(tb. fig.); (bitola)* standard *(tb. fig.); (providência)* steps; *(medição)* measurement; *vestido, etc.:* size; **tomar ~s** to take steps; **à ~ de** in proportion to; **à ~ que** as, while; **sem ~** immoderate.

medieval *adj* medieval.

médio 1. *adj* mean, average; medium; **classe** *s f* **-a** middle class; **2.** *s m futebol:* halfback; **~s** *pl auto. Br.* dipped *(Am.* dimmed) headlights.

medíocre *adj* mediocre, commonplace.

medir (3r) *v/t* to measure; *(calcular)* to estimate, to judge; to realize; *(avaliar)* to weigh (up).

meditar (1a) *v/i (reflectir)* to think over; to ponder; to meditate.

mediterrâneo *adj* Mediterranean; **o (Mar)** ♀ the Mediterranean; **clima ~** Mediterranean climate.

medo *s m* fear (**de** of); **a ~** timidly, shyly; **com ~** afraid (of).

medroso *adj* frightened; timid.

medula *s f* marrow.

meia *s f* stocking; **~ curta** sock; **fazer ~** to knit; **~-noite** *s f* midnight; **~s-calças** *s f pl Br.* tights, *Am.* panty hose.

meigo *adj* tender, sweet.

meio 1. *adj* half; **um e ~, uma e ~** one and a half; **dois (três) e ~** two (three) and a half; **-a hora** half an hour; **-a pensão** half pension; **2.** *adv* half; almost; **3.** *s m* middle; *(auxílio)* means; expedient; *(instrumento)* tool; *(maneira)* way; **~ ambiente** environment; **protecção do ~ ambiente** protection of the environment; **4.** **~s** *pl* means; resources; *(fortuna)* wealth.

mel *s m* honey.

melancia *s f* watermelon.

melanc|olia *s f* melancholy; *(tristeza)* sadness; **~ólico** *adj* sad, melancholic, gloomy, low-spirited.

melão *s m* melon.

melhor 1. *adj* **a)** *comp* better; **levar a ~** to get the better of; **~ dizendo** that is; **b)** *sup* (the) best; **2.** *adv comp.* better; *sup* the best; **3.** the best; **(fazer) o ~ possível** (to do) one's best; **4.** *int* **tanto ~!** so much the better! **~a** *s f* improvement; recovery.

melhor|amento *s m* improvement; **~ar** (1e) *v/t* to improve; to make better; *(refazer)* to perfect; *v/i* to improve, to get better; **~ia** *saúde:* improvement; *(vantagem)* advance, superiority.

melindr|ar (1a) *v/t* to offend, to hurt; **~e** *s m* susceptibility; sensitivity; *bot.* asparagus.

meloa *s f* small, round melon.

melo|dia *s f* melody; tune; **~dioso** *adj* melodic; *fig.* melodious, sweet.

melro *s m zoo.* blackbird.

membrana *s f* membrane.

membro *s m (corpo)* limb; *(sócio)* member.

memorável *adj* memorable; unforgetable.

memória *s f* memory; *(recordação, lembrança)* memory; *(monumento)* monument; *(registo)* register, record; *(apontamento)* note; *(relatório)* report; *(memorial)* memorial; *inform* memory.

men|ção *s f* mention, reference; **~cionar** *v/t* to mention, to make reference to.

mendi|gar (1o) *v/t* to beg for; *v/i* to beg; **~go** *s m, -a f* beggar.

menina *s f* girl; **~ do olho** pupil; *fig.* the apple of one's eye.

menin|ge *s f* meninge; **~gite** *s f* meningitis.

menin|ice *s f* chilhood; *(infantilidade)* childishness; **~o** *s m* boy.

menisco *s m* meniscus.

menopausa *s f* menopause.

menor 1. *adj comp tamanho:* smaller; *número, valor:* lower, less; *importância:* less; *idade:* younger; *jur.* under age; **2.** *s* minor; **~idade** *s f* minority, under age state; *fig.* unimportant thing.

menos 1. *adv* less; *pl* fewer; **2.** *prep* except; **tudo, ~ isso** anything but that; **3.** *s m* the least; **ao ~, pelo ~** at least; **~prezar** (1c) *v/t* to despise, to look down on; **~prezo** *s m* disdain, contempt, scorn.

mensag|eiro *s m*, **-a** *f* messenger; *(proclamador)* announcer; **~em** *s f* message.

mens|al *adj* monthly; **rendimento ~** monthly income; **~alidade** *s f (quantia)* monthly allowance; *(ordenado)* monthly payment; **pagamento *s m* em ~alidades** monthly instalments.

menstruação *s f* period, menstruation.

mental *adj* mental; spiritual; **cálculo** *s m* **~** mental calculation; **~idade** *s f* mentality; *(modo de pensar)* mental attitude, way of thinking.

mente *s f* mind; *(espírito)* spirit; *(sentido)* sense; *(intenção)* intention, intent, purpose.

ment|ir (3e) *v/i* to lie; *(enganar)* to deceive; **~ a** to lie to; to tell lies to; *(intrujar)* to cheat, to deceive; **~ira** *s f* lie; falseness; **parece ~!** unbelievable!; incredible!; **~iroso 1.** *adj* lying, deceitful, *s m* liar; **2.** *s m*, **-a f** lie.

merc|ado *s m* market *(tb. econ.);* **~ da CEE** Common Market; **~ Interno** home market; **~ador** *s m* merchant, trader; **fazer ouvidos de ~ador** to turn a deaf ear; **~adoria** *s f* commodities; ware; goods *pl;* **~ante** *adj* merchant; **~antil** *adj* mercantile; *(comercial)* commercial; *(bom negociante)* business minded; **~antilismo** *s m* mercantilism.

merce|aria *s f* grocer's, *Am.* grocery; **~eiro** *s m* grocer.

mercúrio *s m* mercury, quicksilver.

merda V *s f* shit.

merec|er (2g) *v/t* to deserve; to merit; *v/i* to be worthy; **~ido** *adj* deserved, just; **~imento** *s m* merit.

merend|a *s f* packed lunch; *(refeição ligeira)* snack; **~ar** *v/i* to have a snack.

merengue *s m* meringue.

mergulh|ador *s m*, **-a** *f* diver, **~ão** *zoo.* diving goose; **~ar** (1a) *v/i* to dive; to plunge; to dip; **~o** *s m* dive; dip; plunge; *aer.* nose-dive.

meridi|ano 1. *s m* meridian; **2.** *adj* meridian; **~onal 1.** *s m/f* inhabitant of the south; **2.** *adj* southern.

mérito *s m* merit; *(valor)* worth.

mês *s m* month; *(mesada)* monthly allowance; pocket money; **ao ~** monthly.

mesa *s f* table; *banquete:* dinner table; *(comissão)* board; *(presidência)* chairmanship, presidency; *jogo:* stake; **~-de-cabeceira** *s f* bedside table.

mesm|a *s f:* **na ~** all the same; *(apesar de)* in spite of; **deixar ficar (estar** *ou* **continuar, manter-se) na ~** to be just the same, to leave things as they are; **~o/a 1.** *adj* same, equal; **ele ~** he himself; **2.** *s m* **o ~ que** the same as; **(ir** *ou* **vir a) dar ao (no) ~** to be all the same, to come to the same thing; **3.** *adv* exactly; *(até)* even; right *(ao lado, etc.).*

mesquinh|aria, -ez *s f* meanness; pettiness; *(pobreza)* scantiness; *(avareza)* stinginess; **~o** mean, petty; *(reles)* shabby; *(pobre)* scant; *(avarento)* stingy, skimpy.

messe *s f* **a) ~ dos oficiais** officer's mess; **b)** crop, harvest.

mestiço 1. *s m, -a f* half-caste, half-blood; *(animal)* half-breed; **2.** *adj* of mixed race; *(animal)* crossbred; mongrel.

mestr|e *s m, -a f* master/mistress; *(professor/a)* teacher; *mil.* officer; *barco:* skipper, boatswain; **2.** *adj* master, main; **~e-de-obras** *s m* master builder, foreman.

meta *s f* finishing line *ou* post; *objectivo:* goal, aim.

metade *s f* half.

metafísic|a *s f* metaphysics *sg;* **~o** *adj* metaphysical; transcendental; *(sobrenatural)* supernatural.

metáfora *s f* metaphor.

metafórico *adj* metaphorical; figurative.

metal *s m* metal.

metálico *adj* metallic.

metal|ífero *adj* metalliferous; **~urgia** *s f (siderurgia)* metallurgy; **~úrgico 1.** *adj* metallurgic(al); **2.** *s m* = **~urgista** *s m* metalworker.

metamorfose *s f* metamorphosis; transformation; *fig.* reorganization, total change.

metástase *s f* metastasis.

meteoro *s m* meteor *(tb. fig.),* shooting star.

meteorologia *s f* meteorology.

meter 1. (2c) *v/t* to put; to introduce; to place; to lay; *medo* to frighten; **2. ~-se** *v/r (esconder-se)* to hide; **~ em** to get involved in; to interfere in; **~ com** to provoke, to pick a quarrel with; **3.** *v/i* **~ por** to go through.

meticulos|idade *s f* meticulousness; **~o** *adj* meticulous; scrupulous; *(medroso)* cautious, timid.

metido 1. *pp v* **meter; estar ~ (em)** to be involved in, to get into; **2.** *adj fig. (intrometido)* nosy.

metódico *adj* methodical; *(sistemático)* systematic(al); *(reflectido)* pondering; *(precavido)* cautious.

método *s m* method; *(procedimento)* procedure; *(gramática)* approach; *(prudência)* prudence, circumspection.

metralha *s f* shrapnel, shower of bullets; *fig.* shower; **~dora** *s f* machine-gun.

métric|a *s f Br.* metre, *Am.* meter; **~o** *adj* metric; **fita** *s f* **~a** tape measure.

metro *s m* **a)** *Br.* metre, *Am.* meter; **b)** *(abr* **metropolitano)** *Br.* underground, tube, *Am.* subway; **estação** *s f* **de ~** underground station.

metrópole *s f* metropolis, capital.

metropolitano *s m Br.* underground, tube, *Am.* subway.

meu, minha 1. *adj* my; **2.** *pron* mine.

mexer (2c) *v/t* to touch; *(mover)* to move; *(sopa, etc.)* to stir; *(ovos)* to scramble; *v/r* **~se** to move; **~ em** *(tocar)* to touch sth.

mexerico *s m* gossip, chit-chat; **~s** *pl* gossip.

mexicano 1. *adj e s m/f* Mexican.

mexida *s f* mess, confusion; *(discórdia)* disagreement.

mexilhão *s m* mussel.

miar (1g) *v/i* to miaow.

micro... *prefixo* micro.

micr|óbio *s m* microbe, gem; **~ochip** *s f* microchip; **~ofone** *s m* microphone; **~onda** *s f* microwave; **forno ~s** microwave oven; **~organismo** *s m* microrganism; **~oscópico** *adj* microscopic; **~oscópio** *s m* microscope.

M

migalha

migalha *s f* crumb; *fig.* scraps.

migração *s f* migration.

mil *num* thousand.

milagre *s m* miracle; *fazer ~s* to work miracles.

milanês *adj e s m*, **-esa** *s f* Milanese.

millénio *s m* millennium; **~ésimo** *num* thousandth.

milha *s f inglesa* mile; *~ marítima* nautical mile.

milho *s m Br.* maize, *Am.* corn; *fig.* F *(dinheiro)* dough.

milícia *s f* militia; *(reserva)* reserve.

miligrama *s m* miligram; **~litro** *s m* milliliter.

milímetro *s m* millimeter.

milionário *adj e s m*, **-a** *f* millionaire.

militante *adj e s m/f* militant; **~ar 1.** *adj* military; **2.** *s m/f* soldier; **3.** (1a) *v/i (lutar)* to fight; to serve as soldier; to oppose.

mim *pron* me; *refl.* myself.

mímica *s f* mime; **~o** *s m* mime artist.

mimo *s m (carícia)* caress, *(ternura)* tenderness; *(atenção, delicadeza)* kindness; *(presente)* gift.

mina *s f* mine *(tb. mil.)*; *(filão)* vein; *(galeria)* gallery; *(fonte)* source; *fig.* gold mine; **~as** *pl* mining *(disciplina)*; *engenheiro s m de ~as* mining engineer; **~eiro 1.** *adj* mining; *indústria s f -a* mining industry; **2.** *s m* miner.

mineral *adj e s m* mineral.

minério *s m* ore.

minguar (1m) *v/i* to decrease, to dwindle; *(baixar, desaparecer)* to lower, to fall; *(faltar)* to lack, to miss.

minhoca *s f* earthworm; **~s** *pl* F quirk.

miniatura *s f* miniature.

minigolfe *s m* minigolf.

ministerial *adj* ministerial; **~ério** *s m* ministry; *(serviço)* service; *(desempenho)* task.

ministro *s m* minister; *(criado)* servant *(tb. fig.)*; *(ajudante)* helper; *(enviado)* envoy.

minoria *s f* minority; **~itário** *adj* minority *(atr.)*; *governo s m ~itário* minority government.

minúcia *s f* detail.

minuciosidade *s f* accuracy, exactness; thoroughness; *(pormenorização)* particularity; **~o** *adj* thorough;

(pormenorizado) detailed; *(profundo)* deep.

minúscula *s f* small letter, lower case letter; **~o** *adj* tiny; *(insignificante)* insignificant.

minuta *s f* minute; *(esboço)* draft.

minuto *s m* minute.

miocárdio *s m* myocardium.

miolo *s m pão* crumb; *(fruto)* pulp; *noz* kernel; **~(s)** *pl* F brains.

míope *adj* nearsighted, shortsighted *(tb. fig.)*.

miopia *s f* nearsightedness, shortsightedness.

mira *s f espingarda* sight; *(intenção)* purpose, end; *(objectivo)* aim, goal.

miragem *s f* mirage.

misantropia *s f* misanthropy; **~ópico** *adj* misanthropic(al); **~opo** *s m* misanthrope; man-hater.

miscelânea *s f* miscellany, confusion, medley.

mise *s f* shampoo and set.

miserável *adj* wretched; stingy; sordid; *(reles)* shabby; despisable.

miséria *s f (indigência)* poverty, indigence; *(pelintrice)* shabiness; *(ninharia)* trifle, bagatelle.

misericórdia *s f* pity, compassion, mercy.

mísero *adj* wretched; scarce; stingy.

missa *s f* mass.

missão *s f* mission; *(incumbência)* duty, job; *ter por ~* to be one's duty; **~ionar** *v/i* to do missionary work; to evangelize; **~ionário** *s m*, **-a** *s f* missionary.

míssil *s m* missile.

mistério *s m* mystery; **~erioso** *adj* mysterious.

místico 1. *adj* mystic; *(misterioso)* esoteric, mysterious; *(devoto)* religious, devout; **2.** *s m* mystic.

misto *adj* mixed.

mistura *s f* mixture; **~ada** *s f* mix-up, confusion, jumble; **~ar** (1a) *v/t* to mix; *(confundir)* to mix up.

mito *s m* myth; *fig.* fantasy; **~logia** *s f* mythology.

miúdo 1. *adj* small, tiny, *(delicado)* tender, delicate; *fig.* consciencious, detailed; *(mesquinho)* mean, petty; **2.** *s m*, **-a** *s f* F kid; *rapaz, rapariga* youngster; **3. ~s** *pl trocos* small change.

mó *s f* **a)** millstone; *(pedra de amolar)* whetstone; **b)** large quantity; *(rancho)* crowd, band.

moagem *s f actividade* grinding; milling; *fábrica de* ~ flour mill; *indústria de* ~ milling industry.

móbil 1. *adj* = móvel; **2.** *s m* motivating force; *(motivo)* motive.

mobilar *v/i* to furnish.

mobília *s f* furniture.

mobiliário *s m* furniture, furnishings; ~**idade** *s f* mobility; ~**idade social, profissional** social, professional mobility; ~**ização** *s f* mobilization; *(intervenção)* action, commitment; ~**izar** (1a) *v/t* to mobilize; to move.

mobylette *s f* small moped.

moça *s f* girl.

mochila *s f* rucksack.

mocho 1. *adj* hornless; *(mutilado)* mutilated, maimed; **2.** *s m zoo.* owl; *(banco)* stool.

mocidade *s f* youth.

moço 1. *adj* young; **2.** *s m* boy, lad, young man; ~ *de fretes* porter, carrier; ~ *de recados* errand-boy; *agr.* farm hand.

moda *s f* fashion; *(cantiga)* popular song.

modalidade *s f* manner, way, kind; sort; *desporto:* event; *(condição)* condition; *gr.* manner; *fil.* modality.

modelar 1. *adj* exemplary, perfect; **2.** (1c) *v/t* to model; to shape; ~ *por* to follow; ~**o** *s m* model; *(padrão)* pattern; *fig.* example.

moderação *s f* moderation; ~**ado** *adj* moderate; ~**ador** *s m,* -**a** *s f* presenter; ~**ar** (1c) *v/t* to moderate; to restrain; *(retardar)* to slow down, to reduce; ~**ar-se** *v/r* to control o.s.; ~**ativo** *adj* moderating.

modernismo *s m* modernism; ~**ista 1.** *adj* modernist; **2.** *s m/f* modernist; ~**izar** (1a) *v/t* to modernize; ~**o** *adj* modern, up-to-date.

modéstia *s f* modesty; ~**desto** *adj* modest; *(comedido)* restrained, moderate; *(simples)* simple; *(humilde)* humble.

modificação *s f* modification; ~**ar** (1n) *v/t* to modify, to change; *(limitar)* to refrain, to restrain.

modista *s f* dressmaker.

modo 1. *s m* way; manner; *(processo)* method; *gr., fil.* mood; *mús.* mode; ~ *de vida* way of life; **2.** ~**s** *pl* manners.

modulação *s f* modulation; ~**ar** (1a) *v/t* to modulate.

módulo *s m* module; ticket.

moeda *s f* coin; *(câmbio)* currency; ~-*padrão* key currency.

moer (2f) *v/t* to grind; *(triturar)* to crush; *fig. pensamentos* to turn over in one's mind; *(cansar)* to tire (out); *(incomodar)* to bother, to pester; *(espancar)* to beat; ~-**se** *v/r* to be bothered by.

mofo *s m* mould; *cheirar a* ~ to smell musty.

mogno *s m* mahogany.

moinha *s f* chaff; *(pó)* powder; ~**o** *s m* mill; ~**o de café** coffee grinder; ~**o de vento** windmill.

moiro 1. *adj* Moorish; **2.** *s m,* -**a** *s f* Moor; *fig.* slaving man.

mola *s f* spring; *fig.* motivating force.

moldar (1e) *v/t* to mould, to shape; *(fundir)* to cast; *fig.* to model; *(formar)* to shape; *(criar)* to form; ~**e** *s m* mould; casting; *alfaiate:* pattern; *fig.* model; ~**ura** *s f* frame; *téc.* ledge.

mole 1. *s f* mass, mixture; **2.** *adj* soft; *(flácido)* flabby; *(flexível)* pliable; *fig.* listless; *(preguiçoso)* sluggish; *(cansado)* worn out.

molécula *s f* molecule.

moleiro *s f* miller.

molestar (1c) *v/t* to bother, to pester; *(maltratar)* to ill-treat; *(irritar)* to annoy.

molhado *adj* wet; ~**ar** (1e) *v/t* to wet; *(humedecer)* to moisten, to dampen; *(pôr de molho)* to soak, to steep; *(ensopar)* to dip (into).

molhe *s m* quay, wharf.

molho[1] *s m* bunch; *(feixe)* bundle; ~ *de chaves* bunch of keys; *em* ~**s** in bundles.

molho[2] *s m* sauce; *(salada)* dressing; *pôr de* ~ to soak.

molusco *s m* mollusc.

momentâneo *adj* momentary; *(passageiro)* transitory; ~**o** *s m* moment; *fig.* meaning; *fís.* momentum.

monarca *s m* monarch; ~**quia** *s f* monarchy.

monárquico *adj* monarchic.

mond|a *s f* weeding; **época** *s f da ~* weeding season; **~ador** *s m*, **-a** *f* weeder; **~ar** *v/t* to weed.

monetário *adj* monetary; **circulação** *s f (inflação s f)* **-a** currency circulation (depreciation); **correcção** *s f* **-a** currency adjustment; **política** *s f (situação s f)* **-a** monetary policy (situation); **instituição** *s f* **-a** financial institution; **serpente** *s f* **-a** currency snake.

monge *s m* monk.

monitor *s m inform* monitor.

monóculo *s m* monocle.

mono|fásico *adj electr.* monophase; **~gamia** *s f* monogamy.

monógamo *adj* monogamous.

mono|grafar (1b) *v/i* to monograph; **~grafia** *s f* monograph; **~grama** *s m* monogram.

monólogo *s m* monologue.

mono|pólio *s m* monopoly; **~polista** *adj* monopolist; **capital** *s m* ~ monopolist capital; **~polizar** (1a) *v/t* to monopolize.

monossílabo *s m* monosyllable.

mon|otonia *s f* monotony; **~ótono** *adj* monotonous.

monstro *s m* monster; *anat.* freak.

monstruos|idade *s f* monstrosity; enormity; *(deformação)* deformity, malformation; **~o** *adj* monstrous; enormous, huge; abnormal; *(perverso)* unnatural, perverted.

montagem *s f téc.* assembly; *instalação* instalation; *electr.* wiring.

montanha *s f* mountain; **~-russa** roller-coaster.

montanh|ismo *s m* mountaineering; **~oso** *adj* mountainous.

mont|ante 1. *s m* amount, sum; **no ~ de** in the amount of; **a ~** upstream; **2.** *adj* rising; **~ar** (1a) **1.** *v/t* **a)** *cavalo* to get on; *cavalgar* to ride; **b)** *fábrica* to set up; *máquina* to assemble; *tenda, andaime* to put up; **2.** *v/i* to climb; to mount; *(cavalgar)* to ride; *(perfazer)* to amount to; **~ a** to come to.

monte *s m* hill; *(ermo)* wilderness; *(pilha)* heap; **~ de dívidas** lots of debts.

montículo *s m* hillock, mound; *(montão)* pile.

montra *s f* shop window.

monument|al *adj* monumental; **~o** monument.

mora *s f* delaying; *(adiamento)* postponement; **juros** *s m pl* **de ~** interest on arrears.

mor|ada *s f* residence, address; **~adia** *s f* house, villa; **~ador** *s m*, **-a** *f* resident; tenant; *(vizinho)* neighbour; *(habitante)* inhabitant.

moral 1. *adj* moral; *(ético)* ethic; **2.** *s f (ética)* ethics; morals; *(ânimo)* morale.

moran|go *s m* strawberry; **~gueiro** *s m* strawberry plant.

morar (1e) *v/i* to live, to dwell, to reside.

moratória *s f* moratorium.

morbidez *s f* morbidness.

mórbido *adj* morbid; *(doentio)* sickly, unhealthy; *(delicado)* soft, delicate; *(lânguido)* languid.

morcego *s m* bat; *fig.* night lover.

mord|aça *s f* gag; *(animal)* muzzle; **~az** *adj* cutting; snappish; sarcastic; **~edela, ~edura** *s f* bite; **~ente 1.** *adj* biting, caustic *(tom)*; **2.** *s m* mordant; *(fixativo)* fixative; *téc.* vice jaw; *mús.* mordent; **~er** (2d) **1.** *v/t* to bite; to sting *(insecto)*; to corrode *(ácido)*; to eat *(traça)*; **2.** *v/i* to bite; *(arder)* to sting; *(fazer comichão)* to itch.

moreia *s f (peixe)* moray.

moren|a *s f* **a)** moraine; **b)** brunette; F dark-skinned girl; **~o** *m* brunet; dark-skinned boy.

morfin|a *s f* morphine; **~ómano** *s m* someone addicted to morphine.

morfologia *s f* morphology.

morgue *s f* mortuary, morgue.

moribundo *adj* dying; fading *(luz)*.

morno *adj* lukewarm, tepid.

moroso *adj* slow, slack; morose.

morrer (2d) *(pp morto)* *v/i* to die *(de uma doença, de medo, etc.)*; *(perecer)* to pass away; to fade *(luz)*; to die away *(tom)*.

morro *s m* hill; *(bairro da lata)* slum; *(pedreira)* quarry.

morsa *s f zoo.* walrus, sea horse.

mort|al *adj* mortal; *(letal)* deadly; *(efémero)* short-lived; **pecado** *s m* ~ deadly sin; **~alha** *s f* shroud; *fig.* cigarette paper; **~alidade** *s f* mortality.

morte *s f* death; *perigo s m de* ~ mortal danger.

mort|icínio *s m* slaughter; *(banho de sangue)* blood bath; **~iço** dull, lifeless *(olhar, cor);* dim, dying *(luz);* **~ífero** *adj* deadly.

mortific|ação *s f* mortification, humiliation; *(ofensa)* insult, offence; **~ar** (1n) *v/t* to mortify; to torture; *(humilhar)* to humiliate; *(ofender)* to insult; *(martirizar)* to torment, to afflict.

morto *adj* dead; killed; lifeless, paralysed *(membro);* dead *(estação).*

mosaico *s m* mosaic.

mosca *s f* fly.

mosquito *s m* mosquito.

mossa *s f* dent; *(brecha)* nick; *(fenda)* notch; *fig.* impression.

mostarda *s f* mustard.

mosteiro *s m* monastery, convent.

mostr|ador *s m* dial, face; *(balcão)* sales counter; **~ar** (1e) *v/t* to show; to display.

mostruário *s m* show collection; *(catálogo, mala)* display case.

motel *s m* motel.

motim *s m* riot; revolt; *mil.* mutiny.

motiv|ação *s f* motivation; *(justificação)* reason, grounds *pl;* **~ar** (1a) *v/t (ocasionar)* to cause, to bring about; ~ *alg. a* to motivate s.o. to; **~o** *s m* reason, cause; *lit., pint., mús.* motif.

moto *s f* motorbike; **~cicleta** *s f* motorbike; **~ciclismo** *s m* motorcycling; **~ciclista** *s m/f* motorcyclist.

motor *s m (impulso)* drive, driving force; *téc.* engine; ~ *a dois (quatro) tempos* two (four) stroke engine.

motor|ista *s m/f* driver; **~izada** *s f* moped.

movediço *adj* movable; *(portátil)* portable; *(volúvel)* unstable; *areia s f* **~a** quicksand.

móv|el 1. *adj* movable; *(com rodas)* mobile; **2.** *s m* **a)** *(motivo)* cause; **b)** piece of furniture; **3. -eis** *pl* furniture.

mover (2d) *v/t* to move; to drive; to set in motion; *fig.* to cause, to bring about.

moviment|ação *s f* movement; *(variedade)* change; *(trânsito)* bustle; *(transacção)* transaction; *mercadoria* turnover; **~ões** business activity; **~ar**

(1a) *v/t* to move; to put into motion; to liven up; *atenção* to direct; *econ.* to turn over; = *pôr em ~o*; **~ar-se** to move around; to put into motion; *(girar)* to turn; **~o** *s m* movement; motion; *(trânsito)* traffic; *econ.* turn over; *fig. tb.* change; *(agitação)* bustle, activity; stir; *(variedade)* variety, diversity; *pôr em ~* to set in(to) motion; *motor, máquina* to start; *pôr-se em* ~ to move, to set out.

muco *s m* mucus; slime; **~sa** *s f* mucous membrane; **~sidade** *s f* mucosity.

muçulmano *s m e adj* Moslem.

muda *s f* change; moult *(pássaros).*

mud|ança *s f* change; alteration; *(transformação)* transformation; *(vento, tempo)* sudden change; *habitação* move; *(instabilidade)* unsteadiness; *(caixa s f de)* **~s** *auto.* gear box; **~ar** (1a) **1.** *v/t* to change; *(trocar)* to exchange; *(transformar)* to turn into *(em);* **2.** *v/i* to alter, to change; ~ *de* to change; ~ *de casa* to move.

mud|ez *s f* muteness; *fig.* silence; **~o 1.** *s m,* **-a** *f* mute; **2.** *adj* dumb, speechless; silent.

mug|ido *s m* moo, low; **~ir** *v/i* to moo, to bellow *(vaca).*

muito 1. *adv* very; a lot; *(demais)* too; **2.** *adj* a lot, much (many *pl);* long *(tempo); há (ou havia) ~ (que)* a) it's (it was) a long time; b) a long time ago

mula *s f* mule.

mulato *s m,* **-a** *f, adj* mulatto.

muleta *s f* crutch.

mulher *s f* woman; *(esposa)* wife; ~ *a dias* char woman, cleaner; **~-polícia** police woman; ~ *da vida* whore, prostitute.

mult|a *s f* fine; *apanhar uma* ~ to get fined; **~ar** *v/t* to fine.

multi *prefixo* multi-; **~-banco** *Br.* cash dispenser; *Am.* automatic teller machine (ATM) ; **~-co(lo)r** *adj Br.* multicoloured, *Am.* multicolored; **~cultural** *adj* multicultural; **~dão** *s f* crowd; **~lateral** *adj* multilateral; **~nacional** *adj, s f* multinational.

multiplic|ação *s f (reprodução)* reproduction; multiplication; breeding; **~ador** *s m mat.* multiplier, coefficient; **~ando** *s m mat.* multiplicand; **~ar** (1n) *v/t* to multiply; to increase; to reproduct; **~ar-se** *vr* to propagate.

múltiplo *adj* multiple; *(variado)* varied, diverse.

múmia *s f* mummy.

mundIano *adj* wordly; social; **~ial** *adj* world…, worldwide.

mundo *s m* world.

mungir (3n) *v/t* to milk.

muniIção *s f mil.* ammunition; *mil. (alimentação)* rations, supplies; *mil. (fortificação)* fortification.

municipal *adj* municipal; **câmara** *s f* ~ town hall, city council; **eleições -ais** local elections.

município *s m* local authority, city council, municipal district.

munir (3a) *v/t* to provide (with); to supply (with); *(fortificar)* to fortify, to strengthen; **~~se de** to equip o.s. with, to get hold of.

muralha *s f* wall, rampart.

murchIar (1a) *v/t* to wither, to dry up; *v/i* to wilt; *fig.* to fade *(cor); fig.* to languish; *fig.* to become sad; **~o** *adj* wilted; faded; *(mole)* slack; *(indisposto)* listless.

murmurar (1a) *v/t* to murmur, to whisper; *v/i* to whisper; to rustle *(folhas,*

vento); (resmungar) to grumble, to mutter; *(bisbilhotar)* to gossip.

murmúrio *s m* murmuring, whisper; *(folhas, vento)* rustling; *(sussurro)* muttering; *(resmungar)* grumbling.

muro *s m* wall.

murro *s m* punch.

musa *s f* muse.

muscuIlar *adj* muscular; **~atura** *s f* musculature, muscles.

músculo *s m* muscle; F strength; **ter** ~ to be strong, to be sturdy.

musculoso *adj* muscular; *fig.* sturdy.

museu *s m* museum.

musgo *s m* moss.

música *s f* music; song; **peça** *f* **de** ~ piece of music.

musical *adj* musical; melodious.

músico 1. *adj* musical; **2.** *s m,* **-a** musician.

musicólogo, -a *s m/f* musicologist.

mutaIbilidade *s f* changeability; **~ção** *s f* mutation; change.

mutiIlação *s f* mutilation; **~ado 1.** *adj* maimed; **2.** *s m,* **-a** *f* cripple; **~ar** (1a) *v/t* to maim, to cripple.

mutismo *s m* mutism, muteness; speechlessness; *(taciturnidade)* taciturnness; *(silêncio)* silence.

mútuo *adj* mutual, reciprocal.

N

nabIal *s m* turnip field; **~iça** *s f* turnip leaf; **~o** turnip.

nação *s f* nation; country; *(povo)* people; race; *(tribo)* tribe.

nacionIal *adj* national; **mercado** ~ home market; **~alidade** *s f* nationality; **~alismo** *s m* nationalism; **~alista 1.** *adj* nationalistic; **2.** *s m/f* nationalist; **~alização** *s f* naturalization; nationalization; **~alizar** (1a) *v/t* to naturalize; *indústria* to nationalize.

nada 1. *s m* nothingness; inexistence; *(insignificância)* insignificance; **2.** *negação* **a)** nothing, *p ex.* **ele ~ faz, ele não faz ~** he does nothing; **b)** anything, *p ex.* **ele nunca faz ~** he

never does anything; **3.** *adv* nothing, not at all; hardly; **4.** *int* ~**!** nothing of the sort!; no way!

nadar (1b) *v/i* to swim.

nádega *s f* buttock; **~s** *pl* seat, backside.

naftalina *s f* naphtaline.

namorIada *s f* girlfriend; **~ado** *s m* **1.** *adj* courted; *(amoroso)* beloved; **2.** *s m* boyfriend; **~ar** (1e) *v/t e v/i* to date, to court; *(desejar)* to long for; **~ar alg** to have a relationship with s.o., to go out with s.o.; **~o** *s m* love-making; dating; *(corte)* courtship.

não *adv* **1.** *resposta negativa*: no; **dizer que** ~ to say no, to refuse; **2.** *ne-*

gação: **a)** not (*p ex*: **~ trabalha** he does not work); **b)** *pref* non-; **3.** *s m* no, refusal.

não-Ifumador *s m* non-smoker; **zona reservada a ~es** non-smoking area; **~-intervenção** *s f* non-interference.

narclose *s f* narcosis; **~ótico** *s m* narcotic, drug; **~otizar** (1a) *v/t* to narcotize; to drug.

narina *s f* nostril.

nariz *s m* nose.

narrlação *s f* narration; story; *(apresentação)* presentation; **~ador** *s m*, **-a** *f* narrator; **~ar** (1b) *v/t* to narrate; to tell (a story); **~ativa** *s f* narrative; story; **~ativo** *adj* narrative.

nasal *adj* nasal; *(nasalado)* spoken through the nose; *gr.* nasal (sound).

nasclença *s f =* **~imento** *s m* birth; *fig.* beginning; source; **~ente 1.** *adj (em começo)* beginning, rising; **2. a)** *s m* east, orient; **b)** *s f* source; spring; **~er** (2g) *v/i* to be born; to germinate *(planta);* to spring *(rio);* to dawn *(dia);* to rise *(estrela); fig.* to begin, to originate; to grow *(desejo, sentimento);* **~imento** birth; *(formação)* formation; *(origem)* origin; *(proveniência)* source; **data de ~** date of birth.

nata *s f* cream.

natação *s f* swimming.

natal 1. *adj* birth-; native; **2.** *s m* Christmas; **~ício** natal; referring to the birthday; **~idade** *s f* natality, birth-rate.

nativo 1. *adj (de nascença)* inborn, innate; *(natural de)* born in; *(água)* spring water; **2.** *s m,* **-a** *f* native.

natural 1. *adj* natural; **2.** *s m* nature; *(carácter)* character; *(nativo)* native; **~idade** *s f* simplicity, artlessness; *(evidência)* matter of course; *(origem)* origin; **direito de ~idade** home-born right; **~ista 1.** *adj* naturalistic; **2.** *s m/f* naturalist; **~ização** *s f* naturalization; **~izar** (1a) *v/t* to naturalize.

natureza *s f* nature; *(carácter)* character; **~-morta** still life.

naufrlagar (1o) *v/i* to wreck, to shipwreck; *(soçobrar)* to sink; **~ágio** *s m* wreck, shipwreck.

náufrago *s m* shipwrecked person; *(fracassado)* castaway, failure.

náusea(s) *s f (pl)* nausea, (sea-)sickness; *fig.* repugnance, repulse.

nauseabundo *adj* nauseous; repulsive.

náuticla *s f* navigation, nautics, seamanship; **~o** *adj* nautical, navigational; **associação ~a** water sports association.

naval *adj* naval, maritime; *(marinha)* naval.

navalhla *s f* razor; *fig.* venomous person, viper; **~ada** *s f* stab, stab wound.

nave *s f arq.* nave.

navelgação *s f* navigation, seafaring; **~gação aérea** air navigation; **~gador, ~gante** *s m* navigator; seaman; **~gar** (1o) *v/t* to navigate; *v/i* to sail, to steam; *à vela* to sail; *(dirigir)* to steer; *(voar)* to fly; **~gável** *adj* navigable.

navio *s m* ship, vessel.

neblina *s f* mist, fog.

nebuloso *adj* misty, hazy; *(triste)* gloomy; *(encoberto)* cloudy; *(enevoado)* foggy.

necesslário *adj* necessary; essential; **~idade** *s f* necessity; need; *(aflição)* distress; *econ.* demand (for) **~itado** *adj* needy; *(indigente)* poor; **~itar** (1a) *v/t* to need; *v/i* to be needy *or* poor; **~ (de)** to need; to require; must.

necrlologia *s f* necrology; *jornal* obituary notice; **~ológico** *adj* necrological; **~ológio** *s m* obituary.

nefasto *adj* disastrous; ill-omened.

neglação *s f* denial; *(recusa)* refusal; *(rejeição)* rejection; **ser a ~ de** to be the exact opposite of; *(sem talento)* to be a wash-out; **~ar** (1o) *v/t* to deny; to refuse; *facto, direito* to deny; *exigência* to refuse; *pessoa* to contradict; **~ a/c a alg** to refuse sth. to s.o.; **~ativa** *s f* negative; **resposta ~** a negative reply; *(recusa)* refusal.

negliglência *s f* negligence, carelessness; **~ente** *adj* negligent, careless.

negocilação *s f* negotiation; *(negócio)* deal; *(venda)* sale; **~ante** *s m/f* merchandiser; dealer; *(grossista)* wholesaler; *(homem/mulher de negócios)* businessman/woman; **~ar** (1g) *v/i* to do business; to deal (in **em**); *(estar em negociações)* to be in negotiations (with **com**); *v/t* to negotiate; *(adquirir)* to buy, to aquire; *(discutir)* to bargain; *fig.* to sell.

negócio *s m (comércio)* trade; business (**fazer** to do); *(assunto)* matter; **casa de** ~ shop, establishment; enterprise.

negro 1. *adj* black; dark; 2. *s m*, **-a** *f* blackman/woman.

nem *cj.* neither, nor; not even; ~ **eu!** me neither!; ~ **um (só)** not even one; ~ **todos** not all.

nenhum, -a 1. *pron* none, nobody; 2. *adj* neither, any, no.

nepotismo *s m* nepotism.

nervlo *s m* nerve; tendon; *bot.* vein, nervure; *arq.* rib; *fig.* strength; *(energia)* swing; **~osismo** *s m* nervousness; **~oso** *adj* nervous; *(vigoroso)* vigorous; *(inquieto)* jumpy; *med.* s.o. suffering from a nervous malady; mentally ill.

neto *s m* - **a** *f* grandson, granddaughter; grandchild; **os netos** *pl* the grandchildren.

neurlalgia *s f med.* neuralgia; **~álgico** *adj* neuralgical; **~astenia** *s f med.* neurasthenia; **~asténico** *adj* neurasthenical; **~ologista** *s m/f med.* neurologist; **~ose** *s f med.* neurosis.

neutrlal neutral; impartial; *(apartidário)* pol. independent; **~alidade** *s f* neutrality; impartiality; **~alizar** (1a) *v/t* to neutralize; *(tornar inofensivo)* to make harmless; **~o** neutral; *bio., bot.* neutral; *gr.* neuter.

nevar (1c) *v/i* to snow; *fig.* to become white; to glow white; *v/t* to cover with snow.

neve *s f* snow.

névoa *s f* mist, fog; *med.* haze.

nevoeiro *s m* fog; *fig.* darkness.

nexo *s m* connection, link; nexus.

nicotina *s f* nicotine.

niilismo *s m fil.* nihilism; entire disbelief.

ninfa *s f* nymph.

ninguém *pron.* nobody; no one.

ninhlaria *s f* trifle, insignificance; **~o** *s m* nest.

nitidez *s f fig.* clearness; *(evidência)* distinctness; *foto* sharpness.

nítido *adj fig.* distinct; *(claro)* clear; *foto* sharp; **pouco** ~ unclear.

nitrato *s m quím.* nitrate.

nítrico *adj quím.* nitric.

nível *s m* **a)** water-level; *(instrumento)* gauge-glass; **b)** level; *fig.* situation, standard.

nivellamento *s m* levelling; flattening; *(compensação)* compensation; **~ar** (1c) *v/t* to level; to even; to grade; to compensate.

nó *s m* knot; *anat. dedo* knuckle.

nobrle *adj s m/f* nobel; high-bred, aristocratic; grand; *fig.* generous; **~eza** *s f* nobility; aristocracy, peerage; *fig.* distinction.

noção *s f* notion; idea.

nocivo *adj* harmful.

nocturno 1. *adj* nocturnal; night ...; **curso** ~ night school; **vida ~a** night-life; 2. *s m mús.* nocturne; 2. **-s** *pl* zoo. night birds.

nódoa *s f* blot, spot; *fig.* blemish.

nogueira *s f* walnut.

noite *s f* night; *(tardinha)* evening; *(escuridão)* darkness.

noivla *s f* bride; **~ado** *s m* engagement, betrothal; **~o** bridegroom; **~os** *pl* engaged couple; *(recém-casados)* newlyweds.

nojlento *adj* nauseating; repulsive; disgusting; **~o** *s m* nausea; repugnance; *(luto)* mourning; **causar (ou meter)** ~ to sicken; to disgust.

nómada, -e 1. *adj* nomadic, errant; *(inconstante)* unstable; 2. *s m/f* nomad.

nome *s m* name; *gr* noun; *(substantivo)* substantive; ~ **próprio** first name, Christian name; **de** ~ by name.

nomelação *s f* nomination; *(homologação)* confirmation; **~ar** (1l) *v/t* *(designar)* to nominate; *(chamar)* to call; ~ **alg** to nominate s.o, to appoint.

nominlação *s f* naming; **~al** *adj* nominal; **valor** ~ face value; **receita** ~ nominal income; **~ativo** *s m gr.* nominative.

nono *num.* ninth.

nora *s f* **a)** daughter-in-law; **b)** scoop-wheel.

nordeste *s m* northeast.

nórdico 1. *adj* nordic; **2.** *s m,* **-a** *f* northman, northwoman.

norma *s f* norm; *(regra)* rule; *(prescrição)* prescription; **~ europeia** EC norm.

norm|al 1. *adj* normal, regular; *(comum)* ordinary; **2.** *s f geom.* perpendicular line; **~alidade** *s f* normality; **~alização** *s f* normalization; *(desanuviamento) pol.* détente; **~alizar** (1a) *v/t* to normalize; to make according to a norm.

normando 1. *adj* Normand; **2.** s *m,* **-a** *f* Normand.

normativo *adj* normative, standard.

noroeste *s m* northwest.

norte 1. *s m* north; *fig.* direction; **2.** *adj* north; northward, northern.

norueguês 1. *adj* Norwegian; **2.** *s m,* **-a** Norwegian.

nós *pron* **1.** *sujeito* we; **2.** *após prep* us; *a* **~** us, to us; *de* **~** from us, by us.

nosso, -a *adj e pron* our, ours.

nostalgia *s f* nostalgia; *(saudades da pátria)* homesickness.

nota *s f (apontamento)* note; *(anotação)* annotation; *(observação)* comment; *(factura)* invoice, debit note; *pol.* diplomatic memorandum; *escola* mark, grade; *mús.* note; *econ.* banknote; *fig.* remark.

not|ação *s f* notation; *(marca)* mark; **~ar** (1e) *v/t* to note; *(apontar)* to notice; *(observar)* to remark, to observe; *(ter em conta)* to mind; **~ariado** *s m* office or profession of a notary; **~arial: reconhecimento ~** attested by a notary; **~ário** *s m* notary; **~ável** *adj* remarkable; *(importante)* important; *(excelente)* excellent; considerable *(quantidade)*; **~ícia** *s f* news, piece of news; *(participação)* report, announcement; *(nota)* note; *(referência)* reference.

noticiário *s m* news report; *rádio, televisão* news service.

notific|ação *s f* notification; **~ar** (1n) *v/t* to notify, to inform; *(avisar)* to warn.

notoriedade *s f* notoriety; prominence; *(evidência)* publicness.

notório *adj* notorious, prominent; *(evidente)* public.

nova *s f* news; *boa* **~** good news; **~mente** *adv* again, anew.

nove *num.* nine; **~centos** *num.* nine hundred.

novela *s f* short story; *rádio, TV* F soap opera; *(invenção)* plot, tale.

novelo *s m* ball (of yarn); *(tufo)* tuft.

Novembro *s m* November.

noventa *num.* ninety.

novidade *s f* novelty.

novo *adj* new; young *(em anos)*; *(fresco)* fresh.

noz *s f* nut, walnut.

nu 1. *adj* naked; *(mero)* simple; *(desfolhado, calvo)* bare, barren; *(sóbrio)* simple, plain; drawn *(arma)*; *pôr a* **~** to reveal; **2.** *s m art* nude.

nub|lado *adj* cloudy; *(escuro)* somber; **~ar** (1a) *v/t* to cloud; *(escurecer)* to darken; **~oso** = **~ado.**

nuca *s f* neck; nape.

nuclear *adj* nuclear; *inverno* **~** nuclear winter.

núcleo *s m* nucleus; core; *fig.* center; middle.

nud|ez, ~eza *s f* nackedness, nudity; *(ponto fraco)* weak spot; *(parede, árvore, etc.)* barrenness; *(sobriedade)* simplicity; **~ismo** *s m* nudism; naturalism; **~ista** *s m/f* nudist.

nulo *adj* null, void; *(incapaz)* unable; *(inválido)* invalid.

numer|ação *s f* numbering; *(enumeração)* enumeration; **~ar** (1c) *v/t* to number, to numerate; *(ordenar por números)* to arrange by numbers; *(enumerar)* to enumerate.

numérico *adj* numerical.

número *s m* number; figure; *gr* number; **~** *par (ímpar)* even (odd) number; **~s negativos (positivos)** *econ.* negative (positive) results.

numeroso *adj* numerous, plentiful; large *(família)*.

nunca *adv* never; *(jamais)* ever.

nutr|ição *s f* nutrition, nourishment; **~itivo** *adj* nutritious, nutrient.

nuvem *s f* cloud; *fig.* gloom, sadness; *med.* turbidity.

N

O

o 1. *art m* the; *pl* the; **2.** *pron (pessoa)* him; *(coisa)* it.

oásis *s m* oasis.

obceclação *s f* obsession; **~ar** *v/t* (1n) to obsess.

obedlecer *v/i* (2g) to obey; *(seguir)* to follow; *(ceder)* to give in; **~iência** *s f* obedience; *(submissão)* submission; **em ~iência a** in obedience to; according to; **~iente** *adj* obedient; *(submisso)* submissive, docile.

obeslidade *s f* obesity; **~o** *adj* obese.

objeclção *s f* objection; *(pôr* to object); **~tar** *v/t* (1a) to object (**a** to); **~tiva** *s f foto.* objective, lens; *mil* aim; **~tivar** *v/t* (1a) to aim at, to purpose; **~tividade** *s f* objectivity; *esp* pragmatism; **~tivo 1.** *adj* objective; *esp* pragmatic; **2.** *s m* aim, objective; **~to** *s m* object; *(coisa)* thing.

oblíqua *s f* oblique (line).

oblíquo *adj* oblique; *(torto)* slanting; sidelong *(olho, olhar); fig.* twisted *(caminho).*

obliterlação *s f med* close off; *bilhete* obliteration; **~ar** *v/t* (1c) *med* to close off; *bilhete* to obliterate.

obra *s f* work; *(trabalho)* work; *(acção)* action; *(efeito)* effect; **~s** *s pl* works; *(reparação)* repairing; *(renovação)* renovation.

obriglação *s f* obligation; *(dever)* duty; *(promissória)* promissory note; **~ado** *adj* obliged; *(reconhecido)* thankful; *(obrigatório)* compulsory, obligatory; *(cativo de)* compelled; **~!** thank you!; **~ar** *v/t* (1o) to compel; *(forçar)* to force, to compel; *(penhorar)* to pledge; **~atório** *adj* compulsory, obligatory;.

obscenlidade *s f* obscenity; *(dizer* **~s** to curse); **~o** *adj* obscene; *(impudico)* unbashful.

obscuro *adj* dark; *escondido* hidden, obscure; *(desconhecido)* unknown.

obsequiar *v/t* (1g) to give presents; **~ alg com** to give presents to s.o.; to treat s.o. kindly.

obséquio *s m* kindness; *(atenção)* attention; *(favor)* favour.

observlação *s f* observation; *(cumprimento)* compliment; *(reparo)* criticism, observation; *(repreensão)* reprimand; *(referência)* reference; **~ador** *s m, -a f* observer; **~ar** *v/t* (1c) to observe, to watch; to examine *(médico); regulamento* to observe; *prazo* to respect; *(reparar)* to notice.

obsessão *s f* obsession.

obstláculo *s m* obstacle; **~ar** *v/i* (1e) to oppose.

obstinlação *s f* obstinacy; *(teimosia)* stubbornness; *(teima)* insistence; **~ado** *adj* obstinate; *(teimoso)* stubborn.

obstipação *s f med* obstipation.

obstrulção *s f med* obstruction; *fig.* opposition; **~ir** *v/t* (3i) to obstruct; *(impedir)* to block, to hinder.

obtlenção *s f* acquisition; **~er** *v/t* (2zb) to obtain; *(conseguir)* to attain (**de alg** from s.o.); *(ter)* to get.

obturar *v/t* (1a) to plug; *(tapar)* to stop up; *dente* to fill.

óbvio *adj* obvious; *(evidente)* evident.

ocasião *s f* occasion; *(ensejo)* opportunity; **da ~** present.

ocelânico *adj* oceanic, marine; **~ano** *s m* ocean; **~anografia** *s f* oceanography.

ocidentlal 1. *adj geo.* western; **2.** *s m/ ff* westerner; **~e** *s m* west.

ócio *s m* leisure, idleness; **~s** *s pl* freetime, leisure time.

ocioslidade *s f* idleness; **~o** *adj* **1.** idle, lazy; **2.** *s m* idler, lazybones.

oco *adj* hollow; *fig.* empty; *(vão)* useless.

ocorrlência *s f* event; *(coincidência)* coincidence; *(acaso)* chance; *(ocasião)* occasion; *(ideia)* idea; **~ente** *adj* accidental; *(ocasional)* occasional; **~er** *v/i* (2d) *(ter lugar)* to occur, to take place; *(acontecer)* to happen.

ocre *s m* ochre.

ocullar 1. *adj* ocular; **2.** *s m* ocular; **~ista 1.** *adj médico s m ~* = **2.** *s m/f* optician, oculist.

óculo *s m* spyglass; *(janela)* eye-glass; **~s** *s pl* glasses, spectacles; (**um par** a pair); **~s escuros** sunglasses.

ocultlar *v/t* (1a) *objecto* to hide; *segredo, etc.* to conceal; *(enganar)* to deceive; *(dissimular)* to feign; *impostos* to evade; **~o** *adj* hidden; *(secreto)* secret.

ocup|ação *s f* occupation; *(utilização)* use; *mil* occupation; *(posse)* possession; **~ar** *v/t* (1a) to occupy; *(reclamar)* to claim; *(apropiar-se de)* to take possession of; *lugar* to occupy; *espaço* to take up; *cargo* to take charge of; *casa* to move into; *(habitar)* to live in.

odiar *v/t* (1h) to hate.

ódio *s m* hate, hatred.

odioso *adj* hateful; *(infame)* nasty.

odor *s m* smell; *(perfume)* perfume.

oeste *s m* west.

ofeg|ante *adj* breathless, panting; **~ar** *v/i* (1o) to pant.

ofen|der *v/t* (2a) to offend; *(magoar)* to hurt; *(melindrar)* to offend; *(prejudicar)* to damage; **~sa** *s f* offence, insult; *(melindre)* sensitivity; *(prejuízo)* damage; **~sa corporal** *adj* physical offence; **sem ~sa** no offence; **~siva** *s f* offensive; **~sivo** *adj* offensive; *(insultante)* insulting; **~sor** *s m*, **-a** *f* offender.

ofer|ecer *v/t* (2g) to offer; *(propor)* to suggest; *(apresentar)* to present; *(passar)* to pass on; *(sacrifício)* to offer; *(dar)* to give; **~ta** *s f* offer; *(proposta)* proposal; *(dádiva)* gift; *(prenda)* present; *(esmola)* alms; **~tante** *s m/f* donor.

ofic|ial 1. *adj* official; **folha** *s f* ~ official sheet; **2.** *s m/f* official; *mil* officer; *(artesão)* skilled workman; **~ de diligências** bailiff; **~ de justiça** bailiff; **~ializar** *v/t* (1a) to make official; **~ina** *s f* workshop.

ofício *s m* trade (**saber** to know); *(profissão)* profession; *(dever)* duty; *(cargo)* job; *(serviço)* office; *(incumbência)* function; *(promulgação)* promulgation.

oficioso *adj* unofficial; **defensor** *s m* ~ public defender.

oftalm|ologia *s f* ophtalmology; **~ologista** *s m/f* optician, eye doctor.

ofuscar *v/t* (1n) to blot out *(tb. fig.)*; *(esconder)* to hide; *fig. (deslumbrar)* to dazzle; *(fazer sombra)* to outshine.

ogiva *s f* ogive; **~ nuclear (de carga múltipla)** nuclear ogive; **~al** *adj* ogival; pointed.

oitavo 1. *adj* eighth; **2.** *s m* one eighth.

oitenta *num.* eighty.

oito *num.* eight; **~centos** *num.* eight hundred.

oleado *s m* oil cloth.

óleo *s m* oil; **~ de (ou para) motor** *s m* motor oil; **~ de protecção solar** suntan oil; **~ mineral** *adj* mineral oil.

oleoso *adj* oily; *(gorduroso)* greasy.

olfacto *s m* sense of smell.

olh|ar (1d) **1.** *v/t* to look at; *(observar)* to observe; *(vigiar)* to watch; = *v/i* to look; **~ a**, **~ para** to look at; *(pensar em)* to think of; **2.** *s m* look; **~eiras** *s f pl* dark rings under the eyes.

olho *s m* eye *(tb. fig.)*; *(agulha)* eye; *(buraco)* hole *queijo, pão*; barrel hole *(barril)*.

oligarquia *s f* oligarchy.

olimpíada *s f*: **as ~s** the Olympics.

olímpico *adj* olympic; **Jogos ₂s** Olympic Games.

oliv|al *s m* olive grove; **~eira** *s f* olive tree.

olmo *s m* elm tree.

ombr|eira *s f* doorpost; *(vestuário)* shoulder pad; *fig.* shoulder; **~o** *s m* shoulder.

omeleta *s f* omelette.

omi|ssão *s f (falta)* negligence; *(lacuna)* omission; **~tir** *v/t* (3a) *(não fazer)* to fail to do.

omni|potência *s f* omnipotence; **~potente** *adj* omnipotent.

omoplata *s f* shoulder blade.

onça *s f* **a)** *com.* ounce; **b)** *zoo.* jaguar.

onda *s f* wave *(tb. fís)*; fashion; *tb. fig.* river; **(ultra) curta (média, longa, sonora)** (ultra) short-(medium, long, sound) wave.

onde *adv, cj* where; **de ~ em ~** here and there.

ondul|ação *s f* undulation; *(esvoaçar)* wave; *(sinuosidade)* wave; **~ação do terreno** ground wave; **~ação permanente** perm; **~ado** *adj* wavy; **porta** *s f* **-a** bellows door; **~ante** *adj* wavy; **~ar** *v/t* (1a) *cabelo* to wave; *v/i* to wave.

ontem *adv* yesterday.

ontologia *s f* onthology.

ónus *s m* onus; *(tributo)* tribute; *(imposto)* tax burden; *tb. fig.* burden; **~ da prova** *s f* obligation.

onze 1. *adj* eleven; **2.** *num.* eleven.

opal|cidade *s f* opaqueness; *(escuro)* blackness; *(nebulosidade)* foggyness; **~co** *adj* opaque; *(escuro)* dark; *(nebuloso)* foggy; **~la** *s f* opal.

opção *s f* option; *(decisão)* choice; *pol.* option.

ópera *s f* opera.

oper|ação *s f* operation; *aritmética* operation; *med* surgery; *com.* transaction; *mec.* operation; **entrada** *s f* **em ~** inauguration; *téc.* putting into operation; **~acional** *adj* operational; operating; **~acionalidade** *s f* operability; **~ador** *s m* operator; *mat.* operator; *filme* cameraman; *rádio* operator; **~ante** *adj* effective; **~ar** *v/t* (1c) to operate; *(executar)* to execute; *med.* to operate on, to perform a medical surgery; *v/i* to operate; *(agir)* to act; *(trabulhur)* to work; **~ariado** *s m* working class; **~ário 1.** *s m*, **-a** *f* worker; *(artesão)* craftsman, craftswoman; **2.** *adj* working.

opinião *s f* opinion; *(pública* public) opinion; *(fama)* fame.

ópio *s m* opium.

opor *v/t* (2zd) to oppose; *obstáculo* to raise; *(protestar)* to protest; *oposição* to object.

oportun|idade *s f* opportunity; *(conveniência)* convenience; *(exactidão)* accuracy; *(sorte)* chance; **de ~** timely; **~ista 1.** *s m/f* opportunist; **2.** *adj* opportunistic; **~o** *adj* opportune *(momento)*; *(a propósito)* convenient; *(favorável)* well-timed; *(adequado)* suitable; *(certo)* right.

oposi|ção *s f* opposition (**fazer** to oppose); *(contraste)* contrast; *pol. e astr.* opposition; **~cionismo** *s m* opposition; **~cionista 1.** *s m/f* opposer; **2.** *adj* opposing.

oposto 1. *adj* opposite; *(em frente)* in front of; **2.** *s m* opposite.

opress|ão *s f* oppression; **~ivo** *adj* oppressive; **~or** *s m*, **-a** *f* oppressor.

oprimir *v/t* (3a) to oppress; *(reprimir)* to repress; *(afligir)* to torment.

optar *v/i* (1a) to choose.

óptic|a *s f* optics; *fig.* viewpoint; **~o 1.** *adj* optical; **2.** *s m*, **-a** *f* optician.

optimis|mo *s m* optimism; *(confiança)* trust; **~ta 1.** *adj* optimistic; **2.** *s m/f* optimist.

óptimo *adj* great, excellent, splendid.

opul|ência *s f* opulence; *(exuberância)* exuberance; **~ento** *adj* opulent, rich.

oração *s f* prayer (**fazer** to pray); *(discurso)* speech; *gr.* clause.

oráculo *s m* oracle.

orador *s m*, **-a** *f* speaker.

oral *adj* oral.

oratóri|a *s f* public speaking, oratory; **~o 1.** *adj* oratorical; **2.** *s m* oratory; *mús.* oratorio.

órbita *s f astr.* orbit; *anat.* socket; *fig.* orbit.

orçament|al, ário *adj* budget; **défice** *s m* **~** budget deficit; **~o** *s m* budget; *econ.* budget; **~ do Estado** *s m* public budget.

orçar *v/t* (1p) to value, to estimate (**em** at); *v/i* **a)** *mar.* to sail windward; **b) ~ por** to be valued at, to be put at.

ordem *s f* order; *(sequência)* sequence; *(disposição)* arrangement; *(hierarquia)* rank; *(posição)* position; *(rel. e fig.)* order; *(comando)* command; *(instrução)* instruction; *(regulamento)* regulation; *(decreto)* decree; *econ.* Association; *dos advogados, médicos* Bar, Doctors' Association; **~ jurídica** legal frame.

orden|ada *s f mat.* ordinate; **~ado** *s m* salary, wages; **~amento** *s m* order; **~ar** *v/t* (1d) to put in order; *(dispor)* to arrange; *(mandar)* to order; *(decretar)* to decree, to order.

ordenhar *v/t* (1d) to milk.

ordinário 1. *adj* ordinary; *(tb. fig.)*; *(comum)* usual; *fig. reles* vulgar; **2.** *s m* the usual; **de ~** usually.

orelha *s f* ear; *téc.* flap.

orfanato *s m* orphanage.

órfão(s) 1. *adj* orphan; **2.** *s m (pl)*, **~ã** *f* orphan(s).

orgânic|a *s f* organical structure; **~o** *adj* organic; **lei** *s f* **~~a** *adj* fundamental law.

organ|ismo *s m* organism; *(estrutura)* structure; *(corporação)* body; *(entidade pública)* public services; **~ista** *s m/f* organist; **~ização** *s f* organization; *(estrutura)* structure; *(disposição)* arrangement; **~ social** social institution; **~izador 1.** *s m*, **-a** *f* organizer; **2.** *adj* organizing; **~izar** *v/t*

(1a) to organize; *(classificar)* to grade; *(dispor)* to arrange; *festa* to organize.

órgão(s) *s m (pl)* organ *(tb. fig.); tb. fig.* institution; *mús.* organ; *banco s m de ~s* organs bank.

orgulh|o *s m* pride; **~oso** *adj* proud.

orient|ação *s f* orientation; *(localização)* position; *fig.* direction; *(instrução)* instruction; **~ador 1.** *adj* guiding; *(dirigente)* leading; **2.** *s m, -a f* advisor; *(dirigente)* leader; *(guia)* guide; **~al** *adj* eastern; **~alista** *s m/f* orientalist; **~ar** *v/t* (1a) to orientate; *fig.* to direct; *(aconselhar)* to guide; **~ar-se** *v/r* to get one's bearings; *(guiar-se)* to follow *(por);* **~e** *s m* east; the East; *Próximo (Extremo)* Middle (Far) East.

orifício *s m* opening; *(buraco)* hole; *tb. anat.* orifice.

origem *s f* origin; *(causa)* cause; *país s m de ~* country of origin.

origin|al 1. *adj (primitivo)* primitive; *(particular)* private; *(excêntrico)* eccentric, original; **2.** *s m/f* original; *(manuscrito)* manuscript; *(texto)* text; *(excêntrico)* eccentric; **~alidade** *s f* originality; **~ar** *v/t* (1a) to give rise to, to start; *(causar)* to cause.

ornament|ação *s f* ornamentation; **~ar** *v/t* (1a) to decorate; *(enfeitar)* to adorn; **~o** *s m* adornment; decoration.

orquestra *s f* orchestra.

orquestração *s f* orchestration.

orquídea *s f* orchid.

orto|doxia *s f* orthodoxy; **~doxo** *adj* orthodox; **~grafia** *s f* spelling; **~gráfico** *adj* spelling; **~pedia** *s f* orthopaedics; **~pedista** *s m/f* orthopaedic.

orvalho *s m* dew.

oscil|ação *s f (balançar)* oscillation; *fig.* hesitation; fluctuation; **~ar** *v/i* (1a) *(balançar)* to sway, to swing.

ósseo *adj* bony.

osso *s m* bone; **~s** *s pl* bones.

osten|sível, ~sivo *adj* ostensible; *(claro)* clear; *(vistoso)* ostentatious; **~tação** *s f* ostentation; *(luxo)* luxury;

(jactância) display; **~tar** *v/t* (1a) to show off; *(mostrar)* to show.

ostra *s f* oyster.

otorrinolaringologista *s m/f* ear, nose and throat specialist.

ouriço *s m bio.* shell; *zoo.* hedgehog; **~-do-mar** sea urchin.

ouriv|es *s m/f* goldsmith; **~esaria** *s f* goldsmith's art; *loja* jeweller's shop.

ouro *s m* gold; **~s** *pl naipe* diamonds.

ous|adia *s f* daring; *(risco)* risk; **~ado** *adj* daring, bold; **~ar** *v/i* (1a) to dare.

outon|al *adj* autumnal; **~o** *s m* autumn.

outorg|a *s f* granting, concession; *(declaração por escrito)* written declaration; *(documento)* document; **~ante 1.** *adj* granting; **2.** *s m/f* grantor; **~ar** *v/t* (1o) *(conceder)* to grant; *documento* grant.

outro *adj e pron* another; *(mais um)* another; **o ~** the other.

outrora *adv* formerly.

Outubro *s m* October.

ouv|ido 1. *s m* hearing, *anat.* ear; **~ médio** medium ear; **~inte** *s m/f* listener; *aluno s m* **~** auditor; **~ir** *v/t* (3u) to hear; to listen to; *pedido* to satisfy; *(ter em conta)* to take into account.

ova *s f* roe *(dos peixes);* **~s** *pl* roes.

ov|ção *s f* acclaim; *(aplausos)* ovation; **~cionar** *v/t* (1f) to acclaim; to give a standing ovation to s.o.

ov|al *adj* oval; **~ar** *v/i* (1e) to lay eggs; **~ário** *s m* ovary; *bio.* ovary.

ovelha *s f* sheep.

ovino 1. *adj* sheep; **2.** *s m* sheep.

ovo *s m* egg; *(pôr* to lay); **~ cozido (quente)** boiled egg.

óvulo *s m* egg, ovum.

oxalá *int* hopefully; **~ que** hopefully.

oxid|ação *s f* oxidation; **~ar** *v/t* (1a) to rust, to oxidize.

oxigen|ado: *água s f* **-a** peroxide; **~ar** *v/t* (1d) to oxygenate.

oxigénio *s m* oxygen.

oz|ono, ~ónio *s m* ozone; *buraco s m de* **~** ozone hole; *camada s f de* **~one** ozone layer.

P

pá *s f* shovel; *téc.* blade.
pacato *adj* peaceful; *(sossegado)* quiet.
paciência *s f* patience; *jogo*: patience; *cartas*: patience; **~ente 1.** *adj* patient; *(sofredor)* suffering; **2.** *s m/f* patient.
pacífico *adj* peaceful; *(calmo)* calm; *(sossegado)* quiet; *Oceano s m* ♀ Pacific Ocean.
pacifista 1. *s m/f* pacifist; **2.** *adj* pacifist.
paço *s m real ou episcopal* court; *corte* palace; ♀*(s) do Concelho* Town Hall.
pacote *s m* packet, package.
pacto *s m* pact; *(contrato)* contract.
pactular (1g) *v/t contrato* to close; *condição* to agree on; to make a pact *(com* with); **~ário** *s m* party; *(aliado)* ally.
padaria *s f* bakery.
padecler (2g) *v/t* to suffer; *(aguentar)* to endure; *(permitir)* to permit; *v/i ~ de* to suffer from; **~imento** *s m* suffering.
padeirla *s f* baker; **~o** *s m* baker.
padiola *s f* stretcher.
padrão *s m* **a)** standard; *(norma)* rule; *(modelo)* model; *(matriz)* matrix; *tecido* pattern; *fig. (exemplo)* example; **~-ouro** *s m* gold-standard; **b)** gauge; **metro-~** standard meter.
padrasto *s m* stepfather.
padre *s m* priest.
padrinho *s m* godfather *(baptismo)*; best man *(casamento)*; *fig.* sponsor.
padroni!zação *s f* standardization; **~zar** (1a) *v/t* to standardize; *(uniformizar)* to set a standard.
pagaldor *s m* payer; **~mento** *s m* payment; *folha s f de ~mentos* salary sheet.
pagar (1o) *v/t e v/i* to pay; to pay for; to pay back; *(expiar)* to atone for; to serve.
página *s f* page.
paginlação *s f* pagination; **~ar** (1a) *v/t* to paginate.
pagode *s m* pagoda; *fig.* fun.
pai *s m* father; *os ~s* the parents.
painço *s m bot.* Italian millet.

painel *s m (pintura)* picture; *esp.* panel; **-éis** panels.
país *s m* country; **~-membro** member-country
paisaglem *s f* landscape; **~gista** *s mf* landscape painter.
paixão *s f* passion; ♀ *de Cristo* the Passion of Christ; *(sexta-feira) da* ♀ Good Friday.
pala *s f* peak; *pedra preciosa* setting; *sapato* strap.
palacete *s m* small palace.
palácio *s m* palace; *(castelo)* castle.
paladar *s m anat.* palate; *fig.* taste.
palavra *s f* word; **~ de honra** word of honour; **~ de ordem** watchword; slogan.
palavrão *s m* swearword; *(injúria)* insult.
palco *s m* stage.
palermla 1. *s m/f* fool; **2.** *adj* silly, stupid; **~ice** *s f* silliness.
palestinliano, ~o 1. *adj* Palestinian; **2.** *~ s m*, *-a f* Palestinian.
palestrla *s f* lecture, talk; **~(e)ar** (1c) *v/i* to chat, to talk.
palha *s f* straw; *fig.* nothing.
palhlaço *s m*, *-a f* clown; **~inha** *s f* straw; *cadeira s f de ~* straw chair.
palilar (1g) *v/t* to disguise; to gloss over; *(suavizar)* to mitigate; *(adiar)* to postpone; *(entretar)* to entertain; **~ativo 1.** *adj* palliative; *(auxiliar)* helpful; *(suavizante)* mitigating; **2.** *s m* palliative; *(recurso)* resource.
paliçada *s f* fence.
palidez *s f* paleness.
pálido *adj* pale.
palito *s m* toothpick.
palma *s f* palm; *(tb. fig.); palmeira*: palmleaf; **~ da mão** the back of the hand.
palmlada *s f* slap; **-s** slaps; **~eira** *s f* palm tree; **~ilha** *s f* inner sole; *em ~ilhas* in socks; **~o** *s m (mão)* span.
palpável *adj* tangible.
pálpebra *s f* eyelid.
palpitlação *s f* beating; **~ar** (1a) *v/i* to shiver; to beat *(coração)*; **~ar a alg** to stick one's oar in; **~e** *s m fig.* F tip.
palrar (1a) *v/i* to chat.
paludismo *s m* malaria.

panar (1a) *v/t carne, etc.* to coat with breadcrumbs.

pança *s f* paunch; belly; **~da** *s f* bellyful.

pancada *s f* blow; strike; hit.

pâncreas *s m* pancreas.

pane *s f* breakdown.

panegírico 1. *adj* panegyric; **2.** *s m* eulogy.

panela *s f* saucepan.

panfleto *s m* leaflet, pamphlet.

pânico 1. *adj* panic-striken; **2.** *s m* panic.

pano *s m* cloth; *(tecido)* cloth; **~ de limpeza** *s f* flannel, cloth.

panorama *s m* view.

pantanlal *s m* swampland; = **pântano** *s m* swamp, marsh; *(lamaçal)* quagmire; **~oso** *adj* marshy, swampy.

pantera *s f* panther.

pantomina *s f* pantomine.

pão (pães) *s m (pl)* bread *(tb. fig.)*; F corn; **~zinho** *s m* roll.

papá *s m* daddy.

papa 1. *s m* Pope; **2.** *s f esp* **~s** *s pl* mush, cereal.

papagaio *s m* parrot *(tb. fig.)*; *de papel* kite.

papeira *s f* mumps.

papel *s m material* paper; *tea.* role; **~ filtro** filter-paper; **~ higiénico** toilet-paper; **~ selado** stamped paper; **~ de música** *(ou* **pautado**) rulcd paper; **lenço** *s m* **de ~** tissue.

papellada *s f* pile of papers; *(documentos)* paperwork; **~ão** *s m* cardboard; **~aria** *s f* stationer's (shop).

papo *s m* crop *(pássaro)*; F *(tb. fig.)* double chin.

papoila *s f* poppy.

paquete *s m* steamship; *fig.* officeboy.

paquistanês 1. *adj* Paquistani; **2.** *s m*, **-esa** *f* Paquistani.

par 1. *adj* even *(número)*; *(semelhante)* equal, identical; **2.** *s m* pair; *dança* partner.

para 1. *loc*: for; to; towards; **(dá) ~ cá!** give it to me! **2.** *temp*: for; **~ (todo) o sempre** forever; **3.** *fim, destino*: in order to; **ser homem ~** to be man enough to; **4.** *relação*: in relation to; in comparison with; **5.** **~** *inf* to; **estar ~** to be in the mood; to

want to do sth.; **6.** *cj* **~ que** in order to.

parabéns *s m pl* congratulations; *(aniversário)* happy birthday.

parábola *s f* parable; *mat.* parabola.

pára-lbrisa(s) *s m* windscreen; **~choque (-s)** *(pl) auto.* bumper.

paradigma *s m* paradigm.

paradoxo *s m* paradox.

parafina *s f* paraffin.

paráfrase *s f* paraphrase.

parafuso *s m* screw; **chave** *s f* **de ~s** screwdriver.

paragem *s f* stop; *(detenção)* bust; *(imobilização)* stillstand; *(paradeiro)* whereabouts; *autocarro* bus stop; *eléctrico* tram stop; **-ns** *s pl* places, parts; **fazer ~ = parar 2.**

parágrafo *s m* paragraph; **sinal** *s m* **de ~** paragraph mark.

paraíso *s m* paradise.

parallela *s f mat.* parallel line; **-s** *s pl desporto*: parallel bars; **~elismo** *s m* parallelism; *(correspondência)* correspondence; **~elo** *adj* parallel; *fig.* identical.

paralislação *s f* interruption; *(suspensão)* suspension; *trabalho* standstill; *máquina* break-down; *(imobilidade)* standstill; **~ar** (1a) *v/t* to paralyse; *(imobilizar)* to immobilise; *actividade*: to stop; *trabalho* to bring to a standstill; *(trânsito, movimento, parágrafo)* to stop; **~ia** *s f* paralysis *(tb. med.)*.

paralítico 1. *adj* paralytic; **2.** *s m*, **-a** *f* paralytic.

pára-luz (-es) *s m* light-breaker.

parâmetro *s m* parameter.

parapeito *s m escadas* parapet; *janela* windowsill.

pára-quledas *s m* parachute; **~edismo** *s m* parachuting; **~edista(s)** *s m/f (pl)* parachuter(s).

parar (1b) **1.** *v/t* to stop; *(impedir)* to prevent; *máquina* to turn off; **2.** *v/i* to stop *(carro, etc.)*; to stand still *(homem, máquina)*; to standstill *durante uma actividade*; to bring to a standstill *(actividade)*; *(ficar)* to stay.

pára-raios *pl inv* lightning conductor, lightning rod.

parasitla *s m/f* parasite; **~ário** *adj* parasitic(al).

P

505

pára-sol (-sóis) *s m (pl)* sunshade; **~-vento(s)** *s m (pl)* wind breaker.

parc|eiro *s m* partner; *(sócio)* associate; *(jogador)* playing partner; **~ela** *s f* item; *(pedaço)* piece; *factura* instalment; **~elamento** *s m* division; **~elar** (1c) *v/t* to divide; **~ial** *adj* partial; biased.

parco *adj* scarce; thrifty.

pardal *s m* sparrow.

pardo *adj* grey; *cor, pele* dark.

parec|er 1. (2g) *v/i* to seem; *bem, mal, etc.* to look; *(ter ar de)* to look; *(ter a impressão)* to have the impression; **2. ~er-se** *v/r* to look alike, to resemble; **~ com alg** to look alike; **3.** *s m (aparência, aspecto)* look; opinion; *(relatório)* report; **formar ~er** to form an opinion; **~ido** *adj*: **~ com** alike; **bem ~** elegant, smart; *(bonito)* beautiful, handsome.

parede *s f* wall; *(muro)* wall; *fig.* strike.

parelha *s f cavalos* team; pair.

parent|a *s f* relative; **~e** *s m* relative; **1.** *s m/f* relative; **2.** *adj* relative.

parent|ela *s f* relations; **~esco** *s m* relationship.

parênt|ese, ~esis *s m (inserção)* bracket; parenthesis.

paridade *s f* parity; *(igualidade)* equality.

parir (3z) *v/i e v/t* to give birth, to have a baby; *(animais)* to give birth.

parlament|ar 1. *adj* parliamentary; **2.** *s m/f* parliamentarian; **3.** (1a) *v/t* to parley; **~ário** *s m* parliamentarian; **~arismo** *s m* parliamentary democracy; **~o** *s m* parliament; **♀ Europeu** European Parliament.

parmesão 1. *adj queijo s m* ~ parmesan; **= 2.** *s m* parmesan cheese.

pároco *s m* parish priest.

paródia *s f* parody.

parodiar (1g) *v/t* to parody.

paróquia *s f* parish.

paroqui|al *adj* parochial; **~ano 1.** *adj* parochial; **2.** *s m,* **-a** *f* parishioner.

parque *s m* park; *campismo* camping; *crianças* children's playground; **~ de diversões** amusement park; **~ nacional** national park; **~ natural** natural park; **~ar** *v/t* to park.

parquímetro *s m* parking meter.

parra *s f* vine leaf.

parte *s f* part; *(quota)* share; *(lado)* side; *(lugar)* place; *(partido)* party; *jur.* party; *(comunicação)* communication; *(participação)* notification; *mús.* voice; *tea.* role.

parteira *s f* midwife.

participl|ação *s f (notificação)* notification; *(assistência)* assistance; *(cogestão)* co-management; **~ obrigatória** compulsory participation; **~ante** *s m/f* participant; **~ar** (1a) *v/t* to share; *v/i* **~ar de, ~ar em** to participate in, to take part in; *(interessar-se)* to be interested in; *(compartilhar)* to share; *(co-gerir)* to co-manage.

particípio *s m* participle.

partícula *s f* particle *(tb. gr.)*.

particul|ar 1. *adj* special; *(característico)* characteristic; *(pessoal)* personal; *(privado)* private; **em ~** in private; **= ~mente; 2.** *s m* particular; **neste ~** in this particular point; **3. -es** details; **~aridade** *s f* peculiarity; *(circunstância)* circumstance; *(característica)* characteristic; **~armente** privately; particularly.

partida *s f (viagem)* departure; *comboio, carro* departure; *(saída)* exit; *mil.* leave; *desporto, corrida*: start; *com. mercadoria*: lot, shipment; *xadrez, etc.* game, match.

partid|ário 1. *adj* supporting; **2.** *s m,* **-a** *f* supporter, follower; *pol.* (party) member; **~o** *s m* party; *jogo*: handicap; *fig.* side.

partilh|a *s f* partition; *(parte)* share; **negar -s em** to deny partition; **~ar** (1a) *v/t* to share; **~ de** to share.

partir (3b) *v/t* **1.** *(dividir)* to divide; *(quebrar)* to break; *pão* to cut; *(rasgar)* to tear apart; *(distribuir)* to share out; **~ ao (ou pelo) meio** to split down the middle; **2.** *v/i* **a)** to break; **b)** *(viajar)* to travel; *(ir embora)* to leave; *de carro, comboio, etc.* to leave.

parto *s m* (child) birth; *(animal)* birth; **~ prematuro** premature birth.

parvo *adj* silly, stupid; **~oíce** *s f* silliness; *(estupidez)* stupidity.

Páscoa *s f* Easter.

pasmar (1b) *v/t* to amaze, to astonish; *(apavorar)* to terrify; **~ a vista em**

to stare at; *v/i* to be amazed at; *(ficar hirto)* to stand still.

passa *s f* raisin.

passad|eira *s f* stair carpet *(tapete);* crossing *no rio; (pontão)* bridge; *(anel)* ring; **~o 1.** *adj* past; *(anterior)* previous; bad *(fruta);* well-done *(carne);* embarrassed (**com** with); *fig.* stiff, rigid *de frio;* **2.** *s m* past; **~or** *s m cul.* sieve; *fig.* black marketeer; dealer; *(contrabandista)* smuggler.

passa|geiro 1. *adj* passing; *(insignificante)* insignificant; *(movimentado)* busy; **2.** *s m,* **-a** *f* passenger; *(transeunte)* passer-by; **~gem** *s f* passage; *(travessia)* crossing; *mil.* marching; *(bilhete)* ticket; passage *de um livro, etc.; (acontecimento)* event; *caça:* ba ton change; *costura:* darning; *peões* pedestrian crossing; *comboio* **~gem de nível** level crossing; **~gem do ano** New Year's Eve; **~gem do século** turn of the century; **~jar** (1b) *v/t* to stitch, to mend; **~porte** *s m* passport.

passar (1b) **1.** *v/t* to pass; *atravessar* to cross; *(ir)* to go *(ou* to drive, to travel); *sair* to go out, to leave; *(ultrapassar)* to exceed; *líquido* to filter; *farinha* to sieve; *(reexpedir)* to send again; *(entregar)* to deliver; *documento* issue; **2.** *v/i* to pass; to go by *(tempo); (morrer)* to die; to pass *(em exames, eleições, etc.);* to issue *(moeda, documento);* to leak (out) *(água, boato);* **~ de moda** to become old-fashioned; **3. ~-se** *v/r* to go mad; *(ter lugar)* to happen; to take place; to go by *(tempo).*

pássaro *s m* bird.

passatempo *s m* pastime.

pass|e *s m (autorização)* pass; *livre-trânsito, futebol* pass; **~ semanal** weekly ticket; **~ (social) para reformados** social ticket; **~ante** *s m/f* passer-by; **~ear** (1l) *v/t* to go for a walk; *(atravessar)* to cross; *olhar, pensamento* to wander, to roam; *v/i* to go for a walk; to drive, to travel; **~eio** *s m* walk, drive; *rua Br.* sidewalk, *Am.* pavement; **~ público** promenade; **~ marítimo** promenade deck; **dar ~** = **~ear.**

passional *adj* passionate; *crime, etc.* passion...

passível *adj* susceptible; **ser ~** to be susceptible; **ser ~ de** to be susceptible of.

passiv|idade *s f* passivity; **~o 1.** *adj* passive; *(inactivo)* inactive; *(sofredor)* suffering...; **voz** *s f* **-a** passive voice; **2.** *s m econ.* liabilities.

passo *s m* step (**dar** to take); *(pegada)* footprint; *(modo de andar)* gait, walk; *(andar)* footstep; *(passagem)* cross; *montanha* pass; *mar.* strait; **~ de caracol** snail's pace.

pasta *s f* briefcase; *cul.* paté; *livro, actas* folder; *pol.* portfolio; *(cargo)* office.

past|agem *s f* pasture; **~ar** (1b) *v/t* to graze on; *v/i* to graze; **~el** *s m carne* pastry; *doce* muffin; *pint.* pastel; **~elaria** *s f* confectionery, tuck-shop; **~eleiro** *s m* baker, confectioner; **~ilha** *s f* pastille; **~ elástica** chewing gum; **~o** *s m gado* pasture; *fig.* food; **casa** *s f* **de ~** cheap restaurant.

pastor *s m,* **-a** *f* shepherd(ess); *fig.* soul shepherd; *(padre)* clergyman; **~ protestante** vicar; **~ alemão** german shepherd.

pata *s f* **a)** duck *(fêmea);* **b)** foot, paw; *(garra)* claw; *cavalo* hoof; *âncora* anchor; **à ~** F on foot.

patamar *s m escadas* landing; *casa* level.

patent|e 1. *adj* open; *(evidente)* obvious; *(aberto)* open (**a, para** for, to); **estar** *(ou* **encontrar-se) ~** to be open; **2.** *s f* patent, rank; *(diploma)* diploma; *(documento)* document; **~ear** (1l) *v/t* to reveal; *(descobrir)* to discover; *(mostrar)* to display; *manifestar* to show; *invenção* to patent.

patern|al *adj* paternal; **~idade** *s f* paternity; **~o** = **~al.**

patet|a *s m/f* idiot; **~ice** *s f* stupidity; *(tolice)* daft thing.

patético 1. *adj* pathetic, moving; **2.** *s m,* **-a** *f* pathetic person.

patif|aria *s f* roguishness; *(maldade)* meanness, dirty trick, nastiness; **~e 1.** *s m* scoundrel; **2.** *adj* mean, wicked; **~ório** *s m* rogue, swindler, scoundrel.

patim *s m* skate; *trenó* runner.

patin|ador *s m,* **-a** *f* skater; **~agem** *s f* skating; **~ar** (1a) *v/i* to skate; *(carro)* to skid.

pátio *s m* patio, backyard.

pato *s m* duck *(espécie);* drake; *fig.* F sucker.

patrão *s m* boss; *(chefe)* chief; *(gastrónomo; estalajadeiro)* master; *(senhorio)* landlord; *mar.* skipper.

pátria *s f* homeland.

patriarca *s m* patriarch.

patri|ota *s m/f* patriot; **~otismo** *s m* patriotism.

patroc|inador *s m* sponsor, backer; **~inar** (1a) *v/t* to sponsor, to protect; *(apoiar)* to support; *espectáculo, etc.* to patronize; **~ínio** *s m* sponsorship; *(protecção)* protection.

patron|ado *s m* employers; = **~ato;** **~al** *adj* employers...; **~ato** *s m* employers.

patrulh|a *s f* patrol; *(quadrilha)* gang; *(bando)* group; **~ar** *v/i e v/t* (1a) to patrol; *(vigiar)* to watch.

pau *s m material* wood; *(pedaço de madeira)* piece of wood; stick; *(haste)* mast; *(cabo)* handle; *(cacete)* stick; *chocolate* chocolate stick.

pauperismo *s m* poverty; *(empobrecimento)* impoverishment.

paus|a *s f* break; **~ado** *adj* slow, leisurely.

pausar (1a) *v/i* to pause; *v/t* to make a break; *(interromper)* to interrupt.

pavão *s m* peacock.

pavilhão *s m feiras, etc.* pavillion; *jardim* summerhouse; *anat.* pavillion; *mar.* flag.

paviment|ar (1a) *v/t (assoalhar)* to floor; *rua* to pave; **~o** *s m* floor covering; *(andar)* Br. floor, storey, Am. story; *(calçada)* pavement.

pavio *s m* wick.

pavor *s m* dread, terror; **~oso** *adj* dreadful, terrible.

paz *s f* peace; *(sossego)* quietness.

pé *s m* foot (*a* on); *(pedestal)* pedestal; *(tripé)* tripod; *(tronco)* log, *(caule)* trunk; *couve* head; *(bolbo)* bulb.

peão *s m* pedestrian; *mil.* foot soldier; *xadrez:* pawn.

peça *s f* piece; *jogo:* pin; *(carta)* card; *jur.* minutes; *(móvel)* piece of furniture; *(assoalhada)* room; *mil.* cannon; *téc.* part.

pec|ado *s m* sin; *(delito)* misdemeanour; *(erro)* mistake; **~ador 1.** *adj* sin-

ful; **2.** *s m,* **-a** *f* sinner; wrongdoer; **~ar** (1n) *v/i* to sin; *(infringir)* to break the rules; *(sofrer)* to suffer; **~ por** (*tb.* **de**) to sin for, to make mistakes.

pecuár|ia *s f* cattle-raising; *(gado)* cattle; **~o** *adj* cattle...; **2.** *s m* cattle farmer.

pec|uliar *adj* peculiar; *(especial)* special; **~úlio** *s m* wealth; *(economias)* savings; *(dinheiro)* money, *(tesouro)* treasure.

pecuniário *adj* money...; financial; **bens** *s m pl* **~s** financial assets.

pedaço *s m* picce; *tempo:* bit; **fazer em ~s** to break into pieces, to destroy.

pedag|ogia *s f* pedagogy, education; **~ógico** *adj* educational, pedagogical; **~ogo** *s m,* **-a** *f* educator, educationist.

pedal *s m* pedal; **~ar** (1b) *v/i* to pedal.

pedante 1. *s m/f* stuffed shirt, pompous ass; *(arrogante)* snob; **2.** *adj* pretentious; *(pomposo)* pompous.

pederasta *s m* pederast.

pedest|al *s m* pedestal; *(pés)* feet; **~re** *adj* pedestrian; **estátua** *s f* **~** statue.

pediatr|ia *s m/f* paediatrician; **~ia** *s f* paediatrics.

pedicur|ia *s f* chiropodist; **~o** *s m* chiropodist.

pedido *s m* request; *(requerimento)* motion; *(pedido de informação)* inquiry; *econ.* order; *(procura)* demand; *casamento* proposal; **o ~** the proposal; **a ~** by request.

pedir (3r) *v/t tempo, esforço, etc.* to ask; **~ (a/c a alg)** to ask s.o. sth.; *(exigir)* to demand; *(encomendar)* to order; *(pedinchar)* to beg.

peditório *s m* public collection, begging alms.

pedra *s f* stone; *granizo* hailstone; *sal, etc.* corn; lump *sabonete, açúcar, etc.*; **primeira ~** first stone; **cair ~, chover ~** to hailstone.

pedr|ada *s f* blow with a stone; **~a-pomes** pumice stone.

pedregulho *s m* boulder, rock; *(cascalho)* gravel.

pedreir|a *s f* quarry; **~o** *s m* stonemason, bricklayer; **~o-livre** *s m* free-mason.

pega *s f* magpie; *fig.* tart; **~da** *s f* footprint; *(pista)* trail; *fig.* track; **ir na ~ de alg** to follow s.o.'s footsteps.
pegajoso *adj* sticky; gluey *(pessoa).*
pegar (1o) **1.** *v/t (colar)* to stick; *(agarrar)* to grab; *(apanhar)* to catch; **2.** *v/i* to stick; *(segurar)* to pick up; to catch on *(negócio, moda);* to start *(motor);* to be catching *(doença);* to catch *(planta, fogo);* **~ com** to be next door to; **~ em** to grab; *encomenda* to order.
peitlo *s m anat.* chest; *(mulher)* breast; *fig.* heart; *(alma)* soul; *(coragem)* courage; **~ do pé** instep; **~orll** *s m* windowsill; **~oril da janela** windowsill.
peixle *s m* fish; **~ podre** *fig.* rotten fish; **~e-espada** *s m* sword-fish; **~eira** *s f* fishwife; *(tigela)* fish bowl; **~eiro** *s m* fishmonger.
pejorativo *adj* pejorative; *(mau)* bad.
pelaldo *adj* skinned; *(despido)* naked; **~dura** *s f* skin change; *(pelar)* skinning; **~agem** *s f* fur *(dos animais).*
pellar (1c) *pele*: to skin; *pêlo*: to shear; *fruta, etc.* to peel; *fig.* to pluck; **~aria** *s f* furrier's shop; *(peles)* furs; **~e** *s m* skin; *animal* fur; *vestuário*: fur; **casaco** *s m* **(loja** *s f)* **de ~s** fur-coat (shop); **~eiro** *s m* furrier.
pelejla *s f* fight; *(briga)* quarrel; *(bulha)* row; **~ar** (1d) *v/i* to fight; *(bulhar)* to row, to quarrel.
pelilca *s f* kid (leather); **luva** *s f* **de ~** kid-glove; **~ça** *s f =* **pelica**.
pelicano *s m* pelican; *med.* pliers.
película *s f* film of skin; *foto* film.
pêlo *s m* hair; *animal*: fur; *(penugem)* fluff.
pelotão *s m mil.* platoon; **~ de execução** *s f* firing squad.
pelourlinho *s m* pillory; **~o municipal** town hall department.
peluldo *adj* hairy; *(cabeludo)* hairy; *animal*: furry; *fig.* shy; *(desajeitado)* clumsy; **~gem** *s f* fluff.
pena *s f a) (castigo)* punishment; *(desgosto)* grief; *(sofrimento)* suffering; *(dó)* pity; *infernal* sorrow; **~ capital, ~ última (máxima)** death sentence, capital punishment; **sob ~** under penalty; **cumprir uma ~** to do a sentence, to do time; **b)** feather.

penal *adj* penal.
penallidade *s f* penalty; *(castigo)* punishment; *desporto*: penalty; **~ista** *s m/f* lawman; **~ização** *s f* penalty; **~izar** (1a) *v/t* to penalise; *(fazer dó)* to be pitiful; *(castigar)* to punish.
penar (1d) *v/t e v/i* to grieve; *(sofrer)* to suffer.
pendlão *s m* pennant; *(bandeira)* banner; *(milho)* blossom; *fig.* banner; *(aparência)* look; **~ência** *s f* dispute, quarrel; **~ente 1.** *adj* sloping; hanging *(fruta);* dependant (on **de);** *fig.* unsettled; pending; *jur.* dependant; **2.** *s m* pendant; earring; *arq. abóboda* spandrel; **~er** (2a) *v/i* to hang; to depend (on *de);* to lean (towards *para*).
pêndulo *s m* pendulum.
pendurlado *adj* hanging; **estar ~** to be hanging; **~ar** (1a) *v/t* to hang **(por** by).
penedlia *s f* rocky place; **~o** *s m* rock, boulder.
peneirla *s f (cozinha)* sieve; *(jardim)* riddle; *(chuva)* drizzle; **~ar** (1a) *v/t* to sieve.
penetrlação *s f* penetration; insight; *fig.* sharpness; **força** *s f* **de ~** penetration force; **~ante** *adj* penetrating; *(agudo)* sharp; incisive *(ironia);* deep *(sentimento);* piercing *(som);* sharp *(espírito);* **~ar** (1c) *v/t* to penetrate; *(compreender)* to understand; *(descobrir)* to get into; *v/i* to penetrate; to find out *(motivo);* **~ em** to penetrate into.
penhla *s f* rock; **~asco** *s m* cliff.
penhor *s m* pledge *(tb. fig.).*
penhorlado *fig. adj* thankful; **agradeço muito ~** I thank you most humbly; **~ar** (1e) *v/t (garantir)* to guarantee; *(prometer)* to promise; *fig.* to put under an obligation; *(envergonhar)* to embarrass; **~ista** *s m/f* pawnhandler.
península *s f* peninsula.
pénis *s m* penis.
penitlência *s f* penitence; **~s** *s pl* penance; **~encial** *adj* penitential; **~enciar** (1g) *v/t* to pay for; *(castigar)* to impose penance on; **~enciária** *s f* prison; **~enciário 1.** *adj* prison…; **2.** *s m* prisoner, inmate; **~ente 1.** *adj* repentant; *(arrependido)* sorry; **2.** *s m/f* penitent.

P

penoso *adj* painful; *(difícil)* hard; *(embaraçoso)* embarrassing; *(desagradável)* unpleasant.

pens|ador *s m* thinker; **~amento** *s m* thought; *(pensar)* thinking; *(intenção)* intention; *(propósito)* purpose; **vir ao** **~** to cross one's mind; **~ão** *s f* boarding house; **~ completa** full board; **~ar** (1a) **1.** *v/i* to think (**em** of); *(recordar--se)* to remember; to believe; *(tencionar)* to mean; **~ em, ~ sobre** to think on, to think about; *(reflectir)* to think over; **2.** *v/t* a) to think; *(considerar)* to consider; *(meditar)* to meditate; b) *ferida* to dress; **~ativo** *adj* thoughtful.

penso *s m* dressing; *(ração)* (food) ration; *med.* dressing.

pent|agonal *adj* pentagonal; **~ágono** *s m* pentagon.

pente *s m* comb.

pente|ado *s m* hairdo; **~ar** *v/t* (11) to comb.

Pentecostes *s m* Whitsun.

penugem *s f (ave)* down; *(pêlo)* fluff.

penúltimo *adj* last but one.

penumbra *s f* twilight, dusk.

penúria *s f* poverty.

pequeno *adj* small; *(insignificante)* insignificant; meaningless.

pêra *s f bot.* pear; *barba* beard.

perante *prep* before; *(na presença de)* in the presence of; *(em vista de)* in view of.

percalço *s m* difficulty; *(contratempo)* pitfall, trouble.

perceber (2c) *v/t* to understand; *(notar)* to notice; *(ouvir)* to hear; *(entender)* to understand; *(reconhecer)* to recognise.

percent|agem *s f* percentage; *(quota--parte)* share; *(parte)* share; **~ual** *adj atr.* percentage…

percep|ção *s f* perception; **~tível** *adj* perceptible; *(audível)* audible; collectable *(dívidas)*.

percevejo *s m* bug; *(tb. fig.)*.

percorrer (2d) *v/t* to travel across; to go through; to traverse; *(distância)* to cover; *país* to cross; *mar.* to cross.

percurso *s m* distance; *(via)* route; *rio* bed; *viagem* way, journey, trip; *(marcha)* march.

perda *s f* loss; *(desaparecimento)* disappearance; *cabelo* fall; *fig.* waste.

perdão *s m* pardon; forgiveness; *jur.* pardon; *(absolvição)* absolution.

perder (2o) *v/t* to lose; *oportunidade, comboio, etc.* to miss; *(desperdiçar)* to waste; *(fazer em vão)* to do in vain; *(arruinar)* to ruin; *(depravar)* to deprave, to corrupt.

perdiz *s f* partridge.

perdo|ar (1f) *v/t* to forgive; *(fechar os olhos)* to let s.o. get away with sth.; *pecado* to forgive; *castigo, dívida* to cancel; *(poupar)* to spare.

peregrin|ação *s f* pilgrimage; *(viagens)* travels; **~o** *s m* **1.** *adj* odd; *(estranho)* rare; **2.** *s m,* **-a** *f* pilgrim; traveller.

pereira *s f* pear tree.

peremptório *adj* decisive; final; *jur.* peremptory.

perfei|ção *s f* perfection; *(acabamento)* finish; **~to** *adj* perfect; *(total)* total; *(terminado)* finished; *(impecável)* impecable; *(exacto)* accurate.

perfídia *s f* treachery.

pérfido *adj* treacherous; *(malvado)* wicked; *(falso)* false.

perfil *s m* profile; *(contorno)* outline; *(vista lateral)* side sight; *mil.* line up; *fig.* character; **de ~** in profile.

perfum|ado *adj* fragant; **~ar** (1a) *v/t* to perfume; **~aria** *s f* perfumery; **~e** *s m* perfume; scent; *(odor)* smell *(tb. fig.)*.

perfur|ação *s f* boring, piercing; *(brocagem)* drill; perforation *(esp. med.)*; **torre** *s f* **de ~** derrick; **~ado: ficha** *s f (tira s f)* **-a** punched card (band); **~ador 1.** *s m* punch *(tb. téc.)*; *papel* punch; **2.** *adj (máquina)* **~a** punch drill; **~ar** (1a) *v/t* to punch, to make a hole in, to bore.

pergaminho *s m* parchment.

pergunt|a *s f* question; *(fazer* to ask); *(inquérito)* inquiry; **~ar** (1a) *v/t* to ask; **~ a alg** to ask s.o.; **~ por** to ask for.

perícia *s f* skill; *(saber profissional)* expertise.

perif|eria *s f* periphery; *(margem)* border; *(lado exterior)* outside; *(arredores)* outskirts; **~érico** *adj* peripherical; **unidade** *s f* **~érica** *inform.* peripheral.

perig|o *s m* danger; **pôr em ~o** *s m* to put in danger, to endanger; **~oso** *adj* dangerous.

perímetro *s m* perimeter; *(floresta, etc.)* limits.

periódico 1. *adj* periodic; *(regular)* regular; **2.** *s m* newspaper.

período *s m* period; **~ de tempo** *s m* lapse.

peripécia *s f* adventure; *(volta)* turn in events; F surprise.

periscópio *s m* periscope.

perito 1. *adj* expert; *(competente)* competent; **2.** *s m*, **-a** *f* expert.

perman|ecer (2g) *v/i* to stay; *(persistir)* to persist; *(deter-se)* to stop; *(durar)* to last; **~ente 1.** *adj* permanent; *(contínuo)* constant; regular *(exército)*; **2.** *s f* perm.

permeável *adj* permeable.

permi|ssão *s f* permission; *(licença)* licence; **~ssível** *adj* permissible; **~tir** (3a) *v/t* to allow, to permit.

perna *s f* leg *(tb. cul.)*; *tb. anat.* limb; *círculo* circle.

pernicioso *adj* pernicious; *(prejudicial)* prejudicial, harmful; malignant *(febre)*.

pernil *s m (de animal)* haunch; *cul.* leg.

perno *s m (pino)* pin.

pernoitar (1a) *v/i* to stay overnight.

pérola *s f* pearl *(tb. fig.)*.

perpendicular 1. *adj* perpendicular; **2.** *s f* perpendicular (**tirar** to take).

perpétuo *adj* perpetual; *(ilimitado)* unlimited; *(eterno)* eternal; life sentence *(pena)*.

perplex|idade *s f* perplexity; dismay; *(atrapalhação)* confusion; **~o** *adj* dismayed; *(atrapalhado)* confused, puzzled; **ficar ~** to be taken aback; **deixar ~** to dismay.

persa 1. *adj* Persian; **2.** *s m/f* Persian.

perscrut|ação *s f* examination, inquiry; **~ador** *adj* examining; *(olhar)* observer; **~ar** (1a) *v/t* to scrutinize, to examine; *(descobrir)* to find out; *(penetrar)* to penetrate.

persegu|ição *s f* pursuit; **~idor** *s m* **-a** *f* pursuer; **~ir** (3o) *v/t* to pursue; *(importunar)* to harass.

persever|ança *s f* perseverance; **~ante** *adj* persistent.

persiana *s f* blind.

pérsi(c)o *adj* Persian.

persist|ência *s f* persistence; **~ente**

adj persistent; *(constante)* constant; **~ir** (3a) *v/i* to persist; *(durar)* to last; **~ em** to persist in; *(insistir)* to insist on.

person|agem *s f* personality; *romance, teat.* character; **~alidade** *s f* personality; *(peculiaridade)* peculiarity; *(nota pessoal)* personal note.

perspectiva *s f* perspective; *(tb. fig.)* direction.

persp|icácia *s f* perceptiveness; *(previsão)* insight; sharpness; **~icaz** *adj* sharp *(olho)*; *(previdente)* prudent; **ser ~** to be shrewd.

persua|dir (3b): *v/t* **~ de** to persuade of; *(convencer)* to convince; **~são** *s f* persuasion.

pertencer (2g) *v/i* to belong to s.o.; *família, partido, etc.* to be a member of; *(fazer parte de)* to be part of.

pertinente *adj* pertinent; *(certo)* right.

perto 1. *adv* near; **aqui ~** nearby; **2.** *prep:* **~ de** a) *loc.:* near b) *fig.* almost.

perturb|ação *s f* disturbance; *(confusão)* confusion; *(inquietação)* uneasiness; **~ado** *adj* disturbed; *(irrequieto)* restless; *(embaraçado)* embarrassed; **~ador** *s m*, **-a** *f (pessoa)* disruptive; **~ar** (1a) *v/t ordem, sossego* to disturb.

peru *s m* turkey.

peruano 1. *adj* Peruvian; **2.** *s m*, **-a** *f* Peruvian.

perver|são *s f* perversion; *(depravação)* depravation; *bio.* degeneration; **~sidade** *s f* perversity; *(depravação)* depravation; **~so** *adj* perverse; **~ter** (2c) *v/t* to pervert; *moralmente* to distort.

pesa|delo *s m* nightmare; **~do 1.** *adj* heavy; *(desagradável)* unpleasant; *(pesadão)* plump; *(grave)* serious; **ser (ou ficar) ~ a alg** to weigh on s.o.; **2.** *s m desporto:* heavy weight.

pêsames *s m pl* condolences.

pesar 1. (1c) *v/t* to weigh; *fig.* to weigh up; **2.** *v/i* to weigh; **~ sobre** to fall upon; **3.** *s m* grief.

pesca *s f* fishing; catch.

pesc|ada *s f* whiting; **~ador** *s m* fisherman; **~ de águas turvas** swindler, F con-man; **~ar** (1n) *v/t e v/i* to fish; *(fig. por acaso)* to catch; *vantagem* to gain; *segredo* to get hold of;

(topar) to understand; **~ar em águas turvas** *(ou **envoltas**)* to fish in troubled waters.

pescoço *s m* neck; *(nuca)* nape.

peseta *s f* peseta.

peso *s m* weight; peso *(moeda); (pressão)* pressure; *(ênfase)* focus; *(importância)* importance.

pesquis|a *s f* research (**fazer** to do); *(inquérito)* inquiry; *min.* probe; *(sondagem)* survey; **~ar** (1a) *v/t local* to go through; *(sondar)* to probe; *(averiguar)* to ascertain; *(investigar)* to investigate, to research; **centro** *s m de* ~ research centre.

pessário *s m med.* pessary; diaphragm.

pêssego *s m* peach.

pessimi|smo *s m* pessimism; **~sta 1.** *s m/f* pessimist; **2.** *adj* pessimistic.

péssimo *adj* awful.

pesso|a *s f* person; **~al 1.** *adj* personal; **2.** *s m* personnel; **falta** *s f de* ~ lack of personnel; **secção** *s f de* ~ human resources department.

pestana *s f* eyelash.

peste *s f (epidemia)* epidemic; *(fedor)* stink; *fig.* plague.

pestil|ência *s f* pestilence = **peste**; **~encial** *adj* pest…

pétala *s f* petal.

petardo *s m* petard.

petição *s f* petition; *(requerimento)* request; *(pedido)* request, favour.

petisco *s m* titbit; delicacy; snack.

pétreo *adj* petrified; stone…; *(duríssimo)* hard as a rock.

petr|oleiro *s m mar.* oil tanker; **~óleo** *s m* oil, petroleum; **~óleo bruto** crude oil; **manto** *s m de* **~óleo** oil slick.

peúga *s f* sock.

pez *s f* pitch; *(alcatrão)* tar.

pia *s f* wash basin; *(da cozinha)* sink.

piano 1. *s m* piano; **~ de (meia) cauda** grand piano; **2.** *adv* lightly.

pião *s m* spinning top.

pic|ada *s f* prick, sting *(tb. fig.); (mordidela)* bite; *(caminho)* path, trail; *aer.* dive; **~adela** *s f* prick; **~ado 1.** *adj* pricked; rough *(mar.); fig.* bitten; *(irritado)* irritated; **carne** *s f -a* minced meat; **voo** *s m* ~ diving flight; **2.** *s m* minced meat; *mús* pizzicato; *aer.* div-

ing flight; **~ante** *adj* hot; *(excitante)* hot; *(mordaz)* saucy; **~ar** (1n) *v/t* to prick, to sting; *(morder)* to bite; *(perfurar)* to perforate; **~areta** *s f* pickaxe.

pico *s m* sharp point; *(espinho)* thorn; *(ferrão)* sting; *montanha* top; *(cume)* peak.

pict|órico *adj* pictorial; = **~ural** *adj* pictorial.

pied|ade *s f* piety; *(dó)* pity; *(respeito)* respect; **sem** ~ pitiless, without pity; **~oso** *adj* pious; *(compassivo)* merciful.

pijama *s m* pyjamas.

pilão *s m* **a)** crusher, mortar; **b)** *arq.* pillar.

pilh|a *s f* pile; heap *livros, etc.; elect.* battery; **~agem** *s f* plunder, boot, pillage; *(roubo)* robbery; **fazer -ns** = **~ar** (1a) *v/t* to plunder, to boot; *(roubar)* to rob; *(apanhar)* to catch; *(apanhar em flagrante)* to catch in the act; *(agarrar)* to get hands on.

pilot|agem *s f* pilotage; *(guiamento)* guidance; *(voar)* flying; **~ar** (1e) *v/t e v/i* to fly; *(dirigir)* to guide; *aer.* to fly, *auto.* to drive; **~o** *s m/f* pilot; *auto.* driver; *mar.* helmsman; *zoo.* pilot-fish; **projecto** *s m* ~ pilot project.

pílula *s f* pill.

pimenta *s f* pepper.

piment|ão *s m* Spanish papikra; **~o** *s m* paprika.

pinça *s f* tweezers; *costura* tongs; *ferida* callipers; *caranguejo* crab tweezers.

píncaro *s m* summit, peak.

pincel *s m* brush; *(pintura)* paintbrush; **~ada** *s f (brush)* stroke; **~ar** (1c) *v/i* to paint.

ping|a *s f* drink *(tb. fig.); **entrar na** ~* to begin drinking; **estar com a** *(ou* **tocado da)** ~ to be sloshed, to be soaked; **gostar da** ~ to like to drink.

pingar (1o) *v/i (gotejar)* to drip; *(aspergir)* to sprinkle.

pingo *s m* drop; stain *(gordura)*.

pinguim *s m* penguin.

pinha *s f* pine cone.

pinh|al *s m* wood; pine wood; **~ão** *s m* pine seed; **~eiro** *s m* pine tree.

pino *s m* tack; peg; *fig.* peak, summit; *desporto*: handstand; **a** ~ vertically; *(direito)* straight.

pinta *s f* spot; *fig.* appearance, looks.
pintar (1a) *v/t e v/i* to paint; *parede, porta* to paint; *cabelo* to dye; *rosto* to make up; *fig.* to describe.
pinto *s m* chick; *como um* ~ like a drowned rat, soaked (to the bones).
pintor *s m,* **-a** *f* painter; *(caiador)* whitewasher.
pintura *s f* painting; *(quadro)* painting; *(demão)* coat, layer; *fig. maquilhagem* make-up.
piolho *s m* louse.
pioneiro *s m,* **-a** *f* pioneer.
pior *comp e sup v* **mau;** worse; **(tanto)** ~! so much the worse!; **~ar** (1e) *v/t* to make worse, to worsen; *v/i* to get worse.
pipa *s f vinho* barrel *(tb. fig.).*
pipo *s m* little barrel.
pipoca *s f* popcorn.
piquenique *s m* picnic.
pirâmide *s f* pyramid.
pirata *s m/f* pirate; *fig.* crook; ~ **do ar** *s m* highjacker.
pires *pl inv* **1.** *s m* saucer; **2.** *adj de mau gosto* kitschy, corny.
pirueta *s f* pirouette; *(meia volta)* half turn; *(salto)* jump.
pisa *s f* pressing *da uva; (espremer)* press.
pis|adela *s f =* **~adura; levar uma** ~ to be stepped upon; **~adura** *s f* bruise *(nódoa negra);* **~ar** (1a) *v/t* to tread on; *local* to step on; *(esmagar)* to crush; *(calcar)* to step on; *uva* to press *ou* to tread; *fig.* to harp on; *(ofender)* to step on s.o.'s feelings.
piscia-pisca(s) *s m (pl)* auto. blinker, indicator; **~ar** (1n) *v/i* auto. to blink, to flash.
piscatório *adj* piscatory, fishing…
piscina *s f* swimming pool.
piso *s m* floor; *(chão)* ground; *(andar)* floor; step *de um degrau.*
pista *s f (trilho)* track, trail; *desporto:* track; ~ **de aterragem** landing runway.
pistácia *s f bot.* pistachio (nut).
pistola *s f* gun, pistol; ~ **automática** *ou* **metralhadora** machine-gun; ~ **de pintar** *téc.* spray gun; **pintar à** ~ to spray.
pitada *s f sal* pinch.
pitéu F *s m* titbit, delicacy.

pitoresco *adj* picturesque.
placa *s f* plate; *firma, número* number plate; ~ **comemorativa** plaque; ~ **de desvio** roadsign.
placenta *s f anat.* placenta.
plácido *adj* placid; *(sereno)* calm.
plain|a *s f téc.* plane; **~o** *s m* plain = **plano 1.**
planalto *s m* plateau.
plan|eador *s m,* **-a** *f* planner; **~eamento** *s m* planning; **~ear** (1l) *v/t* to plan; *(criar)* to create.
planet|a *s m* planet; **~ário 1.** *adj* planetary; **2.** *s m* planetarium.
planície *s f* plain.
planificl|ação *s f* planification; plan; **~ar** (1n) *v/t* to make a plan of; to plan out; *economia* *s f* **-ada** planned economy.
plano 1. *adj* level; *(baixo)* flat; smooth; *fig.* easily understandable; *(natural)* natural; **2.** *s m* area, surface; *(planície)* plain; plan; ~ **de sustentação** *aer.* wing.
planta *s f* plant; *pé sole; arq.* plan; *cidade* map; ~ **vivaz** perennial plant.
plant|ação *s f* plantation; *(cultura)* culture; **~ar** (1a) *v/t* to plant; *(cultivar)* to cultivate; *campo* to plant, to sow.
plasma *s m* plasma.
plástica *s f* plastic surgery.
plasticl|idade *s f* plasticity; *(figuratividade)* figure.
plástico 1. *adj* plastic; *(formativo)* related to the fine arts; **cubotânoia o** *téc.* = **2.** *s m* plastic.
plataforma *s f* platform; *comboio* platform; *lançamento* launch pad; *fig.* basis.
plátano *s m* plane tree.
plateia *s f teat.* stalls.
platina *s f* platinum.
platónico *adj* platonic.
plausível *adj* plausible; *(crível)* credible.
plebe *s f* common people; *(massa)* populace.
pleb|iscitário *adj* plebiscite; **votação** *s f* **-a** = **~iscito** *s m* plebiscite, referendum.
pleito *s m* lawsuit, case; *(litígio)* dispute.
plen|ário 1. *adj (completo)* complete; full…; plenary; **2.** *s m* chamber; *tb.*

P

pol. plenary session; *jur.* session; **~itude** *s f* plenitude, fullness; *(força)* strength; **~o** *adj* full; complete; *(inteiro)* hole; *(perfeito)* perfect; **sessão** *s f -a* plenary session.

plum|a *s f* feather; **~agem** *s f* plumage.

plural *s m* plural; **~idade** *s f* diversity; *(variedade)* variety; **à ~ (de votos)** *Br.* by majority, *Am.* plurality; **~alismo** *s m* pluralism.

pneu *s m* tyre; **pôr ~s** to put on new tyres.

pneum|ático 1. *adj* pneumatic; **barco ~** pneumatic boat; **correio** *s m ~* pneumatic dispatch system; **2.** *s m* tyre; **~onia** *s f* pneumonia.

pó *s m (poeira)* dust; powder; **leite em ~** powder milk.

pobre *adj* poor; *(miserável)* indigent; *(improfícuo)* useless.

pobreza *s f* poverty; *(miséria)* penury.

poça *s f* puddle; pool.

pocilga *s f* pigsty.

poço *s m* well; *ar, água* shaft; *min.* shaft.

poda *s f* pruning *das árvores, etc.*; **saber da ~** F to know one's business.

poder 1. (2y) *v/i* to be able to; can; may *(autorização);* to suppose *(suposição);* **~ com** to be a match for; *peso* to be able to carry; *(dar conta)* to cope with; **2.** *s m* power; will; *de compra* purchasing power; *calorífero* heating power; *jur.* right; *(possessão)* possession.

poderoso *adj* powerful.

podr|e *adj* rotten; *(estragado)* spoiled; **~ de rico** filthy rich; **~idão** *s f* rottenness; *(corrupção)* corruption; *(depravação)* depravation.

poeira *s f* dust; *fig. (preconceito)* prejudice.

poema *s m* poem.

poe|sia *s f* poetry; **~ta** *s m,* **~tisa** *f* poet(ess).

poétic|a *s f* poetics; **~o** *adj* poetic *(tb. fig.);* **arte** *s f* **~a** poetical art.

pois 1. *adv* so; *(claro)* naturally; **~!** of course! = **~ é!** that's right!; **2.** *cj* as; = **~ que** since.

polaco 1. *adj* Polish; **2.** *s m,* **-a** *f* Pole.

polar *adj geo.* polar; *fís.* polar.

polarizar (1a) *v/t* to polarize; *fig.* to hook.

poleg|ada *s f* inch *medida;* **~ar** *s m* thumb; *pé* toe.

polémic|a *s f* controversy; *(briga)* fight; **fazer ~** to raise controversy; **~o** *adj* controversial; *(brigão)* quarrelsome.

pólen *s m* pollen.

polícia 1. *s f* police, police force; **~ internacional** international police; **~ judiciária** criminal police; **~ política** political police; **~ rural** rural police; **~ secreta** secret police; **~ de segurança pública** police force; **~ de trânsito** traffic police; **2.** *s m/f* police officer.

policial *adj* police… ; **filme (romance) ~** detective film (novel).

policlínica *s f* general hospital.

polid|ez *s f* politeness; **~o** *adj* well polished; *(brilhante)* shiny; *fig.* polite; **~or** *s m* polisher; *(amolador)* knife sharpener; **~ura** *s f* polishing; *(brilho)* shine.

polir (3g) *v/t* to polish; *(amolar)* to sharpen; *(encerar)* to wax; *estilo* to smooth out.

política *s f* politics; *(cálculo)* calculation; **~ forte** *adj* strong politics; **~ de ambiente** environment policy.

político 1. *adj* political; *fig.* crafty; *(habilíssimo)* slick; *(calculista)* calculating; **2.** *s m,* **-a** *f* politician.

politizar (1a) *v/t* to politicize; to mobilize politically.

pólo *s m* pole; *desporto*: polo; **~ económico** economic centre.

polpa *s f fruta* pulp.

poltr|ão 1. *adj (cobarde)* cowardly; **2.** *s m (cobarde)* coward; **~ona** *s f* armchair.

polu|ção *s f med* ejaculation; **~ição** *s f* pollution; *(contaminação)* contamination; **~idor** *adj* pollutant; **~ir** (3i) *v/t e v/i* to pollute; *(sujar)* to make *ou* become polluted; *(contaminar)* to contaminate.

polvilh|ar (1a) *v/t pó* to powder; *(espalhar)* to spread; *bolo* to sprinkle; *rosto* to powder; **~o** *s m* powder; manioc flour.

polvo *s m* octopus.

pólvora *s f* gunpowder.

pomada *s f* ointment; salve; *cabelo* cream.

pomar *s m* orchard.

pomb|a *s f* dove *(fêmea);* **~o** *s m* pigeon *(espécie);* **~-correio** carrier pigeon.

pompa *s f* pomp; *(aparato)* display, showiness.

ponder|ação *s f* consideration; *(inteligência)* intelligence; *(importância)* importance; **~ado** *adj* prudent; *(reflectido)* thoughtful; intelligent; **~ar** (1c) *v/t* to weigh up; *(considerar)* to consider; *v/i* to meditate (**sobre** over).

pónei *s m* pony.

ponta *s f* tip; *(fim)* end; *(canto)* corner; *(dente)* jag; horn *do touro, etc.;* *charuto, cigarro* cigarette, cigar stub; *(**tecnologia** etc.)* **de ~** high technology, state-of-the-art (technology).

pontlão *s m* **a)** stay, prop, support; **b)** pontoon; *ponte* float bridge; **~apé** *s m* kick *(tb. futebol);* **~ livre** free kick; **~ raso** flat kick; **~aria** *s f* aim; *fig.* aim; **fazer ~** to (take) aim; **ter ~** to have good aim; **~as** *s f pl chifres* horns; *caça:* antlers.

ponte *s f* bridge *(tb. mar.);* *(convés)* deck.

ponteiro *s m* pointer; *relógio* hand; *mús.* plectrum; *téc.* pointer.

pontiagudo *adj* sharp; *(aguçado)* pointed.

pontificlado *s m* pontificate; *papal* papal, pope's...; **~al** *(papal)* papal; *(episcopal)* episcopal.

pontífice *s m* pontiff; **Sumo ♀** Pope.

ponto *s m* point; *temp.* point in time; *(momento)* moment; *(lugar)* place; *costura* stitch.

pontulação *s f* punctuation; *desporto:* score; **~al** *adj* punctual; *(isolado)* isolated; **~alidade** *s f* punctuality.

popa *s f mar.* stern, poop; *vento s m* **em ~** swimmingly.

popullação *s f* population; inhabitants *de um edifício; peixes, etc.* population; **~acional** *adj* population...; **~ar 1.** *adj* popular; **frente** *s f* **~** popular front; **2.** *s m* common man; **~aridade** *s f* popularity; *(estima)* esteem; **~arizar** (1a) *v/t* to popularize, to make popular; *(simplicar)* to simplify; **~oso** *adj* populous.

póquer *s m* poker.

por *prep* **1.** *loc.* through *um compartimento, abertura;* in (the neighbourhood of); on *uma superfície;* over *uma localidade;* in *um local;* along *uma linha;* from *um lado;* **~ aí (aqui, lá)** here and there; **~ mar** by sea; **~ terra** by land; **2.** *temp.* for *um ano;* *um tempo* long; **pela manhã (tarde)** in the morning (afternoon); **3.** *relação:* for, per; **~ hoje** for today; **~ pessoa** per person; **4.** *divisão:* by; **5.** *causa, motivo:* because of, out of; **~ medo (covardia, etc.)** out of fear (cowardness); **7.** *meio, instrumento, mediação* through; **~ escrito** in writing; **8.** *atenção:* regard; **~ mim** for my sake, for my part; **9.** *fim, objectivo:* to, in order to; **10.** *representação, troca:* for, instead; **tomar ~** to take for; **11.** *aparência, papel:* as; **ter ~** to take as.

pôr (2zd) **1.** *v/t* to put; *(colocar)* to place; *(dar)* to give; *(enfiar)* to thread; *(pendurar)* to hang; *(plantar)* to plant; *vestido, chapéu, óculos, jóias, luto, etc.* to put on, to wear; *cara* to put on; *talher* to lay; *compressa* to put over; **2.** **~-se** *v/r* to set *(astro);* *(tornar-se)* to become; **~ a** to begin; *(atrever-se)* to dare; *(participar)* to participate; **3.** *s m:* **~ do Sol** sunset.

porão *s m mar.* hold.

porca *s f* sow; *téc.* nut.

porção *s f* share; *(pedaço)* piece; *(número)* number; *(dose)* portion.

porcaria *s f* filth; *(sujidade)* dirtiness.

porcelana *s f* china.

porco 1. *s m* pig *(tb. fig.);* *(varrão)* boar; **carne de ~** pork; **~ bravo, montês** wild boar; **2.** *adj (sujo)* dirty; F filthy.

porém *cj* however, nevertheless.

pormenor *s m* detail; *(entrar em* to get into); **em ~** = **~izadamente** *adv* in detail; **~izado** *adj* detailed; **~izar** (1a) *v/t* to detail; *(enumerar)* to enumerate; *(explicar)* to explain; *(narrar)* to tell.

pornogrlafia *s f* pornography; **~áfico** *adj* pornographic.

poro *s m* pore; **~oso** *adj* porous.

porqule 1. *adv interr* why; **2.** *cj* because; **~ê** why.

P

515

porreiro *adj* F cool, ok, swell.

porta *s f* door; *cidade* gate *(tb. fig.)*; *(portão)* gate; *fig.* entrance; *(saída)* exit.

port|a-aviões *s m* aircraft carrier; **~a--bagagem(-ns)** *s m (pl)* trunk.

port|agem *s f* toll; *auto-estrada* motorway toll; **~al** *s m* portal, doorway.

portanto *cj* so, therefore.

portão *s m* gate.

port|átil *adj* portable; **~a-voz (-es)** *s m/f (pl)* spokesperson (spokesman/ /spokeswoman).

porte *s m* transport; *econ.* freight; *armas, etc.* gun licence; *custos* charge; *correio* post; *mar.* tonnage, capacity; *fig.* calibre; *(comportamento)* behaviour; *(reputação)* reputation.

porteir|a *s f,* **-o** *m* caretaker; *(guarda--portão)* door keeper.

porto *s m* harbour; **~ de mar** harbour, port; **~ fluvial** river harbour; **~ de refúgio** (ou **salvação**) refuge harbour; **vinho** *s m do* ² Port wine.

portuário *adj* harbour…; **polícia** *s f* **~a** harbour police; **taxa** *s f* **-a** harbour tax.

portuense *adj* from Oporto.

portugu|ês 1. *adj* Portuguese; **2.** *s m,* **-esa** *f* Portuguese; **a** ² the Portuguese national anthem.

porventura *adj* by chance; *como partícula de realce* but, indeed; *(pois)* so.

posfácio *s m* epilogue.

pós-guerra *s m* post-war period.

posição *s f* position; place; *(atitude)* stand.

positiv|ismo *s m fil.* positivism; **~ista 1.** *adj* positivist; **2.** *s m/f* positivist; **~o** *adj* positive; *(real)* real; *(certo)* sure.

posologia *s f med.* dosage.

possante *adj* powerful; strong.

posse *s f* possession, ownership; **dar a ~** to assign s.o.; **obter a ~ de a/c** to take possesion of sth.; *jur.* to promise; **entrar na ~** to take possession; *cargo* to take office; **~s** *s f pl* belongings *(tb. fig.)*; **ter ~s para** to afford to.

poss|essão *s f* possession, ownership; **~essivo 1.** *adj* possessive; *(absorvente)* absorbing; **2.** *s m* possessive; **~o** *adj* possessed.

possibil|idade *s f* possibility; **~s** = **posses**; **~itar** (1a) *v/t* to permit.

possível *adj* possible; **tanto quanto ~** as much as possible.

possu|idor 1. *adj* **~ de** owning; **2.** *s m,* **-a** *f* owner; **~ir** (3i) *v/t* to own; *(dispor)* to have at one's disposal; *(dominar)* to dominate.

posta *s f* piece, slice *peixe ou carne*.

post|al 1. *adj* postal; **bilhete-~** *s m* **~** = **2.** *s m* postcard; **~e** *s m* post; *elect.* pole.

poster|idade *s f* posterity; *(fama)* fame; **passar à ~** to become a part of history; **~ior 1.** *adj* subsequent (**a** to), later; **2.** F rear, back; **~es** *s m pl descendentes* descendants.

postiço *adj* false, artificial; *(amovível)* moveable.

postigo *s m* hatch *(tb. mar.)*; skylight; *barril* peephole.

posto 1. *pp v* **pôr**; **2.** *adj* **bem-~** good-looking; *(vestido)* well-dressed; **sol** *s m* ~ sunset; **3.** *s m* post; *(lugar)* place; *(cargo)* office; *(hierarquia)* rank; *alfândega* house; *polícia* police station; *meteorológico* weather station; **4.** *cj* **~ (que)** although, since.

póstumo *adj* posthumous.

potássio *s m* potassium; **carbonato** *s m de* ~ potassium carbonate; **silicato** *s m de* ~ potassium silicate; **cianeto** *s m de* ~ potassium cyanide.

potável *adj* drinkable; **água** *s f* ~ drinking water, fresh water.

pote *s m* jug, pitcher.

potência *s f* power; potency *(tb. arq.)*; strength; *elect.* energy; **grande ~** *pol.* superpower; **máxima ~** maximum power.

potencial 1. *adj* potential, latent; *(possível)* possible; **2.** *s m elect.* potential; *econ.* purchasing power.

potente *adj* potent; *(poderoso)* powerful; *(enorme)* huge; *(forte)* strong.

pouco 1. *adj* little, few; *(insignificante)* insignificant, small; short *(tempo)*; **2.** *adv* little, not much; *(lento)* slow; **~ a ~, a ~ e ~, aos ~s** gradually, little by little.

poup|ado *adj* economical; **~ança** *s m* F savings; **~ forçada** *adj* forced savings; **~ar** (1a) *v/t* to save; *(guardar)* to keep; *forças, roupas, etc.* to spare; *dinheiro* to save.

pous|ada *s f* lodging, inn; **~ar** (1a) *v/t* to place; *(colocar)* to place; *(pôr)* to put; *olhos* to rest (**sobre** on); **~ o pé em** *fig.* to set foot on; *v/i* to land; *(pernoitar)* to spend the night; to rest *(pássaro).*

pov|o *s m* people; *(lugarejo)* settlement; **~oação** *s f* village; **~oado 1.** *adj* populated; **2.** *s m* village; **~oar** (1f) *v/i* to people, to populate; *(encher)* to fill (**de** with).

praça *s f* square; *(mercado)* marketplace; *mar.* harbour; *mil.* fortress, garrison; *(soldado raso)* private (soldier); **~ de armas** gun-room, military training area; **~ de táxis** taxi rank, taxi stand.

prad|aria *s f* prairie; **~o** *s m* meadow, grassland.

praga *s f* plague; *agric.* pest; *fig.* curse; *(multidão)* crowd; **rogar ~s** to curse.

pragm|ática *s f (cerimonial)* rules and regulations; **~ático** *adj* pragmatic; **~atismo** *s m* pragmatism.

praia *s f* beach; *(estação balnear)* seaside resort; *(costa)* seashore.

prancha *s f* plank; board; *mar.* gangplank.

pranto *s m* weeping; *(choro)* cry; **~s** *s m pl* weeping, tears.

prata *s f* silver; **de ~** silver…

prat|eado *adj* silver; *(chapeado)* silver-plated; *(brilhante)* silvery; **~ear** (1l) *v/t* to silver-plate; *fig.* to turn to silver; **~eleira** *s f* shelf.

prática *s f* practice; *(experiência)* experience; *(emprego)* experience; *(exercício)* exercise; *(execução)* execution; *(costume)* habit; *(truque)* trick; **trabalho** *s m* **~o** practical work.

pratic|ante 1. *s m/f* apprentice, practiser; *(desporto)* practitioner; **2.** *adj* practicing; **~ar** (1n) *v/t profissão, desporto* to practise; *língua, virtude, etc.* to train; *crime* to carry out; **~ável** *adj* feasible, practical; *caminho, estrada* usable.

prático *adj* practical.

prato *s m* plate; *carne, peixe, etc.* dish; *cul.* course; **~ da balança** *s f* pan, scale; **~ feito** ready-made dish.

praxe *s f* custom, usage; *(prescrição)* order, presciption; *(etiqueta)* etiquette; *(prática)* habit; **da ~** customary; *(usual)* usual.

prazer 1. *s m* pleasure; *(alegria)* joy; *(gozo)* fun; *(vontade)* will; **a seu ~** according to your pleasure; **2.** (2s) *v/t* to please s.o.

prazo *s m* period; term (**a** in); **pagamento** *s m* **a ~** hire purchase, pay in instalments; **trabalho** *s m* **a ~** job on term.

preâmbulo *s m* preamble; *(introdução)* introduction.

precário *adj* precarious; *(delicado)* delicate; *(infeliz)* unfortunate; **a título** *s m* **~** *jur.* precariously.

preçário *s m* price list.

precaução *s f* precaution; **a título** *s m* **de ~** as a precaution.

precav|er (2b) *v/t uma desgraça* to prevent, to watch for; *(impedir)* to prevent; **~ de (ou contra)** to be on one's guard (against).

preced|ência *s f* precedence; *(passagem)* entrance; **~ente 1.** *adj* preceding; *(anterior)* former, previous; **2.** *s m* precedent; **sem ~** unprecedented; **~er** (2c) *v/i* to precede.

preceptor *s m*, **-a** *f* mentor; *(educador)* teacher.

precios|idade *s f* preciousness; **~o** *adj* precious; *(valioso)* invaluable; valuable.

precip|ício *s m* precipice; *(ladeira)* slope; **~itação** *s f* haste; *(pressa)* rush; *quím.* precipitation; **com ~ = ~itado 1.** *adj* hasty; **2.** *s m quím.* precipitated; **~itar** (1a) *v/t* to precipitate; *decisão* to rush; *quím.* to precipitate; *v/i* to precipitate a reaction.

precis|ão *s f* necessity; *(falta)* lack; *(exactidão)* accuracy; *(clareza)* clarity; *(concisão)* conciseness; *téc.* precision; **com ~** exactly; **ter ~ de = ~ar** (1a) *v/t* to specify; = *v/i* **~ (de)** to need; *(ter de)* must; **não ~ (de)** *inf.* not to have to; **~o** *adj* needed; *(exacto)* accurate; *(claro)* clear; *(conciso)* concise.

preço *s m* price; *(valor)* value; **~ corrente, ~ do mercado** *s m* current/market price; **~ de compra (venda)** purchase (sale) price; **~ de cus-**

to cost price; ~ **único** fixed price; **de** ~ valuable; **descer (subir) de** ~ to decrease (to rise) the price.

precoce *adj* precocious; *(prematuro)* early.

preconceito *s m* prejudice.

precursor *s m,* **-a** *f* forerunner, pioneer; *(presságio)* sign.

predestin|ação *s f* predestination; *rel.* destiny, fate; ~**ado** *adj* predestined *(para* to); ~**ar** (1a) *v/t* to predestine.

predial *adj* property...; real-estate...; **registo** land registry.

predicado *s m* quality; feature; *(fig. e gr.)* predicate.

predicativo *adj e s m gr.* predicative.

predilec|ção *s f* predilection; **da** ~ **de alg** s.o.'s preference; ~**to** *adj* favourite.

prédio *s m* block of flats; *(edifício)* building.

predominar (1a) *v/t* to predominate, to prevail.

preench|er (2a) *v/t* to fill in/out; *dever* to fulfil; *ordem* to carry out; *lugar* to fill; ~**imento** *s m sonhos, desejos, etc.* fulfillment; *lugar, cargo* act of filling.

prefabricado: **casa** *s f* **-a** prefabricated house.

prefácio *s m* preface.

prefeito *s m,* **-a** *f* mayor.

prefer|ência *s f* preference; *(predilecção)* predilection; *(prioridade)* priority; ~**ido** *adj* favourite; ~**ir** (3c) *v/t* to prefer, to have rather; *(favorecer)* to favour.

prefixo 1. *adj* pre-established; *(exigido)* required; **às 10 horas -as** at 10 o'clock sharp; **2.** *s m gr.* prefixe.

prega *s f* fold.

preg|ar (1o) *prego* to nail; *pregador, alfinete, etc.* to pin; *botão* to sew; *olhos* to fix (**em** at); *partida* to play a trick; *mentira* to lie, to take s.o. in; ~**o** *s m* nail; *chapéu* hatpin; *cul.* steak sandwich.

pregui|ça *s f* laziness, idleness *(indolência)* apathy; *zoo.* sloth; ~**içar** (1p) *v/i* to laze around; to idle; ~**içoso 1.** *adj* lazy; *(indolente)* apathic *(tb. fig.);* **2.** *s m* lazybones.

pré-histór|ia *s f* prehistory; ~**ico** *adj* prehistoric.

prejudi|car (1n) *v/t* to damage; *(estorvar)* to hinder; ~**cial** *adj* damaging; *(desvantajoso)* disadvantageous; *(à saúde)* harmful.

prejuízo *s m* damage (**em** in); *(perda)* loss; *(desvantagem)* disadvantage (**em** to).

prelecção *s f* lecture.

preliminar 1. *adj* preliminary; **2.** *s m* preliminary; *(condição)* conditional; ~**es** *s m pl* foreplay.

prelúdio *s m* prelude, preface; *(introdução)* introduction; *(indício)* sign.

prematuro *adj* early, premature.

premedit|ação *s f* premeditation; *jur.* premeditation; **com** ~ = ~**ado** *adj* premeditated; ~**ar** (1a) *v/t* to premeditate; *(planear)* to plan.

premi|ado 1. *adj* prize-winning; **números** *s m pl* ~**s** winning numbers; **2.** *s m,* **-a** *f* prize winner; ~**ar** (1g e 1h) *v/t* to award a prize; *(recompensar)* to reward.

prémio *s m* prize (**levar** to win); *(recompensa)* reward; *econ.* premium; *(lotaria)* lottery.

premissa *s f* premise.

prenda *s f* present; *(oferta)* gift; *(talento)* talent.

prender (2a; *pp* **preso**) to fix; to fasten (**por** by); *(atar)* to tie; *ladrão, etc.* to catch, to capture; *inimigo* to capture.

prensa *s f* press; *tip.* printing press; ~**ar** (1a) *v/t* to press.

preocup|ação *s f* worry; concern; **ter a** ~ **de** = **estar** ~**ado com**; ~**ado** *adj* worried, concerned; **estar** ~ to be worried; ~**ante** *adj* worrying; ~**ar** (1a) *v/t* to worry; *(inquietar)* to disquiet, to upset.

prepar|ação *s f* preparation *(tb. cul.);* *téc.* handling; *quím.* preparation; ~**ado** *s m* preparation; ~**ar** (1b) *v/t* to prepare (**para** to); *cul.* to prepare; ~**ativo** *s m* arrangement; ~**ativos** *s pl* arrangements.

preponder|ância *s f* preponderance; ~**ante** *adj* predominant; *(decisivo)* decisive; **papel** *s m* ~ leading role; ~**ar** (1c) *v/i* to prevail.

preposição *s f gr.* preposition.

prepot|ência *s f* despotism, superiority; *(poder)* absolutism; *(usurpação)* usurpation; **~ente** *adj* overbearing; *(presumido)* despotic, predominant.

prerrogativa *s f* prerogative.

presa *s f (vítima)* prey; *(guerra)* spoils; *zoo.* fang.

prescindir (3a) *v/t*: **~ de** to do without; *(abdicar)* to abdicate.

prescrlever (2c; *pp* **prescrito**) *v/i*t to prescribe; *v/i jur.* to lapse; **~ição** *s f* order; *jur.* lapse; **prazo** *s m* **de ~** lapse limit.

presença *s f* presence; *(aspecto)* look; *(figura)* figure.

presentle 1. *adj* present; *(actual)* up-to-date; **2.** *s m* present; *(prenda)* present, gift; (**dar** to give); *gr.* present; **~ear** (1l) *v/t* to give as a present; **~ear com** to offer s.o. sth.

preservlação *s f* preservation; *(protecção)* protection; **~ar** (1c) *v/t* to preserve; to protect (**de** from); **~ativo 1.** *adj* protective; **2.** *s m* preservative, condom, F rubber.

presidlência *s f* presidency; *reunião* chair; **~ente 1.** *adj* presiding; **2.** *s m/f* president; **~ do conselho de administração** president of the board.

presidiário 1. *adj* convicted; **2.** *s m* **-a** *f* convict.

presidir (3a) *v/t e v/i*: **~ a** to preside over; *(dirigir)* to lead; *(reunião)* to chair.

presilha *s f* strap, fastener; *(laço)* loop; knot; *vestuário* fastener; *cabelo* slide.

preso *s m*, **-a** *f* prisoner, convict.

pressa *s f* hurry; *(rapidez)* speed; haste.

presslagiar (1g) *v/t* to foretell; to presage; *(anunciar)* to announce; **~ágio** *s m* omen; *(indício)* sign; *(pressentimento)* premonition.

pressão *s f* pressure (**fazer** to put); *(mola, botão)* press stud; push-button; **alta (baixa) ~** high *(téc.* low) pressure; **~ arterial (atmosférica)** blood (air) pressure; **zona** *s f* **de alta (baixa) ~** high (low) pressure area; **~ de pneus** tyre pressure.

pressentlido *adj* foreseen; *(apreensivo)* apprehensive; *(desconfiado)* suspicious; **~imento** *s m*; premonition; *(suspeita)* suspicion; **~ir** (3e) *v/ /t* to foresee; *(notar)* to notice; to sense.

pressionar (1f) *v/t* to press; to pressure; *(apertar)* to press.

pressuplor (2zd) *v/t* to presume; *(supor)* to suppose; *(calcular)* to calculate; **~osto** *s m* presumption, assumption; *(suposição)* supposition; *(intenção)* intention; *(desculpa)* excuse.

prestlação *s f* instalment; *(pagamento)* payment; **pagamento** *s m* **em -ões** payment in instalments, hire purchase; **a -ões** in instalments; **compra** *s f* **a -ões** purchase in instalments; **~ar** (1c) *v/t auxílio* to give; *serviço, juramento, etc.* to do; *informação* to supply; *honra, benefício* to render; *explicação, etc.* to give; *ouvidos* to lend; *satisfações* to give; *v/i* to be of use; **~ável** *adj (utilizável)* useful; *(zeloso)* helpful.

prestígio *s m* prestige; respect; *(milagre)* wonder; *(influência)* influence; **ter ~** to be well-regarded; **~igioso** *adj* prestigious; *(respeitado)* respected; *(influente)* influential.

presumlido *adj* vain, conceited; self-important; **ser ~** to be conceited; **~ir** (3a) *v/t* to presume, to suppose.

presunlção *s f* presumption; *(arrogância)* arrogance; **~çoso** *adj* presumptuous; conceited.

presunto *s m* ham.

pretenldente *s m (candidato)* candidat, applicant; *trono* claimant; *casamento* suitor; **~der** (2a) *v/t* to intend; *(exigir)* to demand; *(aspirar)* to hope for; *(tencionar)* to intend; *mulher* to court; *v/i* to want; **pretende-se em** *anúncios de jornal* wanted; **~são** *s f* claim; *(exigência)* demand; *(candidatura)* application; *(esforço)* effort; *(desejo)* wish; *(pedido)* request; *(vaidade)* vanity; *(arrogância)* arrogance.

pretérito 1. *adj* past; **2.** *s m gr.* past.

pretexto *s m* pretext, excuse; *(ocasião)* occasion.

preto *adj* black.

prevalecer (2g) *v/i* to prevail; *(determinar)* to determine; **~ sobre** to outweigh.

prevlenção *s f* prevention; *med.* prevention; *(aviso)* warning; *mil.* standby; **de ~** *adv* as a precaution; **~enir** (3d) *v/t* to prevent; *(tomar medidas)* to take

P

519

measures; *(impedir)* to prevent; *(adiantar-se)* to get ahead; *med.* to take care; *(informar)* to inform; **~entivo** *adj* preventive; *(defensivo)* defensive.

prever (2m) *v/t* to forsee; to predict; *(precaver-se)* to be on guard; **prevê--se que** it's expected that.

prévio *adj* previous.

previs|ão *s f* foresight; *(expectativa)* expectation; *tempo* forecast; **~ível** *adj* predictable.

prima *s f* cousin.

prim|ário *adj* primary; *(inicial)* initial; basic *(tb. geo.);* elementary; **ensino** *s m* ~ elementary school; **instrução** *s f* **/escola** *s f* **-a** primary school; **professor** *s m* ~ primary school teacher; **eleições** *s f pl* **-as** primary elections; **~avera** *s f* spring; *bot.* primrose.

primeir|amente *adv* first, primarily; **~o 1.** *adj* first; **em ~ lugar** first of all; = **2.** *adv* **~amente**; **~ do que, ~ que** before; **~o-ministro** *s m/f* Prime Minister.

primitivo *adj* primitive; basic; *(simples)* simple; **povos** *s m pl* **~s** primitive people.

primo 1. *s m* cousin; **2.** *adj* first; **matéria-** *s f* **-a** raw material; **número** *s m* ~ prime number; **obra-** *s f* **-a** masterpiece.

princ|esa *s f* princess; **~ipal 1.** *adj* main, principal; **prato** *s m* ~ main course; **refeição** *s f* ~ main meal.

príncipe *s m* prince.

princip|iante *s m/f* beginner; **~iar** (1g) *v/t* to begin, to start.

princípio *s m* beginning; *(postulado)* principle; basis, foundation *(fundamento);* *quím.* component; **em ~** in principle; **~s** *s m pl* rudiments.

prior|idade *s f* priority; *auto.* right of way; **ceda a ~!** observe the right of way!; **estrada** *s f* **com ~** major road; **sinal** *s m* **de ~** give way sign; **~itário** *adj* priority; *(urgente)* urgent.

pris|ão *s f* prison; jail; **~ de ventre** *med.* constipation; **ordem** *s f* **de ~** warrant of arrest; **~ioneiro** *s m,* **-a** *f* prisoner.

prisma *s m* prism; *fig.* point of view, opinion; **por este ~** from this angle, from this point of view.

priv|ação *s f* deprivation; destitution; *(abstinência)* sacrifice; **~ado** *adj* private; **paciente** *s m/f* ~ paying patient, private patient; **televisão** *s f* **~ada** private television; **~ança** *s f* intimacy, closeness; *(confiança)* trust; **~ar** (1a) *v/t*: **~ alg de** to deprive s.o. of sth.; *v/i* ~ **com** be (close) friends with; **~ativo** *jur.* exclusive; *(pessoal)* private.

privil|egiado *adj* privileged; *(dotado)* gifted; **~egiar** (1g) *v/t* to privilege; *(preferir)* to favour; *(distinguir)* to honour; **~égio** *s m* privilege.

proa *s f mar.* stem, prow; *fig. (arrogância)* presumption, insolence.

probabilidade *s f* probability; *fig.* prospect.

probl|ema *s m* problem; *(questão)* question; doubt; *(dificuldade)* difficulty; **~emático** *adj* problematic; *(duvidoso)* questionable, doubtful.

proced|ência *s f* source; *(origem)* origin; *(lógica)* logic; **~er** (2c) **1.** *v/i* to proceed; to develop; to continue; *(agir)* to act; *(comportar-se)* to behave; **2.** *s m* = **~imento** *s m (comportamento)* behaviour; *(modo de proceder)* procedure; *(processo)* method, process.

process|amento *inform. s m* ~ **de texto** word processing; **sistema** *s m* **de ~ de texto** word processing system; **~ar** (1c) *v/t* to prosecute, to take proceedings against; *fig.* to check, to verify; **~o** *s m* process; *(decorrer)* progress; *téc.* process; *jur.* lawsuit, proceedings; *fís. e quím.* process; *(método)* method.

procissão *s f* procession.

proclam|ação *s f* proclamation; *(aclamação)* acclamation; **~ar** (1a) *v/t* to announce, to declare; *(aclamar)* to acclaim; *(declarar)* to declare.

procri|ador *s m,* **-a** *f* procreator; *(criador)* creator; **~ar** (1g) *v/t e v/i* to procreate.

procura *s f* search; *econ.* demand.

procur|ação *s f* letter of attorney; power of attorney; **por ~ação** by proxy, by attorney; **~ador** *s m,* **-a** *f (advogado)* lawyer, attorney; proxy; authorized representative; **⅋ da República** *Br.* public prosecutor, *Am.* district attorney; **~-geral** Attorney General; **~ar** (1a) *v/t* to search, to look for; to seek.

prod|ígio *s m* prodigy; wonder; *menino s m* ~ child prodigy; **~igioso** *adj* marvellous, wonderful.

produ|ção *s f* production; *(produto)* product; *(rendimento)* output; *custos s m de* ~ production costs; *linha s f de* ~ assembly line, production line; **~tividade** *s f* productivity; *(rendimento)* profit; **~tivo** *adj* productive; *chão, solo, etc.* fertile; *negócio* profitable; **~to** *s m* product; *(rendimento)* proceeds, return; ~ *nacional (social)* social product; **~tor 1.** *s m*, **-a** *f* producer; *(criador)* creator; *(autor)* author; *(trabalhador)* worker; **~zir** (3m) *v/t* to produce; to generate; to turn out.

proeza *s f* heroic deed; feat, prowess; achievement.

profan|ação *s f* desecration; violation; **~ar** (1a) to desecrate.

profecia *s f* prophecy.

professor *s m*, **-a** *f* teacher; *univ.* professor; ~ *do magistério primário* primary school teacher.

profeta *s m* prophet; sayer, seer.

profil|áctico *adj* preventive; *med.* prophylactic; **~axia** *s f* preventive medicine; *med.* prophylaxy.

profis|são *s f* profession; job, career; *fé* creed; **~sional 1.** *adj* professional; **2.** *s m/f* professional; expert, specialist.

profund|eza, ~idade *s f* depth; *fig.* thoroughness; **~o** *adj* deep; profound.

profus|ão *s f* profusion; *(fartura)* abundance, plenty; **~o** *adj* profuse, lavish; *(abundante)* plentiful.

progenitor *s m* progenitor; parent; forefather; **~es** *s m pl* parents.

prognose *s f* prognosis.

program|a *s m Br.* programme, *Am.* program; plan; curriculum *de uma escola;* lecture timetable *de uma universidade;* **~ação** *s f* programming *(tb. inform);* *linguagem s f de* ~ *inform.* programming language; **~ador** *s m*, **-a** *f inform.* programmer; **~ar** (1a) *inform.* to program; to plan.

progre|dir (3d) *v/i* to make progress, to progress; to advance; *(continuar)* to go on, to move on; **~ssão** progres-

sion *(tb. mat.);* development; **~ssivo** *adj* progressive; **~sso** *s m* progress; advancement, development.

proib|ição *s f* interdiction; prohibition; *sinal s m de* ~ prohibitive sign; **~ido** *adj* forbidden; anauthorized; *paragem s f* **-a** no stopping (zone); **~ir** (3s) *v/t* to forbid; ~ *alg de* to forbid s.o. to.

proj|ecção *s f* projection; *fig.* prominence; *(efeito)* effect; ~ *vertical* elevation; **~ectar** (1a) *v/t (atirar)* to hurl, to throw; *sombra* to throw; to fall, to cast; *mat. e foto.* to project; *fig.* to plan; **~éctil** *s m* missile, bullet; **~ecto** *s m econ.* project; *arq.* design; draught; *(intenção)* plan, scheme; *~ecto de lei* bill; **~ector** *s m* projector; *(farol)* searchlight.

prolet|ariado *s m* proletariat; **~ário 1.** *s m*, **-a** *f* proletarian; **2.** *adj* proletarian.

prólogo *s m* prologue.

prolong|ação *s f*, **~amento** *s m* extension; lengthening; *fig.* expansion; *(adiamento)* postponement; **~ado** *adj* extended; *(longo)* prolonged; **~ar** (1o) *v/t* to extend; to lengthen; *(adiar)* to postpone.

promessa *s f* promise; *(juramento)* vow.

promet|edor *adj (auspicioso)* promising; hopeful; **~er** (2c) *v/t* to promise; *rel.* to vow; *v/i* : ~ *muito (pouco)* to show much (little) promise.

prom|iscuidade *s f* promiscuity; mixture; **~íscuo** *adj* promiscuous; mixed, confused.

promoção *s f* promotion; *(organização)* event; *jur.* petition; *oferta s f de promoção* launching offer; *preço s m de* ~ launching price.

promo|tor *s m*, **-a** *f* promoter; *(apoiante)* supporter; sponsor; *(autor, instigador)* instigator; *jur.* prosecutor; **~ver** (2d) *v/t* to promote; to encourage; *(provocar)* to cause; *(elevar)* to raise, to promote.

promulg|ação *s f* promulgation; publication; **~ar** (1o) *lei* to promulgate; to publish; to make known.

pronome *s m* pronoun.

pront|idão *s f* readiness; promptness; *(boa vontade)* willingness; **~o** *adj* ready, *(rápido)* speedy, swift; *(imediato)* immediate, instant; *(solícito)* willing; F *(resposta)* quick, quick-witted; reliable *(máquina)*; **~o a comer** *s m* snack-bar.

pronúncia *s f* pronunciation; *(sotaque)* accent; *jur.* indictment.

pronunciar (1g) *v/t* to pronounce; *(realçar)* to point out; *(discurso)* to make, to deliver; *sentença* to pass; **~ alg** *jur.* to indict; **~-se** *v/r* to express one's opinions; *(tomar posição)* to take a stand; *(insurgir-se)* to rebel.

propag|ação *s f boato* dissemination; *doença, etc.* propagation; *(reprodução)* reproduction; **~anda** *s f* propaganda; *(publicidade)* advertising; **~ar** (1o) to propagate; *boato* to spread.

propensão *s f* tendency; *(queda)* inclination.

propiciar (1g) *v/t* to favour; *(oferecer)* to provide.

propício *adj* favourable; propitious; *(indulgente)* indulging.

prop|onente *s m/f* proposer; **~or** (2zd) *v/t* to propose; *(requerer)* to require; *(expor)* to explain; *tarefa* to suggest; *candidato* to apply.

propor|ção *s f* proportion; *(simetria)* symmetry; **-ões** *s f pl* dimensions; **~cional** *adj* proporcional *(tb. arq.)*; **~cionar** (1f) *v/t* to provide, to give; *(possibilitar)* to make possible; *ocasião, etc.* to provide.

proposi|ção *s f* proposal; *(requerimento)* requirement; *fil.* proposition; **~tado** *adj* intentional, on purpose.

propósito *s m* purpose; *(premeditação)* premeditation; *(finalidade)* aim; **a ~** by the way; *temp.* timely, at the right time; *loc.* at the right place.

proposta *s f* proposal; outline, draft; *(requerimento)* requirement; *lei* proposal.

proprie|dade *s f* property; *(terras)* real estate; *(terreno)* land; **~tário** *s m,* **-a** *f* owner; *casa, terreno* landlord/ /landlady.

próprio *adj* own, of one's own; *(característico)* characteristic; *(exacto)* accurate; proper, true *(significado)*.

propuls|ão *s f téc.* propulsion; **~ por jacto** jet propulsion; **~or 1.** *adj* propelling; **2.** *s m* propeller *(tb. aer.)*.

prorrog|ação *s f* extension; **~ar** (1o) *v/t* to extend, to prolong.

prosa *s f* prose; F chatter.

proscr|ever (2c; *pp* **~ito**) *v/t* to prohibit; *(exilar)* to exile; *(expulsar)* to ban; *(excluir)* to exclude; **~ição** *s f* proscription; *(exílio)* exile.

prospec|ção *s f* prospecting; *fig.* understanding; **~ do mercado** market research; **~to** *s m* leaflet, brochure.

prosper|ar (1c) *v/i* to prosper; *(ter êxito)* to be successful; **~idade** *s f* prosperity; *(bem-estar)* well-being.

próspero *adj* prosperous; *(favorável)* favourable; booming *(negócio)*; *(feliz)* happy.

prosseguir (3o) *v/t intenção* to follow; to continue; *v/i* to continue; *(insistir)* to insist.

próstata *s f anat.* prostate.

prostit|uição *s f* prostitution; **~uto** *s m,* **-a** *f* prostitute.

protagonista *s m/f* protagonist; *(herói)* hero.

protec|ção *s f* protection; **~cionismo** *s m* protectionism; **~tor 1.** *adj* protective; **2.** *s m,* **-a** *f* protector; *(patrocínio)* sponsor; *(patrono)* patron.

proteg|er (2h) *v/t* to protect *(de, contra* from, against)*; *(favorecer)* to favour; **~ido** *s m,* **-a** *f* protegé/protegée.

protel|ação *s f (adiamento)* postponement; **~ar** (1c) *v/t* to postpone; *(adiar)* to put off.

prótese *s f med.* prothesis.

protest|ante *s m/f* protestant; **~antismo** *s m* Protestantism; **~ar** (1c) *v/t* to protest; *fidelidade, etc.* to declare; *honra, etc.* to prove; *câmbio* to protest; *v/i* to promise, to affirm; **~ contra** to protest against; *testamento* to protest; **~o** *s m* protest; *(asseveração)* affirmation; *jur.* protest.

protocolo *s m* protocol.

protótipo *s m* prototype.

prova *s f* proof; *(exame)* examination; *(amostra)* sample; *(tentativa)* attempt; fitting *roupa*; *foto.* proof (**tirar** to take); *tip.* proof; *desporto*: competition; **~ de vinhos** wine tasting.

prov|ar (1e) *v/t* to prove; *(examinar)* to examine; *prato* to taste, to try; *vestido* to try on; **~ável** *adj* probable.

P

provenilência *s f* source; *(origem)* origin; *(fonte)* source; **~ente** *adj* originating; **~ente de** originating from, from.

provérbio *s m* proverb.

proveta *s f* test tube.

providência *s f rel.* providence; *(precaução)* precaution.

província *s f* province; *(região)* region; *fig.* area.

provincilal 1. *adj* provincial; **2.** *s m/f* provincial; **~alismo** *s m* provincialism; **~ano 1.** *adj* provincial, from a small town; **2.** *s m/f* provincial.

provislão *s m* provision; *(mantimentos)* supplies; *pol.* provision; **-ões** *s f pl* provisions; **~ório** *adj* provisional, temporary.

provoclação *s f* provocation; **~ador 1.** *adj* provocative; **2.** *s m, -a f* provoker; **~ante** *adj* provocative; **~ar** (1n) to provoke; *(causar)* to cause; *escândalo* to rouse.

proximidade *s f* proximity, nearness; **~s** *pl* neighbourhood; *(imediações)* surrounding area.

próximo 1. *adj* near, close by, next; **~ futuro** coming; **~ passado** last; **2.** *prep:* **~ de**, **~ a** = **perto de**; **3.** *s m* fellow creature.

prudlência *s f* prudence; *(cautela)* caution; **~ente** *adj* prudent; *no agir* careful.

prussiano 1. *adj* Prussian; **2.** *s m, -a f* Prussian.

pseudónimo 1. *s m* pseudonym; **2.** *adj* pseudonymous.

psicanlálise *s f* psychoanalysis; **~alista** *s m/f* psychoanalyst.

psicollogia *s f* psychology; **~ cognitiva** cognitive psychology; **~lógico** psychological; *(relativo à alma)* of the soul; **acção** *s f* **~lógica** psychological action; **momento** *s m* **~lógico** psychological moment; **~pata** *s m/f* psychopath; **~patia** *s f* psychosis; **~pático** *adj* psychopathic.

psiquilatra *s m/f* psychiatrist; **~atria** *s f* psychiatry; **~átrico** *adj* psychiatric.

psíquico *adj* psychological.

puberdade *s f* puberty; *(virilidade)* virility.

publicação *s f* publication.

publilcar (1n) to divulge; *livro, etc.* to publish; **~cidade** *s f* publicity; *(reclame)* advertisement; *TV* spot; **agência** *s f de* **~cidade** advertising agency; **~cista** *s m/f* publisher; **~citário 1.** *adj* advertising; **2.** *s m,* **-a** *f* advertising executive.

público 1. *adj* public; *(estatal)* public; *(notório)* obvious; **relações** *s f pl* **-as** public relations; PR; **2.** *s m* public; *(leitores)* readers; *(audiência)* audience; *(espectadores)* public, audience.

pudico *adj* modest, bashful; *(envergonhado)* shy.

pudim *s m* pudding.

pudor *s m* bashfulness, shyness; modesty.

puerlicultura *s f* child care; **~il** *adj* puerile; *(infantil)* childish; **~ilidade** *s f* childishness; *(infantilidade)* foolishness.

pugillismo *s m* boxing; **~ista** *s m* boxer.

pular (1a) *v/i* to jump.

pulga *s f* flea; **~ do mar** *s m* water-flea.

pulmlão *s m* lung; **pulmões** *s m pl* lungs; **~onar** *adj* pulmonary; lung…

pulo *s m* jump; *(salto)* leap.

pulslação *s f* pulsation; beating; **~ar** (1a) *v/t* to pulsate; *peito:* to throb; to beat *coração;* **~eira** *s f* bracelet; **~o** *s m med.* pulse (**tomar** to feel); wrist; *fig.* strength.

pulverlizador *s m* spray; **~izar** (1a) *v/t* to spray; *(esmagar)* to crush.

puma *s m* jaguar, puma.

punlção *s f* punch; *med.* puncture; *(agulha)* needle; **~cionar** (1f) *v/t* to punch; *med.* to puncture; *(perfurar)* to perforate.

punhlado *s m* handful; **~al** *s m* dagger; **~o** *s m* fist; *camisa* cuff; *(cabo)* hilt.

punlição *s f* punishment; **~ir** (3a) *v/t* to punish; **~ível** *adj* punishable.

pupila *s f* ward; *anat.* pupile.

puré *s m* purée; *(de batata)* mashed potatoes.

pureza *s f* purity; *(integridade)* integrity.

purificar (1n) *v/t* to purify; *vinho, etc.* to clarify.

purislmo *s m* purism; **~ta** *s m/f* purist.

puro *adj* pure; *(verdadeiro)* real; *(casto)* honourable; *(mero)* plain.

púrpura *s f* purple.

P

puta

puta *s f* V whore; streetwalker, hooker.
putrefalcção *s f* putrefaction; *(podridão)* rotting; **~cto** *adj* rotten; *(estragado)* decayed.
puxlador *s m porta* handle; **~ão** *s m* tug; *puxões* tugs; *dar um ~ (a)* to give a tug to; **~ar** (1a) *v/t* **1.** to pull;

(arrancar) to pull out; *fio, etc.* to pull out; *roupa* to pick out; *pancada* to pick; *carta* to take out; *(exigir)* to demand; *(incitar)* to incite; *(impelir)* to motivate; *(irritar)* to irritate; *conversa* to strike up; **2.** *v/i* to pull out *(planta);* to extract *(tumor).*

Q

quadrlado 1. *adj (tb. fig.)* square; **2.** *s m* square; *(mostrador)* dial; **~ante** *s m* quadrant; **~icular 1.** *v/t* (1a) to rule into squares; to checker; **2.** *adj* checkered; **~ilátero 1.** *adj* quadrilateral; **2.** *s m* quadrilateral; **~ilha** *s f mús.* square dance; *(ladrões)* gang.
quadro *s m* picture *(tb. fig.); (sinopse)* synopsis.
quádruplo *adj* quadruple.
qual 1. *pron interr* which, what; **2.** *pron relativo* **o, a ~, os, as quais** *(pessoa)* who; *(coisa ou animal)* which, that; **do, da ~, dos, das quais** *(pessoa)* of whom; *(coisa ou animal)* of which; **3.** *adj* which; **quais** which; *tal ~* exactly like.
qualidade *s f* quality; *(característica)* feature, characteristic; *(valor)* value; *(vantagem)* advantage; *(categoria)* class.
quallficlação *s f* qualification; *(aptidão)* skill; **~ado** *adj* qualified; *(idóneo)* competent; *(responsável)* responsable; **~ar** *v/t* (1n) to qualify; *(denominar)* to describe (as *de*); *~ de* to call.
qualitativo *adj* qualitative.
qualquer *adj, pron* any; *(cada)* each; *após negação:* any.
quando 1. *adv interr* when; *de ~ em ~, de vez em ~* once in a while, now and then; **2.** *cj* when; **3.** *prep:* ~ *de* when.
quantlia *s f* sum, amount; **~idade** *s f* quantity, amount; *(número)* number; *arq.* size; *em grande ~* in large amounts.
quanto 1. *adj* as much as; *(tanto)* ~ as much as; **~s** *relativo:* all; **2.** *adv*

how much, so much; *não... tanto ~* not as much as; *~ comp...(tanto)* the more the...
quarenta *num.* forty.
quarentena *s f* quarantine.
quaresma *s f* Lent.
quarta *s f* a quarter; *mús.* fourth.
quarta-feira *s f* Wednesday (*na* on); *às ~s* on Wednesdays.
quartleirão *s m (quantidade)* quarter of a hundred; block, quarter; **~el** *s m mil.* barracks; *(3 meses)* trimestre; **~eto** *s m* quartet.
quarto 1. *adj* fourth; **2.** *num.* the fourth; *(at* a) quarter; *~ de dormir* bedroom; *~ de quilo (hora)* quarter of a kilo (an hour).
quartzo *s m* quartz.
quase *adv* almost, nearly.
quatro *num.* four; *~ de espadas cartas* four of spades.
que 1. *pron* a) *relativo:* (pessoa) who, that; *(coisa ou animal)* which, that; *do ~* than *(comparativo);* b) *interr e int:* what, which; c) *interr e relativo* which; *o ~* which; *após prep (pessoa)* whom; *(coisa ou animal)* which; **2.** *cj em frases subordinadas:* that, which; *~ não* no.
quebral-gelo(s) *s m (pl)* icebreaker; **~-mar(-es)** *s m (pl)* breakwater, sea wall; **~-nozes** *s m pl inv* nutcrackers.
quebrar *v/t* (1c) to break; *(fig.)* to dampen; *(dobrar)* to bend; *(partir)* to break; *(rasgar)* to tear apart.
queda *s f* fall *(tb. fig.);* fall, decrease *(preços, etc.); (inclinação)* inclination; *cabelo* hair-fall; *aer.* crash; *fig.* soft spot; *(habilidade)* to have a bent for sth.

queijo *s m* cheese.

queima *s f* burning.

queim|ada *s f (incêndio florestal)* burning (of forests); **~adela** *s f* **~adura** *s f* burn; *(ferida)* burn; **~ar** *v/t* (1a) to burn; *(chamuscar)* to scorch; *(estar quente)* to be burning hot.

queixa *s f* complaint *(reclamação)*; charge.

queixar-se *v/r* to complain (about **de**); *(lamentar-se)* to complain of; *jur.* to claim.

queixo *s m* chin.

queix|oso 1. *adj* complaining; *(lastimoso)* doleful; **~ de** complainig about, unsatisfied with; **2. ~** *s m*, **-a** *f jur.* plaintiff; **~ume** *s m* complaint.

quem *pron interr* who?; *(como objecto)* who(m); **de ~** whose?; **a ~** to whom.

quente *adj* hot, warm; hot *(tempero)*; *fig.* hot, lively.

querela *s f jur.* complaint; *(denúncia)* accusation; *(fig.)* fight.

quer|er *v/t* (2t) to want; *(exigir)* to demand; *(precisar)* to need; **~er (a)** to be fond of, to love; **~er que** *p ex* **que quer V. que eu faça?** what should I do?; **~er bem (mal)** to be fond of/ to dislike, to have a grudge; **~ido 1.** *adj* dear; **2. ~** *s m*, **-a** *f* darling.

quest|ão *s f* question; *(problema)* matter, problem; *(disputa)* dispute, quarrel; *jur.* case; **em ~** in question; **fazer ~ de** to insist (on); **~ionário** *s m* questionnaire.

quiet|o *adj* quiet; *(sossegado)* still; *(pacífico)* peaceful; **~ude** *s f* calm; *(sossego)* quietness; *(paz)* peace.

quilate *s m* carat; *(fig.)* calibre; *(posição)* rank; *(perfeição)* perfection.

quilha *s f mar.* keel.

quilo *s m* kilo.

quilo|grama *s m* kilogram; **~metragem** *s f* number of kilometres travelled; *(milhas)* mileage; **~metrar** *v/t* (1c) to measure in kilometres.

quilómetro *s m* kilometre.

quilowatt *s m* kilowatt.

quim|era *s f* chimera; **~érico** *adj* fantastic, fanciful.

químic|a *s f* chemistry; **~o 1.** *adj* chemical; **2. ~** *s m*, **-a** *f* chemist.

quinhão *s m* share, portion.

quinhentos *num.* five hundred.

quinina *s f* quinine.

quinta *s f* estate, farm; *mús.* fifth; **estar nas suas sete ~s** to feel great; **~-essência(s)** *s f (pl)* quintessence; **~-feira** *s f* Thursday (**na** on); **às ~s** on Thurdays.

quint|al *s m* **a)** backyard; **b)** unit of weight equivalent to 60 kg; **~eto** *s m mús.* quintet.

quint|o 1. *adj* fifth; **2.** *num.* number five; **um ~** one fifth; **~uplicar** *v/t* (1n) to quintuply.

quinze *num.* fifteen; **~ dias** *s pl* a fortnight.

quinzena *s f* fortnight, two weeks; *(ordenado)* two weeks' wages.

quiosque *s m* kiosk; **~ de jornais** *s pl* newspaper kiosk *ou* stand.

quociente *s m mat.* quotient.

quota *s f* quota; *(parte)* share, portion; *(índice)* rate; **sociedade** *s f* **por ~s** trading company, corporation, partnership; **~-parte** *s f* share.

quotidiano *adj* everyday, daily; *s m* **o ~** everyday life.

quotiz|ação *s f bolsa* quotation; **~ar** *v/t* (1a) *valor* to quote.

R

R

rã *s f* frog.

rabanete *s m* radish.

ráb|ano, ~ão(s) *s m (pl)* horse-radish.

rabisc|ar (1n) *v/t e v/i* to scribble; **~o** *s m* scribble.

rabo *s m* tail; *pássaro* tail feathers; *(cabo)* handle; F bottom, behind.

rabugento *adj* sullen; *(mal-humorado)* morose; grumpy.

raça

raça *s f* race; species; *(povo)* people; *(tribo)* tribe, origine; *animal, planta* stock, breed.

ração *s f* ration; *(dose)* portion.

rach|a, ~adela *s f* crack, fissure; *(lasca)* splint; **~ar** (1b) *v/t* to split, to cleave; *lenha* to chop; *(rebentar)* to blow up, to break up; *(dividir)* to divide; *v/i* to chink; *de* **~ar** freezing cold *(frio)*; chilling *(vento)*.

racial *adj* racial.

racio|cinar (1a) *v/t* to reason, to think; *(reflectir)* to think about sth., to think sth. over; *(concluir)* to conclude; **~cínio** *s m* reasoning, thought; *(reflexão)* consideration, reflexion; *(conclusão)* conclusion; **~nal 1.** *adj* rational; reasonable; *(científico)* scientific; *(metódico)* methodical; logical; **2.** *s m* rational being; **~nalizar** (1a) *v/t* to rationalize; *(aprofundar)* to think sth. through; **~namento** *s m* rationing; **~nar** (1f) *v/t* to ration.

raci|smo *s m* racism; **~sta 1.** *adj* racist; **2.** *s m/f* racist.

radi|ação *s f* radiation; **~activo** radioactive; **~ador** *s m* heater; *auto.* radiator; **~al** *adj* radial; *pneu* **~** radial tyre (tire).

radic|al 1. *adj (fundamental)* essential, fundamental; *(profundo)* thorough; *(sectário)* radical; **2.** *s m gr.* radical: root of a word; *quím.* radical; *pol.* radical; **~alismo** *s m* radicalism; **~ar** (1n) *v/t* to plant; *v/i* to take root; *(arreigar)* to settle (down).

rádio *s m* **a)** *anat.* radius; **b)** *quím.* radium; **c)** radio message; **d)** radio transmitter (receiver); **e)** radio; *programa de* **~** radio broadcast.

radio|activo = *radiactivo*; **~difusão** *s f* broadcast; **~fónico** *adj* radiophonic; **~grafar** (1b) *v/t med.* to X-ray; *mensagem* to radio; **~grafia** *s f* X-ray, radiography; **~logia** *s f* radiology; **~lógico** *adj* radiological; **~logista** *s m/f* radiologist; **~scopia** *s f* X-ray inspection; **~scópico: exame ~** = **~scopia**; **~so** *adj* radiant, shining; **~terapia** *s f* radiotherapy.

rafeiro *s m* mongrel, cross-breed (dog).

râguebi *s m* rugby.

rai|la *s f* **a)** line; *(faixa)* stripe; *(risco)* line; *(fronteira)* frontier; *passar das*

~as to go too far; **b)** *zoo.* ray; **~ar** (1i) *v/i* **a)** to shine; to rise *(sol);* to break *(dia);* **b)** **~ por** to border on; to brush against; **~ pelos 20 anos** to be around twenty.

rainha *s f* queen; **~-cláudia** *s f* greengage.

raio *s m* ray, beam; *mat.* radius; *(circunferência)* radius; *roda* spoke (of a wheel); flash of lightning, thunderbolt; *fig.* glimmer; **~ de acção** reach, range; **~s X** *pl* X-rays.

raiva *s f doença* hydrophobia; *fig.* rage; *estar com (ou ter)* **~ a** to be furious with; to hate.

raivoso *vet.* rabid, mad; *fig.* raging; *(furioso)* furious.

raiz *s f* root; *cortar pela* **~** to pluck out; *(exterminar)* to wipe out.

rajada *s f* gust of wind; *fig. raiva* burst of anger; *(balanço)* swing; *mil.* burst of shots.

rall|ador *s m* grater, rasper; **~ar** (1b) *v/t* to grate, to rasp; *fig.* to worry; *(atormentar)* to harass; *(roer)* to gnaw at; **~ar-se** *v/r* to worry about *(com)*.

ralhar (1b) *v/i* to reprimand; to tell s.o. off.

ram|ada *s f* foliage; branches; **~ado** *adj* branchy; **~agem** *s f* branches, boughs; *(floreado)* floral pattern; *de* **~** flowered.

ramific|ação *s f* ramification; branching; *(bifurcação)* fork; *(sucursal)* branch office; **~ar** (1n) *v/t* to divide into branches; *(fender)* to split; *(dividir)* to subdivide; **~ar-se** *v/r* to branch off; *(alastrar-se)* to propagate.

ramo *s m* branch *(tb. fig.);* bough; *flores* bouquet; *(bifurcação)* fork; *(secção)* department; *saber* field; *profissional* field, line (of work); *econ.* branch, line of business.

rampa *s f* ramp; *(inclinação)* slope.

ranço *s m* rank smell; rancidness; *fig.* rubbish; *fig.* = *ter* **~** to be rancid; *fig.* to be hackneyed *(ou* old fashioned); **~so** *adj* rancid, rusty; *fig.* old fashioned; *(banal)* hackneyed.

rancor *s m* resentment; hostility; rancour; *(malevolência)* spitefulness; **~oso** *adj* resentful; *(malevolente)* spiteful.

ranger (2h) *v/i com os dentes* to grate; to creak *(porta)*.

ranho *s m* snivel, snot; **~so** *adj* snotty.

rapac|e *adj* rapacious; **~idade** *s f* rapaciousness.

rapadeira *s f* scraper; rasp.

rapar (1b) *v/t* to scrape; *(tosquiar)* to shear; *(barbear)* to shave; *(cortar rente)* to cut short; *panela* to lick the plate; *(calotear)* to cheat s.o. off sth.; *(roubar)* to steal; *(morte)* to cause the death of.

rapariga *s f* girl; young woman.

rapaz *s m* young man; youngster; *(menino)* boy; *fig.* errand boy; jour neyman.

rapé *s m* snuff, rappee; **tomar** ~ to snuff rappee.

rapidez *s f* rapidity; swiftness; haste; **com** ~ swiftly, fast, quickly.

rápido 1. *adj* quick, swift; brisk; torrential *(corrente); **prato** ~ fast food; **via** ~a* highway; **2.** *s m* rapids; *c.f.* express train.

raposa *s f* fox *(espécie; tb. fig.)*.

rapt|ar (1a) *v/t* to kidnap; to abduct; *(saquear)* to rob; *(arrebatar)* to snatch away; **~o** *s m* kidnapping; abduction; *(saque)* plunder; *(arroubo)* rapture; *(êxtase)* ecstasy; **~or** *s m*, **-a** *f* kidnapper.

raqueta *s f* racket.

raqu|ítico *adj* rachitic; *(enfezado)* stunted; *(miserável)* wretched; **~Itis-mo** *s m med.* rachitis, rickets *sg.*

rarear (1l) *v/i* to become *(ou* be) scarce.

raref|acção *s f* rarefaction, rarefication; **~azer** (2v) *v/t e v/i* to rarefy; to make thin or scarce; **~eito 1.** *pp v* **~azer, 2.** *adj* rarefied, tenuous.

raridade *s f* rarity; *(curiosidade)* sth. worth seing, curiosity.

raro 1. *adj* rare; *(pouco)* little; scarce; thin; **-as vezes** = **2.** *adv* seldom, rarely.

rascunho *s m* draft; *(esboço)* sketch; *(minuta)* outline.

rasg|ado *adj* torn; wide; *(aberto)* open, frank; *(generoso)* liberal; *(audacioso)* daring; unconstrained; **~adura** *s f*, **~ão** *s m* tear, rip; *(racha)* crack; *(fenda)* slit; *(abertura)* opening; **~ar** (1o) *v/t* to tear; *(fender)* to

split, to cleave; *caminho* to break the way; *ondas* to break the waves; *oposição* to break through (the oposition); *(separar)* to separate; *(afastar violentamente)* to tear apart.

raso *adj* flat; *(plano)* level; *(vazio)* empty; *(nu)* bare; straight measure *(medida);* short *(cabelo);* private *(soldado)*.

rasp|adeira *s f* scraper; rasp; **~adela** *s f* = **~agem** *s f*; **~adura** *s f* rasping; splinter; *(raspas)* scrapings; **~agem** *s f* act of scraping; *(rasura)* erasure; abrasion; **~ão** *s m* scratch; **de** ~ obliquely; **passar de** ~ to brush against, to scrape against; **~ar** (1b) *v/t* to scrape, to scratch; *(rasurar)* to erase; *(esfolar)* to scratch; *fig.* to scamper off.

rastejar (1d) *v/t* to track; to follow a track; *v/i* to crawl; *(arrastar-se)* to creep.

rastilho *s m* fuse.

rasto *s m* track.

ratazana *s f* rat; *fig.* ridiculous person.

ratific|ação *s f (confirmação)* confirmation; *pol.* ratification; **~ar** (1n) *v/t* to confirm; to validate; *pol.* to ratify.

rato *s m* mouse *(tb. inform.)*.

razão 1. *s f* reason; good sense; *(inteligência)* intelligence; *(motivo)* cause, motive; *(consideração)* consideration; *(direito)* right; *(explicação)* argument; *(satisfação)* account; *(informação)* information; *mat.* ratio; **2.** *s m econ.* ledger book.

razoável *adj* reasonable, sensible; fair *(preço);* **~mente** *adv* rather, fairly *(tamanho, qualidade)*.

ré *s f* **a)** *jur.* female defendant; **b)** *mar.* stern; *aer.* tail.

reabastec|er (2g) *v/t* to renew the stocks; *combustível* to refuel; **~imen-to** *s m* restocking, replenishment; refuelling.

reabilit|ação *s f* rehabilitation *(tb. med.);* **~ar** (1a) *v/t* to rehabilitate; to justify; to reacquire credit.

reac|ção *s f* reaction; *pol.* counter-tendency; **~cionário** *adj* reactionary.

react|ivar (1a) *v/t* to reactivate; to revive; **~ivo** *adj* reactive; **~or** *(motor)* s *m* reactor.

reagir (3n) *v/t* to react (to **a, contra**); *(defender-se)* to resist, to fight against.

R

reajust|ar (1a) *v/t* to readjust; to adjust; **~e** *s m* adjustment.

real *adj* **a)** real, actual; genuine; *(efectivo)* actual; **rendimento ~** real income; **b)** royal.

real|çar (1p) *v/t* to enhance; *(enaltecer)* to dignify; *(acentuar)* to emphasize; *(aumentar)* to raise; *(embelezar)* to embellish; **~ce** *s m* enhancement; *(acentuação)* emphasizing; *(brilho)* splendour; *(prestígio)* reputation; *(significado)* meaning.

realeza *s f* royalty; kingship; *monarquia* sovereignty; *(magnificência)* magnificence.

real|idade *s f* reality (**na** in); **~smo** *s m* **a)** realism; **b)** royalism; following of the monarchic cause; **~sta 1.** *adj* a) realistic; b) royalistical; **2.** *s m/f* a) realist; b) royalist; **~zação** *s f* realization; accomplishment; *desejo, esperança* fulfillment; holding (of a meeting); *econ.* turnover; *(pagamento)* payment; **~zador** *s m* organizer; *(criador)* creator; *filme* director; **~zar** (1a) *v/t* to accomplish; to put into practice; to carry out; *contrato* to close; *desejo* to fulfill; *econ.* to sell; *capital* to become liquid; *acções* to pay in; *concerto, etc.* to organize.

reanimar (1a) *v/t* to reanimate, to revive; *(sacudir)* to shake.

rearmamento *s m* rearmament.

reatar (1b) *v/t* to rebind; to re-establish; *(prosseguir)* to continue.

reaver (2z) *v/t* to recover; to get back.

rebaixar (1a) *v/t* to lower; to debase; *(aprofundar)* to deepen.

rebanho *s m* flock; herd.

rebater (2b) *v/t ataque* to strike back, to repel; *acusação* to dismiss *jur.*; *motivos* to refute.

rebeldia *s f* rebelliousness; *(teimosia)* stubborness; *(obstinação)* obstinacy.

rebent|ação *s f esp.* surf, pounding of waves; **~ar** (1a) *v/i* to blow up; to burst (**de** with); to break out *(guerra)*; to break loose *(ruído, tempestade)*; to shoot *(planta)*; to irrupt *(água, lágrimas)*; to turn up; **~ de** *fig.* to burst with; *v/t* to burst up, to split; **~o** *s m* shoot; sprout; *fig.* offspring.

rebobin|agem *s f fita, etc.* rewind; **~ar** (1a) *v/t vídeo, etc.* to rewind.

reboc|ador 1. *s m* tug, towboat; **2.** *adj* towing; **~ar** (1n) *v/t* **a)** to tow; **b)** *parede* to plaster.

rebo|lar (1e) *v/i* to roll; *(virar)* to twirl around; **~lar-se** *v/r* to sway, to swagger; to shake the hips; **~lar** (1n) *v/t* to roll.

reboque *s m* towage; *(cabo)* tow-rope; *veículo* trailer; hauled vehicle; **carro de ~** tractor; **acoplamento de ~** tow bar.

rebrilhar (1a) *v/i* to shine; to glitter.

rebuçado *s m* sweet; candy.

rebuliço *s m* uproar; tumult; fuss; *(desordem)* disorder.

recado *s m* word; *(aviso)* message; *(incumbência)* errand; **~s** *pl* regards; **moço de ~s** errand boy.

recaída *s f* relapse.

recair (3l) *v/i* to fall back (**em** into); to revert; *med.* to have a relapse.

recalc|ado *adj* inhibited; restrained; *(desconfiado)* distrustful; **~amento** *s m* repression; inhibition; *(desconfiança)* distrust; **~ar** (1n) *v/t* to compress; *fig. sentimentos* to restrain, to repress.

recalcitr|ante *adj* stubborn; *(obstinado)* obstinate; **~ar** (1a) *v/t* to recalcitrate; *(opor-se)* to resist; *(teimar)* to become obstinate.

recamar (1a) *v/t (enfeitar)* to adorn; *(cobrir)* to cover.

recambiar (1g) *v/t* to send back; to give back; *(reencher)* to refill; *(trocar)* to exchange; *letra de câmbio* to return.

recanto *s m* recess, corner.

recapitul|ação *s f* repetition; recapitulation; *(resumir)* summary; **~ar** (1a) *v/t* to repeat; to recapitulate.

recaptur|a *s f* arrest; **~ar** (1a) *v/t* to recapture; to arrest again.

recear (1l) *v/i* to fear; *v/t* to be afraid of.

receber (2c) *v/t s.o.* to welcome; to entertain (guests); *sth.* to receive; *factura, etc.* to cash in; *(aceitar)* to accept; *(reconhecer)* to acknowledge; *(permitir)* to allow; *a/c desagradável* to put up with; *prejuízo* to suffer; **~ (em casamento)** to marry.

receio *s m* fear; apprehension; **sem ~** safely.

receit|a *s f* **a)** income, revenue; **b)** *med.* prescription; **com ~ médica**

prescription only; **sem ~ médica** over-the-counter; **c)** *cul.* recipe; **~ar** (1a) *v/t* to prescribe.

recense|amento *s m populacional, etc.* official enumeration; census; *(registo)* register; **~ar** (1l) *v/t* to register; *(contar)* to count; **~ar a população** to take a census.

recente *adj* recent; new.

recep|ção *s f* reception (desk); receipt; *(admissão)* admittance; **~cionista** *s m/f* receptionist; **~tação** *s f* receiving stolen goods, *sl.* fence; **~táculo** *s m* container; vessel *(tb. fig.)*; **~tividade** *s f* receptiveness; **~tivo** *adj* receptive.

recessão *s f* recession.

rechear (1l) *v/t* to stuff; *(encher)* to cram.

recheio *s m* stuffing, farcing; *casa* furnishings; *(inventário)* inventory.

recibo *s m* receipt.

reciclagem *s f* recycling.

recife *s m* reef.

recinto *s m* area, enclosed space; *(compartimento)* room; *(salão)* hall; *(recinto de exposições)* gallery.

recipiente *s m* container, vessel; recipient.

recíproco *adj* reciprocal; mutual; interchangeable.

recitar (1a) *v/t* to recite, to declaim.

reclam|ação *s f* objection, protest; *(queixa)* complaint; *(exigência)* demand; claim; **~ar** (1a) **1.** *v/t* to claim; *(exigir)* to demand; **2.** *v/i* **~ de alg por** to hold s.o. responsible for; **~ contra** to object against; to complain about; **~e** *s m* advertisement, F ad.

reclinar (1a) *v/t* to lean back, to recline; to lean against; *(pôr)* to lay, to place.

recobrar (1e) *v/t saúde, ânimo* to recover, to be restored to health; *dinheiro* to retrieve; to catch up on.

recolha *s f* gathering; collection; *gado* stable.

recolher (2d) *v/t* to collect; to gather; to shelter; *(ceifar)* to harvest; *(guardar)* to keep; *(regressar)* to return home.

recomeç|ar (1p) *v/t e v/i to* start again, to start anew; *trabalho* to resume; **~o** *s m* restart.

recomend|ação *s f* recommendation; *(conselho)* advice; *(aviso)* warning; **carta de ~** letter of recommendation, letter of introduction; **~ar** (1a) *v/t* to recommend; *(aconselhar)* to advise; *(confiar)* to entrust with; **~ável** commendable; advisable.

recompens|a *s f* reward; prize; *(indemnização)* compensation; **~ar** (1a) *v/t* to reward (**por** for); *(indemnizar)* to compensate; to make up for.

recompor (2zd) *v/t* to reorganize, to restore.

reconcili|ação *s f* reconciliation; **~ar** (1g) *v/t* to become reconciled; to make it up (with).

reconduzir (3m) *v/t* to lead back; to return; *(reeleger)* to reelect; *prazo* to extend.

reconfort|ante *s m* restorative, tonic; **~ar** (1e) *v/t* to reinvigorate, to stimulate; *(consolar)* to comfort.

reconhec|er (2g) *v/t* to recognize; to acknowledge; *(apreciar)* to recognize (as **por, como**); *(confessar)* to admit; *caminho* to reconnoitre *mil.*; *jur.* to certify; **~ido** *adj* grateful; **~imento** *s m* recognition; acknowledgement; *(homologação)* certification; *(gratidão)* gratitude, thankfulness; *mil.* reconnaissance; **sinais de ~imento** distinctive marks; **~ível** *adj* recognizable.

reconquist|a *s f* reconquest, reconquering; *(recuperação)* recovery; **~ar** (1a) *v/t* to reconquer, to conquer again; *(recuperar)* to recover.

reconsiderar (1c) *v/t* to reconsider; to think sth. over again; **~ sobre** to think sth. over; to ponder; *(arrepender-se)* to regret.

reconstru|ção *s f* reconstruction, rebuilding; **~ir** (3k) *v/t* to rebuild; *(restabelecer)* to restore; *(acrescentar)* to add; to reconstruct.

reconversão *s f* convertion; reorganization.

record|ação *s f* recollection; memory; *(lembrança)* souvenir; **~ar** (1e) *v/t* to remember, to recall; *(fazer lembrar)* to remind; **~ar-se de** to remember (sth.).

recorde *s m* record.

recorrer (2d) *v/t (percorrer)* to go through; *(folhear)* to leaf through; *(re-*

vistar) to search; *(examinar)* to investigate; *v/i* ~ ***a*** to fall back upon; to turn to; *meios, etc.* to resort to; *(aplicar)* to make use of; ~ ***de*** *jur.* to appeal against.

recortlar (1e) *v/t* to cut out; to chisel; *(escolher)* to choose; **~e** *s m* cutting, clipping; *(silhueta)* outline.

recostar (1e) *v/i* to recline; *(pôr)* to lay; *(inclinar-se)* to lean back.

recrleativo *adj* amusing; *(repousante)* relaxing; *(sociável)* sociable; **~eio** *s m* recreation; relaxation; *escola, trabalho* break; *Am.* recess.

recriminlação *s f* recrimination; **~ar** (1a) *v/t* to recriminate; to reproach; *(acusar)* to accuse.

recrudesclência *s f* recrudescence; *(doença)* change for the worse; *(exacerbação)* exacerbation; *(aumento)* increase; *(subida)* rise; **~er** (2g) *v/i* *esp.* to increase, to rise; *(piorar)* to get worse; *(exacerbar-se)* to become aggravated.

recrutla *s m* recruit; rookie; **~amento** *s m* enlistment, recruitment; **~ar** (1a) *v/t* to enlist, to draft; *professor, etc.* to take, to employ; *sócios* to enlist.

recta *s f* straight line.

rectlangular *adj* rectangular, square; **~ângulo 1.** *adj* rectangular; **2.** *s m* rectangle; **~idão** *s f* rightness; *(probidade)* rectitude, integrity.

rectificlação *s f* rectification; *(correcção)* correction; *quím.* purification; **~ar** (1n) *v/t* to rectify; to straighten; *(corrigir)* to correct; *quím.* to redistil.

recuar (1g) *v/i* to pull *ou* step back; to withdraw; *(afastar-se)* to recede; *v/t* to drive back, to move backwards.

recuperar (1c) *v/t* to recover, to take *ou* win back; *(pôr a salvo)* to secure; *o tempo perdido* to make up for; *(aproveitar)* to make use of.

recurso *s m* resource; aid; means; *(possibilidade)* possibility; *(meio de informação)* means of information; *(refúgio)* shelter; *jur.* appeal; **~s** *pl* *(dinheiro)* wealth, money; resources.

recusla *s f* *(rejeição)* rejection; *(negação)* refusal, denial; ***fazer*** ~ ***de*** = **~ar** (1a) *v/t* to refuse, to turn down; to reject; to deny.

redaclção *s f* editorial department, *conjunto de pessoas* editorial staff; *(minuta)* sketch; ***chefe de*** ~ = **~tor-chefe**; **~tor** editor; **~~chefe** head editor.

rede *s f* net; *electr.* mains; *(televisão, telefone, etc.)* network; ***cama de*** ~ hammock.

rédea *s f* reins.

redenção *s f* redemption; *rel.* salvation, deliverance; ***sem*** ~ beyond salvation.

redigir (3n) *v/t* to write; *(assentar)* to write down.

redobrar (1e) **1.** *v/t* to redouble; *(aumentar)* to augment; *(repetir)* to repeat; **2.** *v/i* *(subir)* to rise; *(aumentar)* to increase.

redondo *adj* round, circular; *fig.* fat, chubby; *(liso)* smooth.

redor *s m* surroundings; ***em*** ~ around.

redução *s f* reduction; diminution; abatement; ~ ***de despesas*** curbing of costs.

reduplicar (1n) *v/t* to reduplicate; *(repetir)* to repeat.

reduzir (3n) *v/t* to reduce; *(reconduzir)* to bring back (to ***a***); to decrease; *preço, qualidade* to reduce, to lower; *(limitar)* to restrict, to compress; *(preço)* to reduce, to cut; *pessoal* to cut down on; *tamanho* to reduce (the size).

reedição *s f* new edition.

reedificlação *s f* rebuilding; reconstruction; *(renovamento)* renewal; **~ar** (1n) *v/t* to rebuild; to reconstruct.

reeditar (1a) *v/t* to republish; to reprint; to reissue.

reembolslar (1e) *v/t* to pay back, to repay; ~ ***alg*** to pay s.o. off; **~o** reimbursement; repayment; ***contra*** ~ cash on delivery.

reestruturlação *s f* restructuring; **~ar** (1a) *v/t* to restructure.

reexpledição, *s f* ***pedido de*** ~ application to have one's mail forwarded; **~edir** (3r) *v/t* to forward; **~ortação** *s f* re-exportation.

refazler (2v) *v/t* to remake; *(remodelar)* to reform; *(restabelecer)* to restore; *(emendar)* to repair; *(reorganizar)* to reorganize; *perda* to make up for.

R

região

refei|ção *s f* meal; **~tório** *s m* dining-hall.

refém *s m* hostage.

refe|rência *s f* reference; *(menção)* mention; *(alusão)* allusion; *econ.* reference; **~endo** *s m* referendum; **~rente** referring to; regarding; concerning; **~rir** (3c) *v/t* to refer; to report; *(mencionar)* to mention; **~rir a** to concern; *(relacionar)* to connect with; *(atribuir)* to ascribe to.

refin|ado *adj* refined; polished; polite; *(manhoso)* cunning; *(esperto)* clever; **~amento** *s m* refining; refinement; **~ar** (1a) *v/t* to refine; *fig.* to civilize, to perfect.

reflect|ir (3c) *v/t* to reflect, to mirror; *fig.* to reveal; *v/i* to rebound, to resound; to consider, to ponder; **~or** *s m* reflector; *auto.* headlight.

reflex|ão *s f* reflection; *(ricochete)* rebound; *(raciocínio)* consideration; *(meditação)* meditation; *(contemplação)* contemplation; *(observação)* remark; **~ivo** *adj* reflexive; *(comunicativo)* catching; *(meditabundo)* thoughtful; *gr.* referring back to the subject; **~o** *s m* **1.** *adj* reflected; *gr.* = **~ivo**; **2.** *s m* reflex, reflection; *med.* reflex action; *(efeito)* repercussion.

refog|ado *s m* fried onions; **~ar** (1o) *v/t* to fry.

reforç|ar (1p) *v/t* to reinforce, to strengthen; to intensify; **~o** *s m* reinforcement; strengthening; intensification.

reforma *s f* reform, reformation; *(remodelação)* modification; *(melhoramento)* improvement; *esp. téc.* overhaul; *(aposentação)* retirement; **política de ~** reformist policy.

reform|ação *s f* reformation; correction; *(remodelação)* modification; **~ado 1.** *adj* retired; *rel.* converted to protestantism; **2.** *s m* pensioner; **~ar** (1e) *v/t* to reform; *(remodelar)* to remodel; *(modificar)* to modify; *(melhorar)* to improve.

refresc|ante *adj* refreshing, cooling; **~ar** (1n) *v/t e v/i* to refresh, to freshen; *(refrigerar)* to refrigerate; **~o** *s m* refreshment; *(frescura)* freshness.

refriger|ação *s f* refrigeration; freezing; **água de ~** cooling water;

~ador *s m* refrigerator; cooler; **~ante 1.** *adj* refreshing; **2.** *s m* refreshment; *(bebida)* soft drink; **~ar** (1c) *v/t e v/i* to cool, to chill; *(refrescar)* to freshen.

refugiado 1. *adj* fugitive; **2.** *s m* refugee, fugitive.

refúgio *s m* shelter; refuge; *(saída)* way out.

refulgir (3n) *v/i* to shine, to gleam; to glitter.

refund|ição *s f* recasting; **~ir** (3a) *v/t* to recast; *(fundir)* to cast.

rega *s f* irrigation, watering; **~dor** *s m* watering can; sprinkler.

regal|ar (1b) *v/t* to please, to delight; *(refrescar)* to refresh; *(presentear)* to give presents; *(receber)* to entertain; *(amimar)* to spoil; **~ar-se** *v/r* to rejoice (**com** in); to luxuriate; **~ia** *s f* regal rights; *(bonificação)* allowance; *(privilégio)* privilege; F perk; **~o** *s m* pleasure, delight; *(atenção)* attention; *(prenda)* gift; *(abafo)* muff.

regar (1o) *v/t* to water; *(humedecer)* to dampen; *rua* to sprinkle.

regata *s f* regatta, boat race.

regatear (1l) *v/t* to bargain; *(não dar)* to drive a hard bargain; *mérito* to depreciate; *v/i* to nag; **~ a/c a alg** to discuss; to refuse.

regato *s m* brook, creek.

reged|or *s m* mayor; **~oria** *s f* local authority; *(edifício)* municipal offices.

regel|ado *adj* frozen; **~ador, ~ante** freezing, chilling; **~ar** (1e) *v/t* to chill, to freeze; *v/i* to become frozen; **~o** *s m (gelo)* black ice; *fig., sentimentos* coldness.

regência *s f* regency; *gr.* regimen; *mús.* direction.

regener|ação *s f* regeneration; *(restauração)* restoration; **~ador 1.** *adj* renewing; **2.** *s m* renewer; *téc.* regenerator; **~ar** (1c) *v/t* to regenerate; to renew; *(reconstituir)* to restore; *(melhorar)* to improve.

reger (2h) *v/t e v/i* to govern, to rule; to direct, to guide; *volante, etc.* to steer; *orquestra* to conduct; *cadeira universitária* to teach, to lecture.

região *s f* region; countryside; *(zona)* area.

531

regime *s m* regime; *pol.* political system; *(domínio)* rule, power, *(regulamentação)* regulation; *(ordem)* order; *(modo de vida)* way of life; *med.* diet; *gr.* syntactical relation between words; **~ de trabalho** working method.

regimento *s m mil.* regiment; *pol.* rule; *(regulamento)* regulation; *(administração)* administration.

régio *adj* royal, regal; kingly.

region|al regional; *(dialectal)* dialectical; **~al de** from the area of; **jornal ~al** local paper; **~alismo** *s m* regionalism; *(dialecto)* dialect.

regist|ado *adj* registered; **carta -a** registered letter; **marca -a** trade mark; **~ar** (1a) *v/t* to register; to book; *(apontar)* to write down; *(verificar)* to establish; *(controlar)* to record, to control; **~ar-se** *v/r* to matriculate, to enlist; **~o** *s m* register; record; registration; *(lista)* list; *(inscrição)* matriculation; *(assento)* entry-book; *alfândega* control; *vídeo, etc.* recording; **~o civil** registry office; **certificado do ~o criminal** certificate of (good) conduct.

regra *s f* rule, principle; *(directiva)* norm; *(ordem)* order; *notas, escrita* line; *(régua)* ruler; *mat.* rule.

regredir *v/i* to recede, to withdraw; to retreat.

regress|ão *s f* regression; **~ar** (1c) *v/i* to return; to go *(ou* come) back; **~ivo** *adj* regressiv; *(retroactivo)* backdated; **~o** *s m* return; *(retrocesso)* retrogression; *jur.* recourse.

régua *s f* ruler.

regul|ação *s f* regulation, regulating; *(ajustamento)* adjustment; *(regulamentação)* regulation; **~ador 1.** *adj* regulating, regulative; **2.** *s m* regulator; *téc.* control; **~amentação** *s f* regulation; *(ordem)* order; **~amentar 1.** (1a) *v/t* to regulate; to arrange; *(ordenar)* to subject to order; **2.** *adj* according to regulations; regulative; *(oficial)* official, standard; **~amento** *s m* regulation, rule; *(prescrição legal)* law, decree; *(estatuto)* statute; **~amento de serviço, da casa** office rules, house rules; **~amento de execução** operating rules; **~ar** (1a)

1. *v/t* to regulate; to direct, *(ordenar)* to put in order; *(ajustar)* to adjust; *v/i* to work; **2.** *adj* regular; normal; *(pontual)* ponctual; *(rotineiro)* customary; *(legal)* legal; *fig.* fair; **~aridade** *s f* regularity; *(legalidade)* lawfulness; *(ordem)* order; **~arização** *s f* regularization; **~arizar** (1a) *v/t* to regularize; to rectify.

rei *s m* king.

reimpr|essão *s f* reprinting; *(reprodução)* reprint; **~imir** (3a) *v/t* to reprint, to republish.

rein|ado *s m* reign; **~ar** (1a) *v/i* to reign, to rule; *fig.* to dominate.

reino *s m* kingdom.

reintegrar (1c) *v/t* to restore; to reinstate; to readmit.

reit|or *s m* rector; principal, headmaster; **~orado** *s m* rectorship; **~oria** *s f* rectory *(serviço)*.

reivindic|ação *s f* reclamation; claim; *(exigência)* demand; **~ar** (1n) *v/t* to revindicate; *(recuperar)* to recover; *(reclamar)* to reclaim; *(exigir)* to demand; **~ar-se de** to claim.

rejei|ção *s f* rejection, refusal; **~tar** (1a) *v/t* to reject; to throw away; *fig.* to repudiate; to discard; *(recusar)* to refuse.

rejuvenescer (2g) *v/i* to rejuvenate; to look younger; to become youthful again.

rela|ção *s f* relationship, relation; *(nexo)* connection; *(relatório)* report; *(descrição)* description; *(lista)* roll, list; **~cionação** *s f* relating; bringing in connection with; **~cionado** *adj* related, connected; **bem ~cionado** well connected; **~cionamento** *s m* relationship; **~cionar** (1f) *v/t* to report, to describe; to relate.

relâmpago *s m* (flash of) lightning.

relanc|e *s m:* **~ de olhos, ~ de vista** glance, glimpse; **de ~** by chance, at a glance; **~ear** (1l) **1.** *v/t:* **~ os olhos, ~ a vista** to glance at, to cast a quick look at; **2.** *s m* glance, glimpse.

relat|ar (1b) *v/t* to report; to tell; *(referir)* to mention; **~ividade** *s f* relativity; **~ivo** *adj* concerning; relative; **~o** *s m* report; narration; *(lista)* list; **~or** *s m, -a* *f* reporter; narrator; **~ório** *s m* report; *(exposição)* lecture; *univ.* paper.

relaxar (1a) *v/i* to loosen; *(amolecer)* to weaken; *(desleixar)* to neglect; to relax.

relembrar (1a) *v/t* to recollect; *(fazer lembrar)* to remind.

relev|ação *s f* pardon; *(ênfase)* emphasis; *(facilitação)* relief; **~ar** (1c) *v/t* to excuse, to forgive; *(permitir)* to allow; *(sobressair)* to bring into prominence; *(sublinhar)* to emphasize; *(distinguir)* to distinguish; *dor* to ease.

religi|ão *s f* religion; **~osa** *s f* nun; **~osidade** *s f* religiousness; **~oso 1.** *adj* religious; spiritual; *fig.* scrupulous; *(devoto)* devout; **2.** *s m* monk.

relinch|ar (1a) *v/i* to neigh; to whinny; **~o** *s m* neigh, whinny.

relíquia *s f* relic; precious *ou* rare object; **~s** *pl* relics; remains.

relógio *s m* watch, clock.

reloj|oaria *s f* the art of watchmaking; watch manufacture; watchmaker's shop; *(mecanismo)* clock mechanism; **~eiro** *s m,* **-a** *f* watchmaker.

relut|ância *s f* reluctance; aversion; *(oposição)* resistance; **~ante** *adj* reluctant, unwilling.

reluzir (3m) *v/i* to shine; to glimmer, to glow; *(cintilar)* to sparkle.

relva *s f* grass.

relvado *s m* lawn, turf.

remador *s m* rower.

remar (1d) *v/i* to row; to paddle.

remat|ar (1b) *v/t* to finish (off); to complete; *(concluir)* to conclude; *(coroar)* to crown; *jogo* to decide; *v/i* to come to an end; to stop; **~e** *s m* end, conclusion; *(coroação)* crowning ornament; *desporto* shot (at goal).

remediar (1h) *v/t* to remedy; *(ajudar)* to relieve; *(corrigir)* to amend; *(curar)* to cure; *(impedir)* to hinder.

remédio *s m* remedy, medicine; *(auxílio)* help; *(saída)* solution, way out.

remend|ar (1a) *v/t* to patch, to mend; to botch; to repair; **~o** *s m* patch, botch; *(aumento)* addition.

remessa *s f dinheiro* remittance; *mercadoria* consignment; *(entrega)* delivery; *guia de* **~** waybill.

remet|ente *s m* sender; *letra de câmbio* remitter; **~er** (2c) *v/t* to send; to forward; to mail; *(entregar)* to deliv-

er; *(confiar)* to entrust with; *(protelar)* to put off (*para* to).

remexer (2c) *v/t* to rummage; to turn upside down; *(mexer)* to stir; *(sacudir)* to shake.

reminiscência *s f* recollection; memory.

remiss|ão *s f (remitência)* remittance; remission; absolution; **~ível** pardonable; remissible; **~ivo** *adj* referring to.

remo *s m* oar, paddle.

remodel|ação *s f* remodeling; *(reorganização)* reorganization; **~ar** (1c) *v/t* to remodel; to reorganize, to reform.

remoinho *s m* whirlpool; whirlwind.

remontar (1a) *v/t e v/i* to ascend; *(elevar)* to lift, to raise; *(corrigir)* to repair; *passado* to go back to, to date from.

remorso *s m* pangs of conscience; regret.

remoto *adj* distant; *(isolado)* remote; *(longínquo)* far-off, far away; *(passado)* long ago, ancient.

remov|er (2d) *v/t* to move, to shift *(deslocar)* to displace; *(retirar)* to remove; *(espantar)* to drive away; **~ível** *adj* removable; *(amovível)* transferable; *(deslocável)* displaceable.

remuner|ação *s f* reimbursement; reward; salary, wages; **~ador** *adj* paying; *fig.* rewarding; **~ar** (1c) *v/t* to reimburse; to reward; to pay.

renasc|ença *s f* renascence; *fig.* revival; Renaissance; **~imento** *s m =* **~ença**.

renda *s f* **a)** lace; **b)** *casa* rent; *(rendimento)* revenue, income; *(receita)* receipt.

rend|eiro *s m,* **-a** *f* **a)** tenant farmer, renter; **b)** lacemaker; **~er** (2a) *v/t* to oblige to surrender; *(dominar)* to subject, to conquer; *(extenuar)* to strain; *mil.* to surrender; *(entregar)* to render, to give; *(restituir)* to give back; *(substituir)* to relieve, to take over from; **~er-se** *v/r* to surrender, to yield; *(submeter-se)* to submit; *(ceder)* to give in; **~ibilidade** *s f* profitability; **~ibilizar** (1a) *v/t* to make sth. profitable; **~ição** *s f* surrender, capitulation; *(submissão)* subjection; *(cedência)* yielding; relief *sentinela*; **~imento** *s* *m* proceeds, returns; *(lucro)* profit; *(renda)* revenue, income; *econ. esp.* yield; *desporto, trabalho* performance; efficiency *máquina, etc.*; *(fertilidade)* fruitfulness; *(rendibilidade)* profitability; *med.* dislocation; **~oso** *adj* profitable; paying; *(fértil)* fruitful, productive.

reneglado 1. *adj* faithless, apostate; **2.** *s m,* **-a** *f* renegade; F wicked fellow; **~ar** (1o) **1.** *v/t* to deny; *(abominar)* to detest; *(amaldiçoar)* to curse.

renitente *adj* stubborn, unruly.

renome *s m* reputation; renown; *(fama)* fame, glory.

renovlação *s f* renewal, renovation; *(regeneração)* regeneration; **~ador 1.** *adj* renovating. **2.** *s m,* **-a** *f* renovator, reformer; **~ar** (1e) *v/t* to renew, to renovate; *(regenerar)* to regenerate; *(repetir)* to repeat; *v/i* to return; to sprout *(planta).*

rentlabilidade *s f* profitability; **~ável** profitable.

renúncia *s f* renunciation; sacrifice; *(abdicação)* abdication.

renunciar (1g): **~** *a* to give up on; to renounce; *(abdicar)* to abdicate; *(recusar)* to refuse; *um cargo* to resign.

reorganizlação *s f* reorganization, rearrangement; **~ar** (1a) *v/t* to reorganize, to rearrange.

reparlação *s f* repair, repairing *tb. téc.; (satisfação)* satisfaction; *(indemnização)* indemnity, compensation; **~ar** (1b) *v/t* to repair, to mend; *(remediar)* to make up for.

repartlição *s f* partition; division; *(departamento)* department; *(serviço)* administrative office; **~ir** (3b) *v/t* to share; to distribute; to slice.

repassar (1b) *v/i (embeber)* to drench; *(encher)* to fill; *v/t (rever)* to read over again, to examine again.

repellente *adj* repellent; disgusting; **~ir** (3c) *v/t* to repel; to force back; to shun; *(repugnar-se)* to feel aversion.

repentle *s m (movimento)* sudden movement; *(ideia)* sudden ideia; *(acção)* hasty *ou* thoughtless act; *(ataque)* fit, outburst; **~ino** *adj* sudden; unexpected.

reperculssão *s f* repercussion; *(ressonância)* echo; *fig.* effect; **~ões** re-

percussions; **~tir** (3a) *v/t* to throw back; to deflect; *v/i* to rebound; to reverberate *(som); fig.* to find resonance; *(fazer efeito)* to be effective.

repetlição *s f* repetition; *mil.* repeater **~idor** *s m* repeater; **~ir** (3c) *v/t* to repeat; to do (say) over again; **~itivo** *adj* repetitive.

repisar (1a) *v/t* to tread over again; to trample; *fig.* to repeat over again; to insist on.

repleto *adj* completely full; crammed; *(saciado)* satisfied.

réplica *s f* reply.

replicar (1n) *v/t e v/i* to reply, to answer; *(objectar)* to object; *(contradizer)* to rebut, to contradict.

repolho *s m* cabbage; **~** *roxo* red cabbage.

repor (2zd) *v/t* to put back; *(devolver)* to restitute, to give back; *(substituir)* to replace; *(restabelecer)* to restore; *(reintegrar)* to restore.

reportlagem *s f* newspaper report; **~ar** (1e) *v/t* to withdraw; to hold back; *(moderar)* to moderate; *vantagem* to be (of advantage); **~** *a* to refer to; *(atribuir)* to attribute; **~ar-se** *a* to cite, to quote; *(referir-se)* to allude to.

repórter *s m* reporter, journalist.

reposilção *s f* return; *(restituição)* restitution; *(reinstalação)* restoration, reestablishment; *tea., filme* rerun.

reposteiro *s m* curtain, drape.

repouslado *adj* rested; **~ar** (1a) *v/t* to rest; *v/i (descansar)* to rest; *(dormir)* to sleep; to settle *(líquido);* to fallow *(campo);* **~o** *s m* rest; *(pausa)* break; *local de* **~o** rest place; *em* **~** *agr.* fallow.

repreenlder (2a) *v/t* to reprehend; to reproach; to admonish; **~são** *s f* reprehension; reproach; **~sível** *adj* reprehensible, reprovable; **~sivo** *adj* reprehensive, admonitory.

represa *s f* dam, dike; *(peanha)* base; *fig.* restraint; *(defesa)* defense.

represlália *s f* retaliation; *usar de* **~s, exercer ~s** to retaliate; **~ar** (1c) *v/t* to dam up; *(conter)* to stop, to restrain.

representlação *s f tea.* performance, interpretation; *figurativa* depiction; *pol. econ.* representation; *despesas* *de* ~ expenses; *homem de* ~ man of importance; ~**ante** *s m/f* substitute, deputy; *pol., econ.* representative; *econ., tb.* agent; ~**ar** (1a) *v/t imaginar* to imagine, to call to mind; to show, to depict; to impersonate; *(expor)* to describe; *papel v/i* to play, to act; *drama* to perform; *pol., econ.* to represent, to act as representative (*or* agent); ~**atividade** *s f* representative character; ~**tativo** *adj* representative; *(importante)* important.

repress|ão *s f* repression; *(perseguição)* persecution; *(impedimento)* constraint; *(defesa)* defence; *(opressão)* oppression; ~**ivo** *adj* repressive.

reprim|enda *s f* reprimand, reprehension; correction; ~**ir** (3a) *v/t* to suppress; to repress; *(impedir)* to stop, to prevent.

reprivati|zação *s f* denationalization; ~**zar** (1a) *v/t* to denationalize.

reprocess|amento *s m* recycling; reprocessing; *instalação de* ~ recycling plant, reprocessing plant; ~**ar** (1c) *v/t* to recycle; to reprocess.

reprodu|ção *s f* reproduction; breeding; *(renovação)* renovation; *(cópia)* copy, replica; *tip.* reprint; ~**tivo** *adj* reproductive; = ~**tor 1.** *adj* reproductive; breeding; **2.** *s m* reproducer; domestic animal kept for breeding: (studhorse, bull, etc.); ~**zir** (3m) *v/t* to reproduce; *tip.* to reprint; *(descrever)* to describe; *(multiplicar)* to multiply.

reprov|ação *s f* disapproval; reproach; *(condenação)* conviction; fail, reprobation *(exame); (fracasso)* failure; ~**ar** (1e) *v/t* to disapprove; *(recusar)* to refuse, to reject; *exame* to fail; to deny approval; ~**ável** *adj* reprovable; *(repreensível)* reprehensible.

réptil *s m* reptile.

república *s f* republic; *(estado)* commonwealth, state.

republicano 1. *adj* republican; **2.** *s m,* -**a** *f* republican.

repudiar (1g) *v/t* to repudiate; to repel; *oferta* to refuse.

repugn|ância *s f* repugnance; aversion; *(nojo)* repulsion, disgust; ~**ante** *adj* repugnant; disgusting; ~**ar** (1a) *v/t; (recusar)* to reject; to cause aversion; to feel repugnance.

repulsa, repuls|ão *s f* repulse, repulsion; *(rejeição)* rejection; *(relutância)* aversion; *causar* ~ *a* to cause aversion to; ~**ivo** *adj* repulsive, repugnant.

reput|ação *s f* reputation; ~**ado** *adj* reputed, renowned; *bem* ~**ado** respected; ~**ar** (1a) *v/t* to consider, to regard.

repux|ão *s m* hard pull; ~**ar** (1a) *v/t* to pull back; *(arrastar)* to drag; *(esticar)* to stretch tightly; *v/i* to spout; ~**o** *s m* fountain, waterspout.

requeijão *s m* cheesecurds, quark.

requer|ente *s m* petitioner; applicant; ~**er** (2u) *v/t* to apply for; *(solicitar)* to petition, to ask for; *(exigir)* to demand; *(desejar)* to wish; *(reclamar)* to require, to claim; ~**ido** *adj* required; ~**imento** *s m* application; *(petição)* petition; *(exigência)* demand.

requint|ado delicate, refined; perfected; *(selecto)* selected; *(fino)* distinguished, fashionable; ~**e** ~ *s m* refinement; *(distinção)* distinction; *(perfeição)* perfection.

requisi|ção *s f* requisition; *(confiscação)* seizure; ~**tar** (1a) *v/t* to request; *(confiscar)* to seize; to requisition.

rescindir (3a) *v/t contrato* to break, to cancel.

rescisão *s f* abrogation; annulment; *contrato* cancellation; *prazo de* ~ period of notice.

rés-do-chão *s m* ground floor.

reserva *s f (pecúlio)* reserve fund; *(abastecimento)* stock; *(ressalva)* restriction; *(moderação)* discretion; *mil.* reserve troops, reservists; *bilhetes, etc.* booking; *desporto* replacement (team); *tanque de* ~ spare tank.

reserv|ado *adj* reserved; *(cauteloso)* cautious; *(escondido)* secret; booked *(lugar, etc.);* ~**ar** (1c) *v/t* to keep back, to retain; to set aside; *(guardar)* to store up; *direito, etc.* to reserve; *(esconder)* to conceal, to hide; *dinheiro* to save; *bilhetes, lugar, etc.* to book; ~**atório** *s m* reservoir, tank; *(recipiente)* container, receiver; *(depósito)* deposit, store; ~**ista** *s m/f* reservist.

resfri|ado 1. *adj* cold; **2.** *s m* cold; ~**ar** (1g) *v/t* to cool, to freeze; *v/i e*

R

~ar-se *v/r* to grow cold; *med.* to catch a cold.

resgat|ar (1b) *v/t* to ransom; to pay off; to recover; *(libertar)* to free, to redeem; **~e** *s m* quittance; *(quantia)* ransom; *(libertação)* deliverance; *(saque)* bank draft.

resid|ência *s f (domicílio)* home; address; *rei* residence; **liberdade de ~** freedom of residence; **autorização de ~** residence permit; **~encial** *adj* residential; **~ente 1.** *adj* resident; residential; **2.** *s m/f* resident; inhabitant; **~ir** *v/i* to live; to inhabit; to reside; **~ir em** *fig. (basear-se)* to be based on; *(estar em)* to be in.

resíduo *s m* remainder, rest; **~s** *pl* waste, rubbish; litter.

resign|ação *s f* abnegation; renunciation; *cargo* resignation; *(submissão)* acquiescence; patience; **~ado** *adj fig.* acquiescent, submissive; **~ar** (1a) *v/t* to give up on; to renounce; *(ceder)* to comply; *cargo* to resign.

resina *s f* resin.

resist|ência *s f* resistance; opposition; *(perseverança)* persistence, constancy; *(estabilidade)* durability; **~ente 1.** *adj* resistent; strong; *(estável)* stable, lasting; **2.** *s m/f* resistant; **~ir** (3a) *v/i* to resist, to withstand; to endure, to last.

resol|ução *s f* resolution; decision; *(determinação)* purpose; solution *de um problema*; **~uto** *adj* decided, determined; corageous; **~ver** (2e) *v/t* to resolve; to settle; to dissolve; *situação* to solve; *dúvida* to clear up; *(decidir)* to decide, to determine.

respeit|ar (1a) *v/t* to respect; to honour; to consider; *(ter em conta)* to take into consideration; *(poupar)* to spare; *v/i* **~ a** to concern; **~ável** *adj* respectable; venerable; considerable; **~o** *s m* **a)** respect; consideration; reverence; **falta de ~** disrespect; **b)** respect, regard; **a ~ de** regarding, concerning.

respir|ação *s f* breathing; breath; **fazer perder a ~** to take the breath away; **~ar** (1a) *v/i* to breathe; *(sentir-se aliviado)* to heave a sigh of relief; *(descansar)* to rest; *(soprar)* to blow; *v/t* to breathe in *ou* out; *(absorver)* to take in; *(exalar)* to exhale; *fig.* **~ar alegria** to breathe joy.

resplandecer (2g) *v/i* to shine, to glitter; *fig.* to become notable.

respond|edor *s m:* **~ automático de chamadas** answering machine; **~er** (2a) *v/t e v/i* to answer; to reply; **~ por** to account for; *fig.* to correspond to.

respons|abilidade *s f* responsibility; *jur.* responsibility, liability; **~abilidade civil** liability; **~abilizar** (1a) *v/t* to consider responsible; to hold responsible; **~ável** *adj* responsible; *jur.* liable.

resposta *s f* answer, reply.

ressalt|ar (1a) *v/t* to stress, to emphasize; *v/i* to spring back; *(ricochetear)* to rebound; *arq.* to project; *fig.* to stand out; *(resultar)* to follow, to result from; **~e, ~o** *s m* rebound; salience.

ressent|ido *adj* resentful; hurt; *(sensível)* sensitive; **~imento** *s m* resentment; rancour; *(sensibilidade)* sensitivity; *(desconfiança)* mistrust; **~ir** (3e) *v/i* to resent.

ressoar *v/i* to reverberate; to resound; *(soar)* to intone; *v/i* to play, to ring.

resson|ância *s f* resonance; *(eco)* echo; **caixa de ~** resonance box; **ter ~** to attract attention; **~ante** *adj* resonant; **~ar** (1f) *v/i* to snore.

ressurg|imento *s m* resurgence; resuscitation, renascence; **~ir** (3n) *v/t* to resurge; *(renascer)* to revive; *(reaparecer)* to reappear.

ressurreição *s f* resurrection.

ressuscitar (1a) *v/t* to revive, to reanimate; to resuscitate; *v/i* to rise from the dead.

restabelec|er (2g) *v/t* to re-establish; to restore; *(reinstituir)* to reinstate; **~er-se** *v/r* to recover one's health; **~imento** *s m* re-establishing; restoration; *doente* recovery.

rest|ante 1. *s m* rest; **2.** *adj* remaining; **~ar** (1c) *v/i* to remain; to be left over.

restaur|ação *s f* restoration; *(reparação)* repair; **~ador 1.** *adj* restoring, refreshing; **2.** *s m* restorer; liberator; **~ante** *s m* restaurant; **~ar** (1a) *v/t* to restore; *(reparar)* to repair; *pintura* to restore.

restituição *s f* restitution; returning; devolution; compensation; *(reconstituição)* restoration; **~ir** (3i) *v/t* to restitute; to return; *(entregar)* to give back; *prejuízo* to replace, to make up for; *(reconstituir)* to restore.

resto *s m* rest; *(sobras)* leftovers; *(sobejo)* remnant; *mat.* remainder; **de ~** besides.

restrição *s f* restriction; *(limitação)* limitation; **~ comercial** trade restriction; **~ingir** (3n) *v/t* to restrict, to restrain; to confine; *(apertar)* to constrict; *(contrair)* to contract; **~itivo** *adj* restrictive.

resultado *s m* result; consequence; outcome; *(êxito)* success; **dar ~** to work; **dar (bom) ~** to prove a success; **não dar ~** to be useless; not to work; **= não ~ar; ~ar** (1a) *v/i* to result; *v/t* to proceed from; to be the consequence of.

resumido *adj* condensed, concise; *(curto)* short; **~ir** (3a) *v/t* to summarize, to sum up; to condense; **~ir-se** *v/r* to sum up to; **~o** *s m* abridgement; summary; *(reconto)* recapitulation, summing up; *(ideia geral)* overall view; *(sumário)* brief outline, summary.

resvalar (1b) *v/i* to slide; to slip; *fig.* to commit a fault; *(fugir)* to escape.

retaguarda *s f* rear; back; tail-end.

retardador *s m:* **~ (automático)** *filme:* slow motion; **~ar** (1b) *v/t* to delay, to slow down; *(reter)* to obstruct, to stop; *(adiar)* to postpone; *relógio* to turn back.

retenção *s f* retention, retaining; *fig.* holding back; *jur.* custody; **~entor** *s m* retainer; owner; **~er** (2zb) *v/t* to retain, to keep; *memória* to remember, to keep in mind; *lágrimas* to hold back; *respiração* to hold; *jur.* to hold in custody.

reticência *s f* reticence; reserve; *(omissão)* omission; *(suspensão)* pause; **~s** *pl* hints, suggestions; *gr.* omission points.

retina *s f* retina.

retinir (3a) *v/i* to jingle, to tinkle; *(ressoar)* to echo; to resound.

retirada *s f* retreat, withdrawal; *(retractação)* taking back; *(remoção)* re-

moval; *(salvação)* rescue; **bater em ~** to retreat; **~ar** (1a) *v/i* to draw back, to withdraw; *v/t palavra* to take back; *(tirar)* to take away; *(remover)* to remove; *(puxar)* to pull (out); **~o** *s m* seclusion; *(solidão)* isolation; *(local)* solitary place; cloister; *(esconderijo)* hiding place.

retocador *s m* retoucher; **~ar** (1n) *v/t* to retouch, to finish; *(consertar)* to fix, to repair.

retomar (1e) *v/t* to resume; *lugar* to get back.

retoque *s m* finishing touch; *(conserto)* repair.

retórica *s f* rhetoric; eloquence; **~o** rhetorical; rhetorician; *(empolado)* bombastic.

retornado *s m,* **-a** *f* returned emigrant; **~ar** (1e) *v/t* to return; to give, send *ou* bring back; *(responder)* to reply; *v/i* to return home, to come back; **~o** *s m* return; *(devolução)* devolution.

retorquir (3o) *v/i* to reply; to retort; *(contradizer)* to object.

retorta *s f quím.* retort.

retralído *adj* retracted; self-contained; *(tímido)* shy; retired, reserved *(vida);* **~ir** (3l) *v/t* to draw back, to withdraw; to contract; *téc.* to retract; *(arrebatar)* to snatch sth.; *(reter)* to hold back, to restrain.

retratar (1b) *v/t* to portray, to paint; to picture; *(fotografar)* to photograph; *reproduzir* to copy; *(descrever)* to depict; *(espelhar)* to mirror, to reflect; **~o** *s m* portrait, picture; *(fotografia)* photograph; *(reprodução)* reproduction; *(descrição)* description.

retrete *s f* latrine; water closet, lavatory.

retribuição *s f* retribution; *(recompensa)* reward; *(réplica)* reply; **~ir** (3i) *v/t* to retribute; *(recompensar)* to reward; *(pagar)* to pay; *cumprimento, etc.* to return.

retroactividade *s f* retroactivity; aftereffect; **~o** *adj* retroactive.

retroceder (2c) *v/i* to retrocede; *(retirar-se)* to withdraw; *(voltar para trás)* to go back, to step back; *(ant. desenvolver-se)* to retrograde; **~esso** *s m* retrocession; *movimento* backwards movement; *(diminuição)* decline; backspace *(máquina de escrever)*; *esp. fig.* retrogression; **tecla de ~** backspacer.

retrógrado *adj* backward, reactionary.

retrosaria *s f esp. Am.* notions shop.

retrospec|ção *s f* review; = **~tiva** *s f* flashback; **~tivo** *adj* retrospective.

retrover|são *s f* translation back into the original language; retroversion; **~ter** (2c) *v/t* to revert; to turn back; to translate into the original language.

retrovisor *s m* rear view mirror.

réu *s m* defendant.

reum|ático 1. *adj* rheumatic; **2.** *s m*, **-a** *f* rheumatic; **~atismo** *s m* rheumatism.

reun|ião *s f* reunion; *(coadunação)* union, combination; *(encontro)* meeting; *(sessão)* conference, session; assembly; **~ir** (3t) *v/t* to reunite; to put or bring together; *(coadunar)* to combine; *(juntar)* to join (with **a**); *v/i e* **~ir-se** *v/r* to meet; to come together; *(associar-se)* to join.

revel|ação *s f* revelation; *(descoberta)* discovery, disclosure; *foto* development; **~ar** (1c) *v/t* to reveal; *(descobrir)* to disclose, to discover; to expose; *foto* to develop.

rever (2m) *v/t* to see again; *esp.* to review; to look through; *(examinar)* to examine; *(corrigir)* to revise.

rever|ência *s f* reverence; *(deferência)* deference; *(vénia)* bow; **~endo** *s m* reverend, priest.

rever|são *s f* reversion; *(retorno)* return; *(conversão)* reversal; **~sível**, **~sivo** *adj* reversible *tb. fís. e quím.*; *(periódico)* recurrent; **~so 1.** *s m* backside; *(avesso)* reverse; **2.** *adj* reverse; opposite.

revés *s m* setback; misfortune; stroke with the back of the hand *(ténis)*.

revest|imento *s m parede* coating; *chão* covering; *(guarnição)* overlay; **~ir** (3c) *v/t* to dress; *parede, chão* to coat, to cover; *(guarnecer)* to overlay; *(mostrar)* to show; *(equipar)* to furnish *ou* surround with.

revezar (1c) *v/t* to relieve; *(substituir)* to alternate; *v/i e* **~se** *v/r* to take turns.

revirar (1a) *v/t* to turn over; to turn inside out; to twist; *(voltar)* to turn

round; *(fazer recuar)* to push back; *olhos* to roll.

revis|ão *s f* revision; *(controlo)* verification, control; *(exame)* re-examination; *(correcção)* revisal; *auto.* servicing; **~ de provas** proofreading; **~or 1.** *adj* revising, examining; **2.** *s m*, **-a** *f* reviewer; examiner; *tip.* proofreader, corrector.

revist|a *s f* survey, inspection; *(controlo)* control; *(busca)* search; *lit.* magazine; *tea.* revue; cabaret; *mil.* review; **passar em ~a** to inspect the troops; **passar ~ a** = **~ar** (1a) *v/t* to search; *mil.* to hold a review.

revo|gação *s f* repeal; *(anulação)* annulment; **~gar** (1o) *v/t* to revoke; *(anular)* to annul; *encomenda* to cancel; *convite, etc.* to call off.

revolta *s f* revolt; uprising; *(indignação)* indignation.

revolt|ado *adj* revolted, rebellious; **~ante** *adj* revolting; disgusting; **~ar** (1e) *v/t e v/i* to rebel; to raise up against; *fig.* to disgust, to cause indignation.

revolu|ção *s f* revolution; *(rotação)* rotation; *astr.* complete orbit of a celestial body; *fig.* revolution, rebellion; *(indignação)* indignation; **~cionar** (1f) *v/t* to disturb; to cause commotion; *(transformar)* to transform thoroughly; to revolutionize; **~cionário 1.** *s m*, **-a** *f* revolutionary; **2.** *adj* revolutionary.

revolver (2e) *v/t* to turn round; *v/i* to revolve.

revólver *s m* revolver.

rez|a *s f* prayer; **~ar** (1c) *v/i* to pray; *fig.* to mention.

ria *s f* long and narrow cove; fiord; **~cho** *s m* brook, creek.

ribanceira *s f (penedia)* cliff; steep slope; bank.

ribeira *s f* tract of land on a waterside; *(rio)* rivulet.

ribeiro *s m* brook, creek.

ribombar (1a) *v/i* to thunder.

rico 1. *adj* rich, wealthy; well-off; *(abundante)* plentiful; *(fértil)* fertile; *(magnífico)* splendid; *(delicioso)* delicious; F dear, sweet; **2.** *s m fig.* dear.

ridículo *adj* ridiculous; foolish.

rifa *s f* raffle.

rigidez *s f* rigidity; *(tesura)* stiffness; *fig.* strictness, severity; *(dureza)* harshness.

rígido *adj* rigid, stiff; *(duro)* harsh; *(severo)* strict.

rigor *s m* rigour; *(severidade)* strictness; *esp.* precision.

rigoroso *adj* rigorous; strict; *(duro)* hard; *(inflexível)* inflexible; *(exacto)* precise.

rijo *adj* hard; *(tenaz)* tough; *(forte)* strong; firm *(seio)*; *fig.* strict.

rim *s m* kidney; **rins** *pl fig.* small of the back.

rim|a *s f* **a)** rhyme; **b)** crack; **c)** stack, heap; **~ar** (1a) *v/t* to turn into verses; *v/i* to rhyme.

rin|ite *s f med.* rhinitis; **~oceronte** *s m* rhinoceros.

rio *s m* river; stream.

ripostar (1e) *v/t (perseguir)* to chase; *(repelir)* to drive back; *(responder)* to reply quickly, to retort.

riqueza *s f* wealth, riches.

rir(-se) (3v): *v/r* to laugh; **~ com**, **~ de** to laugh at; **~ para** to smile at; **a ~** laughing, smiling.

risc|a *s f* line; *esp.* stripe; **à ~** precisely; **~ado** *s m* striped linen; **~ar** (1n) *v/t* to mark with lines; to scribe; *esp.* to scratch out; *figura* to draw up; *tecido* to stripe; **~o** *s m* **a)** scratch; *(rasgão)* rip; *(esboço)* sketch; **b)** risk, chance; *(perigo)* danger; **a todo o ~** whatever the risk; **correr ~, estar em ~** to run a risk, to be in danger; **pôr em ~** to endanger.

ris|o *s m* laughter; **~onho** *adj* smiling; *(alegre)* cheerful.

rispidez *s f* sternness; *(aspereza)* harshness; *(hostilidade)* gruffness.

ríspido *adj* stern; *(áspero)* harsh; *(desagradável)* gruff.

rítmico *adj* rhythmic.

ritmo *s m* rhythm; beat; *(tacto)* tact; *lit.* cadence, meter; *(velocidade)* tempo.

rit|o *s m* rite; **~ual 1.** *adj* ritual; **2.** *s m* ritual; *fig.* ceremonial.

rival 1. *adj* rival; *(ciumento)* jealous; **2.** *s m/f* rival; opponent; **~idade** *s f* competition; *(ciúme)* jealousy; rivalry; **~izar** (1a) *v/i* to compete.

robust|ecer (2g) *v/t* to strengthen; **~ecimento** *s m* strengthening; **~ez** *s*

f strength; vigour; **~o** strong, vigorous; *(resistente)* solid.

roca *s f* **a)** spinning-wheel; **b)** rocks.

roch|a *s f* rock; **~edo** *s m* rock; crag; *(escolho)* cliff; **~oso** *adj* rocky; cragged.

roda *s f* wheel; *(círculo)* circle; circumference; *fiambre, etc.* slice; *(lotaria)* lottery; *mar.* stempost or sternpost of a ship; *fig.* circular movement; **~ de impressão** printing wheel.

roda|gem *s f* wheelwork *de uma máquina*; **faixa de ~** roadway; **fazer a ~ auto.** to run the car in; **~r** (1e) *v/t* to roll; to twirl; to shoot *(filme)*; *jornal* to print; *mus., disco* to put on; *(passear)* to walk (drive) around; *(viajar)* to travel; *v/i* to circle; *(rolar)* to roll; to run in *(carro)*; to go by *(tempo)*.

rode|ar (1l) *v/t* to surround; *(cercar)* to circle; *fig.* to avoid; *(girar à volta)* to move around in circles, to rotate; *(contornar)* to drive *(ou* sail) around; *(viajar)* to travel; *(percorrer)* to go through; **~io** *s m* detour; *(subterfúgio)* subterfuge; **sem ~ios** fair and square.

rodela *s f* roundel; small wheel or ring.

rodovi|a *s f* highway; **~ário** road...; **empresa -a** haulier; **estação ~a** bus station.

roed|or *s m* rodent; **~ura** *med.* graze.

roer (2f) **1.** *v/t* to gnaw; to chew; to bite; *(corroer)* to corrode; *(desgastar)* to fret *tb. fig.*; *fig.* to rummage around in; *(moer)* to wear down; *(impedir)* to undermine; **~ a corda** to let s.o. down; **2.** *v/i* **~ em** to mutter; to struggle with a problem; *(difamar)* to talk ill of.

rog|ar (1o) *v/t* to beg, to implore; to entreat; **~ a/c a alg** to beg sth. of s.o.; to entreat s.o. to do sth.; *v/i* to pray; **~o** *s m* prayer; entreaty; request; **a ~** by request.

roj|ar (1e) *v/t* to drag; *(atirar)* to hurl; *v/i* to creep, to crawl; *pelo chão* to drag along the ground; **~o** *s m* act of crawling; *(arrastar)* act of dragging along; **andar de ~o** to crawl.

rol *s m* roll, list.

rola *s f* turtle dove.

rolar (1c) **a)** to roll; to spin; **b)** to coo *(pomba)*.

539

rold|ana *s f* pulley; sheave; **~ão** *s m*: *de* ~ pell-mell; in confusion; *(de súbito)* unexpectedly.

rolet|la *s f* roulette; *fig.* F duck; **~e** *s m* roller.

rolha *s f* cork, stopper.

roliço *adj* roundish; *(gordo)* chubby.

rolo *s m* roll; roller; *(cilindro)* cylinder.

romã *s f* pomegranate.

roman|ce *s m* romance; *livro* novel; **~cista** *s m/f* novelist.

romano 1. *adj* Roman; **2.** *s m* Roman.

romant|icismo *s m* romanticism; = **~ismo.**

romântico 1. *adj* romantic; **2.** *s m*, **-a** *f* romantic.

romantismo *s m* romantism.

rombo 1. *s m* **a)** rhomb, rhombus; **b)** leak; *(buraco)* hole; **2.** *adj* flat, blunt; *fig.* stupid.

romeiro *s m* pilgrim.

romeno 1. *adj* Rumanian; **2.** *s m*, **-a** *f* Rumanian.

romper (2a) **1.** *v/ t* to break, to split, to tear; to break off *(tb. fig.)*; *vestuário* to tear; *silêncio, etc.* to interrupt; *segredo* to give away, to reveal; *linhas do inimigo* to shatter; *caminho* to open; *mar, terra* to cross; **2.** *v/i* to burst; to begin; to break *(dia);* to rise *(estrela); (surgir)* to turn up, to appear; **3.** **~-se** *v/r* to break up; to rip apart; *(rebentar)* to burst.

rondar (1a) *v/t e v/i* to go the rounds; *(vigiar)* to watch; *(circundar)* to walk around; *(espionar)* to sneak around; *fig.* to amount to.

rosa 1. *s f* rose; *arq.* rose-window, rosette; *cor-de-~* pink; *~-dos-ventos* compass card; **2.** *adj* rosy, pink.

ros|lado *adj* rosy; **~al** *s m* = *roseiral*; **~ário** *s m* rosary.

rosbife *s m* roast-beef.

rosc|a 1. *s f* thread, screw-thread; *cul.* ring-shaped and twisted loaf of bread; *(caracol)* snail; **2.** *s m/f* slicker; **~ar** (1n) *v/t* to cut a thread; to screw.

roseir|a *s f* rosebush; rose-bud; **~al** *s m* rose garden; plantation of roses.

rosmaninho *s m* rosemary.

rosnar (1e) *v/i* to snarl, to growl.

rossio *s m* public square.

rosto *s m* face.

rota *s f* route, course; *mar.* sea-route.

rot|ação *s f* turn; rotation; *agr.* crop rotation; *fig.* change; *(retorno)* return; *adj* = **~atório**; **~ar** (1e) *v/i* to rotate, to revolve; **~ativo** *adj* rotative, rotational; *máquina* **-a** rotary press; **~atório** *adj* rotating, revolving.

rotin|a *s f fig.* experience; routine; custom; *(ramerrão)* rut; **~eiro 1.** *adj* customary; routinish; *fig.* conservative; **2.** *s m*, **-a** *f* person of habits; routinist; *(perito)* expert.

rótula *s f anat.* knee-cap.

rotular (1a) *v/t mercadoria* to label; to tag; to mark; *(denominar)* to call, to designate.

rótulo *s m (etiqueta)* label; *(letreiro)* inscription, heading; tag.

rotunda *s f arq.* rotunda, round building; *(praça)* circus; roundabout.

rotura *s f* rupture; breach.

roub|ar (1a) *v/t* to rob; to steal; *(raptar)* to kidnap; **~** *alg* to rob s.o.; **~o** *s m* robbery; theft; *seguro contra* **~o** theft insurance.

rouco *adj* hoarse.

roulote *s f* caravan.

roupa *s f (vestuário)* clothes, clothing; *(tecido)* fabric; **~ branca** body linen; **~ de cama** bedclothes.

roup|ão *s m* robe; **~eiro** *s m* wardrobe.

rouqu|enho *adj* sightly hoarse; husky *(voz);* **~idão** *s f* hoarseness, huskiness.

rouxinol *s m* nightingale.

roxo *s m* purple, violet.

rua *s f* street.

rubim *s m* ruby.

rublo *s m* ruble.

rubor *s m* blush; *(vergonha)* shame; **~escer** (2g) *v/i* to blush; **~izar** (1a) *v/i* to redden; to flush.

rubr|ica *s f* vermillion; category; *(título)* heading; *(assinatura)* signature; initials; **~icar** (1n) *v/t* to sign.

rubro *adj* ruby-red, blood-red; aglow.

ruço *adj* gray; *(desbotado)* faded.

rud|e *adj* rough; *(duro)* hard; *(bruto)* coarse, brute; *(grosseiro)* rude, illmannered; **~eza** *s f* roughness; coarseness; rudeness.

rudiment|ar *adj* rudimentary; elementary; *(não desenvolvido)* primitive; *(atrofiado)* scrubby; **~o** *s m* rudiment; element; **~os** *pl fig.* beginnings; basic principles.

ruga *s f* wrinkle; fold.

rug|ido *s m* bellow; roar; growl; **~ir** (3n) *v/i* to roar; to bellow; to thunder *(aplausos);* to growl.

ruído *s m* noise; sound; *rádio:* interference; **com** ~ noisy; *fig.* conspicuous.

ruidoso *adj* noisy; loud; *(sensacional)* sensational.

ruim *adj* bad; wicked; *(inferior)* of inferior quality; *(sem valor)* worthless; *(estragado)* spoilt; *(prejudicial)* harmful.

ruína *s f* collapse; ruin, wreck; destruction; **~s** *pl* ruins; debris.

ruir (3i) *v/i* to tumble down; to collapse; to crumble.

ruiv|a *s f bot.* madderwort; **~o 1.** *adj* rufous; red-haired; **2.** *s m* ruby *(peixe).*

rum *s m* rum.

rumin|ante *s m* ruminant; **~ar** (1a) *v/i* to ruminate; *fig. (reflectir)* to muse, to meditate.

rumo *s m* cardinal points; *mar.* rhumb; course; *fig.* direction; *(meta)* goal; course *dos acontecimentos, etc.; (alteração)* changing (the course); **sem** ~ adrift.

rumor *s m* rumour *tb. fig.;* indistinct noise; *(rugir)* thunder; *(vozes)* whisper.

ruptura *s f* breach; rupture; disruption; *fig.* breaking off; **ponto** *(ou* **limite)** **de** ~ breaking point.

rural *adj* rural; agricultural.

rusga *s f* confusion; row; *polícia* raid.

russo 1. *adj* Russian; **2.** *s m,* **-a** *f* Russian.

rústico 1. *adj* rustic; rural; *(primitivo)* simple, rough; *(bruto)* coarse; **2.** *s m* farmer.

S

sábado *s m* Saturday **(no** on); **aos ~s** on Saturdays.

sabão *s m* soap; ~ **em pó** *s m* powder soap.

sabedor *adj* knowledgeable; *(competente)* competent; ~ **de** versed in; *(a par de)* well informed of; **~ia** *s f* wisdom; *(erudição)* learning, knowledge.

saber (2r) *v/t* to know; *arte* to understand; **(vir a)** ~ to experience; **dar a** ~, **fazer** ~ to make known.

sábio *adj* wise; *(erudito)* learned.

sabon|ete *s m* toilet soap *para limpeza corporal;* **~eteira** *s f* soap dish.

sabor *s m* taste; **ao** ~ **de** according to; **~ear** (1l) *v/t* to taste; *(sorver)* to swallow up; *(apreciar)* to savour; **~oso** *adj* tasty.

sabot|ador *s m,* **-a** *f* saboteur; **~agem** *s f* sabotage; **~ar** (1e) *v/t* to sabotage.

saca *s f grande* sack; ~ **de compras** shopping bag.

sacad|o *s m econ.* drawee; **~or** *s m* letra de câmbio drawer.

sacan|a V bastard; **~ice** *s f* dirty trick.

sacar (1n) *v/t* to take out, to pull out; *(espremer)* to squeeze; *fig. proveito* to benefit; *lucro* to profit; *esp. letra de câmbio* to draw.

sacarina *s f* saccharine.

saca-rolhas *(pl inv) s m* corkscrew.

saci|ar (1g) *v/t* to quench; *fome* to satisfy; *(satisfazer)* to satisfy; **~edade** *s f* satiation; *(fartura)* plenty.

saco *s m* bag; ~ **de viagem** suitcase; ~ **de plástico** plastic bag; **~- cama** *s m* sleeping-bag.

sacrament|al *adj* sacramental; *(solene)* solemn; *(consuetudinário)* consuetudinary; **~ar** (1a) *v/t* to sacrament.

sacrif|icar (1n) *v/t* to sacrifice; **~ício** *s m* sacrifice **(fazer** to make).

sacr|ilégio *s m* sacrilege; **~ílego** *adj* sacrilegious.

sacrist|ã *s f* vestry-nun *em conventos;* **~ia** *s f* sacristy; vestry.

sacro *adj* holy, sacral; **música** *s f* **-a** religious music.

sacud|idela *s f* shake; *leve* jolt; **~ir** (3h) *v/t* to shake; *(comover)* to move.

sádico 1. *s m, -a f* sadist; **2.** *adj* sadistic.

sadio *adj* healthy.

safira *s f* saphire.

saga|cidade *s f* sagacity; *(perspicácia)* shrewdness; **~z** *adj* shrewd; *(esperto)* clever.

sagrado *adj* holy; *(venerável)* sacred; *(inviolável)* inviolable.

saguão *s m (pátio)* yard; patio.

saia *s f* skirt.

saída *s f* exit, way out; *carros:* exit; *(partida)* departure; *viagem* trip; *fig.* way out; *(desculpa)* excuse; *(piada)* punch-line.

saiote *s m* petticoat.

sair (3l) *v/i* to go out *(ant: ficar em casa); (ir embora)* to leave; to go away; *(partir)* to leave, to depart; *de casa* to move out; *(livro, lotaria, etc.)* to come out; to wash away *(mancha); (surgir)* to come up; *econ.* to dispatch *(mercadoria); mar.* to embarc; *comboio* to depart, to leave; *aer.* to take off; *de um país* to leave; *deixar* to leave; *do caminho* to get out of the way.

sal *s m* salt; *fig.* witt; *(encanto)* charm.

sala *s f* room; *(compartimento)* compartment; **~ de estar** *(visitas)* living-room; **~ de jantar** dining-room.

salad|a *s f* salad *(tb. fig.);* **~eira** *s f* salad bowl.

salamandra *s f* salamander.

salame *s m* salami.

salão *s m* large room; hall; **~ de dança** ball room; **~ nobre** assembly room; **música** *s f* **de ~** ballroom music.

sal|ariado *s m* worker; **~arial** *adj* wage, pay; **grupo** *s m* **~** wage group; **~ário** *s m* salary, wages; **~ por peça** *(ou* **tarefa***)* wage by task; **~ mínimo** *adj* minimum wage.

sald|ar (1a) *v/t* to settle; *(liquidar)* to pay off; **~ar contas** to settle *(tb. fig.);* **~o 1.** *s m* balance; *mercadoria* surplus; **~s** *pl* sales; *(regularização)* settlement *(tb. fig.); banco:* balance; **~ credor** *adj* credit balance; **~ a favor** debit balance; **~ positivo** positive balance; **2.** *adj* settled, even.

salg|ado 1. *adj* salty, salted; *fig.* exorbitant *(preço); (caro)* expensive; **2.** *s m* snack; **~ar** (1o) *v/t* to salt.

sali|ência *s f* salience, prominence; *(projecção)* projection; **~entar** (1a) *v/t* to point out; to emphasize; to stress; **~ente** *adj* jutting out, prominent; *fig.* forward; *(eminente)* outstanding.

salitre *s m* salpetre.

saliva *s f* saliva.

salivar (1a) *v/i* to salivate; *(cuspir)* to spit out.

salmão *s m* salmon.

salmonel|as *s f pl* salmonella; **~te** *s m* salmonet, red mullet.

salobre, -o *adj* salty, brackish; **água** *s f* **-e** *(ou* **-a***)* brackish water.

saloio 1. *s m* rustic person, country bumpkin; **2.** *adj* rustic.

salpic|ão *s m* pork sausage; **~ar** (1n) *v/t* to splash; *(aspergir)* to sprinkle; *(espalhar)* to spread out; **~o** *s m* sprinkle; *(nódoa)* stain; *(pinta)* spot.

salsa *s f bot.* parsley.

salsich|a *s f* sausage; **~aria** *s f* sausage factory; *(charcutaria)* delicatessen; **~eiro** *s m,* **-a** *f* porkbutcher.

saltar (1a) *v/t* to jump (over); *(pular)* to leap (over); *(rebentar; gretar)* to explode; **~ aos olhos, ~ à vista** to be obvious; *(dar nas vistas)* to show off; *v/i* to jump, to leap.

salteador *s m,* **-a** *f* highwayman/highwaywoman.

saltimbanco *s m* street juggler, street acobrat; travelling player.

saltitar (1a) *v/i* to hop; to skip; *(ser leviano)* to be frivolous.

salto *s m* jump, leap; *(queda)* fall; *(sapato)* heel.

salu|bre *adj* healthy, salubrious; **~tar** *adj* salutary, beneficial.

salva *s f* **a)** *artilharia* round of gunfire; *palmas* round of applause; **b)** tray, salver; **c)** *bot.* sage.

salv|ação *s f* salvation; *(redenção)* redemption; *rel.* salvation; *(saudação)* greeting; **exército** *s m* **de ~** salvation army; **~ador** *s m* saviour; *rel.* saviour; **~aguardar** (1b) *v/t* to safeguard; **~ar** (1a) *v/t* to save; *(reunir)* to reunite; *(proteger)* to protect; *(assegurar)* to assure; *obstáculo* to overcome; *v/i* to save; **~a-vidas** *inv* lifebuoy; *(aparelho)* lifebuoy, *(guarda-costas)* bodyguard, lifeguard; **~a-vidas** *inv* lifeboat; *(aparelho)* lifebuoy, *(guarda-costas)* bodyguard, lifeguard.

S

san|ar (1a) *v/t* to cure; to remedy; *briga* to make peace; **~atório** *s m* sanatorium.

san|ção *s f* sanction *uma lei, etc.;* *(reconhecimento)* recognition; *(autorização)* authorization; *(castigo)* sanction, punishment; **~cionar** (1f) *v/t* to sanction; *(reconhecer)* to recognise; *(aprovar)* to aprove.

sandália *s f* sandal.

sândalo *s m* sandalwood.

sanduíche *s f* sandwich; **~ de queijo** cheese-sandwich.

sane|amento *s m* sanitation; *terreno* drainage; *(reparação)* repair-works; *(conciliação)* conciliation; **~ar** (1l) *v/t* to drain; *habitação* to make habitable; *canalizar* to lay in pipes; **= sanar**; *pol.* to clean up.

sangrar (1a) *v/t e v/i* to bleed; *animal* to bleed dry; *fig.* to bleed.

sangue *s m* blood; *(vida)* life; *(seiva)* sap; **~-frio** *s m* cold-bloodedness; *a ~* in cold blood; *med.* without anesthesy.

sanguessuga *s f* leech.

sangu|inário *adj* bloodthirsty, cruel; **~íneo** *adj* blood; *cor* red; **grupo** *s m* **~íneo** bloodgroup.

sani|tária *s f* toilet; **~ário** *adj* sanitary; **instalações** *s f pl* **~s** sanitary facilities.

santa *s f* saint.

sant|idade *s f* holiness; **~ificar** (1n) *v/t* to sanctify, to make holy; **~o** **1.** *adj* holy, sacred; *(bondoso)* kind; *(simples)* humble; **todo o ~ dia** all day long; **2.** *s m* saint; **Todos os ₂s** All Saints.

são(s) *adj* healthy; *(inteiro)* in one piece.

sapat|aria *s f* shoemaker shop; *(loja)* shoe shop; **~eiro** *s m* cobbler; shoemaker; *(vendedor)* shoe salesman; **~o** *s m* shoe.

sapiência *s f* wisdom.

sapo *s m* toad.

saque *s m* **a)** *econ.* draft, bill; **b)** plunder, booty; **meter** *(ou* **pôr)** *a ~* to pillage, to plunder.

saqu|eador *s m*, **-a** *f* plunderer; **~ear** (1l) *v/t* to plunder; **~eio** *s m* plunder; **~inho** *s m* little bag; **~inho de chá** teabag.

saraiva *s f* hail.

sarampo *s m med* measles.

sarapint|ado *adj* spotted, speckled; *(sardento)* freckled; **~ar** (1a) *v/t* to spot; *(salpicar)* to speckle.

sarar (1b) *v/t e v/i* to cure; to heal.

sarau *s m* soirée; **~ de arte (musical)** artistic soirée; **~ de gala** gala.

sarc|asmo *s m* sarcasm; **~ástico** *adj* sarcastic.

sarcófago *s m* sarcophagus.

sard|a *s f* **a)** freckle; **b)** *zoo.* green lizard; **~ento** *adj* freckled.

sardinha *s f* sardine; **~ de conserva** canned sardine; **~ fumada** smoked sardine.

sardónico *adj*: **riso** *s m* **~** sardonic laughter.

sargaço *s m* sargasso, seaweed; **mar** *s m* **dos ₂s** Sargasso Sea.

sargento *s m* sergeant; **primeiro-~** sergeant-major.

sarilho *s m* trouble; *téc.* reel, winder; *espingarda* gun rack; *fig.* mess; *(dificuldades)* problem; *(azar)* bad luck; *(arrelias)* annoyance.

sarja *s f* serge, cotton fabric.

sarn|a *s f* **1.** *med.* scabies; *bot.* disease of the olive tree; **2.** *s m/f* F nuisance, pest, bore; *(praga)* plague; **~ento**, **~oso** *adj* scabious; itchy.

sasonal *adj* season…

satânico *adj* satanic; *fig.* devilish.

satélite *s m* satellite; *astr.* satellite; **cidade-~** satellite-town.

sátira *s f* satire.

satírico 1. *adj* satirical; *(trocista)* ironical; *(mordaz)* scathing; **2.** *s m*, **-a** *f* satirist; *(zombador)* mocker.

satisf|ação *s f* satisfaction; *(alegria)* happiness; *(contentamento)* contentment; *(desagravo)* amends; *(desculpa)* excuse; *(explicação)* explanation; *dever* duty; *(pagamento)* payment; *(indemnização)* reparation; **~atório** *adj* satisfactory; **~azer** (2v) *v/t* to satisfy; *(contentar)* to content; *(compensar)* to compensate; to offset (**inteiramente** entirely); *dívida* to pay off; *sede* to quench; *dúvida* to satisfy; **~eito** *adj* satisfied; *(cheio)* full.

satur|ação *s f* saturation; **~ar** (1a) *v/t* to saturate; to fill.

saud|lação *s f* greeting; **~ade** *s f* longing; *(recordação)* nostalgia; **ter** *(ou* **sentir)** **~s** to long, to miss; **~ar** (1q) *v/t* to greet; to welcome; *(aclamar)* to acclaim; *(felicitar)* to congratulate; **~ável** *adj* healthy; *(salutar)* salutary; **pouco ~** unhealthy.

saúde *s f* health; *(brinde)* toast; *(fazer* to make); **atestado** *s m* **de ~** health certificate.

saudos|lismo *s m (nostalgia)* nostalgia; **~ista 1.** *adj* nostalgic; **2.** *s m/f* nostalgic person; **~o** *adj* longing, much-missed; *(inolvidável)* unforgettable.

sauna *s f* sauna.

saxofone *s m* saxophone.

scooter *s m* scooter.

se 1. *pron* herself/ himself/ itself; **2.** *cj* **a)** *condição:* if; **~ é que** if… really; **~ assim for** if that is so; **~ bem que** although, even though; **b)** *pergunta indirecta:* whether; **~ (o conheço)!** I do know him!.

sé *s f* cathedral; **a Santa ~** Holy See.

seara *s f (campo)* wheat field.

sebe *s f* fence; hedge.

sebenta *s f* exercise book; **~o** *adj fig.* greasy, dirty.

sebo *s m* fat, tallow; **~rreia** *s f* seborrhoea; **~so** *adj* dirty; *(gorduroso)* greasy.

seca¹ *s f* F **a)** drag, drought, boredom; *(importunação)* annoyance; **b)** drying; *alimentos* desiccation.

seca² *s f* drought.

sec|adoiro *s m* dryer; **~ador** *s m* **1.** *adj* drying…; **2.** *s m* dryer; *roupa, cabelo* clothes dryer/ hairdryer; *agric.* dryer; **~ar** (1n) *v/t* **a)** to dry; *alimentos* to dry up; **b)** to bore; *(importunar)* to annoy; *v/i* to dry out; *(murchar)* to wither; *(ressequir)* to parch; to dry up *(fonte).*

secção *s f* section; *(parte)* part; *(sector)* sector, department; *(corte)* cut; *(divisão)* division; *mat.* section; *mil.* convoy.

seco *adj* dry; *(vinho):* dry; dryed *(alimentos);* parched *(folhas, etc.);* (magro) thin; *fig.* cold; **ama** *s f* **-a** nanny, baby-sitter; **às -as** dry; **dar** *(ou* **ficar) em ~** *mar.* to stay aground.

secreção *s f* secretion.

secret|aria *s f* secretary's office, general office; **~ária** *s f* secretary; *(móvel)* writing desk; **~ariado** *s m* secretary; **~ário** *s m* secretary; **~o** *adj* secret; *(oculto)* occult; *(escondido)* hidden; *(calado)* quiet; **serviço** *s m* **~** secret service.

sect|ário *s m,* **-a** *f* sectarian, follower; **~arismo** *s m* sectarism; **~or** *s m mat.* sector; *(corte)* cut; *(âmbito)* field; *(círculo)* circle; *(grupo)* group; *econ.* department; **~orial** *adj* sectorial.

secular 1. *adj* a) age-old; b) mundane; secular, lay; **2.** *s m/f* lay person.

século *s m* century; *(era)* age.

secundário *adj* secondary; *(posterior)* subsequent; **o ensino** *s m* **~** secondary education; **escola** *s f* **-a** secondary school.

seda *s f* silk; *bio.* silk.

sedativo 1. *adj* sedative; **2.** *s m* sedative.

sede¹ *s f* thirst.

sede² *s f* seat *(tb. fig.); (diocese)* see, diocese; *econ.* headquarters.

sedento *adj* thirsty; **~ de** thirsty of; *(ávido)* eager.

sedimento *s m* sediment.

sedoso *adj* silky.

sedu|ção *s f* seduction; *(tentação)* temptation; *(encanto)* charm; **~tor 1.** *adj* seductive; *(encantador)* charming; **2.** *s m,* **-a** *f* seducer; **~zir** (3m) *v/t* to seduce; *(subornar)* to bribe; *(encantar)* to charm.

segmento *s m* segment.

segredo *s m* secret; *(sigilo)* secrecy.

segregar (1o) *v/t* to segregate; to separate.

segu|ido *adj* followed; *(ininterrupto)* continuous, consecutive; **três horas -as** three hours running *(ou* on end); **~idor** *s m,* **-a** *f* follower; **~imento** *s m* continuation; *(perseguição)* persecution; *(observância)* observation; *(continuação)* continuation; *(evolução)* evolution; *(sequência)* sequence; **~ir** (3o) *v/t* **1.** *alguém, exemplo, direcção* to follow; *temp.* to follow by; *conselho* to follow; *prelecção* to listen; *curso* to take; **~ as armas (a medicina)** to become a soldier (a doctor); **2.** *v/i* to follow; to continue;

to proceed; **3.** **~-se** v/r to follow; *(acontecer)* to result; **~ a** to be followed by.

segund|a s f mús. second; **pão** s m **de ~** coarse bread; **bilhete** s m **de ~a** second-class ticket; **~-feira** s f Monday *(na* on); **às ~s** on Mondays; **~o 1.** *adj* second; **sem ~** unparalleled; **não ter ~** without equals; **2.** s m second *(tempo);* **3.** *adv* secondly; **4.** *prep* according to; **~ prato** s m main course.

segur|ado s m, -a f insured; **cartão** s m **de ~** insurance card; **~ador 1.** *adj:* **empresa** s f **-a** insurance company; **2.** s m, **-a** f insurer; **~ança** s f safety *(tb. econ. e téc.)* **(para** to); *(firmeza)* firmness; *(certeza)* certainty; *(garantia)* guarantee; *(protecção)* protection; **com ~ança** surely; *(sem perigo)* safely; **~ar** (1a) v/t to hold; *(fixar)* to stick; esp. to fix; *(animar)* to hold up; *(pôr a salvo)* to save; econ. to insure; **~o 1.** *adj* safe; *(certo)* assured; *(firme)* secure; *(de confiança)* reliable; **2.** s m econ. insurance; **~ contra todos os riscos** full-coverage insurance; **~ parcial do veículo** partial coverage insurance; **~ de pensão (reforma)** pension/ retirement insurance.

seio s m *(peito)* breast; fig. bosom; *(enseada)* bay; vela inlet.

seis 1. *adj* six; **2.** *num* six; **~centos** six hundred.

selta s f sect.

seiv|a s f sap; **~oso** *adj* sappy.

sela s f saddle.

selar (1c) v/t **a)** to saddle; **b)** to seal; *(carimbar)* to stamp; *(chumbar)* to flunk; fig. to shut, to seal; *desporto* to shut.

selec|ção s f selection; bio. selection; *desporto:* team; **~ nacional** national team; **~ta** s f *(antologia)* anthology; **~tivo** *adj* selective; **~to** *adj* select; *(escolhido)* chosen.

self-service s m self-service; **estabelecimento** s m **de ~** self-service shop; **restaurante** s m **~** self-service restaurant.

selo s m stamp *(tb. fig.);* *(carimbo)* seal; *(chumbo)* flunk; *(chancela)* seal, mark; **~ postal** stamp; **~ fiscal** tax stamp.

selva s f jungle.

selvagem *adj* wild; *(ermo)* lonely; *(bruto)* coarse.

sem *prep* without; *suf.* less.

semáforo s m traffic lights; mar. coast telegraph.

seman|a s f week; **♀ Santa** Holy Week; **à ~** weekly; **~al** *adj* weekly; **~ário 1.** s m weekly (publication); **2.** *adj* = **~al.**

semântic|a s f semantics; **~o** *adj* semantic.

semblante s m face; *(aparência)* look.

sêmea s f bran; *(pão* s m *de)* **~** bran bread.

semear (1l) v/t to sow; *(espargir)* to spread; *(espalhar)* to scatter.

semelh|ança s f similarity, resemblance; **à ~ de** like; **~ante 1.** *adj* similar; **2.** s m: **o** *(ou* **um) meu ~, meus ~s** my fellow creature(s).

semente s f seed *(tb. fig.).*

semestr|al *adj* half-yearly, bi-annual; **~e** s m six months, semester; **férias** s f pl **de ~** semester holidays.

semin|ação s f sowing; **~ário** s m *(viveiro)* nursery; seminary.

semita s m/f Semite.

semítico *adj* Semitic.

sêmola s f semolina.

sempre *adv* always; *(continuamente)* continuously; *(ainda)* still; *(ainda assim)* even so; *(afinal)* after all, in fact.

senad|o s m senate; **~or** s m, **-a** f senator.

senda s f path; *(vereda)* footpath *(tb. fig.).*

senha s f signal; *(palavra)* password; *(recibo)* receipt.

senhor s m man; sir; *(amo)* master; *(proprietário)* owner; **~a** s f lady; *(ama)* mistress; *(proprietária)* owner.

senhor|ear (1l) v/t to master; *(suplantar)* to overcome; v/i to rule; **~ear-se de** v/r to take possession of; **~ia** s f título lordship; *(proprietária)* landlady; **~il** *adj* distinguished, elegant; *(digno)* dignified; **~io** s m landlord; *(posse)* ownership; *(proprietário)* owner.

senil *adj* senile; **~idade** s f senility.

sénior (seniores) 1. *adj* senior; **2.** s m *(pl) desporto:* senior(s).

seno mat. sinus.

sensab|or 1. *adj* tasteless; *(desenxabido)* dull; *(aborrecido)* boring; *(desagradável)* unpleasant; **2.** *s m* = **~orão** *s m*, **-ona** *f* boring person, bore; **~oria** *s f* tastelessness; *(monotonia)* monotony; *(aborrecimento)* annoyance, dullness.

sensa|ção *s f sensorial* sensation *(tb. fig.); (sentimento)* feeling; **~ de** sensation of; *fazer* ~ to cause a sensation; **~cional** *adj* sensational; **~cionalismo** *s m* sensationalism; **~cionalista** *adj* sensationalist.

sensat|ez *s f* good sense; **~o** *adj* sensible.

sens|ibilidade *s f* sensitivity; **~ibilizar** (1a) *v/t* to touch; to move; **~ibilizar-se** *v/r* to be touched *ou* moved; **~itivo** *adj* sensory; sensitive; **~ível** *adj* sensitive; *(perceptível)* noticeable; *(doloroso)* painful; *(impressionável)* impressionable; **~o** *s m* judgement; *(sentir)* sense; *bom* ~ common sense; **~orial** *adj* sensory; **~sual** *adj* sensual; *(voluptuoso)* voluptuous.

sensualidade *s f* sensuality.

sentar-se *v/r* to sit down; *(instalar-se)* to move in.

sentença *s f* judgment; *(frase)* sentence; *jur.* verdict, sentence (*proferir, proclamar* to pass); *(decisão)* decision.

sentido 1. *adj* hurt; *(doloroso)* painful; **2.** *s m* sense; *(significado)* meaning; *(intenção)* intention; *movimento* direction; *no ~ dos ponteiros do relógio s m* clockwise.

sentiment|al *adj* sentimental; **~o** *s m* feeling; **~s** *s m pl (pêsames)* condolences.

sentinela *s f* sentry; *(posto)* guard; *fig.* watcher.

sentir (3e) *v/t* to feel; *(notar)* to notice; *(ouvir)* to hear; *(cheirar)* to smell; *(lamentar)* to be sorry; *(levar a mal)* to take amiss, to mind.

separ|ação *s f* separation; *(segregação)* segregation; *(apartamento)* division; **~ado** *adj* separated (from *de*); **~ar** (1b) *v/t* to separate; *(segregar)* to segregate; *(afastar)* to put away; **~ar-se** *v/r* to separate; *(despegar-se)* to detach; **~ata** *s f* offprint.

sepul|cro *s m* tomb; **~tar** (1a) *v/t* to bury *(tb. fig.);* to hide; **~tura** *s f* grave; *(túmulo)* tomb.

sequência *s f* sequence; *(seguimento)* continuation; *mús. e jogo de cartas:* sequence.

sequestr|ação *s f* seizure; *(prisão ilegal)* abduction; kidnapping; **~ar** (1c) *v/t* to seize; to kidnap; *(enclausurar)* to shut away; *doente* to isolate.

sequioso *adj* thirsty; *(seco)* dry.

séquito *s m* suite, escort, retinue.

ser 1. (2zc) *v/i* to be; **2.** *s m* being; *vivo* living being.

serão *s m* night work; *(horas extraordinárias)* overtime; **~ familiar** family evening.

serapilheira *s f* sarpler, sackcloth.

sereia *s f* mermaid.

seren|ar (1d) *v/i* to calm; *(acalmar-se)* to calm down; **~ata** *s f* serenate; **~idade** *s f* serenity; *(calma)* tranquility; **~o 1.** *adj* serene; *(calmo)* calm, quiet; **2.** *s m* night watcher.

série *s f* series; sequence; *em* ~ mass; *téc.* in conveyor belt; *produção s f em* ~ mass production.

seriedade *s f* seriousness; *(rectidão)* honesty.

seringa *s f* syringe.

sério 1. *adj* serious; *(recto)* honest; *(de confiança)* reliable; *econ.* real; **2.** *adv* really; **3.** *s m* seriousness.

sermão *s m* sermon.

sero|logia *s f* serology; **~so** *adj* serous; **~terapia** *s f* serotherapy.

serp|ente *s f* snake *(tb. fig.);* **~entear** (1l) *v/i estrada* to wind; to wriggle; **~entina** *s f* coil; *carnaval:* streamer.

serra *s f* saw; *(fig.)* mountain range; *montanha* mountain; **~ contínua, ~ de fita** *s f* chain saw; **~ circular** circular saw.

serradura *s f* sawdust.

serralh|aria *s f* locksmith's; **~eiro** *s m*, **-a** *f* locksmith.

serr|ar (1c) *v/t* to saw; **~aria** *s f* sawmill; **~ote** *s m* handsaw.

sertã *s f* frying-pan.

serv|içal 1. *adj* obliging; helpful; **2.** *s m/f* servant; wage earner; **~iço** *s m* service; *(trabalho)* work; *restaurante:* attendance; **~ doméstico** housework; ~ **militar obrigatório** compulsory military service; ~ **grande (pequeno)** *fig.* F big (small) job; **~iço de quartos** room service; **~idão** *s f* servitude; **~il** *adj* servile; *(fiel)* loyal; **~ilismo** *s m* slavishness, obsequiousness.

serv|ir (3c) **1.** *v/t* to serve; *(auxiliar)* to help; *comida, cargo* to serve; **2.** *v/i exército* to serve; *(prestar serviços)* to render services; **3. ~ir-se de** *v/r* to help oneself; **~o** *s m,* **-a** *f* **1.** serf; servant; **2.** *adj* unfree; *(escravo)* slave.

sessão *s f* session; *(negociação)* meeting; *cinema* showing.

sessenta *num.* sixty.

sesta *s f* siesta, nap.

seta *s f* arrow.

sete 1. *adj* seven; **2. num.** seven.

sete|centista referring to the 18th century; **~centos** seven hundred.

Setembro *s m* September.

setenta *num.* seventy.

setentrional 1. *adj* northern; **2.** *s m/f* northerner.

sétim|a *mús.* seventh; **~o 1.** *adj* seventh; **2.** *num* seventh.

seu, sua *adj* his (= *dele*); her (= *dela*); its (coisa); their (= *deles, delas*); your.

sever|idade *s f* severity; *(dureza)* harshness; *(precisão)* accuracy; **~o** *adj* severe, harsh; *(exacto)* accurate.

sevícia *s f* ill treatment.

sex|agenário 1. *adj* sixty years-old; **2.** *s m,* **-a** *f* sexagenarian, sixty year-old person; **~agésimo** *num* sixtieth.

sexo *s m feminino, masculino* gender; sex.

sexta *mús.* sixth; **~-feira** Friday (**na** on); **às ~s** on Fridays; **⁰ Santa** Good Friday.

sext|ante *s m* sextant; **~eto** *s m mús.* sextet; **~o 1.** *adj* sixth; **2.** *num* sixth.

sêxtuplo *num* sextuple.

sexual *adj* sexual; **~idade** *s f* sexuality.

siamês *adj* siamese.

siberiano *adj* Siberian.

sibil|ante *adj* hissing *(vento);* **~ar** (1a) *v/i* to hiss; *(assobiar)* to whistle.

siciliano 1. *adj* from Sicily; **2.** *s m* Sicilian.

sida *s f* AIDS; **teste** *s m* **da ~** AIDS test.

sid|erurgia *s f (indústria)* siderurgy; metallurgy; **~erúrgico** *adj* iron and steel; siderurgic; **fundição** *s f* **-a** steelworks.

sidra *s f* cider.

sifão *s m* syphon.

sífilis *s f med* syphilis.

sifilítico 1. *adj* syphilitic; **2.** ~ *s m,* **-a** *f* syphilitic.

sigilo *s m* secrecy; *(discrição)* discretion.

sigla *s f* acronym; *(abreviatura)* abbreviation.

signatário 1. *adj* signing…; **2.** ~ *s m,* **-a** *f* signatory, signer.

signific|ado *s m* meaning; *(sentido)* sense; *(valor)* value; **tirar -s** to look up words; **~ar** (1n) *v/t* to mean; *(representar)* to represent; *(insinuar)* to insinuate; **~ativo** *adj* meaningful; *(típico)* typical.

signo *s m* sign *(tb. fig.);* the signs of the Zodiac.

sílaba *s f* syllable.

sil|êncio *s m* silence (**impor** to impose); *(sossego)* quietness; **~encioso** *adj* silent; *(sossegado)* quiet.

silhueta *s f* silhouette; *(contorno)* outline.

silicato *s m* silicate.

silv|ado *s m* bramble; **~ar** (1a) *v/i* to hiss; *(assobiar)* to whistle; **~estre** *adj* wild; **maçã** *s f* **~estre** wild apple.

silvicultura *s f* forestry.

silvo *s m* hiss; *(assobio)* whistle.

sim 1. *adv* yes; *(realmente)* indeed; **2.** *s m* yes.

simb|ólico *adj* symbolic; **~olizar** (1a) *v/t* to symbolise; **~ologia** *s f* symbology.

símbolo *s m* symbol.

simetria *s f* symmetry.

simétrico *adj* symmetrical.

similar *adj* similar.

similitude *s f* similarity.

símio *s m* simian.

simp|atia *s f* liking; *(compaixão)* compassion; *(afecto)* afection; **ser uma ~** to be very nice; **~ático** *adj* nice; *(agradável)* pleasant; *(compassivo)* compassionate; **o (sistema nervoso) grande ~** nervous system; **~atizante** *s m/f* sympathizer.

S

simples *adj* simple; *(mero)* mere; *(despretencioso)* unpretentious; *(simplório)* simple.

simpl|icidade *s f* simplicity; *(singeleza)* plainness; *(candura)* innocence; *(ingenuidade)* naïveté; **~ificação** *s f* simplification; *(abreviação)* abbreviation; **~ificar** (1n) *v/t* to simplify.

simul|ação *s f* simulation; *(fingimento)* pretence; **~ador** *s m* simulator; **~ar** (1a) *v/t* to simulate; *(fingir)* to pretend.

simult|aneidade *s f* simultaneity; **~âneo** *adj* simultaneous.

sinagoga *s f* synagogue.

sinal 1. *s m* signal, sign; *(característica)* characteristic; *na pele*: mole; *(firma)* deposit; *econ.* deposit; *(assinatura)* signature; **~ horário** time signal; **~ de stop** stop sign; **2. sinais** *(características)* *s m pl* description; *(aspecto)* look; **sinais particulares** distinguishing marks.

sinal|eiro 1. *s m mar., comboio* signalman; *(polícia s m/f)* traffic policeman/woman; **2.** *adj* signal…; traffic…; **~ização** *s f* signalling; **placa** *s f* **de ~ização** traffic sign; **~izar** (1a) *v/t* to signal; *(anunciar)* to announce; *(colocar sinais)* to signal; *v/i* to signal.

sincer|idade *s f* sincerity; **~o** *adj* sincere; *(sério)* honest.

síncope *s f mús. e gr.* syncope; *med.* faintig fit.

sincr|ónico *adj* synchronized; **~onização** *s f* synchronization; **~onizar** (1a) *v/t téc.* to synchronize.

sindic|al *adj* (trade) union…; **associação** *s f* **~** trade union; **representante** *s m/f* **~** trade union's spokesman; **~alismo** *s m* (trade) unionism; **~alista 1.** *adj* = **~al**, **2.** *s m/f* trade unionist; **~ato** *s m* (trade) union; syndicate.

sinf|onia *s f* symphony; **~ónico** *adj* symphonic.

singelo *adj* simple; *(simples)* plain; *(natural)* natural; *(inofensivo)* harmless.

singular 1. *adj* singular; *único* unique; *(peculiar)* odd, peculiar; *número s m* **~ = 2.** singular; **~idade** *s f* singularity; *(particularidade)* peculiarity.

sinistro *s m* **1.** *adj* accidental; *(funesto)* harmful; *(numinoso)* unfriendly; *(obscuro)* obscure; **2.** *s m* accident, disaster.

sino *s m* bell.

sinónimo 1. *adj* synonymous; **2.** *s m* synonym.

sint|ático *adj* syntactic; **~axe** *s f* syntax.

síntese *s f* synthesis; *(conexão)* connection.

sint|ético *adj* synthetic; **~etizar** (1a) *v/t* to synthetize; *(ligar)* to bind.

sintom|a *s f* symptom; **~ático** *adj* symptomatic.

sinu|osidade *s f* sinuosity, undulation; **~oso** *adj* winding; *(torcido)* twisted; **~site** *s f med* sinusitis.

sisa *s f* transfer tax, purchase and sale tax.

sisal *s m* sisal, hemp.

sismo *s m* earthquake.

sism|ógrafo *s m* seismograph; **~ologia** *s f* seismology.

sistem|a *s f* system; *(ordem)* order; **por ~** systematically; **~ multi (pluri)partidário** multiparty system; **~ operativo** *inf.* operating system; **~ático** *adj* systematic; *(metódico)* methodic; *(ordenado)* ordered; **~atizar** (1a) *v/t* to systemize; to put in order.

sítio *s m* place; *(local)* site; *(localização)* localisation; *mil.* siege.

situ|ação *s f* situation; social standing; **~ar** (1g) *v/t* to locate; *(pôr)* to put; *(colocar)* to place, to lay.

slogan *s m* slogan; **~ publicitário** slogan, ad-line.

só 1. *adj* alone; *(sozinho)* lonely; *(apenas)* only; **a ~s** alone; **2.** *adv* only; *temp* only.

soalho *s m* (wooden) floor.

soar (1f) *v/i* to sound; to sing; to ring *(sino);* to ring *(campainha);* to strike *(hora);* *(fig.)* to go down.

sob *prep* under.

sobejar (1d) *v/i* to be leftover; *(abundar)* to abound; *(ser supérfluo)* to be superfluous.

sober|ana *s f* sovereign; *(rainha)* queen *(tb. fig.);* **~ania** *s f* sovereignty; *(autoridade pública)* state authority; **~ano 1.** *adj* sovereign; **2.** *s m* sovereign; *(príncipe)* prince.

soberbla *s f* haughtiness; *(fig.)* arrogance; *(orgulho)* pride; **~o** *adj* haughty; arrogante; *(orgulhoso)* proud (*de* of).

sobra *s f* surplus; remnant; *(abundância)* abundance.

sobrancelha *s f* eyebrow.

sobrar (1e) *v/i* to be left; to remain.

sobre *prep* on; over; *(excepto)* except for.

sobreiro *s m* cork-tree.

sobrelmesa *s f* dessert; **~natural** *adj* supernatural; **~nome** *s m* surname; **~por** (2zd) *v/t:* **~por a** to put on top of; **~screver** (2c) *v/t* to overwrite; **~scrito** *s m* envelope; *(endereço)* address; **~ssair** (3l) *v/i* to stand out; *(contrastar)* to contrast; *(fazer-se notar)* to stand out; *(ouvir-se)* to be heard; *(dar nas vistas)* to stand out; **~ssaltar** (1a) *v/t* to startle, to frighten; *(surpreender)* to surprise; *(pular sobre)* to jump over; **~ssalto** *s m* start; sudden surprise; *(excitação)* excitement; **~sselente 1.** *adj* spare; *(que sobra)* remain; **peça** *s f* **~** spare part; **2.** *s m* spare; **~taxa** *s f* surcharge; **~tudo 1.** *s m* overcoat; wintercoat; **2.** *adv* mainly; *(especialmente)* especially; **~viver** (2a) *v/i* to survive; **~ a** to survive; **~voar** (1f) *v/t* to fly over.

sobriedade *s f* soberness; moderation.

sobrinhla *s f* niece; **~o** *s m* nephew; **~s** *s pl* nephews and nieces.

sóbrio *adj* restrained; *(moderado)* moderate; *(ant. de embriagado)* sober; *(poupado)* economical.

socilabilidade *s f* sociability; **~al** *adj* social; **~al-democrata** *s m/f* social-democrat; **carta** *s f* **~al** social chart; **regime** *s m* **~** social regime; **~alismo** *s m* socialism; **~alista 1.** *adj* socialist; **2.** *s m/f* socialist; **~alização** *s f* socialisation; **~ável** *adj* sociable; *(delicado)* civilized, courteous; **~edade** *s f* society; *matrimonial, familiar* household; **~edade de responsabilidade (i)limitada** *Br.* private (un)limited company, *Am.* incorporated company; **~ secreta** secret society.

sócio *s m clube, etc.* member; *partido* member; *(cúmplice)* accomplice; *econ.* partner, business associate.

socilologia *s f* sociology; **~ógico** *adj* sociological; **~ólogo** *s m*, **-a** *f* sociologist.

socorrler (2d) *v/t* to help; *(apoiar)* to support; *(ajudar)* to come to the aid of, to assist; **~o** *s m* help; *(apoio)* support (**em** in); assistance; *mil.* rescue; **número** *s m* **nacional de ~** national emergency number.

soda *s f* soda (water).

sofá *s m* sofa; **~-cama** *s m* sofa-bed.

sofisticado *adj* sophisticated; pretentious.

sôfrego *adj* keen; *(impaciente)* impatient; *(ganancioso)* greedy (**de** of).

sofreguidão *s f* keenness; *(impaciência)* impatience; *(ganância)* greed.

sofrler (2d) *v/t* to suffer; *(suportar)* to bear, to put up with; *v/i* to suffer (**de** from; **com, de** with,); **~imento** *s m* suffering; *(paciência)* patience.

software *inf.* software; **~ para utilizador** *s m* user's software.

sogro *s m*, **-a** *f* father-in-law, mother-in-law; **~s** *s pl* parents-in-law.

soja *s f* soya.

sol *s m* **a)** sun; sunshine; *(luz do dia)* daylight; **b)** *mús.* G.

sola *s f* sole.

solar 1. *adj* solar; **2.** (1e) *v/t* to sole; **3.** *s m* manor house.

solavanco *s m* jolt, bump; **andar aos ~s** to jog along.

solda *s f* solder; **= soldadura**.

soldado *s m* soldier.

soldlador *s m*, **-a** *f (ferro)* welder; *(aparelho)* welder; **~adura** *s f* solder; *(parte soldada)* weld; *med.* close up; **~adura eléctrica** electric welding; **~agem** *s f* welding; **~ar** (1e) *v/t* to weld; *med.* to close up.

solenle *adj* solemn; *(festivo)* festive; *(formal)* formal; **~idade** *s f* solemnity; *(festividade)* festivity; *(formalidade)* formality.

soletrar (1c) *v/i* to spell.

solha *s f zoo.* sole.

solicitlação *s f* appeal; *(pedido)* request; *(candidatura)* application; **-ões** *s f pl econ.* appeal; **~ador** *s m*, **-a** *f* solicitor; *(candidato)* applicant; *jur.* solicitor; **~ar** (1a) *v/t* to ask for; to request; to apply for.

solícito *adj (prestável)* helpful; *(preocupado)* concerned.

solicitude *s f* care; *(pressuroso)* helpfulness; *(preocupação)* concern.

solidão *s f* solitude; *(ermo)* desolation.

solidlariedade *s f* solidarity; sympathy, *jur.* mutual binding; **~ário** *adj* sympathetic; **~ez** *s f* solidity; *(segurança)* safety; *(autenticidade)* authenticity; **~ificar** (1n) *v/t* to solidify; *fig.* to consolidate.

sólido 1. *adj* solid; *(autêntico)* authentic; *(de confiança)* reliable; *(seguro)* sure; strong *(motivo);* **2.** solid; *(âmago)* core.

solista *s m/f* solo player.

solitárila *s f* tapeworm; **~o 1.** *adj* lonely; **2.** *s m* hermit.

solo *s m* **a)** *terra* earth; ground; **b)** *mús. e jogo:* solo.

soltar (1e) *v/t* to set free; *(desatar)* to loosen, to untie; *(afrouxar)* to slacken, to loose; *(largar)* to let go of; *correntes* to loose; *prisioneiros* to set free; *tom, etc.* to let out.

solteiro 1. *adj* single, unmarried; **2.** *s m*, **-a** *s f* bachelor; single man/woman.

solução *s f* solution.

soluçar (1p) *v/i (chorar)* to sob; to hiccup.

solucionar (1f) *v/t* to solve.

soluço *s m* hiccup; *(choro)* sob; **~s** *s pl* hiccups.

solúvel *adj quím.* solvable, soluble; *café s m* **~** powder coffee.

solver (2e) *v/i* to pay off; *conta* to pay.

som *s m* sound; tone; *volume s m de* **~** sound volume; *ao* **~** *de* to the accompaniment of.

somla *s f* sum; addition; *(fig.)* summary; *(o essencial)* the essential; *grande* **~** a lot of; **~ar** (1f) *v/t* to add (up); *(juntar)* to put together; *fig.* to summarise; = *v/i* **~ar em** to add up; **~atório** *s m* sum.

sombra *s f* shadow *(tb. fig.); (escuridão)* darkness; *(cara)* trace; *(aparência)* look; *(vestígio)* trace.

sombrlinha *s f* parasol, sunshade; **~io** *adj* shady; *fig.* gloomy, grim.

sonâmbulo 1. *adj* sleepwalking; **2.** *s m*, **-a** *f* sleppwalker.

sonata *s f mús.* sonata.

sondla *s f med. e min.* probe; *mar.* plummet, sounding lead; **~** *acústica* echo probe; **~agem** *s f* testing; **~** *de opinião pública* public survey; **~** *do mercado s m* market survey; *(investigação)* research; **~ar** (1a) *v/t* to probe; *(investigar)* to research; *fig.* to sound out.

soneca *s f* nap, snooze.

soneglação *s f* withholding; *impostos* tax evasion; **~ar** (1o) *v/t* to withhold; *(não declarar)* to conceal; *impostos* to evade.

sonetlista *s m/f* sonnetist; **~o** *s m* sonnet.

sonhlador 1. *adj* dreamy; **2. ~** *s m*, **-a** *f* dreamer; **~ar** (1f) *v/t* to dream *(com* of); *v/i* to dream; *(calcular)* to guess; **~o** *s m* dream; *cul.* doughnut.

sono *s m* sleep; *(sonolência)* sleepiness; drowsiness.

sonorlidade *s f* sound quality; *(volume de som)* sound volume; *(acústica)* acoustic; **~o** *adj* resonant; full *(tom);* voiced *(consoante);* with a good acoustic *(sala); filme (ou cinema) s m* sound picture.

sopa *s f* soup; **~** *de pão s m* bread soup.

sopé *s m montanha* foot.

sopesar (1c) *v/t* to weight; *(carregar)* to take; *(distribuir)* to distribute.

soporlífero, ~ífico 1. *adj* soporific; *fig.* boring; **2.** *s m* sleeping drug.

soprano *s m/f mús.* soprano.

soprlar (1e) *v/t e v/i* to blow; *luz* to blow out; *balão* to blow up; *pó* to blow away; **~o** *s m* blow, puff; *(bafo)* breath; *(aragem)* breeze; *(vento)* gust; *(som)* tone.

sordidez *s f* sordidness; dirtiness; indignity; *(vileza)* squalor.

sórdido *adj* sordid; *(repugnante)* repulsive; *(vil)* indecent.

soro *s m med.* serum.

sorrlidente *adj* smiling; **~ir** (3v) *v/i* to smile; *(agradar)* to please; **~iso** *s m* smile.

sorte *s f* luck; *(fortuna)* fortune; *(ventura)* venture; *(acaso)* chance; *(risco)* risk; *(ganho)* win.

sortlear (1l) *v/t* to draw lots for; *(dividir)* to split; *(misturar)* to mix up; *(dispor)* to put together; *(escolher)* to

S

choose; **~eio** *s m* draw; *(rifa)* raffle;
~ido 1. *adj* well stocked *(negócio);*
assorted *(mercadoria);* **bem ~** well
supplied; **2.** *s m* assortment.

sorvedoiro, -ouro *s m* whirlpool; *fig.*
drain.

sorver (2d) *v/t* to sip; *(chupar)* to soak
up; *(engolir)* to swallow up.

sorvete *s m* ice-cream.

sorvo *s m* sip.

sósia *s m/f* double.

sosseg|ado *adj* quiet; **~ar** (1o) *v/t e v/i*
to calm, to quieten; *(descansar)* to rest;
(manter-se calmo) to keep quiet; **~o** *s m*
peace (and quiet); *(descanso)* rest.

sótão(s) *s m (pl)* attic, loft.

sotaque *s m* accent.

soterrar (1c) *v/t* to bury.

soturno *adj* sad; *(tristonho)* gloomy.

sova *s f* beating, thrashing.

soviético *adj* soviet.

sozinho *adj* alone.

suar (1g) *v/i* to sweat.

suave *adj* gentle, mild; *(macio)* soft;
(tenro) tender; *(fácil)* effortless; *téc.*
light.

suavi|dade *s f* gentleness; mildness;
(ternura) tenderness; **~zar** (1a) *v/t* to
soften; *(acalmar)* to calm down; *(aliviar)* to alleviate.

subalterno 1. *adj* subordinate; *(inferior)* inferior; **2.** *s m,* **-a** *f (funcionário)* subordinate.

sub... under...; **~chefe** *s m* subchief;
~comissão *s f* subcommittee;
~consciente 1. *adj* subconscious;
2. *s m* subconscious.

subdeleg|ação *s f* subdelegation; **~ar**
(1o) *v/t* to delegate.

subdirec|ção *s f* assistant direction;
~tor *s m,* **-a** *f* assistant director.

súbdito *s m,* **-a** *f* subject; *(cidadão)*
citizen.

subida *s f* climb; *(ascenção)* ascend;
slope *de um terreno; (elevação)* slope;
preço rise.

subinspector *s m,* **-a** *f* subinspector.

subir (3h) **1.** *v/i* to go up; to rise; **2.**
mountain, etc. to climb; *(trazer)* to
bring up; *cortinado* to open; *(levantar)* to rise; *preço* to rise; *muro* to
climb; **3.** *v/t* to climb (**para, a, em**
onto); *ir para cima* to get onto; *(ascender)* to ascend (**a** to).

súbito *adj* sudden; *(inesperado)* unexpected; *(repentino)* sudden; **de ~** suddenly.

subjectiv|idade *s f* subjectivity;
~ismo *s m* subjectivism; **~o** *adj* sub-
jective; *(pessoal)* personal; *(egocêntrico)* egocentric.

subjugar (1o) *v/t* to subjugate;
(forçar) to subdue; *animal* to domi-
nate, to tame.

sublim|ar (1a) *v/t quím. e fig.* to subli-
mate; *(refinar)* to refine; *(transformar)* to transform; **~e** *adj* sublime;
(refinado) refined; noble; **~inal** *adj*
subliminal.

sublinhar (1a) *v/t* to underline; to emphasize.

subloc|ação *s f* subtenance; **~ar** (1n)
v/t to sublet; **~atário** *s m,* **-a** *f* subten-
ant.

submarino 1. *adj* underwater; **2.** *s m*
submarine.

submergir (3n) *v/i* to submerge; *v/t*
(afundar) to sink; *(inundar)* to flood
(tb. fig.).

subm|eter (2c) *v/t* to subdue; *(mos-
trar)* to show; **~issão** *s f* submission;
~isso *adj* submissive, docile.

subnutri|ção *s f* malnutrition; **~do**
adj malnourished.

subordin|ação *s f* subordination;
(obediência) obedience; **~ada** *s f gr.*
subordinate; **~ado** *adj* subordinate;
(subalterno) subordinate; *(dependente)* dependant; *(de segunda ordem)*
second class; **~ar** (1a) *v/t* to subordinate.

subornar (1e) *v/t* to bribe; **~o** *s m*
bribe.

subscrição *s f* subscription; contribution; *(recolha)* sampling.

subse|cretário *s m* undersecretary;
~quente *adj* subsequent.

subsidiar (1g) *v/t* to subsidize; *(contribuir)* to contribute.

subsídio *s m* subsidy; **~ diário** daily
allowance; **~ de férias** *s pl* holiday
pay, *Am.* leave pay.

subsist|ência *s f* livelihood; *(du-
ração)* duration; *(sustento)* subsist-
ence; **~ir** (3a) *v/i* to exist; to remain;
to survive.

subestabelecer (2g) *v/t* to delegate;
(representar) to represent.

S

substância *s f* substance; *(matéria)* stuff; *(natureza)* being; *(conteúdo)* contents; **em** ~ essencially.

substan|cial *adj* substancial; *(essencial)* essencial; *(nutritivo)* nutritive; **~tivo** *s m* noun.

substimar (1a) *v/t* to underestimate.

substitu|ição *s f* substitution; replacement; *(representação)* representation; **~ir** (3i) *v/t (representar)* to represent; to replace; **~to 1.** *adj* substitute; **2.** ~ *s m,* **-a** *f* substitute.

subterfúgio *s m* subterfuge.

subterrâneo 1. *adj* subterranean, underground; **água** *s f* **-a** underground water; **2.** *s m* basement; *(caverna)* cave.

subtil *adj* subtle; *(delicado)* tender; *(engenhoso)* ingenious.

subtil|eza *s f ,* **~idade** *s f* subtlety; *(perspicácia)* sharpness.

subtr|acção *s f* mat. subtraction; *fig.* theft; **~air** (3l) *v/t* mat to subtract; *fig.* to steal.

subtropical *adj* subtropical.

sub|urbano *adj* suburban; **comboio** *s m* ~ suburban train; **~úrbio** *s m* suburb.

subven|ção *s f* grant; *(auxílio)* subsidy; **~cionar** (1f) *v/t* to subsidize.

subver|são *s f* subversion; **~sivo** *adj* subversive; **guerra** *s f* **-a** guerilla war.

suce|der (2c) *v/t* to happen; *(dar-se)* to result; *(acontecer)* to happen (**a alg** to s.o.); *substituir* to succeed; **~ssão** *s f* succession; *hereditária* descendence; *cargo, etc.* succession; **~ssivo** *adj* successive; *(consecutivo); (ininterrupto)* continuous; **~sso** *s m* success; *(resultado)* result; output; **fazer** ~ to be successful; **~ssor** *s m* successor; *(herdeiro)* heir.

sucinto *adj* short; *(resumido)* concise.

suc|o *s m* juice; *fig.* core; **~ulento** *adj* juicy; *(carnudo)* succulent.

sucumbir (3a) *v/i* to succumb; *(morrer)* to die; *(ser prostrado)* to yield.

sucursal *adj* **casa** ~ = **2.** *s f* econ. branch.

sudoeste *s m* southwest.

sueco 1. *adj* Swedish; **2.** ~ *s m,* **-a** *f* Swede.

sueste *s m* southeast.

suficiente *adj* enough; sufficient *(nota de exame).*

sufoc|ação *s f* suffocation; *(repressão)* repression; *med.* lack of air; **~ar** (1n) to suffocate; *(reprimir)* to repress; *v/i* to suffocate.

sufrágio *s m (voto)* vote; *(votação)* suffrage; *(direito de voto)* right to vote.

sugar (1o) *v/t* to suck *(tb. fig.).*

suge|rir (3c) *v/t* to suggest; *(propor)* to propose; **~stão** *s f* suggestion; *(ideia)* idea; *(influência)* influence; **~stivo** *adj* suggestive; *(impressionante)* impressive; *(evidente)* obvious; *(tentador)* tempting.

suic|ida 1. *s m/f* suicidal person; **2.** *adj* suicidal; **~idar-se** (1a) *v/r* to commit suicide; **~ídio** *s m* suicide.

suíço 1. *adj* Swiss; **2.** *s m,* **-a** *f* Swiss.

suíno 1. *adj* pig…; **gado** *s m* ~ pigs; **2.** *s m* pig.

sujar (1a) *v/t* to dirty; *v/i* to make a mess.

sujeição *s f* subjection; *(dependência)* dependence.

sujeit|ar (1a) *v/t* to subject; *(domar)* to tame; *(reter)* to retain; *a um perigo, etc.* to expose; **~ar-se** *v/r* **a** to submit to; **~o 1.** *adj* subjected; ~ **a** subjected to; *(obrigado)* obliged to; *imposto, etc.* compulsory; connected with *(p. ex. risco);* **2.** *s m* F guy, bloke; *(tema)* theme; *gr.* subject.

suj|idade *s f* dirtiness; *(excremento)* excrements; **~o** *adj* dirty.

sul *s m* south; *(vento)* southern wind; **~-americano** South-American.

sulc|ar (1n) *v/t* to plough; *ondas, etc.* to break; **~o** *s m* furrow.

sulfato *s m quím.* sulphat.

sumarento *adj* juicy.

sumário 1. *adj* short; *(abreviado)* abbreviated; **2.** *s m* summary.

sumi|ção *s f ,* **~ço** *s m* disappearance.

sumir (3h) *v/t* to make disappear; *(esconder)* to hide; *(engolir)* to swallow; *(apagar)* to put out, to extinguish; *v/i* = **~-se** to disappear; *(passar)* to pass; *(apagar-se)* to be extinguished.

sumo 1. *adj* highest, biggest; very high *(ou big);* **2.** *s m* fruit juice.

sumptuoso *adj* sumptuous; *(magnífico)* magnificent; *(luxuoso)* luxurious.

suor *s m* sweat.

super *adj* super; *gasolina s f* ~ (super) petrol.

super|ar (1c) *v/t* to surpass; *(suplantar)* to exceed; *(transpor)* to overcome; **~ável** *adj* surmountable.

super|ficial *adj* superficial *(tb. fig.)*; **~ficialidade** *s f* superficiality; **~fície** *s f* surface; *pessoal s m da* ~ ground staff.

supérfluo *adj* superfluous; *(inútil)* useless; *(vão)* in vain.

superintend|ência *s f* superintendence; *(direcção)* leadership; **~ente** *s m/f* superintendent; *(dirigente)* leader; **~er** (2a) *v/t* to superintend; *v/i* to have a superintendence.

superior 1. *adj comp.* higher *ou* bigger *(ao, à* than), *sup.* highest, biggest; the highest *(ou* biggest); excellent; *instituto s m (ou escola s f)* University; **2.** *s m,* **-a** *s f* superior; Mother Superior *(convento)*; **~idade** *s f* superiority; *(autoridade)* higher authority; *(excelência)* excellence.

superlativo 1. *adj* superlative; *grau s m* ~ = **2.** *s m* superlative.

superlotado *adj* overcrowded.

supermercado *s m* supermarket.

super|potência *s f* superpower; **~sónico** *adj* supersonic.

supersti|ção *s f* superstition; **~cioso** *adj* superticious.

super|estrutura *s f* superstructure; **~visão** *s f* supervision; **~visor** *s m,* **-a** *f* produção, *etc.* supervisor.

suplantar (1a) *v/t* to surpass; *(reprimir)* to repress; *(ultrapassar)* to overcome.

suplement|ar 1. *adj* suplementary; extra...; *horas s f pl* **~es** overtime; **~o** *s m* suplement; *jornal* suplement.

suplente 1. *adj* sparc; *(sobresselente)* extra...; *(auxiliar)* auxiliary; **2.** *s m* substitute; *desporto:* swap player.

súplica *s f* supplication; *(rogo)* plea.

suplicar (1n) *v/t e v/i* to beg.

supor (2zd) *v/t* to suppose; *(presumir)* to presume.

suporífero *s m* sleeping drug.

suport|ar (1e) *v/t* to bear; *(aguentar)* to put up with; *(tolerar)* to stand; **~ável** *adj* bearable; **~e** *s m* support.

suposi|ção *s f* supposition; *(hipótese)* hypothesis; *(conjectura)* conjecture;

jur. presumption; **~tório** *s m medicamento* suppository.

suposto 1. *adj* supposed; *(dito)* said; **2.** *s m* assumption; *(hipótese)* hypothesis.

supra... above, supra; **~citado** abovementioned; **~nacional** *adj* supranational; **~-regional** *adj* supraregional.

suprem|acia *s f* supremacy; *(hegemonia)* hegemony; **~o** *adj* supreme; highest; *(final)* last.

supressão *s f* supression; *(anulação)* abolition; *(proibição)* prohibition; *(eliminação)* elimination.

suprimir (3a) *v/t* to supress; *(eliminar)* to abolish; to eliminate; *(omitir)* not to declare; *(afastar)* to put on the side.

suprir (3a) *v/t* to take the place of; *(substituir)* to substitute; *(compensar)* to make up for; *(abastecer)* to supply with; *necessidade* to provide; *v/i* to help out; *(substituir)* to substitute.

surd|ez *s f* deafness; *aparelho s m de* ~ hearing device; **~ina** *mús. s f* mute; *em* ~ , *pela* ~ stealthily, secretly, on the mute; **~o** *adj* deaf; muffled *(som)*; *(silencioso)* silent; *(secreto)* secret; **~o-mudo 1.** *adj* deaf mute; **2.** *s m* deaf-mute.

surf, ~e *s m* surfing; *prancha s f de* ~ surf board.

surgir (3n) *v/t* to come up, to appear; *(formar-se)* to arise; *agr.* to crop up; *mar.* to sprout, to spring out.

surpre|ondonte *adj* surprising; **~ender** (2a) *v/t* to surprise; *(assaltar)* to come over *(sentimento)*; **~sa** *s f* surprise.

surt|ida *s f mil.* outbreak; **~ir** (3a) *v/t* to bring about, to produce; ~ *efeito s m* to have an effect; *v/i bem, mal* to turn out well/ badly; *(resultar)* to work out; **~o** *s m* surge; *(epidemia)* outbreak; ~ *de crescimento* growth boom; ~ *económico* economical boom.

susce(p)t|ibilidade *s f* susceptibility; *(sensibilidade)* sensitivity; **~ível** *adj* susceptible *(de* of); *(sensível)* sensitive; ~ *de* liable of.

suscitar (1a) *v/t* to cause; *(incitar)* to stimulate.

suspei|ção *s f* suspicion; **~ta** *s f* suspicion; *(desconfiança)* distrust; *(con-*

S

jectura) conjecture; **lançar ~tas sobre** to cast suspicions over; **~tar** (1a) *v/t* to suspect; *(conjecturar)* to conjecture; *v/i* **~tar de** to suspect of; **~to** *adj* suspicious; *(parcial)* parcial; **andar ~ de** to have suspicions of; **~toso** *adj* suspicious; *(desconfiado)* suspicious.

suspen|der (2a) *v/t* to suspend; *(adiar)* to postpone; to adjourn; **~são** *s f* suspension; *(indecisão)* indecision; *(prorrogação)* prorogation; *(interrupção)* interruption; *(intervalo)* pause; *(proibição)* prohibition; *auto.* suspension; *mús.* suspension; **~sórios** *s m pl* braces.

suspir|ar (1a) *v/i* to sigh; **~ por** to long for, to sigh for; to hiss *(vento)*; **~o** *s m* sigh; *cul.* merengue.

sussurr|ar (1a) *v/i* to whisper; **~o** *s m* whisper; *(murmurar)* to mutter.

sustent|ar (1a) *v/t* to sustain; *(apoiar)* to support; *(alimentar)* to sustain; *(auxiliar)* to help; **~o** *s m (alimentação)* sustenance; *(apoio)* support.

suster (2zb) *v/t* to support; *(reter)* to hold up; *(refrear)* to restrain, to hold back.

susto *s m* fright (**pregar** to scare, to frighten).

sutur|a *s f med.* suture *de uma ferida*; **~ar** (1a) *v/t ferida* to suture.

T

tabal|caria *s f* tobacconist's; **~co** *s m* tobacco.

tabela *s f* chart; table.

taberna *s f* tavern, bar.

tabique *s m* partition.

tábua *s f* board; *barco* plank, board; *mármore* slab; *(tabela)* table, chart.

tabuada *s f* times table; register *(tb. fig.)*; **~ de multiplicar** multiplication table.

tabul|lado *s m* planking; wooden partition; *(pavimento)* wooden floor; **~ador** *s m* tab(ulator key); **~eiro** *s m* tray; *jogo* (chess)board; *forno* baking sheet; **~eta** *s f* signboard; *(mostrador)* showcase.

taça *s f champanhe* glass; cup, globlet; **♀ Europeia** European Cup.

tacanho *adj* narrow; insignificant; *(mesquinho)* stingy.

tacão *s m bota* heel.

tacho *s m* cooking pot, boiler.

tácito *adj* tacit, silent.

taciturno *adj* taciturn, reserved; gloomy.

tacógrafo *s m* tachograph.

tactear (1l) *v/t* to fumble; to touch, to feel; *v/i* to grope.

táctic|a *s f* tactics; **~o** *adj* tactical.

tacto *s m* touch, feeling; *fig.* tact.

tafetá *s m* taffeta.

tagarel|a 1. *adj* gabbling, talkative; **2.** *s m/f* rattler, chatterbox; **~ice** *s f* chatter, tattle; gossip; noise *(barulho)*; *(gritaria)* yelling.

tal *adj* so *(ou* such) a/an; one; this, that.

tala *s f med.* splint; *téc.* bar, fishplate; **pôr ~s em** to put in a splint.

talão *s m* heel; *econ.* voucher; *(recibo)* stub.

talco *s m* talc(um); talcum powder.

talent|o *s m* talent *(tb. fig.); (dote)* gift; **~oso** *adj* talented, clever; *(dotado)* gifted.

talh|a *s f* engraving, carving; **~ada** *s f* slice; *(pedaço)* piece; **~ar** (1b) *v/t* to cut, to slice, to slash; *vestido* to cut out; *pedra* to sculpture, to chisel; *em madeira* to carve; *em cobre* to engrave; *carne* to cut, to slice; **~e** *s m* cut; *corpo* figure, shape; *(forma)* form, shape; = **talha; ~er** *s m (faca, garfo, colher)* cutlery; **~o** *s m* cut, cutting; chopping *da carne; (loja)* butcher's (shop), butchery.

talisca *s f* cleft, crevice; chip, splinter.

talo *s m* stalk, stem; *coluna* shaft; *folha* stem.

taluda F *s f* the highest price of lottery, jackpot.

talvez *adv* maybe, perhaps.

tamanho 1. *adj* so great, so large; such a/an; **2.** *s m* size.

tâmara *s f* date.

tamareira *s f* date palm.

também *adv* too, also.

tambor *s m* drum, cylinder *(tb. téc.)*; drum; *anat.* eardrum.

tamp|a *s f* cover(ing), lid; *(tampão)* stopper; *ventil.* cover, bonnet; *roda* top, cap; **~ão** *s m algodão* tampon; stopper, plug; *med.* tampon, compress; **zona** *s f* **~ão** buffer zone.

tangente 1. *adj* tangent, touching; **2.** *s f mat.* tangent.

tangerin|a *bot. s f* tangerine, mandarin; **~eira** *s f* mandarin tree, tangerine tree.

tangível *adj* tangible; *(perceptível)* perceptible.

tanque *s m* tank *(tb. mil.)*; reservoir; *(recipiente)* container; **~ de água** water tank, cistern; **~ de lavar a roupa** wash board/wash-bowl.

tanto *adv quantidade* so much; *tamanho* so large; *(alguns)* as many; so much.

tão *adv* so; so much; such; **~-pouco** *adv* just as little.

tapar (1b) *v/t* to close; to stop, to dam; *(fechar)* to close; *(cobrir)* to cover; *ouvidos, boca* to keep one's ears, mouth closed; *olhos* to blindfold.

tapeçaria *s f* drapery, carpet; tapestry.

tapete *s m* rug; *(passadeira)* carpet, staircarpet; *cabeceira* mat, bedside rug; *escadas* runner.

taquicardia *s f* tachycardia, palpitation of the heart.

tara *s f econ.* tare, dead weight; *fig.* (hereditary) defect; *(doença hereditária)* hereditary disease; **~do** *adj* *fig.* perverted, immoral.

tard|ar (1b) *v/t* to delay; *(adiar)* to postpone, to delay; *v/i* to hesitate (in *em*); *(ficar)* to stay; to take time for; *(fazer-se esperar)* to keep someone waiting for oneself; *(atrasar-se)* to be late, to fall behind; *(demorar)* to delay, to put off, to linger; **não ~** to come soon; **~e 1.** *adv* late; **ou cedo ou ~** earlier or later; **2.** *s f* afternoon, evening; **à ~, de ~** in the afternoon, in the evening; **~io** *adj* late, untimely.

tarefa *s f* task, duty; chore.

tareia *s f* thrashing; beating.

tarif|a *s f* tariff; **~ laboral colectiva** collective agreement (on working conditions); **~ário** *adj* tariff...; **aumento** *s m* **~ário** tariff rise; **autonomia** *s f* **-a** free collective bargaining.

tarimba *s f* plank bed; platform.

tartaruga *s f* turtle, tortoise; *material* tortoiseshell.

tasca *s f* pub, tavern.

tatu|agem *s f* tattoo, tattooing; **~ar** (1g) *v/t* to tattoo.

taurom|aquia *s f* tauromachy, bullfight(ing); **~áquico** *adj* tauromachian.

tautologia *s f* tautology.

taxa *s f tv;* *televisão, etc.* fee, tax; *impostos* contribution, tax; *juros* rate; *inflação* rate; *luxo* tax, duty; **~ de aumento** increase rate; **~ de desconto** discount rate; **~ de serviço** service tax.

tax|ação *s f* taxation; rating; *preço* price fixing; **~ador** *s m* taxer, rater; **~ar** (1b) *v/t* to tax, to rate; *(avaliar)* to estimate *(at em)*; *preço, etc.* to fix a price *(of de)*; *mercadoria* to tax; *despesas* to restrict, to limit; **~ar de** to consider as, to take something or someone for, to name; **~ativo** *adj* rating, taxing; restricted; **preço** *s m* **~ativo** fixed price.

táxi *s m* taxi(cab), cab.

taxímetro *s m* taximeter.

tel|agem *s f* cell tissue; tissue; **~ar** *s m* (weaver's) loom; *tip.* bookbinder's sewing machine; *relógio* clockwork, mechanism; **~ de malha** knitting machine.

teatr|al *adj* theatrical; **~o** *s m* theatre; *edifício* theatre, playhouse; *fig.* scene; **~ anatómico** dissecting room, institute of anatomy.

tec|edor *s m,* **-eira** *f* weaver; *fig.* plotter; author; **~ de enredos, de intrigas** schemer; **~edura** *s f* weave; scheme *(tb. fig.)*; texture; = **~elagem** *s f* weaving; **fábrica** *s f* **de ~elagem** weaving industry; **~elão** *s m,* **-ã** *f* (cloth)weaver; **~er** (2g) *v/t e v/i* to weave; to web, to tissue; *fig.* to scheme; *crítica* to prepare, to provide; *observação* to make; *plano* to plan, to

plot; *intrigas* to scheme, to intrigue;
~ *louvores (ou hinos de louvor)
a alg, ~ o elogio de alg* to praise
s.o. highly; **~ido** *s m* fabric, weave
(tb. fig.); vestuário cloth.

tecl|a *s f* key; ~ *de ajuste da margem* justification key; **~ado** *s m* keyboard, keys; *piano* keyboard; *telefone s m de ~s* push-button telephone.

técnic|a *s f* technique; ~ *nuclear* nuclear technique; **~o 1.** *adj* technical;
2. *s m* technician, expert; *(engenheiro)* engineer.

tecnicolor *s m:* **em** ~ Technicolor
(filme).

tecnocrata *s m/f* technocrat.

tecnol|ogia *s f* technology; *transferência s f de* ~ technology transfer;
~ógico *adj* technological; *parque s
m* ~ technological park.

tecto *s m* roof, ceiling; *fig.* shelter;
econ. plafond.

tectónic|a *s f geo.* tectonics; *arq.* architecture; *fig.* construction, structure;
~o *adj* tectonic; *(estrutural)* structural.

tédio *s m* tedium, tediousness; *(fartura)* boredom.

teia *s f* web; texture, tissue; *trama* plot,
intrigue; *aranha* spiderweb; net; choir
screen *(igreja); justiça, etc.* bar,
bounds.

teim|ar (1a) *v/i* to persist; *(insistir)* to
insist; to be obstinate, to be stubborn,
to insist *(in em);* **~osia** *s f* stubbornness, obstinacy; **~oso** *adj* stubborn,
obstinate.

tejadilho *s m* top, covering.

tela *s f* web, tissue; *pintor* canvas; *(pintura)* painting, picture; *vir à ~* to
come under discussion.

tele|comando *s m* remote control;
televisão remote control; **~comunicação** *s f* telecommunication; **-ões**
pl telecommunications; **~copiador** *s
m* telecopier.

telefax *s m* telefax.

teleférico *s m* cable car.

telefon|ar (1f) *v/i* to (tele)phone; ~ *a
alg* to call someone, to give someone
a call; **~e** *s m* (tele)phone; ~ *automático* automatic telephone, dial
telephone; **~ema** *s m* call,

(tele)phone call; *(chamada)* call; *dar
um ~ a* to call someone; **~ia** *s f* telephony.

telef|ónico *adj* telephonic; *cabina s f*
~ telephone box *(Am.* booth); *chamada s f (conversa s f)* **-a** phone
call, telephone conversation; *estação (rede) s f* **-a** telephone exchange; *lista s f* **-a** telephone directory, phone book; **~onista** *s f*
telephonist, (telephone) operator.

telegr|afar (1b) *v/t e v/i* to telegraph,
to cable, to wire; **~afia** *(sem fio)*
(wireless) telegraphy; **~áfico** *adj* telegraphic, wired, cabled.

tele|grama *s m* telegram *(expedir*
send); **~guiado** *adj* remote controlled; **~jornal** *s m TV* newscast, news
report.

teleobjectiva *s f* telephoto lens, F tele.

tele|patia *s f* telepathy; **~ático** *adj* telepathic.

tele|scópio *s m* telescope; **~scritor** *s
m* telex machine; **~spectador** *s m TV*
watcher, televiewer; **~squi** *s m* ski
tow; **~visão** *s f* television, TV set; =
~visor; ~satélite *s f* TV satellite;
~visivo *adj* television…; **~visor** *s m*
television set, F TV, telly, box.

telex *s m* telex, teletypewriter.

telh|a *s f* tile; **~ado** *s m* roof; **~eira** *s f*
tileworks; brickworks; **~eiro** *s m*
tiler; *(alpendre)* shed; **~o** *s m* earthen
lid; **~udo** *adj* F eccentric, odd.

tem|a *s m* theme; *palavra* stem; *(redacção)* essay, composition; **~ático**
adj thematic; *gr* stem…

tem|er (2c) *v/t* to fear; **~erário** *adj*
temerarious; reckless; **~eridade** *s f*
temerity; **~ível** *adj* fearful, dreadful;
~or *s m* fear, dread; *(susto)* fright *(tb.
fig.);* awe.

têmpera *s f metal* temper; hardness
(grade); (banho) hardness bath;
(cunha) wedge, gusset; *fig.* nature, behaviour; stroke; *(carácter)* character;
pintura s f a ~ tempera painting.

temper|ado *adj* tempered *(tb. geo.);*
(comedido) moderate; *(clima)* mild;
(suave) tender, gentle; *mús.* tempered;
~amento *s m* temperament; **~ar** (1c)
v/t metal to temper, to anneal; *comida*
to flavour, to spice; *vinho* to rarefy;
fig. to steel, to strengthen; *(suavizar)*

to soften; *mús.* to tune; *v/i* **~ar com** to temper with, to go well with; **~atura** *s f* temperature; *(clima)* weather; *fig.* situation; **~atura ambiente** room temperature.

tempero *s m* spice, condiment; *(preparação)* preparation; *fig.* way, means; *(solução)* way out.

tempestlade *s f* tempest; storm; **~uoso** *adj* tempestuous, stormy.

templo *s m* temple; *(igreja)* church; *mação* lodge.

tempo *s m* time *(matar* kill); *(atmosférico)* weather; *mús.* time, tempo; beat, time; *gr.* tense.

temporlada *s f* period; *(estação)* season; *tea.* season; **~al 1.** *adj* temporal; worldly; *gr.* temporal; *anat.* temple… **2.** *s m* tempest, rainstorm; *anat.* temple; **~ário** *adj* temporary; occasional.

têmporas *s f pl anat.* temples.

temporizlação *s f* temporization; *(hesitação)* hesitation; lingering; **~ar** (1a) *v/i* to temporize; *(retardar)* to delay.

tenlacidade *s f* tenacity; *(teimosia)* stubbornness; **~az 1.** *adj* tenacious; *(teimoso)* stubborn; **2. ~(es)** *s f (pl)* tongs, pincers.

tencionar (1f) *v/t* to intend, to plan; to purpose.

tenda *s f* tent; *feira* stall, kiosk.

tendlão *anat. s m* tendon, sinew; **~eiro** *s m, -a s f* chandler, kiosk keeper; **~ência** *s f* tendency; *(queda)* inclination, bent; *(aspiração)* aspiration; tendency; *(direcção)* direction; **~ para subir (descer)** increasing (decreasing) tendency; **~encioso** *adj* tendentious, biased; **~er** (2a) = **estender;** *v/i* **~ a, ~ para** to strive for, to aim at; to tend towards; *(tencionar)* to intend, to aim at; *(acabar em)* to come to, to lead to.

tenebroso *adj* tenebrous, gloomy.

tenente *s m/f* lieutenant.

ténia *s f* taenia, tapeworm.

ténis *s m* tennis.

tenista *s m/f* tennis player.

tenor *mús. s m/f* tenor.

tenslão *s f* tension; pressure *do gás*; **alta ~** high tension; **~ arterial** arterial pressure, blood pressure; **~o** *adj* tense, strained.

tentação *s f* temptation.

tentáculo *s m* tentacle *(tb. fig.);* feeler *(insecto).*

tentlador 1. *adj* tempting; **2.** *s m, -a f* tempter, seducer; **~ar** (1a) *v/t e v/i* to try; *(arriscar)* to risk; *(seduzir)* to seduce, to allure; *(experimentar)* to test, to experiment; **~ativa** *s f* trial, attempt, try; *(prova)* test.

ténue *adj* tenuous, thin; *(suave)* delicate; *(fino)* fine.

teocracia *s f* theocracy.

teollogia *s f* theology; **~ógico** *adj* theological.

teólogo *s m* theologian.

teor *s m* wording, content; *mús.* tenor; *(género)* nature; *(norma)* norm; *quím.* substance, concentration.

teorlema *s m* theorem; **~ia** *s f* theory.

teórico 1. *adj* theoretical; **2.** *s m, -a f* theoretician.

teorizlação *s f* theorization; *(fundamentação)* theoretical argument; **~ar** (1a) *v/i* to theorize, to speculate.

tépido *adj* tepid, lukewarm.

ter (2za) **1.** *verbo auxiliar para formação do perfeito e mais-que-perfeito:* to have; **2.** *v/t* to have; *(receber)* to receive, to get; *(segurar)* to hold; *(possuir)* to own, to possess; to hold; *vestuário* to wear; *(conter)* to contain, to hold; *(deter)* to stop, to hold.

terapêuticla *s f* therapeutics; *(tratamento)* treatment, therapy; **~o** *adj* therapeutic(al); **efeito** *s m* ~ therapeutical effect.

terça 1. *adj:* **~ parte** the third part, third; **2.** *s f* = **terça-feira.**

terça-feira *s f* Tuesday *(na* on); **às ~s** on Tuesdays.

tercleira *s f mús.* third; **~eiro** *adj* third; **~eiro-mundista** *adj* relative to the Third World; **~eto** *s m mús.* trio.

terço *s m* third; **rezar o ~** to tell one's beads.

terebintina *s f* turpentine.

termlal *adj* thermal; *(quente)* warm; **~as** *s f pl* thermal baths; thermal spa; **Hotel das ♎** health-resort hotel.

térmico *adj* thermic, heat…; **saco** *s m* ~ cold bag, thermic bag.

terminlal: estação *s f* ~ terminal station; **~ar** (1a) *v/t* to end, to finish;

T

(pôr fim) to put an end to; *(delimitar)* to mark off, to limit; *v/i* to stop; *(acabar)* to end (**em** gr. with); *(fechar)* to close; *(concluir)* to conclude; **terminado** adj ready, finished.

terminologia s f terminology.

termo[1] s m thermos flask.

termo[2] s m term; *(marco)* boundary, landmark; *(fim)* end, ending; *(objectivo)* aim, target; *(prazo)* term, time limit; *(confins)* boundaries, frontiers; *(expressão)* term, expression; *(palavra)* word; mat. member *de uma equação etc.*; jur. statement; **~ de comparação** term of comparison; **~ médio, meio ~** average term.

termodinâmica s f thermodynamics.

termlómetro s m thermometer; **~ clínico** clinical thermometer; **~onuclear** adj thermonuclear; **~óstato** s m thermostate.

ternura s f tenderness; *(emoção)* emotion.

terra s f earth; *(solo)* ground; *(território)* land; *(localidade)* place, town; *(pátria)* motherland; *(propriedade)* (landed) property; *(campo)* field, country; *(região)* area, region; *(poeira)* dust; **~s** pl lands, estates; **~ firme** mainland; continent; **pessoal** s m **de ~** aer. ground crew.

terrlaço s m terrace; **~amoto** s m earthquake; **~a-nova** s m cão Newfoundland.

terraplenlagem s f earthwork, ground levelling; = **~o; ~ar** (1d) v/t to fill with earth, to level; *aterro* to heap up; **~o** s m rampart, levelled ground; *(dique)* dam, dike.

terreiro s m square, yard; *(espaço)* space; *(adro)* yard.

terrelmoto s m earthquake; **~no 1.** adj earthly; worldly; earth...; earthy; cor: earth coloured; **2.** s m soil *(tb. fig.)*; ground; *(propriedade)* country; *(campo)* country; *(região)* area, region; **~ para construir** building site.

térreo adj earthy, even with the ground; terrestrial; **andar** s m **~** ground floor.

terrestre adj terrestrial, earthly; *(ant: celeste)* worldly.

terrlificar (1n) v/t to terrify, to horrify; *(assustar)* to frighten; **~ífico** adj dreadful, horrible.

terrina s m (soup) tureen.

territlorial adj territorial, territory...; **águas** s f pl **-ais** pol. territorial waters; **~ório** s m territory, dominion, area.

terrlível adj terrible; *(horrível)* horrible; **~or** s m horror, dread, terror; = **~orismo** s m terrorism; **~orista 1.** s m/f terrorist **2.** adj terroristic, terror...; **~orizar** (1a) v/t to terrorize.

tese s f thesis; *(doutoramento)* dissertation; **em ~** generally speaking.

tesoira s f scissors; fig. slanderer.

tesourlaria s f Treasury; treasure house *de um banco;* **♀ da Fazenda Pública** Financial Treasury; **~eiro** s m treasurer *(tb. banco);* **~o** s m treasure; lit. anthology, thesaurus; **~ público** public treasury, Treasury.

testa s f forehead; fig. head, forepart; peak, head *de um comboio, etc.*

testamentlário adj testamentary, testamentarious; **~eiro** s m, **-a** f executor (of a will); **~o** s m will, testament.

testar[1] (1c) to testify; to make a will; **~ de** to dispose a will of; *(testemunhar)* to witness, to testify.

testlar[2] (1a) v/t to test; **~e** s m test.

testemlunha s f witness; testimony; **~s** pl *(marco)* landmarks; *(árvores)* marking trees; **~ de defesa (acusação)** witness for the defence (prosecution); **~unhar** (1a) v/t to witness, to testify; v/i to give evidence; **~unho** s m testimony; *(declaração)* attest; *(prova)* proof, evidence.

testículo s m testicle.

testificar (1n) v/t to testify; *(assegurar)* to insure; *(provar)* to prove.

teta s f teat; vaca udder.

tétano med. s m tetanus.

têxtil adj textile, woven.

textlo s m text; bíblia passage of the Bible; **~ura** s f texture; *(estrutura)* structure.

texugo s m badger; fig. fatso.

tia s f aunt.

tíbia s f anat. tibia, shinbone; mús. (shepherd's) flute.

tifo med. s m typhoid fever.

tifóide adj typhoid.

tigela *s f* bowl, basin.

tigre *s m* tiger.

tijolo *s m* brick.

til *s m* tilde.

tília *s f* linden, lime; *chá s m de ~* lime tea.

tilintar (1a) *v/i* to tinkle.

timão *s m* pole, shaft; *mar. leme* helm; *(leme)* rudder, tiller; *fig.* command, direction.

timbre *s m* emblem, coat of arms; ensign, seal; mark, stamp.

timidez *s f* shyness, timidity.

tímido *adj* shy, timid.

tlmoneiro *s m* helmsman, timoneer; *fig. tb.* commander.

tímpano *s m arq.* door panel; *tip.* tympan (of a printing press); *téc.* rotative cylinder; *mús.* kettledrum, bassdrum; *anat.* tympanum; *(membrana s f do)* ~ drumskin, cardrum.

tina *s f* tub; *(cuba)* vat, butt.

tingir (3n) *v/t* to dye, to colour.

tinh|a *s f* tinea, scab; *animal*: mange; **~oso** *adj* scabby; mangy.

tin|ido *s m* tinkling; **~ir** *v/i* (3a) to clink, to tinkle, to ring *(sino, ouvidos)*.

tint|a *s f de escrever* ink; **~eiro** *s m* inkpot.

tint|ura *s f* dye; *med.* tincture; **~uraria** *s f* dyeworks.

tio *s m* uncle.

típico *adj* typic(al), characteristic(al); *prato s m* ~ national *(ou* regional) dish.

tipo *s m* type; pattern; *(amostra)* sample; *(símbolo)* symbol; *mercadoria* variety, sort; *tip.* letter, type; *fig.* original, type; F fellow, chap, bloke.

tipogr|afia *s f (arte)* art of printing; typography; **~áfico** *adj* typographical.

tipógrafo *s m*, **-a** *f* typographer.

tira *s f* band, ribbon; *(faixa)* stripe; *fazer em ~s* to tear into straps.

tiragem *s f* draught *da chaminé*; pulling; *tip.* printing; drawing; *(edição)* edition.

tirânico *adj* tyrannical.

tiran|izar (1a) *v/t* to tyrannize; **~o** *s m* tyrant, despot.

tira|-caricas *(pl inv.) s m* bottle opener, can opener; **~-nódoas** *(pl inv.) s m* spot remover, stain cleaner.

tirar (1a) **1.** *v/t* to pull out; to take off, to remove; ~ *de* to take from; *(sacar)* to remove; *(extrair)* to extract; *(levar)* to take out; *(arrancar)* to pull; **2.** *v/i* to pull (at); to shut.

tiritar (1a) *v/i de frio* to tremble.

tiro *s m* shot; *(estampido)* bang, pop; *(tiroteio)* shooting; *(lance)* throw; *(puxado)* drawing, pulling; *(tirante)* drawing; *cavalos, etc.* team; *fig.* stroke, dig; allusion.

tiroteio *s m* shooting, firing.

tísic|a *med. s f* consumption; **~o** *adj* consumptive.

titubear (1l) *v/i* to staggcr; *(vacilar)* to hesitate, to vacillate; *(gaguejar)* to stammer.

titular 1. (1a) *v/t* to entitle; *(registar)* to register; **2.** *adj* titular, nominal; **3.** *s m/f* titleholder; *(detentor)* owner, holder; ~ *da pasta da Justiça* Lord Chancellor, minister of justice.

título *s m* title; heading, caption; *(qualificação)* dignity, title; *(nome)* name; *(denominação)* naming, denomination; *(papel de crédito)* security, bond; *(documento)* document; *eleitoral* certificate, slip.

toalh|a *s f* towel; *(mesa)* tablecloth; **~eiro** *s m* towel rack.

toca *s f* burrow, lurking hole.

tocar (1n) **1.** *v/t* to touch *(tb. fig.)*; *roçar* to brush against, to graze; *(acertar)* to hit; *(alcançar)* to reach, to attain; to feel; *música* to play; **2.** *v/i* to ring; ~ *em* to touch on, to touch in.

tocha *s f* torch; *fig.* firebrand; *(luz)* light.

todo 1. *adj* a) all, whole; b) every; **~s os dias** everyday; **-as as manhãs (vezes)** every morning (every time) **2.** *s m* the whole; *ao* ~ altogether.

toldo *s m* awning, tilt; sun blind; *navio*: sail tilt.

toler|ância *s f* tolerance, forbearance, indulgence; **~ante** *adj* tolerant, enduring; **~ar** (1c) *v/t* to tolerate; *(deixar)* to admit, to allow; to endure, to bear; *med.* to tolerate; **~ável** *adj* bearable; *med.* tolerable.

tolher (2d) *v/t* to hinder, to hamper; *(proibir)* to forbid; *membro* to paralyze *(tb. fig.)*; *respiração* to retain, to hold; *fala* to obstruct; ~ *alg de a/c* to hinder someone of something; **~ o caminho** to be in someone's way, to block someone's way.

tol|ice *s f* foolishness; *(partida)* silly trick; folly; **~o 1.** *adj* foolish; crazy; silly; **2.** *s m,* **-a** *f* fool; idiot.

tom *s m* tone, sound; key; intonation *da voz;* med. tension, inflection.

tom|ada *s f* taking; *(apoderamento)* seizure; *(aprisionamento)* arrest, capture; *pol. poder* takeover; *elect.* plug (socket); **~ar** (1f) *v/t* to take; *dimensão, forma, título* to take; *medicamento, cidade* to take; *refeição* to have, to eat; *café, chá, etc.* to drink; *trabalho* to take on; *rédea,* to take charge of; *peso, número* to note; *temperatura, altura* to measure; *vozes* to count; *medidas, decisão, coragem* to take; *ar, força, fôlego* to get, to draw; *tempo, espaço, etc.* to take, to demand, to claim.

tomate *s m* tomato.

tomb|ar (1a) **1.** *v/t* a) to knock over, to knock down; *(cair)* to fall down; b) to catalogue; *piso* to pick up; **2.** *v/i* to fall down, to fall over; *(rolar)* to roll, to tumble; **~o** *s m* fall, tumble; *(queda)* fall, plunge, drop.

tomilho *bot. s m* thyme.

tomo *s m* tome, volume; *(livro)* book; *fig.* value, importance; *(significado)* meaning.

tona *s f bot.* bast; *(pele)* skin, peel; *fig.* surface.

tonel|ada *s f* ton; **~agem** *s f* tonnage.

tónica *mús. s f* keynote; *fig.* primary stress.

tónico 1. *adj* a) tonic; **nota** *s f* **-a** keynote; **acento** *s m* ~ stress, main stress; **vogal** *s f* **-a** stressed vowel; **b)** *med.* tonic, invigorating; **água** *s f* **-a** tonic water; **2.** *s m med.* tonic.

tonificar (1n) to invigorate, to fortify.

tont|ice *s f* silliness; *(parvoíce)* foolishness, folly; *(loucura)* madness; **~o 1.** *adj* silly, foolish; *(aturdido)* dazed, stunned; *(tolo)* silly, foolish; *(infantil)* childish; **~ com** *(ou* **de)** **sono** drowsy, sleep drunk; **2.** *s m* fool, simpleton; **~ura** *s f* dizziness, vertigo.

tópico *adj* topical; *argumento* factual; *med.* local.

topogr|afia *s f* topography; **~áfico** *adj* topographical; **levantamento** *s m* ~ land survey.

toque *s m* touch, contact; *tambor* drumbeat *(tb. fig.); corneta* blast, bugle call; *sinos* clangour, ding-dong; *campainha* (bell) ring; *mil.* reveille, toot; *mãos* handshake; *pincel* touch, stroke; *mús.* playing, sounding; *fig.* trail; *(aparência)* appearance; *(modo)* way, style.

torar (1e) *v/t* to saw something up.

tórax *s m* thorax, chest.

torc|er (2g) to twist; *(entortar)* to bend, to crook; *(dobrar)* to bend; *fio* to twist; *braço* to sprain; *do caminho, etc.* to deviate; *direcção* to change; *roupa* to wring; *lábios* to twist; *nariz* to turn up one's nose; *mãos* to wring; *olhos* to roll one's eyes; *pescoço* to wring someone's neck; *fig.* to misinterpret; *sentido, palavras* to distort, to twist; **~ido** *adj* twisted; *(torto)* oblique, curved; *fig.* false.

tordo *s m* thrush.

torment|a *s f* violent storm; **~o** *s m* torment; anguish; martyrdom; *(sofrimento)* suffering, pain; *(aflição)* affliction; **meter a ~o** to put on tenterhooks; **~oso** *adj* tempestuous, stormy.

torn|ado *s m* cyclone, tornado; **~eio** *s m* **a)** curve; *fig.* discussion; **b)** tournament; **~eira** *s f barril, água* tap [**abrir (fechar)** turn on (off)]; **~eiro** *s m* turner; **~o** *s m* lathe, vice; *madeira* wooden peg (**abrir** to unfasten); *barril* spigot; **feito ao ~o** stilted; **em ~o** around; **em ~o de** around, about; **~ozelo** *s m* ankle.

toro *s m árvore* trunk; stump; *madeira* log; *anat.* trunk; *arquit.* torus; *bot.* (fruit) knot, bract.

toranja *bot. s f* grapefruit.

torpe *adj* **a)** disgraceful; *(repugnante)* repulsive; *(sujo)* dirty; *(indecoroso)* lewd, obscene; **b)** stiff, numb *(membros); (tonto)* dazed.

torped|eamento *s m* torpedoing; **~ear** (1l) to torpedo; **~eiro** *s m* torpedo boat; **~o** *s m zoo.* crampfish; *mil.* torpedo.

torpeza *s f* turpitude; *(nojo)* disgust, loathing; *(impudência)* indecency.

T

torpor *s m* torpor; torpidity; *(atordoamento)* numbness, daze.

torr|ada *s f* toast; **~adeira** *s f* toaster; **~ado** *adj* toasted, browned, crispy; dried *(planta)*.

torrão *s m* clod *(tb. fig.)*; lump (of soil); loaf, lump *(açúcar)*; **torrões** *pl* farmland.

torrar (1e) *v/t* to toast, to roast; *(chamuscar)* to scorch.

torr|e *s f* tower; **~ão** *s m mil.* fortress tower.

torrefacção *s f* roasting; *(fábrica s f de)* ~ roasting house.

torren|cial *adj* torrential; *(impetuoso)* impetuous, violent; **~te** *s f* torrent, downpour; *fig.* flow, stream; *(turbilhão)* whirlpool; *palavras* stream; *a* **~s, em ~s** torrentially.

tórrido *adj* very hot, torrid.

tort|a *s f* tart, pie; **~eira** *s f* patty pan, baking pan.

torto 1. *adj* twisted, bent; *fig.* wrong; *(vesgo)* squint(-eyed); *(desleal)* insidious, false; *(desonesto)* dishonest, crooked; *(malandro)* roguish, scampish; **2.** *adv* tortuously; *a ~ e a direito* left and right, blindly.

tortuos|idade *s f* tortuosity; *(sinuosidade)* sinuosity; **~o** *adj* crooked *(tb. fig.)*; *(sinuoso)* sinuous; *(torto)* curved, tortuous.

tortur|a *s f* torture; *(tormento)* torment, agony; *aplicar a ~ a* to torture someone; *pôr em ~s* to torture, to torment; **~ar** (1a) *v/t* to torture; to torment.

torvar (1e) *v/t* to upset; *(perturbar)* to disturb; *~ de medo* to frighten.

tosco *adj* rough, rude; unpolished *(pedra)*; *fig.* uncouth.

tosqu|ia *s f* shearing; shearing time; *fig.* (harsh) critique; **~iar** (1g) *v/t* to shear.

tosse *s f* cough; *~ convulsa* whooping cough.

toss|icar (1n) *v/i* to cough slightly; **~idela** *s f* coughing; **~ir** (3f) *v/i* to cough.

tosta *s f* toasted sandwich.

tostão *s m* 1/10 escudo, 10 centavos; *fig.* trifle.

tostar (1e) *v/t* to toast, to roast; to brown.

total 1. *adj* total, whole, full; **2.** *s m* total, whole; *(totalidade)* totality.

totali|dade *s f* totality; entirety; *na ~* altogether; in all; *(completamente)* totally; **~tário** *adj* totalitarian.

touca *s f* bonnet, hood; *freira* coif, veil; cap.

toucinho *s m* lard, bacon.

toupeira *s f* mole.

tour|ada *s f* bullfight(ing); **~ear** (1l) *v/i* to fight bulls; *fig.* to tease; *(torturar)* to torture; *(perseguir)* to harass, to persecute; to be a bullfighter; **~eio** *s m* bullfighting; **~eiro** *s m* bullfighter, torero; **~o** *s m* bull; *corrida s f de ~s* bullfight.

tóxico 1. *adj* toxic; **2.** *s m* toxin, toxic drug.

toxina *s f* toxine, toxic substance.

trabalh|ador 1. *adj* diligent, industrious; **2.** *s m* worker; *esp.* farm hand; *(empregado)* working person; employee; **~ão** *s m* hard work; **~ar** (1b) *v/i* to work; to labour; *matéria-prima* to work up; *(atormentar)* to trouble, to torment; **~o** *s m* work *(dar* give*)*; *biol.* process; *fig.* trouble; *(dificuldade)* difficulty; *(tormento)* torment; *acidente s m de ~o* industrial accident, working accident; *autorização s f de ~o* work permit; **~oso** *adj* hard; laborious, arduous.

traça *s f* **a)** tracing; plan; *fig.* trick, ruse; *(negociata)* swindle; **b)** *zoo* (clothes) moth; *fig. a* bookworm.

traç|ado *s m* trace, tracing; drawing; *(plano)* plan; *(planta)* draft; *(projecto)* outline, project; *c.f.* location line; **~ar** (1p) *v/t* to trace; *linha, limite* to draw; *círculo* to trace, to inscribe; *caminho* to mark out, to trace out; to extend a line.

tracção *s f* traction; pulling; tractive force; *~ animal* animal draft; *~ eléctrica (a vapor)* electric (steam) traction.

tracejar (1d) *v/i* to trace; *(esboçar)* to sketch.

traço *s m* trace; *rosto, carácter* trait, feature; *(marca)* mark, sign; *(vestígio)* print, track.

tractor *s m* tractor; **~ista** *s m/f* tractor driver, tractorist.

T

tradição

tradi|ção *s f* tradition, costume; **~cional** *adj* traditional; *(usual)* usual, habitual; **~cionalismo** *s m* traditionalism; **~cionalista 1.** *adj* traditionalistic; **2.** *s m/f* traditionalist.

tradu|ção *s f* translation; *(reprodução)* reproduction; **~tor** *s m*, **-a** *f* translator; interpreter; **~zir** (3m) *v/t* to translate; *(reproduzir)* to reproduce; *(exprimir)* to express, to reveal; to interpret *(intérprete)*.

tráfego *s m* traffic; *(negócio)* trade, business; *c.f.* transport department; *fig.* workload.

trafic|ante *s m* dealer, trader; swindler, crook; **~ar** (1n) *v/t* to deal, to trade; *esp.* F to swindle, to trick.

tráfico *s m* trade; *(trânsito)* traffic; F shady business.

tragédia *s f* tragedy, drama; calamity.

trágico 1. *adj fig.* tragic; *(horrível)* dreadful; terrible, atrocious; **2.** *s m*, **-a** *f* tragedian, tragic actor/actress.

tragicomédia *s f* tragicomedy.

trago *s m* draught; pull; *fig. destino* misfortune; F bitter pill (to swallow).

trai|ção *s f* treason (*alta* high); treachery; **~coeiro** *adj* treacherous; *(falso)* false, unreliable; *(manhoso)* cunning; *(enganador)* deceiver; **~dor 1.** *adj* treacherous; *(infiel)* disloyal; *(manhoso)* cunning; **2.** *s m*, **-a** *f* traitor, betrayer.

trair (3l) *v/t* to betray; *(enganar)* to deceive, to be unfaithful to.

traj|ar (1b) **1.** *v/t* to wear; **2.** *v/i* to dress (as *de*); **~ de festa** to dress festively; **3.** *s m* = **~e** *s m* dress; *(fato)* costume, suit; *(vestido)* dress; *(conjunto)* costume; **~ de cerimónia, ~ de rigor** formal dress.

traject|o *s m* course; *(travessia)* crossing; *(voo)* flight; *(caminho)* way; **~ória** *s f* trajectory; *fig.* course, path; *(desenvolvimento)* development.

trama *s f* plot, scheme; *(tecido)* texture; *fig.* intrigue; (*urdir* to weave).

trampolim *s m* springboard.

tranca *s f* bar, crossbar; breastband; *fig.* stick; *(obstáculo)* obstacle; F idiot; *dar às ~s* F to run away, to take to one's heels, to beat it.

trança *s f* tress, plait.

trancar (1n) *v/t* to lock, to fasten.

tranquil|idade *s f* tranquility; *(silêncio)* silence, rest; **~izar** (1a) *v/t* to tranquilize; **~o** *adj* quiet, tranquil; *(calmo)* calm.

trans|acção *s f* agreement; *econ.* dealing, transaction; settlement *de um negócio*; *ter -ões com* to trade with, to have transactions with; *balanço s m de -ões* balance of current transactions; **~accionar** (1f) *v/t* to transact, to deal; *econ.* to negotiate, to carry on business; **~acto** *adj* previous, former; **~atlântico 1.** *adj* transatlantic; **2.** *s m* transatlantic steamer.

transcend|ência *s f* transcendence; *(significado)* meaning; *(envergadura)* range, capacity; *fil.* transcendency; **~ente** *adj* transcendent; *(invulgar)* unusual; *(superior)* superior; *(importante)* important, considerable; far-reaching *(efeito)*; *fil.* supernatural, transcendent; **~er** (2a) *v/t* to transcend; *(ultrapassar)* to surpass; *v/i* to exceed, to stand out.

trans|crever (2c; *pp* **~crito**) *v/t* to transcribe; *(reproduzir)* to reproduce; *(transladar)* to transfer; *mús.* to arrange (*para* for); **~crição** *s f* transcription; *(reprodução)* reproduction; copy; *mús.* arrangement; **~ fonética** phonetic transcription; **~curso** *s m* course.

trans|ferência *s f* change, transfer *(tb. econ.)*; *pessoal* transfer, removal; *(mudança)* change; *passageiros* transfer; **~erência conta a conta** (account to account) transfer; **~feridor** *s m mat.* protractor; **~ferir** (3c) *v/t direito* to assign; *dinheiro, etc.* to transfer; to pass; *funcionário* to displace; *sede, tropas* to move; *prazo* to put off; **~ferível** *adj* transferable; endorseable *(letra de câmbio)*; conveyable, transferable *(prazo)*; **~figurar** (1a) *v/t* to transfigure; *(deformar)* to deform; *rel.* to idealize; **~formação** *s f* transformation; *(alteração)* alteration; *(metamorfose)* metamorphosis; modification, change; **~formador** *s m elect.* converter, transformer; **~formador de metais** metal converter; **~formar** (1e) *v/t* to transform, to change; *(converter)* to convert, to transform; *(alterar)* to alter, to modify; *governo* to reshuffle, to reorganize; *matéria-prima* to work up (in *em*); **~formar--se** *v/r* to be transformed, to change into; *(formar-se)* to become, to turn (*em* into).

transfusão *s f sangue* transfusion.

transgreldir (3d) *v/t* to transgress; *fig. lei* to violate; *(infringir)* to infract, to infringe; **~ssão** *s f* transgression; *(infracção)* infraction; *(violação)* violation; **~ssor** *s m lei* lawbreaker, infringer.

transllição *s f* transition; **~igência** *s f* compromise; **~igente** *adj* compliant; *(condescendente)* condescending; **~igir** (3n) *v/i*: ~ *com* to compromise on with; **~itar** (3a) to transit, to go through; *(circular)* to circulate; **~itável** *adj* passable, usable, practicable; *(utilizável)* usable; **~itivo** *adj gr.* transitive.

trânsito *s m* transit, traffic; *passageiros* passage, way; *mercadoria* transit; *viagem* travel, journey; *(passagem)* passage, way; crossing; *visto s m de* ~ transit visa.

transitório *adj* transitory; passing; *(passageiro)* momentary, brief.

transllação *s f* transfer; *prazo* postponement; *(transferência)* transfer; *pessoal* removal; *movimento s m de* ~ *astr.* translation movement; **~lúcido** *adj* translucent; **~luzir** (3m) *v/i* to shine, to glisten; *(brilhar)* to glow; *(transparecer)* to shine through; **~missão** *s f* transmission, broadcast *(rádio)*; *notícia* transmission; *téc.* transmittal; **~*missão hereditária*** hereditary transmission; *linha s f de* ~ long distance transmisssion line; ~ *automática auto.* automatic transmission; ~ *directa* live transmission; **~missível** *adj* transmissible; **~missor 1.** *adj: agente* (*ou meio*) *s m* ~ = **2.** *s m* transmitter; *(informador)* informer; *mar.* mechanical telegraph; **~mitir** (3a) *v/t* to transmit; *notícia* to communicate; *radio, TV* to broadcast; **~mutável** *adj* transmutable.

translparecer (2g) *v/i* to shine through; to become visible; *(delinear--se)* to become delineated, to stand out; **~parência** *s f* transparency; **~parente 1.** *adj* transparent *(tb. fig.)*;

limpid; **2.** *s m* transparence; **~piração** *s f* perspiration, transpiration; *(suor)* sweat(ing); **~pirar** (1a) *v/i* to perspire, to transpirate; *(suar)* to sweat; *fig.* to leak out.

transplantlação *s f med.* transplantation; *bot.* replanting; ~ *de órgãos* organ transplant(ation); **~ar** (1a) *v/t bot.* to replant; *med.* to transplant; *(transferir)* to transfer, to translate; *fig.* to resettle; *(transmitir)* to transmit.

translpor (2zd) *v/t* to transpose; *(galgar)* to cross, to leap over; *mús.* to transpose, to put into a different key; **~portar** (1e) *v/t* to carry; *(levar)* to convey; *(movimentar)* to move; *(trazer)* to bring; to support, to bear; *mus.* = **~por**; *fig.* to transfer, to transmit; **~porte** *s m* conveyance, transportation; *meio s m de* ~ means of transport; *mús.* transposition; *fig.* transfer; *soma* carryover; *(entusiasmo)* enthusiasm; *cólera* anger, wrath; *alegria* joy; *(encanto)* charm; **~portes** *pl* transport(ation)s (*colectivos* public); *Ministério s m dos ⁰s* Ministry of Transportation; *com ~s próximos* (*ou à porta*) with transport facilities; **~posição** *s f* transposition; *(alteração)* alteration, conversion; *mús.* = **~porte**; **~tornar** (1e) *v/t* to overturn; to overthrow; *(alterar)* to change, to alter; *(incomodar)* to disturb; *(confundir)* to confuse, to mistake; *(deformar)* to deform; to agitate *(susto, etc.)*; **~torno** *s m* upset, nuisance; *(alteração)* change, alteration; *(confusão)* confusion; *(perturbação)* upset, perturbation, shock; *esp.* disturbance; *(contratempo)* nuisance, hindrance.

translversal *adj* transverse, transversal; *(lateral)* lateral; *linha s f* **~versal** sideline; *rua s f* **~versal** side street; **~viar** (1g) *v/t* to wander, to deviate; to misguide; **~viar-se** *v/r* to stray, to go astray; *(enganar-se)* to be mistaken; *(perder-se)* to get lost; **~vio** *s m* deviation *(tb. fig.)*, wandering(s); *(confusão)* confusion; *fig.* slip.

trapalhlada *s f fig.* confusion, mix-up; F hodgepodge, trickery; **~ão** *s m,* **-ona** *f* blunderer, clumsy oaf.

traplézio *s m* trapezium; *desporto* trapeze; **~ezista** *s m/f* trapezist, acrobat.

trapo *s m* rag; cloth; shred.

traqueia *s f* trachea, windpipe.

traquinice *s f* frolic; *(diabrura)* mischief (of a child).

traseirla(s) *s f (pl)* rear, back; **~o 1.** *adj* back, hind; rear(ward) **2.** *s m* bottom, behind.

trasladar (1b) *v/t* to transfer, to remove, to transport; *prazo* to put off, to postpone; *(traduzir, transferir)* to translate, to transfer.

trasmontano 1. *adj* Transmontane, from Trás-os-Montes; **2.** *s m* Transmontane.

tratlado *s m* treaty, agreement; *(contrato)* contract; **~amento** *s m* treatment *(tb. med.);* *téc.* processing; handling; *(título)* address, title; *(trato)* treaty; **de ~** distinguished, noble; **~ante** *s m/f* rascal, crook; **~ar** (1b) *v/t* to treat; to deal; *(manufacturar)* to manufacture; to nurse someone; *(negociar)* to transact, to negotiate; **~ alg por** *(ou* **de)** to address someone by; **~ por tu** to thou, to thee; **~ mal com palavras** to call someone names; *v/i* **~ de** *(ou* **acerca de, sobre)** to deal with, to be about *(livro);* *falar de* to talk about; *(ocupar-se)* to keep busy with; *(cuidar de)* to take care of, to look after; **~ar-se de** to be about.

traumlático: choque *s m* **~** traumatic shock, nervous shock; **febre** *s f* **-a** wound fever; **~atismo** *s m* trauma; **~atizar** (1a) *v/t* to traumatize, to wound; *nervos* to shatter.

travlão *s m* brake; **~ às quatro rodas** four-wheel brake; **~ar** (1b) *v/t* *(prender)* to restrain, to hamper; *fios* to intertwine; *(atar)* to tie; *carro, máquina* to brake, to slow down; *cavalo, passo* to drag; *(impedir)* to hinder, to impede; *conversa* to engage, to establish; *conhecimento* to get acquainted with; *espada* to intersect, to cross; *batalha* to put up, to engage (in a battle); *serra* to set; *fig.* to embitter; *v/i* to taste bitterly; *auto.* to brake; **~e** *s f* beam, bar, crossbar; **~ejamento** *s m* framing, framework; *(entabuamento)* planking.

travessa *s f* crossbar; *c. f.* sleeper, tie; *min.* traverse; *(ruela)* bystreet, alley; *loiça* platter, dish; *(pente)* side comb.

travesslão 1. *adj* cross, contrary; **2.** *s m* strong headwind; *(trave)* beam, bar; *mús.* bar; *gr.* dash; **~eiro** *s m* pillow; **~ia** *s f* crossing, passage; *(passagem)* passage, way; **fazer a ~ de** to cross by; to travel through; **~o¹** *adj* transverse, crossed; adverse, sloping *(vento etc.);* **~o²** *adj* wilful; naughty (child).

travo *s m* bitterness, sourness; aftertaste *(tb. fig.).*

trazer (2w) *v/t* to bring, to fetch; to convey, to lead; *intenção* to have; *vestido* to wear.

trecho *s m* *caminho, tempo* distance; *leitura, música* passage; extract, section.

tréglua(s) *s f (pl)* armistice, truce; *fig.* rest.

treinlar (1a) *v/t* *animais* to train; *desporto:* to train, to practise; *mil.* to instruct; *pol.* to school, to exercise; **~o** *s m* *animal* training; *desporto* training, practice; *(formação)* training, instruction.

trela *s f* strap, leash.

trem *s m* *carruagem* coach; *mil.* train; **~ de aterragem** *aer.* landing gear, undercarriage; **~ de cozinha** kitchen gear.

trema *s m* diaeresis.

tremer (2c) *v/i* to shake, to quiver, to tremble (**como varas verdes**, like a leaf).

tremido *adj* F dubious, shaky; *agric.* overripe.

tremolceiro *bot. s m* lupin; **~ço** *s m* lupin (seed).

tremor *s m* tremor, shake, shiver; *(contracção)* contraction, convulsion; **~ de terra** earthquake.

trémulo 1. *adj* trembling, shaky; *(hesitante)* hesitant; *(brilhante)* sparkling, shiny; **2.** *s m* *mús.* tremolo.

trenó *s m* sleigh; **~ dirigível** bob(sleigh).

trepadeira *s f:* **(planta) ~** creeping plant, climbing plant.

trepar (1c) *v/t* to creep, to climb; **~ a pulso** to pull oneself up; *v/i* to climb.

trepidlação *s f* trepidation, vibration; *(sacudidela)* shaking; **~ar** (1a) *v/i* to tremble, to shake; *(vacilar)* to hesitate, to vacilate.

três 1. *adj* three 2. *num* three.

trevas *s f pl* gloom, darkness.

trevo *bot. s m* clover.

trez|e 1. *adj* thirteen; 2. *num.* thirteen; **~entos** *adj* three hundred.

triangular *adj* triangular, three-cornered, three-angled.

triângulo *s m* triangle; *mús.* triangle; **~ de sinalização** *auto.* warning triangle.

tribo *s f* tribe.

tribulação *s f* tribulation, trouble; *(adversidade)* adversity.

tribuna *s f* tribune; rostrum, platform; *(estrado)* gallery, pulpit; *tea.* circle, balcony.

tribunal *s m* court *(tb. fig.)*; law court, court of justice; **~ de comarca** lower district court; **ℓ da Relação** (superior) district court; **ℓ de Contas** Audit Division, Audit Office; **~ marítimo** Admiralty; **Supremo ℓ** Supreme Court.

tribuno *s m* tribune; popular speaker.

tribut|ação *s f* taxation; **~ar** (1a) *v/t* to tax; *fig. homenagem* to render; *louvor* to laud; *honra* to tribute; **~ário** 1. *adj* tributary; 2. *s m* tributary; **~o** *s m* tribute; tax; *fig.* duty, toll.

triciclo *s m* tricycle.

tricô *s m* tricot, knitting; **trabalho** *s m* **de ~** knitting work; **agulha** *s f* **de ~** knitting needle; **artigos** *s m/pl* **de ~** knitwear.

trifásico *elect.*: **corrente** *s f* **-a** three-phase current.

trigal *s m* wheat field.

trigésimo 1. *adj* thirtieth; 2. *num* thirtieth (part).

trigo *s m* wheat.

trigonometria *mat. s f* trigonometry.

trigueiro *adj* wheat coloured; brunet, brown.

trilh|ar (1a) *v/t* to thrash; *(esmagar)* to crush, to smash; *(pisar)* to tread on; *(passar sobre)* to step on, to walk on, to walk through; to clear (the way); *vestígio* to leave behind; **~o** *s m* trail, track; path.

trimestr|al *adj* trimestrial; three-monthly, once in three months; **~e** *s m* quarter of a year, three months.

trincar (1n) *v/t* to bite; to chew; *mar.* to moor; *v/i* to crack, to clatter.

trinchar (1a) *v/t* to trench, to cut up.

trinco *s m* door latch; spring lock, spring bolt.

trinómio *mat. s m* trinominal.

trinta *num* thirty.

trintena *s f* set of thirty things; thirtieth.

trio *s m* trio, triplet.

tripa *s f* tripe, intestine, bowel; **à ~-forra** like mad, on the fat of the land; **~s** *pl* guts, bowels, intestines.

tripé *s m* tripod, trivet; *foto.* tripod.

tripeiro *s m* tripemonger; *fig. depreciativo* nickname of a native of Oporto.

triplic|ado: **em ~** in triplicate; **~ar** (1n) *v/t* to triplicate, to triple.

tríplice, triplo *adj* threefold, triple.

tripul|ação *s f* crew; **~ante** *s m/f* member of the crew, seaman; **os ~s = ~ação**.

triquina *s f* trichina.

trisavô *s m,* **-ó** *f* great-great-grandfather, -grandmother.

trist|e *adj* sad; **~eza** *s f* sadness; *(luto)* mourning; **~s** sorrows; **sofrer ~s** to have sorrows; **~onho** *adj* unhappy, heavy-hearted, sorrowful; *(escuro)* gloomy.

tritur|ador *s m* triturating machine; *pó* mill; **~ar** (1a) *v/t* to triturate, to crush, to grind.

triunf|ador 1. *adj* triumphant; 2. *s m,* **-a** *f* triumpher, conqueror; **~al** *adj* triumphal; = **~ante** *adj* triumphant, victorious; **~ar** (1a) *v/i* to triumph (over **sobre**); *(exultar)* to rejoice; **~o** *s m* triumph; victory.

trivial *adj* common, banal, trivial; **~idade** *s f* triviality; *(banalidade)* banality.

troca *s f* change; mutation; *dinheiro* exchange; **em ~** in return; **em ~ de** in exchange of.

troça *s f* mockery, jest; **fazer ~ de =** **troçar**.

trocar (1n) to change, to permute; to exchange.

troçar (1p) to mock, to make fun of; *v/i* **~ de** to mock at, to joke about.

trocista 1. *adj* mocking; 2. *s m/f* mocker, jester.

troco *s m* (small) change, small coin.

troféu *s m* trophy; *fig.* triumph.

T

565

trolha 1. *s f ferramenta* trowel; **2.** *s m* bad bricklayer, bricklayer assistant; *col.* scoundrel.

tromba *s f (elefante)* trunk; *(porco)* snout; **~ de água** waterspout.

trombleta *s f* trumpet; **~one** *s m* trombone.

trompa *s f mús.* horn; *fís.* suction tube, air pump; *anat.* tube.

tronco *s m* trunk; *toro* log *(tb. fig.); anat.* trunk, body; *nervos* cord; *arquit. coluna* column, pillar.

trono *s m* throne.

tropa *s f* troop, band; *mil.* troops.

tropeçar (1p) to stumble (**em, com** on, over); *em dificuldades* to tumble over, to slip *(tb. fig.); (cambalear)* to stagger.

trôpego *adj* hobbling, shaky, unsteady.

tropical *adj* tropical.

trópico *s m* tropic; **~s** *pl* tropics.

trotlar (1e) *v/i* to trot; **~e** *s m* trot.

trovla *s f* ballad; **~ador** *s m hist.* troubador.

trovlão *s m* thunder, roaring; *fig.* hail; **~ejar** (1d) *v/i* to thunder, to roar; *fig.* to storm; **~oada** *s f* thunderstorm.

trucidar (1a) *v/t* to kill; to butcher, to slaughter.

trufa *bot. s f* truffle.

trunfo *s m* trump; *fig.* F big shot.

truque *s m* billiard table; *fig.* trick, wile, deceit; *c. f.* truck (of a railroad car).

trust *s m* trust; *lei s f* anti-~ anti-trust law.

truta *s f* trout.

tu *pron* you; *tratar por ~* to thou, to thee.

tua *ver* teu.

tuba *mús. s f* tuba, bass horn.

tubagem *s f* conduit, plumbing, pipeline.

tubarão *s m* shark.

túbera *bot. s f* truffle.

tubérculo *s m bot.* tubercle, tuber; *med.* tubercle.

tubercullose *med. s f* tuberculosis; **~oso** *adj* tuberculous; *bot.* tuberous, bulbous.

tubo *s m* tube, pipe; *anat.* duct; **~ respirador** snorkel.

tudo *pron* everything; **~ o que, ~ quanto** everything that.

tufão *s m* hurricane, typhoon.

tufo *s m* **a)** tuft; *lã* flock; **b)** tuff.

tule *s m* tulle.

tulipa *s f* tulip.

tumelfacção *s f* tumefaction, swelling; **~facto** *adj* tumefied, swollen.

tumor *s m med.* tumour.

túmulo *s m* tomb, grave.

tumulto *s m* tumult; *(barulho)* noise, uproar; *(agitação)* turmoil, riot; *(alvoroço)* fluster, haste.

túnel *s m* tunnel.

túnica *s f* tunic; *mil.* military tunic; *med.* mantle, tunica.

turbante *s m* turban.

turbilhão *s m* swirl, whirlwind; *(redemoinho)* whirlpool.

turbina *s f* turbine.

turbullência *s f* turbulence; *(agitação)* agitation, uproar; *fís.* turbulence; **~ento** *adj* turbulent; boisterous *(criança); (ruidoso)* noisy; *fís.* turbulent.

turco 1. *adj* Turkish; **2.** *s m* **-a** *s f* Turk; *mar.* davit, cathead.

turilsmo *s m* tourism; *(agência s f de)* ~ travel agency; *Junta (ou Comissão s f) de ♀* Tourist Office; **~sta** *s m/f* tourist; **turístico** *adj* tourist, sightseeing; *aldeamento s m* ~ holiday resort.

turno *s m* shift, team; *pol.* reading; *indústria* shift; *mudança s f de ~* change of shift; *por ~s* by turns, by rotation; *trabalho s m em ~s* shift work.

turquesa *s f mineral* turquoise.

turvlar (1a) *v/t* to darken, to dim; **~o** *adj* muddy; *(confuso)* confusing.

tutano *s m* medulla, marrow; *fig.* essence.

tutella *s f* tutelage; *fig.* protection; **~ado** *s m* ward; **~ar** *adj* tutelar(y); *fig.* protective.

tutor *s m*, **-a** *s f* tutor; *(protector)* protector, guardian; support *(tb. agr.).*

U

ucraniano 1. *adj* Ukrainian; **2.** *s m,* **-a** *f* Ukrainian.

ufano *adj* vain, conceited; proud (*com, de* of); (*preconceituoso*) prejudiced.

uísque *s m* whisky.

uivlar (1a) *v/i* to howl; **~o** *s m* howl.

úlcera *s f* ulceration.

ulm(eir)o *s m bot.* elm.

ulterior *adj* later; (*seguinte*) further; (*último*) latest; *geo.* farther, beyond.

última: *até à* ~ to the last…

ultimação *s f* termination, finishing; (*conclusão*) conclusion.

ultimamente *adv* lately.

ultimato *s m* ultimatum.

último *adj* last; (*extremo*) extreme; (*inferior*) lowest; *por* ~ lastly, finally.

ultra… extra…; **~congelado** deep frozen.

ultrajlar (1b) *v/t* to outrage; to insult; **~e** *s m* outrage; (*afronta*) insult.

ultralmar *s m* oversea territory; (*tinta*) ultramarine; **~marino** *adj* overseas; transoceanic; **~passagem** *s f* overtaking; *fig.* overcoming; *fazer uma ~passagem* to overtake; **~passar** (1b) *v/t* to exceed; to outreach; *fig.* to overcome; *auto.* to overtake; *proibição de ~passagem* no overtaking; **~-som** *s m* supersonic sound waves; **~violeta** ultraviolet.

um, uma 1. *art.* a, an; **2.** *pron* one; **3.** *pl uns, umas* some, a few, several; (*por volta de*) around; **4.** *s m* one *número*.

umbilgo *s m anat.* navel; **~lical** umbilical.

umbral *s m* threshold.

unânime *adj* unanimous.

unanimidade *s f* unanimity; consensus.

unha *s f pé, mão* nail; (*garra*) claw; (*casco*) hoof; *téc.* notch; (*ponta*) tip.

união *s f* union; (*concórdia*) agreement; (*ligação*) connection; (*associação*) association; (*coligação*) confederacy, union; *traço de* ~ hyphen.

único *adj* unique, single, sole; one and only; exclusive, singular.

unidlade *s f* unity; oneness, union; *mat.* the number one; *téc.* unit; **~o**

linked; (*de acordo*) united; **~ com** together with.

unificlação *s f* unification; (*união*) union; (*fusão*) union; *econ.* merger; **~ar** (1n) *v/t* to unify; to joint, to unite; *econ.* to merge.

uniforme 1. *adj* uniform; identical; **2.** *s m* uniform.

uniformildade *s f* uniformity; equality; **~zação** *s f* uniformization; **~zar** (1a) *v/t* to uniformize; to make uniform; to unify.

unillateral *adj* unilateral, onesided; (*partidário*) partial; **~r** (3a) *v/t* to unite, to join; to unify; (*ligar*) to link; (*fundir*) *econ.* to merge.

uníssono 1. *adj* unissonant, unisonous; **2.** *s m mús.* unison; *em* ~ together, in agreement, in unison.

unitário *adj* unitary, unitarian.

universlal *adj* universal; (*geral*) general; (*mundial*) worldwide; **~alidade** *s f* universality; (*totalidade*) totality; *variedade* versatility; **~alismo** *s m* universalism; **~alista** *adj* universalistic; generalistic; **~alizar** (1a) *v/t* to universalize; **~idade** *s f* university; **~itário 1.** *adj* universitarian, academical; **2.** *s m,* **-a** *f* professor or student of a university; **~o** *s m* universe.

unívoco *adj* univocal; (*homónimo*) identical.

uno *adj* one, sole, single.

untlar (1a) *v/t* to grease; to smear; to rub in; **~o** *s m* grease; (*óleo*) oil; (*gordura*) fat, grease; **~uoso** greasy; *fig.* slippery.

urânio *s m min.* uranium.

urbanlismo *s m* town planning; = **~ização** *s f* urbanization; **~izar** (1a) *v/t* to urbanize; to civilize; (*construir*) to build; **~o** urban, townish; *fig.* urbane, polite.

urbe *s f* metropolis.

urleia *quim.* urea; **~emia** *s f med.* uraemia; **~éter, ~eter** *anat.* ureter; **~etra** *anat.* urethra.

urgência *s f* urgency; haste; *caso de* ~ emergency; *(estação de)* ~ first-aid station, casualty ward; *médico de* ~ doctor on call; *(estar em) serviço de* ~ to be on call (*médico*);

to be open all night *(farmácia);* **de ~**
urgently; **~ente** urgent; hasty.
urina *s f* urine.
urinar (1a) *v/i* to urinate.
urna *s f* urn; coffin.
urolog|ia *s f* urology; **~ista** *s m/f* urologist.
urr|ar (1a) *v/t e v/i* to roar; **~o** *s m* roar.
urso *s m* bear.
urti|cária *s f med.* urticaria, hives; **~ga**
bot. urtica; stinging-nettle.
us|ar (1a) *v/t* to use; *(aplicar)* to apply;
vestuário to wear; *(gastar)* to spend;
~o *s m* use; *(utilização)* utilization;
(aplicação) application, service; *gasto* wear; *(costume)* custom; *(hábito)*
habit.
usu|al *adj* usual; customary; **~ário** *s
m* beneficiary; usufructuary.
usu|fruir (3i) *v/t* to usufruct; to make
use; *(gozar)* to enjoy; **~fruto** *s m* usufruct; *(gozo)* fruition, enjoyment.
usur|a *s f* usury; *(juros)* interest; **~ário
1.** *adj* usurious; *fig.* avaricious,

greedy; **2.** *s m* usurer; miser, pawn-broker, *Br.* tickshop owner.
usurp|ação *s f* usurpation; **~ador** *s
m,* **-a** *f* usurper; **~ar** (1a) *v/t* to usurp;
to assume power without right.
uten|sílio *s m* tool; **~s** *pl* utensils; **~te**
s m/f user; *(dono)* owner.
uterino uterine.
útero *s m* uterus; womb.
útil *adj* useful; serviceable; *(apropriado)* convenient; **dia ~** workday.
util|idade *s f* usefulness; utility; **~tário 1.** *adj* utilitarian; **2.** *s m* = **~tarista**; **3.** *s m auto.* station waggon;
~tarismo *s m* utilitarism; **~tarista** *s
m/f* utilitarian; **~zação** *s f* utilization;
(aplicação) application; *(uso)* use;
~zar (1a) *v/t* to use; to make use of;
to put to use; *(aplicar)* to apply.
utopia *s f* utopia.
utópico *adj* utopian; chimerical.
uva *s f* grape; **~ do Norte** P gooseberry.
úvula *s f anat.* uvula.

V

vaca *s f* cow; **carne** *s f* **de ~** beef.
vac|ância *s f* vacancy; **~ante** *adj* vacant.
vacaria *s f* cowshed.
vacilar *v/i* (1a) to sway; to stagger;
(hesitar) to hesitate.
vacin|a *s f* vaccine; **~ação** *s f* vaccination; **boletim** *s m* **de ~** vaccination
report; **~ar** *v/t* (1a) to vaccinate.
vacuidade *s f* emptiness; *fig.* void.
vácuo 1. *adj* empty; **2.** *s m* vacuum;
aer. space; *fig.* void.
vad|iagem *s f* vagrancy; **~iar** *v/i* (1g)
to lounge about, to idle about; **1.** *s m*
~io *s m,* **-a** *f* vagrant; idler; vagabond;
tramp, hobo; **2.** *adj* idle, lazy.
vaga *s f* **a)** wave; **b)** vacancy; *(ausência)* absence; *(ócio)* idleness.
vagabund|ear *v/i* (11) to wander
about, to roam about; **~o 1.** *adj* sluggish, indolent; lazy; **2.** *s m* tramp,
bum.

vagão *s m* carriage; **~ -restaurante** *s
m* buffet-car, **~-cama** *(ou* **-leito)** *s f*
sleeping-car, **~-cisterna** *(ou* **reservatório)** tank-car.
vagar 1. *v/i* (1o) to be vacant; *(faltar)*
to miss; **2.** *s m* idleness; *(tempo)* time;
(lentidão) slowness; *(demorado)* slow.
vagem *s f* green bean.
vagin|a *s f* vagina; **~al** *adj* vaginal.
vago *adj* **a)** empty; spare *(tempo);*
free; vacant *(cargo);* **b)** vague; *(pouco claro)* unclear.
vagoneta *s f* station wagon.
vaguear *v/i* (1l) to wander, to roam;
(passear) to ramble; *(divagar)* to
wonder.
vaid|ade *s f* vanity; *(insignificância)*
insignificance; **~oso** *adj* vain.
val|a *s f* ditch; **~ comum** *adj* common
(ou mass) grave; **~ado** *s m* ditch.
vale *s m* **a)** voucher; **~ do correio** *s m*
postal order; **b)** valley.

valent|e *adj* brave; *(forte)* strong; *(vigoroso)* vigorous; **~ia** *s f* bravery; *(força)* strength; *(vigor)* vigor

valer *v/i* (2p) to be worth; *(custar)* to cost; *(servir)* to serve; to use; *(ajudar)* to help; **a ~** for real.

valid|ade *s f* validity; *jur.* legality, lawfulness; *data de perda de ~* validity end; **~ar** *v/t* (1a) to validate; **~ez** *s f* = **~ade**; **~o** *adj (preferido)* favourite.

válido *adj* valid; *jur.* lawful; *(forte)* strong; *(eficaz)* effective.

valioso *adj* valuable; *(de merecimento)* worthy; *(importante)* important.

valor *s m* value; *(eficácia)* effectiveness; *(coragem)* courage; *(mérito)* merit; *palavra* significance; *nota* mark; *econ.* value; **~ de mercado** *s m* market value.

valor|ização *s f* increase in value; **~ar** *v/t* (1a) to value; *(revalorizar)* to raise the value of; **~oso** *adj* brave; *(forte)* strong; *(valioso)* valuable.

vals|a *s f* waltz.

valva *s f bot.* valve; *zoo. concha* shell.

válvula *s f* valve; *(ventil)* ventil; *rádio*: valve; **~ detectora (amplificadora)** amplifying valve; **~ de segurança** *s f* security valve.

vampiro *s m* vampire.

vândalo *s m*, **-a** *f* vandal.

vanguarda *s f* vanguard; *ir na ~* to be on the forefront, to be at the head of.

vanta|gem *s f* advantage; **~joso** *adj* advantageous.

vapor *s m* steam; *mar.* steamer; **a ~** steam...

vapor|ização *s f* vaporization; *perfume, etc.* spray; **~izador** *s m* vaporizer, sprayer; **~izar** *v/t e vi* (1a) to vaporize, to spray; **~oso** *adj* steamy, misty; *(leve)* vaporous; transparent *vestido*.

vara *s f* stick; *remo, etc.* oar; *pau* stick; *juíz* judge; *vereador, etc.* councillor; *(circunscrição judicial)* jurisdiction; *medida* rod; **~ de porcos** *s pl* pigs herd.

varanda *s f* balcony; verandah; **~s** *pl tea.* balcony.

varapau *s m* beanpole.

varejeira *s f* bluebottle (fly).

vareta *s f* small rod, small cane; *arq.* rib.

vari|abilidade *s f* variability; *(inconstância)* fickleness; **~ação** *s f* variation; *(mudança)* change; *(variedade)* variety; *mús.* variation; **~ado** *adj* varied; *(colorido)* colourful; *(rico)* rich; *(inconstante)* fickle; **~ante** variant; *(alteração)* change; **~ar** *v/t* (1g) to vary; *(mudar)* to change; *v/i* to change; *(modificar-se)* to change; *(diferenciar-se)* to be different; **~ável** *adj* variable; *(inconstante)* fickle; *(irregular)* irregular.

varicela *s f med* chickenpox.

variedade *s f* variety; multiplicity; *(heterogeneidade)* heterogeneity; *(mudança)* change; *zoo. e bio.* diversity.

varina *s f* fishwife

vário *adj* varied; *(colorido)* colourful; *(inconstante)* fickle; *(caprichoso)* capricious; *(hesitante)* hesitant; *(discrepante)* conflicting; **~s** *pl* several, various, diverse.

varíola *s f med.* smallpox.

variz *s f* varicose vein.

varrer *v/t* (2b) to sweep; *fig.* to sweep away; *(apagar)* to erase.

várzea *s f* meadow; *(terreno)* field.

vasco 1. *adj* bask; **2.** *s m*, **-a** *f* Bask.

vascular *adj* vascular.

vasculhar *v/t* (1a) to research; *fig.* to rummage through; to stir up *terreno*.

vaselina *s f* vaseline.

vasilh|a *s f jug; (garrafa)* bottle; *(barril)* barrel; **~ame** *s pl* jugs; *(garrafas)* bottles; *(barris)* barrels.

vaso *s m* pot; *anat.* vessel; *flores* vase.

vassalo *s m (feudatário)* subject; vassal *(tb. fig.)*.

vassoura *s f* broom; **~ metálica** iron broom.

vast|idão *s f* vastness; *(significado)* broadness; *(dimensão)* immensity; **~o** *adj* vast; *(importante)* important; *(amplo)* spacious.

Vaticano *s m* Vatican.

vatic|inar *v/t* (1a) to foretell; to prophesize; **~ínio** *s m* prophecy; *(prognóstico)* prediction, forecast.

vau *s m* ford, river crossing.

vaza *s f jogo de cartas* round.

vaz|ador *s m* leak; **~adouro** *s m* leak; *dejectos* sewer; **~ador de lixo** *s m* garbage can; *esgoto* sewer; **~amento** *s m* metal = **~adura**; **~ante 1.** *adj* **maré** *s f* ~ = **2.** *s f* low tide; **~ar** *v/t* (1b) to empty; *(despejar)* to pour out; *(tornar oco)* to empty; *buraco* to make holes; *metal* to perforate; *olho* to leak; *v/i* to leak; *(derramar)* to pour out; to ebb *maré*; *escoar-se* to pour out; **~io 1.** *adj* empty; *(não habitado)* deserted; *(oco)* hollow; **2.** *s m* emptiness; *(aberta)* opening; *anat.* side.

veado *s m* deer.

ved|ação *s f (cerca)* fence; **~ar** *v/t* (1c) to ban, to prohibit; *(cercar)* to fence; *sangue* to stop (the flow of); *téc.* to stop up; *v/i* to block; *(estancar)* to stop up.

vedeta *s f tea.* star.

vedor *s m* explorer; *(inspector)* inspector; *esp.* water finder.

veem|ência *s f* vehemence; *(impetuosidade)* impetuosity; **~ente** *adj* vehement; *(impetuoso)* impetuous.

veget|ação *s f* vegetation; *med.* herbs; **~al 1.** *adj* vegetable...; plant...; **seda** *s f* ~ natural silk; **papel** *s m* ~ tracing paper; **2.** *s m* vegetable, plant; **~ar** *v/i* (1c) to grow; *(desenvolver-se)* to develop; *fig.* to vegetate; **~ariano** *s m,* **-a** *f* vegetarian; **~ativo** *adj* vegetative.

veia *s f med* vein; *tb. fig.* inclination.

veículo *s m* vehicle; *fig.* means; **ser ~ de** to bring.

veio *s m min.* seam; *pedra* vein; *téc.* shaft; **~ de água** water vein.

vela *s f* **a)** *(sentinela)* sentry; *cera* candle; *auto.* spark plug; **estar de ~** to keep watch on; **b)** sail; *fig.* ship; **andar à ~** to sail.

vel|ame *s m* sails; **~ar** *v/t* (1c) **1. a)** to keep watch over; *(proteger)* to protect; *noite* to stay up; **b)** to veil; *(tapar)* to cover; *(escurecer)* to darken; **2.** *v/i* to keep watch.

veleidade *s f* daring; *(capricho)* whim, fancy; *(vontade)* will.

veleiro 1. *adj* sailing; *fig.* light; **navio** *s m* ~ sailing ship; **2.** *s m (barco)* sailing boat.

velejar *v/i* (1d) to sail.

velha *s f* old woman.

velha|caria *s f* crookery, knavery; *(patifaria)* roguishness; *(astúcia)* cunning; **~co 1.** *adj* crooked; *(malandro)* double-dealing; *(patife)* crook; **2.** *s m,* **-a** *f* crook, knave.

velh|ice *s f* old age; **~o 1.** *adj* old; **2.** *s m* old man, elderly man; = **~ote** *s m,* **-a** *f* F old man, old woman.

veloc|idade *s f* speed, velocity; **primeira (segunda) ~idade** *auto.* first (second) gear; **alavanca** *s f* **de ~idades** gear lever; **limite** *s m* **de ~idade** speed limit; **~ímetro** *s m* speedometer.

velódromo *s m* cycle track.

veloz *adj* fast *(tb. fig.).*

veludo *s m* velvet.

venal *adj* commercial; *fig.* corruptible; **~idade** *s f* market value; *fig.* corruption.

venatório *adj* hunting.

venc|edor 1. *adj* winning; **2.** *s m,* **-a** *f* winner; **~er** *v/t* (2g) to beat; to win over, to triumph over; *processo* to win; *v/i* to win; *prazo* to expire, to become due *(juros)*; **~imento** *s m* triumph; *econ.* expiry, *(caducidade)* maturation; *de um prazo* expiry date; **~imentos** *s pl* salaries; **folhas** *s pl* **de ~imentos** salary sheets, pay roll.

venda *s f* **a)** sale; *(loja)* general store; *vinho, etc.* winery; **~s** *s pl econ.* transactions; **estímulo** *s m* **de ~** promotions; **b)** blindfold.

vendaval *s m* gale, storm.

vend|edor 1. *adj* selling; **2.** *s m,* **-a** *f* salesman/saleswoman, seller; **~er** *v/t* (2a) to sell.

vene|no *s m* poison; *fig.* dangerous person; **deitar ~no em** to poison; **~noso** *adj* poisonous.

vener|ação *s f* reverence; **~ar** *v/t* (1c) to revere; **~ável 1.** *adj* venerable; **2.** *s m/f* Reverend.

venéreo *adj* venereal.

venezian|a *s f* Venetian blind, jalousie; **~o** *adj* Venetian.

venezuelano 1. *adj* Venezuelan; **2.** ~ *s m,* **-a** *f* Venezuelan.

vénia *s f* bow; curtsy; *(perdão)* forgiveness.

venta *s f* nostril; *animal* nose; **~s** *s pl* nose.

ventania *s f* gale.

ventil|ação *s f* ventilation; **~ador** *s m* ventilator; *(exaustor)* extractor fan;

~ar *v/t* (1a) to ventilate; *cereal* to air; *fig.* to discuss.

vento *s m* wind; *(corrente de ar)* draught; **~inha** *s f* fan, blower.

ventosa *s f med.* cupping glass; *zoo.* sucker.

ventrlal *adj* belly…; **~e** *s m* belly; *(colo)* lap; *(bojo)* bulge; *fig.* womb; **~ículo** *s m anat.* ventricle; **~íloquo** *s m*, **-a** *f* ventriloquist.

venturla *s f* fortune; *(destino)* fate; *(ousadia)* daring; **~oso** *adj* fortunate.

ver 1. *v/t e v/i* (2m) to see; *olhar para, observar* to look at; to observe; *(examinar)* to examine; *(provar)* to taste; *(calcular)* to estimate.

veracidade *s f* truthfulness; *(credibilidade)* credibility.

veraneante *s m/f* holidaymaker.

Verão *s m* Summer.

verba *s f contrato* allowance; *orçamento* budget; *(quantia)* funds, amount.

verbal *adj* verbal, oral; *gr.* verbal; **~ismo** *s m* verbalism; **~ista 1.** *adj* wordy; **2.** *s m/f* verbalizer.

verbete *s m* entry; *(nota)* notice.

verbo *s m gr.* verb; word, verb.

verdadle *s f* truth; **em ~** truthfully; = **em boa ~, na ~** in fact; **~eiro** *adj* true; *(verídico)* true; *(autêntico)* genuine.

verde *adj* green; unripe *(fruta);* fresh *madeira, carne; (jovem)* young; *(tenro)* soft, **os ~s** pol. the Green Party; *cintura* *s f* **~** green belt; *zona* *s f* **~** green area; **~jar** *v/i* (1d) to turn green; **~te** *s m* verdigris.

verdugo *s m* executioner, hangman.

verdura *s f* greens; *(planta)* plants; *(legumes)* vegetables; *fig.* greenish; *(inexperiência)* inexperience, greenness.

verealção *s f* council; **~dor** *s m*, **-a** *f* councillor.

vereda *s f* path, footpath.

veredicto *s m* verdict.

verga *s f* stick; *metal* rod; *porta* twig door; *mar.* yard; *cadeira* *s f* *de* **~** wicker chair.

vergonhla *s f* shame; *(acanhamento)* embarrassment; **ter ~** to be ashamed; **~oso** *adj* shameful; *(envergonhado)* shy; *(desonroso)* disgraceful.

verídico *adj* true, truthful.

verificlação *s f* verification; *(controle)* checking; *(realização)* carrying out; **~ador** *s m*, **-a** *f* checker; **~ar** *v/t* (1n) to verify; *(controlar)* to check; **~ar-se** *v/r* to happen; *(realizar-se)* to come true; *(ter lugar)* to take place; **~ável** *adj* verifiable.

verme *s m* worm.

vermelho 1. *adj* red; **2.** *s m* red; *pol.* left winger.

vermicida *s f* vermicide.

vermute *s m* vermouth.

verniz *s m* varnish; *unhas* nail polish.

verosímil *adj* likely, probable.

verruga *s f* wart.

verslado *adj* skilled, expert; **~átil** *adj* versatile; **~atilidade** *s f* versatility; **~ificação** *s f (metrificação)* metrification; **~ificar** *v/t* (1n) to put into verse; **~o** *s m* **a)** verse; **b)** other side, reverse.

vértebra *s f* vertebra.

vertebrlado *s m* vertebrate; **~al** *adj* spinal, vertebral.

vertlente *s f montanha* slope; *(telhado)* roof; **~er** *v/t* (2c) to pour; *lágrimas* to shed; *(entornar)* to spill; *(esvaziar)* to empty; *(traduzir)* to translate; *v/i* to spring; *(entornar-se)* to spill; *(deixar repassar)* to be leaking.

vertical *adj* vertical; *fig.* upright.

vértice *s m* apex.

vertiglem *s f* dizziness; *fig.* vertigo; **~inoso** *adj* dizzy, giddy; *fig.* frenetic.

verve *s f* verve.

vesgo *adj* cross-eyed.

vesícula *s f* bladder; *zoo.* swimming bladder; *anat.* **~ (biliar)** gall bladder.

vespla *s f* wasp; **~eiro** *s m* wasps nest.

véspera *s f* the day before; **~s** *s pl* vespers.

vespertino 1. *adj* evening…; **2.** *s m* evening paper.

vestiário *s m* cloakroom *(tb. tea);* changing room; *tea* dressing room.

vestíbulo *s m* hall; lobby; *(entrada)* vestibule; *tea.* foyer; *anat.* auricle.

vestido *s m* dress.

vestígio *s m* track; *fig.* sign, trace.

vestlir *v/t* (3c) to wear; *(cobrir)* to put on; *(vestido)* to put on; *(encobrir)* to cover up; *v/i* to get dressed; **~uário** *s m* clothing.

vetar *v/t* (1c) to veto; *(proibir)* to forbid.
veterano 1. *adj* veteran; **2.** *s m,* **-a** *f* veteran.
veterinári|a *s f* veterinary surgery; **1.** *adj* veterinary; **2.** *s f,* **-o** *m* vet(erinary) surgeon.
veto *s m* veto.
véu *s m* veil.
vex|ação *s f* shame; = **~ame** *s m*; *(vergonha)* embarrassment; **~ar** *v/t* (1a) to embarrass; *(maçar)* to upset; *(irritar)* to irritate; **~ativo, ~atório** *adj* embarrassing; *(aborrecido)* upsetting; *(maçador)* boring.
vez *s f* time; turn; *uma (duas) ~(es)* once (twice).
via *s f* road; route; *(rua)* street; *anat.* via; *comboio* railway; *fig.* means; *(cópia)* copy; *primeira (segunda, terceira) ~ econ.* top (second, third) copy; *~ larga* broad lane; *~ rápida* fast lane; *(por) ~ aérea (marítima, terrestre)* by airmail (sea, land); *~ satélite* by satellite; *por ~ legal* legally.
via|bilidade *s f* feasibility; viability; *(possibilidade)* possibility; *(perspectivas)* perspectives; **~ção** *s f* roads; *(rede rodoviária)* roads; *(transporte)* transport; *empresa s f de ~* bus company; *acidente s m de ~* car accident; **~duto** *s m* viaduct; **~gem** *s f* journey, trip; *seguro s m de ~* travel insurance.
viaj|ante *s m/f* traveller; **~ar** *v/i* (1b) to travel.
viatura *s f* vehicle.
viável *adj* viable *(tb. fig.);* feasible; *(possível)* possible.
víbora *s f* viper.
vibr|ação *s f* vibration; *(tremor)* tremor; *(abalo)* shake; *fig.* thrill; *(exaltação)* excitement; **~ador** *s m elect.* vibrator; *~ador para betão s m* cement mixer; *~ador para massagens* massager; **~ar** *v/t* (1a) to brandish; *cordas* to strike; *(abalar)* to shake; *palavra* to stir; *pancada* to hit; *v/i* to vibrate, to shake; *(ressoar)* to echo; **~átil** *adj* vibrant; **~atório** *adj* vibrant.
vice-versa *adv* vice-versa.
vici|ado *adj* foul; *(adulterado)* false; *drogas* addicted; **~ar** *v/t* (1g) to make dependent; *(falsificar)* to falsify; *drogas* to become addicted.

vício *s m* vice, addiction; *(erro)* mistake; *(mau hábito)* bad habit.
vicioso *adj* defective; *(depravado)* depraved; *círculo s m ~* vicious circle.
vicissitude *s f* vicissitude; *(acaso)* chance; **-s** *s pl* ups and downs.
viço *s m* vigour; *(sumo)* strong; *(opulência)* opulence; *(ardor)* fire; **~so** *adj* strong; *(vigoroso)* vigorous; luxuriant.
vida *s f* life; *(vivacidade)* livelihood, vitality; *(sustento)* living.
vid|e *s f* cepa; **~eira** *s f* grapevine.
vidente *s m/f* clairvoyant.
vídeo *s m* video; *câmara s f de ~* video camera; *cassete s f de ~* video cassette, video tape; *gravador s m de ~* video recorder; **~filme** *s m* video film; **~gravador** *s m* video recorder; **~teca** *s f* video-tape library.
vidoeiro *s m* birch tree.
vidr|aça *s f* window pane; **~aceiro** *s m,* **-a** *f* glazier; **~ado** *adj* glazed *(olho);* **~agem** *s f* glaze; **~ar** *v/t* (1a) to glaze; *(turvar)* to frost; **~aria** *s f* glazier's, glass factory; **~eiro 1.** *adj* glazed; *operário s m ~* glass worker = **2.** *s m* glazier; **~o** *s m* glass; *auto.* wind shield; **~s** *s pl* glasswork.
viela *s f* alley.
vienense 1. *adj* Viennese; **2.** *s m/f* Viennese.
vig|a *s f suporte* beam; *ferro* girder; *~ mestra* main beam; **~amento** *s m* beams, framework.
vigarice *s f* swindle.
vigarista *s m/f* swindler.
vig|ência *s f* validity; **~ente** *adj* in force, valid.
vigésimo 1. *adj* twentieth; **2.** *num* twentieth.
vigi|a 1. *s f* watcher; *(postigo)* peephole; *mar.* dormer window; **2.** *s m/f* watchman/ watchwoman; **~ar** *v/t* (1a) to watch (over *em*); to keep an eye on; *v/i* to watch; *(observar)* to observe.
vigil|ância *s f* vigilance; *(solicitude)* care; **~ante** *adj* vigilant; *(solícito)* helpful; *(cauteloso)* careful.
vigília *s f* night-watch; wakefulness.
vigor *s m* energy; *(ênfase)* focus; *jur.* enforcement; *com ~* vigorously; *es-*

V

tar (entrar, pôr) em ~ to be in force (to take effect, to put into effect); *em* ~ in force.

vigoroso *adj* vigorous; *(robusto)* robust; *(enérgico)* energetic.

vil *adj* vile; *(infame)* mean.

vila *s f* town; *(casa)* villa.

vilania *s f* villainy; *(infâmia)* disgrace.

vimle *s m* wicker; *cesto s m de* ~ wicker basket.

vinagre *s m* vinegar; *fig.* bitter.

vinclar *v/t* (1n) to crease; *(entalhar)* to carve; *(gravar)* to engrave; *fig.* to stress; ~**o** *s m* crease; *(entalhe)* carving; *(dobra)* fold; *(sulco)* furrow.

vincullado *adj* linked, tied; *econ.* compensation...; ~**ar** *v/t* (1a) to link (to **a**); to tie (with **a**); *(determinar)* to determine; *(obrigar)* to force (to **a**); *fig.* to bond.

vinda *s f* coming; *(chegada)* arrival.

vindiclação *s f* vindication; *(reclamação)* claim; ~**ar** *v/t* (1a) to vindicate; *(reinvindicar)* to claim; *(defender)* to defend; *(vingar)* to revenge.

vindima *s f* grape harvest.

vinglança *s f* vengeance, revenge; ~**ar** *v/t* (1o) to avenge; *(defender)* to defend; *(libertar)* to free; *objectivo* to reach; *v/i* to revenge; *(impor-se)* to be assertive; *(ter êxito)* to be successful; *(desenvolver-se)* to grow; ~**ativo** *adj* vindictive.

vinha *s f* vineyard.

vinho *s m* wine; ~ *branco* white wine; ~ *tinto* red wine.

vinlícola *adj* wine-producing; ~**icultor** *s m*, -**a** *f* wine grower; ~**icultura** *s f* wine-growing, viticulture.

vintlavo *s m* one in twenty; ~**e 1.** *adj* twenty; **2.** *num* twenty; ~**ena** *s f* a score.

violla *s f* = ~**ão** *s m* viola, guitar.

viollação *s f* violation; *(profanação)* profanation; *(estupro)* rape; ~**ar** *v/t* (1e) *lei, segredo* to break; *direito* to violate; *mulher* to rape; *(profanar)* to desecrate; ~**ência** *s f* violence; *(veemência)* vehemence; ~**entar** *v/t* (1e) *(obrigar)* to force; ~**ento** *adj* violent.

violeta *s f* **1. a)** *bot.* violet; **b)** *mús.* viola; **2.** *adj* violet.

viollinista *s m/f* violinist, violin player; ~**ino** *s m* violin; *tocar ~ino* to

play the violin; ~**oncelista** *s m/f* 'cellist; ~**oncelo** *s m* 'cello.

viperino *adj* poisonous.

vir *v/i* (3w) to come, to return; *(advir)* to result; to be *no jornal*.

viragem *s f auto.* turning; ~ *à direita (esquerda)* *pol.* to turn to the right wing (to the left wing).

virar *v/t* (1a) to turn; *página* to turn over; *rosto* to turn away; *costas* to turn round; *v/i* to turn; ~ *à direita (esquerda)* *auto.* to turn on the right (on the left).

virgem 1. *s m/f* virgin; **2.** *adj* virgin, pure; *floresta s f* ~ virgin forest, rain forest; *terra s f* ~ virgin land.

vírgula *s f* comma.

virilha *s f* groin.

virose *s f* viral illness.

virtual *adj* virtual; *(potencial)* potential.

virtulde *s f* virtue; *(vantagem)* advantage; ~**oso 1.** *adj* virtuous; virtuoso *artista*; **2.** *s m*, -**a** *f* virtuoso.

virullência *s f* virulence; ~**ento** *adj* virulent; *fig.* poisonous.

vírus *s m* virus.

visão *s f* vision; *(percepção)* perception; *fig.* view; *(vista)* sight.

víscera *s f* entrails, gut; ~**s** *s pl* innards, bowels.

viscondle *s m*, ~**essa** *s f* viscount, viscountess.

viscoslidade *s f* viscosity; ~**oso** *adj* viscous; *(pegajoso)* sticky; ~**e** *s f* viscose.

viseira *s f* visor; *capacete* visor; *fig.* mask.

visibilidade *s f* visibility; ~ *atmosférica* *adj* aerial visibility.

visita *s f* visit, call; *museu, monumento* visit; *(inspecção)* inspection.

visitlante *s m/f* visitor; ~**ar** *v/t* (1a) to visit; *museu, monumento* to visit; *(inspeccionar)* to inspect.

visível *adj* visible; *(evidente)* evident, obvious.

vislumbrar *v/t* (1a) to glimpse; *(reconhecer)* to catch a glimpse of; *v/i* to glaze; *(brilhar)* to shine.

vista *s f* sight; *(visão)* vision; *(olho)* eye-sight; *(aspecto)* look; *(quadro, opinião)* view; ~ *curta adj* short sight *(tb. fig.)*; ~ *de olhos* glance (*dar ou passar a* to glance at, to have a quick look at); **ponto** *s m* **de** ~ point of view; **à** ~ *econ.* in cash; ~ **para o mar** ocean view.

visto *s m* visa; **~ria** *s f* inspection; **~riar** *v/t* (1g) to inspect; **~so** *adj* eye-catching; *(aparatoso)* exuberant.

visual *adj* visual; **~izar** *v/t* (1a) to visualize.

vit|al *adj* vital; **ponto** *s m* ~ vital point; **~alício** *adj* for life; **~alidade** *s f* vitality.

vitamina *s f* vitamin.

vitel|a *s f* veal; **~o** *s m* calf.

vítima *s m/f* victim; **ser** ~ **de** to fall on the hands of.

vitória *s f* victory.

vitorioso *adj* victorious.

vitral *s m* stained glass (window).

vítreo *adj* glassy.

vitrina *s f* shop window; *(armário)* display case.

vitríolo *s m* vitriol.

vitup|erar *v/t* (1c) to vituperate; *(invectivar)* to inveigh against **~ério** *s m* vituperation; *(invectiva)* invective; *(injúria)* insult; *(infâmia)* disgrace.

viuvez *s f* widowhood.

viúvo 1. *adj* widowed; **2.** *s m,* **-a** *s f* widower, widow.

vivacidade *s f* vivacity.

viv|az *adj* lively; *(duradouro)* lasting; **~eiro** *s m* nursery; **~ência** *s f* existence; **~enda** *s f* residence, villa; **~er** *v/i* (2a) to live; *(habitar)* to live in; ~ **com** to live with.

víveres *s f pl* provisions.

viveza *s f* livelihood.

vivificar *v/t* (1n) to bring to life; *(incentivar)* to encourage; *(animar)* to stimulate.

vivo *adj* living; *(vivaz)* vivacious; *(esperto)* clever; *(engraçado)* witty.

vizinho *s m* **1.** *adj* neighbouring; *(limítrofe)* boundary; *(próximo)* near; **2.** *s m,* **-a** *f* neighbour.

vol|ador 1. *adj* flying; **2.** *s m* flying fish; **~ar** *v/i* (1f) to fly; *(apressar-se)* to hurry; *(subir)* to go up.

voc|abulário *s m* vocabulary; **~ábulo** *s m* word.

vocação *s f* vocation; *(inclinação)* inclination for.

vocal *adj* vocal.

vocativo *adj* vocative.

voga *s f* vogue; *(popularidade)* popularity; *(divulgação)* spreading; *(moda)* fashion (**pôr** to turn).

vogal 1. *s f* vowel; **2.** *s m/f* voting member; *júri* juror.

vol|ante 1. *adj* flying, unstable; *(movediço)* unsteady; **2.** *s m téc.* flywheel; *auto.* steering wheel; **3.** *s m/f* racing driver; **~átil** *adj* volatile; **~atilizar** *v/i* (1a) to evaporate.

volfrâmio *s m* wolframe.

volt *s m elect.* volt.

volta *s f* turn; *(reviramento)* turn round; *(reviravolta)* about-turn; *(retorno)* turning area; *(regresso)* return; *(desvio)* detour; *desporto* lap; *aer.* deviation.

voltagem *s f elect.* voltage.

voltar *v/t* (1e) to turn; *téc.* to rotate; *v/i* to come back; *(regressar)* to return; *(virar-se)* to turn round; *fig.* to come back (to **a**).

voltímetro *s m elect.* voltimeter.

volubilidade *s f* fickleness; *(inconstância)* caprice, irresponsibility.

volum|e *s m* volume; *arq.* bulk; volume *(livro)*; *(encomenda)* package; **~oso** *adj* bulky, big.

volunt|ário 1. *adj* voluntary; **2.** *s m* volunteer; *mil.* volunteer; **~arioso** *adj* headstrong.

volúpia *s f* pleasure, ecstasy.

voluptu|osidade *s f* pleasure; **~oso** *adj* voluptuous.

vomitar *v/i* (1a) to vomit, to throw up; *fig.* to pour out.

vómito *s m* vomiting, vomit.

vontade *s f* will; *(desejo)* wish; *(apetite)* appetite; **má** ~ ill will; *(malevolência)* malice; **à** ~ at home, at ease *(tb. mil.)*.

voo *s m* flight; **levantar** ~ to fly away *(pássaro)*; *aer.* to take off.

vor|acidade *s f* voracity; **~az** *adj* voracious.

vosso, -a *[do(a) senhor(a)]* your; yours.

vot|ação *s f* vote; **~ar** *v/t* (1e) to vote (for); *somebody* to elect; *fig.* to vow; *(conceder)* to give; *v/i* to vote; **~o** *s m* vote; *pol.* ballot; *fig.* wish.

voz *s f* voice; *(linguagem)* language; *(palavra)* word; *(tom)* tone; *(grito)* yell; ~ **activa (passiva)** to have a say (to have no say).

vulc|lânico *adj* volcanic; *fig.* explosive; **~anite** *s f* vulcanite; **~ão** *s m* volcano.

vulg|ar *adj (comum)* common; *(ordinário)* vulgar; **~aridade** *s f* commonness; *(banalidade)* banality; **uma ~** something common; **~aridades** *s pl (ordinarices)* vulgarities.

vulner|ar *v/t* (1c) to hurt; **~ável** *adj* vulnerable; *(sensível)* sensitive.

vult|o *s m* figure *(tb. fig.); (volume)* mass; *(significado)* significance, importance; **de ~o** significant, important; **~oso** *adj* bulky; *(importante)* important.

vulva *anat.* vulva.

X

X, x *s m*, X, x; *raios X s m pl* X-rays.

xá *s m* Shah.

xadrez *s m* chess; *padrão* chequered pattern.

xarope *s m* sirup; *fruta* juice.

xaveco *s m* worthless thing, piece of junk.

xen|ofobia *s f* xenophobia; **~ófobo** *adj* xenophobic.

xeque *s m* **a)** *soberano* sheikh; **b)** *xadrez* check; **~-mate** checkmate.

xerez *s m* sherry.

xerife *s m* sheriff.

xícara *s f* cup.

xilo|fone *mús. s m* xylophone; **~grafia** *s f* xylography.

xisto *s m* slate.

xixi *s m* F pee, wee.

Y

yuppie *s m/f* Yuppie.

Z

zambujeiro *s m* olea, wild olive tree.

zang|a *s f* anger, annoyance; *(briga)* row; **~ado** *adj* angry.

zângão(s) *s m (pl)* drone.

zang|ar (1o) *v/t* to annoy; *v/i* to get angry; *estar -ado com* to be angry with, to be cross with; **~ar-se** *v/r* to have a row with, to get angry.

zaragata *s f (tumulto)* din, hubbub; *(briga)* fight, riot; F row.

zarolho *adj* blind of one eye; *(vesgo)* squint-eyed, cross-eyed.

zarpar (1b) *v/i âncora* to set sail; to sail away.

zebr|a *s f* zebra; **~ado** *adj* striped like a zebra.

zebu *s m* zebu.

zel|ar (1c) *v/t e v/i* to watch over; *(cuidar de)* to look after; *(ter ciúmes de)* to be jealous; **~o** *s m* zeal; care; *(dedicação)* devotion; **~os** *pl (ciúmes)* jealousy; *greve s f de ~lo* go-slow strike; **~loso** *adj* zealous, careful; *(ciumento)* jealous.

zénite *s m* zenith; *fig.* highlight.
zepelim *s m* zeppelin.
zero *num* zero.
zibelina *s f* zibeline.
zigoma *s m* zygome, cheek bone.
zimbório *s m* dome.
zimbro *s m* **a)** *bot.* common juniper; **b)** dew.
zinc|ar (1n) *v/t* to galvanize. **~o** *s m* zinc; **~ogravura** *s f* zincography.
zíngaro *s m* gypsy.
zodíaco *s m ast.* zodiac.
zomb|ar (1a) *v/i:* **~ de** to mock s.o., to make fun of; **~aria** *s f* mockery, sneer.

zona *s f* zone; area; *(região)* region; *transportes públicos* stage; **~ interbancária** bank code.
zoo||logia *s f* zoology; **~lógico** *adj* zoologic(al); **jardim** *s m* **~** F zoo.
zoólogo *s m*, **-a** *f* zoologist.
zumb|ido *s m* buzz; hum; whir; *ouvidos* ringing; **~ir** (3a) *v/i* to hum; to buzz; *(bramar)* to roar.
zun|ido *s m* whiz, whir, buzz, hum; **~ir** (3a) *v/i* to whir, to drone, to buzz.
zurrapa *s f* slop, plonk.
zurr|ar (1a) *v/i (burro)* to bray; **~o** *s m:* **~os** braying.
zurzir (3a) *v/t* to lash, to flog; *(castigar)* to beat.

Nomes Geográficos Ingleses
English Geographical Names

A

A•dri•at•ic Sea [ˌeɪdrɪˈætik ˈsiː] mar Adriático.

Ae•ge•an Sea [iːdʒiːənˈsiː] mar Egeu.

Af•ri•ca [ˈæfrɪkə] África.

Al•a•bama [ˌæləˈbæmə] Alabama, *estado dos EUA*.

A•las•ka [əˈlæskə] Alasca, *estado dos EUA*.

Al•ba•nia [ælˈbeɪnɪə] Albânia.

Al•der•ney [ˈɔːldənɪ] ilha inglesa do Canal da Mancha.

A•leutian Is•lands [əˌluːʃʃənˈaɪləndz] *pl* ilhas Aleútas.

Al•ge•ria [ælˈdʒɪərɪə] Argélia.

Al•giers [ælˈdʒɪəz] Argel.

Alps [ælps] *pl* os Alpes.

Al•sace, [ælˈsæs] **Al•sa•tia** [ælˈseɪʃə] Alsácia.

A•mer•i•ca [əˈmerɪkə] América.

An•des [ˈændiːz] *pl* os Andes.

Ant•arc•ti•ca [æntˈɑːktɪkə] Antárctida.

A•ra•bia [əˈreɪbjə] Arábia.

Arc•tic [ˈɑːktɪk] o Árctico.

Ar•gen•ti•na [ˌɑːdʒənˈtiːnə] Argentina.

Ar•gen•tine [ˈɑːdʒəntaɪn]: *the ~* a Argentina.

Ar•i•zo•na [ˌærɪˈzəʊnə] Arizona, *estado dos EUA*.

Ar•kan•sas [ˈɑːkənsɔː] *rio dos EUA; estado dos EUA*.

A•sia [ˈeɪʃə] Ásia; *~ Minor* Ásia Menor.

Ath•ens [ˈæθɪnz] Atenas.

At•lan•tic [ətˈlæntɪk] Atlântico.

Aus•tra•lia [ɒˈstreɪljə] Austrália.

Aus•tria [ˈɒstrɪə] Áustria.

A•zores [əˈzɔːz] *pl* os Açores.

B

Ba•ha•mas [bəˈhɑːməz] *pl* as Baamas.

Bal•kans [ˈbɔːlkənz] *pl* os Balcãs.

Bal•tic Sea [ˌbɔːltɪkˈsiː] mar Báltico.

Basle [bɑːl, bɑːzəl] Basileia.

Bavaria [bəˈveərɪə] Baviera.

Bel•gium [ˈbeldʒəm] Bélgica.

Bel•grade [ˌbelˈgreɪd] Belgrado.

Ber•mu•das [bəˈmjuːdəz] *pl* as Bermudas, as ilhas Bermudas.

Bis•cay [ˈbɪskeɪ; ˈˌkɪ]: *Bay of ~* golfo da Biscaia.

Black Forest [blækˈfɑːrɪst] Floresta Negra.

Bo•liv•ia [bəˈlɪvɪə] Bolívia.

Bos•ni•a-Her•ze•go•vi•na [bɒznɪə hɜːtsəgəˈviːnə] Bósnia-Herzegovina.

Bourne•mouth [ˈbɔːnməθ] *cidade termal no Sul de Inglaterra*.

Bra•zil [brəˈzɪl] Brasil.

Bri•tain [ˈbrɪtn] (Grã) Bretanha.

Brit•ta•ny [ˈbrɪtənɪ] a Bretanha.

Brus•sels [ˈbrʌslz] Bruxelas.

Bu•cha•rest [ˌbjuːkəˈrest] Bucareste.

Bu•da•pest [ˌbjuːdəˈpest] Budapeste.

Bul•gar•ia [bʌlˈgeərɪə] Bulgária.

Bur•gun•dy [ˈbɜːgəndɪ] Borgonha.

C

Cai•ro [ˈkaɪərəʊ] Cairo.

Ca•lais [ˈkæleɪ] Calais.

Cal•i•for•nia [ˌkælɪˈfɔːnjə] Califórnia, *estado dos EUA*.

Can•a•da [ˈkænədə] Canadá.

Chi•na [ˈtʃaɪnə] China: *Republic of ~* República da China; *People's Republic of ~* República Popular da China.

Co•logne [kəˈləʊn] Colónia.

Co•lom•bia [kəˈlɒmbɪə] Colômbia.

Com•mon•wealth of In•de•pen•dent States (CIS) [ˈkɒmənwelθ ɒv ɪndɪˈpendənt steɪts] a Comunidade de Estados Independentes (CEI).

577

Con•stance ['kɒnstəns]: *Lake ~* lago Constância.

Co•pen•ha•gen [ˌkəupn'heɪgən] Copenhaga.

Crete [kriːt] Creta.

Cri•mea [kraɪ'mɪə] Crimeia.

Cro•a•tia [krəu'eɪʃə] Croácia.

Cu•ba ['kjuːbə] Cuba.

Cy•prus ['saɪprəs] Chipre.

Czech•o•slo•va•kia [ˌtʃekəusləu'-vækɪə] *hist. até 1992* Checoslováquia.

Czech Re•pub•lic [tʃek rɪ'pʌblɪk] República Checa.

D

Dan•ube ['dænjuːb] Danúbio.

Den•mark ['denmɑːk] Dinamarca.

E

Ed•in•burgh ['edɪnbərə] Edimburgo.

E•gypt ['iːdʒɪpt] Egipto.

Ei•re ['eərə] *nome da República da Irlanda.*

Eng•land ['ɪŋglənd] Inglaterra.

Es•t(h)o•nia [e'stəunjə] Estónia.

E•thi•o•pia [ˌiːθɪ'əupjə] Etiópia.

Eu•rope ['juərəp] Europa.

F

Falk•land Is•lands [ˌfɔː(l)klənd' aɪləndz] *pl* as ilhas Malvinas.

Fed•er•al Re•pub•lic of Germany ['fedərəlrɪ'pʌblɪkəv'dʒɜːmənɪ] República Federal da Alemanha.

Fin•land ['fɪnlənd] Finlândia.

Flor•ence ['flɒrəns] Florença.

Folke•stone ['fəukstən] *cidade termal no Sul de Inglaterra.*

France [frɑːns] França.

Fris•co ['frɪskəu] *expressão coloquial que designa São Francisco.*

G

Ge•ne•va [dʒɪ'niːvə] Genebra.

Gen•o•a ['dʒenəuə] Génova.

Ger•man Dem•o•crat•ic Re•pub•lic ['dʒɜːmərndemə'krætɪkrɪ'pʌblɪk] *hist. 1949-1990:* a República Democrática Alemã.

Ger•ma•ny ['dʒɜːmənɪ] Alemanha.

Gi•bral•tar [dʒɪ'brɔːltə] Gibraltar.

Glas•gow ['glɑːzgəu; 'glæsgəu] Glasgow.

Glouces•ter ['glɒstə] *cidade no Sudoeste de Inglaterra.*

Great Brit•ain [ˌgreɪt'brɪtn] Grã--Bretanha.

Great•er Lon•don [ˌgreɪtə'lʌndən] Grande Londres.

Greece [griːs] Grécia.

Green•land ['griːnlənd] Gronelândia.

Green•wich ['grenɪdʒ; 'grɪnɪdʒ] *distrito da Grande Londres;* ~ *Village bairro de Nova Iorque.*

Guern•sey ['gɜːnzɪ] *ilha britânica do Canal da Mancha.*

H

Hague [heɪg]: *The ~* Haia.

Han•o•ver ['hænəuvə] Hanôver.

Har•wich ['hærɪdʒ] *cidade portuária no Sudeste de Inglaterra.*

Heb•ri•des ['hebrɪdiːz] *pl* as Hébridas.

Hi•ma•la•ya [ˌhɪmə'leɪə] os Himalaias.

Hol•land ['hɒlənd] Holanda.

Hun•ga•ry ['hʌŋgərɪ] Hungria.

I

Ice•land ['aɪslənd] Islândia.

In•dia ['ɪndjə] Índia.

In•do•ne•sia [ˌɪndəu'niːzjə] Indonésia.

I•raq [ɪ'rɑːk] Iraque.

Ire•land ['aɪələnd] Irlanda.

Is•ra•el ['ɪzreɪəl] Israel.

It•a•ly ['ɪtəlɪ] Itália.

J

Ja•mai•ca [dʒə'meɪkə] Jamaica.

Ja•pan [dʒə'pæn] Japão.

Jer•sey ['dʒɜːzɪ] *ilha britânica do Canal da Mancha.*

Je•ru•sa•lem [dʒə'ruːsələm] Jerusalém.

K

Ken•ya ['kenjə] Quénia.

Ko•rea [kə'rɪə] Coreia.
Ku•wait [kʊ'weɪt] Koweit.

L

Lat•via ['lætvɪə] Letónia.
Leb•a•non ['lebənən] Líbano.
Leices•ter ['lestə] *capital do conda-do inglês de* **Leices•ter•shire** ['_ʃə].
Lib•ya ['lɪbɪə] Líbia.
Lis•bon ['lɪzbən] Lisboa.
Lith•u•a•nia [ˌlɪθjuː'eɪnjə] Lituânia.
Loch Lo•mond [ˌlɒk'ləʊmənd], **Loch Ness** [ˌlɒk'new] *lagos esco-ceses.*
Lon•don ['lʌndən] Londres.
Lor•raine [lɒ'reɪn] Lorena.
Lux•em•bourg ['lʌksəmbɜːg] Lu-xemburgo.

M

Ma•dei•ra [mə'dɪərə] Madeira.
Ma•drid [mə'drɪd] Madrid.
Ma•jor•ca [mə'dʒɔːkə] Maiorca.
Mal•ta ['mɔːltə] Malta.
Med•i•ter•ra•ne•an (Sea) [ˌmed-ɪtə'reɪnjən('siː)] mar Mediterrâneo.
Mex•i•co ['meksɪkəʊ] México.
Mid•lands ['mɪdləndz] *pl* as Midlan-ds *(os condados do centro de Ingla-terra: Warwickshire, Northamptonshi-re, Leicestershire, Nottinghamshire, Derbyshire, Staffordshire, West Mid-lands e a parte oriental de Hereford e Worcester).*
Mi•lan [mɪ'læn] Milão.
Mo•roc•co [mə'rɒkəʊ] Marrocos.
Mos•cow ['mɒskəʊ] Moscovo.
Mo•selle [məʊ'zel] Mosela.
Mo•zam•bi•que [ˌməʊzæm'biːk] Moçambique.
Mu•nich ['mjuːnɪk] Munique.

N

Na•ples ['neɪplz] Nápoles.
Ne•pal [nɪ'pɔːl] Nepal.
Neth•er•lands ['neðələndz] *pl* Países Baixos.
New•cas•tle-up•on-Tyne ['jnuː-ˌkɑːslə,pɒn'taɪn] *capital de Tyne e Wear.*

New Del•hi [ˌnjuː'delɪ] Nova Deli, *capital da Índia.*
New York [ˌnjuː'jɔːk; *Am.* ˌnuː'jɔːrk] Nova Iorque, *a maior cidade dos EUA.*
New Zea•land [ˌnjuː'ziːlənd] Nova Zelândia.
Ni•ag•a•ra [naɪ'ægərə] Niágara *(rio).*
Nic•a•ra•gua [ˌnɪkə'rægjʊə] Nicará-gua.
Ni•ger ['naɪdʒə] Níger *(rio da África Ocidental);* [niː'ʒeə] *república da África Ocidental.*
Ni•ge•ria [naɪ'dʒɪərɪə] Nigéria.
Nile [naɪl] Nilo.
Nor•man•dy ['nɔːməndɪ] Normandia.
North•ern Ire•land [ˌnɔːðn'aɪələnd] Irlanda do Norte.
North Sea [ˌnɔːθ'siː] o mar do Norte.
Nor•way ['nɔːweɪ] Noruega.
Nu•rem•berg ['njʊərəmbɜːg] Nu-remberga.

O

O•ce•an•ia [ˌəʊʃɪ'eɪnjə] Oceânia.
Ork•ney ['ɔːknɪ] *região insular esco-cesa;* ~ **Islands** [ˌɔːknɪ'aɪləndz] *pl* as ilhas Órcades.

P

Pa•cif•ic [pə'sɪfɪk] o Pacífico.
Pal•es•tine ['pæləstaɪn] Palestina.
Par•a•guay ['pærəgwaɪ] Paraguai.
Par•is ['pærɪs] Paris.
Pe•king [piː'kɪn] Pequim.
Pe•ru [pə'ruː] Peru.
Phil•ip•pines ['fɪlɪpiːnz] *pl* as Filipi-nas.
Po•land ['pəʊlənd] Polónia.
Pom•er•a•nia [ˌpɒmə'reɪnjə] Pome-rânia.
Por•tu•gal ['pɔːtʃʊgl; '_jʊgl] Portu-gal.
Prague [prɑːg] Praga.
Prus•sia ['prʌʃə] *hist.* Prússia.

R

Rhine [raɪn] Reno.
Rhodes [rəʊdz] Rodes.
Ro•ma•nia [ruː'meɪnjə; rʊ~; *Am.* rəʊ~] Roménia.

579

Rome [rəum] Roma.
Rus•sia ['rʌʃə] Rússia.

S

Sau•di A•ra•bia [ˌsaudɪə'reɪbɪə] Arábia Saudita.
Sax•o•ny ['sæksnɪ] Saxónia.
Scan•di•na•via [ˌskændɪ'neɪvjə] Escandinávia.
Scot•land ['skɒtlənd] Escócia.
Shet•land ['ʃetlənd] região insular da Escócia; ~ **Is•lands** [ˌ~'aɪləndz] pl ilhas de Shetland.
Si•be•ria [saɪ'bɪərɪə] Sibéria.
Sic•i•ly ['sɪsɪlɪ] Sicília.
Sin•ga•pore [ˌsɪŋə'pɔː] Singapura.
Slo•vak Re•pub•lic [sləu'vɑːk rɪ'pʌblɪk] República da Eslováquia.
Slo•ve•nia [sləu'viːnjə] Eslovénia.
So•ma•lia [səu'mɑːlɪə] Somália.
So•viet Un•ion [ˌsəuvɪət'juːnjən] hist. até finais de 1991: a União Soviética.
Spain [speɪn] Espanha.
Stock•holm ['stɑkhəum] Estocolmo.
Strat•ford-on-Avon [ˌstrætfədɒn'eɪvn] cidade do Centro de Inglaterra.
Su•dan [suː'dɑːn] Sudão.
Swan•sea ['swɒnzɪ] cidade portuária do País de Gales.
Swe•den ['swiːdn] Suécia.
Swit•zer•land ['swɪtsələnd] Suíça.
Syr•ia ['sɪrɪə] Síria.

T

Taiwan [ˌtaɪ'wɑːn] Taiwan.
Thai•land ['taɪlænd] Tailândia.
Thames [temz] Tamisa (rio no Sul de Inglaterra).
Thu•rin•gia [θjuə'rɪndʒɪə] Turíngia.
Ti•bet [tɪ'bet] Tibete.
To•kyo ['təukjəu] Tóquio.
Tra•fal•gar [trə'fælgə]: *Cape* ~ cabo Trafalgar; ~ *Square* praça londrina.
Tu•ni•sia [tjuː'nɪzɪə; Am. tuː'nɪːʒə] Tunísia.
Tur•key ['tɜːkɪ] Turquia.

Tus•ca•ny ['tʌskənɪ] Toscana.
Ty•rol ['tɪrəl; tɪ'rəul] Tirol.

U

U•kraine [juː'kreɪn] Ucrânia.
Ul•ster ['ʌlstə] Província da Irlanda do Norte, separada da República da Irlanda desde 1921.
U•nit•ed King•dom [juːˌnaɪtɪd'kɪŋdəm] Reino Unido (Inglaterra, Escócia, País de Gales e Irlanda do Norte).

V

Vat•i•can ['vætɪkən] o Vaticano.
Ven•e•zu•e•la [ˌvenɪ'zweɪlə] Venezuela.
Ven•ice ['venɪs] Veneza.
Vi•en•na [vɪ'enə] Viena.

W

War•saw ['wɔːsɔː] Varsóvia.
War•wick•shire ['wɒrɪkʃə] condado inglês.
West•min•ster ['westmɪnstə] a. *City of* ~ zona de Londres.
West•pha•lia [west'feɪljə] Vestefália.
Wor•ces•ter ['wustə] cidade industrial do Centro de Inglaterra.

Y

York [jɔːk] cidade no Nordeste de Inglaterra; **York•shire** ['~ʃə]: *North* ~, *South* ~, *West* ~ condados em Inglaterra.
Yu•go•sla•via [ˌjuːgəu'slɑːvjə] Jugoslávia.

Z

Za•ire [zɑː'ɪə] Zaire.
Zim•ba•bwe [zɪm'bɑːbwɪ] Zimbabwe
Zu•rich ['zjuərɪk] Zurique.

Nomes Geográficos Portugueses

A

Açores: *os* ~ *m pl* the Azores.
Adriático *m* Adriatic.
Afeganistão Afghanistan.
África *f* Africa.
Albânia *f* Albania.
Alemanha *f* Germany.
Alpes: *os* ~ *m pl* the Alps.
Alsácia *f* Alsace, Alsatia.
América *f* America; ~ *Latina* Latin America.
Amsterdão Amsterdam.
Ancara *f* Ankara.
Andes: *os* ~ the Andes.
Antilhas *f pl* Antilles.
Antuérpia *f* Antwerp.
Arábia *f* **Saudita** Saudi Arabia.
Argel Algiers.
Argélia *f* Algeria.
Argentina *f* Argentina.
Ásia *f* Asia; ~ *Menor* Asia Minor.
Atenas Athens.
Atlântico *m* Atlantic.
Austrália *f* Australia.
Áustria *f* Austria.

B

Balcãs *m pl* Balkans.
Báltico *m* Baltic Sea.
Basileia Basle.
Baviera *f* Bavaria.
Bélgica *f* Belgium.
Berlim Berlin.
Birmânia *f* Burma.
Boémia *f* Bohemia.
Bolívia *f* Bolivia.
Bona Bonn.
Bordéus Bordeaux.
Brasil *m* Brazil.
Bruges Bruges.
Bruxelas Brussels.
Bulgária *f* Bulgaria.

C

Cabo Verde Cape Verde; *Ilhas do* ~ Cape Verde Islands.
Camarões *m pl* Cameroon.
Camboja *m* Cambodia, Kampuchea.

Canadá *m* Canada.
Canal da Mancha *m* the English Channel.
Canárias *f pl* Canary Islands.
Checoslováquia *f* Czechoslovakia.
Chile *m* Chile.
China *f* China.
Chipre *m* Cyprus.
Colômbia *f* Colombia.
Colónia Cologne.
Copenhaga Copenhagen.
Coreia *f* Korea.
Córsega *f* Corsica.
Costa do Marfim *f* Ivory Coast.
Croácia *f* Croatia.

D

Danúbio *m* Danube.
Dinamarca *f* Denmark.
Dominicana *f* Dominican Republic.

E

Egeu *m* Aegean Sea.
Egipto *m* Egypt.
Elba *m* Elbe.
Equador *m* **1.** equator; **2.** Ecuador.
Escócia *f* Scotland.
Eslováquia *f* Slovakia, Slovak Republic.
Espanha *f* Spain.
Estónia *f* Est(h)onia.
Estugarda Stuttgart.
Etiópia *f* Ethiopia.
Europa *f* Europe.

F

Filipinas *f pl* Philippines.
Finlândia *f* Finland.
França *f* France.
Francforte Frankfurt.
Friburgo Freiburg.

G

Gabão *m* Gabon.
Gales: *País de* ~ Wales.
Gana *m* Ghana.
Genebra Geneva.

Génova Genoa.
Grã-Bretanha *f* Great Britain.
Grécia *f* Greece.
Gronelândia *f* Greenland.
Guiné *f* Guinea; **~-Bissau** Guinea-Bissau.

H

Haia The Hague.
Holanda *f* Holland.
Hungria *f* Hungary.

I

Índia *f* India.
Indonésia *f* Indonesia.
Inglaterra *f* England.
Irão *m* Iran.
Iraque *m* Iraq.
Irlanda *f* Irland.
Islândia *f* Iceland.
Itália *f* Italy.

J

Japão *m* Japan.
Jordânia *f* Jordan.

K

Koweit *m* Kuwait.

L

Laos *m* Laos.
Letónia *f* Latvia.
Líbano *m* Lebanon.
Líbia *f* Libya.
Lisboa Lisbon.
Lituânia *f* Lithuania.
Londres London.
Lorena *f* Lorraine.

M

Mancha *f* English Channel.
Marrocos *m* Morocco.
Marselha Marseille.
Mediterrâneo *m* Mediterranean Sea.
México *m* Mexico.
Milão Milan.
Mongólia *f* Mongolia.
Moscovo Moscow.
Munique Munich.

N

Nápoles Naples.
Nigéria *f* Nigeria.
Noruega *f* Norway.
Nova Iorque New York.
Nova Zelândia *f* New Zealand.
Nuremberga Nuremberg.

O

Oceânia *f* Oceania.
Oriente *m* East; *Próximo (Médio, Extremo)* ~ Near (Middle, Far) East.
Omã *m* Oman.

P

Pacífico *m* Pacific (Ocean).
Países-Baixos *m pl* the Netherlands.
Palatinado *m* Palatinate.
Paquistão *m* Pakistan.
Paris Paris.
Pequim Peking (Beijing).
Pirenéus *m pl* Pyrenees.
Polónia *f* Poland.

Q

Quénia *m* Kenya.

R

Renânia *f* Rhineland.
Reno *m* Rhine.
Ródano *m* Rhône.
Roma Rome.
Roménia *f* Romania.
Rússia *f* Russia.

S

Saxónia *f* Saxony.
Sérvia *f* Serbia.
Síria *f* Syria.
Sudão *m* Sudan.
Suécia *f* Sweden.
Suíça *f* Switzerland

T

Tailândia *f* Thailand.
Tamisa *m* (The) Thames.
Tanzânia *f* Tanzania.

Teerão Teheran.
Terra Nova f Newfound Land.
Tunísia f Tunisia.
Turíngia f Thuringia.
Turquia f Turkey.

U

Ucrânia f Ukraine.

V

Varsóvia Warsaw.

Vaticano m Vatican.
Veneza Venice.
Viena Vienna.

X

Xangai Shanghai.

Z

Zurique Zurich.

English Abbreviations
Abreviaturas Usadas em Inglês

A

a *acre* acre (= *4047 m²*).
A *ampere* ampere.
AA *Br.* *Automobile Association* (Automóvel Clube).
abbr. *abbreviated* abreviado, abreviatura.
acc(t). *account* conta (bancária).
a.k.a. *Also known as*, também conhecido por.
a.m., am *anto moridiom* (= *boforo noon)* de manhã, antes do meio-dia.
a/o *account of* na conta de.
approx. *approximate(ly)* aproximadamente.
Apr. *April* Abril.
arr. *arrival* chegada.
ASCII *American Standard Code for Information Interchange.*
asst. *assistant* assistente.
attn *attention (of)* à atenção de.
Aug. *August* Agosto.
av *average* média.
Ave *Avenue* Avenida.

B

BA *Bachelor of Arts* Licenciado em Letras; *British Airways* Linhas Aéreas Britânicas.

B&B *bed and breakfast* dormida e pequeno-almoço.
BASIC *beginners' all-purpose symbolic instruction code* (linguagem de programação simples).
BBC *British Broadcasting Corporation (estação emissora oficial inglesa).*
BC *before Christ* antes de Cristo.
BEng *Bachelor of Engineering* Licenciado em Engenharia.
bk *book* livro; *bank* banco.
BL *Bachelor of Law* Licenciado em Direito.
Blvd *Boulevard* Avenida.
BO, b.o. *branch office* filial; F *body odour* odor corporal.
BOT *Br.* *Board of Trade* Ministério do Comércio.
BR *British Rail* Caminhos de Ferro Britânicos.
Br(it). *Britain* Grã-Bretanha; *British* britânico.
Bros. *brothers* Irmãos (em designações de firmas).
BS *Am.* *Bachelor of Science* Licenciado em Ciências; *Br.* *Bachelor of Surgery* Licenciado em Cirurgia; *British Standard* norma britânica.
BSc *Br.* *Bachelor of Science* Licenciado em Ciências.

BScEcon *Bachelor of Economic Science* Licenciado em Ciências Económicas.

C

C *Celsius* C, Célsius; *centigrade* centígrado.

c *cent(s)* centavo; *century* século; *circa* cerca de.

C/A *current account* conta-corrente.

CAD *computer-aided design* desenho assistido por computador.

CAM *computer-aided manufacture* produção assistida por computador.

CC *city council* Assembleia Municipal; *county council* Assembleia Distrital.

cc *Br. cubic centimetre(s)* cm³; centímetro cúbico; *carbon copy* duplicado.

CD *compact disc* disco compacto.

cert. *certificate* certificado.

CET *Central European Time* Tempo Médio Europeu.

cf. *confer* compare.

CID *Br. Criminal Investigation Department* Departamento de Investigação Criminal.

c.i.f., cif *cost, insurance, freight* custos, seguros e transporte incluídos.

Co. *company econ.* companhia; *county Br.* condado; *Am.* concelho.

c/o *care of* ao cuidado de.

COBOL *common business oriented language* (linguagem informática).

COD *cash (Am. collect) on delivery* entrega contra reembolso.

col. *column* coluna *(em livro, etc.)*.

Cons. *Br. pol. Conservative* Conservador.

cont (d) *continued* continua.

CPU *central processing unit computador:* unidade de processamento central.

CV, cv *curriculum vitae* curriculum vitae, currículo.

c.w.o. *cash with order* pagamento incluso.

cwt *hundredweight* peso de 100 libras *(Br. 50,8 Kg, Am. 45,3 Kg)*.

D

DAT *digital audio tape* cassete áudio.

DCL *Doctor of Civil Law* Doutor em Direito Civil.

Dec. *December* Dezembro.

dep. *departure* partida.

d(e)pt *department* departamento.

Dip., dip. *diploma* diploma.

Dir., dir. *director* director.

disc. *discount econ.* desconto.

div. *division* divisão *(numa companhia; tb. em desporto)*.

DJ *disc jockey* disco jockey; *dinner jacket* smoking.

doc. *document* documento.

dol. *dollar(s)* dólar(es).

doz. *dozen(s)* dúzia(s).

Dr *Doctor* doutor.

E

E *east* Este; *eastern* oriental.

EC *European Community* CE Comunidade Europeia; *East Central (zona postal de Londres)*.

ECJ *European Court of Justice* Tribunal Europeu.

ECU *European Currency Unit* Unidade Monetária Europeia.

Ed., ed. *edited* editado; *edition* edição; *editor* editor.

EDP *electronic data processing* processamento electrónico de dados.

EEC *European Economic Community* CEE Comunidade Económica Europeia (nova designação CE).

EFTA *European Free Trade Association* Associação Europeia de Comércio Livre.

Eftpos *electronic funds transfer at point of sale* transferência electrónica de fundos.

e.g. *exempli gratia (= for instance)* por exemplo.

enc(l) *enclosure* incluso.

EMU *European Monetary Union* União Monetária Europeia.

ESA *European Space Agency* Agência Espacial Europeia.

esp. *especially* especialmente.

excl. *exclusive, excluding* exclusivo, excluindo.

ext. *extension* *teleph.* extensão; *external, exterior* externo, exterior.

F

f *female, feminine* feminino; *following* seguinte; *foot (feet)* pé(s) (*30, 48 cm*).

F *Fahrenheit* F Fahrenheit (*escala de temperatura*).

FA *Br. Football Association* Federação de Futebol.

Feb. *February* Fevereiro.

FM *frequency modulation* modulação de frequência.

f.o.b., fob *free on board* grátis a bordo (*navios, etc.*).

FORTRAN *formula translation* (*linguagem de programação*).

Fr. *France* França; *french* francês; *eccl.* *Father* Pai.

FRG *Federal Republic of Germany* República Federal da Alemanha.

Fri. *Friday* sexta-feira.

ft *foot (feet)* pé(s) (*= 30, 48 cm*).

G

g *gram(s), gramme(s)* g, grama(s).

gal(l). *gallon(s)* galão (ões) (*Br. 4,5 l, Am. 3, 8 l*).

GATT *General Agreement on Tariffs and Trade* Acordo Geral sobre Tarifas Aduaneiras e Comércio.

GB *Great Britain* Grã-Bretanha.

GCSE *General Certificate of Secondary Education* Diploma de Estudos Secundários.

Gdns *Gardens* Jardins.

GDP *gross domestic product* produto interno bruto (PIB).

gen. *general(ly)* em geral, geralmente.

gi. *gill(s)* equivalente a 1/8 de litro.

GMT *Greenwich Mean Time* Tempo Médio de Greenwich.

GNP *gross national product* produto nacional bruto.

Gov. *government* governo; *governor* governador.

Govt, govt *government* governo.

GP *general practitioner* médico de clínica geral.

GPO *general post office* estação central dos Correios.

gr. wt. *gross weight* peso bruto.

gtd, guar. *guaranteed* garantido.

H

h. *hour(s)* hora(s); *height* altura.

HBM *His (Her) Britannic Majesty* Sua Majestade Britânica.

HM *His (Her) Majesty* Sua Majestade.

HMS *His (Her) Majesty's Ship* O Navio de Sua Majestade.

HO *head office* escritório central, sede; *Home Office* *Br.* Ministério do Interior.

Hon. *Honorary* honorário; *Honourable* a,o Honorável (título).

HP, hp *horsepower* cavalo-vapor; *high pressure* alta pressão; *hire purchase* compra a crédito.

HQ. Hq. *Headquarters* Quartel-General.

hr *hour* hora.

hrs *hours* horas.

ht *height* altura.

I

ID *Identification* Identificação; Bilhete de Identidade.

i.e., ie *id est (= that is to say)* isto é.

IMF *International Monetary Fund* FMI Fundo Monetário Internacional.

in. *inch(es)* polegada(s) (*2,54 cm*).

Inc., inc. *incorporated* (sociedade) anónima.

inst. *instant* este mês.

IOU *I owe you* título de dívida.

Ir. *Ireland* Irlanda; *Irish* irlandês.

ISBN *International standard book number* Número ISBN.

ITV *Independent television* estação de televisão independente.

J

J *joule(s)* joule(s).

Jan. *January* Janeiro.

Jnr *Junior* jr., Júnior.

Jr *Jnr.*

Jul. *July* Julho.

Jun. *June* Junho; *Junior Jnr.*
jun., junr *junior* júnior.

L

L *Br. **learner (driver)*** aprendiz (de condução); ***large (size)*** (tamanho) grande; ***Lake*** lago.
l. *left* esquerda; ***line*** linha; ***litre(s)*** l, litro(s).
Lab. *Br. pol. **Labour*** Partido Trabalhista.
lb., lb *pound(s)* libra(s) (*peso*).
LCD *liquid crystal display* *display* em cristal líquido.
Lib. *Br. pol. **Liberal*** Liberal.
Ltd, ltd *limited* limitada.
LW *long wave* onda longa.

M

M *Br. **motorway*** auto-estrada; ***medium (size)*** (tamanho) médio.
m *metre(s)* m, metro(s); ***mile(s)*** milha(s); ***male, masculine*** masculino; ***million(s)*** milhão(ões); ***minute(s)*** minuto(s).
MA *Master of Arts* Mestre em Letras.
Mar. *March* Março.
masc. *ling. **masculine*** masculino.
MBA *Master of Business Administration* Mestre em Gestão de Empresas.
med. *medical* médico; ***medicine*** medicina; ***medium (size)*** (tamanho) médio.
MEP *Member of the European Parliament* Membro do Parlamento Europeu, euro-deputado.
Messrs *Messieurs* Senhores (*em cartas*).
mg *milligram(me)(s)* mg, miligrama(s).
min. *minute(s)* minuto(s); ***minimum*** mínimo.
mm *millimiter(s)* milímetro(s).
Mon. *Monday* segunda-feira.
MP *Member of Parliament* Membro do Parlamento; ***military police*** Polícia Militar.
mph *miles per hour* milhas por hora.
Mr *Mister* Senhor.

Mrs (*originalmente **Mistress***) Senhora.
Ms Senhora (*forma neutra para mulheres casadas e solteiras*).
MSc *Master of Science* Mestre em Ciências.
Mt *Mount* Monte.
mth(s) *month(s)* mês(meses).
MW *medium wave* onda média.

N

N *north* Norte; ***northern*** a norte, para norte, setentrional.
n *name* nome; ***noun*** substantivo; ***neuter*** neutro.
n.d. *no date* sem data.
neg. *negative* negativo.
NHS *Br. **National Health Service*** Serviço Nacional de Saúde.
No. *north* Norte; ***numero (= number)*** número.
no. *numero (= number)* número.
Nov. *November* Novembro.
NSB *Br. **National Savings Bank*** equivalente a Caixa Económica Nacional.
Nth *North* Norte.
nt.wt. *net weight* peso líquido.
NW *northwest* Noroeste; ***northwestern*** para noroeste, a noroeste, do noroeste.

O

OAP *Br. **old-age pensioner*** aposentado, reformado.
Oct. *October* Outubro.
o.n.o. *or near(est) offer* base de licitação.
OPEC *Organization of Petroleum Exporting Countries* OPEP Organização dos Países Exportadores de Petróleo.
opp. *opposite* oposto; em frente.
oz *ounce(s)* onça(s) (*28,3 g*).

P

p *Br. **penny, pence*** (unidade monetária).
p. *page* página; ***part*** parte.
p.a. *per annum (= per year)* por ano.

par. *paragraph* parágrafo.

PAYE *Br. pay as you earn* tributação na fonte.

PC *Br. police constable* polícia, guarda; *personal computer* computador pessoal.

p.c., pc, % *per cent* por cento; *postcard* postal.

per pro(c). *per procurationem (= by proxy)* por procuração.

PhD *philosophiae doctor (= Doctor of Philosophy)* equivalente a Doutoramento em Letras.

PIN *personal identification number* NIB número (bancário) de identificação pessoal.

Pk *Park* parque.

Pl. *Place* Lugar

pl *plural* plural.

PLC, Plc, plc *Br. public limited company* sociedade por quotas.

PM *Br. Prime Minister* Primeiro-Ministro; *Am. p.m.*

p.m., pm *Br. post meridiem (= after noon)* depois do meio-dia.

PO *postal order* encomenda postal; *post office* Correios.

POD *pay on delivery* entrega contra reembolso, pago no destinatário.

pop. *population* população.

pp. *pages* páginas.

p.p. *per pro(c).*

PR *public relations* relações públicas.

Pres. *president* presidente.

Prof. *Professor* Professor (universitário).

PS *postscript* postscript, pós-escrito.

PTO, p.t.o. *please turn over* volte se faz favor.

Q

quot *econ. quotation* cotação.

R

r. *right* direita, à direita.

RAC *Br. Royal Automobile Club* Real Automóvel Clube.

RAF *Royal Air Force* Real Força Aérea.

RAM *informática: random access memory.*

RC *Roman Catholic* católico romano.

Rd *Road* rua.

RN *Royal Navy* Marinha Real.

ROM *informática: read only memory.*

RSVP *répondez s'il vous plaît (= please reply)* é favor responder.

Rt Hon. *Right Honourable* (título honorífico).

S

S *south* Sul; *southern* a sul, para sul, meridional; *small (size)* (tamanho) pequeno.

s *second(s)* segundo; *hist. Br. shilling(s)* xelim.

Sat. *Saturday* sábado.

SE *southeast* sudeste; *southeastern* a sudeste, para sudeste.

Sec. *Secretary* secretária(o); ministro.

sec. *second(s)* segundos; *secretary* secretária(o).

Sen., sen. *Senior* sénior.

Sep(t). *September* Setembro.

Soc. *society* sociedade.

Sq. *Square* Praça.

sq. *square* quadrado.

St *Saint...* Santo, São...; *street* rua.

st. *Br. stone* (unidade de peso equivalente a 6,35 Kg).

Sth *South* Sul.

Sun. *Sunday* domingo.

SW *southwest* Sudoeste; *southwestern* a sudoeste, para sudoeste; *short wave* onda curta.

T

t *ton(s)* tonelada (*Br. 1016 kg, Am. 907,18 kg); tonne(s) [= metric ton(s) = 1000 kg].*

tel. *telephone (number)* número de telefone.

TGWU *Br. Transport and General Worker's Union* Sindicato dos Trabalhadores dos Transportes.

Thur(s). *Thursday* quinta-feira.

TM *econ. trademark* marca registada.

TUC *Br. Trades Union Congress* Congresso dos Sindicatos.

Tue(s). *Tuesday* terça-feira.

U

UEFA *Union of European Football Association* União das Associações Europeias de Futebol.
UHF *ultrahigh frequency* frequência ultra-alta.
UK *United Kingdom* Reino Unido (Inglaterra, Escócia, País de Gales e Irlanda do Norte).
UNO *United Nations Organization* ONU Organização das Nações Unidas.
US *United States* Estados Unidos.
USA *United States of America* Estados Unidos da América.
USW *ultrashort wave* onda ultra-curta.

V

V *volt(s)* volt.
VAT *value-added tax* imposto sobre o valor acrescentado (IVA).
VCR *video cassette recorder* gravador de cassetes vídeo.
VD *venereal disease* doença venérea.
VHF *very high frequency* frequência muito alta.
VIP *very important person* (*pessoa famosa, muito importante*).
vol. *volume* volume.

vols *volumes* volumes.
vs. *versus* contra.
VS *veterinary surgeon* cirurgião veterinário.
vv, v.v. *vice versa* vice-versa.

W

W *west* Oeste; *western* a oeste, para oeste; *watt(s)* watt(s).
WC *West Central* (*zona postal de Londres*); *water closet* WC, casa de banho.
Wed(s). *Wednesday* quarta-feira.
WP *word processor* processador de texto; *word processing* processamento de texto.
wt., wt *weight* peso.

X

XL *extra large (size)* (tamanho) extra grande.
Xmas *Christmas* Natal.
Xroads *cross roads* cruzamento.
XS *extra small (size)* (tamanho) extra pequeno.

Y

yd, *pl* **yds** *yard(s)* jarda(s) (= 91,44 m).

Abreviaturas Portuguesas
Portuguese Abbreviations

A

(a) *assinado* signed.
a/c. *ao cuidado de* care of.
adv.º *advogado* lawyer.
apr. *aprovado* approved.
Apto *apartamento* Br. flat, Am. apartment.
a.s. *a saber* i.e., that is to say.
Av. *avenida* avenue.

C

c/ *caixa* till, check-out; *com* with; *conta* account.
c/c *conta-corrente* current account.
CE *Comunidade Europeia* European Community.
cf. *confira* confer.
cte *corrente* current.

C.V. *cavalo-vapor* horsepower; curriculum vitae, currículo.

D

desc. *desconto* discount.
Dr.[(a)] *Doutor(a)* doctor.
d.[to] *direito* right.

E

E. *Este* East.
eng.º *engenheiro* engineer.
Esc. *escudo(s)* escudo *(unidade monetária portuguesa)*.
esq. *esquerdo* left.
Est. *estação* (railway) station; ***Estado*** State; ***estrada*** road.
EUA. *Estados Unidos da América* United States of America.
ex. *exemplar* volume; ***exemplo*** example.

F

f. *folha* page.
fig. *figura* picture.
fol., fols. *folha(s)* page(s).

L

l *letra* bill (of exchange); ***linha*** line; ***livro*** book; ***litro*** litre.
L. *largo* Square.
L.[da] *Sociedade de Responsabilidade Limitada* limited (company).
líq. *líquido* liquid.
Lx. *Lisboa* Lisbon.

M

m. *mês* month; ***metro*** metre; ***minuto*** minute.
m/ *meu(s), minha(s)* my.
m.[or] *morador* tenant.

N

n. *nascido* born; ***nome*** name.
N. *nota* note; ***Norte*** North.

n/c *nossa carta* our letter; ***nossa conta*** our account.
n.º *número* number.

O

O. *Oeste* West.
ONU *Organização das Nações Unidas* United Nations Organizations (UNO).
OTAN *Organização do Tratado do Atlântico Norte* North Atlantic Treaty Organization.

P

p. *página* page; *pl* ***pp.;*** *por* per; ***próximo*** next.
p. ex. *por exemplo* for instance.
P.F. *por favor* please.
p.o. *por ordem* per pro.
p.p. *por poder* per pro; ***próximo passado*** last.

R

R. *rua* street.
r/c *rés-do-chão* ground floor.
ref. *referência* re.; ***reformado*** retired.
reg.º *registado* registered; ***regulamento*** regulation.
Rem.[(te)] *remetente* sender.
Rep. *Repartição* department.

S

s/ *sem* without; ***seu(s), sua(s)*** your; ***sobre*** on.
Sr. *Senhor* Mister.
Sr.ª *Senhora* Madam, Mrs.
ss. *seguintes* following.

V, W

v. *ver, veja* see.
vol., vols. *volume(s)* volume(s).
v.s.f.f. *volte, se faz favor* please turn over.
W. = O. *Oeste* West.

Numerais — Numerals
Numerais Cardinais — Cardinal Numbers

0 zero, nought, *zero*
1 one *um*
2 two *dois*
3 three *três*
4 four *quatro*
5 five *cinco*
6 six *seis*
7 seven *sete*
8 eight *oito*
9 nine *nove*
10 ten *dez*
11 eleven *onze*
12 twelve *doze*
13 thirteen *treze*
14 fourteen *catorze*
15 fifteen *quinze*
16 sixteen *dezasseis*
17 seventeen *dezassete*
18 eighteen *dezoito*
19 nineteen *dezanove*
20 twenty *vinte*
21 twenty-one *vinte e um*
22 twenty-two *vinte e dois*
30 thirty *trinta*
31 thirty-one *trinta e um*
40 forty *quarenta*
41 forty-one *quarenta e um*

50 fifty *cinquenta*
51 fifty-one *cinquenta e um*
60 sixty *sessenta*
61 sixty-one *sessenta e um*
70 seventy *setenta*
71 seventy-one *setenta e um*
80 eighty *oitenta*
81 eighty-one *oitenta e um*
90 ninety *noventa*
91 ninety-one *noventa e um*
100 one hundred *cem*
101 one hundred and one *cento e um*
200 two hundred *duzentos*
300 three hundred *trezentos*
572 five hundred and seventy two *quinhentos e setenta e dois*
1000 one thousand *mil*
1066 ten sixty-six *mil e sessenta e seis*
1998 nineteen (hundred and) ninety-eight *mil novecentos e noventa e oito*
2000 two thousand *dois mil*
5044 *teleph.* five o* (*Am. a.* zero) double four *cinco zero quatro quatro*
1,000,000 one million *um milhão*
2,000,000 two million *dois milhões*
1,000,000,000 one billion *um bilião*
* pronuncia-se [əu]

Numerais Ordinais — Ordinal Numbers

1st first *primeiro*
2nd second *segundo*
3rd third *terceiro*
4th fourth *quarto*
5th fifth *quinto*
6th sixth *sexto*
7th seventh *sétimo*
8th eighth *oitavo*
9th ninth *nono*
10th tenth *décimo*
11th eleventh *décimo primeiro*
12th twelfth *décimo segundo*
13th thirteenth *décimo terceiro*
14th fourteenth *décimo quarto*
15th fifteenth *décimo quinto*

16th sixteenth *décimo sexto*
17th seventeenth *décimo sétimo*
18th eighteenth *décimo oitavo*
19th nineteenth *décimo nono*
20th twentieth *vigésimo*
21st twenty-first *vigésimo primeiro*
22nd twenty-second *vigésimo segundo*
23rd twenty-third *vigésimo terceiro*
30th thirtieth *trigésimo*
31st thirty-first *trigésimo primeiro*
40th fortieth *quadragésimo*
41st forty-first *quadragésimo primeiro*
50th fiftieth *quinquagésimo*
51st fifty-first *quinquagésimo primeiro*
60th sixtieth *sexagésimo*

61st sixty-first *sexagésimo primeiro*
70th seventieth *septuagésimo*
71st seventy-first *septuagésimo primeiro*
80th eightieth *octagésimo*
81st eighty-first *octagésimo primeiro*
90th ninetieth *nonagésimo*
91st ninety-first *nonagésimo primeiro*
100th one hundredth *centésimo*
101st hundred and first *centésimo primeiro*

200th two hundredth *ducentésimo*
300th three hundredth *tricentésimo*
572nd five hundred and seventy-second *quingentésimo septuagésimo segundo*
1000th one thousandth *milésimo*
1950th nineteen hundred and fiftieth *milésimo nongentésimo quinquagésimo*
2000th two thousandth *dumilésimo*
1,000,000th one millionth *milionésimo*
2,000,000th *segundo milionésimo*

Números Fraccionários e Outras Funções Matemáticas
Fractions and Other Mathematical Functions

½ one half, a half *meio(a)*
1 ½ one and a half *um(a) e meio(a)*
2 ½ two and a half *dois(duas) e meio(a)*
1/3 one third, a third *um terço*
2/3 two thirds *dois terços*
¼ one quarter, a fourth *um quarto*
¾ three quarters, three fourths *três quartos*
1/5 one fifth, a fifth *um quinto*
3 4/5 three and four fifths *três e quatro quintos*
5/8 five eighths *cinco oitavos*
12/20 twelve twentieths *doze vinte avos*
75/100 seventy-five hundredths *setenta e cinco cem avos*
0.45 (nought point four five) *zero vírgula quarenta e cinco*

2.5 two point five *dois vírgula cinco*
once *uma vez*
twice *duas vezes*
three (four) times *três (quatro) vezes*
twice as much (many) *duas vezes tanto*
firstly (secondly, thirdly) in the first (second, third) place *em primeiro (segundo, terceiro) lugar*
7+8 = 15 seven plus (*or* and) eight is fifteen *sete mais oito é igual a quinze*
9-4 = 5 nine minus (*or* less) four is five *nove menos quatro é igual a cinco*
2 × 3 = 6 twice three is six *duas vezes três é igual a seis*
20 : 5 = 4 twenty divided by five is four *vinte a dividir por cinco é igual a quatro*

Moeda Inglesa — British Currency

1p (a penny)
2p (two pence)
5p (five pence)
10p (ten pence)
20p (twenty pence) As moedas de 1 xelim (= 5p) e 2 xelins (= 10p) estão ainda em circulação

50 p (fifty pence)
£ 1 (one pound)
£ 5 (five pounds)
£ 10 (ten pounds)
£20 (twenty pounds)
£ 50 (fifty pounds)

591

Pesos e Medidas Ingleses
English Weights and Measures

1. Medidas de comprimento — Units of length

1 inch (in.) = 2,54 cm
1 foot (ft) = 12 inches = 30,48 cm
1 yard (yd) = 3 feet = 91,44 cm
1 mile (ml, *Am.* mi.) = 1609,34 m

2. Medidas de superfície — Square measures

1 square inch (sq. in.) = 6,45 cm^2
1 square foot (sq. ft.) = 144 square inches = 929,03 cm^2
1 square yard (sq. yd.) = 9 square feet = 0,836 m^2
1 square rod (sq. rd) = 30.25 square yards = 25,29 cm^2
1 rood (ro.) = 40 square rods = 10,12 a
1 acre (a.) = 4 roods = 40,47 a
1 square mile (sq. ml, *Am.* sq. mi.) = 640 acres = 2,59 km^2

3. Medidas de volume — Cubic measures

1 cubic inch (cu. in.) = 16,387 cm^3
1 cubic foot (cu. ft) = 1728 cubic inches = 0,028 m^3
1 cubic yard (cu. yd) = 27 cubic feet = 0,765 m^3
1 register ton (reg. tn) = 100 cubic feet = 2,832 m^3

4. Medidas de capacidade inglesas - British units of capacity

1 imperial gill (gi., gl) = 0,142 l
1 imperial pint (pt) = 4 gills = 0,586 l
1 imperial quart (qt) = 2 imperial pints = 1,136 l
1 imperial gallon (imp. gal.) = 4 imperial quarts = 4,546 l
1 imperial barrel (bbl., bl) = 36 imperial gallons = 1,636 hl

5. Medidas de capacidade americanas — American units of capacity

1 U.S. dry pint = 0,551 l
1 U.S. dry quart = 2 dry pints = 1,1 l
1 U.S. liquid gill = 0,118 l
1 U.S. liquid pint = 4 gills = 0,473 l
1 U.S. liquid quart = 2 liquid pints = 0,946 l
1 U.S. gallon = 8 liquid pints = 3,785 l
1 U.S. barrel = 31.5 gallons = 119,2 l
1 U.S. barrel petroleum = 42 gallons = 158,97 l *(international standardfor oil)*

6. Medidas de peso — Units of weight

1 grain (gr.) = 0,0648 g
1 dram (dr. av.) = 27.34 grains = 1,77 g
1 ounce (oz av.) = 16 drams = 28,35 g
1 pound (lb. av) = 16 ounces = 0,453 kg
1 stone (st.) = 14 pounds = 6,35 kg
1 quarter (qr) *Br.* = 28 pounds = 12,7 kg; *Am.* = 25 pounds = 11,34 kg
1 hundredweight (cwt) *Br.* = 112 pounds = 50,8 kg; *Am.* = 100 pounds = 45,36 kg
1 ton (t, tn) *Br.* = 2240 pounds (= 20 cwt l.) = 1016 kg; *Am.* = 2000 pounds (= 20 cwt. sh.) = 907,18 kg

Conversão de Temperaturas
Conversion of Temperatures

° *Fahrenheit* = (9/5 ° C) + 32

° *Celsius =* (° F −32) × 5/9

Pesos e Medidas Portugueses
Portuguese Weights and Measures

1. Medidas de comprimento — Units of length

1 mm milímetro *millimetre*
1 cm centímetro *centimetre*
1 dm decímetro *decimetre*
1 m metro *metre*
1 km quilómetro *kilometre*
1 polegada *inch (=25,5 mm)*
1 palmo *palm (= 22 cm)*
1 pé *foot (= 30,5 cm)*
1 vara ell *(= 1,10 m)*
1 lég. légua *league (= 5 km)*
1 mi. milha marítima *nautical mile (1852 m)*

2. Medidas de capacidade — Units of capacity

1 dl decilitro *decilitre*
1 l litro *litre*
1 hl hectolitro *hectolitre*
1 quartilho *pint (= 0,5 l)*
1 almude *almude (20 or 25 l)*
1 alqueire =*20 l*
1 rasa = 1 alqueire
1 pipa *barrel (= 500/600 l)*

3. Medidas de superfície — Square measures

1mm² milímetro quadrado *square millimetre*
1 cm² centímetro quadrado *square centimetre*
1 dm² decímetro quadrado *square decimetre*
1 m² metro quadrado *square metre*
1 are *are*
1 ha hectare *hectare*
1 km² quilómetro quadrado *square kilometre*
1 jeira *(from 19 to 36 ha)*
1 alqueire *(de 2,5 a 4,8 ha)*

4. Medidas de volume

1 mm³ milímetro cúbico *cubic millimetre*
1 cm³ centímetro cúbico *cubic centimetre*
1 dm³ decímetro cúbico *cubic decimetre*
1 m³ metro cúbico *cubic metre*
1 estere

5. Medidas de peso — Units of weight

1 mg miligrama *milligram*
1 g grama *gram*
1 kg quilograma *kilogram*
1 t tonelada *ton*
1 quilate *carat, karat (= 0, 200 g)*
1 onça *ounce (= 28,35 g)*
1 arroba (= 15 kg)
1 q quintal = 4 arrobas
1 qm quintal métrico
1 arrátel (= 429 g)

Medidas de Quantidade
Units of Quantity

1 dz dúzia *dozen*
1 quart quarteirão (= 25 itens)
1 gr. grosa (= 144 itens)

Verbos Irregulares Ingleses
English Irregular Verbs

A primeira forma, em negrito, refere-se ao presente do indicativo (present tense), seguida do passado simples (simple past tense) e do particípio passado (past participle).

alight	alighted, alit	alighted, alit
arise	arose	arisen
awake	awoke, awaked	awoke, awaked, awoken
be (am, is, are)	was (were)	been
bear	bore	borne, born
beat	beat	beaten, beat
become	became	become
beget	begot	begotten
begin	began	begun
bend	bent	bent
bereave	bereaved, bereft	bereaved, bereft
beseech	besought, beseeched	besought, beseeched
bet	bet, betted	bet, betted
bid	bade, bid	bidden, bid
bide	bade, bided	bided
bind	bound	bound
bite	bit	bitten
bleed	bled	bled
bless	blessed, blest	blessed, blest
blow	blew	blown
break	broke	broken
breed	bred	bred
bring	brought	brought
broadcast	broadcast(ed)	broadcast(ed)
build	built	built
burn	burnt, burned	burnt, burned
burst	burst	burst
bust	bust(ed)	bust(ed)
buy	bought	bought
can	could	
cast	cast	cast
catch	caught	caught
choose	chose	chosen
cleave	cleft, cleaved, clove	cleft, cleaved, clove
cling	clung	clung
clothe	clothed, clad	clothed, clad
come	came	come
cost	cost	cost
creep	crept	crept
crow	crowed, crew	crowed
cut	cut	cut
deal	dealt	dealt
dig	dug	dug
do	did	done
draw	drew	drawn
dream	dreamt, dreamed	dreamt, dreamed

drink	drank	drunk
drive	drove	driven
dwell	dwelt, dwelled	dwelt, dwelled
eat	ate	eaten
fall	fell	fallen
feed	fed	fed
feel	felt	felt
fight	fought	fought
find	found	found
flee	fled	fled
fling	flung	flung
fly	flew	flown
forbid	forbade(e)	forbid(den)
forecast	forecast(ed)	forecast(ed)
forget	forgot	forgotten
forsake	forsook	forsaken
freeze	froze	frozen
geld	gelded, gelt	gelded, gelt
get	got	got
gild	gilded, gilt	gilded, gilt
give	gave	given
gnaw	gnawed	gnawed, gnawn
go	went	gone
grind	ground	ground
grip	gripped, gript	gripped, *Am.* gript
grow	grew	grown
hang	hung	hung
have (has)	had	had
hear	heard	heard
heave	heaved, *esp. mar.* hove	heaved, *esp. mar.* hove
hew	hewed	hewed, hewn
hide	hid	hidden, hid
hit	hit	hit
hold	held	held
hurt	hurt	hurt
keep	kept	kept
kneel	knelt, kneeled	knelt, kneeled
knit	knitted, knit	knitted, knit
know	knew	known
lay	laid	laid
lead	led	led
lean	leaned, *esp. Br.* leant	leaned, *esp. Br.* leant
leap	leaped, lept	leaped, lept
learn	learned, learnt	learned, learnt
leave	left	left
lend	lent	lent
let	let	let
lie	lay	lain
light	lighted, lit	lighted, lit
lose	lost	lost
make	made	made
may	might	
mean	meant	meant
meet	met	met

melt	melted	melted, molten
mow	mowed	mowed, mown
pay	paid	paid
plead	pleade, *Am.* pled	pleaded, *Am.* pled
prove	proved	proved, proven
put	put	put
quit	quit(ted)	quit(ted)
read	read	read
rid	rid, ridden	rid, ridded
ride	rode	ridden
ring	rang	rung
rise	rose	risen
run	ran	run
saw	sawed	sawn, sawed
say	said	said
see	saw	seen
seek	sought	sought
sell	sold	sold
send	sent	sent
set	set	set
sew	sewed	sewed, sewn
shake	shook	shaken
shall	should	
shear	sheared	sheared, shorn
shed	shed	shed
shine	shone	shone
shit	shit(ed), shat	shit(ted), shat
shoe	shod, shoed	shod, shoed
shoot	shot	shot
show	showed	shown, showed
shred	shredded, shred	shredded, shred
shrink	shrank, shrunk	shrunk
shut	shut	shut
sing	sang	sung
sink	sank, sunk	sunk
sit	sat	sat
slay	slew	slain
sleep	slept	slept
slide	slid	slid
sling	slung	slung
slink	slunk	slunk
slit	slit	slit
smell	smelt, smelled	smelt, smelled
smite	smote	smitten
sow	sowed	sown, sowed
speak	spoke	spoken
speed	sped, speeded	sped, speeded
spell	spelt, spelled	spelt, spelled
spend	spent	spent
spill	spilt, spilled	spilt, spilled
spin	spun	spun
spit	spat	spat
split	split	split
spoil	spoiled, spoilt	spoiled, spoilt

spread	spread	spread
spring	sprang, *Am.* sprung	sprung
stand	stood	stood
steal	stole	stolen
stick	stuck	stuck
sting	stung	stung
stink	stank, stunk	stunk
stride	strode	stridden
strike	struck	struck
string	strung	strung
strive	strove	striven
swear	swore	sworn
sweat	sweated, *Am.* sweat	sweated, *Am.* sweat
sweep	swept	swept
swell	swelled	swollen, swelled
swim	swam	swum
swing	swung	swung
take	took	taken
teach	taught	taught
tear	tore	torn
telecast	telecast(ed)	telecast(ed)
tell	told	told
think	thought	thought
thrive	thrived, throve	thrived
throw	threw	thrown
thrust	thrust	thrust
tread	trod	trodden
wake	woke, waked	waked, woken
wear	wore	worn
weave	wove	woven
wed	wed(ed)	wed(ded)
weep	wept	wept
wet	wetted, wet	wetted, wet
win	won	won
wind	wound	wound
wring	wrung	wrung
write	wrote	written

Conjugação dos Verbos Portugueses

As terminações pessoais são assinaladas a itálico e as irregularidades a negrito.

Primeira Conjugação

[1a] **louvar** A vogal do radical não se altera

Tempos simples
Indicativo

Presente	*Pretérito imperfeito*	*Pretérito perfeito*
louv*o*, louv*as*	louv*ava*, louv*avas*	louv*ei*, louv*aste*
louv*a*, louv*amos*	louv*ava*, louv*ávamos*	louv*ou*, louv*ámos*
louv*ais*, louv*am*	louv*áveis*, louv*avam*	louv*astes*, louv*aram*

Futuro	*Condicional*	*Pretérito mais-que-perfeito*
louv*arei*, louv*arás*	louv*aria*, louv*arias*	louv*ara*, louv*aras*
louv*ará*, louv*aremos*	louv*aria*, louv*aríamos*	louv*ara*, louv*áramos*
louv*areis*, louv*arão*	louv*aríeis*, louv*ariam*	louv*áreis*, louv*aram*

Conjuntivo

Presente	*Pretérito imperfeito*	*Futuro*
louv*e*, louv*es*	louv*asse*, louv*asses*	louv*ar*, louv*ares*
louv*e*, louv*emos*	louv*asse*, louv*ássemos*	louv*ar*, louv*armos*
louv*eis*, louv*em*	louv*ásseis*, louv*assem*	louv*ardes*, louv*arem*

Imperativo	*Infinito*	*Infinito pessoal*
louv*a*	louv*ar*	louv*ar*, louv*ares*
louv*emos*		
louv*ai*	*Particípio*	*Gerúndio*
louv*em*	louv*ado*	louv*ando*

Tempos compostos

Infinito	*Gerúndio*
ter louv*ado*	tendo louv*ado*

Indicativo
Pret. perf. comp.: tenho louv*ado*, etc.
Mais-que-perf. comp.: tinha louv*ado*, etc.
Fut. perf.: terei louv*ado*, etc.
Cond. perf.: teria louv*ado*, etc.

Conjuntivo
Pret. perf.: tenha louv*ado*, etc.
Pret. mais-que-perf.: tivesse louv*ado*, etc.
Fut. perfeito: tiver louv*ado*, etc.

As referências numéricas seguidas de letras (**1b**, **2c**, etc) referem-se a casos onde se verifica alteração da vogal do radical.

	Presente do Ind.	*Presente do Conjuntivo*	*Pret. perf. ind.*
1b a aberto	lav*o*	lav*e*	lav*ei*

excepto na 2.ª e 3.ª p. pl. do ind. e conj. Pret. perf. regular

1c e aberto	lev*o*	lev*e*	lev*ei*

excepto na 2.ª e 3.ª p. pl. do ind. e conj. Pret. perf. regular

	Presente do Ind.	*Presente do Conjuntivo*	*Pret. perf. ind.*
1d e fechado	dese**j**o	dese**j**e	dese**j**ei

1e o aberto — apro**v**o — apro**v**e — apro**v**ei
excepto na 2.ª e 3.ª p. pl. do ind. e conj. Pret. perf. regular

1f o fechado — per**do**o — per**do**e — per**do**ei

1g v. em -*iar* e -*uar*	adi**o**	adi**e**	adi**ei**

1h v. em -*iar*² — o**dei**o — o**dei**e — o**diei**
i → *ei* excepto nas 2.ª e 3.ª p. pl

1i v. em -*iar*³ — conlu**i**o — conlu**i**e — conlu**i**ei
i → *ui*

1k v. em *oiar* — b**ói**o — b**ói**e — b**oi**ei
o → *ó*
excepto na 2.ª e 3.ª p. pl. do ind. e conj. Pret. perf. regular

1l v. em -*ear* — re**cei**o — re**cei**e — re**ce**ei
e → *ei*
excepto na 2.ª e 3.ª p. pl. do ind. e conj. Pret. perf. regular

1m v. -*guar* e -*quar* — averi**gu**o — averi**gu**e — averi**gu**ei

1n v. em -*car* — fi**c**o — fi**qu**e — fi**qu**ei
c → *qu* + *e*

1o v. em -*gar* — li**g**o — li**gu**e — li**gu**ei
g → *gu* + *e*

1p v. -*çar* — dan**ç**o — dan**c**e — dan**c**ei
ç → *c* + *e*

1q — sa**ú**do — sa**ú**de — saud**ei**
vogal do radical acentuada depois de vogal, desde que com ela não forme
ditongo

1r	**dou**	d**ê**	d**ei**
dar	d**ás**	d**ês**	de**ste**
— irregular	d**á**	d**ê**	d**eu**
	d**amos**	d**êmos**	d**emos**
	d**ais**	d**eis**	de**stes**
	d**ão**	d**êem**	d**eram**

1s	es**tou**	este**j**a	esti**v**e
estar	es**tás**	este**j**as	esti**v**este
— irregular	es**tá**	este**j**a	esti**v**e
	es**tamos**	este**j**amos	esti**v**emos
	es**tais**	este**j**ai	esti**v**estes
	es**tão**	este**j**am	esti**v**eram

599

Segunda Conjugação
2a vender — A vogal do radical não se altera

Tempos simples
Indicativo

Presente	*Pretérito imperfeito*	*Pret. perfeito*
vend*o*, vend*es*	vend*ia*, vend*ias*	vend*i*, vend*este*
vend*e*, vend*emos*	vend*ia*, vend*íamos*	vend*eu*, vend*emos*
vend*eis*, vend*em*	vend*íeis*, vend*iam*	vend*estes*, vend*eram*

Futuro	*Condicional*	*Pret. mais-que-perfeito*
vend*erei*	vend*eria*	vend*era*, vend*eras*
vend*erás*, vend*erá*	vend*erias*, vend*eria*	vend*era*, vend*êramos*
vend*eremos*,	vend*eríamos*	vend*êreis*, vend*eram*
vend*ereis*, vend*erão*	vend*eríeis*, vend*eriam*	

Conjuntivo

Presente	*Pretérito imperfeiro*	*Futuro*
vend*a*, vend*as*	vend*esse*	vend*er*, vend*eres*,
vend*a*, vend*amos*	vend*esses*	vend*er*, vend*ermos*,
vend*ais*, vend*am*	vend*esse*	vend*erdes*, vend*erem*
	vend*êssemos*	
	vend*êsseis*	
	vend*essem*	

Imperativo	*Infinito*	*Infinito pessoal*
vend*e*	vend*er*	vend*er*, vend*eres*
vend*amos*		
vend*ei*	*Particípio*	*Gerúndio*
vend*am*	vend*ido*	vend*endo*

Tempos compostos: semelhantes à 1.ª conjugação.

	Presente do Ind.	*Presente do Conjuntivo*	*Pret. perf. ind.*
2b a aberto	abat*o*	abat*a*	abat*i*

excepto 1.ª e 2.ª p. pl.

2c e fechado	beb*o*	beb*a*	beb*i*

excepto 2.ª e 3.ª p. sg. e 3.ª p. pl. do presente do ind.

2d o fechado	com*o*	com*a*	com*i*
2e	volv*o*	volv*a*	volv*i*

excepto 2.ª e 3.ª p. sg. e 3.ª p. pl. do presente do ind.

2f o fechado	mo*o*, mó*is*, mó*i*	mo*a*	mo*í*

excepto 2.ª e 3.ª p. sg. do presente do ind.
→ *oi*

2g v. em *-cer*.	teç*o*	teç*a*	tec*i*

$c \rightarrow ç + a, o$

2h v. em *-ger*	rej*o*, reg*es*, etc.	rej*a*	reg*i*

$g \rightarrow j + o, u$

2i v. em *-guer*   ergo   erga   ergui
$gu \rightarrow g + a,u$

2k crer   creio, crês, crê   creia, creias, creia   cri, creste,
restantes   cremos, credes,   creiamos, creiais,   etc.
formas   crêem
regulares   creiam

2l as mesmas   leio, lês, lê   leia, leias, leia   li, leste,
irregularidades   lemos, ledes,   leiamos, leiais,   etc.
que *crer*   lêem   leiam

2m ver   vejo, vês, vê   veja, vejas, veja   vi, viste
as mesmas   vemos, vedes   vejamos, vejais   viu, vimos
irregularidades   vêem   vejam   vistes, viram
que *crer*
Particípio passado: **visto**

2n prover   provejo   proveja   provi
como *ver. Pret. perf. e particípio*
Particípio: **provido** *regulares*

2o perder   perco, perdes, etc.   perca, percas,   perdi, etc.
perca, percamos
percais, percam
1.ª p. sg. do pres. ind. e todo o Pres. Conj.
$d \rightarrow c$. Restantes formas regulares.

2p valer   valho, vales,etc.   valha, valhas,   vali, etc.
valha, valhamos
valhais, valham
Nas mesmas formas que *perder l lh*. Restantes formas regulares

2q caber   caibo, cabes,   caiba, caibas, caiba   coube, coubeste,
cabe, etc.   caibamos, caibais,   coube, coubemos,
caibam   coubestes,
couberam
irregularidades na vogal do radical do pres. ind. (1.ª p. sg.), pres. conj. e pret.
perf.

2r saber   sei, sabes,   saiba,saibas, etc.   soube, soubeste,
sabe, etc.   etc.
como *caber*. 1.ª p. sg. do pres. ind. irregular

2s aprazer   aprazo, aprazes,   apraza, etc.   aprouve
apraz, aprazemos,   aprouveste
aprazeis, aprazem,   aprouve
aprouvemos
aprouvestes
aprouveram
3.ª p. sg. pres. ind. e pret. perfeito irregulares

2t querer quero, quer*es*, quei*ra*, quei*ras*, **quis**, quis*este*, quis, quer, etc. etc. quis*emos*, quis*estes*, quis*eram*

queda do *e* na 3.ª p. sg. pres. ind.; vogal do radical do conj. *ei;* pret. perf. irregular

2u requerer reque*iro*, reque*res* reque*ira*, etc. requer*i*, etc.
  requer,
  requer*emos*, etc.

1.ª p.sg. pres. ind. e todo pres. conj. irregular. Pret. perf. regular

2v fazer fa*ço*, fa*zes*, faz, fa*ça*, fa*ças*, etc. **fiz**, fiz*este*, fez, fa*zemos*, etc. fiz*emos*, fiz*estes*, fiz*eram*

z → ç + a, o
Pret. perfeito irregular. Queda do *ze* no fut. e condicional e do *e* na 3.ª p. sg. do pres. ind.
Futuro: **fa**r*ei*, **fa**r*ás*, **fa**r*á*, **fa**r*emos*, **fa**r*eis*, **fa**r*ão*
Particípio: **feito**

2w trazer tra*go*, tra*zes*, tra*ga*, etc. **trouxe**, etc.
  traz, etc.
As mesmas irregularidades que fazer (2v). particípio regular.
Futuro: **tra**r*ei*, **tra**r*ás*, **tra**r*á*, **tra**r*emos*, **tra**r*eis*, **tra**r*ão*

2x dizer di*go*, di*zes*, diz, di*ga*, di*gas*, etc. **disse**, diss*este*, etc. disse, diss*emos*, diss*estes*, diss*eram*
as mesmas etc. irregularidades que *fazer* (2v).

2y poder pos*so*, pod*es*, pos*sa*, pos*sas*, etc. pude, pud*este*, pod*e*, etc. pôde, pud*emos*, pud*estes*, pud*eram*

1.ª p. sg. pres. ind. e pres. conj.
d → ss; pret. perf. regular.

2z haver hei, hás, há, haja, ha*jas*, etc. houve, houv*este*,
irregular hav*emos*, hav*eis*, houve, houv*emos*,
  hão houv*estes*, houv*eram*

2za ter tenh*o*, tens, tem, tenha, tenh*as*, etc. tive, tiv*este*, teve,
irregular tem*os*, tendes, têm tiv*emos*, tiv*estes*, tiv*eram*

Pret. imperf.: **tinha**, tinh*as*, tinha, tính*amos*, tính*eis*, tinh*am*

2zb verbo **reter** — conjuga-se como **ter** mas as 2.ª e 3.ª pessoas do sg. do pres. do indicativo e a 2.ª pessoa do sg. do imperfeito são acentuadas.

2zc ser sou se*ja* fui
irregular és se*jas* foste
  é se*ja* foi
  somos se*jamos* fomos
  sois se*jais* fostes

são **sej***am* **foram**

Pret. imperf.: er*a*, er*as*, er*a*, **é***ramos*, **é***reis*, er*am*
Imperativo: 2ª p. sg. **sê**; 2ª p. pl. **sede**

2zd pôr	pon*ho*	pon**h***a*	**pus**
irregular	põ*es*	pon**h***as*	**pus***este*
	põ*e*	pon**h***a*, etc.	**pôs**
	po*mos*		**pus***emos*
	pon*des*		**pus***estes*
	põ*em*		**pus***eram*

Pret. imperf.: pun**h***a*, pun**h***as*, pun**h***a*, pún**h***amos*, pún**h***eis*, pun**h***am*
Particípio: p**osto**

Terceira Conjugação

3a admitir A vogal do radical não se altera

Tempos simples
Indicativo

Presente	*Pretérito imperfeito*	*Pret. perfeito*
admit*o*, admit*es*	admit*ia*, admit*ias*	admit*i*, admit*iste*
admit*e*, admit*imos*	admit*ia*, admit*íamos*	admit*imos*, admit*istes*
admit*is*, admit*em*	admit*íeis*, admit*iam*	admit*iram*

Futuro	*Condicional*	*Pret. mais-que-perfeito*
admit*irei*, admit*irás*	admit*iria*, admit*irias*,	admit*ira*, admit*iras*
admit*irá*,	admit*iria*, admit*iríamos*,	admit*ira*, admit*íramos*
admit*iremos*	admit*iríeis*, admit*iriam*	admit*íreis*, admit*iram*
admit*ireis*		
admit*irão*		

Conjuntivo

Presente	*Pretérito imperfeito*	*Futuro*
admit*a*, admit*as*	admit*isse*, admit*isses*,	admit*ir*, admit*ires*,
admit*a*, admit*amos*	admit*isse*, admit*íssemos*,	admit*ir*, admit*irmos*,
admit*ais*, admit*am*	admit*ísseis*, admit*issem*	admit*irdes*, admit*irem*

Imperativo	*Infinito*	*Infinito pessoal*
admit*e*, admit*a*	admit*ir*	admit*ir*, admit*ires*, etc.
admit*amos*		
admit*i*	*Particípio*	*Gerúndio*
admit*am*	admit*ido*	admit*indo*

Tempos compostos: semelhantes à 1.ª conjugação

	Presente do Ind.	*Presente do Conjuntivo*	*Pret. perf. ind.*
3b a aberto	invad*o*, invad*es*,	invad*a*, invad*as*,	invad*i*, invad*iste*,
	etc.	etc.	etc.

excepto na 1.ª e 2.ª p. pl. Pret. perf. regular

3c e aberto	disp*o*, desp*es*,	disp*a*, disp*as*,	desp*i*, desp*istes*,
	desp*e*, desp*imos*,	etc.	etc.
	desp*is*, desp*em*		

na 2.ª e 3.ª p. sg. e 3.ª p. pl. do pres. ind. Muda para *i* na 1.ª p. sg. do pres. ind. e
em todo o pres. conj.

603

3d   agrid*o,* agrid*es,*   **agrid**a, agrid*as,*   agred*i,* agred*iste,*
           etc.   etc.   etc.

e → i no pres. ind. (excepto 2.ª e 3.ª p. pl.) e em todo o pres. conj.

3e sentir   sint*o,* sent*es,*   sint*a,* sint*as,*   sent*i,* sent*iste,*
                  etc.   etc.   etc.

e nasalado → i nasalado na 1.ª p. sg. do pres. ind. e em todo o pres. do conj.

3f   durm*o,* dorm*es*   **durm**a, durm*as,*   dorm*i,* dorm*iste,*
           dorm*e,* dorm*imos,* etc.   etc.
           dorm*is,* **dorm**em

o aberto na 2.ª e 3.ª p. sg. e 3.ª p. pl. do pres. do ind.;
o → u na 1.ª p. sg. do pres. do ind. e em todo o conj.

3g polir   pul*o,* pul*es,*   **pul**a, pul*as,* **pul**a,   pol*i,* pol*iste*
                 pul*e,* pol*imos,* etc.   etc.
                 pol*is,* **pul**em

o → u no pres. do ind. (excepto 2.ª e 3.ª p. pl) e em todo o conj.

3h   sub*o,* sob*es,*   sub*a,* sub*as,*   sub*i,* subiste,
           sob*e,* sub*imos,* etc.   etc.
           sub*is,* sob*em*

u → o aberto na 2.ª e 3.ª p. sg. e 3.ª p. pl do pres. ind.

3i   fru*o,* **fru**is, fru*i,*   fru*a,* fru*as,*   fru*í,* fru*íste,*
           frui, fru*ímos,* etc.   fru*íu,* etc.
           fru*ís,* fru*em*

Na 2.ª e 3.ª p. sg. do pres. ind. *e → i.* Muitas formas levam acento agudo.

3k   destru*o,* destr*óis,*   destru*a,* destru*as,*   destru*í,* destru*íste*
           destr*ói,* destru*ímos* etc.   etc.
           destru*ís,* destro*em*

Alguns vb. com *u* (destruir) junto de *-uis, -ui* e *-uem* no pres. ind. mudam para *-óis, -ói* e *-oem*

3l   cai*o,* cai*s,* cai   cai*a,* cai*as,*   ca*í,* ca*íste,*
           ca*ímos,* ca*ís,* cai*em* etc.   etc.

v. como *cair* conjugam-se como *fruir* (3i). Acrescenta-se *i* na 1.ª p. sg. do pres. ind. e no conjuntivo

3m aduzir   aduz*o,* aduz*es,*   aduz*a,* aduz*as,*   aduz*i,* aduz*iste,*
                  aduz, etc.   etc.   etc.

cai o *e* na 3.ª p. sg. do pres. do ind.

3n   surj*o,* surg*es,*   surj*a,* surj*as,*   surg*i,* surg*iste,*
           surg*e,* surg*imos* etc.   etc.
           surg*is,* surg*em*

v. em *-gir g → j + a, o - surgir*

3o   disting*o,*   disting*a,* disting*as,*   distingu*i,*
           distingu*es,*   etc.   distingu*iste,* etc.
           distingu*e,* etc.

v. em *-guir gu, qu → g,q* + a, o: distinguir (o u não se pronuncia)

3p arguo, argúis, argua, arguas, argui, arguiste,
argúi, arguimos, etc. etc.
arguis, argúem

v. em *-guir* e *-quir* (o *u* pronuncia-se) O *u* é acentuado em alg. formas: *arguir*

3q frigir frijo, freges, frija, frijas, frija, etc. frigi, frigiste, etc.
frege, frigimos
frigis, fregem

$g \rightarrow j + a,o$ e antes de *i* e *e* na 2.ª e 3.ª p. sg. e 3.ª pl do pres. do ind.

3r pedir peço, pedes, peça, peças, peça, pedi, pediste,
pede, pedimos, etc. etc.
pedis, pedem

$d \rightarrow ç$ na 1.ª p. sg. do pres. do ind. e em todo o conj. *Medir* conjuga-se de forma semelhante

3s proibir proíbo, proíbes, proíba, proíbas, proibi, proibiste,
proíbe, proibimos proíba, proibumos etc.
proibis, proíbem proibais, proíbam

Em algumas formas o *i* é acentuado

3t reunir reúno, reúnes reúna, reúnas, etc. reuni, reuniste,
reúne, etc. etc.

u acentuado nas mesmas formas que *proibir (3s)*

3u ouvir oiço (ouço) oiça (ouça) ouvi, ouviste,
ouves, ouve, etc. oiças, oiça, etc. etc.

Na 1.ª p. sg. do pres. do ind. e em todo o conj. *ouv-* → *oiç-*

3v vir venho, vens, venha, venhas, venha, vim,
irregular vem, vimos, venhamos, venhais, vieste
vindes, vêm venham veio
viemos
viestes
vieram

Pret. imperf.: vinha, vinhas, vinha, vínhamos, vínheis, vinham
Particípio = Gerúndio: vindo

3x provir e outros verbos derivados de vir. Conjugam-se da mesma forma, mas a 2.ª e 3.ª p. sg. são acentuadas.

3y ir vou, vais vá, vás, vá, fui, foste,
irregular vai, vamos vamos, vades, foi, fomos,
ides, vão vão fostes, foram

Pret. imperf.: ia, ias, ia, etc.
Futuro: irei, irás, etc.
Particípio: ido

3z parir = 3b.

Formação de Palavras — Word Formation

Prefixos — Word Beginnings

a- a-, ab- *e.g.:* **amoral, atypical**, *aversão, abdicar*

aero- aero- *e.g.:* **aerodynamic**, aerodinâmico

after- depois *e.g.:* **afternoon** tarde *(depois do meio-dia)*

ante- ante- *e.g.:* **antedate** antecipar

anti- anti- *e.g.:* **antinuclear** antinuclear

arch- arqui- *e.g.:* **archbishop** arquiduque

auto- auto- *e.g.:* **automatic** automático

bi- bi- *e.g.:* **bilingual** bilinguístico

bio- bio- *e.g.:* **biodegradable** biodegradável

circum- circum- *e.g.:* **circumnavigate** circum-navegação

co- co- *e.g.:* **copilot** colaboração

contra- contra- *e.g.:* **contradiction** contradição

counter- contra- *e.g.:* **counterpart** contrapartida

cross- (através) *e.g.:* **cross-Channel**

de- de-, des- *e.g.:* **decrease, deduce** decompor, desleal

dis- di-, dis- *e.g.:* **disconnect, disinfect** difundir, discordar

em-, en- em-, en- *e.g.:* **empower, enable** engrossar, emudecer

Euro- euro- *e.g.:* **Euro-elections, eurocrat** eurocrata, euro-deputado

ex- ex- *e.g.:* **ex-wife, ex-presidente** ex-mulher, ex-presidente

extra- extra- *e.g.:* **extra-corporal, extravagant** extracorporal, extravagante

fore- pre-, ante- *e.g.:* **forecast, forearm** previsão, antebraço

geo- geo- *e.g.:* **geopolitical** geopolítico

hyper- hiper- *e.g.:* **hyperactive** hiperactivo

il-, im-, in- i-, im-, in- *e.g.:* **illogical, impossible, indecent** ilógico, impossível, indecente

infra- infra- *e.g.:* **infrastructure** infraestrutura

inter- inter- *e.g.:* **intergovernmental** intergovernamental, intervertebral

intra- intra-, *e.g.:* **intravenous** intravenoso

ir- ir- *e.g.:* **irregular** irregular

macro- macro- *e.g.:* **macroeconomics** macroeconomia

mal- mal- *e.g.:* **maltreat** maltratar

mega- mega- *e.g.:* **megastar** megaconcerto

micro- micro- *e.g.:* **microcomputer** microcomputador

mini- mini- *e.g.:* **miniskirt** minissaia

mis- (ideia de mal) *e.g.:* **misunderstanding, misbehaviour** incompreensão, mau comportamento

mono- mono- *e.g.:* **monogamy** monogamia

multi- multi- *e.g.:* **multinational**, multinacional

neo- neo- *e.g.:* **neofascism** neofascismo

non- (negação) *e.g.:* **non-smokers** não-fumadores

omni- omni- *e.g.:* **omnipresence** omnipresença

out- (para fora) *e.g.:* **outbreak, outspoken**

over- sobre-, super- *e.g.:* **overdo, overflow** sobrecarga

poly- poli- *e.g.:* **polyglot** poliglota

post- pós- *e.g.:* **post-industrial** pós-industrial

pre- pre-, pré- *e.g.:* **pre-school, pre-pay** previsão, pré-aviso

pro- pro- *e.g.:* **pro-American** pró-americano

pseudo- pseudo- *e.g.:* **pseudo-democratic** pseudo-democrata

psycho- psíco- *e.g.:* **psychology** psicologia

re- re- *e.g.:* **rewrite, reappear** reescrever, reaparecer

retro- retro- *e.g.:* **retroactive, retrospective** retroactivo, retrospectiva

self- auto- *e.g.:* **self-adhesive** auto-adesivo

semi- semi- (meio) *e.g.:* **semifinal, semicircle** meia-final, semicírculo

socio- socio- *e.g.:* **sociology** sociologia

sub- sub- *e.g.:* **subconscious** subconsciente

super- super-, ultra- *e.g.:* **super-tanker; superfluous** supertanque, supérfluo

techno- tecno- *e.g.:* **technocrat** tecnocrata

tele- tele- *e.g.:* **telecommunications, telephone** telecomunicações, telefone

trans- trans- *e.g.:* **transatlantic, transmission** transatlântico, transmissão

tri- tri- *e.g.:* **triangle** triângulo

ultra- ultra- *e.g.:* **ultrasound, ultramodern** ultra-som, ultramoderno

un- uni- *e.g.:* **unilateral, uniform** unilateral, uniforme

up- (para cima) *e.g.:* **upgrade, upstream**

vice- vice- *e.g.:* **vice-president** vice--presidente

Sufixos — Word endings

-ability -dade, *e.g.:* **readability, suitability,** capacidade

-able -ável *e.g.:* **washable** lavável

-aholic *e.g.:* **workaholic**

-ance -aço, -ão, -agem *e.g.:* **performance** lavagem, cansaço

-archy -ia *e.g.:* **monarchy** monarquia

-ary -ário *e.g.:* **functionary** funcionário

-ate -ado, -ato *e.g.:* **electorate, sulphate** eleitorado, sulfato

-ation -ção *e.g.:* **duplication** duplicação

-cracy -cracia *e.g.:* **democracy** democracia

-crat *e.g.:* **Eurocrat**

-cy -ância, -ência *e.g.:* **frequency** frequência, tolerância

-ence -ance *e.g.:* **reference**

-ess -iz, *e.g.:* **actress** actriz

-fold (ideia de multiplicação) *e.g.:* **twofold**

-free (livre, grátis) *e.g.:* **duty-free**

-friendly *e.g.:* **environmental-friendly**

-ful in adj -oso *e.g.:* **painful, cheerful** doloroso, caloroso

-high *e.g.:* **knee-high**

-hood -ância, -dade *e.g.:* **childhood, brotherhood** infância, irmandade

-ibility **ability** -dade *e.g.:* **reversibility** reversabilidade

-ible **able** -ível *e.g.:* **reversible** reversível

-ic -ico, -iço in adj *e.g.:* **poetic, Arabic** poético; in nouns **alcoholic** alcoólico

-ical -ico *e.g.:* **historical** histórico

-ician -ico *e.g.:* **technician** técnico

-ics *e.g.:* **politics**

-ise ize

-ish -ado, -ês *e.g.:* **childish, Danish** acriançado, dinamarquês

-ism -ismo *e.g.:* **Socialism** socialismo

-ist -ista *e.g.:* **socialist** socialista

-ity -eza *e.g.:* **purity** pureza

-ive *e.g.:* **primitive**

-ize -izar *e.g.:* **computerize** computorizar

-less (sem) *e.g.:* **hopeless, careless**

-let -inho *e.g.:* **booklet, piglet** livrinho (brochura), porquinho

-like (semelhante a) *e.g.:* **childlike, lady-like**

-lived *e.g.:* **short-lived**

-ly -mente *e.g.:* **monthly** mensalmente

-ment -mento *e.g.:* **development** desenvolvimento

-ness (substantivos abstractos) *e.g.:* **dryness, sadness**

-ocracy -cracy

-ocrat -crat

-phile *e.g.:* **Anglophile** anglófilo

-phobe *e.g.:* **xenophobe** xenófobo

-proof (à prova de) *e.g.:* **bulletproof, waterproof** à prova de balas, à prova de água

-ship -ade, -ão, etc. *e.g.:* **friendship** amizade

-some -ento, -ão, -eiro, etc. *e.g.:* **quarrelsome** embirrento

-ty -eza *e.g.:* **certainty** certeza

-ure *e.g.:* **closure** encerramento

-ward(s) (em direcção a) *e.g.:* **eastward, downwards** para este, para baixo

-ways (indica direcção) *e.g.:* **sideways** para o lado

-y, -ey -udo, -ado, -ento, etc. *e.g.:* **hairy, icy, dusty** cabeludo, gelado, poeirento

Classificação dos Filmes na Grã-Bretanha — British Film Classifications

U Universal. Suitable for all ages
   Para todos
PG Parental Guidance. Some scenes may be unsuitable for young children.
   Ao critério dos pais. Algumas cenas podem ser inapropriadas para crianças.
15 No person under 15 is admitted when a «15» film is in the programme.
   Para maiores de 15 anos.
18 No person under 18 years is admitted when an «18» film is in the programme.
   Para maiores de 18 anos.

Classificação dos Filmes nos EUA — American Film Classifications

G All ages admitted. General audiences.
   Para todos.
PG Parental guidance suggested. Some material may not be suitable for children.
   Ao critério dos pais. Algumas cenas podem ser inapropriadas para crianças.
R Restricted. Under 17 requires accompanying parent or adult guardian.
   Restrito. Menores de 17 anos devem ser acompanhados por um responsável.
X No one under 17 admitted.
   Para maiores de 17 anos.

Abbreviations Used in the Dictionary
Abreviaturas Usadas no Dicionário

a also, também
abbr, abr abbreviation, abreviatura
a/c alguma coisa, something
adj adjective, adjectivo
adv adverb, advérbio
aer. aeronautics, aviação
agr. agriculture, agricultura
alg alguém, someone
Am. American English, Inglês Americano
anat. anatomy, anatomia
ant antónimo
appr. approximately, aproximadamente
arch. architecture, arq. arquitectura
art. article, artigo
ast. astronomy, astronomia
auto automóvel, motoring
bio. biology, biologia
bot. botany, botânica
Br. British English, Inglês Británico
c.f. caminhos de ferro, railway
chem. chemistry, química
cj conjunction, conjunção
com. commercial, business
comp comparative, comparativo
contp. contemptuously, pejorativo
cul. culinária, cooking
eccl. ecclesiastical, eclesiástico
econ. economics, economia
e.g. for instance, por exemplo
electr. electrical engineering, electrotecnia
esp. especially, especialmente
etc. et cetera, and so on, e assim por diante
euphem. euphemistic, eufemismo
F familiar coloquial
f feminine, feminino
fig. figuratively, figurativo
fís. física, physics
foto fotografia, photography
geo. geography, geografia
geol. geology, geologia
geom. geometry, geometria

gr. grammar, gramática
hist. history, história
hunt. hunting, caça
impers impersonal, impessoal
indef indefinite, indefinido
ind. min. indústria mineira, mining
inform informática, computer science
int interjection, interjeição
inv invariável invariable
iro. ironically, irónico
jur. legal term, termo jurídico
ling. linguistics, linguística
lit. literatura, literature
m masculine, masculino
mail postal system, correios
mar. maritime term, navegação
math. mathematics, mat. matemática
med. medicine, medicina
metall. metallurgy, metalurgia
meteor. meteorology, meteorologia
mil. military term, termo militar
min. mineralogy, mineralogia
mot. motoring, automóvel
mount. mountaineering, montanhismo
mst mostly, normalmente
mus. musical term termo musical
num numeral
myth. mythology, mitologia
o.s. oneself, se (reflexo)
paint. painting, pintura
parl. parliamentary term, termo parlamentar
p. ex. por exemplo, for example
pharm. pharmacy, farmácia
phot. photography, fotografia
phys. physics, física
physiol. physiology, fisiologia
pl plural, plural
poet. poetic term, termo poético
pol. politics, política
pp past participle, particípio passado
print. printing, tipografia
pron pronoun, pronome
prep preposition, preposição
psych. psychology, psic(ol) psicologia